Dictionnaire
des Architectes

Dans la même collection

Dictionnaire de l'Astronomie
Dictionnaire de la Botanique
Dictionnaire du Bouddhisme
Dictionnaire de la Civilisation chinoise
Dictionnaire de l'Écologie
Dictionnaire de l'Égypte ancienne
Dictionnaire des Genres et notions littéraires
Dictionnaire de l'Islam : religion et civilisation
Dictionnaire du Judaïsme
Dictionnaire des Littératures de langue anglaise
Dictionnaire des Littératures de langue française : XIXe siècle
Dictionnaire des Mathématiques : algèbre, analyse, géométrie
Dictionnaire des Mathématiques : fondements, probabilités, applications
Dictionnaire du Moyen Âge : histoire et société
Dictionnaire du Moyen Âge : littérature et philosophie
Dictionnaire de la Musique : les compositeurs
Dictionnaire des Philosophes
Dictionnaire de la Préhistoire
Dictionnaire de la Psychanalyse
Dictionnaire de la Renaissance
Dictionnaire des Sciences de la Terre : continents, océans, atmosphère
Dictionnaire de la Sociologie
Dictionnaire du Théâtre
Dictionnaire de la Théologie chrétienne

Dictionnaire des
Architectes

Encyclopædia
Universalis

Albin Michel

La loi du 11 mars 1957 n'autorisant, aux termes des alinéas 2 et 3 de l'article 41, d'une part, que les « copies ou reproductions strictement réservées à l'usage privé du copiste et non destinées à une utilisation collective » et, d'autre part, que les analyses et les courtes citations dans le but d'exemple et d'illustration, « toute représentation ou reproduction intégrale, ou partielle, faite sans le consentement de l'auteur ou de ses ayants droit ou ayants cause, est illicite » (alinéa 1er de l'article 40).

En dehors de l'usage privé du copiste, toute reproduction totale ou partielle de cet ouvrage est interdite. Cette représentation ou reproduction, par quelque procédé que ce soit, constituerait donc une contrefaçon sanctionnée par les articles 425 et suivants du Code pénal.

Attention ! Le photocopillage tue le livre.
Le « photocopillage » c'est l'usage abusif et collectif de la photocopie sans autorisation des auteurs et des éditeurs. Largement répandu dans les établissements d'enseignement, le photocopillage menace l'avenir du livre, car il met en danger son équilibre économique. Il prive les auteurs d'une juste rémunération.

Des photocopies payantes peuvent être réalisées avec l'accord de l'éditeur.
S'adresser au Centre français d'exploitation du droit de copie :
20, rue des Grands-Augustins 75006 Paris - Téléphone : 01.44.07.47.70

© Encyclopædia Universalis et Albin Michel ; Paris ; 1999

PRÉFACE

Eupalinos, ou l'Architecte de Paul Valéry se termine par cette constatation de Socrate : « Or, de tous les arts, le plus complet est celui de construire ». L'architecture se distingue en effet des autres arts visuels (peinture, sculpture) en ce qu'elle est déterminée par une pratique. On regarde une peinture, mais on pénètre dans un édifice. L'architecture nous entoure, nous enveloppe, conditionne notre espace.

C'est un art que nul ne peut ignorer, puisque nous vivons tous dans une architecture, que nous allons sans cesse d'une architecture à l'autre, que nous sommes tous imprégnés d'architecture, pour notre plaisir ou notre inconfort.

Ceux qui ont inventé, dans l'Antiquité, l'art de construire les bâtiments et les villes (et dont quelques rares noms se sont perpétués), ceux qui ont donné à l'architecture ses caractères religieux, politiques, esthétiques, ceux qui ont développé le langage spatial et formel de l'architecture moderne sont présents dans ce *Dictionnaire des architectes*.

Rien n'est plus captivant qu'un dictionnaire. Un mot en fait surgir un autre. Jeu de hasard qui dévoile un nom inattendu, qui renvoie à un autre nom, à une école, à un groupe, à un manifeste.

Dictionnaire des architectes, certes, mais puisque l'on entend par architecture l'art de construire, on ne sera pas surpris de rencontrer des ingénieurs (Eiffel), des urbanistes (Haussmann), des paysagistes (Alphand), des *designers*, des théoriciens et historiens de l'architecture.

Cet ouvrage est à la fois un guide, par le biais des biographies, et un manuel qui nous conduit à l'histoire des techniques, et même à l'élaboration des idées.

Des constructeurs les plus anciens (l'Égyptien Imhotep, 2800 avant J.-C.) aux plus récents (le Français Jean Nouvel, né en 1945, le Japonais Tadao Andō, né en 1941), le parcours à travers le temps et l'espace est fascinant.

Sans doute le plus grand nombre d'architectes présentés dans ce dictionnaire sont-ils de nationalité italienne. On ne s'en étonnera pas puisque l'on sait que l'Italie a été pendant la Renaissance un extraordinaire foyer de créativité architecturale qui s'est ravivé avec brio dans la seconde moitié du XXe siècle.

PRÉFACE

La France n'est pas en reste. Même si les maîtres d'œuvre des cathédrales gothiques sont souvent anonymes, de Guillaume de Sens (XIIe s.) à Le Corbusier, le parcours de l'architecture française, modèle pour l'Europe au XVIIe siècle, écho des Lumières au XVIIIe (Claude Nicolas Ledoux, Étienne Boullée) et qui joua un rôle déterminant au XIXe siècle dans la naissance et le développement de l'architecture industrielle du métal et du béton armé, est ponctué d'un grand nombre d'entrées.

Ces biographies esquissent donc non seulement une histoire, mais une géographie de l'architecture. Où l'on voit que les États-Unis, dont l'impact est aujourd'hui si prédominant dans l'art de bâtir, interviennent tardivement dans l'histoire de l'architecture, avec l'épopée des gratte-ciel à la fin du XIXe siècle. Mais ils bénéficient ensuite de l'exil des grands créateurs allemands, fondateurs du Bauhaus (Ludwig Mies van der Rohe, Walter Gropius, Marcel Breuer) qui suscitent un style international considéré parfois abusivement comme le seul symbole de la modernité.

Or la modernité architecturale a donné des édifices spécifiques à la Finlande, en utilisant avec grâce le bois et la brique (Alvar Aalto), a opposé le purisme du Stijl néerlandais aux végétalisations baroques du modern style belge (Horta), et s'est également développée avec force au Brésil (Niemeyer) et au Mexique, voire en Inde (Le Corbusier à Chandighar).

Tributaire pendant des millénaires de matériaux puisés dans la nature – bois, terre, pierre –, l'architecture s'est désolidarisée de ces éléments au début de l'ère industrielle, en pliant les métaux à sa propre créativité. Fonte, fer, acier, l'architecture moderne est née de la modernité de ces matériaux qui lui permettaient de libérer de vastes espaces de leurs points d'appuis habituels, au profit des grandes halles que sont les usines, les gares, les grands magasins, et les palais éphémères des Expositions universelles (Paxton). Puis la pierre sera presque complètement remplacée par un matériau fabriqué : le béton armé.

Cette aventure, le *Dictionnaire des architectes* la raconte en évoquant de multiples bâtisseurs, des plus traditionalistes aux plus novateurs.

Michel RAGON

INTRODUCTION

Dans la Grèce classique qui lui donna son nom, l'architecte apparaît comme la figure emblématique de la technique, cette capacité de l'homme à maîtriser et à transformer la nature, pour créer un monde humain. À la Renaissance, l'architecte s'impose comme figure métaphorique du Créateur divin. Cette double référence dit assez la place névralgique de l'architecte dans la culture de l'Occident. Mais qu'en est-il de ce destin à l'heure de la mondialisation, où la technique tend à se confondre avec les nouvelles « technologies » et où, dévalué par un usage quotidien, le mot de créateur a perdu sa résonance cosmique ?

Le *Dictionnaire des architectes* pourrait bien être l'introduction idéale à ce questionnement et, à travers lui, à une méditation sur les voies où s'engage notre civilisation devenue « globale ».

Réunissant 570 articles, commandés par l'Encyclopædia Universalis depuis une trentaine d'années à des spécialistes des sciences humaines comme à des architectes et des critiques, l'ouvrage couvre deux millénaires et demi : depuis les architectes de l'Antiquité classique jusqu'à ceux qui, actifs aujourd'hui ou ayant accompli l'essentiel de leur œuvre au XXe siècle, totalisent plus du tiers des entrées et témoignent ainsi de l'inflation subie par une activité devenue profession à la fin du XIXe siècle (en 1867, en France).

Sans prétention à l'exhaustivité, sans plan concerté sous-jacent, l'ordre alphabétique du dictionnaire livre avec une brutalité déconcertante, mais salutaire, parce que aussitôt génératrice de comparaisons, l'extraordinaire hétérogénéité des rôles et des statuts recouverts par une dénomination commune. Mais le non-initié n'est pas pour autant abandonné à lui-même. L'entrée « Architecte » offre, sous la signature de Roland Martin, Carol Heitz, Daniel Rabreau, Raymonde Moulin et Florent Champy, une magistrale synthèse qui balise pour le lecteur les grandes directions à suivre.

À lui dès lors le plaisir de découvrir : l'architecte savant de l'Antiquité classique et l'ambiguïté des relations qu'il entretient avec le chantier et le travail manuel ; le statut régalien de l'architecte savant et artiste, tout à la fois ingénieur, traducteur d'une demande sociale à l'échelle des territoires, des villes et des demeures, dispensateur enfin des plaisirs suprêmes, tel que l'instaure au Quattrocento Alberti dans le *De re aedificatoria*, et tel que l'illustre, à travers l'Europe, une merveilleuse floraison de praticiens ; les architectes militants des avant-gardes

INTRODUCTION

du premier XXe siècle, aux prises avec les matériaux, les techniques, les programmes d'une société industrielle qui ne concerne plus seulement l'Europe comme le prouve avec éclat la contribution fondamentale de l'Américain Franck Lloyd Wright à une nouvelle poétique de l'espace ; les architectes producteurs d'images et d'objets techniques autonomes de l'ère électronique, au concert desquels on aimerait ajouter la note dissonante d'un Roger Salmona : ce praticien amoureux des matériaux durables, des formes organiques et des rapports contextuels qui continue d'édifier en Colombie une des œuvres les plus fortes de la seconde moitié du XXe siècle.

La fécondité de ces perspectives croisées est multipliée grâce au parti adopté par les éditeurs de ne pas limiter les entrées à ceux qui portèrent ou portent effectivement le nom d'architecte. Ont ainsi été inclus pour la période médiévale, où l'appellation d'architecte était ignorée, et des maîtres-maçons ou charpentiers qui dirigèrent de grands chantiers religieux européens et des clercs qui furent aussi des maîtres d'ouvrage savants tels Suger, bâtisseur à part entière de la basilique de Saint-Denis ; figurent aussi dans le dictionnaire des jardiniers, des designers, des architectes militaires et enfin des ingénieurs dont les compétences commencèrent à se dissocier de celles des architectes seulement au XVIIIe siècle : devenus autonomes au XXe siècle, leur activité a été illustrée, depuis la Seconde Guerre mondiale, par les Fuller, Candela, Torroja, Nervi, Otto...

Mais, plus insolite, figurent dans l'ouvrage les noms d'historiens et de penseurs dont la majorité ne furent pas des bâtisseurs. Leur présence est pourtant justifiée. D'abord parce que de Ghiberti à Krautheimer, en passant par Vasari et Quatremère de Quincy, ils ont, en construisant l'histoire d'une discipline, fait émerger l'unité et les dérives de ce qu'Alberti appelait l'édification. Ensuite, parce que certains d'entre eux ont marqué l'architecture et les architectes de leur temps : ce fut, à l'époque des C.I.A.M., le cas de Siegfried Giedion (grand absent de ce dictionnaire), comme ce fut, à l'heure du postmodernisme, le cas de Reyner Banham. Enfin et surtout, parce que d'autres encore ont su percevoir et dire la dimension anthropologique, désormais occultée, de l'architecture. L'*Eupalinos* de Paul Valéry reste à cet égard le plus beau portrait jamais écrit de l'architecte. Tandis qu'aujourd'hui, plus encore qu'hier, les *Entretiens sur l'architecture* de Viollet-le-Duc et *Les Sept Lampes de l'architecture* de Ruskin devraient être le passage obligé de toute vocation d'architecte.

Françoise CHOAY

COMMENT UTILISER L'INDEX

Placé en fin de volume, c'est l'Index qui donne sa valeur proprement encyclopédique à ce dictionnaire. C'est par lui que toute recherche ou, plus généralement, toute consultation devraient commencer. Nous avons adopté pour sa constitution un certain nombre de conventions qui nous sont propres. Le lecteur les trouvera définies ci-après, exemples à l'appui, sous la forme d'un tableau.

• **ARCHITECTE** *34* ———————— **ENTRÉE précédée d'une puce et suivie d'un numéro de page :** signifie que cette entrée est le titre d'un article du dictionnaire, commençant à la page indiquée

• **CHICAGO** ÉCOLE DE *178*
   BURNHAM (D. H.) *158*
   GOFF (B.)
   JENNEY (W.) ⎤ ce même type d'entrée peut être suivi de références
   RICHARDSON (H. H.)
   SKIDMORE, OWINGS & MERRILL
   SULLIVAN (L. H.) ⎦

• **DÔME** ————————————— **ENTRÉE simple** suivie de références
   BRUNELLESCHI (F.) *145*
   FULLER (R. B.) *254*
   MICHEL-ANGE *448*
   WREN (C.) *733*.

ÉGLISE, *architecture*
   ALBERTI (L. B.) *22* ———————— **RÉFÉRENCE à un article long :** titre d'article et
   ANTHÉMIOS DE TRALLES numéro de page localisant la partie de texte perti-
   ASAM (LES) nente au sein de l'article
   BOYTAC (D.)
   HALBWACHS (M.) ———————————— **RÉFÉRENCE à un article court :** titre de l'article

RENVOIS d'un terme à un autre

VHUTEMAS ► VKHOUTEMAS ———— pour des raisons relevant de l'orthographe ou du système de transcription

ARCHITECTURE DE LA ————————— pour des raisons de choix alphabétique
RENAISSANCE ► RENAISSANCE
ARCHITECTURE DE LA

POSTMODERNISME, *art* ► ———— pour des raisons d'ordre sémantique
MODERNISME
& POSTMODERNISME, *art*

signe conventionnel

PÉRICLÈS (~492 env.-~429) ———— a vécu de l'an 492 environ avant notre ère jusqu'à l'an 429 avant notre ère

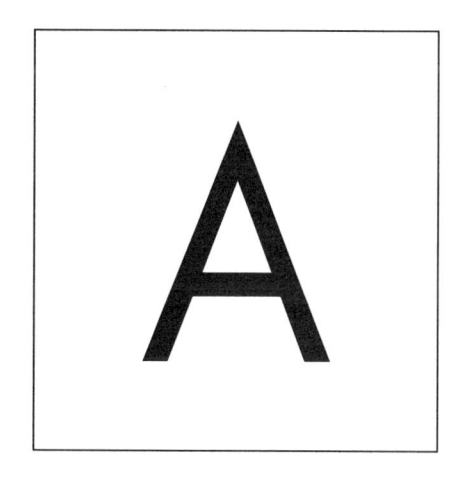

AALTO ALVAR (1898-1976)

Le Finlandais Alvar Aalto, comme le Suédois Gunnar Asplund, figure parmi les rares architectes scandinaves qui ont acquis une notoriété internationale avant la Seconde Guerre mondiale. Il est admis, généralement, de classer son œuvre dans la mouvance du style international né dans le courant des années vingt. Mais la critique architecturale se plaît par ailleurs à magnifier en Aalto le talent d'un artiste original dont la production qualifiée souvent d'organique s'accommode mal du dogme moderniste. La tentation est grande de marginaliser, voire de régionaliser, cette architecture élevée aux confins du cercle polaire. Le déterminisme écologique est une explication réductrice de l'originalité de l'œuvre d'Aalto. L'influence de la puissance suédoise qui exerce sa domination sur le pays du XIIe au XIXe siècle est une composante fondamentale de la culture finnoise ; il convient de la prendre en compte dans l'analyse de l'œuvre d'Aalto. Annexée en 1809 à la Russie tsariste, la Finlande ne conquiert son indépendance qu'en 1917 en profitant des désordres provoqués par la révolution d'Octobre et la Première Guerre mondiale. Cette libération, chèrement conquise, marque l'aboutissement d'une lente maturation idéologique, nationale-romantique, engagée depuis le XIXe siècle dans tous les domaines de la création. À l'Institut de technologie d'Helsinki, où Alvar Aalto fait ses études d'architecture de 1916 à 1921, les professeurs prônent le retour aux thèmes populaires, tout en privilégiant la Renaissance italienne. Le fonctionnalisme international qui voit alors le jour en Europe occidentale et centrale pénètre lentement le milieu architectural finlandais, souvent par l'intermédiaire de la Suède, qui demeure à l'avant-garde de la culture scandinave. Profondément attaché à sa terre, Alvar Aalto assimile ces différentes influences, tout en développant une œuvre indépendante, atypique et fonctionnaliste mais située hors des rails tracés par les théoriciens du mouvement moderne.

❦

Un architecte scandinave

Son grand-père maternel, humaniste cultivé et ingénieur forestier de son état, son père, géomètre arpenteur, transmirent au jeune Aalto leur amour de la nature, amour mêlé de respect et fondé sur une connaissance approfondie du milieu où ils vivaient. Né le 3 février 1898 à Kuortane, près de la petite ville tranquille de Jyväskylän au centre de la Finlande, Hugo Alvar Aalto reçoit une éducation libérale héritée de la tradition démocratique suédoise. Il fréquente le lycée de Jyväskylän jusqu'en 1916, date de son départ pour l'Institut de technologie d'Helsinki. Élève d'Armas Lindgren et de Lars Sonck, il obtient son diplôme en 1921.

Après un court séjour en Suède où il travaille quelque temps dans l'atelier d'Arvid Bjerke à la préparation de l'exposition de Göteborg (1923), il s'installe à Jyväskylän qu'il quittera en 1927 pour Turku. Ce départ, motivé par son succès au concours pour le bâtiment de la coopérative agricole de Turku, lui ouvre les portes d'une ville portuaire prospère. Capitale de la Finlande jusqu'en 1812, Turku se trouve à proximité de Stockholm, centre de l'avant-garde culturelle scandinave. Il épouse, en 1924, l'architecte Aino Marsio (décédée en 1949) avec laquelle il collabore et fonde, en 1935, la société Artek, qui édite encore aujourd'hui leurs meubles et leurs objets. À Turku, il réalise, en 1928, le siège du journal *Turun Sanomat* et, non loin de là, le sanatorium de Paimio (1929-1933). Ces deux réalisations, ainsi que la bibliothèque de Viipuri – aujourd'hui Viborg en Russie –, le font connaître à l'étranger comme l'une des figures du style international. Il remporte de nombreux concours qui lui permettent de réaliser notamment les pavillons de la Finlande aux expositions internationales de Paris en 1937 et de New York en 1939. Son premier voyage aux États-Unis en 1938 lui ouvre de nouvelles perspectives. Il devient professeur d'architecture au M.I.T. (Massachusetts Institute of Technology) de Cambridge de 1946 à 1948 où, l'année suivante, il signe le projet du Senior Dormitory. Si la majorité de ses œuvres se situent en Finlande, sa carrière s'internationalise. Il expose des reproductions de son œuvre dans de nombreux pays – Milan 1933, New York 1938, Zurich 1948, Paris 1950, Berlin 1963, Stockholm 1969, Londres 1978. Seul ou en association avec sa seconde épouse, l'architecte Elissa Mäkiniemi, il signe près de trois cents projets et réalisations. Parmi les œuvres majeures citons : les bibliothèques de Seinäjoki (1963-1965), de Rovaniemi (1963-1968), d'Otaniemi (1964-1969), de Mount Angel aux États-Unis (1965-1970), les villas de Muuratsalo pour lui-même (1953), de Louis Carré à Bazoches en France (1959), la maison de la culture d'Helsinki (1955-1959), l'hôtel de ville de Säynätsalo (1949-1952), l'Institut de technologie d'Otaniemi (1949-1964), en Allemagne le centre culturel de Wolfsburg (1958-1963). L'œuvre architecturale d'Alvar Aalto est indissociable de son design ; ils reposent sur le même amour et la même connaissance des matériaux. Parmi les objets et le mobilier toujours produits et diffusés par Artek, le vase Savoy en verre moulé (1937) et le fauteuil « 41 » conçu pour le sanatorium de Paimio (1929) figurent parmi les classiques du design contemporain. Aalto décède le 11 mai 1976, laissant derrière lui une œuvre riche et déroutante.

En marge du fonctionnalisme

L'enseignement reçu à l'Institut de technologie d'Helsinki influence les premières œuvres d'Aalto. La maison des ouvriers (1924-1925), la Casa Lauren (1925) de Jyväskyla et le bâtiment des Organisations patriotiques à Seinäjoki (1925) s'inscrivent dans le courant néo-classique des années vingt dont Aalto maîtrise parfaitement les composantes : l'usage du bois (premier matériau de construction en Finlande), les règles de symétrie, l'utilisation d'un vocabulaire classique et italianisant – le tympan triangulaire, la colonne dorique, l'atrium, la fenêtre palladienne. Il utilise le même registre lors de sa contribution au concours du palais de la Société des Nations (S.D.N.), à Genève (1926-1927) : son projet, inspiré du thème de l'Acropole, constitue une ultime référence à la culture classique et marque un tournant dans sa carrière comme dans l'architecture scandinave.

La polémique suscitée par les propositions de Le Corbusier pour la S.D.N. d'une part, l'ouverture de la cité expérimentale du Weissenhoff de Stuttgart (1927), d'autre part, ébranlent les convictions architecturales du jeune praticien, déjà sensibilisé à ces nouvelles tendances par le premier article finlandais consacré à Le Corbusier en 1926.

Les idées du Bauhaus, du Stjil ou de Le Corbusier, souvent relayées par la Suède, pénètrent lentement le milieu architectural finlandais encore replié sur lui-même. Aalto se fait l'écho du mouvement moderne. Il signe plusieurs articles favorables aux nouvelles idées, voyage en France, aux PaysBas et au Danemark pour se familiariser avec les réalisations fonctionnalistes. Cette influence s'affirme dans ses œuvres dès 1927, date du concours du bâtiment commercial Vaasan Kauppiaiden Oy à Vaasa, auquel il participe sans succès avec Erik Bryggman (1891-1955). Toujours en collaboration avec Bryggman, il compose le plan de l'exposition du sept centième anniversaire de Turku à l'aide d'éléments standards, modulables et blanchis.

Sa première réalisation majeure, l'immeuble du journal *Turun Sanomat* de Turku (1928-1930), le hisse brutalement au niveau des plus grands architectes de l'avant-garde fonctionnaliste. La construction se plie à la grille préconçue de la trame orthogonale de l'ossature en béton. L'élévation offre au passant une façade codifiée suivant les canons modernistes : surfaces planes et lisses, fenêtres en longueur, toitterrasse. Il confirme son adhésion à cette ligne en apportant la première contribution finlandaise au C.I.A.M. (Congrès international d'architecture moderne) de 1929. Mais, paradoxalement, le bâtiment du *Turun Sanomat* apparaît aujourd'hui dans son œuvre comme une expérience isolée.

Aalto n'ira jamais plus avant dans l'imitation de ce nouveau formalisme, y compris dans le sanatorium de Paimio, que l'historien Siegfried Giedion compare au Bauhaus de Gropius à Dessau (1926) ou au projet de Le Corbusier et Pierre Jeanneret pour la S.D.N. Si le sanatorium de Paimio, ainsi que le siège du journal *Turun Sanomat* et la bibliothèque de Viipuri appartiennent au patrimoine fonctionnaliste de l'entre-deux-guerres, l'étude attentive de ces œuvres révèle pourtant d'importantes distorsions aux règles dogmatiques de composition du plan imposées par les théoriciens du mouvement moderne. Les différents corps de bâtiment du sanatorium de Paimio correspondent à des fonctions clairement séparées, à l'instar du Bauhaus de Dessau ou du projet de Le Corbusier pour la S.D.N. à Genève, mais ils ne s'articulent pas de la même façon. Gropius et Le Corbusier adoptent le parti rigide de l'angle droit, alors qu'Aalto dispose ses bâtiments plus librement. En dépit des avis de Giedion et d'Henry Russel Hitchcock, historiographes officiels du mouvement moderne, aucune règle préétablie, aucun système de composition rigide ne régit le plan de Paimio. Tout est rupture, désaxement, exception à la règle apparente. Cette version humaniste et organique de la notion du *plan libre*, chère à Le Corbusier, trouve ici une expression originale qui s'affirmera après le second conflit mondial, pour devenir l'apport majeur d'Aalto à l'architecture contemporaine.

La composition par agglutination

« Les parallélépipèdes de cubes de verre et de métal synthétique – le purisme snob et inhumain des grandes villes – illustrent un mode de construction qui a atteint un point de non-retour. Cette voie-là est une impasse. » C'est en ces termes qu'Aalto condamne sans appel, en 1958, la voie où s'est engagée l'architecture européenne, et bientôt internationale, entre le début du XXe siècle et les années trente. Face à l'uniformisation à laquelle aboutit l'emploi de la grille orthogonale, il oppose une composition par agglomération.

Cette méthode de travail, adogmatique, consiste à définir une hiérarchie des besoins et à disposer les volumes qui leur correspondent, hors de tout système préalable, suivant des réactions prioritaires liées à chaque programme. Le résultat, imprévisible, est un plan complexe apparemment incohérent mais jamais anarchique. La juxtaposition de cellules adaptées aux fonctions qu'elles abritent répond à un ordre qui n'est pas synonyme de géométrie.

Opéra d'Essen (Allemagne), 1959. Plan au niveau de l'entrée principale. Ce plan illustre le principe de composition par agglutination, cher à Alvar Aalto. Autour de l'espace central réservé à l'auditorium principal, l'architecte conçoit des zones autonomes affectées à des fonctions précises : réserves, vestiaires, auditorium secondaire, foyer, hall, etc. Chacune est juxtaposée aux autres dans un désordre apparent, mais en réalité suivant les relations étroites qu'elles entretiennent entre elles. La paroi extérieure épouse, respecte et contient ces différents fragments. L'utilisation des courbes et de l'ossature laissée apparente renforce l'impression de composition organique (Fondation Alvar Aalto).

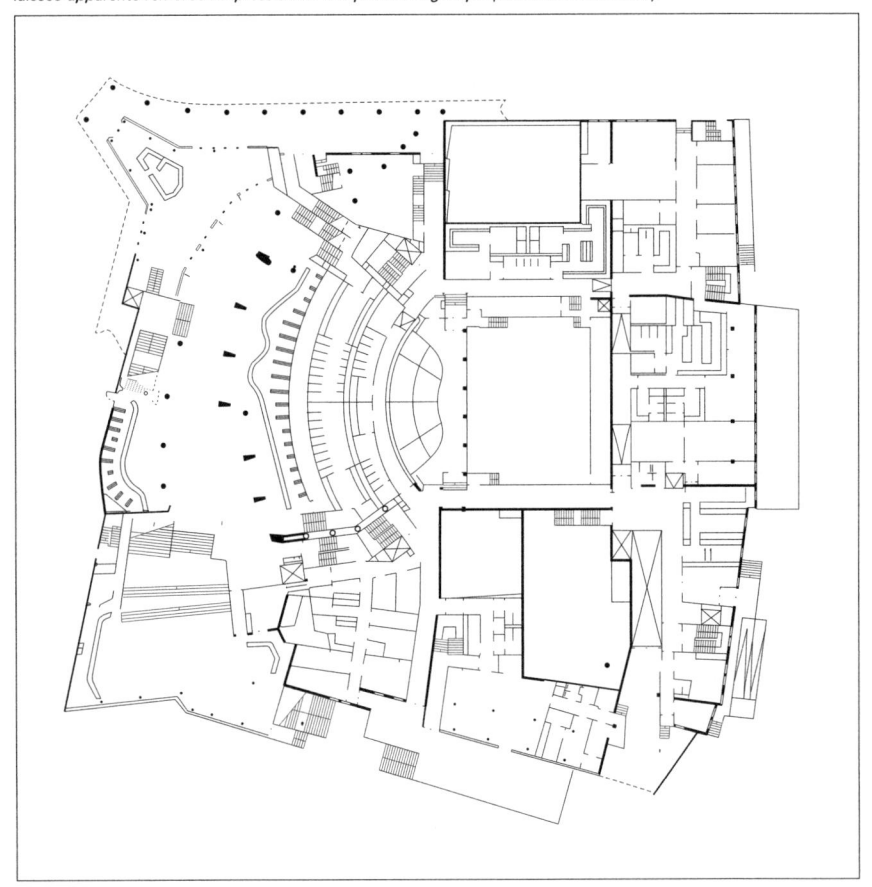

Examinons le cas du Finlandiatalo d'Helsinki (1962-1975), palais des congrès comprenant une grande salle de mille sept cent cinquante places, une petite salle pour la musique de chambre et un restaurant. Ces différents éléments sont juxtaposés les uns aux autres sans aucune continuité spatiale. Chaque salle de spectacle, chaque escalier, chaque pièce a sa forme propre, régulière ou non, et s'agglutine aux autres cellules. Aucune axialité, aucune réciprocité formelle ne vient créer d'ordonnances ou de symétrie factices. Verticalement, la discontinuité est totale. Chaque niveau semble posséder sa propre indépendance formelle et structurelle. De vastes zones de dégagement, espaces tampons entre ces cellules autonomes, assurent la cohésion de l'ensemble. Le traitement de la lumière et l'enveloppe elle-même renforcent l'harmonie de l'édifice. Déjà maîtrisé à la bibliothèque de Viipuri, le principe des lanterneaux et des puits de lumière est couramment employé par Aalto, à Helsinki, à Rovaniemi ou à Wolfsburg. Les nécessités de l'éclairage naturel trouvent parfois une expression architecturale autonome dans la reprise du thème antique de l'atrium. L'hôtel de ville de Säynätsalo (1949-1952), au plan introverti, tourné vers la cour centrale, en est le meilleur exemple.

Dans ses bâtiments, Aalto ne recherche pas une continuité spatiale entre intérieur et extérieur, s'écartant ici du couple organique architecture-nature, défendu par Franck Lloyd Wright. Le mur périphérique enveloppe l'édifice comme un vêtement moulant où les fenêtres n'ont pas toujours place, sinon en hauteur comme source de lumière. Les fenêtres à hauteur d'homme sont souvent dissimulées derrière un écran composé d'éléments verticaux et parallèles qui ménagent au promeneur des séquences de vue au cours des déplacements, modulant la pénétration de la lumière suivant la rotation du soleil. À l'extérieur, l'écran s'inscrit généralement dans la continuité de la décoration murale pour laquelle l'architecte affectionne tout particulièrement le traitement en bandes verticales où alternent les couches de couleurs et de matériaux différents : bois, cuivre, céramique, marbre, etc. Assumant les conflits et la complexité de la vie, Aalto maîtrise et imite l'apparent désordre de la nature. Il agglutine les éléments et compose son architecture comme se construit une ville. Ce mode de composition du plan, que la critique qualifie parfois abusivement d'organique, caractérise le travail d'après guerre d'Aalto appliqué à des programmes d'urbanisme et d'architecture aussi divers que le plan de reconstruction de la ville de Rovaniemi, l'École polytechnique d'Otaniemi (1955-1964) ou l'église Vuoksenniska à Imatra (1956-1959). Aalto se constitue un répertoire iconographique où il puise indifféremment pour ses œuvres d'architecture ou de design. Ainsi le thème de l'éventail, omniprésent dans ses bibliothèques, se retrouve-t-il dans les détails de ses meubles, de même ses murs et ses toits ondulent-ils comme ses lampes et ses coupes de verre. Une telle méthode empirique, profondément artistique, explique peut-être en contrepartie le caractère inégal de l'œuvre d'Aalto, moins heureux dans certaines réalisations de logements ou de bâtiments commerciaux comme les logements de Korkalovaasa à Rovaniemi en 1961 ou l'immeuble Enso-Gutzeit à Helsinki en 1962.

Son refus de la dictature de l'angle droit comme son goût prononcé pour une composition dénuée de tout a priori formel situent Alvar Aalto en marge du mouvement moderne. Il postule pour une plus grande liberté de création où l'indépendance d'esprit et la subjectivité que chaque artiste peut légitimement revendiquer prévalent sur le respect des dogmes ou sur l'adhésion aveugle à des écoles de pensée.

GILLES RAGOT

Bibliographie
K. FLEIG & E. AALTO, *Alvar Aalto*, t. I, 1922-1962 ; t. II, 1963-1970 ; t. III, *Projects and Final Buildings*, Éd. d'architecture Artémis, Zurich, 1963-1978 / M. DUNSTER dir., *Alvar Aalto*, monographies d'architecture, articles de D. Porphyrios, R.-L. Heinonen et S. Groak (trad. F. Sebastiani), Academy Editions, Paris, 1979 / A. RUUSUVUORI dir., *1898-1976, Alvar Aalto*, articles de G. Shildt, J. M. Richards, N. E. Wikberg et C. L. Ragghianti (trad. O. Descargues), Musée d'architecture de Finlande, Helsinki, 1981 / D. PORPHYRIOS, *Sources of Modern Eclectism Studies on Alvar Aalto*, Academy Editions, Londres, 1982 / G. SHILDT, *Aalto Interiors*, Alvar Aalto Museo, 1986.

ABADIE PAUL (1812-1884)

Fils d'un architecte d'Angoulême, Abadie travaille auprès des maîtres du néo-gothique, Lassus et Viollet-le-Duc ; il restaure les édifices médiévaux selon une logique rationaliste, et « achève » les monuments historiques. Outre l'hôtel de ville d'Angoulême (1854), il construit des édifices diocésains en Gironde et en Dordogne. Ses restaurations-créations contribuent au renouveau de l'architecture romane (Sainte-Croix de Bordeaux, cathédrale d'Angoulême) ; il imagine de compléter Saint-Front de Périgueux par une série de coupoles d'inspiration byzantine. Après le concours de 1872, il édifie à Montmartre la basilique du Sacré-Cœur, incarnation de ce style romano-byzantin qui marque l'historicisme de la fin du siècle.

JEAN-PIERRE MOUILLESEAUX

Bibliographie
Entre archéologie et modernité, Paul Abadie 1812-1884, catal. d'expos., musée d'Angoulême, 1984.

ADAM ROBERT (1728-1792) & JAMES (1730-1794)

Les architectes et décorateurs Robert et James Adam sont les fils d'un architecte écossais, William Adam. Ce dernier, déjà mêlé au courant du retour à l'antique qui depuis Inigo Jones triomphait en Angleterre, voulut que ses fils étudient directement les œuvres de l'Antiquité et non pas seulement, comme ses compatriotes, à travers Palladio. Au cours d'un voyage en Italie et en Dalmatie, aidés de l'architecte français Charles-Louis Clérisseau, ils prirent des relevés d'un certain nombre de monuments, en particulier les thermes de Rome et surtout le palais de l'empereur Dioclétien à Spalato (Split) dont ils découvrirent et publièrent les ruines (*The Ruins of the Palace of the Emperor Diocletian at Spalato in Dalmatia*, Londres, 1764). Cet examen attentif des monuments antiques, et particulièrement des décors sculptés en faible relief en stuc ou en marbre, les amena à une nouvelle conception du décor intérieur. Avant eux, le goût antique se manifestait par une transposition dans les intérieurs de l'architecture extérieure, frontons et colonnes, corniches et entablements. Robert Adam substitue à cette solennité un décor de stucs légers, rinceaux, grotesques sur fond de couleur claire, vert, jaune, mauve. Ce décor mural était souvent complété par des dessus de portes, peints à l'huile, illustrant des sujets antiques. Le plafond, à dessin central, avait également un décor de stuc, le dessin du tapis ou du parquet lui répondait. Le souci d'Adam pour une harmonie complète du décor se manifeste aussi par les dessins qu'il donnait pour les meubles, les bronzes (lustres, candélabres), pour les trumeaux de glaces, et même pour les grilles des foyers de cheminée. Tous ces éléments formaient ainsi un ensemble homogène ; ils constituent la grande originalité du décor Adam. Les théories des deux frères furent rassemblées dans les *Works in Architecture of Robert and James Adam* (1er vol. 1773, 2e vol. 1779, 3e vol. posthume, en 1822). Cette publication illustrée de nombreuses planches montre à quel point les frères Adam étaient sûrs de leur succès. Ils ne craignaient pas d'être imités. Au contraire, ils le souhaitaient presque, révélant ainsi la conscience qu'ils avaient d'avoir créé un style original. Ce que l'on retient d'ailleurs de leur œuvre est avant tout le décor intérieur et le mobilier qu'ils purent réaliser dans de nombreuses résidences de l'aristocratie anglaise, à Londres ou en province (Syon House, 1762 ; Osterley Park, Kenwood, Kedleston, 1765 ; Newby Hall, 1767 ; Saltram House, 1768, par exemple). La renommée de Robert Adam fut aidée d'une part par les conseils qu'il reçut du milieu artistique dans lequel il évoluait, d'autre part par l'excellence de ses collaborateurs, Angelica Kauffmann pour la peinture, Matthew Boulton pour les bronzes et, évidemment, Wedgwood pour la céramique. L'œuvre d'architecte des frères Adam a été en partie détruite. Ils avaient pourtant construit des quartiers entiers à Bath, à Édimbourg, à Londres (le quartier de l'Adelphi en particulier sur le bord de la Tamise et Home House, l'actuel institut Courtauld). Les façades néo-classiques à colonnades et à frontons se rapprochent des œuvres des contemporains, William Chambers, James Stuart ou James Wyatt.

COLOMBE SAMOYAULT-VERLET

AILLAUD ÉMILE (1902-1988)

Hors des écoles, hors des styles, l'architecte français Émile Aillaud a été, au cours des années 1960-1970, l'architecte d'ensembles de logements économiques assez largement démarqués du béton sérieux et orthogonal où la rhétorique fonctionnaliste d'après-guerre voyait l'expression convenue et internationale de la société industrielle. À l'époque de l'industrialisation du bâtiment et dans ce contexte pesant où la rationalité technique et économique semble se mettre en scène elle-même dans tout paysage construit comme un spectacle obligatoire et universel, Aillaud regarde ailleurs : il ne croit pas qu'un bâtiment se suffise à représenter de l'efficace et du rationnel, il refuse le discours de l'architecte accablé par les règlements et emprisonné dans les contraintes, il cherche la faille, l'endroit où le système technique et économique laisse la plus grande place au délibéré, au « pourquoi pas ? ». Si l'on dit d'une architecture honnête qu'elle tire parti des contraintes, on pourrait dire de la démarche d'Aillaud qu'elle cherche plutôt à les détourner, qu'elle manifeste une attitude architecturale nouvelle qui serait le détournement du rationnel : détournement « à la lettre », les détours et les courbes que les quartiers de logements économiques de Pantin (Les Courtilières, 1959-1961) et de Grigny (La Grande Borne, 1967-1972) ont montré comme une alternative possible aux alignements rectilignes de cellules de logement. Détournement encore, lorsque Aillaud cherche le registre où le système de préfabrication lourde se laisse le plus spectaculairement transfigurer : c'est par exemple l'emploi massif de la couleur (tours de Nanterre B1 Sud dans le quartier de la Défense à Paris, 1974) ou la forme libre du percement, là où, dans un jeu plastique issu de la modénature académique, on cherche à faire « parler » l'assemblage des panneaux préfabriqués. C'est de cette façon qu'Aillaud apparaît en France comme l'un des architectes de logements sociaux les moins académiques, celui qui dit avoir compris après-guerre qu'aucune règle, aucune « fausse culture » n'enfermait plus l'architecte.

CHRISTIAN DE PORTZAMPARC

ALAVOINE JEAN ANTOINE (1776-1834)

Architecte formé à l'École des beaux-arts, il fréquente aussi Durand, professeur à l'École polytechnique. Son œuvre s'inscrit dans l'opposition entre architecture et construction. Assistant de Cellerier, il conçoit l'étrange fontaine de l'Éléphant (1812) pour la place de la Bastille et s'attache à restaurer l'abbatiale de Saint-Denis. Passionné par le fer, Alavoine réussit à imposer une grande réalisation : la flèche néo-gothique en fonte de la cathédrale de Rouen (1823-1884) premier manifeste de l'architecture métallique non utilitaire en France.

JEAN-PIERRE MOUILLESEAUX

Bibliographie
J. P. DESPORTES, « Alavoine et la flèche de la cathédrale de Rouen », in *Revue de l'art,* 13, 1971.

ALBERTI LEON BATTISTA (1404-1472)

Rares sont les domaines que Leon Battista Alberti n'a pas abordés. Homme de lettres, défenseur de la langue italienne, moraliste, mathématicien, mais surtout théoricien de l'art et architecte, ce parfait humaniste s'est acquis dès la Renaissance une réputation universelle. Ses ouvrages sur les arts figuratifs et l'architecture constituèrent les premiers traités des Temps modernes, ses projets d'édifices créèrent un nouveau langage architectural, synthèse hardie de l'Antiquité et d'une modernité déjà mise en œuvre par Filippo Brunelleschi. Très vite Alberti devint un maître : moins d'un siècle après sa mort, il restait une autorité, et Vasari, dans la première édition des *Vies,* rendit hommage au « Vitruve florentin ». L'œuvre d'Alberti, si diverse soit-elle, est sous-tendue par les mêmes valeurs : responsabilité de l'homme devant son destin, pouvoir de la vertu, foi dans le pouvoir créateur de l'esprit humain, ce qui n'exclut pas un certain pessimisme lié aux vicissitudes de sa propre existence et à la fréquentation des cours princières et pontificale.

❧

Une figure de la Renaissance italienne
Le destin de ce Toscan de souche l'amena à connaître une bonne partie de l'Italie.

Second fils naturel de Lorenzo di Benedetto Alberti, patricien de Florence, et de Biancha Fieschi, Leon Battista est né le 14 février 1404 à Gênes, en Ligurie, où son père s'était réfugié après un décret de proscription rendu contre sa famille. Le jeune homme étudia dans le nord de l'Italie, à Venise, à Padoue puis à Bologne. Il y étudia le latin et le grec, ainsi que le droit (il obtint en 1428 le titre de *laureato* en droit canonique), mais entreprit aussi des études de physique et de mathématique dont témoignent ses écrits scientifiques ultérieurs. À vingt-quatre ans, il put retourner à Florence, où avait été levé l'avis de bannissement pris à l'encontre de sa famille. Entre 1428 et 1432, selon certains biographes, il aurait accompagné en France et en Allemagne le cardinal Albergati, mais cette hypothèse est peu fondée. Ses premiers écrits datent de cette époque et touchent à la littérature : une comédie en latin, *Philodoxeos* (1424) ; un traité, *De commodis literarum atque incommodis* (1428-1429) ; un *Amator* (vers 1428). En 1432 (et peut-être même dès 1431), il partit pour Rome où l'appelaient ses nouvelles fonctions d'abréviateur des lettres apostoliques à la chancellerie pontificale. Grâce aux libéralités d'Eugène IV, qui annula l'interdiction l'empêchant de recevoir les ordres sacrés et, partant, de jouir de bénéfices ecclésiastiques, Alberti fut enfin délivré des tracasseries financières qui avaient tourmenté sa jeunesse. À la cour papale, il put fréquenter les humanistes les plus remarquables. Il étudia les ruines romaines et se livra à des expériences d'optique. À cette même époque, il conçut les deux premiers livres de son ouvrage *Della famiglia*. De retour à Florence en 1434 avec la suite d'Eugène IV, qui fuyait Rome, il retrouva l'élite artistique de la cité, et formula les principes théoriques de la nouvelle expression artistique dans le *De pictura* (1435). Il composa à la même époque les *Elementi di Pittura*, dont il donna une traduction latine, et un bref traité sur la sculpture, *De statua*, tout en continuant à travailler à son ouvrage consacré à la famille. Les quatre livres de ce traité (le dernier date de 1440), son œuvre la plus célèbre en italien, concernent l'éducation des enfants, la famille, l'amour et l'amitié. Selon Alberti, le bonheur ne peut être atteint que dans le parfait équilibre entre l'individu et la société et, à travers elle, la famille. Ses fonctions officielles auprès d'Eugène IV l'amenèrent à se rendre aussi à Bologne (1436), à Pérouse (1437), à Ferrare (1438) où se réunit le concile des Églises romaine et byzantine ; puis il retourna à Florence avec le concile, qui y fut transféré à cause d'une épidémie de peste qui sévissait dans la ville émilienne. Il y resta de 1439 à 1443, rédigeant le *Theogenius*, l'un de ses dialogues les plus importants, et poursuivant ses *Intercenales*, œuvres latines inspirées de Lucien, commencées dès sa jeunesse à Bologne, qu'il réunit en dix livres vers 1439. En 1443, il revint avec la cour papale à Rome, qu'il ne quitta dès lors presque plus, se consacrant à nouveau aux mathématiques, à la physique et à l'optique. Armé d'un théodolite (appareil d'arpentage) de son invention, il parcourut la ville afin d'en dresser un plan exact, qu'il intégra dans sa *Descriptio urbis Romae*. Il résuma son savoir dans les *Ludi matematici*, parus en 1452. S'il ne renonça pas tout à fait à la littérature morale, puisqu'il publia une fable politique, *Momus*, satire caustique et mordante du pouvoir et de la vanité humaine, il se consacra désormais à l'architecture. Il conseilla le pape Nicolas V (élu en 1447) dans son entreprise de restauration de la Rome antique et ses projets de rénovation de la cité. Sa réputation en ce domaine était déjà bien établie à cette époque. En 1450, Sigismondo Malatesta le consulta pour l'église San Francesco à Rimini. En 1452, Alberti présenta au pape son traité *De re aedificatoria* (publié à Florence seulement en 1485). Ludovic Gonzague (Lodovico Gonzaga), qu'il avait rencontré à Mantoue lors de la diète convoquée par Pie II, lui confia en 1460 la construction de San Sebastiano et, onze plus tard, le projet de Sant'Andrea (cf. figure). Sous le pontificat de Paul II, Alberti perdit son office à la chancellerie, mais continua de résider à Rome, où il mourut en avril 1472.

Humanisme et architecture : le théoricien

Alberti a défini en théorie le nouvel idéal artistique de la Renaissance : son *De pictura*, rédigé en latin et traduit en italien par Alberti lui-même, qui le destinait aux artistes (la version italienne est d'ailleurs dédiée à Brunelleschi), exposait la théorie de la perspective qui venait de déclencher une révolution dans la peinture florentine. Dans le *De statua*, il développa une théorie des proportions fondée sur l'observation des mensurations du corps de l'homme, conforme à la pratique de Ghiberti, Michelozzo et Donatello.

Mais l'architecture était à ses yeux l'art par excellence, celui qui contribue le mieux à l'intérêt public, la forme supérieure du Bien. Dans les années 1440, à la demande de Lionello d'Este, Alberti entreprit un commentaire du *De architectura* de Vitruve. Devant l'obscurité et les incohérences du texte, il décida de réécrire lui-même un traité d'architecture, inspiré certes de l'architecte romain, mais adapté aux nécessités et aux mentalités modernes. Le *De re aedificatoria*, divisé en dix livres comme le traité vitruvien, est le premier traité d'architecture de la Renaissance, et

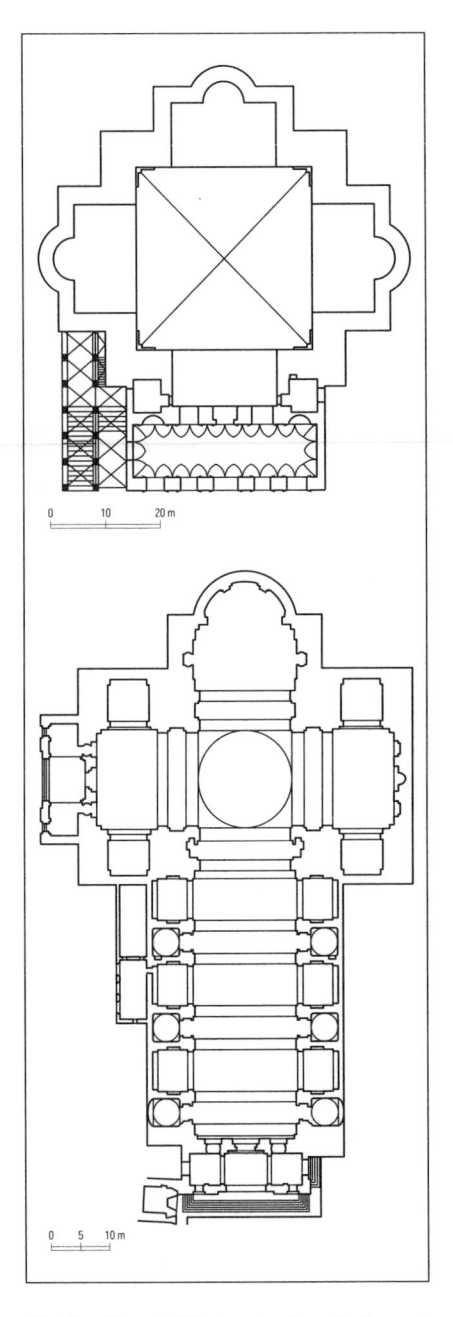

Alberti expérimente à Mantoue deux types de plan : croix grecque à San Sebastiano (en haut) et croix latine à Sant'Andrea.

son auteur fut cité par des humanistes, tel Rabelais (*Pantagruel*, chap. VII), à l'égal non seulement de Vitruve, mais aussi d'Euclide ou d'Archimède. Dans l'Introduction de l'ouvrage, Alberti aborde le rôle de l'architecture dans la vie sociale. Les trois premiers livres techniques sont consacrés respectivement au dessin, aux matériaux, aux principes de structure. Dans les livres IV à X, Alberti traite de l'architecture civile : choix du site, typologie des édifices civils, publics et privés. Sa cité idéale a un plan rationnel, avec des édifices régulièrement disposés de part et d'autre de rues larges et rectilignes. Cette nouvelle conception de l'urbanisme, en rupture avec les pratiques médiévales, est liée sans doute à l'essor sans précédent de la cité-république. Alberti reprend la plupart des thèmes abordés par Vitruve. L'architecture repose, pour lui, sur les mêmes principes de *firmitas* (solidité), *utilitas* (utilité), *venustas* (beauté). Il accorde une place importante au *decorum* et développe la définition de la beauté donnée par l'architecte romain : elle est une sorte d'harmonie et d'accord entre toutes les parties qui forment un tout construit selon un nombre fixe, une certaine relation, un certain ordre, ainsi que l'exige le principe de symétrie, qui est la loi la plus élevée et la plus parfaite de la nature (livre IX, chap. V).

Le *De re aedificatoria* est aussi le premier texte moderne à parler clairement des ordres d'architecture. La notion d'ordre n'est pas encore bien précise pour l'humaniste ; certes, il traite successivement des bases, des chapiteaux et des entablements de chaque ordre, mais les formes décrites sont assez proches de celles qui deviendront canoniques aux siècles suivants. À partir des données vitruviennes souvent confuses, il détaille les éléments des ordres toscan, dorique, ionique et corinthien, ajoutant ou précisant quelques points (tracé du tailloir corinthien, volute ionique, base "corinthienne" qu'il nomme ionique). Mais la grande nouveauté de sa conception des ordres est la perspective nationaliste : Alberti affirme la primauté de la nation étrusque, et donc des Toscans, en voyant dans l'ordre éponyme l'ordre le plus ancien. En outre, il est le premier à décrire le chapiteau composite qu'il nomme « italique » pour bien souligner qu'il s'agit d'une création italienne, et non grecque. L'influence du traité fut à la fois considérable et limitée. Considérable, car l'ouvrage fit de son auteur l'égal de Vitruve et, à ce titre, une référence obligée. Limitée, car sa publication tardive (1485) et surtout l'absence d'illustrations nuisit à sa diffusion. Du reste, rédigé en latin, il était davantage destiné aux connaisseurs qu'aux bâtisseurs.

De la théorie à la pratique

L'œuvre construite est peu importante en quantité. Alberti, homme de cabinet, ne fut pas présent sur les chantiers, comme le révèle par exemple la lettre dans laquelle il donne des instructions très précises à Matteo de' Pasti, chargé de l'exécution de San Francesco à Rimini. Dans d'autres cas, son intervention n'est pas prouvée. On lui attribue généralement la paternité du palais Rucellai, à Florence. Le palais fut construit en deux étapes par Bernardo Rossellino (1448-1455, apr. 1457 et av. 1469), mais l'humaniste est vraisemblablement l'inspirateur d'une façade qui présente pour la première fois trois niveaux de pilastres appliqués sur le revêtement à bossage typique des palais florentins. Cette superposition d'ordres inspirée de modèles antiques (Colisée, théâtre de Marcellus), l'utilisation d'une corniche à l'antique et, à la base de l'édifice, d'un *opus reticulatum*, sont tout à fait dans l'esprit d'Alberti, qui apparaît ainsi comme l'inventeur d'un type de façade sans précédent à Florence. En 1450, Sigismondo Malatesta avait appelé Alberti à Rimini pour moderniser San Francesco et en faire un mausolée dynastique, d'où son nom de *tempio Malatestiano*. Le Florentin conçut une enveloppe moderne, habillant la façade et les flancs de l'ancien édifice, ainsi qu'une rotonde, dans le prolongement du chœur, couverte d'une immense coupole ; toutefois, ce dernier projet ne put être mené à bien. À Florence, Alberti réalisa à la demande de Giovanni Rucellai le Saint-Sépulcre de l'église San Pancrazio, petit édicule supporté par des pilastres cannelés (1467), et surtout la façade de Santa Maria Novella (1457-1458). Quant aux édifices prévus pour Mantoue, ils ne furent pas terminés : San Sebastiano n'a jamais reçu la façade que prévoyait Alberti, et c'est Filippo Juvara qui construisit au XVIIIe siècle la coupole de Sant'Andrea. De même, l'église de Rimini resta inachevée.

Tous ces édifices sont cependant très importants pour l'histoire de l'architecture, car ils posent, d'entrée de jeu, les deux problèmes cruciaux de l'architecture religieuse de la Renaissance : celui du plan (centré ou longitudinal) et celui de l'adaptation des formules antiques aux façades des églises modernes. San Sebastiano, construit sur l'emplacement d'un ancien oratoire, a un plan en croix grecque. Sant'Andrea, église destinée à accueillir de nombreux fidèles, comporte pour cette raison une nef sans bas-côtés, mais dotée de chapelles latérales et couverte d'une puissante voûte en berceau reposant sur des piliers disposés entre les chapelles, dans un rythme inspiré de l'arc de triomphe antique. Enfin, le temple des Malatesta devait combiner une nef longitudinale et un sanctuaire en forme de rotonde. Les principales solutions qu'adopta l'architecture religieuse des siècles suivants se trouvent ici définies : le plan central fut celui du Saint-Pierre projeté par Bramante et par Michel-Ange ; le plan longitudinal de Sant'Andrea préfigure celui du Gesù construit à Rome par Vignole ; la combinaison de la nef et de la rotonde, souvenir du Saint-Sépulcre de Jérusalem, se retrouve à la Santissima Annunziata de Florence ; elle fut reprise par Diego de Siloé pour la cathédrale de Grenade.

L'autre grand problème était celui de la façade. Les modèles antiques utilisant les ordres – le portique de temple avec fronton et l'arc de triomphe – s'adaptent difficilement à l'élévation d'une église chrétienne comportant une nef haute et des bas-côtés. À Santa Maria Novella, Alberti adopta la solution la plus simple : deux niveaux d'ordres superposés, large au rez-de-chaussée et plus étroit à l'étage, avec de part et d'autre de ce niveau supérieur des volutes pour relier les deux étages. Cette formule fut reprise et diffusée par Antonio da Sangallo le Jeune, à Santo Spirito in Sassia, à Rome, et s'imposa définitivement dans la Ville éternelle, avec la façade du Gesù et sa nombreuse descendance. À Rimini, la proximité de l'arc d'Auguste semble avoir imposé le modèle de l'arc de triomphe, dont on retrouve des éléments : les colonnes cannelées engagées et les *tondi* (ou médaillons) des écoinçons. L'arc de triomphe constitue le rez-de-chaussée ; la partie haute de la nef est fermée par un second niveau plus étroit. Dans ce cas, les deux étages sont reliés par des demi-frontons. Palladio se souviendra de ces éléments pour ses façades d'églises vénitiennes.

Sant'Andrea représente une nouvelle étape, plus audacieuse et plus problématique. L'arc de triomphe, monumental, est combiné à un fronton de temple, couvrant apparemment les deux niveaux de l'élévation. En réalité, ce n'est possible que pour le narthex, plus bas que la nef. En retrait de la façade et dissimulé par elle, un petit arc, situé plus haut que le fronton, masque la partie supérieure de la nef. Cette solution, peu satisfaisante, n'eut pas de suite. Alberti a donc posé et tenté de résoudre les problèmes majeurs de l'architecture de la Renaissance. Le style de ses réalisations témoigne lui aussi de sa modernité, car elles ne reprennent pas seulement à l'Antiquité des formules de disposition des ordres, elles en ressuscitent la monumentalité. Même inachevé (Matteo de' Pasti ne put mener à terme l'entreprise en raison de la mort de Sigismondo, en 1468), le temple des Malatesta frappe par la noblesse de sa conception. Dans la majesté de son volume intérieur, Sant'Andrea de Mantoue est comparable aux plus belles réalisations de l'Antiquité.

Cette monumentalité très romaine est cependant combinée à un décor archaïsant, qui lui confère une originalité supplémentaire. La décoration ne renie pas les modèles et le style toscans : la façade de Santa Maria Novella est une savante synthèse d'éléments antiques (attique, pilastres et demi-colonnes placées sur piédestal) et d'un registre décoratif typiquement florentin (incrustations, chapiteaux au décor préclassique, etc.), qui en font la transcription moderne de San Miniato al Monte. Curieusement, les formes des ordres décrites dans le traité ne sont pas utilisées dans la réalité. Les chapiteaux de la façade de Rimini, dont la composition est donnée par l'humaniste avec la plus grande précision, diffèrent du corinthien de l'arc antique voisin, et seraient inspirés d'un type ancien de chapiteau italique ; de même, les chapiteaux de Sant'Andrea ne respectent pas les normes canoniques.

Humaniste, théoricien et praticien dilettante, Alberti inaugure l'un des principaux types de l'architecte à l'âge classique. Pierre Lescot, Daniele Barbaro, Claude Perrault seront, de ce point de vue, ses héritiers. L'autre grande figure de la Renaissance italienne, Brunelleschi, représente un second type : celui de l'homme de chantier, qui, bien qu'attentif à l'aspect théorique de son art et aux principes de l'Antiquité, est plus attaché aux réalités pratiques et à la tradition locale qu'il hérite de son expérience de constructeur. Antonio da Sangallo, Philibert Delorme et François Mansart se situent dans cette lignée. L'œuvre d'Alberti et de Brunelleschi traduit cette opposition, si bien exprimée par André Chastel : « On n'aura aucune peine à opposer la démarche de Brunelleschi à celle d'Alberti, si l'on songe à ce qui sépare Saint-Laurent du Temple de Malatesta, Santo Spirito de Saint-André de Mantoue : ici, ligne et dessin, là, mur et volumes ; ici, la scansion des vides et un rythme explicite, là, des consonances multiples ; ici, le roman toscan porté à un ordre de rapports d'une pureté parfaite, là le modèle romain obstinément médité » (« L'Architecture *cosa mentale* », in *Filippo Brunelleschi, la naissance de l'architecture moderne*, L'Équerre, Paris, 1978). Peut-être faut-il des génies comme Léonard ou Michel-Ange pour dépasser cette opposition.

FRÉDÉRIQUE LEMERLE

Bibliographie

- **Œuvres de Leon Battista Alberti**

« De cifris » in *Die Geheimschrift im Dienste der papstlichen Kurie*, A. Meister éd., Paderborn, 1906 ; *Leon Battista. L'Architectura. De re aedificatoria*, G. Orlandi éd., Edizioni Il Polifilo, Milan, 1966 ; *Leon Baptista Alberti*, « De commodis literarum atque *incommodis* », Leo S. Olscki, L. G. Carotti éd., Florence, 1976 ; *Fables sans morale* suivi de *Prophéties facétieuses* de Léonard de Vinci, trad. et Préface de P. Laurens, Les Belles-Lettres, Paris, 1997 ; *Leon Battista Alberti, Momus ou le Prince. Fable politique* (première traduction en français par Claude Laurens. Préface de Pierre Laurens), *ibid*., 1993 ; *Alberti : on Painting and on Sculpture, the Latin Texts of « De Pictura » and « De statua »*, C. Grayson éd., Phaidon, Londres, 1972 ; *De la peinture*, trad. J.-L. Schefer, Macula, Paris, 1992 ; *Opera inedita et pauca separatim impressa di Leon Battista Alberti*, G. Mancini éd., J. C. Sansoni, Florence, 1890 ; *Opere volgari*, C. Grayson éd., 2 vol., Gius, Laterza e Figli, Bari, 1960-1966 ; *Opuscoli morali di L. B. Alberti*, C. Bartoli éd., Francesco Franceschi, Venise, 1568 ; « Philodoxeos Fabula, edizione critica », in C. L. Martinelli éd., *Rinascimento*, n° 17, 1977.

- **Études**

A. BLUNT, *La Théorie des arts en Italie*, Gallimard, Paris, 1966 / F. BORSI, *Leon Battista Alberti*, Electa, Milan, 1975 / F. CHOAY, *La Règle et le Modèle : Sur la théorie de l'architecture et de l'urbanisme*, Seuil, Paris, 1996 / J. GADOL, *Leon Battista Alberti : Universal Man of the Early Renaissance*, Univ. of Chicago Press, Chicago, 1969 / E. GARIN, « Il Pensiero di L. B. Alberti nella cultura del Rinascimento », in *Accademia nazionale dei Lincei*, n° 209, 1974 / C. GRAYSON, « Studi su Leon Battista Alberti », in *Rinascimento*, n° 4, 1953 ; « The Humanism of Alberti », in *Italian Studies*, vol. XII, 1957 ; « Leon Battista Alberti, Architect », in *Architectural Design*, 49, n° 5-6, juin 1979 ; « The Composition of L. B. Alberti's decem libri « De re aedificatoria », in *Münchner Jahrbuch der bildenden Kunst*, vol. III, 1960 / M. HORSTER, « Brunelleschi und Alberti in ihrer Stellung zur römischen Antike », in *Mitteilungen des Kunsthistorischen Instituts in Florenz*, vol. XVIII, 1973 / R. KRAUTHEIMER, « Alberti and Vitruvius », in *The Renaissance and Manierism, Studies in Western Art*, vol. II, Princeton, 1963 / C. R. MACK, « The Rucellai Palace : Some New Proposals », in *Art Bulletin*, n° 56, 1974 / G. MANCINI, *Vita di Leon Battista Alberti*, 2ᵉ éd. rev., G. Garnesecchi et Figli, Florence, 1911 / P. H. MICHEL, *Un idéal humain au XVᵉ siècle. La pensée de L. B. Alberti*, Les Belles-Lettres, Paris, 1930 / H. MÜHLMANN, *L. B. Alberti : Aesthetische Theorie der Renaissance*, Rudolph Habelt Verlag, Bonn, 1982 / G. PONTE, *Leon Battista Alberti : umanista e scrittore*, Tilgher, Gênes, 1981 / M. TAFURI, *Ricerca del Rinascimento*.

Principi, città, architetti, Einaudi, Milan, 1992 / L. VAGNETTI, « Lo Studio di Roma negli scritti albertiani », in *Actes du colloque international sur L. B. Alberti*, Florence, 1972 / G. VASARI, *Les Vies des meilleurs peintres, sculpteurs et architectes*, t. III, Berger-Levrault, Paris, 1981 / C. W. WESTFALL, *In this Most Perfect Paradise : Alberti, Nicholas V, and the invention of Conscious Urban Planning in Rome, 1447-1455*, The Pennsylvania Univ. Press, University Park, 1974 / R. WITTKOWER, « Alberti's Approach to Antiquity in Architecture », in *Journal of the Warburg and Courtauld Institutes*, n° 4, 1940-1941 ; *Architectural Principles in the Age of Humanism*, Alec Tiranti, Londres, 3ᵉ éd. 1962.

Leon Battista Alberti, catal. expos. *Alberti à Mantoue* (1994) sous la direction de J. Rykwert et A. Engel, Electa, Milan, 1994 / *Actes du congrès international Leon Battista Alberti* (10-15 avr. 1995), sous la direction de F. Furlan, P. Laurens et S. Matton, Vrin, 1997.

ALESSI GALEAZZO (1512-1572)

Formé à Pérouse, puis à Rome dans l'entourage de Michel-Ange, Alessi introduisit l'architecture maniériste à Gênes et à Milan. Il donna une interprétation du plan central de Saint-Pierre de Rome en élevant Santa Maria di Carignano (1549). En construisant la sévère et monumentale Villa Cambiaso (1541-1548), il définit le style du palais génois pour la nouvelle rue *(Strada Nuova)* qu'il devait créer. À Milan, au palais Marino (1558) comme à la façade de Santa Maria presso San Celso, il superposa à l'ordonnance classique un riche décor sculpté, typique du goût lombard.

CATHERINE CHAGNEAU

Bibliographie

A. PERONI, « Architetti manieristi nell' Italia settentrionale : P. Tibaldi e G. Alessi », in *Boll. del Centro A. Palladio*, IX, 1961.

ALPHAND ADOLPHE (1817-1891)

Le nom de Jean-Charles Adolphe Alphand, ingénieur, paysagiste et administrateur français de haut rang, est étroitement associé aux grands travaux de Paris entrepris sous le second Empire et poursuivis durant la IIIe République. Né en 1817 à Grenoble, d'un père colonel d'artillerie, il entre à l'École polytechnique en 1835, puis à l'École des ponts et chaussées en 1837. Après s'être vu confier des missions dans l'Isère et la Charente-Inférieure, il est envoyé en 1839 à Bordeaux comme ingénieur ordinaire du corps des Ponts et Chaussées. Il y réalise des travaux portuaires et ferroviaires, se familiarise avec la botanique en participant à la mise en valeur des Landes, aménage en station sanitaire et hivernale la baie d'Arcachon. Cette intense activité lui vaut une renommée précoce, attestée par son élection au conseil municipal de la ville, puis au conseil général de la Gironde qu'il représentera pendant vingt ans. En 1851, la nomination à Bordeaux du préfet Haussmann va décider de son avenir. Lors du voyage du prince-président dans cette ville, en octobre 1854, Alphand seconde le préfet dans les préparatifs de la réception solennelle, véritable prologue théâtral de l'Empire. Il révèle dans cette circonstance le goût et le sens de l'organisation qui feront de lui l'ordonnateur idéal de la vie quotidienne et de ses plaisirs. La carrière de l'ingénieur se trouve liée à celle du grand préfet qui a su le distinguer et saura l'attacher à son service durant seize années.

Quelques mois après sa nomination dans la capitale (22 juin 1853), Haussmann l'installe à son côté dans le poste d'ingénieur en chef du service des Promenades de Paris. Ce poste d'apparence modeste embrasse pourtant un des aspects majeurs de la transformation de Paris. C'est que Napoléon III est acquis à la cause des jardins publics. Influencé par les doctrines saint-simoniennes et par la civilisation anglaise où il a baigné en exil, Louis Bonaparte entend doter Paris d'un « système » de parcs qui rivaliserait avec celui de Londres. Donner à la ville un visage verdoyant répond à des préoccupations mêlées d'ordre économique, esthétique et moral. Le jardin n'est plus un simple accessoire décoratif, il devient un instrument perfectionné de progrès, un symbole de modernité autour duquel la ville se régénère. C'est là sans doute la raison initiale du choix d'un ingénieur pour l'accomplissement d'une tâche ordinairement dévolue à un architecte ou à un jardinier. Il est vrai qu'Alphand sait lui-même s'entourer d'hommes compétents : l'architecte Gabriel Davioud, qui sera chargé des constructions meublant les parcs, et l'horticulteur bordelais Barillet-Deschamps, qu'il connaît de longue date et qui semble bien avoir été le véritable dessinateur des nouveaux jardins de Paris si l'on en croit Édouard André, son collaborateur.

Tant que se maintient le second Empire, Alphand ne s'occupe ni des travaux de grande voirie ni des principaux travaux d'architecture, confiés à Victor Baltard. Ses premières interventions — au bois de Boulogne et rue de Rivoli, où il réalise le square Saint-Jacques — laissent pourtant deviner la portée réelle de son action. Ses jardins sont en effet solidaires du réseau de voies nouvellement créées. Ouvrir de nouveaux espaces, assainir les anciens, embellir l'ensemble, tels sont les différents gestes d'une même démarche conduisant à faire de Paris une cité-jardin avant la lettre.

Dans un premier temps, l'ingénieur-jardinier établit à Auteuil les pépinières et les serres qui fourniront les plantes d'ornement. Trois grandes familles de jardins font ensuite leur apparition. À l'ouest puis à l'est, le bois de Boulogne puis celui de Vincennes sont annexés au domaine municipal et transformés en vastes parcs paysagés. Dans les nouveaux arrondissements, les parcs des Buttes-Chaumont et de Montsouris sont créés de toutes pièces à l'emplacement de carrières désaffectées. Le parc Monceau, ancienne propriété de la famille d'Orléans, est remodelé et construit sur son pourtour à la mode londonienne. Une multitude de squares de toutes formes et de toutes dimensions sont plantés dans les espaces libérés par le percement des nouvelles rues : squares carrefour, squares de dégagement ou simples squares de quartier, plus fidèles au modèle importé d'Angleterre. Cette dernière famille fait corps avec la voirie, qu'elle accompagne ou prolonge selon les cas. Tout comme le plan d'ensemble des grands travaux, la physionomie et la répartition de ces jardins sont le produit des circonstances autant que d'une intention délibérée. Par leur enveloppe ils s'intègrent à la ville, par leur tracé proprement dit ils s'en éloignent, l'une ayant été fixée antérieurement à l'autre. À ces jardins clos il convient d'ajouter les plantations d'agrément que sont les larges voies bordées d'arbres qui sillonnent la ville en tous sens. Ces promenades ouvertes s'offrent comme le complément de l'espace clôturé et discipliné des squares distribués sur tout le territoire parisien.

La renommée d'Alphand ne cessant de s'étendre, il préside bientôt à l'idée d'ensemble des travaux de Paris. Sa carrière se résume en une ascension irrésistible qui le conduit au sommet de la hiérarchie administrative. En 1867, il conquiert le titre de directeur de la Voie publique et des Promenades. Après avoir pris une part active aux travaux de l'Exposition universelle de 1867 en nivelant le Trocadéro et en créant le parc du Champ-de-Mars, il est promu inspecteur général des Ponts et Chaussées de 2e classe. Il n'a pas à souffrir de la disgrâce du baron Haussmann en 1869, ni de la chute de l'Empire en 1871. Le gouvernement de la Défense nationale lui confie la mise en état des fortifications de Thiers et la construction de bastions avancés. Colonel de la légion du génie de la garde nationale, il reçoit pour adjoint le lieutenant-colonel Eugène Viollet-le-Duc. En 1871, il est promu par décret directeur des Travaux de Paris, réunissant dès lors sous son autorité les services de la Voie publique, des Promenades et Plantations, de l'Architecture et du Plan. Après avoir été l'auxiliaire du préfet le plus puissant de notre histoire, il devient, suivant l'expression d'Haussmann, un « ministre dirigeant ». En 1875, il devient inspecteur général de 1re classe et, en 1878, à la mort de son collègue Belgrand, il ajoute à ses attributions la direction des Eaux et Égouts de Paris, maîtrisant ainsi la totalité de l'espace parisien, aérien et souterrain. La même année, il est appelé à la commission supérieure des Expositions et conçoit le parc du Trocadéro. Il succédera à Haussmann sous la coupole de l'Institut (Académie des beaux-arts) en 1891, année de sa propre disparition.

L'originalité d'Alphand tient dans sa capacité d'assimilation exceptionnelle, dans son aptitude à réunir et à mettre en œuvre les connaissances les plus diverses, à coordonner des entreprises jusqu'alors étrangères les unes aux autres. Pour cette raison, il est bien difficile de faire dans son œuvre le partage entre ce qui lui appartient en propre et ce qui n'est qu'emprunt anonyme.

Dans un ouvrage monumental intitulé *Les Promenades de Paris* (1867-1873), il décrit avec une grande précision les travaux qu'il a dirigés sous le second Empire. Il y fait montre d'un pragmatisme pondérateur soutenu par une science inépuisable. Plus praticien que théoricien, il a su adapter au milieu urbain le style paysager d'André Thoüin. Évitant « l'affectation du pittoresque », il a pris soin de ne point abuser dans ses jardins « [des] fabriques, des ruines et autres excentricités ». Il a ressuscité la simplicité empreinte de grandeur des premiers jardins anglais bien adaptés à un usage collectif et conformes à son goût personnel. Les allées de ses parcs « présentent un mouvement continu, sans brisure, ni retours multipliés ». Le promeneur voit le paysage changer d'aspect à mesure qu'il se déplace, sans être jamais dérouté. En dehors de quelques sites éminents et dégagés, la promenade doit ignorer la ville. Elle y parvient en se déployant derrière une ligne d'arbustes qui ferme le jardin.

L'attention du jardinier se porte autant sur le dessin du paysage que sur les caractères de la végétation, son volume, sa texture et sa coloration. La minutie et l'ampleur de l'administration d'Alphand sont telles qu'il parvient à penser ses parcs et promenades comme un tout, sans négliger aucun détail. Par son œuvre éditilaire et doctrinale, il établit la liaison entre les jardiniers de l'âge romantique et les premiers urbanistes.

MICHEL VERNÈS

AMADEO GIOVANNI ANTONIO (env. 1447-env. 1522)

Sculpteur et architecte, sensible à l'exemple de Filarète, Amadeo adapta la tradition décorative lombarde au répertoire de la Renaissance toscane. Il construisit la chapelle du Colleone à Bergame (1470) et succéda à Giovanni Solari à la direction des travaux du Duomo et de l'Ospedale Maggiore de Milan en 1481. Appelé plusieurs fois à la chartreuse de Pavie pour d'importants ouvrages de sculpture (entre 1466 et 1485), il donna en 1490 le modèle de la façade dont il dirigea l'exécution jusqu'en 1499. À Pavie il réalisa aussi le palais Bottigella (1492).

CATHERINE CHAGNEAU

Bibliographie
L. BENEVOLO, *Storia dell'architettura del Rinascimento,* Bari, 1968.

AMENHOTEP, XVIIIe dynastie

Contemporain du pharaon Aménophis III, Amenhotep, fils de Hapou, construisit notamment le temple royal de Thèbes ouest, dont il ne subsiste que les colosses de Memnon, et semble avoir joué un rôle de premier plan dans la définition des canons architecturaux du Nouvel Empire. D'origine modeste (son père est un simple juge local du delta), scribe militaire devenu constructeur royal, sa compétence en fait le favori du roi. Il obtient pour récompense un monument funéraire, véritable réplique à échelle réduite des temples royaux. Mort à quatre-vingts ans, il devient un nouvel Imhotep, divinisé à basse époque comme cet illustre prédécesseur.

LUC PFIRSCH

Bibliographie

D. WILDUNG, « Imhotep und Amenhotep », in *Münchner Ägyptologische Studien,* 36, Deutscher Kunstverlag, Munich-Berlin, 1977.

AMMANNATI BARTOLOMEO (1511-1592)

Après avoir été l'élève du sculpteur Baccio Bandinelli à Florence, Ammannati rejoint Jacopo Sansovino à Venise ; entre 1537 et 1540, il travaille avec lui à la *Libreria Vecchia* (reliefs de l'attique). Puis il part pour Padoue, où il sculpte notamment une statue colossale d'*Hercule* (1544), un portail avec *Apollon* et *Jupiter* et le mausolée de B. Benavides aux Eremitani (1546). Il se rend ensuite à Rome et reçoit, grâce à Vasari, différentes commandes de sculpture et d'architecture pour le pape Jules III (statues pour le tombeau de F. et A. del Monte à San Pietro in Montorio, palais Candelli). Rappelé à Florence par Cosme Ier de Médicis après la mort du pape, il remporte en 1559 le concours pour la fontaine de Neptune, place de la Seigneurie (commencée en 1563), dont l'énorme statue s'inspire trop lourdement du *David* de Michel-Ange. En 1560, il est chargé des agrandissements projetés par Cosme Ier au palais Pitti, qui se poursui-vent jusqu'en 1577. Il dessine notamment la vaste cour où il reprend les bossages brunelleschiens en y adjoignant des ordres superposés selon la formule adoptée par Jules Romain à Mantoue, et dont il anime habilement la travée centrale par une percée sur le jardin. En 1569, il donne son chef-d'œuvre avec le *Ponte Santa Trinità* (détruit en 1944 et reconstruit) dont les trois arches élégantes s'allongent souplement entre les fortes piles en éperon. Le pape Grégoire XIII lui commande en 1570 la tombe de Giovanni Boncompagni au Composanto de Pise. Il conçoit encore les plans de l'austère *Collegio Romano*, à Rome (édifié de 1582 à 1584), qui montre ce qu'il doit à Vignole. En 1585, Ammannati préside à l'érection de l'obélisque de la place Saint-Pierre, le premier que l'on relevait à Rome.

MARIE-GENEVIÈVE DE LA COSTE-MESSELIÈRE

AMSTERDAM ÉCOLE D'

Dans les années 1905, trois jeunes étudiants en architecture travaillent chez E. Cuypers, à Amsterdam. Ce sont M. De Klerk, J. M. Van der May et P. Kramer. Ils critiquent Berlage, le plus célèbre praticien de la ville, et lui reprochent une étroite rationalité incapable d'exprimer le piquant de la vie moderne. Le plus doué de ce trio est De Klerk dont les logements sociaux, dès avant 1914, seront vite qualifiés d'expressionnistes. Effets d'appareil, décrochements subtils, rotules de liaison compliquées à plaisir attestent un désir d'affirmer un geste spectaculaire. Pour la première fois en Europe, le logement destiné aux classes populaires échappait à la rationalité exigée par les philanthropes et les autorités officielles.

ROGER-HENRI GUERRAND

Bibliographie
Amsterdamse School, Musée municipal, Amsterdam, 1975.

ANDO TADAO (1941-)

Né en 1941 à Ōsaka, c'est par hasard, en achetant un ouvrage d'occasion consacré à Le Corbusier, que Tadao Ando se serait initié à l'architecture. Une de ses premières œuvres, celle qui lui valut sa réputation, consiste en une petite maison privée, de deux niveaux, bâtie en 1976 à Ōsaka. Elle est pourvue d'une façade plate, aveugle, simplement marquée par les joints et les ondulations du coffrage de contreplaqué ainsi que par les petites traces rondes régulières du système de fixation des banches qui deviendront sa marque de fabrique. Un trou rectangulaire étroit percé en guise de porte y introduit une monumentalité laconique d'un intense effet dramatique. Dans la villa de la couturière Koshino à Ashiya (1979-1981, agrandie en 1984), Ando manifeste une rare capacité à combiner dans une nouvelle approche tant physique que spirituelle la tradition savante de la perception japonaise de l'espace et les géométries nettes, abstraites et puristes des avant-gardes européennes de l'entre-deux-guerres : pour l'essentiel des volumétries orthogonales, dialoguant souvent avec des mouvements en arc de cercle.

Dans les années 1970 et 1980, il bâtit surtout des univers protégés, voués à une manière de vie contemplative. Si c'est le béton armé qui a fait la célébrité de Tadao Ando, il a su construire également avec des maçonneries de pierre ou de gros galets plus rustiques, de l'acier parfaitement mis en œuvre, du bois en structures splendidement échafaudées, du verre plat ou cintré, clair ou translucide et installer ses édifices sur le sol avec une grande subtilité paysagère, capable d'exprimer en d'infimes déclivités du terrain tout un imaginaire tellurique. Il a réalisé nombre de résidences particulières, dont la maison Kidosaki, dans le quartier Setagaya de Tōkyō (1982-1986) ; plusieurs chapelles chrétiennes, dont celle du mont Rokko (1985-1986) ou la Chapelle de la lumière à Ōsaka-Ibaraki (1987-1989), des temples comme celui de Tsuna-Gun (1989-1991), en forme de grande vasque emplie de nénuphars ; des théâtres, des cafés ; divers musées tels que le musée d'Art contemporain de Naoshima (1988-1992), le musée des Enfants de Himeji (1987-1991), ou le musée historique Chikatsu-Asuka à Ōsaka (1990-1992) ; des complexes de logements en terrasses, rigoureusement étagés sur les flancs du mont Rokko à Kōbe (1978-1983 et 1985-1994) ; une bibliothèque et un centre de recherche pour la société Benetton près de Trévise (1995). Les réalisations des années 1990 témoignent d'un certain penchant à la monumentalité. L'U.N.E.S.C.O., qui fête son cinquantenaire en 1995, lui a commandé un petit pavillon cylindrique de 33 mètres carrés. Auteur en 1992 du pavillon japonais de l'Exposition universelle de Séville, lauréat la même année du prix Carlsberg et, en

1995, du prix Pritzker, célébré par de vastes rétrospectives au Museum of Modern Art de New York en 1991, au Centre Georges-Pompidou en 1993, Tadao Ando est devenu l'architecte emblématique de son pays.

FRANÇOIS CHASLIN

ANDROUET DU CERCEAU LES

La famille Androuet comprend des architectes et des sculpteurs actifs au XVIe et au XVIIe siècle. Le surnom « du Cerceau » ajouté à leur patronyme vient du motif de l'enseigne de la boutique du père de Jacques Ier qui était marchand de vin. Jacques Ier (vers 1510-1585) est le membre le plus illustre de la famille. Il est surtout célèbre comme graveur d'architecture et bénéficia pendant toute sa vie de protections royales ou princières. Au début de sa carrière, il se consacre surtout aux représentations de monuments antiques (*Livre d'arcs*, 1549 ; *Arcs et monuments antiques*, 1550 ; *Moyens Temples*, 1550 ; *Fragmenta structurae veteris*, 1551 ; *Vues d'optique*, 1551). En 1559, il publie son premier *Livre d'architecture*, recueil technique de modèles d'édifices qui se différencie nettement des traités théoriques de l'époque. Ce livre sera suivi d'un second, en 1561, consacré aux détails ornementaux et d'un troisième en 1582. S'intercalent au milieu de ces publications les *Petites Habitations*, vers 1545, inspirées du style des châteaux de la Loire, le *Livre des grotesques*, en 1566 et les *Leçons de perspective positive* en 1576. À la fin de sa vie il retournera à ses préoccupations premières et donnera, en 1583, le *Petit Traitte des cinq ordres de colomnes* et en 1584 le *Livre des édifices antiques romains*. Mais la grande œuvre de sa vie est incontestablement la publication des *Plus Excellents Bastimens de France*, en deux volumes (1576-1579). Ces recueils constituent une source irremplaçable d'information sur des monuments détruits ou restés à l'état de projet. Jacques Ier est considéré aujourd'hui plus comme un décorateur que comme un architecte, bien qu'on lui ait attribué la paternité de deux grands édifices de la deuxième moitié du XVIe siècle, Verneuil et Charleval, paternité qui semble quelque peu douteuse. Ses qualités de dessinateur et de graveur sont, en revanche, indéniables : sa production, énorme, est d'un grand raffinement et d'une grande beauté. Dans ses reproductions d'édifices existants, il prend malheureusement quelques libertés vis-à-vis de ses modèles. Androuet Du Cerceau n'a, en aucun cas, élaboré une théorie architecturale ; il proposait plutôt des modèles, inspirés bien souvent de l'œuvre d'architectes contemporains. En toile de fond de toute son œuvre, transparaît nettement l'influence de Serlio.

Son fils Baptiste (mort en 1590) fut l'architecte attitré d'Henri III. Nommé en 1578 surintendant des Bâtiments du roi, il participe à l'élaboration du Pont-Neuf, fait des travaux à Saint-Germain-en-Laye et au Louvre. Il travaille également à la rotonde des Valois à Saint-Denis après la mort de Bullant en 1582. Son activité ne s'est certainement pas limitée à ces chantiers, mais il ne reste rien des autres programmes royaux. Baptiste construisit aussi pour les membres de l'entourage royal. On lui doit le château de Fresnes (1578), l'hôtel du Bouchage à Paris, et peut-être d'autres châteaux d'Île-de-France.

Jacques II Androuet Du Cerceau (mort en 1614), le second fils de Jacques Ier, fut nommé en 1596 contrôleur général des Bâtiments du roi. On lui attribue des travaux au Louvre et aux Tuileries ; on le crédite également de nombreux projets de demeures parisiennes, attributions qui, en dehors des travaux réalisés à l'hôtel de Soissons, demanderaient à être étayées. Il dessine le temple protestant de Charenton.

La tradition familiale du dessin fut maintenue au XVIIe et au XVIIIe siècle, où l'on retrouve chez les Du Cerceau plusieurs « dessinateurs du roi ». Néanmoins leur œuvre n'a pas encore été identifiée.

RENÉE PLOUIN

ANTHÉMIOS DE TRALLES
(2e moitié Ve s.-env. 534)

Architecte lydien né à Tralles dans la seconde moitié du Ve siècle, Anthémios appartenait à une famille extrêmement cultivée. L'historien Agathias nous apprend que son père était un médecin réputé et que ses frères furent respectivement maître de rhétorique (Métrodore, qui s'installa à Constantinople), juriste et médecins (dont l'un exerça à Rome).

Possédant d'excellentes connaissances en mathématiques, Anthémios a laissé divers traités, dont un sur les miroirs paraboliques et un autre consacré aux machines remarquables. Il met également au point un procédé pour tracer des ellipses. Eutokios lui dédie ses commentaires sur les quatre premiers livres des *Coniques* d'Apollonios. Il s'intéresse également à l'explication des phénomènes naturels. Une anecdote rapportée par Agathias le montre persécutant un voisin en suscitant dans l'appartement de ce dernier une sorte de tremblement de terre en miniature à l'aide de vapeur d'eau dûment canalisée et en fabriquant, par un jeu de miroirs captant le soleil, des éclairs qu'il faisait accompagner de surcroît de grondements imitant le tonnerre. Cette vaste culture scientifique n'était pas surprenante chez un *méchanopoios*, titre acquis au terme des études d'architecte telles qu'elles étaient conçues au moins dès l'époque hellénistique et telles qu'elles s'étaient maintenues pendant l'époque romaine (Severus et Celer, les architectes de la Domus Aurea à Rome, étaient eux aussi des *machinatores*).

Appelé à Constantinople, il devint avec Isidore de Milet et quelques autres (Chrysès d'Alexandrie) l'architecte officiel de Justinien. À ce titre, nombreux furent ses projets, tant dans la capitale — l'église Saints-Serge-et-Bacchus paraît témoigner de la même inspiration que Sainte-Sophie — qu'en province. L'historien Procope nous le montre consulté par Justinien avec Isidore de Milet sur les précautions à prendre pour éviter que les crues n'emportent les murailles de la forteresse de Dara. Mais le seul bâtiment connu auquel son nom est explicitement associé est Sainte-Sophie de Constantinople.

Cette église fut édifiée en cinq ans et dix mois (532-537) à l'emplacement d'une première basilique consacrée en 360, qui avait déjà brûlé partiellement en 404 (reconsacrée en 415 sous Théodose II), avant de brûler totalement pendant la révolte Nika (532). Le nouvel édifice, qui conservait le plan oblong de son prédécesseur, fut cependant couvert en maçonnerie afin, rapporte Agathias, d'éviter tout nouvel incendie, mais peut-être le fut-il parce que Justinien tenait, pour des raisons symboliques, à introduire la coupole dans une architecture traditionnelle pourvue de charpente. Le parti adopté par Anthémios de Tralles et Isidore de Milet ne fut pas le plus simple, qui aurait consisté à épauler la coupole à l'est et à l'ouest par des berceaux (Sainte-Irène, d'après une restitution récente de l'élévation primitive) ou par une calotte basse à l'ouest associée à un berceau à l'est (basilique B de Philippes). Ils préférèrent, à partir d'un plan où se retrouvaient, aux angles, les exèdres de Saints-Serge-et-Bacchus, introduire, pour épauler à l'est et à l'ouest la coupole, deux demi-coupoles, elles-mêmes contrefortées par deux culs-de-four couronnant les exèdres d'angle. Ce parti hardi, qui permettait d'asseoir très haut (sommet de la coupole primitive : 50 m) une très large coupole (diamètre intérieur : 31,36 m), était aussi un moyen efficace de contrebuter la coupole centrale. Le défaut du système architectural ainsi mis au point résidait dans la faible épaisseur des arcs formerets qui épaulaient au nord et au sud la coupole et dans leur contrebutement insuffisant. Surtout il n'y avait pas d'homogénéité entre les solutions que les architectes avaient retenues à l'est et à l'ouest d'une part, au nord et au sud d'autre part. Cette erreur de conception, jointe aux tassements provoqués par une construction menée hâtivement, explique que la coupole primitive se soit effondrée en 558 après les secousses telluriques de 557. En dépit de ces faiblesses, l'édifice témoigne du génie de ses architectes et de la modernité de leurs conceptions (ne serait-ce que dans la dissociation opérée entre les murs — simples cloisons déterminant les espaces intérieurs — et les éléments porteurs — piliers et contreforts).

Anthémios ne vit pas l'achèvement de son projet. Il mourut en effet vers 534.

JEAN-PIERRE SODINI

ANTOINE JACQUES DENIS (1733-1801)

Architecte français, Jacques Denis Antoine, dont on ne connaît ni la formation ni les débuts, est issu d'une famille de menuisiers parisiens. D'abord apprécié comme praticien du bâtiment, Antoine devient rapidement un des architectes les plus sollicités de la fin de l'Ancien Régime. L'hôtel des Monnaies de Paris, qu'il construit entre 1771 et 1777 et qui s'élève toujours sur le quai Conti, fut considéré par ses contemporains comme une œuvre novatrice, digne de figurer, au même titre que l'École de chirurgie de Gondoin, comme exemple de l'esthétique révolutionnaire. Mais, dans cet édifice, Antoine se montre à la fois moins radical que Gondoin dans l'imitation de l'antique et plus respectueux de la tradition nationale, symbolisée alors par les œuvres d'Ange Jacques Gabriel. Il innove surtout par la recherche d'une structure expressive, fondée sur le caractère des distributions ; la lecture en élévation de l'ossature est facilitée par la soumission totale du décor plastique à la structure : décor très riche, aux formes lourdes et puissantes, qui rompt avec la hiérarchie traditionnelle des superpositions baroques. L'hôtel Brochet de Saint-Prest (1773, actuelle École des ponts et chaussées, rue des Saint-Pères), les projets du château de Charny (1766, Seine-et-Marne), le projet pour la Comédie-Française (1770), les immeubles qu'il construit rue Saint-Honoré (1774), les hôtels de Jaucourt (rue de Varenne), de Mirabeau (rue de Sèvres) et le château de Mussy-l'Évêque (1775, Haute-Marne) dénotent tous une forte originalité qui se tient en marge du courant international. Est-ce le voyage qu'Antoine fit en Italie (1777-1778), en compagnie de Charles De Wailly, qui orienta son style vers une austérité de plus en plus tributaire du goût antique ? Après 1778, le château de Buisson (1782, Eure), l'escalier et la salle des pas perdus du palais de Justice de Paris (1782-1785), l'hôpital de la Charité à Paris, la chapelle de la Visitation à Nancy (1780), la façade de l'hôtel de ville de Cambrai (1785) procèdent du goût néo-classique international. La célébrité d'Antoine s'étendit à l'étranger et les commandes affluèrent de toutes parts : en 1778, c'était déjà les travaux du palais Alba-Berwick de Madrid ; ce sera ensuite les projets de palais pour le prince de Salm à Kirn (Rhénanie-Palatinat) ; puis une maison pour le comte de Findlater, près de Londres, et surtout les projets pour l'hôtel de ville et l'édification de l'hôtel des Monnaies de Berne (1788). Membre de l'Académie d'architecture depuis 1776, Antoine sera chargé par Necker de conduire les travaux des célèbres pavillons d'octroi de Ledoux à Paris. Grand dessinateur, Antoine a laissé de beaux projets d'aménagements d'appartements et de jardins qui dénotent son goût, très personnel, pour un décor expressif intégré à la structure.

DANIEL RABREAU

APOLLODORE DE DAMAS (IIe s.)

Originaire de Damas, l'architecte syrien Apollodore travailla pour Rome dans la première moitié du IIe siècle. Il accompagna l'empereur Trajan dans ses campagnes de Dacie, et Dionus Cassius mentionne qu'il construisit vers 101-102 un pont sur le Danube semblable à celui que l'on peut voir sur la colonne Trajane à Rome. D'autres écrits indiquent aussi qu'il faut attacher son nom aux travaux d'un odéon, vraisemblablement celui de Domitien qu'il dut restaurer. Pausanias, attribue à Apollodore un gymnase ou des thermes dans la région de l'Esquilin ; cet édifice comprenait, dit-il, de grandes absides. On peut certainement l'identifier avec les marchés de Trajan. Cette composition monumentale est faite d'une succession de cours reliées par des passages ; la présence de la basilique comme espace statique et transversal introduit un élément typiquement oriental et indique que Trajan avait peut-être Apollodore à ses côtés lorsqu'il alla consulter l'oracle de Baalbek avant sa campagne contre les Parthes. Le plan général du grand sanctuaire héliopolitain n'est pas sans évoquer, en effet, l'agencement conçu par Apollodore pour le plus grand des forums de Rome. La forme polygonale du second port d'Ostie est également marquée par les motifs hellénistico-syriaques et conduit à reconnaître l'intervention d'Apollodore sur ce chantier. À Ancône et à Bénévent, il édifia des arcs de triomphe à la gloire de Trajan. Le monument de Bénévent est orné d'un abondant décor sculpté que l'on a parfois attribué à son architecte. Il représente l'empereur dans l'accomplissement de ses tâches les plus importantes. Dans cette réalisation comme dans le reste du grand programme monumental auquel il donna forme, on discerne le rôle capital qu'un architecte officiel a pu jouer à Rome pour servir la propagande impériale. Apollodore de Damas est l'une des rares figures de créateur dans le domaine architectural que nous puissions identifier pour l'époque romaine.

MARTINE HÉLÈNE FOURMONT

ARCHIGRAM GROUPE

Équipe d'architectes anglais constituée, en 1963, afin d'envisager l'urbanisme sous l'angle de la recherche prospective (mais *Archigram* fut d'abord une revue, publiée de 1961 à 1974 — neuf numéros et demi). Formé de Warren Chalk, de Dennis Crompton, de Peter Cook, de David Greene, de Michael Webb, de Ron Herron et de Peter Taylor, le groupe publie en 1967 un livre, *Archigram, Seven Beyond Architecture*, où il expose ses intentions : dépasser les conceptions dominantes en matière d'architecture et de planification des villes. Si l'on fait abstraction de la partie critique remettant en cause toutes les idées reçues pour prôner des attitudes mentales neuves, la proposition pratique se limite à la création d'une cité fondée sur une structure uniforme et continue, destinée à s'étendre à l'infini (Plug-in-City : la Ville-Branchement, 1962-1964, un projet de Peter Cook) ; cette structure spatiale supporterait toutes les installations de l'habitat et les moyens de transport les desservant. Le principe n'est pas nouveau : Le Corbusier avait déjà proposé pour Rio de Janeiro un projet de viaduc regroupant les voies rapides et les immeubles (1929). Quant à l'esprit machiniste qui domine l'ouvrage, c'est une constante des utopies futuristes. L'originalité du texte réside d'une part dans la volonté qu'il exprime de concevoir un ensemble ouvert susceptible de prolongement indéfini, d'autre part dans la synthèse tentée entre les deux tendances principales de l'art actuel par la conjonction d'une composition mécanique dans les structures et d'une imagerie pop art dans le décor.

YVES BRUAND

ARCHITECTE

Plus que tout autre créateur artistique, l'architecte est solidaire du milieu où il vit, de la société dont il exprime le caractère, qu'il travaille en conformité avec elle ou en opposition avec son temps. La création architecturale a ses exigences qui limitent les possibilités infinies de l'imagination ; elle ne peut négliger les structures politiques, sociales et économiques dont elle n'est souvent que l'interprète pour définir et créer, en rapport avec elles, le cadre de vie adapté aux membres de la communauté. Elle n'est pas moins tributaire, sur le plan esthétique, des techniques et des matériaux. Toute l'histoire de l'architecture tend à prouver combien les formes et les décors sont liés aux matériaux et combien grandes sont les pesanteurs qui retardent l'adaptation de l'esthétique architecturale à des matériaux nouveaux, eux-mêmes liés aux ressources, aux techniques, aux croyances et aux formes de pensée d'une société ou d'un moment de civilisation. L'architecte, en ce sens, est d'abord « l'homme de son temps », l'homme d'une situation politique, d'un moment historique.

❦

1. Statut de l'architecte dans le monde antique

Les architectes des grands empires

Les structures politiques, sociales et religieuses des grands empires des IIIe et IIe millénaires avant notre ère ont déterminé la fonction de l'architecte. Il n'est d'architecture que religieuse, funéraire ou princière, car le roi ou le pharaon sont d'abord les serviteurs des dieux. L'architecture est donc essentiellement religieuse et royale ; elle doit fournir au dieu et au roi le cadre où ils pourront le mieux remplir leur fonction. L'architecte ne se distingue pas des fonctionnaires chargés d'administrer le pays ; il n'a pas de fonction indépendante, et tout grand personnage, quand ce n'est pas le roi lui-même, peut prendre ou recevoir la charge de faire construire l'édifice nécessaire à l'État. Car les règles de cette construction sont fixées par les théologiens, les prêtres, les ministres du culte. Les formes extérieures, les matériaux, les décors sont déterminés par la fonction rituelle de l'édifice ; la beauté ne vient que par surcroît pour réjouir le dieu. Les textes et l'iconographie témoignent de cette confusion des rôles. À Ur et à Lagash, c'est le roi qui est représenté avec une tablette sur les genoux, portant le plan de l'édifice ; ce sont les grands fonctionnaires qui, en Égypte, reçoivent la charge de diriger les chantiers de construction. La spécialisation technique ne se trouve qu'au niveau de l'exécution. Les chefs de chantier jouent tout à la fois le rôle d'architecte et d'entrepreneur ; ils appartiennent aux mêmes catégories sociales que les tailleurs de pierre ou les maçons. Les noms connus des responsables des grands chantiers se retrouvent parmi les plus grands dignitaires du royaume. Imhotep, auteur du plus grand ensemble funéraire de Djeser, était chancelier du roi ; Inéni, qui construisit la tombe de Thoutmôsis Ier ainsi que les quatrième et cinquième pylônes de Karnak, était préfet de Thèbes et chef des greniers d'Amon. Sénenmout, l'auteur du plus grand ensemble architectural connu après Karnak, le temple de Deir el-Bahari, était grand chef des domaines d'Amon et précepteur des enfants de la reine.

Architecte et société dans la Grèce antique

Dans le monde de la cité où se développe la civilisation grecque, le rôle et la place de l'architecte sont en relation avec la vie de la communauté, de la *polis*.

Comme il est naturel, c'est d'abord aux progrès de la technique que sont associés les noms des premiers architectes. Toxios serait l'inventeur des techniques de construction en argile et en brique crue ; Euryalos et Hyperbios auraient introduit à Athènes l'art de construire les maisons, et Kinyras aurait imaginé les couvertures de toit en tuile ; Thrason serait à l'origine des modes d'appareillage de la pierre et Trophonios aurait inventé la technique de la taille et du polissage de la pierre. D'après Diodore, Dédale, le symbole de l'artisan et du technicien, devrait sa renommée aux progrès qu'il a fait réaliser dans la taille des statues et dans la construction des ouvrages en pierres taillées.

Le nom même d'*architektôn* se réfère aux techniques primitives de construction en bois, puisqu'il désigne le *maître charpentier*.

Tous les architectes célèbres de la période archaïque, dont le nom est associé à quelque ouvrage connu par l'archéologie, doivent leur renommée à des prouesses techniques. Chersiphron sut résoudre les difficultés posées par la mise en place des énormes architraves du temple d'Artémis à Éphèse ; Rhoikos sut trouver les moyens techniques de donner au temple de Héra à Samos les fondations nécessaires à l'édifice construit en terrain marécageux ; son confrère Théodoros inventa le tour qui permit de sculpter rapidement les bases de colonne de ce grand temple diptère. Eupalinos sut résoudre les problèmes de topographie et de nivellement posés par le creusement à travers la montagne du grand aqueduc qui alimentait Samos en eau potable.

Tous ces ouvrages étaient des constructions commandées par la communauté ; l'architecte était au service de cette communauté. Il ne pouvait être question pour un citoyen, même de haut niveau, d'utiliser un architecte pour un ouvrage privé. Un des nombreux scandales causés à Athènes par Alcibiade, à la fin du Ve siècle, fut d'avoir engagé un architecte et un peintre pour embellir et décorer sa maison.

Dès lors, la création architecturale et le rôle de l'architecte se trouvent soumis à des contraintes assez précises. Le temple grec répond à des règles et à des formes culturelles que l'architecte doit respecter. Son rôle sera, dans un type d'édifice qui lui est imposé, de trouver les proportions, les aménagements intérieurs, les formes décoratives les mieux adaptés au site, à la structure intérieure spécifique de l'édifice.

Mais quel était, dans ce cadre politique et social de la cité, le mode d'action de l'architecte ? Les textes nous permettent d'établir une nette distinction entre trois catégories d'architectes.

Au premier groupe appartiennent ceux qu'on appellerait aujourd'hui les architectes de conception, les grands « patrons ». Ce sont eux qui répondent aux appels d'offres lancés par le Conseil de la ville et par l'administration des grands sanctuaires. Ils traitent directement avec les conseils ou commissions responsables à qui ils présentent leurs projets sous forme de maquette. Leurs noms sont connus et restent attachés aux grands édifices qu'ils ont conçus : Rhoikos à Samos, Ictinos pour le Parthénon, Pythéos pour le temple d'Athéna à Priène et le Mausolée d'Halicarnasse, Scopas pour le temple de Tégée, etc. Ils sont appelés hors de leur cité, perçoivent de fortes rétributions et leur renommée est grande.

Le deuxième groupe est constitué par les architectes d'exécution ; ils sont en général fixés dans leur cité et reçoivent la responsabilité du chantier ou, mieux, d'une partie du chantier. Ainsi, pour la reconstruction des fortifications d'Athènes au IVe siècle, Callicratès est le responsable du projet, et il répartit l'ensemble des travaux en dix chantiers confiés chacun à un architecte. Ils jouent le rôle d'experts auprès de la commission des travaux, veillent au respect des devis descriptifs et autorisent les paiements. Ils restent souvent anonymes. Leur salaire n'est guère plus important que celui des ouvriers spécialisés.

Les architectes fonctionnaires forment la troisième catégorie ; ils sont choisis par l'assemblée du peuple, comme tous les techniciens ; il y a un architecte pour le sanctuaire d'Éleusis, d'autres ont la charge des remparts. Ils peuvent constituer une sorte de service d'architecture de la ville, surveillant l'application des règlements de voirie, l'implantation des édifices ; ils assurent la défense du domaine public contre les empiétements privés. Ils touchent un salaire fixe.

Quelle que soit leur fonction, les architectes jouissent d'une considération certaine dans la société ; les textes ne laissent pas de doute sur ce point. Ils font partie des catégories de techniciens privilégiés que les cités honorent. Mais les grands maîtres qui avaient coutume d'écrire des commentaires sur leurs œuvres jouissaient d'une renommée particulière. On sait par Vitruve que Rhoikos et Théodoros avaient publié un traité sur leur temple de Héra à Samos, Chersiphron sur celui d'Artémis à Éphèse, Ictinos et Carpion sur le Parthénon.

Aux yeux des philosophes, en particulier de Platon et d'Aristote, l'architecte surpassait les peintres et les sculpteurs, simples imitateurs de la réalité. Les architectes participaient en effet à la création véritable, en garantissant la valeur de leur création par la pratique de la géométrie et des nombres. Nous touchons ici aux méthodes de travail des architectes grecs. En présence d'un programme, temple ou édifice public, la première démarche était d'en définir le plan et les proportions par un système de tracé géométrique simple, faisant appel aux figures privilégiées dont la tradition se transmettait d'atelier en atelier, ou de génération en génération. Ce tracé géométrique, par le seul emploi des triangles égyptiens, des rectangles parfaits ou du pentagone étoilé, permettait à l'architecte de mettre en place les éléments de son plan fixé par le programme et de définir les principales dimensions. Ensuite, par le jeu de rapports simples, il établissait le devis descriptif chiffré, et c'est ce document qui était utilisé par les commissions préposées aux constructions pour mettre les travaux en adjudication et lancer les appels d'offres aux entrepreneurs.

Tout était donc géométrie et nombres, et ce travail participait de la réflexion philosophique. On le vit bien lorsqu'un architecte décorateur athénien, à la fin du Ve siècle, inventa pour le décor scénique d'une pièce d'Eschyle une représentation architecturale dessinée en tenant compte de la perspective ; l'innovation attira l'attention des philosophes Anaxagore et Anaximandre qui définirent scientifiquement les problèmes de la perspective, invention qui brisait avec plusieurs siècles de peinture colorée à plat.

Hippodamos le Milésien, architecte de sa propre cité, constructeur du Pirée et de Thourioi, est désigné par Aristote comme un *métérologos*, un philosophe de la nature, dans la tradition de l'école philosophique de Milet rendue célèbre par Thalès et ses réflexions politiques. Hippodamos passe pour être l'inventeur des plans de ville fonctionnels, divisés en quartiers spécialisés.

Ces quelques exemples illustrent le rang de l'architecte dans la société des cités grecques ; il y occupe une place de choix ; il est en relation avec tous les milieux, philosophes, écrivains, artistes, car plusieurs de ces architectes sont aussi des sculpteurs : Scopas notamment. C'est par souvenir et idéalisation rétrospective que Vitruve, dans le premier chapitre de son traité d'architecture, trace le profil de l'architecte ; mathématicien et historien, peintre et philosophe, il doit aussi avoir des notions de médecine, bien connaître tous les problèmes techniques de son temps ; c'est une formation longue et approfondie que Vitruve préconise pour l'architecte.

Au cours du IVe siècle, se dessine une évolution qui annonce les transformations de l'époque hellénistique et les caractères de la fonction d'architecte dans la société romaine. Elle reflète l'évolution politique. On voit se manifester le rôle des princes ou des puissances personnalisées. Ainsi les satrapes d'Asie Mineure, administrant avec beaucoup d'autonomie le pays pour le compte du roi de Perse, tout férus d'hellénisme, font venir les artistes de Grèce. Mausole à Halicarnasse, les satrapes de Lycie à Xanthos se font construire des palais et des tombeaux luxueux, dont ils confient l'exécution à des architectes et à des sculpteurs grecs. Pythéos, Scopas, Léocharès, Satyros collaborent dans la construction et la décoration du célèbre Mausolée. En Macédoine, Philippe et Alexandre s'attachent les peintres et les architectes de Grèce. Deinocratès, le créateur d'Alexandrie, est au service personnel du roi de Macédoine.

Ainsi se dessine le mouvement qui va s'épanouir au siècle suivant. Les rois hellénistiques deviennent eux aussi de grands bâtisseurs ; les Ptolémées en Égypte, les Attalides et les Séleucides en Asie Mineure et dans le Proche-Orient ont des équipes d'architectes à leur service. La nature même des programmes décidés et surveillés par les princes, les techniques de construction, avec les énormes travaux de terrassement et de soutènement qu'impliquent les constructions monumentales, transforment les architectes en ingénieurs. Commence alors la confusion des termes qui sera constante à l'époque romaine et dans le monde byzantin, entre l'*architektôn* et le *méchanikos* ; entre l'*architectus* et le *machinator* ; architecte et ingénieur, c'est la fonction technique qui l'emporte.

Au service de la « diplomatie architecturale » des rois et des princes, l'architecte devient le technicien qui avec ses équipes travaille anonymement pour la gloire de ses maîtres. Il est significatif que nous ne connaissions aucun nom des architectes qui travaillaient pour les Attalides. Sauf Sostratos de Cnide, qui a construit le grand phare d'Alexandrie, on ne connaît aucun des architectes œuvrant à Alexandrie ou dans les îles grecques pour les Ptolémées. Les noms que les papyrus ont conservés sont ceux des architectes fonctionnaires, chargés de tâches courantes dans les villes et villages. Et, cependant, les techniques de construction et les styles prouvent, sans aucun doute possible, que les Attalides comme les Ptolémées envoyaient à Athènes, à Delphes, à Samothrace leurs architectes et leurs ouvriers spécialisés.

L'architecte dans le monde romain

« Aux masses si nombreuses et si nécessaires de tant d'aqueducs, allez donc comparer les pyramides qui ne servent à rien, ou encore les ouvrages des Grecs, inutiles, mais célébrés partout. » Ce qui pourrait passer pour la boutade d'un haut fonctionnaire, exclusivement préoccupé de son domaine, comme l'était Frontin, préposé aux aqueducs de Rome, répond à une réalité profonde de l'architecture romaine : sa fonction d'abord pratique, ou, mieux, fonctionnelle, très étroitement associée au cadre urbain, et conditionnée elle aussi, surtout à l'époque impériale, par une politique de prestige. Si l'on ajoute que la technique de la construction avec l'emploi du béton, du *caementicum*, au lieu de l'appareil en gros blocs et que le développement des arcs, de la voûte, de la coupole au lieu des plates-bandes et des charpentes posent des problèmes d'équilibre et de poussée inconnus de l'architecture grecque, on comprend que les considérations techniques deviennent primordiales. L'architecte se transforme de plus en plus en ingénieur, sauf toutefois pour les problèmes de composition qui exigent l'intervention de quelques personnalités dont les noms seuls ont été conservés.

À Rome, dès la fin du IIe siècle avant J.-C., on constate cette dépendance de l'architecte devenu technicien au service des maîtres d'œuvre que sont les magistrats ou les puissants politiques désireux d'attacher leur nom à quelque grand édifice utilitaire ou religieux. Autour de Scipion Émilien et ensuite de Sylla, de Pompée, se regroupe une clientèle de techniciens où les architectes se distinguent mal des marbriers et des autres spécialistes du bâtiment ; ils appartiennent à la même classe des étrangers et des affranchis. C'est parmi eux qu'il faudrait chercher sans doute ces artisans venus d'Asie Mineure, de Pergame ou de Syrie, mettant leur savoir-faire au service des *imperatores* romains. Mais leurs noms restent inconnus, car seul le commanditaire apparaît dans la dédicace de l'édifice. Une inscription récemment découverte fait connaître un citoyen romain comme l'architecte attitré de Catulus, censeur en 65 avant J.-C., qui avait reçu la charge de restaurer le temple de Jupiter Capitolin et de construire le *tabularium* (archives publiques). Les tâches de ces architectes étaient variées : ils étaient à la fois *architectus, machinator* (ingénieur) et *redemptor* (entrepreneur).

À l'époque impériale, quelques noms émergent de l'anonymat, comme celui d'Apollodore de Damas, l'architecte de Trajan, qui lui confia la construction de son forum et de tout l'ensemble monumental qui l'environnait, ou de Robirius, l'architecte de Domitien, qui aurait dirigé la construction du palais du Palatin. On aimerait mieux connaître le rôle exact de ces architectes et leur façon de travailler. À juger par les œuvres et les monuments où leur personnalité a pu se manifester, ils ont su intégrer à des conceptions romaines, avec des techniques propres à l'Italie, des formes et des structures apportées des villes hellénistiques. Très vite, ces formes ont été « romanisées » et mises au service d'une conception de l'espace, d'un aménagement des volumes, d'une composition organique propres à l'architecture romaine. Ont-ils travaillé sur maquette, comme leurs prédécesseurs ? Ont-ils utilisé des dessins sur parchemin – les *membranulæ* –, comme ces plans d'une école de gladiateurs que César examinait, dit Suétone, le jour où il devait franchir le Rubicon ? Aucun document littéraire ou épigraphique ne permet de le dire. Sous l'empire, étaient-ils « fonctionnarisés » ou dépendaient-ils de la cassette personnelle de l'empereur ? La permanence des plans et des compositions monumentales (sanctuaires, basiliques, forum) qui se répandent à travers l'Empire laissent supposer que les techniciens se déplaçaient avec des schémas adaptés sur place à une main-d'œuvre locale. Ces caractères sont nettement sensibles dans les réalisations architecturales des villes petites ou moyennes de la Gaule romaine.

Il ne semble pas que les architectes aient jamais occupé à Rome le rang social et intellectuel qu'ils avaient atteint en Grèce aux Ve et IVe siècles avant J.-C. Ils furent essentiellement des *fabri*, des techniciens, et les ouvrages qu'ils ont laissés sont des traités de technique, aussi bien le *De architectura* de Vitruve que le traité des aqueducs de Frontin. Le cas de Vitruve est très révélateur. Ce fut un ingénieur militaire qui n'exécuta aucune œuvre importante, exception faite de la basilique de Fano. Son ouvrage n'est souvent qu'une compilation des traités d'architectes grecs dont il oppose la science, la culture et l'habileté à celles de ses contemporains. Attitude nostalgique à l'égard d'un monde où il n'a pas accès.

ROLAND MARTIN

2. La formation et le statut de l'architecte au Moyen Âge

De nombreux manuscrits du Moyen Âge appellent Dieu l'Architecte de l'Univers. Quelle preuve éclatante de la valeur intrinsèque qui s'attachait alors à l'art de concevoir un édifice et de l'élever ! Toutefois, la profession d'architecte est restée longtemps anonyme, régie par des règles, certes, mais laissant dans l'ombre les individualités. Rares sont au haut Moyen Âge les architectes dont les noms nous sont parvenus. Les abbatiales et les cathédrales romanes ne nous livrent qu'exceptionnellement le nom de leur bâtisseur, et, quand nous le connaissons, nous cernons mal sa vie et sa personnalité.

Ainsi nous savons qu'un *magister Odo* (maître Eudes), originaire de Metz, a bâti la chapelle Palatine d'Aix. Son plan polygonal et son élévation élaborée ne sont pas sans rappeler d'illustres monuments d'Italie (par exemple San Vitale de Ravenne) ou du Proche-Orient. Eudes avait-il vu lui-même ces édifices, ou a-t-il – en moins d'une décennie – bâti la chapelle Palatine simplement d'après des croquis qu'on lui avait fait parvenir ? La stricte modulation de cette œuvre bâtie en harmonie avec les nombres laisse penser qu'en plus de l'expérience acquise lors de voyages, pour l'époque lointains, Eudes disposait de notions tectoniques étendues. Le dispositif des arcs-diaphragmes étayant la tribune n'annonce-t-il pas le système des arcs-boutants gothiques ?

Eudes de Metz, comme ses confrères carolingiens, connaissait probablement le *De architectura* de Vitruve. De la période carolingienne et romane, il s'est conservé plus de cinquante manuscrits (entiers ou en fragments) de ce traité d'architecture, rédigé au temps d'Auguste par un architecte théoricien. Nul doute que les maîtres d'œuvre carolingiens s'en inspirèrent. Eginhard, conseiller de Charlemagne, auteur des basiliques de Steinbach et de Seligenstadt, semble en avoir été un fervent admirateur. Quelques semaines avant de mourir, en mars 840, il demande encore à l'un de ses disciples de recopier le passage de Vitruve traitant de la scénographie, c'est-à-dire de la perspective. D'autres grands principes de cet ouvrage, comme la *symmetria*, la *proportio* – l'interdépendance proportionnée des différents éléments d'un édifice – et la *commodulatio* (symétrie des modules et des volumes), ont été puisés à cette source. Le terme de *more romano*

– bâtir de façon romaine – revient souvent à cette période et aura même une incidence sur la disposition des édifices. C'est *more romano* que le moine Ratgar, architecte devenu abbé de son monastère, construit l'abbatiale de Fulda. Cela voulait dire que cette grande église – qui avait presque les dimensions d'une cathédrale gothique – était orientée à l'envers, c'est-à-dire « occidentée », comme la plupart des basiliques romaines. C'est encore *more romano* et non *more prioris* (à la façon habituelle) que son successeur Eigil disposera, après avoir tenu conseil avec ses moines, le cloître de l'abbaye dans l'axe de l'édifice et non contre le flanc sud comme le voulait le schéma habituel, tel qu'il apparaît sur le plan de Saint-Gall. L'auteur en est sans aucun doute un clerc et non un *architector*, car les données liturgiques et pratiques sont suivies à la lettre, alors que les murs sont indiqués par un simple trait, l'emplacement des portes par un léger interstice. On pourrait se demander quelle fut la place des architectes laïcs dans la construction religieuse du haut Moyen Âge, mais c'est en vérité un faux problème, car, à ce moment, les esprits les plus ouverts, les plus inventifs appartenaient presque exclusivement au clergé. Nous n'en voulons pour exemple que les deux architectes de la célèbre abbatiale ottonienne de Saint-Michel de Hildesheim. Les historiens, en général, attribuent le mérite de cette construction à l'abbé Bernward, grand artiste, surtout sculpteur magistral. Bernward a probablement conçu l'ensemble et assumé ainsi le rôle de l'*architectus sapiens* (ou *prudens*), comme Ethelwold, évêque de Winchester au Xe siècle, auquel est attribué le titre d'*architectus theoreticus*. Mais nous savons aussi qu'à Hildesheim le travail sur le chantier a été dirigé par un moine venu de Cologne, Goderamnus, appelé *architectus cementarius*. Cette qualité est mentionnée déjà par Isidore de Séville au VIIe siècle : *Architecti... cementarii sunt qui disponunt in fundamentis*, c'est-à-dire les architectes sont les maçons qui disposent les édifices sur plan.

Goderamnus a laissé sa signature, accompagnée d'une croix, à la dernière page d'un Vitruve carolingien, copié sans doute à Cologne vers le milieu du IXe siècle : il s'agit du *Harleianus 2767* du British Museum de Londres. Cette signature apporte la preuve de la connaissance intime de ce livre. Très certainement Goderamnus a utilisé aussi un ouvrage conservé au trésor de la cathédrale de Hildesheim, le *Liber mathematicalis* de Bernward, copie du *De arithmetica* de Boèce (vraisemblablement rédigé avant 1003), d'où l'étonnant axe longitudinal de l'église Saint-Michel, défini selon la série du tétraèdre, série développée à partir des nombres triangulaires 1, 4, 10, 20, 35, 56, 84, 120, etc.

À la fin du XIe siècle, nous voyons apparaître des architectes encore plus savants. Pour la nouvelle construction de Cluny, l'abbé Hugues fera appel à un clerc mathématicien de Liège. C'est à Hézelon que sont dues les proportions du gigantesque chevet de Cluny III. Le petit transept faisait 162 pieds dans son envergure nord-sud, alors que le grand transept mesurait 100 pieds de plus, donnée qu'on obtient en multipliant la première dimension par le coefficient Φ (1,618). En plus de ces accords « harmoniques », K. J. Conant a su découvrir dans le plan de cette abbaye de nombreux systèmes numériques qui prouvent à quel point on souhaitait atteindre des concordances chiffrées.

Un siècle encore devra passer avant que les architectes n'émergent réellement de l'anonymat. De la construction de la cathédrale de Paris, tout le monde retient le nom de Maurice de Sully, évêque de Paris, mais nul ne connaît l'identité du bâtisseur véritable du chevet et de la façade occidentale. Le même anonymat règne à Chartres, dont la construction se poursuit en fait tout au long du XIIe siècle, et encore pendant le premier quart du XIIIe. En revanche, nous connaîtrons les architectes des cathédrales de Reims et d'Amiens.

À Reims, l'inscription du labyrinthe révèle les noms des quatre architectes qui accomplirent l'essentiel de l'œuvre : le chevet commencé en 1211 par Jean d'Orbais, la nef et le transept bâtis par Jean le Loup et Gaucher de Reims, enfin la façade et la grande rose qui furent réalisées par Bernard de Soissons à la tête du chantier de la cathédrale de 1255 à 1290. Également, à Reims, nous savons le nom d'un autre architecte de grand talent, auteur de l'église Saint-Nicaise, détruite par la Révolution, en 1798 : Hugues Libergier, représenté sur une pierre tombale dans une longue robe, muni des instruments de sa profession, l'équerre, le compas à branches croisées et la règle graduée : « Ci-gît maître Hue Libergié, qui commença cette église en l'an 1229 et trespassa en l'an 1267. »

Deux pierres tombales honorent également deux autres architectes célèbres de l'Île-de-France : Pierre de Montreuil, qui construisit la nef de l'abbaye de Saint-Denis et la Sainte-Chapelle de Paris, et Jean de Chelles, architecte du transept de Notre-Dame de Paris. Pierre de Montreuil est même appelé docteur ès pierres. Son prestige fut si grand, même après sa mort, que sa femme Anne eut l'honneur d'être inhumée dans la chapelle à ses côtés.

L'architecte gothique qui aura laissé – du moins en ce qui nous concerne – le souvenir le plus concret est Villard de Honnecourt. Originaire d'un petit village de Picardie, Villard rédigea un carnet de notes, extraordinaire document de trente-trois feuillets de parchemin, écrits et dessinés recto verso. Ce texte, conservé aujourd'hui à la Bibliothèque nationale de Paris (Ms. fr. 19093), appelé communément l'Album de Villard de Honnecourt, montre un esprit d'une grande curiosité qui s'attache à représenter plans, élévations, volumes, détails de décor. Ces croquis furent probablement collectés sur les chantiers de quelques grandes cathédrales, Laon, Meaux (à la construction de laquelle Villard semble avoir pris une part importante), Chartres et Reims. Comme beaucoup de maîtres d'œuvre de jadis, Villard fit de nombreux voyages dans les Flandres, en Suisse, en Allemagne, jusqu'en Hongrie et même en Transylvanie, où il participa à la construction de la cathédrale d'Alba Julia.

Les essais de triangulation de son carnet de notes sont plus connus que l'intérêt marqué par Villard de Honnecourt pour la charpenterie. L'architecte du Moyen Âge devait en effet avoir une bonne connaissance du métier de charpentier. L'importance du maître-charpentier égalait celle du maître-maçon, tailleur de pierre. Hahnloser, commentant l'Album, a observé avec justesse que des compléments d'une autre main y avaient été ajoutés ; il s'agit donc d'un véritable *Baubuch*, livre de chantier, qui a dû servir pendant plus d'une génération. Certains des dessins de Villard de Honnecourt s'inspirent de l'Antiquité, notamment les plans qui proposent une modulation aussi strictement carrée que celle suggérée par Vitruve ou les arpenteurs des premiers siècles de notre ère. Comme son illustre prédécesseur romain, Villard s'arrête parfois à des détails surprenants et explique, par exemple, le fonctionnement d'un jouet hydraulique en vogue alors, le « chantepleure ». Un pont se trouve ainsi jeté entre la curiosité inventive des Anciens et le génie sans cesse en éveil des grands artistes de la Renaissance.

D'où venait à ces hommes leur science ? À l'héritage pratique et théorique de l'Antiquité classique (notamment les œuvres d'Aristote, de Platon, d'Euclide et de Ptolémée), il faut ajouter la vaste et très nuancée culture arabe, enseignée dans les universités d'Espagne au XIe et au XIIe siècle. Ce sont elles qui, en grande part, rendirent accessible l'acquis scientifique grec et arabe aux savants de l'Europe occidentale. Ce savoir était enseigné dans les nouvelles écoles françaises (Chartres, Laon, Paris), comme le prouve un manuscrit de la bibliothèque Sainte-Geneviève de Paris, rédigé dans le même dialecte que celui de Villard de Honnecourt :

> Si tu veux trouver l'aire du triangle équilatéral...
> Si tu veux savoir l'aire de l'octogone...
> Si tu veux trouver le nombre de maisons d'une cité ronde...

L'architecte du XIIIe siècle s'intellectualise et, du coup, n'est plus ce praticien qui, cent ans plus tôt, participait encore manuellement à l'œuvre sur les chantiers. De cette mutation, nous conservons un témoignage peu ordinaire, le sermon offusqué d'un prêtre contemporain, Nicolas de Biard. Dans les grands édifices, s'exclame-t-il, il est coutume de voir un maître principal qui ordonne seulement par la parole mais n'y met jamais la main et, cependant, il reçoit un salaire plus important que les autres : « Les maîtres des maçons, ayant en main la baguette et les gants, disent aux autres : « Par ci me la taille », et ils ne travaillent point... »

En vérité, l'architecte, à ce stade de l'évolution des métiers, ne fait plus que dessiner les plans, les élévations, et établir les devis. Pensons au beau palimpseste de

Reims montrant des plans d'édifices et l'élévation d'une grande église que John Harvey attribue à Hugues Libergier ; aussi aux fameuses élévations A et B de la maison de l'Œuvre à Strasbourg, qui représentent la future façade de la cathédrale de Strasbourg (1275). Nombre de ces documents resurgirent au XIXe siècle, permettant l'achèvement de monuments restés à l'état fragmentaire depuis le Moyen Âge : cathédrales de Cologne, d'Ulm, de Ratisbonne.

Ce travail de création était établi dans les « chambres aux traits » – ces *tracing houses* mentionnées en Angleterre à partir de 1324 –, où l'architecte, avec ses collaborateurs, préparait les panneaux pour la coupe des pierres, mais aussi les dessins nécessaires à la construction. C'est dans un marché de 1381, relatif à la réfection d'un clocher à Toulouse, que l'on signale, pour la première fois en France, que la construction se fera d'après un dessin tracé « sur un petit rouleau de parchemin ».

La baisse du prix du parchemin, à partir du XIVe siècle, a sans doute stimulé cette activité : auparavant, on devait se servir d'autres supports, comme des planchettes de bois. Ce qui, en revanche, surprend, c'est l'absence presque totale, au nord des Alpes, de maquettes. Pourtant, au IXe siècle, pour la reconstruction de Saint-Germain d'Auxerre, on avait présenté un modèle d'ensemble (*concepti operis exemplar*) en cire, sans doute pour mieux étudier l'organisation complexe du chevet, nanti de cryptes inférieures et supérieures, doté de surcroît d'une rotonde axiale à triple niveau. « Début d'une tradition médiévale ou fin d'une tradition antique ? » s'interroge Pierre Du Colombier, pour retenir plutôt la seconde des hypothèses. Elle se trouve confortée par le fait que l'Italie médiévale n'a cessé de produire des modèles, en raison surtout des nombreux concours qui obligeaient l'artiste à concrétiser au mieux l'œuvre commandée. Ces modèles étaient exécutés en bois, en plâtre, ou en bois recouvert de plâtre. Ainsi, en mai 1355, Francesco Talenti présente à Florence un modèle en bois pour les chapelles de Sainte-Marie-de-la-Fleur, qui constitue le précurseur du célèbre modèle de la coupole du Dôme, préparé par Brunelleschi.

Il nous reste à évoquer le problème de la loge maçonnique. Deux manuscrits anglais, le *Regius* rédigé vers 1390, le *Cooke* écrit vers 1430, exposent d'une part les coutumes des maçons, de l'autre l'histoire légendaire du métier. Ce ne sont pas des statuts professionnels à proprement parler — comme ceux d'Étienne Boileau, par exemple —, mais ils forment plutôt une sorte de constitution maçonnique. Un point du *Regius* a frappé les esprits, celui qui adresse cette recommandation à l'apprenti : « Les conseils de son maître il doit garder et ne pas révéler ainsi que ceux de ses compagnons. Avec bonne volonté, il ne répète à personne ce qui se passe dans la loge, ni ce qu'il entend, ni ce qu'il voit faire. » On a voulu y voir le souci de maintenir secrètes au sein de la loge certaines données d'ordre ésotérique, mais ne s'agissait-il pas tout simplement, comme le proposent les savants anglais D. Knoop et G. P. Jones, de préserver les secrets de technique et de métier ? Un passage du *Livre de la construction des pinacles* – par l'architecte allemand Poriczer, 1486 – confirme cette interprétation. L'auteur nous apprend que son opuscule dévoile, en fait, un secret de maçon. Un document de 1459 jette à son tour une lumière significative sur la nature des secrets maçonniques. Les maîtres tailleurs de pierre de Strasbourg, de Vienne et de Salzbourg, réunis à Ratisbonne dans le but d'unifier les statuts de leurs loges, arrêtèrent ce principe :

ARCHITECTE

« Aussi nul ouvrier, nul maître, nul « parlier », nul journalier n'enseignera à quiconque n'est pas de notre métier et n'a jamais fait travail de maçon comment tirer l'élévation du plan. »

Parfois donc les architectes venant de pays et d'horizons fort divers se retrouvent en assemblée, le plus souvent quand il s'agit d'expertiser ou de mettre en chantier une œuvre importante. En 1391, on avait fait venir à Milan des architectes de nombreux pays et même un mathématicien de Plaisance, expert en géométrie. Un an plus tard, on se décida à rappeler un conseil de quatorze maîtres, dont l'Allemand Henri Parler de Gmünd, qui, quelques mois auparavant, avait été nommé ingénieur de la fabrique. Les autorités ecclésiastiques milanaises posèrent onze questions à cette assemblée, dont celle-ci : fallait-il terminer la cathédrale *ad quadratum* ou *ad triangulum*, sans compter dans la mesure le *tiburium*, c'est-à-dire la forme ronde de la coupole ? *Ad quadratum* signifiait bâtir sur un carré dont le côté est égal à la largeur de l'église ; *ad triangulum*, sur un triangle équilatéral. C'est cette seconde solution qui fut retenue contre l'avis de Parler, mais, ensuite, on adoptera une solution intermédiaire. Dans son édition de Vitruve à Côme en 1521, Cesare Cesariano publie une élévation de la cathédrale de Milan construite *ad triangulum*, curieusement appelée *more germanico*, c'est-à-dire à la manière gothique.

Si, aux XIVe et XVe siècles, les architectes allemands semblent avoir pris le pas sur les autres, c'est que leur *Hallengotik* avait alors atteint ses sommets, l'architecture gothique s'étant progressivement épuisée au cours du XIVe siècle. Des hommes tels Jean Hültz, architecte de la cathédrale de Cologne mais aussi des flèches de la cathédrale de Burgos, Ulrich von Ensingen, architecte de la cathédrale d'Ulm et également du splendide tronçon intermédiaire de la haute tour de la cathédrale de Strasbourg, Matthäus Böblinger, à Ulm, Hans Stethaimer, à Landshut, Anton Pilgram, à Vienne, ont tous tenu à placer leur portrait dans leurs cathédrales. Le buste le plus impressionnant est celui de Stethaimer dans l'église Saint-Martin de Landshut en Bavière. À vrai dire, nous sommes ici face à ces « hommes nouveaux » que Georges Duby voit effectivement surgir au XIVe siècle, en même temps que se rénovent les libertés et que s'installe une nouvelle conception de la création. L'organisation de la corporation des architectes s'étend alors à d'autres métiers, ceux de la sculpture et de la peinture en particulier. Des équipes cohérentes et mobiles se constituent, et nous verrons parfois même un grand peintre comme Giotto à Florence être chargé de la direction d'une fabrique de cathédrale. Au XIVe siècle, ces véritables chefs d'entreprise sortent de l'anonymat comme le font, au même moment, les grands capitaines de guerre.

Il y aurait un chapitre à écrire sur les exigences de plus en plus poussées des architectes ; une expertise réunit à Chartres en 1316 plusieurs architectes renommés : Jacques de Longjumeau, maître-charpentier et juré de Paris, Nicolas de Chaumes, maître de l'œuvre du roi, ainsi que Pierre de Chelles, maître de l'œuvre de Notre-Dame de Paris. Leurs honoraires ne furent pas négligeables puisqu'ils s'élevèrent à vingt livres par architecte, plus dix *solz* (sous) pour chacun de leurs valets.

Les travaux de D. Kimpel et de R. Suckale sur le développement de la taille en série dans l'architecture gothique ajoutent un volet supplémentaire au rôle tenu par l'architecte, non seulement dans l'art mais aussi dans l'économie de l'époque. L'importance, par exemple, des chantiers amiénois ainsi que la rapidité de la construction s'expliquent par cette modernisation. Au XIIIe siècle, les appareils étaient largement systématisés, et bien des membres architecturaux presque entièrement composés en série. Cela suppose une coordination et des harmonisations qui réduisaient de beaucoup la part de l'improvisation, si chère encore aux maîtres d'œuvre de l'époque romane finissante.

L'importance croissante d'appareillages rationnels a donné naissance, au XIIIe siècle, à une nouvelle profession : l'appareilleur ou, en latin, *apparator*. L'établissement relativement tardif de cette profession (mentionnée pour la première fois en 1292) laisse supposer qu'auparavant la détermination de l'appareil ainsi que la tâche de contrôler l'élévation des maçonneries revenaient aux architectes – aux *architecti cementarii* sans doute.

CAROL HEITZ

3. Renaissance et Temps modernes

L'autonomie de l'architecte face aux différentes professions du bâtiment est le résultat d'une lente évolution, amorcée au XVe siècle en Italie et qui se poursuit jusqu'à la fin de l'Ancien Régime en France : deux époques déterminantes de l'histoire du monde occidental, où la réflexion sur le rôle de l'individu dans la société, et plus précisément celui de l'artiste, précéda la formulation officielle d'une spécificité socioprofessionnelle. Il aura fallu quatre siècles pour que s'affermissent les positions de l'architecte face à l'ingénieur, à l'édile ou au patron (nous utilisons ce terme dans son sens anglais), mais aussi face aux professions corporatives de la construction, tailleurs de pierre, maçons, conducteurs de travaux, charpentiers, et, plus tard, à l'entrepreneur. Que certains représentants de ces professions aient pu s'attribuer le titre d'architecte, ou être nommés tels dans les pièces d'archives, du XVe au XVIIIe siècle, montre à la fois l'ambiguïté d'une discipline naissante et son aura sociale montante.

L'architecte des Temps modernes dut faire admettre le primat de la pensée, de la gratuité de la conception esthétique sur la maîtrise d'une technologie qu'il assimile désormais aux moyens techniques d'expression. Cette dualité, qui explique par exemple les conflits périodiques entre ingénieurs et architectes, obligea ceux-ci à affirmer leur position en définissant, d'une part, une activité théorique qui correspond au dessin, et une pratique qui confirme leurs capacités de maîtres d'œuvre capables de conduire ou de superviser l'ensemble des travaux. Encore fallait-il qu'une déontologie les situât au sommet de la pyramide des corps du bâtiment, au plus près des édiles ou des patrons. Il n'y a évidemment pas de coupure entre l'attitude de l'époque moderne naissante et celle du Moyen Âge, dont l'évolution technologique et économique laisse déjà prévoir la nécessité de distinguer dans une même personne celui qui conçoit et qui construit, maître d'œuvre aux capacités plus étendues et mieux précisées que celles du pur *architectus theoreticus* ou du simple praticien conducteur de travaux. Dès la fin du XIIIe siècle et jusqu'à nos jours, la pratique essentielle de l'architecte, de son atelier et, bientôt, de son agence, passe par l'exercice du dessin, qu'il s'agisse du carnet de croquis, répertoire de modèles, ou des plans préparatoires à l'exécution – souvent testée sur maquette.

ARCHITECTE

La conquête d'une position sociale (1423-1750)

L'architecte démiurge

Dès le milieu du XVIe siècle, en Italie d'abord, puis dans tous les pays gagnés par l'humanisme, la position sociale de l'architecte est bien affirmée. Que l'on pense par exemple à Philibert de l'Orme faisant graver son portrait en frontispice du *Premier Tome de l'architecture* (1567). Il est remarquable de voir l'architecture bénéficier, dès l'origine de l'invention de l'imprimerie, du principal moyen d'expression de l'humanisme que fut le livre. D'abord consacré à la théorie, celui-ci est ensuite orienté vers une vulgarisation où la place de l'illustration à partir de planches gravées apparaît comme l'innovation la plus considérable et la plus efficace. Inspirés directement des copies manuscrites du texte de Vitruve – dont les éditions se multiplient à travers l'Europe –, les plus célèbres ouvrages italiens seront largement diffusés et commentés pendant quatre siècles : ceux de Leon Battista Alberti (*De re ædificatoria*, entre 1450 et 1472, imprimé en 1485), de Francesco Colonna (*Hypnerotomachia Poliphili...* 1499), de Fra Giocondo (1511), de Sebastiano Serlio (éditions échelonnées entre 1537 et 1575), de Vignole (1562) et d'Andrea Palladio (1570). Louis Hautecœur a comparé les livres de Serlio et de Vignole à de véritables bréviaires pour les architectes du XVIe et du XVIIe siècle. La définition de la vocation de l'architecte, formulée brillamment par Alberti, a inspiré la théorie de l'architecture jusqu'à l'aube du XXe siècle : « J'appellerai architecte celui qui, avec une raison et une règle merveilleuse et précise, sait premièrement diviser les choses avec son esprit et son intelligence, et secondement comment assembler avec justesse, au cours du travail de construction, tous ces matériaux qui, par les mouvements des poids, la réunion et l'entassement des corps, peuvent servir efficacement et dignement les besoins de l'homme. Et dans l'accomplissement de cette tâche, il aura besoin du savoir le plus choisi et le plus raffiné. »

Les architectes les plus célèbres du Quattrocento et du début du Cinquecento avaient déjà à cette époque leur historien en la personne de Vasari qui, dans la première édition des *Vies des plus excellents peintres, sculpteurs et architectes* (1550), mentionne sept architectes, tandis que d'autres artistes, comme Brunelleschi, Michelozzo ou Raphaël sont représentés comme sculpteurs ou peintres (parfois les deux à la fois) ayant aussi exercé l'architecture. Si Alberti apparaît davantage comme un savant, épris d'architecture, Baccio Pontelli ou Chimenti Camicia avant tout comme ingénieurs-architectes, et Léonard de Vinci comme ingénieur-artiste, génial autodidacte, et architecte, Bramante, Giuliano et Antonio da Sangallo sont présentés comme des architectes à part entière, véritables phares de la profession autour de 1500. La carrière de Brunelleschi (1377-1446) est à cet égard exemplaire. Associé comme sculpteur à la réalisation des portes du baptistère de Florence, Brunelleschi, dont le père était notaire, avait reçu l'éducation de la bonne société du temps où les mathématiques avaient une particulière importance et incluaient notamment l'étude des proportions. Sa formation technique auprès d'un orfèvre lui fit aborder le monde professionnel soumis au système corporatif des artisans et des métiers d'art d'où, précisément, l'architecture était absente. Le fossé ne cessera d'ailleurs de se creuser entre l'architecte professionnel et l'ouvrier manuel, celui-ci devenant l'outil de la pensée du maître. En 1404, Brunelleschi figurait aux côtés du ciseleur Ghiberti, parmi les membres du comité de construction de la cathédrale de Florence ; en 1420, on le retrouve employé comme contrôleur sur le même chantier, tandis que trois ans plus tard il est appelé « inventeur et directeur en chef de la coupole », appointé au salaire de 100 florins par an. La carrière de Brunelleschi résume le cheminement de la plupart des architectes « arrivés » du Quattrocento. Formés chez des artistes (toujours assimilés professionnellement aux artisans), ils apprennent auprès d'eux les rudiments théoriques de leur art : la perspective, l'étude de la nature et la vénération des antiques. Leur formation conserve un caractère autodidacte, et les voyages et la fréquentation des cercles humanistes orientent cette quête d'un savoir où l'homme est devenu la mesure absolue et l'architecte le démiurge d'un espace harmonieux conçu à l'image de la nature. La réflexion théorique sur l'architecture antique, puisée directement dans les ruines ou dans Vitruve, est traduite par le dessin, véhicule primordial des innovations de la Renaissance, qu'il s'agisse des nouveautés techniques ou esthétiques. À l'état d'ébauche sur le carnet de croquis, le dessin circule sur les chantiers. Il précède les applications techniques de la construction qui, elle, passe obligatoirement par l'exécution d'une maquette (ou modèle en bois) qui sert de terrain d'expérience permanent au cours de la construction. Par son truchement, l'architecte peut démontrer, tant auprès du patron que des ouvriers, le parti, les effets et les contraintes matérielles du bâtiment qu'il a conçu. Certains grands chantiers italiens des XVe et XVIe siècles, comme celui de l'achèvement du Dôme de Florence, ont été le creuset d'une révolution architecturale où les meilleurs techniciens et théoriciens confrontaient leurs points de vue et leurs compétences. Autour de ces chantiers se constitua l'appareil de production de l'architecte moderne : du chantier-atelier sortira l'agence, système supra-corporatiste qui englobe les différentes branches des métiers de la construction. Seul l'architecte, au service d'un patron dont il traduit les idées – mais souvent ne les lui suggère-t-il pas ? –, doit faire montre d'un savoir universel et assumer la conception et la réalisation de l'œuvre. Le bâtiment, comme une peinture ou une sculpture, est désormais associé au nom de l'artiste.

Le grand débat sur l'architecture s'articule autour de deux données : d'une part, celle de la constitution d'un savoir de l'architecte qui peu à peu définit sa formation spécifique et, d'autre part, celle des moyens d'action dont il dispose au service du prince et de la collectivité. Au XVe siècle, les connaissances technologiques de l'ingénieur se développent et au XVIe siècle la structure de la production qui donne à l'architecte un rôle pivot dans l'activité économique, politique et culturelle de la cité se met en place. Les spéculations des architectes-théoriciens qui, tels Alberti ou Filarète, revivifient le mythe de la cité idéale, justifient certaines motivations idéologiques de la discipline, tandis que les ingénieurs y puisent l'inspiration des tracés régulateurs du plan de ville, par exemple.

Art du dessin, l'architecture a donc tenté les artistes familiers d'un art qui met en jeu la perspective et les combinaisons géométriques de l'espace. À côté des orfèvres sculpteurs, les peintres, mais aussi les charpentiers ou menuisiers, les décorateurs sont devenus architectes, en concurrence avec les ingénieurs dont le prestige tient à leur science de la construction. C'est à l'occasion des fêtes que ces artistes de formation si diverse révèlent leurs talents d'inventeurs, tant en pyrotechnie qu'en musique ou en architecture éphémère. Le prestige de la condition d'architecte s'accroît dans un climat d'émulation permanente due à la multiplicité des cours italiennes de la Renaissance. Les petits États autocrates, jaloux de préserver leur indépendance politique et économique, favorisent le progrès de l'art militaire. L'ingénieur, qui est ici le bras droit du condottiere, met son expérience d'architecte constructeur au service d'un urbanisme naissant soumis à une politique résolument ostentatoire, garante d'un climat économique et social le plus souvent prospère, ou souhaité tel... Les artistes et les architectes circulent d'une cour à l'autre, livrant les informations nécessaires à cette nouvelle *omniscience*, et non plus seulement des « recettes », comme c'était le plus souvent le cas au Moyen Âge. Certains architectes s'attachèrent alors définitivement à un prince ou à une clientèle stable : ce sera le cas, par exemple, des Sangallo, architectes de la papauté. À la tête d'une importante agence, ils fonderont une de ces dynasties d'architectes telles que l'Europe en connaîtra bientôt.

L'évolution du statut de l'architecte en France

Le mot architecte figure dans le *Dictionnaire français-latin* de Robert Estienne (1549). À l'époque où certains souverains, comme Catherine de Médicis, se piquent de connaissances en architecture et où de savants gentilshommes, issus comme Pierre Lescot d'une famille de hauts fonctionnaires, font une brillante carrière d'architecte, les termes courants, « maître-niveleur », « mathématicien et géomètre » et « maître-ingénieur », rappellent constamment que l'artiste doit aussi maîtriser les différentes contraintes – techniques, financières, économiques et matérielles – de l'art de construire. Philibert de l'Orme, à cette époque, met en garde contre les maçons ou les charpentiers qui se disent architectes ; son *Premier Tome de l'architecture* (1567) instaure d'ailleurs la défense de la profession en France.

À l'image des cours italiennes, les souverains français donneront une place sans cesse prépondérante aux architectes qui auront les fonctions les plus diverses, de la conception du projet à la direction des travaux. Les exemples d'architectes spéculateurs sont nombreux, de Thibaut Métezeau, sous Henri IV, à Soufflot, sous Louis XV. L'ascension sociale de l'architecte suit en effet l'ascension de la bourgeoisie, tandis que l'État centralisateur, dans les monarchies absolues, essaie de définir les normes juridiques et administratives de la profession.

Jusqu'au milieu du XVIe siècle, l'architecte se situe entre le praticien de la construction et l'administratif. Serlio, par exemple, qualifié en 1541 de « peintre et architecteur ordinaire [...] de Fontainebleau », dispose d'un titre, mais non d'une fonction. Louis XI, déjà, puis François Ier avaient esquissé l'organisation des Bâtiments du royaume en créant les charges de surintendants et de contrôleurs, financiers et trésoriers, hommes de confiance dont le rôle était de faire entreprendre les travaux et d'en surveiller la bonne conduite. Avec Henri II, l'architecte exerce enfin lui-même les fonctions de surintendant et de contrôleur, sorte de conseiller technique auquel seront adjoints par la suite des inspecteurs. Philibert de l'Orme (nommé en 1548), Primatice, Baptiste Androuet Du Cerceau et Louis Métezeau seront parmi les plus célèbres architectes surintendants, avant que Henri IV ne sépare à nouveau les deux fonctions. Au XVIe siècle, une administration parallèle est créée pour les corps d'ingénieurs, responsables des fortifications, mais les villes, les communautés ou l'aristocratie calquent leurs propres directions de travaux sur celle de l'administration royale. L'architecte, dont les fonctions se précisent en même temps qu'elles se diversifient, y gagne une autonomie d'action plus large, un prestige incontestable et une position sociale enviable. Touchant des honoraires annuels dans l'administration, des sommes forfaitaires ou un intéressement à la fourniture des matériaux, il dirige souvent d'importantes agences qui se transmettent de génération en génération, créant de véritables dynasties d'architectes – les Du Cerceau, Métezeau, Mansart, Gabriel sont restés célèbres, pour s'en tenir à l'Ancien Régime. Néanmoins, de nombreux ingénieurs de fortifications des généralités provinciales exercent également les fonctions d'architectes des grandes villes ou des communautés du clergé séculier. Les XVIIe et XVIIIe siècles innovèrent peu dans la définition, au demeurant assez lâche par l'absence de vrais statuts, de la profession d'architecte. Mais ils renforcèrent la mainmise de l'État sur les modalités d'une production jugée essentielle à l'activité politique, économique et sociale du royaume. Un arrêt du parlement de 1622, par exemple, reconnaissant aux architectes, gens de métier, le droit d'exercer la fonction d'expert dans les litiges entre client et entrepreneur, consacre la dignité de la profession.

Au XVIIe siècle, le surintendant est aussi ordonnateur des Bâtiments, Arts, Tapisseries et Manufactures de France, charge qui correspond à un véritable ministère dont les bureaux se structurent à l'échelle du royaume entier. Avec Colbert, à partir de 1664, les différents services de l'architecture disposent d'un état-major d'officiers qui comprend, outre le Premier architecte du roi et ses architectes ordinaires, des artistes et des maîtres d'œuvre (du couvreur au jardinier). Un vaste ensemble de corps de métiers, dirigé par des architectes, préfigure ainsi le service des Bâtiments civils tel qu'il sera constitué au XIXe siècle. Le prestige de la profession d'architecte, tout au service du pouvoir, est définitivement consacré en 1671 par la création de l'Académie royale d'architecture. Ses membres, architectes du roi, qui devaient former une sorte de Conseil permanent auprès du surintendant et de ses fonctionnaires, avaient surtout pour mission d'élaborer une doctrine et de la dispenser à des élèves. Tout en officialisant les matières théoriques de la formation, l'enseignement ne négligeait pas les connaissances pratiques, le plus souvent directement données dans l'agence d'un des architectes du roi. À l'apprentissage traditionnel, individuel et avant tout pratique, sur le chantier, le siècle de Louis XIV substituait donc une formation systématique, génératrice d'une culture uniforme. Ce système, à la fois hiérarchisé et centralisé, d'un « métier » arrivé au faîte des professions libérales va se développer dans tout le royaume où l'architecture civile urbaine est appelée à prendre le pas sur l'architecture religieuse ou aristocratique. Les débats de l'Académie, les sujets du concours qu'elle organise pour sanctionner les études, mais aussi les préoccupations des édiles municipaux, tant à Paris qu'en province, rendent compte de cette lente mutation. La fin de l'Ancien Régime consacre l'architecte-urbaniste, tandis que le système se développe sur le modèle français dans la plupart des monarchies éclairées de l'Europe, de la Grande-Bretagne au Portugal, en passant par la Russie de Catherine II.

La vocation pédagogique et édilitaire de l'architecture (1750-1867)

En un siècle, de la fin de l'Ancien Régime au second Empire, la profession d'architecte est agitée par une crise fondamentale, particulièrement sensible dans une déontologie si diversement et si difficilement formulée et pratiquée dans les siècles passés. Cette crise est la conséquence de la civilisation industrielle naissante et du formidable essor économique et démographique qui l'accompagne. Elle se manifeste enfin, sous la pression des régimes politiques mouvants, par le remplacement des institutions, par la mise en place d'un système d'enseignement très développé et par la codification de la profession qui, officiellement, éclate en plusieurs corps. Celui des ingénieurs semble devoir triompher des architectes, bien que le pouvoir, à la fin de l'Ancien Régime, ait constamment encouragé la spéculation intellectuelle et artistique. Mais la philosophie utopique propre aux Lumières l'emportait souvent sur le pragmatisme souhaité dans l'aménagement et l'équipement du royaume. Témoin le remplacement de l'arbitraire surintendance par une direction générale des Bâtiments du roi, placée désormais sous tutelle du contrôleur général (ministre des Finances). Témoins le rôle personnel et l'action éclairée des deux derniers directeurs, le marquis de Marigny sous Louis XV et le comte d'Angiviller sous Louis XVI. Le sérieux avec lequel ces administratifs cherchent d'abord à s'instruire est sensible, dès 1750, quand le jeune Marigny effectue un voyage en Italie, en compagnie de l'architecte Soufflot et de plusieurs spécialistes chargés de le guider dans ce qui fut sans doute le premier voyage d'étude officiel d'un membre du gouvernement dans ce domaine. La même conviction gagne le public éclairé : les doctes amateurs, tel le père Laugier auteur d'un *Essai sur l'architecture* (1753), ont une profonde croyance dans le pouvoir didactique de l'architecture mise au service des vertus civiques. La presse, qui se développe à cette époque, consacre des rubriques sans cesse plus nombreuses aux faits d'architecture et d'« embellissement » – c'est-à-dire d'édilité urbaine. L'architecte devient aussi philosophe et poète. La liberté d'invention se manifeste dans un goût intense pour le pur dessin d'architecture (Piranèse, Legeay, Peyre, Boullée), mais aussi dans les œuvres édifiées de Soufflot, de De Wailly, de Gondoin ou de Ledoux, et de toute une génération décrite par Émile Kaufmann comme « révolutionnaire » (entre 1760 et 1800). Ledoux, dans un style lyrique, dresse le panorama sur un double plan théorique et philosophique, des facultés quasi illimitées de l'architecte ; le titre de son ouvrage, publié en 1804, contient un programme pédagogique et déontologique à la fois : *L'Architecture considérée sous le rapport des arts, des mœurs et de la législation*.

En réalité, l'ascension sociale de l'architecte telle que nous l'avons évoquée jusqu'ici ne concerne qu'une minorité associée au pouvoir royal et à la classe dirigeante. Le besoin d'équipements collectifs, de logements, bref l'intensification de l'urbanisme au XVIIIe siècle voit le rôle des ingénieurs civils s'accentuer, tandis que les maçons et les entrepreneurs sont toujours responsables des neuf dixièmes des constructions privées. On sait, par exemple, que les académiciens de première classe et les jurés experts bourgeois s'interdisaient l'entreprise ; mais une série de faits nouveaux marque l'évolution de la place de l'architecte dans la société, tant du côté des ingénieurs que du côté des architectes officiels. Ils concernent, dans les deux cas, la formation professionnelle par la création d'écoles spécialisées.

Le rôle de l'Académie demeure prééminent durant la première moitié du XVIIIe siècle où le seul cours public d'architecture y est dispensé par le professeur royal. En 1720, le grand prix qui sanctionne les études et qui donne accès au pensionnat à l'Académie de France à Rome devient annuel, tandis qu'est institué l'usage des prix d'émulation. Plusieurs conflits entre l'Académie et l'administration royale, qui se résolvent par un renforcement de l'autorité du directeur des Bâtiments, la suppression de la charge de Premier architecte et diverses mesures de réorganisation de l'Académie, montrent que celle-ci ne joue plus exactement son rôle après 1750. Néanmoins, certains de ses membres jouissent d'un immense prestige justifié par le rayonnement de leur agence, le nombre de leurs élèves personnels et leurs projets pour réformer l'état stagnant de la formation et de l'exercice de leur profession. Notons le rôle de Soufflot, essayant d'imposer, entre 1775 et 1778, divers projets très pragmatiques, comme la création d'un laboratoire de résistance des matériaux et d'études de questions techniques de construction.

La réforme esquissée par le comte d'Angiviller dans son administration (1776) montre un égal souci de pragmatisme, dans l'esprit de Turgot, mais qui échoue comme la plupart des réformes du règne de Louis XVI. Le signe le plus manifeste d'une crise des institutions, mais aussi de la recherche d'un statut de la profession, réside dans la création d'un enseignement privé, ainsi que dans l'ouverture d'écoles d'ingénieurs. Dès 1739, le célèbre architecte théoricien J. F. Blondel ouvre un cours privé. Celui-ci, extrêmement suivi, sera transformé en cours public en 1743 et il sera édité. En 1740, sous l'égide de l'académie locale, la ville de Rouen ouvre une école gratuite de dessins où les jeunes gens apprennent les rudiments (mathématiques, géométrie, anatomie) ; des écoles similaires s'ouvriront dans une dizaine de villes de province avant qu'à Paris, en 1767, Bachelier fonde l'École royale gratuite de dessin, première institution officielle au niveau de l'enseignement primaire. L'effort le plus important a cependant porté sur la formation des ingénieurs dont la profession, socialement et pratiquement, tend à se substituer à celle d'architecte, du moins sur la plupart des chantiers édilitaires.

Sous l'autorité de Trudaine, avec l'aide de Perronet, est fondée en 1747 l'École royale des ponts et chaussées ; l'année suivante voit naître l'école du génie de Mézières. Ces écoles dispensent des cours d'architecture et, en 1795, la création de l'École polytechnique accentue encore la division des professionnels des travaux publics. L'œuvre pédagogique de certains enseignants d'architecture de ces écoles devait avoir un profond retentissement, notamment par leurs publications, qu'elles aient un caractère technologique, comme celle de Rondelet, *Traité théorique et pratique de l'art de bâtir* (1812-1814), ou théorique, comme les ouvrages de J. N. L. Durand, nouveaux bréviaires des élèves architectes du XIXe siècle. L'enseignement destiné aux futurs ingénieurs accentuait la rupture entre deux conceptions opposées de l'architecture : celle qui donnait au décor une suprématie dans le parti initial et celle qui, refusant même toute idée de décor, orientait l'art de construire vers un fonctionnalisme intransigeant. Cette nouvelle filière de l'enseignement de l'architecture ne devait néanmoins pas faire disparaître la filière traditionnelle. La dissolution des académies en 1793 ne supprima pas l'enseignement de l'architecture en tant que discipline autonome ; celle-ci continua d'être dispensée sous l'autorité du nouvel Institut de France dans l'École spéciale d'architecture contrôlée par la classe des beaux-arts et par un jury spécial. Cet aréopage de sages, dominé par la personnalité de Quatremère de Quincy, ne devait que réussir à précipiter la crise, même si le rôle du concours de Rome, des ateliers officiels et des programmes fictifs n'est pas démenti au cours du XIXe siècle. La création de l'École des beaux-arts de Paris en 1819, qui comprend un enseignement spécifique d'architecture, transposait dans une nouvelle structure les habitudes pédagogiques de l'Ancien Régime finissant. Les architectes réagirent à l'omniprésence des ingénieurs en tentant de hausser le débat sur les options stylistiques, affirmant le primat de la fonction esthétique : les productions haussmanniennes du second Empire et celles de la Belle Époque, notamment avec l'Exposition de 1900, ont été deux moments sensibles de cette réaction.

Le XIXe siècle, avec ses incertitudes stylistiques, ses différents dogmatismes et ses audaces techniques et artistiques, évolue dans le sillage d'un débat permanent entre forme et fonction, décor et structure ; l'utilisation de nouveaux matériaux (le fer et le ciment armé) renforce les convictions contraires de l'architecte et de l'ingénieur. La création du Service des monuments historiques en 1832, où s'illustrèrent de brillants polémistes, tel Viollet-le-Duc, n'est qu'un avatar supplémentaire de cette évolution du rôle de l'architecte dans la société contemporaine.

Tandis que cette crise de l'architecture, sensible dès le milieu du XVIIIe siècle, s'exprimait par la multiplication des expériences et des réformes de l'enseignement, les statuts de la profession semblaient avoir été fixés sous le Directoire par le Code civil. Or, celui-ci ne lève pas toutes les ambiguïtés : à l'article des responsabilités, par exemple, le Code ne distingue pas l'architecte de l'entrepreneur ; la distinction essentielle réside dans le fait que l'architecte sera désormais astreint à la patente. La recherche d'une véritable entité socioprofessionnelle pousse aussi certains architectes à se regrouper : en 1840, par exemple, est fondée la Société centrale des architectes. Dans son *Guide pour le choix d'un état ou Dictionnaire des professions* (1842), Édouard Charton déclare : « Le véritable architecte nous paraît, en effet, celui qui est également apte à édifier la plus simple demeure et le monument le plus grandiose ; celui qui aspire à posséder à la fois l'art, la science et la pratique. » On voit que la définition ne s'est guère modifiée depuis Alberti, mais elle s'est singulièrement vulgarisée. Au reste, le débat est devenu public et des revues spécialisées, comme la *Revue générale de l'architecture*, fondée en 1840 par César Daly, jouissent d'une audience qui dépasse le cercle étroit de la profession. La nécessité de réformer la profession est toujours manifeste sous le second Empire qui, en 1867, crée, en même temps qu'il réforme l'École des beaux-arts, le *diplôme* d'architecte tel qu'il sera délivré jusqu'en 1968.

DANIEL RABREAU

4. La formation et la profession d'architecte depuis 1914

De 1914 à 1940

Le marasme de la construction

Pendant le temps où les architectes étaient préparés à construire des palais, la majorité d'entre eux n'avaient pas même à construire des maisons. La cité d'habitations à bon marché confiée par un office public départemental ou la villa de quelque importance constituaient un événement dans la carrière de l'architecte provincial.

Une fois achevée la reconstruction qui occupa les années vingt, la période de l'entre-deux-guerres se caractérise en effet par la grande misère de la construction, en particulier en matière de logements. Les lois sur les loyers, toutes défavorables aux propriétaires, ont détourné l'épargne privée de la construction de logements, aux loyers dépréciés. Le relais fut très insuffisamment assuré par l'État avec la loi Loucheur, en 1928, qui favorisait l'accession à la propriété individuelle. En 1938, la loi sur les bonifications d'intérêts semblait devoir ressusciter l'engouement pour la propriété locative, mais la guerre n'était pas loin.

La pénurie de la construction allait de pair avec la carence des équipements et l'anarchie des extensions urbaines. En dépit de la loi Cornudet de 1919 concernant l'aménagement, l'embellissement et l'extension des villes, les lotisseurs se souciaient peu des effets néfastes de leurs spéculations, et les banlieues ouvrières croissaient de manière désordonnée, sans équipements scolaires, hospitaliers et administratifs.

Certaines constructions réalisées entre les deux guerres soulèvent aujourd'hui un regain d'intérêt. Le relativisme historique des appréciations donne à penser que nous sommes au seuil d'un mouvement de réhabilitation. Néanmoins, on a peu construit pendant cette période et beaucoup de ce qui fut fait échappa aux architectes.

La formation et la consécration des architectes : le système académique

L'enseignement : l'École des beaux-arts

L'enseignement « Beaux-Arts » est de type charismatique. Il est fondé sur une pédagogie du « réveil », peut-on dire en empruntant le langage de Max Weber, qui vise à faire éclore le don que chaque élu porte en lui. Il s'appuie sur une pédagogie initiatique, avec transmission par osmose, du maître à l'élève et de l'ancien au nouveau, non seulement d'un savoir théorique et pratique, mais d'un ensemble de valeurs. L'atelier est la structure de base de cet enseignement, le folklore en est l'accompagnement. Les rites de passage, l'argot d'école sont partie intégrante de cette pédagogie d'initiation, comme, d'une autre manière, le cycle d'épreuves du prix de Rome. L'École, disent les plus anciens élèves, ce sont « les plus belles années de la vie ». Mais ils disent aussi : l'École n'est rien (tant il est vrai que « le talent et le génie, en matière artistique, ce sont des dons avant d'être des études ») et l'École est tout (puisqu'elle est le lieu d'inculcation de la « manière d'être » architecte). Cette « manière d'être » implique une sensibilité qui est à la fois celle de l'artiste et celle de l'humaniste. Elle suppose une vocation (associée au don) et une mission à finalité humaine (comparable à celle du médecin).

Il est aisé de rappeler les lacunes et les anachronismes de cet enseignement hérité d'un autre âge. Les cours théoriques étaient peu nombreux, souvent peu suivis, les enseignements techniques inadaptés aux exigences de la construction moderne. Plus grave encore, parce que l'ingénieur n'a pas (quoi qu'il en ait) la capacité de suppléer ici l'architecte, l'architecture demeurait séparée de l'urbanisme, ignoré à l'École des beaux-arts. Cet aspect du « mal français », repérable dans l'anarchie des lotissements de banlieue de l'avant-guerre, est allé s'accentuant avec l'« urbanisme quantitatif » de l'après-guerre. Les sciences économiques et sociales furent absentes, elles aussi, et jusque dans les années soixante, de la formation des architectes. Le « manque de réalisme » de cette formation a été ressenti et souligné par bien des architectes.

La dominante de l'enseignement était artistique. Sur le caractère « routinisé », pour reprendre encore la terminologie wébérienne de cet enseignement, on a tout dit ou presque. L'École, prisonnière d'un académisme dans lequel l'idée du beau se réduit à un système de modèles et la pratique à un système de règles, s'est révélée incapable d'intégrer, sinon sous une forme tardive et atténuée, les innovations architecturales des années vingt. Elle a constitué, entre les deux guerres et au-delà, le bastion de tous les conservatismes. On a tout dit aussi sur les recettes graphiques dispensées aux architectes, comme à d'autres celles de la rhétorique.

Pourtant, l'École des beaux-arts eut encore, dans les débuts du XXe siècle, un grand rayonnement. Le cours de Julien Guadet, *Éléments et théorie de l'architecture*, n'a pas été qu'en France la bible de générations d'étudiants. Et le procès en révision de cet enseignement, tant décrié pour de bonnes raisons, semble bien être ouvert : d'aucuns, et de plus en plus nombreux, sont attirés par les « belles images » thésaurisées à l'École des beaux-arts ou chez les arrière-neveux d'architectes. Si Le Corbusier fut bien autodidacte, Tony Garnier était premier Grand Prix de Rome. À l'architecte, conçu comme un artiste, on apprenait à dessiner et on fournissait des éléments d'une culture architecturale. Ce n'était pas tout à fait rien.

La consécration des architectes : le prix de Rome

Le prix de Rome est au cœur de l'institution académique. La question avait été soulevée au XIXe siècle de savoir si l'École devait préparer des étudiants en vue d'un diplôme ou « faire » des prix de Rome. Le bon fonctionnement du système académique a exigé le maintien des deux objectifs, et la primauté du second sur le premier.

Comble de la virtuosité académique, le prix de Rome imposait aux candidats un itinéraire d'épreuves codifiées sur des sujets d'École, sans relation, ou presque, avec la demande potentielle. La « fabrication » des prix de Rome était, avant la Seconde Guerre mondiale, une sorte d'oligopole. Pour la période de 1914 à 1939, six ateliers sur les vingt-huit qui ont eu des lauréats ont totalisé 64 p. 100 des premiers grands prix et 73 p. 100 des grands prix. Après-guerre, on s'achemina vers le duopole, et deux ateliers purent revendiquer à eux seuls 59 p. 100 des premiers grands prix et 39 p. 100 des grands prix. Du fait que les étudiants complétaient leur apprentissage en « faisant la place », un même patron disposait, dans le cas privilégié où il était membre du jury des grands prix, de deux moyens pour couronner les études du bon élève : accroître ses chances d'être lauréat et, conjointement, lui offrir, en l'associant à l'agence, un tremplin pour aborder la vie professionnelle. Le prix de Rome constituant le point de départ du circuit de cooptation, c'est sur le circuit entier que se répercutaient les effets des positions dominantes des « grands » architectes, patrons d'atelier et patrons d'agence.

La circularité académique : le mandarinat

Le système académique était fondé sur la circularité. Les membres de la section architecture de l'Académie des beaux-arts se recrutaient par cooptation. Au travers de l'École nationale supérieure des beaux-arts et de ses filiales régionales créées en 1903, l'Académie régnait sur l'enseignement, dans la mesure où elle attribuait les récompenses. Les Prix de Rome, architectes de droit des bâtiments civils et palais nationaux, avaient le quasi-monopole des commandes publiques. Les patrons nommés des ateliers « intérieurs » de l'École des beaux-arts (sinon ceux des ateliers « extérieurs », appelés et révocables par les élèves) étaient des grands dignitaires. C'est tout normalement au sein de cette élite titrée qu'étaient cooptés les nouveaux académiciens.

La professionnalisation des architectes : le système libéral

Entre les acquis professionnels du XIXe siècle et la création de l'ordre des architectes en 1940, on a tendance à perdre de vue l'entre-deux-guerres, période où de nombreux milieux professionnels, et pas seulement les architectes, ont revendiqué des statuts instituant des garanties de capacité, un pouvoir disciplinaire de la profession et des « moralisations » de la concurrence. La création de l'ordre n'est certes pas indépendante du renouveau corporatiste associé au régime de Vichy ; il faut néanmoins rappeler que les textes ratifiés étaient réclamés depuis longtemps par les associations et syndicats d'architectes.

L'une des associations les plus actives a été la Société des architectes diplômés par le gouvernement D.P.L.G., réservée aux titulaires du diplôme des Beaux-Arts. Fondée en 1877 par les premiers diplômés, la S.A.D.G. a connu sa pleine expansion dans la période de 1920 à 1940, regroupant la presque totalité des diplômés. Elle comptait 200 adhérents en 1890 et 1 800 en 1940. Ayant milité en faveur de la réglementation de la profession et de la création de l'ordre, il alla de soi que le président de la S.A.D.G.,

Auguste Perret, fût le premier président de l'ordre. De nombreux syndicats d'architectes s'étaient constitués. Le syndicat des architectes diplômés de l'École spéciale d'architecture (1860), le syndicat des architectes diplômés par l'État (1860), qui regroupa en 1925 les anciens élèves de l'École supérieure des arts décoratifs, visaient à défendre les anciens élèves des différentes écoles de statut tenu pour moins noble que celui de l'École des beaux-arts. D'autres syndicats étaient fondés sur des critères géographiques. L'Association provinciale des architectes français (1889), devenue syndicat après 1920, fédérait les syndicats départementaux et couvrait tout le territoire français, à l'exception du département de la Seine. Toutes ces associations, dont nous n'avons pas épuisé la liste, se sont regroupées en une vaste Confédération générale des architectes français mentionnée, avec environ 5 000 adhérents, dans l'exposé des motifs du projet de loi réglementant la profession d'architecte, présenté par le gouvernement Léon Blum en 1938.

Jusqu'à la loi de 1940, ni l'exercice de la profession ni le port du titre n'étaient protégés : n'importe qui pouvait se parer du titre d'architecte, même s'il ne pouvait y associer la mention D.P.L.G., D.E.A.D. (diplômé de l'École des arts décoratifs) ou D.E.S.A. (diplômé de l'École spéciale d'architecture).

La loi de 1940 et les textes édictés au cours des années suivantes, aboutissement du processus entamé en 1840, ont régi la profession jusqu'à la loi de 1977. La loi de 1940 a assuré la protection du titre d'architecte, mais elle n'a pas réglementé l'acte de construire ni imposé, dans ce dernier, l'intervention de l'architecte : les procès des guérisseurs n'eurent pas d'équivalent du côté des bâtisseurs en tout genre. La profession est représentée par un ordre qui a la capacité d'accorder ou de refuser l'accès à la profession et détient en outre un pouvoir disciplinaire. La profession d'architecte s'exerce sous forme exclusivement libérale ou individuelle. En pratique, en dehors de l'exercice libéral, le salariat dans une agence d'architectes ou dans la fonction publique a été toléré. Ce qui a été exclu (et qui est demeuré exclu en 1977, faute de quoi il eût été mis fin à la profession libérale), c'est toute forme de bénéfice né d'une activité commerciale. Entre l'architecte et l'habitant, comme entre le malade et le médecin, s'instaure un colloque singulier, une relation fondée sur la confiance en la responsabilité de l'homme de l'art et sur le « désintéressement » de l'architecte. Dans le cas de l'architecte, la garantie décennale prévue pour la construction confère à la responsabilité un aspect juridique. Le système académique, comme système de formation et de consécration des architectes, associé à l'ordre, comme organisation professionnelle, constituait un ensemble institutionnel cohérent. Mais, en fonction d'une règle sociologique banale, au moment où les systèmes institutionnels sont mis en place, le décalage avec la réalité apparaît, et c'est déjà l'amorce de leur décadence.

De 1940 à 1992

Le « boom » de la construction et la crise de la profession

Après les destructions massives de la guerre et l'ampleur de la reconstruction, et jusqu'à la crise conjoncturelle de 1974, on a beaucoup construit en France. Ce fut le temps de l'urbanisme galopant, placé sous le signe de l'urgence et de la quantité, de la réglementation et de la spéculation.

La profession issue d'un corporatisme malthusien s'est trouvée ainsi affrontée à une demande sans commune mesure avec celle d'avant guerre. Elle s'est trouvée aux prises avec les contraintes issues les unes du marché (l'économie de profit), les autres de l'Administration (la prolifération des normes). Elle était mal préparée à l'importance croissante prise par les données techniques. Les médiateurs, promoteurs publics ou privés, se sont interposés entre l'architecte et l'habitant. Les concurrents, et en particulier les bureaux d'études techniques, ont réussi des empiétements menaçants.

Pour toutes ces raisons, la profession d'architecte a traversé une crise qui était d'une part la manifestation d'un phénomène général, la crise de la profession libérale, et d'autre part l'expression d'une incertitude particulière concernant la fonction de l'architecte aujourd'hui. Les signes de déclin étaient multiples : 70 p. 100 du volume de la construction réalisés sans architecte ; éclatement et fragmentation de la mission traditionnelle répartie en une pluralité d'acteurs en compétition ; multiplicité et ambiguïté des statuts professionnels avec progression du salariat ; hétérogénéité de la « communauté » professionnelle. Le grand voile de la profession libérale dissimulait la disparité des fonctions accomplies par les uns et les autres : il n'y avait plus *un* mais *des* architectes, avec des tâches multiples allant de l'expertise la plus pauvre (relation avec l'Administration) à la plus spécifique (conception architecturale et élaboration du projet) et rarement dépositaires d'une mission totale au sens traditionnel.

Même si, dès les années cinquante, les cheminements de la réussite s'étaient diversifiés et si la filière académique n'était plus ce qu'elle avait été, les grands patrons occupaient le sommet de la hiérarchie professionnelle. Au prix d'ajustements partiels (accroissement de la taille de l'agence et tentative de rationalisation de son fonctionnement), ils jouaient à fond de leur rente de situation. On pouvait, dans les années soixante, évaluer à une trentaine le nombre des architectes ayant une position nationale, tandis que 8 000 architectes étaient inscrits à l'ordre. Au-dessous d'eux se situait la cohorte des bénéficiaires moyens des chasses gardées de la commande publique et des chasses gardées de la promotion privée qui, moins codifiées, étaient tout aussi réelles. Entre tous les autres architectes, de nombreux clivages étaient encore repérables. Ceux qui, conseils ou consultants, étaient des demi-salariés, en même temps qu'ils avaient une agence, semblaient moins démunis que les libéraux purs soumis aux angoisses des « dents de scie » de la commande.

La dégradation du modèle libéral, les inégalités de fait et le désarroi vécu par les architectes suggéraient deux interrogations auxquelles la loi de 1977 a tenté de répondre. La pratique libérale était-elle ou non condamnée ? Existait-il une expertise rare dans laquelle l'architecte ne soit pas suppléé ou en voie de l'être ?

L'aggiornamento de la profession libérale
La loi de 1977 confirme l'existence de la profession libérale. Le titre demeure protégé et le port du titre soumis à l'inscription sur les tableaux régionaux des architectes. L'ordre des architectes subsiste. À cet égard, la différence majeure entre la loi de 1977 et celle de 1940 concerne le pouvoir disciplinaire qui ne sera plus exercé par les conseils ordinaux, mais par des « chambres disciplinaires » présidées par un magistrat et composées en majorité de magistrats. Cependant, les conditions d'accès à la profession sont élargies. En particulier, l'exercice de la profession est ouvert, sous le titre d'« agréé en architecture », aux professionnels (comme les « maîtres d'œuvre ») qui exerçaient une activité de conception architecturale avant la publication de la loi. La loi autorise l'inscription, sur les tableaux régionaux, de « sociétés d'architecture » (sociétés que les architectes peuvent constituer soit entre eux, soit avec d'autres personnes physiques). Les modes d'exercice de la profession sont très diversifiés. La profession d'architecte peut être exercée à titre individuel sous forme libérale, mais aussi en qualité de fonctionnaire, d'agent public, de salarié d'un architecte ou d'une société d'architecture, de salarié d'une personne physique ou de droit privé construisant pour son usage propre — à l'exclusion des promoteurs, des organismes financiers et des professionnels de la construction. La loi assure l'extension du champ d'intervention au détriment de l'étendue de la mission.

Elle prévoit enfin, et là réside sans doute la véritable innovation, la création des conseils d'architecture, d'urbanisme et de l'environnement, conçus comme une pièce maîtresse de la politique de sensibilisation à l'architecture et de sauvegarde de la qualité architecturale. Précédés par les expériences pilotes d'« aide architecturale » ou d'« assistance architecturale », les conseils doivent prendre la forme d'une association groupant les représentants de l'État, des collectivités locales, des professions concernées ainsi que des personnes qualifiées. La consultation du conseil est gratuite ; elle est prévue comme obligatoire pour tous les maîtres d'ouvrage autorisés à construire sans architecte. En redéfinissant la compétence de l'architecte et en portant l'accent sur la conception, la loi devait permettre à la profession de retrouver une identité perdue. La mission pédagogique qui lui était confiée devait y contribuer. L'évolution des années quatre-vingt confirme l'intérêt de l'État pour l'architecture. Mais, alors que la loi de 1977 réglemente l'ensemble de la profession, les mesures postérieures à 1978 concernent des domaines plus restreints, notamment les rapports des architectes avec les maîtres d'ouvrages publics et la promotion de l'architecture auprès d'un public élargi. Les actions en faveur de la maîtrise d'ouvrage publique sont d'abord incitatives et expérimentales, avec la création en 1977 de la Mission interministérielle pour la qualité des constructions publiques qui met en place le programme « Architectures publiques » en 1984, puis juridiques, avec la loi du 7 juillet 1985. Il s'agit notamment d'améliorer les procédures de passation des marchés de conception et la coopération avec les maîtres d'œuvres privés. Leurs missions sont redéfinies et la responsabilité du maître d'ouvrage public renforcée, le programme devant devenir une garantie pour l'architecte. Mais les conditions concrètes d'exécution des contrats ne permettent pas toujours aux architectes de faire respecter leurs nouveaux droits.

Les années quatre-vingt sont aussi celles où l'architecture conquiert le public profane. L'Institut français d'architecture, lieu d'exposition et de documentation créé en 1980, révèle l'importance accordée par l'État à cette promotion. Le Salon international de l'architecture se tient pour la première fois en 1988. D'autres manifestations pourraient être citées. Cependant, ces vitrines ne doivent pas masquer une contradiction dont les frustrations provoquées par les Grands Travaux peuvent être considérées comme le symbole : le regain d'intérêt pour l'architecture est indéniable, mais la majorité des architectes sont exclus des avantages qu'il procure. Une oligarchie accapare les profits symboliques et économiques, et la majorité continue à souffrir des faiblesses de la demande et de la rareté des missions valorisantes. La solution pour les générations à venir ne peut reposer que sur une redéfinition des objectifs de la formation.

Les vicissitudes de la formation

Après la guerre, le système d'enseignement, de plus en plus anachronique dans ses méthodes et ses contenus, a été incapable de se rénover. La réforme de 1962 prévoyait la création d'écoles nationales d'architecture, un renforcement de la sélection à l'entrée, la formation des architectes en deux cycles, le premier formant des techniciens du bâtiment. L'idée sous-jacente était celle d'une hiérarchisation de la profession. Les critiques conservatrices ne manquèrent pas : « C'est la fin de l'esprit de l'École », « la fin de l'architecture comme art », « la négation de l'architecte ». Les critiques de gauche non plus, portant sur le caractère antidémocratique de la sélection et l'institutionnalisation des « nègres ». La réforme demeura sans application.

En 1968, le quai Malaquais fut le lieu d'une contestation permanente et aussi d'une activité plastique incessante avec l'atelier d'affiches. La contestation de l'enseignement des Beaux-Arts était assurément plus justifiée et argumentée que tout autre. Mais la crise de 1968 fut suivie d'une phase d'ouverture et d'effervescence où les innovations se multiplièrent sur fond d'anarchie. Les décrets se sont succédé, ainsi que les recours en Conseil d'État et les annulations. Disons, pour être bref, que la réforme Malraux de 1968 a mis fin au système académique et à l'École nationale supérieure des beaux-arts telle qu'en elle-même... Le décret de 1968 visait à la décentralisation et à la diversification de l'enseignement : huit unités pédagogiques ont été mises en place à Paris et treize en province, auxquelles on a accordé l'autonomie de gestion et l'autonomie pédagogique. Depuis, au moins trois changements sont statistiquement vérifiables. Les effectifs étudiants ont plus que triplé entre 1966-1967 et 1990-1991, de plus de 4 000 à 14 590. La « place » a considérablement régressé et les études supérieures universitaires (para-architecturales) sont devenues plus fréquentes. Pour le reste, toute tentative de généralisation trahit la diversité des situations concrètes. On peut dire très sommairement que, pendant quelques années, le « discours » s'est substitué au « dessin » – en ce sens que la prolifération dans le champ intellectuel d'un discours « mixte », fortement imprégné de sciences sociales et à forte prétention théorique, n'a pas épargné le champ architectural. Mais, au-delà d'une vulgate, aujourd'hui dépassée, la recherche d'une théorie de l'architecture, le recours à l'archéologie et à l'histoire manifestaient, de la part des nouveaux architectes, la quête, sans cesse renouvelée, d'une identité perdue. La réforme de l'enseignement de 1978 remettait l'accent sur l'apprentissage « pratique » et instituait une sélection au terme de la première année d'études. La réforme de 1992 crée un corps d'enseignants-chercheurs à temps plein, tentative de revalorisation de la profession, et redéfinit le contenu des enseignements, l'accent étant mis sur la diversification des formations : une réflexion est engagée sur une filière d'urbaniste ; la formation de paysagistes, la spécialisation dans la conception assistée par ordinateur sont encouragées. L'État tente ainsi de trouver une solution non malthusienne au problème structurel de l'insuffisance de la demande par rapport à l'offre de travail.

Le nombre, le statut et l'emploi

Même si la plus grande prudence est de mise concernant les indications chiffrées, certaines tendances sont peu contestables. Le nombre des diplômes d'architecture décernés chaque année est d'environ 1 200, ce qui aboutit au doublement de la population active entre 1978 et 1991. Le nombre des diplômés s'est élevé à 1 085 en 1988-1989. En décembre 1991, 22 215 diplômés étaient inscrits à l'ordre, dont 8 705 en Île-de-France, 2 171 pour la région Rhône-Alpes et 2 070 dans la région Provence-Alpes-Côte d'Azur. Il subsiste encore quelque chose du désert français dans la répartition géographique des architectes, qui n'ont pas seulement à construire, mais aussi, et partout, à sauvegarder la qualité de l'environnement.

L'exercice libéral de la profession demeure prédominant, mais avec une inégalité grandissante des situations. Les grosses agences (30 personnes ou davantage) ne représentent guère plus de 3 p. 100 de l'ensemble, et l'écart s'accroît entre elles et les autres.

La loi de décentralisation de 1982 et la création des C.A.U.E. (Commissions d'architecture, d'urbanisme et d'environnement) ont entraîné une augmentation du nombre des architectes travaillant pour les collectivités locales (750 dans les communes ; 250 dans les autres collectivités locales). En revanche, malgré l'intérêt croissant de l'État pour l'architecture, le nombre d'architectes travaillant pour lui est stable : les contraintes budgétaires et les réticences de l'ordre à l'égard d'un mode d'exercice non libéral sont les deux obstacles à son augmentation. 1 000 architectes sont au service de l'État, certains occupant une position forte dans le champ de la profession, notamment les 101 architectes-conseils du ministère de l'Équipement.

Le prestige de la « carte de visite » publique (du fait de l'effet cumulatif des positions occupées dans les secteurs public et privé) a toujours attiré les « grands » architectes. Mais, aujourd'hui, les jeunes diplômés (de moins de trente-cinq ans) et de moins jeunes, en difficulté, sont de plus en plus nombreux à chercher des solutions alternatives au travail en agence.

L'avenir professionnel des architectes dépend de décisions d'ordre politique, et toutes les mesures prises depuis quinze ans confirment un retour de faveur à leur égard : elles ont pour objectif la promotion de la qualité architecturale et la revalorisation des missions de maîtrise d'œuvre. Mais les pressions protectionnistes n'ont pas cessé, qui prouvent que les architectes restent sur la défensive. L'État, après avoir si durablement assuré la prééminence, dans ses services administratifs, du corps des ingénieurs va-t-il ou non constituer un corps des architectes de l'État ? Au-delà de ce choix politique reste la question subsidiaire : donner le pouvoir aux architectes, certes, mais auxquels et pour faire quoi ?

RAYMONDE MOULIN et FLORENT CHAMPY

Bibliographie

- **Antiquité**

BAMMER, *Architektur und Gesellschaft in der Antike*, Vienne, 1974 / R. BIANCHI-BANDINELLI, « L'Artista nell'antichità classica », in *Archaeologia classica*, vol. IX, pp. 1-17, Rome, 1957 / A. BURFORD, *Craftsmen in Greek and Roman Societies*, Londres, 1972 / F. FRONTISI-DUCROUX, *Dédale (mythologie de l'artisan en Grèce ancienne)*, Paris, 1975 / P. GROS, *Aurea templa. Recherches sur l'architecture religieuse de Rome à l'époque d'Auguste*, Paris, 1977 ; *Architecture et société à Rome*, coll. Latomus, Bruxelles, 1978 / R. MARTIN, *Le Monde grec*, coll. Architecture universelle, Fribourg, 1966.

- **Moyen Âge**

P. DU COLOMBIER, *Les Chantiers des cathédrales* (très riche bibliographie), éd. Picard, Paris, 1953, rééd. 1989 / R. HAHNLOSER, *Villard de Honnecourt*, Vienne, 1935 / C. HEITZ, « Vitruve et l'architecture du haut Moyen Âge », in *La Cultura antica nell'Occidente latino dal VII all'XI secolo*, Spolète, 1975, pp. 725-757 ; « Le Rôle social de l'architecte au Moyen Âge », in *Bulletin de la Société des architectes de France*, 1982 / D. KIMPEL, « Le Développement de la taille en série dans l'architecture médiévale et son rôle dans l'histoire économique », in *Bulletin monumental*, t. CXXXV, 1977, pp. 195-222 / D. KNOOP & G. P. JONES, *The Mediaeval Mason*, Manchester, 1949 (1re éd. 1933) / N. PEVSNER « The Term « Architect » in the Middle Ages », in *Speculum* t. XVII, 1942, p. 549 sqq. / VILLARD DE HONNECOURT, *Album*, fac-similé, J.-B. Lassus, Paris, 1858.

- **Renaissance et Temps modernes**

BLUNT, *La Théorie des arts en Italie de 1450 à 1600*, Paris, 1966 / A. DREXLAR dir., *The Architecture of the École des Beaux-Arts*, Londres, 1977 / « Ledoux et sa clientèle parisienne », in *Bulletin de la Société de l'histoire de Paris et de l'Île-de-France*, Paris, 1974-1975 / B. GILLE, *Les Ingénieurs de la Renaissance*, Paris, 1964 (rééd. 1978) / L. HAUTECŒUR, *Histoire de l'architecture classique en France*, 9 vol., Paris, 1943-1957 / F. JENKINS, *Architect and Patron. A Survey of Professional Relations and Practice in England from the Sixteenth Century to the Present Day*, Londres, New York et Toronto, 1961 / S. KOSTOF dir., *The Architect, Chapters in the History of the Profession*, New York, 1977 / « La Profession d'architecte », in *Les Cahiers de la recherche architecturale*, n° spéc. 2, Paris, mars 1978 / M. RAMBAUD, *Documents du minutier central concernant l'histoire de l'art (1700-1750)*, t. II, Paris, 1971.

- **Époque contemporaine**

M. AGULHON dir., *Histoire de la France urbaine*, t. IV, Seuil, Paris, 1984 / É. AILLAUD, *Désordre apparent, ordre caché*, Fayard, Paris, 1975 / A. BRUYÈRE, *Pourquoi des architectes ?*, J.-J. Pauvert, Paris, 1968 / F. CHASLIN, *Les Paris de François Mitterrand*, Gallimard, Paris, 1985 / M. HUET, *Le Droit de l'architecture*, Economica, Paris, 1990 / J. LAUTMAN & R. MOULIN, « La Commande publique d'architecture », in *Politique urbaine*, n° spéc. 2 de *Sociologie du travail*, 12e année, 4e trimestre, oct.-déc. 1970 / M. LODS, *Le Métier d'architecte* (entretiens avec Hervé Le Boterf), Paris, 1976 / J. LUCAN, *France-Architecture 1965-1988*, Éd. du Moniteur, Paris, 1989 / G. MONNIER, *L'Architecture en France, une histoire critique, 1918-1950*, Philippe Sers éd., Paris, 1990 / R. MOULIN dir., *Les Architectes. Métamorphoses d'une profession libérale*, Paris, 1973 / C. PARENT,

Claude Parent architecte. Un homme et son métier, Paris, 1975 / M. RAGON, *L'Architecte, le prince et la démocratie*, Albin Michel, Paris, 1977.

ARÇON JEAN-CLAUDE ÉLÉONORE chevalier d' (1733-1800)

Originaire de Franche-Comté, il fréquente l'école du Génie de Mézières en 1753-1754. En 1791, il est promu maréchal de camp, directeur des fortifications de Franche-Comté. Il est membre du Comité national des fortifications. Il émigre en 1792 et revient en France avec le titre d'inspecteur général des fortifications : il rédige alors un mémoire sur les moyens de reprendre Toulon aux Anglais. Il est le premier à enseigner la fortification à l'École polytechnique. Il a rédigé de nombreux mémoires où il explique ses méthodes pour rénover la fortification bastionnée compromise par les progrès de l'artillerie (*Considérations sur l'influence du génie de Vauban dans la balance des forces de l'État*, Strasbourg, 1786). Innovant dans le domaine de la fortification, il invente en 1795 un ouvrage avancé de petite taille, appelé *lunette d'Arçon,* sorte de demi-lune, construite sur le front le plus exposé, à plusieurs centaines de mètres de la place à laquelle elle était reliée par un souterrain. En France, cinq places furent pourvues de ces ouvrages dont plusieurs sont conservés (Besançon : forts Touzey et Trois Chatels ; Montdauphin : redoute d'Eygliers).

CATHERINE BRISAC

Bibliographie

P. ROCOLLE, *2000 ans de fortification française*, 2 t., Paris, 1973.

ARNOLFO DI CAMBIO (1245 env.-env. 1302)

Sculpteur et architecte italien. Le contrat passé le 29 septembre 1265 entre Nicola Pisano et les « fabriciens » de la cathédrale de Sienne est le premier document où soit mentionné Arnolfo di Colle di Val d'Elsa, fils d'un certain Cambio. Plus âgé que Giovanni Pisano, Arnolfo semble avoir été le principal collaborateur de Nicola pour la chaire de Sienne et pour l'*arca* (tombeau) de saint Dominique à Bologne. En 1277, il travaille à Rome, pour le roi Charles d'Anjou ; en 1281, on le trouve à Pérouse où il exécute une fontaine, aujourd'hui démembrée ; en 1285, il signe le *ciborium* (baldaquin de marbre surmontant l'autel) de Saint-Paul-hors-les-Murs, et en 1293 celui de Sainte-Cécile au Transtévère ; il retourne à Florence comme *capomaestro* (maître d'œuvre) de la cathédrale en 1296 et jette les fondements du nouvel édifice, puis est rappelé à Rome vers 1300 par le pape Boniface VIII qui lui fait exécuter son tombeau (démembré). Il mourut probablement à Florence au cours de l'année 1302. En plus des œuvres déjà mentionnées, on s'accorde pour attribuer à Arnolfo un certain nombre de tombeaux (tombe Annibaldi à Saint-Jean-de-Latran, Rome ; monuments du pape Adrien V à San Francesco de Viterbe, du cardinal de Braye à San Domenico d'Orvieto), la célèbre statue de *Charles d'Anjou trônant* (Capitole, Rome), les fragments d'une *Adoration des mages* (Sainte-Marie-Majeure, Rome), des sculptures pour la façade du Dôme (la cathédrale) de Florence (*Vierge à l'Enfant*, musée de l'Œuvre) et, de façon plus discutée, le *Saint-Pierre* en bronze de la basilique Vaticane. Très au fait, peut-être par l'intermédiaire des artistes napolitains, des innovations gothiques françaises, il se révèle également fervent admirateur de l'Antiquité, allant parfois jusqu'au pastiche (Vierge du tombeau du cardinal de Braye, Barnabé du ciborium de Saint-Paul-hors-les-Murs). Son œuvre d'architecte n'est pas moins importante, quoique difficile à évaluer ; on ne connaît, en effet, ni le détail de son projet pour la façade du Dôme ni, surtout, le mode de couverture prévu pour le chœur. L'hypothèse selon laquelle il faudrait distinguer un sculpteur nommé Arnolfo Fiorentino de son quasi-homonyme Arnolfo di Cambio, qui aurait été architecte, n'a cependant pas été retenue par la critique.

JEAN-RENÉ GABORIT

ARRUDA DIOGO (actif de 1508 à 1531)

Continuateur de la tradition architecturale gothique, Arruda a apporté à l'art manuélin un répertoire décoratif très original, exaltant la puissance et les entreprises maritimes du Portugal (entrelacs de voiles, de filets, d'armoiries, de coquillages, etc.). Hormis la nef et la salle capitulaire du couvent du Christ de Tomar (1510-1514) qu'on lui attribue, Arruda édifia, entre 1522 et 1531, le monastère d'Espinheiro à Évora ainsi qu'un palais dans cette ville.

ROBERT FOHR

Bibliographie

G. KUBLER & M. SORIA, *Art and Architecture in Spain and Portugal [...] 1500 to 1800*, Harmondsworth, 2ᵉ éd. 1969.

ASAM LES

Famille d'artistes allemands. Cosmas Damian (1686-1739) fut fresquiste et Egid Quirin (1692-1750) sculpteur et stucateur ; les frères Asam eurent, en outre, tous les deux une activité d'architectes (on peut les comparer avec les frères Johann-Baptist et Dominikus Zimmermann). Leur père, Hans Georg Asam (1649-1711), jouissait déjà en Bavière d'une certaine réputation comme peintre à fresque. En 1712, ils furent envoyés pour deux ans à Rome par l'abbé du monastère de Tegernsee (Bavière). Cosmas Damian y reçoit en 1713 le prix de l'Académie de Saint-Luc ; de retour à Munich, il est chargé de commandes qui laissent supposer que son talent était déjà très apprécié (fresques de l'église de la Trinité de Munich, 1714), tandis que son frère poursuivait son apprentissage. Leur première œuvre importante, et peut-être leur chef-d'œuvre, est l'église du monastère de Weltenburg, près de Ratisbonne. La reconstruction du monastère avait commencé en 1714 et Cosmas Damian fut appelé deux ans plus tard comme architecte pour édifier une nouvelle église. Son frère collabora avec lui à la décoration, qui ne fut achevée qu'en 1735. L'édifice, de dimensions très modestes, si on le compare aux églises des monastères de l'Allemagne du Sud et d'Autriche reconstruites à cette époque, se compose d'un narthex, d'une nef sur plan ovale longitudinal couverte d'une coupole sans tambour et d'un chœur allongé terminé par une abside semi-circulaire ; entre le chœur et l'abside se dresse un groupe monumental, *Saint Georges terrassant le dragon*, éclairé latéralement par des baies invisibles pour les fidèles. Les différents éléments de l'architecture dérivent plus ou moins directement d'exemples italiens. L'église tire son originalité et son charme de son décor polychrome, un des plus harmonieux que l'on puisse rencontrer en Allemagne du Sud. La coupole est partagée en deux zones, une large couronne inférieure, ornée de bas-reliefs et de grisailles, et où dominent le vert et l'or, et la calotte où Cosmas Damian a peint une grande composition allégorique (le *Triomphe de l'Église*) éclairée indirectement par une lumière filtrant à sa base.

Parmi les autres œuvres importantes des frères Asam, citons la décoration intérieure de la cathédrale de Freising et celle de l'église Saint-Emmeran de Ratisbonne, la reconstruction et la décoration de l'ancienne église des Augustins de Rohr (1717-1722, d'après les plans d'Egid Quirin, à qui l'on doit également l'extraordinaire maître-autel en stuc représentant *L'Assomption*), et surtout l'église Saint-Jean-Népomucène à Munich, connue sous le nom d'« église des frères Asam » (*Asamkirche*), qu'ils édifièrent à côté de leur propre maison, et qui est restée leur œuvre la plus populaire. Elle fut commencée en 1733, mais sa décoration n'était pas achevée à la mort d'Egid Quirin ; cependant, Cosmas Damian avait peint à la voûte une vaste fresque, détruite lors du bombardement de la ville en 1945 (l'église, qui avait été très endommagée, a été restaurée). Les frères Asam ont su admirablement tirer parti du terrain disponible, un étroit rectangle. Malgré sa forme très allongée, l'église conserve, par la disposition des éléments de l'architecture et du décor, le souvenir d'un plan ovale, prolongé par le chœur. Le premier étage, où court une galerie, est désigné par la décoration comme étant l'étage noble (on trouve une disposition analogue à la chapelle de Versailles et à la chapelle de la Résidence de Würzburg) ; l'espace est dominé par une représentation monumentale de *La Trinité*, œuvre d'Egid Quirin, qui surplombe le chœur et dont l'éclairage rappelle, par l'effet de vision surnaturelle, celui du *Saint Georges* de Weltenburg.

Outre son activité d'architecte, Cosmas Damian fut à son époque l'un des peintres à fresque les plus féconds et les plus brillants d'Europe centrale. Formé à l'exemple de Pierre de Cortone et surtout du père Pozzo, le grand virtuose de l'illusionnisme baroque, il a été appelé à l'abbaye de Weingarten en Souabe, à celles d'Einsiedeln en Suisse et de Kladruby en Bohême, à l'église Saint-Jacques d'Innsbruck et à celle de Legnickie Pole en Silésie, à la résidence de Mannheim et au château d'Alteglofsheim, sans parler de travaux de moindre importance.

PIERRE VAISSE

ASPLUND ERIK GUNNAR (1885-1940)

L'œuvre d'Asplund, dans la première moitié du XXe siècle, est exemplaire d'une architecture qui défend sans préjugés les nouveaux modes de communication propres à la civilisation technologique naissante. Son œuvre s'articule en plusieurs phases : il commence sa carrière dans le style « historique » qui brisait avec le modern style ; après la Première Guerre mondiale, commence une courte période d'un style « néo-classique », inspiré des lourds monuments du passé. Asplund se consacre ensuite, vers 1930, aux nouvelles méthodes de construction et à l'analyse des fonctions de l'habitat, dans le sillage du fonctionnalisme d'Otto Wagner ; sa dernière œuvre, le Cimetière de la forêt, est un pas définitif vers l'avenir, bien qu'elle comporte des éléments apparentés à la mentalité romantique de la fin du XIXe siècle.

Asplund fit ses études d'architectes à l'École technique supérieure et à l'Académie des beaux-arts de Stockholm et commença à exercer en 1909. En 1913 et 1914, il s'instruisit en visitant la Grèce et l'Italie. Parmi ses premières réalisations, il faut retenir le Cimetière sud de Stockholm (1918-1920) et sa chapelle, qui reste un exemple du néo-classicisme de notre siècle, la villa Snellman à Djursholm (1917), le cinéma Skandia (1922-1923) à Stockholm et tout particulièrement la Bibliothèque municipale de Stockholm (1924-1927). Ces deux dernières constructions, par leur austérité classique, le placent dans le courant de la première génération d'architectes fonctionnalistes (les frères Perret, Berlage) : le cinéma Skandia, au graphisme rectangulaire strict, fut très remarqué à l'époque ; la bibliothèque apparaît comme un parallélépipède couronné d'un cylindre : une salle centrale de forme circulaire enserrée de trois côtés par des blocs rectangulaires (salles de lecture). Cette rigidité architectonique est contemporaine de découvertes archéologiques égyptiennes (tombeau de Toutânkhamon). En Allemagne, l'exposition de Stuttgart (1927), organisée par Mies Van der Rohe, rassemblait Gropius, Oud, Le Corbusier, mettant l'accent sur la standardisation de la maison et de son ameublement. Trois ans plus tard, l'exposition de Stockholm traduit les idées de Gropius (suppression de tout élément « décoratif ») ; Asplund en est l'architecte en chef. Il conçoit l'exposition dans un environnement tout de verre, acier et béton ; son restaurant Le Paradis et ses grands halls d'exposition rassemblent les éléments formels de la nouvelle architecture européenne (supports légers, murs de verre, tour aux brise-soleil colorés). En 1931, il participe au manifeste suédois *Acceptera*, impliquant le programme de Le Corbusier. Il dessine les plans du magasin Bredenburg à Stockholm (1933), exempt de tout compromis nationaliste, plusieurs plans d'institutions scientifiques à l'extérieur de Stockholm et l'annexe de l'hôtel de ville de Göteborg (1934-1937). Puis il renonce au fonctionnalisme dans ce qu'il gardait de dogmatique pour se tourner vers une production plus « subjective » : le Crématorium de Skogskyrkogården (1935-1940), près de Stockholm, sa dernière œuvre, tenue pour une réussite sémiologique, où l'architecture et le paysage ne font qu'un : un portique aux colonnes nues ouvre sur un ensemble de trois chapelles ; le crématorium lui-même, implanté sur une colline, domine un étang qui reflète une grande croix de marbre se découpant sur le ciel. Ce travail est à rapprocher des recherches du groupe berlinois Zehnerring (l'organicisme de Hugo Häring) sur la structuration complexe de l'image architectonique.

CHRISTIAN BONNEFOI

AUBERT JEAN
(env. 1680-1741)

Cet ancien collaborateur d'Hardouin-Mansart perpétue la tradition de grandeur de l'école française tout en exprimant les inventions et le raffinement de l'art rocaille. Moins célèbre que les architectes de Louis XV, il crée pourtant l'un des édifices majeurs de l'architecture du XVIIIe

siècle : les écuries de Chantilly (1719 - 1740), « palais de la chasse », édifié pour les Bourbon-Condé. Pour eux et leur entourage, il réalise l'essentiel de son œuvre : appartement rocaille du petit château de Chantilly ; il achève après 1726 à Paris, avec Jacques V Gabriel, le palais Bourbon et l'hôtel de Lassay voisin. Le même style élégant et structuré se retrouve sur les façades de l'hôtel Peyrenc de Moras (actuel musée Rodin) et des bâtiments conventuels de Chaalis reconstruits en 1739.

JEAN-PIERRE MOUILLESEAUX

Bibliographie

F. SOUCHAL, « Jean Aubert, architecte des Bourbon-Condé », in *Revue de l'art,* 6, 1969.

AULENTI GAE (1927-   )

Les femmes architectes apparaissent dans la seconde moitié du XXe siècle. Les écoles leur sont désormais largement ouvertes et les générations actuelles disposent de quelques modèles de pionnières. Par exemple, celui de l'Italienne Gae Aulenti. Née en 1927 à Palazzolo della Stella, diplômée d'architecture en 1954, elle a accumulé rapidement les titres naguère réservés aux hommes et s'est placée au centre des carrefours de la production artistique contemporaine. En 1964, elle triomphe à la Triennale de Milan qui lui attribue un grand prix. Membre de la Société des designers italiens à partir de 1967, Gae Aulenti sera appelée à faire partie de celle des designers américains dix ans plus tard. Entre-temps, ses réalisations s'imposent en Italie, aux États-Unis et en France sur les fronts de l'architecture et du design, domaines aussi inséparables pour ce créateur qu'ils le furent pour ses devancières, Eileen Gray et Charlotte Perriand.

On ne peut isoler Gae Aulenti du milieu milanais qui l'a formée. Il était alors animé par l'architecte et designer Gio Ponti (1891-1979). Ce maître, disciple de Le Corbusier, a introduit, sous le fascisme, le mouvement moderne en Italie. Son activité s'est exercée à chaque niveau de la vie quotidienne, de l'immeuble au matériel sanitaire : tous les designers qui débutèrent dans les années 1960 ont subi son influence : elle a bousculé le style serein des Scandinaves. Ainsi dans le domaine des lampes, la fameuse « Tizio » de Richard Sapper, 1965 – que G. Aulenti a enrichi à son tour avec l'imposant « Pipistrello » (chauve-souris).

Comme son maître, elle ne s'est pas contentée d'œuvrer pour les riches esthètes. En 1970, elle n'hésite pas à s'associer à l'expérience de la chaîne de magasins Prisunic qui lançait une ligne de mobilier contemporain à des prix accessibles à tous en rassemblant des designers connus. Durant les quatre années qu'a duré cette expérience sans précédent, Gae Aulenti a conçu des chaises et des fauteuils en acier laqué et chromé qui prendront place plus tard dans les musées.

Dans le même souci de séduire un large public, G. Aulenti s'est aussi attaquée à la conception des salles d'expositions commerciales. Ainsi le magasin Olivetti à Paris, rue du Faubourg-Saint-Honoré, une voie justement célèbre par ses présentations, en particulier celles de la maison Hermès, le top niveau de l'étalagisme. Mais dans le cas précis d'une exhibition de machines, G. Aulenti a refusé toute fantaisie décorative. L'espace est architecturé par des gradins et des différences de plans. Aucune concession aux accessoires habituels de la mode parisienne ; matériaux d'acier et de plastique lamifié ; éclairage par des éléments fixes, complétés par la lampe « Pipistrello » qu'on déplace à volonté. Les nouveaux espaces d'exposition de Knoll pour New York et Boston furent conçus dans le même esprit.

La consécration suprême était proche. Paris allait offrir à Gae Aulenti un terrain digne de son talent multiforme. En novembre 1979, la direction de l'établissement public du musée d'Orsay, en cours de réalisation, exprimait son désir de faire appel à un architecte d'intérieur. Après quelques délicates négociations, G. Aulenti fut désignée, en juillet 1980, pour assurer la responsabilité de l'aménagement intérieur et de la décoration du musée.

Une voie triomphale traverse de bout en bout la grande nef, s'élevant légèrement par paliers jusqu'à une colonnade surmontée de deux tours. G. Aulenti a voulu ces points forts, non prévus par ses confrères, pour fermer une perspective et donner une référence architecturale aux sculptures monumentales qui allaient être disposées en ce lieu, notamment *La Danse* de Carpeaux – naguère placée devant le palais Garnier. De part et d'autre de la voie centrale, s'élèvent les deux rangées de pavillons réservés aux expositions : bel exemple d'organisation architecturale dans laquelle l'espace et son contenu s'équilibrent en une continuité logique.

C'est exactement la même solution que Gae Aulenti a appliquée dans la restructuration du Musée national d'art moderne abrité au Centre Georges-Pompidou : les collections du musée, de plus en plus riches, « flottaient » littéralement dans un espace trop flexible. L'architecte a donc recréé de vraies salles qui conviennent mieux à la contemplation tranquille que les vélums oscillants en place depuis l'ouverture du musée. Séparant les espaces stables, plusieurs corridors, coiffés d'une couverture de verre, abritent des vitrines et des niches réservées aux dessins et aux documents concernant les artistes et les mouvements représentés dans les salles avoisinantes.

La vocation muséographique de Gae Aulenti a continué de s'affirmer, cette fois à Venise. En 1984, Fiat avait racheté le palazzo Grassi, édifice fâcheusement altéré depuis son achèvement en 1760, aux fins d'y installer un institut d'activités culturelles, artistiques et scientifiques axé sur la confrontation entre le monde contemporain et le passé. En compagnie d'Antonio Foscari, Gae Aulenti n'a mis que deux ans pour venir à bout d'une recréation unique : le bâtiment a retrouvé sa splendeur d'origine mais l'équipement technique y tient une telle place qu'il occulte un peu la perception des volumes et la beauté du décor. Forte de ses précédentes expériences, G. Aulenti a mis toute sa science muséale dans cette réalisation dont il n'existe encore aucun exemple aussi élaboré. Elle a aussi réalisé la scénographie d'un certain nombre d'expositions, notamment *Euphronios, peintre à Athènes*, en 1990, au musée du Louvre et au palazzo Grassi *Les Celtes*, en 1991, et *Les Grecs en Occident*, en 1996.

Fidèle à Gio Ponti, son élève n'oublie jamais la vie quotidienne. En 1996, pour la firme italienne Ideal-Standard, elle a créé une ligne de porcelaine sanitaire baptisée « Orsay » tandis que la robinetterie se dénomme « Hyperbole », car elle privilégie cette courbe. Alors que le reste de l'Occident – y compris la France qui en fut la championne – semble abandonner le bidet, G. Aulenti le rétablit ici en ajoutant au matériel habituel de la salle de bains une table desserte en porcelaine vitrifiée supportée par un tronc de colonne.

Depuis bientôt cinquante ans, Gae Aulenti a investi, avec une vision synthétique de l'environnement rarement égalée, tous les domaines des espaces intérieurs. L'architecte est aussi une femme, on s'en doutait déjà : d'autres « talents supérieurs » le prouveront sûrement encore.

ROGER-HENRI GUERRAND

Bibliographie

Gae Aulenti, catal. expos. Padiglione d'arte contemporanea, Milan, 1979, éd. Electa, Milan, 1979 / F. BEAUPRÉ & R.-H. GUERRAND, *Le Confident des dames. Histoire du bidet du XVIIIe au XXe siècle*, La Découverte, Paris, 1997 / P. GARNER, *The Contemporary Decorative Arts from 1940 to the Present Day*, Phaidon, Oxford-Londres, 1980.

AVERBEKE ÉMILE VAN (1876-1946)

Ancien architecte en chef de la ville d'Anvers, brillant interprète du modern style, Émile van Averbeke est l'auteur, vers les années 1900, d'ouvrages où l'on voit se combiner la rhétorique de Hankar et celle de Horta pour donner naissance à une calligraphie spatiale originale, à partir de plans très correctement articulés (Maison du peuple « Help U Zelve », Anvers, 1898 ; Maison De Ooievaar, Anvers, 1899). À la même époque, il élabore des projets où il manipule avec maîtrise le vocabulaire baroque, domine avec ampleur les signes de liaison organique et apporte à l'architecture les dimensions de la couleur. Il se référera par la suite à la force, à la puissance du code de Berlage (Caserne des pompiers, Anvers, 1913) et pratiquera une architecture homogène, massive, à tendance cubique, où la brique joue un rôle structurant essentiel (École normale et d'application, Anvers, 1930).

ROBERT-L. DELEVOY

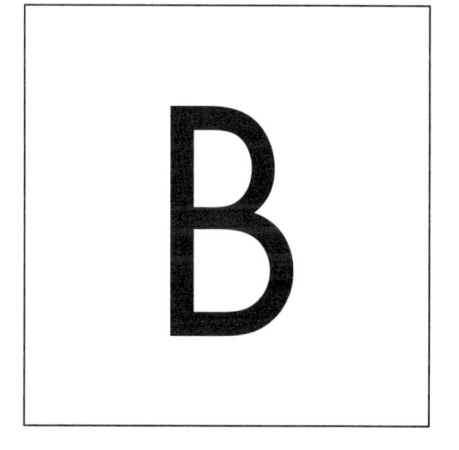

BACON HENRY (1866-1924)

Architecte nord-américain. Bacon est sans contredit le meilleur représentant du courant néo-classique ayant resurgi aux États-Unis à la fin du XIXe et au début du XXe siècle. La pureté de son style néo-grec renoue avec la tradition architecturale des premières années de l'indépendance et s'inscrit dans la ligne des créations de Jefferson. C'est donc très logiquement à Washington, ville entièrement marquée dans son plan et son architecture par l'empreinte du néo-classicisme, que Bacon a donné toute sa mesure avec un temple écossais inspiré du mausolée d'Halicarnasse et surtout avec son chef-d'œuvre, le monument à la gloire de Lincoln (Lincoln Memorial), élevé de 1914 à 1922 sur les bords du Potomac, à l'extrémité d'une des principales perspectives de la capitale.

YVES BRUAND

BAJENOV Vassili (1737-1799)

Vassili Ivanovitch Bajenov est l'une des figures les plus intéressantes de l'architecture russe du XVIIIe siècle. Esprit puissant, original et mystique, il fut aussi fécond dans ses projets que malchanceux dans ses réalisations. Bajenov est né à Moscou d'un père prêtre. Ses études au gymnase de l'Université alternèrent avec des travaux pratiques dans l'équipe de l'architecte moscovite Dimitri Oukhtomski. En 1756, il fut envoyé, parmi d'autres élèves de l'Université, à la toute récente Académie des beaux-arts de Saint-Pétersbourg. Mais en attendant l'ouverture des cours, il travailla pendant deux années à Pétersbourg sous la direction de l'architecte Savva Tchevakinski et il participa à la construction de son œuvre la plus importante, l'église Saint-Nicolas-des-Marins. À partir de 1758, Bajenov fut l'élève de Jean-Baptiste Vallin de la Mothe à l'Académie. En 1759, premier pensionnaire de l'Académie, il partit pour Paris où il fut l'élève de Charles de Wailly, de retour de Rome. Bajenov passa à Paris près de trois ans, et partit en 1762, pour Rome, muni d'une recommandation du marquis de Marigny, directeur général des Bâtiments et frère de Mme de Pompadour.

De retour à Pétersbourg en 1765, Bajenov fut nommé académicien et, en 1767, Catherine II lui confia la construction d'un nouveau palais impérial au Kremlin de Moscou. Dans ce projet colossal (les plans et la maquette sont conservés au musée d'Architecture de Moscou), Bajenov prévoyait la démolition d'un mur (côté sud) de la vieille forteresse, ainsi que de certaines églises. Grâce à un système de places à l'intérieur du Kremlin et de rues convergeant vers elles, le palais devait dominer le vieil ensemble et devenir le centre architectural de la ville. Dressé sur une colline et surchargé d'éléments classiques provenant aussi bien de l'architecture antique que maniériste, le palais du Kremlin transformait le cœur historique de l'ancienne capitale en une sorte de forum, non sans évoquer le Capitole de Rome. L'élan visionnaire du projet fut remarqué par les contemporains, qui comparaient le Kremlin de Bajenov à la *République* de Platon ou à l'*Utopie* de More, mais le projet ne vit pas le jour.

Cet échec fut rapidement compensé par une nouvelle commande impériale. En 1775, Bajenov fut chargé par Catherine de construire un ensemble de palais et de fabriques dans son domaine de Tsaritsyno, aux environs de Moscou. Le programme imposait le recours à des formes exotiques qui associaient au langage classique le gothique européen et le style de la Russie ancienne (XVIIe s.) en un style éclectique que Bajenov utilisa la même année dans ses décors fantasques destinés aux fêtes de la paix avec la Turquie. Jusqu'en 1785, l'architecte fut occupé par cette entreprise, aussi grandiose que celle du Kremlin. L'ensemble était presque achevé, quand l'impératrice fit arrêter les travaux, peut-être parce que Bajenov entretenait des relations avec les francs-maçons, qu'elle tenait en suspicion. L'interprétation de certains symboles maçonniques est encore visible dans les formes architecturales qui ont subsisté à Tsaritsyno.

À la fin des années 1780 et au début des années 1790, Bajenov, tombé en disgrâce, travailla à Moscou à l'exécution de commandes privées. On lui attribue plusieurs maisons particulières, notamment celle de Pachkov, rue Mokhovaïa. En 1792, il fut appelé à Pétersbourg et devint l'architecte du grand-duc Paul Petrovitch, fils de Catherine. L'architecte projeta pour lui le nouveau château Saint-Michel que Paul fit construire après son avènement en 1796 (le château fut achevé par un architecte italien, installé à Saint-Pétersbourg, Vincenzo Brenna).

OLGA MEDVEDKOVA

Bibliographie

A. I. MIKHAÏLOV, *V. I. Bajenov*, Moscou, 1951 (en russe) / D. RABREAU & M. MOSSER, *Charles de Wailly, peintre-architecte dans l'Europe des Lumières*, catal. expos., Caisse des monuments historiques, Paris, 1979 / L. RÉAU, « Les Artistes russes à Paris au XVIIIe siècle », in *Revue des études slaves*, III, 1923.

BALLU THÉODORE (1817-1885)

Après le Grand Prix de Rome et un séjour en Italie et en Grèce, Ballu fait une carrière architecturale qui se déroule essentiellement dans l'administration municipale parisienne. Il achève dans le goût gothique l'église Sainte-Clotilde (1853), puis réalise, dans un style plus éclectique, l'église de la Trinité (1862). Son travail le plus important est la reconstruction dans le style Renaissance, à la suite du concours remporté en 1872 avec son collègue Deperthes, de l'Hôtel de Ville détruit en 1870.

ANNIE JACQUES

BALTARD LOUIS PIERRE (1764-1846)

La célébrité de son fils Victor (l'auteur des Halles de Paris) a éclipsé la gloire de Louis Pierre Baltard, architecte, peintre et graveur fort connu de son temps. Élève de Peyre le Jeune, il collabore aux travaux de R. Mique à Versailles avant de se rendre en Italie pour étudier les antiques (1788-1791). Excellent dessinateur, il se fait accepter aux expositions du Salon qui vient d'inaugurer une section architecture, et c'est dans cette section qu'il présente régulièrement, entre 1791 et 1835, des *vedute* et des projets ; cependant, en 1810, 1812 et 1814, c'est dans la section de peinture que ses œuvres sont rassemblées. Graveur talentueux et prolifique, Baltard participera aussi à d'importantes éditions d'albums de voyages archéologiques (*Voyage d'Italie*, *Expédition d'Égypte*) et à la diffusion des modèles de l'Académie (édition des *Grands Prix d'architecture de 1818 à 1834*, en collaboration avec A. L. T. Vaudoyer et A. Destournelles). Son activité de pédagogue et d'écrivain le place au rang des meilleurs théoriciens de l'architecture, aux côtés du fonctionnaliste J. N. L. Durand. Nommé professeur d'architecture à l'École polytechnique en 1796, Baltard obtiendra une chaire à l'École des beaux-arts en 1818 et la conservera jusqu'à sa mort. Parmi ses nombreuses publications, citons : le *Recueil des monuments antiques et des principales fabriques de Rome* (Paris, 1801), *L'Architectonographie des prisons* (Paris, 1829) et son *Introduction au cours de théorie d'architecture* (Paris, 1839). Ses nominations au poste d'architecte du Panthéon, des prisons et des Halles de Paris (1815-1818), puis au conseil des Bâtiments civils (1831) et à l'inspection générale des travaux de Paris (1837) en firent un des spécialistes de l'architecture carcérale et édilitaire. C'est à Lyon que Baltard donnera ses meilleures œuvres : le grenier à sel (1828), la prison de Perrache (1830), l'arsenal de l'artillerie (1840-1846) et surtout le palais de Justice (1835-1847), gigantesque édifice à l'antique qui dresse une somptueuse colonnade corinthienne sur le quai de la Saône. Ce monument, distribué à l'imitation des thermes romains, est doté d'un décor à la fois élégant et discret, caractéristique du néoclassicisme tardif.

DANIEL RABREAU

BALTARD VICTOR (1805-1874)

Fils de l'architecte néo-classique Louis Pierre Baltard, Victor Baltard est le condisciple d'Haussmann au collège Henri-IV. Il suit les cours de son père à l'École des beaux-arts où il est admis comme élève-architecte en 1824 et dans la section de peinture en 1828. Il remporte le grand prix de Rome d'architecture en 1833. Il publie à l'issue de son séjour romain une *Monographie de la villa Médicis*, et *Recherches sur les monuments de l'histoire des Normands en Sicile et de la maison de Souabe dans l'Italie méridionale*. Il est nommé inspecteur des Beaux-Arts de la ville de Paris en 1842, après avoir pris part au concours pour le tombeau de Napoléon (1840). Il est architecte en chef de la 1re section des Travaux de Paris en 1849. Il est ainsi amené à achever les travaux du séminaire de Saint-Sulpice et à aménager l'hôtel du Timbre, rue de la Banque (1844). En 1851, Baltard aidé de Callet débute les travaux pour les Halles centrales. Après un essai malheureux de pavillon en pierre, Baltard se résigne, sur les instances d'Haussmann, à construire des pavillons entièrement en fer. Le projet définitif date de 1854 ; l'ensemble est achevé en 1870, à l'exception de deux pavillons qui ont été construits en 1935 (la destruction, entreprise en 1973, a été terminée en 1974 ; un seul pavillon a été conservé, le pavillon n° 8, qui a été remonté à Nogent-sur-Marne en 1977). Zola a donné des Halles, au temps de leur splendide opulence, une magistrale description dans *Le Ventre de Paris*. Fort de cette expérience, l'architecte entreprend dans le quartier du boulevard Malesherbes la construction de l'église Saint-Augustin (1866-1871) où il dissimule la structure en fonte et en fer sous une enveloppe extérieure de pierre dans le style néo-renaissant. Il utilise d'une manière adroite un terrain peu propice, mais l'ensemble est d'un caractère éclectique peu satisfaisant. Baltard fait partie de l'équipe des architectes diocésains de Paris ; les restaurations et les décorations nombreuses entreprises sous le Second Empire seront décidées par lui. Il participe donc d'une manière active à l'élaboration du « style Second Empire », où la polychromie joue un rôle prépondérant.

RENÉE PLOUIN

BANHAM REYNER (1922-1988)

Peter Reyner Banham est l'historien de l'architecture le plus intimement lié aux interrogations de cette discipline dans l'après-guerre. Né à Norfolk en 1922, l'année même, aimait-il à souligner, où Le Corbusier commençait la publication de ses articles dans *L'Esprit nouveau*, il travailla quelque temps dans l'industrie aéronautique tout en collaborant à la rubrique artistique de divers journaux de l'est de l'Angleterre. Il s'établit à Londres en 1949 pour entreprendre des études d'histoire de l'art au Courtauld Institute que dirigeait alors Anthony Blunt. Nikolaus Pevsner le poussa à reprendre l'étude de l'histoire de l'architecture là où la quittait son *Pioneers of the Modern Movement*, vers 1910, ce que fit Banham mais à contre-pied des thèses de son maître. Son travail de doctorat, paru en 1960 sous le titre *Theory and Design in the First Machine Age*, s'appliquait à mettre en évidence les limites du rationalisme des architectes modernes, leur manque de formation aux véritables questions techniques, leur formalisme classicisant qui, derrière le masque d'une théorie à caractère logique, ne permit jamais, estimait-il, au Style international de se libérer du poids de l'émotion et du sentiment artistique.

Toute sa vie, Banham se tiendra dans une complicité critique à l'égard des architectes modernistes et de ses amis eux-mêmes. Esprit libre et exubérant, dont les écrits fourmillent d'anecdotes, de traits d'humour, de digressions et de souvenirs personnels, de piques et d'apostrophes au lecteur, ce prophète barbu du « futur imminent » sera le théoricien malgré lui – et la mauvaise conscience – de cette génération qu'on désigne comme celle des brutalistes.

Critique (à *The Architectural Review* de 1952 à 1964, au *New Statesman* puis à *New Society*), professeur à la Bartlett School de l'University College (au sein de laquelle régnait un esprit pluridisciplinaire, attaché à l'analyse des méthodes et des processus, et où fut créée pour lui, en 1969, la première chaire d'histoire de l'architecture de Grande-Bretagne), Reyner Banham tenait aussi avec sa femme Mary, le dimanche matin, une sorte de salon réunissant artistes et architectes liés à l'Independant Group et au mouvement Pop dont, après l'exposition collective de 1956 *This Is Tomorrow* à la Whitechapel Art Gallery, il apparut comme l'un des principaux porte-paroles. Son ouvrage sur le brutalisme parut en 1966, alors que les protagonistes du mouvement (les Smithson, Gowan, Stirling) lui semblaient porteurs de « beaucoup moins d'énergie, éthique ou esthétique, qu'à la fin des années cinquante » et constituaient, écrivait-il, « finalement une déception » alors qu'il en avait attendu « un fonctionnalisme sans complexe ». Prophète aux disciples toujours happés par le formalisme qu'il combattait, il se tint en réalité en marge du mouvement architectural, en critique amical et fournisseur de concepts ; ainsi à l'égard de ses cadets du groupe Archigram, « nuls en théorie », dont il aimait les fantaisies utopiques et l'univers de provisoire et de mobilité.

Passionné par Marinetti et par le futurisme italien, il développa une sorte de morale de l'utilité, de l'anti-esthétisme et du progrès technique, s'opposant constamment aux rhétoriques architecturales. C'est la dimension sociale, politique et technique de cette histoire qui allait retenir son attention : histoire de la lumière, de la climatisation, des appareils de contrôle de l'environnement et non plus des codes formels. Publié en 1969, *The Architecture of the*

Well-Tempered Environment, tentait justement de construire cette histoire de la part maudite de l'architecture, à peine esquissée avant lui par Giedion : celle de la technologie interne et secrète, d'une invention systématiquement masquée par le débat stylistique et refoulée derrière la façade, celle de ce monde des « organes » mécaniques qu'il jugeait, dans un article à la gloire de *L'A-maison*, « trop modernes pour avoir déjà leur sagesse proverbiale dans le livre d'or des architectes » et menaçant, à terme, toute la culture factice d'une profession attachée à ses « faux monuments » par peur du vide, du provisoire et, finalement, de la liberté.

L'optimisme de Banham devait être ébranlé par la crise des années 1970 : la critique écologique, la prise de conscience de la raréfaction possible des ressources et de l'énergie, la montée du postmodernisme et du nouveau formalisme architectural, le refuge dans l'histoire et non plus dans ce futur qu'il avait cru si proche. Il partit alors « vers l'ouest », aux États-Unis, à Buffalo puis à Santa Cruz, et témoigna dans *Scenes in America Deserta*, 1982, puis dans *A Concrete Atlantis*, 1986, de sa passion pour les espaces d'un pays encore ouvert sur l'avenir, porteur d'une culture paradoxale, entre l'empirisme des choses tangibles et le grand rêve utopiste. Reyner Banham est mort à Londres en mars 1988, à quelques jours de la leçon inaugurale qu'il devait donner à l'Institute of Fine Arts de New York University, où venait de lui être attribuée la prestigieuse chaire de Henry-Russell Hitchcock.

FRANÇOIS CHASLIN

Bibliographie

Theory and Design in the First Machine Age, Londres, 1960 ; *Guide to Modern Architecture* (devenu ensuite *Age of the Masters*), Londres, 1962 ; *The New Brutalism*, Stuttgart-Berne, 1966 ; *The Architecture of the Well-Tempered Environment*, Londres, 1969 ; *Los Angeles, the Architecture of Four Ecologies*, Londres, 1971 ; *Megastructures*, Londres, 1976 ; *Scenes in America Deserta*, Salt Lake City (Utah), 1982 ; *A Concrete Atlantis*, M.I.T. Press, Cambridge (Mass.), 1986 / *Le Brutalisme en architecture*, Dunod, Paris, 1970 ; « L'"effet Wampanoag" en architecture » in *Le Sens de la ville*, Seuil, Paris, 1972.

BARRAGAN LUIS (1902-1988)

L'architecte mexicain Luis Barragán Morfin est né à Guadalajara le 9 mars 1902, il meurt à Mexico-City le 22 novembre 1988. Sa vie traverse le siècle sans l'épouser. Fils de propriétaire terrien, il passe de longues périodes de son enfance dans un ranch de la région montagneuse de Mazamitla dans l'État de Jalisco ; austérité des paysages, grands espaces, forte lumière, omniprésence de l'eau et naissance d'une vocation de cavalier, ces différentes composantes marquent durablement un architecte autodidacte dont l'œuvre sera qualifiée d'autobiographique par le critique américain Emilio Ambasz (1976), œuvre animée par la nostalgie, la constante recherche du temps perdu. Profondément catholique, cet aristocrate déclassé par la révolution mexicaine associe tradition locale et culture universelle.

Luis Barragán suit une formation d'ingénieur civil à Guadalajara (1920-1925) et, en parallèle, travaille avec des constructeurs. Cette période consacrée à apprendre à bien bâtir est aussi marquée par la naissance d'une complicité intellectuelle avec les architectes Rafael Urzua et Ignacio Diaz Moralès.

Au cours d'un voyage en Europe (1925-1927) il visite San Geminiano, l'Alhambra de Grenade et découvre *Les Jardins enchantés* l'ouvrage insolite de Ferdinand Bac. À son retour il réalise, dans un style éclectique « hispano-mauresque », du mobilier et des luminaires, et construit à Guadalajara la Casa Luna (1929), la Casa Cristo (1929). Cette période (1927-1936) sera interrompue par le décès de son père (1930), un voyage en France (1932) au cours duquel il rencontre Ferdinand Bac, assiste à des conférences du Corbusier et découvre l'architecture vernaculaire méditerranéenne. Après avoir vendu les affaires familiales, Barragán s'installe à Mexico (1936) où, sous l'influence des écrits du Corbusier, il réalise des immeubles de rapport et des maisons de ville dans le style « international », puis, en 1941, il décide de n'avoir d'autres clients que lui-même et oriente son activité vers le paysagisme, l'aménagement urbain. Il rencontre le peintre naïf Jesus « Chucho » Reyes Ferreira et le photographe de paysages Armando Salas Portugal avec lesquels il poursuivra une collaboration exemplaire.

En association avec le financier José Bustamante, il acquiert en 1945 à San Angel, au pied du volcan Xitle, plusieurs hectares de terrain volcanique inhospitalier qui deviendront *Los Jardines del Pedregal de San Angel*. Métamorphoser un site vierge en jardin propice à la méditation et pour jouir de la nature est pour lui une mission sacrée, proche de la conception qu'avaient les Perses anciens du jardin comme esprit de la maison. Barragán dicte soigneusement les règles d'urbanisme : tracé des routes suivant les formations de lave, places, fontaines, lots de 500 m² au minimum, coefficient d'occupation du sol de 10 p. 100, hautes enceintes en lave extraite du site percées par des clôtures de fer phosphorescent, lignes droites, surfaces planes, volumes primaires. Il y construit la Casa Prieto (1948), la Casa Galvez (1955), approuve la conception de quelques autres maisons, puis se retire de l'opération et entreprend un voyage au Maroc.

La réalisation de sa propre maison-atelier à Tacubaya (1947) peut être considérée comme le début de la période de maturité. Ici, maison et jardin ne font qu'un mais le jardin est dédoublé. Un jardin, en pleine terre, accueille les arbres et les oiseaux ; un second, en terrasse, le vent et les nuages : c'est un patio ouvert sur le ciel, pour méditer.

Mathias Goeritz, le sculpteur d'origine allemande exilé en 1949 exerce alors une profonde influence philosophique sur Luis Barragán qui se traduit par une étroite collaboration au moment de la rénovation de la chapelle du couvent des Capucines à Tlalpan (1952-1955) dont il réalise les éléments essentiels du dispositif de traitement de la lumière : le vitrail et l'autel, un triptyque doré à la feuille. Avec Goeritz également il édifie les Tours Satellites (1957), monument qui marque la porte nord de Mexico sur l'autoroute de Queretaro. Dans une commune résidentielle voisine il réalise trois œuvres : la Fontaine de l'abreuvoir (1958) qui exprime la rencontre des Perses et des surréalistes : à l'extrémité d'une longue avenue d'eucalyptus, un bassin, miroir d'eau, prolongé d'un écran blanc en béton où frémissent les ombres mouvantes des arbres. *Le Mur rouge* (1958) objet poétique à deux faces, l'une dotée d'yeux et l'autre, voilée, qui suggère la présence du passé. Le Club San Cristobal (1968) enfin, à la fois écurie et maison pour la famille Folke Egerstrom, où une place vide abrite un arbre solitaire et une fontaine de couleur éclatante. Cette scénographie est mise en tension par le simple passage d'un cavalier.

Sa dernière réalisation notable est la Casa Gilardi (1976) à Tacubaya où l'on découvre, à l'extrémité d'un corridor baigné de lumière jaune, la magie d'un monolithe rouge incandescent qui émerge de la piscine intérieure.

Quand Luis Barragán reçoit en 1980 le prix Pritzker le discours qu'il prononce à Washington, le 3 juin, est un véritable manifeste : « ... quand, marchant le long d'un obscur couloir de l'Alhambra, j'entrai dans le patio des Myrthes, serein, silencieux, solitaire, j'eus la sensation qu'il contenait ce qu'un jardin parfait doit contenir : rien moins que l'univers entier ».

MARC VAYE

Bibliographie

E. AMBASZ, *The Architecture of Luis Barragan*, catal. expos., Museum of Modern Art, New York, 1976, rééd. 1986 / *Barragán, obra completa*, catal. expos., ministère des Travaux publics, Madrid, Collège des architectes, Mexico, Tanais Ediciones, 1995 / P. GUILLEMET & M. VAYE, *Luis Barragan-architecte du silence*, catalogue du Ve Salon international de l'architecture, Techniques & Architecture, Paris, 1992.

BARRY sir CHARLES (1795-1860)

Représentant majeur du courant historiciste anglais, Barry, géomètre de formation, a visité la Grèce et le Proche-Orient. Ses édifices aux programmes clairs et au décor soigné empruntent aux courants du siècle : néo-gothique pour les églises (St. Peter à Brighton, 1822), néo-classicisme pour le bâtiment public (Royal Institution à Manchester, 1824), Renaissance italienne pour les palais urbains (Travellers' Club et Reform Club à Londres). Dans son œuvre majeure, le palais du Parlement, il déploie avec Pugin les ressources décoratives du gothique perpendiculaire (1836). En 1840, il aménage Trafalgar Square et donne le plan original, avec J. Webb, de la prison de Pentonville à Londres. Son œuvre composite connaît un prolongement dans les réalisations de ses trois fils architectes, dont Edward Middleton Barry, créateur de l'opéra de Covent Garden (1878).

JEAN-PIERRE MOUILLESEAUX

Bibliographie

R. MIDDLETON & D. WATKIN, *Architecture moderne 1750-1850*, Paris, 1983.

BARTHOLDI FRÉDÉRIC AUGUSTE (1834-1904)

Architecte et sculpteur français. Bartholdi perd très tôt son père et est élevé par une mère sévère qui n'approuve guère son goût pour les arts ni ses résultats médiocres au lycée Louis-le-Grand. Elle lui permet cependant d'étudier l'architecture puis la peinture dans l'atelier d'Ary Scheffer. Celui-ci, maître estimé et sensible, pressent les dons du jeune homme et, devant quelques essais de modelage, lui conseille de s'adonner essentiellement à la sculpture. Après quelques mois de travail dans l'atelier du sculpteur Soitoux, Bartholdi ose concourir pour la commande faite par la ville de Colmar d'une statue monumentale du général Rapp. Primée, son œuvre obtient un vif succès lors de son inauguration en 1856. Il fait alors, avec Gérôme et Berchère, un long voyage en Orient dont il rapporte une centaine de négatifs : les calotypes sont conservés au musée Bartholdi à Colmar. L'Égypte lui inspire son premier groupe en bronze, *La Lyre des Berbères* (Lyon), exposé au Salon de 1857, et l'ébauche d'une statue colossale qu'il rêvera de proposer à Ferdinand de Lesseps comme phare de la ville de Suez.

Il espère réaliser une œuvre architecturale importante avec le palais de Longchamp, à Marseille, dont il fournit les plans en 1859. Mais la Ville confie la tâche à un nouvel architecte, Espérandieu, qui s'inspire à tel point des dessins de Bartholdi que celui-ci entame un long procès qu'il gagnera, sans malheureusement retrouver la notoriété méritée. Bartholdi présente alors au Salon de 1863 la maquette du *Monument de l'amiral Bruat*, destiné à sa ville natale (Colmar), puis en 1867 son émouvant *Génie funèbre*, figure de bronze lovée dans une simple toge, pour la tombe (cimetière Montmartre, Paris) de Georges Nefftzer, mort à dix-sept ans. Si les statues pédestres du général Arrighi de Casanova (1868, Corte) et de Vauban (1871, Avallon) sont deux œuvres soignées, d'une inspiration traditionnelle, le *Petit Vigneron*, succès du Salon de 1869, montre, à l'angle du marché couvert de Colmar, le sens qu'avait l'artiste de la vie folklorique alsacienne. Batholdi expose au Salon de 1870 le beau plâtre (musée de Clermont-Ferrand) de sa statue équestre de Vercingétorix, conçue pour la place de Jaude, à Clermont-Ferrand, et fondue seulement trente ans plus tard. L'apparente maladresse de la composition en porte à faux, le cheval reposant sur un pivot central, lui donne l'élan d'un poème épique.

Quand la guerre de 1870 éclate, Bartholdi s'engage dans la Garde nationale, sert à Colmar, puis devient aide de camp de Garibaldi. À la fin des hostilités, projetant un monument pour célébrer l'indépendance américaine, il s'embarque pour les États-Unis qu'il désire visiter longuement. Lorsque le bateau pénètre dans la baie de New York, le 21 juin 1871, Bartholdi imagine subitement *La Liberté éclairant le monde*. Il faudra cependant plusieurs années pour qu'un Comité de l'union franco-américaine, sous la présidence d'Édouard de Laboulaye, puisse recueillir, par souscriptions et manifestations mondaines, les fonds nécessaires à la colossale entreprise. Bartholdi découvre le modèle espéré en Jeanne-Émilie Baheux de Puysieux qu'il épousera, mais il prête à la Liberté le visage grave de sa mère. Il conçoit une statue ayant 33 mètres de haut, la plus grande du monde, exécutée en plaques de cuivre martelées et rivées, soutenues par une armature de fer très savamment calculée par Gustave Eiffel pour résister aux vents les plus forts. Le bras de la statue, tenant le flambeau, est envoyé, en 1876, à l'exposition de Philadelphie où il déchaîne tantôt l'enthousiasme tantôt la suspicion et les moqueries des Américains qui doutent que l'œuvre soit jamais réalisée en son entier. Elle devait l'être assez rapidement. Dressée dans la rade, elle est offerte officiellement par la France le 4 juillet 1884. Sa célébrité est universelle, et peu d'œuvres sont autant reproduites (réduction en cuivre martelé, sur le pont de Grenelle à Paris) et prises à parti dans les dessins humoristiques des journaux et sur les affiches politiques ou publicitaires.

Bartholdi exécute parallèlement son groupe de la *Malédiction de l'Alsace*, offert à Gambetta, en avril 1872, par une délégation d'Alsaciens, et la statue en bronze de *La Fayette* (1876) pour la ville de New York. Il propose à la ville de Belfort un

BAUDOT ANATOLE DE (1834-1915)

L'activité de Baudot, architecte français, se situe entre 1860 et 1914. Ces deux dates correspondent à une période de crise pour l'architecture ; des idées et des techniques révolutionnaires contribuent à démolir un monde et à poser les fondements d'une nouvelle architecture. Comme professeur, journaliste, réformateur de la profession, mais surtout comme constructeur, Baudot participe activement à ces controverses et à ces expériences. Si l'on excepte son rôle d'architecte des Monuments historiques, il a peu bâti. Dans la fièvre des constructions qui caractérise le début de la IIIe République, son œuvre est restreinte, elle est surtout imaginaire. Des cinquante projets qu'on lui connaît, seize seulement ont été réalisés. Ses chantiers les plus importants datent des années 1882-1895. La transformation de sa technique de construction permet de distinguer deux phases dans son œuvre.

De 1863 à 1880, pendant les années les plus tristes de l'éclectisme, il produit des œuvres relativement médiocres sur des programmes et avec des matériaux traditionnels. Pendant toute cette période, sa place est ambiguë et incertaine. Rationaliste militant, disciple inconditionnel de Viollet-le-Duc, il condamne la copie des styles ; mais, malgré sa volonté d'utiliser une méthode rationaliste dans la composition et le décor, transparaissent clairement des restrictions inconscientes qui lui font accepter l'esprit de pastiche de son époque. Pour les nombreuses églises qu'il édifie il s'efforce d'appliquer un « néo-gothique archéologique » sévère. Les plans des demeures privées, le parti décoratif des immeubles de rapport, plus

projet audacieux pour commémorer le siège de cent deux jours soutenu durant l'Année terrible : un monument architectural, faisant corps avec la citadelle, un grand lion blessé, adossé à la falaise et rugissant avec fureur. Tandis que le modèle en plâtre, réduit de deux tiers, est coulé en bronze pour la place Denfert-Rochereau, à Paris, le *Lion de Belfort*, de 22 mètres de long et 11 mètres de haut, est taillé dans du grès rouge des Vosges. Inauguré en 1880, il demeure dans le paysage belfortain comme une silhouette familière et grandiose.

Bartholdi sculpte, en 1895, pour la ville de Bâle, un groupe de marbre, *La Suisse secourant les douleurs de Strasbourg pendant le siège de 1870*, qui lui vaut la médaille d'honneur au Salon. Il y trahit quelque faiblesse en mêlant, sans véritable cohésion, des personnages allégoriques et des notations précises de folklore local. Il réalise enfin pour Belfort le *Monument des Trois Sièges*, terminé après sa mort (1912), et pour le rond-point de la Révolte, à Neuilly (actuellement place de la Porte-des-Ternes), le *Monument des aéronautes du siège de Paris*, ce célèbre *Ballon des Ternes*, en bronze, qui fut malheureusement fondu en 1942. Comme dans le *Tombeau du sergent Hoff* (cimetière du Père-Lachaise, Paris), il s'y montre plus franchement réaliste : la qualité de l'exécution soutenant une conception délibérément empreinte de modernité. En 1907, sa maison natale, rue des Marchands, est léguée à la Ville de Colmar par sa veuve, à condition d'y installer un musée, inauguré en 1922, et qui abrite les maquettes originales de la plupart des monuments érigés par Bartholdi ainsi que des aquarelles, peintures à l'huile et photographies réalisées au cours du voyage effectué en Égypte en 1856.

THÉRÈSE BUROLLET

inventifs, sont révélateurs cependant d'une participation active au renouvellement de la création architecturale.

En 1882, la construction du lycée Lakanal est une étape décisive dans son œuvre. Le programme, dicté par des règles scolaires et sanitaires nouvelles, s'impose à son esprit par sa modernité qui ne laisse aucune place à l'expérience du passé. Pour la première fois, il conçoit une architecture qui utilise les principes rationalistes moins comme une formule que comme un système cohérent de pensée. Cette réalisation lui sert d'étape purificatrice avant le temps des audaces révolutionnaires, celui des réalisations en ciment armé des années 1890-1900. Baudot est le premier de sa génération à oser utiliser ce procédé de construction pour de grands chantiers. L'intérêt qu'il lui porte s'explique autant par les propriétés du matériau que par sa formation rationaliste. Ce n'est pas la nouveauté de la technique qui l'a passionné, mais son essence : le ciment armé est un matériau complet, à la fois ossature et enveloppe, qui offre la possibilité de bâtir selon les principes doctrinaux de Viollet-le-Duc. L'unité de structure que permet ce matériau oblige enfin à subordonner l'architectural à l'architectonique et abolit la distinction entre architecture pauvre et riche. Baudot voit ainsi la possibilité de réaliser l'idéal social pour lequel il milite. Au moment où éclate et évolue le phénomène du modern style, il expérimente d'abord le ciment armé pour des programmes neufs (habitations ouvrières, lycée), puis pour un chantier traditionnel, l'église Saint-Jean-de-Montmartre à Paris, avec une audace dans la conception de la structure qui restera longtemps inégalée. Complètement dégagée du néo-gothique, « art nouveau » par accident et seulement dans des détails du décor, l'église témoigne du goût de l'architecte pour les volumes pyramidants fortement emboîtés, liés à des emmêlements colorés de formes graciles qui caractérisent l'architecture des années 1900. La franche accusation de certains volumes extérieurs annonce déjà l'architecture cubiste. À la fin de sa vie, Baudot emploie son audace technique et son goût pour les formes emboîtées légères à l'invention de projets qui préfigurent les réalisations les plus récentes de l'histoire du béton armé, des structures de dalles nervurées qui annoncent Nervi, mais liées à un décor d'une polychromie exubérante. Baudot recherche une certaine économie architectonique en disciple de Viollet-le-Duc ; mais, s'il réduit le rôle de l'ornement qui occupe une place excessive dans les œuvres de ses contemporains, c'est par une intégration structurale qui disparaîtra de la pure picturalité du cubisme.

De 1880 à 1910, Baudot a occupé une position clé dans le monde de la construction et de la restauration des monuments historiques. À ces deux titres, il a formé plusieurs générations d'architectes : Emmanuel Chêne (concours pour la Maison du peuple, Belleville, 1906), François Le Cœur (1872-1930), central téléphonique Bergère et central téléphonique de la rue du Temple, à Paris, vers 1930, Léon Bénouville (1860-1903), architecte des monuments historiques et des édifices diocésains.

FRANÇOISE BOUDON

BAUHAUS

Fondé en 1919 par Walter Gropius à Weimar, le Bauhaus (littéralement : « maison du bâtiment ») étendit ses recherches à tous les arts majeurs et appliqués, en vue de les intégrer à l'architecture. Selon le dessein de son fondateur, tous ceux qui participaient à l'édification du bâtiment devaient être pénétrés des principes du maître d'œuvre et créer en harmonie avec lui, la partie complétant le tout. Appelés par Walter Gropius, les plus grands artistes du temps y enseignèrent. Le Bauhaus suscita un vif intérêt dans le monde, mais provoqua de fortes réactions dans les milieux politiques allemands. Transféré à Dessau en 1925, puis à Berlin en 1932, il fut définitivement fermé par les nazis arrivés au pouvoir en 1933.

Les principes du Bauhaus ont profondément marqué l'esthétique contemporaine ; un grand nombre d'écoles et d'universités adoptèrent ses méthodes d'enseignement, comme l'industrie ses conceptions. La plupart de ses maîtres et de ses anciens élèves, accueillis par les États-Unis peu avant 1939, continuent à influencer l'art moderne.

1. De l'idée à la réalisation

Henry Van de Velde, souhaitant quitter la Grossherzogliche Kunstgewerberschule de Weimar fondée par lui en 1906 et dont il était le directeur, pressentit Walter Gropius pour lui succéder. En 1915, Gropius accepta, à la condition de pouvoir réorganiser à sa guise l'enseignement des beaux-arts à Weimar. Au printemps de 1919, il réunit la Grossherzogliche Kunstgewerberschule et la Grossherzogliche Hochschule für bildende Kunst en une Hochschule für Gestaltung, sous le nom de Das staatliche Bauhaus Weimar, qu'il installa dans les bâtiments construits par Van de Velde. Appelés par Walter Gropius, furent professeurs au Bauhaus, dès 1919, Johannes Itten, Lyonel Feininger, Gerhard Marcks, Adolf Meyer ; Georg Muche les suivit en 1920, puis Paul Klee et Oskar Schlemmer en 1921 ; Wassily Kandinsky vint en 1922 et László Moholy-Nagy en 1923.

Ayant suscité l'opposition des autorités conservatrices de la ville et du gouvernement provincial de Thuringe, le Bauhaus de Weimar, institution d'État, ferma ses portes – professeurs et élèves solidaires de leur directeur – au terme de son contrat de sept ans, le 1er avril 1925.

De nombreuses villes dont Darmstadt, Francfort, Mannheim étaient disposées à le recevoir ; Dessau l'emporta. La municipalité demanda à Gropius de construire la nouvelle école. Commencés à la fin de 1925, les travaux furent achevés en décembre 1926. De nouveaux professeurs furent nommés : Josef Albers, Herbert Bayer, Marcel Breuer, Gunta Scharon-Stölzl, Hinnerk Scheper, Joost Schmidt.

En 1926, le Bauhaus tout entier contribua avec Gropius à la réalisation de la cité ouvrière de Törten, près de Dessau.

En 1928, lassé, Gropius abandonna la direction de l'établissement et, sur sa recommandation, le Suisse Hannes Meyer, directeur de l'atelier d'architecture depuis 1927, lui succéda. Il devait démissionner à son tour en juin 1930, laissant le Bauhaus déchiré par des querelles intérieures. Gropius, sollicité de nouveau, recommanda Ludwig Mies van der Rohe qui, comme lui, avait travaillé chez Peter Behrens ; organisateur de l'exposition du Weissenhof en 1927 à Stuttgart, alors qu'il était vice-président du Werkbund, Mies était l'auteur du très célèbre pavillon allemand de l'exposition de Barcelone. Quoiqu'il eût, en 1926, érigé à Berlin le monument à la mémoire de Karl Liebknecht et de Rosa Luxemburg, il brisa les grèves politiques des élèves et rétablit l'ordre au sein du Bauhaus, plus ou moins mené, depuis le départ de son fondateur, par des groupes d'extrême gauche.

En 1932, les nazis prenaient le pouvoir en Saxe-Anhalt et le Bauhaus de Dessau allait s'établir à Berlin dans une usine vide que Mies van der Rohe fit repeindre en blanc. Hitler chancelier du Reich, Mies eut une entrevue avec l'un des « experts culturels » nazis, Alfred Rosenberg, à l'automne de 1933 ; il obtint l'autorisation de continuer ; mais, considérant que le Bauhaus ne pouvait poursuivre son œuvre dans « cette atmosphère », il prit la décision de fermer l'institution.

2. Une réorganisation de l'enseignement des beaux-arts

L'« aventure » du Bauhaus ne se conçoit guère que dans le climat artistique très particulier de l'Allemagne du début de ce siècle. Hermann Muthesius, continuant John Ruskin et William Morris, avait déjà fondé, le 6 octobre 1907, le Deutscher Werkbund, pour tenter d'établir une coopération entre les artistes et les artisans d'une part, l'industrie et la technique de l'autre. On lisait dans les statuts : « Le but du Werkbund est d'ennoblir le travail artisanal en réalisant la collaboration de l'art, de l'industrie et du travail manuel. » Y participaient, parmi d'autres, Hans Poelzig, Josef Hoffmann, Henry Van de Velde, Peter Behrens. Le dessein était d'améliorer l'« art industriel », en insistant sur les qualités techniques et les valeurs morales qui doivent s'attacher à la notion de forme. Mais le programme restait vague. L'exposition de 1914 à Cologne en fut la manifestation la plus notoire, principalement avec l'usine modèle que Walter Gropius et Adolf Meyer y construisirent.

Malgré de nombreuses réticences, le Werkbund avait fini par s'imposer chez les artistes et surtout chez les industriels : on cite volontiers le cas de Peter Behrens qui travailla dès lors pour le konzern A.E.G. En revanche, la peinture, déjà dominée par l'expressionnisme romantique et individualiste, n'y trouvait pas son compte. Au sortir de la guerre, alors que l'expressionnisme s'imposait même au théâtre et au cinéma (*Le Cabinet du Dr Caligari, 1919*), *Dada apparut, qui prétendait répondre aux événements que le monde venait de subir. En fondant à 36 ans le Bauhaus, en lui permettant de traverser révolutions, putschs et crise financière, Gropius apportait une réponse différente et combien plus humaniste.*

La réflexion de Gropius a la même origine que celle de Le Corbusier : la « révolution machiniste » du XIXe siècle a amené la civilisation à un point de non-retour et nécessite un changement intellectuel profond. Nier la machine équivaut à se condamner, mieux vaut en être le maître et donner à ses produits un « contenu de réalité » : éliminer chaque désavantage de la machine, sans sacrifier aucun de ses avantages.

S'il commence à exister une architecture, une peinture, une sculpture modernes, Gropius constate que les objets usuels ne participent pas de ce mouvement : l'artisan, qui a le savoir-faire, plagie les époques révolues, tandis que l'artiste, qui a l'esprit créateur, dédaigne ce travail « subalterne ». D'où le principe : créer le compagnonnage de la main et de la machine dans la production ; ne pas faire imiter par la machine des produits faits à la main, mais créer des objets, faits à la main, qui pourront ensuite être manufacturés.

Artisans et artistes

Gropius, en réunissant les deux écoles d'art de Weimar, précisera le programme du

Werkbund : artisans et artistes créeront de concert et assembleront leurs œuvres dans le Bauwerk, qui comprendra la peinture, la sculpture, les arts appliqués, intégrés dans l'architecture, sans que celle-ci soit privilégiée, pour créer un art de vivre accordé au XXᵉ siècle. « Le but ultime de toute création formelle est l'architecture. La décoration des édifices était autrefois la tâche la plus noble des arts plastiques. Aujourd'hui, ils ont acquis une autonomie orgueilleuse dont ils ne pourront se délivrer que par une collaboration et une influence réciproque entre les différents artistes. Architectes, peintres et sculpteurs doivent réapprendre à connaître et à comprendre la structure complexe d'une œuvre architecturale dans sa totalité et ses composantes ; leurs œuvres se rempliront alors spontanément de l'esprit architectonique qu'elles avaient perdu en devenant art de salon. *Architectes, sculpteurs, peintres, nous devons tous redevenir artisans*. Car l'art n'est pas un « métier ». Il n'y a pas de différence essentielle entre l'artiste et l'artisan. L'artiste est une sublimation de l'artisan [...]. *Le principe de base du travail artisanal est cependant indispensable à chaque artiste*. C'est là que se trouve la source de l'activité créatrice. Créons donc une nouvelle *corporation d'artisans*, écartant la présomption qui, en séparant les classes, voulait élever un mur d'orgueil entre artisans et artistes. Créons la nouvelle architecture de l'avenir qui réunira en une même forme architecture et sculpture et peinture, qui s'élèvera un jour vers le ciel, jaillissant des millions de mains des artisans, symbole transparent d'une foi naissante. » (*Manifeste inaugural*, 1919.) Partant, l'enseignement au Bauhaus, qui voulait intégrer toutes les recherches, comprenait trois périodes.

Le *Vorkurs* ou *Vorlehre*, qui durait six mois, permettait de choisir les candidats selon leurs aptitudes, appréciées d'après les travaux fournis, et de les orienter. L'élève passait par toutes les sections – simplifiées – du Bauhaus, où il recevait un enseignement pratique (maniement des différents matériaux, exercices d'écriture automatique) et théorique (lois de base du dessin, analyse de tableaux anciens), destiné à favoriser les facultés créatrices et à le libérer du poids des conventions. On insistait sur l'observation et la représentation, objective et subjective, de la nature. Ce cours était dirigé par Johannes Itten, qui y développait la méthode qu'il avait mise au point à Vienne, où Gropius l'avait rencontré peu avant 1919.

L'élève recevait ensuite pendant trois ans une instruction pratique et formelle (*Werklehre* et *Formlehre*) dans les différents ateliers du Bauhaus : peinture, sculpture, meuble, verre, métal, tissage, poterie, théâtre, peinture murale, architecture, typographie et reliure, chaque atelier étant dirigé en collaboration étroite par un artisan et un artiste : « Chaque élève et chaque compagnon a deux maîtres en même temps, un maître pour l'artisanat et un maître pour la création formelle [...]. L'apprentissage artisanal et l'enseignement théorique des formes sont fondamentaux, aucun élève ni compagnon ne peut être dispensé de l'un ou de l'autre. »

Libéré de tout vernis scolaire, cet enseignement, auquel s'ajoutaient des conférences sur toutes les matières de l'art ancien et moderne et de la science (biologie, sociologie, etc.), était destiné à préparer au travail de la *standardisation* ; l'élève y débutait avec les outils et les méthodes les plus simples, ce qui lui permettait d'acquérir progressivement la compréhension et l'habileté qu'exige la machine. Gropius pensait qu'un retour à l'artisanat d'autrefois serait une erreur, artisanat et industrie devant bientôt se confondre. Dans cet esprit, un contact était cherché entre les différents ateliers du Bauhaus et les grandes entreprises industrielles : les apprentis les plus avancés faisaient de courts stages dans les usines, où ils s'initiaient aux méthodes courantes de production industrielle, aux procédés de fabrication, et apprenaient à calculer les prix de revient. À leur retour, ils rejoignaient l'atelier de recherches du Bauhaus et participaient à l'élaboration de prototypes et de brevets. Commercialisés, ces derniers apportaient un complément financier à la subvention accordée par la municipalité à l'institution. Au terme de cet apprentissage, l'élève exécutait son « chef-d'œuvre », afin d'obtenir le certificat de qualification, dispensé par le conseil du Bauhaus.

Les meilleurs étaient admis à l'atelier de recherches du Bauhaus, qui dispensait un enseignement de durée variable. Ils y étaient initiés aux secrets de l'architecture. Ils avaient accès à tous les ateliers, pour qu'ils n'ignorent rien d'un secteur du bâtiment, et ils subissaient de fréquents entraînements sur les chantiers mêmes, afin de pouvoir prendre conscience et de leurs responsabilités et de leur participation à l'œuvre commune. De plus, conseillés par les professeurs du Bauhaus, ces compagnons devaient effectuer quelques stages dans l'industrie et dans d'autres écoles d'ingénieurs et d'arts décoratifs en Allemagne. Au terme, ils recevaient leur diplôme d'architecte.

Le transfert du Bauhaus à Dessau permit de revoir la méthode de l'enseignement : le cours préparatoire, repris par Moholy-Nagy dès 1923, fut développé par Josef Albers. La dualité artiste-artisan disparut et chaque atelier fut dirigé par un seul maître. L'école, en effet, avait déjà six années d'existence et certains élèves, entièrement formés au Bauhaus, purent devenir professeurs. L'atelier de poterie dirigé par Gerhard Marcks disparut, les crédits manquant pour sa réinstallation.

Une esthétique nouvelle

Gropius déclarait qu'il aurait échoué dans son entreprise si, un jour, l'on pouvait parler d'un « *Bauhausstil* ». L'optique du Bauhaus étant de n'imposer aucun cadre théorique rigide et d'accueillir des artistes venus de tous les horizons esthétiques, de l'abstraction géométrique au surréalisme, on conçoit mal qu'un style qui lui eût été propre ait pu se dégager. Le Bauhaus a duré quatorze ans ; les principes d'enseignement sont restés à Dessau semblables à ceux de Weimar ; Moholy-Nagy, Schlemmer, Feininger, Klee, Kandinsky y enseignèrent pendant toute son histoire. Mais le Bauhaus n'était pas l'application abstraite d'une idée ; prenant chaque jour davantage conscience des problèmes de l'époque, il les résolvait au fur et à mesure qu'ils se présentaient ; s'il a évolué, c'est en clarifiant toujours plus sa méthode.

En 1919, le Bauhaus se trouvait à l'unisson de l'Allemagne : le manifeste inaugural s'ouvrait sur un bois gravé expressionniste (et symboliste) de Feininger. Les affiches de Peter Röhl annonçant les manifestations de l'école participaient de la même esthétique. Pourtant – et le fait doit être souligné – en dépit de son ouverture à toutes les tendances, le rationalisme finit par s'imposer au Bauhaus. Le passage de Theo Van Doesburg à Weimar en 1923 et les conférences qu'il y prononça ont peut-être modifié son évolution ; mais on remarquera que les élèves devenus professeurs à Dessau pratiquaient tous un art abstrait et géométrique, ainsi que le montrent les affiches de Joost Schmidt, les travaux de Josef Albers ou les tissus de Gunta Scharon-Stölzl. Cette évolution vers le constructivisme, sensible jusque dans l'œuvre d'un Feininger, fut l'une des raisons du départ de Johannes Itten en 1923.

Des maîtres aussi indépendants et personnels que Kandinsky et Klee exercèrent sans doute une influence profonde au Bauhaus, mais celui-ci ne fut pas sans agir à son tour sur leur œuvre, qui montre bien une évolution semblable. Le milieu dans lequel ils vivaient – Klee et Kandinsky, qui cherchaient le dialogue, avaient besoin d'un auditoire –, l'occasion qui leur était offerte d'enseigner – et l'on sait avec quel soin ils préparaient cours et conférences – leur permettaient d'exposer leur conception de l'art, par là de préciser leurs idées et de les appliquer ensuite. Des tableaux comme *Ville italienne* (1928), *Incomposé dans l'espace* (1929) et plus tard *Ad Parnassum* (1932) reflètent dans la peinture de Klee l'évolution du Bauhaus vers le constructivisme. Kandinsky devint de moins en moins gestuel et instinctif et le hasard disparut tout à fait de ses compositions. Les tableaux *Accent rose* (1926), *Anguleux* (1927), *Étages* (1929) qui n'est rien de moins que la coupe d'un bâtiment à ossature et planchers portants, témoignent d'une science accrue dans l'organisation. La réunion de tous ces esprits, leur émulation firent du Bauhaus, peut-être plus que les foyers parisiens ou hollandais, le centre de recherches de l'art contemporain entre les deux guerres. Les expériences y furent nombreuses : citons celles de Ludwig Hirschfeld-Mack sur les jeux de lumière ; elles passionnèrent Kandinsky, et l'écho s'en retrouve jusque dans un tableau de Klee, la *Fugue en Rouge* (datée de 1921), et dans la *Composition spatiale* d'Herbert Bayer (1925).

La représentation au théâtre de Dessau, en 1928, des *Tableaux d'une exposition* de Moussorgski, dans une mise en scène de Kandinsky, montre que théâtre et ballet occupèrent aussi une grande place parmi les activités du Bauhaus. Sous la direction d'Oskar Schlemmer, la mise en scène et le décor tendaient vers l'abstraction : conception graphique des costumes, ordonnance claire et stylisée du déplacement des personnages. On est aussi loin de l'expressionnisme que de Max Reinhardt.

Dans *Idee und Aufbau des staatlichen Bauhauses Weimar*, Gropius écrivait : « Nous voulons donner corps à une architecture claire et organique [...] qui soit à l'image du machinisme, du béton armé et de la construction accélérée, qui définisse elle-même fonctionnellement son sens et son but dans la tension des masses architecturales, qui se dégage de tout ce qui n'est pas indispensable et de tout ce qui masque la structure de l'édifice. Avec les nouveaux matériaux de construction, acier, béton, verre, qui ont plus de rigidité et de poids, avec les nouvelles constructions suspendues dont l'audace grandit toujours, le sentiment de la pesanteur, qui définissait très bien les édifices anciens, se modifie. Une nouvelle statique des lignes horizontales, qui tend à compenser la pesanteur, commence à se développer. Elle a pour conséquence de faire disparaître les édifices où les parties latérales s'ordonnaient symétriquement par rapport au corps central [...]. Une nouvelle théorie de l'équilibre naît qui transforme la précédente similitude des corps de bâtiment en un équilibre asymétrique et rythmique. » La définition vaut pour les bâtiments de Dessau, élevés deux ans plus tard. Le programme avait prévu l'installation d'une école avec ses salles de cours, d'exposition, de conférences et de spectacles, ses ateliers, son administration, son réfectoire et le logement de ses étudiants ; les professeurs devaient habiter non loin de là. Gropius différencia très clairement chacune de ces fonctions, sans pour autant les séparer. Il adopta, dans ce but, un plan fait de deux L combinés, qui permettait à la fois une répartition aisée des volumes et une grande facilité pour la circulation. Un soin particulier était porté sur le jeu des verticales et des horizontales ; déjà sensible dans les ateliers, l'école et le logement des étudiants avec ses six étages, ce jeu est encore souligné par la passerelle administrative, le réfectoire et l'amphithéâtre. Il n'y avait plus de façade principale et le point de vue unique était abandonné : l'accent était porté sur le rythme, changeant à chaque point cardinal. Entièrement meublé par Marcel Breuer, cet édifice, véritable manifeste de l'« architecture internationale » (titre choisi par Gropius pour un ouvrage paru dans les *Bauhausbücher*), affirmait clairement les principes que le Bauhaus finit par dégager à ce moment de son évolution.

3. La pensée diffusée

Dès sa création, le Bauhaus provoqua de nombreuses réactions : une affiche placardée sur les murs de Weimar, « la ville de Goethe », demandait aux habitants de participer, le 22 janvier 1919, à une manifestation pour la défense de la Hochschule für bildende Kunst, « menacée de ruine par la prédominance exclusive d'une certaine tendance ». D'un autre côté, l'initiative de Gropius exerça un attrait considérable sur les artistes et les savants européens, puisque quelques-uns parmi les plus grands enseignèrent au Bauhaus ou lui rendirent visite (Theo Van Doesburg, Marcel Duchamp, Albert Gleizes, El Lissitsky, Amédée Ozenfant) ou le soutinrent (Arnold Schönberg, Béla Bartók, Max Reinhardt, Albert Einstein). Le succès des fêtes continuelles qui y étaient données témoigne de sa vitalité. L'orchestre de jazz du Bauhaus, les bals costumés, prétexte à toutes les fantaisies, les représentations théâtrales et les ballets sont restés célèbres.

Mais, dès 1919, on parlait de « bolchevisme culturel à extirper ». L'évolution du Bauhaus, selon la volonté de Gropius et dans un esprit identique à celui de Le Corbusier, le conduisait à rechercher des standards. Craignant une uniformisation du décor, les individualistes rejetèrent en bloc l'institution. Vers 1950 encore, on verra Frank Lloyd Wright résumer ainsi ce point de vue : « Ces architectes du Bauhaus ont fui le totalitarisme politique en Allemagne pour venir installer leur propre totalitarisme dans le domaine de l'art aux États-Unis [...]. Pourquoi me méfier de l'« internationalisme » comme du communisme et pourquoi le défier ? Parce que tous deux doivent, d'après leur nature, conduire au même nivellement, au nom de la civilisation... [Ces architectes] ne sont pas des gens sains. » De fait, les milieux conservateurs, qui ne pouvaient manquer d'associer innovation avec « communisme », chassèrent le Bauhaus de Thuringe.

Pourtant, en août 1923, la Semaine du Bauhaus avait partout suscité un bel enthousiasme. À la demande du gouvernement provincial, une exposition avait été organisée autour du thème : « Art et Technique : une nouvelle unité », qui permit de faire le point de quatre ans d'activité. Les manifestations les plus variées eurent lieu, dont la représentation au théâtre de Weimar de l'*Histoire du soldat* de Stravinski et du *Ballet triadique* d'Oskar Schlemmer ; mais la maison Am Horn resta la réalisation la plus commentée : conçue par Gropius, qui laissa Georg Muche la réaliser, elle était de plan carré, les pièces s'organisant autour de la salle de séjour centrale ; elle était entièrement meublée et décorée par les ateliers du Bauhaus.

Déclaré « antigermanique » et « dégénéré », le Bauhaus cessa toute activité en 1933. Pourtant, il continua et continue encore aujourd'hui à avoir une influence dans tous les milieux artistiques (et industriels). De nombreuses écoles européennes ont adopté ses méthodes : l'Académie Mu″hely à Budapest, avant-guerre ; la Hochschule für Gestaltung fondée par Max Bill à Ulm, après-guerre. En recevant les principaux animateurs de Dessau, les États-Unis ont recueilli l'héritage du Bauhaus : Gropius fut nommé à la Harvard University et Mies van der Rohe à l'Illinois Institute of Technology ; Moholy-Nagy, en 1937, créa à Chicago le New Bauhaus, repris après sa mort par Serge Chemayeff sous le nom d'Institute of Design. Josef Albers enseigna au Black Mountain College, puis à la Yale University.

Pour sa part, l'industrie comprit le profit qu'elle pouvait retirer de l'idée du Bauhaus, selon laquelle un objet bien dessiné se vend mieux ; les nombreux objets produits au Bauhaus (tissus d'Anni Albers, luminaires de Marianne Brandt...) n'ont rien perdu de leur actualité ; les meubles tubulaires de Marcel Breuer – notamment ses chaises en *cantilever* – qui furent les premiers sont encore édités aujourd'hui et copiés sans vergogne.

Enfin, le Bauhaus a largement favorisé le développement de l'art abstrait par la publication, dans la remarquable série des *Bauhausbücher*, des écrits de peintres : *Grundbegriffe der neuen gestaltenden Kunst* de Theo Van Doesburg (1925) ; *Du cubisme* de Gleizes (1928) ; *Punkt und Linie zu Fläche* de Kandinsky (1926) ; *Pädagogisches Skizzenbuch* et *Wege des Natursstudiums* de Klee (1925) ; *Die gegenstandlose Welt* de Malevitch (1927) ; *Die Neue Gestaltung* de Mondrian (1925). Moholy-Nagy, Albers et Hirschfeld-Mack, par leur œuvre et leurs recherches sur le mouvement, la couleur, la lumière et les illusions d'optique, ont posé tous les principes de l'« art cinétique » qu'un Schöffer et un Vasarely développèrent, parmi d'autres, quelque vingt-cinq ans plus tard. Les architectes Breuer et Bayer, entièrement formés au Bauhaus, ont depuis confirmé leur valeur ; avec Gropius et Mies van der Rohe, ils ont, de travaux en travaux, en formant des disciples comme Paul Rudolph et Philip Johnson, contribué à répandre partout dans le monde le « style international » (selon l'expression de H. R. Hitchcock) qu'ils avaient créé avec les architectes français et hollandais vers les années vingt.

Pour chaque siècle, il est quelques moments privilégiés qui résolvent les questions et déterminent l'avenir : tel apparaît le Bauhaus. Il a contribué, pour un temps, à débarrasser l'art allemand de son angoisse romantique et de son pathos mystique. Par-delà, sur le plan international, il a fait prendre conscience des problèmes posés à l'art de notre époque et établi quelques-unes des réponses les plus fécondes. En ce sens, on peut même voir dans son action l'affirmation d'une morale. Souhaitant rapprocher théorie et pratique et retrouver une unité entre l'art et les diverses activités humaines, le Bauhaus rejoignait l'ambition de tous les grands mouvements de pensée novateurs de l'histoire. À ce titre, il se présente bien comme le Grand Atelier du XXe siècle.

SERGE LEMOINE

Bibliographie

G. C. ARGAN, *Walter Gropius et le Bauhaus*, Denoël-Gonthier, Paris, 1979 / M. BROSTE, *Bauhaus 1919-1933*, Bauhaus Archiv-Benedikt Taschen, 1990 / *Experiment Bauhaus*, catalogue, dir. P. Hahn, Bauhaus Archiv., 1988 / P. HAHN, *Bauhaus Berlin*, Weingarten-Bauhaus Archiv, Berlin, 1985 / C. HUMBLET, *Le Bauhaus*, L'Âge d'homme, Lausanne, 1980 / *Photographie Bauhaus : Weimar, Dessau, Berlin : 1919-1933*, dir. J. Fielder, Carré, Paris, 1990 / L. RICHARD, *Encyclopédie du Bauhaus*, A. Somogy, Paris, 1985 / E. VITALE, *Le Bauhaus de Weimar 1919-1925*, P. Mardaga, Liège, 1989 / H. M. WINGLER, *Das Bauhaus*, M.I.T. Press, Cambridge, 1980.

BEAUDOUIN EUGÈNE (1898-1983)

Né à Paris, fils et neveu d'architecte, Eugène Beaudouin fit ses études à l'École nationale supérieure des beaux-arts de Paris dans l'atelier d'Emmanuel Pontremoli, archéologue qui passait une grande partie de son temps sur des chantiers de restauration. Premier grand prix de Rome en 1928, Beaudouin fait, à partir de la Villa Médicis, de longs déplacements de recherche dont il présentera les résultats à l'Académie des beaux-arts, en particulier un relevé des monastères byzantins du mont Athos et une reconstitution d'Ispahan au XVIIe siècle.

Après son séjour réglementaire de trois ans à Rome, il prend la succession de son père et s'associe avec Marcel Lods, lui aussi ancien élève de l'École de la rue Bonaparte. Pionniers de l'industrialisation du bâtiment, les deux hommes seront engagés dans les entreprises de constructions à usage collectif les plus significatives de l'entre-deux-guerres.

Séparé de Marcel Lods à partir de 1941, Beaudouin poursuivra seul son œuvre.

Nommé après la guerre professeur à l'École des beaux-arts, il sera architecte en chef des bâtiments civils et des palais nationaux et membre de l'Institut. Jamais il n'abandonnera ses préoccupations premières, toujours à l'échelle de la cité : sa création la plus importante de l'après-guerre est la résidence universitaire d'Antony ; il établira des plans d'urbanisme pour La Havane, Capetown et Saigon.

Beaudouin aurait pu s'affirmer comme un « maître » dans la tradition éclectique ou néo-classique du XIXe siècle, amoureux de la belle stéréotomie et pourfendeur du béton, « matériau bolchevik », dans les revues des tenants de l'académisme. À l'opposé, il a accumulé les expériences les plus audacieuses et rejeté d'emblée, sans jamais y revenir, le vocabulaire archéologique des colonnes, frontons et péristyles auquel même un Auguste Perret — qui pourtant n'avait pas voulu aller jusqu'au bout de ses études d'architecture — ne parviendra pas à renoncer.

En 1930, Beaudouin et Lods se mesurent à leur premier chantier, la cité du Champ des Oiseaux, à Bagneux, dans la banlieue sud de Paris. Il s'agit d'un ensemble d'immeubles destinés à loger deux mille cinq cents personnes. Ils proposent des bâtiments à ossature métallique remplie par des éléments de béton préfabriqués. Le caractère nouveau et confortable de l'ensemble tranche sur les autres lotissements d'une commune dépecée par les spéculateurs depuis 1920 ; cependant, des malfaçons se révèlent, et il apparaît que le problème de l'insonorisation n'avait pas été étudié. Après cette expérience, Beaudouin et Lods entrent dans l'équipe d'architectes réunie autour d'Henri Sellier, président de l'Office public d'habitations à bon marché de la Seine depuis sa fondation, en

1914. Sellier est socialiste — il occupera un poste de ministre dans le gouvernement de Léon Blum en 1936 ; il a donné une impulsion décisive au logement social dans la région parisienne dès les années 1920 par la réalisation d'opérations de cités-jardins et la construction d'immeubles sur l'emplacement des anciennes fortifications entourant la capitale depuis 1845.

Sellier confiera à l'équipe Beaudouin-Lods l'école de plein air de Suresnes que l'on viendra visiter du monde entier et qui est encore en activité. Il n'en est pas de même, hélas, de l'œuvre maîtresse des deux hommes, la cité de Drancy, dont le nom — la Muette — semble vraiment chargé d'une signification funeste. Cette réalisation marque un tournant dans les conceptions de Sellier, qui avait préféré jusqu'à ce programme clore Paris d'une ceinture de cités-jardins pour fournir des modèles aux lotisseurs et bloquer l'extension en tache d'huile de la banlieue. Devant la crise, il se propose d'exporter en banlieue des types d'immeubles urbains : Beaudouin et Lods reçoivent la commande de six cent cinquante logements à édifier sur la commune de Drancy, au nord-est de Paris.

Le chantier s'ouvre en 1933 ; il bénéficie des recherches effectuées à propos de la cité de Bagneux : les immeubles en bandes scandées par cinq tours de quinze étages — 55 mètres de hauteur — sont construits avec une ossature métallique garnie de panneaux de béton moulés en usine. Les logements sont équipés de radiateurs de chauffage central — quatre mille cinq cents en tout —, de cloisons mobiles pour réunir deux pièces, d'une évacuation pneumatique des ordures à partir de l'évier de la cuisine. Pour l'agrément de la vie collective, la circulation intérieure est assurée par des galeries abritées ; un parc central rectangulaire, sans circulation motorisée, est réservé aux enfants. Mais cet ensemble ne remplira jamais son programme. Les loyers paraissent très chers, et une partie des logements sera occupée par des gardes mobiles.

Le parti pris d'industrialisation de Beaudouin et de Lods devait rencontrer la démarche d'un inventeur œuvrant exactement dans le même sens, Jean Prouvé. En 1936, les trois hommes s'associent pour édifier le pavillon de l'aéroclub de Buc. C'est une structure légère, en acier, préparée en usine et montée sur place. La souplesse du système mis au point se manifesta dans la modification très tardive du plan, nécessitée par l'agrandissement de la cuisine. Le démontage des cloisons et le remplacement d'un panneau de façade purent s'effectuer très rapidement. Durant l'Occupation, le nom de la cité de la Muette prendra toute sa signification : devenue centre de rassemblement des Juifs en partance vers les camps de concentration, elle verra mourir le poète Max Jacob.

Devant l'accroissement continu de la population étudiante à Paris, le ministère de l'Éducation nationale demande à Eugène Beaudouin, en 1945, le projet d'une résidence pour deux mille étudiants célibataires et cinq cents ménages. Cette cité-dortoir doit comprendre 2 000 chambres individuelles, 500 logements de deux pièces pour des ménages, 80 salles de réunions, un restaurant, des services annexes. Beaudouin mènera l'affaire à bien, en plusieurs tranches — la première achevée en 1955 —, toujours selon ses principes d'industrialisation maximale.

En 1973, l'Office d'H.B.M. de la Seine vend la cité de la Muette à l'armée qui la fera démolir intégralement en 1976. Rien n'a subsisté de cet ensemble unique : il devait tout au génie de deux hommes qui avaient réussi à dépasser l'enseignement de leurs maîtres pour intégrer à l'architecture les réalités du monde industriel méprisées depuis le début du XIXe siècle. Beaudouin n'était pas un théoricien, il n'a signé que très peu de textes et n'a jamais entrepris de battre le tambour à propos de la moindre de ses réalisations. Plus radical que Le Corbusier dans le recours à l'industrie mais sans les prétentions de celui-ci à être un « architecte du bonheur social », il se distingue également de Perret par son indifférence aux formes néo-classiques. Dans le dépouillement cistercien de son œuvre, on peut découvrir une exigence de spiritualité qui lui assigne une place singulière parmi les fondateurs de l'architecture contemporaine.

ROGER-HENRI GUERRAND

BEER GEORG (1527 ?-1600)

Avant de devenir l'architecte en chef du duc Louis de Wurtemberg (1576), Beer travailla probablement en Hesse et dans le Neuburg. À Stuttgart, il construisit le nouveau *Lusthaus* (1581-1593), l'un des édifices les plus significatifs de la Renaissance en Allemagne méridionale. Sur ses dessins furent également élevés, entre 1589 et 1593, le château de chasse d'Hirsau et le « Collegium Illustre » de Tübingen. En 1590, Beer fut chargé, avec Heinrich Schickhardt, des plans de reconstruction de deux villes incendiées, Schiltach et Loβburg. À la fin de sa vie, il semble s'être surtout occupé d'églises et d'édifices privés.

ROBERT FOHR

Bibliographie
Die Renaissance in deutschen Südwesten [...], catal. d'expos., Karlsruhe, 1986.

BEHRENS PETER (1868-1940)

Né à Hambourg, mort à Berlin, Peter Behrens appartient à la brillante génération d'architectes qui tentèrent de constituer, dans l'Allemagne du début du siècle, une école d'avant-garde. Grâce à la construction de l'usine de turbines de l'A.E.G., il s'impose comme le pionnier de l'architecture industrielle. Il ne produit pas cependant d'autre ouvrage qui ait marqué de façon décisive la génération suivante. L'absence de continuité stylistique, les ambiguïtés et les incertitudes mêmes qui caractérisent l'ensemble de son œuvre attestent un désir de surmonter les contradictions qui, dans l'Europe industrielle et plus encore en Allemagne, éclataient entre l'apothéose manufacturière de l'exposition de 1889 et les années vingt.

❧

À la recherche d'une architecture

Dans le vaste mouvement européen de l'« art nouveau », l'éphémère Jugendstil rechercha la rupture avec le passé. « Réactionnaire et bourgeois », le mouvement, qui en dernière analyse « se résout en un véritable épiphénomène », ne put, il est vrai, assumer pleinement cette rupture ; du moins stimula-t-il les recherches de cette architecture nouvelle que Behrens prônait résolument.

La carrière d'architecte de Behrens commence avec l'exposition de la Mathildenhöhe à Darmstadt (1901) ; il y réalise sa propre maison, la seule qui ne soit pas construite par Olbrich. Il s'oppose au style raffiné et « pictural » de ce dernier ; il réduit les moulurations et, surtout, établit une liaison entre façade et structure. À l'Exposition internationale de Turin, son hall d'entrée du pavillon allemand est d'une simplicité délibérée : dès 1902, comme Hoffmann et Olbrich, il tourne le dos à l'art nouveau, rejoignant le contre-mouvement amorcé à la fin des années quatre-vingt-dix.

Le refus de l'ornement se manifeste alors par un contrepoint géométrique autour du carré, fondé sur un système rigide des proportions. L'élégance de ce jeu, dans un espace à deux dimensions, reste encore apparentée aux superstructures de l'art nouveau. Du fait de sa formation de peintre et de son orientation vers les arts appliqués, Behrens manifeste, tout comme Van de Velde, une tendance naturelle à l'expression graphique. Le pavillon d'art de l'exposition d'Oldenbourg (1904), la salle de concert des jardins de Flore de Cologne (1906), le crématorium de Delstern dont le panneautage géométrique rappelle San Miniato de Florence, constituèrent sa première production, où l'on note une insistance décorative qui évoque Hoffmann. Pourtant l'architecture de Schinkel, considéré par Behrens comme son père spirituel, constitue pour lui un autre pôle d'attraction. Ce renouveau d'intérêt pour le « classicisme romantique » s'explique et se justifie par un penchant à la rationalité dans la conception de l'édifice, marqué dans les maisons Schröder et Cuno à Eppenhausen près de Hagen (construites respectivement en 1908-1909 et 1909-1910).

Son intuition d'une nouvelle expression doublée d'une volonté de redéfinir l'architecture comme art de *construire* n'eurent d'autre recours que la reconquête de concepts anciens et la « modernisation » de modèles historiques.

L'esthétique industrielle

L'essor extrêmement rapide de l'industrie allemande, tout en stimulant le modelage d'un espace social selon des perspectives utilitaristes, favorisa l'invention d'une « figuration » nouvelle, visant à exprimer la modernité techniciste ; la nécessité se faisait sentir de mettre en question le machinisme du XIXe siècle. La fondation en 1907 du Deutscher Werkbund fut le manifeste de l'intégration des arts autour de l'architecture : l'architecte était promu au rang de l'ingénieur ; l'industrialisation devait être vécue comme phénomène culturel. Lorsque, au congrès de 1911, Muthesius eut à préciser sa position, il rompit, par son accueil de la machine et de la standardisation, avec l'idéologie de William Morris. En fait, l'attribution d'une valeur esthétique à la machine entretiendra l'ancienne façon de poser le problème de l'union entre l'art et la technique ; l'idéologie sociale du XIXe siècle n'était toujours pas clairement définie, et les grandes entreprises, a fortiori celles de l'Allemagne, reprenant une tradition de mécénat, accueilleront volontiers l'esthétique industrielle.

En 1907, Behrens reçoit de Paul Jordan la charge de conseiller artistique de l'Allgemeine Elektrizitäts Gesellschaft, le complexe industriel berlinois que contrôlait Emil Rathenau. Il doit en concevoir les bâtiments, les salles d'exposition, la forme des appareillages, les emballages, les affiches, réaliser l'union du beau et de l'utile et, en définitive, valoriser l'image de l'entreprise. L'A.E.G. était issue, en 1887, d'une société d'études sur l'électrification et l'exploitation des brevets Edison. Emil Rathenau était une sorte de visionnaire de l'énergie électrique ; il installe les premières centrales capables d'alimenter de grandes concentrations urbaines. Son fils Walter, ingénieur et philosophe (chargé en 1914 au ministère des Affaires étrangères de la section des matières premières, puis au ministère de la Guerre d'un office du ravitaillement), « voyait dans le développement du machinisme tout à la fois un moyen d'aliénation et d'élévation de l'homme moderne ». Behrens exprimera la noblesse « morale » de l'industrialisation, en 1909, dans l'usine de turbines de la Huttenstrasse à Berlin, puis, jusqu'en 1912, dans l'usine de petits moteurs, l'usine à haute tension et le hall d'assemblage de la Voltastrasse, tous réalisés pour l'A.E.G. Le monumentalisme de Behrens implique une sacralisation du travail et se distingue de la recherche essentiellement classique de Peret. L'usine de turbines est conçue « sous le signe de l'acceptation des moyens nouveaux de la technique moderne et du problème de l'expression artistique même ». Absence complète de décor, caractère proprement architectural de l'espace homogène, visibilité de la structure et vaste emploi du verre sont des éléments de rationalisation. Toutefois, dans la nécessité de « dramatiser la forme », Behrens accuse de façon toute formelle les angles (il déguise le béton sous des refends rustiques), souligne la lourdeur du toit surplombant et fait quelques rappels, dans le deuxième corps, à l'architecture de Schinkel. Dès 1911, Gropius saura adopter un parti plus franc en développant l'emploi de matériaux « légers » (verre et acier).

La création d'un répertoire de formes simples, proprement architecturales, fut pour une part stimulée par l'exemple des bâtiments industriels du XIXe siècle, dont les formes s'étaient assez souvent affranchies du poids des styles historiques ; Gropius en 1913 reconnaissait dans ces constructions des créations d'architecture moderne. Mais Behrens, dont la manière est essentiellement monumentale, ne fut jamais tenté par un strict fonctionnalisme. En 1912, dans sa réalisation de la Frankfurter Gasgesellschaft, il accentue, plus encore que dans l'usine de turbines, le caractère dramatique de sa composition des volumes. Ce monumentalisme vise parfois à un effet purement émotionnel, comme dans l'ambassade de Saint-Pétersbourg (1911).

Avant le conflit mondial, le projet des bureaux administratifs de la Mannesmann à Düsseldorf (1912) atteste un souci aigu de la distribution des espaces intérieurs ; le palais de Hanovre pour les bureaux de la manufacture de caoutchouc (1912 également) témoigne du même esprit. Dans ces deux projets apparaît le désir de définir un « caractère ». Les tendances expressionniste et fonctionnelle, qui, chez Behrens, sont associées, constitueront dans l'architecture allemande d'après-guerre deux écoles opposées, différenciées plus par l'idéologie que par l'expression. Trois maîtres particulièrement représentatifs du nouvel âge industriel travailleront dans son agence : Gropius de 1907 à 1910, Mies van der Rohe de 1908 à 1911, Le Corbusier six mois en 1910 (il rapporta de son séjour une *Étude sur le mouvement des arts décoratifs en Allemagne*).

Pourtant Behrens n'adhéra, semble-t-il, jamais avec une totale conviction au mouvement rationaliste. Il mena, certes, des recherches semblables à celles de Gropius ou de Mies van der Rohe dans sa construction de la maison Lowke à Northampton et du groupe d'habitation populaire de Vienne (1925-1926) comme dans son projet pour l'Alexander Platz (concours de 1928). Sa dernière œuvre, en 1930 (en collaboration avec A. Popp), l'Administration autrichienne des tabacs à Linz, allie à un schéma rationaliste une esthétique expressionniste de bandeaux courbes, où alternent les parties pleines et les parties vides, qui l'apparente à Mendelsohn.

L'expressionnisme

Essentiellement romantique – Behrens fut toujours préoccupé par le conflit traditionnellement germanique de l'esprit et de la matière –, sa personnalité véritable, qui s'était manifestée avant la guerre dans les réalisations de l'A.E.G., ne put après 1918 se révéler pleinement que dans l'expressionnisme. L'usine construite en 1920-1925 pour l'I. G. Farben à Höchst-Francfort s'intègre à l'architecture expressionniste qui, en Allemagne, s'était affirmée entre 1918 et 1927, conformément aux thèses de la Brücke : « refus de la tradition classique, opposition aux tendances cosmopolites, goût prononcé pour les formes organiques et les effets picturaux ». Le mur extérieur de l'usine est animé par le dynamisme des arcs paraboliques qui scandent le rythme des longues fenêtres. Dans le hall, ce jeu des surfaces colorées définit picturalement le volume intérieur. Mais les différents plans constitués par les nombreuses imbrications de volumes, comme maclés, semblent avoir reçu quelque influx du cubisme synthétique. Ce parti plastique manifeste les affinités avec des recherches effectuées dans les provinces marginales du champ culturel germanique, comme celles de Chochol et Janak en Bohême.

L'architecture expressionniste allemande est liée à deux options politiques antagonistes : la tendance au romantisme nationaliste et les sympathies pour la révolution socialiste exprimées par le Novembergruppe. Behrens, de même, est partagé entre la démesure et sa volonté d'intégrer la technique à la vie de l'homme. Mais il a su rendre féconde cette rencontre du romantisme germanique et des nécessités techniques.

LUCE CAYLA

Bibliographie

P. J. CREMERS, *Peter Behrens. Sein Werk von 1909 bis Gegenwart*, Essen, 1928 / S. GIEDION, *Espace, temps et architecture*, Denoël, 1990 / V. GREGOTTI, « Peter Behrens, 1868-1940 », in *Casabella Continuità*, 240, n° spéc., 1960 / H. R. HITCHCOCK, *Architecture : XIXth and XXth Century*, Londres, 1958 / F. HOEBER, *Peter Behrens*, Munich, 1913 / J. JOEDICKE, *Architecture contemporaine*, Paris, s. d. / N. PEVSNER, *Pioneers of Modern Design from William Morris to Walter Gropius*, New York, 1949 / *Peter Behrens und Nürnberg*, catal. expos., Prestil, Munich, 1980 / S. TSCHUDI MADSEN, *L'Art nouveau*, Paris, 1967 / A. WINDSOR, *Peter Behrens, architecte et designer*, Mardaga, Liège, 1984.

BÉLANGER FRANÇOIS JOSEPH (1744-1818)

Protégé du comte de Caylus, disciple de David-Leroy et de Contant d'Ivry, Bélanger échoue au concours de l'Académie d'architecture (1765). Renonçant définitivement à cette distinction, il gagne l'Angleterre où il fait la connaissance de lord Shelburne pour qui il exécutera des projets (galerie de son hôtel à Berkeley Square, 1779) ; ce séjour sera pour lui l'occasion de se familiariser avec le néo-palladianisme d'outre-Manche qui marquera profondément son œuvre future. À son retour, Bélanger aura l'occasion de faire apprécier ses talents, eu égard à l'anglomanie, alors naissante en France, spécialement dans l'entourage du comte d'Artois où il est introduit par sa maîtresse, la célèbre cantatrice Sophie Arnould. Nommé premier architecte de ce prince, Bélanger partage ses activités entre cette charge, celle de dessinateur des Menus Plaisirs où il est adjoint à M.-A. Challe (1767), et une clientèle privée fort abondante. Pour le comte d'Artois, il construit l'hôtel des Écuries à Versailles, le pavillon de Bagatelle et ses jardins (1777), la maison d'Artois et les écuries de Vincennes (1778-1780) ; deux importants projets ne seront pas réalisés : celui d'un remaniement du château de Saint-Germain-en-Laye et celui d'un vaste lotissement résidentiel autour d'un palais neuf sur les anciennes pépinières du Roule récemment acquises par le comte d'Artois. Recommandé par son protecteur, Bélanger travaille en Belgique pour le prince de Ligne, aménageant son parc de Belœil (1771), celui de Baudour (1775) et l'hôtel d'Épinay à Bruxelles (1772). Parmi ses nombreuses constructions privées, à Paris ou dans la proche banlieue, citons : l'hôtel de la Chaussée d'Antin pour Sophie Arnould (1773), l'hôtel de Sainte-Foix (1777), la maison Bélanger (rue du Bois), une maison rue Neuve-des-Capucines, une maison à Sèvres, la Folie Saint-James à Neuilly (1777), la maison La Ballu à Pantin (1785). Spécialiste du jardin à l'anglaise, agrémenté de fabriques orientales et antiques qui le rendirent célèbre en Belgique et dont les plus fameux exemples sont à Belœil, à Bagatelle et à la Folie Saint-James, Bélanger aménagea avec Hubert Robert le parc de Méréville pour le financier Laborde. Mais l'art de Bélanger ne se limite pas à ces exemples gracieux où une ingéniosité toujours renouvelée s'accordait particulièrement à l'aimable destination de ces demeures urbaines ou champêtres. Son projet de réunir le Louvre aux Tuileries par la construction d'un opéra et d'une place Louis XVI au Carrousel (1781) et son grand projet de théâtre des Arts pour Bruxelles attestent son goût pour les vastes compositions urbaines où la multiplication des portiques, des arcs de triomphe, des obélisques, des colonnes et des statues ressuscite les forums de l'Antiquité. L'architecture édilitaire et la technique intéressèrent aussi Bélanger qui donnera dans ce domaine deux œuvres d'une rare qualité : les abattoirs de Rochechouart (1808), dont les formes contrastées rivalisent d'audace avec certaines inventions de Ledoux, et la coupole métallique de la Halle au blé (1808-1813), très moderne dans sa conception de l'emploi d'un matériau nouveau. La plupart des projets de Bélanger sont traduits par d'admirables dessins que nous avons conservés. Parmi ses activités de décorateur aux Menus Plaisirs, citons ses projets pour l'*Alceste* de Gluck à l'Opéra, ses dessins pour le catafalque du roi de Sardaigne (1773) et pour la décoration des funérailles de Louis XV (1774). Bélanger, qui reprend ses fonctions sous la Restauration, donne encore les projets de décor pour la translation de la dépouille de Louis XVI et de Marie-Antoinette à Saint-Denis (1815) et pour le mariage du duc de Berry à Notre-Dame (1816).

DANIEL RABREAU

BERLAGE HENDRIK PETRUS (1856-1934)

L'architecture dense, opaque, sentimentale, structurellement ornée du Néerlandais Berlage indique l'une des voies de recherche que l'architecture occidentale expérimente à la charnière de deux siècles pour tenter de répondre aux requêtes de l'évolution sociale, aux appels de la technologie.

Berlage fait, en quelque sorte, le pont entre Richardson et Wright, aux États-Unis, et Pompe et Bodson en Belgique : il associe la tradition artisanale au maniement de produits industriels, la rigueur (de la composition) au sentiment (de la forme, de la substance, de la spatialité) pour donner sa pleine et entière valeur au *geste architectural*, compris comme une *structure de communication* (sémiotique) chargée de transmettre à l'homme-récepteur un régime plus ou moins étendu d'informations par l'intermédiaire d'un code où se reconnaît le langage particulier de l'architecte. Ce langage est fondé sur l'emploi précis, méticuleux d'un matériau régional, traditionnel, la brique, accessoirement associé à la pierre de taille et traité au naturel (sans revêtement), et sur celui de divers éléments : le mur portant (traité comme surface catégorique) ; la fenêtre étroite (couplée ou en triade) ; le pilier quadrangulaire en granit ; l'arc en plein cintre fortement détendu (référence romane) ; la tourelle d'angle et le pan coupé (modèles empruntés à Viollet-le-Duc) ; la console en triangle (référence romane) ; la tour-beffroi latérale (référence médiévale) ; le traitement de la charpente en fer et de son vitrage, l'articulation du pan s'opérant généralement en fonction d'un espace central, hall ou patio (Bourse d'Amsterdam, 1897-1903 ; villa Henny, La Haye, 1898 ; Musée municipal, La Haye, 1933-1935), la poursuite d'équilibres neufs demeurant liée à la perception d'archaïsmes, l'ensemble de ces facteurs visant toujours à obtenir un maximum de cohérence, de sobriété, d'authenticité (« l'architecture traditionnelle, dit Berlage, est l'architecture du mensonge ») à partir de volumes pensés de telle sorte qu'ils soient générateurs d'espaces pleins, denses, sensuels et sensualisés. « Nous devons revenir à ce qui est authentique », affirme Berlage, « l'architecture doit être repensée dans ses fondements. L'art de la construction reste celui d'assembler des éléments divers en un tout harmonieux pour enclore un espace. Cette vérité fondamentale a été oubliée. » Cette architecture-volume, *architecture cellulaire*, génératrice d'espaces fortement contenus par d'épaisses membranes aurait été, selon un confrère et compatriote de Berlage, Michel de Klerk, trop étroitement liée à des vues utilitaires et trop asservie aux matériaux pour exercer une influence culturelle. Il n'en demeure pas moins évident que ce n'est pas par hasard qu'elle a stimulé, vers l'année 1912, Mies van der Rohe, l'un des grands représentants du futur style international. Ce n'est pas davantage le hasard qui a conduit l'œuvre de Berlage à être tenue comme un système exemplaire « modélisant » par les néo-plasticiens du Stijl, et Berlage lui-même à être considéré, dès 1900, comme le chef de file de la rénovation architecturale hollandaise. On ne s'étonnera pas qu'il ait été appelé, en 1927, à assister à la fondation des C.I.A.M. et, moins encore, qu'il ait refusé d'adhérer aux positions radicalement fonctionnalistes et rationalistes de ce mouvement : car l'architecture organique de Berlage ne devait jamais renoncer à incorporer à la modernité des modèles empruntés au passé médiéval ou renaissant. C'est à cette attitude fondamentale qu'il faut attribuer sa manière de traiter l'édifice comme un *monument*, sa manière d'orchestrer les volumes pour faire d'un bâtiment public ou privé un objet remarquable dans le paysage urbain. Dans cette perspective, la Bourse d'Amsterdam, son œuvre maîtresse, conçue et construite avec la vigueur, la concentration plastique et l'économie mécanique d'un temple roman, est aussi symbolique que la Maison du peuple construite à Bruxelles à la même époque par Horta.

ROBERT-L. DELEVOY

BERNARD HENRY (1912-1994)

Élève de Paul Bigot (l'architecte de l'Institut d'art et d'archéologie à Paris), premier grand prix de Rome (1938), Henry Bernard eut une grande activité d'urbaniste (reconstruction, plan de la Défense — non réalisé —, quartier olympique de Grenoble, propositions pour Paris dans *Paris majuscule*, 1965) et mena parallèlement une carrière d'architecte, avec notamment la réalisation de la maison de la Radio, inaugurée à Paris en 1963.

E. U.

BERNIN GIAN LORENZO BERNINI dit LE CAVALIER (1598-1680)

Bernin aurait certainement décliné le qualificatif de « maître du baroque », dont on croit l'honorer. Il est en effet aux antipodes du style « baroque » – au sens étymologique du terme, c'est-à-dire irrégulier et bizarre, libéré des règles – de son contemporain et rival Borromini, qu'il considère comme un hérétique. Comme Rubens ou Le Brun, comme Jules Hardouin Mansart ou Wren dans leurs domaines, il est en fait le maître de ce qu'on peut appeler le « grand style » moderne. Formé à l'admiration des chefs-d'œuvre de la statuaire hellénistique et des maîtres de la haute Renaissance, notamment Raphaël et Michel-Ange, revenant à la discipline du dessin d'après nature selon la leçon de Caravage et des Carrache, il conçoit ses œuvres comme des tableaux et plus encore comme des mises en scène théâtrales, dont il était friand ; il joue avec virtuosité du contraste entre les chairs nues, polies, et les larges drapés qu'il anime dramatiquement pour susciter l'émotion. L'échec de son séjour à Paris en 1665 ne résulte pas d'une opposition entre baroque et classicisme, mais seulement d'une méconnaissance des usages français de construction et de distribution.

Formation et premières sculptures

Gian Lorenzo Bernini est né en 1598 à Naples où son père Pietro, sculpteur florentin de second ordre, était venu travailler, mais il se forme entièrement à Rome où sa famille s'installe en 1605 ou 1606. Gian Lorenzo reçoit ses premières leçons de sculpture de son père et se révèle enfant prodige. Bernin raconta plus tard que, lorsqu'il avait huit ans, le cardinal Barberini avait dit à son père : « Prenez garde, cet enfant vous surpassera et sera plus habile que son maître », à quoi Pietro répliqua : « Je ne m'en soucie pas. À ce jeu-là, qui perd gagne. » L'amour paternel qui transparaît dans cette réplique est certainement l'une des clés de la personnalité de Bernin, qui n'a rien d'un artiste saturnien comme Michel-Ange.

Constamment stimulé par son père, le jeune Bernini se forme en dessinant les marbres antiques du Vatican, notamment le *Laocoon*, l'*Apollon du Belvédère* et surtout l'*Antinoüs* (dans lequel nous reconnaissons aujourd'hui un Hermès) qu'il va « consulter comme son oracle » pour composer sa première figure, raconte-t-il en 1665 devant l'Académie de peinture et de sculpture de Paris, et dont il s'inspire encore pour sculpter les figures d'ange du pont Saint-Ange (1668-1669, deux originaux aujourd'hui à Sant'Andrea delle Fratte). Il apprend aussi à grouper harmonieusement les figures en dessinant d'après les *Stanze* de Raphaël et *Le Jugement dernier* de Michel-Ange, se montre sensible au coloris et à l'atmosphère de Titien et de Corrège, et revient également à une étude directe de la nature, cherchant à saisir dans le miroir ou par de rapides esquisses la vérité de l'expression et du mouvement. Il y est encouragé par l'exemple de Caravage, dont les œuvres, petits tableaux de chevalet ou grandes toiles d'autel, ont ouvert la voie d'un retour à la leçon de la nature en réaction contre les virtuoses déformations de la *maniera*, et plus encore par les compositions d'Annibal Carrache qui le premier proposa dans ses fresques de la galerie Farnèse cette nouvelle synthèse entre idéal antique et vérité d'expression, qui fit la gloire de l'école bolonaise. Ce faisant, Bernin inverse en quelque sorte la démarche des artistes de la haute Renaissance : ceux-ci avaient renouvelé la peinture en étudiant la statuaire antique ; Bernin renouvelle la sculpture en s'inspirant de leurs œuvres.

Plus précoce encore que Michel-Ange, Gian Lorenzo aurait sculpté à treize ans un groupe qui put passer pour un antique, *Zeus allaité par la chèvre Amalthée* (1609 ?, galerie Borghèse, Rome), et à dix-sept ans un *Saint Laurent*, son saint patron martyrisé sur le gril (vers 1614-1615, coll. Bonacossi, Florence), où il affirme sa maîtrise.

Introduit par son père dans le cercle du pape Paul V Borghèse (1605-1621), puis auprès des cardinaux amateurs d'art, le jeune Bernin sculpte pour le cardinal Maffeo Barberini, le futur Urbain VIII, un *Martyre de saint Sébastien* (1615-1616 coll. Thyssen, Lugano) et pour le cardinal Montalto, neveu de Sixte V, un *Neptune et Triton*, destiné à une fontaine (vers 1620, Victoria and Albert Museum, Londres). Pour la villa du cardinal Scipion Borghèse, neveu de Paul V, où ils se trouvent toujours, il sculpte les groupes d'*Énée, Anchise et Ascagne fuyant Troie* (1619-1620), *Pluton et Proserpine* (1621-1622), *Apollon et Daphné* (1622-1625), qu'il saisit en pleine course et en pleine métamorphose. Il réalise également un *David* (1623-1624), pour lequel il prend le contre-pied du *David* serein et méditatif de Michel-Ange, en donnant à sa figure bandant sa fronde la torsion du *Polyphème* de Carrache à la galerie Farnèse. Comme les sculptures de Jean de Bologne, ces groupes, qui veulent rivaliser avec les groupes hellénistiques, font oublier qu'ils sont taillés dans un bloc de marbre. Bernin abandonne cependant les points de vue multiples chers aux maniéristes : faites pour être vues de face comme des tableaux, ses sculptures étaient présentées adossées aux murs de la galerie Borghèse.

S'intéressant aux expressions changeantes des visages sous l'effet de la souffrance (*Saint Laurent*, déjà cité, et *L'Âme damnée*, vers 1619), de la peur (*Daphné*) ou de la détermination (*David*), il taille aussi à cette époque ses premiers bustes, *Paul V* (vers 1618, galerie Borghèse), *Monsignor Pedro de Foix Montoya* (1622, couvent de Sainte-Marie de Monserrato). Il réalise également plusieurs bustes en bronze et en marbre du pape Grégoire XV Ludovisi (1621-1623), qui le nomme *cavaliere* dès 1621, année où il est élu *principe* de l'académie de Saint-Luc.

Le grand ordonnateur des arts

En 1623, le cardinal Barberini devient pape sous le nom d'Urbain VIII. Le jour de son élévation, le nouveau pontife aurait appelé Bernin pour lui dire : « Vous avez beaucoup de chance, Cavalier, de voir le cardinal Maffeo Barberini pape, mais nous avons plus de chance encore d'avoir sous notre pontificat le cavalier Bernin. » Sous ce long pontificat (1623-1644), Bernin est le « grand ordonnateur des arts », le pape l'incitant à étudier la peinture et l'architecture, pour qu'il devienne son nouveau Michel-Ange. Urbain VIII souhaita ainsi, sans succès, qu'il peigne à fresque le vestibule du nouveau Saint-Pierre. On a dit que Bernin avait peint plus de cent cinquante tableaux ; la plupart sont curieusement perdus et la peinture tient dans son œuvre une place secondaire. En revanche, il déploya une activité d'architecte qu'il poursuivit jusqu'à sa mort.

Bernin dessine ainsi le nouveau portique de l'église Santa Bibiena (1624-1626), pour laquelle il sculpte aussi une statue de *Sainte Viviane* destinée à être placée dans une niche au-dessus du maître-autel. Mais son grand projet est le chantier de Saint-Pierre, qui l'occupe pratiquement jusqu'à sa mort. Il dessine le *Baldaquin* de marbre et de bronze qui se trouve sous le dôme à l'emplacement du tombeau de saint Pierre (1624-1633), et la décoration des quatre grands piliers qui supportent le dôme ; il y conçoit le projet de quatre statues colossales destinées à célébrer les reliques les plus précieuses de la basilique, se réservant l'exécution du *Saint Longin* dont le geste spectaculaire et le large plissé conviennent pour une vision à distance (1629-1638). Il dessine les clochers qui devaient encadrer la façade de Maderno (1637), mais la tour sud se fissura, fut abattue en 1646, et les clochers ne furent jamais réalisés. En disgrâce au début du pontificat d'Innocent X Pamphili (1644-1655), le Cavalier garde la conduite du chantier de Saint-Pierre, dirigeant la décoration des écoinçons des arcs de la nef par des figures de Vertus, travail quasiment achevé par une armée de sculpteurs pour le jubilé de 1650. Sa maîtrise est telle que le pape, plus proche de Borromini, mais reconnaissant néanmoins qu'il est « né pour traiter avec les plus grands princes », lui demande un buste (vers 1647) et lui confie la réalisation de la *Fontaine des Quatre-Fleuves*, place Navone, sous les fenêtres du palais familial Pamphili (1648-1651). Bernin y pousse plus loin encore la virtuosité anthropomorphe de la *Fontaine du Triton* (1642-1643), place Barberini. Sous le pontificat d'Alexandre VII Chigi (1655-1667), qui veut renouer avec la grande politique d'Urbain VIII et lui rend toute sa confiance, le Cavalier exécute le dessin de la place Saint-Pierre (1656-1667). Ce parvis monumental, destiné à contenir la foule des pèlerins lors des bénédictions *urbi et orbi*, rappelle la grandeur de la Rome antique et s'inspire peut-être du *cortile Bac-*

fig. 1 – *Plan de la Scala Regia, escalier du palais du Vatican, Rome.*

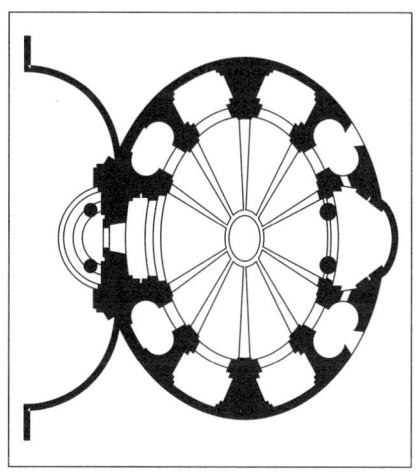

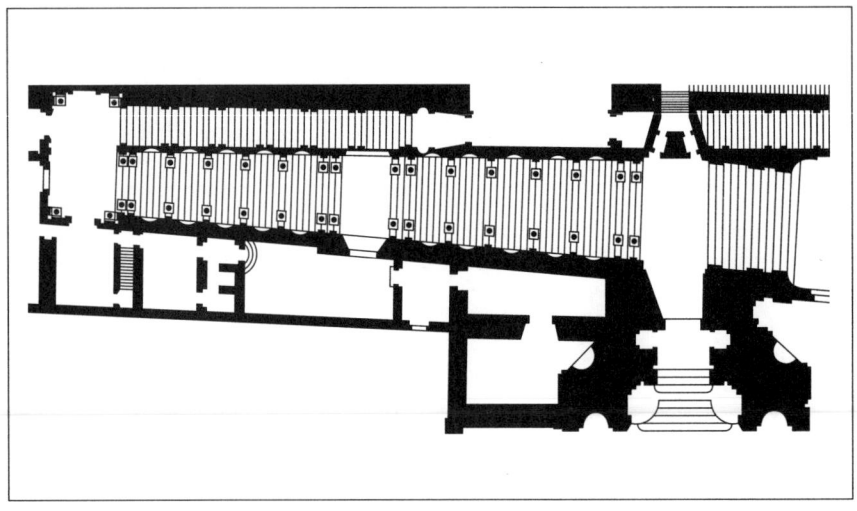

fig. 2 – *Plan de l'Église Sant'Andrea al Quirinale, Rome.*

canario, péristyle qui servait de parvis au prétendu temple de Bacchus, en fait mausolée de Sainte-Constance, gravé par Serlio. Presque en même temps, Bernin conçoit dans l'abside un monument destiné à porter la chaire de saint Pierre (1657-1666) ; symbole du pouvoir pontifical et exaltation de la *cathedra Petri*, elle est soutenue par les quatre Pères de l'Église (1657-1666). Pour le palais du Vatican, le Cavalier dessine la *Scala regia* (1663-1666 ; fig. 2), qu'il orne d'une statue équestre de Constantin (1654-1670) et qu'il anime d'une colonnade en perspective accélérée comme Borromini l'avait fait au palais Spada (1652). Mais s'il imite ici Borromini, son architecture prend généralement le contrepied de celle de son rival, dont il condamne le « libertinage » architectural, déclarant qu'il « préfère un mauvais catholique à un bon hérétique ». Lorsqu'il s'inspire de Michel-Ange, c'est plus de l'architecte « classique » de la place du Capitole ou de Saint-Pierre que de l'« hérétique » à la fantaisie trop libre de la porta Pia. Pour l'église du noviciat des jésuites, Saint-André-au-Quirinal (1658-1670), il dessine une façade qui est une variation sur la travée du palais des Conservateurs de la place du Capitole et délimite un espace ovale beaucoup plus banal que celui de l'église voisine de Borromini, Saint-Charles-aux-Quatre-Fontaines. Borromini à Saint-Charles et à Saint-Yves-de-la-Sapience crée un espace complexe qu'il décore de stuc blanc et or, alors que Bernin transfigure l'espace en utilisant marbres polychromes et en multipliant les statues. Pour Sainte-Marie-de-l'Assomption à Ariccia (1662-1664), il revient à un langage architectural encore plus sage, sobre variation sur le thème du Panthéon.

Pour le tombeau d'Urbain VIII à Saint-Pierre (1628-1647), Bernin s'inspire de la composition de Guglielmo della Porta pour le mausolée de Paul III Farnèse (1549-1575), mais il anime ses figures avec une remarquable autorité. Pendant sa disgrâce sous le pontificat d'Innocent X, Bernin conçoit ce qu'il considérera comme son œuvre la plus parfaite : la chapelle funéraire du cardinal vénitien Federico Cornaro, dans la petite église des carmélites de Sainte-Marie-de-la-Victoire (1645-1652). Il dessine un pavement de marbres, orné de médaillons dans lesquels s'animent des squelettes ; sur les côtés, il sculpte, comme accoudés à une tribune, les membres de la famille Cornaro et, au-dessus de l'autel, sainte Thérèse d'Avila en extase : la transverbération est fidèlement représentée d'après le récit de la nouvelle sainte, canonisée en 1622. Les expériences théâtrales de Bernin ne sont sans doute pas étrangères à cette véritable mise en scène de marbres.

Ces réalisations donnent à Bernin une renommée internationale. Comme Pierre de Cortone, Carlo Rainaldi et quelques autres, Bernin participe au concours international organisé par Colbert pour l'achèvement du Louvre et il est invité en France au printemps de 1665. Grâce au *Journal* tenu par Paul Fréart de Chantelou, maître d'hôtel du roi chargé d'assister Bernin, nous sommes parfaitement renseignés sur ce séjour de cinq mois, de juin à octobre, du Cavalier à Paris. Il établit alors un nouveau dessin pour le palais du Louvre, que l'on renonça finalement à exécuter, et sculpta un *Buste de Louis XIV* (1665, Versailles). Le portrait est un genre que Bernin pratiqua épisodiquement toute sa vie (*Cardinal Scipion Borghèse*, 1632, galerie Borghèse, Rome ; *Paolo Giordano Orsini*, vers 1635, château de Bracciano ; *Thomas Baker*, vers 1638, Victoria and Albert Museum, Londres ; *Urbain VIII*, 1638, coll. part. ; *François Ier d'Este, duc de Modène*, 1650-1651, galerie Estense, Modène ; *Gabriele Fonseca*, vers 1670, chapelle funéraire de la famille Fonseca à San Lorenzo in Lucina). Son don d'observation du visage en mouvement qui est, comme le raconte fort bien Chantelou, l'élaboration d'un buste s'exprime aussi dans des caricatures, qui sont les premières à représenter des personnages en vue.

Dans ses dernières œuvres, *Daniel* et *Hababuc et l'ange* (1655-1657 et 1655-1661, chapelle Chigi de Sainte-Marie-du-Peuple), la *Sainte Madeleine* et le *Saint Jérôme* (1661-1663, chapelle Chigi de la cathédrale de Sienne), les *Anges* qui devaient couronner la balustrade du pont Saint-Ange, la *Statue équestre de Louis XIV* (1670), qui déplut au roi et fut transformée en *Marcus Curtius* (Versailles), le *Tombeau d'Alexandre VII* (1671-1678, Saint-Pierre), les figures, plus libres, s'allongent, se balancent, les drapés sont plus expressifs, le *contraposto* plus marqué. Dans la chapelle Altieri à San Francesco a Ripa, dessinée en 1674 pour le cardinal Paluzzi degli Albertoni, apparenté au pape Clément X (1670-1676), dont il prit le nom, le Cavalier retrouve les problèmes artistiques qu'il avait résolus à la chapelle Cornaro. L'éclairage indirect des fenêtres illumine le lit où est étendue la bienheureuse Ludovica Albertoni mourante, dont le culte fut institué en 1671. Les toutes dernières œuvres de Bernin furent un buste du *Salvator Mundi* pour la reine Christine de Suède et des projets de restauration du palais de la Chancellerie pour Innocent XI Odescalchi (1676-1689), le huitième pape qu'il ait servi.

CLAUDE MIGNOT

Bibliographie

BALDINUCCI, *Vita del cavaliere Gian Lorenzo Bernini*, Florence, 1682 ; rééd. par S. Ludovisi, Milan, 1949 / P. FRÉART DE CHANTELOU, *Journal du voyage du Cavalier Bernin en France* (1665), éd. L. Lalanne, Paris, 1885 ; rééd. Pandora, Aix-en-Provence, 1981 ; *Diary of the Cavaliere Bernini's Visit to France*, éd. par A. Blunt, annoté par G. C. Bauer, Princeton Univ. Press, Princeton, 1985 / *Gian Lorenzo Bernini architetto e l'architettura del Sei-Settecento*, G. Spagnesi et M. Fagiolo dir., Florence, 1983-1984 / C. GOULD, *Bernin in France*, Weidenfeld & Nicolson, Londres, 1981 / H. HIBBARD, *Le Bernin*, Macula, Paris, 1984 [la meilleure synthèse] / R. WITTKOWER, *Gian Lorenzo Bernini, the Sculptor of the Roman Baroque*, Phaidon, Londres, 1981 (1re éd. 1955).

BERTHAULT LOUIS-MARTIN (1770-1823)

Jardinier-paysagiste, architecte et décorateur français. Issu d'une lignée de maîtres-maçons et de jardiniers, Berthault semble s'être formé dans le milieu familial, principalement auprès de ses oncles : Jacques-Antoine Berthault, important entrepreneur parisien, et surtout Pierre-Gabriel Berthault, graveur renommé qui collabora avec Ledoux. C'est à P.-G. Berthault que l'on doit le seul ouvrage consacré à l'œuvre de son neveu : *Suite de vingt-quatre vues de jardins anglais exécutés par Berthault, architecte de S.M. l'Empereur et Roi* (1812). Selon un document autobiographique, la vie professionnelle de L.-M. Berthault débute à Amiens en 1795, où il est engagé comme inspecteur-surveillant des manufactures Bonvallet. Il y réalise le jardin de Debray, riche négociant, maire de la ville sous le premier Empire. Il est probable qu'il exerça plus tôt ses talents dans la propriété familiale des Fontaines à Chantilly, vaste domaine que Chateaubriand évoque avec nostalgie dans les *Mémoires d'outre-tombe*. Mais c'est incontestablement à l'amitié du banquier Récamier et de sa célèbre épouse Juliette que Berthault doit les véritables débuts de sa carrière et les prémices de sa célébrité. Il dessina les décors de leur nouvel hôtel de la rue du Mont-Blanc, racheté à Necker en 1798. Cette décoration (dont certains éléments de mobilier subsistent) déclencha l'enthousiasme des contemporains et fit de lui un architecte « à la mode » que se disputait la riche et extravagante société du Directoire. On peut citer parmi ses clients : Botot, secrétaire de Barras, dont il dessina le jardin sur la colline de Chaillot, la duchesse de Courlande pour qui il réalisa un « boudoir turc », ou encore le munitionnaire Ouvrard dont il réaménagea somptueusement la propriété du Raincy. Pour des proches d'Ouvrard, il travailla à Ponchartrain, à Stains et à Épinay-sur-Seine ; on le retrouve aussi à Jouy-en-Josas, Champlatreux et Méry-sur-Oise. Dans la plupart des cas, et suivant en cela le retour en France d'aristocrates anglomanes, il s'agit surtout pour lui « de mettre au goût du jour » d'anciens jardins à la française. À la même époque, il entreprend la restauration de prestigieux jardins irréguliers du XVIIIe siècle : Moulin-Joli de Watelet ou Prulay, aménagé par l'abbé Delille pour Pierre Poissonnier, médecin de Louis XVI.

La deuxième étape de la carrière de Berthault est marquée par sa nomination en 1805 au poste d'architecte de l'impératrice Joséphine, charge difficile où s'étaient succédé sans beaucoup de succès Percier et Fontaine, Thibault et Vignon, Lepère et, enfin, le célèbre théoricien des jardins, Morel. Berthault, plus attentif aux goûts et aux idées de l'inconstante Joséphine, demeura jusqu'à la fin son jardinier et son décorateur. On le voit ainsi, après le divorce impérial (déc. 1809), aménager pour l'ex-impératrice ses nouvelles résidences de l'Élysée à Paris et de Navarre près d'Évreux. L'entourage de Joséphine fait aussi appel à ses talents, qu'il s'agisse de la reine Hortense pour qui il achève les travaux de Saint-Leu-Taverny, du général Bertrand à La Jonchère ou encore du prince Aldobrandini Borghèse à Beauregard.

Jardinier-paysagiste de leurs « campagnes », Berthault est en même temps le décorateur privilégié de leurs demeures parisiennes.

En 1806, Joséphine obtient pour lui le poste d'architecte du palais de Compiègne que l'empereur entend réaménager après une période d'abandon. Berthault y réalise de somptueux décors qui abriteront Charles IV d'Espagne en 1808, puis en mars 1810 l'empereur lui-même qui a choisi d'y recevoir sa nouvelle épouse, Marie-Louise. En 1811, il transforme en jardin anglais l'ancien parc régulier de Gabriel laissé inachevé pendant la Révolution. Berthault sut admirablement tirer parti des contraintes d'un terrain sans eau ni relief et du site forestier environnant. Il planta en une saison plus de 70 000 arbres et arbustes, introduisant une grande variété de végétaux rares et exotiques. La satisfaction de Napoléon pour son jardin de Compiègne ouvrit à Berthault de plus vastes perspectives : un projet de jardin pour le futur palais du roi de Rome sur la colline de Chaillot, et, en 1813, l'aménagement à Rome, seconde capitale de l'Empire, de la place du Peuple au Pincio et du jardin du Capitole, en collaboration avec les architectes Valadier et Gisors. En Italie, il contribua à l'aménagement des palais de Stupinigi, près de Turin, Pitti à Florence et Monte-Cavallo à Rome, où l'Académie de Saint-Luc le reçut parmi ses membres. Sur le chemin du retour, Elisa Bacciochi, grande-duchesse de Toscane et sœur de l'empereur, le chargea de redessiner le jardin de sa résidence à Poggio a Cajano ainsi que d'un projet d'urbanisme pour le centre de Lucques. Les défaites napoléoniennes mirent fin à la plupart de ces projets. À Rome, toutefois, l'administration pontificale permit à Valadier l'achèvement de certains d'entre eux.

Comme la plupart de ses collègues des Bâtiments de la couronne, Berthault n'eut pas à souffrir des bouleversements politiques de 1814 et 1815. À ses fonctions d'architecte du roi et d'architecte de l'Enregistrement des domaines, on ajouta même celle d'architecte de la Légion d'honneur. Toutefois, l'heure n'étant plus aux grands travaux, c'est une nouvelle clientèle privée qui lui fournit alors de fastueuses commandes. Sous la Restauration, son principal client fut James de Rothschild qui lui fit aménager son hôtel de la rue d'Artois et sa « campagne » de Boulogne. Des dernières années de sa vie datent encore le jardin de Bâville pour M. de Saulty (1816) ou le parc de Courson pour Arrighi de Casanova (1820).

Fort célèbre de son vivant, Berthault n'en fut pas moins l'objet de controverses. Le sévère Fontaine le taxe de « médiocre bâtisseur ». Il apparaît plutôt comme un décorateur doué et un jardinier-paysagiste de grand talent dont les tendances illustrent parfaitement les mutations stylistiques du début du XIXe siècle. Héritier de Bélanger et de Percier dans ses décors intérieurs, il fait preuve d'un éclectisme architectural plein d'inventions sur le terrain expérimental des fabriques de jardins : communs inspirés de Ledoux, maisons pittoresques « à l'italienne », emprunts à l'architecture vernaculaire du Valois, citations savantes égyptiennes, antiquisantes ou « gothiques ». Dans le domaine des jardins, Berthault est l'un des tenants du style irrégulier, probablement plus pour satisfaire le goût d'une clientèle éprise de « naturel » que par conviction personnelle. En témoigne la modération des formules qu'il propose pour Compiègne, où il crée sans doute l'un des premiers jardins « mixtes » du temps, ou encore le projet régulier qu'il oppose à Valadier pour le Pincio. Ce sont d'ailleurs son pragmatisme et cette aptitude particulière à capter le « génie du lieu » qui lui valurent de son vivant le titre de « Le Nôtre du XIXe siècle ».

style de cet architecte est un des exemples les plus convaincants du succès de l'esthétique néo-classique en province.

DANIEL RABREAU

MONIQUE MOSSER

BERTRAND CLAUDE JOSEPH ALEXANDRE (1734-1797)

Nommé architecte voyer de Besançon (1774-1790), Bertrand mettra en œuvre, peu à peu et partiellement, son *Projet d'embellissements pour la ville de Besançon*, qui lui valut le prix d'un concours de l'Académie de la ville en 1770. Espérant doter Besançon de tout l'éclat qui convient à une capitale provinciale, Bertrand n'hésita pas à s'inspirer directement des grands modèles de l'architecture parisienne de la première moitié du siècle (diffusés par la gravure) ainsi que des réalisations élégantes de Nancy. Le style de ses dessins de 1770 et de ses premières œuvres bisontines (maison rue de Pontarlier, 1768 ; hôtel Terrier-de-Santans, Grande-Rue, 1770 ; hôtel de Magnoncourt, rue Charles-Nodier, 1776 ; maisons au 122 de la Grande-Rue, 1776, et rue Péclet, 1777) est retardataire, mais empreint d'une grâce indéniable. Le théâtre de Ledoux (1778-1784) et l'intendance de Victor Louis (1771-1777) marquent le renouveau de l'architecture à Besançon : le style de Bertrand, bientôt imprégné des préceptes du néo-classicisme, se transforme totalement. L'église Saint-Pierre de Besançon (1784-1786), audacieuse et équilibrée dans ses formes pures, est, avec le château de Moncley (Doubs), plus pittoresque, l'œuvre la plus achevée de Bertrand. L'évolution du

BIARD LES

Famille d'architectes et de sculpteurs actifs au XVIe siècle et au début du XVIIe.

Colin Biard (1460-1516) serait l'oncle de Pierre Ier Biard. Il commence sa carrière en organisant des décors de fêtes. On le retrouve sur le chantier du château d'Amboise (1495-1496), puis il est appelé à Blois lors des transformations apportées au château sous Louis XII. Il travaille enfin pour le cardinal d'Amboise au château de Gaillon, de concert avec Pierre Fain et Pierre Delorme. En 1506, il fait partie de la commission qui examine la manière de terminer la tour de Beurre à la cathédrale de Rouen. Il participe ensuite aux expertises pour la consolidation de la tour de la cathédrale de Bourges. Après l'effondrement de cet édifice, il donne les plans de la nouvelle tour et en surveille la construction. Il serait l'auteur du château du Verger, demeure du maréchal de Gié.

Pierre Ier Biard (1559-1609), après un voyage en Italie, a participé à l'exécution du jubé de Saint-Étienne-du-Mont : il a exécuté les parties latérales. En 1590, il est surintendant des Bâtiments du roi ; il travaille à la décoration de la petite galerie du Louvre. Il sculpte ensuite la statue équestre de Henri IV pour l'Hôtel de Ville, en 1606 (œuvre détruite pendant la Révolution). Quant à la cheminée nord de la grande salle dans le même monument, exécutée en

1608, elle est soit son œuvre soit celle de son fils.

Pierre II Biard (1592-1661), son fils, est valet de chambre du roi de 1619 à 1633. On lui doit très probablement la statue équestre de Louis XIII, qui était sur la place Royale (actuelle place des Vosges) avant la Révolution (le cheval était une œuvre réutilisée de Daniele de Volterra). Pierre II Biard est l'auteur de tombeaux pour l'église des Minimes à Paris, le tombeau de Charles de Valois, duc d'Angoulême (Bibliothèque historique de la Ville de Paris) et celui de Nicolas Le Jay (le buste de la statue priante est conservé au Louvre).

RENÉE PLOUIN

BIBIENA les GALLI dits

Pendant un siècle environ, la famille Galli Bibiena a régné avec une autorité incontestée sur les scènes de théâtre de toute l'Europe. Les Galli, dits Bibiena, sont originaires de la région de Bologne, et se présentent comme les dépositaires de cette grande tradition des *Quadraturisti*, les peintres spécialistes des architectures feintes qui étaient devenues une spécialité bolonaise dès le milieu du XVIIe siècle ; Girolamo Mendozzi Colonna, le collaborateur de Tiepolo, était un de ces peintres.

La famille Bibiena est nombreuse ; les deux membres les plus importants sont Ferdinando (1657-1743) et son fils aîné Giuseppe (1696-1757). L'un et l'autre ont travaillé beaucoup en dehors de l'Italie, et spécialement en Europe centrale. C'est Ferdinando qui passe pour l'inventeur de la nouveauté à laquelle on associe le plus souvent le nom de Bibiena, à savoir la *scena per angolo* ; c'est lui, en tout cas, qui en formule les principes d'une façon systématique dans son traité : *L'Architettura civile preparata sulla geometria e ridotta alle prospettive* (1716). L'idée consiste à ménager des perspectives en diagonale dont le point de rencontre se situe sur la scène même. Beaucoup des partis adoptés par Piranèse sont contenus en germe dans ce système.

Giuseppe ne fut pas seulement un décorateur de théâtre, mais aussi un architecte à proprement parler. On lui doit, en particulier, le petit théâtre de Bayreuth (1748), l'un des exemples les plus parfaits et les mieux conservés de salle rococo ; au moyen de loges placées en pans coupés au point de jonction entre la scène et la salle, les deux espaces viennent s'intégrer sans effort l'un dans l'autre. Le frère de Giuseppe, Antonio (1700-1774) dota la ville de Bologne du joli Teatro communale (1756-1763).

GEORGES BRUNEL

BILL max (1908-1994)

Élève célèbre et fidèle continuateur de l'esprit du Bauhaus, Max Bill, malgré la diversité de ses activités (il est à la fois sculpteur, peintre, architecte, *designer*, théoricien, professeur et homme politique), propose un univers de formes pures et géométriques, fondé sur des conceptions mathématiques et rationnelles (propos qu'analyse bien l'important ouvrage de Valentina Anker, *Max Bill ou la Recherche d'un art logique*, 1979), dont une des qualités essentielles est incontestablement son unité fondamentale. Après des études à l'École des arts appliqués de Zurich, il décide, à la suite d'une conférence de Le

Corbusier, de faire des études d'architecture et entre au Bauhaus de Dessau, où il est l'élève d'Albers, de Kandinsky, de Klee, de Moholy-Nagy et de Schlemmer.

En 1929, il s'installe à Zurich et, contraint au chômage en tant qu'architecte, il cherche des débouchés, s'occupant de graphisme publicitaire et de dessin industriel, de peinture et de sculpture. « C'est là qu'est née la variété de mes intérêts », dira-t-il plus tard, et, même après la guerre, il refusera de se consacrer uniquement à l'architecture, menant de front, avec la rigueur d'un esprit très organisé, un grand nombre d'activités, dont chacune a une fonction propre et déterminée dans l'ensemble de son œuvre. En 1932, il adhère au groupe parisien Abstraction-Création fondé en 1931 par Auguste Herbin et G. Vantongerloo. En 1936, lors de l'exposition *Problèmes actuels de la peinture et de la sculpture suisses* au Kunsthaus de Zurich, Max Bill formule dans l'introduction au catalogue les principes de l'« art concret », à partir des exemples de Théo van Doesburg et de Arp qu'il reprendra à plusieurs reprises au cours de sa carrière, et qui deviendront le fondement de toute son œuvre. Créées sans prendre appui sur la nature sensible ou ses transformations, « les œuvres concrètes » de Max Bill se développent en dehors de toute intervention d'un processus quelconque d'abstraction. Ce sont des compositions plastiques faites de couleurs, de lumière, d'éléments spatiaux et de mouvement. « En donnant forme à ces éléments, écrit l'artiste, on crée des réalités nouvelles qui n'existaient auparavant que dans l'esprit et qui sont rendues visibles sous forme concrète » ; et il ajoute : « L'art concret est pure expression de mesures et de lois harmonieuses. » En 1937, il participe à la fondation du groupe Allianz en Suisse.

Peintre, Max Bill élabore de véritables exercices de style où se lit le parti pris d'assurer le contrôle de toutes les phases du processus créateur à partir de calculs rigoureux. Utilisant la forme géométrique la plus pure, le carré, l'artiste le répartit en larges échiquiers, que l'œil lit par quatre, seize ou davantage, et utilise la couleur dans les tons élémentaires qui permettent les jeux infinis des variations et des contrastes (*Champ en trente-deux parts et en quatre couleurs*, 1965, Albright Knox Art Gallery, Buffalo ; *Nucleus blancs stabilisés*, 1964-1971, musée des Beaux-Arts, Zurich ; *Synthèse de groupes de couleurs claires et sombres*, 1975-1976).

Sculpteur, c'est également autour de quelques thèmes très simples, qu'il reprend sans cesse, que l'artiste articule ses œuvres, dont la constante principale demeure le problème du mouvement continu et son rapport avec l'espace qui l'entoure. Ainsi ce *Ruban sans fin* (un exemplaire daté de 1960 se trouve au musée national d'Art moderne de Paris), dont il a commencé les recherches en 1935 et qui a atteint son expression définitive quelque vingt ans plus tard. Surface sans fin à laquelle une torsion confère la propriété de se développer dans l'espace à trois dimensions, elle est pour le sculpteur prétexte à affronter, dans tous les matériaux possibles (*Surface engendrée par une spirale*, laiton doré, 1974), toutes les apparences où le mesurable débouche aussi sur le mystère, et où l'œuvre sculptée, échappant au contrôle mathématique qui a présidé à son élaboration, ouvre sur le sentiment de l'infini.

Théoricien, Max Bill a concrétisé ses recherches et son enseignement dans de nombreux écrits, dont certains ont eu une influence considérable. Parmi les plus importants, il convient de citer, outre le texte sur l'« art concret » qu'il reprend en

1960, *La Pensée mathématique dans l'art de notre temps*, publié en 1949, *Forme, fonction, beauté*, publié en 1953, qui consiste en une interrogation de fond sur les problèmes de la mise en forme, et enfin *La Structure comme art, l'art comme structure*, publié en 1965, où l'artiste perçoit un rapport de causalité entre structure et art concret.

Architecte, enfin, Max Bill a dessiné en particulier les plans des bâtiments de la Hochschule für Gestaltung à Ulm, dont il fut le cofondateur et où il a repris les méthodes pédagogiques du Bauhaus de 1951 à 1957. Dans ce domaine, comme dans l'ensemble de sa prodigieuse production, il est certainement l'artiste qui a le mieux transmis le message de la célèbre institution, tendant de toute sa personnalité et de toute son œuvre à contribuer à la création d'un environnement, et, par là même, à modifier le monde ambiant.

MAÏTEN BOUISSET

BLANCHET THOMAS (1614 ?-1689)

Peintre, architecte et sculpteur ayant joué à Lyon un rôle semblable à celui de Le Brun à Paris, Blanchet fut vite oublié car son œuvre avait été rapidement mutilé et la critique fut longtemps déroutée par un style paradoxal. Depuis les années 1980, dessins et *modelli* ont permis de restituer des décors disparus, tandis que d'anciens textes expliquaient leurs sujets incompris (L. Galactéros de Boissier, « Thomas Blanchet : la Grande Salle de l'hôtel de ville de Lyon », in *Revue de l'art*, n° 47, 1980) ; certains tableaux enfin rendus à Blanchet ont modifié l'idée que l'on avait de son œuvre (J. Montagu, « Le Maître du « Cléobis et Biton » de la collection Corsini : le jeune Thomas Blanchet ? », in *Bulletin de la Société de l'histoire de l'art français*, 1987).

Il faut admettre d'apparentes oppositions dans son art : ce virtuose de la miniature fut habile dans le colossal ; cet académicien épris de rigueurs classiques s'est exprimé sur un mode baroque nuancé de nostalgies maniéristes. Sa formation explique une partie de cette complexité. Probablement né à Paris en 1614, attiré par la sculpture, il en est détourné par le sculpteur Jacques Sarrazin qui l'oriente vers la peinture chez son ami Simon Vouet. Ces deux maîtres à peine rentrés de Rome lui révèlent l'art nouveau d'outre-monts. En même temps, Blanchet découvre à Fontainebleau un avant-goût des décors maniéristes qui le séduiront en Italie. À Rome, dès 1647 dans l'entourage de Poussin, il se passionne pour Michel-Ange qu'il proclamera son idéal, étudie les Bolonais, se met à l'école de l'Algarde et de Sacchi tout en admirant leurs rivaux : Lanfranco, Pierre de Cortone, Borromini, Bernin qui louera son talent. En 1652, il exécute des petites *prospettive* dans le genre de Le Maire qui font sa fortune (Sandrart, 1675), des décors pour le carnaval de Rome et un projet de mausolée pour l'ambassadeur de France à Venise. Son renom de peintre monumental lui vaut d'être appelé à Lyon en 1655 pour décorer le nouvel hôtel de ville. À ces peintures somptueuses s'ajouteront celles de l'abbaye Saint-Pierre et du palais de justice, des tableaux de retables, des portraits, quantité de modèles pour les sculpteurs, les orfèvres et les graveurs. Savant bâtisseur, Blanchet crée des arcs et des temples éphémères pour les fêtes solennelles, construit l'audacieux escalier de l'abbaye Saint-Pierre, remanie des chœurs et des tribunes dans différentes églises et chapelles de Lyon, projette pour l'hôtel de ville incendié (1674) une façade grandiose dont s'inspireront Jules Hardouin-Mansart et Robert de Cotte (1700), enfin il participe à un projet d'urbanisme royal pour l'entrée de la rue Dauphine à Paris (1685). Professeur à l'Académie (1676), il fonde à Lyon avec Coysevox la première filiale provinciale de cette institution. Adaptant pendant plus de trente ans les œuvres qu'il avait vues à Fontainebleau et en Italie, il les transfigure par son outrance sans jamais réaliser de véritable synthèse. À son goût des styles mêlés s'ajoute celui des contradictions : systèmes décoratifs antagonistes utilisés ensemble, atonie et vitalité extrêmes cohabitant dans une même figure. Peut-être l'opposition de Sarrazin à son précoce désir de sculpter est-elle à l'origine de ces formes empêchées, de ces élans brisés, de tout ce dynamisme contraint typique de sa manière.

L'œuvre de Blanchet présente un triple intérêt. Dans le domaine du style, son éclectisme original ne peut se définir en terme d'école et l'artiste demeure aussi loin d'un Puget que d'un La Hyre. Pourtant, dans le jeu des grands courants européens, grâce aux plagiats que Nicodème Tessin le Jeune (élève de Bernin et architecte de Charles XII de Suède) a faits de ses œuvres, Blanchet est un jalon important de l'expansion septentrionale du baroque romain. Mais surtout, dans le domaine politique, ses décors officiels suppléent aux silences de l'histoire écrite et trahissent l'ambivalence de Lyon. Deux exemples : en 1658-1667, le décor (encore en place) de l'escalier de l'hôtel de ville est une métaphore de la Fronde apaisée et de la fidélité de la ville à la couronne ; mais en 1664, faisant un triomphe au légat pontifical qui sera bientôt humilié par Louis XIV, les « arcs Chigi » (détruits) avouent l'ultramontanisme lyonnais. En révélant le rôle de commanditaires des Villeroi (commis de l'Église et du roi) et celui du jésuite Ménestrier (qui « allégorise » leurs intentions), la peinture monumentale de Blanchet invite à une analyse jamais tentée : celle de la politique bifrons des Villeroi, partagés entre Versailles et Rome, dans la seconde moitié du XVIIe siècle.

LUCIE GALACTEROS-DE BOISSIER

BLOC ANDRÉ (1896-1966)

« Un ingénieur de l'École centrale qui lit *L'Esprit nouveau*. » Cette formule résumerait assez bien la personnalité d'André Bloc en 1921, date à laquelle, ayant obtenu son diplôme d'ingénieur, il entre en relation avec quelques grands noms de l'architecture de ce début du XXe siècle : Auguste Perret, Henri Sauvage, Frantz Jourdain. André Bloc semble animé d'une passion qui dictera sa conduite tout au long de son existence : concilier « l'art de l'ingénieur, l'art du constructeur, l'art du plasticien, l'art de l'architecte », selon la formule qui inaugure la revue *Aujourd'hui*, fondée par lui en 1955. Ce programme est identique à celui de *L'Esprit nouveau*, et la dette attestée par Bloc à la revue de Le Corbusier situe bien les sources de ses idées et de son action. Les « pères » qu'il se donne reflètent également le caractère polymorphe de la notion d'« avant-garde » telle que la comprend André Bloc : il n'y a pas de « ligne » privilégiée, caractérisant la novation, mais différents courants qui, chacun, contribuent à l'établissement de la « modernité ».

Cette vision, qui suppose une vocation de rassembleur et d'animateur, André Bloc en fait le programme de la revue qu'il fonde en 1930 : *L'Architecture d'aujourd'hui*. Dans le comité de patronage se retrouvent ceux que l'histoire a retenus, et d'autres un peu oubliés, mais non moins importants si l'on se réfère à ce qu'ils ont construit, comme Patout, ou même Michel Roux-Spitz. Il faut insister sur ce souci d'ouverture, qui explique le rapide succès de la revue et sa longue existence, même si, à certains moments, un reproche d'éclectisme a pu lui être fait, en particulier après la Seconde Guerre mondiale. Conçue dans la perspective d'une large information, *L'Architecture d'aujourd'hui* n'évitera pas pour autant les prises de position critiques, en particulier à l'occasion de l'Exposition internationale de 1937. L'action de la revue dépassera les limites du cadre journalistique et sera à l'origine de manifestations importantes, à travers les expositions de l'Habitation, organisées à son initiative à partir de 1932.

La parution de la revue sera interrompue pendant la guerre, jusqu'en 1946. Pendant ces cinq années, André Bloc va se consacrer à la peinture et à la sculpture ; reprenant à son propre compte et tentant de continuer les expériences de l'entre-deux-guerres sur l'intégration des arts (Bauhaus ou De Stijl), il élargit le champ d'intervention de la revue en créant d'abord des numéros spéciaux consacrés aux arts plastiques, puis en fondant *Art d'aujourd'hui* en 1949.

En 1946, il avait exposé ses peintures à la galerie Denise René ; *Art d'aujourd'hui* sera l'organe où s'exprimeront les artistes qui trouvent dans cette galerie un cadre favorable à la défense d'un renouveau de la peinture abstraite géométrique.

Art d'aujourd'hui, qui devient *Aujourd'hui*, se consacrera à la défense et à l'illustration de la collaboration entre toutes les formes d'« art », l'architecture étant conçue comme le dénominateur commun de ces activités. La création du groupe Espace, en 1951, concrétise cette idée : s'y côtoient des architectes, des constructeurs et des plasticiens : Neutra, Jacobsen, Prouvé, Le Ricolais, Schöffer, Vasarely, pour ne citer que les plus connus.

André Bloc consacre la fin de sa vie à des recherches sur la relation entre l'architecture et la sculpture. Il réalise, entre autres, une maison au cap d'Antibes en collaboration avec Claude Parent, en 1963 ; entre 1964 et 1966, deux sculptures habitacles dans sa propriété de Meudon.

JEAN-ÉTIENNE GRISLAIN

BLONDEEL LANCELOT (1498-1561)

Comme Coecke à Anvers et Lambert Lombard à Liège ou Van Orley à Bruxelles, Blondeel est le principal représentant de la première Renaissance dans la peinture brugeoise du XVIe siècle. Franc-maître à Bruges en 1519, il travaille à la décoration de la ville dès l'année suivante, à l'occasion de la « Joyeuse Entrée » de Charles Quint. De fait, la partie décorative tient une grande place dans son œuvre, tendant même à la submerger par sa luxuriance. C'est là un trait encore spécifique de la vieille tradition maniériste du gothique tardif qui se maintient très vivace dans la sculpture ; l'adoption d'un nouveau vocabulaire italianisant et antiquisant ne saurait dissimuler une horreur du vide, une facilité décorative, une conception graphique du remplissage des surfaces qui viennent à l'évidence du gothique flamboyant (et qui sont attestés encore plus parfaitement dans les arts mineurs, dans la tapisserie et dans l'enluminure des manuscrits). Aussi bien Blondeel s'exerça-t-il dans des domaines fort variés, dessinant des projets de sculptures et d'architectures (la cheminée du Franc à Bruges, dont il obtint la commande en 1528 à l'issue d'un concours, reste une de ses plus célèbres créations), des vitraux et des tapisseries, sans compter qu'il fut aussi, comme tant d'artistes du XVIe siècle, ingénieur et cartographe. Une de ses œuvres clés est le *Saint Luc peignant la Vierge* du musée de Bruges, peinture signée et datée de 1545, où la scène d'une typique suavité brugeoise (David, Isenbrandt) est entourée d'un cartouche décoratif aux entrelacs grouillants, tout Renaissance dans l'ornement mais d'une exagération et d'une prolifération qui dépassent encore les maniéristes anversois des années 1510-1520. Cette prodigalité de l'ornement peint encadrant à l'intérieur du tableau la scène principale (l'ornement, il est bien vrai, est une des grandes affirmations du XVIe siècle, notamment par le cartouche) est typique de la manière de Blondeel qui renforce souvent son archaïsme crispé par l'emploi d'un fond d'or. On lui attribue encore un très curieux panneau de la *Vie de la Vierge* conservé à la cathédrale de Tournai où l'architecture décorative tient ici encore la première place ; cette œuvre, dont la paternité a été plusieurs fois contestée, pourrait être de l'extrême fin de la carrière de Blondeel, c'est-à-dire de 1555-1560 environ (l'influence de Pieter Coecke est manifeste).

JACQUES FOUCART

BLONDEL FRANÇOIS (1618-1686)

Maréchal de camp en 1652, ingénieur militaire et diplomate, François Blondel se consacre définitivement à l'architecture après 1669, quand il est désigné pour diriger les ouvrages publics de Paris. Grand voyageur (il visite l'Europe et l'Orient), Blondel se voit confier d'importants travaux d'édilité et de fortifications dans certaines villes de l'ouest et du sud-ouest de la France (pont et arc de triomphe à Saintes, 1665 ; plan de la ville et arsenal de Rochefort, 1666) ainsi qu'aux Antilles où il est envoyé en mission en 1664. Homme de science, il avait été nommé lecteur de mathématiques au Collège de France (1656) ; en 1669, il était membre de l'Académie des sciences. En 1670-1671, Blondel donne les plans de plusieurs portes monumentales de Paris (porte Saint-Denis, porte Saint-Bernard, porte Saint-Antoine) ; c'est à cette date qu'il est choisi par Louis XIV pour diriger l'Académie d'architecture qui vient d'être fondée, sous l'impulsion de Colbert. On mesurera l'importance de cette charge si l'on sait que l'Académie avait un triple rôle : élaborer une doctrine officielle de l'architecture, puis l'enseigner aux élèves choisis pour être formés par ses professeurs et, enfin, contrôler toutes les grandes entreprises du royaume et donner un avis sur elles. Véritable théoricien, Blondel fonde sa doctrine sur la raison qui doit diriger l'architecte et justifier ses créations. Cette démarche toute cartésienne n'avait cependant rien d'exclusif, et la théorie ne prit en fait jamais le pas sur la pratique : Blondel lui-même était un constructeur, et sa porte Saint-Denis demeure le témoignage, non seulement de cette rigoureuse harmonie prônée par le directeur de l'Académie, mais encore d'une imagination riche en contrastes. La grandeur (réelle) et l'équilibre d'un monument ont rarement été en aussi intime concordance avec la variété et la plasticité de la sculpture qui l'accompagne (due au ciseau de François Anguier). Peu de théoriciens ont, en définitive, édifié une œuvre aussi proche de leur idéal. Blondel, respectueux de l'antique, n'hésite pas cependant à s'en éloigner, et rien ne ressemble moins à un arc de triomphe romain que la porte Saint-Denis. Blondel n'écrivait-il pas : « Je ne suis pas de ceux qui ne veulent rien souffrir dans l'architecture dont on n'ait quelque exemple dans les ouvrages antiques. Je sçais au contraire qu'il y a beaucoup de choses dans ces bâtiments des Anciens dont je ne voudrais jamais conseiller l'usage » (*Cours*, II, 250). Blondel, qui éleva encore à Paris l'hôtel de Rouillé (rue des Poulies) et le chœur de l'église Saint-Laurent, doit surtout sa célébrité à ses écrits : son *Cours d'architecture*, publié en 1675, est réédité quatre fois en dix ans ; il servira de manuel aux jeunes architectes de l'Académie jusqu'au milieu du XVIIIe siècle.

DANIEL RABREAU

BLONDEL JACQUES-FRANÇOIS (1705-1774)

Jacques-François Blondel appartient à une famille d'architectes français, mais il n'a aucune parenté avec l'architecte du XVIIe siècle Nicolas-François Blondel. Plus connu pour ses écrits que pour ses constructions, il fut l'un des grands théoriciens de l'architecture classique. La fermeté de ses doctrines, les traditions qui s'y perpétuent, comme les résistances qu'elles ont rencontrées, situent Blondel au centre d'une évolution qui s'étend sur plus d'un siècle.

Raison et discrétion en architecture

Au dire de l'architecte Franque, son ami, il fut l'élève de son oncle Jean-François. Selon l'amateur Antoine-Joseph Dezallier d'Argenville, il reçut aussi les leçons de l'ornemaniste Oppenord, mais les créations de ce maître n'ont pas trouvé grâce aux yeux de son élève, qui se borne à reconnaître en lui l'un des grands dessinateurs de son temps. Pourtant, le talent honorable de Jean-François Blondel et le génie d'Oppenord caractérisent bien le milieu qui entoura la formation et les premiers travaux de Jacques-François. L'esprit classique de Jules Hardouin-Mansart régnait encore sur l'architecture, mais la vague du goût rocaille se répandait dans l'ornement. À ses débuts, Blondel manifesta sa complaisance pour ce genre décoratif qu'il répudia plus tard, quand il rappelle son siècle à la sobriété et à la raison. Il gravait avec esprit et exécuta des planches pour la quatrième édition du traité d'architecture de d'Aviler, publiée en 1737. L'éditeur Mariette avait souhaité mettre l'ouvrage au goût du jour en y insérant des compositions demandées aux décorateurs du moment. Blondel eut ainsi l'occasion d'interpréter des esquisses de Nicolas Pineau, l'un des maîtres de la rocaille et le collaborateur de son oncle à l'hôtel de Rouillé. La même année 1737 paraît son premier ouvrage, *Traité d'architecture dans le goût moderne, ou De la décoration des maisons de plaisance.* Par maisons de plaisance, il faut entendre les châteaux, dont Blondel donne plusieurs projets. Les principes énoncés par cet architecte de trente-deux ans ne sont pas tous originaux, mais ils expriment l'idéal domestique d'une époque où le souci de l'intimité commence à l'emporter sur celui de l'apparat dans les maisons nobles et transformera bientôt l'architecture bourgeoise. Ennemi du faste indiscret, Blondel préfère souvent un groupe de sculptures à un fronton, un accès latéral à une allée tracée dans l'axe de la façade principale, un talus semé de gazon à un mur de soutènement. Dans les jardins, vases, fontaines, termes, niches de treillage seront placés avec économie et discernement. Une partie de ces agréments se dissimule sous le couvert des charmilles et dans le secret des « retraites », pour exciter la curiosité et ménager des surprises. La distribution intérieure réservera l'exposition la plus agréable aux pièces de compagnie et rendra légère la présence des serviteurs, tout en facilitant leur travail. Les miroirs, distribués avec parcimonie dans les antichambres, seront nombreux dans les pièces de compagnie où ils réfléchiront la perspective des jardins et, le soir, l'éclat des girandoles. Le cadre chantourné des lambris épousera la courbe des lits et des canapés. Malgré ces concessions au goût du jour, Blondel insiste en « honnête homme », comme son contemporain Boffrand, sur le principe de « convenance » qui s'impose à l'architecture. L'apparence et les dispositions du logis répondront à la fortune, à la livrée et au rang de l'usager. Les bâtiments d'exploitation seront plus bas et moins décorés que le logis seigneurial. Le constructeur emploiera de préférence les matériaux procurés par le terroir. À l'époque où le rococo triomphe en Europe, Blondel propose, dans un ouvrage qui est destiné à la noblesse et aux financiers, une doctrine respectueuse des bienséances sociales et fondée sur la raison.

S'il est établi comme architecte rue de Verneuil à Paris, Blondel n'a encore que peu bâti : une orangerie aux environs de Florence, les terrasses d'un château « sur la route de Bretagne » et, dit-on, l'hôtel Petit de Marivat à Besançon.

Un professeur

Le *Traité d'architecture* connaît le succès, mais l'auteur ne sollicite pas pour autant la clientèle de ses riches lecteurs, il s'oriente vers un professorat qui préservera mieux son indépendance. Malgré les réticences de l'Académie royale d'architecture, jalouse de son propre enseignement, il ouvre en 1743, rue de la Harpe, une « École des arts ». Le cycle des études y est très complet. Blondel professe l'architecture et corrige le dessin « tous les jours, de huit heures du matin à huit heures du soir ». Des professeurs adjoints enseignent les mathématiques, la perspective, la coupe des pierres, la théorie des fortifications, le modelage, les proportions du corps humain, l'histoire et l'iconologie. Des leçons particulières offrent les compléments nécessaires à l'éducation d'un homme bien né. Fréquentée par des étudiants étrangers, l'institution de Blondel fut l'une des plus célèbres écoles d'art suscitées par le désir d'instruction qui régnait au XVIIIe siècle. Malheureusement, la prodigalité et la mauvaise gestion de l'artiste en compromirent la prospérité. Elle se releva péniblement d'une faillite, peut-être fictive, déclarée en 1754 et végéta pendant vingt ans. Entretemps, Blondel est entré à l'Académie royale où il assurera jusqu'à sa mort l'enseignement officiel de l'architecture. Il élargit les programmes et, par de nouveaux moyens, suscita l'émulation. Ses cours, auxquels assistèrent l'Écossais Chambers, le Lorrain Richard Mique, le Hollandais Pieter de Swart, l'Allemand Christian T. Weinlig, furent aussi suivis par des amateurs. Blondel visait à former non seulement le talent des artistes, mais aussi le goût des hommes de qualité qui devaient être leurs protecteurs. Marigny, bien qu'il estimât moins le caractère de Blondel que son savoir, soutint les initiatives du professeur, qui donna une impulsion brillante et durable à l'école académique. Au cours de son long professorat, il avait peu recherché les commandes architecturales. Cependant, après la campagne de Fontenoy, il enveloppa d'un décor triomphal et délibérément baroque la porte Saint-Martin (dessins de son élève P. de Swart au musée Carnavalet). Il dressa le décor d'une scène tragique au collège Louis le Grand, transforma l'hôtel de Choiseul, rue de Richelieu, et donna des dessins pour l'archevêché de Cambrai.

Quand Blondel fit imprimer sa leçon d'ouverture de 1747, la rocaille commençait à décliner. Blondel appartient à ces esprits qui se tournent avec nostalgie vers le règne de Louis XIV et l'idéal de beauté simple qui était alors celui de la France. Vers 1730, *L'Architecture française*, publication de Jean Mariette, avait réuni les chefs-d'œuvre de Perrault, des Mansart et de leurs plus fidèles disciples. Blondel en entreprend une seconde édition augmentée de planches nouvelles et d'un commentaire critique. En un temps où la compétition économique et intellectuelle est vive avec l'Angleterre, le titre *Architecture française* est significatif et paraît répondre au *Vitruvius britannicus* de Campbell. Les jugements portés par Blondel révèlent ses préférences. Parmi les architectes du passé, Philibert de l'Orme et Salomon de Brosse méritent de grands égards ; Louis Le Vau pèche par sa lourdeur ; François Mansart et son neveu Jules Hardouin, « ce grand homme », ont approché de la perfection. Chaque été, Blondel conduisait ses élèves au château de Maisons, édifice qu'il tenait pour exemplaire. François Mansart y avait préféré les ordres superposés à l'ordre colossal, tracé des profils d'une distinction sans égale, subordonné les ailes à un corps central prédominant par son volume et sa hauteur, fondu tous les éléments dans une incomparable harmonie. Cet idéal s'était accompli en Jules Hardouin-Mansart et ses disciples, auteurs des hôtels parisiens présentés dans les volumes de *L'Architecture française*. Blondel reste ici fidèle aux critères adoptés dans le *Traité* de 1737. Il aime que le prestige aristocratique s'exprime aussi dans l'habitation urbaine, mais avec cette aménité que recommandait déjà Leo-Battista Alberti, vers le milieu du XVe siècle. La cour de l'hôtel doit être interdite aux regards indiscrets des passants. Les ailes subalternes des communs s'effaceront devant le grand corps de logis, qui seul sera revêtu des ordres, habit de cour de l'architecture française. Passé le vestibule, des antichambres aux appartements de parade, le décor ira s'enrichissant. Quant le maître aura fait imprimer à la façade et aux grands salons les marques de son rang, les exigences du confort et de l'intimité reprendront leurs droits dans de petits entresols, refuge des laques de Chine, des tableaux flamands et des magots de porcelaine ; mais de telles concessions au goût du siècle seront souvent incompatibles avec les principes de la bonne architecture.

Affrontement des théories

Autour de Blondel, dans l'Europe des Lumières, une réflexion critique s'instaurait sur l'essence de l'architecture, la validité des structures traditionnelles, l'emploi raisonné des matériaux. L'esprit philosophique essayait d'abstraire les lois de la composition, dans l'espoir de fonder la beauté sur la raison. Dès le début du siècle, l'abbé de Cordemoy avait osé mettre en cause quelques principes admis de son temps. Ses critiques avaient trouvé leur écho chez l'ingénieur Amédée Frézier, le carme vénitien Lodoli, le jésuite Marc-Antoine Laugier. La valeur universelle accordée par l'âge humaniste aux ordres gréco-romains pouvait être contestée. Ce langage architectural ignorait la variété des climats et des matériaux, l'évolution des sociétés ; consacré par le génie des maîtres, il pouvait être conservé, mais exigeait une justification philosophique. Laugier l'emprunte à Vitruve, qui considère le temple comme la transposition de la hutte primitive et les colonnes comme l'équivalent des troncs employés à la bâtir. Les conceptions animistes de Laugier sauvaient ainsi l'ordre antique en désignant ses modèles dans la nature ; mais elles impliquaient une réforme de la syntaxe architecturale. Comme des troncs enracinés, les colonnes devaient surgir du sol, embrasser les étages et supporter réellement, tel un linteau, l'entablement général de l'édifice. Cette proposition révolutionnaire condamnait les soubassements, les colonnes engagées, les pilastres et la superposition des ordres. Sur ce point, Laugier heurtait fortement Blondel, qui enseignait à orner l'édifice à l'échelle de chaque étage et regardait l'ordre colossal, surtout dans un hôtel ou un château, comme une licence et un signe d'ostentation. Laugier n'admettait les frontons que s'ils répondaient aux deux versants d'un toit. La pensée du jésuite rejoignait ici celle du carme Lodoli, pour qui l'apparence d'un édifice devait exprimer sa structure et sa fonction. Leur contemporain Diderot a défini mieux que personne ce principe, celui du fonctionnalisme architectural : « Un morceau d'architecture est beau lorsqu'il y a de la solidité et qu'on le voit, qu'il a la convenance requise avec sa destination et qu'elle se remarque » (à Sophie Voland, 2 sept. 1762). Blondel, qui en appelait à « la logique de l'architecture », s'associait à cette pensée, mais se sentait impuissant à concilier les formes gréco-romaines et la commodité exigée de son temps. Ses conceptions étaient aussi dangereusement menacées par une crise de la composition architecturale qui s'était ouverte en Angleterre et se répandit en France après le milieu du siècle. L'idéal de François Mansart, celui de la hiérarchie graduellement ménagée entre la dominante centrale et les corps latéraux, allait faire place à l'opposition contrastée de volumes tels que le cube, le cylindre de la demi-sphère, à un dépouillement des formes architecturales où l'on a pu voir l'anticipation de notre époque. Blondel, comme l'amateur Algarotti, assistait, en témoin lucide mais déchiré, à la dissolution d'un système issu de la Renaissance et que le règne de Louis XIV avait conduit à sa perfection. Bien que formés à son école, des artistes comme Ledoux, Louis, Cherpitel et de Wailly étaient portés par les courants de leur siècle et partageaient les sentiments des novateurs. Dans un curieux roman publié après sa mort, *L'Homme du monde éclairé par les arts*, Blondel, débordé par ses élèves, nous a laissé le témoignage de son amertume. Un gentilhomme y commente à une dame de ses amies les productions architecturales de l'ancienne et de la nouvelle école. À propos de l'hôtel d'Uzès, l'un des premiers édifices de Ledoux (1767), ce porte-parole de Blondel laisse échapper son dépit : « J'ai appris de bonne heure... que le goût... n'admettoit que rarement les contrastes dans une même ordonnance. D'après cela, vous serez frappée de la dissonance qu'offre la décoration de la nouvelle façade, du côté de la cour de cet hôtel. Vous y verrez un ordre ridiculement colossal... »

Parus en 1771 et 1772, les quatre premiers volumes du *Cours d'architecture civile* sont présentés comme la rédaction des notes prises par un auditeur de Blondel, artifice qui dispensait le professeur de solliciter l'imprimatur de l'Académie. L'ouvrage, illustré de planches en volumes séparés, fut continué après lui par l'architecte et théoricien Pierre Patte. Blondel s'étend sur la morphologie des ordres, les types d'édifices, la décoration. Il adhère à la doctrine animiste sur les origines de l'architecture, mais sans en tirer les mêmes conséquences que Laugier. Il n'accorde aucune valeur aux proportions harmoniques, dont son illustre homonyme, Nicolas-François Blondel, avait soutenu la nécessité contre l'empirisme de Claude Perrault. L'ouvrage abonde en jugements sur les exemples du passé et les réalisations des contemporains. Dans quelques digressions point le ton sentimental de la génération de Rousseau : ainsi lorsque Blondel décrit les aménagements conçus par lui au château de La Grange pour une dame de santé fragile, dont l'époux n'avait rien épargné pour lui plaire. Comme Germain Boffrand, Blondel insiste sur le caractère dont l'architecte doit marquer l'extérieur d'un édifice pour en annoncer la destination. Une architecture « aimable » convient à la folie d'un fermier général. Le pavillon de l'Aurore à Sceaux et la maison de Sylvie à Chantilly sont les exemples d'une architecture « champêtre ». L'architecture « terrible » des prisons doit inspirer le respect des lois et la crainte des châtiments. Les architectes de la fin du siècle exalteront cette fonction morale de leur art ; ils jetteront les bases d'une architecture édifiante, capable d'informer les mœurs et d'élever les âmes à de grands sentiments. Ledoux, Boullée, Cellerier auraient ainsi pu offrir à la vie collective et aux manifestations civiques le cadre d'un urbanisme grandiose qui eût impressionné les foules par son symbolisme. Mais la Révolution a le plus souvent manqué ses chances d'en tirer parti.

Transformation de Metz

La réputation acquise par Jacques-François Blondel lui permettait désormais de citer ses propres constructions à l'appui de ses principes. Sur la recommandation de Choiseul, le maréchal d'Estrées lui avait confié la transformation de la ville de Metz, menée à bien de 1764 à 1771, grâce au concours d'un ingénieur messin, Gardeur-Lebrun. Blondel sut tirer parti du faible espace enserré dans les murs de cette place forte. Il mit en valeur la cathédrale, en refit le portail, ouvrit dans son axe la rue d'Estrées. À son flanc nord fut aménagée la place Saint-Étienne. Du côté sud, l'hôtel de ville, le corps de garde et les arcades du parlement bordèrent la place d'Armes. Blondel ne put faire bâtir ni l'évêché ni le chapitre Saint-Louis, où Mme de Choiseul-Stainville aurait réuni sous son autorité deux communautés lorraines tombées en décadence. La mâle sévérité imprimée par Blondel aux édifices de la place d'Armes convenait à une ville de guerre « où tout monument doit se ressentir dans son ordonnance d'un certain genre de fermeté qu'impose l'art militaire ». Il ménagea des liaisons et concilia ce caractère général avec le caractère particulier convenant à chaque édifice, sacré, administratif ou privé. Un fronton courbe accorda le nouveau portail de la cathédrale à son voisinage gothique. Les colonnes s'ornèrent de joncs comme celles de Mansart à Maisons. Le style dorique enrichi de chapiteaux évoqua celui dont Lescot et Goujon avaient donné le modèle au Louvre dans la salle des Cariatides. Les aménagements de Blondel à Metz furent en partie détruits ou défigurés entre 1871 et 1918. Seuls ont été respectés l'hôtel de ville et le corps de garde. Blondel décora aussi le chœur de la cathédrale de Châlons. Appelé à Strasbourg, Blondel y donna des plans généraux pour l'embellissement de la ville et dessina la grille du chœur de la cathédrale.

MICHEL GALLET

Bibliographie

- **Œuvres de Jacques-François Blondel**

De la distribution des maisons de plaisance et de la décoration des édifices en général, 2 vol., Paris, 1737-1738 ; *Discours sur la manière d'étudier l'architecture et les arts qui sont relatifs à celui de bâtir*, Paris, 1747 ; Articles divers sur l'architecture, in *L'Encyclopédie*, 1751-1765 ; *Architecture française, ou Recueil de plans, d'élévations, coupes et profils...*, 4 vol., Paris, 1752-1756 ; *Cours d'architecture civile*, 4 vol., Paris, 1771-1773.

- **Études**

ABBÉ DE FONTENAY, notice sur Blondel dans le *Dictionnaire des artistes*, 1776 / A. N. DÉZALLIER D'ARGENVILLE, *Vie des fameux architectes*, Paris, 1787 / D. DIDEROT, préface de *L'Encyclopédie*, 1751 / F. FRANQUE, « Éloge de J.-F. Blondel », in *Journal des Beaux-Arts et des Sciences*, 1774 / W. HERRMANN, *Laugier and Eighteenth Century French Theory*, Londres, 1962 / J. LEJEAUX, *La Place d'armes de Metz*, Strasbourg, 1927 ; « Jean-François Blondel, 1683-1756 », in *L'Architecture*, 1927 ; « Jacques-François Blondel, professeur d'architecture », *ibid.*, 1927 / R. MIDDLETON, « Jacques-François Blondel and the Cours d'architecture », in *Journ. Soc. of Architectural Historians of Great Britain*, t. XVIII, 1959 / *Nécrologe des hommes célèbres*, par une société de gens de lettres, Paris, 1775 / F. G. PARISET, « La Grille du chœur de la cathédrale de Strasbourg », in *Arch. alsaciennes*, 1927 / P. PATTE, Biographie de Blondel, in *Cours d'architecture civile*, t. V, Paris, 1771-1777 / W. SZAMBIEN, *Symétrie, goût, caractère. Théorie et terminologie de l'architecture à l'âge classique, 1550-1800*, Picard, Paris, 1986.

BODSON FERNAND (1877-1966)

Le rôle de pionniers des architectes belges dans la genèse de l'Art nouveau européen ainsi que dans la réaction qui suivit, à la veille de 1914 — nouvelles tendances à la géométrisation, retour à la ligne droite avec l'Art déco — est bien connu. Mais la puissante stature d'Antoine Pompe (1873-1980) a quelque peu éclipsé celle de son ami Fernand Bodson, le fondateur des premières revues belges consacrées au mouvement moderne, *Tekhné* et *Art et technique*. Les deux hommes s'étaient rencontrés chez l'architecte-ébéniste Georges Hobé. Associés dès 1910, ils présentent à l'exposition nationale du mobilier, en 1914, un mobilier d'ouvrier : son bois clair et ses formes nues contrastent avec les courbes de l'Art nouveau encore à la mode.

Ces pionniers du modernisme participent naturellement au mouvement des cités-jardins, très vivant en Belgique au lendemain de la Première Guerre mondiale : ils réalisent ensemble une partie de la cité Batavia, à Roulers, qui se réclame des constructions traditionnelles de la Flandre. Grand admirateur de F. L. Wright, Bodson défend en effet l'idée que l'architecte doit se soumettre aux conditions locales. En 1921, Pompe et Bodson se séparent. Le premier va enseigner à l'école de la Cambre, où Van de Velde l'a appelé, tandis que Bodson, passionné par les problèmes de préfabrication, fonde sa société de construction et bâtit des logements sociaux.

Pour la cité Homborch, à Uccle (1928-1930), il s'inspire des modèles russes et suédois : le plan des pavillons permet au foyer unique de la cuisine de chauffer toute la maison. Lors de l'exposition internationale de Liège, en 1930, dans le cadre de la cité du Tribouillet, Bodson édifie six maisons en brique et manifeste ainsi sa fidélité aux matériaux traditionnels. Considéré comme l'un des maîtres de l'architecture sociale, il est sollicité, en 1938, de donner les plans d'une cité-jardin pour les employés de la banque d'État de Lituanie. On l'oubliera ensuite — il ira mourir aux États-Unis en 1966 —, mais les jeunes historiens belges de l'architecture moderne l'ont remis à sa vraie place de précurseur en compagnie de V. Bourgeois, De Koninck et A. Pompe.

ROGER-HENRI GUERRAND

BOFFRAND GABRIEL GERMAIN (1667-1754)

Architecte et décorateur français, Germain Boffrand est, avec Robert de Cotte, le plus fécond créateur des styles Régence de Louis XV. Élève d'Hardouin-Mansart, dont il a saisi la portée de l'évolution finale vers un classicisme moins austère, plus ouvert, plus exubérant même (la chapelle de Versailles, 1708), ce neveu du poète Quinault, se piquant lui-même de littérature (à l'occasion, auteur de pièces de théâtre) débute sa carrière parisienne d'architecte par un coup de maître : dès 1695, il élève l'hôtel Amelot de Gournay (1, rue Saint-Dominique à Paris) dont la très élégante cour elliptique rompt avec la tradition de la cour en équerre, ouvrant ainsi la voie aux lignes souples dans le domaine qui lui est apparemment le plus rebelle : l'architecture. Désormais consacré architecte d'hôtels particuliers, les succès de Boffrand ne se comptent plus, notamment dans le nouveau quartier (faubourg Saint-Germain) ouvert aux bâtisseurs dans l'ouest parisien : hôtels du Petit-Villars, rue de Grenelle ; de Torcy et de Seignelay (1714), rue de Lille, dont les jardins se déployaient jusqu'à la Seine. Sa consécration s'affirme quand on lui confie la construction de l'hôpital des Enfants trouvés, flanquant le parvis de Notre-Dame (détruit au cours des travaux d'Haussmann), où l'utilisation des grands toits en bâtière « à la française », soulignant les frontons des fenêtres légèrement cintrées modifiait sensiblement les grands principes classiques dans une interprétation souple et vivante témoignant d'un goût nouveau. À Paris encore, son apport dans le domaine de la décoration est non moins essentiel. Il suffit de citer les fameux salons ovales du palais Soubise, dans le Marais, qui ont donné au style rocaille son expression la plus parfaite. Exécutés entre 1735 et 1740 sous la direction de Boffrand, les revêtements de stucs dorés, rassemblés dans des cartouches, au-dessus des vastes glaces qui alternent avec les fenêtres, ou étirés en guirlandes dans le le « ciel » étoilé du plafond n'écrasent pas le décor. Ici tout est courbe et contre-courbe. La ligne droite semble bannie. Les écoinçons portent des toiles marouflées (de Van Loo, de Boucher, de Natoire surtout, qui raconte l'histoire de Psyché) sous le plafond, ajoutant leurs couleurs vives et leurs sujets légers au raffinement suprême de l'ensemble.

À la mort d'Hardouin-Mansart (1708), Boffrand est appelé à lui succéder par le duc de Lorraine qui le nomme premier architecte. À Nancy même, il élève quelques hôtels (du Hautoy, de Custines, de Vitrimont, de Curel) et surtout l'hôtel de Craon, sur lequel s'appuiera plus tard Héré pour ordonner la place de la Carrière. En Lorraine, il édifie le château de Lunéville qui s'inspire très librement de Versailles, de Trianon surtout, trois arcades ouvertes au rez-de-chaussée mettant en communication « triomphale » la vaste cour d'honneur donnant sur la ville et sur les jardins. Un projet très remarquable fut soumis au duc pour sa résidence du château de la Malgrange, plan en X écrasé avec en son centre un vaste salon circulaire ouvert sur une colonnade, trop insolite pour être retenu, mais qui sera repris plus tard par des disciples étrangers : les architectes Fischer von Erlach et Juvara ; ainsi est prouvée la compréhension, sinon la filiation, entre les styles classique et rocaille français et le rococo européen. Boffrand se fera d'ailleurs lui-même le messager du style français hors de France : pour l'électeur de Bavière, il élève, près de Bruxelles, le pavillon de Rochefort, et, pour celui de Mayence, il dessine le plan de son château « la Favorite ». Deux ouvrages théoriques (*Livre d'architecture*, 1745, notamment) ont popularisé le nom de Boffrand comme celui d'un maître de l'architecture européenne à la croisée de deux règnes, et de deux styles.

GUY BELOUET

BOFILL RICARDO (1939-   )

L'architecte catalan Ricardo Bofill, né en 1939 à Barcelone, construit dès le début des années 1960 des édifices remarqués. Il travaille d'abord dans la veine organique, foisonnante, attentive aux effets de matières qui est celle de l'école de Barcelone. En 1963, il crée le *Taller de arquitectura*, atelier pluridisciplinaire qui connaît une grande notoriété grâce à son inventivité formelle et à un sens du spectaculaire souvent emphatique. Une inspiration abstraite et moderniste, de type cubiste, s'y mêle à divers traits pittoresques et régionalistes, et surtout à un parti architectural très affirmé, comme dans les ensembles touristiques de la Muraille rouge (1966-1968) et de Xanadú (1968-1971), près d'Alicante. Plusieurs opérations de logements lui permettent de développer une architecture urbaine originale, à partir de savantes combinatoires de cellules répétitives : le quartier Gaudi de Reus, près de Tarragone (1964-1972), l'expérience avortée de Cité dans l'espace, à Madrid, et surtout le complexe de Walden 7 à Sant Just Desvern (1970-1975), « casbah monumentalisée qui, au lieu de se développer au sol, se déploie dans l'espace », vaste agrégat de 368 logements, énorme masse trapue et close de seize niveaux, trouée de patios saisissants aux effets vertigineux, que Bofill entend situer aux franges de l'utopie.

Associé à l'équipe de Paul Chemetov et de l'A.U.A. (Atelier d'urbanisme et d'architecture) pour le concours de la ville nouvelle d'Évry (1971), Bofill s'implante rapidement en France, notamment avec une proposition pour Cergy-Pontoise (la Petite Cathédrale). Entré en 1974 dans l'entourage du président Valéry Giscard d'Estaing grâce au ministre de la Culture, Michel Guy, il propose, pour le jardin des Halles, à Paris, une composition en ellipse dédiée à Bernin, annonciatrice de la démarche historiciste et baroque qui devient la sienne. Divers projets se succèdent pour le même site, marqués par d'incessantes polémiques tant chauvines que stylistiques (on dénonce le concepteur « pompier ») et d'embûches politico-administratives. Ils aboutissent à une lourde proposition sur arcades, d'esprit néo-haussmannien, dont la construction commence en 1977 et qu'en décembre 1978 le nouveau maire de la capitale, Jacques Chirac, fait abandonner et détruire.

Bofill devient alors le chantre d'un urbanisme traditionaliste et monumental, clairement articulé autour des espaces publics, très caractéristique de la période postmoderne. Il décline ce registre à une échelle considérable, pour des centaines de logements, avec un sens aigu des relations politiques, du jeu médiatique et du marketing, du parti architectural qui fait slogan et de la rationalité constructive. Bofill propose de grands dispositifs urbains, particulièrement dans les villes nouvelles, les quartiers neufs et les périphéries : les Arcades du lac, dites « Versailles pour le peuple », le viaduc et les Temples du lac à Saint-Quentin-en-Yvelines (1974-1982), les Échelles du baroque à Paris, dans le quartier de Montparnasse (1979-1985), le Crescent des colonnes de Saint-Christophe à Cergy-Pontoise (1981-1985), la Bastide à Bordeaux (1988, abandonnée en 1994) et surtout, depuis 1979, les vastes opérations d'Antigone et Port-Marianne à Montpellier.

Bofill conçoit des plans et des projets pour de très nombreux pays (Espagne, États-Unis, Russie, Italie, Suède, Pays-Bas, Chine, Japon, Luxembourg, etc.) et met en œuvre une esthétique néo-classique aux codes éprouvés, aux modénatures minimales et efficaces, adaptées à la construction en béton précontraint, qu'il utilise dans les situations les plus diverses : ensembles de logements collectifs, sièges sociaux, gratte-ciel comme celui de Chicago, qui se réclame du campanile de Giotto à Florence (55 étages, 1988-1990) ou celui de Houston (60 étages, 1990-1992).

Depuis les années 1990, Ricardo Bofill a infléchi sa manière et pratique un curieux mélange de monumentalisme et de modernisme *high tech*, associant ordonnances classiques et larges pans de verre, notamment pour l'aéroport de Barcelone (1988-1991), la piscine olympique de Montpellier (1992-1996), le siège de Paribas au marché Saint-Honoré, à Paris (1987-1997), et le théâtre national de Catalogne, à Barcelone (1986-1997), boîte transparente qui affecte la forme d'un temple antique à frontons et colonnades.

Bofill s'est exprimé à plusieurs reprises sur l'architecture, publiant notamment : *L'Architecture d'un homme*, Arthaud, Paris, 1978 ; *Espaces d'une vie* (avec J. L. André), Odile Jacob, Paris, 1989 ; *L'Architecture des villes* (avec N. Véron), Odile Jacob, Paris, 1995.

FRANÇOIS CHASLIN

BOHIGAS ORIOL (1927-   )

Né en 1927 à Barcelone, l'architecte Oriol Bohigas s'associe en 1951 avec son compatriote Josep Martorell (le fondateur du groupe R), puis avec l'Anglais David Mackay en 1963 pour former l'agence MBM (Martorell, Bohigas, Mackay) dont la production va, à l'instar du parcours d'un autre architecte catalan, Ricardo Bofill, marquer le passage du franquisme à la démocratie. Pilier de l'architecture catalane, Bohigas (auteur du livre *La*

Arquitectura Modernista, 1968) est un des chantres du « régionalisme critique », c'est-à-dire de l'apport de la culture universelle à la culture locale. En témoignent des œuvres fortes comme l'école Timbaler del Buc à Barcelone (1957-1958), l'usine Piher-Badalona à Barcelone (1959-1966), la maison au plan hélicoïdal Heredero à Tredos dans le val d'Aran (1967-1968), ou la maison Canovelles, édifice en gradins à Valles Oriental, dans la banlieue de Barcelone (1977-1981). Bohigas maîtrise cette culture catalane, fondée sur l'utilisation de la brique, dans des ensembles de logements barcelonais comme l'îlot Pallars, ensemble d'habitations pour les ouvriers (1958-1959), la résidence Meridiana (1959-1965), ou la résidence Casa de la Torre (1971-1975) dont la tour, point d'articulation de cette opération de 27 logements, fait office de signal dans la banlieue.

De 1977 à 1980, Bohigas est le directeur de l'école d'architecture de Barcelone, puis, jusqu'en 1984, le directeur des services de l'urbanisme de la capitale de la Catalogne, puis le conseiller municipal de la culture. Conseiller du maire de la ville, Oriol Bohigas a largement contribué à la mutation de Barcelone, cette métropole portuaire qui, avant les jeux Olympiques de 1992, tournait le dos à la mer. Spécialiste des grandes opérations urbaines, il a été invité à plusieurs reprises en France pour réfléchir à l'aménagement de grands sites comme celui de l'axe historique, au-delà de la Grande Arche, considéré comme le prolongement naturel de la Défense. Une proposition sans suite, les organisateurs de la consultation ayant décidé d'associer les concurrents ; finalement la conduite du projet a été confiée, en 1995, à l'architecte Roland Castro. Plus cohérente fut la consultation pour le quartier de Sextius-Mirabeau à Aix-en-Provence, dont Bohigas fut lauréat au début des années 1990, ou bien l'important projet pour Lyon, la deuxième ville de France. En 1998, l'architecte barcelonais est en effet retenu (en association avec le Parisien Thierry Melot) pour transformer d'immenses friches industrielles (150 hectares) implantées sur la presqu'île entre le Rhône et la Saône en un nouveau site urbain : Lyon-Confluence.

FRANCIS RAMBERT

Bibliographie
La Realidad del Espacio, la arquitectura de Martorell, Bohigas, Mackay, Domenech, Gustavo Gili, 1993 / *Bohigas, Martorell, Mackay*, Area, 1998.

BOILEAU LOUIS-AUGUSTE (1812-1896)

Architecte autodidacte, Boileau est l'auteur d'une théorie originale sur l'utilisation des structures métalliques, théorie qu'il publie dès 1853 dans *La Nouvelle Forme architecturale*. Ignoré ou méprisé par la critique architecturale, il réalise néanmoins plusieurs églises à charpente métallique, Saint-Eugène à Paris (1863), l'église du Vésinet (1868), Notre-Dame-de-France à Londres (1869) et surtout le grand magasin du Bon Marché à Paris, avec son fils Louis-Charles, lui aussi architecte.

ANNIE JACQUES

Bibliographie
J. JACOBUS, « Louis-Auguste Boileau » in *Macmillan Encyclopedia of Architects*, New York, 1982.

BOITO CAMILLO (1836-1914)

Le climat de renouvellement politique et culturel qui caractérise le XIXe siècle européen engage académies et milieux professionnels dans un débat qui, dans les différents pays, se soumet à un idéal commun : la création d'une nouvelle architecture, « moderne, indépendante et nationale ». Camillo Boito est, dans l'Italie de la seconde moitié du siècle, le théoricien le plus notable qui vise à relier tâche civile et action culturelle.

Architecte médiévaliste, publiciste et historien formé à l'Académie des beauxarts de Venise, Boito commence une carrière précoce en succédant à Selvatico, en 1855, à la chaire d'esthétique et d'histoire de l'architecture. L'anticlassicisme de Selvatico réprouvait aussi bien la « pédanterie timide des vulgarisateurs de Vitruve » que les « graticules de l'École polytechnique de Paris » (Durand). Cette position est reprise par Boito dans son discours inaugural contre l'abus des rapports arithmétiques et les modules de Vignole.

L'expérience pédagogique vénitienne de Boito ne dure que quelques mois ; à la fin de 1856, il s'établit en Toscane, et ses premiers articles sur le gothique florentin et sur les Cosmates paraissent dans *Lo Spettatore* et dans le *Giornale dell'ingegnere, architetto ed agronomo*. En 1860, il remplace Friedrich Schmidt à la chaire d'architecture de l'académie de Brera ; il y restera quarante-huit ans. Toute une génération d'architectes se forment sous son enseignement, dont L. Beltrami, L. Broggi, G. Sommaruga... Mais aucun de ces artistes n'a su s'affranchir des équivoques stylistiques qui marquent l'architecture romantique européenne. L'enseignement de Boito s'inspire scrupuleusement d'un regard d'historien : « Toute chose vulgaire qu'il n'est pas permis de cacher sans dommage, rentre dans l'art. » C'était bien là un premier pas pour se libérer d'un certain passé.

Les indices d'une réévaluation historiographique du Moyen Âge apparaissent, tout d'abord en Italie, dans les écrits d'Amati et de Cicognara. Mais Boito est le premier à proposer ces valeurs à titre de fondement d'un « style national ». En 1872, paraît dans *La Nuova Antologia* un texte important : « L'Architettura della nuova Italia » ; successivement repris et amplifié, il sert d'introduction à *L'Architettura del Medio Evo in Italia*, sous-titré : « Sullo stile futuro dell'architettura italiana » (1880)... « Maintenant nous avons les bâtiments et les architectes, mais non pas l'architecture... de la tyrannie arithmétiquement classique ne pouvait pas ne pas naître le chaos présent. Qui sait ? De cette anarchie surgira le vrai art qui est liberté de fantaisie associé aux règles de la raison. » Raison plus fantaisie, ou bien « architecture-organique » plus « architecture-symbolique », constituent, dans son hypothèse, le binôme fondamental sur lequel bâtir la nouvelle architecture. Cependant, le binôme science-poésie ne pourra suffire, car « l'homme tout seul est impuissant » et la création demande « l'apport de la société civile tout entière ». Changer le style de l'architecture est donc une sorte de « révolution sociale » qui, pour ne pas être coupée du peuple, doit avoir un caractère national. Le projet de l'architecte est ici comparé à une opération de choix et d'assemblage linguistique. Il poursuit le rêve d'une architecture comme celui d'une langue nationale, « une langue abondante de paroles et de phrases, libre dans la syntaxe, imaginative et exacte, poétique et scientifique, laquelle se prête parfaitement à exprimer les concepts les plus ardus et les plus divers. L'essence d'une telle langue, nous pourrons la trouver dans l'architecture de Lombardie... [qui] deviendra, une fois développée, affinée et modernisée avec le temps, l'architecture de la Nouvelle Italie. » Ce texte est important dans la pensée critique de Boito, car il marque en même temps les limites et les caractères de son action de renouvellement.

Questioni pratiche di Belle Arti (1893) est un recueil de textes sur les problèmes de la restauration, les concours d'architecture et les expositions. Son admiration pour Viollet-le-Duc ne l'empêche pas de lui contester le principe de « remise en état » énoncé dans le *Dictionnaire*, et de lui préférer celui de Didron repris comme base théorique de la restauration scientifique moderne. Sur un ton à demi sérieux, il invoque un « Traité sur le mensonge architectural » pour conjurer les dégâts que l'école romantique risquait de faire courir aux monuments.

Boito met aussi « tous ses rêves, ses tristesses et ses chagrins d'amour, ainsi que sa contemplation de lieux et de paysages sous son regard de peintre » (Croce) dans des productions plus littéraires : *Storielle vane*, *Nuove Storielle vane*.

Parmi ses œuvres d'architecture, peu nombreuses, il faut signaler l'hôpital civique de Gallarate (1871), les écoles de Reggia Carrarese à Padoue (1880) et les écoles de la rue Galvani à Milan (1888) ; elles sont notables pour l'attention particulière et novatrice portée au traitement des surfaces externes. En valorisant les éléments de la structure par des motifs expressifs, Boito inaugure une « manière » que le milieu milanais accueille favorablement ; il indique la voie à un certain « fonctionnalisme constructif » de la fin du XIXe siècle. En 1860, il participe au concours pour les bâtiments de la place du Dôme à Milan ; mais à son projet néo-gothique, on préféra la solution classiciste de Mengoni. Boito gagne par la suite le concours pour *il palazzo delle Debite*, à Padoue (1874), qu'il insère à côté du palais de la Raison. Ces compromis, contraires à la modernité de sa théorie, l'ancrent consciemment dans les contradictions de son temps.

Boito est l'auteur de deux recueils de nouvelles (1876, 1880), dont l'une a inspiré Lucchino Visconti pour le film *Senso*.

MARILÙ CANTELLI

BONAVIA SANTIAGO (mort en 1759)

Artiste espagnol. Son activité témoigne des progrès de l'italianisme qui suivirent, à la cour d'Espagne, le remariage de Philippe V avec Élisabeth Farnèse. Imbu des principes des meilleurs théoriciens, maître lui-même dans l'art des architectures feintes, Bonavia fut essentiellement un décorateur dont on peut suivre l'intervention dans les trois principales résidences de la Cour à la fin du règne de Philippe V : le Buen Retiro, Aranjuez, La Granja. Mais on lui doit aussi des travaux d'architecture. Un incendie survenu à Aranjuez en 1748 lui permit d'imprimer fortement sa marque au château. C'est ainsi qu'il amplifia l'escalier dans le goût théâtral qui convenait à son sens de la mise eh scène. Enfin, il devait reconstruire la ville d'Aranjuez elle-même, avec l'aide d'Alejandro González et du Français Jacques Marquet. Un des principaux éléments d'architecture de la nouvelle cité fut la curieuse église San Antonio, qui se compose de deux chapelles, l'une rectangulaire, l'autre circulaire, disposées de part et d'autre d'une petite chambre elliptique. À Madrid même, Bonavia éleva, entre 1739 et 1743, l'église San Justo y San Pastor — aujourd'hui San Miguel. Ses formes elliptiques dérivent de modèles proposés par l'architecte italien Guarino Guarini.

MARCEL DURLIAT

BONY JEAN (1909-1995)

Historien français de l'art et de l'architecture du Moyen Âge. Pour le public cultivé, Jean Bony restera l'auteur de la synthèse magistrale sur l'*Architecture gothique en France aux XIIe et XIIIe siècles*, qu'il écrivit en anglais et que publia l'université de Berkeley en 1983.

Jean Bony est né à Paris. Après avoir suivi les cours de Henri Focillon, il continue une carrière à l'étranger, d'abord en Grande-Bretagne, où il enseigne à l'université de Cambridge, puis aux États-Unis, à Berkeley, où il occupe de 1962 à 1990 la chaire d'histoire de l'art et d'architecture du Moyen Âge. Par formation et par goût, il commence à étudier les techniques de construction dans les églises d'Angleterre et de Normandie de la fin du roman et du début du gothique. À la fin des années 1930, il donne ainsi au *Bulletin monumental* une série d'articles sur les élévations à quatre étages, le mur épais, l'origine des voûtes d'hémicycle. Dans cette approche des structures de l'architecture médiévale, il traduit l'enseignement de Henri Focillon sur la « vie des formes ». En 1943, il fait paraître un bref essai sur la spiritualité que le regard peut découvrir en contemplant les cathédrales Notre-Dame de Paris et Saint-Étienne de Bourges. À travers l'œuvre écrite de Focillon, il prend connaissance, comme les autres historiens d'art de sa génération, des concepts qu'ont élaborés en Allemagne un Jacob Burckhardt au cours de la seconde moitié du XIXe siècle et un Heinrich Wölfflin dans les vingt premières années du XXe (sur ces courants très importants aussi pour la France jusqu'aux années 1950, voir H. Dilly, *Deutsche Kunsthistoriker. 1933-1945*, Munich, 1988, et *Altmeister moderner Kunstgeschichte*, Berlin, 1990).

Comme Burckhardt, Jean Bony réserve à l'œil de l'observateur la première place dans l'approche formelle : c'est en regardant le bâtiment qu'il doit pouvoir mettre au jour le langage spécifique de l'architecture qui se développe en chacune de ses parties. Comme Wölfflin, il met en valeur l'idée que des formes de vision et des formes d'exposition peuvent être particulières à une époque et se retrouver dans le champ d'activité des artistes. Dans ses *Principes fondamentaux de l'histoire de l'art* (parus à Munich en 1915, traduits en français en 1966), Wölfflin montrait qu'il s'agissait en effet d'une gamme de possibilités créatives qui existaient indépendamment de tout contenu et qui formaient une configuration précise dans l'espace et dans le temps. Jean Bony fait sienne cette affirmation, et y revient dans son ouvrage sur l'architecture gothique en France, paru en 1983, quand il souligne le rôle majeur qu'il faut reconnaître à des moments de création distincts les uns des autres, à des séquences chronologiques autonomes : suivant ce constat, l'historien ne parlera pas d'un style gothique mais de plusieurs styles gothiques qui s'épanouissent de manière concomitante.

Après 1950, Jean Bony enrichit son raisonnement d'un autre concept, qu'il emprunte à l'œuvre de Ernst H. Gombrich, qui exercera sur lui une forte influence : c'est le concept de logique des situations, que Bony transpose en utilisant le terme de « milieu » et l'expression de « centre artistique ». Il complète ainsi sa première approche formelle par la prise en compte, cette fois, des techniques de construction en rapport avec le renouvellement des modes et du goût au sein d'un milieu restreint. Il s'intéresse à ces différents milieux comme à autant de cas de polarisation dans l'espace à un moment donné. Il explicite par là la notion nouvelle de centre artistique, notion qui, après lui, sera reprise et approfondie. Recourant aux cartes pour mieux exposer ses démonstrations, il clarifie les influences françaises sur les débuts du gothique anglais, et surtout, afin de corriger ce qu'aurait d'arbitraire l'emploi du mot influence, il examine précisément la formation des pôles artistiques et les phénomènes d'interaction qui se produisent entre eux. Son étude, célèbre entre toutes, demeure celle qui est consacrée aux résistances au « milieu chartrain » qui apparaissent, vers 1220, sur les chantiers ouverts en Bourgogne, dans le bassin du lac Léman et le long de la vallée du Rhône (l'article date de 1957-1958). À partir du modèle d'analyse ainsi construit, Jean Bony élargit ses interrogations à l'émergence de ce qu'on nomme le gothique : attentif aux pôles de création qu'il repère dans l'espace et qu'il inscrit sur une carte, il s'efforce de comprendre les relations très fines qui s'établissent entre les formes et de présenter les foyers de création dans toute leur singularité. Il écrit en 1980 un texte qui aura un retentissement considérable, *Genèse du gothique : accident ou nécessité ?*, dont il reprend les conclusions dans le livre sur l'*Architecture gothique en France*. Laissant au hasard le rôle principal, il fait du milieu parisien des années 1130 l'avant-garde du style gothique en Europe, tout en marquant son dépassement dès 1270-1280 par d'autres milieux créateurs, au sein de configurations changeantes.

Jean Bony a su ouvrir l'histoire de l'architecture à l'histoire de l'art : en humaniste, en savant reconnu dans le monde entier, il y a brillamment réussi.

DANIEL RUSSO

Bibliographie

J. BONY, « Tewkesbury et Pershore, deux élévations à quatre étages de la fin du XIe siècle », in *Bulletin monumental*, n° 96, 1937 ; « Essai sur la spiritualité de deux cathédrales : Notre-Dame de Paris et Saint-Étienne de Bourges », in *Cherche-Dieu*, n° 13, 1943 ; *Notre-Dame de Mantes*, éd. des Monuments historiques, Paris, 1947 ; « French Influences on the origins of English gothic architecture », in *The Journal of the Warburg and Courtauld Institutes*, n° 12, 1949 ; « The Resistance to Chartres in early 13th century architecture », in *The Journal of the British Archaeological Association*, 3e série, n° 20-21, 1957-1958 ; « The Genesis of gothic : accident or necessity ? », in *The Australian Journal of Art*, n° 2, 1980 (trad. franç. in *Revue de l'art*, n° 88, 1983) ; *French Gothic Architecture of 12th and 13th Centuries*, Berkeley, Los Angeles, 1983.

BORROMINI FRANCESCO CASTELLO dit (1599-1667)

« Lombard », actif sous les trois papes de la « Rome baroque », Urbain VIII Barberini (1624-1644), Innocent X Pamphili (1644-1655) et Alexandre VII Chigi (1655-1667), Borromoni est l'exact contemporain de Bernin. Dénoncée par son grand rival dans les mêmes termes que par Fréart de Chambray, théoricien français du purisme classique, l'extravagance licencieuse de son architecture est la seule à mériter alors littéralement le qualificatif de « baroque », c'est-à-dire d'irrégulière.

Comme Michel-Ange, dont il se veut l'héritier, Borromini plaide pour l'invention (« je ne suis pas né pour être copiste »), mais son invention n'a rien de « sauvage » : elle se fonde sur une culture antique plus large que celle des classiques, qui veulent la réduire à quelques « bons exemples », sur une géométrie savante, plurifocale, où obliques et ellipses se substituent à la perspective linéaire trop simple. Par son goût pour le décor parlant, où symbolismes héraldique et biblique se conjuguent, Borromini participe pleinement à la culture de son temps.

Au XVIIe siècle, seul Guarino Guarini comprend et poursuit ces recherches d'une géométrie architecturale oblique, tandis qu'au XVIIIe l'esthétique rococo sera surtout sensible à la fantaisie du vocabulaire architectural.

Un Lombard à Rome

François Borromini, qui signe « Francesco Borromino », est né le 27 septembre 1599 dans le village de Bissone (Suisse), au bord du lac de Lugano, dans l'ancien diocèse de Côme, pays « tout de maçons ». Il reçoit une première formation à Milan, où son père Giovan Domenico Castello, dit « Brumino », était au service des Visconti (selon une relation manuscrite rédigée en 1685 par Bernardo Borromini à l'intention de Baldinucci), comme maçon ou tailleur de pierre sans doute, plutôt que comme architecte. À quinze ans, Borromini gagne Rome : on ignore s'il s'agit d'une fugue, comme le raconte la même source, ou de l'étape naturelle d'un apprentissage. Il rejoint, comme le fit son frère cadet, l'importante colonie de Lombards qui, à partir du dernier tiers du XVIe siècle, des plus modestes tailleurs de pierre aux architectes pontificaux (Domenico et Giovanni Fontana, puis leur neveu Carlo Maderno), supplantent peu à peu les Florentins sur les chantiers de la ville sainte.

Introduit par un cousin comme sculpteur d'ornements (*scarpellino*) sur le chantier de la basilique Saint-Pierre – le nom de Francesco Bromino apparaît dans les comptes en 1619 –, Borromini entre bientôt comme dessinateur dans l'atelier de Maderno, son « oncle » par alliance (sans doute un cousin plus lointain) – en 1621 il est payé pour avoir mis au net son projet pour la coupole de Saint-André-de-la-Vallée. Pendant une douzaine d'années, tout en approfondissant sa culture architecturale au contact des ruines antiques et des œuvres de Michel-Ange (notamment de Saint-Pierre), il poursuit une triple activité de *scarpellino*, de petit entrepreneur, fournisseur de marbre et de travertin, et de dessinateur auprès de Maderno vieillissant, dont il devient le principal assistant, faisant, d'après le témoignage de Baldinucci, tous les dessins du palais Barberini.

Après la mort de Maderno, en 1629, Borromini continue d'exercer les mêmes fonctions de dessinateur auprès de Bernin, son successeur, comme il avait d'ailleurs commencé à le faire, dès 1624, en mettant au point tous les dessins de détail des colonnes du baldaquin de Saint-Pierre (dessins pour le palais Barberini, quittance finale de février 1631, et pour le couronnement du baldaquin, 1631-1633).

La fièvre de bâtir

En 1634, désireux de sortir de son rôle d'obscur collaborateur, Borromini offre gratuitement ses services à l'ordre espagnol des trinitaires déchaussés et dirige la construction de leur couvent sur le Quirinal, au carrefour des Quatre-Fontaines (1634-1636), édifice modeste, où il met en œuvre un vocabulaire simple et abstrait de bandes en ressaut (lésènes), mais où le petit cloître, avec son rythme binaire et ses angles convexes, témoigne déjà de son goût pour les solutions ingénieuses et inédites. En février 1638 s'engagent les travaux de leur église, Saint-Charles-aux-Quatre-Fontaines (1638-1641), dont la façade, tardivement commencée en 1665 et seulement à demi-achevée à sa mort, devait être sa dernière grande œuvre ; mais neuf mois plus tôt avaient débuté les travaux de l'oratoire des Philippins, ordre créé par saint Philippe Neri, second chantier qui assure sa gloire.

Consulté en janvier 1637 à propos du dessin de l'Oratoire, proposé par Paolo Maruscelli, architecte de la Congrégation, Borromini séduit les Philippins par l'ingéniosité de ses solutions et impose ses vues. Bâtie rapidement à côté de la Chiesa Nuova, la chapelle de l'Oratoire est inaugurée le 15 août 1640 et la façade achevée en 1642. Pierre de Cortone avait déjà proposé en 1634 une façade convexe pour l'église Saint-Luc-et-Sainte-Martine, mais Borromini renouvelle plus complètement la typologie traditionnelle en construisant sa façade sur un mouvement plus complexe, convexe-concave, et ce qui était jeu plastique devient forme symbolique, image de l'église accueillante ouvrant ses bras aux fidèles. Parallèlement, Borromini remanie et agrandit le couvent – réfectoire et première cour (1638-1643) –, dont les travaux se poursuivent jusqu'en 1652. Borromini noue alors des liens étroits avec Virgilio Spada, préposé à la conduite du chantier, dont l'appui constant et la riche culture humaniste vont jouer un rôle décisif dans l'orientation de ses recherches architecturales comme dans sa carrière.

En 1632, Borromini avait été nommé architecte de la Sapience, principal établissement d'enseignement laïc de Rome. Ce poste était resté purement nominal pendant dix ans en dépit du vœu exprès de Bernin qui l'avait recommandé, mais en 1642 il est chargé de construire, derrière l'hémicycle de la cour bâti par Giacomo della Porta, une chapelle, Saint-Yves-de-la-Sapience (janv. 1643-1650), où, comme à Saint-Charles, il renouvelle profondément la typologie du plan centré.

Parallèlement à ces trois grands chantiers, Borromini est chargé de multiples travaux plus modestes ou sans suite (décors à Sainte-Lucie-in-Selci, 1638-1643, projets pour le palais Carpegna, 1638-1643, façade de Notre-Dame-des-Sept-Douleurs, 1643-1646). En 1644, Innocent X Pamphili succède à Urbain VIII. Protégé des Barberini, déconsidéré par l'affaire des campaniles de Saint-Pierre qui menacent ruine, Bernin tombe en disgrâce. Soutenu par Virgilio Spada, nommé aumônier du pape, et par le clan espagnol, Borromini devient l'architecte du nouveau pape qui n'a malheureusement ni la culture humaniste de son prédécesseur ni la fièvre de bâtir de son successeur. En 1646, il est chargé de la plus grande entreprise architecturale du pontificat, la modernisation de la basilique paléochrétienne Saint-Jean-de-Latran pour l'échéance du jubilé de 1650, et il réussit en enveloppant les colonnes de marbre dans un rythme subtil de pilastres d'ordre colossal.

La même année 1646, il est aussi nommé architecte de la congrégation pour la Propagation de la foi. Ses plans pour le palais de la Congrégation, place d'Espagne, sont acceptés en 1647.

Borromini travaille encore au palais Falconieri, via Giulia (1646-1656), et au palais Spada, où il bâtit une curiosité, une petite galerie à perspective accélérée (1652) : sa largeur et sa hauteur vont se rétrécissant de l'entrée à l'extrémité pour accentuer très fortement l'effet naturel des lignes de fuite et donner l'illusion d'une galerie beaucoup plus longue qu'elle n'est réellement. Si pour le palais familial des Pamphili sur la place Navone, le pape lui préfère Rainaldi, il remplace ce rival en 1653 sur le chantier de l'église voisine Sainte-Agnès-in-Agone. Détruisant la façade commencée par Rainaldi en 1652 qui empiétait sur la place, il bâtit une nouvelle façade concave, qu'il élève jusqu'à la corniche (janv. 1655). Mais en 1657, après un long conflit avec le neveu du pape, il est congédié, et la coupole et les clochers sont élevés sur un nouveau dessin. Chargé par le marquis del Buffalo d'achever l'église de Saint-André-des-Fourrés (*Sant'Andrea delle Fratte*) commencée en 1605, Borromini bâtit le campanile (1653-1656).

En 1655, à Innocent X succède Alexandre VII. Pour son vaste programme d'embellissement de la ville sainte, le nouveau pape fait appel à tous les talents, de Pierre de Cortone à Carlo Rainaldi, mais tandis que Bernin, rentré en grâce, se voit confier les entreprises les plus importantes (colonnade de Saint-Pierre), Borromini doit se contenter de poursuivre les travaux engagés : réinstaller à Saint-Jean-de-Latran dans de nouveaux cadres une douzaine de tombeaux déplacés lors des travaux de modernisation (1655- ?), achever le décor de Saint-Yves (1662) et mener à bien la construction du palais de la Propagation de la foi (façade ouest, 1655-1662 ; chapelle des Rois mages, qui remplace celle bâtie par Bernin, 1660-1665 ; surélévation de la façade, 1666).

Il continue de travailler pour quelques clients privés : villa à Frascati et chapelle à Saint-Jean-des-Florentins pour les Falconieri, chapelle Spada à Saint-Jérôme-de-la-Charité, tambour de la coupole de Saint-André-des-Fourrés qui reste inachevée, pour le marquis del Buffalo (1660-1665).

En 1665, enfin, revenant sur son premier chantier personnel, il commence à élever la façade de Saint-Charles-aux-Quatre-Fontaines, dont il achève le premier ordre en 1667, le second n'étant bâti qu'en 1675-1677 par son neveu Bernardo Borromini.

Célibataire, mélancolique, d'un orgueil et d'une susceptibilité paranoïdes, Borromini avait une haute conscience de son art. Très tôt, il s'attache à défendre et à illustrer ses réalisations et il conserve jalousement ses dessins, comme « ses enfants ». En 1647, il rédige avec Virgilio Spada une relation de la construction de l'Oratoire et vers 1660 projette une publication complète de son œuvre, chargeant le graveur français Dominique Barrière de graver ses dessins de l'Oratoire et de Saint-Yves. Mais le 2 août 1667, dans un accès de folie paranoïaque, Borromini, après avoir brûlé une partie de ses dessins, se suicide en se jetant sur son épée.

« Je ne suis pas né pour être copiste »

En 1720-1725, au moment où le succès européen de l'esthétique rococo favorise à Rome une sorte de revival borrominesque, Sebastiano Giannini entreprend de publier son œuvre complet : la Sapience (*Opera del Cavaliere Borromini*, Rome, 1720), l'oratoire des Philippins avec le commentaire de V. Spada (*Opus architectonicum*, Rome, 1725), et Saint-Charles, dont il n'existe qu'un exemplaire. Le corpus des dessins sauvés, acquis à Rome en 1730 par le baron Philipp von Stosch, est conservé aujourd'hui à la bibliothèque Albertina de Vienne.

Autour de l'œuvre de Borromini se noue très tôt une polémique qu'on ne peut réduire à l'opposition entre classicisme français et baroque italien. Si pour les puristes français son œuvre est le comble de la bizarrerie, dans le contexte même de la culture romaine du XVIIᵉ siècle Borromini apparaît comme un « hérétique ». Dans sa *Vie du Bernin*, publiée en 1682, Filippo Baldinucci rapporte que ce dernier approuva un prélat qui lui disait ne pouvoir souffrir les architectes qui, comme Borromini, sortent des règles et semblent s'inspirer du style gothique plutôt que du bon moderne et de l'antique, « disant qu'il est moins mal d'être un mauvais catholique qu'un bon hérétique ».

La filiation reconnue par Chantelou et par Fréart de Chambray entre les licences de Michel-Ange et les extravagances de Borromini n'est pas fausse. Borromini défend son droit à l'invention en se plaçant sous l'autorité du grand maître, dont il se veut l'héritier : « Toutes les fois que je parais m'éloigner des dessins communs, écrit-il dans l'avis au lecteur de l'*Opus architectonicum*, qu'on se rappelle ce que disait Michel-Ange, le Prince des Architectes : qui suit les autres ne marche jamais devant ; je n'aurai pas embrassé cette profession pour être seulement copiste, bien que je sache qu'à inventer des choses nouvelles on ne peut recevoir avant longtemps le fruit de son travail. »

Comme Michel-Ange, Borromini refuse l'esthétique de l'imitation, que défendent les puristes français ou son rival, Bernin ; comme Michel-Ange, il trouve une incitation à l'invention dans la variété même de l'architecture antique, variété qui trouble au contraire les classiques à la recherche d'une beauté idéale, qui aurait été déformée par les siècles. Rappelant une visite faite en compagnie de Borromini, des fouilles ouvertes devant Saint-Louis-des-Français, où avait été exhumé un grand chapiteau, l'antiquaire romain Orfeo Boselli conclut : « Nous fûmes très satisfaits de cette preuve artistique en voyant avec quelle belle nouveauté et quelle variété les Anciens traitèrent l'architecture. »

Bien des irrégularités de Borromini n'apparaissent telles que parce que nous avons intériorisé les valeurs épurées du classicisme ; elles témoignent moins d'un anticlassicisme que d'un classicisme plus large, sensible aux espaces complexes et à la variété des architectures du Bas-Empire. Lié à un milieu d'antiquaires, Borromini possédait dans sa riche bibliothèque (plus de mille volumes) une copie rare des *Antiquités romaines* de Pirro Ligorio, et devait connaître les dessins de Montano dont le premier recueil, *Divers Petits Temples antiques*, paraît en 1624.

Dans l'*Opus architectonicum*, Borromini justifie constamment ses partis constructifs par des exemples antiques : le parement de briques minces de la façade de l'Oratoire s'inspire, explique-t-il, d'une grande tour romaine hors la porte du Peuple, et l'implantation biaise des piliers de celle des piliers d'un temple qu'on venait de fouiller. Quelques-unes de ses formes les plus irrégulières (les plus « baroques ») s'appuient en fait sur des modèles antiques, publiés ou inédits, qui retiennent son attention pour leur rareté. Le plafond à caissons cruciformes de Saint-Charles reproduit le motif de la voûte du mausolée de Sainte-Constance, gravé par Serlio, et la colonnade en perspective accélérée du palais Spada rappelle un petit temple romain restitué par Montano, dont Borromini inverse le sens. Les chapiteaux à volute inversée de Saint-Charles et de l'Oratoire s'inspirent des chapiteaux de la villa Hadriana, et l'extravagant clocher de Saint-André-des-Fourrés d'un mausolée antique, la Conocchia, près de Naples.

Borromini manie des budgets infiniment plus modestes que ceux de Bernin (la maçonnerie de Saint-Charles coûte moins du douzième du seul baldaquin de Saint-Pierre), mais en s'appuyant sur cette large culture antiquaire, en usant d'une géométrie complexe et en habillant ses édifices d'un original vêtement ornemental, il sait donner à ses édifices une valeur sans commune mesure avec la modestie des matériaux employés, la brique et le stuc.

Utilisant plus le compas que l'équerre et rejetant la perspective unifocale de la Renaissance, Borromini construit ses dessins sur des structures géométriques complexes, plurifocales et biaises. Il se plaît à construire sur l'oblique, des consoles des fenêtres d'attique du palais Barberini aux pilastres en gaine du portail du palais de la Propagation de la foi, ou sur des ellipses, de la façade de l'Oratoire à celle de Saint-Charles.

Rejetant les solutions acquises, il renouvelle les typologies architecturales : le plan de Saint-Charles-aux-Quatre-Fontaines apparaît comme la synthèse d'un plan en croix grecque et d'un plan ovale, et le fronton de la façade de l'Oratoire combine les formes typiques du fronton triangulaire et du fronton cintré au lieu de les superposer ou de les emboîter comme l'avait fait Michel-Ange.

Mais ses inventions architecturales ont souvent une signification symbolique. Dans la culture de la Contre-Réforme catholique, bâtir c'est « édifier » : la construction temporelle doit exprimer les valeurs spirituelles. La comparaison des façades de la Chiesa Nuova, bâtie par Rughesi en 1594-1606, et de l'Oratoire mitoyen illustre magnifiquement la capacité de Borromini à renouveler une typologie banalisée. Il conserve le système de la façade à deux ordres, mais il incurve la façade ; un souci d'économie justifie l'hétérodoxe corbeille lisse des chapiteaux corinthiens, et l'emploi d'un appareil de brique s'explique par le souci d'exprimer une hiérarchie entre la façade en travertin de l'église mère, et celle de sa fille, l'oratoire.

Borromini a en effet le souci permanent de rendre plus parlants ses édifices en chargeant formes architecturales et ornements de significations superposées. « Un bâtiment sans ornement est comme un corps sans âme », affirme Martinelli, un de ses porte-paroles.

Après une phase de surinterprétation, on revient à une appréciation plus mesurée de l'œuvre de Borromini : symbolique héraldique, iconologie de Ripa, sources bibliques suffisent, sans avoir besoin de faire appel à des sources plus ésotériques. Ainsi à la chapelle de Saint-Yves-de-la-Sapience, bâtie sous le patronage d'Urbain VIII, dont l'iconologie a donné lieu à toutes sortes de surenchères interprétatives, symbolismes héraldiques et bibliques se combinent pour investir toute l'architecture de la chapelle, de la forme mère au plus modeste détail ornemental. Le plan est construit sur une figure hexagonale, image de l'abeille en vol, avec ses quatre ailes, sa tête et son abdomen, et de la cellule de cire ; mais à l'image héraldique de l'abeille Barberini se superpose celle de la ruche de la sagesse, comme la colombe Pamphili qui couronne le lanternon est aussi celle du Saint-Esprit. La lanterne extérieure avec son couronnement hélicoïdal, où l'on a souvent voulu voir un symbole de la sagesse divine, une antitour de Babel, doit être lue plus simplement comme une image de la tiare papale, dont la triple couronne, s'inspirant peut-être d'un coquillage connu sous le nom de *mitra papalis*, devient une triple spirale, qui contient une rampe offrant un accès commode au sommet du lanternon.

Si, comme un autre maître maçon humaniste, Philibert Delorme, Borromini s'impose souvent pour son habileté à habiller de « vêtements neufs » des structures préexistantes, comme à la basilique Saint-Jean-de-Latran, sa gloire repose d'abord sur ses trois chefs-d'œuvre bâtis *ex nihilo*. Sa « fortune » aussi, car l'écriture architecturale de la façade ondulante de l'Oratoire et la structure géométrique complexe de Saint-Charles et Saint-Yves orientent largement les recherches du baroque en Europe centrale. Le père Guarini a découvert l'architecture pendant son séjour romain devant ces trois œuvres en construction. Par son œuvre turinoise, il a sans doute servi de relais à cette dissémination européenne et de médiateur pour les maçons lombards en ramenant chez eux la poétique architecturale « romanisée » du plus illustre de leur compatriote.

- *Études générales*

P. PORTOGHESI, *Borromini nella cultura europea*, Officina, Rome, 1964, rééd. Laterza, Bari, 1982 ; *Borromini*, Electa editrice, Milan, et Bozzi, Rome, 1967 (*The Rome of Borromini*, Brazilier, New York, 1968 ; *Borromini*, Vincent, Fréal et Cie, Paris, 1969) / H. THELEN, *Francesco Borromini, die Handzeichnungen. I.*, Graz, 1967 / *Studi sul Borromini. Atti del Convegno promosso dall'Accademia Nazionale di San Luca*, De Luca editore, Rome, 1967 (1970) / A. BLUNT, *Borromini*, Allen Lane, Penguin Book, Londres, et M.I.T. Press, Cambridge (Mass.), 1979 (*Borromini*, Macula, Paris, à paraître) / J. CONNORS, « Francesco Borromini », in *Macmillan Encyclopedia of Architects*, Londres, 1982.

- *Études particulières*

L. STEINBERG, *Borromini's San Carlo alle Quattro Fontane*, Garland Publ., New York, 1977 / G. EIMER, *La Fabrica di Agnese in Navona*, Almquist & Wiksell, Stockholm, 1970 / H. HIBBARD, *Carlo Maderno and Roman Architecture : 1580-1630*, Zwemmer, Londres, 1972 / G. ANTONAZZI, *Il Palazzo di Propaganda fide*. De Luca, Rome, 1979 / E. G. HOWARD, *The Falconieri Palace in Rome*, thèse dact., 1979 (Garland Publ., New York, 1981) / J. CONNORS, *Borromini and the Roman Oratory*, M.I.T. Press, Cambridge (Mass.), 1981 / J. B. SCOTT, « S. Ivo alla Sapienza and Borromini's Symbolic language », in *Journal of the Society of Architectural Historians*, n° 4, p. 294, 1982 / A. BLUNT « Two Neglected Works by Borromini », in *Römisches Jahrbuch für Kunstgeschichte*, p. 17, 1983.

CLAUDE MIGNOT

Bibliographie

- **Sources**

Opera del Caval. Francesco Boromino [...], cioé la chiesa e fabrica della Sapienza di Roma, et *Opera del Cav. Francesco Boromini [...] cioé l'Oratorio di S. Filippo Neri di Roma*, ou *Opus architectonicum*, éd. par S. Giannini, Rome, 1720 et 1725, rééd. par Gregg Press, 1965 / F. BALDINUCCI, *Notizie di professori del disegno*, t. V, Florence, 1728 (biographie composée à partir d'une vie manuscrite, qui fut rédigée vers 1685 par le neveu de Borromini et est aujourd'hui conservée à la Bibliothèque nationale de Florence) / C. D'ONOFRIO, *Roma nel Seicento*, Florence, 1969 (manuscrit de *Roma ornata*, écrit vers 1660 par Fioravante Martinelli, ami de Borromini, et annoté par ce dernier).

BOTTA MARIO (1943-   )

L'architecte Mario Botta est né en 1943 à Mendrisio. Ce petit hameau de 300 âmes est situé dans le Tessin, canton italophone et catholique de la Confédération helvétique. À l'âge de seize ans, il travaille comme dessinateur en bâtiment, puis il suit des cours au lycée artistique de Milan, et ensuite à l'école d'architecture de Venise. Il travaille pour l'atelier Le Corbusier sur le projet d'hôpital de Venise, puis pour Louis Kahn pour la restructuration des *Giardini* de la Biennale. En 1969, il obtient son diplôme d'architecte à Venise sous la direction de Carlo Scarpa ; il ouvre son agence à Lugano, chef-lieu du Tessin, en 1970. Mario Botta se fait immédiatement remarquer par une série de « maisons unifamiliales », c'est-à-dire de petites villas suburbaines pour la moyenne bourgeoisie helvète. Dans un paysage alpestre déstructuré par des hangars agricoles et des pavillons de banlieue, Botta pose des volumes simples et épais. Il reprend la tradition vernaculaire de constructions formées d'une structure de béton et d'un remplissage de briques industrielles, recouvertes ensuite de terres cuites soigneusement appareillées. L'effet obtenu est très caractéristique : contre la « modernité » germanique dévaluée des maisons du voisinage, Botta donne l'impression de renouer avec un primitivisme latin ; contre la « fonctionnalité » simplette de la maison de banlieue, il propose une volumétrie puissante inspirée de celle des fermes et des granges locales ; contre les fenêtres « panoramiques » en longueur, il découpe des baies profondes qui cadrent le paysage en masquant ce que l'environnement peut présenter de pire.

Botta se crée ainsi une clientèle locale fidèle, et trouve des relais extérieurs grâce à l'appui de la critique. Ses villas les plus célèbres sont la maison Della Casa à Stabio pour la famille de sa femme en 1967, la maison Genini à Breganzona en 1971, la maison San Pietro à Pregassona en 1980, la maison Medici (ou « maison ronde ») à Stabio en 1982. Comme l'architecte de la Renaissance Andrea Palladio, Botta est enraciné dans un terroir où il pratique une architecture sérielle pour un groupe social qu'il connaît bien : entrepreneurs ou enseignants italophones qui matérialisent leur réussite en faisant construire des villas de 250 à 500 mètres carrés sur des parcelles largement ouvertes sur le paysage, mais sans piscine. On pourrait dire du « style Botta » qu'il signifie avant tout que les occupants des « villas Botta » ne sont pas des touristes. Au début des années 1980 marquées par le désenchantement postmoderne, le travail de Botta est découvert par quelques critiques : par Kenneth Frampton, qui y voit un exemple de « régionalisme critique », par François Chaslin, sensible à ce « coup de poing dans le paysage », et surtout par le dessinateur Reiser, qui voue un véritable culte à la « maison ronde » et la publie dans *Hara-Kiri*.

Botta construit aussi des banques : banque d'État de Fribourg (1977) et banque du Gothard à Lugano (1988) où il reproduit des formes simples inspirées de Louis Kahn, mais avec une profusion de pavements de marbre et de meubles *design*. Botta poursuit en effet une carrière parallèle de *designer* de meubles.

Avec l'arrivée de la gauche au pouvoir en France, Botta reçoit plusieurs commandes dans ce pays : le théâtre de Chambéry (1987), la médiathèque de Villeurbanne (1988), la cathédrale d'Évry (1995). Conçue comme une colonne creuse tronquée, cette dernière est revêtue de briques rouges et surmontée d'une vingtaine d'arbres évoquant la couronne d'épines de la Passion. Un petit musée d'art sacré forme comme un renflement dans la nef circulaire. Tout en continuant de construire en Suisse (par exemple son agence-résidence à Lugano qui se présente comme un agrandissement de la maison ronde, 1990), Mario Botta est devenu rapidement un architecte international, auquel des commanditaires interchangeables de la *jet set society* demandent de « faire du Botta » : le musée d'Art moderne de Tōkyō (1990), des bureaux à Maastricht (depuis 1995), une usine à Verbania en Italie (1991), et surtout le colossal musée d'Art moderne de San Francisco (1995), un exercice d'interpénétration de volumes primaires et de flots de lumière mystérieuse inspiré à nouveau de Louis Kahn, un peu gâché par une débauche de matériaux précieux (marbre, onyx, cuivre doré). Botta est plus inspiré lorsqu'il construit en Suisse des villas de plus en plus grandes (Losone, 1989, Manno, 1992), des églises comme la surprenante Sainte-Marie-des-Anges de Monte Tamaro (1996), et même des bureaux comme la banque Bruxelles Lambert à Genève (1996) pour laquelle il renoue avec une austérité proche d'Adolf Loos ou d'Aldo Rossi.

Héros local, star internationale, Mario Botta est le plus médiatisé des architectes tessinois. Mais son travail doit être replacé dans le climat d'amicale rivalité qui l'oppose à Aurelio Galfetti, Luigi Snozzi et Livio Vacchini. Botta a réintroduit le « poché » et l'épais en architecture, il a découpé le paysage alpin révélé par l'embrasure des fenêtres, et célébré dans toutes ses œuvres la beauté de la lumière zénithale. Parcours ambitieux d'un Rastignac des alpages.

JEAN CLAUDE GARCIAS

Bibliographie
M. Botta, *The Complete Works, 1970-1985*, vol. 1, Artemis, Zurich-Munich-Londres ; *The Complete Works, 1985-1990*, vol. 2, Birkhäuser, Bâle-Boston-Berlin et *1990-1997*, vol. 3, *ibid.* / P. Nicolin & F. Chaslin, *Mario Botta 1978-1982*, Milan-Paris, 1984.

BOULLÉE ÉTIENNE LOUIS (1728-1799)

Architecte français. Reconnu comme un des principaux théoriciens et professeurs d'architecture de la seconde moitié du XVIIIe siècle, Boullée eut un rôle considérable dans l'évolution de cet art, notamment auprès des élèves de l'Académie royale d'architecture. Sa vocation de peintre avait été contrariée par son père, architecte expert-juré du roi, qui l'obligea à quitter l'atelier de J. B. Pierre pour suivre l'enseignement de J. F. Blondel. Durant ces années d'éducation (1740-1746), il subit l'influence décisive d'un troisième maître, J. L. Legeay, principal représentant du « piranésisme » français à ses débuts. Suivant la trace de Blondel, Boullée enseigne l'architecture dès 1747 (il a 19 ans !), mais ce n'est qu'à la mort de l'auteur de *L'Architecture française*, en 1774, que sa doctrine sera pleinement reconnue dans la formation des candidats aux prix d'émulation et aux grands prix de l'Académie. Parmi ses élèves les plus connus, J. F. T. Chalgrin, A. T. Brongniart, M. Crucy, J. P. Gisors-l'Aîné, J. N. L. Durand, P. A. Pâris et A. M. Peyre firent une grande carrière jusque sous l'Empire ou la Restauration. Académicien lui-même depuis 1762, avant de devenir membre de l'Institut à sa création (1795), Boullée se consacrera principalement à l'activité théorique et au projet : dessins, programmes de concours et rapports de commissions témoignent de ses idées réformistes en faveur de l'« architecture parlante » qui accompagnent certains grands projets d'urbanisme et d'architecture publique du règne de Louis XVI et de la Révolution ; exclusivement parisiens, ces projets concernent entre autres : la reconstruction du palais Bourbon pour le prince de Condé (dès 1764), de l'hôtel des Monnaies, de l'Opéra, du château de Versailles, de la Bibliothèque nationale (1785) ; une *Métropole* (1781), un *Cénotaphe à Newton* (1784), un *Muséum*, une *Assemblée nationale* (1792). Ces projets aux formes épurées, et bien d'autres encore, plus audacieux et *mégalomanes*, sont la traduction sensible des préceptes révolutionnaires de ce contemporain de C. N. Ledoux, « philosophe-architecte » comme lui. Ils concrétisent une nouvelle esthétique fondée sur l'interprétation critique des sources néo-classiques (la nature et l'antique). À partir d'une réflexion rationaliste et des tendances sentimentales de l'art, lancées par le père Laugier et les encyclopédistes, Boullée inventait une sorte de « dramaturgie » de la création architecturale vouée à la formation civique des citoyens et, par voie de conséquence, à leur bonheur. « *Ed io anche son pittore* » (« Et moi aussi je suis peintre ») : cette célèbre profession de foi de Corrège, que Boullée place en épigraphe de son *Essai sur l'art*, éclaire d'emblée sa pédagogie. « Art du dessin », comme la sculpture, la décoration ou la peinture, l'architecture (« mère des arts ») doit emprunter aux séductions poétiques de l'art figuratif, voire narratif, les moyens d'inventer le *caractère* spécifique de chaque bâtiment. « Oui, écrit Boullée, je crois, nos édifices, surtout les édifices publics, devraient être, en quelque façon, des poèmes. Les images qu'ils offrent à nos sens devraient exciter en nous des sentiments analogues à l'usage auquel ces édifices sont consacrés. » La philosophie sensualiste d'un Condillac justifiait l'abandon de la rhétorique vitruvienne des ordres antiques : l'usage des formes naturelles pures (cube, pyramide, cylindre, sphère) devait s'accorder au rôle expressif des ombres et à la mise en scène d'immenses colonnades libres. Frapper l'imagination, par la clarté et la grandeur des effets, équivalait à éveiller la conscience de l'humanité en « progrès ». Boullée, *architecte-peintre*, rêvait d'un art urbain grandiose qui ne se concrétisa jamais, mais qui influença certaines théories et réalisations européennes de la première moitié du XIXe siècle. Oublié dès la mort de l'artiste, malgré le legs qui en fut fait à la Bibliothèque nationale en 1793 (environ une centaine de magnifiques dessins, accompagnés du manuscrit de son *Essai sur l'art* — enfin publié en 1968), l'œuvre graphique de Boullée, étudiée en particulier par E. Kaufmann, apparaît comme l'un des tout premiers témoignages de l'art idéal de l'époque des Lumières. Son œuvre construit, moins important et en grande partie détruit, fut très admiré de son temps et contribua à asseoir son autorité auprès de ses collègues académiciens. Précoces, dans le « goût à la grecque » apaisé, certains décors architecturaux demeurent encore parmi les plus beaux du style distingué des dernières années du règne de Louis XV : chapelles du transept de Saint-Roch (1759) ; lambris des hôtels d'Évreux (palais de l'Élysée), de Tourolle (rue du Faubourg-Saint-Honoré), de l'hôtel Alexandre, rue de la Ville-l'Évêque (1763). Parmi les hôtels détruits, le plus célèbre, l'hôtel de Brunoy (1774-1779), était conçu comme un « temple de Flore » au cœur d'un jardin pittoresque ouvert sur les Champs-Élysées. Du charme des demeures réalisées au sublime des grands projets dessinés au lavis et à l'aquarelle, l'art de Boullée illustre la définition qu'il donne de son art : « L'architecture est un art par lequel les besoins les plus importants de la vie sociale sont remplis. Tous les monuments sur la terre propres à l'établissement des hommes sont créés par les moyens dépendant de cet art bienfaiteur. Il maîtrise nos sens par toutes les impressions qu'il y communique. Par les monuments utiles, il nous offre l'image du bonheur ; par les monuments agréables, il nous présente les jouissances de la vie... »

DANIEL RABREAU

BOURGEOIS VICTOR (1897-1962)

Brillant chef d'atelier d'architecture à l'École nationale supérieure d'architecture et des arts visuels (La Cambre, Bruxelles, 1934-1962), Victor Bourgeois est un ancien élève de l'Académie des beaux-arts de Bruxelles (1914-1919), dont il refusa le diplôme d'architecte pour contester les critères de jugement du jury et affirmer avec éclat ses visées non conformistes. Son œuvre théorique (il est directeur du journal d'avant-garde *Sept Arts*, 1922-1928) et pratique (*La Cité moderne*, Berchem-Bruxelles, 1922) devait le porter, en 1929, à la vice-présidence des Congrès internationaux d'architecture moderne (ou C.I.A.M.) encore qu'il eût tôt fait de mettre en question le socle spéculatif de cet organisme (*La Charte d'Athènes*, 1933 : grille opérationnelle fondée sur les options de Le Corbusier). C'est précisément, d'une part au niveau polémique, d'autre part au niveau du collectif urbain, que l'œuvre de Bourgeois se charge d'une dimension historique, même si son architecture apparaît, aujourd'hui, relever d'un passé révolu (le passé fonctionnaliste) et d'une plastique périmée (une plastique inspirée par le purisme du Stijl). Lui, pour qui la pratique architecturale était une nécessité liée au quotidien, fut l'un des rares architectes de l'époque à dénoncer ce qu'on appelle aujourd'hui l'architecture-objet, à savoir l'immeuble privé ou public conçu, implanté et élevé comme une œuvre strictement autonome, sans résonance sur le voisinage immédiat, et dans l'ignorance quasi absolue des problèmes soulevés par le fonctionnement de la ville comprise comme organisme. « L'édifice, disait Bourgeois, est redevable de sa véritable signification à ce qui le justifie et ce qui l'entoure. » Il condamne ce qu'il appelle l'*architecture de chevalet* : « De nombreux architectes aiment pratiquer l'architecture de chevalet, c'est-à-dire ne tenant compte que d'elle-même, sans se préoccuper du voisinage ancien ou moderne. » Il conteste l'architecte insensible aux réalités urbaines ou ignorant la complexité structurale : « Les architectes construisent des bâtiments et ils ne se préoccupent pas de savoir si leur juxtaposition constitue une ville. » Bien entendu, face à l'architecture-objet, l'architecture intégrée implique un minimum d'humilité : « À l'architecte qui travaille au cœur d'une ville, l'esprit civique commande souvent de sacrifier l'originalité à une certaine neutralité accommodante. » Lorsqu'il opère, lui, en milieu urbain, il s'attache à résoudre des problèmes de charnière, d'articulation (articulation de l'espacement : vides, pleins, poteaux, parois, câbles) et de temporalisation (circulation, équipements mobiles, mouvements du corps et de l'œil) qui conditionnent l'équilibre de la ville, même si elle est devenue « la proie des marchands » : tant est profond le souci social et humain qui le conduit à chercher les moyens de guérir les villes avant de songer à en construire d'autres. C'est pourquoi ce « traceur d'espaces » (ainsi définit-il l'architecte) s'est si souvent attaché à mettre en œuvre des moyens susceptibles d'être rapidement efficaces, immédiatement opératoires (cela explique la nécessité qu'il éprouvait d'utiliser une presse de combat comme appui logistique, de joindre la parole à l'acte créateur). Le côté pragmatique et militant de pareille démarche n'excluait pas le réalisme du futur. Bourgeois avait conscience du rôle important des mass media sur la vie quotidienne, la sensibilité, la mentalité. On le voit pressentir leur incidence sur la transformation de l'information architecturale. On le voit supputer les développements de l'urbanisme souterrain, les extensions de l'architecture nocturne (« l'architecture des ondes lumineuses »), et même avancer une vision utopique, un rêve de poète : « Avec nos moyens modernes de percussion, de dynamitage et de terrassement, est-il absurde d'envisager des plastiques géantes à l'échelle des nuages, accordées aux regards des voyageurs du ciel ? » Dans le même temps, nous l'entendons aussi prôner une « politique de la lisibilité », une « stratégie de la visibilité », pour une mise au point du phénomène architectural accordé aux métamorphoses du sensible. Discontinuité vécue, fondée sur l'expérience directe, immédiate, sensible, qui confère à la démarche de Victor Bourgeois la dimension d'un humanisme et une richesse suffisante pour compenser la médiocrité d'un dessin ou le silence d'un espace.

ROBERT-L. DELEVOY

BOYTAC DIOGO (actif entre 1490 et 1525)

D'origine française, semble-t-il, venu peut-être du Languedoc, Boytac est par son style l'un des architectes les plus portugais. Chargé par le roi Manuel de voûter la nef de l'église de Jésus à Setúbal en 1495, il imagine de robustes colonnes torses formées de trois tores enroulés en spirale. Avec les frères Diogo et Francisco Arruda, il est un des créateurs du style manuélin, qui est pour le Portugal ce que le style Isabelle est à l'Espagne. Entre 1502 et 1516, il commence la construction de l'église et du cloître du monastère des hiéronymites de Belém. Il élève aussi la nef de la cathédrale de Guarda (1504-1517). On a parfois supposé qu'il avait participé à la réalisation d'une partie du cycle manuélin du couvent de Batalha : remplages du cloître royal et contribution aux « chapelles imparfaites » (inachevées).

MARCEL DURLIAT

BRAEM RENAAT (1910-   )

Ancien stagiaire à l'Atelier de la recherche patiente à Paris (Le Corbusier, 1936-1937), esprit critique, aigu, caustique, volontiers frondeur, humoriste à ses heures (ses carnets de croquis en témoignent), l'architecte anversois Renaat Braem, professeur d'urbanisme (1947-1989) à l'Institut supérieur d'architecture d'Anvers, est assurément une personnalité forte et très « artiste » : il est en effet également peintre et sculpteur. Il s'est attaché, dès l'origine (1936), à voir, à sentir et à élaborer l'architecture comme phénomène plastique et humain, démarche sociopolitique, totalité lyrique et formelle intensément vécue sur le fond du rêve et dans la dimension de l'utopie. C'est pourquoi son œuvre — allergique au fonctionnalisme doctrinal issu de la charte d'Athènes, tournée, plutôt, vers la densité « déviationniste » de Scharoun, de Häring — est toujours ambiguë : elle oscille du rationnel à l'irrationnel, immerge l'irrationnel dans le rationnel, associe la plénitude baroque (son goût pour le modern style articule une pratique, son admiration pour Gaudí stimule un style de vie) à la clôture classique, la poétique de l'œuvre ouverte à celle de l'œuvre fermée (habitation Brauns, Kraainem, 1948 ; cité du Kiel, Anvers, 1950 ; habitation personnelle, Deurne-Anvers, 1957 ; habitation Serneels, Wilrijk, 1958 ; le centre culturel de l'Université libre de Bruxelles, 1989 ; le centre culturel de la Ville d'Anvers, 1989 ; enfin, pour le projet du métro d'Anvers, l'aménagement d'une station). Pour Braem, « l'architecture est un élément de domination écologique du milieu de vie et tout comme la vie agit avec une infinie fantaisie sur son biotope ; ainsi la forme architecturale nouvelle joue un rôle permanent dans l'autocréation continuelle de l'homme ».

ROBERT-L. DELEVOY

BRAMANTE DONATO DI PASCUCCIO D'ANTONIO dit (1444-1514)

Le nom de Bramante est lié à quelques-unes des œuvres les plus importantes du XVIe siècle, celles qui ont donné naissance à un langage architectural qui, de Rome, s'étendit au cours des siècles dans l'Europe entière.

Bramante avait hérité du Quattro-cento, plus particulièrement d'Alberti, sa curiosité pour l'Antiquité. Il voulut arracher aux monuments du passé les secrets de leur technique, et les adapter aux exigences de son temps. Mais son intérêt pour l'architecture romaine ne le détourna pas de l'art gothique. Bramante fut considéré à juste titre comme « le plus grand inventeur de formes architecturales depuis l'Antiquité ».

1. Le peintre

Donato di Pascuccio d'Antonio, dit Bramante (variante du surnom hérité de son père : Abramante, Barbanti), naquit en 1444 à Monte Asdruvaldo, localité dépendant aujourd'hui de la commune de Fermignano, et qui faisait alors partie du territoire d'Urbino.

Avant 1476-1477, il séjourna quelques années à Urbino ; puis, de 1477 à 1499, il vécut en Lombardie, d'abord à Bergame, puis à Milan (le voyage Urbino-Bergame lui permit sans doute de passer par Ravenne et Mantoue). Il fit aussi quelques séjours à Pavie, et Vigevano, et plusieurs voyages, en particulier à Rome, où il s'établit définitivement en 1499. Il mourut, à Rome, le 11 avril 1514.

Il n'existe aucun document sur la formation de l'activité de Bramante dans sa jeunesse. Il arriva à Urbino certainement assez tôt pour assister à l'élaboration d'un des milieux les plus fervents et les plus caractéristiques de la Renaissance italienne. Les œuvres à lui attribuées avec certitude témoignent de ce que fut sa première formation : contact avec des maîtres comme Piero della Francesca, Luciano Laurana, Melozzo ; climat humaniste entretenu par Frédéric de Montefeltro. Bramante avait vingt-huit ans quand Laurana abandonna définitivement Urbino, laissant inachevées plusieurs parties du palais ducal – prévues dans son projet d'ensemble, mais dont les dessins définitifs n'étaient pas terminés. Il restait en particulier le Studiolo, la chapelle du Perdono, le petit temple des Muses et le mausolée. C'est précisément dans ces différentes études que Bramante révélera pour la première fois sa personnalité. Il eut en outre l'occasion d'affronter les problèmes techniques au côté des maîtres lombards au service des Montefeltro (la présence des maîtres maçons venant de Côme est attestée par les textes) et de Francesco di Giogio.

La première mention de son activité (1477, peinture de la façade et de la grande salle du palais du Pouvoir de Bergame) met en évidence son goût prononcé pour la peinture en trompe l'œil. Un autre texte indique qu'il n'était pas seulement peintre, mais aussi architecte (1479, projet pour la façade de Sainte-Marie près San Satiro). Nous le retrouvons peintre à Milan, au palais Fontana (mais les rares fresques conservées dont il fit lui-même le dessin, ne sont pas de sa main), à la maison Panigarola (*Hommes d'armes, Héraclite et Démocrite*), et peut-être au château Sforza (*Argos*). *Le Christ de Chiaravalle*, aujourd'hui à Brera, sur panneau de bois, est un témoignage précieux, sinon unique, sur son activité dans le domaine de la peinture de chevalet.

Ces œuvres témoignent de l'influence de Piero della Francesca, de Melozzo (spécialement les *Hommes d'armes* de la maison Panigarola) et de Boccati. À cette influence s'ajoute celle des œuvres d'Hercule de Ferrare, plus évidente encore sur la gravure faite en 1481 par Prevedari, d'après le dessin de Bramante. Bien qu'il n'existe aucune autre peinture (ni aucune mention de peinture) exécutée après cette date (sinon, peut-être, dans le portique de Saint-Jean-de-Latran, à Rome, une fresque peinte pour le jubilé de 1500), Bramante continuait à s'y intéresser, puisque Ludovic le More écrit en 1493 que Bramante « se délectait autant de la peinture que de l'architecture ». Mais c'est surtout en tant qu'architecte qu'après 1479 il s'affirmera, d'abord en Lombardie, puis à Rome.

2. Architecte en Lombardie

Bramante fit ses premières expériences architecturales en Lombardie, avec le sanctuaire de la Pitié, et l'église contiguë de Sainte-Marie près San Satiro. Dans le sanctuaire de la Pitié, remontant au IXe siècle, l'architecte garda la structure originale, dissimulant simplement la partie basse – en forme de croix grecque – par une base circulaire, et insérant la petite coupole dans un tambour polygonal. Un puissant mouvement de surfaces et de masses contrastantes caractérisait ainsi la partie supérieure du temple à l'extérieur, tandis que le rythme circulaire de la base en rétablissait l'unité. En recouvrant la construction par un assemblage de surfaces et de trompe-l'œil, Bramante adoptait un parti déjà utilisé à Urbino et à Bergame.

Il appliquera de nouveau ce principe à Sainte-Marie près San Satiro : son projet initial était trop important pour l'espace disponible ; cet édifice à trois nefs et à vaste transept aurait dû avoir un chœur d'égale importance qui ne put être construit faute de place (une rue qu'on ne pouvait dévier). Bramante ne voulut pas renoncer à un chœur aux proportions grandioses et réalisa donc une structure en trompe l'œil, peinte et modelée dans le stuc. Grâce à ce procédé, il parvint à donner à cet ensemble de petites dimensions un aspect monumental de type albertien. Le baptistère, inséré dans un angle extérieur de l'église, est à plan central. Le décor de ce petit édifice, conçu comme un sanctuaire, s'inspire en partie de motifs provenant du palais d'Urbino, mais aussi de l'œuvre de sculpteur-architecte de Crema, Agostino de Fonduti.

Du sacré au profane

L'activité de Bramante s'exerça également dans le domaine de l'architecture civile.

Nous ne savons pas avec précision à quel moment Ludovic le More lui confie la résidence de Vigenano, sans doute assez tôt, peut-être même vers 1480. Malheureusement, il ne reste que peu de chose des travaux que fit exécuter Bramante (et qui durèrent jusqu'en 1495) ; mais l'aménagement de la grande place qui sert d'atrium au palais ducal et à la cathédrale marque les débuts de Bramante urbaniste.

Il fit les dessins de l'hôpital Majeur de Milan (1485), puis revit les projets présentés pour le couronnement de la croisée du transept de la cathédrale (1488-1490). Il collabora aussi au projet, altéré par plusieurs modifications, de la cathédrale de Pavie (1488). L'espace intérieur des nefs se prolonge dans l'immense articulation du transept et du chœur ; ce dernier est traité comme un édifice à plan central amplifié par une énorme coupole, qui ne sera élevée en fait qu'au XIXe siècle. Le parti qui rappelle la vieille église Saint-Laurent à Milan fait de la cathédrale de Pavie une des créations les plus spectaculaires de Bramante. En 1492, alors que la construction était à peine amorcée, l'architecte abandonna le chantier, peut-être en raison de la nouvelle charge qui lui avait été confiée à Milan par Ludovic le More : la construction du chœur de Sainte-Marie-desGrâces dont le prince désirait faire le mausolée des Sforza. Le volume principal est cubique, flanqué de deux absides latérales, et relié à un chœur profond à absides. L'ensemble est complété par une énorme coupole hémisphérique dont la surface interne est rythmée d'imperceptibles jeux d'ombre et de lumière. L'œuvre dénote une parfaite connaissance des idées de Léonard, mais aussi l'influence d'Alberti et de Laurana. La réalisation de cet édifice ne fut malheureusement pas du tout conforme au projet d'origine.

Pendant la construction, on demanda à Bramante des dessins pour l'agrandissement de l'abbaye de Saint-Ambroise ; les travaux portèrent d'abord sur le cloître des chanoines, dont une seule aile fut terminée en 1495, puis furent poursuivis au sud, où les cloîtres, commencés en 1497, ne furent achevés qu'au siècle suivant.

3. Activités romaines

En 1495 était construit à Rome le palais de la Chancellerie dont l'architecture rappelle par plusieurs côtés celle d'Urbino ; l'hypothèse d'une participation de Bramante à ces travaux a été avancée : on retrouve les modules très caractéristiques de son architecture, surtout dans la cour et dans l'église de San Lorenzo in Damaso reliée au palais. De Milan, Bramante se serait donc rendu à Rome pour un court séjour avant de s'y établir définitivement et, à cette occasion, il aurait donné des dessins pour certaines parties de la Chancellerie.

Quoi qu'il en soit, l'activité romaine de Bramante est attestée à partir du 17 août 1500 : la commande des pilastres et des colonnes du cloître de Sainte-Marie-de-la-Paix, dont il avait fourni les dessins. Le cloître fut achevé en 1504. Au rez-de-chaussée, des arcatures reposant sur des pilastres doriques, à l'étage, un entablement porté par des colonnes qui alternent avec des pilastres composites : Bramante ne réussira plus jamais à concilier avec un tel bonheur les acquisitions si diverses de sa formation architecturale.

La construction du cloître était en cours quand lui fut confié le projet du Tempietto de San Pietro in Montorio. L'édifice avait été commandé pour enchâsser le lieu du supplice de saint Pierre. Le projet de Bramante comprenait non seulement le temple

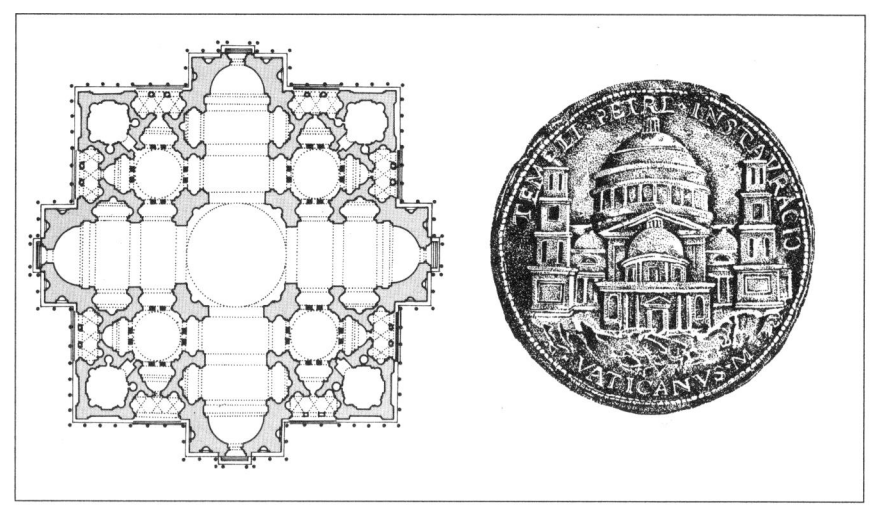

Le plan de Bramante pour Saint-Pierre de Rome (ci-dessus, à gauche) était central et probablement en forme de croix grecque (le dessin original conservé aux Offices ne représente que la moitié de l'édifice). Quatre petites croix grecques remplissent l'espace laissé libre entre les bras de la croix, créant un effet de répétition harmonique et une gradation subtile entre les différentes parties de l'édifice. Le projet reçut l'approbation de Jules II en 1506 mais ne fut jamais exécuté. La médaille de Caradosso, 1506 (ci-dessus, à droite) montre l'élévation du projet initial de Bramante pour Saint-Pierre. Pour rivaliser avec le Panthéon, les volumes s'élèvent par degrés jusqu'à la coupole centrale.

rond – presque un tabernacle – à plan central qui seul sera réalisé, mais aussi, pour cerner l'édifice, un cloître circulaire creusé de niches. Ce projet s'inspire directement de l'étude approfondie faite par Bramante des monuments de la Rome antique ; d'où un sens des proportions plus aigu que celui que l'on éprouvait alors à Milan, des contrastes d'ombre et de lumière plus prononcés, une plus grande unité, des formes dépouillées de tout motif décoratif superflu. Aussi, bien qu'étant de dimensions modestes, le temple acquiert-il, grâce à l'organisation des volumes, une monumentalité exceptionnelle, qu'accentuent encore les jeux de clair-obscur.

On ne connaît pas la date à laquelle Jules II chargea Bramante d'aménager une partie des palais du Vatican, la zone s'étendant de l'actuelle cour de San Damaso au Belvédère d'Innocent VIII. Le projet prévoyait l'aménagement du terrain, qui est en forte déclivité, par des terrasses, des escaliers et des exèdres. Des mutilations et des transformations devaient altérer l'unité de cet ensemble qui n'en influencera pas moins les aménagements de jardins, de parcs et d'ensembles monumentaux.

Les travaux étaient à peine commencés quand fut décidée la reconstruction totale de la vieille basilique de Saint-Pierre, prévue de longue date.

L'édition autographe du projet initial de Bramante ne nous est pas parvenue et il faut tenter de le reconstituer à partir de dessins anciens et d'une vue de l'église reproduite sur la célèbre médaille du Caradosso (cf. figure). Bramante était une fois de plus affronté au même problème : créer un édifice surmonté d'une coupole vers laquelle convergent les espaces du pourtour. À Saint-Pierre, ce thème est déployé avec grandeur : croix grecque surmontée d'une immense coupole hémisphérique, chapelles cruciformes flanquées de tours d'angle, coupole reposant à l'intérieur sur un haut tambour percé de fenêtres et ceint d'une colonnade. Quatre énormes pilastres destinés à soutenir le tambour devaient constituer les points d'articulation entre la partie centrale, couverte par la coupole, et le déambulatoire cruciforme du pourtour, couvert par quatre petites coupoles d'angles et entouré d'un jeu compliqué d'absides et de niches. Les références à l'architecture romaine (le Panthéon) ou paléochrétienne étaient évidentes.

La construction commence le 18 avril 1506 ; en 1510, les quatre piliers du centre sont achevés ; une première interruption a lieu à la mort de Jules II (1513) et les travaux peu avancés s'arrêtent à la mort de l'architecte.

Simultanément avec ces grands travaux, Bramante avait eu d'autres engagements pendant le pontificat de Jules II : à Todi, dessins pour Sainte-Marie-de-la-Consolation ; à Lorette, consolidation de la coupole et travaux pour le sanctuaire de la Santa Casa (1509) ; à Rome, chœur de Sainte-Marie-du-Peuple (1509), tracé de la via Giulia, projet du palais des Tribunaux avec l'église annexe de San Biagio della Pagnotta et construction de la demeure – détruite aujourd'hui – qu'habitera Raphaël.

PASQUALE ROTONDI

Bibliographie

G. C. ARGAN, « Il Problema del Bramante », in *Rassegna Marchigiana*, t. XI, 1934 / C. BARONI, *Bramante*, Bergame, 1944 / L. BELLOSI, « Una *Flagellazione* del Bramante a Perugia », in *Propettiva*, n° 9, avr. 1977 / F. BORSI, *Bramante*, Electa Moniteur, Paris, 1991 / *Bramante a Milano*, colloque, 3 vol. Milan, 1986-1988 / *Bramante tra unamessimo e manierismo*, catal. expos., Palazzo Reale, Milan, 1970 / A. BRUSCHI, *Bramante architetto*, Bari, 1969 / G. CHIERICI, *Bramante*, Milan, 1954 / G. DE ANGELIS D'OSSAT, « Preludio romano del Bramante », in *Palladio*, 1966 / O. H. FORSTER, *Bramante*, Vienne, 1956 / G. GIOVANNONI, « Bramante e l'architettura italiana », in *Nuova Antologia*, t. LXX, 1934 / F. MALAGUZZI VALERI, *La Corte di Ludovico il Moro : Bramante e Leonardo*, Milan, 1911 / G. MARINELLI, « Renaissance tapestries from the Vigevano workshop in the castello Sforzesco, Milan », in *The Connoisseur*, n° 643, sept. 1965 / G. MULAZZANI, « A confirmation for Bramante : the *Christ at the column* of Chiaravalle », in *Art Bulletin*, vol. LIV, n° 2, juin 1972 / P. MURRAY, *Bramante's Tempietto...*, Westerham, 1972 / M. REYMOND, *Bramante et l'architecture italienne au XVIe siècle*, Paris, 1911 / P. ROTONDI, « Contributi urbinati al Bramante pittore », in *Emporium*, t. CXIV, 1951 ; « Nuovi Contributi al Bramante pittore », in *Arte Lombarda*, t. IV, 1959 / J. VOGEL, *Bramante und Raphael*, Leipzig, 1910.

BREUER MARCEL (1902-1981)

Architecte « du soleil et de l'ombre », Marcel Breuer est mort à New York le 1er juillet 1981. Il fut le dernier des survivants du Mouvement moderne d'architecture et le protecteur, l'accoucheur de cette génération de grands formalistes américains qui devait s'épanouir dans les années 1960. Marcel Breuer, dit Lajko, était né dans la famille d'un médecin de la ville hongroise de Pecs, près de la frontière yougoslave. En 1920, voulant devenir sculpteur, il fit un bref séjour à l'académie de Vienne puis, déçu, se rendit à Weimar où venait d'être créé le Bauhaus. Malgré son jeune âge, il allait en devenir rapidement une figure marquante. D'abord simple étudiant, il fut nommé professeur en 1924, puis directeur de la section de création de mobilier en 1926, après que l'école se fut installée à Dessau, dans les nouveaux locaux conçus par Walter Gropius et meublés, pour l'essentiel, par Breuer lui-même.

Ses créations, il les voulait alors « sans style », car « on ne s'attend pas à ce qu'elles expriment autre chose que leur fonction et la structure requise par cette fonction » ; il les souhaitait « dissociées, aériennes, comme esquissées dans l'espace », bref « rien d'autre que des dispositifs indispensables à la vie moderne ». Ainsi inventa-t-il, d'un guidon de bicyclette, une série de sièges qui révolutionnèrent l'ameublement occidental, employant pour la première fois des tubes d'acier cintré. Ce fut d'abord, en 1925, le fauteuil Vassily, du nom de Kandinsky qui en acheta les deux premiers exemplaires, puis, trois années plus tard, la célèbre chaise Cesca, ou « cantilever », constituée d'un unique tube chromé, souplement plié en porte-à-faux et supportant un dosseret et un siège de bois canné.

Protestant contre un enseignement qui négligeait l'architecture au profit du design industriel, Breuer avait quitté le Bauhaus en 1928 (en même temps que Gropius), pour s'établir à Berlin. Sa première construction, la maison Harnischmacher à Wiesbaden (1932), est légère, sobrement ossaturée de béton, munie de larges parois vitrées et de tendeurs d'acier.

Puis ce fut en 1934 l'immeuble Doldertal à Zurich, édifié en collaboration avec les frères Roth pour Siegfried Giedion, le célèbre historien, créateur des C.I.A.M., Congrès internationaux d'architecture moderne. À l'arrivée des nazis, Marcel Breuer s'exila, comme beaucoup d'artistes modernes. Il s'associa un moment avec Francis R. S. Yorke à Londres, en 1935, après un court séjour en Suisse. Construit en 1936 à Bristol, le pavillon d'exposition Gane's fut sa première occasion de jouer, dans un édifice dépouillé, du contraste entre de grandes surfaces de verre et des pans de pierre verticaux, introduisant là des effets plastiques peu usuels, « bien que très simples », dans l'ambiance rigoriste des avant-gardes. Transgression dont il croyait d'ailleurs devoir s'expliquer, demandant qu'on veuille bien n'y voir qu'un moyen de renforcer la géométrie de ses espaces. L'année suivante, toujours avec Yorke, il dessina un projet de *Civic Center of the Future*, première proposition d'organisation urbaine ; y apparaissaient déjà ces immeubles en Y qui devaient devenir sa griffe personnelle et que l'on retrouve dans les plans de l'U.N.E.S.C.O. à Paris et le Centre de recherches d'I.B.M. à La Gaude. En 1937, il se rendit à Harvard sur l'invitation de Gropius devenu directeur du département d'architecture à l'université Harvard, pour y enseigner jusqu'en 1941 ; au même moment, Mies van der Rohe et Moholy-Nagy arrivaient à Chicago. Breuer eut alors, en quelques années, un rôle essentiel d'intermédiaire entre la génération des grands maîtres (Gropius était né en 1883) et celle qui se développa dans l'immédiat après-guerre. Ainsi eut-il pour élèves Barnes (né en 1915), Johansen (né en 1916), Peï et Catalano (nés en 1917), Rudolph (né en 1918), Seidler (né en 1923) et même Philip Johnson (né pourtant en 1906 et qui avait déjà publié en 1932 son célèbre ouvrage *International Architecture*). L'influence de Breuer fut énorme car, à la différence de Mies, il veillait à l'épanouissement de la sensibilité de chacun de ses élèves, « qu'elle soit le fruit d'une approche analytique et fonctionnelle ou le résultat de l'imagination et de la rébellion ». De 1937 à 1941, il travailla avec Walter Gropius, puis seul, avant de s'installer définitivement à New York en 1946. De ces premières années américaines datent un certain nombre de maisons particulières aux espaces sobrement articulés, volumes simples souvent organisés en H, souvent largement ouverts sur le paysage chargé de « procurer les murs », dans des rapports de transparence et de continuité entre l'intérieur et l'extérieur. Contrastant violemment avec le lisse des parois vitrées ou des revêtements de bois rouge, des socles maçonnés, des murs de pierre brute et des cheminées qui firent le bonheur des revues d'architecture introduisaient des effets de texture dont la mode se répandit dans le monde entier.

Mais c'est dans le courant des années 1950 que Marcel Breuer mit au point le style de son âge mûr : employant les ressources esthétiques du béton armé qu'avaient déjà explorées avant lui certains ingénieurs européens tel Pier Luigi Nervi, il y vit le « moyen parfaitement plastique » de réaliser des structures architecturales qui fussent « des sculptures ayant une fonction ».

Il construisit à cette époque le siège de l'U.N.E.S.C.O. à Paris (1953-1958), dessiné avec Nervi justement et Zehrfuss, bâtiment souple et majestueux, flanqué d'une vaste salle de conférences au volume expressif constituée d'une unique structure de béton continue, scandée, sur ses parois et sa toiture, de fortes coques plissées. Le même système fut repris pour la nef de l'abbaye bénédictine de l'université Saint-Jean à Collegeville, dans le Minnesota (1953-1961) où une gigantesque dalle de béton armé verticale, rectangulaire, « bannière » ajourée pour le logement des cloches et d'une simple croix, servait de clocher spectaculaire, portée par quatre hautes jambes inclinées à l'extérieur du bâtiment proprement dit.

Si le Hunter College du Bronx (1955-1959) paraît d'une expression plus réservée, avec ses grandes boîtes aveugles masquées par une résille homogène de claustra, le bâtiment de l'University Heights de l'université de New York (1956-1961) franchit un nouveau pas dans l'usage sculptural du béton : il s'agissait là d'une énorme masse monolithe, colosse trapu, puissamment travaillée et brute de décoffrage, supportée en un double porte-à-faux par de solides piliers en V.

Au tournant des années 1960, Breuer s'engagea dans la recherche d'une esthétique toujours vigoureuse mais plus « classicisante » ; il inventa un traitement de façade régulier, tramé, très charpenté, qui donnait à ses édifices une solide élégance. Ce genre de façade, constituée de panneaux préfabriqués en béton armé, assez profonds, devint un stéréotype de l'architecture internationale de bureaux de la fin de la décennie (sous une forme moins rigoureuse et affadie, avec en plus des coulures et salissures fréquentes) ; il parvint même souvent à détrôner le classique mur-rideau de verre et métal.

Marcel Breuer appliqua cette solution avec perfection au siège central du Department of Housing and Urban Development de Washington (1960-1968), plus tard aux laboratoires pharmaceutiques Sarget de Bordeaux-Mérignac (1974), mais surtout aux splendides bâtiments construits pour la firme I.B.M. à La Gaude, dans la région niçoise (1960-1961). Dans ces constructions calmes et fortes, deux niveaux de façades se développent largement selon un plan en double Y et se dégagent d'un terrain pentu par une succession de piliers de béton massifs en forme de tridents.

D'une œuvre commencée sous le signe de la rigueur et du dépouillement et achevée sous celui de la rigueur et de l'expressivité plastique, on retiendra encore le Whitney Museum of American Art de New York (1963-1966) et trois réalisations françaises : la station de ski de Flaine en Haute-Savoie, entreprise au début des années 1960, la grande Z.U.P. de Bayonne, monumental alignement d'immeubles de douze niveaux sur un site de collines à quelque distance de l'agglomération ancienne (1963-1974), et surtout la nouvelle ambassade d'Australie à Paris, quai Branly (1976-1978), réalisée en collaboration avec son ancien élève de Harvard Harry Seidler.

FRANÇOIS CHASLIN

Bibliographie

G. C. ARGAN, *Walter Gropius e la Bauhaus*, Einaudi, Milan, 1951 ; *Marcel Breuer, disegno industriale e architettura*, Görlich, Milan, 1957 / P. BLAKE, *Marcel Breuer, Architect and Designer*, Museum of Modern Art, New York, 1949 ; *Marcel Breuer, Sun and Shadow*, Dodd, Mead & Co., New York, 1955 / *Marcel Breuer*, catal. expos., Museum of Modern Art, New York, 1972 / *Marcel Breuer, Buildings and Projects, 1921-1961*, Praeger, New York, 1962 / *Marcel Breuer, Architektur, Möbel, Design*, Bauhaus Archiv, Berlin, 1975 / T. PAPACHRISTOU, *Marcel Breuer, New Buildings and Projects*, Praeger, New York, 1970 / J. WILLET, *The New Sobriety : Arts and Politics in the Weimar Period*, Thames & Hudson, Londres, 1978 / H. WINGLER, *The Bauhaus*, M.I.T. Press, Cambridge (Mass.), 1976.

BRONGNIART ALEXANDRE THÉODORE (1739-1813)

Architecte français. Passé à la postérité grâce au palais de la Bourse, Brongniart est une figure particulièrement représentative de son temps, dans la mesure où sa carrière épouse les orientations complexes de l'histoire entre la fin de l'Ancien Régime et l'apogée de l'Empire. Élève de Blondel et de Boullée, il acquiert, chez l'un, la maîtrise de cette science très « française » de l'ordonnance et, chez l'autre, une réelle virtuosité du dessin. Échouant trois fois au Prix d'architecture, il se lance, dès 1765, dans l'achat à la Chaussée-d'Antin, alors en pleine expansion, d'importants terrains qu'il revend avec l'obligation faite au nouveau propriétaire de s'adresser à lui pour la construction projetée. Ses relations avec la marquise de Montesson — épouse morganatique du duc d'Orléans pour laquelle il édifie son premier hôtel (1770-1771) — lui assurent la protection de la haute aristocratie et du milieu de la finance. Il reçoit alors de nombreuses commandes : les hôtels Taillepied de Bondi (boulevard Montmartre, 1771), de Mlle Dervieux (rue Chantereine, 1778), de même que les hôtels Bouret de Vézelay (rue Taitbout, 1777) et de La Massais (rue de Choiseul, 1778), puis un groupe de maisons (rue Neuve-des-Mathurins, 1776).

Si l'urbanisme haussmannien a supprimé ces grands hôtels comme ces « petites maisons » édifiées pour des danseuses et des chanteuses d'Opéra, c'est sur la rive gauche, autour du boulevard des Invalides, qu'il faut chercher le souvenir de Brongniart. En tant qu'architecte de l'École militaire et des Invalides (1782-1792), il a donné à ce quartier sa physionomie actuelle par le tracé de la place de Breteuil et des avenues alentour. Après la construction de l'hôtel de Monaco, rue Saint-Dominique (1774-1777), il obtient, grâce à l'appui de M. de Montesquiou, de faire percer la rue Monsieur et réalise ainsi une fructueuse opération immobilière, concrétisée par les hôtels de Montesquiou (1781), de Bourbon-Condé (1782) et sa propre demeure, au coin du boulevard des Invalides et de la rue Oudinot (1782). Si les premiers hôtels de style Louis XV, entre cour et jardin, restent très traditionnels, les hôtels Masseran et Boisgelin (1787-1789) dénotent en revanche un goût néo-classique plus prononcé, où se manifeste l'influence d'un palladianisme tempéré. Les ailes des communs disparaissent, la façade sur jardin, percée de baies en plein cintre avec un portique à colonnes (hôtel de Bondi), laisse la place à une stricte élévation, rythmée seulement par des lignes de refends et des pilastres d'ordre colossal. Brongniart conçut aussi la décoration intérieure de ses hôtels. Il exécute notamment, en étroite collaboration avec le sculpteur Clodion, la salle de bains de l'hôtel Chanac de Pompadour, célèbre nymphée à la mode antique.

La Révolution ne marque pas de réelle coupure dans la carrière de Brongniart. De Bordeaux (1793-1795), il dessine de superbes décors pour des fêtes révolutionnaires et un curieux projet d'arc des Sans-Culottes pour le concours de l'an II. De retour à Paris, il conçoit les plans du théâtre Louvois (1791), des projets pour une salle d'Opéra, une Bourse associée au tribunal de commerce, un temple de la gloire dédié à la Grande Armée sur le chantier inachevé de la Madeleine, ainsi qu'un théâtre des Variétés au Palais-Royal. Nommé membre du Conseil des bâtiments civils, il s'occupe ensuite des problèmes techniques posés par l'état de dégradation du Panthéon.

L'art des jardins tient une place essentielle dans l'œuvre de Brongniart. Ses nombreux dessins [voir Béatrice de Rochebouët, *Inventaire du fonds privé d'archives d'A. T. Brongniart (1739-1813)*, université de Paris-IV, 1984] témoignent d'une attention particulière au traitement de l'espace et du paysage et de véritables qualités picturales, suggérant des rapprochements avec son ami le peintre Hubert Robert et avec le paysagiste Claude-Louis Châtelet. À « l'Élysée » de Maupertuis, au Raincy ou à Romainville, il manifeste sa sensibilité pour l'exotique (fabriques chinoises), il sacrifie avec humour au débat sur les origines de l'architecture (variations sur le thème de la « cabane primitive »), enfin il semble ouvrir la voie à une méditation sur le style irrégulier et ses sources vernaculaires (maisons à l'italienne, colombages). Cette profonde expérience du style paysager l'amène à créer le premier grand cimetière de ce genre à Paris : le Père-Lachaise (1807).

Dans les modèles de formes et de décors que Brongniart a donnés à la manufacture de Sèvres, dont son fils était directeur, l'architecte révèle un goût similaire pour la couleur et la fantaisie et une tendance naturaliste qui s'expriment dans les fleurs et les oiseaux des tables de porcelaine, des vases monumentaux ou des pièces du service olympique (cadeau de Napoléon au tsar Alexandre).

Peu d'édifices publics illustrent la carrière de Brongniart. Le couvent des Capucins (lycée Condorcet), où il emploie le dorique de Paestum, montre son adhésion, sous le règne de Louis XVI, aux aspects les plus avancés du néo-classicisme. En 1789, il participe, avec Antoine, Ledoux et Bélanger, au concours pour une Caisse d'escompte, rue de Louvois. Enfin, sous l'Empire il dessine les plans de la Bourse, symbole de la grandeur du Paris de Napoléon, œuvre qu'il ne verra jamais achevée.

L'ensemble de l'œuvre de Brongniart, restée longtemps méconnue, jusqu'à l'exposition du musée Carnavalet en 1986 (*Alexandre Théodore Brongniart, architecture et décors*), atteste, par son extraordinaire diversité, du talent de cet artiste si fécond qui contribua à façonner le visage de Paris.

BÉATRICE DE ROCHEBOUET

BROSSE SALOMON DE (1571 env.-1626)

Entre 1570 et 1630 l'architecture française franchit une étape essentielle vers le classicisme et Salomon de Brosse joue un rôle de tout premier plan dans cette évolution. Pour avoir dépassé les traditions architecturales de son milieu familial, il a tiré l'architecture de l'impasse maniériste et fantaisiste où elle était engagée. Héritier spirituel de son prédécesseur, Philibert Delorme, il a, comme lui, su allier des éléments étrangers à un classicisme mesuré dont témoigne la façade de Saint-Gervais. Abandonnant le style décoratif de Jacques Ier Androuet Du Cerceau, il renoue avec l'architecture de masses de Delorme. La leçon donnée par de Brosse ne sera pas oubliée par François Mansart.

Descendant de Jacques Ier Androuet Du Cerceau

Salomon de Brosse est né à Verneuil (Oise) d'un père architecte ; sa mère était la fille du célèbre graveur et architecte Jacques Ier Du Cerceau.

La première mention connue de la profession d'architecte de Salomon de Brosse date de 1597 : il travaille alors avec son oncle pour Gabrielle d'Estrées au château de Montceaux.

De 1600 à 1608, il s'occupe de l'achèvement du château de Verneuil. Vers 1608, il est architecte de Marie de Médicis à Montceaux et dirige tous les projets d'aménagement et d'agrandissement du château. En 1608 encore, il fournit les dessins des maisons et édifices de la ville de Henrichemont (Cher), fondation du duc de Sully. Les commandes se multiplient ; à Paris, des hôtels : de Bouillon (1612) et du Lude (1618) ; en province, des châteaux : Blérancourt (1612) dans l'Aisne et Coulommiers-en-Brie (1613).

À la mort de son oncle, en 1614, il lui succède comme architecte du roi ; bientôt il sera nommé architecte du nouveau palais du Luxembourg commencé par Marie de Médicis en 1615.

De Brosse donne en 1616 le dessin pour la façade de l'église Saint-Gervais à Paris. En 1618, il est chargé de reconstruire la grand-salle du Palais de Justice à Paris (incendiée au XIXe siècle, cette salle sera rebâtie d'après les dessins originaux). La même année, on le consulte pour l'achèvement du palais du Parlement de Bretagne. Il intervint dans la façade principale, la grand-salle et la cour. De Brosse était protestant et, en 1623, il bâtit pour ses coreligionnaires le grand temple de Charenton.

Au début de 1623, la reine mère, mécontente de la conduite d'une partie des travaux du Luxembourg et de l'administration des fonds, demanda un procès-verbal et une expertise des travaux dont de Brosse était à la fois l'architecte et l'entrepreneur ; quelques fautes techniques liées à des difficultés financières furent découvertes et de Brosse donna sa démission le 24 mars 1624.

Du maniérisme au classicisme

Malgré la disparition d'une grande partie de ses œuvres, une documentation suffisante autorise une analyse du style et de l'influence de de Brosse. Par sa naissance et par son éducation, cet architecte faisait partie de « l'équipe Du Cerceau », où l'influence de son aïeul Jacques Ier était grande. À sa mort (vers 1585), celui-ci laissa à ses héritiers ses livres, ses gravures et de nombreux dessins inédits. Alors que les éléments décoratifs très extravagants qui caractérisent la plupart de ses œuvres étaient repris par les maîtres maçons, l'atelier Du Cerceau, dirigé par Jacques II, s'appuyant sur certains dessins et gravures tardifs de Jacques Ier, commença à évoluer vers un style plus simple. On en voit les résultats dans un dessin exécuté vers 1600 pour l'achèvement du château de Verneuil, à

Montceaux où de Brosse travailla avec Jacques II (1597-1599), et dans la Grande Galerie du Louvre commencée par ce dernier en 1594.

On retrouve très souvent dans les œuvres de Salomon de Brosse l'influence de Jacques Ier Du Cerceau. Comme lui, il aime les bâtiments imposants et de style rustique : portes d'entrée de la basse-cour de Montceaux ; façade d'entrée et avant-cour de Verneuil ; extérieur de Coulommiers ; Luxembourg. Pour la porte Henri-IV à Verneuil (démolie en 1940) et la porte de la cour de Blérancourt, de Brosse s'inspire de dessins de Du Cerceau. Mais ses créations sont toujours beaucoup moins fantaisistes, beaucoup plus architectoniques que les modèles de Jacques Ier.

De Brosse s'intéressa de plus en plus à une architecture de masses où les éléments d'inspiration italienne s'intègrent harmonieusement. De Brosse n'est jamais allé en Italie, mais il a subi très tôt l'influence de Vignole. L'attestent la façade de la chapelle des communs à Montceaux, les portes des hôtels de Soissons et de Bénigne-Bernard ; du château de Blérancourt. Le pavillon d'entrée qu'il projetait pour Coulommiers et qui a inspiré celui du Luxembourg rappelle la chapelle des Valois de Primatice à Saint-Denis. Les plans ovales ou circulaires des chapelles de Montceaux (pavillon d'entrée) et de Coulommiers, le Belvédère du pavillon d'entrée du Luxembourg reprennent des idées que Jacques Ier Du Cerceau avait empruntées à Serlio et à Peruzzi. Par ses contacts avec des architectes et des artistes qui connaissaient l'Italie, de Brosse avait découvert l'architecture du XVIe siècle de ce pays. Les Potier, bâtisseurs de Blérancourt, avaient demandé un édifice de style classique orné « à l'italienne ». Le projet prévoyait un plan « en bloc » sans ailes, identique à celui de la Farnesine à Rome, des façades où les ordres superposés remplaçaient l'ordre colossal cher aux Du Cerceau et devaient rappeler ainsi la façade de Lescot au Louvre. Marie de Médicis voulait que le Luxembourg s'inspirât du palais Pitti et elle fit venir de Florence plans et dessins. De Brosse reprit certains détails du Pitti, mais le Luxembourg reste tout à fait français : on y retrouve des idées déjà lancées à Montceaux, à Verneuil et à Coulommiers. Plus tard, à Rennes, de Brosse construira derrière la façade classique du palais (aujourd'hui palais de justice) une cour cernée d'arcades, souvenir des palais italiens connus à travers des dessins de Serlio et de Jacques Ier Du Cerceau.

De Brosse s'intéressait plutôt à la conception d'ensemble de ses bâtiments qu'aux détails de leur construction ou de leur décoration pour lesquels il avait plusieurs assistants ; l'un d'eux, Charles Du Ry, dirigea le chantier de Coulommiers et celui de Blérancourt. Ces deux châteaux, les plus ornés de tous ceux qu'il construisit, demandèrent chacun une équipe de sculpteurs. Le répertoire décoratif procède des dessins de Du Cerceau, comme du Louvre de Lescot ; il s'inspire également des gravures de Vignole et des sculptures florentines du XVIe siècle.

ROSALYS T. COOPE

Bibliographie

J. P. BABELON, « Documents inédits concernant Salomon de Brosse », in *Bull. Soc. Hist. Art franç.*, 1962 / E. J. CIPRUT, « Jean Androuet Du Cerceau », in *Bull. Soc. Hist. protestantisme franç.*, n° 113, 1967 / R. T. COOPE, « The Château of Montceaux-en-Brie », in *Bull. Warburg and Courtauld Inst.*, n° 22, Londres, 1959 ; « History and Architecture of the Château of Verneuil-sur-Oise », in *Gaz. Beaux-Arts*, 1962 ; *Salomon de Brosse and the development of the classical style in french architecture from 1565-1630*, Zwemmer Ltd., Londres, 1972 / J. PANNIER, *Salomon de Brosse*, Paris, 1911 / C. READ, *Salomon de Brosse, l'architecte de Henri IV et de Marie de Médicis*, Paris, 1881.

BRUAND LIBÉRAL (1636-1697)

L'architecte Libéral Bruand est le fils de Sébastien Bruand, maître des œuvres de charpenterie des bâtiments du roi, ponts et chaussées de France, et de Barbe Biard. Son frère aîné Jacques travaille à l'église Notre-Dame-des-Victoires à Paris (1642) et construit l'hôtel de Fontenay-Mareuil, rue du Coq-Héron (1646), le château du Fayel en Picardie (1654) et la maison des Drapiers (1655), dont la façade est remontée au musée Carnavalet. Architecte du roi en 1663, Libéral Bruand succède à son père en 1670 comme maître général des œuvres de charpenterie ; il est nommé membre de l'Académie d'architecture, dès sa fondation en 1671.

Bruand travaille sous la direction de Louis Le Vau à la Salpêtrière, où il construit la chapelle (1660). Son œuvre maîtresse est l'hôtel des Invalides (1670-1676). Le plan en grille rappelle celui de l'Escorial : au fond d'une grande cour centrale, flanquée de chaque côté de deux cours plus petites, s'élève l'église des Soldats, elle-même encadrée de l'apothicairerie et de l'infirmerie. La façade extérieure forme une longue horizontale, assouplie au centre par l'archivolte triomphale du portail. Sur la cour, entourée de deux étages d'arcades, l'harmonie naît discrètement de la répétition d'un module unique, le rayon des arcs. Tout le décor est reporté sur les lucarnes, richement ornées de trophées. Jules Hardouin-Mansart complétera cet ensemble fonctionnel en bâtissant derrière l'église le dôme.

Par ses constructions, comme par ses interventions à l'Académie, Libéral Bruand, qui fut un technicien apprécié, s'affirme comme le promoteur d'une architecture dépouillée, soucieuse de solidité, de commodité et d'harmonie mathématique, conception que défendent également François Blondel et Pierre Bullet.

CLAUDE MIGNOT

BRUNELLESCHI FILIPPO (1377-1446)

Ses contemporains, le rédacteur anonyme de sa biographie et Leon Battista Alberti, considéraient le Florentin Brunelleschi comme le premier artiste « moderne » : celui qui rompt la tradition pour retourner aux sources gréco-romaines où il puise une vigueur créatrice. En fondant une technique nouvelle sur l'étude de l'art antique, Brunelleschi a montré que la culture humaniste, loin d'être seulement littéraire, possédait un contenu scientifique et technologique. Sa rigueur intellectuelle isola Brunelleschi qui n'eut guère, au XVe siècle, de disciples éminents : sa conception de l'Antiquité fut vite dépassée par celle d'Alberti, plus littéraire, et par celle de Donatello, plus dramatique. Mais la haute idée qu'il se faisait de l'architecture en tant qu'espace absolu et en tant que construction à la fois historique et rationnelle sera reprise et développée par Michel-Ange.

Sculpteur puis architecte

Élève de l'orfèvre Lunardo, à Florence, Brunelleschi débuta comme sculpteur. En 1401, il participa au concours pour la seconde porte du baptistère de Florence, en

BRUNELLESCHI FILIPPO

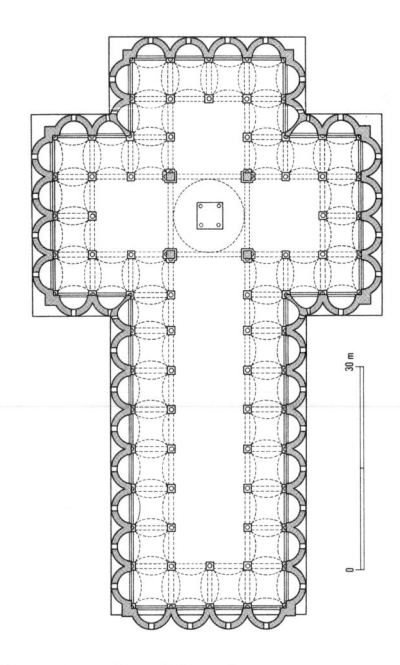

Plan de l'église Santo Spirito à Florence.

réalisant un relief représentant le sacrifice d'Isaac ; jugé ex aequo avec Lorenzo Ghiberti, il renonça à la sculpture. Un voyage à Rome, probablement entre 1404 et 1409, et l'étude des monuments antiques l'orientèrent vers l'architecture. En 1417, il aborda le problème de la construction de la coupole de la cathédrale Sainte-Marie-de-la-Fleur à Florence : les travaux durèrent jusqu'en 1446. Brunelleschi établit les plans de la chapelle Barbadori à Santa Felicità et de l'église San Lorenzo (1418), ainsi que ceux de l'Ospedale degli Innocenti (1419). En 1436, il développa le thème de la basilique de San Lorenzo dans un projet plus complexe pour l'église Santo Spirito (cf. figure), qui ne devait être construite qu'après sa mort. L'année 1434 voit l'élaboration du projet du Tempio degli Angeli, suivi, peu après 1440, de celui de la chapelle des Pazzi. Quant au projet du palais Pitti, il est probablement de lui. On possède encore des renseignements sur des œuvres de mécanique, des constructions civiles et militaires à Pise, Mantoue et Ferrare.

Artiste et ingénieur

Avec Masaccio et Donatello, Brunelleschi fonde un nouveau système de représentation du monde : sa conception géométrique de l'espace (perspective) intéresse aussi la pensée et la recherche scientifique du xve siècle. Le relief du *Sacrifice d'Isaac*, composé pour le concours de 1401, révèle déjà l'attitude polémique du jeune sculpteur à l'égard du gothique tardif, sa volonté de se rattacher à la source toscane plus ancienne de Giovanni Pisano, sa nouvelle interprétation des situations historiques comme déterminant une nouvelle image, plus synthétique, de l'espace. C'est avec des procédés inédits de relevés qu'il étudia les monuments antiques de Rome, s'intéressant particulièrement à la disposition planimétrique et aux rapports des éléments, ainsi qu'aux techniques de construction.

Brunelleschi partagea avec les premiers humanistes l'idéal de la cité, témoignage historique et réalité politique ; avec Nanni di Banco et Donatello, il prôna le « retour à l'Antiquité », non comme évocation littéraire, mais comme interprétation historique. Il est le premier « spécialiste » de l'application technique : avec lui naît la figure de l'« ingénieur ». Il fut l'ami de savants tels que les mathématiciens Giannozzo Manetti et Paolo del Pozzo Toscanelli ; ce dernier appliqua les procédés perspectifs de Brunelleschi à la représentation cartographique. Toutes les sources attribuent à Brunelleschi l'invention de la perspective et son application à la peinture ; on possède même des descriptions de travaux expérimentaux accomplis dans ce domaine. La perspective de Brunelleschi, qui constitua le fondement théorique du traité *De la peinture* d'Alberti, présuppose la connaissance de l'abondante littérature traitant de la perspective en tant que science comprenant toute la phénoménologie de la vision. Brunelleschi sépara la perspective de l'optique, en la posant comme une construction et une représentation géométrique de l'espace sur le plan. Appliquée à l'architecture, elle vaut comme principe de la distribution, à intervalles réguliers, des éléments portants, et comme réduction des rapports de poids et de poussées à un système en équilibre.

Les rapports de Brunelleschi avec le milieu artistique florentin sont très importants. Pour le concours de 1401, puis pour la construction de la coupole du dôme, il fut en désaccord avec Ghiberti ; à l'humanisme de celui-ci, extension universaliste de la culture du xive siècle en un culte littéraire de l'Antiquité, il opposa sa conception de l'Antiquité en tant qu'histoire, de l'histoire en tant que rationalité pure. Cette conception l'opposa même à son ami Donatello, pour qui l'histoire est drame, contraste de passions, *ethos* populaire. L'influence de Brunelleschi sur la formation picturale de Masaccio fut fondamentale ; mais à son tour, dans ses œuvres tardives, Brunelleschi subit l'ascendant de celui-ci. Outre Masaccio, les peintres qui suivent le plus manifestement la leçon de perspective de Brunelleschi sont Filippo Lippi, qui l'interprète cependant dans un sens empirique et naturaliste, et Fra Angelico, qui cherche à la concilier avec la doctrine thomiste de l'espace et de la lumière.

La coupole de Sainte-Marie-de-la-Fleur

La construction de la coupole de la cathédrale de Florence s'est poursuivie tout au long de la carrière de Brunelleschi et en constitue le problème central. La coupole proprement dite fut commencée en 1420 et terminée en 1436 ; en 1438 fut entreprise la construction des tribunes, corps semi-cylindriques à la base du tambour, destinés à équilibrer le volume de la coupole ; le modèle de la lanterne, qui résume, conclut et précise la signification spatiale de l'ensemble, date de 1432.

La coupole de Brunelleschi symbolise la civilisation de la Renaissance. Sa nouveauté est d'ordre à la fois idéologique, urbaniste, formel et technique. La cathédrale de Florence, conçue par Arnolfo di Cambio dans les dernières années du xiiie siècle et élevée jusqu'au tambour au cours du xive siècle (avec de notables modifications par rapport au projet initial), constituait le symbole de la Cité. Au milieu du xive siècle, Giotto avait souligné ce caractère avec le haut campanile qui marque le centre idéal et l'axe de la ville. Lorsque Brunelleschi affronte le problème de l'achèvement de la cathédrale, Florence n'est plus une communauté enclose dans ses vieilles murailles, mais un petit État qui étend sa domination ou son influence sur une grande partie de la Toscane. L'artiste veut exprimer cette nouvelle réalité historico-politique dans la forme de la coupole : celle-ci doit résumer, ré-interpréter, récapituler et, en même temps, se poser en tant que construction autonome. Elle sera une forme, la plus « enflée » possible : non pas comme une calotte appuyée sur le corps de l'église, mais comme une structure de « crêtes et de voiles » qui le développe en extension et en hauteur, en rapport avec l'espace urbain et l'espace libre du ciel. Alberti la dit « ample au point de couvrir de son ombre tous les peuples de Toscane ». La coupole domine l'espace « politique » de la cité, en constitue le pivot, le met en rapport direct et visible avec l'horizon des collines et l'immense dôme du ciel. Elle exprime aussi la signification historique de la ville et son origine, la coupole étant un élément caractéristique de l'architecture romaine. La coupole de Brunelleschi proportionne, en les équilibrant, les pleins et les vides de l'église ; elle développe en hauteur la profondeur longitudinale des nefs, en les reliant aux expansions latérales de la tribune « en forme de fleur ». Par la convergence de ses arêtes vers un point central, elle remplit une fonction spatiale : la lanterne en marque l'axe vertical, en suggérant, par les contreforts en éventail, une continuelle rotation des plans.

Cette construction stupéfia par sa nouveauté et l'audace de sa technique : pour la première fois, on construisait une coupole sans la soutenir par des échafaudages en bois. Les expédients techniques que Brunelleschi mit en œuvre à cette fin (par exemple, les assises de briques disposées en arêtes de poisson) sont, en partie, le fruit de ses études relatives aux systèmes de maçonnerie de l'Antiquité : toutefois, la nécessité de l'« autosoutien » était inhérente à la conception d'une coupole qui ne pèse plus sur l'édifice, mais se déploie vers le haut, par la tension de son profil ogival. Cette innovation constitue un tournant décisif : l'architecte n'est plus le chef d'une maîtrise de personnes spécialisées dans les divers travaux, mais l'inventeur et du projet et de la technique de l'exécution. Dans ses autres œuvres, Brunelleschi réduira encore l'autonomie traditionnelle des exécutants : il adaptera la décoration (colonnes, chapiteaux, corniches, etc.) aux types classiques, sans recours aux sculpteurs, ce qui permettra l'exécution rapide de grands projets.

L'influence de Masaccio

Brunelleschi conçoit la perspective comme structure géométrique de l'espace et l'architecture comme représentation rationnelle de cet espace. L'Ospedale degli Innocenti (1419-1444), par son but social même, répond à une double exigence d'urbanisme et de perspective : il devait être le premier côté de la place de l'Annunziata. La gradation des plans et la profondeur des arcades organisent l'unité de l'édifice et de la place encadrée par les perspectives fuyantes de deux rues latérales. À la même époque, dans la chapelle Barbadori à Santa Felicità (1418), se pose le problème important de la couverture d'un espace carré par une coupole. Des membres architectoniques soulignés aux angles suggèrent l'expansion latérale de l'espace : le même motif se retrouve dans la perspective peinte de la *Trinité* de Masaccio, à Santa Maria Novella (1424 env.), point de rencontre entre les deux artistes. En 1418, le projet de l'église San Lorenzo suscite de nouvelles recherches, telles la simplification planimétrique avec retour au schéma de la basilique, la distribution rythmée des éléments portants, la projection graphique des profondeurs sur des plans au moyen de l'opposition de couleur des corniches et des surfaces, et enfin l'articulation des espaces grâce au modelé des corniches. L'articulation plastique de l'espace peut être observée dans la sacristie : un cube couvert d'une coupole, synthèse de deux schémas de l'architecture classique. Tout en conservant, en l'amplifiant, le schéma de la basilique San Lorenzo, l'église Santo Spirito (projetée en 1436 ; cf. figure) développe les volumes : continuité de l'espace, disposition en niche des chapelles latérales, confrontation directe des volumes accentués des colonnes avec la cavité des niches. Cette nouvelle conception esthétique de l'espace, obtenue par le jeu des pleins et des vides, révèle l'influence de Masaccio. Celui-ci a aussi inspiré la conception sur plan central du Tempio degli Angeli (resté inachevé).

La synthèse est pleinement réalisée dans la chapelle des Pazzi, espace cubique coiffé d'une coupole et prolongé par les grands vides latéraux, plans parallèles du portique et de la façade intérieure. Le palais Pitti, situé au fond d'une place, offre l'exemple caractéristique d'une surface animée plastiquement, par le rapport des vides, des pleins et des bossages accentués.

Brunelleschi participa à de nombreuses autres constructions ; il faut mentionner des œuvres plus techniques, par exemple, dans l'architecture militaire, les bastions de Pise, célèbres pour la nouveauté de leur système défensif. Ce n'est pas au seul « miracle technique » de sa coupole que Brunelleschi doit sa réputation d'« ingénieur », mais à ses nombreuses inventions d'ordre mécanique, telles l'élévation de poids ou les déviations de cours d'eau.

GIAN-CARLO ARGAN

Bibliographie

G. C. ARGAN, « The Architecture of Brunelleschi and the origin of perspective », in *Journ. Warburg and Courtauld Inst.*, 1946 ; *Brunelleschi*, trad. franç., Paris, 1981 / *Atti del I° Congresso nazionale di storia dell'architettura*, Florence, 1938 / E. BATTISTI, *Filippo Brunelleschi*, Milan, 1976 / C. BOZZONI & G. CARBONARA, *F.B., Saggio di bibliografia, I schede 1436-1976*, Istituto di fondamenti dell'architettura dell'università degli studi di Roma, Rome, 1977 / *Codice Magliabechiano, écrit par un anonyme florentin*, C. Frey dir., Berlin, 1892 / C. V. FABRICZY, *F. Brunelleschi, sein Leben und seine Werke*, Stuttgart, 1892 / P. FRANCASTEL, *Peinture et Société*, Lyon, 1951 / P. GRANVEAUD & M. MOSSER, *Filippo Brunelleschi, 1377-1446*, catalogue (avec des contributions de A. Chastel, P. Sanpaolesi, B. Zevi, F. Borsi...), Centre d'études et de recherches architecturales (C.E.R.A.), Paris, 1979 / L. H. HEYDENREICH, « Spätwerke Brunelleschi », in *Jahrbuch Preuss. Kunstsamml.*, 1930 / E. LUPORINI, *Brunelleschi*, Milan, 1964 / A. MANETTI & G. VASARI, *Filippo Brunelleschi, 1377-1466. Sa vie, son œuvre*, École nationale supérieure des beaux-arts, 1985 / M. REYMOND, *Brunelleschi et l'architecture de la Renaissance*, Paris, 1911 / H. SAALMAN, *Filippo Brunelleschi*, A. Zwemmer, Londres, 1980 / P. SANPAOLESI, *La Cupola di Santa Maria del Fiore*, Rome, 1941 ; *Brunelleschi e Donatello nella sacrestia vecchia di San Lorenzo*, Pise, 1948 ; *Brunelleschi*, Milan, 1967.

BRUTALISME

Né au lendemain de la Seconde Guerre mondiale, le mot « brutalisme » connut une grande vogue parmi les architectes, sans qu'on sût jamais précisément ce qu'il recouvrait. C'est en Angleterre qu'il apparut, dès le début des années cinquante, sous la forme du « new brutalism ». Un certain nombre de jeunes architectes s'emparèrent de ce qualificatif teinté de violence et en firent leur drapeau. Par la suite, plutôt qu'une école ou qu'un mouvement, le mot continua de désigner une génération de « jeunes hommes en colère » et un climat polémique, masquant des sensibilités assez diverses et parfois contradictoires.

Alors régnait en Angleterre une vive bataille de styles à dimension politique, particulièrement au sein de la section d'architecture du London County Council. Les architectes de l'avant-guerre, souvent communisants, tentaient de susciter un équivalent local du réalisme socialiste ; leur doctrine, qu'on a pu qualifier d'anglo-jdanovienne, marqua profondément la conception des premières villes nouvelles britanniques : elle prônait le recours à la tradition, à la brique et au toit à deux pentes, et le déploiement d'un paysagisme pittoresque susceptible de mettre en valeur le « génie du lieu ».

Les architectes proches de la trentaine voyaient dans les positions de leurs aînés une attitude de démission et de compromis : les grands principes de l'architecture moderne leur paraissaient trahis au profit d'une sorte de provincialisme anglais. C'est donc d'un refus que naît le brutalisme. L'origine même du mot qui le désigne (et qui fut sans doute essentiel à son succès, tant il est frappant) est contestée. Il semble qu'aient concouru à son invention un sarcasme de l'architecte suédois Erik Gunnar Asplund, un jeu de mot sur les noms des principaux animateurs du mouvement, Peter Smithson, dit Brutus, et sa femme Alison, et la fameuse formule de Le Corbusier imaginant pour la Cité radieuse de Marseille le béton « brut ».

Cette réalisation marque en effet un tournant dans l'esthétique architecturale de l'après-guerre : pour la première fois, le béton n'y est pas employé comme un matériau précis, lisse, bien enduit, mais est au contraire travaillé en pleine pâte, laissé rugueux et portant les traces des planches de coffrage ; il s'en dégage une plasticité massive et grandiose. L'autre modèle des jeunes new brutalists est l'Institut de technologie de l'Illinois que Mies van der Rohe achève à Chicago en 1947. Avec ses briques, sa façade froide et précise, sa charpente métallique parfaitement assemblée, il offre une tout autre image qui, elle, séduit par son intransigeance. La première construction brutaliste, l'école secondaire de Hunstanton due aux architectes anglais Alison et Peter Smithson (1949-1954), en est très proche : verre et brique claire, ossature métallique en cadres soudés, espaces nets sans aucun enduit ni peinture ; les tubes électriques et les tuyaux sont laissés apparents.

L'esthétique du mouvement hésitera sans cesse entre une tendance rigoriste, froidement abstraite et même austère, préférant la « vérité » et la « sincérité des structures » à la joliesse, et une tendance plus sensualiste, poursuivant un plaisir presque tactile dans la rudesse des matières et faisant son modèle des célèbres maisons Jaoul construites en 1956 par Le Corbusier à Neuilly, maisons qui mêlaient, à l'intérieur et à l'extérieur, des briques assez frustes à des éléments de chaînage, des poutres et des voûtains en gros béton armé. James Stirling s'en inspira clairement dans sa réalisation de Langham House, toutefois plus tempérée (1958).

Ces architectes ne cessèrent d'affirmer un souci éthique plus qu'esthétique. Au rationalisme abstrait et idéal de l'avant-guerre, ils préféraient un nouveau fonctionnalisme qui non seulement acceptait les situations réelles, mais encore jouait de leurs contradictions. Ils rêvaient un monde de flux et de transformations où ils auraient eu leur part. Sur de nombreux points, ils affectaient des attitudes radicales. En 1966 parut à Londres un ouvrage de l'historien de l'architecture Reyner Bauham sur le brutalisme (trad. franç., 1970, *Le Brutalisme en architecture*), faisant de celui-ci le théoricien malgré lui de la génération des brutalistes.

Dans le projet de Golden Lane (1952) ou l'ensemble de Robin Hood (1966), les Smithson conçurent des coursives qui leur paraissaient devoir remplir les diverses fonctions psychosociologiques de la rue, lieu des échanges et des contacts. Dans leur projet pour Berlin-Hauptstadt (1958), puis dans celui de Koweit (1969), ils proposèrent des réseaux de circulation piétonne libérés du sol traditionnel et multipliant passerelles et escalators. Le problème de la circulation est une des marques essentielles de l'urbanisme brutaliste tel que le concurent des architectes comme Van Eyck, Candilis, les Smithson ou Bakema. Ils constituèrent l'équipe « Team ten », chargée par ses aînés de préparer le Xe C.I.A.M. (Congrès international de l'architecture moderne) de 1956, congrès qui témoignera de l'éclatement du mouvement moderne. Rejetant les « catégories trop schématiques de la charte d'Athènes : approvisionnement en soleil, lumière, air et espace vert », ils élaborèrent un modèle nouveau, la « grappe » ou « cluster », agrégat complexe se développant sur un jeu de trames, de mailles et de réseaux (comme à Toulouse-Le Mirail de Candilis, 1961) et prenant parfois exemple sur certains tissus urbains du monde méditerranéen.

Par des polémiques constantes, des articles nombreux, notamment dans la revue *Architectural Design*, les brutalistes eurent une profonde influence sur les architectes des années 1960. Ils tentèrent, non sans confusion, de rétablir l'architecture dans la pureté doctrinale que lui avaient conférée les avant-gardes du mouvement moderne.

FRANÇOIS CHASLIN

BRUYÈRE ANDRÉ (1912-1998)

Mort à Paris le 12 avril 1998, l'architecte André Bruyère a incarné une sensibilité singulière, attachée à l'expression de la sensualité et à la quête d'un certain merveilleux. Né à Orléans le 17 avril 1912, André Bloch, ancien élève de l'école spéciale d'Architecture, a pris le nom de Bruyère dans la clandestinité ; après la Libération il travaille dans la mouvance des organisations liées à la Résistance ou à la déportation. Il conçoit le Rassemblement du souvenir, en forêt de Compiègne, le projet du monument national aux victimes des guerres (1946), le monument français au camp de Mauthausen (1950), et construit à Fleury-Mérogis le centre de postcure de la Fédération nationale des déportés et internés résistants patriotes (F.N.D.I.R.P.), d'une architecture sculpturale très plastique (1948).

André Bruyère pilote le deuxième numéro de *Architecture d'aujourd'hui* (qui paraît à l'été de 1945, consacré aux *Solutions d'urgence*) et sera membre du comité de rédaction de cette revue jusqu'en mai 1975, lorsque la vieille garde de l'après-guerre en démissionnera. Parmi les techniques de construction d'urgence, il conçoit la fusée-céramique, une invention qui permet la réalisation économique de voûtes aux courbes paraboliques. Il élabore ensuite pour le même matériau divers projets d'une grande liberté formelle : une chapelle en conque pour São Paulo (1949), un abri souple à deux entrées, dit la Chaussette (1951), un village polychrome étudié avec Fernand Léger (1953) et un projet d'habitations pour les pays chauds (1954). Si aucun de ces projets n'aboutit, ils contribuent néanmoins à forger un langage qui s'épanouira avec la construction, à la Guadeloupe, de l'hôtel Caravelle, abrité sous d'amples mouvements de toiture en voile mince de béton armé (1963).

Son activité de décorateur le conduit à éditer des meubles, à aménager des appartements et des boutiques et plus de quatre-vingts agences bancaires pour le compte de la B.N.P. et de ses filiales. Il construit diverses résidences privées, notamment, à Maussanne, sa propre villa, superbe géométrie de toits sinueux, carrossée de blanc, abstraite et lisse, tapie dans un paysage d'oliviers (1970), et celle d'Enisa Sinaï (1968, puis

1975), la plus ambitieuse, malheureusement inachevée, labyrinthe d'espaces couverts d'un grand voile mince percé de quelques patios. Il bâtit un ensemble de logements à Sausset-les-Pins (1967), avec des loggias profondes et des façades souplement articulées, le centre de thalassothérapie de Quiberon, pour lequel il fait un emploi spectaculaire de coques industrialisées (1967), des laboratoires pour la faculté des sciences à Saint-Cyr (1968), un petit immeuble rue de Bagnolet à Paris (1989). Il mène longtemps un projet de gratte-ciel en forme d'œuf, qu'il propose pour le concours de Beaubourg (1971) et qu'il tente ensuite d'implanter à Manhattan puis à Marseille, au débouché du Vieux-Port (1997).

Dans *Pourquoi des architectes ?*, André Bruyère définit l'architecture comme « la façon de mouler une tendresse sur une contrainte ». Il applique cette démarche à des programmes relatifs au domaine très « sensible » de la santé, lorsque, dans les années 1980, il est lauréat d'un concours de l'Assistance publique et quand il développe des projets de centres gériatriques, notamment celui de l'Orbe à l'hôpital Charles-Foix d'Ivry (1988). Personnalité originale et poétique, architecte attentif aux problèmes ergonomiques ou phénoménologiques, André Bruyère a défendu une architecture sensualiste dont on ne trouve guère d'équivalent en France.

FRANÇOIS CHASLIN

Bibliographie

A. BRUYÈRE, *Pourquoi des architectes ?* Jean-Jacques Pauvert, Paris, 1968 ; *L'Œuf, The Egg*, Albin Michel, Paris, 1978 ; *Sols, Saint-Marc Venise*, Imprimerie nationale, Paris, 1989 ; *Éclats*, Marval, Paris, 1994 ; *Voyage en Égypte*, Cavalier vert, Paris, 1989 ; *Le homard est-il gaucher ?* Rencontres, Paris, 1998 ; *L'Architecture d'aujourd'hui* n° 2, 1945 ; *Architecture* n° 397, 1976.

BÜHLER DENIS (1811-1890) & EUGÈNE (1822-1907)

D'origine suisse, les frères Bühler sont des « jardiniers-paysagistes ». Ils figurent parmi les principaux protagonistes de la dernière époque du style irrégulier des jardins en France, aux côtés d'Alphand et de Barillet-Deschamps, maîtres-d'œuvre de la nouvelle politique des « espaces verts » décidée par Napoléon III et Haussmann, ou encore du théoricien Édouard André. Le manque de réflexions historiques dans ce domaine et la disparition ou la transformation de ces créations éminemment fragiles nous font traditionnellement englober sous les qualificatifs de « paysager », voire « à l'anglaise », tout le développement de l'art des jardins en France, depuis le milieu du XVIIIe siècle jusqu'à la fin du XIXe. Or on peut y distinguer au moins quatre époques. Une première période qui va de 1760 à la Révolution où le « pittoresque » domine ; un deuxième moment « romantique » sous l'Empire et au début de la Restauration où l'on se débarrasse de la dominante architecturale (multiplication des fabriques) pour se ressourcer auprès des grands modèles d'outre-Manche ; un épisode d'abâtardissement formel jusqu'au milieu du XIXe siècle ; enfin une véritable renaissance qui bénéficie des nouvelles orientations urbanistiques et hygiénistes du second Empire. Ainsi l'historien des jardins Arthur Mangin écrit-il en 1867 : « Le jardin paysager est-il le jardin de l'avenir ? J'inclinerais à le croire, et la raison en est que les règles auxquelles on l'a soumis n'ont rien d'immuable. On le comprend aujourd'hui autrement qu'il y a soixante ans ; on le comprendra probablement dans quelques années autrement qu'aujourd'hui ; sans pour cela porter atteinte à son principe, qui est tout à fait en rapport avec le caractère indiscipliné des sociétés modernes, avec leur goût pour le changement, avec leurs aspirations profondes. » Logiquement et dans le droit fil des inventeurs « progressistes » de ce style dans l'Angleterre de 1720, pour lui « le mode paysager, qui laisse la voie ouverte à toutes les innovations systématiques et à la fantaisie de chacun, n'a rien que de conforme à l'esprit libéral du XIXe siècle ».

Il reste difficile de distinguer la part respective de chacun des frères Bühler dans les différents lieux auxquels leur nom est lié. Mais qu'il s'agisse de leurs deux grands parcs urbains : celui de la Tête-d'Or à Lyon ou du Thabor à Rennes, ou de nombreux domaines privés, ils semblent avoir le plus souvent collaboré. En ce qui concerne les travaux pour des propriétaires privés (créations nouvelles ou importants remaniements), l'inventaire en reste sûrement très incomplet. Denis Bühler travailla pour l'imprimeur Oberthür à Rennes, dans les parcs des châteaux de Valençay et du Magnet (Indre) ainsi qu'en Bretagne à Kerguéhennec (Morbihan). Eugène intervint pendant la guerre de 1870 au domaine des Touches en Touraine et dans le parc des Prébendes d'Oé à Tours (1871). Mais on les voit remanier le parc créé sous l'Empire par l'industriel Oberkampf à Jouy-en-Josas ainsi que le jardin Moët à Épernay, ou encore celui d'Esclimont près d'Ablis (Yvelines). Il resterait à vérifier leur rôle précis à Pibrac (Haute-Garonne) ou à Bonnétable (Sarthe), tandis que la découverte d'archives privées permet de leur rendre le parc de Courson (Essonne). La réputation acquise à la suite des grandes commandes publiques leur amena une vaste clientèle de propriétaires terriens nobles ou appartenant à la bourgeoisie aisée. Ils se trouvèrent ainsi à la tête d'une importante agence susceptible d'intervenir à travers toute la France.

« Une grande ville, avec sa gigantesque ossature de pierre, sa pléthore de population et sa circulation fébrile, a besoin pour respirer, au moral et au physique, au propre et au figuré, de ces réservoirs d'air et de gaieté [...]. Une grande ville qui n'aurait pas de jardins publics ne vivrait point » (Mangin). S'inspirant du modèle parisien du bois de Boulogne, le préfet Vaïsse lança à Lyon en 1856 le projet d'une grande promenade publique « qui donnerait la campagne à ceux qui n'en ont pas ». On choisit les terrains marécageux de la Tête-d'Or, au nord-est de la ville, sur la rive gauche du Rhône, et l'ingénieur G. Bonnet chargea les frères Bühler de dessiner le nouveau parc en tirant parti des données naturelles. Ils modelèrent l'espace par de grandes pelouses ornées de massifs d'arbres d'agrément et de sujets isolés qu'ils regroupèrent selon les affinités des essences. Le terrain de 105 hectares s'ordonne autour d'un lac alimenté par une dérivation du Rhône et orné de trois îles. Les déblais permirent de rehausser les parties inondées, et ces immenses travaux de terrassements furent péniblement exécutés par des ouvriers soyeux alors au chômage. Un large réseau d'allées ceinture le parc et relie harmonieusement les zones plantées et les espaces découverts. Denis Bühler supervisa aussi le transfert du jardin botanique pour lequel il dessina des serres. Comme le souligne Édouard André : « à la Tête-d'Or, les frères Bühler ont amélioré et épuré le tracé des allées, ils ont allongé les courbes pour les perspectives, ils ont créé des pelouses sans morcellements ». C'est en 1865 que le maire de Rennes, Robinot de Saint-Cyr, leur demanda à son tour un projet pour l'ancien domaine religieux du Thabor. Ici le site est très différent, à la fois accidenté et compartimenté, et avait conservé d'anciennes plantations. Les frères Bühler surent en tirer un parti original en juxtaposant des parterres réguliers, qui correspondent à une « école de botanique » ou à des espaces d'expérimentation horticole, avec un jardin pittoresque. L'utilisation judicieuse du terrain va de pair avec un traitement très savant des végétaux et de l'ornementation florale (mosaïculture) ; hormis les serres, fort peu d'architecture et de mobilier. À Courson (1861) comme au parc des Touches (1870), on retrouve la simplicité ample du tracé des courbes, les effets judicieux du modelage du sol et le raffinement scientifique des associations végétales.

MONIQUE MOSSER

BULLANT JEAN (1520 env.-1578)

À la Renaissance, Jean Bullant est, avec Philibert Delorme et Pierre Lescot, le troisième acteur de l'introduction en France des formes classiques. Issu d'une famille de maçons, il se forma au langage de l'architecture à l'antique grâce à la lecture du *Quarto Libro*, partie du traité de Sebastiano Serlio, dont l'influence fut capitale en France à cette époque. Il compléta cette culture par un voyage à Rome effectué aux alentours des années 1540. Sa carrière se déroula d'abord au service du connétable de Montmorency, dont à partir de 1550 il mit les châteaux au goût du jour. À Écouen, il dota la façade extérieure de l'aile nord d'ordres superposés et d'un avant-corps à deux niveaux couvrant l'escalier. Il appliqua sur les côtés de la cour deux grands avant-corps décoratifs. Il construisit le petit château de Chantilly et le très spectaculaire pont de Fère-en-Tardenois, avec ses deux galeries superposées et son pavillon d'entrée. À la mort de Philibert Delorme, Bullant, devenu le principal architecte français, lui succéda dans ses charges et à la tête des grands chantiers royaux : il continua les Tuileries, dessina probablement les galeries du pont de Chenonceaux, et entreprit la rotonde des Valois, gigantesque mausolée prévu à Saint-Denis et jamais achevé.

À cette importante œuvre construite, il faut ajouter des écrits théoriques concernant l'architecture et l'horlogiographie (technique des horloges solaires). Le plus significatif de ces traités est la *Règle générale des cinq manières de colonnes*, éditée à Paris en 1564 et en 1568, quelques années après la *Regola* de Vignole, mais avant le traité de Philibert Delorme. Il s'agit d'un manuel des cinq ordres, dont le texte est constitué d'un collage des traductions françaises de Vitruve et d'Alberti publiées par Jean Martin en 1547 et en 1553, avec quelques emprunts à Daniele Barbaro. Bullant n'y a ajouté de sa main, en 1568, qu'un commentaire des planches qu'il a gravées. Ces planches représentent d'une part les modèles théoriques des cinq ordres, fidèlement repris à Serlio, et d'autre part des modèles tirés des plus célèbres monuments romains : théâtre de Marcellus, temple de la Fortune virile, Panthéon, temple des Dioscures et arc de Titus. La présentation est très systématique : Bullant use d'un système très géométrique (échelles de modules, portions de cercles) qui lui permet d'indiquer de manière pratique les proportions internes. Ce système, parfaitement adapté à des modèles théoriques, pose problème quand il s'agit de monuments antiques, dont les dimensions ne correspondent pas à la perfection géométrique ; Bullant est donc obligé de tricher, modifiant les dimensions de certains éléments des ordres pour plier la diversité archéologique aux impératifs de la doctrine vitruvienne. Ce faisant, il prend le contrepied parfait de Philibert, qui au contraire souligne avec délectation la fantaisie de la réalité antique.

L'emploi des ordres dans l'œuvre construite révèle un même académisme dans le langage. Bullant copie fidèlement les modèles théoriques de Serlio (à Écouen, dorique et corinthien de l'avant-corps sur cour de l'aile nord, toscan et dorique de la façade extérieure nord) et les exemples antiques les plus prestigieux (basilique Aemilia et temple de la Fortune virile sur l'avant-corps extérieur de l'aile nord à Écouen, composition des ordres corinthiens du Panthéon et du temple des Dioscures sur l'avant-corps de l'aile sud à Écouen, temple de Sérapis, jadis sur le Quirinal, à Chantilly). Cette timidité de l'invention morphologique s'oppose encore à la grande imagination manifestée par Delorme en ce domaine.

En revanche, Bullant fait preuve d'une surprenante audace dans la syntaxe. L'avant-corps intérieur de l'aile nord d'Écouen, avec son trumeau central et ses colonnes jumelées sur les côtés, est une composition unique. L'ordre géant de l'aile sud est l'une des premières réalisations de ce type en France. L'avant-corps extérieur de l'aile nord combine, pour la première fois dans notre pays à l'échelle monumentale, la disposition des colonnes, empruntée à l'arc de triomphe, et le fronton triangulaire du temple. Surtout, Bullant systématise un procédé typiquement français : le décalage entre les niveaux de l'ordre et les étages du bâtiment. Il en résulte des interruptions d'entablements brutales, en contradiction avec la signification théorique des éléments de l'ordre : le pavillon d'entrée de Fère-en-Tardenois et le petit château de Chantilly en donnent des exemples remarquables. On a l'impression que Bullant profite de l'absence de théorie explicite dans ce domaine de la syntaxe des ordres pour donner libre cours à une imagination bridée par la morphologie serlienne, se montrant plus audacieux que Philibert Delorme lui-même.

Malheureusement, quand il s'agit de relier ces compositions hardies au reste du bâtiment, Bullant est moins habile. Les liaisons entre les avant-corps d'Écouen et les façades préexistantes sont sommaires quand elles ne sont pas maladroites. Bullant est plus à l'aise dans la composition de structures décoratives que dans la conception proprement architecturale des bâtiments. Il a su néanmoins se démarquer de ses grands rivaux pour trouver un style particulier et original.

YVES PAUWELS

BUNSHAFT GORDON (1909-1990)

Gordon Bunshaft est né à Buffalo, en 1909, de parents d'origine russe. Ses études, menées entre 1928 et 1935 au Massachusetts Institute of Technology, l'avaient formé dans une atmosphère encore très marquée par les beaux-arts ; mais un voyage de deux années en Afrique du Nord et en Europe devait radicalement le transformer : il découvre l'architecture moderne et rencontre Walter Gropius ; l'ancien directeur du Bauhaus de Weimar allait bientôt émigrer aux États-Unis pour y développer, avec Breuer, Mies van der Rohe, Neutra en particulier, ce « style international » qui deviendra le style américain par excellence mais que le nouveau continent n'avait encore qu'à peine découvert, à l'occasion de l'exposition *The International Style* organisée en 1932 au Museum of Modern Art par Henry-Russell Hitchcock et Philip Johnson. En 1937, Bunshaft entre à New York au service de la nouvelle agence créée depuis Chicago par Skidmore et Owings (ensuite associés à l'ingénieur Merrill). Il sera la personnalité la plus éminente de cette gigantesque société anonyme d'architecture, connue sous le nom de S.O.M., et y restera quarante-deux ans.

La construction, achevée en 1952, de la Lever House de Park Avenue, avec ses vingt-quatre étages pour la première fois entièrement drapés de mur-rideau de verre et d'acier (comme son contemporain, le secrétariat des Nations unies construit par Wallace K. Harrison et Max Abramowitz), fut un événement ; elle a d'ailleurs été classée monument historique en 1983. Formée de deux volumes géométriques abstraits, l'un couché en une sorte de podium posé sur des pilotis et dégageant le sol au rez-de-chaussée, l'autre dressé en manière de tour parallélépipédique, elle fut perçue comme le symbole de l'époque qui commençait, le nouveau « standard » fait de clarté et de légèreté structurelle, porteur d'une forte image de modernité.

Très influencé par Le Corbusier et par la rigueur de Mies van der Rohe, avec une plastique disciplinée parfois proche des œuvres du Japonais Tange, Gordon Bunshaft est notamment l'auteur du Hilton d'Istanbul (1955), du siège de la Connecticut General Life Insurance Co. de Bloomfield (1957), du petit immeuble de verre et aluminium de Pepsi-Cola, construit à l'angle du 500 Park Avenue en 1960, des gratte-ciels d'Union Carbide (1960), de la Chase Manhattan (1961) et de la Marine Midland Bank (1967), et ceux du W. R. Grace (1973) et du Nine West 57th Street (1974), avec leurs curieuses façades glissant vers le sol en « patte d'éléphant ». Il a construit en Europe, en 1965, le siège de la banque Lambert à Bruxelles, à la stricte structure de béton « architectonique », et le centre de recherches de Heinz dans le Middlesex.

L'œuvre de Bunshaft est essentiellement constituée de banques et de sièges sociaux, programmes conventionnels auxquels viennent faire contrepoint, dans une plus grande liberté formelle, quelques musées ou bibliothèques publiques. Notamment la nouvelle aile de la Albright-Knox Art Gallery de Buffalo, bloc de verre sombre répondant à un ancien musée de style ionique (1962), la célèbre Beinecke Rare Books and Manuscripts Library à Yale (1963), boîte close aux parois de marbre translucides, la bibliothèque L. B. Johnson de Austin au Texas (1971) et le puissant bloc circulaire du Hirshhorn Museum de Washington (1974), édifice organisé autour d'un patio. Ses dernières réalisations bénéficièrent encore d'un grand succès d'estime, qu'il s'agisse des imposants vélums de toile du Haj Terminal de l'aéroport des pèlerins de Djedda (1981) ou de la tour de vingt-sept étages qu'il achevait en 1983 dans la même ville pour la National Commercial Bank, spectaculaire bloc triangulaire opaque et lisse, percé d'énormes loggias.

Si ses œuvres new-yorkaises ont pu être qualifiées d'arrogantes et d'anti-urbaines par le critique du *New York Times* Paul Goldberger, Gordon Bunshaft, qui obtint en 1988 le prix d'architecture Pritzker, restera comme l'une des personnalités marquantes de l'après-guerre. Il fut jusqu'à la fin de sa vie (il meurt à New York en 1990), avec sérieux, et avec une particulière élégance, fidèle aux principes modernistes, et quitta la vie professionnelle alors même qu'au début des années 1980 son contemporain Philip Johnson commençait à opérer le grand tournant postmoderne et entreprenait avec une ironie grinçante de parsemer les États-Unis de gratte-ciels de style Chippendale, palladien ou néochinois.

FRANÇOIS CHASLIN

Bibliographie

Architecture of Skidmore, Owings and Merrill, 1950-1962, introduction par H.-R. Hitchcock, Stuttgart, 1962 / *Architecture of Skidmore..., 1963-1973*, introduction par A. Drexler, Stuttgart, 1974 / P. HEYER, *Architects on architecture*, New York, 1966 / C. H. KRINSKY, *Gordon Bunshaft of Skidmore, Owings and Merrill*, Cambridge (Mass.), 1988.

BUONTALENTI BERNARDO (1536-1608)

Protégé par le duc Cosme de Médicis, Bernardo Buontalenti apprend d'abord la peinture avec Vasari. « S'il avait dans sa jeunesse étudié les arts autant que la science des fortifications, à laquelle il a consacré beaucoup de temps, écrit l'historien, il aurait atteint un degré de perfection stupéfiant. » C'est en effet comme ingénieur que Buontalenti part pour le sud de l'Italie, en 1556, après avoir été, à quinze ans, précepteur de Francesco de Médicis. De 1569 à 1584, il crée pour lui la villa de Pratolino et les jardins, dont les fabriques, les statues, les fontaines aux jeux d'eau savants seront célèbres dans toute l'Europe pendant plus de deux siècles. Il poursuit en même temps une grande activité d'architecte en Toscane : villa d'Artiminio (1580), restauration de la villa de la Petraia (1575), agrandissement de l'hôpital Santa Maria Nuova (1574) et du couvent de Santa Trinità (1584), projets pour les façades de la cathédrale (1587) et de Santa Trinità (1593). Il conçoit également des aménagements urbains, donnant des plans pour le ghetto de Florence, poursuivant les remaniements entrepris par Vasari autour du Palazzo Vecchio (1581-1588), construisant le port de Livourne (1577) et la forteresse du Belvédère à Florence (1590-1595). Buontalenti travaille aussi, comme architecte, à Pise, à Prato, à Sienne. Cette partie de son œuvre montre le souci d'accorder la mesure florentine aux rythmes plus amples, plus mouvementés, qui sont ceux du maniérisme et répondent d'ailleurs à son instinct personnel. Car il a bien d'autres activités : à partir de 1583, il reprend les travaux des jardins Boboli, commencés par Tribolo et Ammannati, et élève notamment la grotte dans laquelle les stalactites, les figures modelées par lui-même, les fresques de B. Pocetti créent une sorte de ruine en trompe l'œil, ouverte sur le ciel. Il dessine pour le grand-duc des vases de porcelaine et de cristal, des pavements, des coupes et des tables d'albâtre. Il organise des fêtes, des feux d'artifice, des mascarades, crée des automates, des décors à métamorphoses, des jeux hydrauliques, avec une habileté que ses contemporains tenaient pour magique (mariage de Ferdinand Ier et de Christine de Lorraine, 1589), et trouve encore le temps d'écrire deux traités techniques (*Libro delle fortificazione*, *Arte dell'ingegnere*).

MARIE-GENEVIÈVE DE LA COSTE-MESSELIÈRE

BURGES WILLIAM (1827-1881)

Architecte britannique, Burges a contribué à l'affirmation du néogothique, d'inspiration esthétique plus que religieuse, aussi bien dans ses constructions que dans les arts appliqués (il publie en 1865 *Art as applied to Industry*). Ses dessins austères, parfois empreints de fantaisie formelle, influencent les artistes de la fin du siècle. Pour ses massives forteresses médiévales du pays de Galles (Cardiff Castle et Castel Coch), il crée des décors exubérants. À Skelton, il édifie l'église Christ the Consoler (1870) qui évoque le gothique français ; il restaure Waltham Abbey à Essex, bâtit la cathédrale de Cork en Irlande (1862), Trinity College d'Hartford aux États-Unis (1873). Il a donné de nombreux projets, notamment pour Lille, Istanbul et Bombay.

JEAN-PIERRE MOUILLESEAUX

Bibliographie

J. M. CROOK, *William Burges and the High Victorian Dream*, Londres, 1981.

BURLE MARX ROBERTO (1909-1994)

Né en 1909 à São Paulo, Roberto Burle Marx appartient à la famille des touche-à-tout de génie. La peinture, l'architecture, la sculpture, l'art du jardin auxquels il s'adonne font en effet de lui beaucoup plus qu'un simple paysagiste. Car, si la nature est son matériau préféré, le paysage qu'il défend est celui d'une modernité jaillie dès les années 1930 au Brésil, terre propice aux théories et aux projets, et accueillante à de savoureux mélanges de botanique et de création contemporaine. Chez Burle Marx la composition végétale est indissociable de l'ordonnancement des rochers et des murets. On ne peut pas évoquer le nom de Burle Marx sans l'associer à deux grandes figures brésiliennes à qui il restera fidèle : l'urbaniste Lucio Costa et l'architecte Oscar Niemeyer, les auteurs de la nouvelle capitale, Brasilia, le grand projet du président Kubitschek.

Roberto Burle Marx signe sa première œuvre en 1932, un jardin pour la maison Schwartz à Rio de Janeiro, un projet signé Lucio Costa et Gregori Warchavchik, puis il est engagé comme directeur au service des parcs et jardins de Recife, poste qui lui permet de mener ses propres expériences. Pour lui, un parc doit être un échantillon du paysage national, reflétant sa diversité et sa luxuriance. Il quitta ce poste en 1937 pour regagner Rio, appelé à travailler (à nouveau pour Lucio Costa) sur les abords du ministère de l'Éducation. Puis, accompagnant l'avant-garde brésilienne, il poursuit son travail sur la forme et la couleur sur des sites devenus de véritables références – à Belo Horizonte, par exemple, où Oscar Niemeyer qui réalise l'un de ses chefs-d'œuvre sur le site de Pampulha, l'église Saint-François d'Assise, fait appel au paysagiste pour dessiner le parc destiné à accompagner un ensemble bâti autour d'un lac artificiel. Le parc de Pampulha sera le véritable point de départ de la carrière de Roberto Burle Marx : il est invité à intervenir sur nombre de projets importants, autant d'occasions pour lui de mettre en pratique sa vision personnelle du paysagisme moderne. Sa façon de préparer de savoureux cocktails de sculpture et de végétation tropicale est ainsi reconnue dans toute l'Amérique latine, jusqu'au Venezuela où il étudie de nombreux projets comme le plan général du parc de l'Est à Caracas. Au début des années 1950, alors qu'il monte son propre laboratoire de recherches, Burle Marx signe une série de jardins exceptionnels, à Petropolis puis à Olivo Gomes par exemple ; des créations qui prouvent sa maîtrise de l'art du jardin (avec un subtil sens de la limite visuelle) et sa profonde connaissance de la flore brésilienne.

Mais c'est entre Brasilia et Rio que son travail sur l'espace public se partage essentiellement. Pour la nouvelle capitale brésilienne il dessine des jardins à l'intérieur du palais d'Itamarati et réalise l'immense esplanade de l'Eixo monumental. Il peut ainsi mener à bien un projet qui lui est cher : celui d'un jardin didactique dont on peut trouver l'origine dans un jardin d'Araxà conçu en 1944, mais resté dans les cartons. À Brasilia, capitale bâtie ex nihilo, il se fait militant et dessine, en plein cœur de la capitale administrative, un « projet-manifeste » sur le thème de la nature menacée. Reprenant son idée d'échantillon du paysage national, Burle Marx imagine ainsi un parcours constitué de tableaux écologiques où le parc paysager prend le pas sur le jardin public. À Rio, Burle Marx signe deux ensembles majeurs : le parc d'Atero et une intervention tout en mosaïque et jeu de courbes, sur l'avenue de l'Atlantique à Copacabana. Il meurt à Rio de Janeiro en 1994 à l'âge de quatre-vingt-cinq ans.

FRANCIS RAMBERT

Bibliographie

Dans les jardins de Roberto Burle Marx, Actes sud, 1994 / *Burle Marx*, Marta Montero, 1998.

BURLINGTON RICHARD BOYLE comte de (1694-1753)

Grand seigneur, protecteur de la culture (Berkeley pour la philosophie, Pope et Swift pour la littérature, Haendel pour la musique) et des beaux-arts dans les premiers temps de l'époque hanovrienne, Richard Boyle fut aussi un créateur et un novateur. Par son œuvre architecturale, indissociable de celle de son ami et collaborateur William Kent (1685-1748), il apparaît comme le plus éminent représentant du style palladien en Angleterre. Plongé très jeune dans milieu des affaires publiques, il devint membre du Conseil privé, puis lord lieutenant du Yorkshire et lord trésorier d'Irlande. En 1714-1715, il fit un premier voyage en France et en Italie du Nord pour parfaire son éducation, inaugurant ainsi le « grand tour » que toute une lignée de gentilshommes anglais allait entreprendre par la suite pendant plus d'un siècle. À son retour, il manifesta son intérêt pour l'architecture en confiant à Colin Campbell la réfection de Burlington House à Londres (vers 1717). Cette collaboration influença Burlington, qui subventionna la publication du *Vitruvius britannicus* où Campbell reproduisit ses principales œuvres. En 1719, il entreprit un second voyage en Italie dans le but d'étudier les œuvres de Palladio et d'en rapporter des documents : c'est alors qu'il acquit l'ensemble de ses dessins d'après les Thermes antiques. Il revint de Rome avec un jeune peintre anglais qui y poursuivait sa formation : William Kent. Ce dernier, sous son influence, se convertit à l'architecture ; mais il fut surtout l'initiateur d'un nouveau style de jardins où le retour à la nature était associé aux souvenirs italiens et aux citations antiquisantes. Ce fut le début d'une association qui se poursuivit jusqu'à la mort de Kent.

Dans ses premières œuvres : un dortoir pour Westminster School (1721) et Tottenham Park (Wiltshire), tout en s'inspirant d'Inigo Jones et de Campbell, Burlington définit un style original où les différentes parties des bâtiments sont traitées séparément et les articulations nettement soulignées, manière qualifiée de *staccato* par R. Wittkower.

Mais son œuvre la plus célèbre reste Chiswick House (1720-1725, Middlesex), sa propre maison, qu'il conçut comme une sorte d'académie privée. Voulant faire revivre le modèle antique de la villa suburbaine, il s'inspira plus des dessins de Palladio d'après les Thermes romains que de sa célèbre villa Rotonda, dont il conserva cependant les lignes directrices dans le plan. Le traitement des détails en élévation : dôme, escaliers, variété des façades, prouve une certaine liberté par rapport aux schémas palladiens en même temps qu'une certaine persistance baroque dans le décor architectonique. L'intérieur, extrêmement luxueux, reflète le style développé par Inigo Jones. Le jardin, dessiné par Kent, est l'un des premiers de ce nouveau style appelé à un immense succès dans toute l'Europe de la seconde moitié du XVIIIe siècle. Chiswick apparaît ainsi comme une sorte de laboratoire architectural où Burlington collectionne les expériences. En 1730, il conçut son autre grande œuvre prototype : les Assembly Rooms de York. Dans le vaste espace rectangulaire central entouré de colonnes, il reprend l'idée de la Salle égyptienne de Vitruve réinterprétée par Palladio, tandis que l'ensemble du plan dérive une fois de plus des reconstitutions des Thermes romains dont il s'occupait, à la même époque, de faire publier les dessins. Holkham Hall 1734, Norfolk) marque le point culminant de la collaboration de Burlington et de Kent. Le principe de différenciation des éléments et du traitement autonome des parties trouve ici un développement immense, tandis que le décor du grand hall d'entrée, avec son abside dérivée des basiliques, est le chef-d'œuvre du premier néoclassicisme anglais.

Burlington ne fut pas seulement l'initiateur d'un style appelé à une vaste descendance, son rôle de mécène autant que ses créations le désignent comme l'une des figures les plus représentatives de l'époque des Lumières en Angleterre.

MONIQUE MOSSER

BURNHAM DANIEL HUDSON (1846-1912)

Architecte et urbaniste américain, Burnham est une figure marquante de l'école de Chicago. N'ayant pas obtenu de succès académiques, il s'installe à Chicago et s'associe avec John Wellborn Root (1850 -1891). La firme Burnham et Root va édifier quelques-uns des bâtiments célèbres de Chicago : Rookery Building (1886), Monadblock Building (1889), premier gratte-ciel de la ville, Reliance Building (1890 et 1894), Masonic Temple (1891). Burnham poursuit, après la mort de son associé, les constructions du Fisher Building, du Railway Exchange Building (1904) et, à New York, du célèbre Fuller Building (1902), immeuble d'angle. Remarquable organisateur, il a été l'architecte en chef de l'Exposition universelle de Chicago (1893), aux édifices éclectiques et historicistes, et a donné les plans pour la reconstruction de San Francisco (après 1906).

JEAN-PIERRE MOUILLESEAUX

BUSTAMANTE BARTOLOMÉ de (env. 1500-1570)

Originaire de la région de Santander, Bustamante travailla surtout en Andalousie où il introduisit, en réaction contre les excès de l'art plateresque, un style sévère d'inspiration florentine. Outre sa contribution à l'hôpital de Afuera de Tolède (1553), il faut citer de lui l'église San Esteban de Murcie (1506) et l'église paroissiale de Carabaña (1528). Pour les jésuites, Bustamante dessina notamment l'église de la maison professe de Séville (1565-1578).

ROBERT FOHR

Bibliographie
M. Pereda de La Reguera, *Bartolomé de Bustamante*, Santander, 1953.

BUTTERFIELD WILLIAM (1814-1900)

Architecte britannique, William Butterfield est un des artisans du renouveau gothique anglican de l'ère victorienne. Inspiré par la religion et par le gothique anglais du XIIIᵉ s., son art austère vise à une « intégrité architectonique », qui mette en évidence la structure de brique et crée une polychromie originale : église de All Saints (1849) et Saint Halban Holborne à Londres, chapelles de Rugby School (1860) et Kebble College à Oxford (1866). Il a construit de nombreux presbytères et églises et des maisons rurales qui renouvellent l'architecture vernaculaire (village de Baldersly, 1855).

JEAN-PIERRE MOUILLESEAUX

Bibliographie
P. Thomson, *William Butterfield, Victorian architect*, Cambridge (Mass.), 1971.

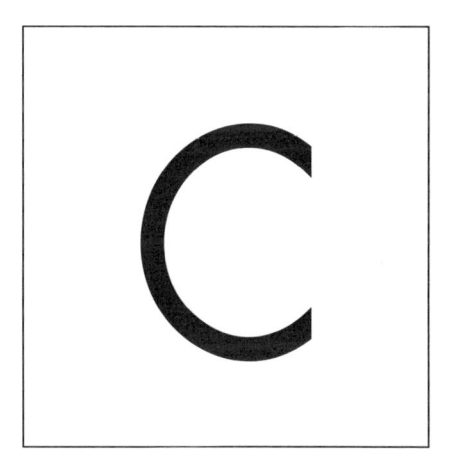

Bibliographie
Chicago, 150 ans d'architecture 1883-1983, catal. d'expos., Paris-Chicago, 1983.

CAGNOLA LUIGI (1762-1833)

Aristocrate milanais, amateur cultivé fuyant les armées révolutionnaires françaises, il séjourne à Venise à partir de 1797 et devient architecte et théoricien d'un néo-classicisme national inspiré par Palladio, la Rome antique et la Renaissance. Il construit pour Milan des arcs de triomphe modernes : la Porta Marengo

(1801), l'Arco del Sempione (1806), et de nombreuses églises dans la campagne : Concorezzo, Ghisalba (1822) inspirée par la Rotonda de Palladio à Vicence, Urgnano. Sa demeure d'Iverigo, la villa Cagnola dite la Rotonda (vers 1813), allie à une composition monumentale des volumes dépouillés.

JEAN-PIERRE MOUILLESEAUX

Bibliographie

L'Idea della magnificenza civile. Architettura a Milano. 1770-1848, catal. d'expos., Milan, 1978.

CALATRAVA SANTIAGO (1951-   )

Établi à Zurich depuis 1981 et à Paris depuis 1989, l'architecte et ingénieur d'origine espagnole Santiago Calatrava Valls s'est imposé sur la scène architecturale des années 1980 par son approche organique et même zoomorphique des structures constructives. Les siennes sont souvent inspirées par des modèles anatomiques (et particulièrement par les squelettes osseux). Elles se distinguent par une stylistique très identifiable, à la plasticité maniériste et baroque, qui fait de ce concepteur le représentant le plus caractéristique de ce que peut être en ingénierie une démarche d'auteur, d'artiste attaché à sa signature et à l'expression de sa propre subjectivité.

Né à Benimamet près de Valence en 1951, Calatrava a suivi à Valence des études d'art, d'architecture puis d'urbanisme avant de rejoindre l'école polytechnique de Zurich E.T.H., au sein de laquelle il soutient en 1981 une thèse de doctorat sur la pliabilité des structures spatiales tridimensionnelles. De cette approche originale découle un goût pour l'architecture dynamique et transformable qu'il met en œuvre dans de nombreuses réalisations : trois grandes portes métalliques pliantes des entrepôts Ernsting à Cœsfeld, Westphalie (1983-1985) ; membrures de béton articulées du pavillon temporaire Swissbau à Bâle (1989) ; projet de pavillon flottant à Lucerne (1989) ; pavillon du Koweït à l'exposition universelle de Séville, où de hauts doigts griffus se rejoignent pour constituer une voûte (1992) ; longue fenêtre du socle de la tour des communications de Montjuich à Barcelone (1989-1992) ; projet pour le dôme du Reichstag à Berlin (1992) ; couverture de la salle municipale enfouie sous la Plaza España d'Alcoy (1992-1995) ; enfin ailes croisées et rétractables d'une proposition pour le Southpoint Pavilion de Roosevelt Island à New York (1995).

Calatrava s'est particulièrement distingué comme constructeur de ponts. Ses ouvrages témoignent d'une expressivité plastique qui privilégie l'asymétrie, les mouvements curvilinéaires, les effets de basculement et plus généralement les paradoxes statiques, les mâts inclinés supportant de spectaculaires systèmes de haubanage. Ainsi pour le pont oblique Bach de Roda à Barcelone (1984-1987), les ponts Nueve de Octubre et Alameda à Valence (1986-1989 et 1991-1995), Lusitania à Mérida (1988-1991), Alamillo et Cartuja à Séville (1987-1992), Miraflores à Cordoue (1988-1993), les projets pour le pont d'Austerlitz et la passerelle Solférino à Paris (1988 et 1993), l'ouvrage de franchissement de la Tamise à Londres (1990), un pont tournant à Bordeaux (1991), des passerelles à Créteil (1987-1988), Bilbao (1990-1996), Ripoll (1989-1991), Gérone (1989-1992) ou Manchester (1993-1995), etc.

Il dessine des espaces sculpturaux qui rappellent la spatialité organique de Gaudí ou de Saarinen, notamment dans les piles, culées, tabliers de ponts et parties souterraines de certaines réalisations, comme les gares de chemin de fer à Zurich (1983-1990), Lucerne (1983-1989) ou à Lyon-Satolas (1989-1994). Il échafaude de hautes charpentes aériennes et ajourées comme la monumentale galerie vitrée du complexe B.C.E. Place à Toronto (1987-1992), le projet pour la nef de la cathédrale Saint John the Divine à New York (1991) et la nappe de verrières de la gare d'Orient à Lisbonne (1993-1998). Il lance parfois d'étranges surfaces courbes qui ne sont pas sans évoquer des pétales d'orchidée comme à l'aérogare de Bilbao-Sondica (1990-1999) et à l'auditorium de Tenerife (entrepris en 1991) ou de vastes ailes déployées, comme à la gare de Satolas.

Cette imagination débridée le mène à construire de véritables collections de variations structurelles, comme au planétarium et au complexe scientifique de Valence (entrepris en 1991) où son incontestable virtuosité se teinte d'une certaine emphase. Ses bétons blancs aux formes musculeuses, ses poteaux et bielles fuselées, ses rotules et articulations très affirmées, ses membrures souvent acérées et griffues mêlent dans un syncrétisme très personnel les références à Léonard de Vinci, à Michel-Ange, au maniérisme et à l'Art nouveau ainsi que l'exploration infinie des métaphores anatomiques.

FRANÇOIS CHASLIN

Bibliographie

W. BLASER, *Santiago Calatrava, Ingenieur-Architektur, Engineering Architecture*, Birkhäuser, Bâle, 1989 / D. SHARP, *Calatrava*, E & FN Spon, Londres, 1992 / M. McQUAID, *Santiago Calatrava, Structure and Expression*, Museum of Modern Art, New York, 1993 / *Santiago Calatrava*, El Croquis Editorial, Madrid, 1993 / K. FRAMPTON, A.-C. WEBSTER & A. TISCHAUSER, *Calatrava bridges*, Artemis, Zurich, 1993 / M. S. CULLEN & M. KIEREN, *Calatrava Berlin*, Birkhäuser, Bâle, 1994 / S. POLANO, *Santiago Calatrava, opera completa*, Electa, Milan, 1996 / P. JODICIO, *Santiago Calatrava*, Taschen, Cologne, 1998 / *AV Monografías*, nº 61, Madrid, 1996.

CALLICRATÈS (~Vᵉ s.)

Callicratès est un architecte athénien à qui revient, selon Plutarque (*Vie de Périclès*, XIII, 7), la construction du mur médian du système de remparts unissant Athènes au Pirée (les Longs Murs) et celle du Parthénon, en collaboration avec Ictinos. Des fragments d'inscriptions indiquent qu'il fut aussi l'auteur, sur l'Acropole, d'un mur de soutènement (*Inscriptiones Graecae*, 1ᵉʳ vol., 2ᵉ éd. [IG I²], 44) et des plans du temple d'Athéna Nikè (*ibid.*, 24). On a tenté de reconstituer, à partir de ces quelques points assurés, l'œuvre de ce grand architecte, qui semble avoir eu une part considérable dans l'extraordinaire floraison monumentale du siècle de Périclès.

Selon I. M. Shear (*Hesperia*, vol. XXXII, 1963), il serait également l'auteur du temple dit de l'Ilissos, vu et étudié par Stuart et Revett peu avant sa destruction en 1778, du « temple des Athéniens » dans le sanctuaire d'Apollon à Délos, de l'Érechthéion qui remplace sur l'Acropole le « Vieux Temple » d'Athéna détruit par les Perses en ~ 480. Tous ces édifices ont en commun d'être de style ionique, sauf le temple de Délos, et amphiprostyles (colonnades limitées aux façades), sauf l'Érechthéion qui, pour des raisons topographiques, est seulement prostyle (colonnade limitée à la façade est). Ils présentent également des similitudes de détail qui semblent être la signature de Callicratès : une même tendance à créer un espace intérieur carré ; un même recours à l'inclinaison vers le centre des éléments portants, ce qui donne au volume global une cohésion accrue (temple d'Athéna Nikè et Érechthéion), et surtout une modénature originale et pratiquement identique des bases de colonnes et de murs.

Alors que I. M. Shear laisse en suspens le problème de la participation de Callicratès au Parthénon, R. Carpenter (*The Architects of the Parthenon*, Penguin Books, 1970) reconstitue sa carrière à partir des tribulations de cet édifice, exceptionnel à tous égards. Commencée après ~ 490 avec le butin de la victoire de Marathon sur les Perses, la construction du Parthénon, interrompue par l'occupation perse de l'Acropole en ~ 480 et ~ 479, aurait été confiée à Callicratès dans les années ~ 460 par Cimon, chef du parti conservateur alors au pouvoir à Athènes. Une partie de la colonnade et de l'entablement aurait déjà été érigée ou préparée (notamment les métopes remployées au côté sud du Parthénon de Périclès, dont le style est nettement antérieur à celui des autres) quand la mort de Cimon à Chypre, en ~ 450, assura à Périclès, chef du parti progressiste, la haute main sur les affaires d'Athènes, qu'il devait conserver jusqu'à sa mort. Celui-ci aurait alors confié à Phidias la supervision des travaux de l'Acropole, repris sur d'autres bases, Ictinos succédant à Callicratès pour réaliser un Parthénon à l'espace intérieur élargi aux exigences de la statue chryséléphantine de Phidias. La disgrâce de Callicratès serait confirmée par le fait que le décret (IG I², 24) qui décide, vers ~ 450, l'érection du temple d'Athéna Nikè par Callicratès n'a été exécuté qu'en ~ 427-~ 426, après la mort de Périclès. Entre-temps Callicratès, exclu de l'Acropole, aurait été dédommagé en se voyant confier la construction, non seulement des bâtiments ioniques ou ionisants que I. M. Shear a rapprochés, mais aussi des temples d'Héphaïstos sur le flanc ouest de l'Agora (pseudo-Théséion), de Poséidon au cap Sounion, d'Arès à Acharnes (transporté plus tard sur l'Agora) et de Némésis à Rhamnonte — quatre édifices doriques qui ont parfois été attribués à un même architecte anonyme : c'est la parenté entre le temple des Athéniens à Délos et l'Héphaïstéion qui étaye cette hypothèse, ainsi que la présence, inattendue dans un bâtiment dorique, d'un pied de mur mouluré, aussi bien au pré-Parthénon de Cimon qu'à l'Héphaïstéion et au cap Sounion. Si l'on se range à cette hypothèse maximaliste, ce seraient donc au moins huit temples (le cas de l'Érechthéion restant douteux pour Carpenter) que Callicratès aurait construits entre ~ 465 et ~ 420 au cours d'une carrière exceptionnellement longue et féconde.

R. Martin a exprimé une réticence marquée devant cette chaîne trop brillante d'attributions (cf. « L'Atelier Ictinos-Callicratès au temple de Bassae », in *Bull. de correspondance hellénique*, n° 100, 1976 ; *L'Art grec*, chap. XI, Le Livre de poche, 1994). Pour sa part, il ne reconnaît la marque de Callicratès qu'au Parthénon de Phidias et d'Ictinos et dans les temples de l'Ilissos, d'Athéna Nikè et des Athéniens à Délos. Dès lors, son originalité apparaît plus nettement : il aura été, dans l'architecture attique de la seconde moitié du ~ Ve siècle, l'introducteur de l'ordre ionique, qui s'insinue désormais jusque dans les grands bâtiments doriques : espaces intérieurs plus aérés, moulures décoratives au pied ou au haut des murs, frises historiées, etc. C'est pourquoi R. Martin propose d'attribuer à « l'atelier Ictinos-Callicratès » la reprise des travaux du temple d'Apollon Épicourios à Bassae-Phigalie après ~ 425 — collaboration qui aurait donc survécu à l'achèvement du Parthénon, quoique Pausanias (VIII, XLI, 9) ne mentionne qu'Ictinos à propos de ce temple. Callicratès y serait l'auteur de l'espace intérieur, dont la parure ionique originale dément l'ordre dorique extérieur, avec ses colonnes engagées, sa frise sculptée et surtout la colonne unique à chapiteau corinthien — dont c'est le premier exemple connu — qui sépare la cella de l'adyton.

En l'absence de toute autre certitude que sa participation à l'une des phases — pénultième ou finale ? — du Parthénon et que la réalisation différée de ses plans pour le temple d'Athéna Nikè, la figure à peine esquissée de Callicratès ne manquera pas de provoquer encore d'autres attributions, qui s'efforceront de donner corps à ce nom qui paraît lié à l'épanouissement du style ionique en terre attique.

BERNARD HOLTZMANN

CAMERON CHARLES (vers 1740-1812)

La biographie de l'architecte écossais Charles Cameron à longtemps posé des problèmes jusqu'à ce que des recherches récentes, notamment celles de Dimitri Shvidkovsky (*The Empress and the Architect*, New Haven-Londres, Yale University Press, 1996) fassent le point sur cette question. Charles Cameron est né vers 1740. Son père, Walter Cameron, était entrepreneur en bâtiment à Londres et l'ami du célèbre Archibald Cameron, organisateur de l'insurrection écossaise en faveur de Charles Stuart. Le fils d'Archibald et le futur architecte portaient le même prénom et furent probablement élevés ensembles. Le premier s'installa à Rome et publia en 1785 ses *Mémoires sur les beaux-arts*, où il faisait mention de l'architecte Charles Cameron. Celui-ci, d'abord membre de la *Carpenter's Company*, se passionna plutôt pour l'architecture savante, comme le montre son album de dessins datés de 1764 (archives de l'Institut des ingénieurs des transports ferroviaires, Saint-Pétersbourg). Il fut ensuite influencé par l'architecte Isaac Ware, célèbre pour son édition en 1738 des *Cinq livres* de Palladio. Cameron partit pour l'Italie en 1768 et, probablement grâce au soutien du fils d'Archibald, fut introduit dans la colonie des « Écossais de Rome ». Il se forma à Rome dans le milieu des savants, architectes et peintres passionnés par l'Antiquité et s'adonna surtout à l'étude des thermes. En 1772, il publia à Londres un ouvrage qui était une synthèse de ses recherches : *Description des bains des Romains, enrichie des plans de Palladio, corrigés et perfectionnés...* (en anglais et en français, réédité en 1774 et en 1775). Cette publication valut sans doute à Cameron d'être invité en Russie en 1779. Le 23 août, Catherine II écrivit à Grimm : « À présent je me suis emparée de mister Cameron, écossais de nation, jacobite de profession, grand dessinateur nourri d'antiquités, connu par un livre sur les bains anciens... » Par ailleurs, nous apprenons par des lettres de Catherine II que Cameron, fidèle à l'esprit de ce siècle d'aventuriers, se fit passer en Russie pour son homonyme.

Dès 1773, Catherine II avait écrit au sculpteur Étienne Maurice Falconet qu'elle aurait voulu avoir un dessin d'une maison à l'antique pour la faire construire dans son jardin de Tsarskoïe Selo. À la suite de démarches de Falconet puis de Charles Nicolas Cochin, un projet avait été exécuté par Charles Louis Clérisseau (musée de l'Ermitage). L'architecte français Charles de Wailly avait envoyé à l'impératrice son projet de « pavillon des Sciences et des Arts » (Ermitage). Mais Catherine II avait rejeté les deux projets, les jugeant trop démesurés. Cameron les utilisa pourtant pour son propre travail, surtout le projet de Clérisseau, ainsi que les nombreux dessins de ce dernier achetés également par Catherine II.

Le premier travail de Cameron en Russie consista donc à partir de 1780 à édifier les thermes de Tsarskoïe Selo, cette « rapsodie gréco-romaine » tant désirée par Catherine II. Les thermes proprement dits comprennent le pavillon d'Agate (1780-1785), qui donne sur le jardin suspendu, et la galerie bordée d'une colonnade (dite galerie de Cameron, projetée en 1784, construite en 1787). Un escalier et une rampe en pente douce bâtie dans les années 1790 pour l'impératrice vieillissante mènent de la galerie au jardin. La partie inférieure, formée d'énormes blocs de pierre, est délibérément grossière, comme s'il s'agissait d'une construction archaïque et barbare. Elle rappelle les ruines des thermes romains dans les gravures de Cameron. Quant au niveau supérieur, avec son ordre ionique, il correspond par son classicisme à l'idée de l'Antiquité ressuscitée, telle qu'elle avait été vue par Palladio. La décoration intérieure du pavillon d'Agate, très proche du style des frères Adam, est exubérante. Les thermes de Tsarskoïe Selo furent l'unique bâtiment en Russie qui reprenait le type et la fonction d'une construction antique. Ils valaient davantage par leur esthétique et par leurs références culturelles que par leur commodité et Catherine II se plaignait à son secrétaire que ces bains étaient « impropres ».

De 1781 à 1787, Cameron construisit un palais entouré d'un parc ainsi que de multiples pavillons dans le domaine de Pavlovsk, que Catherine II avait offert en 1777 à son fils Paul (Pavel, en russe, qui donne son nom au domaine). Le palais de Pavlovsk reprend le schéma de la villa palladienne : un bloc central, orné d'un portique et couronné d'une coupole plate, réuni par des galeries aux ailes latérales. Le parc à l'anglaise est parsemé de pavillons qui s'inspirent des constructions antiques – la colonnade d'Apollon, le temple de l'Amitié, le monument des Parents.

La carrière de Cameron prit fin à la mort de Catherine II. Bien qu'il fût nommé architecte de l'Amirauté en 1803 et qu'il le restât jusqu'en 1805, son œuvre architecturale demeura essentiellement circonscrite aux années 1780. Représentant de ce milieu international des connaisseurs de l'architecture romaine, qui, comme il l'écrit lui-même, « ont rétabli l'ancienne et la vraie manière de bâtir », Cameron fut un des principaux réalisateurs du rêve russe vis-à-vis de l'Antiquité.

OLGA MEDVEDKOVA

CAMPBELL COLEN (mort en 1729)

D'origine écossaise, l'architecte Colen Campbell joue un rôle prééminent dans la mise au point des formules néo-palladiennes qui vont être la marque dominante de l'architecture privée anglaise tout au long du XVIIIe siècle. Après les recherches de Wren et de ses émules, la théorie artistique et le style de Palladio, introduits en Angleterre par Inigo Jones dès 1615, connaissent un regain de faveur. W. Benson puis lord Burlington et W. Kent s'en font les propagateurs, mais c'est à Campbell qu'il revient de publier la bible de cette nouvelle religion. Son *Vitruvius Britannicus* a une grande influence sur la polémique antibaroque du temps, il constitue, en outre, l'une des sources de la culture néo-classique. Dans le premier volume, paru en 1715, Campbell reproduit de nombreux édifices classiques anglais ; les deux autres tomes (1717 et 1725) illustrent ses propres créations. On ne sait presque rien sur le début de sa carrière. En 1712, Campbell remanie l'église de Lincoln Inn Fields « conformément au principe de simplicité des Anciens ». Après avoir travaillé comme « agent » de W. Benson, il trouve un protecteur en la personne de lord Burlington qui lui confie la réfection de Burlington House (1717 env.) sur le modèle du palais Porto Colleoni de Vicence, œuvre de Palladio. Mais sa création la plus importante est Wanstead House, Essex (1715-1720), qui est détruite en 1822, et que l'on peut considérer comme le bâtiment clef de ce style. Son style est dérivé à la fois de la villa Foscari dite Malcontenta de Palladio et de Castle Howard de Vanbrugh ; Wanstead House présente un corps de logis central précédé d'un péristyle ionique et flanqué de deux longues ailes sans aucun rythme secondaire. La « pureté » de ce parti, avec ses grandes dominantes horizontales, suscite l'admiration et a connu de nombreuses imitations (Wentworth Woodhouse, Nostell Priory, Prior Park). À Houghton Hall, Norfolk (1721), pour Robert Walpole, Campbell reprend le plan de Wanstead avec un grand hall cubique au centre de la composition mais, cette fois, il

intègre dans les élévations des motifs décoratifs directement dérivés de la Renaissance italienne. À Mereworth Castle dans le Kent (1723), Campbell donne une imitation presque littérale de la villa Rotonda de Palladio (près de Vicence) avec ses quatre façades identiques dominées par une haute coupole. Jusqu'à sa mort Campbell dessine une série de projets pour des maisons de campagne (Stourhead, Wilts, 1721) et des résidences londoniennes.

Entre 1715 et 1724, il crée donc les prototypes de ces demeures où l'aristocratie georgienne et la riche bourgeoisie retrouvent ces qualités d'équilibre, de mesure et de sobriété, indispensables au cadre de la vie élégante qu'ils mènent.

MONIQUE MOSSER

CANDELA FELIX (1910-   )

Architecte mexicain d'origine espagnole. Né à Madrid où il fait ses études à l'École supérieure d'architecture, Candela émigre au Mexique en 1939 après avoir été interné dans un camp de réfugiés en France. Héritier spirituel de l'ingénieur Torroja dont il avait pu apprécier, avant son départ d'Espagne, les audacieuses structures en voiles de béton, il ne se lance lui-même que tardivement dans l'application de cette technique après l'avoir prônée dans de nombreux articles. Séduit par cette campagne de presse, Jorge Gonzales Reyna, chargé d'élaborer le Laboratoire d'études du rayonnement cosmique à la cité universitaire de Mexico, lui fournit l'occasion de réaliser une couverture en paraboloïde hyperbolique, première du genre dans le pays (1952). Le succès de cette construction en coque d'une extrême minceur apporte à Candela de nombreuses commandes (usines, entrepôts, halles, salles d'exposition, restaurants), pour lesquelles il se lance dans des recherches structurales de plus en plus hardies. En 1968, il collabore au Palais des Sports de Mexico. Il s'impose à l'échelle internationale par des édifices monumentaux : la Bourse de Mexico (1954) et surtout plusieurs églises (Santa María Miraculosa à Mexico, 1954, influencée par les formes de Gaudí ; chapelles de Cuernavaca et de Coyoacán, 1959 ; église José Obrera de Monterrey, 1969). De 1971 à 1978, Candela est professeur d'architecture à l'université de l'Illinois et, depuis 1977, il collabore à différents projets dans les pays du Golfe : en particulier pour l'université de Djedah en Arabie Saoudite en 1977 et pour l'université islamique de Ryadh en 1994. Depuis 1990, il travaille à Madrid comme ingénieur-conseil. Felix Candela a publié à Madrid, en 1985, *En Defensa del formalismo y otros escritos*. Alliant le sens plastique de l'architecte à la science de l'ingénieur et à la connaissance des matériaux du constructeur, Candela apparaît comme un des spécialistes les plus complets de l'architecture contemporaine dans l'utilisation du béton armé et l'exploitation de sa souplesse fonctionnelle et formelle.

YVES BRUAND

CANDILIS GEORGES (1913-1995)

D'origine grecque, né à Bakou, l'architecte français Georges Candilis a fait ses études à l'École polytechnique nationale d'Athènes avant de travailler, dès 1946, chez Le Corbusier, sur le projet d'unité d'habitation de Marseille, dont il dirigea le chantier avec l'architecte américain Shadrach Woods (1923-1973). En 1951, Candilis et Woods vont diriger le bureau africain de l'Atbat (Ateliers des bâtisseurs), structure créée par Le Corbusier, Vladimir Bodiansky et André Wogensky. À son retour en France, Candilis rencontre à l'Atbat l'architecte yougoslave Alexis Josic (né en 1921).

L'aventure de l'équipe Candilis-Josic-Woods commence en 1954. Il serait vain de vouloir départager les mérites respectifs des membres d'une équipe aussi soudée. Il revient cependant à Candilis d'avoir créé cette équipe, de lui avoir apporté sa fougue, sa générosité, son sens du combat.

Nourris du mouvement moderne, Candilis-Josic-Woods vont, en une dizaine d'années, proposer une réflexion architecturale absolument nouvelle, centrée sur l'habitat ; réflexion assez différente de celle de Le Corbusier (toujours à la recherche de la belle forme), plus proche des recherches sur l'habitat minimal menées par les architectes allemands des années 1920. Sans doute est-ce à cause de la nature des programmes proposés à l'agence, depuis l'habitat musulman jusqu'à la résorption des bidonvilles pour le concours de Lima (Pérou), en passant par les réalisations très nombreuses de l'opération Million en France, que la question de l'habitat est en effet abordée de manière a-esthétique, la priorité étant donnée à l'organisation du plan. Rationalisme subtil pourtant, distinguant, à la manière de Louis Kahn (espace servant/espace servi), des fonctions précises (accès, rangements, bains, etc.) qui exigent à la fois des solutions précises et des fonctions moins déterminées pour lesquelles la notion d'adaptabilité dans le temps doit être mise en œuvre.

Mais le rationalisme et l'organisation du plan, d'abord exprimés sous forme de modèles abstraits, sont ensuite confrontés aux climats, aux lieux, aux modes de vie. Le logement devient ainsi habitat car il entretient une relation forte avec son milieu. Pour Candilis, la cabane du charbonnier est un habitat au sens propre, car elle est en osmose avec la forêt et le travail du charbonnier. L'habitat est le lieu de l'universel et du contingent. Habiter, c'est répondre, d'une part, aux besoins universels de se réunir et de s'isoler, et, d'autre part, aux conditions particulières du lieu ; les projets d'habitat musulman reprennent le schéma de la cour traditionnelle (Maroc : types Sémiramis et Nid d'abeilles en 1952, réalisation Nids d'abeilles à Casablanca en 1953).

L'évolution de la pensée de l'équipe, rapide et radicale grâce au nombre et à l'importance des commandes, concerne l'organisation urbaine, en particulier l'intégration du logement dans l'espace public : à partir des belles architectures isolées du Maroc, la continuité urbaine va être inventée ou réinventée jusqu'à la constitution de nappes continues. Cette évolution les amène à contester la Charte d'Athènes au sein du groupe Team X, formé d'une dizaine d'architectes (A. et P. Smithson, J. Bakema, A. Van Eyck, G. di Carlo, G. Candilis, A. Josic, S. Woods...).

L'opération Million se caractérise par un habitat très économique, construit dans toute la France, en particulier pour Emmaüs (par exemple à Bobigny, au Blanc-Mesnil, à Gennevilliers). Dans le plan d'extension de Bagnoles-sur-Cèze, une liaison forte avec l'agglomération ancienne et une relation interne entre logements et équipements vont être recherchées. En 1961, avec les projets de Caen-Hérouville et, surtout, de Toulouse-Le Mirail, apparaît la notion de centre linéaire. La volonté de marier espaces publics et espaces privés impose la solution de la rue dans des immeubles continus. Le projet de rénovation urbaine de Fort-Lamy (1962) renforce la notion de centre linéaire, alors que dans le plan de l'université de la Ruhr, à Bochum, un tissu dense et continu destiné à l'université s'organise de part et d'autre du centre linéaire.

Pour la cité artisanale à Sèvres (1962), la recherche de continuité est réalisée par une nappe de deux ou trois niveaux, structure neutre où sont librement disposées les activités. La cité artisanale a, depuis lors, largement évolué vers l'ajout de nouvelles constructions qui n'ont altéré ni le système ni l'image de l'ensemble. Cette conception va nourrir d'autres projets, en particulier le plan de l'Université libre de Berlin (1963). Ce plan intègre en une seule construction sur deux niveaux les voies intérieures, les salles et amphithéâtres, les patios qui permettent d'éclairer l'ensemble.

Si l'équipe Candilis-Josic-Woods a beaucoup et vite construit, si sa préoccupation essentielle est l'organisation, les problèmes formels, souvent repoussés au plus loin, ne sont jamais évacués : en particulier, l'échelle et le problème de la multiplication d'unités semblables dues à la grande dimension des programmes. La réponse est d'ordre géométrique : assembler, diviser, exprimer l'unité ou regrouper plusieurs unités, etc. L'articulation, mot clé de ces années de travail, désigne autant des problèmes de fonctions ou d'usages qu'une solution formelle : articuler c'est décomposer, c'est créer une échelle différente, c'est fragmenter un volume trop important par un escalier ou par un vide.

L'équipe s'est dissoute, mais une œuvre individuelle fondée sur les principes définis ensemble s'est poursuivie. À partir de 1964, Georges Candilis enseigne l'architecture à Paris. Participant à la mission d'aménagement du Languedoc-Roussillon, il est l'architecte en chef de Leucate-Barcarès. Il est chargé de plusieurs projets au Moyen-Orient, en particulier l'université de Hamadan en Iran (1978), qui n'aboutiront pas. Après la chute des colonels en 1974, Candilis est appelé à Athènes pour plusieurs missions d'aménagement et d'urbanisme.

PIERRE GRANVEAUD

Bibliographie
Candilis-Josic-Woods, Karl Krämer Verlag, Stuttgart, 1968.

CARLU JACQUES (1890-1976)

Au début du XXe siècle, la plupart des élèves en architecture de l'École des beaux-arts de Paris ne bougeaient guère des ateliers de la rue Bonaparte. Ce ne fut pas le cas de Jacques Carlu : à peine admis, il court déjà le monde. En 1910, on le voit travailler en Roumanie sur un projet de Sénat qui remporte le premier prix. Le service militaire, puis la guerre interrompent ses études. Dès l'armistice, il les reprend dans l'atelier de Victor Laloux — l'architecte de la gare d'Orsay — et il obtient le premier grand prix de Rome en 1919.

Après son séjour réglementaire à la Villa Médicis, Carlu ne revient pas en France — ce qui est contraire aux usages —, mais s'installe aux États-Unis. De 1924 à 1934, il enseignera au célèbre Institut de technologie de Boston (M.I.T.), et il figure parmi les intermédiaires privilégiés entre l'Art déco français des années 1925 et le public nord-américain. En outre, celui-ci raffole du style de nos paquebots de luxe : pour la chaîne canadienne Eaton, Carlu remodèle le dernier étage des magasins de Montréal et de Toronto dont le restaurant et le salon de thé doivent ressembler à ceux d'un navire de la Compagnie générale transatlantique.

Quand il rentre en France, Carlu va se trouver mêlé à la bataille du Trocadéro car on voulait du nouveau, à l'emplacement du palais de Davioud, pour l'Exposition universelle de 1937. Il remporte le concours en collaboration avec Boileau et Azéma. La rotonde hispano-mauresque est remplacée par un creux enchâssé entre les deux anciennes ailes maintenues et modernisées : comment aurait-on pu lutter, par une flèche quelconque, avec la tour Eiffel ?

L'ensemble du bâtiment, témoignage de monumentalisme néo-classique qui plut beaucoup à Albert Speer, fut l'objet de nombreuses critiques de la part des tenants du mouvement moderne. Après la guerre, passée aux États-Unis, Carlu revint à son inspiration néo-antique : siège de l'O.T.A.N. — devenu depuis l'université de Paris-Dauphine —, des lycées, plusieurs maisons de la Radio. Reçu à l'Académie des beaux-arts en 1957, Carlu rejoignait le bercail : il n'a jamais remis en question l'enseignement de ses maîtres.

ROGER-HENRI GUERRAND

CARR JOHN (1723-1807)

Constructeur et architecte britannique, il appartient à la seconde génération palladienne, nourrie de l'apport de

R. Adam. Il construit surtout d'importantes demeures aristocratiques : Kirby Hall (d'après un projet de Burlington), Harewood House, Tabley House, Basildon House, principalement dans les Midlands et le nord de l'Angleterre. Marqué par le néo-classicisme, il édifie quelques bâtiments publics : à York (dont il devient lord maire) le County Court House, l'hôtel de ville de Newark (1773), celui de Chesterfield (1789) et donne à Buxton (Derbyshire) une version réduite du *Crescent* de Bath.

JEAN-PIERRE MOUILLESEAUX

Bibliographie

J. SUMMERSON, *Architecture in Britain 1530-1830*, 6ᵉ éd. revue, Harmondsworth, 1977.

CASTIGLIONE GIUSEPPE (1688-1766)

Originaire de Milan, Giuseppe Castiglione a sans doute reçu sa première formation de peintre avant son entrée au noviciat de Gênes en 1707. Se destinant à l'évangélisation en Chine, il est envoyé au Portugal en 1710 et termine son noviciat au couvent des jésuites de Coimbra, avant de s'embarquer, en 1714, à destination de Macao. Il y arrive en 1715 et gagne Canton, où il acquiert les bases de son éducation chinoise. À Pékin, à la fin de 1715, il est présenté à l'empereur Kangxi (1662-1722) comme peintre et commence à travailler pour la cour avec le Napolitain Matteo Ripa (1682-1745).

En 1721, Castiglione est nommé coadjuteur temporel et adopte le nom chinois de Lang Shining. Pendant ces premières années à Pékin, en dehors de son travail à l'Académie de peinture, établie dans l'enceinte du palais impérial, Castiglione collabore à la décoration de l'église Saint-Joseph (Dongtang), détruite au XIXᵉ siècle, et à l'adaptation en chinois du traité *Perspectiva Pictorum et Architectorum* d'Andrea Pozzo, dont il se dit le disciple.

À l'avènement de Qianlong (1736-1796), Castiglione a déjà acquis la première place parmi les peintres européens qui travaillent à la cour. Son activité sera désormais tout entière consacrée à l'empereur. En 1739, un nouveau peintre jésuite entre à la cour, le Français Jean-Denis Attiret (né à Dôle en 1702, mort à Pékin en 1768), qui se lie d'amitié et collabore avec Castiglione. En 1745 arrivera le père Ignace Sickelpart (1708-1780) que Castiglione formera à la peinture.

L'activité de Castiglione, parfois indissociable de celle de ses collègues européens et chinois, sera considérable de 1736 à 1766. Cette activité multiforme ira des rouleaux commémoratifs à la peinture de portrait et de chevaux, aux dessins pour des gravures ou pour la décoration des porcelaines de la manufacture impériale, enfin à la conception et à la maîtrise d'œuvre des palais et jardins à l'européenne que l'empereur fait édifier dans l'enceinte de son palais d'été du Yuanmingyuan, à partir de 1747. Castiglione mourra à Pékin avant la réalisation du dernier de ces palais.

Doté d'un remarquable talent et d'une solide formation, mais dont nous ne savons presque rien, Castiglione devra se dépouiller d'une partie de son éducation première et se mettre, en Chine, à l'école de la peinture chinoise. En effet, la majeure partie de son œuvre de peintre est exécutée à l'encre et en couleurs à l'eau sur soie. Les sujets traités sont ceux que lui demande l'empereur : fleurs, oiseaux, animaux familiers, mais surtout portraits et peintures de chevaux, tous ces sujets devant célébrer la personne impériale et sa politique. Seuls la perspective, le rendu du feuillage et du tronc de certains arbres conservent un parti occidental (*Les Plantes de bon augure*, 1723, musée national du Palais, Taibei).

Cette fusion de deux traditions picturales apparaît dans les genres où Castiglione excelle : le portrait et la peinture de chevaux. Devant s'adapter à la technique chinoise du pinceau, influencé peut-être par le goût des empereurs Qing pour la miniature européenne (en particulier sur émail), Castiglione a développé pour les contours une ligne très fine, très fluide, un peu vibrante, des couleurs transparentes, des ombrages en dégradés très doux, un rendu à la fois détaillé et naturel de l'anatomie. Ses études de chevaux, ses portraits de Qianlong (*Les Khazakh présentent des chevaux à Qianlong*, 1757, musée Guimet, Paris) introduisent dans la peinture chinoise un style totalement neuf qui, sous des procédés et selon des canons chinois, témoigne d'un réalisme, d'une organisation du mouvement, d'un sens du modelé proprement européens.

Les œuvres collectives formaient un volet important des activités des peintres de l'Académie au XVIIIe siècle. Castiglione participa ainsi avec les principaux artistes chinois à nombre de rouleaux officiels, comme la série intitulée *Mulan* (Musée national des arts asiatiques-Guimet, Paris). Les onze collaborateurs de cette vaste illustration des chasses impériales se sont partagé la tâche, la contribution de Castiglione se limitant aux quatre évocations de l'empereur.

De même, il collabora avec les autres artistes missionnaires de la cour à la commémoration des conquêtes de Qianlong en haute Asie, par des dessins qui furent gravés en France de 1767 à 1774.

En créant, toujours pour Qianlong, autour des jeux d'eau conçus par le jésuite français Michel Benoist (1715-1774) les fabriques et les jardins européens du Yuanmingyuan, Castiglione a contribué à une autre rencontre exceptionnelle entre la Chine et l'Occident, architecturale cette fois. À travers les recueils gravés, dont les bibliothèques jésuites de Pékin étaient bien pourvues, c'est dans sa propre culture italienne que Castiglione est revenu puiser, adaptant les motifs de la villa baroque ainsi que son vocabulaire aux modes de construction chinois.

Les études récentes sur ces palais (travaux français de la mission Palais d'Été, Vincent Droguet dans *Histoire de l'art*, n° 25-26, mai 1994) comme celles sur la peinture de cour sous le règne de Qianlong (*The Elegant Brush, Chinese Painting under the Qianlong Emperor*, Phenix Art Museum, 1985) ont permis d'opérer un début de réhabilitation de ce très grand artiste que son double exotisme et son engagement au service de l'empereur desservent encore. Malgré tout, de multiples questions subsistent tant en amont sur ses sources d'inspiration en Europe qu'en aval sur l'influence qu'il exerça en Chine.

MICHÈLE PIRAZZOLI-t'SERSTEVENS

CASTILHO JOÃO DE (actif entre 1515 et 1552)

Architecte espagnol. Peut-être originaire de Biscaye, João de Castilho fait toute sa carrière au Portugal. Il succède à Boytac sur le chantier des Jerónimos de Belém en 1517 et termine l'église, le cloître et les bâtiments conventuels dans le style plateresque. Il achève également le portail sud qui se distingue par la richesse de son décor. À deux reprises, et surtout de 1533 à sa mort, il travaille à Tomar. Il agrandit considérablement le monastère réformé par le roi Jean III. Dans les nouveaux bâtiments, distribués autour de plusieurs cloîtres, la décoration se fait plus discrète. João de Castilho amorce une évolution qui trouvera son couronnement dans le grand cloître de Diogo de Torralva.

MARCEL DURLIAT

CELLERIER JACQUES (1742-1814)

Nommé ingénieur de la généralité de Paris, l'architecte Cellerier, originaire de Dijon, fit carrière presque exclusivement dans la capitale. Il y construisit de nombreuses demeures privées : l'hôtel de Verrière (1774, rue Verte-Saint-Honoré), l'hôtel de Mme d'Épinay, l'amie de Jean-Jacques Rousseau (1776-1777, rue de la Chaussée-d'Antin), la maison du duc de Laval (1777, boulevard du Montparnasse), l'hôtel de Montigny (1778-1782, rue de Provence) et la maison du prince de Soubise (1787-1788, rue de l'Arcade). Le café Chinois qu'il éleva sur les grands boulevards (1777) devint un des lieux les plus fréquentés des Parisiens épris d'un orientalisme déjà très « couleur locale ». L'Antiquité gréco-romaine demeure cependant le modèle préféré de Cellerier : le style de ses décorations d'appartement, proche de celui d'un Brongniart, s'inspire directement des peintures pompéiennes. Le souvenir de la Rome antique culmine pendant la Révolution et Cellerier donne les dessins d'éléments décoratifs pour des fêtes célèbres : l'arc de triomphe du Champ-de-Mars pour la fête de la Fédération (1790) et le char funèbre pour le cortège de la translation des cendres de Voltaire au Panthéon (1791). Sous l'Empire, Cellerier participe aux projets d'édification d'une fontaine colossale sur la place de la Bastille et propose un modèle d'éléphant, symbole de César (1810 ; exécuté en plâtre, ce monument ne sera jamais coulé en bronze, mais il servira de retraite au Gavroche de Victor Hugo !). Des plus modestes aux plus grands, les projets de Cellerier révèlent un esprit curieux, très représentatif des différentes tendances du néo-classicisme. Le projet du théâtre qui devait être édifié sur la place des États à Dijon (1786) est un des meilleurs exemples d'esthétique urbaine de la fin de l'Ancien Régime (ce projet, considérablement réduit, ne sera réalisé qu'après la mort de Cellerier).

DANIEL RABREAU

CHALGRIN JEAN FRANÇOIS THÉRÈSE (1739-1811)

Deux monuments parisiens — de notoriété inégale — ont livré le nom de Jean Chalgrin à la postérité : l'église Saint-Philippe-du-Roule et l'Arc de triomphe de l'Étoile. De ces œuvres, qui marquent respectivement le début et la fin de la carrière de l'architecte, la seconde, plus spectaculaire, est moins authentique : conçue dès 1806 pour commémorer les victoires de l'Empire, elle ne sera achevée que longtemps après la mort de Chalgrin, par deux architectes de la monarchie de Juillet, J. N. Huyot et G. A. Blouet (1837). Monument gigantesque aux formes initialement simples, cet arc s'apparentait aux projets idéaux de certains architectes néoclassiques. C'est cet effet de grandeur et de simplicité que Chalgrin s'était déjà efforcé de traduire, avec des moyens modestes, dans l'église Saint-Philippe-du-Roule (1768-1784). Le plan basilical, repris alors pour la première fois en France avec une exactitude archéologique qui devait en faire un modèle, s'y exprime par un vaisseau continu couvert d'un berceau à caissons reposant sur deux rangs de colonnes. La façade, précédée par une colonnade d'ordre dorique, annonce par sa structure simple l'espace unitaire de cet édifice si opposé à la tradition française — tradition que J. G. Soufflot combattait dans l'église Sainte-Geneviève, alors en construction. L'église Saint-Philippe-du-Roule peut être considérée comme l'un des premiers exemples de l'architecture religieuse néoclassique en France. Chalgrin donnera d'autres exemples d'architecture religieuse : la chapelle du Saint-Esprit (1768, rue Lhomond à Paris), mais aussi divers aménagements dans le vaste chantier qu'était alors l'église Saint-Sulpice, où il décore les deux chapelles à droite et à gauche du narthex, la tour nord de la façade, pour laquelle il dessine l'étonnant buffet d'orgue inspiré de formes empruntées à la Rome antique (1775). Ce goût très prononcé de Chalgrin pour l'Antiquité culmine dans la grande salle éphémère qu'il construisit en 1770 pour le bal du mariage du dauphin. La même simplicité, un peu froide, se retrouve dans ses édifices privés ou civils : hôtel de Saint-Florentin (rue Saint-Florentin, 1767), hôtel de Mme Balbi (rue de Fleurus), hôtel de Langeac (Champs-Élysées) et Collège de France (rue des Écoles, 1780). Formé à l'école de Servandoni, de Boullée et de Moreau-Desproux, Chalgrin remporte le grand prix d'architecture en 1758 ; il séjourne à Rome jusqu'en 1763, particulièrement bien préparé à cette interprétation de l'Antiquité qui sera la source permanente de son inspiration. Inspecteur des travaux à Paris, sous la direction de son ancien maître Moreau-Desproux, membre de l'Académie d'architecture, Chalgrin fut simultanément premier architecte et intendant des bâtiments des deux frères de Louis XVI, le comte d'Artois et le comte de Provence (1779-1787). Ses activités au palais du Luxembourg, domaine de Monsieur, le firent choisir par le Directoire pour aménager les locaux du Conseil des Cinq-Cents (salle des séances, escalier monumental, 1795). Il reconstruisit l'intérieur du théâtre de l'Odéon incendié en 1799. Chalgrin, membre du Conseil des bâtiments civils, fut élu à l'Institut en 1799.

DANIEL RABREAU

CHAMBERS sir WILLIAM (1723-1796)

Théoricien, dessinateur de jardins, intime du roi George III, le fondateur de l'Académie, l'architecte anglais sir William Chambers fut investi des plus hautes charges. De longues études dans les grands centres artistiques de l'Europe des Lumières et de lointains voyages lui donnèrent une culture universelle qui lui permit d'élaborer un art raffiné et éclectique.

Fils d'un marchand écossais, Chambers naquit en Suède. Il reçut sa première formation en Angleterre, mais très jeune il fut appelé à visiter l'Europe, l'Inde et la Chine où il voyagera pendant neuf ans pour le compte d'une compagnie commerciale. Vers 1749, il fréquenta à Paris le cours de Jacques-François Blondel où il se lia avec Mique, Peyre et De Wailly. Il passa ensuite cinq ans en Italie, principalement à Rome où il fit partie de ce groupe cosmopolite d'artistes et de théoriciens qui mettaient au point les formules du néoclassicisme. Quand il rentra en Angleterre en 1755, il devint, grâce à l'appui de lord Bute, l'*Architectural tutor* du prince de Galles, futur George III. Il publia alors deux traités qui établirent sa réputation. Les *Designs of Chinese Building* (1757) devaient avec la *Dissertation on Oriental Gardening* (1772) apporter une contribution primordiale au courant exotique européen. Son *Treatise on Civil Architecture* (1759), consacré essentiellement à l'emploi des ordres et aux problèmes décoratifs, montre un désir de combiner le goût néoclassique avec les traditions de la Renaissance, attitude en légère opposition à un strict retour à l'antique prôné par les frères Adam. À partir de 1757, il construisit dans le parc de Kew pour la princesse douairière de Galles une série d'édifices. L'arc romain, la pagode chinoise, les pavillons et les temples à l'antique, dont les gravures furent publiées en 1763, servirent de modèles à l'Europe entière. L'appui du roi lui permit de gravir rapidement tous les échelons de la carrière officielle. Nommé en 1761 architecte des travaux du roi, il devint contrôleur (1769), pour être élevé en 1782 à la surintendance des bâtiments. Il fut chargé, à partir de 1776, de l'édification à Londres de Somerset House, qui reste son œuvre capitale. Ce très vaste édifice devait répondre à un programme complexe (à la fois bureaux pour les administrations de l'État et lieux de réunion pour les sociétés savantes). Situés entre le Strand et la Tamise, les bâtiments s'ordonnent autour de trois vastes cours. Les élévations et l'ensemble du décor portent la marque d'un éclectisme raffiné, fruit de la formation cosmopolite de l'architecte. Il dut puiser dans ses carnets de voyage maints détails tour à tour florentins, romains ou français. Mais ces réminiscences de Palladio, Ammanati, Michel-Ange ou Salvi, d'Antoine ou de Blondel s'intègrent parfaitement à un ensemble aux grandes dominantes horizontales. À l'intérieur, il développe ses facultés d'invention originale, en donnant pour l'Escalier de la marine (Navy Staircase) un exemple achevé de virtuosité spatiale. Rival des frères Adam, Chambers bâtit de très nombreuses maisons tant à Londres que dans la campagne anglaise. Wilton, Kew, Goodwood, Milton, Woburn, ou Duddingston en Écosse et Marino en Irlande portent toutes la marque d'un palladianisme tempéré où l'on retrouve parfois des souvenirs du classicisme français. Presque toutes possèdent d'intéressants escaliers, éclairés par le haut et décorés d'élégantes rampes de métal. Sans atteindre le raffinement archéologique des Adam, il manifeste dans ses décors intérieurs une totale adhésion à la mode néo-antique inspirée par les peintures et les stucs récemment découverts à Pompéi. Il dessina aussi des objets : carrosses, meubles et vases. Avec Reynolds, Chambers fut un des principaux animateurs de l'Académie dont il devint trésorier en 1776. Il fut aussi membre correspondant de l'Académie des sciences de Suède et de l'Académie d'architecture de Paris.

MONIQUE MOSSER

CHANTEREINE NICOLAS
(actif de 1517 à 1537)

S culpteur et architecte vraisemblablement d'origine wallonne. Nicolas Chantereine se rend vers 1516 au Portugal, à l'invitation du roi Manuel. Entre 1520 et 1530, on le trouve à Coimbra où il exécute le portail principal, des enfeux pour les tombeaux d'Afonso Henriques et de Sancho Ier. Comme Jean de Rouen, il travaille ensuite au monastère de Celas, il y exécute la porte de la salle capitulaire et le retable de Saint-Martin. Il taille un retable en albâtre pour la chapelle de la Pena à Sintra (1532). Il sculpte ensuite plusieurs tombeaux d'évêques à Évora où il est actif jusqu'en 1537. Son art, très surchargé, semble inspiré des œuvres de Michel Colombe. Nicolas Chantereine a connu la sculpture bourguignonne : c'est Claus Sluter qu'il cherche à imiter au portail des Hiéronymites en 1517 et ensuite à celui de l'église de la Conception à Lisbonne. Il collabore aussi à l'érection d'une voûte dans le transept de Belém, attestant ainsi sa compétence en architecture.

RENÉE PLOUIN

CHAREAU PIERRE (1883-1950)

S urtout connu comme décorateur, Pierre Chareau est un architecte important pour les années trente. Il mit en pratique des recherches cubistes, en introduisant dans l'architecture l'emploi de matériaux alors inconnus ou inusités (briques de verre) dans une structure nouvelle axée sur l'ouverture du système architectural, sur ce que Chareau tenait pour un matériau premier : la lumière.

En 1919, il conçoit pour le docteur Jean Dalsace l'installation de deux pièces (bureau et chambre à coucher), ce qui lui vaudra au Salon d'automne sa nomination comme sociétaire. La plus grande partie des meubles de la « maison de verre » date de cette époque. Intéressé par la peinture et la musique, il se consacrera cependant à partir de 1919 de plus en plus à l'architecture. Pendant l'exposition de 1925, il exécute le bureau d'une ambassade (actuellement au Musée d'art moderne), avec Lipchitz et Jean Lurçat pour collaborateurs. En 1927, sa première construction importante, le club house du golf de Beauvallon (Var), est animée par une très nette transcription des recherches cubistes. Cette réalisation se fait en collaboration avec l'architecte hollandais Bijvoet. Vers 1929, il commence les études pour la « maison de verre » du docteur Dalsace, rue Saint-Guillaume à Paris, qu'il réalisera en 1931 avec l'aide de Bijvoet. L'habitation clinique est une suite d'espaces dynamiques, un exemple d'habitation évolutive. Cette mobilité interne reflète la liberté avec laquelle cette maison fut pensée et construite. Pierre Chareau ne dessina les détails de la maison qu'au fur et à mesure de l'avancement du chantier ; pratiquement, il improvisa en n'utilisant que des éléments standardisés ou des matériaux couramment utilisés dans l'industrie. Une autre particularité propre à cette maison est sa transparence ; les deux murs de briques de verre placés de part et d'autre de la maison lui assurent un important éclairage naturel, tout en conservant à l'intérieur une grande intimité. En 1931-1932, il exécute à Paris des bureaux en dalles de verre et de cuivre pour L.T.T. (Light Tactical Transport). Ici aussi Chareau fait preuve d'ingéniosité malgré un programme sévère. Les locaux bien conservés n'accusent ni par leur agencement, ni par leur matériau, aucun des signes de vieillissement caractéristiques de l'architecture de cette époque. De 1932 à 1938, Chareau poursuit ses recherches, étudiant le problème de la mobilité des meubles (le salon ovale en coromandel et palmier qui changea plusieurs fois de destination et fut constamment modifié). En 1937, il innove, en créant les parois pliantes pour résoudre les problèmes d'éclairage et de chauffage (maison de campagne de Djémel Anik). C'est le prélude à la maison d'une seule pièce qu'il devait réaliser à New York avant sa disparition. En 1939, il se rend à New York. Il emploiera aux États-Unis les matériaux de récupération comme éléments de construction. La maison du peintre Robert Motherwell est construite à partir d'éléments de tôle provenant des surplus de l'armée. Avec les grandes vitres et les tôles d'une serre désaffectée, Chareau réalise deux étages avec chambre, salle de bains et cabinet de toilette. Attaché au service culturel de l'ambassade de France, Chareau dirige des expositions de peintures et de gravures anciennes et modernes. Sa dernière exposition portera sur Auguste Perret. Dans la maison à pièce unique d'East Hampton qu'il réalise pour lui-même, Chareau définit un espace vital autosuffisant. En regroupant les commodités et les lieux de repos et d'activité de veille dans un même volume, il introduit une technique d'habitat alliant la structure primitive de la case avec les problématiques contemporaines de répartition d'espace.

CHRISTIAN BONNEFOI

CHEMETOV PAUL (1928-   )

Paul Chemetov est né à Paris en 1928. Diplômé de l'École des beaux-arts en 1959, il rejoint une équipe pluridisciplinaire, l'Atelier d'urbanisme et architecture ou A.U.A., à laquelle André Malraux confie quelques programmes culturels. Le groupe associe une pléiade de jeunes architectes, dont Jean Deroche, Jacques Kalisz, Michel Corajoud, Henri Ciriani ou Borja Huidobro, qui se spécialisent dans la production de logements sociaux et d'équipements publics pour les municipalités communistes de la banlieue parisienne, avant de s'autodissoudre en 1985. C'est dans ce cadre que Chemetov réalise ses premières œuvres marquantes, des logements sociaux à Vigneux et un foyer pour personnes âgées à La Courneuve (1965).

Fasciné par les procédés de préfabrication, Chemetov poursuit la tradition de Marcel Lods, André Lurçat, Auguste Perret, voire d'Eugène-Emmanuel Viollet-le-Duc. Architecte intellectuel, Chemetov est soucieux de faire sortir sa discipline du ghetto affairiste et professionnel, et de livrer les clés de son propre travail. Il est très présent en banlieue rouge dans les années 1970, mais sans jamais construire de grands ensembles : opérations à Saint-Ouen, Villejuif, Montreuil. Dans cette première étape néo-brutaliste, Chemetov livre donc de petits immeubles populaires, qui se distinguent de la production courante des Trente Glorieuses par une certaine urbanité, le souci de l'usager et le recours aux matériaux « pauvres ». Mais comme son éthique lui interdit de traiter le logement social comme une miniaturisation du logement bourgeois, il pratique une architecture brutalement honnête : « Il faut mettre en pièces les bâtiments, et mettre en scène les pièces que fabrique l'industrie », écrit-il alors. À la fin des années 1970, Chemetov croit encore possible de modifier de l'intérieur la technostructure. Il est alors coopté par le Plan Construction, dont il devient vice-président avec l'arrivée de la gauche au pouvoir. Rapidement déçu, il rebondit en tant qu'architecte (en association avec Borja Huidobro) et remporte à Paris deux concours importants : le ministère des Finances sous le premier septennat de François Mitterrand, la rénovation du Muséum d'histoire naturelle sous le second. Le ministère (achevé en 1989) est une grande barre de bureaux perpendiculaire à la Seine, qui franchit les quais et s'enfonce par deux piles gigantesques dans le fleuve. Il s'inscrit ainsi dans la lignée des péages-fortifications symboliques, qui va des boulevards de Louis XIV à l'anneau du périphérique, en passant par les propylées de Ledoux et l'enceinte de Thiers. Architecturalement, « Bercy » veut exprimer la neutralité et l'efficacité de l'État par le recours à un classicisme hérité de Perret : ordre géant, division tripartite et matériaux pérennes en sont les caractéristiques. La grande galerie du Muséum inaugurée en 1994 est moins sévère, tout égayée par les animaux empaillés et les galopades des petits visiteurs. Chemetov-Huidobro ont su résister au technicisme borné des « programmistes et chauffagistes » sans pouvoir éviter d'aveugler la superbe verrière (1877-1889) conçue par l'architecte Jules André. Chemetov a également réalisé l'ambassade de France à New Delhi, de beaux locaux industriels boulevard Victor à Paris, et la bibliothèque d'Évreux en 1995.

Auteur prolifique, il semble actuellement orienter sa réflexion vers l'urbain et le paysage. Il propose ainsi de faire planter dès novembre 1999 des milliers d'arbres sur le méridien passant par Paris pour célébrer le troisième millénaire. À la fois homme d'appareil et franc-tireur, Paul Chemetov a beaucoup construit et écrit en un demi-siècle de carrière. Si avec le recul son style peut paraître éclectique, on doit lui reconnaître une fidélité rare à ses engagements de jeunesse. Connaît-on beaucoup d'architectes officiels capables de programmer une « place des manifestations » devant le ministère des Finances ?

JEAN CLAUDE GARCIAS

Bibliographie

P. CHEMETOV & B. HUIDOBRO, *Cinq Projets, 1979-1982*, Paris, 1983 / P. CHEMETOV, *Construire aujourd'hui*, Paris, 1985 ; *La Fabrique des villes*, La Tour-d'Aigues, 1992.

CHERPITEL MATHURIN (1736-1809)

Élève de J.-F. Blondel, Grand Prix d'architecture en 1758, académicien en 1776, puis professeur à l'Académie et, sous le Directoire, à l'École nationale des beaux-arts, Cherpitel appartient à cette génération d'artistes qui furent marqués par l'étude des ruines romaines. Son séjour à l'Académie de France à Rome lui offre l'occasion de s'initier, comme le faisaient Clérisseau, Hubert Robert et De Wailly, à l'art de la *veduta*, mis à la mode par Panini. De retour à Paris, où il construit beaucoup, Cherpitel développe ses qualités de décorateur dans un style gracieux, proche de celui d'un Victor Louis, où la recherche de motifs nouveaux n'apparaît qu'à travers le respect de la tradition classique française, dans la lignée de Ange-Jacques Gabriel. Outre les églises Saint-Pierre-du-Gros-Caillou (1775-1790) et Saint-Barthélemy-de-la-Cité (1778), qui sont détruites, Cherpitel élève à Paris de nombreux hôtels particuliers : hôtel du Châtelet (1770) et de Rochechouart (1776), rue de Grenelle ; hôtel Necker (1777), Chaussée-d'Antin, etc. Ses projets pour l'hôtel d'Uzès (1766) le mirent en concurrence avec

Ledoux qui eut la charge de l'édifier dans un style plus vigoureux et plus neuf. La décoration des appartements de l'hôtel du Châtelet, heureusement conservée, est un très bel exemple du style Louis XVI dont Cherpitel publia quelques modèles dans un *Recueil de trophées* (Paris, s.d.). Certains aspects de son œuvre ont été étudiés par Michel Gallet dans *Paris Domestic Architecture of the 18th Century* (Londres, 1972).

DANIEL RABREAU

CHIATTONE MARIO (1891-1957)

Peintre actif dans le milieu pré-futuriste, familier de Boccioni dont son père collectionnait les œuvres, Mario Chiattone s'était formé à Milan, à l'Académie de Brera, où il connut l'architecte Antonio Sant'Elia. En 1913 et 1914, ils partagent le même studio. Chiattone présente, en mai 1914, trois dessins pour *La Città nuova* à l'exposition du groupe Nuove Tendenze, proche des tendances futuristes. Sant'Elia, pour sa part, y produit seize dessins. Cette exposition est un repère qui permet de comparer les deux personnalités. « Nous nous proposions, il est vrai, de nous éloigner de la Wagnerschule de laquelle nous sortions ; mais pour aller plus loin et non pas pour mépriser en elle nos origines. Nous voulions créer une architecture nouvelle par rapport à celle que diffusait Vienne, car nous pensions qu'il fallait tenir compte de la nouvelle technique en rapide développement et inspiratrice de visions libres et neuves, mais nous pensions à une architecture positive, réalisable... » Ces propos de Chiattone expliquent mieux que le *Manifeste* de Sant'Elia quelles furent ses composantes idéologiques personnelles. Les dessins de 1914-1917 révèlent des analogies de thèmes et des différences remarquables de traitement. Ce qui caractérise Chiattone — que Sant'Elia a sans doute influencé —, c'est la finition graphique d'un dessin sans bavures ni traits débordants, appliquée de préférence à des thèmes isolés (cathédrales, palais de la Mode, maisons d'appartement I, II, III, IV, V). Pour certains historiens, ces deux personnalités font écho aux deux courants internes qui partageaient le futurisme. Aux dynamismes plastiques de Boccioni correspondraient les traits rapides, les « arabesques de courbes et de lignes droites » de la ville-chantier, de la maison-machine et de la rue-gouffre-tumultueux de Sant'Elia. À l'image statique et silencieuse de la peinture métaphysique répondraient les dessins de Chiattone quand il referme son trait et confère à la ligne valeur de limite. Ceux qui se donneront à partir de 1926 pour des « rationalistes » se ressentiront de l'influence du *Manifeste* de Sant'Elia. Toutefois, si influence il y a, on la rapportera plutôt aux rythmes réguliers, aux volumes simples et aux aplats colorés de Chiattone, propres à une architecture « positive, réalisable ». Quant aux projets de Sant'Elia, ils comportent des formes et des rythmes qui ne trouveront à s'actualiser qu'à partir des années 1950. Mais tout comme celle de Sant'Elia, la recherche futuriste de Chiattone n'a pas dépassé le stade de la conception. En 1915, il retourne dans « cette espèce de prison » qu'est la Suisse de la Première Guerre mondiale ; loin de participer aux manifestations d'avant-garde — il ignore Dada —, c'est aux maîtres éclectiques du XIXe siècle qu'il s'apparente : ses nouveaux projets s'inspirent du néo-roman et de la Renaissance. Son originalité première s'achève dans des œuvres de qualité honnête. Nos contemporains ont retenu cependant sa période futuriste qu'a illustrée en particulier la *Première Exposition d'architecture futuriste* de 1928 à Turin ; Sant'Elia et Chiattone y figuraient comme les seules personnalités de l'architecture futuriste, sous l'étiquette « Tendance des années vingt ».

MARILÙ CANTELLI

CHICAGO ÉCOLE DE

L'expression ne désigne pas un mouvement constitué mais les constructions les plus intéressantes réalisées à Chicago à la fin du XIXe siècle. Après l'incendie de 1871 une intense activité architecturale se développe dans la ville. L'ascenseur et la construction en métal vont permettre l'édification des premiers gratte-ciel. William Le Baron Jenney (1832 -1907) construit le premier gratte-ciel à ossature métallique, le Leiter Building (1879) puis le Sears (1889). En 1894, John Wellborn Root termine le Reliance Building, le plus réussi de ce type d'immeuble. Louis-Henry Sullivan (1856 - 1924), associé à Dankmar Adler, réalise l'Auditorium en 1889. Le problème de l'ossature métallique trop fragile aux effets du feu sera à l'origine d'une seconde génération de gratte-ciel. Sullivan réalisera de nombreux bâtiments apportant des solutions nouvelles au problème de l'ossature et de son remplissage à Saint Louis, Buffalo, New York, le Gage Building (1899) et le Carson Pirie Scott Building à Chicago (1904). L'Exposition internationale de Chicago en 1893 ruinera ce mouvement au profit d'un retour aux styles historiques européens.

ROGER-HENRI GUERRAND

Bibliographie

C. MASSU, *L'Architecture de l'école de Chicago,* Paris, 1982.

CHŌGEN SHUNJŌBŌ (1120-1206)

Après trois séjours en Chine, ce moine amidiste s'illustra dans le génie civil et l'architecture. Il fixa le style *daibutsuyō* à la faveur de la première reconstruction du monastère du Tōdaiji (1181-1203). Ayant, en effet, assumé celle-ci avec toutes ses charges, il présida aussi bien à la refonte de la statue colossale (par des artisans chinois) qu'à l'érection des bâtiments. De son Tōdaiji, seuls subsistent le Kaisandō (pavillon dédié au fondateur), la salle de prière au Sangatsudō (temple annexe) et le Nandaimon ou grande porte du Sud ; des sept monastères qu'il bâtit en province, il ne reste que le Jōdodō au Jōdoji à Ono.

CHANTAL KOZYREFF

Bibliographie

Dictionnaire historique du Japon, fasc. III : lettre C, pp. 79 -80, Tokyo, 1975.

CHURRIGUERA LES

Trop souvent, on identifie les Churriguera avec le baroque espagnol dans ce qu'il a de plus outrancier, ce qui est parfaitement abusif. Les frères Churriguera (José Benito, Manuel, Joaquín, Alberto, Miguel) étaient fils du sculpteur catalan José Simón Churriguera ; à la mort de celui-ci, en 1679, ils furent recueillis par leur parâtre, le sculpteur barcelonais José Rates y Dalmau, établi à Madrid ; trois d'entre eux illustreront le nom de Churriguera.

José Benito (Madrid, 1665-1725) devient le chef de la famille en 1684, à la mort de José Rates y Dalmau. Il se fait d'abord connaître comme sculpteur de retables (maître-autel de San Esteban de Salamanque, 1693). Cependant, grâce à la protection de Juan de Goyeneche, le trésorier des reines Marie-Anne de Neubourg et Élisabeth Farnèse, il réalise une importante œuvre d'urbanisme : la ville nouvelle de Nuevo Baztán, non loin de Guadalajara (place d'armes, fabrique de draps, palais, église et maisons, 1709-1713). Il construisit aussi le palais de son protecteur à Madrid (siège de la Real Academia de San Fernando). Ces réalisations, d'un caractère plutôt sévère, n'ont rien de « churrigueresque » ; il est vrai que le palais de Madrid a été, en 1773, remanié dans le goût académique par Diego de Villanueva.

Joaquín (Madrid, 1674-1724) conçut le collège de Calatrava à Salamanque (1717) dans un style robuste, lui aussi dépourvu de toute outrance. Toujours dans cette ville, qui fut par excellence le champ d'action des Churriguera, il éleva à la croisée du transept de la cathédrale une coupole influencée par l'art plateresque. Elle dut être en grande partie refaite après le tremblement de terre de 1755.

Alberto (Madrid, 1676-1750) était doué d'un grand talent. Sa première œuvre, la Plaza Mayor de Salamanque, la plus belle place d'Espagne, fut conçue sur le modèle de celle de Madrid, dans un style néo-plateresque. La première pierre fut posée le 10 mars 1729 et le pavillon royal terminé en 1733. L'architecte ne vit pas l'achèvement de l'ensemble. Toujours à Salamanque, il donna les plans de l'église San Sebastián (1731), édifice novateur — comme les constructions de Pedro de Ribera — qui fit école dans la ville. En 1738, il résigna ses fonctions de maître des œuvres de la cathédrale lorsque le chapitre eut approuvé les dessins de Pedro de Ribera pour la grande tour. Il abandonna alors Salamanque. L'art d'Alberto Churriguera, beaucoup plus animé que celui de ses frères, servit de cible aux critiques des néo-classiques.

MARCEL DURLIAT

CIRIANI HENRI (1936-)

L'historial de la Grande Guerre de Péronne et le musée d'Arles antique ont permis à l'architecte Henri Ciriani d'échapper au statut de bâtisseur de logements et d'équipements sociaux qui fut longtemps le sien. Dans ces œuvres, Ciriani a déployé dans toute sa plénitude un remarquable talent de concepteur de formes et de manipulateur de la lumière.

Alors qu'il n'avait pas encore terminé ses études d'architecture, Henri Ciriani, fils de général de l'armée de l'air péruvienne (il est né en 1936), avait eu la chance de construire dès 1960 quelques villas et surtout de travailler à de vastes complexes urbanistiques, au sein de l'atelier créé par le ministère des Travaux publics de son pays. Jeune diplômé, il eut la responsabilité de très grands ensembles (plan de Ventanilla, ville satellite de Lima pour laquelle il a réalisé 300 logements, une église et des écoles, des centaines de logements pour Matute, Rimac, San Felipe). Cette activité dura jusqu'à son départ pour la France en

1964, pays où il allait s'établir et dont il prendra même la nationalité en 1976. Ces débuts l'ancrèrent étroitement dans une vision très volontariste et progressiste de son métier, qui accorde une importance prépondérante au domaine politique et social.

À Paris, Henri Ciriani travaille d'abord pour l'architecte André Gomis, tout en participant pour son propre compte à divers concours internationaux (notamment pour l'aéroport de Luxembourg et pour l'hôtel de ville d'Amsterdam qui, en 1967, firent connaître son graphisme incisif et efficace, et lui valurent, insigne honneur pour un architecte aussi jeune, de figurer deux fois en couverture de la revue *L'Architecture d'aujourd'hui*). Ciriani est un grand dessinateur, consacrant de longues heures de solitude à tracer des perspectives minutieuses, mettant au point les qualités spatiales de ses constructions, et retravaillant certains projets refusés par des jurys de concours parfois plusieurs années après leur échec (ainsi ceux de l'Opéra de la Bastille, en 1983, ou de la Bibliothèque de France, en 1989).

Il entre en 1968 à l'Atelier d'urbanisme et d'architecture de Bagnolet, l'A.U.A., plaque tournante de la pratique pluridisciplinaire et de l'architecture sociale des années soixante, au sein de laquelle il s'associe avec le paysagiste Michel Corajoud (Borja Huidobro les rejoint en 1970). L'équipe durera jusqu'en 1975, date à laquelle Ciriani crée son atelier personnel, avant de quitter définitivement l'A.U.A. sept ans plus tard.

Ciriani était venu à l'A.U.A. pour travailler à l'illustration d'une plaquette présentant la Villeneuve de Grenoble-Échirolles, publication dont le graphisme fera date. Puis, avec Michel Corajoud (ils se déclaraient alors « paysagistes urbains »), il se consacre à la conception de l'espace public du premier quartier de la ville nouvelle, dit de l'Arlequin, un parcours en rez-de-chaussée de 6 mètres de hauteur et 1 kilomètre et demi de long sur lequel devaient se greffer, au fur et à mesure, les équipements publics. Cette réalisation très remarquée de design urbain, influencée par les développements contemporains du graphisme publicitaire, utilisait des signalétiques énormes et une polychromie contrastée.

En 1971 et 1972, les diverses personnalités de l'A.U.A. (auxquelles s'était associé le Taller du jeune architecte catalan Ricardo Bofill, « fantastique bouffée d'air frais ») unirent leurs efforts à l'occasion de l'important concours d'Évry 1, qui sanctionna un projet concurrent, celui des pyramides d'Andrault et Parat. Ce concours renforça l'autorité de Ciriani mais contribua à l'apparition des premières tensions au sein de l'équipe, notamment des rivalités avec Paul Chemetov, et amorça le déclin bientôt irréversible de l'atelier. Leur proposition pour ce quartier de sept mille logements situé dans une ville nouvelle, d'une monumentalité inégalée, était une colossale mégastructure linéaire d'une vingtaine de niveaux, longue de 500 mètres, articulée par des tours, des bâtiments-ponts et de grands pans obliques aux terrasses étagées, d'un esprit assez proche des démarches « territoriales » italiennes des mêmes années comme celles que menaient, par exemple, Vittorio Gregotti ou Mario Fiorentino avec son immeuble de 1 kilomètre de long dans la périphérie romaine.

Ciriani adoptera longtemps cette attitude intellectuelle, à la recherche d'une structure urbaine, d'une armature capable de « requalifier la ville », travail qu'il théorisera ultérieurement sous la notion de « fil conducteur ». Il développe des réflexions dans ce sens à l'occasion de divers projets d'urbanisme comme celui des Sept Planètes pour sept mille logements à Dunkerque (1973-1975) ou celui du concours de Saint-Bonnet-le-Lac pour trois mille cinq cents logements dans la ville nouvelle de l'Isle-d'Abeau (1975). Il y proposait une inversion de l'élément structurant généralement le paysage construit : « Ce qui était autrefois un creux libéré par le bâti (la rue) devient aujourd'hui un plein. »

Puis, peu à peu, Henri Ciriani évolua vers la notion de fortes « pièces urbaines » susceptibles de « tenir l'espace ». Volonté qu'il mit en œuvre dans sa première réalisation importante en France, l'ensemble de trois cents logements de Noisy 2, à Marne-la-Vallée (1975-1980), perçue comme le manifeste d'une nouvelle architecture « urbaine » qui ne tendrait pas à renouer avec les typologies traditionnelles (comme le prônaient alors beaucoup d'architectes) mais se placerait dans la continuité du mouvement moderne et privilégierait les espaces ouverts plutôt que la rue.

En une époque hantée par l'éclatement physique et social des agglomérations contemporaines (drame qu'avait décrit le sociologue Henri Lefebvre), mais avec un point de vue qui affirmait la nécessité de préserver les « acquis » de l'urbanisme social, Ciriani visait alors une monumentalisation du logement collectif. Il entendait prouver que ses constructions (véritables « pièces urbaines ») pouvaient conférer stabilité et dynamisme aux quartiers neufs. Il y développait la notion de façades « épaisses », considérées comme les parois de l'espace public et solidement étayées de loggias, façades dont le riche « battement » rythmique et la calme massivité lui semblaient devoir rendre une certaine dignité au logement social, tout en lui conférant l'image rassurante de la « permanence ».

La même démarche le guida dans l'opération de logements sociaux de la Cour-d'Angle à Saint-Denis, déployant de solides étagements pyramidaux de terrasses, mais cette fois dans un contexte plus classique (1978-1982), dans le projet du quartier République à Chambéry (1981-1983), qui devait être interrompu par un changement de municipalité, dans le brillant travail de façades de la Z.A.C. du Canal à Évry (1981-1986) ou dans l'ample et magnifique mouvement en arc des constructions de la Z.A.C. du Segrais à Lognes, Marne-la-Vallée (1984-1986).

Dans les années 1990, Henri Ciriani reste attaché à une approche formelle de l'urbanisme et, fidèle aux idéaux « collectivistes », travaille dans le sens de la solidité et de la puissance l'articulation de masses verticales et horizontales, la silhouette des édifices, fussent-ils des barres enrichies par un jeu complexe de pleins et de vides. Ainsi dans ses projets aux Pays-Bas, à Rotterdam (projet urbain, 1988), Groningue (gratte-ciel, 1993), Nimègue (gratte-ciel, 1995) ou La Haye (tour d'habitation, 1992-1995).

Pour ce qui est de l'intérieur du logement, il a développé une réflexion plus pessimiste (ou simplement réaliste). Affirmant qu'il existe en ce domaine des « invariants », il n'a jamais cherché à y modifier radicalement le mode de vie des occupants. Il a surtout concentré ses efforts sur des effets de lumière qui lui servent à « travailler l'espace » plus qu'à l'inonder de clarté et qui visent à « dilater » les volumes intérieurs pour obtenir, dit-il, que « 10 mètres carrés en paraissent 12 ». Il a souvent réussi à agencer des appartements d'une belle composition, comme les cellules en duplex d'un ensemble de logements sociaux rue du Chevaleret (1990-1991), au parc de Bercy (1991-1994) à Paris ou à Colombes (Hauts-de-Seine) en 1992-1995.

Soucieux que chacune de ses réalisations ait valeur d'exemple et soit porteuse d'une démonstration pédagogique, il a mené diverses expériences sur la qualité intérieure de l'architecture, les parcours dans un espace continu et la polychromie, notamment à l'occasion de la construction de quelques programmes publics plus modestes : une crèche à Saint-Denis (1978-1983), la cuisine centrale de l'hôpital Saint-Antoine à Paris (1981-1985), un local collectif résidentiel à Lognes (1986-1987), un centre de la petite enfance à Torcy (1986-1989).

Peu intéressé par la construction en tant qu'assemblage de matériaux, aimant le béton armé pour son abstraction et sa parfaite plasticité, Henri Ciriani est en quête d'émotion visuelle et de sensations optiques, colorées et physiques. Il a développé une sorte de phénoménologie intuitive de l'espace et de l'architecture, poursuivie dans ce qui serait sa « vérité » intrinsèque. Il y a, dans cette recherche, une indéniable dimension métaphysique et spiritualiste, surtout dans cette tendance à sacraliser l'espace et la lumière naturelle. Elle s'est épanouie dans le superbe musée-historial de la Grande Guerre (1987-1992), œuvre d'une rare sérénité et, de toutes ses réalisations, la plus aboutie à ce jour. Il y joue brillamment sur le thème de la « promenade architecturale » qu'avait inventé autrefois Le Corbusier, y organisant des itinéraires fluides et souplement articulés et inscrivant très élégamment son édifice au bord d'un étang, adossé à la forteresse en ruine de Péronne. Ce dialogue amical et sensible avec l'histoire, Henri Ciriani le renoue avec l'école de Stadspoort, dans le centre de Groningue, qui sera achevée en 1997.

Ses détracteurs critiquent en lui une orthodoxie qu'ils jugent académique ; ne voulant voir dans son travail que la répétition des poncifs vieillis du mouvement moderne, ils lui reprochent de se tenir à l'écart des débats et de la véritable sensibilité contemporaine. Henri Ciriani (qui a obtenu le grand prix de l'architecture en 1983) jouit pourtant d'un prestige considérable auprès des étudiants en architecture. Appelé en 1969 à l'unité pédagogique n° 7 (où il restera jusqu'en 1977, avant d'émigrer avec ses élèves à l'unité n° 8), cet enseignant chaleureux s'est révélé d'un extraordinaire charisme. Son jargon savoureux, les aphorismes par lesquels il sait traduire des impressions physiques, les nombreux traits et slogans qu'il lance, l'enthousiasme dont il fait preuve et surtout le programme pédagogique très structuré qu'il a élaboré depuis 1978 avec ses collègues du groupe Uno ont attiré plusieurs générations d'étudiants fervents. Ses nombreux élèves, Michel Kagan ou Jacques Ripault notamment, témoignent d'une virtuosité indéniable et brillent dans les concours. Henri Ciriani incarne le seul courant d'architecture un peu solidement constitué qui se soit fait jour dans la France contemporaine, avec celui, plus diffus, qui s'est développé autour de la personnalité si différente de Jean Nouvel. Deux courants qui expriment deux visions irréconciliables de la modernité et de la responsabilité artistique et sociale de l'architecte.

FRANÇOIS CHASLIN

Bibliographie

A.M.C., n° 14, déc. 1986 / *L'Architecture d'aujourd'hui*, n° spéc. 282, sept. 1992 / P. BLIN, *L'A.U.A., mythe et réalités*, Electa Moniteur, Paris, 1988 / H. CIRIANI, *Le Fil conducteur, recherche multigraphiée*, Plan Construction, Paris, 1977 / H. CIRIANI & C. VIE, *L'Architecture de l'espace moderne, recherche multigraphiée*, ministère de l'Urbanisme, Paris, 1987 / *Henri Ciriani*, ouvrage collectif, Ifa-Electa Moniteur, Paris, 1984 / J. LUCAN, *France, architecture 1965-1988*, Electa Moniteur, 1989.

CLÉRISSEAU CHARLES LOUIS (1721-1820)

L'architecte français Clérisseau occupe une place essentielle parmi les créateurs du néo-classicisme. Son œuvre est avant tout le fait de contacts, de découvertes, de regards nouveaux qui lui inspirent un grand nombre de dessins et de gouaches. Né à Paris, élève de J. F. Blondel et de Boffrand à l'Académie royale d'architecture, il remporte le grand prix de 1746 et séjourne à Rome, comme pensionnaire du roi, de 1749 à 1754. Il y peint des compositions architecturales influencées par le maître du genre : Panini. Il devient l'ami de Piranèse, dont il partage le goût des ruines, la passion de la Rome antique. Sur le chemin du retour en France, Clérisseau rencontre l'architecte anglais Robert Adam, dont il sera le guide et le compagnon de voyage de 1755 à 1757, parcourant les sites antiques de l'Italie, allant jusqu'en Dalmatie, avant de travailler avec le frère de Robert, James Adam, de 1760 à 1763. Il accumule croquis et observations, relevés et gouaches. L'édition des dessins du palais de Dioclétien à Split, qui paraît en 1764 en anglais, consacre Robert Adam comme le créateur d'un nouveau style architectural dans le décor intérieur, appelé à un succès considérable en Angleterre.

Longtemps, le rôle dévolu à Clérisseau a été celui d'un obscur dessinateur, et non du précurseur qu'il fut. À Rome, il fréquente le milieu international des intellectuels, où triomphe son ami Winckelmann et où passent les riches amateurs anglais. Clérisseau place ses compositions « à l'antique » sur les murs eux-mêmes : il décore le café de la villa Albani de vues de Dalmatie et met en scène l'étonnant trompe-l'œil de ruines dans la chambre du Perroquet au couvent de la Trinité-des-Monts. Après vingt années de séjour italien, il rentre en France en 1767, échoue dans un projet de construction du château Borély à Marseille, puis est reçu deux ans plus tard à l'Académie de peinture en présentant des gouaches. Ces œuvres connaissent le succès, en particulier en Angleterre où il se rend de 1771 à 1773. Peu après, sa décoration intérieure de l'hôtel Grimod de la Reynière à Paris est très remarquée. Par l'entremise de Grimm, il devient architecte-conseil de Catherine II et expédie en Russie de coûteux projets qui ne sont pas réalisés. Plus importante est l'acquisition par l'impératrice en 1779 de son énorme production de dessins à l'aquarelle et à la gouache, qui se trouve encore à l'Ermitage. Il s'agit d'un répertoire de formes antiques, véritable source de l'art décoratif néo-classique, qui a influencé des générations d'architectes de Saint-Pétersbourg à commencer par Cameron et Quarenghi. Le Nouveau Monde s'adresse aussi à Clérisseau : Jefferson le consulte pour la construction du Capitole de l'État de Virginie à Richmond, édifié de 1784 à 1790 à l'exemple de la Maison carrée de Nîmes, que Clérisseau avait publiée en 1778 dans son premier album des *Antiquités de la France*, ambitieuse publication restée inachevée. Ami des artistes de l'avant-garde des années 1750, conseiller de ceux qui veulent implanter un art nouveau dans leur lointain pays, Clérisseau est un personnage exemplaire du siècle des Lumières, où le pouvoir de l'architecte ne s'exprime ni par ses monuments ni par ses livres, mais par le rayonnement de sa pensée et l'influence de ses dessins.

JEAN-PIERRE MOUILLESEAUX

CODUSSI MAURO (1440-1504)

Originaire de Bergame, Mauro Codussi fut l'un des premiers architectes de la Renaissance vénitienne. Dès la construction de San Michele in Isola (1468), il proposa une interprétation cohérente des principes albertiens qu'il développa à San Zaccharia (1480), à Santa Maria Formosa (1492) et à San Giovanni Crisostomo (1497) ainsi qu'à la Scuola San Giovanni Evangelista. Il dessina les Procuratie Vecchie et la tour de l'horloge (1496), et rénova l'aspect du palais vénitien de tradition gothique en faisant ressortir les structures de l'édifice et en employant les ordres classiques (palais Zorzi, Corner-Spinelli, Vendramin).

CATHERINE CHAGNEAU

Bibliographie

N. CARBONERI, « Mauro Codussi », in *Boll. Centro Palladio*, II, Vicence, 1964.

COECKE VAN AALST PIETER (1502-1550)

Né à Alost, petite ville de Flandre, où son père était échevin, mort à Bruxelles, Pieter Coecke est, avec les Flamands Lambert Lombard, Michel Coxie, Lancelot Blondeel et le Hollandais Jan van Scorel, un des hérauts de la pré-Renaissance aux Pays-Bas ; comme ces derniers, Coecke est un artiste universel, peintre, architecte, décorateur et théoricien, bref, un artiste tel qu'on l'entendait au XVIe siècle, plus concepteur que réalisateur. Peu d'œuvres nous sont parvenues qu'on puisse attribuer à Coecke avec certitude et cela explique l'oubli dans lequel il était tombé, alors que de son temps il était considéré comme une figure de tout premier plan, si l'on en croit les relations des humanistes et des historiens de l'art, presque contemporains, tels Guicciardini, Vasari, Lampsonius et Van Mander. On ne sait rien de sa formation, mais il semble bien que, contrairement à la tradition établie depuis Van Mander, Coecke n'ait pas été formé à Bruxelles dans l'atelier de Van Orley, de 1517 à 1518, car l'influence « romanisante » de ce dernier et de Gossaert n'apparaît que beaucoup plus tard dans son style, et son intérêt pour la tapisserie ne se manifesta pas avant les années 1530. En 1526, établi à Anvers, il épouse Anna Mertens, fille du peintre Jan van Dornicke ; l'année suivante, il est inscrit comme franc-maître à la Gilde d'Anvers ; à la mort de son beau-père, il reprend la direction de l'atelier spécialisé dans la reproduction, destinée à l'exportation vers l'Espagne, le Portugal, l'Allemagne du Nord et vers la Pologne, de quelques thèmes religieux à succès, à partir d'une série de schémas invariables mis au point dans l'atelier même. C'est probablement autour de 1530 qu'il faut situer le séjour de Coecke à Bruxelles chez Van Orley, le grand fournisseur de cartons pour les tapissiers de cette ville. Par la suite, Coecke introduira à Anvers la technique de la tapisserie, mais les grandes tentures pour lesquelles il va lui-même fournir les cartons, telles la suite de l'*Histoire de saint Paul* (vers 1535, Munich), celle de l'*Histoire de Josué* (même année, Vienne) et celle des *Sept Péchés capitaux* (1537, Madrid), n'en seront pas moins tissées à Bruxelles. C'est selon Van Mander, dans l'intention de fonder une manufacture à Constantinople ou de fournir des cartons à Soliman (projets qui ne se réaliseront pas) que l'artiste se rend en Turquie en 1533, après un séjour en Italie. Il en rapporte des dessins qui ne seront gravés sur bois et publiés qu'en 1553 par les soins de sa veuve et seconde épouse Maria Verhulst. Ces sept gravures, assemblées en un rouleau de sept mètres de long, forment un véritable reportage sur les *Mœurs et fachons des Turcs*, et leur retentissement, dû à l'exotisme du sujet et à la nouveauté du style, sera grand. À son retour de Turquie, en 1534, Coecke est nommé peintre ordinaire de l'empereur Charles Quint et de la reine Marie de Hongrie. Bientôt, à l'instar de Van Orley, il va abandonner la palette et n'employer que la plume et le lavis pour fournir des projets de tapisseries ou de vitraux. En 1539, il écrit et publie en flamand un résumé du *De architectura* de Vitruve et, jusqu'à sa mort, il entreprend de publier en traductions faites par ses soins (en français, en flamand et même en allemand) le *Traité d'architecture* de Serlio. Grâce à ces traductions, Coecke a introduit en Flandre le style de la Renaissance dans l'architecture et les arts décoratifs ; les Flamands n'auront plus besoin d'aller en Italie pour découvrir l'architecture antique. En 1549, enfin, il publie le *Triomphe d'Anvers* dont il est également l'auteur, relation minutieuse des fêtes et des décors organisés par la ville pour accueillir, à la demande de l'empereur, le futur Philippe II ; Coecke a certainement collaboré avec l'humaniste Grapheus, son ami, sinon aux projets des arcs de triomphe, du moins à l'établissement du programme.

Si l'œuvre gravé de Coecke et son œuvre dessiné (dont le trait nerveux est bien aisément reconnaissable) posent peu de problèmes d'identification, seuls deux tableaux de lui sont parfaitement documentés : la *Cène*, qui sera gravée par Hubert Goltzius, et dont on ne connaît pas moins de quarante exemplaires (deux, datés respectivement de 1530 et 1531, peuvent être considérés comme des originaux), et le *Triptyque de la Déposition* (Lisbonne), assez tardif, entre 1540 et 1550. En plus de ces deux tableaux sûrs, on peut donner à Coecke une partie des retables, jusque-là attribués au Maître de 1518, désormais identifié avec Jan van Dornicke. En effet, Coecke a d'abord adopté le style de ce dernier, bien représentatif du « maniérisme anversois » qui, pour réagir contre les imitateurs des maîtres flamands du XVe siècle, tentait de renouveler les compositions en créant un climat d'étrangeté et de complexité qui doit beaucoup à l'art gothique flamboyant : canons élancés des figures, visages en lame de couteau, composition encombrée de personnages aux gestes anguleux et aux attitudes contorsionnées, architectures fantaisistes. L'influence de Dürer, alors très vive à Anvers et qui explique en partie la lente pénétration dans cette ville de l'art de Raphaël connu par les gravures de Raimondi, se fait également sentir sur Coecke. Sans changer les méthodes de l'atelier de son beau-père, l'artiste va traiter de nouveaux sujets, à côté des traditionnelles *Adoration des Mages* et *Nativité* ; la *Cène*, par exemple, dont le succès s'explique sans doute par le moment retenu par l'artiste : non plus la célébration de l'eucharistie, mais, à l'instar de Léonard (dont Coecke connaissait la *Cène* par la gravure de Raimondi), l'annonce de la trahison, plus en accord avec l'esprit de la Réforme. Bientôt, après son séjour à Bruxelles, le style de Coecke se rapproche de celui de Van Orley et de Gossaert : par exemple, la composition de la *Sainte Famille au repos* (coll. Mouton, Bruxelles), où les figures en gros plan se détachent sur un merveilleux fond de paysage dont le naturalisme annonce Bruegel. Dans les œuvres des années 1530, postérieures à son voyage en Italie, se développent les qualités maîtresses de l'artiste, où, à l'invention pleine de verve et au dynamisme qui lui sont propres, vient se joindre une parfaite assimilation de l'art de Raphaël. En définitive, et cela est très net dans le *Triptyque* de Lisbonne, où se discerne bien l'influence de Jules Romain et de Luca Penni, après s'être dégagé du maniérisme de la pré-Renaissance, Coecke anticipe sur le maniérisme international ; mais, en même temps, dans une tout autre direction, il préfigure Pieter Bruegel l'Ancien (dont il fut le beau-père), par l'esprit cosmique de ses paysages et par son sens du réalisme.

FRANÇOISE HEILBRUN

COEHORN MENNO VAN baron (1641-1704)

Néerlandais, Coehorn fut le rival de Vauban tout au long de sa carrière militaire qu'il commença dès 1667. En 1674, au siège de Grave (Brabant occidental), il expérimenta un mortier à grenades, dont il perfectionna le maniement à plusieurs reprises. Après le traité de Nimègue (1678), il s'employa à réparer et à moderniser les principales places des Provinces-Unies. En 1685, il publie un traité, *Nieuwe Vestingbouw...* (H. Rintjes, Leeuwarden), traduit en français en 1706 à La Haye, *Nouvelle Fortification tant pour terrain et humide que sec et élevé...*, où il expose ses principes en matière de fortification. Plus encore que Vauban, il préconise l'emploi de l'eau comme moyen défensif, ceignant toute place de deux enceintes, l'une remplie d'eau, l'autre à sec et fort large. La reprise des hostilités en 1688 le ramène à la conduite des sièges, notamment à ceux de Namur (1692 et 1695). Après le traité de Ryswick, il entreprend, en tant que lieutenant général des armées, la rénovation des places de Groningue, Nimègue, Berg-op-Zoom.

CATHERINE BRISAC

Bibliographie

Stichting Menno Van Coehorn (Fondation Menno Van Coehorn), *Vesting Menno Van Coehorn, 1984, Amsterdam, Rijksmuseum,* (actes du colloque de l'exposition célébrant le 350e anniversaire de la mort de Coehorn).

COMBES LOUIS (1754-1818)

Fils d'un maître menuisier de Bordeaux, Louis Combes travaille d'abord chez l'architecte voyer de cette ville R. F. Bonfin, avant de gagner Paris où R. Mique et Peyre le Jeune l'accueillent dans leur atelier. Premier prix d'architecture en 1781 avec un projet de cathédrale, Combes séjourne trois ans à Rome où il étudie les monuments antiques et ceux de la Renaissance. À son retour très attendu à Bordeaux, il est nommé contrôleur des travaux du Château-Trompette sous la direction de Victor Louis (1785). Dès lors, sa carrière bordelaise est assurée : travaux officiels et commandes privées vont se succéder sans discontinuité. De son œuvre construite, on citera les bains publics (1786), l'hôtel du jurat Acquart (1785), l'hôtel Saint-Marc (œuvre qu'on lui attribue), l'hôtel Meyer (1795-1796), une maison rue Sainte-Colombe, différents projets de châteaux et l'aménagement des dépendances et des parcs du château de La Roque et de Château-Raba. Entre 1805 et 1810, ce seront les communs et les chais de Château-Margaux dans le Médoc. Mais Combes est peut-être plus utopiste que constructeur ; ses théories, exprimées dans d'intéressantes conférences manuscrites qui ont été conservées, s'accompagnent de dessins de projets, tous plus mégalomanes et plus irréalisables les uns que les autres. Très attaché, non sans opportunisme, à l'idéal révolutionnaire, Combes propose à l'Assemblée nationale les projets d'un temple de la Liberté à l'emplacement de la Bastille (1790) et d'un cirque national. Pour Bordeaux, les projets sont aussi gigantesques : port monumental sur la Gironde, place à l'emplacement du Château-Trompette (concours de 1798-1800)... La démesure est à son comble lorsque, en 1813, il propose de tailler le sommet du mont Cenis en forme de pyramide pour y placer la statue de Napoléon. En 1796, Combes est nommé correspondant de l'Institut de France, en même temps que son homologue nantais M. Crucy (ils avaient tous deux été jugés comme les meilleurs architectes de province). Louis Combes est le digne émule d'un Ledoux ou d'un Boullée, et sa position marginale le rend encore plus attachant à l'apogée du néoclassicisme.

DANIEL RABREAU

COOP HIMMELB(L)AU

Aventure collective et grande figure de l'architecture expérimentale fondée sur le principe de la recherche, l'agence Coop Himmelb(l)au voit le jour en 1968. Créée par Wolf Prix, architecte viennois, Helmut Swiezinsky (architecte d'origine polonaise) et Michaël Hölzer, architecte autrichien, qui quittera le groupe en 1971, l'agence joue sur les mots allemands « construire le ciel » et « bleu », ce qui explique la parenthèse encadrant le l de Blau. L'équipe s'est d'emblée placée sur le terrain de l'architecture prospective, combattant par là même le fonctionnalisme qui faisait rage dans les années 1960-1970. En 1969, l'homme a marché sur la lune... De ce « grand pas pour l'humanité », Prix et Swiezinsky ont retenu le cliché de la terre vue de « là-haut ». Il n'en fallait pas plus pour remettre en cause la perspective classique. Dès lors Coop Himmelb(l)au n'a eu de cesse de promouvoir la dynamique dans l'architecture. En 1967, ils imaginent des villes « battant comme un cœur », dont les espaces sont conçus comme des « ballons palpitants »... Si la première réalisation de ce groupe date de 1977 (le Reissbar de Vienne), c'est leur intervention sur un toit de la capitale autrichienne, Falkerstrasse, pour l'aménagement des bureaux d'un cabinet d'avocats (1984-1989) qui va accélérer leur reconnaissance internationale. On retrouve Coop Himmelb(l)au à New York en 1988 : le groupe figure parmi la poignée d'architectes rassemblés dans la célèbre exposition du Museum of Modern Art *Deconstructivist architecture*. En 1991, il est à Bilbao comme le Japonais Isozaki et le Californien Gehry pour imaginer le futur musée Guggenheim... En 1992, le Centre Georges-Pompidou leur consacre une importante exposition monographique.

Mais ce travail intense de recherche débouche difficilement sur des commandes. Parmi celles qui ont failli aboutir, citons l'emblématique projet de l'*Open House*, conçu en 1983 pour un vieux psychanalyste autrichien qui voulait finir ses jours à Malibu, en Californie. Soulignons que les premiers concepts de cette maison expérimentale de 250 mètres carrés ont été réalisés les yeux fermés, les architectes utilisant leurs mains « comme un sismographe ». Définie par leurs auteurs comme « explosive », la maison n'est pas figée mais évolutive. Sa structure, des plus légères, semble la faire flotter dans l'air au bord de l'océan. On notera que l'entrée se fait par un grand escalier, élément qui, avec le porte-à-faux, participe à la dynamique de l'architecture de Coop Himmelb(l)au en général. Si la maison n'a jamais été construite, les plans d'exécution ainsi que les éléments préfabriqués de ce projet existent, et tandis que le Fonds régional d'art contemporain du Centre s'est porté acquéreur des maquettes, les droits d'auteur ont été rachetés par Sotheby's. Les années 1990 seront pour Coop Himmelb(l)au une décennie placée sous le signe de la matérialisation des concepts. En 1994, le groupe autrichien livre le pavillon Est du musée de Groningue aux Pays-Bas dont les façades rouges chinées portent le dessin (très agrandi) du projet ; en 1995 ouvre le Centre de recherches à Seibersdorf en Autriche, variation sur le thème de la poutre et de l'espace intérieur. En 1996, on remarque leur intervention à la biennale de Venise : le groupe a opéré une transformation radicale (avec toiture débordante et mur incliné de verre) du pavillon autrichien construit par Josef Hoffmann en 1932, œuvre rétrospective. C'est à cette biennale que le public découvre le fabuleux projet d'un cinéma à Dresde. Dans cette ancienne ville baroque se dresse aujourd'hui l'Ufa Palast, un multiplexe (1994-1998) dont le cinéma ne fut que le prétexte à créer un lieu époustouflant : un espace public d'une trentaine de mètres de hauteur. Ce foyer monumental conçu « comme un vidéo clip », selon l'expression de Wolf Prix est, avec son allure de diamant à facettes, à l'extérieur, le signal de cette ville qui connaît sa deuxième phase de reconstruction. En réalisant cette œuvre pour des clients privés dans un contexte commercial, c'est-à-dire en dehors de tout processus de mécénat, Coop Himmelb(l)au apporte la démonstration – juste après l'audacieux Guggenheim de Bilbao – que ce genre d'architecture expérimentale est possible. Pour les années 2000, le groupe autrichien est engagé dans deux aventures intéressantes. La première se situe à Vienne, où il participe avec le Californien Eric Owen Moss et le Français Jean Nouvel à la reconversion d'un gazomètre ; la seconde, à Cuba, où il s'agit de concevoir un ensemble commercial comprenant plusieurs cinémas, un projet qui engage d'autres architectes audacieux, parmi lesquels Frank O. Gehry.

FRANCIS RAMBERT

Bibliographie

6 Projects for 4 Cities, éditions Jürgen Hausser, 1990 ; *Construire le ciel*, éditions du Centre Pompidou, Paris, 1992 ; *Coop Himmelb(l)au-from Cloud to Cloud*, catal. expos., biennale de Venise, 1996.

CORMONTAINGNE
LOUIS-CHARLES de (1695-1752)

Ingénieur militaire. Né à Strasbourg, il participe dès 1713 aux sièges de Landau et de Philippsbourg. Pendant les campagnes d'Allemagne menées dans le cadre de la guerre de Succession de Pologne (1733 - 1738), il prend part à de nombreux sièges. En 1744, il est nommé directeur des fortifications des Trois-Évêchés (Metz, Toul et Verdun). En 1745, il est présent à la bataille de Fontenoy. Il meurt au siège de Metz en 1752. Homme de terrain et travailleur acharné, Cormontaingne se consacre dès 1728 à remodeler le système défensif de Metz (double couronne de Bellecroix) qui devient alors l'axe principal de la défense française en Lorraine. Il travaille également à Thionville (tête de pont). Inconnu de son temps, il fut considéré à tort dès le début du XIXe siècle comme l'héritier de Vauban et exerça une grande influence sur le corps du Génie. Comme Vauban, il laissa de nombreux mémoires militaires qui ne furent publiés qu'entre 1804 et 1809 : *Le Mémorial pour l'attaque des places*, *Le Mémorial pour la défense des places*, *Le Mémorial pour la fortification permanente et passagère*. Contrairement à Vauban, il donna une grande importance à l'artillerie qui avait fait d'énormes progrès et préconisa la construction d'ouvrages avancés puissants destinés à l'abriter tout en augmentant le nombre des lignes de défense.

CATHERINE BRISAC

Bibliographie

A. BLANCHARD, *Dictionnaire des ingénieurs militaires, 1691-1791*, Montpellier, 1981.

COSTA LÚCIO (1902-1998)

Lúcio Costa est mort le 13 juin 1998 à Rio de Janeiro. Concepteur de Brasília, il restera comme l'un des protagonistes de l'urbanisme moderne.

Né à Toulon en 1902, émigré au Brésil en 1918, il est, dès 1930, directeur de l'école des Beaux-Arts de Rio, où il invite à enseigner de jeunes architectes novateurs, notamment Gregori Warchavchik, qui a réalisé en 1927 la première œuvre moderne au Brésil, la Villa Mariana, et qui, depuis 1929, est le délégué pour l'Amérique latine des Congrès internationaux d'architecture moderne (C.I.A.M.) ; mais ils sont rapidement évincés pour des raisons doctrinales. Costa s'associe alors à Warchavchik pour construire les maisons Schwartz et Duarte Coelho et la cité ouvrière de Gambôa, à Rio. Puis il s'établit à son compte avec des collaborateurs occasionnels, dont Oscar Niemeyer.

En 1935, le projet qui a été retenu par le jury du concours pour le nouveau ministère de l'Éducation et de la Santé est refusé par Gustavo Capanema, ministre du gouvernement Vargas, qui confie à Costa la coordination d'une équipe de jeunes professionnels auteurs de propositions rationalistes (C. Leão, J. Moreira, O. Niemeyer, A. Reidy et E. Vasconcelos). Le Corbusier, que le ministre invite à venir travailler quelques semaines à Rio, est consulté pour le projet.

La contribution de celui-ci (dont Niemeyer dira ensuite avoir « tropicalisé » l'enseignement) est fondamentale. Costa reconnaîtra avoir « projeté et bâti [ce ministère] comme une contribution spontanée des Brésiliens à la consécration des solutions pratiques et des principes doctrinaires créés et établis par cet esprit génial ». Libéré du sol par de hauts pilotis, doté d'une ossature porteuse indépendante des parois, l'édifice est muni de vastes pans de verre que masque, pour la première fois à grande échelle, un écran général de profonds brise-soleil. Il sera achevé en 1943.

En 1937, Costa dessine avec Niemeyer le pavillon du Brésil pour l'Exposition universelle de New York de 1939, édifice d'une grande liberté formelle ; puis il mène des études sur les matériaux et l'architecture traditionnelle luso-américaine, dont on trouve l'écho dans le Park Hotel São Clemente, à Friburgo (1944).

Après la Seconde Guerre mondiale, Costa se fait le défenseur du sensualisme de la nouvelle école brésilienne. Il célèbre « la qualité plastique de l'œuvre architecturale et son contenu lyrique et passionnel ». Il construit à Rio l'ensemble résidentiel du Parque Guinle (1948-1954).

Membre en 1952 de la commission qui doit choisir le projet pour le siège de l'U.N.E.S.C.O. à Paris (avec Le Corbusier, W. Gropius, S. Markelius et E. N. Rogers), il élabore en 1953 un premier projet pour la Maison du Brésil à la Cité universitaire de Paris, modifié ensuite par Le Corbusier.

En 1955, le nouveau président, Juscelino Kubitschek (ami de longue date de Niemeyer), et la société Novacap (dont Niemeyer est l'architecte) lancent la nouvelle capitale, Brasília. Établie sur les hauts plateaux de l'État de Goias, elle doit être impérativement inaugurée le 21 avril 1960. Costa remporte en mars 1957 le concours pour le plan directeur avec un croquis à main levée accompagné d'une simple note. Ce plan est né « du geste premier de celui qui désigne un site ou en prend possession : deux axes se croisant à angle droit », et affecte la forme d'un oiseau tourné vers l'est. Nourri de la théorie du zoning telle que l'a développée la Charte d'Athènes, Costa applique « les principes les plus généreux de la technique routière, y compris la suppression des croisements » et prévoit un long axe monumental où s'élèveront les édifices publics – ministères, palais de la présidence et assemblées (tous confiés à Niemeyer). Dans les deux ailes transversales, une succession de quartiers résidentiels de plan carré de 300 mètres de côté, dits « superquadras », regroupent quelques immeubles réguliers de six niveaux sur pilotis, dans un environnement naturel traité par le paysagiste Roberto Burle Marx.

Quatre superquadras constituent une « unité de voisinage » de quelque dix mille habitants dotée d'une rue marchande et d'équipements collectifs. À la rencontre des deux axes principaux, la « plate-forme » comprend une énorme gare routière, la Rodaviaria, et un grand centre commercial. Quant aux résidences luxueuses et aux ambassades, elles bordent les rives du lac.

À la fin des années 1960, Lúcio Costa dresse le plan de la « ville satellite » de Barra de Tijuca, près de Rio, puis construit quelques maisons individuelles. Il semble avoir éprouvé quelque amertume à l'idée que l'histoire ne verrait peut-être en lui que l'urbaniste.

FRANÇOIS CHASLIN

Bibliographie

L. COSTA, *Sôbre Arquitectura*, Centro dos estudantes universitarios, Porto Alegre, 1962 ; *Registro de uma vivencia*, Editora empresa das artes, São Paulo, 1995. Y. BRUAND, *Arquitectura contomporânea no Brasil*, Perspectiva, São Paulo, 1981 / A. ESPEJO, *Rationalité et formes d'occupation de l'espace, le projet de Brasília*, Anthropos, Paris, 1984 / M. GUTIERREZ, *Arquitectura y urbanismo en Iberoamerica*, Cátedra, Madrid, 1983 / J. HOLSTON, *The Modernist City, an anthropological critique of Brasilia*, Univ. of Chicago Press, Chicago, 1989 / *Oscar Niemeyer*, Mondadori, Milan, 1975, Alphabet, Paris, 1977 / O. NIEMEYER, *Niemeyer par lui-même*, Balland, Paris, 1993. *Aujourd'hui* n° 13 / *L'Architecture d'aujourd'hui* n° 42-43, n° 80, n° 90, n° 251 et n° 313 / *Techniques et Architecture* n° 334 / *Urbanisme* n° 276 et n° 290 / *AU* n° 38 et n° 74 / *Módulo* n° 96.

COTTE ROBERT DE (1656-1735)

Architecte français, Robert de Cotte fut un artiste de réputation européenne dont le prestige doit être comparé à celui de Bernin. Né à Paris, beau-frère de

Jules Hardouin-Mansart et reçu en 1687 à l'Académie d'architecture, il lui succéda en 1708 dans les charges de premier architecte du roi et directeur de l'Académie.

Grand constructeur, Robert de Cotte était en même temps un remarquable décorateur. Tous ses commanditaires, royaux ou princiers, admiraient son art raffiné dans la distribution des appartements ou son souci, tout nouveau à l'époque, du confort. « Son intégrité et sa capacité lui attirèrent la confiance de tous les grands seigneurs et le suffrage de ses contemporains » (J.-F. Blondel).

Dès 1700, il commençait à bâtir à Paris dans le nouveau quartier du faubourg Saint-Germain. En 1710, il réalisa l'hôtel du Lude, rue Saint-Dominique, et l'hôtel d'Estrées, rue de Grenelle. Si, dans les façades, il restait fidèle à la tradition de Jules Hardouin-Mansart, dans les ornements il montre progressivement plus de liberté. Vers 1715, pour le comte de Toulouse, Robert de Cotte transforma l'hôtel de La Vrillière, œuvre de François Mansart. De 1713 à 1716, il travailla à l'hôtel du Maine puis, en 1717, construisit sa propre maison à l'angle de la rue du Bac et du quai d'Orsay, ainsi que l'hôtel Bourbon, rue des Petits-Champs. Il s'occupa également de bâtiments publics : de 1711 à 1715, il refit la Samaritaine, sur le Pont-Neuf, et les pompes qui distribuaient l'eau dans Paris. En 1719, il bâtit la fontaine du château d'eau du Palais-Royal. Il conçut la nouvelle décoration du chœur de Notre-Dame, en exécution du vœu de Louis XIII. À Versailles, il donna le dessin du célèbre péristyle du Grand Trianon et s'occupa, de 1708 à 1710, de l'achèvement de la chapelle commencée par son beau-frère Mansart. Il dessina également la façade de Saint-Roch, que son fils Jules-Robert exécuta.

Son activité exceptionnelle s'exerçait à la fois en province et à l'étranger. Toutefois, ses fonctions très absorbantes le retenaient à Paris : en véritable chef d'orchestre, il se chargeait lui-même de tracer les plans, mais il en confiait l'exécution à ses meilleurs élèves. Malgré l'importance des ouvrages dont il assumait la direction, il ne se déplaça guère pour aller vérifier les travaux exécutés sous ses ordres à Strasbourg, à Bonn, à Brühl ou à Madrid.

Robert de Cotte fut choisi dès 1700 par Hardouin-Mansart pour diriger, à Lyon, la restauration de l'hôtel de ville et donner des dessins pour l'aménagement de la place Bellecour. En 1707, il travaille au château de Thouars et présente des devis pour le portail et les tours de la cathédrale d'Orléans. Le duc d'Antin, également, lui demande des plans pour la décoration de la place Royale de Bordeaux. Ses œuvres principales les plus célèbres, en province, demeurent les palais épiscopaux de Châlons-sur-Marne (1719-1720) pour le duc de Noailles ; de Verdun, commencé en 1724 pour le duc d'Hallencourt, et surtout celui de Strasbourg pour le cardinal de Rohan, dont les travaux débutèrent en 1731. Alors qu'au Moyen Âge, les évêchés faisaient corps avec les cathédrales dont ils n'étaient qu'une annexe, Robert de Cotte les traite comme des hôtels particuliers, sans rien d'ecclésiastique, excepté l'oratoire du prélat. Ainsi le palais de Rohan, situé en face au flanc sud de la cathédrale, a un plan qui ne diffère guère de celui des hôtels parisiens du Marais : un portail concave où l'arrondi aboutit à deux pavillons, une cour rectangulaire qui communique par des arcades avec les cours de service, l'accès du logis par les pavillons d'angle et, à la place d'un jardin, et précédant l'imposante façade, une terrasse au bord de l'Ill. Pour le même commanditaire,

Robert de Cotte agrandit le château de Saverne. La décoration de ce petit Versailles alsacien avait été confiée au sculpteur favori des Rohan : Robert Le Lorrain.

Architecte européen, Robert de Cotte a contribué à faire rayonner l'architecture française, non seulement dans les provinces d'Alsace mais aussi en Rhénanie, en Bavière, et dans les pays latins, tels l'Italie ou l'Espagne. À Francfort-sur-le-Main, l'hôtel des princes de Tour et Taxis (1732-1741) rappelle le palais Rohan de Strasbourg, mais ses meilleurs clients en Allemagne restent les électeurs de Cologne et de Bavière. Joseph Clément de Bavière, électeur de Cologne, se mit en rapport, dès 1704, avec Robert de Cotte. À son retour d'exil, il désirait faire à Bonn, sa résidence favorite, un château dans le goût de Meudon où il avait été reçu par le Dauphin et dont il conservait un souvenir émerveillé. Le château de Bonn fut un édifice raffiné : les petits appartements étaient décorés de « grotesques » dans le goût d'Audran, de laque chinois et de panneaux de glace. Les châteaux de Poppelsdorf et de Brühl furent construits, eux aussi, à partir de 1715, sur ses plans.

L'Électeur Max-Emmanuel de Bavière, frère de l'Électeur archevêque de Cologne, s'adressa également à Robert de Cotte pour dresser les plans de son château de Schleissheim près de Munich. On compte vingt et un projets de Robert de Cotte pour cette résidence. Il fut appelé aussi, avec son confrère Boffrand, par le prince-évêque de Schönborn afin de rectifier les projets élaborés par Balthazar Neumann pour sa résidence de Wurtzbourg.

Mandé en Italie par la Maison de Savoie, il fournit les dessins du château de Rivoli et du pavillon de chasse de la Vénerie près de Turin. Enfin, Robert de Cotte envoya en Espagne un de ses plus proches collaborateurs pour veiller à la stricte exécution des plans du palais royal de Philippe V.

Sous les règnes de Louis XIV et de Louis XV, Robert de Cotte a donc réalisé une œuvre immense. On doit constater que ni Mansart qui le précède, ni Gabriel qui lui succède, n'ont joui d'un pareil prestige. C'est un des artistes qui illustre le mieux la grande expansion de l'art français hors des frontières, particulièrement du style « régence », à un moment où l'architecture de ce pays est imitée par toute l'Europe.

GÉRARD ROUSSET-CHARNY

COVARRUBIAS ALONSO DE (1488-1570)

Décorateur et architecte espagnol, Covarrubias commence d'abord une carrière d'ornemaniste plateresque en utilisant un répertoire d'arabesques et de grotesques emprunté à la Renaissance italienne. Son intervention est signalée à Sigüenza (chapelle de Santa Librada), à Tolède (façade, escalier et patio de l'hôpital de Santa Cruz, dessinés par Egas) et à Guadalajara. À partir de 1534, il fait davantage œuvre d'architecte. Il bénéficie de la réorganisation des œuvres royales et se trouve plus spécialement chargé de reconstruire l'Alcázar de Tolède (plans donnés en 1537). Il en élève notamment la façade principale.

À partir de 1553, cependant, la faveur du prince Philippe d'Espagne se porte sur Francisco de Villalpando, traducteur de Serlio, dont il apprécie le style pur et dépouillé. Cependant Covarrubias continue à travailler à Tolède où il remanie la Puerta de Bisagra en lui donnant une allure très romaine (1559). En 1535, le cardinal Tavera, mécène illustre, l'avait chargé de construire à Alcalá de Henares le palais des archevêques de Tolède.

MARCEL DURLIAT

CRONACA SIMONE DEL POLLAIOLO dit IL (1457-1508)

Après un séjour à Rome (1480 -1483), Cronaca revint à Florence où se déroula toute son activité. Interprète de la tradition du Quattrocento, il poursuivit les travaux du palais Strozzi dès 1494 (corniche et cortile), construisit le palais Horne (après 1489) et réalisa sur les dessins de Giuliano da Sangallo, la sacristie de Santo Spirito (1492). En 1495, il fut chargé des restaurations de Santa Maria del Fiore, et de la construction du salon des Cinq Cents au Palazzo Vecchio. Il bâtit l'église San Salvatore al Monte (avant 1500) et le palais Guadagni (1503).

CATHERINE CHAGNEAU

Bibliographie
L. H. HEYDENREICH & W. LOTZ, *Architecture in Italy 1400 -1600*, Hardmondsworth, 1974.

CRUCY MATHURIN (1749-1826)

La continuité qui caractérise la carrière de Mathurin Crucy s'appuie sur l'attachement exclusif que cet artiste a voué à sa ville natale, Nantes. Élève de Jean-Baptiste Ceineray, Crucy gagne ensuite Paris où E. L. Boullée le reçoit dans son atelier. Le second prix qu'il obtient au concours de l'Académie, avec ses dessins de *Pavillon pour le palais d'un souverain* (1773), révèle une conscience et un savoir-faire déjà remarquables que confirmera ensuite le grand prix qui lui est décerné pour son *Projet de bains publics d'eau minérale* (1774). Ce projet, qui demeura exposé plusieurs années dans la salle de l'Académie, consacrait le talent de dessinateur de Crucy, mais il témoignait aussi de l'engouement, alors naissant, pour des compositions colossales et expressives dont Boullée professait la théorie, appuyée sur de nouveaux programmes d'édilité. Condisciple du peintre Louis David à l'Académie de France à Rome (1775-1778), Crucy étudie l'architecture antique ainsi que les grands exemples de la Renaissance. À l'issue de son séjour et après un voyage d'une année à travers toute l'Italie (1779), où il se prend d'une grande admiration pour Palladio, il rapporte un *Album de dessins de relevés de Saint-Pierre de Rome* (Bibliothèque nationale, Paris). En 1780, Crucy est nommé architecte voyer de Nantes à la place de son ancien maître, Ceineray. Cette fonction, auparavant modeste, allait être valorisée par la mise en œuvre de grands travaux d'extension urbaine. Si notamment Bordeaux, Marseille, Le Havre, Besançon font encore appel à des architectes parisiens, à Nantes, l'architecte voyer est tout-puissant dans son domaine. La ville, au sommet de sa croissance économique, devient un vaste chantier dirigé par Crucy qui donne les plans des édifices publics, des places et des nouvelles rues à percer. L'extension, amorcée par les premiers travaux de Ceineray à la périphérie du vieux centre et le long des quais de la Loire, s'amplifie sous la direction de Crucy par la création d'un nouveau centre à l'ouest, du côté du port. Entre 1780 et 1800, Crucy donne les plans de nombreux édifices dont il conduit les travaux : halle aux poissons et quais à l'est de l'île Feydeau (1783), grand théâtre et immeuble de la place Graslin qui lui font face (1784-1787), halle aux blés (1786), cours Cambronne (1787), place Royale (1787), immeuble et colonne place d'Armes (1786-1790), bourse de commerce (1790-1814), bains publics et quais à l'ouest de l'île Feydeau (1800). Nommé architecte du département (1809), Crucy donne encore les plans de l'ancien musée des Beaux-Arts et de la halle aux toiles (1821), ainsi que ceux de plusieurs églises rurales de Loire-Atlantique (le Loroux-Botterau, Sainte-Pazanne et la Chapelle-Heulin). À Clisson, il participe à la réalisation d'un ensemble de fabriques (temple de Vesta, temple de l'Amitié, etc.) dans la propriété du sculpteur F. Lemot qui, sur les rives de la Sèvre, crée un paysage à l'italienne, directement inspiré de Tivoli. La renommée de Crucy lui vaut enfin la commande de la reconstruction du chœur et de la nef de la cathédrale de Rennes, qu'il conçoit comme un immense vaisseau basilical, austère et impressionnant (il fut défiguré par une décoration au milieu du XIXe siècle). Le style de Crucy, toujours élégant mais vigoureux, non sans sécheresse parfois, témoigne de la diffusion des modèles internationaux en province. Face aux théories utopiques, dont elle procède en partie, l'œuvre de Crucy, très individualisée, allie, dans une synthèse cohérente, l'interprétation palladienne, le fonctionnalisme expressif et la grâce hellénisante : elle s'impose comme l'exemple le plus complet d'un urbanisme néoclassique réalisé, en France, sur une grande échelle.

DANIEL RABREAU

CUVILLIÉS FRANÇOIS DE (1695-1768)

Parmi les architectes et décorateurs qui ont illustré la Bavière au XVIIIe siècle, une place d'honneur revient à François de Cuvilliés ; né dans le Hainaut, il vint tout jeune à la cour de Bavière, d'où il fut envoyé à Paris pour un séjour de quatre ans (1720-1724), afin de se former comme architecte. Les liens politiques étroits qui unissaient Munich et Paris expliquent que les influences françaises aient trouvé dans cette région de l'Allemagne un terrain particulièrement favorable : Joseph Effner (1687-1743), qui fut comme Cuvilliés architecte de la cour de Bavière, avait été lui aussi envoyé faire ses études à Paris.

La première tâche importante de Cuvilliés fut la décoration des *Reichen Zimmer* (les chambres d'apparat) à la Résidence de Munich. Ces travaux l'occupent pendant les années 1730-1737 ; la nouveauté consiste dans l'usage systématique des motifs naturalistes : palmes, branches, fleurs, qui viennent s'insérer en arrangements capricieux sur les panneaux chantournés. Le système est porté à sa perfection quelques années plus tard (1734-1739) au petit pavillon d'Amalienburg, dans les jardins de Nymphenburg.

Cuvilliés ne fut pas seulement un architecte, mais aussi une manière de théoricien ; à partir de 1738 et jusqu'à sa mort, il travailla à un recueil de planches gravées, dessins d'architecture et d'ornement, qui fait de lui, à côté d'un Meissonnier, l'un des chefs de file du rococo international. Son activité ne se limita pas à la Bavière : nous le trouvons en 1728 au service de l'électeur de Cologne, au château de Brühl. Considérer Cuvilliés comme le représentant d'une branche provinciale de l'art français est une injustice, car, si les enseignements parisiens l'ont profondément marqué, il ne leur en a pas moins donné un développement tout nouveau et original.

GEORGES BRUNEL

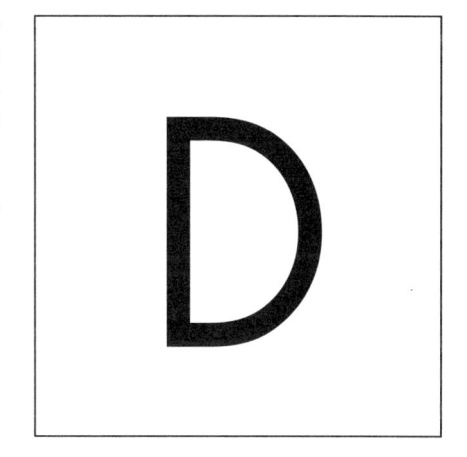

CUYPERS PETRUS JOSEPH HUBERTUS (1827-1921)

Architecte néerlandais, Cuypers met au point un art néo-gothique nourri de la tradition flamande, marqué par l'œuvre de Viollet-le-Duc. Il édifie (ou restaure) de nombreuses églises (à Eindhoven, à Groningue, cathédrale de Breda) et crée le château-fort De Haar (1890) où il invente un univers de chevalerie idéal. Ses réalisations majeures tentent de créer une architecture nationale, monumentale et rationnelle : le Rijksmuseum (1877) et la gare centrale (1881) d'Amsterdam.

JEAN-PIERRE MOUILLESEAUX

Bibliographie

G. FANELLI, *Architettura moderna in Olanda 1900 - 1940*, Florence, 1968.

DALY CÉSAR DENIS (1811-1894)

Associé à maintes sociétés savantes, honoré par de nombreux gouvernements et Académies, l'architecte César Daly, promis après sa mort à une gloire éternelle par les historiographes, devait être, en fait, rapidement oublié. Ses nombreux ouvrages, ses centaines d'articles, le rôle qu'il joua dans la fondation des sociétés départementales d'architectes, la théorie de l'architecture novatrice qu'il tenta de faire partager à ses contemporains en multipliant les conférences et les publications ne lui assurèrent pas l'immortalité. Et tandis que Viollet-le-Duc devait à ses écrits sa gloire la plus sûre, ceux de Daly tombaient dans l'oubli ou inspiraient quelques-uns de ses confrères (l'Américain H. van Brunt, par exemple) qui se souciaient peu de citer leurs sources. Il faudra attendre les années quatre-vingt pour que l'on redécouvre la personnalité de cet homme dont l'œuvre écrite, diffusée sur les cinq continents, influença profondément la théorie (F. L. Wright reprendra son concept d'« architecture organique ») et la pratique de l'architecture dans la seconde moitié du XIXe siècle.

Né en 1811 d'un père anglais (John Daley, prisonnier de guerre à Verdun) et d'une mère française (Camille de Calonne, issue d'une grande famille de l'Artois sous l'Ancien Régime), César Daly vit, à Londres, une enfance malheureuse. En 1831 il est à Paris et entre à l'Atelier de Félix Duban mais refuse de s'inscrire à l'École des Beaux-Arts. En 1836 il découvre les théories de Fourier. En tant que membre de l'École sociétaire, il prépare des plans pour le phalanstère de Condé-sur-Vesgres et suit son ami Victor Considérant au Texas dans la communauté de la Réunion (1855). Rapidement déçu, il revient en France en 1857 et se rallie à l'Empire. Grand voyageur (il visite les États-Unis, parcourt l'Amérique latine, le bassin méditerranéen, fait de longs séjours en Angleterre et en Allemagne), Daly construit peu mais écrit beaucoup. En tant qu'architecte son activité se limite à la restauration de la cathédrale d'Albi et à la construction des deux pavillons d'entrée de sa maison de Wissous. « Édificateur de monuments écrits » (A. de Calonne), Daly publie de nombreux ouvrages d'architecture : *Motifs historiques d'architecture et de sculpture d'ornement* (1863-1869), *Architecture privée au XIXe siècle* (trois séries, 1868-1876), *Architecture funéraire contemporaine* (1871), *Motifs divers de serrurerie* (1881-1882) et, en collaboration avec Davioud, *Les Théâtres de la place du Châtelet* (1865). Son Dictionnaire universel de l'architecture, interrompu par sa mort, ne sera pas édité.

Mais Daly apparaît surtout comme le créateur de la presse architecturale moderne. S'il lance en 1875 *La Semaine des constructeurs*, son œuvre majeure reste la *Revue générale de l'architecture et des travaux publics* (45 vol., 1840-1890). En publiant cette revue, dont le succès sera international (les premiers numéros sont édités par Hetzel), Daly apporte quelque chose de nouveau dans la presse architecturale française. Un grand format, un texte organisé en rubriques fixes, abondamment illustré et de nombreuses gravures hors texte sur acier font de cette publication un instrument pratique et rigoureux.

Le propos lui aussi est nouveau. L'œuvre architecturale est envisagée au sein d'une réflexion sur l'adéquation au programme, et lorsque Daly convoque les plus grands historiens, techniciens ou hommes de science de son siècle, c'est toujours en vue « d'un effet utile, qui est le progrès pratique et réel de l'art de bâtir » (1840).

S'adressant à l'ingénieur comme à l'architecte, Daly entend compléter la formation professionnelle de ces divers corps de métier en leur offrant, par l'intermédiaire de la *Revue générale de l'architecture*, l'enseignement pluridisciplinaire qui leur manque. Il fait alors appel à de nombreux spécialistes tels que le peintre Jollivet, l'ornemaniste Clerget, les archéologues Mariette et Phocion Roques, le sculpteur Bartholdi, le facteur d'orgues Cavaillé-Coll ou l'écrivain Prosper Mérimée. Ils viennent renforcer une équipe composée des plus grands architectes et ingénieurs de son temps : H. Labrouste, C. Garnier, J. I. Hittorff, Davioud, Questel, Viollet-le-Duc, Michel-Chevalier, C. Polonceau, Denfert-Rochereau... Au total, 216 collaborateurs qui, avec Daly, écrivent 1 800 articles.

Ouverte à l'architecture monumentale comme aux réalisations mineures (2 490 planches dont 1 798 d'architecture contemporaine), la *Revue générale de l'architecture* fait, en outre, largement appel à la province pour enrichir ce corpus d'œuvres exemplaires qu'elle offre à ses lecteurs.

Mais le périodique ne va pas se limiter à fabriquer l'actualité architecturale qu'il diffusera aux quatre coins du monde. Instance de consécration et de reconnaissance créant la réputation d'un grand nombre d'architectes de second ordre, la *Revue générale de l'architecture* élargira ses ambitions en proposant une esthétique et une conception de l'histoire de l'art tout à fait originales développées dans un texte théorique majeur : *De l'architecture de l'avenir ; à propos de la Renaissance française* (*R.G.A.*, vol. XXVII, 1869). Dans cette étude, Daly remet en question l'esthétique idéaliste et normative du néo-classicisme : tous les styles du passé ont été légitimes et à propos dans leur temps, et l'architecte « moderne » se doit de moissonner dans le champ immense de toutes les formes connues. Daly conçoit le style comme l'association harmonieuse et symbolique d'un système constructif et d'une conception du Beau conduisant, tous deux, à l'adoption d'une même forme géométrique. Il croit alors pouvoir nommer la courbe savante que privilégiera l'architecture future : l'*ellipse*. Mais la science et le savoir de l'ingénieur ne peuvent réaliser « esthétiquement » cette forme nouvelle. L'artiste seul sera capable de faire la synthèse entre l'art et la science, synthèse que la *Revue générale de l'architecture* choisira comme objectif pendant un demi-siècle.

MARC SABOYA

DANCE GEORGE (1741-1825)

Pour l'Angleterre, George Dance apparaît comme le parfait représentant de cette génération d'architectes formés dans le creuset international romain, juste après le milieu du XVIIIe siècle. Sa carrière longue et féconde, à cheval sur deux siècles, reflète les transformations du néo-classicisme à son apogée. Partant d'un style antiquisant élégant dans la lignée des frères Adam, il aboutit à la manière sévère du *Greek Revival* tardif. La plupart de ses œuvres restèrent à l'état de projet — dans le domaine de l'urbanisme essentiellement —, mais il mena à bien cependant la construction du monument le plus étonnant de la seconde moitié du XVIIIe siècle outre-Manche : la prison de Newgate, où il réussit la synthèse parfaite de sa vaste culture architecturale.

Fils d'un ancien maçon devenu directeur des travaux de la Cité, George Dance partit pour l'Italie en 1758 sur les traces de Mylne et des Adam. Pendant près de cinq ans, il partagea la vie aventureuse et studieuse des jeunes architectes qui découvraient à la fois les grands monuments classiques et les vestiges antiques, multipliaient les relevés, confrontaient leurs expériences avec d'autres artistes aussi célèbres que Piranèse. Avant son retour, il obtint une médaille d'or au concours de l'Académie de Parme sur le programme d'une « galerie publique », et fut élu à l'Académie de Saint-Luc à Rome. Une fois à Londres, il fut chargé de la construction de l'église de All Hallows dans la City (1765-1767), petit bâtiment basilical couvert d'une voûte en berceau percée de lunettes où il mit en pratique sa culture toute récente, entre autres dans les décors de stuc « à l'étrusque ». Cette réalisation, vite célèbre, lui ouvrit les portes de la Royal Academy, nouvellement fondée. En 1768, il succéda à son père dans sa charge et dessina alors les projets pour la prison de Newgate. Ce remarquable bâtiment (détruit en 1902) se caractérise par un traitement nouveau des masses. La maison du directeur, seule pourvue d'ouvertures, s'intègre entre deux grands blocs aveugles, uniquement animés par le jeu de bossages puissants. On a vu, dans l'extrême dramatisation de cette architecture, l'influence des planches des *Carceri* de Piranèse. Mais il faut aussi noter les réminiscences variées auxquelles Dance fait appel : développement antiquisant du plan, massivité et géométrisme à la Vanbrugh, singularités décoratives dérivées du maniérisme italien (Palladio, au Palazzo Thiene à Vicence, et surtout Jules Romain, au palais du Té, à Mantoue). Il est évident que la sévérité générale des formes s'explique par la fonction du bâtiment, et sur ce point Dance rejoint les recherches d'un Ledoux, par exemple, dans ce registre si caractéristique du néo-classicisme : « l'architecture parlante ». Dans cette même veine fonctionnelle et symbolique, il faut citer ses projets de façades pour St. Luke Hospital, Old Street (1782-1784).

Il donna à la Council Chamber de Guildhall (1777) une de ses œuvres les plus élaborées. Cette vaste salle carrée, surmontée d'une coupole à pendentifs percée d'un oculus central, inaugure toute une suite de recherches de Soane sur les successions de coupoles et l'éclairage zénithal, parti directement inspiré des vastes volumes des thermes antiques (dessins pour la Bank Stock Office, Old Dividend Office). À la même époque, il multiplie ses projets d'urbanisme pour Londres : port et docks sur la Tamise, nouveaux ponts, vastes *crescents* pour le quartier de Finsbury, amélioration des divers accès de la City.

Le tournant du siècle marque un profond changement dans son activité et dans son style. À partir de 1803, il se consacre presque exclusivement à la construction de maisons de campagne, et ce dans un esprit plus strictement archéologique, proche du style postrévolutionnaire français. À Stratton Park, Hants, par exemple, il dresse un lourd portique de quatre colonnes doriques sans base, annonçant les recherches d'un Smirke ou d'un Wilkins. Parallèlement à ces réalisations qui le conduiront encore à élever en 1805 le complexe monumental du Royal College of Surgeons à Lincoln's Inn Fields, il participe au mouvement « pittoresque », illustré par Gandy, Loudon ou Repton, et aux réflexions sur l'architecture des *cottages*.

MONIQUE MOSSER

D'ARONCO RAIMONDO (1857-1932)

La première exposition internationale d'art décoratif moderne organisée à Turin en 1902 est généralement considérée comme signifiant la fin de l'Art nouveau. Or elle marque le véritable démarrage du mouvement en Italie jusqu'alors toujours dominée par l'académisme. Tous les créateurs du style Liberty ou du Floreale — appellations italiennes de l'Art nouveau — œuvrent au lendemain de la manifestation turinoise. Que ce soit Fenoglio à Turin, Sommaruga et Moretti à Milan, Basile à Palerme, D'Aronco à Constantinople. Les facilités ouvertes aux architectes et aux ingénieurs occidentaux par le sultan Abdul-Hamid au début du XXe siècle expliquent en effet que l'essentiel des réalisations de ce maître soit dans la capitale de l'empire turc.

D'Aronco, originaire du Frioul, province autrichienne jusqu'en 1918, travailla plusieurs années à Graz, capitale de la Styrie, avant de terminer ses études d'architecture à Venise. Après avoir remporté une médaille d'or au concours international ouvert pour l'érection du monument à Victor-Emmanuel II, en 1884, il avait acquis une certaine réputation de praticien néo-classique quand il présenta un projet pour l'ensemble des bâtiments devant abriter les sections de l'exposition de Turin. Cette fois, il s'inspira directement des maîtres de la Sécession viennoise et on le rangea parmi les novateurs.

En réalité, les nombreuses constructions élevées par D'Aronco à Constantinople entre 1896 et 1908 — y compris une mosquée — appartiennent plutôt au courant « éclectico-Art nouveau » que certains architectes ont alimenté sans complexes. Chez D'Aronco, les souvenirs orientaux et extrême-orientaux font bon ménage avec un bric-à-brac inspiré de l'Antiquité. Il ne suivra pas les Viennois dans leurs efforts vers l'austérité et sera insensible au futurisme. Définitivement rentré en Italie en 1908, D'Aronco édifiera le palais communal d'Udine, la capitale du Frioul, près de laquelle il était né. Rien n'y manque en fait de frontons, pilastres ioniques et *putti*, le retour au néo-classicisme est complet. Après l'éclat de 1902, D'Aronco aurait pu devenir le chef de file des rénovateurs italiens et introduire le véritable esprit viennois dans son pays. Il a raté son destin.

ROGER-HENRI GUERRAND

DAVIOUD GABRIEL (1824-1881)

Entré au service de la ville de Paris après un début de formation à l'École des beaux-arts, il devient un architecte fonctionnaire associé activement aux chantiers du préfet Haussmann. Pour Paris, il multiplie les fontaines, les squares, dirige les travaux des promenades et des parcs Monceau et des Buttes-Chaumont, des bois de Boulogne et de Vincennes. Ses édifices traduisent un sens du fonctionnel et de l'ordonnancement : théâtre d'Étampes (1851), fontaine Saint-Michel (1858), théâtres de la place du Châtelet (1860). Passionné par les rapports entre l'art et l'industrie, il réalise le gigantesque palais du Trocadéro (1876) aujourd'hui disparu.

JEAN-PIERRE MOUILLESEAUX

Bibliographie

Gabriel Davioud, architecte de Paris, catal. d'expos., Paris, 1981-1982.

DEANE sir THOMAS NEWENHAM (1828-1899)

Les trois générations de Deane, architectes irlandais, qui se succèdent recouvrent presque toute la période victorienne. Le père, sir Thomas (1792-1871) a travaillé à Dublin et à Cork, s'associant à Benjamin Woodward (1815-1861). L'association est reprise en 1850 par le fils, sir Thomas Newenham qui développe la firme. L'équipe réalise Trinity College Museum à Dublin (1855) et surtout l'Oxford Museum (1856-1858). C'est l'esthétique de Ruskin qui inspire leur architecture aux plans réguliers, au décor italianisant, mise au service d'édifices civiques ou commerciaux. Outre les Saint Anne's Parrochial Schools de Dublin, citons les Union Buildings d'Oxford, le Crown Life Office et le Kildare Street Club à Londres. Deane poursuit son œuvre après 1878, en s'associant à son tour avec son fils Thomas Manly pour construire notamment le Pitt Rivers Museum d'Oxford (1885).

JEAN-PIERRE MOUILLESEAUX

Bibliographie

E. M. BLAU, *Ruskinian Gothic : the Architecture of Deane and Woodward 1845-1861*, Princeton, 1981.

DE KLERK MICHEL (1884-1923)

Né, et mort, à Amsterdam dans une famille modeste et nombreuse, Michel De Klerk n'eut pas la possibilité de poursuivre des études d'architecte de façon classique. Il apprit son métier dans l'agence d'Édouard Cuypers, le neveu du constructeur du Rijksmuseum, tout en suivant des cours du soir. De Klerk profita largement de l'ambiance chaleureuse qui régnait dans ce bureau ; Cuypers permettait en effet à ses collaborateurs de participer à tous les concours et les encourageait à utiliser sa bibliothèque. Franc-maçon idéaliste comme beaucoup d'architectes néerlandais à cette époque, De Klerk ne tarda pas à collaborer à la revue d'avant-garde *Wendingen*, et il affichait un socialisme sentimental bien dans l'air du temps, surtout à Amsterdam.

Depuis le début du XXe siècle, l'architecture, aux Pays-Bas, était dominée par la personnalité de Henrik Berlage (1856-1934), l'auteur célèbre de la Bourse d'Amsterdam, monumental édifice qui allait imposer un idéal d'objectivité constructive, à la fois dans le refus des artifices comme des exploits techniques. D'importantes commandes de logements ouvriers furent ensuite passées au Maître et à de jeunes architectes travaillant dans le même esprit rationaliste. Ainsi se constitua la première école d'Amsterdam qui compta, entre autres bâtisseurs, De Bazel, Kromhout et Walenkamp.

En 1916, De Klerk va attaquer nommément Berlage — et indirectement ses disciples — dans un violent article où il l'accuse d'avoir été incapable d'exprimer architecturalement un moment d'une culture : « Il ne sent pas ou du moins ne nous a jamais montré qu'il sentait effectivement ce qui caractérise le moderne, la nouveauté pétillante, le sensationnel choquant et impressionnant. » Ce texte, trop peu connu, est un véritable manifeste d'architecture expressionniste, la tendance qui caractérisera la deuxième école d'Amsterdam avec De Klerk, Kramer et Van Der May.

Lorsqu'il s'en prend à Berlage, De Klerk a déjà édifié, de 1913 à 1915, sa première œuvre, un immeuble pour l'entrepreneur Klaas Hille, dans un quartier sud d'Amsterdam. L'accompagneront bientôt deux autres réalisations pour la société Eigen Haard — une association d'employés de chemins de fer — achevées en 1916 et en 1920. La distribution intérieure des logements — 54 mètres carrés de superficie pour trois pièces — n'affirme aucun progrès depuis la typologie des premières habitations sociales à Amsterdam : il n'y a toujours pas de salle d'eau.

Toutefois, l'ensemble est magnifié par une tour de 28 mètres de haut dans un but purement visuel : elle n'est pas accessible et ne remplit aucune fonction pratique. Mais ce sont surtout ses façades travaillées comme des sculptures qui ont fait la renommée de Michel De Klerk en l'opposant nettement à la rationalité de Berlage. Effets d'appareil, décrochements subtils, rotules de liaison compliquées à plaisir attestent une volonté de provocation, un désir d'affirmer un geste expressionniste en faisant appel à l'art populaire des pays scandinaves — visités par De Klerk en 1911 —, à celui des Indes néerlandaises et peut-être même au souvenir des villas de l'Autrichien J. M. Olbrich construites à Darmstadt en 1900.

Désireux de bâtir des « palais ouvriers », De Klerk et ses émules, travaillant sans contraintes sur des maquettes en plastiline, ont réduit leur architecture à la composition des façades, une indifférence totale étant réservée au plan intérieur. Pour la première fois en Europe, le logement social, incomparable laboratoire d'expériences, échappait à la stricte rationalité exigée autant par les « philanthropes » que par les autorités officielles préoccupées par le logement des masses. Violemment rejeté par les fidèles du Mouvement moderne, cet exemple « baroque » réapparaît en force dans le postmodernisme.

ROGER-HENRI GUERRAND

DE KONINCK LOUIS HERMAN (1896-1984)

Entre Schindler, en Californie, et Gropius, au Bauhaus, Louis Herman De Koninck (né à Bruxelles) apparaît comme l'un des chaînons majeurs d'une démarche centrée sur un *objet* architectural précis, l'*habitation bourgeoise*, c'est-à-dire sur la production d'espaces privés autonomes, marquée par la technologie d'une société industrielle en pleine expansion et soumise à la pression d'idéologies libérales et technocratiques. Il s'agit, en fait, d'une architecture productrice d'images inattendues par la bourgeoisie intellectuelle, progressiste et technocratique, mais acceptées comme telles avec une évidente satisfaction (la satisfaction de participer activement à un remaniement du mode de vivre, de bénéficier des directives domestiques inspirées par un pimpant code fonctionnaliste), sans se soucier des quolibets de circonstance que des éléments appartenant à des classes moins privilégiées lançaient devant ces « boîtes », devant des objets aussi insolites ou secrètement agressifs. Architecture qui renouvelle, durant la décennie 1920-1930, l'image des années 1900 (symbolisée en Belgique par l'architecture de Victor Horta), mais qui — le phénomène paraît sociologiquement intéressant à observer — s'est trouvée contestée, dès les années 1905-1910, par cette autre bourgeoisie marchande et industrielle qui, après avoir patronné, financé, soutenu l'Art nouveau, abandonnait ses délirantes propriétés urbaines bruxelloises pour gagner la campagne environnante et s'installer dans d'épaisses « villas » ou de spongieux « châteaux », spécialement érigés en termes académiques pour mieux marquer le recul qu'il convenait de prendre devant l'extension de l'Art nouveau et son appropriation par une classe moyenne.

Fondée, quant à elle, sur un principe d'autorité et sur la mathématisation des besoins, l'architecture visuelle, formelle, que conçoit De Koninck est une architecture frustrante de type individualiste, une architecture de la raison, du sensible (Phidias, Le Nôtre, Palladio, Ledoux, Le Corbusier), et non une architecture de type psychosocial, de l'espace corporel et de la sensualité (troglodytes, bororos, dogons, Steiner, Gaudí, Finsterlin, Soleri). Elle s'organise, s'ordonne, se développe à partir de deux pôles, de deux matrices : d'une part, un modèle d'architecture sans architecte, la ferme flamande et brabançonne (modèle que De Koninck a longuement interrogé entre 1915, durant ses études à l'Académie de Bruxelles [1912-1916], et 1919, année où il participe à une exposition de projets de reconstruction de fermes détruites en Brabant durant la Première Guerre mondiale) ; d'autre part, le modèle sériel industriel qui met en cause la maison traditionnelle— dès 1917, De Koninck inaugure son activité en créant pour une firme de matériaux de construction les premiers éléments préfabriqués en pierre artificielle produits en Belgique (hourdis, charpentes, marches d'escalier, blocs creux). Dans le même ordre de recherche, De Koninck met au point, en 1919, un système de constructions préfabriquées, légères, démontables. Il imagine, en 1921, un système d'habitations préfabriquées économiques, d'inspiration hollandaise, et procède à des essais de normalisation de portiques en béton pour la construction d'étables, d'écuries, de hangars. Quelques années plus tard, il invente une brique de verre à réfraction normalisée ; d'autre part, il conçoit un prototype métallique d'« habitation minimum » (1930), une cuisine standard industrialisée, un jeu d'éléments modulaires en bois (système Metrikos, 1939), un projet de construction modulée en bois pour la S.A. Tecta (1939), un bungalow à ossature démontable entièrement préfabriqué en acier, y compris le mobilier (1945), un prototype d'habitation de transition pour sinistrés (présenté à Bruxelles en 1945, lors d'une exposition sur l'habitation semi-provisoire), enfin il met au point avec la collaboration d'un industriel, Philippe Dotremont, un système de préfabrication conçu pour le montage rapide de maisons unifamiliales. En 1937, à l'exposition des Arts et des Techniques organisée à Paris, il reçoit le Grand Prix. Les projets, modèles, prototypes d'habitation proposés portent tous, plus ou moins prononcés, les signes morphologiques d'emprunts à la tradition artisanale. Il s'agit, sans doute, à la fois d'une dérive sentimentale et culturelle alliée à l'influence d'anciens codes syntaxiques de construction. De là l'ambiguïté fondamentale sur laquelle repose l'œuvre entier de ce technologue exigeant : une conscience artisanale intimement associée à la rigueur du calcul, au traitement d'un produit sériel, d'un nouveau processus constructif. De Koninck devait non seulement introduire en Belgique le voile de béton armé (1928, habitation avenue Brassine à Auderghem-Bruxelles) mais aussi le traiter scrupuleusement en surface et, plus encore, s'inquiéter de mettre au point des procédés de coffrage inédits (1934, maison d'un chimiste, à Uccle, Bruxelles). Après 1945, tout en continuant à construire des maisons individuelles, De Koninck se consacrera au logement social. De 1940 à 1974, il a formé et marqué fortement un grand nombre d'étudiants à l'École nationale supérieure d'architecture et des arts visuels (La Cambre) de Bruxelles.

ROBERT-L. DELEVOY

DELAMAIR ou DELAMAIRE PIERRE ALEXIS (1676-1745)

Architecte français représentatif de la transition entre l'école classique et l'invention rocaille, il construit à Paris des hôtels particuliers : de Duras (détruit) et de

Chanac-Pompadour, richement décoré (rue de Grenelle). En 1700, il commence l'hôtel de Rohan, dans le Marais et poursuit, en 1704, la construction voisine de l'hôtel de Soubise où la cour monumentale maintient la tradition du grand genre, tandis que l'intérieur, décoré avec Boffrand, est l'un des décors les plus aboutis de la Régence.

JEAN-PIERRE MOUILLESEAUX

Bibliographie
J.-P. BABELON, « Les Façades sur jardin des palais Rohan-Soubise », in *Revue de l'art,* 1969.

DELLA PORTA GIACOMO (1533 env.-1602)

Élève et disciple de Vignole, l'architecte romain d'origine gênoise Giacomo Della Porta a eu le soin de terminer quelques-unes des œuvres majeures de Michel-Ange : le palais Farnèse, le dôme de Saint-Pierre (en collaboration avec Domenico Fontana) et le palais des Sénateurs, sur la place du Capitole. Le travail accompli au Dôme en moins de deux ans (1588-1589) représente un tour de force technique peu commun. Dans le palais des Sénateurs, (1582-1605), on sent le génie personnel de Della Porta à l'air de dignité un peu raide de la façade : grands pans de mur vides, fenêtres élevées, minces pilastres. Le même esprit de sévérité se retrouve dans la cour du collège de la Sapience (env. 1590), et plus encore dans la façade. La cour, même en faisant abstraction de la miraculeuse adjonction que constitue l'église de Borromini, élevée un demi-siècle plus tard, est en soi un chef-d'œuvre : elle s'étend en longueur selon l'axe de l'entrée, le fond étant amorti par une ample exèdre ; de simples arcades uniformes la bordent. Nulle suggestion dynamique, mais un décor d'une austère tranquillité. On attribue la façade du Gesù, au moins dans sa conception, à Della Porta, ainsi que celle de Sant'Andrea della Valle ; ce sont là deux jalons importants vers ce qui sera la formule retenue pour tant d'églises du XVIIe et du XVIIIe siècle.

Giacomo Della Porta n'est pas seulement l'architecte d'importants palais et églises, marqués par l'esprit de la Contre-Réforme. Rome lui doit un petit chef-d'œuvre de grâce presque rococo : la fontaine des Tortues, où d'agiles adolescents soutiennent comme en bondissant une vasque d'où s'échappent les jets d'eau. Avec Domenico Fontana, Della Porta est certainement l'architecte le plus remarquable du maniérisme romain.

GEORGES BRUNEL

DELORME PHILIBERT (1514-1570)

Delorme – dont on orthographie le nom de plusieurs façons et souvent de l'Orme, à l'exemple de Philibert lui-même – a spectaculairement occupé le devant de la scène de son vivant ; mort, il n'a cessé d'accaparer les esprits. La trajectoire de sa fortune critique – encore mal étudiée – indique clairement la place de cet artiste puissant dans l'histoire de l'architecture française. Pour Fréart de Chambray (1650), « le bonhomme n'estoit pas dessignateur » et « son stile est tellement embrouillé qu'il est souvent difficile de comprendre son intention ». Cependant, l'âge classique, si critique à son égard, ne peut faire abstraction de sa pensée théorique et de sa science de constructeur. Tandis qu'on démolit l'escalier des Tuileries (en 1664) et le château de Saint-Léger (en 1668), l'Académie, quoique hostile à la « manière mesquine » de l'architecte, à ses « vilains ornements gothiques » (F. Blondel, *Cours*, t. IV, 1683), à ses transgressions de la règle du grand goût, n'en consacre pas moins plusieurs séances à la lecture de ses deux traités, les *Nouvelles Inventions pour bien bastir et à petits fraiz* (1561) et le *Premier Tome de l'architecture* (1567). Puis vient le temps de l'historiographie qui oblige à nuancer les jugements. En 1787, Dezallier d'Argenville, reconnaissant à Delorme le mérite d'avoir abandonné les « habillements gothiques pour [faire] revêtir [à l'architecture française] ceux de l'ancienne Grèce », publie la première biographie un peu développée de Philibert, esquisse un catalogue de l'œuvre qui sera précisé par les érudits du XIXe siècle. La découverte en 1854 de l'*Instruction* par L. Delisle, sa publication en 1860 par A. Berty est un événement. Plaidoyer pathétique rédigé entre 1559 et 1562 quand, professionnellement foudroyé par la mort du roi, talonné par ses ennemis, Delorme prépare sa défense, ce document capital énumère dans le détail ce que l'architecte a bâti et projeté. Les découvertes d'archives se multiplient, mais, dépourvus d'outils pour restituer et analyser des édifices presque entièrement ruinés, les « archéologues » piétinent : les publications qui s'accumulent (une vingtaine d'articles et d'ouvrages autour de 1890) célèbrent de façon un peu équivoque une gloire nationale sans que soient établies clairement la valeur et la place de l'artiste.

Au début du XXe siècle, une nouvelle génération d'historiens, fondant leurs travaux sur une méthode critique, dressent enfin un portrait précis de Philibert. Le travail rigoureux et vivant de H. Clouzot (1910) est encore aujourd'hui la meilleure introduction à l'œuvre de Delorme. A. Blunt (1958), fort d'une égale connaissance de la France et de l'Italie du XVIe siècle, élargit les perspectives et indique de nouvelles voies de recherche, suivies aujourd'hui avec profit. En effet, portées par un courant scientifique cohérent qui a mis depuis dix ans l'accent sur l'architecture française du XVIe siècle, les études delormiennes se sont nettement développées. S'aidant d'une instrumentation diversifiée : l'archivistique, l'archéologie, la critique des sources littéraires et graphiques, l'astrologie même, s'appuyant sur l'analyse fine des bâtiments, les historiens commencent à mieux comprendre l'œuvre de Delorme.

❧

Une carrière exceptionnelle

La biographie de Delorme, établie depuis longtemps, a été ponctuellement – mais utilement – retouchée. Jusqu'ici toujours incertains, les termes de la vie de Philibert sont désormais fixés : né à Lyon entre le 3 et le 9 juin 1514, Delorme meurt à Paris le 8 janvier 1570. Le thème astral de l'architecte – gémeaux ascendants Mercure et Vénus que, pénétré d'astrologie, il se plaît à figurer dans son traité – ne laisse pas présager un morne destin. Formé par son père, entrepreneur, aux pratiques de la construction traditionnelle, Delorme part en 1533 à dix-neuf ans pour l'Italie, en revient trois ans plus tard. Commencent alors trente ans d'une vie professionnelle intense, avec un apex de 1548 à 1559.

Nommé le 3 avril 1548 par Henri II « architecte du roi, commissaire ordonné et député sur le fait de ses bâtiments », Delorme a, onze ans durant, la mainmise absolue sur l'architecture royale – le Louvre excepté, confié à Lescot. Il assure la construction et l'entretien des châteaux, des édifices utilitaires, des fortifications de la Bretagne, l'ordonnance des fêtes et des entrées, et enfin, lourde tâche, l'administration et le contrôle financier des travaux, contrôle exercé pour la première fois par un homme de métier. La surintendance exercée par Delorme est un événement considérable dans l'histoire de l'architecture française. L'architecte est partout : pour son plaisir sur les chantiers homogènes et voisins d'Anet et de Saint-Léger, pour son tourment à Fontainebleau où il doit intervenir ponctuellement, critiquant et modifiant le travail de ses prédécesseurs au risque de s'attirer de solides inimitiés, à Madrid au bois de Boulogne, à Vincennes, à Paris, à Villers-Cotterêts, à Coucy, à Chenonceaux, à Limours, à Boncourt... En même temps, il élabore des ouvrages stéréotomiques compliqués, invente la charpente « à petits bois », expérimentée devant le roi en 1555 et aussitôt mise en œuvre à Montceaux et à La Muette, rédige enfin le traité pratique des *Nouvelles Inventions*. Un seul moment de calme dans cette fièvre, au cours des années 1553 - 1554, est peut-être utilisé pour un second voyage en Italie. La mort du roi, le 10 juillet 1559, laisse le champ libre aux ennemis de l'architecte : le 12, il est destitué de ses fonctions au profit de Primatice. Delorme vit ces jours sombres comme un châtiment ; l'homme de cour immodeste et vantard rentre en lui-même, l'homme d'Église – il a reçu les ordres majeurs – s'applique à la méditation, l'homme de métier s'emploie à une conversion intellectuelle, de la pratique à la théorie. Ce travail intérieur transparaît dans les pages liminaires et dans maints passages du *Premier Tome* – si fortement autobiographique – rédigé autour de 1565 et publié en 1567. En les supprimant des éditions suivantes (1576, 1626, 1648), les plus diffusées, les éditeurs du XVIIe siècle ont masqué un aspect essentiel de la vie intérieure de Delorme et déformé sa pensée. Ses recherches sur la « Divine Proportion », détachées de leur contexte, prennent un tour fallacieusement arbitraire. D'où la nécessité de lire ce texte dans l'édition originale, désormais disponible en fac-similé. Delorme met sans doute à profit son inaction pour effectuer un nouveau voyage en Italie et voir les réalisations récentes de Michel-Ange. À son retour, les tensions apaisées, Delorme rentre en grâce ; la reine Catherine lui confie peut-être l'agrandissement de SaintMaur (1563) et certainement la construction des Tuileries (1564).

Car, il faut le rappeler, Delorme n'a presque œuvré que pour le roi. Sa trajectoire sociale est d'un beau dessin. Son départ pourrait paraître modeste : il est fils de maçon, mais l'entreprise familiale est importante – aux dires de Delorme, elle aurait dans les années 1530 employé trois cents ouvriers – et travaille pour l'élite de Lyon, alors une des villes les plus vivantes du royaume, plaque tournante entre l'Italie et la France. Le jeune Philibert pénètre dans le cercle des humanistes lyonnais, y acquiert une culture suffisante – mais non sans lacunes (Montclos, Y. Pauwels) – pour, à son arrivée à Rome, se faire remarquer de Marcello Cervini et du cardinal Jean du Bellay, ambassadeur de François Ier. Par le prélat, désormais son protecteur et bientôt son client, Delorme entre en relations avec le trésorier des guerres Bullioud (pour qui il modernise la maison de la rue de la Juiverie, à Lyon, 1536), avec la cour de Diane de Poitiers. En 1547, Delorme, qui travaille à Anet, porte le titre d'« architecteur de Mgr le Dauphin ». Sa place est désormais aux côtés d'Henri II qui ne lui ménagera pas ses appuis. Le service du roi n'exclut pas celui des princes : au connétable de Montmorency, magistralement servi par Bullant, Delorme ne fournit sans doute que des conseils, mais il est possible (Montclos, « Les Éditions des traités de Philibert de l'Orme au XVIIe siècle ») qu'il ait travaillé pour le roi de Navarre. Cette clientèle princière lui restera fidèle dans l'adversité. Le 9 septembre 1559, deux mois après sa disgrâce, Delorme reçoit de Diane commande de travaux pour son château de Beyne. Mais les amis sont aussi les savants, les humanistes : le cher Rabelais, l'ami de la jeunesse lyonnaise et du premier voyage en Italie, Antoine Mizauld, le médecin mathématicien qui rédigera les titres de marge flatteurs des deux traités, l'imprimeur Frédéric Morel qui éditera ses ouvrages, les artistes de la rue de la Cerisaie à Paris et du quartier neuf voisin, les peintres Luca Penni et Charles Carmoy, le sculpteur Pierre Bontemps, son collaborateur privilégié. Au contact de la société raffinée et riche qu'il côtoie, Delorme développe sans doute un goût de luxe de bon aloi teinté d'égoïsme (il dépense une somme élevée pour sa maison de la rue de la Cerisaie mais retarde le plus qu'il peut la reconstruction d'une de ses abbayes). L'architecte ne cessera d'accumuler des bénéfices (entre 1547 et 1558, il reçoit cinq abbayes et n'en a jamais détenu moins de trois en même temps jusqu'à sa mort), sollicitera constamment du roi l'attribution de charges et d'offices, pour compenser peut-être le manque à gagner de chantiers difficiles, comme il s'en plaint dans l'*Instruction*. Il ne semble pas cependant qu'il soit mort riche.

Le champion d'un nouveau professionnalisme

Son souci de sécurité matérielle explique sans doute les tracasseries dont on l'importune ; il ne justifie pas la haine que certains lui portent. La raison en est ailleurs. Elle est dans la volonté de puissance qui habite Delorme, dans son opiniâtreté à hausser l'architecture au niveau d'un « art libéral », à imposer une profession nouvelle, celle d'architecte. Le terme, lorsqu'il apparaît au début du XVIe siècle, appliqué à trois Italiens dont Léonard de Vinci, désigne celui qui détient un savoir théorique. Delorme exige davantage : l'architecte, homme universel, doit posséder non seulement les « lettres », c'est-à-dire le bagage philosophique et scientifique de tout humaniste – et en particulier la géométrie et l'astronomie grâce auxquelles l'architecte pourra maîtriser l'espace –, non seulement une connaissance approfondie de l'architecture antique – qui suppose un travail personnel de relevés –, mais encore un savoir pratique sans faille. Ces exigences sont exprimées en termes forts dans les premières pages du *Premier Tome*, illustrées, comme il se doit pour ce siècle épris d'hermétisme, d'une double image emblématique qui oppose le bon et le mauvais architecte. Delorme peut se permettre de parler ferme : il est orfèvre en la matière. Il connaît le métier ; il sait mener les ouvriers et conduire un chantier, choisir les bois secs, les bons moellons, arrêter les fondations sur le premier sol de sable rencontré (comme les fouilles de Saint-Léger l'ont confirmé). Il sait concevoir et dessiner un bâtiment, du plan masse au détail du lambris. Il sait comment doit être rédigé un devis ; il sait, d'une clause ajoutée au marché, réserver sa décision sur le choix d'un ornement, un profil de moulure, raturant, surchargeant le texte notarié de sa haute et ferme écriture. Mais il y a plus : formé jeune par des ouvriers hautement qualifiés qui l'ont initié à l'art du trait jusque dans ses plus vertigineux raffinements, il sait utiliser son art pour faire d'un vieux bâtiment un logis moderne – le fameux cabinet sur trompe d'Anet répond à cette nécessité ; stéréotomiste exceptionnellement savant, il connaît assez la géométrie et la perspective pour expliciter par le dessin la complexité tridimensionnelle des voûtes, dessins qu'il trace, qu'il commente, qu'il fait imprimer (livres III et IV du *Premier Tome*), prenant ainsi la responsabilité de les diffuser, révolution sans précédent dans le monde clos des tailleurs de pierre attaché à la transmission orale de l'*arcanium magisterium*, le secret des architectes. Delorme possède l'indispensable culture technique et humaniste qu'il a été chercher à la source. Ce double bagage, il est sans doute le seul avec Bullant à l'avoir, car Lescot n'est pas homme de chantier. Delorme, convaincu « qu'il y a aujourd'huy peu de vrais architectes » (Épître aux lecteurs, *Premier Tome*), ne fait pas mystère de sa supériorité. Les lignes sévères qu'il réserve aux « faiseurs de pourtraict », habiles à dessiner une façade mais incapables de tenir une truelle, aux maçons sans culture ne pouvaient que lui attirer des inimitiés tenaces. Ses ennemis ne l'ont pas épargné : en le qualifiant de « dieu des maçons », Palissy le blessait au plus vif.

Architecture traditionnelle et architecture moderne

Débarrassée de son fiel et remise dans une perspective historique large, la relation que Philibert entretient avec le monde des maçons apparaît aujourd'hui comme une des clés pour comprendre son œuvre et la resituer correctement dans l'histoire. Les travaux de J. M. Pérouse de Montclos sur la place de la stéréotomie dans l'architecture classique française l'ont montré. Si Delorme, le père de la stéréotomie, a transformé la technique médiévale de l'art du trait en une science moderne, c'est parce qu'il est l'héritier le plus fidèle mais aussi le plus habile d'une pratique romane maintenue vivante par les maçons du midi de la France. Il entretient la même familiarité avec les modes constructifs du monde gothique : en 1548, il couvre la chapelle du château de Vincennes de voûtes nervurées dans la meilleure tradition des appareilleurs du XIIIe siècle. De la tradition française, Delorme retient beaucoup d'autres particularités : la travée verticale de façade, la toiture distincte pour chaque corps de logis, le traitement tricolore des masses (ardoise, pierre, brique).

Cependant, Philibert a l'avantage sur les maçons français non seulement de connaître la géométrie et la perspective, mais aussi d'avoir été en Italie. Le but du premier voyage est clair. Le jeune architecte, à l'instar de la Pléiade, est parti chercher dans les ruines antiques les règles utiles pour revivifier et moderniser l'architecture française. Ce qu'il trouve le bouleverse. Mesurant les fragments d'édifices qu'il pense conçus d'après des normes, il découvre la prodigieuse diversité de l'architecture antique. Mais il est aussi captivé par la qualité de l'architecture contemporaine italienne. À Rome, il a rencontré Antonio da Sangallo le Jeune – et sans doute fréquenté son atelier, étudié ses projets en cours, à moins qu'il n'ait visité ses chantiers en passant par Florence, étape essentielle où l'attend le choc michelangélesque : la chapelle Médicis, la Laurentienne inachevées mais fulgurantes d'inventions ; avant Venise, il va aussi à Vérone où construit Sanmicheli. Les impressions sont fortes, mais Delorme, soucieux de débarrasser l'architecture française du poids de l'Italie, ne saurait l'admettre publiquement. La lecture du traité est révélatrice ; les livres V à VIII du *Premier Tome de l'architecture* exposent longuement la vraie leçon qu'il faut tirer de l'étude de l'Antiquité mais pas un mot n'est dit de l'architecture moderne transalpine. Trois architectes contemporains seulement sont cités, Bramante, par allusion et pour être critiqué, Serlio et Alberti nommément mais à propos de l'architecture antique. Malgré lui, cependant, Delorme laisse filtrer quelque chose des émotions que l'architecture moderne italienne a fait naître en lui : deux éléments du palais Farnèse dessinés par Michel-Ange – une fenêtre du second étage sur cour et la corniche – sont présentés l'un comme une invention personnelle, l'autre comme un fragment d'antique.

Mais quelle influence l'architecture transalpine a-t-elle exercée sur le bâtisseur ? Blunt, juxtaposant un peu sommairement édifices italiens et œuvres de Delorme, jugeait cette influence importante. Les historiens sont aujourd'hui plus nuancés dans leurs opinions. Il est vrai que le château de Saint-Maur (1541), la première grande commande de Delorme, est traité comme une villa italienne : quatre corps de bâtiments d'un étage couverts d'un toit bas, une composition dominée par les horizontales, un décor à fresques. Mais peut-être ce parti italianisant a-t-il été suggéré à l'architecte par son client, le cardinal Jean du Bellay, encore imprégné de sa récente mission romaine. Car, cinq ans auparavant, à peine revenu d'Italie, Philibert manifestait déjà la distance qu'il voulait prendre avec les modèles, la manière dont il concevait « à la moderne » et la place qu'il comptait donner à la tradition : à l'hôtel Bullioud, une « rénovation » pleine d'audaces marie un dessin non conventionnel des ordres (Y. Pauwels) à une mise en œuvre hardie.

Plus que des modèles, Delorme a rapporté d'Italie des certitudes sur lui-même et sur sa force d'invention. Non seulement à mesurer les antiques découvre-t-il la valeur de la diversité, mais encore la voit-il en action, en train de s'exprimer dans le travail de Michel-Ange. La *rencontre* des deux artistes est décisive : la liberté créatrice dont use le Florentin révèle à Delorme ses propres capacités (J. Guillaume, 1988). La question est donc moins aujourd'hui de s'interroger sur les influences subies que sur les modes de création de Delorme.

L'invention

L'invention, là où on peut la saisir vivante sur des œuvres conservées à Saint-Denis, à Anet, apparaît comme le maître mot de la production delormienne. Elle préside à toutes les phases du travail de l'architecte, du plan masse au dessin de la mouluration. On doit à V. Hoffmann (1973) d'avoir attiré l'attention sur cet aspect essentiel du génie de Philibert. Le plan d'Anet n'est pas, comme le pensait Blunt, une disposition traditionnelle de quatre ailes autour d'une cour quadrangulaire. Les masses articulées du châtelet d'entrée, fortement saillant sur le fossé, l'accrochage de la chapelle au milieu de l'aile de la galerie, la volumétrie du cryptoportique sont sans précédents dans l'architecture française du milieu du siècle. Sans doute quelques traits sont-ils inspirés des grands chantiers italiens vus quinze ans plus tôt : Delorme a présent à l'esprit le plan de la forteresse de Basso (Antonio da Sangallo le Jeune, 1530) quand il dessine le front antérieur d'Anet. Mais il est seul avec lui-même pour travailler les formes sur le mode qu'il affectionne, celui de l'ambiguïté. Ambiguïté des terrasses flanquant le châtelet, à la fois espaces de défenses et d'agrément, ambiguïté de la chapelle, « chef-d'œuvre » du château mais dont le chevet et la coupole sont visibles de la basse-cour uniquement, ambiguïté d'une façade fortifiée ornée de marbres polychromes comme un cabinet d'ébénisterie, surmontée de sarcophages-cheminées, ambiguïté du dessin d'encadrement des fenêtres de la chapelle, qui paraît avoir été scié. Le jeu croisé des nervures hélicoïdales de la coupole est sans doute un emprunt au temple de Vénus et de Rome à Rome, mais, J. M. Pérouse de Montclos l'a découvert, « ce qui est bien de Philibert, c'est que cette mouluration est la projection verticale sur une sphère du dessin en spirale du pavement [...] mettant en représentation le passage du plan au volume » : l'interprétation traditionnelle simplette – le dessin du pavement, reflet de celui de la coupole – laisse la place à un des plus beaux exemples de la manière subtile avec laquelle Delorme travaille la complexité.

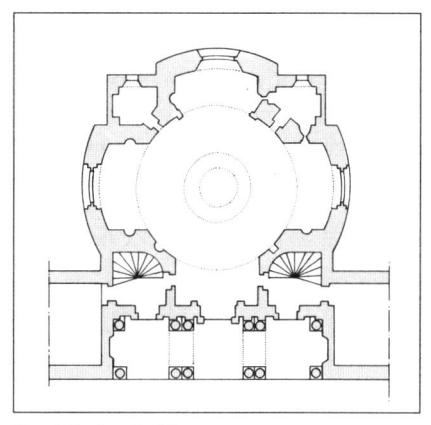

Plan de la chapelle d'Anet.

L'invention delormienne aborde tous les thèmes de l'actualité architecturale. Celui des ordres n'est pas le moindre. Dans ce moment crucial de la formation du langage de l'architecture classique française, Delorme innove dans l'orthodoxie : Anet, avec son frontispice (aujourd'hui à l'École des beaux-arts), est le premier exemple en France d'une superposition canonique des ordres alors qu'au palais du Louvre, à la même époque, cette superposition ne respecte pas les ordres. Delorme innove également dans l'hétérodoxie. Le modèle de base composite gravé dans le *Premier Tome* scandalise en effet l'Académie : le chapiteau à deux rangs de lauriers de la chapelle d'Anet n'appartient à aucun ordre répertorié ; le traitement d'angle du chapiteau ionique du tombeau de François Ier à Saint-Denis (1547) est à nul autre pareil. Pour Philibert, l'ordre, élément vivant de la composition architecturale, doit s'adapter au contexte. Si des carrières françaises ne peuvent être extraits que des blocs de pierre de petites dimensions, l'architecte renoncera de bon cœur aux colonnes à fût monolithe si apprécié des Italiens ; il traitera les ordres selon un « mode français », des tambours assemblés et bagués pour masquer les joints (chapelle de Villers-Cotterêts, 1552, Tuileries, 1564). À la question de la chapelle sur plan centré, qui occupe l'Italie depuis longtemps mais à laquelle la France n'apporte, depuis le début du siècle, que des réponses balbutiantes, entachées d'italianisme, Delorme donne quatre solutions magistrales, toutes différentes, fondées sur des recherches volumétriques et stéréotomiques qui ne doivent rien à l'Italie. Des trois chapelles d'Anet (cf. figure), du parc de Villers-Cotterêts, de Saint-Léger (entre 1500 et 1555) conçues à partir de variations sur le cylindre et le carré, seul le plan de la première est très élaboré ; ces formes géométriques entraînent en élévation des constructions savantes de coupoles extradossées en couverture, telle la chapelle du parc de Saint-Germain (1555, détruite) dont l'élévation est enfin attestée par la découverte d'un dessin (W. Hoffmann). La réponse de Delorme au problème du plan à quatre appartements identiques, lui aussi venu d'Italie, n'est pas moins neuve : il propose, à Saint-Léger, un dessin de « cellule » à la fois standardisée et d'une grande souplesse d'adaptation au contexte. Son invention s'exerce aussi dans des domaines traditionnels qui ne semblaient pas réclamer l'innovation, la maçonnerie et la charpente. Delorme bouleverse à la fois l'une et l'autre : son travail théorique et pratique sur la stéréotomie lui permet de déduire du clavage des arcs une application pour l'assemblage des petites pièces de bois standardisées. En 1555, il invente un système de charpentes légères, peu coûteuses puisqu'il élimine les grandes poutres et les assemblages compliqués. De ce système, qui permet les grandes portées, sont issues, à travers les applications de la fin du XVIIIe siècle, les charpentes métalliques du XIXe siècle.

Cependant, la disparition presque totale de l'œuvre de Delorme limite la connaissance qu'on peut avoir de son art. Complexes, savantes, riches, imprévues, les inventions de Delorme échappent à la restitution précise. Celle, récemment tentée, de l'escalier des Tuileries ne donne déjà plus satisfaction à ses auteurs. Les fouilles de Saint-Léger n'ont rien révélé qui permette de savoir de quelle manière – à n'en pas douter nouvelle – Delorme avait combiné la brique et la pierre en façade, avait dessiné le décor mouluré de cet austère château. La leçon que nous recevrions aujourd'hui de Philibert avec le plus de plaisir, l'art maîtrisé d'une mouluration savante, neuve, parfaitement conçue et réalisée, nous devons

nous résigner à ne pouvoir la suivre dans sa totalité.

FRANÇOISE BOUDON

Bibliographie

La bibliographie ne mentionne que les travaux récents. Pour avoir une bibliographie générale rétrospective, on consultera N. MILLER, « Philibert de Lorme », in *Macmillan Encyclopedia of Architects*, New York, 1982.

- *Études d'ensemble sur Delorme*

A. BLUNT, *Philibert de l'Orme*, A. Zwemmer, Londres, 1958 ; trad. franç. J. Le Regrattier, Julliard, Paris, 1963 / J. M. PÉROUSE DE MONTCLOS, « Horoscope de Philibert de l'Orme », in *Revue de l'art*, n° 72, pp. 16-18, 1986.

- *Sur les rapports de Delorme avec l'Italie*

J. GUILLAUME, « De l'Orme et Michel-Ange », in « *Il se rendit en Italie* ». *Mélanges offerts à André Chastel*, pp. 279-288, Elefante-Flammarion, Rome-Paris, 1987 / V. HOFFMANN, « Artisti francesi a Roma : Philibert Delorme e Jean Bullant », in *Colloqui del Sodalizio*, n° 4, pp. 55-68, 1973-1974 / J. M. PÉROUSE DE MONTCLOS, « Philibert de l'Orme en Italie », in « *Il se rendit en Italie* »..., op. cit., pp. 289-299.

- *Sur Delorme et la stéréotomie*

R. EVANS, « La Trompe di Anet », in *Eidos Rivista di cultura*, n° 2, Asolo Arti, Trévise, juin 1988 / J. M. PÉROUSE DE MONTCLOS, *L'Architecture à la française*, Picard, Paris, 1982 / P. POTIÉ, « Le Projet constructif de Philibert De l'Orme », in *L'idée constructive en architecture*, pp. 21-31, Picard, Paris, 1987 / S. L. SANABRIA. « From Gothic to Renaissance stereotomie. The design method of Ph. Delorme and Alonso de Vandelvira », in *Technology and Culture*, 1989, vol. XXX, n° 2, p. 266-299.

- *Sur la charpente à petits bois*

J. M. PÉROUSE DE MONTCLOS, « La Charpente à la Philibert de l'Orme. Réflexions sur la fortune des techniques en architecture (XVIe-XVIIIe s.) », *Actes du colloque de Tours sur les techniques, 1983-1984*, Picard, Paris, 1991.

- *Sur les ordres*

Y. PAUWELS, « Philibert Delorme et l'ordre ionique », in *Actes du colloque de Tours sur les ordres d'architecture, 1986*, Picard, 1992 ; Cesariano et Philibert de l'Orme : le « piedestal dorique » du *Premier Tome de l'architecture* », in *Revue de l'art*, n° 91, pp. 39-43, 1991.

- *Sur « l'ordre français »*
J. M. Pérouse de Montclos, « Le Sixième Ordre... », in *Journal of Society of Architectural Historians*, pp. 223-240, déc. 1977.

- *Études sur les édifices*
F. Boudon, « Philibert Delorme et les chapelles à plan centré », in *L'Église et le château Xe-XVIIIe siècle*, pp. 165-185, Sud-Ouest, Bordeaux, 1988 / F. Boudon & J. Blécon, *Philibert Delorme et le château royal de Saint-Léger-en-Yvelines*, Picard, 1985 / C. Grodecki, *Documents du minutier central des notaires de Paris. Histoire de l'art du XVIe siècle (1540-1600)*, pp. 138-139, Document. franç., Paris, 1985 / W. Hoffmann, « Philibert Delorme und das Schloss Anet », in *Architectura*, n° 2, pp. 131-152, 1973 ; « Étude sur la chapelle du parc de Saint-Germain-en-Laye », *Actes du colloque de Tours sur l'architecture religieuse au XVIe siècle*, 1990 / J. M. Pérouse de Montclos, notice « Anet » in *Architectures en région Centre*, Hachette, Paris, 1988 / L. Lange-Châtelet, « Philibert de l'Orme à Montceaux-en-Brie : le pavillon de la grotte », in *Architectura*, n° 2, pp. 153-170, 1973.

- *Sur l'escalier des Tuileries*
C. Mignot, « L'Escalier dans l'architecture française, 1550-1640 », in *L'Escalier dans l'architecture française de la Renaissance*, p. 58, Picard, 1985 / J. M. Pérouse de Montclos, « La Vis de Saint-Gilles et l'escalier suspendu dans l'architecture française du XVIe siècle », in *L'Escalier dans l'architecture française..., op. cit.*, pp. 83-91 et plus particulièrement l'appendice : « Restitution de l'escalier des Tuileries ».

- *Sur la maison de la rue de la Cerisaie*
J. P. Babelon, « Du Grand Ferrare à Carnavalet. Naissance de l'hôtel classique », in *Revue de l'art*, n° 40-41, pp. 83-108, 1978.

- *Sur les traités*
G. Bekaert, « Quel nom est architecte ? », introduction à *l'Architecture de Philibert de l'Orme*, reproduction en fac-similé de l'éd. de 1648, Mardaga, Bruxelles, 1981 / J. Guillaume, « Philibert de l'Orme, un traité différent », in *Les Traités d'architecture à la Renaissance*, pp. 348-354, Picard, 1988 / J. M. Pérouse de Montclos, présentation des *Traités d'architecture : Nouvelles Inventions pour bien bastir et à petits fraiz (1561). Premier Tome de l'architecture (1567)*, J. Laget, Paris, 1988 (bibliographie des ouvrages de référence) ; « Les Éditions des traités de Philibert de l'Orme au XVIIe siècle », in *Les Traités d'architecture, op. cit.*, pp. 355-365.

DESCHAMPS JEAN (2e moitié XIIIe s.)

L'architecte Jean Deschamps est l'une des personnalités artistiques les plus importantes de la seconde moitié du XIIIe siècle, puisque c'est lui qui aurait introduit dans le midi de la France la nouvelle architecture élaborée dans le Nord. Mais le problème paraît à l'analyse beaucoup plus complexe, car le Sud-Ouest a vu fleurir sur son territoire deux architectures gothiques, dont l'une se rattache, avec bien des nuances, à l'art du Nord et dont l'autre, qui a vu le jour grâce aux constructions des ordres mendiants, relève davantage des constructions de l'art méditerranéen (Italie, France, Espagne). Jean Deschamps réalise l'implantation de ce premier courant en terres méridionales dans plusieurs cathédrales : à Clermont-Ferrand en 1262, à Narbonne en 1272, à Toulouse la même année, à Limoges en 1273 et à Rodez en 1277. À Narbonne, il adopte un chœur à cinq chapelles rayonnantes de plan polygonal de même profondeur qui, en élévation, atteignent la hauteur du déambulatoire sur lequel elles sont greffées. L'une des originalités de l'architecte est d'avoir placé un triforium obscur dans ces cathédrales. On a voulu y voir un archaïsme puisque ce principe était abandonné depuis longtemps dans la France du Nord ; la diminution du nombre des ouvertures s'explique plus vraisemblablement par l'adaptation de l'artiste au climat de régions de grande luminosité.

On note une très nette évolution dans les constructions de Deschamps. À Clermont-Ferrand, il utilise encore la pile composée, alors qu'à Limoges il fait appel au faisceau de colonnes. À Narbonne puis à Toulouse, il inaugure, avec une certaine précocité, une formule que l'on retrouvera seulement à la fin du XIVe siècle : les archivoltes pénètrent directement dans les piliers. Le support se transforme en une pile circulaire autour de laquelle seules quelques colonnettes prolongent certaines nervures. À Rodez, l'évolution est achevée puisque toute colonnette est supprimée ; les grandes arcades retombent sur des piles ondulées. L'architecture gothique va connaître de nouveaux développements.

ALAIN ERLANDE-BRANDENBURG

DE WAILLY CHARLES (1730-1798)

Urbaniste, architecte, décorateur et ornemaniste français. « De Wailly, disait-on à Paris, est un grand dessinateur, mais ce n'est pas un architecte. De Wailly répondit en bâtissant une ville. Port-Vendres et ses palais ; Port-Vendres et ses statues, et ses quais, et ses magasins ; Port-Vendres et ses obélisques, et ses places publiques... » L'emphase du biographe rend bien compte toutefois de la diversité des talents de Charles De Wailly et de l'ampleur de ses conceptions. Tous les projets de l'artiste donnent lieu à des présentations dessinées et peintes exceptionnelles tant par leur quantité, leur caractère inventif toujours renouvelé, que par la nouveauté du procédé lui-même. La publicité de ses œuvres, édifiées ou projetées, est ainsi assurée à travers toute l'Europe. En plus de ce goût pour le dessin coloré, qu'il acquiert au contact de ses premiers maîtres Legeay et Servandoni (avec qui il collabore aux décorations de l'Opéra), De Wailly découvre dans l'enseignement de Jacques-François Blondel les rigueurs d'une architecture rationnelle dont il deviendra un des plus hardis défenseurs. Le séjour qu'il effectue à Rome (1754-1756), après avoir remporté le grand prix d'architecture en 1752, est partagé entre l'étude des antiques et celle de l'art de l'Italie moderne : la fascination qu'exercent sur lui les œuvres de Bernin se traduira par l'exécution de dessins de vues de Rome (de la basilique Saint-Pierre en particulier) qui, accompagnés des relevés des thermes de Dioclétien, seront exposés à son retour à Paris. Les gazettes louent son talent de dessinateur et, grâce à la protection de personnes influentes, il commence une carrière fulgurante d'architecte. Contrôleur adjoint à Versailles, il collabore aux travaux de l'Opéra de Gabriel ; en 1767, il est reçu académicien, directement dans la première classe d'architecture ; en 1771, il est élu, fait exceptionnel pour un architecte, membre de l'Académie de peinture. Ce nouveau titre lui ouvre les portes des Salons où, à côté des *vedute* d'Hubert Robert et de Pierre Antoine Demachy, il expose régulièrement ses projets d'architecture. Sa première œuvre importante, le château de Montmusard (1764), près de Dijon, est d'un modernisme qui préfigure le style de Boullée ou de Ledoux ; elle sera suivie d'autres travaux du même ordre : le château des Ormes, en Touraine, et celui de Rocquencourt (1781-1786), près de Versailles. Le grand salon qu'il décore au palais Spinola de Gênes (1773) sera gravé dans le supplément de l'*Encyclopédie* (1774) comme exemple de la décoration moderne. L'œuvre de Charles De Wailly dans le domaine de l'architecture urbaine est considérable : il construit, avec la collaboration de son ami M. J. Peyre, le théâtre de l'Odéon à Paris et le quartier qui l'entoure (1767-1782), puis le port et la ville de Port-Vendres (1779-1783), le grand portail de l'abbaye de Saint-Denis (1782), plusieurs hôtels dans Paris (maison de Mme Denis, la nièce de Voltaire ; maisons rue de la Pépinière, 1776-1779 ; hôtel du marquis d'Argenson ; appartements de la chancellerie d'Orléans, 1784). Ces travaux sont suivis de projets grandioses pour l'embellissement de la capitale : transformation de la place Louis-XV (1786-1796), réunion de l'île Saint-Louis et de l'île de Louvier, avec création d'une gare et de quais (1796), projet de palais national (1796), et surtout un fantastique projet de théâtre des arts (1798) au centre d'une place à l'antique. Certains de ces projets, près de recueillir l'agrément du Directoire, ne purent être exécutés faute d'une conjoncture plus propice. Membre de l'Institut, De Wailly joue un rôle important dans la vie artistique pendant la Révolution ; sa présence au conseil d'administration du Muséum central l'amène à proposer plusieurs aménagements pour les salles du Louvre (1793-1796). Sous l'Ancien Régime, De Wailly avait aussi donné des modèles d'architecture et de décoration religieuses : la chapelle du Reposoir à Versailles (1769), la chapelle de la Vierge à Saint-Sulpice (1774), la crypte de l'église Saint-Leu-et-Saint-Gilles à Paris (1780) et la chaire de Saint-Sulpice (1789), un des plus célèbres modèles du genre. Son activité débordante le conduisit en Italie, en Allemagne, en Angleterre et en Belgique, où on lui confia d'importants projets : un théâtre pour Bruxelles (1785), un palais résidentiel pour le Landgrave de Hesse-Cassel (1785). L'invitation que lui fit Catherine II de venir présider l'Académie impériale marque le point culminant de ses relations internationales et, malgré son refus d'aller à Saint-Pétersbourg, la Russie demeure, avec la France, le pays où les projets de l'architecte ont eu la plus brillante postérité. Bajenov, Volkhov et Starov, qui furent ses élèves à Paris, perpétuèrent son style. Soucieux que son art réponde à une nécessité utilitaire, comme Ledoux voulait le sien réaliste, mais épris d'un goût pour le grandiose qui l'apparente à Boullée, De Wailly créa un style original et indépendant, en marge des tendances rigoristes du néo-classicisme international, et qui dotait l'architecture de formes pleines et colorées, empreintes d'une dimension poétique inconnue jusqu'alors.

DANIEL RABREAU

DIENTZENHOFER LES

Le nom des Dientzenhofer est attaché à une série de monuments qui comptent parmi les plus notables de la Bohême et de la Franconie. C'est de cette dernière région que la famille est originaire, mais on en trouve des représentants à Prague dès les années 1680. Les deux membres les plus importants sont Christoph (1655-1722) et son fils Kilian Ignaz (1689-1751). S'opposant au goût français, dont le propagateur en Bohême était l'architecte Jean-Baptiste Mathey, Christoph Dientzenhofer choisit de développer les idées issues de Guarini : plans reposant sur l'intersection de volumes ovales, piliers placés en diagonale, voûtements complexes faisant appel à l'usage systématique des arcs gauches.

Ces principes sont mis en œuvre avec une maîtrise parfaite à Saint-Nicolas de Malá Strana, à Prague, dont Christoph Dientzenhofer construit la nef entre 1703 et 1711. L'effet d'ondulation, déjà sensible sur la façade, se propage le long du vaisseau principal ; les piliers font saillie entre les chapelles comme des proues de bateaux. La structure de la voûte est rendue peu perceptible par la grande fresque dont Lukas Kracker l'a décorée en 1761. Mais dans une église comme celle du couvent de Banz (1710-1718), située entre Bamberg et Bayreuth, on peut apprécier pleinement l'extraordinaire jeu des arcs gauches, qui viennent comme s'appuyer les uns sur les autres, telles d'immenses accolades entre lesquelles se déploient les segments de voûte.

À Saint-Nicolas de Malá Strana, Kilian Ignaz compléta l'œuvre de son père en ajoutant une coupole et un clocher dans les années 1740-1750. Il en résulte un effet quelque peu contradictoire, car Kilian Ignaz, loin de jouer sur la souplesse des incurvations, semble au contraire vouloir accuser la massivité des volumes qu'il encastre, pourrait-on dire, les uns dans les autres. Son église de Saint-Jean-Népomucène, dite Saint-Jean-sur-le-Rocher, à Prague, en 1730, présente des caractères analogues : la façade paraît s'incurver vers l'extérieur sous la pression des deux tours placées en diagonale qui la flanquent.

GEORGES BRUNEL

DIETTERLIN WENDEL (1550 env.-1599)

Originaire de la région du lac de Constance, le peintre et théoricien allemand Wendel Dietterlin vécut surtout à Strasbourg dont il devint citoyen en 1571. Si rien ne subsiste de son œuvre de fresquiste (il travailla notamment au *Lusthaus* de Stuttgart), sa renommée est assurée par son *Architectura*, traité publié en 1593 - 1594. Organisées autour des cinq ordres antiques, les planches de cet ouvrage proposent d'extravagants modèles d'éléments architecturaux, peuplés de monstres, envahis par la végétation, parfois ruinés, dont l'invention débridée doit beaucoup au gothique tardif des Pays-Bas tout en anticipant certains excès du baroque.

ROBERT FOHR

Bibliographie
A. K. PLACZEK, *The Fantastic Engravings of Wendel Dietterlin*, New York, 1968.

DINOCRATÈS (mort en ~278)

Architecte originaire de Rhodes ou de Macédoine, qui vécut sous Alexandre le Grand ; il est aussi connu sous les noms de Deinokratès, Deinocharès, Tinocharès. Dinocratès est l'architecte de la ville d'Alexandrie d'Égypte, fondée par Alexandre le Grand en ~ 332, sur un morceau de terre situé entre la Méditerranée et le lac Maréotis, en face de l'île de Pharos et près du poste égyptien de Rhacotis. Plutarque, dans la *Vie d'Alexandre*, a raconté en détail les conditions de cette création et a fourni les meilleures indications sur l'originalité et les caractères du plan qui relève de la tradition d'Hippodamos de Milet : les deux artères principales, qui se croisaient à angle droit, sont plus larges que les autres. Les emplacements des principaux monuments, bien définis dans le plan et traités pour leur valeur fonctionnelle et architecturale, n'ont pas toujours pu être identifiés avec précision. Dinocratès fit le projet de transformer le mont Athos de Chalcédoine en une statue colossale d'Alexandre qui aurait tenu dans une main une ville et dans l'autre une coupe à partir de laquelle l'eau de la montagne se jetterait dans la mer (Vitruve, *De architectura*, préface du livre II). Dinocratès serait aussi l'auteur du bûcher funéraire d'Héphaistion à Babylone.

ALAIN MAHUZIER

DOMENECH I MONTANER LUIS (1850-1923)

À Barcelone, dans les dernières décennies du XIXe siècle, la nostalgie du Moyen Âge se rencontrait avec celle des nationalistes catalans qui regrettaient ce temps où leur nation, alors libre et souveraine, brillait d'un vif éclat dans tous les domaines de la pensée et de l'art. Antoni Gaudí incarnera ce courant avec le génie que l'on sait. À côté de lui, une figure également marquante : celle de Luis Domenech i Montaner qui, plus encore que Gaudí, tint un rôle éminent dans la vie socioculturelle de sa ville natale. Président des Jeux floraux, député aux Cortes, il sera, en 1900, directeur de l'École d'architecture de Barcelone.

Ses trois œuvres majeures, toujours visibles, témoignent d'une escalade dans le fantastique architectural qui n'a guère d'équivalent ailleurs. Chargé de construire le café-restaurant — aujourd'hui musée zoologique — pour l'Exposition universelle de Barcelone, en 1888, Domenech i Montaner édifia un véritable château féodal cantonné de tours. On y retrouve le vocabulaire du gothique catalan utilisé dans un esprit de rigueur et de modernité qui ne s'interdit pas le fer pour supporter les voûtes. L'hôpital San Pablo (1902-1912), véritable ville comportant quarante-huit pavillons autonomes reliés par des rues et des souterrains, révèle un peuple de statues évadées des églises médiévales sur fond de céramique. Ici, un traitement éclectique d'ensemble ménage une belle place à l'inspiration orientale.

Mais le chef-d'œuvre du modernisme catalan sera donné par Domenech i Montaner avec le palais de la Musique catalane (1905-1908), bientôt l'un des temples des nationalistes. À partir d'une structure de fer, de verre et de brique, le maître a demandé à ses collaborateurs de déchaîner leur verve dans un éblouissement d'*azulejos* et de vitraux. Sur la scène, quatorze bustes féminins en pierre se détachent du mur, l'autre moitié du corps étant traitée en bas relief de céramique, tandis que la salle est dominée par un gigantesque vitrail. Architecture et arts décoratifs sont étroitement mêlés, l'édifice est redevenu le tout organique qu'il était au Moyen Âge. Compris et soutenu par la société catalane, Domenech i Montaner représente le cas d'un architecte nationaliste qui a su parfaitement exprimer les aspirations de son temps.

ROGER-HENRI GUERRAND

DOMENICO DA CORTONA dit LE BOCCADOR (1470 env.- env. 1549 ?)

Formé peut-être par Giuliano da Sangallo à Florence, Domenico fut amené en France par Charles VIII, en 1495. *Valet de chambre* d'Anne de Bretagne (1507), *faiseur de chasteaux et menuisier*, il semble avoir travaillé d'abord à des ouvrages de sculpture et à des projets de décorations éphémères. *Maître des œuvres de maçonne-*

rie à partir de 1514, il réalise le modèle en bois de Chambord (perdu mais documenté) d'après des idées de Léonard de Vinci, et intervient sans doute dans la construction du château, commencé en 1519. En 1532 enfin, il donne les plans de l'ancien Hôtel de Ville de Paris, incendié en 1871, le seul ouvrage qu'on lui attribue avec certitude.

ROBERT FOHR

Bibliographie

P. LESUEUR, *Dominique de Cortone, dit Le Boccador*, Paris, 1928.

DOXIADIS CONSTANTINOS APOSTOLOS (1913-1975)

L'architecte-ingénieur Doxiadis, inventeur de l'ékistique, est né à Athènes. Diplômé en 1935 de l'université technique d'Athènes, il obtient en 1936 le titre d'ingénieur à l'université de Berlin-Charlottenburg. En 1937, on le nomme directeur du Bureau d'études urbaines du « grand Athènes ». Deux ans plus tard, il dirige le Service spécial d'urbanisme et de planification régionale au ministère des Travaux publics (1939-1945), et enseigne à l'université technique d'Athènes (1939-1943). Durant cette période de conflits, il est chef du groupe de résistance *Hephaestos*, puis capitaine de l'armée hellénique lors de la libération de la Grèce. Doxiadis devient, en 1945, coordinateur du programme de reconstruction et secrétaire d'État permanent à la Coordination (1948-1951). Pour les problèmes de reconstruction, il représente la Grèce en France, en Angleterre et aux États-Unis, à la Conférence de la paix (1945), à la Conférence internationale du logement, de la planification et de la reconstruction à Genève (1947), ainsi qu'au comité de l'Habitat, de la Construction et de la Planification aux Nations unies (1963 et 1964).

En 1951, il fonde à Athènes la société Doxiadis Associés, conseillers en développement et en ékistique. Cette nouvelle activité, en gestation depuis 1946, date de publication d'*Ekistic Analysis* (du grec *oikos*, maison, et *oikizo*, s'établir), se définit comme une science de l'habitat et des établissements humains, qui met l'accent sur les influences réciproques de l'homme et de son milieu. Son but est d'associer dans une élaboration théorique et une pratique communes l'architecte, l'ingénieur, l'urbaniste, mais aussi le sociologue, l'économiste, l'administrateur, le géographe et le mathématicien. Cherchant à créer une méthode universelle de planification de l'espace, l'ékistique se situe dans le courant de pensée des C.I.A.M. (Congrès internationaux d'architecture moderne de 1928 à 1956) — congrès auxquels ont pris part Walter Gropius, Ludwig Mies van der Rohe et Le Corbusier, et dont le quatrième, tenu à Athènes en 1933, a donné naissance à la charte rédigée par Le Corbusier.

Excepté en France, où, malgré deux études sur le développement de la région méditerranéenne et sur l'organisation urbaine future de l'espace français, Doxiadis est relativement peu connu, l'ékistique rencontre dès sa création un retentissement international. Doxiadis a été appelé à effectuer des études pour la planification de trente-six pays, dans les cinq continents ; il a enseigné et diffusé l'ékistique à travers plus de deux cents publications et ouvrages, dont *Dynapolis, the City of the Future* (1960), *Œcumenopolis, the Settlement of the Future*, (1961), *Architecture in Transition* (1963, trad. franç., *L'Architecture en transition*, 1967), *Between Dystopia and Utopia* (1966), *Ekistik : an Introduction to the Science of Human Settlements* (1968), *Œcumenopolis, the Inevitable City of the Future* (1975), en collaboration avec J. Papaioannou, *Action for Human Settlements* (1976), paru après sa mort. Une revue, *Ekistics* est régulièrement publiée par les centres d'ékistique d'Athènes et de Washington.

MARC RAYNAUD

DREXLER ARTHUR (1925-1987)

Né à New York en 1925, Arthur Drexler avait recu une formation artistique et musicale.

D'abord dessinateur pour la firme de meubles de George Nelson, ancien rédacteur de la revue *Architectural Forum*, il dirige ensuite, de 1948 à 1951, la revue *Interiors Magazine*, avant d'être appelé par Philip Johnson comme conservateur au Department of Architecture and Design du musée d'Art moderne de New York. Il succède à ce dernier en 1956.

À ce poste, il a joué pendant trente ans (1956-1986) un rôle fondamental dans ces domaines, comme critique et comme historien.

Son intuition la plus originale, dont l'influence sur le développement du mouvement « postmoderne » est incontestable, est sans doute la révélation qu'il eut du rôle du dessin académique d'architecture, tel qu'il était enseigné à l'École des beaux-arts au XIXe siècle comme source de formation de l'architecture nord-américaine des XIXe et XXe siècles.

Dès le début des années 1970, il songe à organiser une exposition de la production graphique de l'École des beaux-arts, alors qu'une grande partie du milieu architectural français rejette vivement la tradition du prix de Rome, et que les historiens d'art, à l'exception de quelques Anglo-Saxons isolés, la négligent totalement.

La présentation de cette exposition en 1975, au musée d'Art moderne de New York et la publication qui lui est liée, en 1977, ont fait date dans la perception que l'on peut désormais avoir du XIXe siècle.

Outre ses nombreuses expositions et publications, Arthur Drexler a considérablement enrichi le musée d'objets représentatifs de notre époque, ainsi que de plans et dessins d'architecture, dont les très importantes archives de Mies van der Rohe. En 1984, il a réalisé l'extension de son département à l'ensemble du 5e étage du bâtiment, consacrant ainsi la primauté d'un lieu dont il avait su faire le premier musée d'architecture moderne.

ANNIE JACQUES

Bibliographie

Expositions : *Eight Automobiles* (1951) ; *Ten Automobiles* (1953) ; *Japanese House* (1954 et 1955) ; *Textiles U.S.A.* (1956) ; *Buildings for Business and Government* (1957) ; *Architecture Worth Saving* (1958) ; *Gaudi* (1958) ; *20th Century Design from the Museum Collection* (1958-1959) ; *Three Structures by Buckminster Fuller* (1959) ; *Visionary Architecture* (1960) ; *The Drawings of Frank Lloyd Wright* (1962) ; *Design for Sport* (1962) ; *Le Corbusier : Buildings in Europe and India* (1963) ; *Twentieth Century Engineering* (1964), *Modern Architecture in U.S.A.* (1965) ; *Drawings by Ludwig Mies van der Rohe* (1966) ; *The Architecture of Louis I. Kahn* (1966) ; *Toward a Rational Automobile* (1966) ; *The New City : Architecture and Urban Renewal* (1967) ; *Paintings for City Walls* (1969) ; *Work in Progress : Johnson, Rudolph, Roche* (1970) ; *Charles Eames Furniture in the Design Collection* (1973) ; *The Archi-*

tecture of the École des Beaux-Arts (1975) ; Le Corbusier : Architecture Drawings (1978) ; Transformations in Modern Architecture (1979) ; The Architecture of Richard Neutra (1982) ; Mies van der Rohe Centennial Exhibition (1986).
Principales publications : Built in the U.S.A. (avec H. R. Hitchcock), 1952 ; The Architecture of Japan, 1955 ; Introduction to 20th Century Design (avec G. Daniel), 1959 ; Mies van der Rohe, 1960 ; The Drawings of Frank Lloyd Wright, 1962 ; The Architecture of the École des Beaux-Arts (collab.), 1977 ; Transformations in Modern Architecture, 1979 ; The Mies van der Rohe Archives of the Museum of Modern Art, 1986.

DROUET DE DAMMARTIN (mort en 1400 env.)

Membre de l'équipe d'artistes qui, sous la direction de Raymond du Temple, modernisa à partir de 1362 le Vieux Louvre de Philippe Auguste. Drouet de Dammartin y exécuta une porte et sculpta les armes de Jeanne de Bourbon, femme de Charles V. Le 28 janvier 1380, il fait, en compagnie d'autres maîtres de Paris, une expertise de la rose du transept et de la maçonnerie de la cathédrale de Troyes. Le 10 février 1383, Philippe le Hardi le nomme maître général des œuvres de maçonnerie de tout le pays de Bourgogne : il donne alors les plans de la chartreuse de Champmol et dessine le projet du portail. En même temps, il dirige la construction de la puissante forteresse de l'Écluse, en Flandre. En 1384, on le trouve avec Raymond du Temple à Rouvres, où ils visitent les travaux en cours. En 1387, il travaille avec son collaborateur Jacques de Neuilly au portail de la Sainte-Chapelle de Dijon. On suppose qu'il disparaît vers les années 1400. Il est difficile de porter un jugement sur cet architecte puisqu'il ne subsiste de ses œuvres que le portail de la chartreuse élaboré avec Jean de Marville dont l'ordonnance a été modifiée par Sluter. Il y apparaît comme très marqué par l'art parisien des années 1370 : ce portail copie en effet celui des Célestins, achevé à Paris en 1370.

ALAIN ERLANDE-BRANDENBURG

DUBAN FÉLIX (1798-1870)

La Sainte-Chapelle, le Louvre ou l'école des Beaux-Arts suffiraient à eux seuls pour assurer gloire et immortalité à Félix Duban. Dans le grand mouvement de restauration monumentale du XIXe siècle, Eugène Emmanuel Viollet-le-Duc attache son nom à l'art médiéval gothique, et Duban, son aîné de seize ans, est indissolublement lié à la Renaissance. Jacques Félix Duban est né à Paris le 14 octobre 1798. Le mariage de sa sœur aînée avec François Debret, architecte, Prix de Rome et membre de l'Institut, le lie étroitement avec le milieu qui aura la charge de construire la France postrévolutionnaire et de sauver les monuments anciens que la nouvelle sensibilité historique révélait à la conscience moderne. Admis à l'école des Beaux-Arts en 1814, il est en 1823 lauréat du grand prix d'architecture. La même année, sous la direction de son beau-frère, architecte responsable du chantier, il occupe un emploi de sous-inspecteur à la nouvelle école des Beaux-Arts. Louis XVIII avait souhaité voir aménager cette dernière sur le site de l'ancien couvent des Petits-Augustins où, pendant la Révolution, Alexandre Lenoir avait établi le musée des Monuments français. La sensibilité historiciste s'enracine dans ce lieu où le rassemblement et le classement des vestiges des monumentaux religieux, aristocratiques et royaux révélaient aux nouvelles générations le style français, rendant ainsi son histoire clairement lisible. Duban arrive à Rome en janvier 1824. Ses condisciples à la villa Médicis sont les architectes Louis Duc, Henri Labrouste et Léon Vaudoyer. En 1827, il effectuera en leur compagnie un voyage d'étude en Toscane. Ce groupe, qu'on appelle la « bande des quatre », forme l'école romantique en architecture. Duban en est le chef de file. Les difficultés d'identification et de datation de certains relevés étrusques effectués pendant ce voyage témoignent d'une logique d'émulation, voire d'éducation mutuelle de ce groupe, qui incarnera le courant moderne de l'architecture sous Louis-Philippe et durant le second Empire. À Rome, les travaux de Duban montrent son intérêt pour la couleur mais aussi sa curiosité pour les monuments de la Renaissance. La qualité de ses aquarelles et le sérieux archéologique de ses envois à l'Académie sont remarqués. Pour son envoi principal, celui d'une restauration, Duban choisit le portique d'Octavie. Afin de suppléer à la modestie des témoignages archéologiques, il s'inspira largement de la littérature. Cette méthode documentée sera encore la sienne quand, de retour en France, il sera chargé de la restauration de monuments nationaux. Nommé, en 1832, à la tête du chantier de construction de l'école des Beaux-Arts, en remplacement de Debret, il se souviendra de l'importance qu'avait représentée dans l'urbanisme romain le portique d'Octavie. Son projet intègre tout ce qui subsiste du musée des Monuments français démantelé. Il organise un musée mis en scène autour de ce qu'il perçoit comme l'émergence de l'art français. La Renaissance de Louis XII et celle d'Henri II, avec le portique de Gaillon et celui d'Anet, sont rapprochées d'éléments gothiques dans une pédagogie qui pense l'école comme un musée. Le palais des Études, avec ses moulages, est voué à l'Antiquité. Ce programme est, hélas, devenu illisible depuis le départ de l'arc de Gaillon qui, démonté en 1972, a été restitué à son château d'origine. L'École et l'hôtel particulier de la rue Tronchet que Duban construit en 1836 pour le collectionneur Henri de Pourtalès sont les deux créations où il dut satisfaire à un programme intégrant des collections. La restauration de la Sainte-Chapelle, qui lui est confiée en 1836, est la première entreprise de restauration archéologique d'un édifice médiéval. Duban s'adjoint J. B. Lassus, premier inspecteur du chantier, et E. Viollet-le-Duc, second inspecteur. Il renoncera à cette restauration en 1849 pour s'occuper entièrement du Louvre jusqu'à ce que ses conflits avec Napoléon III le conduisent à démissionner. Entre 1849 et 1853, il dirige la restauration de la galerie du Bord de l'eau et de la cour Carrée, celle des décors de la galerie d'Apollon, pour laquelle Delacroix exécute *Apollon vainqueur du serpent Python*, et enfin celle de la salle des Sept Cheminées et du salon Carré. La restauration de la chapelle de Saint-Louis n'est pas l'œuvre de Duban seul, même s'il avait terminé l'essentiel des travaux de maçonnerie et donné les grandes lignes de la restitution du décor de la chapelle haute quand Lassus lui succède. Celui-ci, plus sensible que son patron au dernier état connu, dessinera la flèche gothique flamboyante que nous lui connaissons. Les relations de Duban avec l'art gothique se limitent à la Sainte-Chapelle et à la salle des États généraux de Blois. En 1840, il s'abstient de concourir pour la restauration de Notre-Dame de Paris et, en

1846, il refuse le chantier de La Madeleine de Vézelay, qui sera confié à Viollet-le-Duc, et celui de la basilique de Saint-Denis. La commission des monuments lui confie en 1843 la restauration du château de Blois, dont il prépare les plans en 1844. Prosper Mérimée défend le projet, qui intégrait les quatre grandes périodes de construction du château : le XIIIe siècle gothique de la salle des États généraux, le bâtiment de Louis XII datant du XVe, l'aile François Ier construite à partir de 1515 et, phénomène plus remarquable pour le XIXe qui ne l'aime guère, l'aile du XVIIe que Gaston d'Orléans avait demandée au jeune François Mansart. Les relevés de Duban et ses propositions de restitution sont parmi les plus remarquables dessins aquarellés du XIXe siècle. Montrés à l'Exposition universelle de 1855, ils lui valurent l'honneur d'y être le seul architecte français distingué de la grande médaille d'honneur. Le chantier de Duban à Blois est documenté par une correspondance de trente ans avec son inspecteur de chantier, Jules de La Morandière. Là encore, le respect archéologique côtoie constamment son génie coloriste. Il invente pour les intérieurs un décor, reconstituant l'atmosphère de l'époque d'Henri III, décor polychrome porté sur les murs, les plafonds, les sols et les cheminées. Ces décors rescapés des modes forment aujourd'hui un univers néo-Renaissance des plus raffinés et des plus poétiques de l'architecture romantique. Leur invention et leur fantaisie sont, à l'échelle monumentale, l'équivalent des créations aquarellées que Duban exécuta toute sa vie. Ces dessins, dit « aquarelles de fantaisie », destinés à son entourage, sont comme l'expression de sa pensée architecturale traduite dans une subtile polychromie, ce qui lui valut d'être appelé l'Ingres de l'architecture. Trouvant au château de Blois une succession d'époques comparable à ses réalisations de l'école des Beaux-Arts, il souligne au lieu de les unifier comme au Louvre les caractéristiques de chacune des ailes ; sa restauration s'achève avec la guerre de 1870 et avec sa mort. Duban renforce à Blois ce que l'histoire avait laissé, une leçon d'architecture.

Parallèlement à ces grands chantiers où il s'affirme créateur autant qu'architecte restaurateur, Duban reçut plusieurs commandes privées : l'hôtel Pourtalès (Paris, 1836), le château de La Montagne (Nièvre, 1839-1841), le château de Josserand (Puy-de-Dôme, 1845-1860), le château de Sandat (près de Bordeaux, 1851-1867), l'ancien hôtel Galliera, aujourd'hui hôtel Matignon (Paris, 1853) et surtout le château de Dampierre (Yvelines) qu'il recompose et redécore à partir de 1839 pour Honoré Albert, duc de Luynes. Ingres compose dans la galerie de Dampierre, devenue salon de Minerve, *L'Âge d'or* et *L'Âge de fer* qui est resté inachevé. Les sculpteurs sont Simart et Duret, que l'on retrouvera sur le chantier du Louvre. Comme à Blois, les peintures murales du salon de Minerve sont dues à Vivet. Duban créera peu de meubles. Mais, chargé entre 1833 et 1835 des décors des fêtes de Juillet qui commémoraient la révolution de 1830, il dessina pour ces cérémonies des décors qui influenceront tout le mobilier urbain du XIXe siècle. Pour la duchesse de Parme, probablement à la demande de l'orfèvre François Froment-Meurice, il dessine une toilette, aujourd'hui au musée d'Orsay, où se lient dans un éclectisme savant les styles du Moyen Âge, de la Renaissance, du baroque et de l'Orient. La maison Odiot fondit le service d'argent qu'il dessina pour Salomon de Rothschild. Ses meubles pour le château du Sandat et pour la bibliothèque de l'école des Beaux-Arts sont encore en place et les vitrines dessinées pour le musée des Souverains au Louvre conservées dans les réserves des Musées nationaux. Le château de Blois a consacré à Duban en 1996 une exposition monographique (*Félix Duban. Les couleurs de l'architecte*) accompagnée d'un catalogue.

SYLVAIN BELLENGER

DUBRŒUCQ ou DU BRŒUCQ JACQUES (av. 1510-1584)

Architecte et sculpteur des anciens Pays-Bas. Jacques Dubrœucq est probablement né à Saint-Omer, mais il travaille à Mons à partir de 1539. On ignore la formation artistique qu'il a pu recevoir, mais l'analyse de son langage architectural indique qu'il a dû visiter l'Italie, en particulier Rome, avant 1539 ; elle montre également l'influence de Fontainebleau.

Deux œuvres sculpturales lui sont attribuées : le monument funéraire d'Eustache de Croÿ, évêque d'Arras mort en 1538 (ancienne cathédrale Notre-Dame de Saint-Omer), et le jubé de Sainte-Waudru (1539-1549), détruit en 1797 mais dont il subsiste des fragments. Le rôle exact de Dubrœucq dans la conception du jubé n'est pas encore connu : il est vraisemblablement l'auteur de certaines Vertus cardinales et des reliefs en albâtre ; en revanche, la conception architecturale de l'ensemble n'est sans doute pas de lui. Ces fragments nous permettent de deviner ses qualités de sculpteur : Jacques Dubrœucq représente un aspect original du maniérisme international. Il a été le premier maître de Jean Bologne, de 1544 jusqu'au départ de ce dernier pour l'Italie.

Jacques Dubrœucq est un des architectes les plus importants de la haute Renaissance dans les Pays-Bas méridionaux. Il a travaillé au château de Boussu (commencé en 1539 ; inachevé), à celui de Binche (commencé en 1545), résidence de Marie de Hongrie, sœur de Charles Quint, régente des Pays-Bas, et enfin au château de Mariemont (1546-1549, détruit) ; ces trois châteaux furent incendiés par les troupes du roi de France Henri II.

Jacques Dubrœucq n'est pas un architecte marginal, mais un maître qui sut adapter le langage de la Renaissance romaine à certaines traditions locales, le « brique et pierre » en particulier. Enfin, il fut architecte militaire de Charles Quint, comme plusieurs ingénieurs venus d'Italie, tel Donato de' Boni de Bergame, et on lui doit à ce titre des travaux de fortification. Et, en tant qu'architecte officiel de Marie de Hongrie et artiste de l'entourage de Charles Quint, Jacques Dubrœucq occupa à la cour une place importante, à l'instar d'un Pierre Coecke ou d'un Michel Coxcie.

E. U.

DUC JOSEPH-LOUIS (1802-1879)

Prix de Rome en 1825 (projet d'un hôtel de ville pour Paris), Joseph-Louis Duc séjourne à la villa Médicis en même temps que Félix Duban, Henri Labrouste et Léon Vaudoyer ; les quatre amis relèvent les vestiges de l'Italie antique et renaissante. Duc se fait remarquer par l'étude et la restitution du Colisée (envoi de dernière année, 1829). À son retour, il est nommé inspecteur de la colonne commémorative de Juillet, à la Bastille, dont il devient en 1834 l'architecte titulaire ; il donne les projets du piédestal à compartiments de marbres de couleurs et de médaillons de bronze, conforme aux idées développées alors sur la polychromie. Le fût de la colonne à bracelets, le chapiteau et le génie doré qui la couronnent, évitent le pastiche de la colonne Trajane à Rome. Le décor qu'il dresse pour l'inauguration, en 1840, illustre les théories des quatre architectes romantiques sur le décor de fête comme origine du décor de l'architecture antique. Duc sera associé à Labrouste en 1848 pour la pompe funèbre des victimes de la révolution. Inspecteur du chantier du Palais de justice ouvert par J. N. Huyot en 1835, il construit, malgré l'opposition des Monuments historiques, le bâtiment des Chambres correctionnelles dont l'escalier est très admiré. Après la mort de Huyot en 1840, il est nommé architecte du Palais de justice, auquel il travaillera avec Étienne-Théodore Dommey jusqu'à sa mort : il restaure le pignon de la grande salle des Pas perdus, la tour de l'horloge, reconstruit les bâtiments sur le quai, etc. Achevé en 1868, le bâtiment de la Cour de cassation sur la place Dauphine est son œuvre majeure. La façade s'inspire du temple de Dendérah, en Haute-Égypte, et utilise les chapiteaux de Stratonicée récemment découverts ; l'association des colonnes cannelées avec des baies à meneaux couvertes d'un arc segmentaire témoigne de l'éclectisme synthétique, riche et savant, de Duc. L'édifice servit de modèle en France (palais de justice du Havre, par Bourdais, 1873) et en Europe (à Bucarest, par exemple). Ces travaux valent à Duc d'être élu à l'Institut en 1866 et, après treize tours de scrutin, de recevoir en 1869 le prix de 100 000 francs créé par Napoléon III et dont il devait être le premier et seul titulaire.

Outre ces travaux, Duc participe sans succès au concours ouvert pour le tombeau de Napoléon Ier ainsi qu'à celui de l'Opéra de Paris. Il aménage le lycée Michelet de Vanves (avec un bassin de natation, le premier en France) et participe à l'administration parisienne pour la section des collèges. Les deux résidences privées qu'il construit appartiennent à des répertoires très différents : à Biarritz (avec Roux, 1870-71), le manoir Boulart est fondé sur des références savantes aux Renaissances française et italienne ; à Croissy, la villa relève du pittoresque de villégiature, avec bois découpés et décor orientaliste. Duc fut chargé par ses amis d'édifier le tombeau de Duban, dans le style romantique néo-grec pour lequel il associa une stèle grecque à un sarcophage romain.

FRANÇOISE HAMON

DUDOK WILLEM MARINUS (1884-1974)

À l'exception du pavillon néerlandais de la Cité universitaire de Paris (1927) et des grands magasins Bijenkorf (1929-1930) à Rotterdam (détruits en 1940, reconstruits par Marcel Breuer en 1955-1957), l'essentiel de l'œuvre de l'architecte néerlandais Dudok est localisé à Hilversum, petite ville des Pays-Bas septentrionaux, où il est engagé comme architecte en chef en 1927. On y voit une douzaine d'établissements scolaires (construits entre 1915 et 1932), en particulier l'école Rembrandt en 1920, des abattoirs, un cimetière, des bains publics et un symbole urbain singulièrement frappant : l'hôtel de ville (1928-1931), dont le projet date de 1924.

Cette œuvre est ambiguë. Elle se distingue, à proprement parler, autant de la neutralité de l'architecture néerlandaise du début du siècle que des avancées modernistes opérées par les militants du mouvement puriste animé par De Stijl (Oud, Rietveld, Van Eesteren). Elle réussit, en effet, la gageure d'associer simultanément des éléments du code et des types d'articulation caractéristiques de la poétique romantique de Wright (introduite aux Pays-Bas par Berlage et Van't Hoff ; en 1953, Dudok rencontrera Frank L. Wright au cours d'un voyage aux États-Unis) au formalisme géométrique du style international (que l'on voit se diffuser dans le monde à partir des années 1920) et à une tradition régionale dominée par l'usage de la brique. Ce matériau, comme on sait, impose des partis et dicte une limite aux portées, aux structures, aux dimensions cellulaires tout en autorisant une liberté de composition qui confère ici un accent original à l'architecture sentimentale d'un grand indépendant, architecture fondée sur le conflit entre des figures couchées (masses rectangulaires) et debout (masses verticalisantes) de telle sorte que dans l'épaisseur des volumes imbriqués les uns dans les autres joue et se joue la profondeur du corps. Après la Seconde Guerre mondiale, Dudok a construit des logements sociaux à Hilversum (1946-1948), des appartements pour personnes âgées à Amsterdam (1948-1963). De 1957 à 1963, il a construit un centre civique à Bagdad.

ROBERT-L. DELEVOY

DUFAU PIERRE (1908-1985)

Fils d'un architecte picard ne devant sa formation qu'à lui-même, phénomène courant avant 1914, Pierre Dufau, après sa scolarité au lycée d'Amiens, entra à l'École des beaux-arts de Paris. Lauréat du grand prix de Rome, bien qu'élève d'un atelier où cette distinction était inhabituelle, il n'eut jamais aucune illusion sur l'enseignement dispensé dans le temple de la rue Bonaparte. Il l'a lui-même défini comme la seule école au monde qui mettait douze ans à fabriquer des autodidactes.

Urbaniste et architecte en chef de la reconstruction d'Amiens à la Libération, Pierre Dufau eut ensuite la charge, entre 1951 et 1955, d'établir plusieurs bases aériennes de l'O.T.A.N., ce qui lui donna l'habitude de contrats extrêmement contraignants. Assez peu impliqué dans les opérations de logement, ce qui le classe à part de ses confrères de cette époque, Pierre Dufau a construit de nombreux bâtiments de prestige à usage collectif où intervient la nécessité d'imposer une image de marque, ce qui facilite le geste architectural : sièges sociaux de banques, le Time-Life Building à Paris, l'immeuble Publicis sur les Champs-Élysées, l'ambassade de France à Phnom Penh, la présidence de la République de la Côte-d'Ivoire à Abidjan, etc.

Dans tous ces ouvrages, Pierre Dufau s'est refusé au moindre pastiche. Il a utilisé les matériaux de notre temps et les formes consacrées par le mouvement moderne de l'architecture. Ce n'est pas chez lui qu'on trouvera des détails « pittoresques » : dans une conférence, il a déclaré se rattacher à une conception « cistercienne » de l'architecture, signifiant par là que les techniques devaient êtres dominées par un sentiment intérieur.

On comprend mieux cette volonté d'exprimer franchement une volonté créatrice, à la lecture du pamphlet que P. Dufau publia en 1964, *Non à l'uburbanisme* (Flammarion). Ce texte est rare dans la production littéraire des architectes par son humour constant ; les formules à l'emporte-pièce y fusent à chaque page : « En France, un immeuble ne s'entretient pas et pourtant il doit être éternel » ; « ce qui est fâcheux, ce n'est pas de centraliser les décisions, c'est d'étatiser l'exécution » ; « Samsufy ne suffit pas ! » Comme Alfred Sauvy, Pierre Dufau était un partisan déclaré des transports en commun : l'une de ses plus indéniables réussites restera la station « Charles de Gaulle-Étoile » du R.E.R. où il a mis en œuvre un ensemble de solutions originales. Pour faire face au problème posé par une foule en continuel déplacement et donc involontairement destructrice, il a choisi des matériaux durables, solides et faciles à entretenir. Un autre parti a été de coordonner tous les câblages et toutes les canalisations en les rendant accessibles et modifiables suivant les innovations techniques tout en les dissimulant aux yeux du public. Enfin, Pierre Dufau a radicalement modifié le système de l'affichage publicitaire : il l'a transporté au-dessus des voies et a transformé ainsi un décor qui semblait immuable.

Architecte en chef du nouveau Créteil à partir de 1969, Pierre Dufau, animateur d'une équipe de plus de cent maîtres d'œuvre, a pu, dans cette tâche de pionnier, se consoler de ses déboires de la reconstruction d'Amiens pour laquelle il avait été constamment bridé par une réglementation étroite. Dans cette plaine de l'Est parisien, le pendant de La Défense pour un secteur longtemps défavorisé, il a réalisé l'hôtel de ville du nouveau Créteil et une ville selon ses rêves. Toutes les activités sociales y sont en effet représentées, sans oublier un centre d'affaires bien pourvu en immeubles de bureaux. Il les estimait indispensables et luttait pour les maintenir – et même pour en construire d'autres ! – à Paris.

Pierre Dufau n'a jamais caché ce point de vue et en a retiré une réputation d'architecte au service des « grands intérêts ». Cette étiquette a occulté la franchise de son œuvre, parfois non dépourvue d'une tendance provocante à l'expressionnisme technologique.

ROGER-HENRI GUERRAND

DUIKER JOHANNES (1890-1955)

Architecte néerlandais, membre du Stijl, il travaillera toute sa vie à Amsterdam en association avec R. Bijvoët. Son sanatorium d'Hilversum (1926-1928) sert de modèle à celui d'Aalto tandis que son école de plein air d'Amsterdam (1930-1932), avec ses cinq étages vitrés et des terrasses pour l'enseignement à l'extérieur, suscite les critiques des traditionnalistes.

ROGER-HENRI GUERRAND

Bibliographie
Het Nieuwe Bouwen, Delft, 1982.

DUPÉRAC ÉTIENNE (1530 env.-1604)

Né à Paris, ou à Bordeaux, Étienne Dupérac part sans doute très jeune en Italie, où il va réaliser un œuvre gravé dont le catalogue comprend plus de cent vingt-deux numéros.

Il débute à Venise, à une date mal déterminée, gravant une série de paysages proches de ceux des aquafortistes véronais (Battista d'Angolo del Moro, Battista Fontana). Vers 1559 et 1560, il est à Rome, où il commence à étudier systématiquement les ruines, rassemblant un vaste matériel graphique. Il entre en contact vers 1565 avec l'éditeur Lafréry, qui publie la plupart de ses planches, et il rencontre alors le savant archéologue Onofrio Panvinio. Pour ce dernier, il exécute de nombreux relevés et grave, semble-t-il, les illustrations de ses deux ouvrages, *De ludis circensibus* (1565-1566, 1re éd. 1600) et *De triumpho* (1566, 1re éd. 1571). À la même époque, il exécute une série de planches consacrées à l'architecture de Michel-Ange : porte Pie, place du Capitole (1569), plans et élévations du nouveau Saint-Pierre (1569). Il grave également des fêtes et des cérémonies : tournoi dans les jardins de Belvédère (1565), réception du grand-duc de Toscane par le pape (1570). L'expérience ainsi acquise des *apparati* explique sans doute qu'il soit choisi comme architecte du conclave (1572). En 1573, il grave les jardins de la ville d'Este à Tivoli, planche dédiée à Catherine de Médicis (Dupérac commence, semble-t-il, à songer à son retour en France) et travaille comme peintre pour le cardinal de Ferrare, Hippolyte d'Este.

Dans les années suivantes, Dupérac, tirant parti de ses études archéologiques antérieures, publie ses grandes œuvres. En 1573, il met à jour un petit plan archéologique de la Rome antique. Il développe cette étude dans son grand plan, *Sciographia ex antiquis monumentis* (1574), dédié à Charles IX. Gravé sur huit planches, ce plan est une somme de la science archéologique au XVIe siècle ; Dupérac y restitue le plan de la Rome antique avec tous ses monuments. L'année suivante, il publie *I Vestigi dell'antichità di Roma* (1575), suite de quarante vues des plus célèbres ruines romaines. Il donne également des planches à Lafréry pour son *Speculum romanae magnificentiae* et pour ses recueils topographiques (vue de Jérusalem, vue de Naples). Il grave enfin un plan de la Rome moderne (1577), qui fait pendant en quelque sorte à sa *Sciographia*.

C'est, semble-t-il, au cours de ces mêmes années que Dupérac met en ordre le matériel graphique amassé et compose plusieurs recueils qui resteront manuscrits : *Illustrations de fragments antiques*, trois volumes de dessins (le dernier daté 1575), dont les trois exemplaires connus sont conservés au musée du Louvre, à la Bibliothèque nationale de Paris et à la bibliothèque d'État de Berlin ; et *Disegni delle ruine di Roma e come anticamente erano*. Dans ce dernier recueil, Dupérac confronte relevé des ruines et reconstitution ; les dessins, richement encadrés, sont accompagnés d'un texte de commentaire. Le recueil fut certainement composé entre 1574 et 1578, à partir de dessins réalisés vers les années 1563-1565 et 1570. Dans ces publications archéologiques, marquées par l'influence des grands antiquaires contemporains, Panvinio et Ligorio, Dupérac apporte une netteté de vision et une précision dans le dessin des structures architecturales qui font date.

Au début de 1578, Dupérac semble être encore à Rome, puisqu'il grave une cérémonie se déroulant dans la chapelle Sixtine ; mais il retourne la même année en France, où son activité sera essentiellement d'ordre architectural. Vers 1582, il est au service du duc d'Aumale, comme architecte. Pour son château d'Anet, il fournit des dessins de parterres et compartiments en broderie. Le jardinier Claude Mollet, qui se forme auprès de lui, note dans son *Théâtre des plants et jardinages* (1652) que Dupérac fut le premier à utiliser ces motifs. Dupérac, qui avait étudié les jardins italiens et gravé les parterres de Tivoli (*Vue et perspective des jardins de Tivoli*, 1582), joue sans doute un rôle essentiel dans la diffusion en France des modèles italiens. En 1588, il donne des dessins pour le monument funéraire du cardinal Charles de Vaudremont dans l'église des Cordeliers de Nancy. En 1595, Dupérac entre au service du roi Henri IV et travaillera dans tous les châteaux royaux, au Louvre, aux Tuileries, à Fontainebleau et à Saint-Germain-en-Laye. Les documents nous apprennent peu sur ses activités, sans doute très diverses : selon Félibien, il aurait peint des scènes mythologiques dans l'appartement des bains de Fontainebleau. Le partage des responsabilités est d'autant plus délicat que les autres architectes du roi, Jacques II Androuet du Cerceau et Louis Métezeau, travaillent sur les mêmes chantiers, et parfois en collaboration avec lui.

CLAUDE MIGNOT

DURAND JEAN NICOLAS LOUIS (1760-1834)

L'influence de Durand fut décisive sur le destin de l'académisme en architecture. Elle s'exerça essentiellement par son enseignement à l'École polytechnique. Son *Précis des leçons d'architecture*, publié en 1802-1805, connut plusieurs éditions et traductions dans la première moitié du siècle. Cet ouvrage est doctrinalement plus important que son *Recueil et parallèle des édifices de tout genre* paru en 1800. Ces textes consignent les fondements de l'éclectisme et du rationalisme structural, mais c'est ce dernier caractère qui domine de loin dans la théorie du Durand. L'architecture est avant tout, pour lui, un art de la « disposition », elle en est même « l'objet unique », cependant que l'économie des moyens prend figure de critère primordial : « L'économie, loin d'être [...] un obstacle à la beauté, en est au contraire la source plus féconde. » D'où l'opportunité d'un « mécanisme de composition » propre à imprimer des conditions de régularité et de simplicité dans la figure du projet. Celui-ci se réduit à un art combinatoire qui instrumente au moyen de « formules graphiques » sur un espace tramé où gisent, préformées, « un petit nombre de combinaisons horizontales ». L'assujettissement de la distribution à un réseau ramène la pédagogie à des procédés expéditifs conformes aux exigences de l'enseignement polytechnique. La détermination des formes procède ainsi de la répétition économique d'assemblages ordonnés ; un tel parti communique avec un modelage contemporain d'activité sociale : la répétition est, en effet, l'un des motifs essentiels de la composition du système industriel, c'est-à-dire un mode d'exploitation de l'homme tel que s'accomplissent la division du travail, la normalisation des gestes techniques et la production de série. La méthode de projeter, selon Durand, si elle est fondée sur des stéréotypes de l'ordre naturel, s'offre comme une illustration emblématique du mode de production industriel. Si son système se prête aux interminables développements qui hantent les rêves de l'académisme, il se déploie dans l'espace abstrait de la planification et de l'économie, ascétique quant aux valeurs expressives, son rationalisme structural exténue le caractère mélodique de l'architecture qu'il soumet aux contraintes de la normalisation.

JACQUES GUILLERME

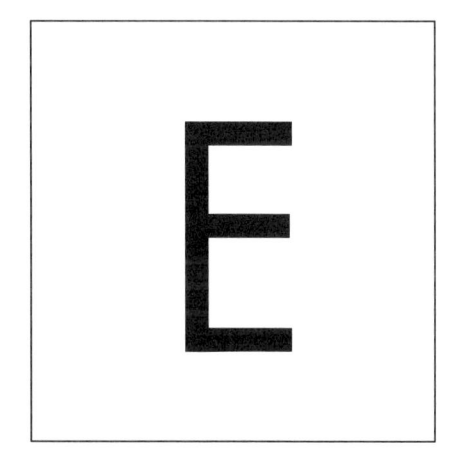

EAMES CHARLES (1907-1978) & RAY (1912-1988)

Né en 1907 à Saint Louis (Missouri), Charles Eames fait ses études d'architecture à l'université de cette ville où il commence ensuite sa carrière. Remarqué par l'architecte finlandais Eliel Saarinen – l'auteur de la gare d'Helsinki émigré aux États-Unis en 1923 –, il est appelé à Detroit où le maître dirige l'académie d'art de Cranbrook. Très vite, Charles Eames conduira le département du design industriel où sont inscrits Harry Bertoia, Florence Knoll et Eero Saarinen, le fils du directeur, bientôt son associé. Il y fait la connaissance de Ray Kaiser ; mariés en 1940, ils domineront ensemble le design mondial des sièges dans les années 1950.

Dès 1940, l'équipe Eames-Saarinen remporte deux premiers prix au concours « Organic Design in Home Furnishing » proposé par le musée d'Art moderne de New York. La guerre avec le Japon suscite des commandes de la marine, en particulier des civières et des gouttières pour les membres brisés. Déjà spécialiste du contre-plaqué courbé, le couple Eames peut perfectionner et industrialiser ses techniques. Avant l'Italie, d'importantes compagnies vouées à la fabrication de meubles se développent aux États-Unis et elles recherchent des designers qualifiés. La compagnie H. Miller va s'attacher les services des Eames qui lui resteront fidèles toute leur vie. De même, la firme Knoll embauchera Eero Saarinen en 1943.

Installés à Los Angeles en 1941, les Eames se lancent dans la mise au point de chaises et de fauteuils – ils inventeront plus de vingt modèles entre 1945 et 1970 –, ce qui les fait ressembler aux frères Thonet, les créateurs allemands du mobilier en bois courbé, cent ans auparavant. Mais ils ont l'avantage de disposer de matériaux qui étaient inconnus au XIXe siècle : la fibre de verre, l'aluminium, le polyester. Ainsi, en 1950, réalisent-ils « DSS », une coque de polyester armé de fibre de verre sur un piétement en acier chromé, l'archétype de tous les sièges monocoques en plastique édités depuis lors.

Le couple atteint sa maturité, il va donner son chef-d'œuvre, au même moment que Saarinen. En 1956, celui-ci dessine en effet la chaise « Tulipe » pour Knoll International, tandis que les Eames conçoivent pour H. Miller un fauteuil que leur ami, le metteur en scène Billy Wilder, le réalisateur en 1955 de *Sept ans de réflexion* sera l'un des premiers à utiliser.

Ce « Lounge Chair », interprétation moderne du fauteuil club anglais, devait, selon ses créateurs, offrir « l'aspect chaleureux d'un gant de base-ball bien patiné ». Il est vrai que ses coussins de cuir – matériau noble en Amérique et en Europe – en constituent l'impression dominante car ils dissimulent trois coques en contre-plaqué moulé. La modernité réside dans le support, un pied central en fonte d'aluminium noircie qui modifie l'image du fauteuil traditionnel ici heureusement complété par un repose-pied.

Jusque dans les années 1960, les Eames produiront encore des séries de sièges toujours réédités car leurs formes organiques reflètent des préoccupations liées au bien-être du corps humain. Ils se sentent en effet profondément impliqués dans la société de leur époque, à laquelle ils fournissent de multiples contributions. Le cinéma, la photo, les décors de théâtre, les expositions, les produits industriels de toutes sortes sollicitent ce couple mythique que les étudiants viennent visiter dans leur résidence de Pacific Palissades en Californie. Une simple maison de béton, de verre et d'acier, aussi rigoureuse et confortable que leur mobilier, la dernière expression du « fonctionnalisme » avant l'assaut des « postmodernistes »...

ROGER-HENRI GUERRAND

ÉCOCHARD MICHEL (1905-1985)

Architecte et urbaniste, Michel Écochard est né à Paris en 1905. Après des études à l'école des Beaux-Arts de Paris (1925-1931), il est détaché en 1932 au Service des antiquités de Syrie et du Liban, où il découvre la civilisation islamique. Les années 1930, à Damas, sont celles de la réforme de Écochard contribue en 1936 à la construction de ses bâtiments : loin de tout pastiche, il conçoit une architecture moderne, affirmant ainsi son style novateur. Il élève la même année le musée de Damas : ce bâtiment vigoureux témoigne bien de ses choix ; il donne un cadre contemporain aux meilleures œuvres de l'art syrien en les reliant cependant au passé de l'Islam : la porte reconstituée du château omeyyade de Qasr al-Hayr al-Gharbi s'intègre à l'une de ses façades.

La découverte qu'il fit du domaine de la recherche quand il rencontra Jean Sauvaget fut elle aussi riche de fruits. Il donne ainsi, avec M. Le Cœur, plusieurs monographies consacrées aux bains de Damas. Le constructeur prenait goût à analyser les œuvres du passé dans la droite ligne de son travail d'architecte restaurateur : du temple de Bel à Palmyre aux monuments islamiques, son activité fut considérable.

Michel Écochard fut aussi un rénovateur du cadre de vie, affirmant dans ce domaine ses talents d'urbaniste. L'année même où il travaillait au musée de Damas, il préparait le plan d'aménagement de l'agglomération damascaine, son plan directeur datant de 1964. Dès 1943, il se consacre à l'aménagement de Beyrouth.

De 1946 à 1953, Michel Écochard est responsable du service de l'urbanisme du Maroc ; il travaille ainsi à l'aménagement de villes où Lyautey et son équipe avaient su allier la préservation des sites anciens et la création de cités nouvelles. Il s'intéresse à toutes les grandes villes du pays — Rabat, Fès ou Meknès, par exemple —, mais c'est avec l'agglomération de Casablanca, alors en pleine expansion, qu'il trouve un objet à sa mesure.

Ce projet ne brisa pas les liens qui unissaient Michel Écochard au Liban. En 1958, l'urbaniste étudiait le plan d'aménagement de Saïda puis, en 1959, ceux de Jounieh et de Byblos. En 1962, chargé du plan directeur de Beyrouth, il affronte une nouvelle fois les problèmes posés par une vaste agglomération. Parallèlement, il bâtissait, souvent en collaboration avec des architectes du pays : on peut citer le collège des Frères maristes à Saïda, l'école de la Mission laïque française et un hôpital à Beyrouth ou encore plusieurs écoles à Tripoli.

Écochard travaille également en France. Après la Z.U.P. de Martigues où il fait le projet d'une cité de 30 000 habitants, en 1962, il s'intéresse à la Corse : il y aménage deux vastes domaines pour y développer le tourisme et donne en 1969 un schéma d'aménagement de l'île. Puis il s'intéresse à l'Afrique et à l'Asie. En 1963, il devient architecte-conseil du gouvernement sénégalais et s'occupe de la région de Dakar. Il réalise au Cameroun un centre des sciences de la santé, l'université de Yaoundé et jusqu'en 1973 divers projets dont celui d'une chancellerie pour l'ambassade de France. Parallèlement il établit en Iran le plan directeur de Tabriz dès 1967, avant de se consacrer en 1978 au centre de Meshed puis à celui de Téhéran. Par un curieux retour à sa vocation syrienne, l'archéologie reprit une part essentielle dans les dernières années de sa vie. La géométrie de l'Islam le fascinait. Dans son livre *Filiation des monuments grecs, byzantins et islamiques*, il démontre, à propos du plan centré de la coupole du Rocher à Jérusalem repris de l'architecture byzantine, la capacité de l'Islam à recueillir les traditions des terres qu'il conquiert. En Syrie, au Maroc et en Iran, Michel Écochard avait été séduit par les formes des *muqarnas* : il analyse ces stalactites architecturales et en établit une typologie ; cette étude, très fine, met en lumière les échanges qui lient entre elles les provinces de l'Islam médiéval. Écochard a ainsi rencontré, comme architecte, l'un des thèmes les plus actuels de l'archéologie de l'Islam.

MICHEL TERRASSE

EGAS ENRIQUE (1455 env.-env. 1534)

Rattaché à une famille d'artistes d'origine bruxelloise venue chercher fortune en Espagne au milieu du XVe siècle, Egas acquit un grand renom et devint l'architecte attitré des Rois Catholiques.

Il donna, en 1499, les dessins de l'Hôpital royal de Saint-Jacques-de-Compostelle en s'inspirant du plan cruciforme de l'Ospedale Maggiore de Filarète à Milan et de l'hôpital Santo Spirito de Sangallo à Rome. Le même parti fut repris dans les deux autres hôpitaux dont Egas dirigea les travaux : celui de Santa Cruz de Tolède (1504-1514) et celui de Grenade — restauré au cours des années 1970 — commencé en 1511. Dans cette dernière ville, Egas éleva encore la Chapelle royale (1506-1521), destinée à recevoir les corps des Rois Catholiques, et commença même la construction de la cathédrale.

Egas se trouve à la jonction du gothique tardif et de l'art de la Renaissance, mais son style apparaît fréquemment archaïque par rapport à la pléiade de talents qui déterminait alors le destin artistique de l'Espagne.

MARCEL DURLIAT

EGCKL WILLEM (mort en 1588)

Architecte de la cour de Bavière au temps du duc Albert V, Egckl avait succédé dans cette charge à Heinrich Schöttl. À la résidence de Munich il construisit l'aile de l'*Antiquarium* (1569-1571) : de ce bâtiment composé de trois galeries superposées, il ne reste que le rez-de-chaussée, inspiré des cryptoportiques romains, avec une voûte en berceau surbaissé dont les grandes pénétrations permettent à la lumière d'entrer à flot par d'importantes fenêtres. L'ensemble fut en effet remanié par F. Sustris en 1580.

ROBERT FOHR

Bibliographie
H. R. HITCHCOCK, *German Renaissance Architecture,* Princeton, 1982.

EGGERICX JEAN (1884-1963)

La démarche de l'architecte urbaniste belge Jean Eggericx s'inscrit dans la tradition dite organique indiquée par F. L. Wright. Elle est parallèle à celle du Hollandais Michael de Klerk et apparentée à celle d'Antoine Pompe, de Lucien François, de Fernand Bodson, dans la mesure où elle tente d'incorporer le sentiment au matériau, à l'espace, au tracé urbanistique, à la cité. Elle repose, aussi, sur une attitude politique et sociale qui l'a conduite, associée un moment à celle de Raphael Verwilghen, à privilégier l'habitation à bon marché, le logement ouvrier, l'étude de la cité-jardin en collaborant, notamment, à la réalisation de ces « grands ensembles civiques » imaginés par Louis van der Swaelmen (cités-jardins Floréal et Le Logis, 1921-1929) qui tentent de maintenir la tradition de l'habitation individuelle à travers un processus économique porté à favoriser l'apparition d'immeubles à logements multiples. Bien que Victor Horta lui ait lancé un jour : « Cessez de construire des maisons ouvrières, sinon vous serez amené à ne faire toute votre vie que des boîtes d'allumettes », Jean Eggericx n'en devint pas moins urbaniste de la ville d'Ostende et de la commune de Watermael-Boitsfort (agglomération bruxelloise) et demeura toujours lié à ses options idéologiques pour faire une architecture de qualité, forte et romantique.

ROBERT-L. DELEVOY

EHRENSVÄRD CARL AUGUST comte (1745-1800)

Architecte et dessinateur suédois. Fils d'amiral, amiral lui-même, C. A. Ehrensvärd se forme comme dessinateur auprès du peintre suédois Elias Martin. Surtout, il consacre à l'étude de l'architecture un séjour en Italie (1780-1782), au cours duquel il élabore des théories sur les rapports de l'architecture et du climat, qui sont « fonctionnalistes » par avance. La découverte de l'architecture dorique, à Paestum, lui révèle un idéal de simplicité géométrique et de mâle énergie, et exerce une forte influence sur ses projets et ses réalisations (chantier de Karlskrona, maquettes au Marinmuseum de Karlskrona). Il retrouve les mêmes caractères dans l'architecture des pyramides, dont il s'attache à dégager les affinités avec l'architecture dorique (monument pour la place Gustave-Adolphe à Stockholm). Si, par ses recherches stylistiques et surtout par le radicalisme de ses spéculations, il s'apparente à ses contemporains français Ledoux, Boullée et Lequeu, Ehrensvärd se rapproche, en revanche, de son compatriote et intime ami Sergel dans d'énergiques charges à la plume et au lavis, comme celles du *Manège politique* (National Museum, Stockholm), suite de caricatures allégoriques obscènes, qui attaquent violemment le despotisme de Gustave III, la corruption de la classe politique et la décadence générale de la société, et dénonce même comme trop modérés les idéaux de la Révolution française.

PIERRE GEORGEL

EIFFEL GUSTAVE (1832-1923)

Né à Dijon, Gustave Eiffel arrive à Paris en 1850 pour terminer ses études au collège Sainte-Barbe, voisin de la toute nouvelle bibliothèque Sainte-Geneviève, dont la structure métallique a peut-être influencé ses recherches. À la sortie de l'École centrale, Eiffel entre comme ingénieur dans une société de constructions ferroviaires, puis il devient directeur de la Compagnie Nepveu et finalement il crée un bureau d'étude pour la construction métallique.

L'utilisation de l'acier en remplacement de la fonte et l'évidement des surfaces permettent à Eiffel de réaliser des supports élevés résistant très bien aux poussées du vent. Il met au point ses poutres et ses piles en treillis, formées de fers plats et de cornières d'acier préfabriqués. En 1858, il travaille à un viaduc près de Bordeaux. Son bureau d'étude est chargé de la Galerie des machines de l'exposition de 1867. Il réalise ensuite des charpentes pour le magasin du *Bon Marché* (1876) et des galeries pour l'exposition de 1878. Il réalise aussi des viaducs, notamment celui de la Sioule (1869).

Après la guerre de 1870, sa réputation s'impose à l'étranger : il exécute des commandes pour la Suisse, l'Autriche, la Hongrie (gare de Pest, 1876), le Portugal où il réalise le pont Maria-Pia sur le Douro près de Porto (1877-1878). Il réalise l'armature de la statue de *La Liberté* de Bartholdi, qui sera placée à l'entrée du port de New York. Pour la France encore, il donne le viaduc de Garabit sur la Truyère (1880-1884).

C'est à l'occasion de l'Exposition universelle de 1889 à Paris qu'Eiffel va réaliser avec ses collaborateurs habituels, Nougier et Kœchlin, et l'architecte Sauvestre la célèbre tour de 300 mètres, démontrant ainsi que l'utilisation des piles à caissons à quatre arbalétriers permettait de réaliser des édifices qui jusqu'à lui semblaient relever de la pure imagination.

En 1890, Eiffel abandonne la direction de ses ateliers pour se consacrer entièrement aux études théoriques sur la résistance au vent. Il installe un laboratoire sur la plate-forme supérieure de la Tour, et ainsi réussit à créer le premier prototype d'avion, le Breguet, étudié entièrement en soufflerie.

La généralisation ultérieure de l'emploi des poutres à caissons et des éléments métalliques préfabriqués font de Gustave Eiffel le promoteur de l'architecture industrielle. Il est aussi le père de la science nouvelle de l'aérodynamique.

RENÉE PLOUIN

ELY REGINALD OU REYNOLD (actif de 1438 à 1471)

Architecte anglais, Reginald Ely travaille sans doute à Ely même avant de s'installer à Cambridge, où il est mentionné en 1438 pour la construction d'un escalier et de la bibliothèque de Peterhouse. Il reste à Cambridge jusqu'à sa mort et semble être l'architecte en chef de l'université. À ce titre, il inspecte les travaux effectués dans une auberge appartenant à l'université à Huntingdon. Il exécute sans doute les projets de la première cour et de la tour d'entrée de Queen's College, fondé en 1446. En 1449, il travaille au King's Hall, absorbé ensuite par Trinity College. En 1452, il construit sans doute la bibliothèque de Pembroke College et il dirige probablement les travaux du Schools Quadrangle, commencé en 1459. On lui attribue encore l'église de Burwell, au nord de Cambridge, élevée vers 1460. Mais son œuvre principale est le King's College, fondé par Henry VI en 1441. Il en est mentionné comme l'architecte en chef en 1443 et a certainement été proposé au roi par le recteur de l'université. Il est responsable des premiers bâtiments, appelés Old Court, démolis au XIXe siècle à l'exception de la tour d'entrée, et a dû faire les projets des seconds bâtiments, décrits dans le « testament » du roi en 1448 : ils étaient répartis autour d'une grande cour dont la chapelle devait occuper tout le côté nord. Les fondations de la chapelle sont posées dès 1446, et Ely en est l'architecte principal, même après la déposition de Henry VI en 1461. Il est l'auteur du projet à nef unique et chapelles latérales. La grande fenêtre orientale, une partie des murs et deux chapelles voûtées lui reviennent. Cette œuvre révèle son style, marqué par le goût des réseaux courbes et des voûtes à liernes, qui l'apparente à la tradition du gothique curvilinéaire anglais.

ANNE PRACHE

EMMERICH DAVID-GEORGES (1925-1996)

Architecte-ingénieur français. Esprit caustique et brillant, David-Georges Emmerich s'intéresse, dans une vision progressiste du monde, à la légèreté comme solution la plus intelligente des problèmes de la construction. C'est dans cette perspective qu'il entreprend des recherches sur des structures légères dont le dynamisme s'oppose aux structures hyperstatiques. Il fait partie du cercle restreint des découvreurs de nouvelles structures, très actif dans les années 1960, avec Buckminster Fuller, Robert Le Ricolais. Il invente les structures autotendantes dans lesquelles un certain nombre de barres en tension sont remplacées par des câbles, structures complexes qui n'ont jamais connu de réalisations pratiques. Il reste donc un théoricien mais son enseignement et ses écrits ont eu une influence importante auprès des architectes.

CHRISTINE FLON

ENDELL AUGUST (1871-1925)

Architecte et décorateur. Philosophe de formation, il s'affirme comme l'un des plus doués parmi les artistes du *Jugendstil* réunis à Munich en 1895. C'est dans cette ville qu'il édifie l'atelier de photographie Elvira. Sa façade était recouverte d'un dragon en céramique, toute la décoration intérieure témoignait d'un effort vers l'abstraction qui caractérise l'œuvre d'Endell. Il construisit plusieurs maisons à Berlin, le Sanatorium de Föhr (1898) et le Buntes Theater à Berlin (1901). Pour des raisons de santé il se consacra ensuite uniquement à l'enseignement.

ROGER-HENRI GUERRAND

ERRARD DE BAR-LE-DUC JEAN (1554-1610)

Auteur du premier traité français consacré à la fortification bastionnée, *La Fortification réduicte en art et démontrée,* publié en 1600, cet ingénieur militaire travailla aux fortifications du Nord ; il modifia celles de Doullens, Montreuil, Sedan et construisit les citadelles d'Amiens et de Verdun. Errard est surtout connu pour son œuvre de théoricien : faire défendre la place par l'infanterie et ménager l'artillerie dont les tirs étaient encore peu efficaces de face. Le principal inconvénient de ce système défensif est d'avoir des bastions dont le plan à angles trop aigus ne présente pas toutes les garanties de sécurité pour les assiégés. En revanche, les bastions, très développés, suffisamment éloignés les uns des autres pour la ligne de défense sont, comme pour les courtines, relativement élevés (20 m environ) et donc difficiles à escalader. Des chemins couverts assuraient la défense des glacis ; des demi-lunes devaient protéger les portes courtines. Ces principes allaient être perfectionnés par les ingénieurs hollandais et par Jean Sarrazin qui fortifia le château de Montrond à Saint-Amand pour les princes de Condé.

CATHERINE BRISAC

Bibliographie

D. BUISSERET, « Les Ingénieurs du roi au temps d'Henri IV », in *Bulletin de la section géographique de la Commission des travaux historiques et scientifiques,* 1964.

ERWIN DE STEINBACH maître (mort en 1318)

En 1770, Goethe, en séjour à Strasbourg, est rempli d'admiration pour la cathédrale et croit qu'Erwin de Steinbach est l'auteur de son architecture. Il est ainsi à l'origine de la gloire légendaire de maître Erwin. En fait, Erwin n'est responsable que d'une partie de l'église. Il est connu par deux inscriptions. La première, en partie conservée au musée de l'Œuvre, figurait sur la corniche d'une chapelle dédiée à la Vierge, bâtie dans la nef de la cathédrale devant le jubé. Elle mentionne que maître Erwin fit cette chapelle en 1316. La seconde est l'épitaphe de la famille de Steinbach, placée sur un contrefort extérieur de la chapelle Saint-Jean-Baptiste, toujours à la cathédrale. Le nom de la femme d'Erwin, Husa, morte en 1316, vient en premier, suivi de celui d'Erwin, qualifié d'administrateur de la fabrique (*gubernator fabrice*), mort le 15 janvier 1318, et du nom de leur fils, Jean, maître de l'œuvre de la cathédrale, décédé le 18 mars 1339. Erwin a un autre fils, architecte de l'église de Niederhaslach, Gerlach. Il est donc architecte, membre d'une famille de constructeurs et administrateur. On lui attribue, à la cathédrale de Strasbourg, le décor intérieur du narthex et l'étage de la rose de la façade occidentale, ainsi que, parfois, le tombeau sous enfeu (niche à fond plat) de l'évêque Conrad de Lichtenberg, exécuté vers 1300 dans la chapelle Saint-Jean-Baptiste, dans lequel un petit personnage barbu, sculpté en relief, le représenterait. Erwin doit modifier le premier projet de la façade pour raccorder l'étage de la rose aux parties hautes de la nef. Le réseau rayonnant de la rose, le décor du narthex rappellent la façade méridionale du transept de Notre-Dame de Paris et font penser que maître Erwin a voyagé en France avant de travailler à la cathédrale de Strasbourg.

ANNE PRACHE

ÉTIENNE DE BONNEUIL (2e moitié XIIIe s.)

Le nom de ce maître maçon est connu par différents actes par lesquels Étienne de Bonneuil s'engageait à se rendre à Uppsala en Suède. Cependant, Philippe le Bel ne lui accorda qu'en 1287 l'autorisation de quitter la France. Un contrat fut alors passé devant la garde de la prévôté de Paris avec les six compagnons et les six bacheliers qu'il se proposait d'emmener avec lui. Lorsqu'il arriva à Uppsala, l'église était déjà en cours de construction. L'archevêque Laurentius, qui appartenait à l'ordre mendiant des Franciscains, avait en effet pris sa décision dès 1258. Cependant, le plan de l'édifice et son style sont incontestablement d'inspiration française, ce qui tend à prouver que, dès l'origine, Laurentius s'était adressé à un architecte de cette nationalité, dont le nom ne nous est pas parvenu. Lorsque Étienne de Bonneuil arrive, le chœur est vraisemblablement achevé. Il doit donc travailler principalement dans la nef sans qu'il soit possible de mieux préciser l'importance de ses interventions. Quoi qu'il en soit, la cathédrale d'Uppsala ne peut être confondue avec un édifice français. De nombreux détails sont absolument étrangers à l'art français : ainsi le mur nu seulement percé d'un oculus qui sépare les grandes arcades des fenêtres hautes.

ALAIN ERLANDE-BRANDENBURG

EUDES DE METZ (IXe s.)

Le nom de l'architecte de la chapelle palatine d'Aix-la-Chapelle construite à l'initiative de Charlemagne ne nous est connu que par une source de la fin du IXe siècle : Eudes de Metz, qui travaillait sous la direction d'Eginhard et d'Ansegise. Son nom ne laisse aucun doute sur son origine franque. Mais il est vraisemblable que le parti centré retenu pour le monument et qui puise son inspiration dans l'Antiquité lui avait été indiqué par les maîtres d'ouvrage.

ALAIN ERLANDE-BRANDENBURG

EUPALINOS DE MÉGARE (milieu ~VIe s.)

Ingénieur grec né à Mégare, auteur à Samos d'un aqueduc souterrain décrit par Hérodote (*Histoires*, III, 60) comme l'un des ouvrages d'art les plus remarquables construits par les Grecs.

Redécouvert en 1882, le tunnel qui en constitue la section centrale a été complètement dégagé (1971-1973) et étudié par les archéologues allemands travaillant au sanctuaire d'Héra. Long de 1 036 mètres, il faisait déboucher directement en ville l'eau d'une source abondante, située au nord de la colline de l'acropole, dont le rempart suit la crête. De section à peu près carrée (1,80 m de côté), il est constitué d'un couloir de circulation longeant une canalisation, composée d'environ 4 000 tuyaux de terre cuite encore en place, posée au fond d'une tranchée étroite (environ 0,80 m), profonde de 3,89 mètres à l'extrémité nord et de 8,26 mètres à l'extrémité sud, du côté de la ville ; la pente moyenne assurée par cette différence de niveau de 4,37 mètres est de 0,36 p. 100. En raison de la nature variable de la roche, certains segments du tunnel (270 m en tout) ont été maçonnés et pourvus d'une couverture de dalles arc-boutées. Les traces d'outil, les marques et les inscriptions peintes sur les parois permettent de restituer l'organisation du travail : deux équipes de deux hommes, progressant l'une vers l'autre, ont extrait environ 5 000 mètres cubes de rocher, avec un rythme de progression d'environ 0,15 mètre par jour, ce qui permet d'évaluer la durée du percement seul à plus de huit ans. L'exploit technique d'Eupalinos consiste à avoir fait en sorte que les deux équipes se rencontrent, en choisissant judicieusement les deux extrémités du tunnel et en orientant ensuite leur progression de telle sorte que les deux galeries se croisent. Le raccord s'est fait selon un angle d'environ 80⁰ en plan, avec une différence de niveau de seulement 0,60 mètre au sol, à 612 mètres de l'entrée nord et à 424 mètres de l'entrée sud, à peu près sous le sommet de l'acropole. Le tunnel a donc été amorcé d'abord du côté nord, qui est celui de la source, située à 370 mètres de là à vol d'oiseau, ce qui a nécessité l'établissement d'une canalisation enterrée de 887 mètres. Du côté de la ville, l'eau gagne le centre par une canalisation souterraine, ponctuée de vingt-quatre regards, qui aboutissait sans doute à la fontaine et aux deux citernes qui ont été découvertes en plein centre. Cet aqueduc, constamment entretenu pour empêcher les dépôts d'une eau très calcaire, est resté en usage pendant environ un millénaire. À l'époque byzantine, le tunnel a encore servi de refuge. On discute toujours de la méthode qui a permis à Eupalinos de fixer les points d'attaque et surtout d'orienter ensuite les deux galeries.

Rien n'est connu de sa vie ni de ses autres ouvrages, ce qui a permis à Paul Valéry, dans son célèbre dialogue *Eupalinos, ou l'Architecte* (1923) d'en faire le type même de l'architecte.

BERNARD HOLTZMANN

Bibliographie

H. J. KIENAST, *Die Wasserleitung des Eupalinos auf Samos*, Samos XIX, Habelt, Bonn, 1995 / T. E. RIHLL & J. V. TUCKER, « Greek Engineering. The Case of Eupalinos' tunnel » pp. 403-431 in *The Greek World*, A. Powell éd., Routledge, Londres-New York, 1995.

EXPERT ROGER-HENRI (1882-1955)

Issu d'une dynastie de vignerons aisés du Bordelais, Roger-Henri Expert fit ses études secondaires au collège Saint-Elme fondé par les Dominicains à Arcachon, s'inscrivit ensuite à l'école des Beaux-Arts de Bordeaux avant de rejoindre celle de Paris : il obtint le second grand prix de Rome en 1912. Dès cette époque, il travaille avec André Granet pour la construction d'immeubles cossus, square et rue Desaix, dans le XVe arrondissement. Engagé volontaire en 1914, il aurait participé à la conception du casque adopté par l'armée française l'année suivante.

Diplômé en 1920, R.-H. Expert sera professeur à l'École des beaux-arts de Paris à partir de 1922. Il commence à édifier les cinq villas d'Arcachon qui le classeront d'emblée parmi les nouveaux bâtisseurs respectueux de la tradition classique et du système des ordres qui est alors condamné par tous les représentants de l'architecture internationale œuvrant dans la mouvance d'un Van Doesburg, d'un Gropius ou d'un Le Corbusier. Il est toutefois impossible d'enfermer Expert dans la réputation académique qui a été longtemps la sienne parmi les militants du mouvement moderne. De 1931 à 1934, dans un quartier populaire encore, abcès de fixation de la misère parisienne — le XIIIe arrondissement —, il construit l'école de la rue Kuss, vibrante manifestation d'hygiénisme avec ses formes dépouillées et ses raffinements d'éclairage. Quatre niveaux superposés s'étagent en terrasses au-dessus du rez-de-chaussée. Un tel bâtiment relève d'une esthétique du paquebot — figure emblématique pour Le Corbusier —, et Expert concevra bientôt le pont-promenade du *Normandie*.

Lors de l'Exposition coloniale de 1931, en collaboration avec son ami Granet, il est le responsable des féeries lumineuses du bois de Vincennes, une grande première dans l'utilisation de toutes les possibilités de l'électricité. Pour cet effort inédit nécessité par la mise au point de l'éclairage indirect dans l'illumination des palais, trois mille projecteurs furent dissimulés sous les arbres tandis que deux mille lampadaires éclairaient les allées. Sur le lac Daumesnil, le Grand Signal, une fontaine lumineuse de 45 mètres de haut, projetait des flammes de toutes les couleurs. Le succès remporté à cette occasion par l'équipe Expert-Granet leur valut un peu plus tard la commande des bassins qu'ils installèrent au bas du palais de Chaillot édifié sur l'emplacement de l'ancien Trocadéro de Davioud pour l'Exposition de 1937. Entre-temps, Expert avait été le maître d'œuvre de la légation de France à Belgrade (1928) et surtout l'auteur des ateliers extérieurs de l'École des beaux-arts, rue Jacques-Callot, un fragment d'architecture industrielle, clair et net, avec des locaux aérés en total contraste avec le capharnaüm qui était la règle rue Bonaparte. À la veille de la Seconde Guerre mondiale, Expert commence l'église Sainte-Thérèse-de-l'Enfant-Jésus, à Metz, bâtiment en béton — avec des vitraux de Nicolas Untersteller — qui ne sera achevé qu'en 1955.

Chef d'atelier — la plus haute qualification à l'École des beaux-arts de Paris — depuis 1937, Expert le restera jusqu'à son décès, survenu avant sa réception à l'Institut où il venait d'être élu. Longtemps dédaigné et occulté par les tenants du mouvement moderne — sa réhabilitation date seulement de l'exposition que l'Institut français d'architecture lui consacra en 1983 —, Expert a retrouvé sa juste place parmi les néo-classiques de l'entre-deux-guerres marqués par l'influence viennoise, en particulier celle de J. Hoffmann, et travaillant pour une clientèle aisée soucieuse d'une élégance discrète sans rapport avec les « machines à habiter » d'un Le Corbusier. Il appartient à la dernière génération des « chers maîtres »

— Robert Mallet-Stevens, Louis Süe — qui ont disparu sans aucune descendance.

ROGER-HENRI GUERRAND

Bibliographie
A. BLUNT, *Neapolitan Baroque and Rococo Architecture*, Londres, 1975.

FANZAGO COSIMO (1591-1678)

Originaire de Bergame, sculpteur, décorateur et architecte, Fanzago fut le principal représentant du baroque napolitain. Il se spécialisa dans une fastueuse décoration d'incrustations de marbres, stucs et peintures, qui connut une large diffusion locale. Il travailla pendant trente ans à la chartreuse de San Martino (cloître, église et monastère) et construisit, toujours à Naples, de nombreuses églises et chapelles (San Maggiore, 1640, Santa Teresa à Chaia, 1653), donnant la préférence au plan en croix grecque surmontée d'une immense coupole.

CATHERINE CHAGNEAU

FATHY HASSAN (1900-1989)

Né dans une riche famille de propriétaires fonciers vivant alternativement au Caire et à Alexandrie, l'architecte égyptien Hassan Fathy s'est imposé comme le champion de l'« autoconstruction », ce mouvement de la fin des années 1960 qui s'appliqua à valoriser les « architectures sans architectes », le retour aux traditions vernaculaires, la participation des populations pauvres à l'édification de leurs maisons.

Personnalité paradoxale et controversée, tenue par les uns pour un véritable saint, pour un gourou formant nombre de disciples dans le monde, dénoncé comme illuminé mystique et rétrograde pour les autres, « Hassan Bey » s'est intéressé très tôt, dès la fin des années 1930, aux traditions indigènes de son pays, à l'authenticité culturelle du monde rural les opposant aux désordres, à la corruption que lui paraissaient engendrer les techniques et les modèles importés d'Occident. Il a développé une vision poétique, presque bucolique des anciennes vertus paysannes du monde islamique et cherché à faire de l'homme, considéré comme participant intimement de la nature, le centre d'une architecture qui, ainsi, retrouverait harmonie et sagesse.

La maison, ce refuge, cet univers privé où s'épanouirait l'individualité, bien à l'abri de « cette avalanche qu'on se plaît à appeler civilisation », constitue le centre d'une réflexion que Fathy a tenté d'élargir à l'échelle du village à l'occasion d'opérations aussi célèbres que malheureusement inabouties, comme celle de Gourna, dont il tira un ouvrage, *Construire avec le peuple* (1969), qui devait connaître une diffusion universelle.

Dédié « aux paysans », le volume s'ouvre sur une description d'un « paradis perdu : la campagne », qu'il avait entrevu, enfant, par les fenêtres du train d'Alexandrie mais qu'il ne découvrit véritablement qu'à vingt-sept ans. Dès 1937, et bien qu'ayant été formé dans la tradition beaux-arts de l'École polytechnique du Caire, Fathy exposa des gouaches de maisons traditionnelles en briques de terre. En 1941, alors que la guerre rendait coûteux le béton armé, l'acier et même le bois de charpente, il découvrit dans la région d'Assouan « une vision de l'architecture avant la chute, avant que l'argent, l'industrie, l'envie et le snobisme ne l'aient coupée de ses vraies racines dans la nature ». Il fut frappé par l'extraordinaire technique des maçons nubiens qui leur permettait de bâtir des voûtes de briques crues sans employer de cintre, par des jeux d'assises successives, légèrement inclinées, reposant à chaque fois sur la précédente avec un biais de plus en plus marqué.

Fathy fit venir des maçons nubiens à Baltim, près du Caire, pour achever une ferme qu'il construisait pour la Société royale d'agriculture, puis à Gourna où, dans l'immédiat après-guerre, il avait entrepris la réalisation d'un village destiné à reloger, en les déplaçant de leur « terrain de fouille », les pilleurs des tombes antiques ensevelies dans les collines qui s'étendent à l'ouest de Louxor. Un unique maître maçon nubien y aurait formé, en un seul trimestre, près de cinquante personnes à la construction en briques crues séchées au soleil. On commença par les équipements publics, mosquée, khan, marché, théâtre (qui, laissé à l'abandon, s'effondra partiellement avant d'être restauré en 1983), école (qui fut détruite et remplacée par un bâtiment en béton). Une centaine de familles seulement s'y établirent sur les neuf cents qu'on attendait, et les reproches assaillirent Fathy, qu'on accusait notamment de vouloir imposer des modes de vie archaïques à des populations qui ne le souhaitaient pas.

Le plan du village était à la fois rationnel et pittoresque, fracturé, ménageant des vues brisées et des hiérarchies d'espace. Le vocabulaire architectural était austère, se réduisant à des formes simples qu'animaient seuls les percements et les proportions variées et sobres des volumes. Le carré, couvert d'une coupole, le rectangle voûté, l'alcôve à demi-coupoles, la cour close et la loggia fortement ventilée resteront le modeste abécédaire de Hassan Fathy, ancré dans la tradition la plus dépouillée et témoignant d'une dévotion presque religieuse à l'égard du geste de l'homme qui, de ses propres mains, recueille, sur le sol même où il va construire, la boue dont il fera les murs de sa maison.

Fathy édifia un village rural pour le latifundiaire Afifi-Pacha dans le delta du Nil (Lu'Luat al-Sahara) puis une école à Fares, suivie d'une seconde à Edfou en Haute-Égypte. Malgré, dit-on, leur grand succès local, ces opérations suscitèrent une atmosphère d'hostilité générale en Égypte qui contraignit l'architecte à quitter son pays en 1957 pour rejoindre l'urbaniste Doxiadis à Athènes, où il demeura jusqu'en 1962. À son retour, il réalisa un Centre de formation pour le développement du désert qui souffrit de graves dommages à cause d'infiltrations d'eau, ainsi qu'un nouveau village, celui de Baris, dans l'oasis de Khargèh, à environ 200 kilomètres à l'ouest du

Nil, dont l'édification fut interrompue par la guerre israélo-arabe de 1967.

S'il connut alors une célébrité croissante, Hassan Fathy avait échoué dans ses intentions sociales. La fondation Dar al-Islam entreprise en 1981 à Abiquiu au Nouveau-Mexique, est sans doute sa seule réussite dans une architecture répondant à des objectifs communautaires. Le succès des résidences individuelles édifiées pour des personnalités fortunées lui est d'ailleurs reproché comme la preuve de l'irréalisme et peut-être du snobisme de ses positions. Hassan Fathy n'en reste pas moins une des figures les plus impressionnantes et les plus intègres de la pensée antimoderne en architecture.

FRANÇOIS CHASLIN

FERSTEL HEINRICH VON (1828-1883)

Architecte autrichien, représentatif de l'historicisme, Ferstel a réalisé une partie des bâtiments qui bordent le Ring et donnent sa physionomie à la Vienne de François-Joseph. Inspiré d'abord par le gothique du XIVe siècle (pour la Votivkirche en 1857) ou le gothique toscan (pour la Bourse), il s'oriente vers les formes de la Renaissance italienne, suivant l'exemple de Semper. Outre des immeubles de rapport le long du Ring ou sur les places Roosevelt et Schwarzenberg, il construit à Vienne : l'Université, le musée d'Art et d'Industrie, la Kunstgewerbeschule et travaille en Bohême, à Salzbourg et à Trieste. Il cherche à créer un habitat individuel pour les classes moyennes mais ne parvient à installer en banlieue que le Cottageverein, témoignage de son utopie sociale.

JEAN-PIERRE MOUILLESEAUX

Bibliographie

N. WIBIRA & R. MIKULA, « Heinrich von Ferstel » in *Die Wiener Ringstrasse. Bild einer Epoche*, vol. VIII, Wiesbaden, 1974.

FIGUEROA LES

On peut, grâce aux Figueroa, famille d'architectes espagnols, suivre, à Séville, l'épanouissement de l'art baroque puis le passage au classicisme.

Leonardo (Utiel, 1650 env.-Séville, 1730) est le plus connu des Figueroa. Installé à Séville dès avant 1675, il dirige la construction de l'hôpital des Venerables Sacerdotes (1687 à 1697), dont le patio séduit par la clarté de sa composition. On décèle une forte influence italienne dans la plupart de ses œuvres : l'église de San Pablo (1691-1709), la majestueuse collégiale du Salvador (1696-1711) et San Luis, l'église du noviciat des Jésuites — une rotonde sur laquelle s'ouvrent des absides et des niches (à partir de 1699). Plus tard (1724), il signe le contrat de construction du grand cloître du couvent de la Merced, aujourd'hui musée des Beaux-Arts, et il fait accomplir des progrès décisifs à l'œuvre du Colegio seminario de San Telmo, l'un des chefs-d'œuvre baroques de Séville. Dans l'exécution, les œuvres de Leonardo Figueroa demeurent très sévillanes : par l'emploi de la brique, par le soin apporté au décor des portes et des fenêtres, par la somptuosité de l'ornementation intérieure et le rôle joué par les clochers et les coupoles.

Matías José (Séville, 1698-env. 1765), fils de Leonardo, termine le Colegio seminario de San Telmo et reconstruit l'église de San Jacinto (1735-1740). Son style témoigne de l'influence du rococo, qu'il avait appris à connaître à Séville grâce à son collègue sévillan Diego Antonio Díaz (1680-1748).

Ambrosio (Séville, 1700 env.-1775), autre fils de Leonardo, continue le style du père. On lui doit de très nombreuses églises à Séville et dans la basse Andalousie (Carmona, Marchena, Huelva).

Antonio Matías (1734 env.-1796 ?), peut-être fils d'Ambrosio, s'inspire de la Giralda de Séville pour le dessin de ses clochers (église paroissiale de la Palma del Condado, 1780). Son style témoigne par ailleurs des progrès du néo-classicisme.

MARCEL DURLIAT

FILARÈTE (1400 env.-env. 1469)

« Qu'il te plaise d'accepter cet ouvrage, composé par ton architecte Antonio Averlino, florentin, qui sculpta les portes de bronze de Saint-Pierre-de-Rome et les décora des faits mémorables de la vie de saint Pierre et saint Paul, et de celle d'Eugène IV, sous le pontificat duquel elles furent exécutées. Et dans ta glorieuse ville de Milan, je construisis la célèbre auberge des pauvres du Christ dont tu as toi-même posé la première pierre, et bien d'autres choses encore. Et l'Église Majeure de Bergame, avec ton consentement, j'en fis le plan. » C'est en ces termes que, en 1465, Averlino, dit Filarète, dédiait son *Trattato di architettura* à Francesco Sforza, quatrième duc de Milan. Mieux que tout autre développement, ces quelques lignes résument bien l'activité d'un artiste dont la vie ne nous est guère connue, et dont l'influence a probablement dépassé le talent.

Rome et les leçons de l'Antiquité

Si l'on connaît les lieux de naissance et de mort de Filarète, Florence et Rome, on en ignore par contre les dates précises. Est-ce parce qu'il avait travaillé avec L. Ghiberti au Baptistère de Florence que l'artiste fut appelé en 1433 par le pape Eugène IV pour sculpter la porte de bronze de Saint-Pierre ? On sait seulement que G. Vasari – qui ne le tient pas en grande estime – déplore ce choix, et, de fait, le résultat des travaux, commencés en 1439 et achevés douze ans plus tard, est décevant : les grands personnages, le Christ et la Vierge, saint Pierre et saint Paul, sont massifs et gauches ; les petites scènes qui célèbrent les événements les plus marquants du pontificat : le concile de Florence, la rencontre à Ferrare du pape et de l'empereur Jean Paléologue, témoignent de qualités d'orfèvre plus que d'une conception d'ensemble, et leur valeur artistique est moindre que leur intérêt documentaire. Mais, sur la frise de la bordure, le sculpteur renonce aux schémas conventionnels des structures médiévales et laisse parler ses préférences. L'Antiquité l'emporte donc sur les sujets sacrés : Ovide, Tite-Live, Valère-Maxime, Ésope triomphent de la Bible ; amours et génies dansent sur les feuilles d'acanthe. La leçon de Rome a déjà porté ses fruits et l'artiste y restera fidèle, même s'il n'arrive pas toujours dans ses œuvres à se libérer du passé.

L'architecte de Milan

S'il y avait une ville où régnait l'esthétique médiévale, c'était bien Milan. Or, dans ce bastion du gothique, en 1451, Francesco Sforza appelle Filarète. Depuis la brusque interruption de son séjour romain en 1447, ce dernier avait mené une vie vagabonde de Florence à Rimini, de Mantoue à Venise. Le duc préfère l'Averlino aux artistes locaux, il espère en effet qu'il introduira dans sa capitale les formes et l'esprit de la Renaissance. Malheureusement, il ne semble pas que son protégé ait opté résolument pour les temps nouveaux : la tour du château Sforza, détruite en 1521, n'est connue que par un dessin, mais elle avait encore des accents nordiques et Filarète y fut plus décorateur qu'architecte. Son activité à la cathédrale est peu connue, mais il ne dut pas y faire œuvre de révolutionnaire. L'arc de triomphe élevé à Crémone en 1454 a disparu ; le dôme de Bergame a été entièrement reconstruit par Carlo Fontana. Seul l'Hôpital Majeur à Milan permet de découvrir – encore qu'imparfaitement – le talent d'architecte de Filarète. Le 12 août 1456, le duc Sforza posait la première pierre de cet édifice monumental. L'énorme ensemble prévoyait au centre une église couronnée par une coupole encadrée de tours. Des deux côtés se répétait le motif de quatre grands passages disposés en croix pour accueillir les malades. Des portiques devaient relier l'église aux bâtiments qui la jouxtaient ; à l'extérieur, les passages coïncidaient avec un des côtés des huit cours. L'artiste n'eut le temps de mener à bien que la partie centrale de l'édifice, et la cour de la pharmacie. À la suite de dissensions avec les milieux milanais il fut, en effet, remplacé par Guinforte Solari en 1465. Ce dernier donna à l'édifice une empreinte gothique plus accentuée (fenêtre en arc brisé ; encadrements de terre cuite), mais resta fidèle au plan primitif, de même que les architectes qui se succédèrent sur ce chantier jusqu'au XVIIIe siècle.

Le théoricien de « Sforzinda »

Ce plan – si les apports des siècles ne permettent plus de le discerner avec précision dans le monument actuel – nous est bien connu grâce à la description qu'en fait l'artiste lui-même dans un des livres de son *Trattato di architettura*. En effet, cet ouvrage fameux n'est pas seulement une étude théorique, il fourmille aussi de réminiscences personnelles. C'est durant son séjour à Milan que, de 1460 à 1465, Filarète le compose. On connaît le texte italien par cinq manuscrits, mais l'édition intégrale imprimée ne date que de 1965 (traduction anglaise avec le texte reproduit en fac-similé par J. R. Spencer). L'édition allemande de W. De Œttingen parue en 1890 n'était que partielle. Premier traité théorique en langue vulgaire (le *De re aedificatoria* de L. B. Alberti, antérieur, est en latin), le *Trattato* relate la construction de la ville idéale « Sforzinda ». Averlino s'inspire des théories d'Alberti dans sa description d'une cité extrêmement régulière, polygone étoilé de seize côtés. Ses rues rayonnantes – toutes bordées de canaux, souvenir de Venise – aboutissent à la piazza, centre de la vie civique et administrative.

Il ne faut pas chercher dans ce récit la science et le raffinement d'Alberti ; on y trouve bien plutôt la spontanéité d'un roman dont le manque de rigueur n'est pas toujours sans charme : Filarète s'éloigne de son sujet, fait des digressions lorsqu'il quitte la fiction pour le réel. Quand il s'agit de ses propres œuvres, il est intarissable (nous savons tout de l'hôpital de Milan ou du dôme de Bergame) ; il fait partager ses goûts au lecteur, son enthousiasme pour les monuments antiques, critique les formes architecturales modernes (les arcs brisés si nombreux alors à Milan) et ne dédaigne pas de s'abaisser à des détails concrets, comme la nourriture et le paiement des ouvriers ; mais il sait aussi être poète. Un même esprit anime les dessins et le texte du *Traité* : les plans rigoureux de certains édifices réels voisinent avec les architectures les plus fantaisistes. M. Salmi a montré que cette fantaisie était en fait un curieux mélange de formes inspirées de l'Antiquité et du Moyen Âge, plus qu'une recherche originale.

Le traité théorique de Filarète a donc les mêmes caractères que ses œuvres ; Averlino n'a pas eu assez de génie pour imposer des schémas nouveaux, mais il a préparé ses contemporains à comprendre les réalisations les plus parfaites de la Renaissance.

NOËLLE DE LA BLANCHARDIÈRE

Bibliographie

- **Œuvres de Filarète**

Trattato di architettura, Vienne, 1896 ; *Filarete's Treatise on Architecture*, éd. J. R. Spencer, New Haven, 1965.

- **Études**

Dizionario biografico degli Italiani, vol. IV, Averlino, 1962 / *Il Filarete*, n° spéc. de *Arte lombarda*, pp. 38-39, 1973 / M. LAZZARI & A. MUNOZ, *Filarete scultore e architetto del secolo XV*, Rome, 1908 / P. PORTHOGESI dir., *Dizionario enciclopedico di architettura e urbanistica*, t. I, Rome, 1968 / A. ROVETTA, « Filarete : l'umanesimo greco a Milano », in *Arte Lombarda*, Milan, vol. LXVI, n° 3, 1983 / M. SALMI, « Filarete e l'architettura lombarda del primo Rinascimento », in *Atti del Congresso di storia dell'architettura*, Florence, 1938 / P. TIGLER, *Die Architekturtheorie des Filarete*, Berlin, 1963.

FISCHER JOHANN MICHAEL (1692-1766)

Le Bavarois Johann Michael Fischer fut l'un des architectes allemands les plus productifs et les plus originaux du XVIIIe siècle. Fils d'un maître maçon d'une petite bourgade proche de Ratisbonne, on le trouve à Munich en 1718, après qu'il eut travaillé en Moravie. Il s'établit définitivement dans cette ville, où il est maître maçon en 1723. Son mariage le lie aux Gunetzrhainer, famille de maçons dont un membre, Johann Baptist, est assistant de l'architecte de la cour Josef Effner et lui succédera en 1745. Cependant, Johann Michael Fischer n'a pas travaillé pour le prince électeur de Bavière, même s'il a reçu du frère de ce dernier, l'électeur de Cologne Clemens August, commande de la petite église de Berg am Laim, dans l'actuelle banlieue de Munich ; il eut pour clientèle ordinaire des communautés religieuses et des abbés. En cela, sa carrière est semblable à celle de son contemporain le Bavarois Dominikus Zimmermann.

Pour ses deux premières églises importantes, celle de l'abbaye d'Osterhofen (1727-1731) et celle de Sainte-Anne « am Lehel » à Munich (1727-1729, consacrée en 1739, décor détruit en 1944), il a collaboré avec les frères Asam, auteurs de la décoration. Si la première est construite sur le plan basilical, celle de Munich, commencée à la même date que l'église construite par Dominikus Zimmermann à Steinhausen, offre au problème de la combinaison entre les possibilités du plan central et du plan longitudinal, primordial pour l'architecture religieuse en Europe centrale au XVIIIe siècle, une solution originale assez complexe, où l'on décèle, dans la disposition des piles et la tendance à l'interpénétration des volumes intérieurs, une influence des églises construites en Bohême par Christoph Dientzenhofer.

Par la suite, Johann Michael Fischer utilise avec prédilection un plan carré à angles coupés par des chapelles, auquel succède pour le chœur un second carré plus étroit. Cette disposition, qui était celle de l'église des Franciscains d'Ingolstadt (1736-1740), détruite à la fin de la Seconde Guerre mondiale et que l'on rencontre à l'église d'Aufhausen, près de Ratisbonne (1736 env.-1739), à l'église de Berg am Laim (1738-1742) et dans d'autres églises de moindre importance, permet à l'architecte de créer par l'illusion perspective due au rétrécissement de l'espace intérieur une tension dirigée vers le chœur et le maître-autel. Il y revint peu avant sa mort, en 1763, pour mener à bien la tâche difficile de reconstruire l'église abbatiale d'Altomünster.

Cependant, les églises les plus importantes et les plus célèbres sur lesquelles repose la réputation de Fischer, celles de Diessen, de Zwiefalten et d'Ottobeuren, sont de plan longitudinal, mais, dans chacun des cas, il a été appelé à assurer la direction d'une entreprise en cours et a dû composer avec l'œuvre de ses prédécesseurs. Les deux premières présentent plusieurs analogies : façade monumentale, plan, volonté d'unifier l'espace intérieur de la nef par une vaste fresque couvrant plusieurs travées. Leur intérêt tient toutefois moins au parti architectural qu'à la décoration, à Zwiefalten notamment, qui est peut-être la réalisation la plus éblouissante du stucateur Johann Feuchtmayer. À Ottobeuren, où il fut appelé en 1748, si Johann Michael Fischer a conservé le plan d'ensemble de son prédécesseur, il faut mettre au compte des modifications qu'il a introduites le caractère de l'espace intérieur, le plus grandiose qui ait été réalisé en Europe centrale au XVIIIe siècle.

La succession de trois coupoles reparaît à l'abbatiale de Rott am Inn, dont Johann Michael Fischer a dirigé la construction de 1759 à 1763 ; mais, au lieu de marquer la croisée du transept par deux bras en hémicycle comme à Ottobeuren, il donne à la coupole médiane un plus grand diamètre et la fait reposer sur un plan carré aux angles coupés par des chapelles, plan pour lequel nous avons souligné sa prédilection. Ainsi se trouve réalisée une nouvelle combinaison du plan central et du plan longitudinal qui rappelle la solution imaginée à la même époque par le grand architecte de Wurtzbourg, Balthasar Neumann, à l'église de Neresheim.

PIERRE VAISSE

FISCHER RAYMOND (1898-1988)

Comptant parmi les rares architectes français à avoir rejoint dans les années 1920 les rangs de l'avant-garde la plus radicale, Raymond Fischer fut à la fois un ardent polémiste et un artiste inspiré. La poursuite d'une carrière plus conventionnelle, à partir de la reconstruction et jusqu'à sa cessation d'activité dans les années 1960, masque l'originalité de son apport aux années héroïques du mouvement moderne en France.

Élève de l'atelier Redon à Paris, Fischer fut admis à l'École des beaux-arts en 1917 avec son ami Eugène Beaudouin qui obtiendra le Grand Prix de Rome en 1928. Moins convaincu que ce dernier des vertus de l'enseignement académique, il quittera l'École dès 1918 : « J'étais presque obligé d'abandonner les Beaux-Arts, j'avais mauvais esprit. » Décidant désormais de sa formation, il proposera sans grand succès ses services à des architectes modernistes européens, espérant ainsi contribuer à renouer les liens intellectuels rompus par « la folie de 14-18 ». Seul Adoff Loos lui répondit « aimablement » mais n'utilisa ses services que plus tard, à l'occasion du chantier de la maison de Tristan Tzara à Paris. Il entreprit alors un voyage aux États-Unis, où il rencontra F. L. Wright a Chicago.

De retour à Paris, il « négrifia » pour Michel Roux-Spitz ou Henri Sauvage, tandis qu'il côtoyait le soir à Montparnasse les personnalités les plus diverses de l'avant-garde artistique et littéraire. Il fréquenta Hector Guimard, appréciant l'ouverture d'esprit de ce maître de l'Art nouveau qui encourageait les efforts de la génération montante pour « une architecture plate », très opposée à la sienne, du moins en apparence.

Mais la rencontre décisive fut celle de Le Corbusier : « C'était le patron, nous avons tous subi son influence. » Il racontait que Le Corbusier, exerçant son autorité sur les rangs clairsemés des modernes, fustigeait ceux qui acceptaient pour vivre de réaliser de l'architecture de « style », renonçant ainsi à éduquer la clientèle. Raymond Fischer ne se cachait pas d'avoir lui-même réalisé quelques projets « Louis V ou XVI » pour des clients souvent incultes : « Nous étions dans une époque de révolution, il fallait travailler à côté, personne ne voulait du moderne. J'ai fait des horreurs du côté de La Muette. »

Sa première commande sera un immeuble de rapport, avenue de Lamballe, en 1923. Façade lisse revêtue de pierre agrafée, sur les conseils de Roux-Spitz, appuis de fenêtres « très minces », sur les conseils cette fois de Robert Mallet-Stevens. Dès cette construction, Raymond Fischer marque sa préférence pour l'ossature à l'intérieur qui « permet une façade plus mouvementée ». En 1924 viendra sa commande de l'atelier du peintre animalier Jacques Nam, rue Nicolo, sur un terrain très difficile, où il montrera son indifférence à la symétrie dont il disait qu'elle doit être réservée aux grandes compositions, l'asymétrie permettant « une meilleure répartition des volumes dans les petites constructions ». C'est contraint par le client qu'il réalisera un hôtel particulier symétrique, rue du Belvédère à Boulogne-sur-Seine, en 1925. C'est aussi à Boulogne qu'il construira pour Mme Lubin, modiste, la seule maison par laquelle il est connu comme un moderne des années 1930, et cela parce que cette maison est mitoyenne de la célèbre villa Cook, construite en 1927 par Le Corbusier.

Raymond Fischer rapportait d'ailleurs qu'il avait eu la plus grande peine à empêcher le « maître » de le supplanter pour cette réalisation, Le Corbusier considérant qu'elle lui revenait de droit. Dans cette composition, on retrouve les traits personnels de la manière de Raymond Fischer : une conception interne faite de volumes d'inégales hauteurs imbriqués selon le principe du « Raumplan » de Loos et, desservis par des escaliers « serpentant entre les différents niveaux », une façade « expression du plan », travaillée par un ou deux parallélépipèdes saillants combinés avec un volume en creux par rapport au nu de référence de la façade.

Membre du comité de rédaction de *L'Architecture d'aujourd'hui* dès sa création, il écrira de nombreux articles et participera à la mémorable soirée de propagande moderniste du 14 décembre 1931 organisée par la revue à la salle Pleyel.

En 1934, déçu par l'orientation éclectique et commerciale de *L'Architecture d'aujourd'hui*, il fondera avec Elie Faure et Francis Jourdain *L'Architecture rationnelle*, qui ne sortira que trois numéros.

Dans son agence, il employait certains de ces architectes européens aux fermes convictions modernistes sans l'intervention desquels le mouvement moderne en France aurait encore moins produit. Il faut citer le Polonais François Heep, qui s'associera plus tard avec Jean Ginsberg et construira avec lui en 1932 l'immeuble du 42, avenue de Versailles, mais surtout l'Autrichien Jean Welz, qui construisit en 1934 pour la famille Zilveli une maison d'un modernisme très radical, 70, rue Georges-Lardennois. En 1932, ils signèrent ensemble un groupe d'immeubles rue de Charonne qui, bien que transformé par une récente réhabilitation, livre à l'observateur attentif sa volumétrie rigoureuse et élégante.

Au tard de sa vie, Raymond Fischer jugeait sévèrement la production dite « post-moderne », lui qui écrivait en 1930 : « Le mouvement moderne en aura fini de toutes les maladies infantiles, quand, aux méthodes empiriques et aux efforts isolés, auront fait place un travail groupé et l'industrialisation. »

JEAN-LOUIS AVRIL

FISCHER VON ERLACH
JOHANN BERNHARD (1656-1723)

Salué de son vivant même comme l'artiste en qui s'incarnait la renaissance de l'art allemand, Fischer von Erlach reste le grand architecte de la Vienne triomphante, au tournant des XVIIe et XVIIIe siècles. Son père était un sculpteur de Graz, et il reçut sa première formation également comme sculpteur. Un séjour d'une dizaine d'années en Italie, à partir de 1674, le mena à Rome et à Naples, où il semble avoir fréquenté le cercle de Bernin.

Quand il rentre en Autriche, Fischer trouve une situation toute nouvelle : délivrés une bonne fois, après le siège de 1683, de la menace turque, les États des Habsbourg respirent et un âge de grandeur paraît s'ouvrir. Les commandes se multiplient ; l'activité de Fischer se déploie entre Salzbourg, Vienne et Prague. Il parvient rapidement à la plus grande notoriété, est anobli et nommé Erster Hofbaumeister, ce qui équivalut à peu près au titre de premier architecte en France.

Dans le domaine de l'architecture civile, son œuvre majeure consiste dans la construction de Schönbrunn, et plus encore dans les projets qui précédèrent l'exécution. Son premier dessein en effet, grandiose et, reconnaissons-le, difficilement réalisable, comportait l'aménagement monumental de toute la colline où s'élève actuellement la Gloriette, au moyen d'un système de terrasses et de rampes, couronné par un immense palais en hémicycle autour d'un bassin. Le second projet, celui qui fut exécuté à partir de 1696, reprend les motifs du premier, mais à une échelle bien plus modeste.

Les églises élevées par Fischer, par exemple la Kollegienkirche de Salzbourg, consacrée en 1707, ou la Karlskirche (Saint-Charles-Borromée) de Vienne, commencée en 1716 et terminée après la mort de Fischer par son fils, témoignent de préoccupations analogues à celles que manifestent les projets pour Schönbrunn : articulation vigoureuse des volumes et établissement de rapports dynamiques entre eux. De là vient sans doute la prédilection de Fischer pour les formes elliptiques, qui permettent d'instaurer une tension dans l'espace intérieur tout en sculptant fortement les volumes extérieurs. Fasciné par les modèles anciens qu'il va puiser jusqu'en Orient, comme en témoigne son traité publié en 1721, l'*Entwurf einer historischen Architektur* (*Esquisse d'une architecture historique*), Fischer n'hésite pas à utiliser les motifs les plus curieux, telles les deux colonnes trajanes qui flanquent le portique de Saint-Charles. Il a largement contribué à modeler le visage de la Vienne baroque dont il demeure le symbole.

GEORGES BRUNEL

FONTANA CARLO (1634-1714)

Dans la Rome de la fin du XVIIe et du début du XVIIIe siècle, Carlo Fontana occupe une place qui n'est pas sans rappeler celle d'un Jules Hardouin-Mansart en France ; c'est l'autorité suprême en matière de monuments, le chef d'un atelier important, celui entre les mains de qui toutes les affaires passent.

Né, comme son homonyme Domenico dans le Nord, près de Côme, il s'établit lui aussi à Rome vers l'âge de vingt ans. Il y fera toute sa carrière et y mourra chargé d'honneurs. La Rome où il arrive est celle où règne Bernin, et c'est dans l'atelier du maître que Fontana se forme et exécute ses premiers travaux. Mais, alors que Bernin pense toujours l'architecture en termes d'effets dramatiques, Fontana l'aborde dans une perspective qui est d'abord scénographique. On s'en rend parfaitement compte en examinant le projet de 1694 par lequel il devait achever la place Saint-Pierre. Bernin voulait ménager une entrée directe sur la place de sorte que l'on se trouvât brusquement enveloppé par le déploiement des colonnes. Le projet de Fontana, au contraire, prévoit une entrée donnant sur une première place, ouverte entre l'extrémité des deux bras de la colonnade. Le recul ainsi ménagé permet d'embrasser du regard l'ordonnance successive des espaces, mais nie la suggestion de mouvement qui était le ressort du schéma voulu par Bernin. Le style ainsi défini par Fontana va connaître une grande diffusion, grâce à l'importance de son atelier, et des architectes comme Juvarra à Turin ou Vaccarini à Catane s'en inspirent directement dans leurs compositions urbaines.

Homme de science et technicien accompli, Fontana a laissé des traités et des textes théoriques en grand nombre : sur l'histoire de Saint-Pierre, sur les inondations du Tibre, etc. Ses constructions proprement dites, sans être négligeables, restent des œuvres secondaires. La plus notable est l'église San Marcello al Corso, à Rome, avec son élégante façade incurvée aux claires articulations (1682-1683). Après l'époque de Bernin et de Pierre de Cortone, c'est un style de détente qu'il propose, dans un esprit qui s'accorde à celui que son contemporain Maratta fait triompher dans la peinture.

GEORGES BRUNEL

FONTANA DOMENICO (1543-1607)

Ingénieur et architecte, Domenico Fontana est probablement, avec Bernin, celui qui a le plus contribué à donner sa physionomie à la Rome moderne. Il était originaire du nord de l'Italie, de la région de Lugano. Vers sa vingtième année, on le trouve déjà établi à Rome où il passera la majeure partie de son existence.

La chance de Domenico Fontana fut de trouver un mécène et un protecteur particulièrement éclairé en la personne du cardinal Montalto, lequel devait devenir pape en 1585 sous le nom de Sixte Quint. Les cinq années de ce pontificat, si importantes par ailleurs dans l'histoire de l'Église, sont aussi une période capitale dans celle de l'urbanisme romain. Fontana, déjà illustre par des travaux comme ceux qu'il avait conduits à Sainte-Marie-Majeure entre 1570 et 1580 (aménagement de la chapelle du Saint-Sacrement, tombeau de Nicolas IV), se vit confier le soin de donner à la ville un nouveau tracé. Des obélisques furent dressés sur les places principales : devant Saint-Jean-de-Latran, Saint-Pierre, Sainte-Marie-Majeure, la Trinité-des-Monts. De longues rues rectilignes furent percées pour relier entre elles ces places, de sorte que les obélisques constituent les points de terminaison des perspectives ainsi créées. La surimposition de ces axes rigoureusement dessinés au relief mouvementé de Rome aboutit à d'impressionnants résultats : l'obélisque de la Trinité-des-Monts, détaché sur le ciel comme une aiguille au bout de l'étroite via Sistina, est l'un des plus beaux motifs de paysage urbain que l'on puisse rencontrer au monde. L'aménagement de la place du Quirinal, où Fontana dessine les sévères façades du palais et installe les fameux chevaux, témoigne également d'un sens infaillible de l'organisation urbaine.

Comme il arrive souvent, Domenico Fontana fut, après la mort de son protecteur, frappé d'une disgrâce si profonde qu'il se vit réduit à quitter Rome. Il s'établit à Naples où il mourra. Sa conception de l'urbanisme, fondée à la fois sur une rationalité extrême et sur des effets de surprise, doit être prise en compte par qui s'intéresse à l'esprit maniériste ; elle en fait en tout cas l'un des génies les plus originaux de l'époque.

GEORGES BRUNEL

FORMIGÉ JEAN-CAMILLE (1845-1926)

Entré en 1869 au service d'architecture de la municipalité parisienne, il devient le chef d'agence de Ballu, reconstructeur de l'Hôtel de Ville après l'incendie de 1871, et lui succède en 1885. Également attaché au service des Monuments historiques, il restaure de nombreuses églises (Conques, Laval,-Meaux). Les palais qu'il édifie pour l'Exposition universelle de 1889 attestent une grande maîtrise du fer : il s'en servira pour la construction du viaduc « dorique » du métro aérien et des deux ponts jetés sur la Seine pour le passage de ce nouveau chemin de fer. *343 (exposition de 1889,)* 355 Bibl. : *Dictionnaire de biographie française*, t. XIV, Paris, 1979.

ROGER-HENRI GUERRAND

FOSTER NORMAN (1935-   )

Souvent appelé *high tech* (de *high technology*), un courant très particulier de l'architecture contemporaine s'est développé, principalement en Grande-

Bretagne, dans les années 1970. Il se distingue par la légèreté inaccoutumée de ses structures, l'élégance, le raffinement parfois un peu affecté de ses procédés constructifs, l'emploi renouvelé du fer, du verre, des réseaux de câbles tendus et par l'utilisation des matériaux les plus nouveaux. Perçu comme un regain d'optimisme et de confiance en la modernité, ce courant tend vers un dépassement de l'architecture moderne internationale, que certains esprits déclaraient exténuée et qui a eu à subir les assauts négateurs du postmodernisme et des tendances historicistes.

Mis à part le Génois Renzo Piano, ses chefs de file représentent une toute petite cohorte de professionnels anglo-saxons de la même génération. Formés ensemble, ils ont souvent travaillé ensemble : Michael Hopkins, Nicholas Grimshaw, Peter Rice, et surtout Richard Rogers (qui construisit à Paris avec Piano le Centre Pompidou, premier édifice high tech et longtemps le seul du genre) et son ancien associé Norman Foster.

L'un et l'autre ont achevé en 1986 leur œuvre majeure : pour Rogers le nouveau siège des Lloyd's, au cœur de la City de Londres, pour Foster l'extraordinaire tour de la Hong Kong and Shanghai Bank à Hong Kong. L'un et l'autre eurent l'insigne honneur d'être exposés à la Royal Academy of Arts de Londres, en compagnie de leur aîné James Stirling.

Norman Foster est né en 1935 dans une famille modeste de Manchester. Ce n'est qu'à vingt et un ans, après deux années de service militaire dans la Royal Air Force (qui devaient laisser en lui des traces profondes), qu'il entreprit ses études d'architecture, d'abord dans sa ville natale puis aux États-Unis, à Yale, où enseignaient Paul Rudolph, James Stirling et le critique Vincent Scully, et où il rencontra Rogers.

De retour à Londres en 1963, les deux condisciples créaient, en association avec les deux sœurs Georgie et Wendy Cheeseman, l'équipe Team 4. De ces années de travail commun datent diverses constructions, notamment en Cornouailles, qui témoignent déjà du souci de la lumière naturelle qui allait ensuite se développer chez Norman Foster : la maison Cockpit, toute petite « retraite » posée, à demi enterrée, au-dessus de l'estuaire de la Fal, et d'où l'on guette le paysage grâce à une verrière tapie au creux d'une clairière ; la maison Creek Vean, au toit planté de végétation, aux éclairages subtils, réalisée pour les collectionneurs Marcus et Irene Brumwell, beaux-parents de Rogers ; les trois maisons jumelles du quartier des Murray Mews, à Londres, dotées de verrières et qui témoignent d'une grande attention à l'intimité.

L'usine de composants électroniques construite en 1967 près de Swindon, dans le Wiltshire, pour la société Reliance Controls, à laquelle les avait recommandés James Stirling, marque leurs débuts dans ce qui allait surtout devenir la grande spécialité de Norman Foster : l'architecture industrielle. Sa structure en charpente métallique, nette et bien lisible, ses parois rythmées par les ondes verticales des bardages, les grands tirants de contreventement en croix de Saint-André développés sur la façade en firent un événement d'importance en ces années de prospérité économique de la Grande-Bretagne.

La même année, Norman et Wendy Foster fondaient Foster Associates, après la dissolution de Team 4. Ils devaient poursuivre dans ce cadre leurs études dans le domaine de la construction de halls industriels, menant par ailleurs diverses recherches à caractère plus futuriste avec le célèbre ingénieur américain Buckminster Fuller, spécialiste des dômes géodésiques et des grandes structures légères. Ils construisirent notamment un chapiteau gonflé pour abriter les bureaux provisoires de la société Computer Technology à Hemel Hempstead (en 1968) puis son usine définitive (en 1971), des bureaux pour I.B.M. à Cosham, dans le Hampshire (1971), une gare maritime dans les docks de Londres pour la compagnie de navigation Olsen (en 1971 encore), un entrepôt à Thames Mead pour la société Modern Art Glass (1973), une école pour enfants handicapés à Liverpool (1976). À une recherche purement technique qui veillait à la clarté des assemblages structurels, à la flexibilité et au caractère évolutif des bâtiments, à une approche de designer attachée à la pureté, à la qualité des appareillages, au poli des façades de verre se mêlait une préoccupation constante pour les conditions quotidiennes du travail et le souci d'en améliorer le niveau. Une atmosphère moderniste confortable et efficace formait le cadre général de cette transcription architecturale où s'exprime le désir de Norman Foster d'atténuer les hiérarchies spatiales et sociales.

Cette démarche trouva son accomplissement dans la conception du siège de la compagnie d'assurances Willis Faber and Dumas, construit en 1975 à Ipswich, dans le Suffolk. Ce bâtiment massif de trois niveaux, aux façades de verre sombre, absolument lisses et miroitantes, reste la meilleure matérialisation de la volonté de transformation des rapports sociaux par l'architecture qui anima certains architectes au cours des années 1970. La toiture-jardin entourant le restaurant d'entreprise, la piscine, les spacieux escaliers mécaniques, la lumière abondante, les palmiers et l'air climatisé, les moquettes (alors rares), la facilité de mouvement et de contact, la flexibilité des aménagements intérieurs et la transparence générale y suggéraient une certaine souplesse des relations humaines, une vision confiante et moderniste du lieu de travail.

Tandis qu'échouait, en 1977, son ambitieux projet de centre urbain « sous bulle » à Hammersmith, dans l'ouest londonien, dans lequel une immense structure translucide devait couvrir un espace public de 1,6 hectare, Norman Foster réalisait à Norwich, dans le campus de l'université d'East Anglia, un splendide centre d'arts plastiques offert par sir Robert Sainsbury pour abriter sa célèbre collection de peinture. L'édifice se présente comme un large hall vitré sur ses deux pignons, « carrossé » d'une enveloppe à la finition parfaite supportée par une charpente blanche, et constituée de panneaux d'aluminium embouti ou de verre, en principe interchangeables. Le tout est posé sur une prairie.

Après la construction en 1983 d'un entrepôt, centre de pièces détachées, pour Renault à Swindon, dont l'étrange structure articulée, les mâts hérissés, les haubans et les couleurs vives créent un effet plus expressionniste, Foster achève en 1986 son chef-d'œuvre incontesté : la Hong Kong and Shanghai Bank. Symbole du dynamisme financier de cette place britannique en territoire chinois, figurant d'ailleurs sur ses billets de banque, l'édifice passe pour la construction la plus onéreuse du XXe siècle. Gratte-ciel à la structure apparente, il est d'une hardiesse de conception inégalée. Il rompt radicalement avec l'esthétique lisse et dépouillée, en « boîte de verre », des tours de bureaux modernes. Norman Foster y a mis en œuvre son idéal de haute performance, y faisant concourir les industries de pointe du monde entier, et transférant au domaine du bâtiment des technologies venues d'autres univers, notamment de l'aéronautique et de la construction spatiale. Foster est parvenu à bâtir un édifice très étonnant, qui condense les qualités expressives des grands modèles de l'architecture d'ingénieurs du XIXe siècle qui le hantent (la tour Eiffel, la serre tropicale de Decimus Burton dans les jardins de Kew, la galerie Victor-Emmanuel de Milan ou le Bradbury Building de Los Angeles) et certaines sources d'inspiration résolument contemporaines (capsules spatiales, plates-formes pétrolières, etc.).

Tout cela se fond en une écriture très retenue, claire et structurée, où les espaces sont parfaitement hiérarchisés, sans trop d'exhibitionnisme structurel, de chocs ou de tensions, sans cette expression dramatique qui marque les œuvres de Richard Rogers, par exemple au Centre Pompidou à Paris ou au siège des Lloyd's à Londres. Norman Foster, qui est un styliste incomparable, affirme souvent qu'il faut « ne rien cacher, ni montrer, mais intégrer ».

Certes, Foster a toujours refusé d'être assimilé au courant *high tech* ; c'est pourtant bien dans l'émergence collective de cette nouvelle sensibilité britannique qu'il a développé son talent, au sein d'une génération inspirée par les utopies futuristes, animée à la fin des années 1960 par le groupe Archigram. Ailleurs, leur mouvement n'aurait peut-être pas abouti aussi facilement, car en Angleterre la division traditionnelle entre ingénieurs (ou bureaux d'études) et architectes laisse à ceux-ci une responsabilité plus grande qu'ailleurs en Europe, leur permettant ainsi un contrôle plus long du processus de conception.

Norman Foster, qui affirme son parfait mépris pour les modes de dessin traditionnels, procède à de constants aller et retour entre la forme et la fonction, comme le font les designers industriels. Il réalise des croquis synthétiques, pour fixer les lignes de force du projet, pour préciser tel détail d'assemblage, et fait exécuter des dizaines de maquettes et de prototypes, auxquels il joint les possibilités de calcul et de visualisation offertes par les ordinateurs dont il est richement équipé. Il tente en outre de résoudre les problèmes que pose l'insertion des bâtiments modernes dans des sites urbains traditionnels : ainsi le Carré d'art à Nîmes, érigé (1985-1993) avec bonheur dans un site historique où se dresse la Maison carrée, temple romain datant du Ier siècle av. J.-C., qui témoigne du souci que Foster porte au contexte. En 1993, il a terminé le lycée de Fréjus, un long bâtiment vitré, couvert de voûtains en béton. En 1994, il est chargé de la rénovation du Reichstag, bâtiment néo-baroque construit à Berlin en 1894 par l'architecte Paul Wallot (1841-1912). Foster coiffe l'édifice d'une nouvelle coupole, bulbe de verre strié de cercles en acier permettant à la lumière de pénétrer largement dans l'édifice (1999). Le 12 avril 1999, Norman Foster a reçu le prestigieux Pritzker Architecture Prize. En 1995, Foster est lauréat du concours du viaduc enjambant le Tarn, près de Millau, à 300 mètres au-dessus de la vallée. Ce projet de pont haubané, qui devrait être achevé en 2001, a provoqué de vives controverses. Enfin, pour le centre de recherche et de développement de la firme coréenne Daewoo, à Séoul, Foster a livré en 1995 l'étude d'une tour à la silhouette affinée vers le sommet (166 m de hauteur, 95 000 m^2 de bureaux), qui devrait être terminée en l'an 2000.

FRANÇOIS CHASLIN

Bibliographie

Architectural Review, n° spéc. 1070, Londres, avr. 1986 / *L'Architecture d'aujourd'hui*, n° spéc. 243, Paris, 1986 / F. Chaslin, F. Hervet & A. Lavalou, *Norman Foster*, I.F.A.-Electa Moniteur, Paris, 1986.

FRANCESCO DI GIORGIO MARTINI (1439-1502)

Peintre et sculpteur siennois, Francesco di Giorgio Martini s'imposa comme architecte et ingénieur militaire dès son arrivée au service des Montefeltre à Urbin en 1472. Il succéda à L. Laurana sur le chantier du palais ducal (côté sud, cortile) et bâtit l'église San Bernardino (1482). Il travailla au palais ducal de Gubbio (1484), projeta le palais communal de Jesi (1486) et conçut une composition de pures formes géométriques pour Santa Maria delle Grazie al Calcinaio à Cortone (1485). Dans ses constructions militaires de San Leo, Sassocorvaro et Mondavio, il expérimenta les propositions de son *Trattato d'architettura, ingegneria e arte militare* (1470-1480).

CATHERINE CHAGNEAU

Bibliographie
H. MILLON, « The Architectural Theory of F. di Giorgio Martini », in *The Art Bulletin*, 1958.

FREYSSINET EUGÈNE (1879-1962)

Parmi les bâtisseurs, il y a des concepteurs de structure plus élégants qu'Eugène Freyssinet. Le Suisse Robert Maillart est du nombre. Mais peu ont exercé une influence aussi déterminante sur le génie civil et la construction de leur époque que Freyssinet. Auteur de projets remarquables comme les hangars d'Orly ou le pont Albert-Louppe à Plougastel-Daoulas, inventeur du béton précontraint, il compte à coup sûr parmi les grands ingénieurs du XXe siècle.

Eugène Freyssinet naît en 1879 à Objat, dans le bas Limousin. Ses origines paysannes compteront toujours énormément à ses yeux. Il se définira volontiers comme l'héritier d'une longue lignée de bâtisseurs, comme un « sauvage, dominé par ses instincts et conduit par ses intuitions », selon ses propres termes, plutôt que comme un théoricien des structures. Cela ne l'empêche pas d'entrer à l'École polytechnique, puis d'être admis, à sa sortie de l'École, dans le corps des Ponts et Chaussées qui l'envoie comme ingénieur ordinaire dans le département de l'Allier.

Freyssinet reste peu de temps au service de l'administration. Il passe dans le secteur privé à la suite de sa rencontre avec l'entrepreneur François Mercier pour qui il construit trois ouvrages importants en béton sur l'Allier. Achevés en 1911-1912, les ponts du Veudre, de Boutiron et de Châtel-de-Neuvre marquent le véritable point de départ de sa carrière de bâtisseur. En association avec l'entrepreneur Claude Limousin, l'ingénieur réalise par la suite toute une série de grands ouvrages en béton armé, le pont de Villeneuve-sur-Lot, d'une portée de 96 mètres en 1919, le pont de Tonneins comprenant cinq arches de 46 mètres en 1922, le pont de Saint-Pierre-du-Vauvray, sur la Seine, record du monde de portée en béton avec son arche de 131 mètres, lors de son achèvement en 1922-1923.

Dans les années 1920, Freyssinet aborde presque toutes les techniques de construction en béton armé, arcs, sheds (travées de couverture d'usines), voiles minces. À côté du pont du Vauvray, deux réalisations assoient définitivement sa réputation. Il s'agit tout d'abord des hangars pour dirigeables d'Orly, véritables cathédrales avec leurs 300 mètres de longueur, 78 mètres de largeur et 50 mètres de hauteur. Leur profil sensiblement parabolique frappe l'imagination au moins autant que leurs dimensions. En 1930, Freyssinet termine la construction du pont Albert-Louppe, aussi appelé pont de Plougastel. D'une grande audace technique, l'ouvrage enjambe les 560 mètres de l'estuaire de l'Elorn au moyen de trois arches de 188 mètres, ce qui constitue un nouveau record mondial. À cette date, l'ingénieur commence toutefois à se désintéresser du béton armé. Il lui reproche sa résistance limitée aux efforts de traction qui oblige à recourir à la forme de l'arc sitôt que l'on veut franchir des portées importantes. La mise au point des procédés de précontrainte du béton va bientôt l'absorber presque entièrement.

Le principe de la précontrainte est fort simple. Le béton peut encaisser des efforts de compression importants, tandis qu'il lui est beaucoup plus difficile de résister aux tractions. Il suffit alors de comprimer le matériau de manière permanente, et ce à un niveau suffisamment élevé, pour rendre impossible le développement d'efforts de traction en son sein. La précompression ou précontrainte vient en effet neutraliser les efforts de traction. En pratique, on utilise des câbles ancrés aux extrémités du béton pour imprimer cette précontrainte. Depuis le début du XXe siècle, plusieurs ingénieurs avaient envisagé la mise en œuvre d'un tel principe. Au début des années 1930, la plupart des difficultés sont levées par Freyssinet. Celui-ci précise notamment la position des câbles, ainsi que leurs modalités d'ancrage. Un nouveau vocabulaire constructif se dégage au fil de ses expériences et de ses essais.

La nouvelle technique n'est pas acceptée immédiatement. Au milieu des années 1930, Freyssinet est un homme seul, presque ruiné, Limousin ne l'ayant pas suivi dans son aventure. Heureusement, on lui propose d'appliquer ses nouveaux procédés pour stabiliser la gare maritime du Havre due à l'architecte Urbain Cassan (1890-1979) qui vient d'être terminée à grands frais et qui s'enfonce de plusieurs centimètres par mois dans une couche de limon. Freyssinet réussit là où tous les autres avaient échoué, et ce succès marque un tournant dans l'histoire de la précontrainte.

Ce n'est cependant qu'au sortir de la Seconde Guerre mondiale que les premiers ponts en béton précontraint voient le jour. En 1945, Freyssinet achève le pont de Luzancy, sur la Marne, d'une portée de 55 mètres. Les ponts d'Annet, Changis, Esbly, Trilbardou et Ussy suivent bientôt. Aux arches des ouvrages en béton armé se substituent des lignes beaucoup plus élancées, rappelant celles des ponts métalliques. La précontrainte n'est pas seulement une innovation technique, elle correspond aussi, pour le meilleur et pour le pire, à une révolution dans l'esthétique des ouvrages d'art.

Freyssinet participe à cette révolution avec des ouvrages comme le viaduc d'Orly (1957-1959) ou le pont Saint-Michel à Toulouse (1959-1962). Réalisée en béton précontraint, la basilique souterraine Saint-Pie X de Lourdes comptera également parmi ses dernières œuvres (1956-1958). L'ingénieur disparaît en 1962 au terme d'une carrière bien remplie. Il n'est pas, on l'a dit, toujours élégant dans ses structures. Peu de constructeurs de ce siècle l'ont toutefois égalé sur le terrain de l'invention, qu'elle soit technique ou formelle.

Eugène Freyssinet a relativement peu bâti hors de France ; on lui doit toutefois un pont et plusieurs barrages construits en Algérie dans les années 1930-1940, ainsi que trois viaducs sur l'autoroute allant de Caracas à La Guaira au Venezuela (1951-1953).

ANTOINE PICON

Bibliographie

Eugène Freyssinet. Un amour sans limite, publié par B. Marrey, éd. du Linteau, Paris, 1993 / J. A. FERNANDEZ ORDOÑEZ, *Eugène Freyssinet*, Barcelone, 1978-1979 (éd. bilingue en français et en anglais) / A. PICON dir., *L'Art et l'ingénieur. Constructeur, entrepreneur, inventeur*, éd. du Centre Georges-Pompidou / Le Moniteur, Paris, 1997.

FUKSAS MASSIMILIANO (1944-   )

Né en 1944 à Rome, Massimiliano Fuksas a reçu une formation de peintre avant d'embrasser la carrière d'architecte. C'est auprès de Giorgio De Chirico qu'il s'initie à la couleur, qui sera une composante importante de son œuvre. Marqué par le maître de la peinture métaphysique, Fuksas mènera de front une activité de peintre et son métier d'architecte. Il exerce d'abord celui-ci dans un domaine où les jeunes architectes n'ont guère l'habitude de se risquer : les cimetières. Mais l'insuffisance des commandes le pousse à s'intéresser à la dernière demeure des hommes dans la banlieue de Rome. Pour le cimetière d'Orvieto (1984-1991) il n'hésite pas à renouer avec la tradition, en empruntant aux Étrusques l'utilisation du *tufo* (une pierre volcanique), afin de construire un rempart moderne. À Civitacastellana, il dresse une enceinte en ellipse (1984-1991), inspirée d'une œuvre de Giotto. Mais l'une des œuvres emblématiques de cette première période de Fuksas, marquée par des projets très narratifs, reste le gymnase de Palliano (1979-1985), dont la façade néoclassique, volontairement basculée, semble s'effondrer : par ce geste, l'architecte veut dénoncer l'emprise du postmodernisme qui fait rage en Italie dans les années 1980.

Puis il quitte la Ville éternelle pour s'établir dans la Ville-Lumière afin de construire dans une France dopée par la politique des « grands travaux ». Fuksas participe ainsi, en 1987, à l'un des plus grands « coups » médiatiques lancé par un maire, François Geindre, le premier magistrat de Hérouville-Saint-Clair (dans la banlieue de Caen), qui se montre très ouvert à la création architecturale. Avec l'Allemand Otto Steidle, le Britannique William Alsop et le Français Jean Nouvel, l'architecte romain conçoit une tour qui va défrayer la chronique, un cadavre exquis qui est entré dans les collections du centre Pompidou. L'îlot Candie, dans le XIe arrondissement de Paris, dont les premiers dessins apparaissent en 1987, est son œuvre marquante (achevée en 1997). En rupture avec la politique urbanistique frileuse de la Ville de Paris, mais en continuité avec le contexte parisien, cet ensemble de logements adopte la forme d'une grande vague de zinc. Dans ce projet-manifeste, l'architecte cherche à gommer l'idée même de façade, en traitant de la même manière, c'est-à-dire dans la même matière – le zinc, qu'il affectionne particulièrement pour son côté vivant –, toitures et façades. L'intérêt de ce projet réside dans son caractère résolument urbain intégrant logements et équipements sportifs pour une opération de revitalisation d'un quartier insalubre. Au pied des habitations, des courts de tennis installés sur le toit d'un gymnase participent à l'animation de ce lotissement À cette occasion, Fuksas fait venir l'un de ses compatriotes, le peintre romain Enzo Cucchi, pour réaliser une immense fresque à l'intérieur du gymnase.

Les projets qui suivent sont de la même force : d'abord la médiathèque de Rezé, en Loire-Atlantique (1987-1991), un bloc noir incliné greffé sur le bloc de béton d'une église désaffectée ; puis le bâtiment de l'entrée de la grotte de Niaux dans l'Ariège (1988-1993), que l'on peut considérer comme le chef-d'œuvre de Fuksas. Très sculpturale, cette structure de près de 30 mètres de haut, en acier prérouillé, déploie ses grandes ailes au sortir de la grotte tout en semblant s'y engouffrer. Ce bâtiment, conçu comme un parcours initiatique, prépare le visiteur à la découverte des signes paléolithiques peints quelques centaines de mètres plus loin sous la roche. Étonnant travail sur la matière, également, que la Maison des arts de l'université de Bordeaux-Talence (1993-1994), un signal vert au cœur du campus, long monolithe de cuivre préoxydé lacéré sur son pourtour pour laisser pénétrer la lumière. Ce bâtiment est la pièce maîtresse d'une série d'équipements pédagogiques conçus dans le même esprit : le lieu traité comme un morceau de ville en soi. C'est le cas de Noisy-le-Grand, pour un lycée inspiré de la piazza Navone, ou à Alfortville, dans une banlieue difficile où la conception du nouveau lycée professionnel superpose deux nappes, l'idée étant d'offrir aux lycéens une autre lecture de leur ville, à sept mètres de hauteur. Lauréat d'un concours important pour le port de Hambourg en 1989 (projet jamais réalisé), Fuksas a confirmé son envergure internationale en remportant deux concours majeurs : l'un organisé pour le centre commercial de Salzbourg (1994-1997), l'autre, pour les tours jumelles d'un nouveau pôle urbain à Vienne (livraison en 2001).

La France lui a décerné le grand prix d'architecture en 1999. La même année, l'Italie lui confie le commissariat de la biennale de Venise pour la section Architecture. Épris de débat, Fuksas a choisi un thème fort : « moins d'esthétique, plus d'éthique ». Engagé à sa manière dans le processus de paix au Proche-Orient, l'architecte romain a reçu la commande d'un centre mondial pour la paix à la frontière de l'État d'Israël et de la bande de Gaza. Parallèlement, Yasser Arafat lui a demandé un projet pour célébrer le passage au nouveau millénaire : Fuksas doit imaginer « un escalier vers les étoiles ».

FRANCIS RAMBERT

Bibliographie

Fuksas, éditions Carte Segrete, 1992 / *Massimiliano Fuksas*, éditions Artémis, 1994 / *Fuksas*, éditions du Regard, 1997.

FULLER RICHARD BUCKMINSTER (1895-1983)

Connu pour être le père des coupoles géodésiques dont l'inspiration rejoint celle des grandes structures propres aux expositions universelles du XIXe siècle, Richard Buckminster Fuller vit sa carrière consacrée quand on décide de retenir sa structure sphérique de 76 mètres de diamètre pour représenter les États-Unis à l'exposition de Montréal en 1967.

Il a alors soixante-douze ans et il est le maître d'une génération d'étudiants architectes pour qui ce type de dôme représente une alternative radicale à leur savoir traditionnel : abri géant adaptable à tout programme collectif ou au contraire coquille individuelle chère aux ermites bâtisseurs californiens. La réalisation à grande échelle, sur les pelouses des campus, de coupoles en tubes, en câbles ou en carton, constitue pour les étudiants de cette décennie utopiste un rite de passage obligé. Fuller a toujours appuyé ses réalisations techniques les plus minutieuses sur une philosophie personnelle et anticonformiste mêlant éthique et théories scientifiques et économiques.

Né en 1895 à Milton (Mass., États-Unis), élevé dans une famille libérale de pionniers, Buckminster Fuller abandonne vite ses études à Harvard (1913-1915). Son passage comme volontaire dans la marine en 1917 le met au contact des problèmes que pose la rationalisation globale d'un système d'équipements destinés à la survie humaine. Après la guerre, sa tentative pour commercialiser un système de construction à partir de blocs de ciment isolants (le Stockade Building System), en collaboration avec son beau-père, architecte newyorkais, le mène à la faillite. Il dénonce alors l'« ignorance méthodique » et les critères émotionnels et irrationnels qui président à la conception du domaine bâti.

Fuller élabore dorénavant une doctrine globalisante impliquant la révision complète des exigences de toute l'humanité et des potentiels techniques et énergétiques de la « planète Terre ». La « synergie », loi de coopération de forces distinctes, le *comprehensive design*, ou projet intégral, sont les concepts de base de sa pensée qu'il illustre par les projets de 1927 intitulés 4 D (4e Dimension). Avec un sens égal de la publicité et du slogan, il surpasse Le Corbusier en suggérant le réaménagement du territoire à l'échelle de la planète (*Air-Ocean World Town Plan*). La maison Dymaxion de 1927 (dynamique plus maximum d'efficacité) est la matérialisation de la « machine à habiter », au vrai sens du terme et non plus au sens métaphysique tel qu'il a été formulé par le Bauhaus. Conçue pour un mode de vie futuriste – pour la vie « éternellement » nouvelle du « citoyen du monde » –, elle tire parti des techniques de préfabrication les plus avancées de la construction aéronautique. C'est le prototype industrialisé le plus élaboré jamais produit pour la maison, ancêtre de toute l'architecture de cellules produites en série, *mobilhomes*, capsules et modules encastrables (*plug-in*). Un mât central contenant les services complets de contrôle de la climatisation, du recyclage de l'eau, de l'élimination des déchets, de l'exploitation de l'énergie solaire à travers des lentilles soutient, par des câbles, des planchers et des parois de forme hexagonale réalisés en caissons d'aluminium et vitrages doubles. Les commandes des portes sont photoélectriques, les lits pneumatiques. Fuller tentera avec peine de commercialiser les différentes versions de sa maison tout comme son « bloc sanitaire intégré », moulé d'une seule pièce. Il améliore patiemment les performances de son prototype jusqu'en 1940. Tout est perfectionné dans le moindre détail technique, jusqu'au système de douche par air comprimé et atomisé élaboré à la suite de ses études sur la détérioration de la peau.

Voulant repenser de façon définitive le problème du transport, il met au point un véhicule terrestre, l'auto-dymaxion à trois roues (1933-1934), aux lignes aérodynamiques révolutionnaires mais qui restera un prototype de laboratoire, irréalisable en série, compte tenu des exigences de la production automobile. Ce n'est pas un hasard également si la seule véritable application de « Dymaxion House » a été un abri d'urgence pour l'armée américaine pendant la Seconde Guerre mondiale.

Parallèlement à la mise au point de ses « machines », Fuller poursuit inlassablement ses recherches théoriques et expérimentales sur la géométrie et les structures. Sa géométrie « énergétique » date de 1917 et son premier modèle de *tensegrity* (barres comprimées et câbles tendus en équilibre) de 1927.

Comme Robert Le Ricolais, il développera ses maquettes avec les étudiants des grandes universités dont il fait le tour comme *visiting professor*. Il dépose le projet de dôme géodésique en 1942 mais ne réalise le premier qu'en 1952, un restaurant de 28 mètres de diamètre à Woodshole (Mass.). Utilisant des tétraèdres combinés en icosaèdres de vingt faces formées de barres d'aluminium recouvertes de plastique ou de fibres de verre, les dômes atteignent des tailles croissantes et répondent à des usages multiples. Après celui de la Ford Company à Dearborn (Mich.), le plus vaste atteint 120 mètres de portée, record du monde : c'est l'Union Tank Car Company, à Baton Rouge, en 1958.

Fuller n'a été admis qu'en 1975 dans l'Association des architectes américains alors que son œuvre comme penseur et constructeur, même si elle conteste radicalement le système des valeurs de l'architecture, a influencé toutes les avant-gardes européennes.

FRANÇOIS LAISNEY

Bibliographie

- *Œuvres*

Nine Chains to the Moon, New York, 1938, rééd. Carbondale, 1962 ; *Education Automation*, Southern Illinois Press, Carbondale, 1962 ; *No More Second Hand God*, Southern Illinois Univ. Press, 1962 ; *Ideas and Integrities*, Prentice Hall, New York, 1963 ; *Operating Manual for Spaceship Earth*, Southern Illinois Univ. Press, 1968 ; *Utopia or Oblivion*, Overlook Press, New York, 1973.

- *Études*

R. W. MARKS, *The Dymaxion World of B. Fuller*, Reinhold, New York, 1960 / J. MCHALE, *R. B. Fuller*, New York-Londres, 1962 / *Architectural Design*, revue d'architecture anglaise, n° spéc., juill. 1961.

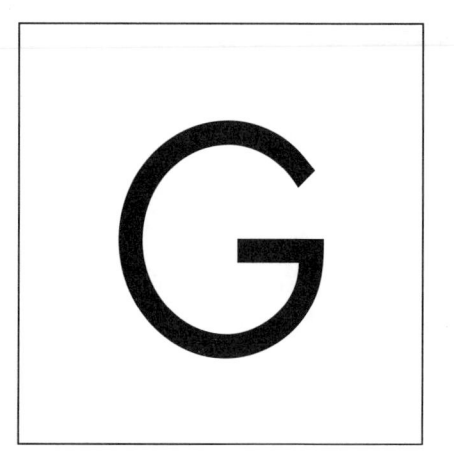

GABRIEL ANGE JACQUES (1698-1782)

Si l'un des mérites principaux de l'architecture réside en l'adaptation raisonnée de l'édifice à sa destination et à son site, l'œuvre d'Ange Jacques Gabriel peut être tenue pour exemplaire. La place Louis-XV, l'École militaire, les résidences royales, l'Opéra de Versailles ont proposé à cet architecte français autant de programmes divers qu'il faut considérer tour à tour pour apprécier la manière dont ils ont été réalisés.

Entre l'animation baroque et la froideur néo-classique, Gabriel a toujours conservé un équilibre et une juste mesure qui, à vrai dire, touchent peu la sensibilité de notre temps. Plus d'imprévu distingue à nos yeux les œuvres créées au contact de l'art baroque par ses contemporains portant des noms français : Jardin à Copenhague, Jadot à Vienne, La Guépière au Wurtemberg. Pour être équitable, il faut reconnaître en Gabriel, non le génie d'un novateur, mais les qualités d'un très grand maître : la noblesse et la simplicité des partis, la distinction de l'ornement et des profils, le sens de l'échelle urbaine et monumentale. Il ménage avec autant d'aisance que d'ampleur les articulations d'une façade. Il veille avec sévérité à la bonne exécution de l'appareil, des ferronneries et des lambris. Ses nombreux dessins, conservés pour la plupart dans les papiers de la Maison du roi (Archives nationales), attestent la prudence de sa démarche et l'exigence de son goût.

Approcher l'œuvre de Gabriel, c'est recueillir une leçon de probité artistique. C'est aussi reconnaître le soin donné par le plus intelligent des Bourbons aux monuments de son règne.

1. La place Louis-XV

Ange Jacques Gabriel, né à Paris, est issu d'une famille d'architectes estimée dès le règne de Louis XIV et liée par un mariage à celle des deux Mansart. Son grand-père, Jacques IV Gabriel, est signalé avec éloge dans les mémoires de la Grande Mademoiselle. Son père, Jacques V, premier architecte du roi, a laissé de fort beaux édifices : l'hôtel de ville de Rennes, la place Royale de Bordeaux, l'évêché de Blois. Lui-même avait dessiné tout jeune sous les yeux de Louis XV et il recueillit la succession paternelle en 1742. Pendant trente ans, il fut le principal ordonnateur des entreprises de ce souverain.

À Paris, comme à Versailles, un temps de repos avait succédé à l'effort architectural du règne de Louis XIV, alors que, par la plume de Voltaire et celle de La Font de Saint-Yenne, le mouvement philosophique étendait sa critique aux problèmes d'architecture et d'aménagement urbain. Après la paix d'Aix-la-Chapelle (1748), le retour à la prospérité et l'influence de Mme de Pompadour imprimèrent à l'architecture officielle un nouvel élan. Gabriel fut subordonné aux deux directeurs successifs des Bâtiments du roi, Tournehem et Marigny, parents de Mme de Pompadour. Il obtint le respect de Marigny, objet de la faveur royale, mais jaloux de son autorité et versatile dans ses convictions esthétiques. Grâce à la confiance de Louis XV et malgré de nouvelles économies imposées par la guerre de Sept Ans, Gabriel sut mener à bien une œuvre ample et variée à laquelle a manqué, seulement, une grande église. Il y maintint les traditions classiques du règne de Louis XIV, mais avec les nuances de grâce et de sensibilité qui distinguent le goût de son temps.

La création de la place Louis-XV, aujourd'hui place de la Concorde, se situe dans une longue tradition. En 1750, en effet, quatre places parisiennes encadraient déjà la statue d'un souverain et plusieurs villes de province venaient de consacrer des monuments à Louis XV le Bien-Aimé. À Paris, la place Louis-XV eut aussi son origine dans une décision municipale, ce qui semblait d'abord exclure l'intervention du premier architecte du roi.

Le projet se fit jour vers 1748 et se précisa en plusieurs temps. Un premier concours eut pour objet le choix d'un emplacement. Chacun des projets tendait à mettre un site en valeur ou à dégager un quartier populeux, mais exigeait des expropriations coûteuses. Parmi quatre-vingts propositions, celles du marquis d'Argenson et de l'architecte Lassurance le Jeune avaient choisi un terrain marécageux situé hors de la ville, entre le pont tournant des Tuileries et les Champs-Élysées. Le roi, à qui appartenait ce terrain, l'offrit à la ville et invita les membres de l'Académie d'architecture à composer de nouveaux projets. Gabriel se mit aussi sur les rangs. Plusieurs plans offraient des dispositions intéressantes, mais aucun d'eux ne fut jugé digne d'être retenu. Louis XV et Marigny prièrent alors Gabriel de concilier, s'il était possible, les idées les plus heureuses de ses confrères.

En un temps où le goût des beautés naturelles commençait à se répandre, le projet de Boffrand offrait l'intérêt de ne pas masquer par des bâtiments la vue de la Seine. De leur côté, les académiciens Contant d'Ivry et Hazon limitaient l'esplanade par des douves ou des fossés secs. Gabriel retint ces deux suggestions. Il réserva les constructions importantes à la seule face opposée au fleuve et définit un espace octogonal entouré de fossés et de bâtiments bas. Marigny hésitait à couper par une ligne transversale l'axe est-ouest des Tuileries et des Champs-Élysées, création de Le Nôtre, qui déjà faisait l'admiration des étrangers. Gabriel s'y résolut cependant. Il proposa l'ouverture de la rue Royale, entre deux palais sans destination très précise, mais d'extérieur monumental. À l'ouest, une avenue oblique, et symétrique au cours la Reine, devait s'ouvrir vers le faubourg du Roule. Gabriel fixa l'ordonnance de la rue Royale et décida de placer dans son axe la nouvelle église de la Madeleine, confiée à l'architecte Contant d'Ivry. Le projet définitif, arrêté en décembre 1756, est connu par la gravure et le beau dessin autographe de la collection Le Fuel. Gabriel simplifia plus tard le dessin des deux hôtels particuliers placés à l'entrée des rues Bonne-Morue (Boissy-d'Anglas) et Saint-Florentin. La statue équestre de Louis XV, œuvre de Bouchardon achevée par Pigalle, occupa le centre de l'esplanade jusqu'à la Révolution.

L'élévation des deux palais puise ses éléments dans la tradition française. L'idée d'une colonnade à jour, sur un soubassement égal aux trois cinquièmes de la hauteur de l'ordre, dérive de la colonnade du Louvre. Les colonnes corinthiennes, jumelées au Louvre, sont isolées dans l'œuvre de Gabriel. Le promenoir qui court derrière elles sert de balcon à des appartements d'apparat. L'effet de magnificence produit par la double colonnade est rehaussé par les ornements judicieusement répartis sur les pavillons latéraux : trophées, serviettes, consoles, médaillons, coquilles des niches destinées à des statues qui n'ont pas été placées. Ce décor et les groupes allégoriques des frontons furent taillés par Michel-Ange Slodtz et Guillaume II Coustou.

L'œuvre a été diversement jugée depuis sa création. Au début du XIXe siècle, ses critiques les plus sévères ont été les architectes Legrand, Ledoux et Durand, autant que l'érudit Alexandre Lenoir. Les théoriciens académiques ont jugé les supports trop maigres et les entrecolonnements trop larges. Il est plus regrettable que les architectes successifs de la Madeleine aient pourvu cette église d'un fronton qui, aperçu dans la perspective, fait double emploi avec ceux de Gabriel. L'ordonnance et le décor des palais font cependant apprécier le goût infaillible de Gabriel.

2. L'École militaire

L'École militaire fut créée pour cinq cents jeunes gentilshommes destinés au métier des armes. En méditant cette fondation, Mme de Pompadour et son protégé Pâris-Duverney désiraient attacher à Louis XV la noblesse d'épée, alors que semblait fléchir le dévouement des autres classes envers la Couronne. Leur intention fut d'élever le plus grand monument du règne et de faire pour les fils de la noblesse ce que Mme de Maintenon avait fait à Saint-Cyr pour les filles. Le programme, établi en 1751 par Pâris-Duverney, prévoyait une église desservie par les prêtres de la Mission, une infirmerie confiée aux Sœurs grises, cinq cents chambres d'élèves, de dix pieds sur douze, ouvrant sur des corridors chauffés. Il fallait loger cinquante officiers, un intendant, un chirurgien, un tailleur, un bottier... Cuisines, manèges, buanderie, latrines et autres locaux devaient être nettoyés par un système de pompes et d'égouts collectant les eaux pluviales et descendant à la Seine.

Après une première esquisse de Gabriel écartée d'emblée comme trop ambitieuse (cf. figure), le projet de 1753 plaça l'entrée du bâtiment vers le Champ-de-Mars. De ce côté, un édifice d'apparat, le « château », était formé de cinq pavillons réunis en chaîne par des constructions plus basses. Derrière lui s'étendait la cour d'honneur précédant l'église, située dans l'axe principal du monument. De 1753 à 1756 furent édifiés, vers l'avenue Duquesne, des bâtiments simples où l'institution put commencer à vivre. Là se trouve, à la croisée de deux corps de logis, la belle chapelle de l'infirmerie, devenue vestibule du mess, où quatre tribunes entouraient un autel central.

Le projet général fut réduit après l'expulsion de France des Jésuites (1764), qui permit l'établissement d'une autre école dans l'ancien collège de La Flèche. Ce fut alors que Gabriel inversa son plan et fixa l'entrée vers la place de Fontenoy. Le château menaçait d'être étouffé par des bâtiments plus indispensables au fonctionnement d'une grande école ; mais la nécessité de fermer dignement la nouvelle perspective du Champ-de-Mars autorisa Gabriel à donner au château des proportions majestueuses : deux ailes flanquent un pavillon dont le dôme carré rappelle ceux du Louvre et de Clagny. Seul un ordre colossal, embrassant les étages de ce pavillon, orne ici judicieusement la façade. Gabriel a réservé les ordres superposés à la cour ouverte sur la place de Fontenoy, dont le visiteur peut apprécier de plus près la modénature particulièrement robuste et personnelle : le dorique redevient ici l'ordre des guerriers.

La chapelle, qui n'avait plus sa place de ce côté, fut aménagée dans le château, où elle occupe la hauteur d'un rez-de-chaussée et d'un entresol. En surmontant cette difficulté, Gabriel trouva l'occasion d'une réussite. Enveloppée de colonnes engagées dans les murs, la chapelle est couverte d'une voûte en anse de panier, au tympan délicatement sculpté par Guibert. Les salons du rez-de-chaussée ont fait place à la bibliothèque de l'École de guerre. Un escalier monumental, dont la rampe, forgée par Fayet, est l'une des plus somptueuses du siècle, conduit au salon du Conseil, aujourd'hui salle des maréchaux. D'une cour à l'autre, les immenses bâtiments de l'école sont desservis par des galeries voûtées d'une gravité quasi monacale. Après 1780, l'exécution des plans de Gabriel fut conduite à son terme par Alexandre Brongniart. Les deux ailes qui allongent la façade sur l'avenue de La Motte-Picquet sont une adjonction du XIXe siècle.

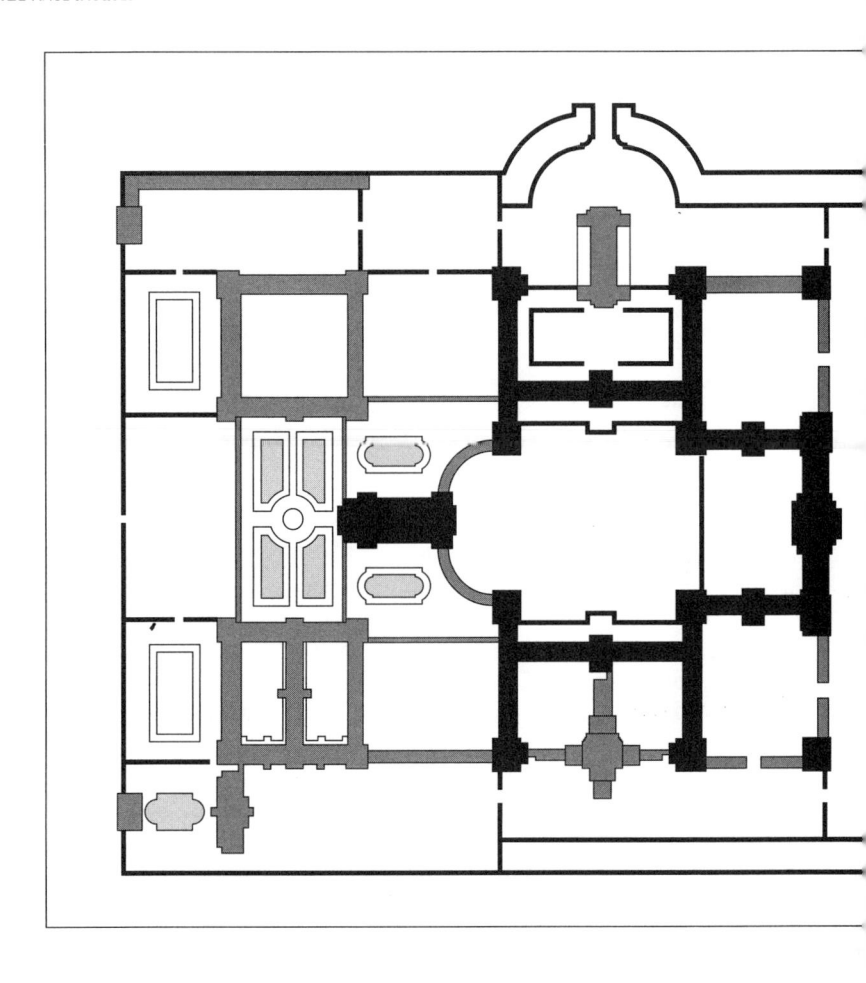

3. Les résidences royales

Seule une énumération rapide permet d'évoquer ici les nombreux travaux de Gabriel dans les demeures de la royauté. À Compiègne, où il reprit les plans de son père, il triompha d'une double difficulté : la dénivellation créée par la présence de l'ancien rempart entre la cour et le parc, l'angle aigu formé par les deux façades principales, qu'il a masqué intérieurement par un artifice de plan. Saint-Hubert, château

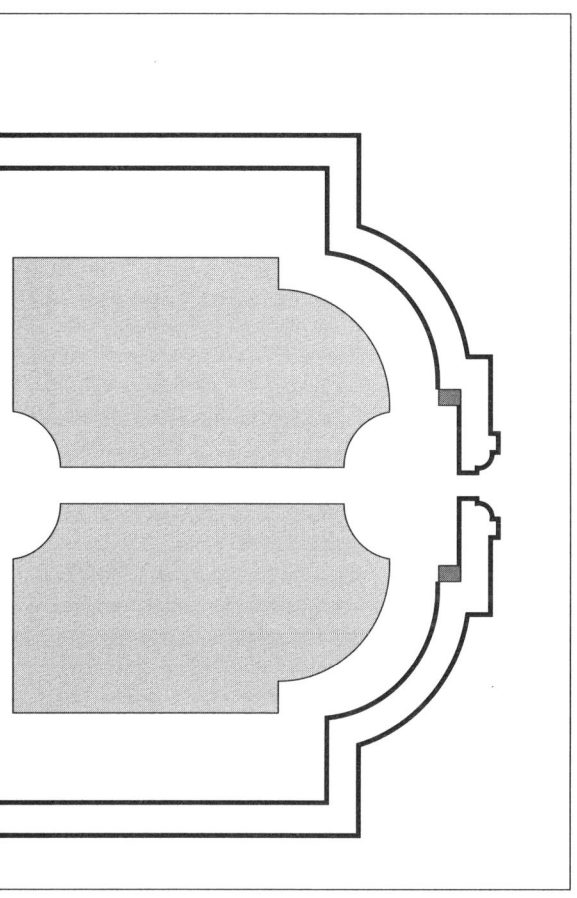

Plan de l'École militaire selon le projet de 1751, qui sera modifié par la suite (d'après une estampe du musée Carnavalet, Paris).

des chasses de Louis XV en forêt des Yvelines, n'a laissé qu'un souvenir. De Choisy, commencé par le grand-père de l'artiste, on conserve deux pavillons. À Fontainebleau, entre le jardin de Diane et la cour des Fontaines, Gabriel décora brillamment les appartements de Louis XV et de Marie Leckzinska. Ici, le Gros Pavillon est l'amorce d'une transformation générale, comme à Versailles le pavillon de la Chapelle. Le souci de l'apparat faisait place à celui du confort et de la tranquillité personnelle.

À Versailles, la Petite Galerie de Louis XIV et l'escalier des Ambassadeurs disparurent, sacrifiés aux commodités de la vie quotidienne. Au rez-de-chaussée du palais, l'une des plus belles pièces décorées par Gabriel est la bibliothèque du Dauphin. Au premier étage, il a laissé sa marque au salon de musique de Madame Adélaïde et aux pièces de l'appartement intérieur du roi : la bibliothèque, le cabinet d'angle et le cabinet des Pendules. Plus haut se développe, autour de la cour des Cerfs, le circuit mystérieux des petits cabinets où seuls quelques contemporains ont pénétré. Sur les dessins de Gabriel, Verberckt a répandu à profusion les ornements du style rocaille, mais toujours avec symétrie. Caractéristique est la rosace qui occupe souvent le centre des panneaux et justifie l'appellation de « rocaille rayonnant » donnée par Yves Bottineau au style de Gabriel. Louis XV, tout en approuvant le classicisme en architecture, est toujours resté fidèle au style décoratif qui porte son nom.

Un intéressant témoignage sur l'intime collaboration du roi et de son architecte a été laissé par le duc de Croÿ, qui vint un jour les consulter pour son château de Condé-sur-Escaut : « Le roi aimait beaucoup les bâtiments. Il me mena dans son joli pavillon de Trianon (le Pavillon français), me fit remarquer que c'était dans ce goût qu'il fallait bâtir. Il commanda à M. Gabriel de me donner deux plans qu'ils avaient faits ensemble dans le même goût et, demandant du papier et du crayon, je lui fis un croquis de ma position. Il dessina ces idées longtemps, lui-même et avec M. Gabriel, retournant cette position, pour laquelle il parut s'intéresser pendant longtemps. »

4. L'Opéra de Versailles

L'ouvrage le plus important de Gabriel à Versailles fut l'Opéra. La construction d'un théâtre dans l'aile du Nord, confiée par Louis XIV à Gaspard Vigarani, était restée en suspens. Il fut question de la reprendre en 1748. Paris manquait aussi d'un grand théâtre, et la tradition française dont Gabriel était l'héritier n'offrait en ce domaine aucun exemple. Seuls quelques machinistes de talent – Jean Nicolas Servandoni, Antoine Joseph Loriot, Jean Damun, Boulet, Blaise Arnoult, Alexandre Girault – savaient aménager pour un bal ou un spectacle une salle de palais. Versailles eut sous Louis XV un théâtre provisoire au Manège, un autre dans l'escalier des Ambassadeurs. Comme beaucoup d'autres, la création de Gabriel fut lente et soumise aux vicissitudes de la guerre et de la paix. L'artiste hésitait et ne pouvait courir le risque de l'échec. Longtemps, il proposa au roi des solutions provisoires. En 1750, la construction du théâtre de Lyon par Soufflot fut l'occasion d'une enquête à l'étranger. Le chevalier de Chaumont et l'architecte Gabriel Dumont visitèrent les théâtres italiens. Le programme à préciser mettait en jeu l'optique, l'acoustique, l'éclairage, la prévention des incendies, la commodité des issues, les habitudes mondaines en un temps où les femmes venaient moins au spectacle pour voir que pour être vues. Louis XV se réservait. L'important Marigny, les machinistes, les officieux de la ville et de la Cour abondaient en conseils irritants. C'étaient tour à tour Bachaumont, l'arbitre des goûts, le chagrin marquis d'Argenson, le graveur Cochin, les architectes de Bourges et Blondel, le chorégraphe Noverre, l'amateur Monginot.

Gabriel, pour se donner du temps, aménagea avec ampleur l'enveloppe architecturale de l'édifice. L'élévation qui achève discrètement l'aile du Nord au bord des réservoirs et celle qui se dresse comme une falaise vers la ville sont parmi ses chefs-d'œuvre les moins connus. Elles prolongent l'ordonnance fixée par Mansart du côté du parc et respectent la hauteur de ses étages : ici encore, une contrainte assumée a fait naître un bel effet (1764). C'est dans cet « abri souverain » que Gabriel, en attendant de conclure un tel projet à l'occasion de quelque mariage à venir, a mûri les dispositions d'un théâtre digne de la Cour et conforme aux vœux de l'opinion. Comme à Turin, la salle a reçu la forme d'un ovale tronqué du côté de l'avant-scène. Comme à Bologne, une voussure percée de lunettes soutient le plafond, ici décoré par Louis Durameau. Mais, pour éviter la monotonie qui donnait aux théâtres italiens l'aspect de « catacombes ou de cages à poulets », Gabriel a varié la saillie des balcons, échancré largement les cloisons des loges, joué d'un grand et d'un petit ordre de colonnes distribués sous la même corniche. Une triple loge grillée – au moment où va paraître Mme Du Barry – préserve au fond l'intimité royale. Blaise Arnoult étudia le mécanisme du parquet mobile qui réunit de plain-pied la salle et la scène pour le festin des noces du dauphin et de l'archiduchesse Marie-Antoinette.

Cette échéance de mai 1770 avait réuni dans la fièvre, autour de Gabriel et d'Arnoult, Abraham Guerne et Guesnon pour la charpente, Delanois pour la menuiserie des loges, Pajou pour un décor de sculptures que l'architecte eût souhaité moins exubérant. Débordé par tant de zèle et de compétences, le vieil architecte a su maintenir sa marque à l'ensemble avec une volonté digne d'admiration. Une restauration conduite vers 1965 par l'architecte André Japy a restitué à la salle sa polychromie primitive. L'éclat de trois mille bougies placées dans des « lampes à miroir » fit scintiller cette harmonie de bleu et d'or lors de quelques fêtes ruineuses, les dernières et peut-être les plus belles de l'Ancien Régime.

5. L'art de Gabriel

Un projet destiné à l'Opéra montre deux motifs possibles pour l'encadrement de la loge royale : un stipe de palmier et un pilastre. Cette hésitation consciente entre les libertés de la rocaille et le retour à l'ordre classique invite à situer Gabriel dans le mouvement profond qui transformait l'art français depuis le milieu du siècle. Les édifices dessinés par Gabriel père vers 1735 montrent que l'évolution classique engagée au temps de Louis XIV s'était légèrement infléchie sous l'influence de l'art italien. L'hôtel de ville de Rennes, avec sa concavité centrale et son beffroi bulbeux, garde le souvenir de la place Navone que Gabriel père a pu admirer à Rome avec Robert de Cotte en 1689. Les dessins signés par Ange Jacques en 1747 pour l'église de Choisy sont encore animés d'un pittoresque qui va progressivement s'effacer après 1750.

Le retour au classicisme est un mouvement que Gabriel n'a ni précédé ni entraîné, comme d'autres ont pu le faire autour de lui, mais auquel il s'est associé. Bien qu'il n'eût pas visité l'Italie, ses fonctions de premier architecte du roi lui assuraient la direction de l'Académie d'architecture et le plaçaient donc au centre du mouvement artistique de son temps : il a donné l'imprimatur aux écrits des réformateurs, écouté les conférences, approuvé les projets d'architecture publique, jugé les concours de Rome ainsi que les envois des lauréats férus d'archéologie gréco-romaine.

Les années où Gabriel met au point ses dessins pour la place Louis-XV sont marquées dans l'architecture parisienne par ce qu'on a nommé le style « à la grecque ». Il s'agit en réalité d'un hellénisme de convention, reconstitué par ouï-dire en attendant la publication des premiers recueils sur les antiquités d'Athènes. Ce qu'on peut dire, c'est qu'un désir de sobre élégance et le retour au « grand goût » du règne de Louis XIV dominaient alors son inspiration. L'ordre corinthien, qui orne la place Louis-XV, étudié depuis longtemps d'après ses plus beaux exemples romains, est celui dont l'archéologie du XVIIIe siècle a le moins renouvelé la connaissance. L'œuvre de Gabriel ne renvoie donc pas à l'art grec tel que l'a connu le XVIIIe siècle, mais témoigne de cette qualité du goût qu'on nomme l'atticisme. Cette grâce fait le prix de quelques petits édifices conçus pour les plaisirs du roi ou son repos pendant la chasse : le pavillon français de Trianon, le rendez-vous du Butard et ses répliques du pont Colbert et de la Muette, en forêt de Saint-Germain.

La fin de la guerre de Sept Ans autorisa Mme de Pompadour à faire approuver par Louis XV l'un des projets de Gabriel pour le Petit Trianon. L'édifice devait prendre place près d'un jardin botanique planté sous les ordres de Bernard de Jussieu. Le volume cubique et le dessin des péristyles ne sont pas sans trahir l'influence du palladianisme anglais. Le même rythme se renouvelle au long des quatre façades, marqué ici par des pilastres et là par des colonnes. Cette œuvre, de proportions parfaites, justifie ainsi une maxime apparue au XVIIIe siècle : le beau est l'unité dans la diversité.

MICHEL GALLET

Bibliographie

F. BERGOT, *Une œuvre de Jacques V Gabriel : l'hôtel de ville de Rennes*, Rennes, 1953 / Y. BOTTINEAU, *L'Art d'Ange Jacques Gabriel à Fontainebleau*, Paris, 1965 / J. BRACHET, *L'Hôtel de la Chambre des comptes*, Paris, 1966 / B. CHAMCHINE, *Le Château de Choisy*, Paris, 1910 / P. COURTAULT, *La Place Royale de Bordeaux*, Paris, 1924 / E. de FELS, *Ange Jacques Gabriel, premier architecte du roi*, Paris, 1924 / M. GALLET & Y. BOTTINEAU, *Les Gabriel*, Picard, Paris, 1982 / S. GRANET, *La Place de la Concorde*, Paris, 1963 / L. HAUTECŒUR, *Histoire de l'architecture classique en France*, t. IV, Paris, 1950 / E. KAUFMANN, *L'Architecture au siècle des lumières* (*Architecture in the Age of Reason*, 1955), trad. O. Bernier, Paris, 1963 / R. LAULAN, *L'École militaire de Paris. Le monument*, Paris, 1950 / P. MOISY, « Deux Cathédrales françaises », in *Gaz. B.-A.*, n° 1, févr. 1952 / G. POISSON, « Un édifice de Gabriel retrouvé : le petit château de Choisy », in *Bull. Soc. Hist. art franç.*, 1953 / P. PRADEL, « Les Projets de Gabriel pour l'Opéra de Versailles », in *Gaz. B.-A.*, n° 1, févr. 1937 / C. TADGELL, *Ange Jacques Gabriel*, Londres, 1978 / P. VERLET, « L'Opéra de Versailles », in *Rev. Hist. théâtre*, 1951.

GABRIEL JACQUES III JULES (1667-1742)

Élève et parent de Jules Hardouin-Mansart, père de l'illustre Ange Jacques, l'architecte Jacques Gabriel est communément désigné sous le nom de Jacques III et par certains historiens sous celui de Jacques V. Il accomplit une carrière rapide et brillante : contrôleur des Bâtiments du roi en 1687, membre de l'Académie d'architecture en 1699, premier ingénieur des Ponts et Chaussées en 1716, premier architecte en 1734. Auteur de nombreux hôtels (de Varengeville, 1704 ; Peyrenc de Moras-Biron, 1730), de projets pour des églises (Hôtel-Dieu à Orléans, Oratoire à Paris, cathédrale de La Rochelle) et de ponts (Blois). Mais l'essentiel de son œuvre est constitué par ses importants travaux à Rennes, à Bordeaux et à Dijon. À Rennes, il reconstruit le centre de la ville après l'incendie de 1720 et dessine (1730) l'hôtel de ville, à la silhouette mouvementée et pittoresque, « la création officielle la plus baroque du XVIIIe français » (Pariset). À Bordeaux, de 1729 à sa mort, il crée la place Royale, ouverte sur le fleuve, rectangle à pans coupés, « demi-place Vendôme » (Hautecœur), mais plus aérée : un pavillon central au fond et, en façade sur le fleuve, deux pavillons latéraux, la Douane et la Bourse, dotés d'un avant-corps à colonnes et fronton. L'ordonnance est plus monumentale qu'à Rennes à cause de l'ordre colossal de pilastres et de colonnes, et surtout de la ligne régulière des toitures qui donne à l'ensemble une majesté tranquille, bien classique. À Dijon enfin, Gabriel construit, en 1733, au palais des États, une aile nouvelle comportant un vaste escalier d'honneur, œuvre élégante, ouverte à la lumière. Il est juste d'associer au nom de Jacques Gabriel celui de son sculpteur attitré Verbeckt (1704-1771), responsable de la décoration sur les trois grands chantiers provinciaux.

JEAN-JACQUES DUTHOY

GARDELLA IGNAZIO (1905-1999)

« J'étais fasciné par la confiance des rationalistes à pouvoir donner une nouvelle forme au monde entier, en même temps j'étais effrayé par l'idéologie de la machine. » Ces propos confiés peu de temps avant sa mort par Ignazio Gardella à Antonio Monestiroli révèlent les positions doctrinaires de l'architecte italien au terme d'une longue carrière.

Né le 30 mars 1905 à Milan, dans une famille génoise d'architectes et d'ingénieurs, Gardella obtient le diplôme d'ingénieur en 1931. « Ce choix, a-t-il déclaré, m'a libéré de ce mythe de la technique à la racine du Mouvement moderne qui a conditionné beaucoup d'architectes. Car il faut dire que la technique fascine toujours ceux qui n'en connaissent pas bien la logique. » Milan constitue son milieu culturel de référence : dès les années de lycée, il se lie d'amitié avec Luchino Visconti ; il fréquente les principaux architectes et artistes milanais de l'époque : Giuseppe Terragni, Pietro Lingeri, Franco Albini, Pietro Bottoni, le groupe BBPR, Mario Figini et Luigi Pollini, les plasticiens Lucio Fontana, Fausto Melotti, dont il partage les idées et le travail.

Gardella commence à travailler en 1930 dans l'agence de son père. Son premier projet est une tour pour la place du Dôme, à Milan. Il répond au concours d'un monument pour le régime – une *Torre Littoria* près de la Cathédrale (1934) –, par le projet d'un campanile, une structure en ciment armé sommée d'une cloche. Son idée est de créer un parcours ouvert, une promenade architecturale verticale qui, par une série de rampes superposées offre progressivement des vues de la place, de la ville, de ses limites. Un demi-siècle plus tard (1988) Gardella fait un autre projet pour l'aménagement du côté ouest de la même place. Cette fois, il développe horizontalement le thème de la promenade par une fontaine-monument transformée en écran grâce à l'eau qui descend en cascade.

Parmi les réalisations de l'entre-deux-guerres révélatrices de ses divergences avec certains dogmes du Mouvement moderne, ressort le projet de dispensaire pour des tuberculeux à Alessandria (1933-1938). La façade principale est à la fois une recomposition inédite des principes de l'architecture rationaliste en ciment armé et une reprise du patrimoine de traditions locales exprimé par l'emploi d'un claustra en briques qui occupe les deux tiers de la façade. Ce choix permet à Gardella de poser une succession d'écrans transparents de profondeurs différentes, de doser savamment une recherche sur la texture. Son travail sur la couleur et la lumière est jugé inédit par ses contemporains.

En 1949, Gardella passe le diplôme d'architecte à la faculté d'architecture de Venise où, à l'invitation de Giuseppe Samonà, il commence une activité d'enseignant avec un groupe exceptionnel d'architectes-pédagogues : Franco Albini, Ludovico Belgioioso, Carlo Scarpa, Bruno Zevi. En choisissant des « professionnels cultivés », qui n'enseignent pas uniquement le métier, Samonà organise une nouvelle manière d'enseigner l'architecture. À Venise, Gardella réalise l'immeuble *Cicogna alle Zattere* (1953). Ce projet controversé, avec ses dissymétries calculées, la fragmentation des détails, l'enduit coloré (*il pastellone*), la composition de la façade présentée comme une relecture de la typologie du palais vénitien, a été défini par Argan comme « la Cà d'Oro de l'architecture moderne ».

Les aménagements des années 1950 plus particulièrement liés aux arts visuels permettent à Gardella d'approfondir sa recherche sur la relation entre le contexte et l'histoire, comme dans la réfection des six premières salles du musée des Offices à Florence (1956) avec Carlo Scarpa et Giovanni Michelucci. À Milan le Pavillon d'art contemporain (P.A.C.) 1947-1954, destiné aux expositions temporaires d'architecture et d'art contemporain, est un exemple remarquable d'emploi de la lumière dans la construction de l'espace. Celle-ci vient de deux directions, du plafond et, latéralement, du jardin. Au moyen d'un diaphragme vertical formé de lamelles, Gardella concentre la lumière zénithale sur les parois pour éviter ses reflets sur le plancher. Démoli par un attentat en 1993, le P.A.C. a été reconstruit à l'identique.

À Gênes, Gardella a laissé deux œuvres importantes : la nouvelle faculté d'architecture (1975-1989) où il s'est engagé dans un projet de restructuration de l'ancien tissu génois, et la reconstruction tant attendue par le public du théâtre Carlo Felice (1981-1990, il avait été détruit par la guerre en 1943) avec Aldo Rossi et Fabio Reinhardt.

MARILÙ CANTELLI

Bibliographie

G. C. ARGAN, *Ignazio Gardella*, Comunità, Milan, 1959 / F. BUZZI CERIANI dir., *Ignazio Gardella, Progetti ed architetture 1933-1990*, Venise, 1992 / A. MONESTIROLI, *L'Architettura secondo Gardella*, Laterza, Bari, 1997 / P. ZERMANI, *Ignazio Gardella*, *ibid.*, Bari, 1991.

GARNIER CHARLES (1825-1898)

Après avoir remporté le grand prix de Rome en 1848, Charles Garnier voyage pendant cinq ans en Italie, puis en Grèce, pour y connaître mieux l'architecture antique, classique et baroque. De retour à Paris à l'époque où Lefuel construisait le nouveau Louvre, il travaille un peu avec Viollet-le-Duc. Mais l'éclectisme de Garnier ne pouvait s'accommoder longtemps de la science précise de Viollet-le-Duc en matière d'« archéologie architecturale ». En 1860, il gagne le concours organisé à l'initiative de Napoléon III pour construire un Opéra à Paris (alors que le projet de Viollet-le-Duc est refusé), édifice qui allait devenir son œuvre la plus célèbre en même temps qu'un emblème de la pompe du second Empire. L'extérieur sera terminé en 1870, le bâtiment inauguré en 1875.

Le contraste entre la place de l'Opéra (ou plus exactement de l'Académie nationale de musique) et l'édifice de Garnier mérite d'être signalé : l'architecte accorde, en effet, peu d'importance à l'intégration de l'édifice à un ensemble. Ce fait est plus remarquable encore si l'on se rappelle que les bâtiments de cette place, ainsi que son organisation spatiale, sont contemporains (ils datent de 1858-1864, les architectes en sont Rohault de Fleury et Henry Blondel) : pour Garnier, l'Opéra doit être un bijou rutilant (ou une pièce montée) devant lequel l'« environnement » doit s'effacer dans sa pauvreté.

Si la Renaissance française était à l'honneur avec Lefuel, c'est du style baroque italien que Garnier s'est inspiré ; mais la nouveauté de son bâtiment vient de ce qu'on ne peut lui assigner un modèle précis et qu'on y voit plutôt un collage de pièces rapportées (lorsque l'impératrice, hostile à son projet, lui demande s'il s'agit de style Louis XV, ou de style Louis XVI, Garnier répond : « Mais c'est du Napoléon III », mais l'anecdote est peut-être fausse). La façade s'articule de manière moins répétitive que celle des bâtiments de Lefuel (colonnades, arcades, sculptures de Carpeaux, ornements dorés) et le demi-dôme révèle la fonction intérieure du bâtiment ; l'exubérance décorative n'a donc pas pour rôle de masquer la construction intérieure bien qu'elles n'aient que peu de chose en commun : qu'est-ce qui pourrait rapprocher le dôme néo-byzantin en cuivre, le foyer néo-baroque et le célèbre escalier ? Garnier a réussi à donner à l'Opéra un caractère volumétrique : les trois côtés sont construits de manière à peu près identique à la façade, mais l'articulation spatiale légèrement différente de chacun suggère un mouvement rotatif. La boursouflure interne, qui n'a rien à voir avec la Renaissance italienne, le mélange des styles, l'emphase externe, tout cela peut être la marque à la fois d'une certaine décadence et d'une grande liberté, et précisément l'Opéra de Garnier devint un modèle parce que, par son exagération, il se moque de toute fidélité historique. Les autres bâtiments de Garnier n'ont rien de ce faste « toc » qui fait de l'Opéra (et du casino de Monte-Carlo) d'intéressants symptômes d'un autre âge.

YVE-ALAIN BOIS

GARNIER TONY (1869-1948)

Bien plus célèbre pour son projet de cité industrielle que pour ses quelques réalisations, Tony Garnier est un extraordinaire précurseur ; il est le premier grand urbaniste moderne. Ses propositions seront reprises, analysées, critiquées par tous les architectes des années vingt.

Né dans un quartier populaire de Lyon, Garnier fait ses études dans sa ville natale dont l'atmosphère intellectuelle contribua pour beaucoup à sa formation (socialisme et préoccupations urbanistiques). Lyon est en effet l'une des premières villes à avoir voulu planifier la construction ; dès avant la municipalité d'Édouard Herriot avec lequel Garnier collaborera étroitement, l'accent avait été mis sur les problèmes de l'habitation ouvrière, les conditions d'hygiène, la construction des groupes scolaires et leur implantation dans chaque quartier. En décembre 1889, Garnier est admis à l'École des beaux-arts à Paris dont l'atmosphère est réactionnaire ; cependant, de l'enseignement de Paul Blondel (dont Perret est aussi l'élève) et de Guadet, il tire certaines conclusions qui feront la force de ses futurs projets : le principe, notamment, d'« élasticité » d'un plan qui permet de changer certains détails (et prévoit l'accroissement d'une partie) sans modifier la composition d'ensemble. Dès 1894, Garnier se présente au concours du prix de Rome : il n'en recevra le premier grand prix qu'en 1899 pour sa sixième tentative, pensant naïvement : « Pour pouvoir dire quelque chose, il me fallait d'abord être prix de Rome. »

À la villa Médicis, Garnier ne remplit pas ses obligations (il s'agissait de reconstitutions archéologiques de bâtiments anciens), bâcle le travail requis par l'Académie et envoie dès 1901 comme supplément « deux feuilles représentant en plan et en vue générale une cité qui ne correspond en rien à ses obligations de pensionnaire ». Les plans ne sont pas montrés à Paris, car ils sont « trop » modernes, et Garnier, déçu, continue de travailler à sa Cité sans tenir compte du jugement officiel. Comme il lui faut cependant un projet d'école, il entreprend la reconstitution d'une ville antique, Tusculum, qui dénote la cohérence de ses préoccupations. Les planches en couleurs de Tusculum plairont aux académiciens qui reprocheront cependant à Garnier une imagination excessive et la négligence des détails ; en 1904, ils accepteront enfin d'exposer son envoi « complémentaire », l'extraordinaire projet de sa Cité. Cette Cité industrielle (« car c'est à des raisons industrielles que la plupart des villes neuves que l'on fondera désormais vaudront leur formation ») est prévue pour 35 000 habitants : « En donnant à notre ville une importance moyenne [...] nous avions toujours le même but de nous attacher à des recherches d'ordre général, que n'aurait pu motiver l'étude d'un village ou celle d'une très grande ville. » Garnier place cette « imagination sans réalité » dans le sud-est de la France, dont les agglomérations « ont des besoins analogues » à sa Cité : il n'est donc pas un utopiste et inscrit sa ville « idéale » dans un site (le plan intègre une vieille ville) de manière très réaliste. Cependant, Garnier anticipe sur la législation et le type de société : il suppose acquis « certains progrès d'ordre social » et surtout « admet [que] la société a désormais la libre disposition du sol ». Lorsque l'on sait que la propriété privée du sol a été, est encore et sera, jusqu'à une transformation fondamentale du mode de production contemporain, l'obstacle à un urbanisme rationnel, on mesure la modernité que constitue la compréhension de cette condition nécessaire. La ville est articulée en zones disséminées, relativement autonomes (tout comme la ville elle-même est relativement autonome : l'industrie métallurgique la fait vivre, un barrage lui procure son énergie, des fermes modernes la nourrissent), liées entre elles par un réseau simple et efficace de communications (tramway). Ce principe de regroupement des différentes fonctions (le « zoning » moderne, que les C.I.A.M. préconiseront) et de discontinuité de l'occupation du terrain (qui facilite les modifications ultérieures) est à la base de tous les projets et réalisations de Garnier, comme de la pensée urbanistique moderne. Des trois zones — ville proprement dite (habitations et bâtiments publics), complexe industriel et complexe sanitaire — c'est l'ensemble résidentiel qui est résolument le plus moderne. La construction en damier, la standardisation prévue, la répartition rythmique et régulière des écoles (préfigurant les « unités d'habitations » de Le Corbusier) sont compensées par le bain de verdure dans lequel Garnier dispose ses pavillons, par les divers balcons et loggias, par les sculptures et les pergolas que l'ont peut ajouter. Comme il n'y a pas de clôtures, « la traversée de la ville est permise dans n'importe quel sens, indépendamment des rues que le piéton n'a plus besoin de suivre. Et le sol de la ville est comme un grand parc ». Le choix exclusif du béton armé donne lieu à de nombreuses innovations techniques (fenêtres continues, cantilever, piliers-champignons, pilotis, toits-terrasses) et à une géométrisation puriste qui sera commune à tous les architectes fonctionnalistes des années vingt. Le projet, conçu en 1904, ne sera imprimé qu'en 1917 avec quelques modifications. Entre-temps, Garnier a entrepris à Lyon de nombreux travaux que la guerre allait interrompre : les abattoirs de la Mouche (dont le grand hall d'acier du marché servira de local à l'Exposition internationale urbaine de 1914), l'hôpital de Grange-Blanche, le central téléphonique de Vaudrey. Tous ces bâtiments sont construits selon les principes de la Cité industrielle, comme ceux que Garnier allait réaliser plus tard (quartier des États-Unis, stade olympique) ou projeter (hôpital franco-américain), mais ils sont dans l'ensemble moins satisfaisants : Garnier était essentiellement urbaniste, il voyait la solution des problèmes posés par l'urbanisation intense dans la construction d'un réseau de villes moyennes et il fut contraint de travailler dans le tissu d'une grande ville qui existait déjà.

Au reproche que lui fait Le Corbusier, qui lui empruntera beaucoup — « avoir des quartiers d'une densité si faible au cœur de la ville » —, Garnier semble répondre par avance dans les modifications faites lors de la publication du projet : il intègre trois sortes d'immeubles à étages en suivant les mêmes principes élaborés pour les petits pavillons (importance de l'ensoleillement, élimination des rues-corridors et des cours).

YVE-ALAIN BOIS

GAUDÍ ANTONIO (1852-1926)

Les nombreuses interprétations de l'œuvre de Gaudí donnent de celle-ci une image extrêmement mouvante et variée. On dit de Gaudí qu'il est le plus grand architecte de l'Art nouveau, le créateur d'une architecture fantastique, un pâle imitateur de l'art gothique, le précurseur de l'architecture moderne, l'inventeur du « plan libre », etc. Qu'en est-il en fait ? La lecture de ces différents jugements éclairera la question, et permettra en partie de décrire l'œuvre de l'architecte catalan. On trouve deux constantes dans l'interprétation qui est donnée de sa production, l'une formaliste, l'autre s'attachant aux problèmes posés par le traitement de la matière. La première dégage les rapports formels qui existent entre son œuvre et les créations des architectes ainsi que les courants artistiques de l'époque, spécialement l'Art nouveau, ou encore elle émet l'hypothèse d'une préfiguration de l'art abstrait, dans les mosaïques du parc Güell par exemple. Selon la seconde, les formes ne sont que le produit de la façon dont la matière est travaillée (structure, géométrie, utilisation des matériaux, etc.) ; cette seconde interprétation est souvent liée à l'idée d'un génie isolé, hors du temps et de l'espace.

Gaudí et l'Art nouveau

Antonio Gaudí y Cornet (en catalan : Antoni Gaudi) est né à Reus dans la province de Tarragone. Il fait ses études d'architecture à Barcelone. Dès 1876, il travaille avec Francisco de Paula del Villar, architecte des premiers plans de la Sagrada Familia, puis prend lui-même la direction des travaux en 1884, jusqu'à sa mort en 1926.

Gaudí est un architecte reconnu quand commence à se développer dans toute l'Europe l'Art nouveau. Peut-on dire que, malgré ces quelques années de décalage, cette architecture d'emprunts historiques autant que d'audaces formelles est la réponse catalane aux théories de l'Art nouveau ?

Plus peut-être qu'aucun de ses contemporains, Gaudí mit en pratique une des théories de l'Art nouveau qui insistait sur l'unité dans l'art et tentait de resserrer la collaboration entre l'artiste et l'artisan. Dans cette tâche, à partir de 1904, un jeune confrère l'assista en permanence : José María Jujol (1879-1949). La modestie de ce disciple, que Gaudí considéra bientôt comme un fils, avait longtemps occulté son rôle auprès du Maître. Des études plus récentes lui ont rendu, entre autres, la céramique du Parc Güell et de la Casa Batllo, de nombreux meubles, ainsi qu'une participation active à l'édification de la Sagrada Familia.

Architecte, urbaniste, sculpteur, peintre, musicien, ébéniste, ferronnier, quelque peu mathématicien, Gaudí fait penser aux grandes figures de la Renaissance. Or, chez lui, rien de plus éloigné que l'idée d'une renaissance, que la volonté d'un « art nouveau » telles qu'elles s'exprimaient avec force à la fin du siècle dans toute l'Europe, notamment à Barcelone, pointe avancée du modernisme en Espagne. L'Art nouveau, dont une des fonctions, comme l'a écrit Otto Wagner, est de chasser l'historicisme de la production artistique pour qu'« une naissance entièrement neuve sorte de ce mouvement », est à cet égard à l'opposé des vues de l'architecte catalan. Gaudí l'a souvent dit, il ne cherche pas à innover ; admirateur de l'art grec, fortement influencé dans sa jeunesse par le style mudéjar, appréciant la subtilité des structures byzantines, Gaudí consacre sa vie à la défense, à l'illustration et à l'amélioration de l'art gothique. Il a de la nature comme source d'inspiration une toute autre compréhension que les théoriciens de son époque. L'Art nouveau a recherché, dans quelques éléments naturels scrupuleusement choisis, telle la tige végétale ou la fleur, le modèle de lignes souples, de courbes, étirant si besoin était leur dessin. Gaudí vise, comme il le déclare lui-même, à « traiter la construction d'une manière naturaliste, c'est-à-dire [à] la concevoir de manière qu'elle soit l'expression des forces qui agissent en elle ». La forme vient de la structure qui est pensée par analogie aux structures naturelles, et non du traitement que l'artiste de l'Art nouveau fait subir au nénuphar ou au cou du cygne. De ce point de vue, c'est l'arbre qui paraît à Gaudí le plus riche, tant pour l'étude de la structure que pour sa représentation (Sagrada Familia). Mais, comme il pense que l'architecture n'est pas simple structure et qu'elle intègre organiquement l'ornementation, il a encore recours à la nature pour appuyer cette conception ; ainsi oiseaux, montagnes, arbres, personnages, etc., sont-ils représentés le plus exactement possible sur les façades et les terrasses des édifices qu'il construit. La volonté d'une reproduction fidèle de ces éléments amena cet artisan à rechercher certains procédés ; par exemple, il prend d'innombrables clichés photographiques d'enfants, de jeunes filles, de vieillards qu'il place devant des miroirs pour en étudier les poses et les gestes ; il est en quête de leur structure quand il construit des figurines en fil de fer ou qu'il étudie des squelettes.

Il n'y a point d'allongement ni de sophistication dans son œuvre. Si parfois on trouve des « lignes en coup de fouet » comme au portail d'entrée du palais Güell, cette manière de faire reste très secondaire, d'autant qu'il traite les masses plus que les surfaces et les lignes ; en outre, les formes que ce dévot, bâtisseur de temples expiatoires, emprunte au capital de l'Art nouveau n'expriment nullement la recherche du raffinement, encore moins celle de l'érotisme, souvent contenues dans les œuvres de ce mouvement.

Sans vouloir définitivement résoudre la question de leurs rapports, on peut dire que l'œuvre de Gaudí n'est pas le reflet des théories et des thèmes de l'Art nouveau, et qu'il faut en rechercher ailleurs l'originalité.

Une architecture-vérité

La Sagrada Familia (fig. 1) est assurément la création la plus importante, la plus grandiose, la plus complexe aussi de Gaudí ; en effet, il travailla à sa construction pendant toute sa vie, il dut composer avec des plans préexistants, enfin il voulut imposer à cet édifice sa marque personnelle ; cette église est ainsi une sorte de résumé de son œuvre et des problèmes qu'il eut à résoudre, à tel point que N. Pevsner lit sur la façade principale l'évolution de tout son art. En 1884, Gaudí hérite d'un plan gothique et d'un chantier bien avancé. Parce que cet héritage correspond à ses préoccupations, surtout à celle d'améliorer les structures gothiques, en même temps qu'il excite sa curiosité d'architecte, il lui pose un certain nombre de problèmes, en particulier celui de la voûte d'une grande nef. Traditionnellement, les poussées d'une telle voûte dont la résultante est oblique étaient reprises par des arcs-boutants que Gaudí entreprend d'éliminer à cause des inconvénients qu'ils présentent : c'est ainsi que la coupe de la voûte et des piliers destinés à la recevoir sera une courbe funiculaire. En effet, Gaudí sait que cette courbe, obtenue en chargeant régulièrement de poids une corde attachée à ses deux extrémités, est celle qui supporte le mieux ces différentes tractions ; renversée, elle est celle qui résiste le plus parfaitement aux poussées des poids qui faisaient précédemment travailler la corde en traction. Gaudí entreprend la construction de très nombreuses maquettes de structures, sous forme de funiculaires, telles les maquettes de l'église de Santa Coloma de Cervello (1898-1914). Cette volonté « scientifique », à défaut d'une véritable démarche scientifique, fut mise en lumière par Le Corbusier. Certes, celui-ci fait ressortir cet aspect parce qu'il correspond à ses propres préoccupations, mais cette compréhension, même partielle, de l'œuvre de Gaudí permet de marquer toute la distance qui sépare l'architecte catalan de l'Art nouveau.

Les résultats, bien qu'éloignés de toute généralisation, car ils restent dans les limites de l'empirisme, sont remarquables pour leur adéquation aux problèmes posés et formellement très intéressants. C'est une conception moderne de l'architecture, une sorte d'architecture-vérité, où la structure est l'exacte traduction des effets imposés par la construction. L'église de Santa Coloma, dont seule la crypte fut construite, en est l'exemple le plus parfait ; en un certain sens banc d'essai de la Sagrada Familia, elle est, pourrait-on dire, pure structure ; il n'y a aucune ornementation, chacune des charges est calculée, son report assuré en d'autres points de l'espace ; arcs, arcs-boutants, voûtes sont tour à tour utilisés à cette fin ; les matériaux changent selon leur fonction, leur possibilité de mise en œuvre. C'est une architecture dynamique dont chaque élément est nécessaire à l'ensemble. Curieusement, ces constructions où tout n'est qu'équilibre donnent une impression d'instabilité : piliers obliques, arcs qui n'ont pas la symétrie rassurante du plein cintre, voûtes aux

GAUDÍ ANTONIO

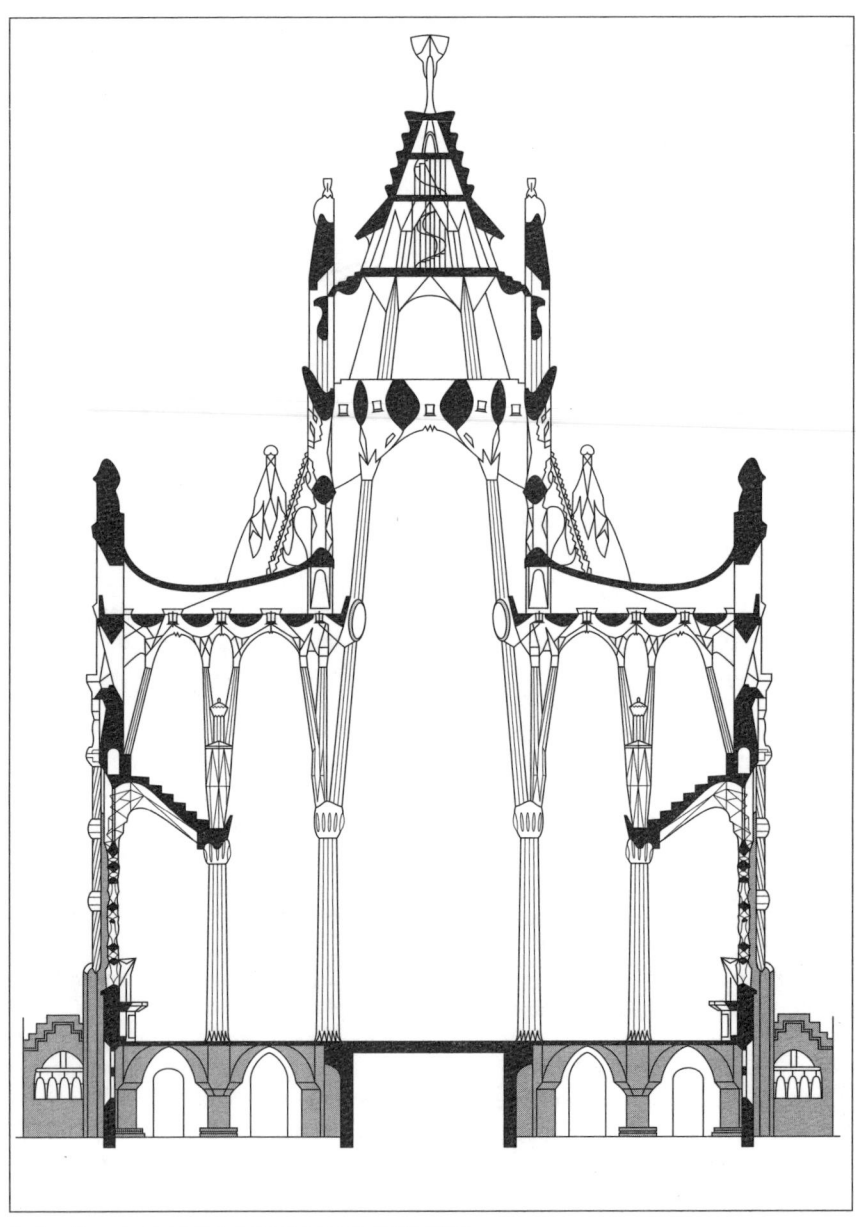

fig. 1 – *Coupe transversale de la Sagrada Familia (1883-1926)*

GAUDÍ ANTONIO

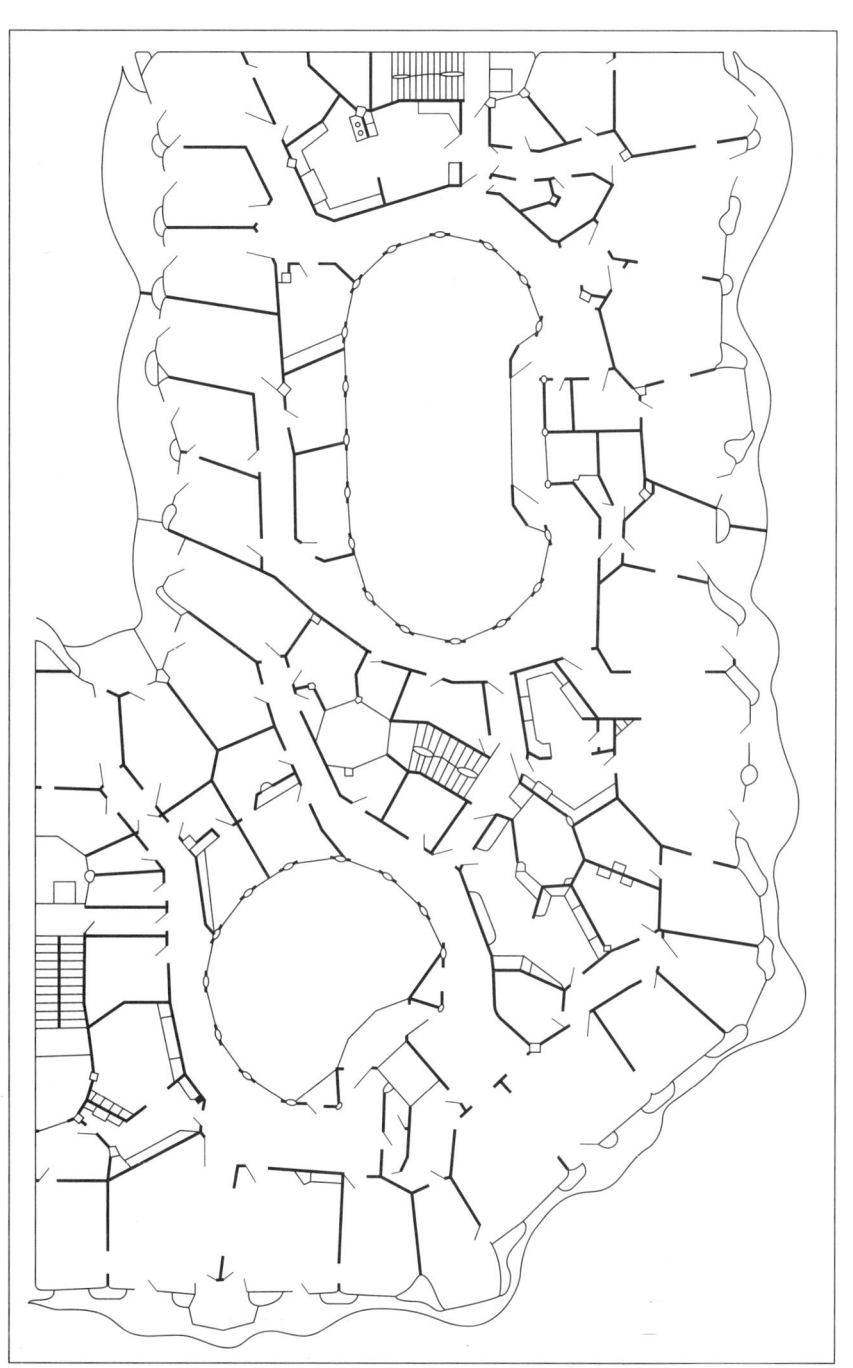

fig. 2 – *Plan de la Casa Milá (1905-1910)*

surfaces nées de la nécessité de répondre à des poussées complexes. Cette impression d'instabilité est d'ailleurs formellement accentuée par l'éclatement de la pierre inférieure d'une colonne, par un chapiteau posé de guingois. On retrouve cet expressionnisme dans les colonnes du parc Güell.

Ainsi, l'exécution du projet initial de Gaudí, l'amélioration du système structural gothique, l'éloigne de ce système et le conduit à un autre projet : une architecture qu'il qualifie de « naturaliste ». En utilisant les matériaux à la limite de ce qui était alors possible, il propose des solutions absolument originales. Avec la même volonté scientifique de dominer sa production et contrairement à l'apparence qui laisserait croire au hasard des formes, Gaudí a souvent recours à la géométrie, c'est-à-dire à des formes qui sont le fruit de l'abstraction : parabole, hyperbole, hélicoïde, conoïde, surfaces réglées tel le paraboloïde hyperbolique, etc. De ce point de vue, la petite école construite près de la Sagrada Familia est tout à fait remarquable.

Les débats suscités par le système structural de Gaudí ont amené certains critiques à parler de première manifestation du « plan libre », notamment à propos de la Casa Milá. Certes le plan de cet édifice est d'une grande liberté, certes les murs sont ou auraient pu être indépendants des structures porteuses ; mais, à ce titre, le Panthéon est un « plan libre », ou mieux encore le modèle de la trame. Ce n'est là qu'un point de vue formel, étranger à la compréhension de ces phénomènes. La trame est liée d'une façon nécessaire aux conditions qui ont permis son existence, sa théorisation (industrialisation, rentabilité, etc.) ; de même, le plan libre n'est pas isolable du programme que les rationalistes ont eu à traiter, des fonctions qui engendrent ce programme, des relations entre ces fonctions. Or le plan de la Casa Milá (fig. 2) est un plan de couloirs, le plan traditionnel de la maison bourgeoise. Ce qui n'enlève rien, bien entendu, aux qualités de cette maison, notamment au jeu des masses qui annonce d'une certaine façon l'expressionnisme de la tour d'Einstein construite en 1920 à Potsdam par Erich Mendelsohn. Pour la petite histoire, Gaudí se serait inspiré de falaises près de Barcelone (la Casa Milá est aussi appelée la *Pedrera*), les terrasses et les cheminées de céramique blanche seraient des nuages sur lesquels devait être déposée une Vierge flanquée de deux anges. Dieu merci, ils se sont envolés !

Il aurait fallu éclairer bien d'autres aspects de l'œuvre de Gaudí : ses tentatives d'urbanisme dans le parc Güell, ses qualités de coloriste, son goût des matériaux, ses idées sociales, sa statuaire, etc. Déjà une conclusion s'impose : l'attrait qu'exercent les formes créées par Gaudí n'est pas dû à une analyse superficielle qui appréhenderait le fantastique de ces volumes et les relations formelles de cette œuvre avec l'Art nouveau ; il naît de ce qui sous-tend ces formes, à savoir la volonté de les structurer et les structures elles-mêmes.

PIERRE GRANVEAUD

Bibliographie

« L'Architecture fantastique », in *Architecture d'aujourd'hui*, n° spéc. 102, 1962 / J. CASSOU, E. LANGUI & N. PEVSNER, *The Sources of Modern Art*, Paris, 1961 / CENTRO DE ESTUDIOS GAUDINISTAS, *Gaudí*, Barcelone, 1960 / R. DESCHARNES & C. PRÉVOST, *Gaudí, vision artistique et religieuse*, préface de Salvador Dalí, Edita-Vilo, Lausanne-Paris, 1982 / C. FLORES, *Gaudí, Jujol y el Modernismo catalan*, Madrid, 1982 / R. PANE, *Antoni Gaudi*, Milan, 1964 / N. PEVSNER, *Pioniers of the Modern Movement*, Londres, 1936 / J. F. RÁFOLS, *Antoni Gaudi*, Barcelone, 1952 / *Les Sources du XXe siècle. Les arts en Europe de 1884 à 1914*, musée d'Art moderne, Paris, 1960 / J. J. SWEENEY & J. L. SERT, *Antoni Gaudi*, Londres, 1960 / S. TARRAGÓ, *Gaudí*, Barcelone, 1974 / B. ZEVI, « Un genio catalano : Antoni Gaudi », in *Metron*, n° 38, 1950.

GAUDIN HENRI (1933-)

Le refus par Henri Gaudin du Grand Prix d'architecture 1988 qu'un jury « moderniste », emporté par Jean Nouvel, avait, contrairement à l'usage, prétendu lui faire partager avec André Wogenscky, ancien assistant de Le Corbusier, puis le fait que le même prix ne fut pas attribué l'année suivante, contre toute attente, à Christian de Portzamparc traduisent une rupture : arrivée à maturité, la génération qui avait opéré au cours des années 1980 le rétablissement de l'architecture française se voyait ainsi rejetée au profit des tenants d'un dynamisme avide de spectaculaire, d'« héroïsme » plus brutal, beaucoup moins attachés à la réflexion urbaine et, en général, à la spéculation intellectuelle.

Henri Gaudin serait d'ailleurs le doyen de cette génération aujourd'hui contestée par certains ; il en est aussi l'une des figures les plus solitaires, il n'a guère fait école et ne l'a pas cherché, développant un style propre et une réflexion nourrie d'histoire, de philosophie et de sensibilité aux sites, sans cesse travaillée par le dessin.

Né en 1933, à Paris, Gaudin avait opté pour la marine marchande à la fin de son adolescence afin d'échapper à son milieu familial. Il navigua durant trois années et entra en 1956 à l'atelier Arretche de l'Ecole des beaux-arts, à l'instigation d'un cousin, l'inventeur Paul Arzens, auteur de nombreuses locomotives pour la S.N.C.F. et de quelques étranges voitures expérimentales.

Il sera le favori – le « poulain », dit-il – du professeur, remportant divers prix et bourses qui financèrent notamment un voyage d'études aux États-Unis au cours duquel il découvrit les artistes new-yorkais. Il travailla quelque temps, vers 1968, dans l'agence américaine de Harrisson et Abramovitz et, à son retour à Paris en 1969, se fit embaucher, grâce à Louis Arretche, au sein de l'A.P.U.R., l'atelier parisien d'urbanisme qui venait d'être créé. Il y resta quatre ans. Assez étranger à cet univers technocratique, il assista néanmoins aux remous de l'époque pompidolienne et à la lente montée de la culture urbaine.

Sa première œuvre, élaborée avec Charles Maj, fut la construction de deux écoles à Souppes-sur-Loing (1973). Les architectes y associaient deux bâtiments plutôt linéaires, à tête cylindrique, dans lesquels apparaissaient déjà, derrière une grande sobriété d'écriture, quelques surplombs, quelques ondulations, une fragile passerelle en verrière, esquisses de préoccupations spatiales que les recherches ultérieures d'Henri Gaudin devaient amplifier.

Les travaux qui le firent accéder à la notoriété eurent pour terrain le logement social et les sites désespérément vierges, comme c'était souvent la règle en France dans les années 1960 et 1970. Il fut longtemps condamné à créer dans les villes nouvelles, avec, à chaque commande, quelques dizaines de logements seulement, des espaces qui allaient tenter d'exprimer la densité, l'imprévisibilité, la chaleur contrastée des villes traditionnelles.

Ce fut d'abord l'opération d'Élancourt-Maurepas (1981), événement retentissant par ses qualités urbaines et par l'originalité d'une esthétique teintée de sensualisme, opération encore marquée par la pensée modulaire, répétitive et systématique des années 1970 mais qui déployait avec une aisance inaccoutumée des façades ondulantes de carrelage et d'enduit blancs, des placettes lovées autour du cylindre des cages d'escalier, des murs et des tonnelles. Puis celle d'Évry-Courcouronnes (1985), plus haute et grandiose, légèrement dramatique peut-être, avec des parcours complexes, des fractures, des enroulements, des escaliers aux allures théâtrales, de hautes cheminées. Des opérations du même ordre s'achevèrent en 1990 dans la ville nouvelle lyonnaise de L'Isle-d'Abeau et en 1993 à Villejuif.

Ces différentes opérations ont été mues par l'idée que l'architecture et l'urbanisme ne constituent qu'une même discipline ; elles cherchaient à retrouver les qualités non pas des places et rues des traditions classique ou haussmannienne, mais plutôt celles des venelles et des passages, des étroitesses de Prague ou de Rome, et cette intimité, cette « vapeur du plein et du vide » qui fait Venise.

Car, si Henri Gaudin rejetait l'héritage moderne, ce n'était pas au nom du néoclassicisme, comme tant d'autres architectes au cours des mêmes années, mais parce qu'il était animé par une quête de la complexité. À l'espace moderne, fruit d'une conception des objets architecturaux séparés par du vide, de la distance inscrite dans les règlements, les techniques et l'esthétique, il opposait la fusion, « tresses, fibres, réseaux, structures, textures, qu'importe ! », la compacité travaillée par le vide, les « poches » et la profondeur des lieux qui s'ouvrent, car l'architecture lui paraissait devoir d'abord être accueillante pour le corps.

Dans le centre d'Arcueil, l'ensemble de la Maison des gardes (1988), étiré le long d'une ruelle, massif, couronné d'une corniche arrondie, fut en quelque sorte pour lui l'occasion d'entrer en ville par la banlieue. Enfin, ce fut Paris, avec deux édifices modestes achevés en 1987 : un petit immeuble d'angle, rue de Ménilmontant, dans lequel il créait, derrière des façades relativement lisses, quelques accents cadencés,

des déboîtements, des coursives et une ouverture en diagonale vers le centre confus de ce vieil îlot typique des quartiers ouvriers de l'Est parisien. Le collège de la rue Tandou, près du bassin de La Villette, avec des fractures qui s'ouvrent au coin d'une façade nacrée, des organisations de mouvements sinueux et d'angles aigus, et de minces verrières à l'articulation des formes.

Cette architecture de l'ombre et du mouvement de la lumière, assez nue, muette et blanche, animée de quelques accents, est nourrie de l'idée paradoxale qui court tout au long de l'œuvre d'Henri Gaudin : « le vide est ce qui relie ». Cette idée est approfondie au début des années 1980 pendant la rédaction de *La Cabane et le labyrinthe*, ouvrage qui explorait l'espace médiéval, « refuge contre l'abstraction », pour y retrouver cette « science de l'agglomération » qu'ont pu mettre en œuvre au XXe siècle des architectes aussi différents que Alvar Aalto, Alvaro Siza ou Lucien Kroll.

Vint alors pour Gaudin le temps des grands projets parisiens : celui des concours perdus (extension des Archives nationales en 1983, cité musicale de La Villette en 1984 et Bibliothèque de France en 1989) mais aussi des concours gagnés en association avec son fils Bruno (qui deviendra son associé en décembre 1995). Le bâtiment des Archives de la ville, campé sur les hauteurs de la porte des Lilas, a été inauguré en 1990. Il organise de forts silos opaques sur la surface desquels semblent se hisser des escaliers en saillie, un édifice abritant les salles de lecture au mobilier de bois blond et, serrée entre eux, une anfractuosité lumineuse qui les sépare « pour les rejoindre ».

L'agrandissement du musée Rodin dans les jardins de l'hôtel Biron lui avait été confié au terme d'un concours remporté en 1988. Il a suscité quelques polémiques, bien qu'il consiste en un très subtil travail d'éclairage, de volumétries de verre et de lanternes s'immisçant dans l'ancienne chapelle néo-gothique de la rue de Varenne, de lumières zénithales et latérales conjuguant habilement leurs effets. Puis il semble s'être enlisé, alors que démarraient les travaux de transformation du Musée national des arts asiatiques-Guimet, dont l'inauguration est annoncée pour 1999.

L'ensemble formé par la Maison du sport français (1992) et le nouveau stade Charléty (1994), à la porte de Gentilly, est son grand œuvre. Il regroupe un monde de toits, de verrières et d'escaliers dans le creux que ménagent entre eux un édifice linéaire et la vaste ellipse du stade, cernée par une couronne de mâts obliques qu'articule sur un mode expressif une structure de câbles, de bielles et de butons d'acier.

L'extension de l'hôtel de ville de Saint-Denis, aux abords immédiats de la basilique, dernière pièce d'une rénovation urbaine entreprise il y a près de vingt ans, a été inaugurée en 1993. Derrière une façade formée de grands pans verticaux de verre, très rythmée, fortement creusée et échancrée, Henri Gaudin créé un îlot ordonné autour d'un large hall public, un îlot qu'un porche et une passerelle rattachent aux bâtiments voisins, l'ensemble étant pris dans une organisation complexe qui essaye d'assurer la liaison avec le monument gothique, de se saisir de l'abside et des contreforts d'une église en ruines et d'amorcer, sur un registre dense, le passage vers les quartiers neufs.

L'extension de l'université de Saint-Leu, dans un site de canaux, à Amiens (1993) fut pour l'architecte l'occasion de développer les délicats assemblages de verrières arquées qu'il avait esquissés pour un projet de serre dans le parc de La Villette et dans sa proposition lors du concours de la Bibliothèque de France. Hérissées, quasi symétriques, dressées autour de l'entrée de l'ensemble universitaire, elles nouent un spectaculaire dialogue avec des pans de briques et des volumes d'amphithéâtres revêtus de cuivre. Plus récemment, l'université de droit de Douai (1996) a déployé les mêmes géométries lyriques associées à de subtiles imbrications spatiales.

L'objet clairement descriptible n'est pas ce qui motive l'architecte, mais ses franges, ses replis, la ligne par laquelle il se détache sur le ciel, les frontières où il s'articule, les creux qu'il ménage et sa « porosité ». Avec un certain lyrisme parfois, avec parfois aussi une grande économie de moyens, Henri Gaudin exprime une démarche complexe, un peu inquiète et comme bercée par le sentiment tragique de l'histoire.

Cet univers impossible qui ressemblerait aux rêves, il le capte par le dessin, dans ses carnets de voyage (corps et paysages, anatomies de lièvres écorchés, frottis de crayon, griffures d'encre, froissements de papiers et de linges), et dans ses collages de cartons, de calques déchirés et de mousseline. Et il l'accroche comme il peut à ses lectures, à quelques phrases de Heidegger, à des métaphores maritimes ou portuaires, avec toujours un arrière-fond d'érotisme entêtant ; il le recompose au rythme de la poésie d'André du Bouchet, avec ses blancs, ses espaces et ses tirets, ses silences qui pèsent autant que les mots, ou encore il le rattache vaguement, mais c'est extravagance, ou poésie, ou simple métaphore, à la mystérieuse théorie des géométries fractales, si fascinante pour un architecte que hante le drame d'un monde trop simpliste.

FRANÇOIS CHASLIN

Bibliographie

La Cabane et le labyrinthe, Mardaga, Liège, 1984 ; *Henri Gaudin, Ifa*, Electa Moniteur, Paris, 1984 ; *Au 44, rue de Ménilmontant* et *Extension du collège Tandou*, Champvallon, Paris, 1984 ; *Archives de Paris, Demi-cercle*, Paris, 1990 ; *Le Stade Charléty*, ibid., 1994.

GEHRY FRANK O. (1929-   )

Né en 1929 à Toronto, au Canada, Frank O. Gehry étudie les beaux-arts et l'architecture à l'université de Californie du Sud, à Los Angeles (il est diplômé en 1954), puis l'urbanisme à la Graduate School of Design, à Harvard (1956-1957). De 1953 à 1958, il travaille successivement chez Victor Gruen, Hideo Sasaki, Pereira & Luckman et, à Paris, chez André Remondet. Il fonde, à Los Angeles en 1962, l'agence Frank O. Gehry and Associates. Ses premières réalisations trahissent l'influence très nette de Frank Lloyd Wright et de l'architecture japonaise : les maisons Steeve à Brentwood (Californie, 1959) ou Harper à Baltimore (Maryland, 1976) sont notamment marquées par une grande unité spatiale et une grande sobriété de façades. On retrouve ces surfaces planes au Danziger Studio, à Hollywood (1964), traité de façon quasi cubiste, avec très peu d'ouvertures.

Une autre influence est particulièrement remarquable dans le travail de Gehry au cours des années 1970 : celle de l'architecture primitive américaine des Indiens du Nord-Ouest, faite de matériaux dépourvus de toute noblesse et dont la mise en œuvre sur les façades laisse une large part à l'éphémère. Gehry construit ainsi la maison-atelier du peintre Ron Davis à Malibu (1972) avant de faire de sa propre demeure, à Santa Monica (1979), le manifeste de ce qui deviendra le « style », ou plutôt la « méthode » Gehry. À une maison existante, il juxtapose, sans ordre apparent, une série d'adjonctions en matériaux légers, avec l'intention de mettre en forme « une multitude d'idées », mais aussi de brouiller la limite entre l'ancien et le nouveau. Plus évocatrice de cette démarche est la maison Smith à Brentwood (1981), qui n'est autre que l'extension de la maison Steeve de 1959.

Dès lors, Gehry n'aura de cesse de procéder à une dissociation, une désarticulation des volumes, toujours indépendants mais néanmoins constitutifs d'un projet qui ne perd jamais de son homogénéité. Les bâtiments de Gehry sont des corps vivants, non de simples assemblages d'éléments ; les liaisons entre chaque espace (passages, couloirs, escaliers) y tiennent une place fondamentale : elles sont en effet les connections inévitables empruntées par les « acteurs » des chorégraphies imaginées par Gehry – la Schnabel Residence, à Brentwood (1987), en est l'exemple le plus abouti. Loin d'être abstraite, son architecture se veut presque organique, subjective, chaque client devant alors participer activement au processus de conception. L'intérêt de l'architecte pour la peinture de Paul Cézanne ou de Jackson Pollock se traduit encore par l'aspect non fini de certaines de ses constructions. Gehry considère à ce titre qu'un bâtiment en chantier, ou bien inachevé, donne à voir bien davantage que le produit fini. Cet amateur d'art contemporain – qui refuse le statut d'artiste – demande enfin à Claes Oldenburg de collaborer à la réalisation du siège de l'agence Chiat/Day/Mojo à Venice (1975-1991).

La source première de l'inspiration de Gehry demeure toutefois cette ville chaotique qu'est Los Angeles. Chaque bâtiment en est une métaphore, l'occasion d'exprimer un désordre doublé du spectre du tremblement de terre qui menace la Californie. La maison qu'il construit pour un cinéaste (1981) ou le California Aerospace Museum (1984) témoignent notamment de cette prise de position. Attentif au contexte, Gehry juge « traditionnel » son Cabrillo Marine Museum construit à San Pedro (1979), dont les volumes s'inspirent des industries portuaires adjacentes. Avec la réhabilitation de l'immeuble du 360 Newbury Street à Boston (1988), Gehry montre de façon plus évidente encore son intention de travailler dans la continuité, tout en refusant l'usage de références historiques purement formelles.

La notoriété de Gehry l'a logiquement amené à s'exporter. Il participe en 1985 au concours pour la médiathèque de Nîmes (remporté par Norman Foster), avant de réaliser sa première construction européenne, le musée et l'usine de mobilier de la firme Vitra à Weil-am-Rhein, en Allemagne (1989). Gehry y met en scène les œuvres avec une évidente virtuosité ; il opte pour des surfaces extérieures monochromes que l'on retrouve par exemple au Visual Arts Center de l'université de Toledo (Ohio, 1990-1992) ; ce choix n'est cependant pas définitif, en témoigne le siège social de Vitra, à Bâle (1988-1994). À Prague, enfin (1992-1995), l'avant-corps dont il dote un immeuble de bureaux est l'occasion d'un singulier dialogue avec l'univers baroque de la vieille ville.

Les dernières réalisations de Frank O. Gehry ont bénéficié d'un écho exceptionnel et, du même coup, contribué à faire de cet architecte une figure particulièrement en vue sur la scène internationale. L'American Center de Paris (1987-1994) appelé, après sa vente, à abriter une Cité du cinéma est certainement la plus atypique de ses constructions – certains y ont vu davantage une œuvre de concession qu'une version parisienne de ses fantaisies californiennes. Et pour cause : ce centre culturel (qui intègre des logements) se veut à la fois fidèle à ce qui a fait la célébrité de Gehry et un hommage à l'architecture locale. La façade côté parc et l'espace d'accueil contrastent en effet sensiblement avec l'élévation côté rue de Bercy, traitée à la manière d'un immeuble de rapport – le tout est paré de pierres de Saint-Maximin. C'est avec le musée Guggenheim de Bilbao (1991-1997) que Gehry a finalement donné la mesure de son savoir-faire. Nonobstant les conditions sulfureuses de sa genèse, ce bâtiment marque le point culminant de cette poétique de la complexité mise en œuvre par l'architecte depuis vingt ans. Si le dessin a toujours constitué pour l'architecte un outil essentiel, la résolution de problèmes géométriques particulièrement délicats et la nécessité de garder en permanence le contrôle des prix, ont suscité un important travail informatique et un nombre impressionnant de maquettes. Entre pont et docks, ville et fleuve, la structure métallique du musée Guggenheim et son revêtement de titanium apparaissent comme l'une des créations architecturales les plus marquantes de la fin du XXe siècle.

Parallèlement à son activité d'architecte, Gehry a conçu depuis les années 1980 plusieurs séries de meubles, notamment en carton ondulé, qui témoignent de ses recherches sur les matériaux les plus courants.

SIMON TEXIER

Bibliographie

P. ARNELL, T. BICKFORD, G. CELANT & M. ANDREWS, *Frank Gehry, Buildings and Projects*, Rizzoli, New York, 1985 / « Frank O. Gehry, 1991-1995 », in *El Croquis*, n° 74-75, Madrid, 1995 / F. DAL CO & K. W. FORSTER, *Frank O. Gehry. The Complete Works*, The Monacelli Press, New York, 1998.

GHIBERTI LORENZO (1378 OU 1381-1455)

Les débuts artistiques de Ghiberti furent marqués par un succès éclatant : il remporta en 1401 le concours organisé pour la deuxième porte du baptistère de Florence et en reçut la commande. Cette œuvre, d'une taille considérable, lui permit de montrer qu'il était, dans cette ville, le représentant le plus important du « style international », qui, reprenant les apports les plus valables de l'art gothique, le renouvelait par une étude plus approfondie de la nature et des œuvres antiques et l'enrichissait de motifs décoratifs dotés de plus de fantaisie. Cependant, Ghiberti s'intéressa aussi aux découvertes de Brunelleschi et de Donatello et, dans la troisième porte du baptistère, la « Porte du Paradis », il donnera un nouveau souffle au style international. Il se révèle donc, non comme un épigone dans un monde délicieux en train de disparaître, mais comme un vulgarisateur des nouveautés de la Renaissance ; de cette œuvre, à laquelle est lié plus qu'à toute autre le nom de Ghiberti, dérivera un courant très important de la sculpture du XVe siècle ; il y apparaît même certains signes précurseurs de l'art du XVIe siècle.

Un artiste florentin

Critique d'art, sculpteur, orfèvre, architecte et peintre, Ghiberti a raconté lui-même les principales étapes de sa vie dans ses *Commentaires*, que l'on peut compléter par d'autres sources. Il se rendit en compagnie d'un autre peintre à Pesaro, en 1400, fuyant la peste qui sévissait à Florence et les désordres politiques. Là, il fit des travaux de peinture pour la cour des Malatesta. En 1401, il revint à Florence afin de participer au concours pour la deuxième porte du baptistère. Le thème choisi pour le morceau d'essai était le sacrifice d'Isaac ; on disposait d'une année pour le réaliser. Parmi les sept concurrents, il y avait Jacopo della Quercia (1374 ?-1438) et Brunelleschi (1377-1446). Ghiberti travailla à la porte jusqu'en 1424. On peut citer parmi les œuvres de la même époque qui ont été conservées : les dessins des vitraux de la façade de Santa Maria del Fiore (1404-1412), la statue de bronze de saint Jean-Baptiste pour la compagnie des marchands à l'extérieur de Or' San Michele (1412-1415), celle de saint Matthieu pour la compagnie des changeurs (1419-1423), deux bas-reliefs de bronze doré pour les fonts baptismaux de Sienne (1417-1427) et la dalle funéraire en bronze de Leonardo Dati, général de l'ordre des Dominicains, à Santa Maria Novella (1425-1427). En architecture, il fit des projets et donna des conseils pour les fenêtres des tribunes de Santa Maria del Fiore, pour la sacristie de Santa Trinita, pour le tabernacle de la compagnie des tisseurs de lin (1432), où devaient s'insérer des peintures de Fra Angelico (actuellement au musée de San Marco à Florence) ; il participa enfin aux travaux de la coupole de Santa Maria del Fiore avec Brunelleschi qui, plus tard, aura la direction suprême du chantier. En 1425, Ghiberti reçut la commande de la troisième porte du baptistère et y travailla jusqu'en 1452. Pendant ce temps, il fit une châsse de bronze pour les reliques de S. Zanobi, les dessins de plusieurs vitraux pour les chapelles de Santa Maria del Fiore et de trois autres pour le tambour de la coupole. « Il s'est fait peu de choses d'importance dans notre pays où je n'ai mis la main en les dessinant ou en les dirigeant », dit-il dans son autobiographie, ce qui n'est pas, semble-t-il, pure vantardise.

Du gothique tardif à la Renaissance

Le musée du Bargello à Florence possède les contributions de Ghiberti et de Brunelleschi pour le concours de 1401 ; un biographe (sans doute Antonio Manetti, vers 1480) dit qu'ils furent classés ex æquo, ce dont Ghiberti ne parle pas dans ses *Commentaires*. Le morceau de Ghiberti est sans conteste bien meilleur, tant par la grâce et l'élégance des personnages que par leur harmonieuse disposition dans la scène, savamment organisée de part et d'autre de la diagonale indiquée par le rocher. Les moindres détails révèlent un goût très sûr et, ce qui étonne et a toujours étonné, une main déjà experte chez un jeune homme âgé d'un peu plus de vingt ans. La porte est divisée en vingt-huit panneaux, comme celle d'Andrea Pisano : de bas en haut, les quatre Docteurs de l'Église, les quatre Évangélistes et vingt scènes tirées du Nouveau Testament. Les bordures décorées par Pisano, faites tout simplement de pointes, de rosettes et de têtes de lion, deviennent, chez Ghiberti, un entrelacs continu et ravissant de branches de lierre, d'où jaillissent, aux angles des panneaux, des têtes toutes différentes, de prophètes et de sibylles : une guirlande de fleurs et de fruits couvre les montants des portes et l'architrave. Les qualités que nous révélait *Le Sacrifice d'Isaac*, sens du rythme, élégance, observation attentive de l'Antiquité et de l'art contemporain d'outremont, atteignent ici leur accomplissement. Benvenuto Cellini, qui admirait sans réserves les figures de petites dimensions de Ghiberti, appréciait beaucoup moins ses grandes statues ; en effet, comparée aux lignes harmonieusement fluides des figurines, la draperie un peu surabondante qui recouvre le corps de saint Jean-Baptiste à Or' San Michele justifierait les réticences de Cellini, surtout si l'on contemple cette grande statue hors de l'ombre accueillante de sa niche. Mais il n'en est pas de même pour la statue de saint Mathieu, exécutée de 1419 à 1423. Le style de la porte (qui n'est pas alors terminée) y est déjà dépassé : l'Évangéliste a un corps plus vigoureux, un drapé plus simple, la statue est mise en valeur par le peu de profondeur de la niche : elle apparaît comme une évidence radieuse, qui va de l'ombre du gothique tardif au rayonnement lumineux de la Renaissance. Cette évolution est visible dans les bas-reliefs de Sienne : de *Saint Jean-Baptiste devant Hérode* au *Baptême du Christ*, où sa nouvelle perspective, « linéaire » et non pas « aérienne », comme chez Donatello, lui permet d'enrichir son récit sans renoncer à l'harmonie des lignes et au fondu des plans. Il semble que, pour son œuvre la plus importante, la dernière porte du baptistère, Lorenzo Ghiberti ait voulu se surpasser comme jadis dans le morceau du concours de 1401. Il renouvelle la disposition des panneaux, qui ne sont plus que dix, plus grands, entièrement dorés, alors que, dans la première porte, les fonds ne l'étaient pas ; seul l'extérieur des battants est orné de têtes saillantes, qui alternent avec de petites statues de personnages bibliques, ce qui donne à l'ensemble clarté et solennité. Une ravissante guirlande, ici aussi, couvre les montants et le linteau. À l'intérieur de chaque panneau, l'artiste a groupé plusieurs scènes de l'Ancien Testament, aux personnages plus nombreux, aux décors variés : paysages idylliques ou éléments d'architecture sobres d'un charme tout particulier, tel celui qui domine la *Rencontre de Salomon et de la reine de Saba*. Dans ce chef-d'œuvre, le lyrisme de Ghiberti devient épique ; il justifie qu'on l'appelle, depuis Michel-Ange, la « Porte du Paradis ».

GIULIA BRUNETTI

Bibliographie

- **Œuvre de Lorenzo Ghiberti**
 I Commentari, éd. O. Morisani, Naples, 1947.

- **Études**
 G. BRUNETTI, *Ghiberti*, Florence, 1966 / B. CELLINI, « Trattato dell'oreficeria », in *Le Opere di Benvenuto Cellini*, Florence, 1843 / R. KRAUTHEIMER, *Lorenzo Ghiberti*, Princeton, 1956 / *Lorenzo Ghiberti nel suo tempo*, colloque internat., Olschki, Florence, 1980 / A. MANETTI, *Vita di Filippo Brunelleschi*, éd. E. Toesca, Rome, 1927 / G. MARCHINI, *Le Vetrate italiane*, Milan, 1955 ; « Ghiberti ante litteram », in *Bollettino d'arte del ministero della Pubblica Istruzione*, 1965 / G. VASARI, *Le Vite de' più eccellenti pittori, scultori e architettori*, éd. G. Milanesi, Florence, 1878.

GIBBS JAMES (1682-1754)

Parmi les architectes anglais de son temps, James Gibbs est l'un des moins soumis à la stricte observance des canons palladiens. Moins inspiré que Nicholas Hawksmoor, il sait cependant élaborer un style très personnel qui se réfère à la fois à la grande tradition locale de Wren et aux exemples de l'architecture italienne des XVIe et XVIIe siècles, qu'il connaît lors de sa formation dans la péninsule. Gibbs naît en Écosse dans une famille catholique, et sa carrière est, en partie, liée aux destinées du mouvement tory. Après un long périple à travers l'Europe, il entre, vers 1705, dans l'atelier de Carlo Fontana, architecte du pape Clément XI, à Rome. Après son retour en Angleterre (1709), il est nommé architecte de la commission instituée par la loi de 1711 pour la reconstruction des églises de Londres. C'est alors qu'il donne les plans de St. Mary le Strand (1714-1717) qui reflète sa récente expérience italienne, et dont les références précises au maniérisme romain, comme l'emploi des deux ordres superposés, sont condamnées par certains puristes palladiens comme Campbell. Après l'avènement de la dynastie hanovrienne, Gibbs perd son poste officiel, mais il sait se plier aux circonstances et travaille par la suite pour les représentants de l'oligarchie whig liée à l'Église anglicane. C'est alors qu'il intègre dans son style quelques éléments palladiens, surtout pour les sobres demeures destinées à son importante clientèle privée. Sudbrook Lodge, Petersham (vers 1718) et Ditchley, Oxfordshire (1720-1725) révèlent un compromis entre la tradition anglaise et les exigences de la mode. Gibbs n'y manifeste qu'une médiocre originalité ; et c'est à ses bâtiments publics qu'il réserve tous ses soins. St. Martin in the Fields (1721-1726), chef-d'œuvre d'équilibre, doit servir de modèle à toute une série d'églises anglicanes. Il fait plusieurs projets, dont un sur plan circulaire, dérivé du traité d'Andrea Pozzo, avant d'adopter la stricte régularité du schéma basilical. L'intérieur, avec sa grande nef bordée de tribunes continues et couverte d'un berceau orné de fins décors de stuc dus aux habituels collaborateurs italiens de l'architecte (Artari et Bagutti), reste fidèle à l'art de Wren. Le frontispice corinthien, à l'arrière duquel surgit une flèche, est, par contre, très original. Ce parti, peu respectueux de la tradition classique, lui vaut de vives critiques. En 1722, succédant à N. Hawksmoor, il devient architecte de la ville de Cambridge où il élève la Senate House (1722-1730) et le Fellows' Building du King's College (1724-

1730) dont la vaste façade garde le souvenir des modèles vénitiens de la Renaissance. Mais c'est Oxford qui conserve sa plus originale création, la bibliothèque Radcliffe (1739-1749), puissante rotonde dont la structure cylindrique, surmontée d'une coupole, repose sur un soubassement polygonal à bossages. Le rythme du rez-de-chaussée s'inspire très précisément de celui de la *Salute*, tandis que le traitement de l'ordre corinthien avec ses colonnes accouplées et le décor des chambranles des fenêtres découlent directement du maniérisme romain.

L'individualisme prononcé du style de Gibbs, allié à un certain conservatisme formel explique la grande influence de ses modèles, surtout dans le domaine de l'architecture religieuse. Son ouvrage, soigneusement gravé, *A Book of Architecture* (1728), est très largement diffusé, non seulement en Angleterre mais aussi en Amérique et en Inde, jusqu'à la fin du XVIIIe siècle. Curieusement Gibbs ressuscite, par ses interprétations pleines de subtilité et d'équilibre, le souvenir de la Rome maniériste et du baroque au moment où le palladianisme affirme en Angleterre sa domination incontestée.

MONIQUE MOSSER

GIL DE HONTAÑÓN RODRIGO (env. 1500-1577)

Successeur de son père (Juan, av. 1480 - 1526) sur le chantier de la cathédrale de Ségovie, Rodrigo fut à la fois un grand technicien, formé dans la plus pure tradition du gothique national, et le créateur d'un véritable style de la Renaissance espagnole. Ses principales œuvres sont la façade du collège San Ildefonso à Alcalá de Henares (1537-1553), le palais Monterey à Salamanque (à partir de 1539) et l'église de La Magdalena à Valladolid (1566-1572). On lui doit aussi un étonnant traité où sont exposées les règles d'établissement des plans et les méthodes de construction du gothique espagnol tardif.

ROBERT FOHR

Bibliographie
F. CHUECA GOITIA, *Arquitectura del siglo XVI (Ars Hispaniae, XI)*, Madrid, 1953.

GILLY DAVID (1748-1808) & FRIEDRICH (1772-1800)

Architectes allemands, descendants de huguenots, David Gilly et son fils Friedrich introduisirent et développèrent en Prusse les principes d'un néo-classicisme rigoureux puisé à la source de la Grèce antique. David, directeur des travaux de Poméranie (1779) donne les plans des ports de Swinemünde et de Kolberg, les plans d'une église et d'un pont à Swinemünde, d'hôpitaux et de moulins dans de petites villes de Poméranie. Parmi les résidences qu'il construisit, citons la villa de Paretz, pour Frédéric-Guillaume III (1796-1800) et le château de Steinhöfel près de Fürstenwalde (1790). On lui doit encore les bâtiments de la Viewegshes à Brunswick (1801-1805), édifice précédé d'un sévère portique dorique, mais décoré de stucs somptueux. Théoricien, David Gilly a laissé un livre important : *Handbuch der Landbaukunst* (1797-1798).

Friedrich Gilly, qui meurt à vingt-huit ans, laisse de son côté une œuvre de théoricien et de pédagogue très importante, principalement par ses qualités d'invention et d'adaptation. Formé très tôt par son père, Friedrich Gilly étudie ensuite à l'Académie de Berlin (1788). Nommé inspecteur des bâtiments de la cour, Friedrich continue ses recherches sur l'architecture ancienne (grecque, mais aussi prussienne). En 1796, il donne les projets d'un monument à Frédéric le Grand. Le voyage d'étude qu'il effectue à travers l'Allemagne du Sud, l'Angleterre et la France (1797-1798) est déterminant dans sa formation : ses projets d'opéra pour Berlin (1798) et son projet de ville idéale montrent qu'il a su faire siennes les théories des architectes révolutionnaires et les associer à son goût du *greek revival*. Nommé professeur à l'Académie de Berlin (1798), Gilly devient vite un des maîtres les plus écoutés : deux de ses élèves, Karl Friedrich Schinkel et Leo von Klenze, diffuseront son style à travers l'Europe.

DANIEL RABREAU

GIULIANO DA MAIANO (1432-1490)

Les documents attestent la présence de Giuliano da Maiano à Florence à partir de 1455. À cette époque, il est à la tête d'un atelier de travaux sur bois, et exécute notamment des ouvrages de marqueterie, selon la mode du moment (armoires de la sacristie de Santa Maria del Fiore). Cette spécialisation, qui faisait appel à une connaissance approfondie des nouvelles règles de la perspective, l'amena tout naturellement à une activité d'architecte : en 1461, on lui confie l'achèvement de la lanterne de la coupole de la cathédrale de Florence, d'après le dessin de Filippo Brunelleschi. Il participe également, avec Donatello et Verrocchio, à un concours pour la construction d'une chapelle dans la cathédrale d'Orvieto. À partir de ce moment, il partage son temps entre son atelier, où désormais il se limite à fournir des dessins et à surveiller la réalisation des œuvres, et les chantiers d'architecture, où il acquiert une bonne renommée en tant que continuateur de Brunelleschi et de Michelozzo. En 1470, dans une lettre, il est désigné comme *famoso architettore*. En fait, son succès témoigne, plutôt que d'une réelle adhésion aux principes de Brunelleschi, de l'orientation que, partant du grand maître, avait pris l'architecture toscane vers le milieu du XVe siècle. Les édifices qui relèvent, entièrement ou en partie, de la conception de Giuliano da Maiano ne reflètent en effet que d'une façon assez superficielle la leçon de ser Filippo : le palais des Pazzi et le palais de lo Strozzino à Florence, à l'achèvement desquels il contribua entre 1465 et 1472, le palais Spannocchi à Sienne, qu'il édifia en 1473, se caractérisent par leur élégance austère qui reproduit en apparence les structures compactes de Brunelleschi, sans en reprendre l'articulation rigoureuse et massive des volumes. L'élément décoratif joue un rôle important dans son style architectural, et n'est pas sans rappeler les liens qui devaient certainement le rattacher, en tant que marqueteur, au courant albertien. Ajoutons que Giuliano travaillait fréquemment en collaboration avec son frère Benedetto, l'un des sculpteurs toscans les plus attentifs aux rapports entre architecture et décoration. Le meilleur exemple de cette collaboration est la chapelle de Santa Fina, dans l'église collégiale de San Gimignano, bâtie par Giuliano, ornée de sculptures par Benedetto et décorée à fresque par Domenico Ghirlandaio (1468-1475). En 1474, l'artiste construit la cathédrale de Faenza, où son effort pour s'adapter au goût local s'accompagne toujours d'une tendance marquée par l'allégement des masses par le traitement graphique des surfaces. On a, à juste titre, remarqué que Giuliano da Maiano était, par tempérament, l'architecte idéal des petits édifices, et ce n'est sans doute pas hasard s'il fut choisi en 1478 par Alphonse II d'Aragon pour travailler à Naples à la construction de la porta Capuana et de la villa de Poggioreale. Il est fort probable d'ailleurs que le choix ait été effectué par Laurent le Magnifique, sur l'exemple duquel le souverain aragonais entendait modeler la vie et le décor de sa cour. La porte napolitaine est, sans aucun doute, la meilleure réussite de Giuliano encore subsistante, et il y a tout lieu de croire que la villa de Poggioreale, malheureusement disparue, ait été son chef-d'œuvre, ainsi qu'une des réalisations les plus originales de l'architecture italienne du Quattrocento. Dans les deux œuvres (pour autant qu'on peut en savoir sur la villa disparue), la composante albertienne, donc antiquisante de la formation de Giuliano, jusqu'alors plus ou moins latente, se manifeste sous l'impulsion des souvenirs archéologiques conservés dans la région napolitaine et sous le charme de leur communion intime avec la splendeur du paysage. L'une et l'autre — respectivement une porte triomphale, un relais de voyage destiné au repos et au plaisir — sont conçues comme des monuments romains. Ici, architecture permanente et éphémère (jardins, fontaines) se fondait dans un ensemble qui anticipait les réalisations du XVIe siècle.

GABRIELLA RÈPACI-COURTOIS

GODWIN EDOUARD WILLIAM (1833-1886)

Architecte et décorateur. Il débute en restaurant des châteaux et des églises puis s'installe à Londres en 1865. Là, il s'inspire de l'art japonais pour concevoir des meubles austères fabriqués en série. À partir de 1880, il participe au mouvement de création des nouveaux cottages qui caractérise l'architecture anglaise à la fin du XIXe siècle.

ROGER-HENRI GUERRAND

Bibliographie
Victorian Architecture, Londres, 1963.

GOFF BRUCE (1904-1982)

Il semble que l'on puisse considérer l'œuvre de l'Américain Bruce Goff (né à Alton dans le Kansas) comme la continuation d'une tendance de l'art moderne qui, issue de Sullivan, de Behrens et de Mackintosh, s'est développée parallèlement au constructivisme et au cubisme, mais qui a été écrasée par ces tendances et par l'avènement de l'architecture dite de « style international ». Une autre source de l'architecture de Bruce Goff est l'intérêt passionné qu'il a toujours porté aux architectures non occidentales, dans la mesure où elles constituent une libération de l'académisme par une vision totalement différente. Ces différents éléments ont été intégrés par un travail acharné, qui aboutit à un style riche et homogène, bien que d'une variété surprenante et que nous tenterons d'analyser brièvement. On pourrait décrire les constructions de Bruce Goff en parlant d'une architecture « concrète ». Il crée des éléments architecturaux qui ont une réalité et une présence tangibles : un mur, un toit, une cheminée (on est tenté de mettre des majuscules) ou des objets plus étranges comme les salons suspendus de la villa Bavinger (Norman, Oklahoma). Ces éléments sont disposés selon une structure qui assure leur cohérence, et l'espace de la maison résulte miraculeusement de leur réunion. Dans cette volonté d'exprimer à travers les formes architecturales une vie totale et non les fonctions élémentaires, le choix des matériaux joue un rôle capital. Toute une poésie analogique de correspondances et d'évocations surgit des murs et des toits. Les murs curvilinéaires du Minneola Community Center ondulent comme des voiles. Le long toit de la villa de Joplin (Missouri), couvert de verre pilé, est une véritable plage dans la forêt sur laquelle scintillent des blocs de verre brut. La villa de Joe Price à Oklahoma City est construite de verre et d'anthracite mêlés, et de grands pans d'aluminium doré brillent entre les murs. Les lanières de plastique transparentes qui pendent dans la villa Hyde à Kansas City sont des pièges à soleil et captent la lumière pâle de la lune.

Pour l'ornement, présent dans toutes ses œuvres, c'est la tradition américaine de Sullivan et de l'école de Chicago que l'on retrouve. Pour Bruce Goff, comme pour Franck Lloyd Wright, l'ornement est rapporté, sa place est organiquement imposée par une loi plastique. Celle-ci est une évidence naturelle, celle même que cherchait Sullivan dans l'étude des végétaux et de leur croissance. Ainsi l'ornement et la structure sont-ils liés sans être confondus. De la sobre ornementation peinte sur les poutres en bois de la maison Hyde aux délires du studio de Joe Price, c'est à des formes moulées, à des incrustations d'éléments de verreries industrielles que Bruce Goff emprunte son vocabulaire. Ses chefs-d'œuvre sont, sans doute, les portes de verre du studio de Joe Price, qu'il a réalisées lui-même dans la tradition des *glass houses* de Wright. Est-il possible de dégager la place de Bruce Goff dans l'architecture moderne ? Créateur isolé, sa production est à l'écart de l'idéologie qui domine non seulement l'architecture, mais aussi le rapport que les hommes entretiennent avec leur environnement. Elle témoigne que l'architecture peut aussi être un art, à l'égal de la musique.

BERNARD HAMBURGER

GOLDBERG BERTRAND (1913-   )

Architecte américain. Après des études au Bauhaus et une collaboration avec Mies van der Rohe à Berlin (1932), Goldberg expérimente la préfabrication de masse, en réalisant aux États-Unis les villes nouvelles de Suitland (1937-1944) et de Lafayette (1937). Sa sensibilité humaniste le pousse ensuite vers des formes plus riches, comme à Marina City (1980) et au Raymond Hilliard Center (1963), à Chicago, ou à l'hôpital St. Joseph de Tacoma (1968).

FRANÇOIS GRUSON

Bibliographie

« The Goldberg Effect » in *A+U (Architecture and Urbanism),* Tokyo, juillet 1970.

GÓMEZ DE MORA JUAN (1586-env. 1648)

Neveu et élève de Francisco de Mora, Gómez de Mora poursuivit l'œuvre de libération de l'architecture espagnole commencée par son oncle et conduisit celle-ci jusqu'au baroque. Ses principales sources d'inspiration furent les traités d'architecture italiens ; il s'intéressait particulièrement à la théorie de la construction et aux principes du décor des monuments. Devenu maître des œuvres royales en 1611, il donna la pleine mesure de son talent.

Sa réalisation la plus ancienne, l'église de l'Incarnation à Madrid (1611-1616), imite celle de San José d'Ávila, bâtie par son oncle. Gómez de Mora met au point un type d'église qui connaîtra, auprès des ordres religieux, un grand succès au XVIIe siècle. En 1617, il fournit les plans de la Clerecía, l'immense collège des jésuites de Salamanque. L'œuvre, lentement réalisée, fut modifiée en cours de construction par ses successeurs. L'église des jésuites d'Alcalá de Henares (Nouvelle-Castille), terminée en 1625, est la plus italienne de ses œuvres. Ses fonctions officielles conduisirent Juan Gómez de Mora à réaliser la Plaza Mayor de Madrid (1617-1619), longtemps le seul ensemble vraiment urbain de la capitale espagnole, mais qui fut reconstruite après lui. Entre 1619 et 1621, il édifia une façade monumentale pour l'Alcázar de Madrid. Toujours dans la ville, on lui attribue la Cárcel de Corte (1629-1634), actuel palais de Santa Cruz. Il éleva ensuite la Quinta de la Zarzuela (1634-1637) ainsi que l'Ayuntamiento (à partir de 1640), sensiblement modifié plus tard par Teodoro Ardemans, qui y introduisit le pittoresque baroque de ses tours et de ses portes.

MARCEL DURLIAT

GONDOIN JACQUES (1737-1818)

La célébrité de Gondoin, dont la carrière d'architecte officiel fut brillante, repose sur un seul édifice, incomparable il est vrai : l'École de chirurgie de Paris (actuelle École de médecine), édifiée entre 1769 et 1775. Élève du théoricien Blondel, Gondoin remporte un deuxième prix à l'Académie d'architecture en 1758. Pensionnaire à l'Académie de France à Rome, il prolonge son absence par un voyage d'étude aux Pays-Bas et en Angleterre. En 1765, il rentre à Paris où, grâce à la protection du chirurgien de Louis XV, La Martinière, il obtient la commande de l'École de chirurgie. Cet édifice, admirablement adapté à sa destination, est doté de formes à la fois expressives et fonctionnelles : l'amphithéâtre, conçu comme un demi-cylindre couvert d'une demi-sphère décorée de caissons, servira de modèle aux salles d'assemblées révolutionnaires ; le portique parallélépipédique de l'entrée, qui soutient en outre la bibliothèque, était une solution d'avant-garde pour relier le bâtiment à son environnement.

L'École de chirurgie fut immédiatement considérée par ses contemporains comme la réalisation la plus achevée de l'architecture moderne : « Tout le système de la vieille architecture française fut renversé par cet exemple inattendu, et les partisans de la routine furent stupéfaits de voir une façade sans pavillons, sans avant-corps, sans arrière-corps et dont la corniche suivait d'un bout à l'autre sans rasants [ressauts] ni profils, contre l'usage reçu en France, et dont les Contant, les Gabriel, les Soufflot venaient de donner de si récents et de si dispendieux exemples... », écrit l'architecte Legrand, qui poursuit : « Les architectes y reconnurent la majesté de l'architecture romaine, dépouillée de ses riches superfluités et rapprochée de la simplicité grecque, grande par la disposition des masses » (*Annales du musée*, 1802). Chef-d'œuvre d'un néo-classicisme hellénisant et d'inspiration palladienne, dans lequel l'école rationaliste du début du XIXe siècle reconnaissait son premier modèle, l'École de chirurgie, conçue comme un monument urbain, avait suscité l'aménagement d'une place sur laquelle devait s'élever l'église des Cordeliers, une prison et une fontaine monumentale. Cet ensemble (dont seule la fontaine fut partiellement réalisée, puis détruite), d'une conception hardie, devait être associé à la construction du nouveau quartier de l'Odéon : le VIe arrondissement de Paris eût connu, le premier, un agencement urbain « à l'antique » des plus purs. Avorté, le projet est cependant divulgué par Gondoin qui grave l'ensemble dans sa *Description des écoles de chirurgie* (1780). Admis à l'Académie d'architecture (1774), Gondoin effectuera un second séjour en Italie (durant lequel il fit cadeau de sa collection de dessins à son ami Piranèse), puis sera nommé dessinateur de la Couronne (1779). Membre de l'Institut (1795), il poursuit sa carrière sous l'Empire, siège au Conseil des bâtiments civils et au Comité consultatif des bâtiments de la Couronne. En 1806, il est chargé d'établir des plans pour dresser la colonne de la place Vendôme.

DANIEL RABREAU

GRAVES MICHAEL (1934-)

Architecte américain. Ses premiers projets avec Peter Eisenmann et sa participation au groupe des New York Five auraient naturellement dû orienter Graves vers un modernisme orthodoxe. Pourtant, son goût pour la métaphore poétique le pousse à « raconter une histoire architecturale » dans chaque projet. Des citations puristes des premières années (maisons Hanselmann, 1967, et Snyderman, 1972) aux clins d'œil historicistes de ses réalisations récentes (maison Kalko, 1980), chaque détail est doté d'une signification précise, de sorte que l'apparente diversité stylistique n'enlève rien à l'homogénéité de l'œuvre. En réalisant le bâtiment des services publics de Portland (1980), Graves réussit le premier monument du post-modernisme, et marque l'institutionalisation d'une tendance jusque-là marginale.

FRANÇOIS GRUSON

GREGOTTI VITTORIO (1927-)

L'architecte italien Vittorio Gregotti est né à Novare dans le Piémont. Sa formation est liée à la culture intellectuelle et artistique de la ville de Milan. Très jeune, Gregotti collabore avec Ernesto Rogers à la IXe Triennale (1951), célèbre manifestation milanaise. En 1952, il obtient le diplôme d'architecte et entre à la rédaction de la revue *Casabella-Continuità*, commence alors pour lui une activité de critique dans des revues italiennes prestigieuses comme *Edilizia Moderna, Casabella, Lotus, Rassegna* dont il est le fondateur (1979). Il publie plusieurs ouvrages sur les origines de l'architecture moderne : *Il Territorio dell'architettura* (1966), *Orientamenti nuovi nell'architettura italiana* (1969), *Il Disegno del prodotto industriale* (1982).

Ses premières œuvres réalisées en collaboration avec les *Architetti Associati* Luigi Meneghetti et Giotto Stoppino (1953-1968), se caractérisent par l'importance accordée au design : décoration de la boutique Tadini-Lambertenghi à Novare (1955), habitations pour les ouvriers de l'entreprise Bossi à Cameri (1956). Elles révèlent l'intérêt de l'équipe pour le néoliberty, dont l'œuvre-manifeste : la *Bottega di Erasmo* réalisée par Roberto Gabetti et Aimaro Isola à Turin est présentée par Gregotti dans *Casabella* (1957).

En 1964, il reçoit le grand prix international de la Triennale en tant que responsable de la section de présentation générale de la XIIIe Triennale consacrée au temps libre, thème qui marquera profondément son œuvre. La rencontre entre géographie et signe architectural est évoquée dans son ouvrage *Il Territorio dell'architettura* : la configuration du territoire et sa problématique, en particulier l'échelle géographique, sont sous-tendus dans ce livre par le rapport critique de l'auteur avec l'histoire : « L'architecture est une manière d'ordonner le milieu qui nous entoure et d'offrir aux hommes de meilleures possibilités pour s'y établir. » En collaboration avec les architectes Amoroso, Matsui et Purini, Gregotti met au point le projet pour le quartier Zen à Palerme, destiné à loger 20 000 personnes (1969-1973).

En 1974, il fonde la *Gregotti Associati* avec Pierluigi Cerri, Hiromischi Matsui, Pierluigi Nicolin et Bruno Viganò. L'équipe veut créer une nouvelle approche de la pratique du projet, et donne forme à des viaducs étonnants qui réunissent lieux, espaces, structures, comme à l'université de Reggio Calabria (1972-1973). Formé d'un ensemble de collines, ce site géographique est marqué par un système linéaire de blocs à plan carré abritant les activités des départements, accrochés à un pont long de 3 200 mètres. Mais le pont ne dessine aucun horizon artificiel, il laisse transparaître les collines et la configuration irrégulière du terrain.

Professeur de composition architecturale à l'Institut d'architecture de Venise (I.U.A.V.), Gregotti participe aux concours internationaux pour les complexes universitaires de Florence, Cosenza, Palerme et Milan. Il collabore aussi à la réalisation de trois stades : à Gênes (1990), à Nîmes (1991) et à Barcelone pour les jeux Olympiques de 1992.

Dans trois projets pour Venise – les fronts sur la lagune de la Giudecca et du Rio du Ponte Lungo pour des chantiers industriels, le nouveau centre tertiaire installé dans l'île du Tronchetto, et la restructuration d'un secteur de Cannaregio –, Gregotti approfondit le rapport entre la conservation et la transformation des espaces urbains. Pour lui, l'ancienneté de la ville européenne est « le fondement de la modernité, elle ne constitue pas un obstacle ».

MARILÙ CANTELLI

Bibliographie

V. GREGOTTI, *Il Territorio dell'architettura*, Feltrinelli, Milan, 1966 ; *Simplicité, ordre, organicité*, éd. Pavillon de l'Arsenal, Paris, 1995 / M. TAFURI, *Vittorio Gregotti, Progetti e architetture*, Electa France, Paris, 1982.

GROPIUS WALTER (1883-1969)

Préoccupé par le rôle de l'industrie, de la standardisation, des nouveaux matériaux et des techniques constructives, l'œuvre théorique et pratique de Walter Gropius s'inscrit d'emblée dans le projet de rationalisation de l'architecture qui inspira le mouvement moderne. Avec ses premières œuvres construites, qui renversent le rapport traditionnel entre la structure portante et l'enveloppe du bâtiment, Gropius inaugure une révolution esthétique qui marquera profondément l'imaginaire des architectes modernes. Fondateur de l'école du Bauhaus à Weimar, il joue un rôle déterminant dans l'enseignement du design et le renouveau de la conception architecturale. Porte-parole infatigable de la nouvelle architecture sur la scène internationale, Gropius est, avec Le Corbusier et Ludwig Mies van der Rohe, l'un des acteurs clés de l'avant-garde européenne qui donnera naissance au fonctionnalisme et au Style international. Ainsi, au-delà de ses réalisations architecturales, fruits d'une longue carrière qui traverse deux guerres mondiales et se poursuit sur deux continents, ce sont sans doute les idées et les actions de Gropius qui auront durablement marqué la révolution architecturale du XXe siècle.

Architecture et industrie

Gropius est né à Berlin en 1883, dans une famille de fonctionnaires et d'architectes. Il entreprend des études d'architecture à la Technische Hochschule de Charlottenburg à Berlin, mais ne les terminera pas. En 1907, il entre dans l'agence de Peter Behrens (1868-1940) où travailleront également nombre de jeunes architectes devenus célèbres par la suite, dont Ludwig Mies van der Rohe et Le Corbusier. Behrens est alors le designer en chef des bâtiments et des produits industriels de l'A.E.G. (Allgemeine Elektrizitäts-Gesellschaft). C'est à cette époque qu'est créé le Deutscher Werkbund (1907), association d'artistes et d'industriels dont l'objectif est de repenser les rapports entre l'art et l'industrie. Engagés dans le Werkbund, et inspirés par la théorie de la « volition artistique » (*Kunstwollen*) d'Aloïs Riegl, Behrens et Gropius réfléchissent alors à la distinction entre « forme artistique » et « forme technique », insistant sur la nécessité de dépasser les contraintes matérielles pour donner naissance à des formes représentatives d'une culture unifiée. Après trois années passées chez Behrens en tant que chef d'atelier, Gropius fonde sa propre agence en association avec Adolf Meyer. En 1911, il obtient sa première commande importante, le projet de l'usine Fagus, à Alfeld an der Leine, dans lequel il opère la séparation radicale entre la structure portante et les cloisons extérieures, suspendant entre les colonnes de l'ossature de larges fenêtres de métal et de verre formant écrans. Avec l'usine Fagus, Gropius abandonne ainsi le symbolisme formel de Behrens pour créer une forme architectonique dans laquelle l'essence de la construction et des matériaux est rendue lisible. La conception des bureaux de l'usine modèle du Deutscher Werkbund pour l'exposition de Cologne (1914), un projet où sont mises en évidence les circulations verticales enfermées dans des tours cylindriques en verre à ossature métallique légère, lui permet d'aller plus loin dans la réalisation d'une architecture qu'il veut représentative de son époque. Pour lui, les bâtiments industriels anonymes, tels que les usines et les silos, ont une monumentalité et une force comparables aux pyramides égyptiennes et aux temples grecs. À la veille de la Première Guerre mondiale, Gropius est déjà reconnu pour avoir tenté de fusionner une conception classique de l'architecture avec la monumentalité des nouveaux édifices du monde industriel.

L'expérience du Bauhaus

Au cours de la Première Guerre mondiale, alors qu'il sert dans l'armée allemande, Gropius est recommandé par Henry Van de Velde comme directeur potentiel de l'École d'arts et métiers (Kunstgewerberschule) et de l'Académie (Hochschule für bildende Künste) du grand-duché de Saxe à Weimar. Appelé à ce poste en 1919, il combine les deux écoles pour fonder une nouvelle institution : le Bauhaus d'État (Das Staatliche Bauhaus). Dans le manifeste du Bauhaus (1919), Gropius appelle à l'unité des arts et des métiers, mettant en avant l'idéal de l'« œuvre d'art total » (*Gesamtkunstwerk*). Ce manifeste s'inscrit dans la mouvance de la culture artistique d'après guerre, agitée par les nombreuses organisations révolutionnaires regroupant artistes et architectes. Gropius était alors membre du Arbeitsrat für Kunst, une organisation qui, doutant des valeurs de l'âge industriel, pensait retrouver une culture unifiée par le biais du travail artisanal et d'un retour à l'esprit gothique. Au Bauhaus, les étudiants devaient être à la fois formés à la pratique et à la théorie, aux métiers et aux arts, suivant un enseignement fondé sur le modèle des guildes médiévales. Ainsi marqué par la culture expressionniste, le premier programme du Bauhaus sera également enrichi et infléchi par l'enseignement de nombreux artistes étrangers, tels Paul Klee, Wassily Kandinsky et Theo Van Doesburg, du groupe néerlandais De Stijl. À cette époque, le Bauhaus n'offre pas encore d'enseignement formel de l'architecture, et les projets de Gropius, tel le célèbre envoi pour le concours du *Chicago Tribune* (1922), sont exécutés dans son agence avec Adolf Meyer. La maison modèle Haus am Horn, conçue par Georg Muche et construite pour l'exposition du Bauhaus de 1923, sert néanmoins à mettre en avant l'idée de l'architecture comme objet ultime du travail de conception. C'est dans le cadre de cette exposition que Gropius tient une conférence, dans laquelle il annonce sa réconciliation avec la technique et le monde de la production.

Le déménagement du Bauhaus de Weimar à Dessau, en 1925, marque un changement d'orientation. Avec la construction de la nouvelle école du Bauhaus (1925-1926), Gropius réalise l'une des œuvres majeures de l'architecture du XXe siècle. Les blocs individuels du bâtiment, différenciés par leur fonction, sont agencés de façon asymétrique. Dans l'aile des ateliers, où sont employés des planchers et des poteaux champignons en béton armé, les éléments porteurs sont en retrait de la façade pour permettre de dresser un large écran de verre, ininterrompu sur trois étages. À Dessau, Gropius réaffirme sa foi en une possible « unité de conception », mais en se tournant cette fois vers la technologie. Les ateliers deviennent des laboratoires où le travail des étudiants est désormais guidé par les méthodes de production en série. Gropius y poursuit ses recherches sur la standardisation et la préfabrication de l'habitation. Ses solutions sont testées dans le complexe de Dessau-Törten (1926-1928), un ensemble d'habitations individuelles sur deux niveaux, dont l'orientation est « scientifiquement » déduite à partir des paramètres de l'environnement : air, lumière, verdure. Il poursuit l'expérimentation des méthodes de préfabrication et de montage à sec avec les deux maisons construites dans le cadre de l'exposition du Weissenhof à Stuttgart (1927). L'unité formelle des réalisations et le nombre d'architectes d'avant-garde qui y participent – Le Corbusier, Mies van der Rohe, J. J. P. Oud, Mart Stam... – font de cette exposition la véritable date de naissance du mouvement moderne.

Au Bauhaus, Gropius met en avant le principe de la collaboration de tous les arts à la construction, faisant peu à peu de l'architecture le point de convergence de l'enseignement. Ce principe est illustré de façon éclatante dans son projet de Totaltheater, qu'il conçoit en collaboration avec le scénographe Erwin Piscator (1927). Devenu la cible de certains critiques, et jugeant que sa fonction l'empêche de se consacrer pleinement à sa pratique d'architecte, Gropius quitte le Bauhaus au début de 1928 et recommande Hannes Meyer comme nouveau directeur de l'école.

De l'Allemagne aux États-Unis

En 1928, Gropius s'installe à Berlin pour se consacrer à son étude des méthodes de rationalisation de l'industrie de la construction. Inspiré par les édifices en hauteur qu'il étudie au cours d'un voyage aux États-Unis, il accorde une importance grandissante à l'immeuble d'appartements. Cette nouvelle approche prend forme dans la conception des projets d'habitation de Spandau-Haselhorst (1929) et de Siemensstadt (1929-1930), pour lesquels il intervient à la fois comme urbaniste et comme architecte. Ces recherches font l'objet de réflexions théoriques et programmatiques présentées au deuxième Congrès international d'architecture moderne (C.I.A.M.)

en 1930 : des « immeubles lamelliformes », constructions étroites de huit à dix étages orientées en fonction du soleil. Gropius participe sans succès à de nombreux concours d'édifices publics en Allemagne et à l'étranger, parmi lesquels les concours pour le palais des Soviets (1931) et pour la Reichsbank (1933). Mais la détérioration de la situation économique et politique, le pousse à quitter l'Allemagne. Il s'établit en Angleterre en 1934, où il publie *The New Architecture and the Bauhaus* (1935). S'associant à l'architecte Maxwell Fry, il conçoit plusieurs projets, dont seul le centre communautaire pour Impington sera réalisé (1936).

Sollicité pour occuper un poste de professeur à la Graduate School of Design de Harvard, Gropius choisit, en 1937, de poursuivre sa carrière aux États-Unis. Devenu directeur de l'école d'architecture en 1938, il y enseigne jusqu'en 1952, mettant l'accent sur la « conception collective » et la recherche d'un « langage visuel » commun. Mais la migration de l'Europe vers l'Amérique ne se fait pas sans heurt. Sa défense de la révolution architecturale apportée par le Bauhaus, que l'on commence alors à appeler le Style international, ne sera pas toujours bien reçue par les architectes américains. Rejetant cette architecture qu'il juge contraire aux aspirations de l'homme, Frank Lloyd Wright lui opposera sa propre vision d'une architecture américaine organique et démocratique.

Tout juste après son arrivée, Walter Gropius s'associe à Marcel Breuer, ancien étudiant et professeur du Bauhaus, avec qui il construit sa maison à Lincoln (Mass.). Ce bâtiment allie les formes du Style international (toit plat, terrasse, large fenestrage) aux matériaux traditionnels à la Nouvelle-Angleterre. Les deux architectes collaborent à plusieurs projets jusqu'en 1941, dont les projets pour le Black Mountain College et pour le pavillon de la Pennsylvanie à l'Exposition universelle de New York (1939). Associé à Konrad Waschmann, Gropius poursuit ses recherches commencées en Allemagne sur la maison industrialisée dans le cadre de la General Panel Package House Corporation (1941-1950). Ces essais seront toutefois le chant du cygne de l'idéal de la maison industrialisée.

En 1946, Gropius fonde The Architects Collaboratives (T.A.C.), une agence d'architecture groupée autour d'anciens élèves de Harvard. Dans ce cadre, il cherche à mettre en pratique l'idée de *team work*, une philosophie du design fondée sur le travail d'équipe et présentée comme la continuation des enseignements du Bauhaus. Avec T.A.C., Gropius réalise une bonne part de son œuvre construite. Parmi ces projets, citons le Graduate Center de Harvard (1949-1950), un regroupement de bâtiments qu'il tente d'intégrer au contexte du Campus, et le Pan American Building, à New York (1958), conçu en collaboration avec Pietro Belluschi. Mais la qualité de ces réalisations n'atteindra jamais le niveau de ses premières œuvres construites en Allemagne. Gropius effectue un retour dans son pays d'origine avec l'immeuble d'habitation pour l'exposition Interbau, dans le quartier Hansa de Berlin (1955-1957), et le vaste plan de reconstruction pour un quartier d'habitation de cinquante mille personnes, souvent appelé Gropiusstadt (1959-1964). Il participe également à la conception du bâtiment des Archives du Bauhaus à Berlin, qui sera construit après sa mort, survenue en 1969.

Longtemps présentée sur le ton de l'hagiographie, la carrière de Gropius a fait l'objet d'études plus poussées qui jettent un nouvel éclairage sur son œuvre. L'apparente continuité de sa réflexion recouvre une doctrine architecturale aux contours plus flous. Il en est ainsi de la recherche de l'« unité de l'œuvre », dénominateur commun de la pensée de Gropius. Au Bauhaus, elle se manifeste dans l'idéal de l'« œuvre d'art total » comme moyen d'atteindre à l'expression d'une nouvelle culture. Mais, en traversant l'Atlantique, cette recherche change de nature, délaissant les idéaux des années 1920 pour s'exprimer dans le slogan édulcoré de l'« unité dans la diversité ». De même, sa défense du principe du travail d'équipe (team work) présenté comme un modèle de conception architecturale dissimule toutefois une réalité tout autre. Dessinateur peu doué, Gropius avait besoin d'assistants pour traduire graphiquement ses idées. De cette carence prendra forme une autre méthode de travail où les plans sont conçus étape par étape, à partir de la discussion. Bien que Gropius soit toujours resté maître de la conception, demeurant en cela l'auteur des œuvres majeures que sont l'usine Fagus et l'école du Bauhaus, la qualité et la cohérence de son œuvre s'éclairent cependant à la lumière du travail de ses collaborateurs successifs.

Très tôt dans sa carrière, Gropius s'est penché sur les rapports de l'art et de la technique, le rôle de l'industrie, la nature de l'œuvre, le statut du concepteur, des questions qui vont façonner la culture architecturale du XXe siècle. Mais sa fascination pour le processus industriel, et pour ses avatars que sont le taylorisme, la production en série et la standardisation, ne donnera souvent que des résultats inégaux. Gropius reste certes un concepteur génial, mais il fut surtout un formidable catalyseur dans la formulation et l'expérimentation des idées, des techniques et des formes qui seront au centre de l'architecture du XXe siècle.

RÉJEAN LEGAULT

Bibliographie

M. FRANCISCONO, *Walter Gropius and the Creation of the Bauhaus in Weimar*, Urbana (Ill.), 1971 / R. R. ISAACS, *Walter Gropius. An Illustrated Biography of his Life and Work*, Boston-Toronto-Londres, 1991 / W. NERDINGER, *Walter Gropius*, catal. expos., Busch-Reisinger Museum & Bauhaus-Archiv, Berlin, 1985 / *Walter Gropius 1907-1934*, Rassegna n° 15, sept. 1983.

GUARINI GUARINO (1624-1683)

Architecte, théoricien, philosophe et mathématicien, le père Guarini, moine théatin, donna au baroque piémontais ses réalisations les plus extravagantes, portant à leur paroxysme les recherches de Borromini. Après son noviciat à Rome et un bref séjour à Modène, il voyagea pour son ordre donnant les dessins des églises de Lisbonne, Messine et Paris (détruites). Il s'installa à Turin, en 1666, où il fut nommé ingénieur et mathématicien par Charles-Emmanuel de Savoie. Il y construisit trois chefs-d'œuvre, l'église San Lorenzo (1668), la chapelle du Saint-Suaire (1668) et le palais Carignano (1679), usant en toute liberté des possibilités techniques pour multiplier les structures en les faisant naître les unes des autres. Ses œuvres et ses projets, publiés dès 1686, furent immédiatement exploités par les maîtres de l'architecture baroque de l'Allemagne du Sud et de l'Europe centrale.

CATHERINE CHAGNEAU

Bibliographie

M. VIALE dir., *Guarino Guarini e l'internazionalità del Barrocco*, Turin, 1970.

GUAS JUAN (mort en 1496)

Fils d'un sculpteur breton, Pierre Guas, qui était venu travailler à Tolède avec un groupe d'artistes nordiques vers 1450, Juan Guas allait devenir l'architecte espagnol le plus en vue de la fin du XVe siècle.

Il donne en 1479-1480 les dessins de l'église de San Juan de los Reyes à Tolède. L'originalité n'est pas dans le plan, tout à fait banal, mais dans le choix d'un dessin en étoiles pour les voûtes et notamment pour celle de la tour-lanterne, où se perpétue la tradition des coupoles nervées hispano-mauresques. Un riche décor sculpté se déploie aussi bien à l'intérieur de l'édifice que dans le cloître voisin.

Pour le palais du duc de l'Infantado à Guadalajara (1480-1483), Juan Guas trouve dans l'art mudéjar, aussi bien que dans le gothique finissant, les éléments d'un décor luxuriant qu'il unit à un parti architectural emprunté à l'Italie.

L'architecte, qui participa en outre à la construction de l'imposant monastère des Hiéronymites de Ségovie (le Parral, vers 1472) et de l'église dominicaine de la même ville (Santa Cruz), fournit ainsi les principes de l'art éclectique qui fleurit en Espagne dans le dernier quart du XVe siècle. Le gothique en demeure le trait marquant et le distingue d'autres synthèses effectuées au début du XVIe siècle, où les influences mudéjares et surtout celles de la Renaissance italienne devinrent alors prédominantes. Émile Bertaux qualifiait de « style Isabelle », en l'honneur de la grande reine castillane qui présida à son développement, la forme hispanique du gothique tardif illustré par Juan Guas.

MARCEL DURLIAT

GUILLAUME DE SENS (XIIe s.)

Architecte français, originaire vraisemblablement de Sens, dont le seul chantier connu est celui de la cathédrale de Cantorbéry, en Angleterre. Après l'incendie de l'édifice en 1174, le chapitre de la cathédrale avait réuni une commission formée d'architectes français et étrangers pour connaître leur sentiment sur les travaux à entreprendre. Guillaume s'imposa à la fois par sa science dans les domaines de l'architecture et de la charpenterie, et par la solution économique qu'il proposa. Il reprit le chœur endommagé. Au cours des travaux, il fit une chute qui l'obligea à rentrer en France. Il avait cependant prévu l'agrandissement oriental du monument, qui fut réalisé d'après ses plans par son successeur, Guillaume l'Anglais. L'origine de Guillaume explique les rapports que l'on peut relever entre la cathédrale de Cantorbéry et celle de Sens ainsi que le choix du parti pour la « couronne de Beckett » qui s'inspire des rotondes orientales, fréquentes dans la Bourgogne romane.

ALAIN ERLANDE-BRANDENBURG

GUIMARD HECTOR (1867-1942)

L'architecture de l'Art nouveau français a eu en Guimard un créateur tel que l'espéraient, depuis le milieu du XIXe siècle, le comte de Laborde et Viollet-le-Duc. Peut-être le premier en France, Guimard a totalement rejeté le modèle antique, enseigné dans les écoles des Beaux-Arts, pour lui préférer l'imitation de la nature à la façon des artistes gothiques ou japonais.

Alors que tous ses prédécesseurs abandonnaient le décor intérieur aux tapissiers, il a suivi le précepte de Ruskin touchant la réconciliation du Beau et de l'Utile et il a pris en charge l'équipement complet des maisons qu'il construisait. Ressentait-il, lui aussi, une certaine angoisse devant le monde industriel, ce qui l'obligea longtemps à se cacher dans un décor « naturel », c'est probable : Salvador Dalí l'avait bien remarqué en relevant dans le Modern Style « le besoin de refuge dans un monde idéal, à la manière de ce qui se passe dans une névrose d'enfance » (*La Femme visible*, 1930).

Reste que, comme tous les tenants de l'Art nouveau européen, Guimard a rendu insupportables les constructions archéologiques qui encombraient le terrain depuis un siècle. Grâce à lui le Mouvement moderne pouvait naître.

La conquête de Paris

Né à Lyon dans une famille sur laquelle on est encore très mal renseigné – en 1891, son père tient un gymnase, boulevard Malesherbes, à Paris –, Hector Guimard entre à quinze ans, en 1882, à l'École nationale des arts décoratifs dirigée par le peintre Louvrier de Lajolais : il entretint avec ce dernier des rapports quasi filiaux, la correspondance des deux hommes en témoigne. Trois ans plus tard, il s'inscrit à l'École des beaux-arts mais il en sortira sans diplôme, ce qui fut également le cas de son ami Henri Sauvage et d'Auguste Perret.

Dès cette époque, le jeune étudiant devait avoir des mécènes ou manifester un bel esprit d'entreprise puisqu'il exécute une commande, un café-restaurant, *Au Grand Neptune* – actuellement quai Louis-Blériot –, alors qu'il vient juste d'atteindre sa majorité.

L'année suivante, Guimard participe à l'Exposition universelle de 1889 avec la commande du pavillon de l'Électricité et, peu après, il commence la maison Roszé, 34, rue Boileau, dans le XVIe arrondissement, bientôt son terrain d'élection. Lui succèdent la villa Jassédé, 41, rue Chardon-Lagache, et surtout l'école du Sacré-Cœur, 9, avenue de La Frillière, où il rend un hommage à Viollet-le-Duc en lui empruntant, pour soutenir la façade, des béquilles de fonte présentées par le maître dans ses *Entretiens sur l'architecture*.

En 1894, grâce à l'appui d'Anatole de Baudot, le futur constructeur de Saint-Jean de Montmartre, la première église de Paris en béton armé, il obtient une bourse de voyage au Salon du Champs-de-Mars : Guimard l'utilisera pour un voyage en Grande-Bretagne et en Belgique. Sa rencontre avec Horta – qui vient d'achever l'hôtel Tassel – sera décisive. Chargé à ce moment d'édifier le Castel Béranger, 14, rue La Fontaine, un immeuble de trente-six appartements, il change son premier projet, romano-gothique, pour le transformer en manifeste de l'Art nouveau que le public et les critiques seront appelés à visiter librement.

Dans le lancement de cette maison de rapport, Guimard a en effet, le premier en France, utilisé des procédés qui seront repris par les promoteurs du XXe siècle. Le 4 avril 1899, il prononce une conférence dans les salons du *Figaro* où sont exposés des objets en grès, fonte, cuivre, des cheminées, des lambris, des tentures, des meubles qui voisinent avec des aquarelles représentant le Castel.

Le jeune maître se place sous le patronage de Viollet-le-Duc, la figure emblématique de tous les architectes de l'Art nouveau européen. Puis il rend hommage à Horta dont il a recueilli une précieuse confidence sur son art : dans l'imitation de la nature, le credo ruskinien, il faut bannir la feuille et la fleur, ne garder que la tige. Comme le maître belge, Guimard a appliqué dans son Castel un autre principe fondamental de l'Art nouveau, celui de l'unité complète de l'œuvre : il est l'auteur de toute la décoration intérieure, y compris les tapis et certains meubles.

Le chroniqueur du journal *L'Architecture*, L. C. Boileau – futur architecte de l'hôtel Lutétia –, essaie de comprendre la nouveauté de cette œuvre insolite, et il avoue que ce n'est pas facile. La structure de l'édifice est bien étudiée, les trois façades sont pittoresques à souhait : bow-windows, échauguettes, balcons, derniers étages en retrait, mais la décoration ! « des flammes, des vagues avec des remous, tout ce que vous voudrez d'insaisissable, de fluant [...], des rochers où se plaquent des sortes de feuillages gluants comme des varechs ».

Devant ce renoncement aux figures géométriques pour leur substituer l'emploi des courbes fugitives du geste, de la flamme, des eaux, plusieurs critiques n'hésitent pas à dénoncer l'influence de Mallarmé, ce poète décadent qui a répudié le mot propre et la construction grammaticale traditionnelle. Le Castel de Guimard est l'expression française d'une perversité qui tend à devenir internationale et dont la signification politique crève les yeux : le dédain des traditions comme celui de la symétrie, expression de l'ordre, signifie une adhésion aux doctrines anarchistes qui tentent alors bon nombre d'intellectuels. Guimard sera ainsi qualifié de « Ravachol de l'architecture », un comble pour cet homme prudent qui se montrera toute sa vie du côté des propriétaires...

Ces gentillesses ne troublent guère le maître : afin de se distinguer encore plus nettement de ses confrères, il se qualifie, dès 1899, d'« architecte d'art » et cette formule figure sur ses plans. Elle se rattache incontestablement au vocabulaire symboliste de la fin du XIXe siècle. W. Morris, le premier, s'était dénommé « ouvrier d'art ». À sa suite, on verra des « menuisiers d'art », des « relieurs d'art », des « ferronniers d'art », puisque, depuis Ruskin, l'Art et l'Utile sont à nouveau intimement liés.

En 1898, Guimard entreprend la salle Humbert de Romans, rue Saint-Didier, un auditorium de mille deux cents places où les matériaux métalliques, superbement employés, jouent avec l'équilibre. Cet édifice sera détruit en 1908, tout comme bien d'autres constructions de Guimard, malgré leur excellent état de conservation. Ce sort faillit échoir à la totalité des édicules du Métropolitain (1899-1913), le grand œuvre de Guimard ; celui-ci a impressionné le public au point de le faire désigner l'Art nouveau sous l'appellation de « style métro ».

Libellules en fonte ou squelettes d'animaux préhistoriques ?

Sitôt que les projets du métro parisien parurent près d'aboutir, les architectes, par le canal de leurs associations et de leurs journaux, avaient demandé aux autorités l'exclusivité de l'étude et de l'exécution de tout ce qui serait vu du chemin de fer souterrain. Les voitures elles-mêmes devraient s'éloigner du type « boîte » tandis que les stations auraient un aspect « artistique » : les ingénieurs, fussent-il polytechniciens, n'auraient à se mêler que des questions strictement de leur ressort, les voies et la traction.

La jeune Compagnie du métro lança donc un concours portant sur les édicules destinés à couvrir les entrées des stations souterraines. Sur la vingtaine de concurrents, aucun ne se rattachait à l'Art nouveau et ce fut dommage pour eux car le banquier Adrien Bénard, président du conseil d'administration de la Compagnie, en raffolait : il avait fait décorer la salle à manger de sa villa de Champrosay dans le goût « végétal » par le sculpteur Alexandre Charpentier (elle est aujourd'hui conservée au musée d'Orsay). Guimard fréquentait le salon des Charpentier où il rencontrait ses amis Sauvage et Francis Jourdain, et c'est sans doute par l'intermédiaire du vieux maître qu'il fit la connaissance de Bénard. Sans hésiter, celui-ci lui confia la commande complète des édicules.

Lancé dans la quête d'une Beauté exprimée par les moyens de son époque, Guimard décida d'utiliser un matériau à la fois économique et plastique, la fonte de fer. Son caractère pâteux, impropre à tout moulage exigeant du fini, fut employé par l'architecte pour souligner l'ossature de ses abris. La couverture relevée des édicules – disposition classique dans les abris des gares – les fit comparer à des libellules déployant leurs ailes, nouvel avatar pour un insecte que les praticiens de l'Art nouveau avaient obligé à se transformer en lit ou en bijou. À la Bastille, l'architecte implanta un pavillon unique en son genre, sorte de synthèse de tous les autres modèles répandus dans Paris, avec une superbe entrée en forme d'arc outrepassé, figure que Mucha, au même moment, employait lui aussi beaucoup. Mais les balustrades et les lampadaires en forme de tiges qui entouraient la plupart des escaliers de descente aux stations sont soudain qualifiés par des grincheux de « fragments de squelette d'ichtyosaure ». L'inscription « Métropolitain », dessinée par Guimard, est considérée comme illisible par les enfants et les touristes. En 1902, l'Art nouveau n'est plus dans le vent : la pieuvre du Modern Style semblait s'être attaquée en vain aux colonnes inébranlables du temple classique. La Compagnie du métro refuse les plans que Guimard avait proposés pour la station Opéra. Elle prétend qu'il faut harmoniser cette gare avec le monument de Garnier. Pour cette noble tâche, rien ne vaut un Premier Grand Prix de Rome : on choisira l'architecte Cassien-Bernard qui sera l'auteur de la traditionnelle balustrade en pierre que l'on connaît.

Le dernier témoin d'une époque

L'engouement pour les productions du maître de l'architecture « végétaliste » est passé. Le *Figaro* ne soutient plus le Modern Style, il demande même la destruction des édicules de Guimard que ses collaborateurs portaient naguère aux nues.

Il en fallait davantage pour décourager une personnalité aussi forte ; ne désignait-il pas ses propres œuvres sous l'expression de « style Guimard » ? Ainsi les présente-t-il à la première Exposition internationale de l'habitation qui se tient au Grand Palais en juillet 1903, et l'on pouvait acheter la série de vingt cartes postales qui leur sont consacrées et portaient la même mention.

Ami de l'industriel Léon Nozal, il lui construit un hôtel, 52, rue du Ranelagh en 1904-1905 – détruit en 1957 – et les clients bourgeois du XVIe arrondissement ne lui font pas défaut : deux immeubles de rapport, 142 avenue de Versailles (1903-1905), six immeubles rue Agar (1909-1911) pour une société dont il est actionnaire. À la suite de son mariage, en 1909, avec le peintre Adeline Oppenheim, c'est dans ce quartier de l'ouest parisien – où le terrain est le plus cher de la capitale – qu'il construit son hôtel, 122, avenue Mozart : 90 mètres carrés au sol, six niveaux – trois chambres de bonne –, un ascenseur et un escalier intérieur, le monogramme du maître sculpté au-dessus de la porte.

Au Salon des artistes décorateurs de 1907, il a encore envoyé du mobilier traduisant son inextinguible soif du décor tourmenté, mais en 1913, dans la synagogue de la rue Pavée, il emploie le béton et ne conserve plus, de ses coups de fouet, qu'une douceur dans les profils et une ornementation végétale très discrète.

À l'Exposition internationale des arts décoratifs, en 1925, Guimard est présent avec une mairie de village et il suit de près l'évolution des techniques puisqu'il a pris des brevets pour la fabrication en série d'éléments standardisés destinés à être ensuite assemblés en constructions diverses. En 1927, pour son dernier immeuble, rue Greuze, il se sert de tuyaux d'Eternit, que prônait Sauvage, pour structurer verticalement la façade de briques.

Dans le comité de patronage de *L'Architecture d'aujourd'hui*, fondée en 1931, on retrouve Guimard aux côtés de Perret et de Sauvage : ce dernier meurt en 1932, et c'est Guimard qui prononça son éloge funèbre. Sentant venir la guerre, l'architecte et sa femme s'embarquent pour les États-Unis et s'installent à New York. C'est là que Guimard meurt en 1942. Quelques années après la fin des hostilités, sa veuve propose aux autorités françaises de transformer l'hôtel de l'avenue Mozart en musée, mais elle essuie un refus poli. À cette époque, ni Guimard ni l'ensemble des productions de l'Art nouveau n'intéressent personne en Europe.

ROGER-HENRI GUERRAND

Bibliographie

R. CULPEPPER, *Bibliographie d'Hector Guimard*, Société des amis de la bibliothèque Forney, Paris, 1975 / C. FRONTISI, *Hector Guimard, architectures*, Les Amis d'Hector Guimard, Paris, / G. NAYLOR & Y. BRUNHAMMER, *Hector Guimard*, Academy Edition, Londres, 1978.
Catalogues d'exposition. *Pionniers du XXe siècle : Guimard, Horta, Van de Velde*, musée des Arts décoratifs, Paris, 1971 / *Hector Guimard, Villa Stück*, Munich, 1975 / *Guimard*, Réunion des musées nationaux, 1992.

GUINZBOURG MOÏSSEÏ IAKOVLEVITCH (1892-1941)

Après des études secondaires, Moïsseï Iakovlevitch Guinzbourg part pour l'étranger (Paris, Toulouse, Milan) afin d'y étudier l'architecture (son père était lui-même architecte). En 1923, il devient professeur au Vkhoutemas et écrit une série d'articles, premiers essais théoriques, qui représentent la plate-forme du mouvement « constructiviste » en architecture. Il publie son premier livre *Le Rythme en architecture*, dans lequel il souligne l'importance de la technique et de l'architecture industrielle. En 1924, avec *Le Style et l'époque*, il s'affirme comme un théoricien expérimental. Avec Alexandre Vesnine et un groupe d'architectes (Bertch Bourov, Sobolev, Krassilnikov), il forme, en 1925, le groupe de l'O.C.A. (Union des architectes contemporains), bastion du constructivisme, et l'un des deux groupes fondamentaux de l'architecture des années vingt (le second étant l'Asnova — Association des nouveaux architectes — qui s'intéresse surtout aux recherches formelles). À partir de 1926, l'O.C.A. possède son propre organe, l'*Architecture contemporaine* (A.C.), dont les rédacteurs sont Alexandre Vesnine et Guinzbourg, et qui paraîtra de 1926 à 1931. Parallèlement aux « constructivistes-productivistes » (tels Rodtchenko, Gan) qui, dans le domaine des arts appliqués, définissent le statut de l'artiste en U.R.S.S., Guinzbourg esquisse le portrait du nouveau type d'architecte : « L'architecte ne doit pas être le décorateur de la vie, mais son organisateur... La création inconsciente, impulsive doit laisser place à une méthode organisatrice clairement définie. » Le bâtiment doit posséder une « orientation fonctionnelle » qui allie les qualités artistiques et utilitaires. À partir de 1926, Guinzbourg étudie le problème du logement qu'il théorise dans son livre *Le Logement* (*Žilišče*) publié en 1930. La maison doit permettre l'épanouissement d'un nouveau mode de vie. Le type de la « maison-commune » (*dom komuna*), comme celle du boulevard Novinski construite en 1930, implique une nouvelle répartition de l'espace intérieur. Ces projets soulèvent des problèmes de caractérisation et de standardisation de la construction, ainsi que des problèmes de planification des ensembles d'habitation. En 1928-1929, il construit à Moscou l'immeuble du Narkomfin (commissariat du peuple aux Finances). Guinzbourg occupait lui-même une cellule d'habitation dans cet immeuble doté de services collectifs ; dans ce logement se réunissaient les membres de la rédaction de la revue l'*Architecture contemporaine*. En 1930, en collaboration avec Bartch, il présente le projet de la « ville verte » ou de la reconstruction socialiste de Moscou dans lequel s'affirment ses tendances « désurbanistes ». La ville est conçue comme un ensemble de maisons dispersées dans la campagne et reliées par des voies de communication. De 1930 à 1934, il participe à une série de concours : concours pour un « théâtre synthétique » à Sverdlovsk (1931) ; concours pour le palais des Soviets (1932), concours pour le bâtiment du Narkomtiajprom (commissariat du peuple à l'Industrie lourde, 1934). Guinzbourg jouera un grand rôle à l'Union des architectes (créée en 1936), où il défendra courageusement les dernières tentatives de l'architecture d'avant-garde face aux attaques des réalistes.

ANATOLE KOPP

GUMIEL PEDRO (actif entre 1491 et 1517)

Principal représentant du « style Cisneros », cette variante du plateresque développée par les artistes au service du cardinal Ximénez de Cisneros. L'Espagnol Pedro Gumiel travailla surtout à Alcalá de Henares : il y construisit l'église San Justo, de style gothique tardif (1497-1509 ; ruinée) et le collège San Ildefonso (1498-1508). Le théâtre académique *(paraninfo)* du collège, qu'on lui attribue (1517), est célèbre pour son décor mudéjar. Gumiel est aussi l'auteur d'un projet pour la Capilla Mayor de la cathédrale de Séville (1498-1504).

ROBERT FOHR

Bibliographie
F. CHUECA GOITIA, *Arquitectura del siglo XVI (Ars Hispaniae, XI)*, Madrid, 1953.

GUY DE DAMMARTIN ou GUYOT (mort en 1400 env.)

On suppose que Guy de Dammartin était le frère de Drouet de Dammartin, l'architecte de Philippe le Hardi. On le trouve, en effet, occupé à la même époque aux travaux de restauration du Louvre sous la direction de Raymond du Temple. Il exécute avec Jacques de Chartres les statues des ducs de Berry et de Bourgogne et, avec Jean de Saint-Romain, le décor de la voûte de la fameuse vis du Louvre (1365). Le duc de Berry se l'attache ensuite comme maître général de ses œuvres. Guy de Dammartin dirige ou supervise toutes les constructions des ducs. Il donne les plans de l'étonnant château de Mehun-sur-Yèvre dont les travaux commencent en 1367, restaure celui de Lusignan en 1374 et entreprend le palais de Bourges en 1382 qui sera terminé en 1388, fait à Poitiers la grosse horloge de 1385 à 1390, la salle du palais de justice et achève en 1389 la Sainte-Chapelle de Riom. Le génie de l'artiste se manifeste dans ce monument de style flamboyant : la configuration des supports et des bases, la mouluration des arcs, la forme des voûtes et le dessin des fenêtres définissent pour la première fois le nouveau style qui devait s'imposer pendant plus d'un siècle. Guy de Dammartin, formé par les artistes de Charles V, avait su tirer brillamment parti de leurs enseignements.

ALAIN ERLANDE-BRANDENBURG

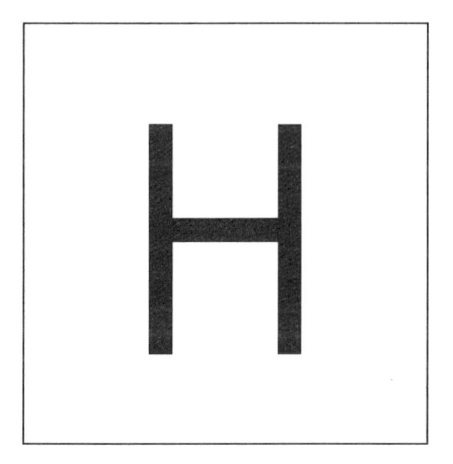

HANKAR PAUL (1859-1901)

Architecte, Paul Hankar est l'une des figures majeures de l'Art nouveau belge, au même titre que Horta ou Van de Velde. Élève du maître de l'historicisme flamand, Henri Beyaert (1823-1894), il allie la passion pour Viollet-le-Duc à celle du japonisme. Ses maisons, ses boutiques et surtout ses hôtels particuliers (Hankar 1893, Ciamberlani 1897, Janssens 1898) en font le chef de file d'une tendance rationaliste dont Otto Wagner, à Vienne, sera bientôt l'héritier.

FRANÇOIS LOYER

Bibliographie
F. LOYER, *Paul Hankar,* Bruxelles, 1986.

HANSEN HANS CHRISTIAN (1803-1883) & THEOPHILOS EDUARD (1813-1891)

Architecte formé à Copenhague, puis en Italie et en Grèce, marqué par les projets grandioses de Leo von Klenze, il contribue avec son frère, qui lui succède, à l'implantation en Grèce d'un néo-classicisme d'importation (université d'Athènes) et il remonte le temple d'Athéna Nikè sur l'Acropole. Son frère, Theophilos Eduard (1813-1891), réalise à Athènes l'Académie et la Bibliothèque nationale (1859). Pour Vienne, il dessine l'église grecque et le Musée de la guerre, d'inspiration byzantine, l'Académie des Beaux-Arts et le Parlement (1873), citation parthénopéenne sur le Ring.

JEAN-PIERRE MOUILLESEAUX

Bibliographie
R. WAGNER-RIEPER, *Theophil von Hansen,* Vienne, 1978.

HARDOUIN-MANSART JULES (1646-1708)

Jules Hardouin-Mansart a créé les symboles de la puissance de Louis XIV : Versailles et le dôme des Invalides. Le reflet grandiose de ce règne, mais aussi son ambiguïté ont rejailli sur l'architecte. Le courtisan accompli, favori du roi, le grand organisateur des arts, l'homme qui a perfectionné le classicisme français : des jugements sur des plans très différents, professionnels et personnels, mais qui tendent malgré cela à devenir exclusifs l'un de l'autre.

Quel que soit le jugement porté sur Jules Hardouin-Mansart et sur son architecture, il y a une « époque Mansart » qui restera le lieu de référence pour le classicisme français. Les œuvres de Robert de Cotte, Germain Boffrand et encore de Jacques-Ange Gabriel en dérivent directement. Il a créé une organisation structurée et efficace qui assura l'hégémonie et l'expansion de l'architecture française au XVIIIe siècle.

Un architecte courtisan

Né à Paris dans une famille de constructeurs, Jules Hardouin est le petit-neveu de François Mansart dont il unit le nom au sien en 1668. Entrepreneur en bâtiments (associé en particulier à son frère Michel), il se consacre définitivement à l'architecture vers 1672 et reçoit alors ses premières commandes d'État. Deux ans plus tard, il entre dans l'orbite de la cour ; en 1677, il est à Versailles, bientôt admis à l'Académie d'architecture. Dès 1678, il prend la direction des grandes transformations de Versailles et va dominer dès lors l'architecture française.

La carrière de Mansart s'est faite en cinq ans, de 1673 à 1678, grâce à la protection de Mme de Montespan, de Louvois, de Condé, éventuellement à celle de Le Nôtre d'abord et du roi ensuite. Premier architecte en 1681, anobli en 1682, intendant en 1685 et inspecteur général des bâtiments en 1691, il prend de plus en plus la place du faible surintendant Villacerf auquel il succède en 1699. Fait comte de Sagonne en 1702, il meurt six ans plus tard à Marly.

Mansart dirigeait un des plus grands services du royaume, « personne n'avait auprès du roi un accès si fréquent et si familier ». Il a accumulé une fortune considérable par ses revenus, les émoluments reçus de Louis XIV, par la spéculation et d'autres affaires qui restèrent toujours dans les limites de ce qui était considéré comme licite. On lui reconnaissait du charme et de l'esprit, et une admirable assiduité au travail malgré une santé fragile.

Mansart n'est pas le créateur absolu comme Michel-Ange, le Bernin ou bien son oncle François Mansart. Il dut son succès auprès du roi à ses dons d'organisateur, à la rapidité et à la précision des devis qu'il exécutait. Il ne faut pas en conclure qu'il est un artiste sans talent. Cette légende date de Saint-Simon, qui le qualifiait de flatteur, l'accusait d'exploiter ses subordonnés et d'être incapable de dessiner. Certains historiens ont essayé de vérifier partiellement ce jugement : F. Kimball pour la décoration intérieure, A. Laprade pour une partie de l'œuvre architecturale. Toute la difficulté tient à l'organisation de l'atelier royal et au rôle des « dessinateurs » principaux. Malgré une division du travail très poussée, les tâches de Mansart étaient si multiples (qu'on pense seulement à son existence de courtisan), les œuvres si nombreuses qu'il était dans l'impossibilité de s'occuper de tous les aspects artistiques des réalisations. Mansart devait au minimum contrôler les projets, l'essentiel de son rôle consistant à esquisser une idée, à intervenir dans les différentes phases de développement, à surveiller de loin les chantiers. Mais cela vaut seulement pour la période des grandes entreprises royales à partir de 1676 et surtout de 1678. Or c'est justement dans ses débuts que Mansart montra le plus d'invention dans les plans (château du Val près de Saint-Germain, 1674-1677) et qu'il poussa le plus loin le système de proportions des projets (dôme des Invalides à partir de

1676) : toutes préoccupations purement artistiques. Sa première grande œuvre, le château de Clagny (1675-1683), était considérée comme la plus parfaite. En outre, son décret de nomination à la charge de surintendant des bâtiments royaux mentionne parmi ses œuvres des vases, des piédestaux et des ornements. À de Cotte et à Gabriel qui lui succédèrent à la place de premier architecte, on reprocha aussi de dessiner grossièrement ou pas du tout : c'est le dessin d'architecte jugé par des initiés du dessin de peintre. G. Boffrand et J. F. Blondel lui concèdent en tout cas la perfection dans la mouluration. D'autre part, Françis d'Orbay a pu avoir un rôle important dans les premiers travaux de Mansart dans l'atelier royal, puisqu'il y assurait l'intérim depuis la mort de Louis Le Vau. On est plus enclin à attribuer à Mansart la responsabilité entière des œuvres proprement architecturales que des décorations où c'est l'élaboration détaillée qui détermine finalement le style ; Kimball a constaté que l'avènement de Pierre Lassurance en 1684 et de Pierre Lepautre en 1699 marquent des tournants sensibles dans ce domaine. De même faut-il attribuer à de Cotte, « architecte du roi » en 1685 et successeur désigné, une importance croissante (le Grand Trianon, 1686-1687 ; deuxième projet pour la place Vendôme, 1699 ; chapelle de Versailles, 1801).

Reste Louis XIV lui-même. Dans quelle proportion est-il coauteur de Versailles et des maisons satellites ? On connaît son intérêt intense et continu pour la bâtisse, ses nombreuses interventions ; mais on ne sait pas s'il a vraiment accédé à la pratique de la création architecturale. Si Mansart a donné son visage définitif à Versailles, la formation de Versailles est une œuvre collective qui dépasse le roi, l'architecte et son équipe.

André Chastel a trouvé une formule heureuse, heureuse parce qu'elle est sans exclusive : Mansart « interprète » du roi, le bureau « interprète » du premier architecte.

Le classicisme français

Mansart est parti de ce qu'avait accompli la génération des architectes préclassiques ; certaines de ses solutions sont influencées par des œuvres comme Maisons-Laffitte et Blois, Vaux-le-Vicomte et le Versailles de 1668, Saint-Jacques du Haut-Pas et les Minimes. Peut-être tenait-il de son mentor Le Nôtre le sens des grands plans ou quelques principes d'esthétique générale ; par ailleurs, d'Orbay avait déjà amorcé le processus d'harmonisation et d'épuration. Dès qu'il sort de l'ombre, Mansart accède très vite aux plus hautes tâches, dans lesquelles il se réalise pleinement. En admettant même que l'œuvre tardive est moins riche, on ne peut certainement pas parler de déclin.

Jules Hardouin-Mansart a travaillé dans des genres très diversifiés ; déjà l'ensemble de Versailles comprend des édifices extrêmement variés : châteaux et églises, pavillons et hôtels, parcs, urbanisme et construction utilitaire. C'est surtout dans les châteaux et les constructions publiques (hôtels de ville) qu'il fait preuve d'une remarquable faculté d'adaptation : moderniser, agrandir et rhabiller sans trop compromettre ce qui préexiste, aménager et décorer, se conformer, tout en corrigeant le style d'un architecte provincial, à une tradition locale ou à celle d'un type (Versailles en premier lieu, Saint-Cloud, Meudon, Chantilly, Fontainebleau et Saint-Germain, Dampierre et Boufflers, les hôtels de ville de Lyon et d'Arles, etc.). En revanche, certaines de ses œuvres sont presque uniques dans l'architecture française avant le milieu du XVIIIe siècle par leur caractère absolu et leur formalisme : le dôme des Invalides et Marly.

Après l'architecture dense, passionnée de perfection rigoureuse de François Mansart, et après le baroque des grands volumes et des contrastes agressifs que manifestent les œuvres de Le Vau, l'avènement d'Hardouin-Mansart marque une détente, que la critique a souvent regrettée en y voyant une perte d'intensité artistique.

Mansart aime les grandes surfaces lisses ou d'une structure simple, la répétition des formes (surtout l'arcade en plein cintre et la colonne détachée), les longues horizontales, l'espace dégagé et ouvert. L'académisme officiel est pour lui une justification ou un catalyseur : placer des rangées de colonnes devant une façade lui donne un air de grandeur et permet de cacher des irrégularités (cour de Marbre, Saint-Cloud, hôtel de Sagonne, hôtel de Lorge) ; l'ordre cannelé ajoute une fine valeur à la surface (Marly, chapelle de Versailles, intérieurs de Versailles et de Trianon).

Mansart s'est intéressé aux problèmes de l'architecture-décor : Marly, les Dômes et la Colonnade dans le parc de Versailles. Cela pose le problème de l'architecture en fonction du décor que demande l'absolutisme du Roi-Soleil ; Marly, l'énorme façade sur jardin de Versailles et le dôme des Invalides en sont des exemples. Le sens du décoratif est ce qu'il y a de plus « baroque » chez Mansart. Il lui sert merveilleusement quand il s'agit de faire valoir la splendeur de la pierre comme une des bases de l'architecture (Grand Trianon, chapelle de Versailles), et bien sûr dans les intérieurs.

On notera la largeur des formes : l'arcade en plein cintre grande ouverte en est le leitmotiv ; elle est employée dès le château du Val et utilisée au maximum dans le « grand projet » pour Versailles (non exécuté). Cette ampleur se retrouve dans la conception, dans l'élévation des places parisiennes (modèle auquel il a donné ses lettres de noblesse avec la place Vendôme et la place des Victoires et qui se transmettra à tout le XVIIIe siècle), la patte-d'oie de Versailles, dans l'architecture des Écuries et de l'Orangerie. Mansart réussit aussi à donner une grandeur semblable aux constructions utilitaires, à ennoblir le répertoire des formes modestes : chaînages et refends, mur nu et plans qui s'entrepénètrent (Écuries, une porte conservée à Marly, Dômes, avant-corps central à Chantilly), voûtes en appareil de pierre. Mansart, issu de la grande tradition des constructeurs français, réalise dans une de ses premières œuvres – l'hôtel de Ville d'Arles – un tour de force de la stéréotomie ; les Écuries et l'Orangerie de Versailles en marquent l'apogée.

Certaines solutions traditionnelles sont adoptées surtout au début de sa carrière (incrustations en marbre : escalier de la Reine, salle des gardes de la reine ; fenêtre rectangulaire surmontée d'un relief : hôtel de Sagonne, Boufflers) ; d'autres sont intégrées dans une nouvelle hiérarchie des formes (fenêtres rectangulaires : Grand Commun, cours intérieures de Versailles, couvent de Saint-Cyr ; tableaux de brique et de pierre : Trianon, Écuries). Quelques rares idées sont proprement baroques : au dôme des Invalides l'autel majeur, la surélévation et le percement de la coupole, le projet des ailes courbes devant l'église, puis à Clagny et à Versailles la triade comportant une galerie et deux salons.

L'œuvre d'Hardouin-Mansart est multiple et a eu le souci de résoudre un certain nombre de problèmes qui se posaient à l'architecture du XVIIe siècle ou d'en améliorer les solutions. Partant du plan « renaissant » du château du Val, il aboutira à celui de la « maison à bâtir » qui annonce l'hôtel « dix-huitième » ; il a donné des escaliers admirables (Clagny, Saint-Cloud). Il a continué le type français de l'église sur plan en croix latine (Notre-Dame de Versailles, Chantilly) ainsi que les formules essentielles du château français. Il a rendu plus harmonieux le pavillon central à dôme (Clagny, Meudon) et l'a mieux intégré à l'ensemble de l'édifice ; il a fourni le modèle de l'application du traitement en relief, typiquement français, à une construction cubique (façade du dôme des Invalides) ; il a introduit dans ses dernières œuvres (Château Neuf à Meudon) une tension élégante dans le traitement du détail.

La simplification est une constante de son style, des rhabillages de la cour de Marbre et de Saint-Cloud à l'invention du nouveau système d'architecture intérieure (arcatures continues de portes, fenêtres, glaces et cheminées).

JÖRG GARMS

Bibliographie

J. F. BLONDEL, *Architecture française*, 4 vol., Paris, 1752-1756 / A. BLUNT, *Art and Architecture in France (1500-1700)*, Harmondsworth, 1953, trad. franç., Macula, 1983 / A. E. BRINCKMANN, *Die Baukunst des 17. und 18. Jahrhunderts in den romanischen Ländern*, Berlin, 1919 / P. BOURGET & G. CATTAUI, *Jules Hardouin-Mansart*, Paris, 1960 / A. CHASTEL, « Comptes rendus sur les livres de Laprade et Bourget & Cattaui », in *Art de France*, 1961 / A. FÉLIBIEN, *Description du château de Versailles*, Paris, 1696 / P. FRANCASTEL, « Le Grand Dessein de Mansart sur Versailles », in *Gaz. B.-A.*, 1929 ; *La Sculpture de Versailles*, Paris, 1930, repr. fac-sim., 1970 ; « L'Architecture de Versailles. Fonction et décor », in *Mélanges Lavedan*, Paris, 1954 / *Jules Hardouin-*

Mansart, catal. expos., éd. J. Adhémar, Paris, 1946 / G. GARDES, « La Décoration de la place Royale de Louis le Grand (place Bellecour) à Lyon », in *Bulletin des musées et monuments lyonnais*, n° 5, pp. 359-388, 1975 / F. HAMON, « La Chapelle de la Vierge en l'église Saint-Roch à Paris », in *Bulletin monumental*, n° 128, 1970 / L. HAUTECŒUR, *Histoire de l'architecture classique en France*, vol. II, Paris, 1948 / B. JESTAZ, *Jules Hardouin-Mansart. L'œuvre personnelle, les méthodes de travail et les collaborateurs*, thèse, Paris, 1962 ; « Le Trianon de marbre ou Louis XIV architecte », in *Gaz. B.-A.*, 1969 ; « L'Hôtel de Lorge et sa place dans l'œuvre de Jules Hardouin-Mansart », in *Bulletin monumental*, n° 129, 1971 ; *L'Hôtel et l'église des Invalides*, Picard, 1990 / W. G. KALNEIN & M. LEVEY, *Art and Architecture of the Eighteenth Century in France*, Pelican History of Art, Harmondsworth, 1972 / F. KIMBALL, « Mansart and Lebrun in the Genesis of the Grande Galerie de Versailles », in *Art Bull.*, 1940 ; « The Genesis of the Château Neuf at Versailles », in *Gaz. B.-A.*, 1949 ; *Le Style Louis XV*, Paris, 1950 / A. LAPRADE, *François d'Orbay, architecte de Louis XIV*, Paris, 1960 / P. MARCEL, *Inventaire des papiers manuscrits du cabinet de Robert de Cotte*, Paris, 1906 / A. & J. MARIE, *Versailles au temps de Louis XIV*, 3 vol., Imprimerie nationale et Fréal, 1968-1972 / M. PETZET, « Projets inédits pour la chapelle de Versailles », in *Art de France*, 1961 / P. VERLET, *Le Château de Versailles*, Paris, 1985.

HAUSSMANN GEORGES EUGÈNE baron (1809-1891)

Administrateur responsable des grands travaux de Paris sous le second Empire, Haussmann est préfet de la Seine de 1853 à janvier 1870. Reprenant certains projets du préfet Rambuteau (sous Louis-Philippe), il exécute le plan conçu par Napoléon III : faire de Paris la « capitale du XIXe siècle ». Avec énergie, il réorganise les services et s'entoure de collaborateurs efficaces, des ingénieurs surtout et des architectes dévoués. Créant un réseau d'adduction d'eau et d'égouts, répartissant des espaces verts publics, édifiant des ponts et des gares, son équipe reconstruit le centre de Paris et bâtit de nouveaux quartiers que la troisième République achèvera. Une telle entreprise a été possible grâce à un dispositif de règlements d'urbanisme et au crédit combinant la volonté de l'État et la spéculation immobilière des milieux financiers. Souvent, le nom d'Haussmann est associé à un urbanisme qui quadrille l'espace et permet de contrôler le maintien de l'ordre : percées de grands axes, larges rues rectilignes à trottoirs plantés d'arbres et bordées d'immeubles de rapport en pierre, perspectives débouchant sur des édifices publics. De nombreuses villes — en province comme à l'étranger — se sont inspirées de cette conception à la fois fonctionnelle et politique, associant architecture et profit immobilier.

JEAN-PIERRE MOUILLESEAUX

Bibliographie

G. E. HAUSSMANN, *Mémoires 1863-1870*, Paris, 1890, rééd. Paris, 1979.

HAWKSMOOR NICHOLAS (1661-1736)

Architecte anglais. Élève puis assistant de Wren, Nicholas Hawksmoor devint le collaborateur du mondain Vanbrugh. Il apparaît cependant comme l'une des personnalités les plus originales de la période baroque anglaise, créateur de bâtiments déconcertants où ses contemporains ne virent souvent qu'« un fouillis d'éléments incompatibles ». Héritier de la virtuosité technique de Wren, il emprunta aux cultures les plus disparates : du gothique anglais à l'Antiquité romaine, du classicisme français au baroque italien. Mais chez Hawksmoor, nulle trace d'éclectisme, plutôt un syncrétisme formel qui s'incarne dans une architecture expressive, étonnamment plastique, où l'ombre et la lumière jouent un rôle important. Après quelques années dans l'administration de sa province, il entra chez Wren comme dessinateur en 1679. Mais ses dons l'imposèrent peu à peu comme le collaborateur principal du grand architecte. Que ce soit à l'hôpital de Chelsea (1682-1690), à Kensington Palace (1695-1715), sur le chantier de la cathédrale Saint Paul (1691-1712), il ne se contenta pas de surveiller les travaux, mais donna de nombreux dessins. À l'hôpital de Greenwich, il édifia la façade du bâtiment du roi William (1699-1707) et celle de l'aile de la reine Anne (1700-1703), du côté de la Tamise. En 1705, Vanbrugh le désigna comme son premier assistant pour la réalisation des demeures patriciennes de Castle Howard et de Blenheim Palace, où il est bien difficile de démêler leur rôle respectif. Vers 1702, il commença à travailler pour son propre compte. D'abord à Easton Neston, résidence de campagne du Northemptonshire, qui révèle une certaine liberté dans l'agencement du plan. À la suite de la loi de 1711, qui prévoyait la construction de cinquante églises dans Londres, Hawksmoor fut chargé de réaliser six d'entre elles. C'est là qu'apparaît le mieux « cette antithèse entre les éléments de la composition » qui est la caractéristique dominante de tous ses projets. Les souvenirs gréco-romains y sont nombreux, surtout en ce qui concerne le plan : Saint Alphege, Greenwich (1712-1718), Saint Anne, Limehouse (1715-1730), Saint George in the East (1714-1729) et Christ Church, Spitafields (1714-1729) s'organisent à partir du schéma basilical ; par contre, l'utilisation des volumes géométriques en hauteur, des lanternes, des couronnements ajourés reflète une intelligente transposition de motifs gothiques. Le goût du décor, qui confère parfois à ses bâtiments un aspect théâtral, triomphe à Saint Mary Woolnoth, City (1716-1724), dans l'accentuation des bossages et des corniches, tandis qu'à Saint George, Bloomsbury (1716-1731), l'association du portique du Panthéon et d'une tour surmontée d'une pyramide inspirée du mausolée d'Halicarnasse anticipe sur ces entassements monumentaux si goûtés dans la seconde moitié du XVIIIe siècle. Pour Oxford, il fit une série de vastes projets, d'abord pour Queen's College (1708-1709), puis pour All Souls College (1716-1735) où il élabora une intéressante interprétation du gothique accordée à des bâtiments préexistants. On retrouve dans ses projets d'urbanisme idéal pour Oxford et Cambridge le souvenir des tracés réguliers antiques avec leurs places et leurs arcs de triomphe. Mais c'est dans le parc de Castle Howard qu'Hawksmoor put le mieux concrétiser ses aspirations classiques. Pour le mausolée de la famille Carlisle (1729-1742), il fit presque œuvre d'archéologue en dressant sur un haut soubassement une tholos dorique dont la sobriété extérieure contraste avec le riche décor intérieur, qui n'est pas sans évoquer la chapelle des Médicis, de Michel-Ange. Les « essais excentriques » de Hawksmoor n'eurent pas de descendance directe. Cette tendance à juxtaposer, à superposer des volumes simples sans transition, cette volonté de dramatiser les masses architectoniques devaient céder le pas pendant plus d'un demi-siècle à un style moins grandiloquent, moins inspiré, plus « pur ».

MONIQUE MOSSER

HÉNARD EUGÈNE (1849-1923)

Architecte et ingénieur civil français qui s'orienta vers l'urbanisme, où il se montre à la fois réaliste et précurseur. Eugène Hénard joue un rôle important dans la préparation de l'Exposition universelle de 1889 : si son projet de train électrique continu, très en avance sur son temps, n'est pas retenu, il est chargé par Alphand, directeur de l'Exposition, de la surveillance du chantier de la galerie des Machines de Dutert et de Contamin ; il publie une description de l'édifice et de la marche des travaux, document précieux pour la connaissance de cet ouvrage essentiel. En vue de l'Exposition de 1900, il établit en 1894 avec Girault et Paulin un projet d'aménagement et de grands travaux qui est primé, puis remis en cause et finalement adopté après une vigoureuse campagne d'Hénard. On lui doit l'implantation du Grand et du Petit Palais, l'ouverture de l'avenue Alexandre-III et sa magnifique perspective sur les Invalides. Continuateur d'Haussmann, il manifeste, en outre, un souci de préservation des sites, des arbres et des espaces libres : il contribue à sauvegarder l'esplanade des Invalides et plus tard la perspective du Pont-Neuf menacé par la création d'un pont de la Monnaie (prévu depuis Haussmann). Ses *Études sur les transformations de Paris* (1903-1909) ont un grand retentissement : elles offrent une analyse lucide de la situation présente et future (manque d'espaces verts, problèmes de circulation, encombrements prévisibles) et proposent une ceinture verte ponctuée par douze parcs périphériques sur la « zone ». La prévision de l'avenir de l'automobile s'avère remarquable et s'accompagne de la recherche de solutions classiques (grandes percées élargies) ou révolutionnaires (carrefours à trois niveaux avec circulation différenciée, sols artificiels pour chaussées et trottoirs au-dessus du sol naturel avec canalisations accessibles entre les deux, rues à étages multiples et circulation différenciée dans les villes nouvelles). Hénard manifeste un grand intérêt pour l'animation des avenues par une implantation originale des immeubles (habitations à redans). Sa conception est entièrement axée sur l'ouverture de la cité aux véhicules à moteur aux dépens des autres fonctions de la ville, mais l'étude scientifique est remarquable ; elle s'accompagne d'une vision prophétique et d'idées-forces reprises plus tard par Le Corbusier et l'urbanisme rationaliste.

YVES BRUAND

HENNEBIQUE FRANÇOIS (1842-1921)

Au début des années 1890, le Français François Hennebique fonda la première grande firme internationale de béton armé, qui réussit à imposer le nouveau matériau sur le marché de la construction et des ouvrages d'art. Soignant particulièrement la renommée de son entreprise et la diffusion de son procédé technique, il attacha son nom à l'émergence d'un nouvel art de bâtir, au point d'éclipser parfois ses devanciers et ses concurrents.

Né à Neuville-Saint-Vaast (Pas-de-Calais) en 1842, François Hennebique est mort à Paris en 1921. Chef de chantier autodidacte, il s'installe à Bruxelles vers 1880, où il propose une solution mixte de construction alliant des pièces de fer autonomes et du béton. Ses idées évoluent alors vers la réalisation de structures continues en utilisant exclusivement le béton armé. Il développe en particulier un plancher incombustible. Son système procède par éléments aux fonctions bien identifiées : piles porteuses, poutres en T, dalles, etc. Tous en béton armés, ils appartiennent cependant à la même structure qui doit tendre à un ensemble monolithe, afin d'en assurer la cohérence et une meilleure résistance aux efforts. L'étrier de fer, une pièce maîtresse de liaison entre les éléments de la construction, devient l'une des clefs du procédé Hennebique, objet de brevet et bientôt symbole de la firme.

Au début des années 1890, l'ensemble forme un système global de construction en béton armé adaptable à de multiples situations : bâtiments industriels, ouvrages d'art, immeubles, villas, citernes, et même un palais de style hindou à Héliopolis en Égypte ! Outre la possibilité de répondre à des nécessités pratiques et architecturales très diverses, l'intérêt de la méthode Hennebique réside dans une mise en œuvre relativement facile, ne nécessitant pas de qualification particulière pour les ouvriers des chantiers. Enfin, les délais de construction sont relativement brefs et les coûts bien maîtrisés.

En 1892-1893, Hennebique dépose ses brevets en France et installe sa firme à Paris : il construit les premiers immeubles en béton armé de Paris et de sa banlieue (le siège de la firme, au 1, rue Danton, à Paris, et une villa à Bourg-la-Reine, par exemple). Dès 1894-1896, plusieurs grandes réalisations l'imposent au premier rang des promoteurs de la construction en béton armé, notamment ses bâtiments industriels : la raffinerie de sucre Bernard et la filature

Barrois à Lille, la minoterie des Grands Moulins à Nantes, une usine de Saint-Ouen, etc. Hennebique allie à ses idées techniques des préoccupations architecturales comme l'éclairage des ateliers par les toitures, ou la construction de villas et d'immeubles originaux qui forment autant de déclinaisons différentes de son procédé.

L'Exposition universelle de 1900 le consacre comme le plus important entrepreneur de travaux publics en béton armé. Quelques années plus tard, au plus fort de ses réalisations, le groupe Hennebique représente environ 20 p. 100 du marché mondial. La construction du pont du Risorgimento, sur le Tibre, à Rome (1911), marque l'apogée technique de la firme. Bâti sur un sol difficile, cet ouvrage particulièrement hardi est formé d'une voûte unique fortement surbaissée, de 100 mètres de portée. Elle établit un nouveau record mondial pour une arche de béton, en atteignant une valeur symbolique. Suivant le principe du monolithe, les culées et l'arche ne forment qu'un seul bloc.

Outre son originalité technique, la réussite de la firme Hennebique repose sur une diffusion rapide et organisée de son procédé. Elle s'attache très tôt les services d'agents étrangers qui eux-mêmes sont incités à créer des bureaux d'études locaux et à démarcher des entrepreneurs concessionnaires, que l'on chargera de la réalisation des chantiers. Ce système contractuel permet un développement rapide de l'influence de la firme qui, à son apogée, vers 1910, est implantée dans plus d'une vingtaine de pays par une trentaine d'agences et environ 160 entreprises concessionnaires.

Le système d'organisation Hennebique s'appuie sur une bonne répartition des rôles entre les agents, le bureau central parisien et les concessionnaires. Les premiers sont à la recherche de marchés ; ils sont capables de collecter les données spécifiques du projet et d'en poser les bases. Le second donne la traduction technique finale du dossier suivant les principes de construction du groupe. Les derniers assurent la réalisation de l'ouvrage dans des conditions économiques et techniques intéressantes pour eux. En 1910, le groupe est capable d'étudier sept mille dossiers et d'assurer la réalisation de près de deux mille trois cents d'entre eux. En 1914, il a à son actif la construction de plus de vingt-cinq mille ouvrages, de diverse nature et de toutes dimensions, dont mille cinq cents ponts.

L'attitude de François Hennebique explique pour une bonne part cette réussite organisationnelle, qui fit souvent défaut à ses concurrents. Il n'hésite pas à former à ses méthodes les concessionnaires et les chefs de chantier, à se déplacer lors des réceptions techniques des ouvrages, à rendre visite régulièrement à ses agences. Il sait parfaitement utiliser les réalisations phares de son groupe pour en assurer la promotion, suscitant et animant des rencontres comme les premiers congrès internationaux du béton armé. Il lance par exemple sa propre revue, *Le Béton armé*, en 1898, affirmant l'image forte d'un groupe à la fois technique, innovant et international.

Le conflit mondial de 1914 apporte un coup d'arrêt à l'essor de la société Hennebique, comme à toutes les autres grandes firmes françaises de travaux publics fortement implantées à l'étranger. Ses idées bien arrêtées de constructeur commençaient par ailleurs à rencontrer le frein des dispositions réglementaires qui se développaient en Europe, à propos de l'utilisation du béton armé dans des constructions publiques, les ponts notamment. Après la guerre, la société Hennebique poursuit ses activités, mais sur des bases sensiblement différentes et réduites à l'espace français, notamment les colonies. Le marché international est délaissé et la spécificité du groupe tend à s'estomper au profit d'un bureau d'études plus classique. La société Hennebique est restée en activité sous son nom propre jusqu'en 1967.

MICHEL COTTE

HENRY DE REYNES (mort en 1254)

Maître d'œuvre de l'abbatiale de Westminster de 1244 à 1254, il est vraisemblablement l'auteur des plans du monument décidé par le roi Henri III. On ignore tout de ses origines. On a pensé, en raison de son nom et de son style, qu'il était français et même qu'il venait de Reims. De nombreux détails de l'édifice (le voûtement et le dessin des baies par exemple) indiquent une connaissance assurée de l'architecture française de l'époque : Royaumont, la Sainte-Chapelle et Notre-Dame, à Paris, ce qui irait en faveur de cette thèse. Bien d'autres éléments, en revanche, demeurent dans la tradition anglaise (notamment l'utilisation de la pierre de Purbeck).

ALAIN ERLANDE-BRANDENBURG

Bibliographie

R. BRANNER, « Westminster Abbey and the French Court Style », in *Journal of Society of Architectural Historians*, pp. 3-18, 1964.

HÉRÉ DE CORNY EMMANUEL (1705-1763)

Élève de Germain Boffrand, qu'il avait connu lors des travaux de ce maître en Lorraine, le Nancéien Héré fut le principal architecte de Stanislas Leszczyński, roi de Pologne et duc de Lorraine, qui était animé d'une frénésie de bâtir égale à celle des plus puissants souverains de l'époque. Sur les conseils vigilants de Stanislas qui suit de très près tous les travaux, Emmanuel Héré crée à Lunéville et à Nancy (la résidence et la capitale du duc) une œuvre importante et homogène qui compte parmi les plus heureuses réussites de l'architecture du XVIIIe siècle. Sa première grande réalisation à Nancy est l'église Notre-Dame-du-Bonsecours (1738-1741), destinée à recevoir les cénotaphes du duc et de son épouse. La décoration intérieure y est fortement influencée par les habitudes rococo de l'art d'outre-Rhin et contraste avec le classicisme mesuré et élégant de la façade. Le goût de Stanislas, tempéré par l'exemple impérieux du style équilibré de Boffrand, explique la manière très personnelle de Héré : son architecture, empreinte de fantaisie et de grâce, met cependant toujours en valeur les structures qui sont clairement exprimées.

Mais c'est une fantaisie presque débridée qui caractérise d'abord l'aménagement des résidences ducales, où les parcs, transformés en élysées pittoresques, s'emplissent de fabriques inspirées de l'Orient. À Lunéville, Héré construit le kiosque turc, le trèfle chinois, le hameau avec son moulin et ses automates mus par l'eau, le pavillon de la cascade, celui de Chanteheux ; à Einville, ce sont d'autres chinoiseries ; à Commercy, les écuries et la colonnade hydraulique, etc.

Ensemble pastoral et charmant dont, quarante ans plus tard, Richard Mique (Nancéien et élève de Héré) se souviendra pour les petites constructions que lui commande Marie-Antoinette. Le château que Héré construit à La Malgrange, aux portes de Nancy, n'échappe pas à ce pittoresque et l'architecte en fait une sorte de trianon de porcelaine. Toutes ces constructions, le plus souvent légères, furent détruites après la mort de Stanislas (1766), mais leur souvenir survit dans les planches gravées par Héré dans son *Recueil de plans et élévations des châteaux, jardins et dépendances que le roi de Pologne occupe en Lorraine* (1750).

Le caractère politique, mais aussi édilitaire, de l'œuvre entreprise à Nancy (1752-1755) permit à Héré de concevoir un ensemble monumental qui servira de modèle à bon nombre de capitales européennes : la place Royale (aujourd'hui place Stanislas) prolongée par la place de la Carrière et par celle du Gouvernement, décorées toutes les trois de façades d'hôtels et de palais, d'arcs de triomphe et de groupes sculptés, dus aux meilleurs artistes lorrains, Guibal et Cifflé. Cet ensemble, complété par les grilles forgées par Jean Lamour, avait le mérite, outre celui d'être un décor définitivement fixé dans la pierre, de doter la ville d'édifices publics adaptés à son développement (hôtel de ville, hôtel du gouvernement, hôtel de l'intendant, hôtel des fermes, collège de médecine, salle de spectacle) et d'imposer un tracé régulateur pour son extension future. La place de l'Alliance (1753), décorée par Héré de façades plus sobres mais tout aussi harmonieuses, amorçait l'extension de la ville vers l'est. L'œuvre de Héré à Nancy demeure le plus bel exemple d'urbanisme baroque que la France ait connu.

DANIEL RABREAU

HERRERA JUAN DE (1530-1597)

Tout pays compte quelques architectes parmi ses héros. Comme Michel-Ange ou Palladio en Italie ou Pierre Lescot en France, Juan de Herrera joue en Espagne le rôle du brillant fondateur de la tradition nationale en architecture. Ce mythe s'est imposé au cours des siècles à partir de faits bien réels : Herrera fut l'architecte principal de Philippe II pendant une trentaine d'années (env. 1567-1590) et c'est lui qui a mené à bien la construction du monument clé du règne : le monastère royal de Saint-Laurent à l'Escorial. C'est lui aussi qui a sinon réalisé du moins surveillé la plupart des projets d'un roi passionné par l'architecture.

Herrera est le premier Espagnol à incarner pleinement une notion clé de la Renaissance : l'« architecte-artiste ». Mais l'idée que nous avons de lui correspond également à une certaine image du classicisme. On désigne ici par classicisme une architecture fondée sur le principe des ordres qui reposent à la fois sur la tradition vitruvienne et sur les traits d'architecture de la Renaissance. Depuis que le père José de Sigüenza a fait dans les dernières années du XVIe siècle l'éloge de Philippe II et de l'architecture de l'Escorial, Herrera est associé à un style idéal : un classicisme parfait, et même un ordre divin, qui symbolisait l'autorité et le pouvoir de son roi. Les générations suivantes, considérant le règne de Philippe II comme un âge d'or, virent dans les édifices de Herrera, en particulier l'Escorial, le symbole d'une gloire à jamais perdue. Mais, quand la politique de Philippe II fut condamnée, ce classicisme puissant et idéologique fut condamné avec elle. À la fin du XIXe siècle, l'historien allemand Karl Justi voyait dans le style de l'Escorial les résultats d'une autorité étouffante. L'idée de voir en Herrera l'architecte d'un classicisme rigide qui suivait de trop près les règles de Vitruve et de Vignole persiste même chez les historiens favorables à cette architecture. Le fameux *estilo desornamentado*, le style dénudé d'Herrera, reste lié à l'image d'un classicisme froid et impersonnel.

Le jugement que les critiques portent actuellement sur Herrera semble sinon faux, du moins limité. Il est vrai que Herrera croyait à l'existence de règles qui, valables une fois pour toutes, pouvaient servir à la création d'une architecture parfaite. Mais la façon dont il a interprété ce classicisme n'a rien à voir avec l'architecture créée à la même époque en Italie ou en France. Comme tous les architectes de la Renaissance, Herrera se trouvait devant un ensemble de règles qu'il fallait interpréter et, contrairement à l'opinion généralement admise, son style repose sur un système de variations très personnel. Au lieu d'être un reflet de la pratique italienne, le style d'Herrera, comme celui de Lescot au Louvre, témoigne de l'évolution incessante du système classique.

Un hidalgo devient architecte

Rien de plus invraisemblable que de voir un membre de la petite noblesse espagnole du XVIe siècle devenir architecte. L'architecture en effet n'était pas une profession libérale, son domaine était le chantier où régnaient les sculpteurs et les maçons. Or Herrera n'avait rien en commun avec ce milieu artisanal. Fils de la branche cadette du seigneur de Maliano, il était né dans le nord de l'Espagne, près de Santander. Sans ressources dans son pays, il fut envoyé à la cour du prince Philippe et l'accompagna en 1549 dans son long voyage à travers ses futurs États, voyage qui de Barcelone à Gênes, Mantoue et Augsbourg le conduira jusqu'à Bruxelles. À son retour, en 1551, il est sans emploi et entre dans l'armée. Pendant cinq ans, Herrera fait la guerre en Italie du Nord et en Flandres, car il ne fait pas partie de la cour ; en 1555, il est à nouveau à Bruxelles. Nous savons qu'il est rentré en Espagne avec Charles Quint en 1556, mais, jusqu'en 1561, il n'est plus mentionné dans les documents : à cette date il signe les nouvelles illustrations d'un traité d'astronomie, recopié pour le prince Don Carlos, fils de Philippe II.

Herrera n'avait pas une formation d'architecte. C'était plutôt un soldat qui savait dessiner et qui aimait les machines et les mathématiques. C'était avant tout un homme qui cherchait fortune à la cour. Le peu qu'on sait de sa vie privée dans les années suivantes confirme ce portrait. En 1571, il épouse Maria de Alvaro, une veuve originaire de Madrid dont la fortune lui permettra de racheter les terres de sa propre famille. Elle mourut en 1576, sans enfant. En 1582, Herrera se remaria avec sa cousine, Iñes, héritière de la seigneurie de Maliano. À la mort de celle-ci, en 1594, Herrera assied sa position sociale en devenant seigneur de Maliano.

Comment un homme appartenant à une classe sociale qui ne valorisait pas le travail est-il devenu architecte ? En 1563, Philippe II nommait Herrera et Juan de Valencia assistants (*discípulos*) de Juan Bautista de Toledo qu'il avait appelé d'Italie comme « architecte du roi » en 1559. Toledo était un architecte savant à la manière italienne et c'est dans son agence que Herrera, qui préparait les dessins pour l'Escorial et les autres projets royaux, est devenu lui-même architecte. Toledo, surchargé de travail, devait dessiner et construire un grand nombre de bâtiments. Vers les années 1560, il y avait autour de Madrid une douzaine de chantiers en cours dont il était responsable. Il devait enfin rendre compte de ces activités à la bureaucratie et au roi lui-même qui voulait être tenu au courant de la moindre chose au jour le jour. Quand il mourut, en 1567, épuisé par un travail écrasant, aucun des bâtiments qu'il avait entrepris n'était achevé. Mais sa mort permit à Herrera de devenir à son tour *Arquitecto de Su Magestad*. Dès le début des années 1570, il prit la haute main sur les projets de l'Escorial. Une nouvelle réglementation définissant l'organisation des chantiers royaux fut alors établie par Philippe II. Dès ce moment, chaque dessin devait porter l'autorisation du roi avant d'être mis en chantier, ce qui permettait à Herrera de faire des dessins qui seront ensuite exécutés scrupuleusement. Le dessin devient alors l'élément créateur de l'architecture, la construction étant conçue comme un processus de plus en plus mécanique au cours duquel aucune modification ne pouvait être apportée au projet. Philippe II et Herrera sont devenus respectivement commanditaire et architecte, travaillant ensemble comme Alberti l'avait envisagé dans son traité. Mais Philippe II ne récompensait pas rapidement ses serviteurs et Herrera attendit neuf ans le titre d'architecte royal (1579). Le roi le lui donna avec le poste d'*Apostentador de Palacio*, confié pour la première fois à un artiste, et qui l'obligeait à une présence presque permanente à la cour. Les architectes bâtisseurs firent désormais figure de simples maçons, Herrera ayant mis en place sur les chantiers royaux l'autorité absolue de l'architecte intellectuel. Comme Toledo, Herrera prit deux « disciples » en 1579, dont un, Francisco de Mora, lui succéda dans les années 1590 quant il se sentit trop malade pour tenir le rythme de travail que le roi exigeait de ses serviteurs.

Un style nouveau

Il est difficile de se faire une idée précise du style de Juan Bautista de Toledo, car peu d'œuvres de lui ont subsisté. Assistant de Michel-Ange à Saint-Pierre, il s'inspirait du classicisme d'Antonio da Sangallo le Jeune, qui régnait alors à Rome ; ce style, il le simplifia, en accord avec le goût du roi pour la sobriété et la modération, tout en conservant les valeurs plastiques du décor classique. Cet italianisme profondément enraciné apparaît dans le plan de l'Escorial, qui respecte, malgré son géométrisme, l'idéal italien d'un tout organique, ainsi que dans les rares parties de l'édifice exécutées sous sa direction.

On peut voir à l'Escorial le contraste entre le style de Toledo et celui de Herrera à l'angle oriental des corridors du Soleil : au rez-de-chaussée, terminé avant 1567, Toledo utilisa de simples colonnes doriques mais il les détacha du mur pour renforcer leur effet sculptural. À l'étage supérieur, Herrera a intégré, après 1574, de minces pilastres ioniques dans un réseau de panneaux géométriques et de moulures, privant ainsi intentionnellement l'ordre de son effet sculptural. Pour Herrera, les éléments du classicisme italien simplifié de Toledo deviennent donc la base d'un style nouveau, radicalement abstrait.

L'Escorial fut construit en grande partie dans ce style abstrait sur les dessins de Herrera. Cette homogénéité est unique dans l'architecture de la Renaissance. Dans certains cas, par exemple la façade de la basilique, Herrera remania les projets antérieurs pour atteindre un degré plus grand d'abstraction ; dans d'autres cas, il changea complètement le tracé, par exemple il créa pour l'escalier principal trois rampes parallèles à l'intérieur d'une cage ouverte.

Ce goût de l'abstraction est surprenant par sa nouveauté. Herrera, qui est pourtant un architecte classique, n'emploie les ordres que très parcimonieusement : il les utilise tous les quatre, en préférant le dorique pour l'extérieur ; il élimine la sculpture décorative et dépouille même les ordres de leurs moulures décoratives, de leurs bases et de leurs frises figurées. Les ordres tels qu'il les utilise sont monotones et répétitifs, ils sont fondés sur des exemples canoniques : ainsi pour la cathédrale de Valladolid, le corinthien dérive du Panthéon de Rome. En outre, les types de chapiteaux, de bases et de moulures sont remarquablement uniformes à travers toute son architecture. Une fois choisi un type qui lui convenait, il semble ne s'être guère intéressé, ou pas du tout, à lui apporter des variantes. Le dorique utilisé à l'Escorial pouvait servir dans une cour ou sur une façade aussi bien à Tolède qu'à Séville. Herrera préférait le pilastre plat à la colonne et il engageait autant que possible la colonne dans le mur pour l'intégrer à la maçonnerie. À la différence des architectes italiens ou français, il n'a pas prévu de donner un décor peint à ses édifices, à l'exception de la bibliothèque de l'Escorial peinte à fresque par Pellegrino Tibaldi. La manière dont Herrera utilise les ornements est incompatible avec les normes de la Renaissance italienne. Auparavant, l'ornement était conçu dans ses multiples variations comme une métaphore de la nature ; avec Herrera, il devient abstrait. Par exemple, le fronton principal de l'Escorial, en forme de temple, est comme une façade d'église, plate, collée sur le bâtiment. En fait, tout ce que les architectes de la Renaissance essayaient d'éviter apparaît dans ce fronton : les colonnes ne portent aucun poids, elles n'exercent aucune poussée et ne définissent aucun espace. Herrera a supprimé délibérément la cohérence organique du système ornemental classique. En revanche, les mathématiques deviennent une composante essentielle de son architecture. Certes la forme géométrique et les proportions mathématiques jouaient déjà un rôle important pour les architectes de la Renaissance : on pense à Alberti ou à Palladio. Vers le milieu du XVIe siècle, Vignole les avait rendues explicites dans les éléments de son architecture. Mais les œuvres de ces architectes relèvent encore d'une architecture organique.

Herrera, lui, avait rejeté cette idée de l'architecture ; par là, il avait renoncé à la richesse visuelle et iconographique de la culture antique qui baignait le style classique du XVIe siècle. Mais il avait tiré parti de ce renoncement : son système ornemental schématique, presque désincarné, pouvait engendrer un nouveau traitement de l'architecture.

Les palais « modernes »

Philippe II aimait beaucoup l'architecture des pays du Nord : en particulier les palais flamands et français qu'il avait vus au cours de son voyage en 1549 ; et, dès les années 1550, il obligea ses maîtres d'œuvre à s'en inspirer. Ses palais à El Pardo et Valsaín avaient de grands toits en ardoise, des galeries et des tours de style flamand. Juan Bautista de Toledo eut du mal à s'adapter à ce goût, même quand il était évident que le roi y tenait beaucoup. Philippe II n'imposa l'italianisme que dans les décors intérieurs. La tour Nouvelle (ou tour Dorée) et la galerie que Toledo ajouta à l'Alcázar de Madrid (détruit au XVIIIe siècle) combinaient un grand toit à la française à un italianisme réduit aux bossages qui entourent les fenêtres. Mais, dans ses dessins pour le palais d'Aranjuez, Toledo essaya de donner un style italien à l'extérieur en utilisant les ordres et en couronnant les tours de coupoles hémisphériques.

Herrera n'a dessiné aucun palais pour Philippe II, mais ses additions pour les palais de Tolède, de Lisbonne et de Grenade suivent un parti bien différent des projets de son maître Toledo. L'abstraction de son style le rendait capable de presque tout assimiler. La façade sud de l'Alcázar de Tolède, construite après 1574 par Diego de Alcántara, est une reconstruction de la façade originale qui permet de comprendre comment Herrera a pris le vocabulaire de bossages et de pilastres de son maître pour faire une composition de surface unie mais animée, un grand rideau de brique et de pierre tendu entre les deux vieilles tours du château-fort médiéval. C'est une version classicisante de la façade nord, œuvre de style archaïque de Alonso Covarrubias datant des années 1550.

Herrera était toujours sensible à la tradition espagnole. Ses dessins d'escaliers, comme celui de l'Alcázar de Tolède (dessiné vers 1574 ; exécuté par Diego de Alcántara), continuent une tradition florissante de magnifiques escaliers à cage ouverte.

Mais Herrera pouvait aussi incorporer des apports étrangers. La tour qu'il dessina pour le palais royal de Lisbonne en 1580 (exécutée par Felipe Terzi et Juan Bautista Antonelli vers 1590 ; détruite en 1770) reprend la composition de la façade de l'Alcázar, mais cette fois en marbre blanc. Il la couronna d'un énorme toit-coupole en ardoise, à la manière des toits représentés par Philibert Delorme et par Jacques Androuet du Cerceau. Les révisions qu'il apporte aux dessins de Machuca et de Juan de Orrea pour le palais de Charles Quint à Grenade (la première fois en 1572 puis en 1580) montrent que le seul style qui résistait à cette assimilation était le classicisme italien. Le palais de Machuca, dessiné en 1527, avait été commencé dans un style purement romain, celui des années 1520, dérivé des œuvres de Raphaël et de Bramante. Herrera commença par envisager un grand toit en ardoise (non exécuté). Il a simplifié le décor des parties inachevées des façades. À l'intérieur, la cour principale circulaire fut strictement exécutée par Juan de Minjares dans le style de Herrera (1584-1590).

Vers 1575-1580, Herrera remania les dessins pour la façade d'Aranjuez (*Vue idéale* conservée à l'Escorial) en introduisant un avant-corps derrière le fronton, comme à la façade principale de l'Escorial (vers 1575).

Les églises

Le rôle prééminent joué par Herrera à l'Escorial a eu pour conséquence de lui faire attribuer toute église castillane du XVIe siècle ayant un style suffisamment classique. Il est vrai qu'en Castille le classicisme a beaucoup influencé les églises de village – surtout pour les façades et les tours –, mais Herrera n'a dessiné aucune de ces églises, et d'ailleurs aucune d'elles ne reflète son style. Des centaines de maçons et un grand nombre d'architectes, entrepreneurs ou *aparentadores*, ont travaillé pendant plus de vingt ans à l'Escorial et ils ont emmené au loin ce qu'ils avaient retenu du style de Herrera. Cette diffusion a pu se faire aussi grâce à des architectes indépendants, comme Nicolas de Vergara à Tolède. Il ne faut pas non plus trop lier à l'Escorial, qui est un bâtiment très particulier, l'architecture religieuse de la Castille. La basilique Saint-Laurent est certes très italianisante, mais Herrera n'a pas repris pour ses autres églises les aspects les plus italiens de cet édifice (plan central, coupole, par exemple).

Outre l'Escorial, Herrera s'est consacré à d'importants projets d'église qui ne furent pas terminés par lui. Un dessin d'un monastère de provenance inconnue lui est souvent attribué parce que, avec ses quatre piliers et sa coupole centrale, il ressemble étroitement à la basilique de l'Escorial (dessin perdu vers 1940). L'attribution est vraisemblable, surtout parce que le dessin révèle le tracé d'un escalier magnifique et compliqué. Mais, en « corrigeant » les dessins de Nicolas de Vergara pour l'église de Santo Domingo el Antiguo à Tolède en 1576, Herrera a supprimé une coupole qu'il remplaça par un comble en bois dérivé de l'architecture française. Ses projets pour Santa Maria dans les jardins de l'Alhambra (1580) n'avaient pas non plus de coupole. Herrera a probablement préparé les premiers dessins pour San Vicente de Fora à Lisbonne (exécuté par Felipe Terzi dans les années 1590) dont le plan trahit l'influence de Sant'Andrea à Mantoue (dessiné par Alberti avant 1470). Mais cette église n'a pas non plus de coupole visible à l'extérieur et son abside carrée comme sa grande nef appartiennent à la tradition des églises espagnoles du Moyen Âge.

Entre 1578 et 1580, Herrera dessina la collégiale de Valladolid, qui deviendra la cathédrale, en tenant compte d'un projet antérieur de Rodrigo Gil de Hontañon. Comme Gil, qui pratiquait un gothique tardif original, Herrera dessina son église à une vaste échelle. Si elle avait été achevée, la cathédrale de Valladolid aurait été énorme, monstrueuse même, rivalisant avec les grands projets de cathédrales espagnoles comme à Séville et à Ségovie qui étaient alors en cours de construction. La moitié de l'édifice qu'on continua à bâtir jusqu'au XVIIIe siècle est à elle seule gigantesque. Fait rarissime, certains des dessins originaux de Herrera pour Valladolid ont été préservés.

Ces dessins sont d'une abstraction radicale, faits de lignes pures sans aucune indication de relief. Le plan est conçu comme deux grands carrés identiques, placés côte à côte ; la géométrie domine aussi dans l'élévation : pilastres aplatis, panneaux et moulures dessinent un ordre clair et compréhensif. L'analyse des cotes notées sur les dessins révèle que Herrera cherchait à créer des relations mathématiques entre les différents éléments. La cathédrale de Valladolid est très différente de la basilique de l'Escorial. On n'y trouve en effet ni plan central ni coupole à l'extérieur ; par son plan, elle se rattache aux grandes cathédrales de la tradition espagnole. À ce propos, on regrette de ne pas savoir ce qu'Herrera aurait proposé pour l'achèvement de la cathédrale gothique de Salamanque pour lequel il fut consulté en 1589. Les autorités ecclésiastiques choisirent de continuer l'édifice dans le style gothique avec l'aide d'un architecte classicisant (Juan del Rivera Rada) qui utilisa comme point de départ les dessins de Herrera pour Valladolid.

Édifices publics

À la fin du XVIIIe siècle, on disait que Philippe II et Herrera se réunissaient toutes les semaines pour corriger les dessins de tous les édifices publics qui étaient à construire en Espagne. Cette légende a certainement un fond de vérité.

En 1574, Herrera fit douze dessins de l'hôtel de ville de Tolède qui coûtèrent 1 500 ducats à la ville : prix énorme qui révèle le prestige de Herrera à l'époque. Une belle galerie d'arcades avec colonnes doriques adossées est posée sur un soubassement d'arcades à bossages ; deux tours flanquent l'ensemble. L'idée vient de Serlio (livre VI), elle permet à Herrera d'incorporer l'image d'un alcázar royal dans un bâtiment civil. Quelques années plus tard, le type était adopté pour l'hôtel de ville de León et pour l'hôtel de ville de Valladolid, probablement dessiné par Juan de Salamanca. La participation directe de Herrera à ce dernier n'est pas exclue, car il se rendit à Valladolid en 1585 pour d'autres projets. Au XVIIe siècle, ce type persistait dans les différents projets faits par l'architecte royal Juan Gomez de Mora pour l'aménagement de Madrid.

Herrera dessina la Loge des marchands de Séville en 1573, les plans furent livrés en 1583, et la construction commença sous la direction de Juan de Minjares en 1585. Dans cet édifice, Herrera soumit la forme traditionnelle des halles espagnoles et flamandes à une géométrie rigoureuse en disposant de grandes salles sur deux étages autour d'une cour ouverte. À l'extérieur, il utilisa le même système de pilastres et de grandes fenêtres qu'à l'intérieur de la cage d'escalier de l'Alcázar de Tolède. Il évite la monotonie qui aurait pu naître de l'immensité des quatre façades par le jeu des pilastres qui encadrent les baies. Comme à la façade sud de l'Alcázar, il n'y a pas d'accent central, pas d'organisation hiérarchique des formes comme dans l'architecture italienne. Toute la vitalité de cette architecture naît des effets entre les briques et la pierre, et du jeu des formes géométriques en faible relief.

Travaux publics et urbanisme

Le style abstrait de Herrera avait des affinités avec l'architecture des ingénieurs civils et militaires, à laquelle d'ailleurs il se consacra. Ici, on peut parler d'un vrai projet de réforme de l'architecture, conçu par le roi et effectué par son architecte. Cela commence avec les jardins d'Aranjuez où Philippe II lui-même avait imaginé une vaste urbanisation du paysage dans les années 1550. Herrera organisa le parc autour de grandes avenues déterminant un système cohérent mais extensible qui servit de base à une nouvelle conception de l'urbanisme. Aranjuez était aussi un centre d'expérimentation pour l'irrigation. Dans ces projets, Herrera transforme le paysage en œuvre architecturale par son utilisation de l'eau (conduites, canaux, petits lacs, etc.) et des arbres.

Le Puente Segoviana, construit à l'entrée sud-ouest de Madrid au début des années 1580 sur des dessins de Herrera, est un pont majestueux rattaché à la ville par une superbe esplanade, élément d'un système urbain en formation. On pense que Herrera conçut, au début des années 1570, le système d'adduction d'eau pour la ville d'Ocaña au sud de Madrid ; le projet incluait une fontaine principale sur une grande place. L'ensemble était conçu comme un espace public monumental, défini par des chemins bordés de murs, des lignes tracées dans le pavage et des portiques d'ordre dorique. Au cours des années 1580, Herrera dessina le système d'adduction d'eau de Valladolid (dont il reste quelques petits éléments) et prépara des projets pour l'abattoir et pour le fournil (détruits).

La réforme des services publics entreprise par Philippe II, à la suite de l'incendie du centre de Valladolid en 1561 dont la reconstruction fut dirigée par le roi en personne, engendra un certain nombre de projets architecturaux. Quant à la part de Herrera dans ce projet, elle reste problématique. Mais Herrera devint bientôt urbaniste. Ses dessins pour la Plaza Mayor – le centre commercial de Madrid – furent peut-être conçus dès les années 1560, mais ne parvinrent à maturité, semble-t-il, que dans les années 1580. Il nous reste un dessin d'après Herrera qui prouve que ses idées apparaissent dans le plan de Gomez de Mora au début du XVIIe siècle : un espace public régulier, auquel répond une architecture uniforme. La place, comme les rues d'accès, était bordée de portiques.

La Plaza Mayor fut une des principales contributions du règne de Philippe II à l'architecture urbaine occidentale. Herrera n'inventa ni l'idée d'une place de marché centrale ni les portiques qui existaient dans un grand nombre de villes espagnoles depuis le Moyen Âge. Mais il donna une nouvelle cohérence à un espace public. Ce fut probablement Herrera qui fournit au nouveau monde le plan de la ville modèle : une place semblable à celle de Madrid est décrite en 1573 dans les « Ordonnances » de Philippe II.

En 1590, Herrera dessina de nouveau la Plaza de Zocodover à Tolède, qui venait de brûler. Le Zocodover fut conçu selon le système utilisé plus tard à Madrid : régularisation de l'espace urbain pour créer une forme géométrique et articulation de celui-ci par des rangées de bâtiments identiques en brique et en pierre. C'était une architecture de rue, infiniment extensible, ce qui constituait une nouveauté radicale par rapport à l'architecture de la Renaissance, capable d'être coupée n'importe où, selon les besoins du site. Seul un style aussi abstrait que celui de Herrera était adapté à cette conception de la ville. Dans un sens, ces places étaient classiques : elles suivaient les préceptes de Vitruve que Herrera, lui-même, avait commenté dans sa copie de Philandrier (Lyon, 1552). Leurs portiques à colonnes simples dérivaient du classicisme italien. Mais, au contraire des espaces publics d'Italie, elles ne possédaient ni monument ni point de vue central. Ces places étaient des centres dans un système d'urbanisation conçu pour la première fois en Europe comme un tissu architectural.

L'héritage

Herrera ne créa pas à lui seul le classicisme en Espagne. Son art était extrêmement personnel et raffiné et il est peu surprenant que ses associés et ses successeurs n'aient pas réussi à l'imiter. Mais son style et sa carrière même furent pris comme modèles de l'architecture et de l'architecte savant.

Dans les années 1570-1580, Herrera devint célèbre comme mathématicien, inventeur de machines et architecte intellectuel, au point qu'on n'hésitait pas à l'appeler le second Archimède ou le nouveau Vitruve. L'inventaire de sa splendide bibliothèque témoigne de ses intérêts scientifiques autant qu'architecturaux. Il publia en 1589 une magnifique série de gravures reproduisant les plans, élévations et coupes de l'Escorial, *Las Estampas*, avec un commentaire, *El Sumario*. Il écrivit sur les mathématiques mais, à part un petit traité sur la mécanique et une explication des principes de la philosophie de Raymond Lull, *El Tratado de la figura cúbica*, restés inédits jusqu'au XXe siècle, ses écrits sont perdus. En 1582-1584, Philippe II fonda une académie de mathématiques à Madrid, sur le modèle d'une institution semblable qui existait au Portugal ; Herrera y organisa des conférences sur les mathématiques, la mécanique et l'architecture civile et militaire. Il encourageait aussi la traduction d'œuvres antiques comme celles d'Euclide ou d'Archimède.

Herrera essaya de transmettre les principes de la « bonne architecture » à ses compatriotes. En 1579, il forma deux élèves comme successeurs, et l'un d'eux, Francisco de Mora, prit sa suite comme architecte-dessinateur royal. Mora, à son tour, prit un assistant, son cousin Juan Gomez de Mora, qui maintint le style de Herrera au XVIIe siècle. Cet idéal d'un classicisme sévère fut ainsi transmis pendant trois générations et renforcé par l'exemple des bâtiments royaux que Herrera avait pu achever : l'Escorial, terminé en 1584, les palais et le grand projet de renouvellement de Madrid qui ne fut abandonné ni par les rois ni par les architectes qui succédèrent respectivement à Philippe II et à Herrera.

CATHERINE WILKINSON-ZERNER

Bibliographie

L. Cervera Vera, *Inventario de los bienes de Juan de Herrera*, Artes Gráficas Soler S. A., Valence, 1977 ; *Las Estampas y el Sumario de el Escorial por Juan de Herrera*, Editorial Tecnos, Madrid, 1954 ; « Semblanza de Juan de Herrera », in *El Escorial 1563-1963, IV⁰ centenario*, Editorial Patrimonio Nacional, Madrid, 1963 / F. Chueca Goitia, *Arquitectura del siglo XVI*, Ars Hispaniae XI, Editorial Plus Ultra, Madrid, 1953 ; *La Catedral de Valladolid*, Consejo Superior de Investigaciones Cientificas, Instituto Diego Velásquez, Madrid, 1947 / F. Iñiguez Almech, *Las Trazas del Monasterio de S. Lorenzo de El Escorial*, Real Academia de Bellas Artes de San Fernando, Madrid, 1965 / J. de Herrera, *Tratado del cupero cúbico, conforme a los principios y opiniones del « Arte » de Raimundo Lulio*, Editorial Plutarco, Madrid, 1935 / G. Kubler, *Building the Escorial*, Princeton Univ. Press, Princeton, New Jersey, 1982 / M. Lopez Serrano, *Trazas de Juan de Herrera y sus seguidores para el Monasterio del Escorial*, Editorial Patrimonio Nacional, Madrid, 1944 / E. Llaguno & J. A. Céan Bermudez, *Noticias de los arquitectos y arquitectura en España desde su restauración*, 4 vol., Turner S.A., Madrid, 1829, rééd. Madrid, 1977 / F. Marias, *La Arquitectura del Renacimiento en Toledo (1541-1631)*, 4 vol., Consejo Superior de Investigaciones Cientificas, Instituto Provincial de Investigaciones y Estudios Toledanos, Madrid, 1983-1985 / *Real Monasterio-Palacio de El Escorial : Estudios ineditos en el VI⁰ Centenario de la terminación de las obras*, Consejo Superior de Investigaciones Cientificas, Departamento de Arte Diego Velázquez, Centro de Estudios Históricos, Madrid, 1987 / J. J. Rivera Blanco, *Juan Bautista de Toledo y Felipe II : la implentación del clasicismo en España*, La Universidad de Valladolid, Valladolid, 1984 / A. Ruiz de Arcaute, *Juan de Herrera*, Espasa-Calpe, Madrid, 1936 / J. de Sigüenza, *Historia de la orden de San Jerónimo*, Madrid, 1605 ; édition moderne : *La Fundación del Monasterio de El Escorial*, Turner S.A., Madrid, 1986 / C. Wilkinson-Zerner, « The Escorial and the Invention of the Imperial Staircase », in *Art Bulletin*, vol. LVII, 1975 ; « Proportion in Practice : Juan de Herrera's Design for the Façade of the Basilica of the Escorial », in *Art Bulletin*, vol. LXVII, 1985.

HERTZBERGER HERMAN (1932-   )

Architecte néerlandais. Après avoir collaboré avec Bakema et Van Eyck à la rédaction du journal *Forum*, phare de la nouvelle architecture néerlandaise, Hertzberger développe dès ses premières œuvres (maison d'étudiants, 1958-1959, et maison de retraite, 1964-1974, à Amsterdam) une esthétique épurée du béton et du parpaing. Le centre administratif d'Appeldoorn (1968-1972), le centre musical d'Utrecht (1973-1978) ou des écoles à Amsterdam (1980-1983) reprennent la même thématique élémentaire de la colonne et du mur 394, *395 (Central Behee)* Bibl. : *Herman Hertzberger, six architectures photographiées par Johann van der Keuken*, Milan, 1985.

FRANÇOIS GRUSON

HERZOG JACQUES (1950-   ) & MEURON PIERRE DE (1950-   )

Nés le premier à Paris et le second à Bâle en 1950, les architectes suisses Jacques Herzog et Pierre de Meuron étudient l'architecture au Polytechnicum de Zurich (ils sont diplômés en 1975), avant de fonder leur agence à Bâle en 1978. D'emblée, leur travail porte pour l'essentiel sur une mise en œuvre particulièrement précise et originale des matériaux de construction. La maison de Tavole (1982-1988) et l'immeuble de logements de l'Hebelstrasse à Bâle (1985-1988) comptent parmi leurs premières réalisations les plus significatives : le béton, la pierre ou le bois y expriment chacun une stricte rationalité, laquelle est toujours doublée d'une forte dimension poétique. Cette dualité se renforce dans l'entrepôt et dans l'usine-entrepôt Ricola de Laufen (1986-1987) et de Mulhouse (1992-1993), respectivement bardés de plaques d'Éternit et de sérigraphies translucides. Se réclamant d'Andy Warhol comme de Gottfried Semper, Herzog et Meuron confèrent à chacune de leur construction la dimension d'un objet unique, qui « offre sa propre langue » et dont la texture des façades constitue le principal objet d'innovation. Celles-ci sont le plus souvent traitées comme des unités autonomes ; à ce titre, elles n'ont pas obligatoirement de rapport avec la réalité intérieure du bâtiment : c'est le cas de la galerie d'art Goetz à Munich (1993), dont le socle en verre structurel, surmonté d'un coffre de bois opaque, semble placer la construction en apesanteur ; la hiérarchie des matériaux est ici inversée.

L'intervention récurrente d'artistes, de sociologues ou encore de scientifiques dans le processus d'élaboration des projets d'Herzog et Meuron, témoigne d'une démarche radicalement nouvelle. « Nous avons compris qu'il nous fallait concentrer nos énergies. Nous avons appris aussi qu'il était impossible de faire en même temps de l'art et de l'architecture », déclarent les deux architectes, jugeant intenable la triple activité (architecte, peintre et sculpteur) de Le Corbusier ou, plus récemment, celle de Donald Judd. Dans cette optique, Herzog et Meuron invitent l'artiste minimaliste Rémy Zaugg – dont ils construisent l'atelier à Mulhouse en 1997 – à participer à certains de leurs projets (théâtre de Blois, bibliothèques universitaires de Jussieu à Paris, 1991 et 1992). Celui-ci réalisera par ailleurs la scénographie de l'exposition que leur consacre, en 1995, le Centre Georges-Pompidou à Paris. Disposés à plat et non sur les murs, éclairés par des néons blancs, les documents donnent à voir un travail en cours d'élaboration. Esquisses, plans et maquettes ne sont que les témoins, les « déchets » selon Rémy Zaugg, de la recherche architecturale ; il ne saurait donc être question de les élever au statut d'œuvres d'art, statut que les deux architectes refusent d'ailleurs d'appliquer à leurs constructions.

La démarche raffinée d'Herzog et Meuron les conduit néanmoins à doter des types d'édifices en apparence ingrats de qualités esthétiques qui tendent finalement à les transcender : le dépôt de locomotives (1988-1996) et le poste de signalisation (1992-1995) qu'ils réalisent à Bâle, le centre sportif Pfaffenholz de Saint-Louis près de Mulhouse (1989-1993), en sont, avec l'usine-entrepôt Ricola de Mulhouse, les témoins les plus éloquents. Dans le même temps, Herzog et Meuron affichent leur pragmatisme – d'aucuns diront un certain conservatisme – devant les programmes qu'ils ont à traiter. Considérant que l'innovation est aujourd'hui impossible dans l'architecture du logement et, d'une manière générale, que l'architecture ne peut changer la société, ils se refusent à toute proposition typologique ou remise en cause systématique de la commande.

Associés depuis 1992 aux architectes Harry Gugger et Christine Binswanger, Herzog et Meuron ont rapidement acquis une audience internationale. Professeurs invités aux universités de Harvard et de Cambridge aux États-Unis (1989, 1994, 1996-1998), ils ont remporté, en 1995, le concours pour l'extension de la Tate Gallery à Londres. Confrontés à la reconversion de la centrale électrique de Bankside construite par Giles Gilbert Scott (1947-

1955), les deux architectes ont apporté la preuve d'un savoir-faire autre que celui qui avait fait leur réputation.

SIMON TEXIER

Bibliographie
G. MARK, *Herzog & de Meuron. The Complete Works*, vol. I (1978-1988), vol. II (1989-1991), Birkhäuser, Bâle-Boston-Berlin, 1996 et 1997 / « Herzog et de Meuron 1993-1997 », in *El Croquis*, n° 84, Madrid, 1997.

HEURTIER JEAN-FRANÇOIS (1739-1822)

Après une carrière modeste aux armées comme dessinateur de plans puis comme aide de camp, Heurtier, dont les aptitudes à l'architecture se révélaient, entra dans l'atelier parisien de J. Legeay et remporta le premier prix d'architecture en 1764. À son retour de Rome (1770), il est nommé inspecteur à Versailles où il donnera les plans du théâtre de la ville (1776) et ceux des bâtiments de la sous-intendance, l'actuelle préfecture (1778). Membre de l'Académie d'architecture depuis 1776, il est chargé d'édifier la nouvelle Comédie italienne à Paris (1780-1783), à l'emplacement de l'actuel Opéra-Comique, dans un lotissement aménagé par L. D. Le Camus sur l'ancien hôtel de Choiseul. Cet édifice, orné d'un élégant péristyle d'ordre ionique, servira de modèle à bon nombre de théâtres de province : la façade à colonnade de la salle de spectacle devenait alors l'ornement suprême de la ville, comme les portiques dans la cité antique. Commissaire voyer de la ville de Paris en 1804, membre du Conseil des bâtiments civils en 1807 et membre de l'Institut en 1809, Heurtier est un architecte dont l'œuvre reste peu connue.

DANIEL RABREAU

HILBERSEIMER LUDWIG (1885-1967)

S'il n'est pas un grand architecte, du moins pas un architecte de prestige (ses maisons particulières sont en effet assez banales), Ludwig Hilberseimer est pourtant l'un des premiers à avoir souligné l'importance primordiale de l'urbanisme. En outre, il a critiqué très tôt pour des raisons politiques (il faisait partie du Novembergruppe, association des « intellectuels de gauche » dans l'Allemagne de l'entre-deux-guerres), économiques et éthiques, le luxe et l'élitisme des maisons bâties par Gropius ou Mies van der Rohe pour de riches clients. Bien avant d'entrer au Bauhaus, il participe à la revue *G-Material zur elementaren Gestaltung*, publiée à Berlin, et se fait connaître par ses recherches sur la structure des cités. En 1928, Gropius, que l'urbanisme ne semble pas avoir beaucoup intéressé, démissionne du Bauhaus et nomme comme successeur Hannes Meyer, architecte marxiste dont l'activité sera, jusqu'à nos jours, censurée systématiquement. Hannes Meyer fait appel à Hilberseimer qui sera d'abord directeur des cours d'architecture et de dessin, puis directeur du séminaire sur le logement et l'urbanisme. La réflexion de Hilberseimer, que l'on devrait reconsidérer, porte sur la standardisation et sur la relation de l'architecture et de l'industrie ; sa thèse peut se résumer ainsi : c'est sur un fond neutre que se marquent les différences ; par conséquent, la ville doit être un tissu régulier, répétitif, non centré, une structure sans accident, où l'événement quotidien pourra librement se spatialiser. L'architecture, le plan d'urbanisme ne doivent pas être tyranniques mais efficaces et « objectifs », comme une page blanche sur laquelle l'imagination des habitants pourra s'inscrire. D'où les grands projets de villes parfaitement modulaires, trop vite pris pour des tentatives monstrueuses de dépersonnalisation de l'habitant (puisque l'architecte s'abstient de manifester sa subjectivité). En 1938, Mies van der Rohe fait appel à Hilberseimer pour la chaire d'urbanisme de l'Illinois Institute of Technology (Chicago), où il sera chargé du réaménagement progressif des banlieues de la grande métropole. Peu de projets de Hilberseimer ont été réalisés ; aucun d'eux ne fut accepté sans concessions de la part de l'architecte : la conséquence déplorable de ce manque de succès est que Hilberseimer est célèbre non comme urbaniste mais comme *designer*.

YVE-ALAIN BOIS

HILDEBRANDT JOHANN LUKAS VON (1668-1745)

Une génération sépare Hildebrandt et Fischer von Erlach, moins par l'effet de l'âge (Hildebrandt n'est le cadet de Fischer que d'une dizaine d'années) qu'en vertu d'une différence très profonde d'orientation stylistique. Hildebrandt naît à Gênes, séjourne autour de 1690 à Rome auprès de Carlo Fontana et ne s'installe à Vienne que dans les toutes dernières années du XVIIe siècle. Les exemples rencontrés en Italie du Nord, et particulièrement ceux de Guarini, semblent l'avoir beaucoup plus impressionné que la tradition classique maintenue par Fontana ; il apporte en Autriche une manière bien différente du grand style monumental de Fischer. Ingénieur militaire à l'origine, Hildebrandt avait été amené à servir sous les ordres du prince Eugène, lequel restera son patron et lui permettra de trouver une clientèle plutôt dans l'aristocratie de Vienne qu'auprès de la Cour. Des palais qu'il a élevés (le palais Schwarzenberg en 1697, le palais Daun Kinsky en 1713-1716), le plus célèbre est le Belvédère, ou plutôt les deux Belvédères ; le Belvédère inférieur date de 1714-1715 et le Belvédère supérieur de 1721-1722. L'accent est mis dans les deux cas sur les surfaces ; pas de pavillons décrochés, pas de courbes, seules les différences de hauteur marquent l'articulation des corps de bâtiment et le jeu des toitures aux formes mouvementées vient la souligner. L'effet est essentiellement décoratif, accusé encore au Belvédère supérieur par le miroir d'eau où se reflète le palais. Dans la construction des églises, Hildebrandt se plaît à jouer sur les arcs à la courbe complexe engendrés par la pénétration de volumes sphériques ou elliptiques ; tel est le cas de l'église Saint-Laurent à Gabel (aujourd'hui Jablonné v Podještědí) de 1699. Ce goût des surfaces ondulantes et des enchevêtrements d'espaces est tout à l'opposé des claires définitions de volumes que recherche Fischer von Erlach. La savante élégance des édifices construits par Hildebrandt semble préluder aux réalisations de Neumann et constitue l'une des réussites les plus parfaites de l'esprit autrichien.

GEORGES BRUNEL

HIPPODAMOS DE MILET
(~Vᵉ s.)

Philosophe, théoricien politique, architecte, urbaniste, Hippodamos de Milet représente, au début du ~ vᵉ siècle, le type achevé des descendants de l'école philosophique de Milet, dont Thalès, au ~ vıᵉ siècle, apparaît comme l'inspirateur. Nourri de cette tradition, ayant exercé sa réflexion sur les règlements et les constitutions promulguées au siècle précédent par les législateurs de l'Ouest et de l'Est, Hippodamos de Milet est devenu, en quelque sorte, le symbole des urbanistes classiques. D'après Aristote, il fut essentiellement un théoricien, celui qui inventa la division des villes et adapta leur tracé aux conceptions philosophico-politiques de ces penseurs dont Platon devait tirer beaucoup de ses préceptes.

Il s'agissait de fournir aux citoyens, dans le cadre d'une communauté politique bien définie et harmonieuse, les éléments essentiels de leur vie privée et de leur vie commune. D'abord, leur nombre est limité (5 040, au maximum) et le cadre urbain doit être équilibré et ne saurait s'étendre à l'infini. Les fonctions de la ville (politiques, économiques, sociales, religieuses) s'expriment dans un plan clairement organisé, où toutes les zones reçoivent une destination dont l'emplacement et l'étendue sont fixés d'après leur fonction. Le plan est tracé par des axes principaux, les *plateiai*, que recoupent des transversales. Le damier, ainsi défini, donne des zones résidentielles, et un certain nombre d'îlots sont réservés suivant les meilleures conditions topographiques qu'ils offrent pour les sanctuaires, les agoras et places marchandes, les édifices de représentations et de concours, théâtres, gymnases, etc., les édifices à caractère politique et administratif.

Le nom d'Hippodamos de Milet symbolise moins le plan urbain orthogonal, au tracé régulier, connu bien avant lui, que le principe d'une division fonctionnelle du tissu urbain, prévoyant des zones réservées et adaptées aux fonctions essentielles de la communauté pour laquelle il est implanté et défini.

Cet architecte aux conceptions révolutionnaires — qu'Aristote décrit comme un dilettante cherchant à se faire remarquer par sa longue chevelure et le luxe de ses vêtements, les mêmes en hiver qu'en été (*La Politique*, liv. XI) — eut l'audace de raisonner sur la « totalité de la nature » et même de proposer une constitution politique. Le caractère fort inhabituel du passage qui le concerne dans l'œuvre aristotélicienne a conduit certains à mettre en doute son authenticité. Hippodamos, qui s'était déjà signalé à l'attention en « découpant le Pirée en damiers », émet des idées politiques qui reflètent, elles aussi, l'apport de l'école milésienne à la mathématique : sous l'influence de Thalès, le penseur, de faiseur de théogonies, s'était mué en savant, en géomètre. Conforme à l'esprit de géométrie est, en effet, la division que propose Hippodamos de la cité idéale en trois classes : artisans, agriculteurs, combattants ; ainsi que la triple division du territoire : la première partie étant sacrée, la deuxième publique (avec les combattants), la troisième privée (avec les agriculteurs). Triples encore sont les motifs engendrant les litiges auxquels doivent correspondre trois sortes de lois. L'élection des magistrats se fait par les trois classes de citoyens. Le projet d'Hippodamos comprend, en outre, l'idée d'une réforme dans la manière de rendre les sentences en justice, une proposition de conférer certains honneurs à ceux qui font quelque découverte utile à la cité ; une autre stipulant que les orphelins de guerre seront élevés aux frais du trésor public.

Pour ironiques que soient à leur sujet les propos d'Aristote, les idées d'Hippodamos n'en ont pas moins fait date. Au sein d'une population assez importante pour l'Antiquité, le Milésien préconise une différenciation en classes et une attribution modulée du sol, correspondant l'une et l'autre aux fonctions. La spécialisation fonctionnelle des classes se calque sur la spécification des lieux : centre religieux, centre administratif, zone économique. La réforme de Clisthène, en établissant le *bouleuterion* — siège de l'assemblée, au centre de l'*agora* avec le foyer commun —, s'efforçait de faire prévaloir, dans l'organisation spatiale de la cité, un principe territorial sur le principe antérieur de la famille aristocratique, centrée sur son foyer domestique, c'est-à-dire de concrétiser la victoire de la démocratie sur l'antique aristocratie. Hippodamos, en revanche, substitue à cette circularité indifférenciatrice, symbole de l'égalité civique, une différenciation fonctionnelle. Cette formule moderniste s'inscrit dans la ligne des « damiers du Pirée », dont se moque Aristote.

ROLAND MARTIN et MARIE-ROSE MAYEUX

HITCHCOCK HENRY-RUSSEL (1903-1987)

Pionnier du style international dont il fut le plus ardent défenseur, auteur d'une vingtaine d'ouvrages, devenus pour la plupart des ouvrages de référence, l'historien de l'architecture Henry-Russel Hitchcock est mort d'un cancer à New York le 19 février 1987. Cet insatiable érudit était une figure populaire de l'Université américaine, entre Harvard et New York. Constamment enveloppé de la fumée bleue de ses chères Gauloises, ce bon vivant jovial et généreux, à la voix de stentor, était connu de ses étudiants et collègues sous le seul nom de « Russel ». Né à Boston, Hitchcock commença à écrire pendant ses études à l'université Harvard, contribuant à *Hound & Horn*, un périodique estudiantin qui prônait le modernisme dans les arts (parmi les autres membres de ce cercle d'intellectuels radicaux qui collaboraient à la revue, citons T. S. Eliot et Virgil Thompson).

Après avoir passé quelque temps à la School of Design de Harvard, il décida d'entreprendre un doctorat en histoire de l'art. Dès cette époque, son principal centre d'intérêt était l'architecture moderne, qui, en cette fin des années 1920, ne pouvait constituer un sujet convenable de recherche. Par une ironie du sort, celui dont la carrière académique devait culminer avec sa nomination à l'Institute of Fine Arts de l'université de New York, après des années d'enseignement à Vassar College et Smith College, à la Wesleyan University, à Yale et Harvard, resta dépourvu du traditionnel diplôme, lacune que vinrent combler par la suite de nombreux titres honorifiques.

Sa carrière d'historien et de critique de l'architecture moderne commença véritablement avec sa collaboration à la revue *Architectural Record* et la parution en 1929 de son premier livre : *Modern Architecture : Romanticism and Reintegration*. Après avoir analysé la « désintégration » de l'architecture au XIXe siècle sous les coups du romantisme historiciste, il présentait sa « réintégration » en deux étapes. Tout d'abord sous l'influence d'architectes tels que Peter Behrens, Joseph Hoffmann, Auguste Perret ou l'Américain Henry Hobson Richardson (auquel Hitchcock consacrera un livre en 1961), puis grâce aux « Nouveaux Pionniers » des années 1920 : Le Corbusier, Mies van der Rohe, Walter Gropius, qui poussèrent les élévations simplifiées de leurs prédécesseurs à leurs conséquences les plus révolutionnaires, ce que Hitchcock baptisa le « style international ».

Ami intime de l'architecte Philip Johnson, c'est avec ce dernier qu'il écrit en 1932 *The International Style*. L'ouvrage fait suite à une exposition organisée en 1931 par les deux hommes au Museum of Modern Art de New York, apologie des volumes élémentaires, du plan ouvert, de l'organisation en rythmes réguliers à l'exclusion de tout ornement, de toute modénature. Véritable manifeste culturel, *The International Style* propageait la modernité architecturale aux États-Unis. En 1942, Hitchcock faisait encore œuvre de pionnier avec *In the Nature of Materials : the Buildings of Frank Lloyd Wright (1887-1941)*, première étude d'importance consacrée à l'architecte encore largement ignoré dans son propre pays. Ses relations avec Wright avaient du reste été orageuses. S'estimant négligé lors de l'exposition du M.O.M.A. en 1932, celui-ci s'était livré à une déclaration restée légendaire : « J'avertis Henry-Russel Hitchcock [...] que j'entends non seulement être le plus grand architecte qui ait jamais vécu, mais le plus grand architecte qui vivra jamais. Oui, j'ai l'intention d'être le plus grand architecte de tous les temps. »

Loin de se borner à être le chantre du mouvement moderne, Hitchcock – à l'instar d'une autre grande figure des temps héroïques de l'histoire de l'architecture, sir Nikolaus Pevsner – se tourna dès la fin des années 1940 vers l'architecture de l'Angleterre victorienne.

Son *Early Victorian Architecture in Britain*, paru en 1954, stimula grandement les études victoriennes alors à leurs débuts par la richesse et la précision de son recensement. Notons que Hitchcock figure parmi les membres fondateurs de la Victorian Society of America qu'il présida pendant de nombreuses années, usant de son prestige pour sauver de la démolition nombre de constructions menacées. On lui doit aussi des études sur l'architecture vernaculaire (*Rhode Island Architecture*, 1939), et il fut le premier à attirer l'attention sur le désormais célèbre *shingle style* américain, typique des maisons de Newport, qui devait durablement marquer Richardson. Mais son *opus magnum*, traduit en français en 1981, reste *Architecture : Nineteenth and Twentieth Centuries* (1958) qui reprend sur une vaste échelle le développement historique de *Modern Architecture*. D'une étonnante densité – voyageur vorace, l'auteur mettait un point d'honneur à n'analyser que des bâtiments qu'il avait vus de ses yeux –, l'ouvrage reflète paradoxalement une certaine réticence à généraliser : exposant son sujet dans une langue sobrement élégante, au moyen de structures claires, Hitchcock ne cherche pas à en éliminer la complexité. Peu soucieux des théories déterministes du *Zeitgeist*, Hitchcock considère avant tout l'œuvre architecturale comme un objet esthétique, qu'il se charge d'analyser et de relier à d'autres objets. Sa relative indifférence à la signification sociale d'un bâtiment lui a parfois valu d'être taxé de formalisme. Mais ses analyses visuelles ne sont jamais purement descriptives : elles renvoient toujours à un élément décisif sur le plan architectural. Et le contexte politique, social et culturel de la période, s'il n'est qu'esquissé, n'est jamais absent de ses ouvrages. Henry-Russel Hitchcock, pionnier aux mille facettes, est un des pères fondateurs de l'histoire moderne de l'architecture.

JÉRÔME COIGNARD

Principaux ouvrages d'Henry-Russel Hitchcock

Modern Architecture: Romanticism and Reintegration, Payson and Clarke Ltd., New York, 1929, reprint Hacker Art Books, New York, 1970, *The International Style: Architecture since 1922* (en collaboration avec Philip Johnson), The Museum of Modern Art, New York, 1932 ; 2e éd., 1966 ; *The Architecture of H. H. Richardson and his Time*, New York, 1936 ; 2e éd. révisée, M.I.T. Press, Cambridge (Mass.) et Londres, 1966 ; *Rhode Island Architecture*, Rhode Island Museum Press, Providence, 1939 ; reprint M.I.T. Press, Cambridge (Mass.) et Londres, 1968 ; *In the Nature of Materials: the Buildings of Frank Lloyd Wright (1887-1941)*, Duel, Sloan and Pearce, New York, 1942 ; rééd. T. Copplestone, Londres, 1973 ; *Early Victorian Architecture in Britain*, Yale University Press, New Haven et Londres, 1954, 2 vol. ; reprint T. Copplestone, Londres, 1972 ; *Latin American Architecture since 1945*, The Museum of Modern Art, New York, 1955 ; reprint, 1972 ; *Architecture: Nineteenth and Twentieth Centuries*, The Pelican History of Art, Penguin Books, Harmondsworth, 1958 ; 2e éd., 1963 ; 3e éd., 1969 ; 4e éd., 1977, reprint 1978 ; 1981, 1982, trad. franç. *Architecture : XIXe et XXe siècle*, Pierre Mardaga, Bruxelles, 1981 (trad. par L. et K. Merveille) ; *Rococo Architecture in Southern Germany*, Phaidon, Londres, 1968 ; *German Renaissance Architecture*, Princeton University Press, Princeton, 1981.

HITTORFF JACQUES IGNACE (1792-1867)

Fils unique d'une famille d'artisans rhénans aisés qui le destine au métier d'architecte, Jacques Ignace Hittorff, né le 20 août 1792, est orienté dès sa jeunesse vers cette profession : apprentissage comme maçon, cours de mathématiques et de dessin. Bénéficiant des droits de citoyen français — sa ville natale, Cologne, est annexée à l'Empire depuis 1794 —, le jeune Hittorff jouit du privilège de pouvoir envisager l'achèvement de ses études à l'École impériale et spéciale des beaux-arts. Il part ainsi en 1810 comme maints artistes de l'époque pour Paris et, après son admission au concours des Beaux-Arts, il entre dans l'atelier de Charles Percier, qui le remarque aussitôt. L'année suivante, il collabore au chantier de la première grande construction métallique réalisée en France, la Halle au blé, sous la direction de François-Joseph Bélanger. Le jeu des accords internationaux du congrès de Vienne (1814), qui attribue les provinces rhénanes au lendemain de la chute de l'Empire à la Prusse, lui fera perdre le droit de poursuivre ses études. Désormais étranger, Hittorff ne peut plus espérer « monter en loge » pour préparer le concours du grand prix de Rome. Bélanger, qui avec le retour des Bourbons retrouve le poste d'architecte des Fêtes et Cérémonies royales, le prendra à ses côtés en même temps qu'un autre jeune architecte, Joseph Lecointe. Sous la direction de leur maître et seuls après son décès en 1818, Hittorff et Lecointe dessinent les décors des solennités de la cour : cérémonie commémorative dédiée à Louis XVI, pompe funèbre de Louis XVIII, baptême du duc de Bordeaux, sacre de Charles X à Reims...

Puis Hittorff fait des voyages d'étude : à Berlin il rencontre Karl Friedrich Schinkel. Mais son plus ardent désir est de visiter l'Italie pour y entreprendre quelques fouilles et reconstitutions archéologiques à l'exemple des « antiquaires » anglais et lauréats du grand prix de Rome qui séjournent à la villa Médicis. Hittorff part à ses propres frais pour un voyage qui le conduira d'abord à

Rome. De septembre 1822 à juin 1824, accompagné par son compatriote Ludwig von Zanth, il fait de nombreux relevés, notamment de l'architecture antique de la Sicile. À son retour, Hittorff présente aux membres de l'Académie des beaux-arts le fruit de ses recherches, qui donneront lieu à plusieurs publications, ainsi que sa théorie sur la polychromie des édifices antiques (*Architecture moderne de la Sicile ou Recueil des plus beaux monuments religieux et des édifices publics et particuliers, les plus remarquables des principales villes de Sicile*, Paris, 1835 ; *Restitution du temple d'Empédocle ou Architecture polychrome chez les Grecs*, Paris, 1851 ; *L'Architecture antique de la Sicile, recueil des monuments de Ségeste et Sélinonte, mesurés et dessinés par Hittorff et Zanth* suivi de *Recherches sur l'origine et le développement de l'architecture religieuse chez les Grecs*, Paris, 1870).

Sa doctrine, qui tend à prouver que la coloration de l'architecture antique a été intégrale, est spectaculaire ; elle rompt avec les préceptes esthétiques de l'idéal néoclassique, attire l'attention des milieux savants de l'Europe entière et déclenche durant près de quinze ans une querelle parmi les érudits.

Marié depuis 1824 à la fille de l'architecte Jean-Baptiste Lepère, Hittorff s'installe définitivement à Paris, où il entame une carrière fulgurante. Avec Lecointe il restaure la salle Favart (1825) et reconstruit l'Ambigu-Comique (1828). Mais les réalisations qui ont fait sa célébrité datent de la décennie suivante. En 1832, Hittorff est nommé officiellement architecte de la future église Saint-Vincent-de-Paul (1832-1844), initialement commandée à son beau-père. Cet édifice, Hittorff l'érigera en construction modèle : tous les arts depuis la sculpture et la peinture monumentale jusqu'à l'ébénisterie et le décor des vitraux y sont réunis, guidés dans leur coordination par l'autorité de l'architecte qui tente même d'imposer ses vues sur la polychromie moderne dans les façades (« Le Programme décoratif de Saint-Vincent-de-Paul », in *L'Artiste*, 1842). Saint-Vincent-de-Paul est comme le trait d'union entre les enseignements tirés des vestiges de l'Antiquité et les plus récents courants artistiques européens qui souhaitent la valorisation des arts appliqués. Ses talents d'architecte-urbaniste, Hittorff les prouvera ensuite au travers des nombreux projets pour l'aménagement de la place de la Concorde (1829-1854). Il modifie aussi la promenade des Champs-Élysées. Parmi les constructions qui ornent ce rendez-vous champêtre, transfiguré sous Louis-Philippe en mail des élégances, deux s'imposent par leur valeur architecturale. Le Cirque (1839-1841), archétype de tous les bâtiments de ce genre élevés dans la seconde moitié du XIXe siècle, et le Panorama (1838-1839), muni d'une charpente de toiture réalisée suivant le principe des structures suspendues qui laisse les confrères et le Conseil des bâtiments civils perplexes. L'architecte révèle ses capacités de constructeur hardi dans deux autres bâtiments : la gare du Nord (1861-1864), sa dernière œuvre, et le cirque d'Hiver qui se dresse toujours sur le boulevard des Filles-du-Calvaire. Le cirque d'Hiver est le premier édifice érigé à Paris sous le règne de Napoléon III, qui confie à l'architecte le dessin des façades des hôtels qui bordent la place de l'Étoile (1853), la construction de la mairie du Ier arrondissement (1860) et celle de la maison d'éducation Eugène-Napoléon (1857) ainsi que bon nombre de projets (aménagement du bois de Boulogne, palais de l'Industrie...) auxquels le préfet Haussmann s'opposera en ennemi déclaré de l'architecte.

Architecte, archéologue, urbaniste et « designer » avant la lettre, Hittorff fut richement décoré, membre de nombreuses sociétés savantes et de l'Académie des beaux-arts. Célèbre de son vivant, il fut l'égal des esprits novateurs de l'époque, les « rationalistes » Labrouste, Duc ou Duban. En raison des hostilités franco-allemandes, Hittorff a été longtemps oublié, mais une importante exposition accompagnée d'un catalogue savant ont permis de le redécouvrir : *Hittorff (1792-1867), un architecte du XIXe siècle*, musée Carnavalet, Paris, 1986.

THOMAS VON JOEST

HOFFMANN JOSEF (1870-1956)

Né en Moravie, Hoffmann commença par étudier l'architecture à Vienne auprès d'Otto Wagner, dont les théories rationalistes devaient exercer sur lui une influence décisive. Très tôt, il manifesta de l'intérêt pour la décoration et les arts appliqués : de 1899 à 1937, il est professeur à l'École des arts appliqués de Vienne, et en 1903, en collaboration avec Kolo Moser, il met sur pied le célèbre Atelier viennois (*Wienerwerkstätte*, 1903-1932), qui produisent toutes sortes d'objets d'usage courant et participent fréquemment à l'aménagement intérieur des bâtiments de Hoffmann ; des intérieurs conçus par Hoffmann, seul subsiste le palais Stoclet à Bruxelles. En 1897, il fonde avec le peintre Gustav Klimt et quelques autres la Sécession viennoise, qui organise de grandes expositions. C'est d'ailleurs comme architecte d'expositions que Hoffmann pourra travailler le plus librement : pour la Sécession, l'aménagement intérieur de cinq expositions et de nombreuses salles dans d'autres manifestations ; les pavillons autrichiens de l'exposition internationale de Rome en 1911, de Paris en 1925, du Werkbund de Cologne en 1914 et de la biennale de Venise en 1932.

Son activité d'architecte commence au tout début du siècle, avec deux villas d'artistes à Vienne (Moll en 1900 et Henneberg en 1901), dans lesquelles se manifeste déjà l'influence de l'école de Glasgow (Voysey et Mackintosh plus particulièrement). Cette influence s'accentue encore après un voyage en Écosse et le conduit vers un style architectural de plus en plus dépouillé, qu'on a pu qualifier de « protocubique ». Ainsi dans le sanatorium de Purkersdorf (1903-1905) : le bâtiment est à base de volumes cubiques surmontés d'un toit plat ; sur les façades de stuc blanc, aux fenêtres sans encadrement, les détails ornementaux sont réduits au strict minimum ; l'intérieur est fonctionnel, entièrement conçu par Hoffmann (jusqu'aux chaises) et exécuté par les Wienerwerkstätte.

Le chef-d'œuvre de Hoffmann, le palais Stoclet à Bruxelles (1905-1911), est, aux yeux de H. R. Hitchcock, « l'une des grandes maisons les plus cohérentes et les plus notables du XXe siècle en Europe » ; il allie la monumentalité à une élégance raffinée. La composition, asymétrique, est clairement articulée. Un grand bloc rectangulaire haut de trois étages, dominé par la tour qui coiffe la cage d'escalier vitrée sise sur la droite, sur lequel viennent se greffer divers éléments : une bow-window haute de deux étages immédiatement à gauche de l'entrée ; sur le côté droit, un pont surmonté d'une pergola (l'accès aux bureaux) ; sur le côté gauche, un petit bloc rectangulaire terminé en arrondi (le salon de musique) ; enfin, côté jardin, deux protubérances angulaires contrastant avec une façade concave. Toutes les façades, très sobres, sont revêtues de plaques de marbre blanc et animées de nombreuses fenêtres régulièrement espacées. Les surfaces planes sont soulignées par des cadres de métal moulé, ce qui, avec la cage d'escalier vitrée, confère une fragile élégance à l'ensemble. La salle à manger, réalisée par les ateliers, renferme les fameuses compositions de marbre et de pierres semi-précieuses réalisées d'après des dessins de Klimt (*Attente* et *Accomplissement*).

Dans les années qui suivirent, Hoffmann bâtit des douzaines de villas à Vienne, parmi lesquelles les villas Ast (1909-1910) et Primavesi (1913) se distinguent par leur style néo-classique teinté de fantaisie *Biedermeier*. En 1912, il commence la construction d'un lotissement à Vienne-Kaasgraben, mais les travaux seront interrompus par la guerre. À partir de 1920, il est employé par la municipalité viennoise, mais sa production architecturale se trouve désormais bien en retrait par rapport au style international et aux recherches des avant-gardes artistiques.

YVE-ALAIN BOIS

HOLLEIN HANS (1934-   )

Né en 1934 à Vienne, diplômé en 1956, l'architecte autrichien Hans Hollein poursuit sa formation aux États-Unis, à Chicago puis à Berkeley. S'il passe pour l'une des grandes figures du post-modernisme en Europe, Hollein s'est pourtant distingué au début de sa carrière par des projets très radicaux bien en phase avec le modernisme parfois brutal des années 1960. Il a ainsi imaginé des mégalithes semblant tenir en suspension au-dessus de la capitale autrichienne (Construction urbaine au-dessus de Vienne, collage en 1960), puis, adepte du détournement d'objet, il a conçu une ville porte-avions en rase campagne (Aircraft-carrier City, 1964).

Après avoir déclaré, en 1963, que « tout est architecture », Hans Hollein réalise de petits projets comme la boutique du joaillier Schullin à Vienne (une première en 1974, puis une autre en 1982), et n'apparaît vraiment sur la scène internationale qu'en participant à la vague de construction des musées allemands. Il signe ainsi le musée municipal Abtelberg à Mönchengladbach (1972-1982) – bâtiment qui s'inscrit dans la lignée de la Staatsgalerie de Stuttgart (œuvre de James Stirling) et du musée des Arts décoratifs de Francfort (œuvre de Richard Meier) –, puis le musée d'Art moderne de Francfort. Mais c'est dans sa ville natale qu'il réalise le bâtiment qui caractérise le plus sa démarche. Face à la cathédrale, il construit un immeuble à usage commercial, la Haas Haus (1985-1990), qui, par la richesse des détails, ressemble à une pièce de joaillerie. Et, tandis que Frank O. Gehry construit le musée Guggenheim à Bilbao, au Pays basque, Hollein étudie deux autres implantations du musée Guggenheim de New York, l'une à Vienne (1994-1996) et l'autre, plus audacieuse, à Salzbourg, où il prévoit de percer le rocher qui domine la ville de Mozart (concours 1989).

Arts plastiques et surtout design sont au cœur des préoccupations de l'architecte autrichien qui dirige l'Académie des arts appliqués de Vienne depuis les années 1980.

Nommé commissaire de la Biennale de Venise en 1996, il a choisi le thème de « l'architecte sismographe de la société », invitant pour l'illustrer des personnalités aussi différentes que M. Fuksas, Coop Himme(l)blau et le directeur du musée Guggenheim, Thomas Krens, commissaire du Pavillon américain consacré à l'architecture de Disney. Lauréat d'un concours très controversé (notamment par les écologistes), il réalise depuis 1998 le centre du volcanisme, le « Vulcanoscope », en Auvergne (ouverture prévue en 2001), bâtiment qui ressemble à un cône émergeant du paysage, au cœur même de la chaîne des volcans.

FRANCIS RAMBERT

Bibliographie
Hans Hollein, opere 1960-1988, Idea Books, 1988.

HOPE THOMAS dit ANASTASIUS (1770 env.-1831)

Le nom de Thomas Hope reste attaché au mouvement spécifiquement anglais du Greek Revival. Ce terme ne désigne pas un simple retour à des formes antiques plus ou moins indifférenciées, comme c'était le cas depuis plus d'un demi-siècle déjà, mais une véritable doctrine que l'on peut dater de 1804, année où Thomas Hope publia un virulent pamphlet contre le projet de James Wyatt pour le Downing College de Cambridge. Très tôt, aux origines mêmes du néo-classicisme, les voyageurs et les archéologues avaient souligné l'intérêt particulier des vestiges grecs. Les Anglais avaient ouvert la voie puisque, dès 1762, James Stuart et Nicholas Revett avaient publié leurs *Antiquities of Athens* ; on se souvient aussi du débat qui avait opposé le Français David Leroy à Piranèse à propos de la prééminence de l'architecture grecque sur l'architecture romaine. Bien d'autres découvertes, et surtout celles de Paestum et des ruines de la Grande-Grèce, étaient venues compléter la connaissance historique des monuments antiques. Mais curieusement, malgré les débats théoriques et quelques rares applications dans des constructions modestes (fabriques de jardins, par exemple), la plupart des architectes continuaient à employer les ordres classiques selon Vitruve ou Palladio. Les architectes révolutionnaires en France, Valadier en Italie et Friedrich Gilly en Allemagne ouvrirent de nouvelles perspectives en utilisant les ordres — et surtout le dorique grec — plus strictement. En ce début du XIXe siècle, il semble donc que l'on entre dans une phase différente du néo-classicisme, celle d'un « archéologisme » dogmatique, lié à une étude scientifique des vestiges.

Thomas Hope illustre parfaitement ce nouveau comportement ; il devint le farouche défenseur des ordres grecs dans toute leur pureté. Ce n'était pas un architecte de profession, mais un riche amateur. Fils d'un marchand anglais d'Amsterdam, il put voyager pendant huit ans, observer, dessiner les vestiges avant d'élaborer sa doctrine sur la prééminence de l'art grec, doctrine déjà énoncée par Winckelmann, mais qu'il fallait désormais faire observer dans toute sa rigueur. Les temps d'ailleurs étaient propices : on rappellera seulement qu'entre 1806 et 1812 lord Elgin réunit les sculptures du Parthénon (acquises par l'État en 1817), dès lors nouveau et unique critère pour la sculpture et, par analogie, pour l'architecture. Hope avait lui-même réuni une immense collection d'antiques dans ses deux demeures, l'une située à Deepdene, Dorking, et l'autre Duchess Street à Londres. Il les avait dotées de vastes annexes, exécutées d'après ses dessins ; elles illustrent sa conception nouvelle des ordres grecs, dans un style proche des tendances architecturales françaises élaborées au cours des années 1790. Le pamphlet contre le projet de Wyatt fut son premier plaidoyer pour le style grec. Il fut bientôt suivi d'un recueil de planches sur le mobilier et la décoration intérieure gravées en grande partie d'après ses dessins (1807) et plus tard d'ouvrages sur le costume grec ancien et moderne (1809 et 1812). Cependant, son premier coup d'éclat avait été un coup de maître : on substitua au projet de Wyatt un dessin de William Wilkins, où cet architecte s'inspirait très précisément de l'ordre ionique de l'Érechthéion. William Wilkins (1778-1839) et Robert Smirke (1780-1867) furent d'ailleurs les deux premiers défenseurs de ce style toujours menacé d'académisme. Curieusement, ils furent en même temps les protagonistes de l'autre grande tendance esthétique du temps : l'architecture néo-gothique.

MONIQUE MOSSER

HORTA VICTOR (1861-1947)

Aux côtés de Gaudí, de Guimard, de Van de Velde, de Mackintosh, d'Otto Wagner, l'architecte belge d'origine gantoise Victor Horta est, à la charnière du XIXe et du XXe siècle, l'un des plus brillants créateurs d'espaces. Il est aussi l'un des disciples les plus convaincus de Viollet-le-Duc à avoir ouvert, en termes sensibles, simultanément industriels et artisanaux, une problématique de l'architecture, problématique fondée sur le refus d'une pratique obnubilée par des modèles anciens ; sur l'hostilité à la dichotomie qui s'est opérée au XIXe siècle entre architecture et construction (industrielle) ; sur la dénonciation d'une croyance, à savoir que l'ingénieur « pionnier d'un nouvel art de bâtir » est seul habilité à innover. Effectivement, Horta est l'un des premiers à avoir dominé la résistance des architectes, l'un des premiers à avoir perçu la vocation ornementale, calligraphique et non seulement technologique du fer, l'un des rares constructeurs de la Belle Époque à avoir retrouvé le sens de la communication architecturale. De cette œuvre il faut souligner la densité, l'originalité, la puissance de persuasion et une épaisseur sémantique à ce point remarquée, dès son apparition, qu'elle suscita dans l'agglomération de Bruxelles des sous-codes de type stylistique ou rhétorique. Il y eut ainsi en Belgique, vers les années 1900, un style Horta, une ligne Horta (la ligne « en coup de fouet »), un *paling stijl* (style anguille), encore que ces désignations visent davantage le « décor » que les structures fondamentales. À cet égard, il convient de relever les innovations de Horta au niveau du plan : remaniement du plan traditionnel de l'habitation bourgeoise (hôtel Tassel, Bruxelles, 1892-1893), réponses à des programmes sociaux, économiques et culturels nouveaux (grands magasins *À l'Innovation*, 1901 ; extensions du *Grand Bazar Anspach*, Bruxelles 1903 ; *Grand Bazar*, Francfort, 1903 ; palais des Beaux-Arts, Bruxelles, 1922-1928), articulations d'éléments tendant à postuler une « idéologie de l'habitat » (à Bruxelles : hôtel Solvay, 1895-1900 ; hôtel Van Eetvelde, 1895 ; hôtel Aubecq, 1899-1900). Au niveau du code syntaxique, il a procédé à l'invention et à la mise en place de fermes métalliques, de tirants articulés et réglables, d'une coque à nervures métalliques exceptionnellement légère, de consoles en pierre (maison du Peuple), de couvertures translucides (verrières : hôtel Solvay, hôtel Aubecq, maison Horta, 1898), de façades métalliques vitrées, nervurées, festonnées, fleuries (*À l'Innovation, Grand Bazar*), de piliers de soutien inclinés (*À l'Innovation*). Cette pratique architecturale conteste partout les canons établis de l'éclectisme régnant, tout en reliant des fonctionnements inédits à une esthétique de classe. Elle est, enfin, génératrice de rythmes ondoyants, où l'on identifie les pulsations d'une « écriture », car c'est bien d'une écriture qu'il s'agit, concept qui désigne à la fois le geste physique de l'inscription et « l'essence intérieure d'une activité ». L'écriture de Horta a ses intonations spécifiques, ses nœuds (hôtel Solvay, maison Horta), ses transparences (hôtel Tassel, hôtel Van Eetvelde), sa sobriété (hôtel Dubois, 1901), son économie (façade de l'hôtel Van Eetvelde), sa nervosité (façade de *À l'Innovation*).

ROBERT-L. DELEVOY

HUNT RICHARD MORRIS (1828-1895)

L'un des premiers architectes américains qui soit venu étudier à l'École nationale des beaux-arts, à Paris, Hunt y devient l'assistant de Lefuel, étudie la peinture avec Couture et la sculpture avec Barye. En 1854, il participe aux travaux de développement du Louvre avec Lefuel, mais il repart pour les États-Unis en 1855 ; paradoxalement, il apporte moins la mode du second Empire qu'une grande connaissance de l'architecture de la Renaissance française. Toute sa vie sera consacrée à la reproduction assez bornée de cette architecture (il fit pour de riches clients de nombreux « châteaux Renaissance »).

Hunt aura toujours une position réactionnaire en architecture. La façade du Metropolitan Museum (à New York), érigée après sa mort, selon ses plans, en 1900-1902, évoque un décor de théâtre illusionniste plaqué sans nécessité architectonique sur un bâtiment préexistant. Il faut souligner qu'à cette date les premiers buildings de Sullivan étaient construits.

YVE-ALAIN BOIS

HURTADO FRANCISCO (1669-1725)

Architecte et sculpteur andalou ; sa première œuvre d'architecture — précédée de quelques retables — combine un *camarín*, ou chapelle développée en arrière d'une abside, avec un mausolée. Il s'agit du camarín de Nuestra Señora de la Victoria à Málaga, élevé au-dessus du monument funéraire des comtes de Buenavista (1693). L'essentiel de l'activité de Francisco Hurtado se développa néanmoins à Grenade, où il est l'auteur du *sagrario* (chapelle du Saint-Sacrement) de la chartreuse (1702) ainsi que de celui de la cathédrale (1704). Sa dernière œuvre se trouve dans la chartreuse du Paular, près de Ségovie. Derrière le maître-autel d'une sévère église monastique du XVe siècle, Hurtado éleva un camarín extraordinairement complexe. Celui-ci comporte une chapelle de plan octogonal abritant le tabernacle, qui a reçu le nom de *transparente*. Vient ensuite une seconde salle de plan cruciforme avec de petites chapelles hexagonales érigées entre les bras de la croix.

Tous ces monuments richement ornés témoignent d'un goût très précoce pour le rococo. On comprend dès lors qu'on ait parfois eu tendance à attribuer à Hurtado la séduisante sacristie de la chartreuse de Grenade. Cependant son décor de plâtre, d'une exceptionnelle qualité, ne saurait être antérieur à la seconde moitié du XVIIIe siècle.

MARCEL DURLIAT

HUYSSENS PIETER (1577-1637)

Jésuite qui a été l'un des plus brillants constructeurs de son ordre à une époque où celui-ci élevait en Belgique les plus belles églises baroques. Pieter Huyssens participe à la construction de Saint-Charles-Borromée à Anvers (1615-1621), sans que l'on puisse déterminer exactement quelle part il prit à l'exécution des plans. Il est désigné en 1617 pour diriger les travaux à la mort de son supérieur, le père Aguilon. Et on peut estimer qu'il est l'auteur du clocher, chef-d'œuvre d'élégance et de grâce. Les deux œuvres suivantes, Sainte-Walburge à Bruges (1619-1642) et Saint-Loup à Namur (1621-1645), sont de plan exactement semblable : trois nefs sans transept, chevet arrondi dominé par une tour (inachevée dans les deux cas). Les tribunes de Saint-Charles-Borromée sont ici supprimées. Les colonnes supportent des arcs en plein cintre surmontés d'un entablement richement moulé. La voûte de Saint-Loup (berceau à pénétrations) est ornée d'un admirable décor sculpté dans la pierre.

C'est au retour d'un voyage à Rome, en 1629, que Huyssens dessine les plans de l'église Saint-Pierre, à Gand, son chef-d'œuvre, qu'il construit non plus pour son ordre (il était peut-être en disgrâce), mais pour les Bénédictins. La tour du chevet, la coupole et la façade (celle-ci assez lourde et morne) furent élevées après sa mort. L'intérieur, d'une admirable monumentalité, tire sa beauté à la fois de ses proportions harmonieuses et de l'élégante pureté des lignes : le dessin des pilastres, le profil sobrement moulé des arcades et de l'entablement puissant sont en effet d'une rigueur qui peut se comparer aux meilleurs exemples romains. Ce sont en définitive ces qualités de mesure et de force contenue qui font l'originalité du baroque de Huyssens.

JEAN-JACQUES DUTHOY

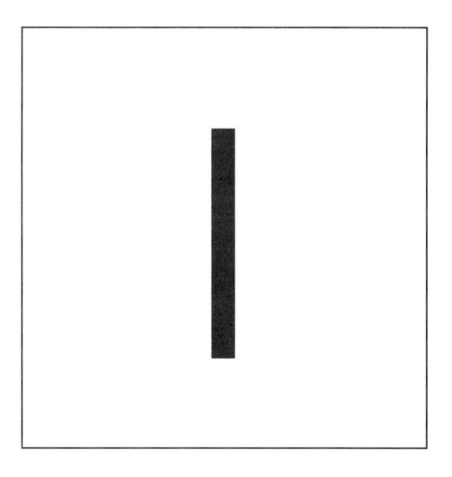

IMHOTEP (env. ~2800)

Conseiller et architecte du roi Djoser (IIIe dynastie). Par la construction du vaste complexe funéraire de Saqqarah, qui inclut la première pyramide de l'histoire égyptienne, Imhotep inventa l'architecture monumentale de pierre. Maître des scribes et sage par excellence, considéré dès le Nouvel Empire comme fils du dieu memphite Ptah, il fut à la Basse Époque vénéré comme dieu guérisseur. Sa chapelle de Saqqarah, lieu de pèlerinage important, devint un asklépiéion (les Grecs l'appelaient Imouthès). À partir du règne de Ptolémée I, son culte gagna la Haute Égypte et son image figure dans plusieurs temples gréco-romains. Des statuettes en bronze montrent Imhotep assis, tenant un papyrus déroulé sur ses genoux.

JEAN LECLANT

ISIDORE DE MILET
(mort av 558)

Associé à Anthémios de Tralles pour la construction de Sainte-Sophie, Isidore de Milet était, comme ce dernier, *méchanopoios*. C'est lui qui après la mort d'Anthémios de Tralles eut à achever seul la construction de Sainte-Sophie et à ériger la partie la plus délicate de l'édifice, la coupole.

Il avait reçu, tout autant qu'Anthémios, une formation théorique poussée. Il paraît même avoir été, en mathématique et en géométrie, l'un des grands esprits de l'époque. On lui doit une édition d'Archimède dont se servit pour son commentaire son élève Eutokios d'Ascalon (vers 500). L'auteur du XVe livre des *Stoicheia* (*Éléments*) attribués à Euclide est également un de ses élèves qui se réfère aux règles que son maître a établies pour le tracé des triangles isocèles. Isidore fit aussi un commentaire sur les *Kamarika* (*Voûtes*) de Héron d'Alexandrie, traité écrit au Ier siècle de notre ère. Il décrit dans cet ouvrage, aujourd'hui disparu, un compas spécialement conçu pour tracer des paraboles.

Son neveu, Isidore le Jeune, était lui aussi, d'après Procope et Agathias, *méchanopoios*. La date de sa naissance est inconnue, mais il ne devait guère avoir plus d'une trentaine d'années lorsqu'il surveilla, en compagnie d'un autre architecte, Jean, originaire de Constantinople, la reconstruction de Zenobia (l'actuelle Halebiye) en Syrie du Nord. Procope les dépeint en effet comme des hommes jeunes mais aussi capables par leur talent et leur expérience que des confrères plus âgés. Cette reconstruction intervint sans doute dans le même temps que celle de Resafah-Sergiopolis, survenue avant le siège de Resafah en 542. Sans doute est-ce le même architecte que l'on retrouve cité en 550 dans une inscription de Chalcis ad Belum (Kinnesrin) qui mentionne « le très vénérable et illustre *méchanikos* Isidore ».

Toutefois, l'œuvre qui le rendit le plus célèbre est la reconstruction de la coupole de Sainte-Sophie. Agathias raconte qu'après l'effondrement de la première coupole, Justinien réunit une commission d'architectes (*méchanopoioi*) et qu'il chargea Isidore le Jeune de la direction des travaux. Celui-ci commença par augmenter l'épaisseur des arcs nord et sud, progressivement, le portant de 0,91 m à leur partie inférieure jusqu'à 1,45 m à leur sommet, de façon que la base de la coupole redevînt approximativement carrée. Il réédifia ensuite la coupole avec une flèche plus haute de 6,25 m, ce qui diminuerait notablement les poussées latérales. La nouvelle coupole était terminée en 563. Elle est restée dans ses grandes lignes celle que nous admirons aujourd'hui, en dépit des reconstructions partielles qu'elle a connues à l'ouest (œuvre de l'architecte arménien Trdat entre 986 et 994) et à l'est (réfection survenue entre 1347 et 1354).

JEAN-PIERRE SODINI

ISOZAKI ARATA (1931-   )

L'architecte japonais Isozaki Arata est né en 1931 à Ōita dans l'île de Kyūshū. En 1956, il est diplômé de l'université de Tōkyō. Son expérience professionnelle avait débuté dès 1954 chez le plus célèbre et le plus influent des architectes japonais de la seconde moitié du XXe siècle Tange Kenzō (né en 1913), dont il a suivi les cours de 1950 à 1954. Cet apprentissage lui permet de participer très tôt à des projets importants : le bâtiment de la préfecture de Kanagawa (1958), l'hôtel de ville d'Imabari (1957-1958), le plan d'aménagement de la baie de Tōkyō (1960).

À partir de 1960, Isozaki s'installe à son compte. Son nom ne figure pas sur la liste des membres du groupe Métaboliste qui ébranle alors la scène architecturale locale. Pourtant, certains de ses projets théoriques, *City in the Air* (1961) et *Cluster in the Air* (1962), ne sont pas très éloignés des thèses alors défendues par les Métabolistes. D'un autre côté, le bâtiment de la bibliothèque préfectorale d'Ōita (1966) est encore très marqué par ce qu'il a appris chez Tange (l'expression formelle forte qu'autorise l'utilisation du béton armé) même s'il tente d'y développer de nouvelles idées conceptuelles autour du thème d'une « architecture croissante ». Tange Kenzō continue à faire appel à lui pour des projets comme celui de la reconstruction de Skopje (Yougoslavie) après le tremblement de terre de 1965 ou pour la place des Fêtes de l'exposition universelle d'Ōsaka en 1970.

Avec cette dernière réalisation, Isozaki aborde une nouvelle phase de son œuvre, dans laquelle les influences extérieures (locales ou étrangères) sont mieux assimilées et donc moins présentes. Il s'intéresse à l'utilisation de volumes primaires (le cube, le cylindre) qu'il combine dans des compositions fondées sur l'addition brutale. Il réalise alors toute une série de bâtiments emblématiques de ce changement d'attitude. On retrouve les compositions cubiques dans le musée préfectoral d'Art moderne de Gunma, à Takasaki (1974) ou dans le musée d'Art moderne de la ville de Kitakyūshū (1974), dans les voûtes cylindriques de la bibliothèque municipale de Kitakyūshū (1975) ou dans le Fujimi Country Club à Ōita (1978). Ce qui n'était dans un premier temps qu'une recherche sur des assemblages hétérogènes va progressivement devenir plus maniéré et aboutir à des projets comme le Centre civique de Tsukuba (1982). Pour donner une forme au centre de cette ville nouvelle au nord-est de Tōkyō, il n'hésite pas à faire des emprunts à Michel-Ange, à Claude-Nicolas Ledoux et à Borromini. Une nouvelle rupture apparaît alors dans une œuvre déjà bien mouvementée. À peine qualifie-t-on Isozaki de postmoderne qu'il défraye à nouveau la chronique dans les revues d'architecture du monde entier en proposant un retour à l'utilisation de formes géométriques simples pour le Musée d'art moderne de Los Angeles en Californie (1986).

Entre-temps, le projet du petit théâtre de Toga (1980) a séduit par sa simplicité et par l'utilisation d'un matériau que l'on ne voyait guère dans les œuvres d'Isozaki : le bois. Il réserve ce matériau à ses œuvres en milieu rural, comme en témoigne le projet de club-house Musashi Kyuryo (1987) dans la préfecture de Saitama, au centre duquel trône une tour d'accueil dont la structure est faite de quatre cèdres de vingt mètres de haut qui transforment la pièce en une sorte de monument.

En 1988, il réalise à Mito, près de Tōkyō, un complexe culturel organisé autour d'une tour tétraédrique en titane de cent mètres de haut. Il achève, en 1991, le Team Disney Building à Orlando en Floride, bâtiment aux formes curieuses, de verre et d'aluminium, et dans lequel il donne un rôle très étonnant aux couleurs primaires.

La carrière d'Isozaki Arata montre que l'architecte a plusieurs vocabulaires architecturaux à sa disposition. Chaque nouvelle expérience semble être mise à profit pour remettre en cause la précédente mais avec le souci d'enrichir la démarche de l'architecte.

Passionné par les possibilités que les nouvelles technologies offrent à son art, il a développé en 1997 un projet de ville virtuelle, « Kaishi », sur le réseau Internet. Après avoir défini les grands principes d'organisation de cette ville immatérielle, supposée se trouver au large de la péninsule de Macao en mer de Chine du Sud, il a invité des architectes de renom à exercer leurs talents pour en concevoir des quartiers ou des bâtiments. Au bout de quelques mois et après une exposition à Tōkyō, le site internet qui accueillait le projet a été fermé car « Kaishi », qui n'avait pas de passé, ne pouvait pas avoir de futur.

La renommée internationale d'Isozaki fait de lui un architecte sollicité pour participer à des concours comme candidat ou comme juge mais aussi pour enseigner dans des universités à travers le monde. Il profite de cette notoriété pour faire mieux connaître, grâce à l'organisation d'expositions thématiques, les concepts fondamentaux de l'architecture traditionnelle japonaise (exposition *Ma : espace temps* au musée des Arts décoratifs à Paris, en 1978).

MARC BOURDIER

Bibliographie

« Arata Isozaki : Construction site », in *The Japan Architect*, n° 12, hiver 1993-1994 / « Arata Isozaki 1959-1978 », in *Global Architecture Architect*, n° 6, Tōkyō, 1979 / « Arata Isozaki 1979-1986 », in *Global Architecture Architect*, n° 7, Tōkyō, 1987.

IXNARD PIERRE-MICHEL D' (1723-1795)

Architecte nîmois ayant suivi Servandoni à Stuttgart, il introduit le néoclassicisme dans l'Allemagne du Sud-Ouest, avec l'église de Sankt-Blasien (1768-1783) en Forêt-Noire, ou l'église de Buchau. Il intervient dans de nombreux châteaux : Hechingen, Königseggwald (Wurtemberg), Meersburg, il dessine les projets du palais des Électeurs de Trèves à Coblence (réalisé par Antoine et Peyre le Jeune). Il décore dans le style Louis XVI le palais Sickingen à Fribourg. Retiré en 1780 en Alsace, il construit le collège royal de Colmar (1785) et l'église d'Epfig (1790) et édite un *Recueil d'architecture* (1791).

JEAN-PIERRE MOUILLESEAUX

Bibliographie

E. FRANZ, *Pierre-Michel d'Ixnard 1723-1795*, Weissenborn, 1985.

dans une perspective historique beaucoup plus large.

YVES BRUAND

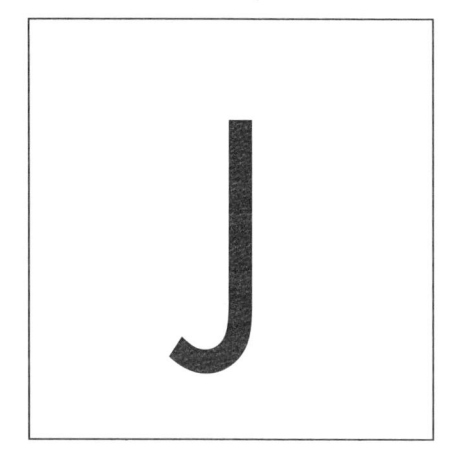

JACOBS JANE (1916-   )

Critique d'architecture américaine, Jane Jacobs s'est fait connaître par un livre particulièrement sévère à l'égard de l'urbanisme contemporain, *The Death and Life of Great American Cities*, 1963, traduit en français en 1991, *Déclin et survie des grandes villes américaines*. Favorable à la grande ville, elle rejette toute conception qui tend à une désurbanisation. Elle attaque violemment la cité-jardin d'Howard et son retour à la nature, les doctrines fonctionnalistes avec leurs espaces libres, leurs immeubles noyés dans la verdure et surtout leur zonage déprimant. Elle fait l'apologie de la rue commerçante et des trottoirs, conception qui protège la vie privée tout en donnant la liberté aux citadins. Bref, elle veut la réhabilitation de la ville traditionnelle, mais n'offre aucune proposition concrète pour résoudre les problèmes spécifiques nés de la croissance démesurée des agglomérations. En 1970, Jane Jacobs publie *Economy of Cities*, ouvrage dans lequel elle systématise le thème de la ville

JACOBSEN ARNE (1902-1971)

Personnalité dominante de l'architecture du XXe siècle au Danemark, Jacobsen a aussi donné à ce pays une situation privilégiée dans le domaine de l'*industrial design* en apportant une contribution essentielle à la création d'objets utilitaires (sièges en polyester armé ou en bois lamellé et moulé avec piètement en acier ou en aluminium, couverts, pièces d'argenterie, appareils d'éclairage, motifs de tissus d'ameublement). Sans doute le rayonnement de la pensée et les premiers travaux de Le Corbusier ont-ils stimulé, ici comme ailleurs en Europe, le fonctionnalisme international. Sans doute aussi l'exposition présentée à Stockholm en 1930 par l'architecte suédois Gunnar Asplund a-t-elle joué un rôle décisif dans l'orientation de Jacobsen qui venait de remporter en 1929, c'est-à-dire deux ans après avoir reçu le diplôme d'architecte de l'académie de Copenhague, un concours portant sur la « maison de l'avenir », avec un projet visionnaire d'habitation sur plan circulaire pivotant sur un axe afin de suivre la marche du soleil, le toit-terrasse étant aménagé en héliport. Sans doute encore cette démarche — elle devait embrasser l'architecture privée, industrielle, municipale (écoles, hôtels de ville, centres sportifs), la création d'espaces verts et de zones urbaines — a-t-elle été fortement marquée par la doctrine du Bauhaus, tout en se révélant intimement soustendue par le fameux paradoxe de Mies van der Rohe : *Less is more* (« Moins, c'est plus ») ; c'est pourquoi elle vise à concevoir le fait architectural comme un objet, à vider cet objet de toute théâtralité, de toute symbolique, de toute dimension intérieure, c'est-à-dire à dégager des fonctions, à ordonner des fonctionnements pour déboucher sur l'idéologie du rangement, sur la clarté du calcul, sur le culte de la rigueur, sur un formalisme esthétique fondé sur les normes répressives de tout classicisme (ordre, harmonie, proportion, symétrie, équilibre), donc sur des concepts dictés par les notions d'unité, de statisme, d'inertie, d'inorganique, bref, sur une rationalité historiquement liée à une tradition bourgeoise et à l'industrialisation capitaliste. Dans ces perspectives, le langage manié par Jacobsen est toujours franc, mesuré, concis. Il est dominé par les sortilèges ou le poids de l'horizontalité et il est caractérisé par l'alliance ou l'alternance de processus artisanaux (brique, bois) et industriels (murs-rideaux). La maîtrise du parti (Groupe résidentiel, Klampenborg, 1933 ; maison Siesby, Sorgenfri, 1961) ou celle du détail (murs de briques jaunes achevés par un bandeau blanc), la qualité de la finition (menuiseries métalliques peintes en noir, plaques de bétons recouvertes de carreaux de céramique, vitrages teintés), les raffinements technologiques (légèreté du mur-rideau, isolation phonique, ventilation) sont autant de facteurs hérités de l'amitié que Jacobsen a nouée dès les années trente avec Asplund : ils contribuent à garantir la qualité, l'originalité poétique et la tenue (tension) dans l'espace des œuvres accomplies à partir des années cinquante (habitations individuelles à Søholm, 1950-1952 ; maison Jürgensen, Sund, 1955 ; immeuble administratif Jespersen, Copenhague, 1958 ; immeuble de la S.A.S., Copenhague, 1959 ; ensemble d'habitations Ved Bellevue Bugt, Klampenborg, 1960 ; usine Tom, Ballerup, 1961 ; hall des Sports, Landskrona, 1962).

ROBERT-L. DELEVOY

JARDIN HENRI NICOLAS (1720-1799)

Grand Prix d'architecture (1741), il séjourne à Rome puis est appelé à la cour de Danemark (de 1754 à 1771) où il introduit le néo-classicisme dans des décors intérieurs (salle à manger du comte de Molkte à Copenhague) et surtout dans l'édifice majeur de la Frederikskirke, inspirée du Panthéon, et pour laquelle A. J. Gabriel avait donné des dessins. Partisan des thèses de Laugier, Jardin exprime, dans ses projets gravés notamment, un goût du colossal et de la perspective qui va influencer Peyre, Boullée ou les architectes anglais (W. Chambers), avec lesquels il entretient des rapports.

JEAN-PIERRE MOUILLESEAUX

Bibliographie

Piranèse et les Français, 1740-1790, catal. d'expos., Rome-Dijon-Paris, 1976.

JEAN DE CHELLES (mort en 1258)

Jean de Chelles ne nous est connu que par la très belle inscription sculptée par son successeur, Pierre de Montreuil, sur le bras sud de Notre-Dame de Paris. Elle est suffisamment exceptionnelle pour affirmer le rôle prééminent reconnu à cet architecte au moment de sa mort en 1258. Elle permet de lui attribuer en outre le bras nord de la cathédrale, la conception et le début de la réalisation du bras sud. Jean de Chelles se situe donc chronologiquement au moment de la rupture entre la conception définie par le Maître de Chartres fondée sur la répétition des travées (1195) et une nouvelle conception reposant sur le percement des murs par d'immenses baies, puissamment affirmée en 1231 par le Maître de Saint-Denis. Il se pourrait d'ailleurs qu'il fasse avec ce dernier une seule et même personne.

ALAIN ERLANDE-BRANDENBURG

Bibliographie
R. BRANNER, *Saint Louis and The Court Style*, Londres, 1972.

JEFFERSON THOMAS (1743-1826)

Homme d'État américain et architecte amateur. Admirateur de l'architecture néo-classique qu'il découvre lors de son voyage en Europe et de son ambassade en France (1785-1789), Jefferson tente d'en importer les principes et le goût dans son pays. Dessinant d'après les modèles et les adaptant à d'autres matériaux (le bois, la brique), il crée des prototypes de bâtiments publics : le Capitole de Richmond (1785) inspiré par la Maison Carrée de Nîmes, l'université de Virginie à Charlottesville, ou joue un rôle déterminant pour faire bâtir la maison du président et le Capitole de Washington. Après 1789, il transforme son domaine de Monticello qu'il remplit d'inventions pratiques ou d'objets d'art importés. Jefferson a été président des États-Unis de 1801 à 1809.

JEAN-PIERRE MOUILLESEAUX

Bibliographie
The Eye of Th. Jefferson, catal. d'expos., National Gallery of Art, Washington, 1976.

JENNEY WILLIAM LE BARON (1832-1907)

Formé à Paris, à l'École centrale des arts et manufactures, William Le Baron Jenney a été ingénieur avant d'être architecte. En 1868, il s'établit à Chicago et fait un cours d'architecture auquel assistent Sullivan, Martin Roche, Burnham et d'autres membres de la future école de Chicago ; en 1869, il publie son livre, *Principles and Practices of Architecture*, et achève le premier Leiter Building à Chicago, édifice important surtout pour ses répercussions car il constitue un prototype de l'architecture américaine moderne. Par ses œuvres, Jenney rend peu à peu possible, sans l'inventer, le mur non porteur fixé à une ossature interne en acier (le mur-rideau, le gratte-ciel). Les bâtiments de Jenney, le Home Insurance Company Building (1883-1885), puis le deuxième Leiter Building (1889) et le Fair Building (1891), sont tous construits sur un même schéma qui se précise de plus en plus sans jamais atteindre à la « franchise » de Sullivan : le bâtiment n'est qu'une grille volumétrique sur laquelle planchers et murs sont posés. Du premier Leiter Building aux dernières œuvres de Jenney, l'ornementation (des pilastres dissimulent à l'extérieur les poutres d'acier et des colonnes de fonte les enveloppent à l'intérieur) se fait de plus en plus discrète, la place occupée par les fenêtres devient de plus en plus grande et les murs extérieurs semblent de moins en moins porteurs. Jenney a posé les fondements de l'école de Chicago ; Sullivan, l'élève moins timide, a par son purisme et par son refus des concessions supplanté le maître.

YVE-ALAIN BOIS

JOHNSON PHILIP CORTELYOU (1906-)

Architecte américain. Après des études à l'université Harvard, Johnson débute comme critique et historien de l'architecture contemporaine. Propagandiste fervent du mouvement rationaliste, il organise en 1932 une exposition sur ce sujet au musée d'Art moderne de New York et collabore avec Henry Russel Hitchcock à l'important ouvrage publié à cette occasion (*The International Style : Architecture since 1922*, 1932). Ayant amorcé vers 1940 une reconversion radicale, il retourne à Harvard pour acquérir une formation d'architecte sous la direction de Marcel Breuer. Grand admirateur de Mies van der Rohe, il lui consacre un livre en 1947 et s'avère dès ses premières réalisations comme le plus fidèle des disciples. Au cours de cette phase d'une dizaine d'années, il se fait le paladin d'une architecture d'acier et de verre où l'accent est mis sur la pureté géométrique des volumes, le souci des proportions, les recherches de transparence. De 1949 à 1956, il s'attache à traiter le thème de la maison de verre dont sa propre villa à New Canaan, Connecticut, est la première version. Il collabore avec Mies van der Rohe à la construction du Seagram Building à New York (1956-1958). Dès 1955, un changement apparaît dans son style : influence des courants historicisants (synagogue de Port Chester, New York), évolution vers un néo-classicisme modernisé où reparaissent portiques et colonnades (sanctuaire de New Harmony, Indiana, 1959 ; musée Sheldon à Lincoln, Nebraska ; centre scientifique Kline à Yale, 1962 ; théâtre de l'État de New York, 1964). Le registre d'emprunts au passé s'élargit et atteste une sensibilité indéniable à l'architecture de la Rome impériale, à celle des églises médiévales ou baroques, mais il trahit parfois un certain maniérisme. La rupture avec l'idéal d'équilibre et de légèreté de Mies van der Rohe est imputable à l'ascendant exercé par Louis Kahn. Elle se traduit par une renonciation à l'emploi exclusif des ossatures métalliques et par l'adoption de structures de béton brut. L'architecture de Johnson n'échappe pas à un éclectisme discutable : Johnson est sans doute l'architecte le plus éclectique du XXe siècle. L'immeuble de l'AT & T sur la Cinquième Avenue à New York, construit en 1986, marque son adhésion au postmodernisme. En 1988, il présente au musée d'Art moderne de New York une exposition sur le déconstructivisme en architecture qui aura un grand retentissement dans les écoles et les revues d'architecture aux États-Unis. Déconstructivisme : mot formé par la juxtaposition du terme « déconstruction », notion philosophique forgée par Jacques Derrida, et du terme « constructivisme », mouvement de l'avant-garde russe au début des années 1920.

YVES BRUAND

JONES INIGO (1573-1652)

Après le règne d'Élisabeth, les Stuart ramenèrent leur pays dans le grand courant de la culture européenne, et le premier quart du XVIIe siècle vit mûrir en Angleterre un art de cour à la fois puissant et raffiné où l'on reconnaît les dernières manifestations de la Renaissance. Un artiste au génie protéiforme résume cette époque : Inigo Jones. Premier architecte, au sens moderne du mot, en Angleterre, il est aussi urbaniste, peintre de paysages, expert chargé d'acquisitions de tableaux pour le compte de la maison royale et scénographe, réalisant pour la cour de fastueux divertissements. Il exerce de multiples activités grâce à une compréhension très sûre de la théorie et du symbolisme de la Renaissance, en faisant sien l'idéal humaniste.

Autour de 1600, plusieurs voyages lui permettent de se familiariser avec les arts et les monuments de divers pays d'Europe. En 1605, il est appelé par la reine Anne comme ordonnateur des « masques », divertissements princiers combinant ballets, représentations théâtrales et mascarades. D'abord en collaboration avec le poète Ben Jonson, puis seul, il dessine, pendant plus de trente ans, décors, costumes et accessoires, ne cessant de rechercher les effets spectaculaires les plus susceptibles de susciter le merveilleux. Il visite Paris en 1609, est appelé un temps auprès du roi du Danemark puis nommé, en 1611, intendant des Bâtiments du prince de Galles. Un second voyage en Italie, dans la suite de lord Arundel, lui permet d'étudier longuement les œuvres de Palladio dont il rencontre le disciple Scamozzi à Venise. À son retour en 1615, il reçoit la charge de surintendant des Bâtiments du roi. Il peut alors donner à l'architecture anglaise, à la fois ingénieuse et compliquée, des orientations toutes nouvelles.

La Maison de la reine (Queen's House) sur les bords de la Tamise à Greenwich, commencée en 1616, abandonnée à la mort de la femme de Jacques Ier, reprise et achevée en 1635, adapte pour la première fois le modèle palladien de la villa à l'usage britannique. L'extérieur de l'édifice est d'une grande simplicité : volumes nets, parois lisses au-dessus d'un soubassement à refends, grande loggia ionique ouverte sur le fleuve. L'intérieur, orné de fins décors de stuc blancs, s'ordonne autour d'un grand hall cubique. Ces dispositions se retrouvent dans plusieurs autres demeures privées comme celle de sir Francis Crane dans le Northamptonshire. En 1619, Inigo Jones entreprend la reconstruction de la salle des Banquets (Banqueting House) de Whitehall. La façade, avec ses deux ordres classiques superposés au-dessus d'un soubassement à bossages, reflète clairement des influences italiennes tempérées par le souvenir français de l'attique à balustrade. L'intérieur, qui évoque la nef d'une basilique, renferme un énorme volume animé seulement par une galerie. La chapelle de la reine à Saint Jame's Palace (1623-1627) est surtout remarquable par l'emploi d'une immense baie « serlienne » qui ajoure tout le chevet. En 1631, l'architecte établit les plans de la place de Covent Garden et des rues adjacentes. Ce vaste espace rectangulaire, rythmé par des maisons à arcades, évoque à la fois la place d'Armes de

Livourne et la place Royale de Paris, et s'inscrit dans la série des grandes réalisations urbanistiques du temps. La place est dominée par le frontispice de l'église Saint Paul auquel un ordre dorique, massif et rigoureux, confère un aspect presque néoclassique.

En 1634, Inigo Jones est désigné pour superviser les travaux de restauration de la cathédrale Saint Paul. Il étudie de vastes projets pour le palais de Whitehall lorsque la révolution éclate. Il a alors à souffrir de la répression puritaine, et c'est son disciple, John Webb, qui achève quelques-uns de ses projets. Les modèles mis au point par Inigo Jones connurent une exceptionnelle fortune, surtout au début du XVIIIᵉ siècle en Angleterre, à l'aube du renouveau classique. Il est aussi en partie responsable de la place prééminente de la Grande-Bretagne dans le palladianisme européen.

MONIQUE MOSSER

Boileau et Eiffel (1889) dans son chef-d'œuvre : les nouveaux magasins de la Samaritaine (1905), construction de métal et de verre dotée d'une ornementation naturaliste en fer forgé et céramique vernissée, typique de l'Art nouveau. La logique fonctionnelle du parti structural pleinement avoué et l'intégration parfaite de la décoration à la composition architecturale frappèrent vivement l'opinion publique. Sa réussite contribua à relancer après un déclin passager l'architecture métallique dans ce genre de programme. Malgré une production toujours hardie et volontiers provocante (pavillons d'exposition, décors d'intérieur et de théâtre), Jourdain ne retrouvera plus le même succès. Il reste l'homme d'un bâtiment dont la pureté rationaliste préfigure l'avenir tout en demeurant un exemple caractéristique du style d'une époque.

YVES BRUAND

JOURDAIN FRANTZ (1847-1935)

Architecte d'origine belge naturalisé français en 1870. Pamphlétaire et journaliste, Jourdain est, de 1880 à 1910, à la pointe du combat pour la rénovation et la synthèse des arts. Fondateur en 1903 et président des Salons d'automne, il joue un rôle important dans la diffusion des idées nouvelles, la révélation des peintres méconnus de la fin du XIXᵉ siècle ou celle des artistes d'avant-garde. Il est un fervent admirateur de la galerie des Machines de l'Exposition universelle de 1889, œuvre de Dutert et de Contamin ; il en exploite la leçon ainsi que celle du Bon Marché de

JUVARA FILIPPO (1676-1736)

Né dans une famille d'orfèvres de Messine, Filippo Juvara apprend ce métier tout en se préparant à la vie ecclésiastique et se fait connaître par une série de gravures représentant les fêtes de Messine organisées pour le couronnement du roi Philippe V. Il quitte ensuite la Sicile pour Rome, où il entreprend des études d'architecture sous la direction de Carlo Fontana. Couronné par l'Académie, qui le reçoit en 1706, il s'occupe d'architecture théâtrale et de décors (cette partie de son œuvre est connue par des dessins conservés à la Bibliothèque nationale de Turin). En 1714, Juvara séjourne à Lucques où il donne d'assez nombreux projets, puis gagne Messine en passant par Florence. Dès son retour, Victor-Amédée II, nouvellement installé en Sicile, lui fait compléter le château de Messine. Les travaux plaisent au souverain qui le prend à son service pour l'employer aux nombreux aménagements qu'il projette dans sa capitale du Nord. Après un bref séjour à Rome, Juvara est nommé premier architecte du roi (1714).

C'est alors que débute la période la plus féconde de sa carrière : reconstruction du dôme de l'église Saint-Philippe, œuvre de Guarini, qui venait de s'effondrer ; galerie pour la Veneria royale ; façade de l'église Sainte-Christine ; quartier militaire de la Porta Susa (1716) à Turin. Entre 1716 et 1718, il donne une maquette en bois pour la chapelle de la Veneria et surtout les plans de l'église et du couvent de la Superga. Il entreprend l'escalier et la façade du palais Madame (1718), puis le séminaire de Turin. Il donne aussi des dessins pour le château de Rivoli et l'église de Santa Croce à Turin. Invité à donner les plans du château de Lisbonne, il se décharge de cette commande sur Gaspare Vanvitelli, mais se rend ensuite au Portugal afin de parfaire le projet. Revenu en 1720, après s'être arrêté probablement à Londres et à Paris, il travaille au pavillon de chasse de Stupinigi (1729-1733), combinant audacieusement un plan ovale avec un plan en croix de Saint-André. Juvara participe ensuite aux travaux du sanctuaire d'Oropa et du château de Chambéry. Nommé architecte de Saint-Pierre, il continue cependant à assurer ses fonctions auprès du roi de Piémont.

Appelé à Madrid pour dresser les plans d'un nouveau palais royal, l'architecte quitte l'Italie en 1735. Il donnera aussi, en Espagne, des projets pour la Granja et pour le château d'Aranjuez. L'exécution de tous ces projets sera assurée par son élève G. B. Sacchetti.

Formé au goût baroque, Juvara possède l'art de faire s'interpénétrer les volumes pour obtenir des effets plastiques originaux. Dans ses dernières œuvres, il paraît avoir subi des influences qui l'orientent vers le style rococo.

RENÉE PLOUIN

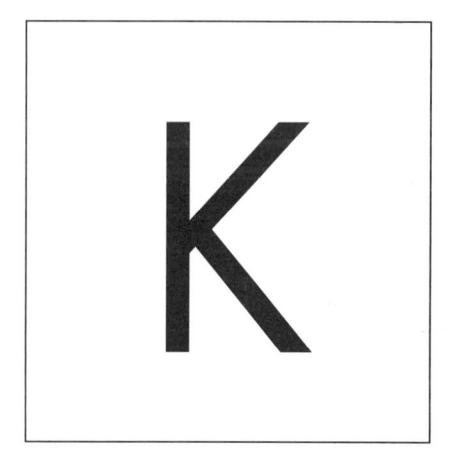

KAHN ALBERT (1869-1942)

La carrière et l'œuvre de l'architecte-ingénieur américain Albert Kahn se sont déroulées entre les dernières années du XIXe siècle et les débuts de la Seconde Guerre mondiale. Ce non-conformiste de génie sut conquérir le marché à défaut d'être aisément reconnu par ses pairs, mais il est admis aujourd'hui qu'il a exercé une influence décisive à l'échelle mondiale sur l'évolution de l'architecture industrielle.

Kahn appartient à ces générations d'immigrants de l'Europe centrale (il est né en 1869 à Rhaunen en Allemagne) qui ont fourni aux États-Unis tant d'ingénieurs et d'architectes dont les réalisations ont marqué durablement les infrastructures et le mode de construire propre à ce pays.

Trois traits peuvent résumer l'originalité de son cas : sa formation d'autodidacte et la flexibilité de son talent ; l'invention d'un style nouveau de relations avec la clientèle ; des innovations radicales tant au niveau de la production même des bâtiments, qu'à celui de l'organisation du travail dans une agence d'architecture et d'ingénierie : celle qu'il créa très vite pour son propre compte poursuit sa carrière de nos jours dans un immeuble construit spécialement pour Albert Kahn Associates, au cœur du Detroit de l'entre-deux-guerres.

Kahn n'est issu d'aucun de ces départements universitaires d'où sortaient généralement ceux qui s'intitulaient par la suite architectes, et où l'on étudiait l'histoire de l'art et de l'architecture. Il s'est formé en mettant la main à la pâte, au sortir de l'adolescence, dans un cabinet d'architectes, mais aussi en voyageant, notamment en Italie, et en remplissant de dessins des carnets qui devaient ultérieurement soutenir son inspiration. Cet expert entre les experts en matière de fonctionnalisme, créateur d'une esthétique au second degré qui se dégage d'elle-même d'une technicité qui est celle des matériaux et des exigences du travail industriel, fut pourtant aussi l'architecte prêt à toutes les variations imposées par les commandes des secteurs les plus divers de la société civile et urbaine, le virtuose de l'éclectisme stylistique. Il a construit des milliers de bâtiments industriels, où sa marque est immédiatement reconnaissable, mais aussi des dizaines de bâtiments publics, sur le campus de la Michigan University à Ann Arbor ou dans le centre de Detroit qu'il a embelli de quelques gratte-ciel inoubliables tels que le Fisher Building, sans parler d'un certain nombre de résidences privées.

Si Kahn s'est constitué une puissante clientèle auprès des industriels de l'automobile et de l'aéronautique, travaillant pour des besoins commerciaux et, à l'occasion, militaires (dès 1917, puis à la fin des années 1930), c'est parce qu'il avait décidé de modifier la relation de l'architecte à ses commanditaires en prenant le parti de se soumettre entièrement aux exigences de ces derniers. Le souci d'habiller les espaces productifs de l'industrie, même rationnellement conçus de l'intérieur, au moyen d'une enveloppe architecturale chargée d'exprimer une esthétique personnelle ou un message de l'entreprise, souci que l'on retrouve jusque chez un Peter Behrens, s'efface chez Albert Kahn devant le concept d'un produit construit « collant » totalement aux exigences de l'acheteur. L'expérience de Kahn dans ce domaine s'est mise en forme très rapidement, dès les années 1900, à la faveur de sa collaboration avec diverses firmes automobiles de la région des Grands Lacs : Pierce, Packard, et naturellement Ford. Avec Henry Ford I s'est instaurée une longue complicité intellectuelle, à la faveur de laquelle Kahn sut accompagner l'évolution très rapide des conceptions de l'industriel en matière de rationalisation du travail : il y répondit pour sa part en accomplissant une transition accélérée de l'architecture traditionnelle à l'architecture moderne de l'industrie. En moins de dix ans, de la construction de l'usine de Highland Park (1909) à celle de River Rouge (1917), Kahn est passé de l'usine à armature de béton à étages multiples, dont le squelette autorisait une ouverture maximale des baies mais s'encombrait encore d'un assez grand nombre de piliers de soutien dans la structuration interne de l'édifice, à l'usine à un seul niveau au ras du sol. Le squelette, désormais métallique sur un court soubassement de maçonnerie, libérant la circulation et le déploiement des machines ou des chaînes de montage à l'intérieur grâce à la minceur des piliers et à l'ampleur des portées de la charpente d'acier, s'enveloppait de parois et de toitures faisant la part belle aux surfaces vitrées et à la pénétration de l'air et de la lumière, éléments essentiels à l'efficacité du travail ouvrier. La combinaison de l'acier avec le verre, les angles inattendus des charpentes engendrèrent une géométrie des volumes d'un caractère avant-gardiste non prémédité pour autant.

Les notions de rendement et de rapidité de fabrication, enfin, ont été transférées d'une façon surprenante des ateliers industriels aux bureaux de l'agence d'architecture. Albert Kahn s'est trouvé lié, aux États-Unis, à la commande des géants de l'automobile, entraînés dans une expansion vertigineuse du marché qui imposait des mutations constantes de l'appareil de production, mais aussi à celle des gouvernements du temps de guerre pressés de se doter d'un instrument de victoire dans les délais les plus brefs. C'est ainsi que Kahn a été conduit à imaginer une standardisation des modèles d'usines à livrer, ainsi qu'une organisation du travail de ses propres employés propre à réduire au maximum les délais de livraison – abaissés à quelques mois seulement. Le principe général consistait à diviser rigoureusement les tâches entre des départements spécialisés, mais en même temps à les contraindre à avancer tous du même pas et non point à intervenir dans un ordre de succession rigoureux. Kahn a, dès l'origine, bénéficié dans ces processus d'innovation du concours de deux de ses frères, Julius et Moritz ; le premier notamment a été l'auteur d'une technique de fabrication du béton armé assurant à ce dernier une meilleure résistance sous un moindre volume, tandis que le second a formalisé le système de relations et de production qui a assuré à l'agence un succès à faire pâlir les vieilles firmes de Boston, habituées à rafler les meilleures commandes. Toute la famille, à coup sûr, illustre bien le pragmatisme dominant de la culture des ingénieurs américains. Elle attend pourtant aujourd'hui encore un catalogue systématique de ses réalisations ainsi qu'une biographie collective qui exploiterait méthodiquement les riches archives de l'agence.

LOUIS BERGERON

Bibliographie

W. HAWKINS FERRY, *The Legacy of Albert Kahn*, Wayne State Univ. Press, Detroit, 1987.

KAHN LOUIS ISADORE (1901-1974)

Architecte américain né en Estonie, venu aux États-Unis avec ses parents à l'âge de quatre ans. Kahn fait ses études à l'université de Pennsylvanie. Après un séjour en Europe, il retourne à Philadelphie. Il débute comme collaborateur de Howe (1941-1947), puis s'installe à son compte. Attaché à l'Académie américaine de Rome (1950-1951), correcteur de projets à l'université Yale (1951-1955), il devient professeur d'architecture à l'université de Pennsylvanie en 1955. Cette dernière charge lui donne une grande indépendance pour ses recherches, en le délivrant des soucis matériels, et lui permet d'exercer une forte influence pédagogique. Sa renommée est tardive (à partir de 1950), mais son prestige croissant en a fait une figure de proue de l'architecture contemporaine. Réagissant contre la pureté élégante du style de Mies van der Rohe qui dominait alors les États-Unis, Kahn valorise les effets de masse dans le musée de l'université Yale (1951-1953) et dans le Centre de recherches médicales Newton Richards de l'université de Pennsylvanie à Philadelphie (1957-1961). Dans ce dernier ouvrage apparaît l'influence du retour aux sources historiques, sensible dans l'architecture des États-Unis à cette époque : l'inspiration des tours médiévales de la petite ville italienne de San Gimignano est évidente, mais la création est neuve, puissante et originale. Ce souci de lien constant avec le passé romain, le passé médiéval (synagogue de Philadelphie) ou le néoclassicisme géométrique de Boullée et de Ledoux (établissements de bains de Trenton, 1956) est désormais une des constantes de l'œuvre de Kahn qui sera également attiré par le brutalisme. La brusque réputation obtenue lui a valu, depuis 1960, des commandes importantes et variées en Amérique et dans les autres continents : immeubles de bureaux (National Bank de Detroit, 1960), édifices religieux (église unitarienne de Rochester ; projet de synagogue pour Jérusalem, 1965), scientifiques (laboratoires Glenn Martin à Baltimore ; institut de management à Ahmedabad, Inde), culturels (Kimbell Art Museum à Fort Worth, Texas ; bibliothèque d'Exeter, New Hampshire), industriels (usines Olivetti à New York), officiels (Parlement de Dacca dans l'actuel Bangladesh ; consulat américain à Luanda, en Angola ; projet d'un palais des Congrès à Venise), plan d'urbanisme de Dacca (1962). Toutes ces réalisations sont dominées par une volonté de création formelle et monumentale qui réagit contre le fonctionnalisme en redonnant la primauté à l'expression plastique.

YVES BRUAND

KENT WILLIAM (1685-1748)

Peintre devenu architecte sous l'influence de lord Burlington, il développe la leçon de l'Antiquité et de Palladio à la fois dans l'architecture intérieure (Houghton Hall, 1726 ; Chiswick House, 1727), et dans la construction d'édifices publics (Trésor de Whitehall, 1734 ; caserne des Horse Guards) ou de grands châteaux (Holkam Hall, 1734, son chef-d'œuvre et Wakefield Lodge). Héraut du courant palladien, il publia en 1727 les dessins d'Inigo Jones. Un des premiers, il compose des paysages pittoresques pour des jardins qu'il agrémente de fabriques : à Chiswick, Stowe (1730) et Rousham. Son rôle semble essentiel dans la genèse du renouveau gothique (jubé de la cathédrale de Gloucester). Précoce et diverse, son œuvre annonce les principales recherches de l'architecture britannique des XVIIIe et XIXe siècles.

JEAN-PIERRE MOUILLESEAUX

Bibliographie

M. WILSON, *William Kent Architect, Designer, Painter, Gardener, 1685-1748*, Londres, 1984.

KEYSER HENDRICK DE (1565-1621)

Architecte, sculpteur et médailleur hollandais. L'œuvre la plus célèbre de Hendrick de Keyser (avec la collaboration de son fils Thomas) est le fastueux mausolée de Guillaume le Taciturne, dans le chœur de la Nieuwe Kerk de Delft, de marbre noir et blanc (1614-1621) : figures allégoriques, double représentation du mort selon la formule des monuments funéraires français du XVIe siècle, décoration abondante. L'architecte a conçu, pour le culte protestant, trois églises d'Amsterdam, la Zuiderkerk (1603-1611), la Noorderkerk (1620, plan central) et, du moins pour les plans, la Westerkerk (1620-1638). Il a été l'un des principaux architectes qui ont contribué à donner à Amsterdam son caractère si remarquable, à savoir ces alignements, au bord des canaux, de maisons de brique sombre, étroites et hautes, sommées de pignons décorés, d'une simplicité qui n'est pas sévérité, quoi qu'on en ait dit, et qui constituent un décor urbain d'une originalité rare, parfaite expression d'une mentalité.

JEAN-JACQUES DUTHOY

KLENZE LEO VON (1784-1864)

Remonter le Danube depuis Ratisbonne réserve une étrange surprise : le fleuve serpente au milieu de collines boisées, assez hautes ; au flanc de l'une d'elles, couronnant un majestueux ensemble de terrasses et d'escaliers qui s'élèvent depuis le bord de l'eau, apparaît une espèce de Parthénon. Nulle œuvre d'architecture ne peut mieux illustrer les rapports ambigus de l'esprit néo-classique avec le romantisme. Ce temple grec dans la forêt allemande, c'est la Walhalla, construite entre 1830 et 1840 environ par Leo von Klenze.

Ce n'était pas un coup d'essai. Klenze avait étudié à Paris, visité l'Angleterre et l'Italie et s'était familiarisé avec tous les styles. Appelé à Munich par Maximilien Ier en 1814, il y fera pratiquement toute sa carrière. La capitale de la Bavière lui doit plusieurs de ses monuments les plus caractéristiques, depuis la Glyptothèque, commencée en 1816, jusqu'aux Propylées, construits entre 1846 et 1863. On peut sourire de cette fureur de dresser des portiques à colonnes dans le ciel germanique ; attitude pourtant bien injuste. Le dessin de ces bâtiments, s'il reste toujours rigide et quelque peu glacial, garde aussi une distinction parfaite. Les volumes, particulièrement les volumes intérieurs, sont d'une qualité remarquable dans leur clarté d'enchaînement : ainsi les salles voûtées de l'Ancienne Pinacothèque (1826-1833) ou celle de la Glyptothèque, avec leurs coupoles surbaissées et leurs arcs à caissons.

Il ne faudrait d'ailleurs pas faire de Klenze le parangon d'un style à la grecque. De part et d'autre de la Max-Josefplatz, à Munich, il dresse en vis-à-vis le « palais Pitti » et la « loggia de' Lanzi », adaptations plutôt que copies des modèles de la Renaissance toscane. Avec lui, c'est l'un des représentants les plus intelligents et les plus sensibles du romantisme historique qui disparaît.

GEORGES BRUNEL

KLINT P. V. JENSEN (1853-1930)

Architecte danois. Deux réalisations ont assuré la célébrité de ce maître de l'expressionnisme néo-gothique en Scandinavie. L'ensemble d'Odense, une église et un hôtel pour jeunes gens (1921), annonçait la Grundtvigs Kirke de Copenhague (1926) dont la silhouette de navire, animée par des pignons à la flamande, contraste avec la sévérité des maisons qui l'entourent.

ROGER-HENRI GUERRAND

Bibliographie
T. FABER, *A History of Danish Architecture*, Copenhague, 1964.

KNOBELSDORFF GEORG WENCESLAS VON (1699-1753)

Architecte allemand. D'origine nobiliaire, Knobelsdorff fut d'abord officier, mais quitta l'armée en 1729 pour se consacrer à la peinture. Il se lie au prince Frédéric, le futur Frédéric le Grand, grâce auquel il fait le voyage d'Italie (1736-1737). À son retour, il s'adonne à l'architecture et travaille au château de Rheinberg, résidence du prince. Celui-ci, devenu roi en 1740, le nomme en 1742 surintendant des châteaux et jardins royaux, après l'avoir envoyé à Paris (automne 1740). À partir de 1746, il connaît une demi-disgrâce ; le roi lui rendra cependant hommage dans l'*Éloge de Knobelsdorff*, qu'il rédigea à sa mort. Après 1740, l'architecte a travaillé à Berlin et à Potsdam ; ses travaux résultent d'une étroite collaboration avec le roi, qui s'intéressait activement à l'architecture, et, pour la décoration intérieure, avec l'ornemaniste Nahl. À Berlin, il édifia la nouvelle aile du château de Charlottenburg, avec la célèbre galerie Dorée, et l'Opéra (1741-1743), exemple précoce, exceptionnel en Allemagne à cette date, d'un néoclassicisme influencé par le palladianisme de l'architecture anglaise. À Potsdam, il dirige à partir de 1744 les transformations du château de la ville, où il emploie son motif favori des doubles colonnes corinthiennes, ainsi que la colonnade ouverte, qu'il utilisera aussi au château de Sans-Souci. Ce petit château de plaisance, comme tant de princes allemands s'en firent construire à l'époque, s'inspire du Grand Trianon par l'idée qui a présidé à sa conception et par le parti adopté pour la construction ; c'est un édifice bas dominé par l'horizontale de l'entablement, mais les atlantes qui rythment la façade, motif emprunté peut-être au Zwinger de Dresde, ajoutent une note d'opulence et de puissance baroques qui semble étrangère à une résidence de cet ordre.

PIERRE VAISSE

KOOLHAAS REM (1944-   )

L'architecte néerlandais Rem Koolhaas et son Office for Metropolitan Architecture (O.M.A.) ont développé une pensée architecturale particulièrement polémique qui entend répondre aux questions suscitées par le règne des grandes métropoles indifférenciées.

Né à Rotterdam en 1944, Rem Koolhaas est d'abord journaliste au *Haagse Post* et scénariste. Il s'inscrit de 1968 à 1972 à l'AA School de Londres, vivier de l'avant-garde internationale. Bénéficiaire d'une bourse d'études pour les États-Unis, il séjourne à la Cornell University puis à l'I.A.U.S. de Peter Eisenman à New York. Il travaille avec sa femme Madelon Vriesendrop, avec Elia et Zoé Zenghelis, avec lesquels il fonde l'O.M.A. en 1975.

De nombreux projets théoriques établissent sa notoriété au cours des années 1970 : « Le Mur de Berlin comme architecture » (1970), « Exodus ou les prisonniers volontaires de l'architecture » – une méditation sur l'enfermement – (1972), « La ville du globe captif » (1972), un projet de maison à Miami avec Laurinda Spear qui rejoindra plus tard le groupe Arquitectonica (1974), « L'hôtel-sphinx » (1975-1976), « La New Welfare Island » (1975-1976), « La légende de la piscine » (1977), un projet de rénovation d'une prison panoptique à Arnhem inspiré des écrits de Michel Foucault (1979-1980), etc. Certains emprunts à Sade et au surréalisme (collage sur le mode du cadavre exquis, paranoïa critique) y côtoient les références à Nietzsche.

Paru en 1978, son livre *New York délire* est dédié à Manhattan, « capitale de la crise permanente ». Il est présenté comme le manifeste « rétroactif » d'un processus urbanistique « sans retenue » qui a toujours « inspiré à ses spectateurs une extase » et qui, néanmoins, aurait été occulté par la pensée architecturale. Koolhaas y annonce un « plan pour une culture de la congestion » qu'il tentera de mettre en œuvre.

De retour à Rotterdam vers 1980, Koolhaas produit, en pleine période postmoderne, des projets « antisentimentalistes » qui proclament un refus du contextualisme et de l'idéalisme nostalgique, comme celui de l'immeuble Boompjes (1980-1982) ; il célèbre en 1985 la « beauté terrifiante du XXe siècle ». Avec l'O.M.A. il dresse le plan de l'Ij-plein à Amsterdam et y construit deux barres de logements (1980-1989). Sa présence en France date du concours du parc de La Villette (1982-1983) qu'il manque remporter. Il y introduit une structuration en « bandes programmatiques » qui laisse place à l'indéterminé et à l'aléatoire, démarche qu'il reprendra dans ses recherches de 1983 pour le projet d'exposition universelle de 1989, la rénovation de la ville nouvelle de Bijlmermeer à Amsterdam (1986-1987) et la consultation pour la ville nouvelle de Melun-Sénart (1987).

Plusieurs des propositions qu'il soumet à des concours frappent par leur radicalité. Ainsi pour l'hôtel de ville de La Haye (1986), le terminal maritime de Zeebrugge (1989), la Bibliothèque de France, « bloc solide d'information », conteneur cubique percé de cavités « informes » (1989), le centre d'art Z.K.M. de Karlsruhe (1989), les bibliothèques universitaires de Jussieu dont les niveaux sont articulés comme au terme d'un pliage (1992).

L'idée de congestion le guide dans l'organisation du quartier d'Euralille (1988-1996) qui se veut une mise en scène de l'incertitude, une exaltation du mouvement et des réseaux, de la densification et d'un certain désordre moderne. Le palais Congrexpo (1990-1994) illustre sa théorie de la grandeur (*bigness*) selon laquelle, au-delà d'une certaine taille, la construction devient impersonnelle et échappe à tout dialogue avec le contexte urbain.

Koolhaas aime les topologies étranges comme dans le théâtre de la Danse de La Haye, aux volumétries spectaculaires et aux vives couleurs (1980-1987), le curieux ensemble Nexus, constitué de 24 maisons-patios en nappe dense à Fukuoka (1989-1991), le Kunsthal de Rotterdam, au parcours en spirale continue (1987-1992), le projet pour le concours de l'Opéra de Cardiff (1994) et l'Educatorium d'Utrecht (1994-1997), dans lesquels le sol se boucle pour devenir toiture. Il dessine quelques maisons singulières, véritables icônes de l'architecture contemporaine. Notamment la villa Dall'Ava à Saint-Cloud (1983-1991), magnifique télescopage et détournement de thèmes modernistes et près de Bordeaux, une maison paradoxale et légèrement cruelle (1994-1998), structurée autour de la plate-forme élévatrice du fauteuil mobile de son propriétaire tétraplégique.

Paru en 1995, imprimé à 130 000 exemplaires en trois ans, son livre *S,M,L,XL* est un phénomène, par son poids (2 kg 720), sa nouveauté graphique et le message doctrinal qu'il contient. Koolhaas y expose notamment la théorie d'une ville « générique », sans qualité ni identité particulière, amnésique, appelée à se répandre inexorablement.

Koolhaas anime à l'université Harvard des séminaires de recherche consacrés aux mutations urbaines dans le monde contemporain. Sa volonté de comprendre ces phénomènes est souvent perçue comme une preuve de cynisme et comme une fascination pour le chaos, contribuant à façonner à ce théoricien marquant une réputation sulfureuse.

FRANÇOIS CHASLIN

Bibliographie

R. KOOLHAAS, *Delirious New York, a Retroactive Manifesto for Manhattan*, Oxford University Press, New York, Chêne, Paris, 1978 ; *Conversations with Students*, Rice University, Houston, 1996 / O.M.A., *Projects 1978-1981*, AA, Londres, 1981 / J. LUCAN, *O.M.A., Rem Koolhaas, pour une culture de la congestion*, Electa-Moniteur, Paris, 1990 / O.M.A. & R. KOOLHAAS, *Six Projets*, Ifa-Carte Segrete, Paris, 1990 ; *Lille*, Ifa-Carte Segrete, Paris, 1990 ; *Living, Vivre, Leben*, Arc en rêve-Birkhaüser, Bâle, 1998 / *Euralille, poser, exposer*, Espace croisé, Lille, 1995 / O.M.A., R. KOOLHAAS & B. MAU, *S,M,L,XL*, 010, Rotterdam, 1995.

KOPP ANATOLE (1915-1990)

Si l'Occident a redécouvert depuis les années 1960 les théories et les formes des avant-gardes russes, il le doit notamment, dans le domaine de l'architecture, aux publications et à l'action d'Anatole Kopp, mort le 6 mai 1990. Kopp appartenait à la génération d'historiens qui succéda aux pionniers tels que Sigfried Giedion ou Nikolaus Pevsner pour transmettre les idéaux du Mouvement moderne, à un moment où l'échec de la politique des « grands ensembles » et la montée du discours post-moderne tendaient à les discréditer définitivement.

Né à Petrograd en 1915, Kopp reçoit sa formation initiale à l'École spéciale d'architecture de Paris puis, pendant la guerre, au Massachusetts Institute of Technology. Il découvre au Black Mountain College, où il est assistant et qui est dirigé par des anciens de Dessau, l'héritage du Bauhaus. De retour en France en 1944, Kopp travaille avec le fonctionnaliste américain Paul Nelson. Dès son premier voyage en U.R.S.S. en 1956, après la mort de Staline, il découvre l'agonie du « réalisme socialiste » et s'intéresse à la rénovation de l'architecture autorisée par les réformes khrouchtchéviennes et à l'histoire de sa période héroïque. Le premier livre de Kopp, *Ville et révolution*, fera émerger dès 1967 les images noires et blanches des bâtiments maudits d'un temps oublié.

Kopp travaille alors en France pour la Sonacotra et construit plusieurs ensembles d'habitation à Oran et Alger, grâce aux rapports qu'il avait su établir avec les Algériens pendant la guerre.

Communiste actif, mais critique, Kopp avait en effet aidé les « porteurs de valises ». Il prendra un congé définitif du

P.C.F. après l'invasion de la Tchécoslovaquie. Appelé en 1968 par Marc Émery à enseigner l'histoire à l'École spéciale d'architecture, Kopp en devient le directeur pendant quelques années. Parallèlement, devenu professeur au département d'urbanisme de l'université de Paris-VIII, il abandonne la profession tandis qu'il centre, avec *Changer la vie, changer la ville*, ses analyses sur le projet social du constructivisme russe.

Élargissant son propos à la période du « réalisme socialiste », il décortique dans *L'Architecture de la période stalinienne* (1978) les mécanismes selon lesquels la réaction culturelle s'implante dans l'U.R.S.S. des années 1930. Avec *L'Architecture de la reconstruction*, il retrouve ses expériences initiales dans la France d'après guerre, s'il ne parvient guère à trouver de politique sociale novatrice dans l'action du ministère de la Reconstruction et de l'Urbanisme. À la poursuite méthodique des grandes entreprises de l'architecture « de gauche » associant invention formelle et transformation sociale, Kopp concentre aussi son attention sur l'Amérique du *New Deal* rooseveltien et sur les réalisations des fonctionnalistes allemands en Israël.

Avec son dernier livre, qui est sans doute aussi le plus polémique, *Quand le moderne n'était pas un style mais une cause*, Anatole Kopp proposera une sorte d'intégrale de ses réflexions antérieures sur l'unité des politiques de réforme sociale et des stratégies architecturales du Mouvement moderne, de l'Allemagne de Weimar à la Russie et des Etats-Unis à Paris.

JEAN-LOUIS COHEN

Bibliographie

A. KOPP, *Ville et révolution*, Anthropos, Paris, 1967 ; *Changer la vie, changer la ville*, Union générale d'éditions, Paris, 1975 ; *L'Architecture de la période stalinienne*, Presses univ. de Grenoble, 1978 ; *L'Architecture de la reconstruction en France, 1945-1953*, Éd. du Moniteur Paris, 1982 (avec F. Boucher et D. Pauly) ; *Quand le moderne n'était pas un style mais une cause*, École nationale supérieure des beaux-arts, Paris, 1988.

KOWALSKI PIOTR (1927-   )

La personnalité exceptionnelle de Kowalski, l'originalité extrême de ses recherches, à l'intersection de la science et de l'art, excèdent les limites inhérentes à toute spécialisation, et même à toute « profession ». Ni architecte ni savant, mais aussi les deux à la fois, ce sculpteur n'a jamais étudié la sculpture ni la peinture, mais la logique mathématique et la physique. Né en Pologne, il a émigré en Suède en 1946, puis en France et au Brésil. Avant de s'installer en France — il a acquis la nationalité française en 1971 —, Kowalski a étudié l'architecture, de 1947 à 1952, au Massachusetts Institute of Technology de Cambridge (États-Unis), tout en suivant les cours de mathématiques de Norbert Weiner. Cette formation technique et scientifique, les travaux qu'il a accomplis de 1952 à 1953 dans les bureaux de l'architecte Pei et sa collaboration, en 1955, sur la demande de Marcel Breuer, au projet de l'U.N.E.S.C.O. à Paris, devaient d'abord aboutir à la construction du pavillon du Sahara à Paris en 1957 — une structure d'acier en tension, avec des surfaces en plastique translucide —, et au brevet international qu'il a déposé pour la création et la production des formes issues des surfaces élastiques en tension. L'architecture utopique étant devenue la seule forme d'invention réelle de nouveaux espaces urbains, il outrepasse résolument les contraintes et les contingences de la construction utilitaire. Après avoir exposé une première fois, en 1961, à Paris, des volumes et des surfaces élastiques générateurs de formes nouvelles, qu'on a pu interpréter comme des sculptures, il s'est orienté — pour dépasser l'art — vers la création d'*outils d'art*, dénomination plus adéquate de ce qu'il produit que celle d'« œuvres » ou d'« objets d'art ». Cinq grands thèmes innervent et gouvernent cette orientation : une « grammaire d'espace » ; des « actions dans un champ de force » ; la « perception comme un fait culturel d'apprentissage » ; l'« énergie vécue comme matière » ; enfin la « relativité ». Ces outils d'art obéissent en effet à ces cinq directions. En 1965, il a exécuté une sculpture monumentale, formée à la dynamite, pour le campus de l'université de Californie à Long Beach. En 1969, il a conçu un environnement où les spectateurs étaient conviés à expérimenter eux-mêmes, avec des tubes en verre remplis de gaz, le surgissement de lumières de différentes couleurs à l'intérieur des tubes en les promenant librement dans une allée bordée d'antennes électromagnétiques. En 1974, Électricité de France lui a commandé cinq sphéroïdes flottants en acier inoxydables formés à la dynamite. En 1978, il exécute à Linz (Autriche) une sculpture monumentale, *Thermocouple* : deux lames verticales en acier inoxydable et corten qui s'écartent l'une de l'autre sous l'action de la chaleur de l'été, et qui se rapprochent donc en hiver. En 1978, il ouvre un atelier au Center for Advanced Visual Studies du Massachussets Institute of Technology de Cambridge, où il poursuivra ses recherches jusqu'en 1985. Il y produit sa *Time-Machine II*, exposée au Centre Georges-Pompidou en 1981-1982. Cette machine, un ordinateur couplé à des caméras et à des postes vidéo, inverse le son et le déroulement simultané de l'image, chaque millième de seconde au minimum ou chaque seconde au maximum, de manière que le temps et les mouvements réels accomplis dans l'espace soient perçus à l'envers, mais à l'intérieur de la continuité réelle des événements enregistrés. Les spectateurs-manipulateurs de cette machine perçoivent avec clarté l'extrême dépendance des structures de notre pensée à l'égard de notre insertion physique dans l'espace-temps. Ces « machines à démonter les acquis » ont pour but, selon Jean-Christophe Bailly, de « faire sortir la science et l'art de leurs confinements ». Il ne s'agit donc pas d'un art technologique mais d'une recherche qui consiste à agir sur l'inconscient par les moyens de la technologie, en puisant dans la science les moyens d'agir dans le monde réel à la manière d'un miroir qui, au lieu de refléter les choses, en réfléchirait les lois. Le *Miroir* tournant de 1979, où l'on se voit à l'endroit, tel que nous voient les autres, révèle la volonté, chez Kowalski, de mettre la vérité directement en équation. Après avoir réalisé un « pendule de Foucault » en 1980, il a été associé à la définition du projet du parc public de La Villette et a obtenu le grand prix national de sculpture en 1981. En 1983, il a présenté à l'exposition Electra, à Paris, *Champ d'interaction*, environnement d'éléments lumineux dont la structure était modifiée par la seule présence des spectateurs.

De 1987 à 1989, Kowalski a entrepris la réalisation du projet monumental qu'il a conçu pour la Défense, *La Place des Degrés*, trois terrasses étagées qu'il a traitées comme un « paysage » minéral : une « vague de granite » y surgit au milieu des escaliers, en signe de soubresaut fondamental, à l'intérieur d'une architecture dont les éléments sont suggérés par des caniveaux de lumière rouge, qui perpétuent, la nuit, les axes principaux de la place, ainsi que par des tronçons de pyramides, une rouge et une bleue, qui déterminent l'ampleur et la déclinaison des escaliers. L'Espace art Défense a organisé en 1991 une exposition de sculptures et de projets monumentaux comme *La Montagne des dix mille pixels* (1987-1989, non réalisé) pour la région de Kōbe, au Japon : des bassins remplis d'eau composant une image numérique visible de loin. La même année, il a réalisé pour la Défense un escalier qui relie le parvis à la place du Dôme.

ALAIN JOUFFROY

KRAUTHEIMER RICHARD (1897-1994)

De son propre aveu, Richard Krautheimer ne manifesta pas pour l'histoire de l'art un intérêt précoce : lorsque, à la fin de la Première Guerre mondiale, il reprit, âgé de vingt et un ans, ses études supérieures, il s'orienta vers le droit. Mais, à l'université de Munich, l'enseignement de Heinrich Wölfflin (1864-1945), exerça sur lui une influence décisive, et, à Berlin, enfin, il apprit de Paul Frankl comment on pouvait « lire » un monument en fonction du lieu où il se trouve, de sa fonction, de son contexte historique, économique et social. Sa « dissertation » sur *Les Églises des ordres mendiants en Allemagne* (1923) prenait, dans une certaine mesure, le contre-pied des théories de Georg Dehio, fondées sur l'analyse formelle et descriptive des monuments.

L'étude de l'architecture fut l'axe majeur des recherches menées pendant soixante-dix ans par Richard Krautheimer.

La découverte de l'Italie où il fit un long séjour en 1924-1925 avec sa femme Trude Hess, fut sans doute déterminante, et, peu après, d'abord avec August Griesebach, professeur à Heidelberg, puis, à partir de 1927, avec Ernst Steinmann, directeur de la Bibliotheca Hertziana de Rome, il conçut le projet d'un corpus des basiliques chrétiennes de la Ville sainte. Une thèse sur les *Synagogues du Moyen Âge*, soutenue à l'université de Marbourg en 1929, lui donna accès au professorat.

Les lois raciales de 1933 le privèrent de cette chaire : ce Franconien (il était né à Fürth, non loin de Nuremberg) préféra s'exiler à Rome, où l'Institut pontifical d'archéologie chrétienne accueillit ses recherches pour le *Corpus*. Dès 1935, il prit, comme tant d'autres universitaires juifs allemands, le chemin des États-Unis, où il occupa un poste à l'université de Louisville (Kentucky), puis, à partir de 1937, au célèbre collège féminin de Vassar, plus proche de New York, où, autour des grands exilés comme Erwin Panofsky, Karl Lehmann, Walter Frielaender ou Adolf Goldschmidt, venait se former une nouvelle génération d'historiens d'art américains. Cette période de travail intense, marquée par une double activité d'enseignement (assez général à Vassar, hautement spécialisé à l'Institute of Fine Arts of New York), aboutit à la publication en 1942 de deux ouvrages importants, l'*Introduction à l'iconographie de l'architecture médiévale* et *La Renaissance de l'architecture chrétienne primitive à l'époque carolingienne* (*Carolingian Revival*). Malgré les difficultés de l'après-guerre, le *Corpus* des basiliques romaines progressait : le premier volume avait paru en 1937, le deuxième en 1959, le troisième en 1965, le quatrième en 1970 et le cinquième en 1976. L'achèvement de cette entreprise considérable avait requis la collaboration de nombreux spécialistes, architectes ou archéologues, choisis souvent par le maître d'œuvre parmi ses élèves. La réflexion nécessaire sur l'ensemble des problèmes posés par le développement de l'architecture chrétienne, de ses origines à la fin du haut Moyen Âge, avait nourri parallèlement un livre, plutôt destiné aux étudiants, *Early Christian and Byzantine Architecture* (coll. The Pelican History of Art, Penguin, 1965). Le désir de remettre dans une perspective historique globale les monographies juxtaposées du *Corpus* s'accomplissait dans l'ouvrage *Rome. Profile of a City* (1980), le plus largement diffusé sans doute des livres de Richard Krautheimer.

Ainsi l'œuvre de ce savant apparaît-elle à première vue comme remarquablement unitaire et tout entière orientée vers les origines et le développement de l'art chrétien ; des études plus particulières comme « *Mensa, Coemeterium, Martyrium* », parue en 1960 dans les *Cahiers archéologiques*, ou l'attention qu'il portait en 1990, malgré son âge avancé, aux fouilles de l'église primitive de San Lorenzo in Damaso, sous le Palazzo della Cancelleria, et dont il avait deviné, dès 1938, l'importance, contribuent encore à renforcer cette impression d'une œuvre singulièrement unitaire.

Ce serait oublier que, pour beaucoup d'historiens d'art, Richard Krautheimer est aussi l'auteur d'une monographie monumentale et exemplaire consacrée à *Lorenzo Ghiberti*. Élaboré en collaboration avec sa femme à partir de 1950, publié en 1956, réédité en 1970, ce livre est un modèle à la fois d'érudition et de finesse d'analyse et manifeste le souci constant de remettre l'artiste dans son contexte social et intellectuel.

La restauration des portes du baptistère, à laquelle l'auteur avait pu assister lors de ses séjours à Florence, fut le révélateur d'un vieux projet, écarté plus que refoulé, qui remontait sans doute à une thèse, jamais soutenue et jamais publiée, que Richard Krautheimer avait voulu présenter en 1926 et qui s'intitulait *L'Art plastique aux alentours de 1400*. Le problème des rapports entre le « style gothique international » et les débuts de la Renaissance italienne est en effet l'un des points forts de la monographie sur Ghiberti, et l'on peut regretter que ni le projet d'un livre analogue sur Jacopo della Quercia ni surtout les recherches sur Leon Battista Alberti (sujet de plusieurs conférences et séminaires) n'aient abouti.

Mais il serait inexact de souligner à l'excès le contraste entre ces deux champs d'étude : Richard Krautheimer n'avait rien d'un Janus bifrons, une face vers l'art paléochrétien, l'autre vers la Renaissance. Les deux pôles de ces recherches s'inscrivaient en fait dans une vision largement diachronique de l'art, et il est significatif que son livre *Rome. Profile of a City*, limité à la période 312-1308, n'ait été conçu que comme le premier « volet » d'un triptyque qui aurait mené le lecteur du temps de Constantin à l'époque contemporaine. Seul un fragment du troisième « volet », *The Rome of Alexander VII*, fut publié en 1985.

L'influence de Richard Krautheimer a été considérable : son enseignement aux États-Unis, ses longs séjours à Rome où il mourut, la nécessité de trouver des collaborateurs pour mener à bien le *Corpus* lui ont attiré de nombreux disciples, principalement américains, allemands et, dans une moindre mesure, italiens. Curieusement, ses rapports avec la France furent beaucoup plus distants. La multiplication relativement récente des études sur l'art paléochrétien et le haut Moyen Âge a entraîné une large diffusion des écrits de cet historien de l'art, l'un des plus importants du XXe siècle.

JEAN-RENÉ GABORIT et CATHERINE METZGER

KREBS KONRAD (1492-1540)

Natif d'Hessen, formé dans l'entourage d'Arnold von Westphalen, Krebs acheva sa carrière en Saxe au service de Frédéric le Magnanime qui le fit architecte d'État en 1532. À ce titre il fut chargé de l'agrandissement du château de Hartenfels dont il édifia, entre 1532 et 1537, l'aile sud et le magnifique escalier extérieur, apparenté à celui de Blois. Il donna également des plans pour l'arsenal de Gotha (1538). Auparavant, sa présence est attestée sur de nombreux chantiers.

ROBERT FOHR

Bibliographie
H. R. HITCHCOCK, *German Renaissance Architecture*, Princeton, 1982.

KRIER LÉON (1946-   )

Architecte luxembourgeois. Après une assez longue collaboration avec James Stirling à Londres et avec J. P. Kleihues à Berlin, Léon Krier se consacre à une activité théorique jalonnée de projets polémiques, dont l'ambition est de redécouvrir la culture urbaine de l'Europe pré-industrielle. Ses positions sans partage le contraignent à s'abstenir de construire — au contraire de son frère Robert — malgré le succès obtenu par certains de ses projets (Echternach, 1970 et La Villette, 1976).

FRANÇOIS GRUSON

Bibliographie
Riccardo Bofill and Léon Krier : Architecture, Urbanism and History, Museum of Modern Art, New York, 1985.

KUROKAWA KISHŌ (1934-   )

Fils d'architecte, Kurokawa Kishō (plus connu avant 1970 sous le nom de Kurokawa Noriaki) est né au Japon à Nagoya en 1934. Il est diplômé de l'université de Kyōto en 1957. Il entre alors dans l'agence du célèbre architecte Tange Kenzō (né en 1913) et y travaille notamment à l'élaboration du plan d'aménagement de la baie de Tōkyō (1960). Il ouvre sa propre agence à Tōkyō en 1961. Dès 1960, il prend une part active, sous l'œil attentif de Tange, à la création du groupe Métaboliste avec l'architecte Kikutake Kiyonori (né en 1928) et le critique d'architecture Kawazoe Noboru (né en 1926). Sa participation à ce mouvement est décisive et va fortement influencer son œuvre, qu'il s'agisse de ses projets (réalisés ou non), de ses recherches (il soutiendra un doctorat à l'université de Tōkyō en 1964) ou de ses écrits. Pendant près de quarante ans, il sera le porte-parole de nombreux concepts qui, selon lui, forment la base de la vie : symbiose, métabolisme, métamorphose, etc.

Dès 1961, il conçoit des projets théoriques comme celui d'Helix City, ensemble de tours hélicoïdales, structures urbaines gigantesques, sur lesquelles viendraient s'accrocher des cellules d'habitation, le tout évoluant dans le temps et dans l'espace. En 1962, il rejoint le Team X, groupement d'architectes qui avaient organisé en 1954 la dixième rencontre des C.I.A.M.

(Congrès internationaux de l'architecture moderne) en rupture avec les précédentes, et présente ses dernières réflexions. Le projet de construction d'une usine à Nitto (1964) et celui du Hawaï Dream Land (1967), tous deux dans la préfecture de Yamagata, sont pour lui l'occasion de mettre en application ses idées d'une architecture modulaire de haute technicité qui puisse évoluer au gré des besoins. À l'occasion de l'exposition universelle d'Ōsaka en 1970, il confirme son attitude intransigeante en présentant ses recherches sur un projet de capsule d'habitation. Contrairement à ses confrères qui délaissent la question du logement collectif, il dessine la Tour des capsules de Nakagin construite par un promoteur privé à Tōkyō en 1972 : entièrement préfabriquées, cent quarante cellules en plastique s'agrippent à deux colonnes réservées aux circulations verticales. Puis la tour Sony à Ōsaka (1976), où le travail de l'architecte consiste à tenter d'incarner dans une expression bâtie le dynamisme d'une entreprise privée. Kurokawa y réussit en proposant la métaphore d'un appareil électronique lisse dont les lignes simples sont perturbées par les seuls éléments volontairement soulignés en façade : les cages d'escaliers et d'ascenseur. On retrouvera la même intention quelques années plus tard dans la réalisation de l'immeuble Wacoal de Kojimachi à Tōkyō (1984). Ici la métaphore est encore plus explicite : pour le siège social de cette entreprise de sous-vêtements, il choisit l'image stylisée d'une machine à coudre.

Cette esthétique particulière, qui semble tout droit sortie du design industriel mais qui fait appel à des couleurs, à des textures et à des qualités d'espaces directement empruntées à la tradition japonaise, est l'illustration de l'idée de « symbiose » des cultures à laquelle Kurokawa est profondément attaché. Pour lui, le moment est venu de créer un nouvel internationalisme, synthèse des traditions orientales et des courants moderne et postmoderne occidentaux. Cette recherche d'une culture nouvelle ne peut s'exprimer que par une architecture éclectique. C'est pourquoi l'œuvre de Kurokawa a tant de facettes. Le bâtiment du siège social de la Banque de Fukuoka dans l'île de Kyūshū (1975) n'est qu'un simple cube massif recouvert de vitres fumées qui offre aux passants un espace de détente et de liaison avec la rue en rez-de-chaussée.

En 1977, Kurokawa est invité à dessiner le musée d'ethnologie d'Ōsaka. Il propose un ensemble de bâtiments dotés d'équipements ultramodernes. Chaque volume, de forme parallélépipédique, semble comme surélevé. Les angles de ces formes simples sont émoussés et les façades, aveugles ou percées de longues fenêtres horizontales, sont recouvertes d'une peau de couleur gris foncé, l'ensemble évoquant une série de boîtes à bijoux comme en propose l'art populaire japonais. Ces références explicites à la richesse de la culture japonaise sont résolument mises au service de projets dans lesquels les liaisons qui permettent la coexistence des significations sont traitées avec beaucoup d'attention. Le concept traditionnel de *en* (bordure, lien immatériel, karma) est utilisé en ce sens dans de nombreux projets, comme celui du musée d'Art moderne d'Urawa (1982) dans la préfecture de Saitama.

Architecte très actif sur la scène internationale par ses réalisations (on lui doit la nouvelle aile, inaugurée en 1998, du musée Vincent Van Gogh à Amsterdam, aux Pays-Bas) et sa participation à des concours, Kurokawa accorde aussi une grande importance à ses interventions dans les médias afin de diffuser le plus largement possible ses idées.

MARC BOURDIER

Bibliographie

Metabolism 1960, Proposals for New Urbanism, ouvr. coll., Tōkyō, 1960 / K. KUROKAWA, *From Metabolism to Symbiosis*, Londres, 1992 / *Les Grands Architectes contemporains, 1, Rétrospective Kurokawa Kishō, Penser la symbiose. De l'âge de la machine à l'âge de la vie*, catal. expos., Maison de la Culture du Japon à Paris, 1998.

LABROUSTE HENRY (1801-1875)

Architecte français, Henry Labrouste a introduit avec autorité l'emploi du fer et de la fonte dans les édifices les plus nobles. Après de brillantes études au collège Sainte-Barbe, Labrouste est admis à l'École nationale des beaux-arts en 1819. Il suit les cours d'architecture de Le Bas et de Vaudoyer père. Il est successivement lauréat du prix départemental (1823) et du grand prix de Rome (1824). Pendant son séjour romain, il se lie d'amitié avec Félix Duban, Léon Vaudoyer et Duc qui lui font connaître les théories fonctionnalistes de Jean Nicolas Louis Durand, professeur d'architecture à l'École polytechnique. Son travail de cinquième année (1829), la restauration des temples de Paestum, provoque une vive émotion dans les milieux de l'Académie. Il restitue, pour les temples, une structure en contradiction avec les travaux de ses prédécesseurs et propose une décoration polychrome. Il est soutenu avec chaleur par Horace Vernet qui offre sa démission de directeur de l'Académie de France à Rome (1830).

Cette querelle contre l'Académie rejette Labrouste, très respectueux de l'Antiquité, dans le clan des romantiques. Les élèves de l'École des beaux-arts, en rébellion, lui demandent d'ouvrir un atelier. Pendant un quart de siècle (1830-1857), Labrouste va inculquer à ses élèves l'idée que l'architecture est l'« art de bâtir », qu'il est nécessaire d'adapter les formes et le décor au programme. Cette même querelle éloignera le jeune architecte des grands travaux. Pendant près de dix ans, il n'aura que des postes de second ordre. Il prend part à de nombreux concours : ses projets audacieux seront souvent couronnés, mais les commandes ne suivront jamais. C'est le cas de l'hospice d'aliénés de Lausanne, et de la prison d'Alexandrie (Italie). Inspecteur des fêtes sous Alavoine, il est chargé, en 1840, d'organiser avec Visconti le retour des cendres de l'Empereur. On lui demande, en 1838, un projet pour une nouvelle bibliothèque Sainte-Geneviève. Le terrain est exigu pour les exigences du programme. Labrouste propose un édifice à structure métallique non camouflée, entourée d'une enceinte de style traditionnel. Il étudie très attentivement le fonctionnement de la bibliothèque. La construction est réalisée de 1843 à 1850. C'est un succès. Labrouste succède alors à Visconti comme architecte de la Bibliothèque nationale (1854) qui a besoin d'être agrandie et rénovée. Il conçoit une salle et des magasins métalliques. Mais il montre son habileté dans l'aménagement et la restauration des hôtels anciens qui composent l'ensemble. Nommé architecte du diocèse de Rennes, il construit le séminaire de la ville, où il déploie beaucoup d'ingéniosité et d'économie dans les procédés de construction. Labrouste construit aussi un certain nombre d'hôtels parisiens dans des styles historique (hôtel Fould, 1858 ; hôtel Vilgruy, 1860), ou moderne (hôtel Thouret).

RENÉE PLOUIN

s'illustrer dans un style personnel et plus neuf : Mon Repos (1760-1767) et surtout La Solitude (1763-1767), où l'abondance décorative des façades s'estompe devant une lisibilité accrue des masses et une simplicité volumétrique qui rejoignent certaines expériences des néo-classiques. La Guêpière, excellent graveur, publia un *Recueil d'esquisses d'architecture* (1759). Son œuvre, rattachée à un vaste courant esthétique qui domine l'Allemagne et dont il est, avec ses compatriotes N. de Pigage, J. Legeay et P. M. d'Ixnard, l'un des meilleurs représentants, a été étudiée dans un ouvrage fondamental de Pierre du Colombier, *L'Architecture française en Allemagne au XVIIIe siècle* (1956).

DANIEL RABREAU

LA GUÊPIÈRE LOUIS PHILIPPE DE (1715-1773)

Élève de son oncle Jacques de La Guêpière (auteur du pavillon de la Ménagerie de Sceaux), puis de Jacques-François Blondel, La Guêpière est un des principaux architectes français fixés en Allemagne au XVIIIe siècle. Directeur des bâtiments du duc de Wurtemberg en 1752, il est chargé des travaux de la Nouvelle Résidence de Stuttgart, commencée en 1746 par l'Italien Leopoldo Retti. Ce palais, remarquable par la richesse de son décor intérieur, dérivait directement des modèles, cent fois répétés, d'un Robert de Cotte ou d'un Gabriel. Mais la commande de deux châteaux de plaisance (toujours au Wurtemberg) donne l'occasion à La Guêpière de

LALOUX VICTOR (1850-1937)

Grand Prix de Rome en 1878, professeur à l'École des beaux-arts, membre de l'Institut, président de nombreux organismes professionnels, Laloux est représentatif d'une carrière officielle d'architecte du XIXe siècle. Il est principalement l'auteur de la gare de Tours (1895 - 1898) et de la gare d'Orsay (1898 -1900), transformée aujourd'hui en Musée du XIXe siècle, deux œuvres de style éclectique. Son influence comme enseignant est prépondérante : la présence de nombreux élèves américains dans son atelier a largement contribué à répandre, aux États-Unis, avant 1914, le style Beaux-Arts.

ANNIE JACQUES

Bibliographie

M. L. CROSNIER-LECONTE, *Victor Laloux 1850-1937, architecte de la gare d'Orsay*, catal. d'expos., 1987.

LANDO DI PIETRO (mort en 1340)

Architecte et orfèvre renommé ayant travaillé au service des Angevins, à Naples. Lorsque le « conseil de la cloche », à Sienne, décida, le 23 août 1339, de reprendre un vieux projet d'embellissement de la cathédrale, il fit appel à lui. Il proposa un nouveau corps d'édifice plus large que le précédent en transformant la nef en bras de transept. Il devait mourir peu après à Sienne laissant l'œuvre inachevée.

ALAIN ERLANDE-BRANDENBURG

LANGHANS KARL GOTTHARD (1732-1808)

Architecte allemand, il travaille en Silésie (théâtre de Breslau), voyage en Italie, en France et en Angleterre, avant de s'installer à Berlin où il devient directeur des bâtiments publics de Prusse. Il y introduit l'architecture néo-grecque avec la célèbre porte de Brandenburg (1789-1791) très inspirée des Propylées de l'Acropole d'Athènes et construit plusieurs salles de spectacle à Berlin, Potsdam et Dantzig.

JEAN-PIERRE MOUILLESEAUX

Bibliographie

D. WATKIN & T. MELLINGHOF, *German Architecture and the Classical Ideal 1740-1840*, Londres, 1987.

LANGLOIS JEAN (XIIIe s.)

On s'est longtemps mépris sur le véritable rôle de Jean Langlois dans la construction de Saint-Urbain de Troyes. L'érudition moderne, qui n'avait pas compris la signification du titre qui lui était donné dans les textes, avait cru qu'il était comptable. En fait, il est bien l'architecte qui donna les plans de l'édifice un peu avant 1262 et en assura, en grande partie, la construction. L'histoire de l'édifice est assez bien connue. Dès son accession au trône pontifical en 1261, sous le nom d'Urbain IV, Jacques Pantaleon décida d'élever à l'emplacement de l'échoppe de son père un édifice dédié à saint Urbain. Dès la fin de 1262, le chœur était entrepris. L'œuvre fut poursuivie rapidement par le neveu et successeur d'Urbain IV, Clément IV, jusqu'à l'été 1266, pour se ralentir ensuite. En 1286, à la mort de Clément IV, les collatéraux de la nef et le bas du mur de façade étaient montés, mais la nef ne comportait qu'une travée. À la fin du XIVe siècle, les parties basses de la nef furent achevées et, au milieu du XIXe siècle, d'importants travaux de restauration et l'achèvement de la façade occidentale permirent enfin de fermer le chantier. L'œuvre de Jean Langlois se distingue par la magnifique légèreté donnée à l'abside. Sur un soubassement plein, deux niveaux de fenêtres ajourent l'édifice sur toute sa hauteur et dans toute la largeur du mur. La construction est réduite à un savant jeu de quilles verticales, maintenues à l'extérieur par les organes de butée. Plus subtile encore est la disposition des baies qui ne sont pas établies sur le même plan. À l'étage supérieur, elles se trouvent au nu du mur intérieur ; au-dessous, elles sont repoussées à l'extérieur, laissant un passage derrière les meneaux qui se prolongent sans interruption dans les fenêtres hautes. Ce parti audacieux crée des effets de lumière d'une très grande beauté, grâce à ces deux sources de clarté établies sur deux plans différents ; l'église est une cage de verre, immatérielle, animée de valeurs différentes selon les heures du jour.

ALAIN ERLANDE-BRANDENBURG

LAPRADE ALBERT (1883-1978)

Architecte français né à Buzançais en 1883. Après des études à l'École nationale des beaux-arts de Paris, il est appelé au Maroc par Henri Prost dont il devient l'adjoint à partir de 1916, sous les ordres du maréchal Lyautey. La dévotion qu'il porte à ce dernier se conjugua avec l'influence de son maître, l'un des premiers praticiens de l'urbanisme moderne en France. Il réalise ainsi le plan de la nouvelle ville indigène de Casablanca, puis la Résidence générale de Rabat – selon des modèles proches de ceux, alors tout récents, de Tony Garnier pour la *Cité industrielle* (ouvrage publié en 1917).

À son retour en France, en 1920, on lui confie la supervision des travaux de la reconstruction de Lille. Les projets d'aménagement n'eurent guère de suite (Lille n'ayant pas été classée « ville sinistrée ») et l'intervention de Laprade n'a laissé d'autre souvenir que l'immeuble de *L'Écho du Nord*, compromis monumental entre l'architecture rationaliste en béton armé et le régionalisme flamand alors en vogue : les grands nus dépouillés du pignon triangulaire en pierre plaquée sont dans un impressionnant « hors-d'échelle » avec la ligne continue des façades où ils s'inscrivent.

Laprade rejoindra le mouvement moderne au moment où celui-ci connaît le succès : c'est en 1929, lorsqu'il construit avec Léon Bazin le garage Citroën (rue Marbeuf, à Paris, aujourd'hui disparu), resté célèbre pour le parti imposant de ses deux saillies latérales aveugles – décrochées comme autant de tiroirs déboîtés – et de son immense pan de verre central, un carré de 18 mètres de côté.

Deux ans plus tard, à l'Exposition coloniale, il introduit un monumentalisme classique dépouillé, à base de piliers-colonnes et de frises murales (pour les pavillons du Maroc et de la Tunisie et pour le musée des Colonies de la porte Dorée, devenue le musée des Arts africains et océaniens en 1960.), dont la formule était appelée à un grand succès. Sa carrière officielle se confirme par la construction de l'ambassade de France à Ankara (dont Prost avait donné le plan d'urbanisme). Inspecteur général des beaux-arts (de 1931 à 1951), Laprade est aussi architecte en chef des bâtiments civils et des palais nationaux. Enfin et surtout, il est l'architecte des grandes compagnies d'électricité, pour lesquelles il conçoit la composition des barrages de Génissiat (1939-1942), de Donzère-Mondragon, et les centrales de Roselend et de La Bathie. À Paris, il se distingue par l'immeuble pour la Compagnie parisienne de distribution d'électricité du 76, rue de Rennes et par la tour du centre Morland (1965). L'accueil réservé de l'opinion vis-à-vis de ces constructions d'un monumentalisme vide (où réapparaissent tous les tics d'un académisme persistant) marque la fin d'une carrière fertile en grandes constructions – sinon en belles constructions.

Pourtant, on aurait tort de réduire l'activité d'Albert Laprade à sa seule production monumentale : son intervention sur le secteur de l'îlot Saint-Gervais, dans le Marais, ouvre la voie d'une conception nouvelle de l'urbanisme en milieu ancien. Il est l'un des premiers à se soucier d'apporter la démonstration des avantages financiers, sociaux, artistiques et humains de la réhabilitation des constructions anciennes. Comparativement à la plupart des projets de l'immédiat avant-guerre, où le quartier « insalubre » du Marais était entièrement sacrifié (à l'exception de quelques monuments historiques classés), sa conception préserve le bâti existant et s'attache au maintien d'une certaine qualité urbaine (dont la plupart des projets contemporains paraissent dépourvus). Ainsi, peu à peu, Laprade glissera – avec plus ou moins de bonheur – vers l'histoire de l'architecture : si son livre sur François Dorbay est bien contestable (puisque son propos est de transformer un chef d'atelier plutôt obscur en artiste de premier plan – au détriment de personnalités plus célèbres comme Le Vau !), *les Carnets de croquis* restent des modèles d'ouverture de sensibilité au passé et témoignent d'un sens raffiné du détail architectural.

L'entrée d'Albert Laprade à l'Académie des beaux-arts, en 1958, a couronné cette évolution chez l'artiste de l'architecture vers l'histoire.

FRANÇOIS LOYER

Bibliographie

« Albert Laprade », n° spéc. 35 d'*Architecture d'aujourd'hui*, Paris, mai 1951 / A. LAPRADE, *Croquis d'architecture et d'urbanisme*, 8 vol., Paris 1942-1958 / J. ROYER, *L'Urbanisme aux colonies et dans les pays tropicaux*, 2 t., La Charité-sur-Loire, 1932, Paris, 1935.

LASSURANCE LES

Architecte de l'agence de Jules Hardouin-Mansart, Pierre Cailleteau dit Lassurance (1655 env.-1724) fit une brillante carrière dans l'architecture privée, révélant à Paris le « grand goût » versaillais. Membre de l'Académie (1699), architecte du roi et contrôleur de ses bâtiments, Lassurance semble avoir été très tôt honoré d'un crédit qui en fit l'émule de Robert de Cotte ou de Germain Boffrand. Après avoir débuté dans la direction des travaux entrepris par l'agence du premier architecte au château de Clagny et aux Invalides, Lassurance construit son premier hôtel parisien en 1700 (hôtel de Rothelin, rue de Grenelle). Jusqu'à sa mort, outre le château qu'il élève à Évry-Petit-Bourg (aujourd'hui Évry, Essonne), pour le duc d'Antin (alors directeur des Bâtiments), ce sera une suite ininterrompue de ces fastueuses demeures qui marquent, du faubourg Saint-Honoré à la rue de Grenelle, l'extension de la capitale vers l'ouest : en 1704, l'hôtel Desmarets, rue Saint-Marc ; en 1708, l'hôtel d'Auvergne, rue de l'Université, l'hôtel de Maisons, rue de l'Université, l'hôtel de Neufchâtel, rue Saint-Dominique ; en 1711, l'hôtel de Noailles, rue Saint-Honoré ; en 1719, l'hôtel de Montbazon, rue Saint-Honoré, l'hôtel de Roquelaure, boulevard Saint-Germain. En 1722, Lassurance s'associe avec Giardini pour la construction du Palais-Bourbon, sur les berges de la Seine. Ces hôtels, souvent remaniés selon le goût des nouveaux propriétaires du milieu du XVIIIe siècle, ou détruits lors des percements de Haussmann, sont cependant bien connus par les publications de J.-P. Mariette et de J.-F. Blondel ; ils tiennent un rang important à côté de ceux de Boffrand, mais sans avoir leur forte originalité, dans *L'Architecture française* (1752-1756) de Jacques-François Blondel.

Son fils Jean (1690 env.-1755) obtint une place de pensionnaire à l'Académie de France à Rome (1712), puis, à la mort de son père, le titre de contrôleur de Marly (1724). Totalement dévoué à Mme de Pompadour, Jean Lassurance fut son architecte attitré. Il transforma pour elle les résidences de Crécy-Couvé (1746) et de La Celle-Saint-Cloud (1748) et construisit, à Versailles, l'Ermitage (1748) et l'hôtel du Réservoir (1753-1754), avant d'entreprendre son œuvre la plus importante : le château de Bellevue, sur la colline de Meudon. En 1753, la marquise le chargeait de la rénovation de l'hôtel d'Évreux qu'elle venait d'acquérir à Paris (actuel palais de l'Élysée). L'art de Jean Lassurance, soumis aux principes esthétiques d'Ange Jacques Gabriel, apparaît comme le prolongement d'une longue tradition d'élégance.

DANIEL RABREAU

LASSUS JEAN-BAPTISTE-ANTOINE (1807-1857)

Après une formation classique à l'École des beaux-arts, dans les ateliers d'Antoine Vaudoyer et d'Henri Lebas, puis d'Henri Labrouste, Lassus se tourne vers l'étude de l'architecture gothique. Il est à la fois théoricien, restaurateur et réalisateur. Il dirige les restitutions de Saint-Germain-l'Auxerrois et de la Sainte-Chapelle, puis à partir de 1844 celle de Notre-Dame de Paris avec Eugène Viollet-le-Duc. Son œuvre la plus importante, restée inachevée, est Notre-Dame-de-la-Treille à Lille (1856) qui est une application de ses théories sur l'art gothique.

ANNIE JACQUES

Bibliographie

J.-M. LENIAUD, *Jean-Baptiste Lassus 1807-1857, ou le temps retrouvé des cathédrales,* Paris, 1980.

LATROBE BENJAMIN HENRY (1764-1820)

Architecte américain d'origine anglaise, Latrobe est le premier grand représentant américain d'un style auquel se mesurera toute l'architecture moderne, soit pour le contester radicalement, soit pour l'englober et le « dépasser » : le néo-classicisme ou, plus précisément, le « classicisme romantique ». Né en Angleterre, où Latrobe a reçu sa formation architecturale, ce « style » marque l'avènement du « pittoresque » (c'est l'époque du *gothic revival*), c'est-à-dire d'un certain asservissement à l'histoire et d'une certaine liberté prise par rapport à l'histoire. Il s'agissait d'imiter certains styles, ionique, dorique, gothique ou palladien, en les adaptant, sans tenir compte du contexte historique qui les avait produits et sans penser leur inscription dans la réalité de l'époque (XIXe s.). Ce style a une double signification, idéologique (la répétition, le stéréotype, l'emphase du grand mot : histoire) et disséminatrice (sortie hors du contexte, collage), bien représentative de la prise du pouvoir par la bourgeoisie (qui veut elle aussi ses beaux monuments). Latrobe se fait connaître par une banque, en forme de temple ionique, à Philadelphie (1798) ; ses œuvres les plus célèbres sont la cathédrale catholique de Baltimore et le Capitole de Washington. Avant 1800, Latrobe a semé aux États-Unis le grain du néo-classicisme qui allait devenir le style officiel américain.

YVE-ALAIN BOIS

LAUGIER MARC-ANTOINE (1713-1769)

Sans fausser les perspectives, mais en simplifiant, on peut dire que le siècle des Lumières a connu deux grands théoriciens de l'architecture, en France : le père Laugier et Jacques-François Blondel. Tandis que ce dernier poursuivait, non sans nuances, la tradition classique du Grand Siècle, fondée sur un vitruvianisme rationalisé, Laugier ouvrait la voie aux innovations, définissant certains traits typiques du néo-classicisme et annonçant les écrits tardifs de Boullée ou de Ledoux.

Né à Manosque en 1713, destiné à l'état ecclésiastique, Laugier entra au noviciat des jésuites d'Avignon avant de fréquenter successivement les collèges de Lyon, de Besançon, de Marseille et le petit séminaire d'Alès. La Compagnie n'excluait pas, de son enseignement général de très haut niveau, l'architecture civile et militaire. L'étude de cette matière, ses nombreux déplacements qui lui permirent d'observer les chantiers de reconstruction de certains collèges ou le renouveau de l'architecture urbaine, joints à sa connaissance des ruines et des édifices romains de Provence, amenèrent Laugier à méditer très tôt sur l'architecture. C'est néanmoins comme prédicateur qu'il commence une carrière brillante dès son arrivée à Paris en 1747 : ses sermons de carême à Saint-Sulpice, puis à Fontainebleau devant le roi, le rendent célèbre. Laugier, qui entretient des rapports étroits avec les milieux philosophiques, artistiques et littéraires de la capitale, est bientôt mêlé à la lutte du Parlement contre la cour et les jésuites. Ses sermons par trop polémiques dérogeaient à la bienséance de rigueur ; c'est de Lyon, où il est prié de se retirer, qu'il demandera lui-même à quitter la Compagnie (1756). Excellent représentant de ces « gens de lettres éclairés » du XVIIIe siècle qui surent imposer leur droit à la compétence dans des matières où ils n'étaient pas praticiens, mais où ils s'illustraient par la souplesse du raisonnement, l'audace des idées et une grande clarté d'exposé, le père Laugier publia ses écrits les plus retentissants lors de son premier séjour parisien. L'*Essai sur l'architecture* (Paris, 1753, 2e éd. augmentée, Paris, 1755), abondamment commenté par la presse du temps, est resté le plus célèbre et probablement le plus solide de ses écrits ; il le compléta par des *Observations sur l'architecture* (La Haye, 1765 ; rééd. des deux titres, Bruxelles, Mardaga, 1977), à l'époque où son renom avait incité à le consulter sur le décor projeté pour le chœur de la cathédrale d'Amiens. Laugier, qui eut l'honneur d'appartenir aux Académies de Marseille, d'Angers et de Lyon, a laissé les mémoires manuscrits de deux de ses discours, l'un sur la vie de Michel-Ange, l'autre sur le « rétablissement de l'architecture antique ». Citons parmi ses autres publications : *Jugement d'un amateur sur l'exposition des tableaux : lettre de M. de V**** (Paris, 1753), *Apologie de la musique française contre M. Rousseau* (s.l., 1754), *Histoire de la république de Venise [...]* (12 vol., Paris, entre 1759 et 1768), et une œuvre posthume : *Manière de bien juger des ouvrages de peinture par feu M. l'Abbé Laugier*, mise au jour et augmentée de plusieurs notes intéressantes par M*** (Cochin) (Paris, 1771). Secrétaire d'ambassade à Bonn (1760-1763), Laugier se consacrera par la suite à la *Gazette de France*, dont il devient l'éditeur officiel. Parmi ses projets, celui de créer une publication périodique sur les arts en France ne verra le jour qu'au tout début du XIXe siècle.

Formé au contact d'une pensée philosophique progressiste alors dominée par le *newtonisme* et le sensualisme de son compatriote Condillac, Laugier sait aussi adapter les mécanismes du raisonnement théologique aux besoins de la persuasion. Sa réfutation des théories de Vitruve et de Blondel sur le *beau* architectural lui fait rechercher l'essence de celui-ci dans des causes naturelles qui mettent en jeu une psychologie intuitive. La théorie des corps géométriques, sur laquelle il s'appuie, empruntée à la science expérimentale, sera par la suite brillamment développée par Boullée, qui défend lui aussi la simplicité, et donc la clarté, du parti architectural et des motifs ornementaux contre le décorum et l'abstraite notion de *beau absolu* fondée sur des rapports idéaux de proportions. Laugier soumet l'usage arbitraire des proportions harmoniques à la reconnaissance d'une beauté naturelle, aux origines primitives, qui implique un fonctionnalisme modéré. À l'aide de commentaires sur des édifices récents, il justifie la vision d'un style nouveau par l'analyse de son seul goût personnel et n'établit qu'ensuite la théorie. L'explication rationaliste de l'ordre grec prend sa source dans l'image de la hutte rustique qui orne le frontispice de son *Essai sur l'architecture*. Récusant la conception romaine du mur plastique, synonyme de « grand goût » au XVIIe siècle, Laugier rejette catégoriquement l'usage du pilastre et des entablements brisés, l'abus des piédestaux et des arcades, et l'emploi des niches. Son intérêt pour la beauté expressive de la structure et l'économie logique de la construction le pousse à s'intéresser de très près aux édifices gothiques, attitude en quelque sorte prophétique qu'il partage avec de rares architectes contemporains et qui préfigure la conception de Soufflot pour la basilique Sainte-Geneviève (1756).

DANIEL RABREAU

LAURANA LUCIANO (1420 env.-1479)

Architecte dalmate né à Zara. On ignore tout de sa formation première, à l'exception d'un séjour à Mantoue où il a connu les œuvres d'Alberti avant d'entrer au service du duc d'Urbin, Federico da Montefeltro. En 1465, celui-ci le charge de la transformation du vieux château qui domine la ville. Luciano Laurana trouve le moyen de régulariser cet ensemble architectural et d'en faire un organisme clair aux lignes pures et harmonieuses. Les travaux restés inachevés à sa mort seront poursuivis par Francesco di Giorgio. Laurana participe aussi au projet du dôme d'Urbin et construit la Rocca Costanza de Pesaro.

RENÉE PLOUIN

LE BLOND JEAN-BAPTISTE ALEXANDRE (1679-1719)

L'architecte français Jean-Baptiste Alexandre Le Blond a construit en France et en Russie, et les études qui lui ont été consacrées ont été menées par des chercheurs de ces deux pays. Dans les années 1910, Le Blond attira, comme beaucoup de ses compatriotes qui avaient travaillé en Russie, l'attention des auteurs de la revue d'art *Starye gody* (Les Anciennes Années). Louis Réau en parla dans ses publications consacrées à l'expansion de l'art français en Europe au XVIIIe siècle. La première recherche fondamentale de la période française de Le Blond fut entreprise en 1934 par Boris Lossky dans une thèse soutenue à l'École du Louvre. La période russe de l'architecte fit l'objet de nombreuses publications en Russie dont les plus complètes sont celles de Ninele Kaliazina au cours des années 1970-1990.

Le Blond est né à Paris en 1679 dans la famille du peintre et graveur Jean Le Blond, membre de l'Académie royale de peinture et de sculpture, qui fut aussi marchand d'estampes dans sa boutique *À la cloche d'argent*. Jean-Baptiste Alexandre apprit à dessiner en copiant chez son père les gravures des ornemanistes de son temps, surtout celles de Jean Le Pautre. Selon Mariette, Le Blond se forma sous l'égide du menuisier G. Feuillet « qui sçavoit de l'architecture et de la perspective plus que ne comportoit son état ». Selon Antoine-Joseph Dezallier d'Argenville, il fut élève de Nicolas Girard, architecte du duc d'Orléans. En tout cas on ne peut certainement pas, contrairement à ce qu'on croyait autrefois, compter parmi ses maîtres le célèbre André Le Nôtre.

Les débuts de Le Blond à Paris furent liés au dessin et à la théorie de l'architecture. En 1706, il dessina plusieurs planches pour l'édition de l'*Histoire de l'abbaye royale de Saint-Denis*. Il fut ensuite l'auteur non seulement de tous les dessins, mais aussi de l'essentiel du livre paru sous le nom de Dezallier d'Argenville : *La Théorie et la pratique du jardinage* édité en 1709 par Mariette Père. En 1710 Le Blond prépara, chez le même éditeur, la réédition du *Cours d'architecture* de A.-C. Daviler, paru pour la première fois en 1691. Il y ajouta de nouveaux chapitres et planches qui concernaient la distribution et la décoration des appartements. Le rôle qu'il joua à la fin des années 1700 et au début des années 1710 dans la publication d'ouvrages d'une importance capitale, place Le Blond parmi les créateurs de l'architecture « moderne » à la française.

Quant à ses propres ouvrages Le Blond n'eut pas le temps de les éditer.

La période parisienne de Le Blond fut peut-être un peu moins féconde en pratique qu'en théorie. Parmi ses réalisations, il faut mentionner à Paris l'hôtel de Vendôme (enclavé aujourd'hui dans l'École des mines) avec son célèbre jardin en perspective illusionniste inscrit dans un terrain irrégulier, l'hôtel de Clermont (il existe toujours, au 69, rue de Varenne), ainsi que deux maisons de plaisance à Châtillon-sous-Bagneux. Ces constructions se caractérisent par une distribution intérieure minutieuse et par une subtile délicatesse des décors qui annoncent l'arrivée du style rocaille.

En 1716, Le Blond rencontre Pierre le Grand qui voyageait en Europe, et il est embauché par le tsar. Le 6 août 1716, il arrive à Saint-Pétersbourg à la tête d'un groupe d'artistes et d'ouvriers du bâtiment. Le 27 février 1719 il meurt de la variole. Ce court séjour fut pourtant extrêmement important pour la création de la nouvelle architecture russe à l'Occidentale, dans laquelle la composante française fut désormais très présente. Si, dans le domaine de l'urbanisme, son œuvre en Russie fut plutôt un échec – son célèbre plan de Saint-Pétersbourg qu'il inscrivit dans un ovale parfait, 1717, (archives de l'Académie des sciences de la Russie) fut rejeté par le tsar – elle fut beaucoup plus réussie dans la création de jardins aussi bien à Saint-Pétersbourg (le jardin d'Été), que dans les résidences impériales aux environs de la ville, à Strelna et à Peterhof, où Le Blond posa les fondements de grands ensembles du type versaillais (tous ces projets sont au musée de l'Ermitage). Il fut également responsable de la transplantation en Russie du type de l'hôtel parisien dont on retrouve les traits spécifiques dans son projet de maison « exemplaire » pour les quais de la Néva (gravure de Rostovtsev au musée de l'Ermitage) ou encore dans l'hôtel Apraxine (relevé de 1740). Dans tous ses projets russes, Le Blond pratique une distribution intérieure très soignée, comportant toutes les commodités modernes, dans l'esprit de l'architecture parisienne du début du XVIIIe siècle. Les décors utilisent selon la dernière mode des lambris sculptés en forme de panneaux, dont le cabinet de Chêne du Grand Palais de Peterhof donne le meilleur exemple. Premier des architectes français à avoir laissé une œuvre en Russie, Le Blond y apporta ce que l'architecture française présentait alors de plus novateur.

OLGA MEDVEDKOVA

LE BRETON GILLES (1500 env.-1553)

Fils du maître maçon parisien Jean Ier Le Breton, qui, vers 1522, travaillait à la chapelle gothique du château de Vincennes, Gilles est aussi le frère de Guillaume et de Jacques Le Breton, constructeurs du château de Villers-Cotterêts (1533). Après avoir travaillé au couvent des Trinitaires de Fontainebleau (1527), il fut chargé, seul semble-t-il, des travaux d'extension du château royal : les adjonctions qui lui sont attribuées témoignent d'un style hybride, passablement retardataire par rapport aux autres constructions de François Ier, comme Chambord ou le château de Madrid. À Fontainebleau toujours, Le Breton édifia, entre 1547 et 1550, les hôtels d'Albon, La Guette et Côme Clausse. On sait enfin, qu'entre 1550 et 1553, il intervint dans la construction du château de Fleury-en-Bière (avant-cour).

ROBERT FOHR

Bibliographie
P. VANAISE, « Gilles Le Breton, maître-maçon, entrepreneur ou architecte parisien du XVIe siècle », in *Gazette des Beaux-Arts,* II, 1966.

LECAMUS DE MÉZIÈRES NICOLAS (1721-apr.1793)

Architecte expert-bourgeois de Paris, il est un des meilleurs spécialistes de la charpente de son époque. En 1763, il entreprend la Halle au Blé exemple abouti de l'architecture utilitaire. Esprit curieux, il publie deux ouvrages très remarqués et complémentaires : en 1780 *Le Génie de l'architecture ou l'analogie de cet art avec nos sensations* (inspiré par la philosophie sensualiste de Condillac) et en 1781 *Le Guide de ceux qui veulent bâtir* (ouvrage pratique pour l'utilisateur).

JEAN-PIERRE MOUILLESEAUX

Bibliographie
M. K. DEMING, *La Halle au blé de Paris, 1762-1813,* Bruxelles, 1984.

LE CORBUSIER CHARLES ÉDOUARD JEANNERET-GRIS dit (1887-1965)

« Le Corbusier a connu de grands rivaux, déclarait André Malraux dans son hommage posthume à l'architecte en 1965, mais, ajoutait-il, aucun n'a signifié avec une telle force la révolution de l'architecture, parce qu'aucun n'a été si longtemps, si patiemment insulté. » Architecte, urbaniste mais aussi peintre, ensemblier, sculpteur avec Joseph Savina (1901-1983) et créateur de tapisseries, Le Corbusier se passionne pour tous les moyens d'expression. À la fin des années quarante, il inventa le Modulor, un nouveau système de mesure qui se voulait la synthèse entre les principes de compositions modulaires et ceux de la section d'or. Ses meubles, créés avec Charlotte Perriand (née en 1903), sont encore édités par le designer italien Cassina. Militant infatigable, il intellectualise chaque expérience et la traduit non dans un langage abscons et prétentieux, mais dans des termes accessibles à tous. Cette clarté servie par un sens inné de la formule, proche du slogan publicitaire, possède une efficacité que l'on retrouve intacte dans la cinquantaine de livres qu'il publie de 1912 à 1966. À ce titre, il fut le premier architecte médiatique du XXe siècle et certainement le plus médiatisé.

Un maître autodidacte

Sur sa première carte d'identité française délivrée en 1930, année de sa naturalisation, Charles Édouard Jeanneret-Gris, né à La Chaux-de-Fonds (Suisse) le 6 octobre 1887, est connu sous le pseudonyme de Le Corbusier, déformation du nom d'un aïeul qu'il emploie pour la première fois en 1920 pour signer ses écrits.

Né dans le berceau de l'horlogerie suisse, le jeune Jeanneret échappe au destin familial de graveur de boîtiers de montre grâce à Charles L'Eplattenier (1874-1946), son professeur de dessin. Il n'a que dix-sept ans quand ce dernier lui obtient la commande de la villa Fallet (1906). De 1907 à 1916, toujours sur les indications de son professeur, il parcourt l'Italie, la Grèce et la Turquie où il découvre l'architecture antique et vernaculaire. D'un trait concis, il couvre ses carnets de croquis de dessins qui évoquent le jeu des formes et de la lumière plus que les styles. Il enrichit ses voyages de séjours à Paris et à Berlin, rencontre Tony Garnier (1869-1948), séjourne brièvement dans l'agence d'Auguste Perret (1874-1954) ou de Peter Behrens (1868-1940).

Mais c'est le choc intellectuel et artistique produit par l'Acropole d'Athènes qui marque son voyage initiatique et lui inspire cette définition de l'architecture perçue comme « le jeu savant, correct et magnifique des volumes assemblés sous la lumière ». Énoncée pour la première fois dans l'*Esprit nouveau*, la revue à laquelle il participe de 1920 à 1925, cette formule demeure encore l'une des clés de son œuvre.

Lors de ses rapides séjours dans sa ville natale, Charles Édouard Jeanneret multiplie ses expériences d'enseignant et d'architecte. Cette première période suisse s'achève par la construction de la villa Schwob (La Chaux-de-Fonds, 1917) où, dans un style influencé par Perret, il applique pour la première fois le principe constructif DOM-INO dont il est l'inventeur.

LE CORBUSIER

Naissance d'un nouveau langage architectural

Le Corbusier propose en 1914 un système de construction en béton dont le principe se résume à une simple trame de poteaux portant des planchers et reposant, pour toute fondation, sur de simples dés. La trame permet de composer librement façades et plans. L'idée n'est pas originale mais, comme souvent dans son œuvre théorique, l'apport de Le Corbusier tient dans sa capacité à synthétiser et à simplifier jusqu'à l'évidence un principe ancien et à l'imposer avec force grâce à un schéma et à une formule choc : DOM-INO.

En 1916, Le Corbusier s'installe définitivement à Paris, où il rencontre bientôt le peintre Amédée Ozenfant (1886-1966) qui le pousse vers la peinture « puriste ». Ils en rédigent ensemble le manifeste intitulé *Après le cubisme* (1918), où ils prônent l'emploi d'éléments invariants puisés dans un répertoire de formes simples et universelles. La combinaison du système constructif DOM-INO et des principes esthétiques du purisme appliquée pour la première fois dans la villa Ozenfant (Paris, 1924) permet à Le Corbusier d'élaborer progressivement un nouveau langage architectural dont la légitimité réside, selon lui, dans le fait qu'il s'applique aussi bien au logement économique qu'à la villa de luxe. Le Corbusier plaide pour une architecture rationnelle et industrialisable où, selon l'un de ses slogans parmi les plus célèbres, « la maison est une machine à habiter ». Ces recherches se formalisent dans les projets de maison économique Citrohan (1920-1922), ainsi baptisée en hommage à l'industrie automobile, et seront finalisées en 1927 dans l'énoncé des *Cinq Points pour une architecture moderne* : plan libre, façade libre, pilotis, toit-terrasse et fenêtre en longueur.

Mais ces cinq points ne sont que des principes, dont le succès dépend du talent de l'architecte qui s'en empare : « tant pis pour ceux à qui manque l'imagination », déclare Le Corbusier. Son génie inventif se mesure surtout dans son exceptionnelle perception des espaces intérieurs. Il les conçoit tout en courbes, en cloisons de biais ou en forme de piano, en trémies qui ménagent des échappées visuelles sur les espaces du dessous ou du dessus. Il supprime pratiquement tous les couloirs, juxtapose les pièces, établit une parfaite continuité spatiale ou « promenade architecturale ». Le luxe ne réside pas dans l'exubérance du décor, mais dans la qualité des espaces.

Totalement inconnu en 1916 à son arrivée à Paris, Le Corbusier acquiert une réputation internationale en moins de dix ans. Il applique ses principes dans les villas La Roche et Jeanneret-Raaf (Paris, 1925), Cook (Boulogne-Billancourt, 1927), Stein-de Monzie (Garches, 1928), Baizeau (Tunis, 1929), Guiette (Anvers, 1926), et dans une moindre mesure dans des programmes et des recherches économiques comme les maisons de la *Siedlung* du Weissenhof à Stuttgart (1927) ou la cité Frugès (Pessac, 1924-1927).

La construction de la villa Savoye (Poissy, 1931) marque l'apogée de cette période puriste mais coïncide avec celle de la villa de Mme Mandrot au Pradet (1931) où Le Corbusier établit un rapport plus étroit avec le site et adopte des matériaux traditionnels sur lesquels la lumière joue différemment. Cette nouvelle direction annonce les villas des Mathes (1935) et de La Celle-Saint-Cloud (1935). Loin de se complaire dans un système, fût-il le sien, Le Corbusier se remet sans cesse en cause, cherche de nouveaux modes de composition plastique et spatial, déroute ses contempteurs autant que ses disciples. Il obtient également quelques grandes commandes, comme le pavillon suisse (Paris, 1933), l'immeuble Clarté (Genève, 1932), la cité-refuge de l'Armée du salut (Paris, 1933) ou le Centrosoyous à Moscou (1928). Il donne des conférences dans le monde entier et publie d'innombrables articles et ouvrages qui s'imposent immédiatement comme des textes de référence à l'image de *Vers une architecture* (1923). Il contribue également activement en 1928 à la création des Congrès internationaux d'architecture moderne (C.I.A.M.). Enfin, sa participation malheureuse au concours du palais de la Société des Nations (Genève, 1927) le consacre comme porte-parole du mouvement moderne et bouc émissaire de l'académisme.

Pendant la récession des années trente et après la Seconde Guerre mondiale, Le Corbusier se consacre davantage aux grands projets d'urbanisme, mais son œuvre est encore jalonnée de réalisations majeures : la chapelle de Ronchamp (1950-1955), les maisons Jaoul (Neuilly-sur-Seine, 1955), le couvent de La Tourette (1960), le Carpenter Center for Visual Arts (Harvard University, États-Unis, 1964), le Secrétariat (1958) et le Parlement (1962) de Chandigarh en Inde.

L'atelier Le Corbusier

De septembre 1924 au 27 août 1965, date du décès de Le Corbusier à Cap-Martin, le centre mondial de l'architecture moderne se situe dans un étroit couloir qui sert d'atelier à Le Corbusier rue de Sèvres à Paris. Charlotte Perriand, Vladimir Bodianski, Iannis Xenakis, José Luis Sert figurent parmi les plus célèbres des quelque trois cents collaborateurs qui défilèrent rue de Sèvres.

L'histoire de l'atelier Le Corbusier se déroule en quatre époques : de 1922 à 1940, le partage du pouvoir avec son cousin Pierre Jeanneret (1896-1967) ; de 1946 à 1949, l'association avec l'Atbat (Atelier des bâtisseurs) ; de 1949 à 1959, la collaboration avec quelques fortes personnalités tel André Wogenscky ; enfin, l'ultime phase de la reprise en main du pouvoir par le maître de 1959 à son décès.

Celui qui écrit, en 1929, « les techniques sont l'assiette même du lyrisme » aborde la question des matériaux et de leur mise en œuvre en plasticien plus qu'en technicien. Curieux et inventif, il s'intéresse à tous les matériaux, qu'il a tous, un jour ou l'autre, expérimentés autant pour des raisons esthétiques que techniques. Le Corbusier a l'intuition de la solution technique qui convient, mais matériaux modernes ou traditionnels, il prend rarement le temps d'en apprécier les possibilités réelles comme les contraintes de mise en œuvre. Adepte du taylorisme, fasciné par l'industrie, il se révèle incapable de conduire correctement un chantier, ouvrant à la critique une brèche qu'elle ne manqua pas d'exploiter.

Paradoxalement, si les conditions avaient été réunies, Le Corbusier, que l'on connaît comme l'apôtre du béton, aurait pu perpétuer et enrichir la tradition de l'architecture métallique. Il n'est pratiquement pas de grands projets où, au stade des premières études, Le Corbusier n'ait privilégié ce matériau. Il en apprécie les facilités d'usinage, les capacités d'assemblage à sec comme ses qualités plastiques. La crise économique des années trente conjuguée aux faiblesses de la métallurgie française empêchèrent Le Corbusier d'utiliser autant qu'il le voulait ce matériau au profit du béton. Quelques rares réalisations témoignent cependant de cet attachement au métal comme le pavillon Philips (Bruxelles, 1958).

Du module à l'ensemble

S'inspirant du principe modulaire de la cellule monastique ou de la cabine de transatlantique et du juste équilibre entre vie collective et vie individuelle qui régit l'organisation d'un couvent ou d'un paquebot, Le Corbusier conçoit, en 1922, un projet d'immeuble-villas dont le pavillon de l'Esprit nouveau à l'exposition des Arts décoratifs de Paris (1925) représente un prototype d'appartement. Aucun immeuble-villa ne sera réalisé, mais, vingt ans plus tard, la Cité radieuse de Marseille (1952), la première unité d'habitation construite par Le Corbusier, avant celles de Rezé-lès-Nantes (1955), de Berlin (1957), de Briey-en-Forêt (1963) et de Firminy (1967), s'inspire de ces principes.

Le système constructif retenu, dit « du casier à bouteilles, consiste à construire des appartements à l'intérieur d'une ossature de poteaux et de poutres en béton armé ». En d'autres termes, il s'agit de glisser des appartements semblables aux maisons Citrohan ou au pavillon de l'Esprit nouveau dans une ossature de type DOM-INO à l'échelle d'une barre d'habitation de 135 mètres de longueur et de 56 mètres de hauteur. Répartis en vingt-trois types, les appartements en duplex de la Cité radieuse, d'une surface supérieure de 40 à 50 p. 100 à celle des H.L.M., bénéficient de la double orientation. Les habitants disposent de nombreux équipements collectifs, dont une rue commerçante en étage et, sur la terrasse, une école maternelle et des équipements sportifs. Comme son nom l'indique, l'« unité d'habitation » n'est qu'un élément d'un ensemble plus vaste élaboré à l'échelle d'une ville. L'ossature des unités d'habitation, comme celle de la villa Savoye, repose sur un sol artificiel, réservant ainsi le sol naturel aux espaces verts, à la circulation, aux équipements sociaux, culturels et sportifs. Depuis le début des années vingt, cette dimension urbaine est omniprésente dans les recherches architecturales de Le Corbusier. De nombreux livres ont jalonné cette réflexion originale : *Urbanisme* (1925), *Précisions* (1930), *La Ville radieuse* (1935), etc. Le Corbusier propose d'agir sur l'ensemble du processus urbain et non ponctuellement. Au début des années vingt, il se prononce pour la solution radicale de la table rase à l'image du plan de ville pour 3 millions d'habitants de 1922 ou du plan Voisin pour Paris, tracés au cordeau, suivant un quadrillage rigoureux, découpés en zones d'activités distinctes. Volontairement provocatrices et inapplicables, ces propositions n'ont d'autre objectif que d'alerter l'opinion sur la situation catastrophique des grandes métropoles.

Ses recherches évoluent ensuite vers la définition d'éléments d'analyse et d'intervention universels qui permettent d'adapter ses propositions à des sites réels : Paris, Anvers, Barcelone, Rio, Alger, Saint-Dié, Meaux, Bogotá et enfin Chandigarh. En 1948, il élabore ainsi pour l'U.N.E.S.C.O. une règle de classification des voies de circulation dite « règle des 7 V », puis, dans la *Charte d'Athènes*, publiée en 1943, il définit avec les C.I.A.M. quatre fonctions élémentaires qui régissent l'organisation de la ville : habiter, travailler, se recréer, circuler.

Après la Seconde Guerre mondiale, Le Corbusier est nommé architecte en chef de la reconstruction de La Rochelle-La Pallice, mais son plan à long terme, inspiré de ces principes, ne sera pas plus appliqué qu'à Saint-Dié où la population rejette son projet, soucieuse de retrouver son cadre de vie traditionnel antérieur. À Chandigarh, assisté notamment de son cousin Pierre Jeanneret, Le Corbusier a enfin la possibilité d'appliquer l'essentiel de ses théories à l'échelle d'une ville. À la lueur de la réalité, Le Corbusier assouplit ses doctrines. Nul doute, comme l'affirme Charlotte Perriand, qu'il eût considérablement modifié ses théories plus tôt si on lui avait confié une commande importante dès les années vingt.

« Il n'est pas inutile, disait Le Corbusier en 1929, de lire constamment dans son propre ouvrage. La conscience des événements est le tremplin du progrès. » La fascination qu'exerce Le Corbusier tient précisément à la rigueur et à la cohérence intellectuelle et plastique qui régissent la totalité de son œuvre. Toute sa vie, il aspira à une « synthèse des arts ». Non qu'il souhaitait la subordination d'un art mineur à un art majeur, ou qu'il aspirait à d'improbables « œuvres d'art totales », mais il recherchait simplement une concordance entre son œuvre architecturale, picturale ou sculpturale. Sa peinture, où l'on décèle l'influence de Fernand Léger, de Georges Braque ou de Picasso, est d'abord marquée par une période puriste qui s'apparente à une phase de recherche. Ses compositions, comme la *Nature morte à la pile d'assiettes* (1920), rassemblent des objets usuels sélectionnés pour leurs qualités formelles, esthétiques et morales qui en font des motifs poétiques à signification universelle. Les tableaux puristes de cette époque révèlent d'évidentes parentés avec les plans de ses réalisations architecturales. Cette synthèse s'étendra plus tard à la sculpture, qu'il n'aborde qu'en 1946.

À partir de 1925, il introduit dans son vocabulaire formel des objets naturels qui donnent naissance à un nouveau registre d'objets dits « à réactions poétiques ». La forme humaine n'apparaît que vers la fin des années vingt et s'impose au cours de la décennie suivante comme le thème central de son œuvre peinte. Pour le peintre Le Corbusier, comme pour l'architecte ou le sculpteur, le dessin et la forme priment sur la couleur.

Le Corbusier n'est pas un architecte, mais un plasticien, concluait justement Pierre Vago dès 1933 dans les colonnes de *L'Architecture d'aujourd'hui*. Cette analyse précoce lui fut souvent reprochée. Le Corbusier déclarait pourtant dès 1922 à Auguste Perret : « En architecture, je ne serai jamais l'un de vos concurrents, puisque j'ai renoncé, pour divers motifs, à pratiquer l'architecture d'une manière générale et que je ne me suis réservé que certains problèmes qui mettent en jeu exclusivement des questions de plastique. »

GILLES RAGOT

Bibliographie

J.-L. COHEN, *Le Corbusier et la mystique de l'U.R.S.S.*, Mardaga, Liège, 1987 / J. GUITON, *Le Corbusier, textes choisis*, Le Moniteur, Paris, 1982 / *Le Corbusier et la Méditerranée*, ouvrage collectif, Parenthèses, Marseille, 1987 / J. LUCAN dir., *Le Corbusier, une encyclopédie*, Centre Georges-Pompidou, Paris, 1987 / G. MONNIER, *Le Corbusier. Qui suis-je ?*, La Manufacture, Lyon, 1986 / G. RAGOT & M. DION, *Le Corbusier en France*, Electa / Moniteur, Paris, 1987 / S. VAN MOOS, *Le Corbusier, l'architecte et son mythe*, Horizons de France, Paris, 1970.

LEDOUX CLAUDE NICOLAS (1736-1806)

Architecte visionnaire, grand constructeur, urbaniste et dessinateur, philosophe et poète de la théorie architecturale, Ledoux domine la scène artistique française, de la fin du règne de Louis XV à 1804 – date de la parution de son livre : *L'Architecture considérée sous le rapport de l'art, des mœurs et de la législation*.

S'il faut un génie à l'architecture de l'époque de Goethe, David, Mozart ou Beethoven, la personnalité de Ledoux s'impose en Europe comme aucune autre par l'originalité, la variété, la puissance et l'universalité de ses conceptions ; par l'ampleur inégalée, aussi, de l'œuvre construit qui touche tous les genres de bâtiments. La destruction des trois quarts de ceux-ci et l'oubli par lequel le XIXe siècle manifesta son mépris pour l'art du siècle des Lumières expliquent la redécouverte assez récente de l'architecture de Ledoux. Entre 1930 et 1970, bien des approximations et des malentendus, suscités par une lecture *moderniste* de son livre « testament », entretinrent le mythe de l'« artiste maudit », de l'« architecte révolutionnaire » victime de l'incompréhension de ses contemporains. L'historiographie actuelle de l'art néo-classique prouve, au contraire, que l'œuvre de Ledoux, pure conséquence de la pensée encyclopédique et de la sensibilité moralisante et sensualiste du XVIIIe siècle, fut fort bien compris et admiré des édiles et de l'intelligentsia de son temps.

Le constructeur prolifique

Né à Dormans en Champagne, boursier d'un des plus célèbres établissements d'enseignement secondaire de la capitale, le collège de Beauvais, Ledoux eut une carrière essentiellement parisienne dont les prolongements en province furent considérables ou prometteurs. Doué d'une imagination exaltée, d'une ténacité et d'un enthousiasme communicatifs, il se plaira, dans sa vie d'artiste, à valoriser sa formation littéraire, sa curiosité philosophique et son sens politique. L'amitié des poètes bucoliques Delille et Saint-Lambert, ses relations avec les physiocrates, avec certains nobles réformistes et financiers de haut rang, comme ses affinités avec les milieux de la musique, du théâtre et de la peinture, illustrent sa vocation encyclopédique et expliquent son ascension rapide dans une profession dont il fut le porte-parole auprès des mécènes et des pouvoirs publics.

Formé au dessin et à la gravure dans l'atelier d'un auteur d'estampes à sujets guerriers et héroïques, Ledoux découvrit la théorie de l'architecture à l'école de J. F. Blondel. Cette éducation, commune à la plupart des grands architectes de sa génération (De Wailly, Boullée, Chalgrin, Peyre, Brongniart, Chambers, parmi bien d'autres français ou étrangers), se poursuivit dans l'agence de Trouard, ancien lauréat de l'Académie, fortement imprégné de l'idéal piranésien à son retour de Rome (1758), et propagandiste dans l'architecture du « goût à la grecque », récemment mis à la mode dans les arts décoratifs. Saluée dans la presse pour son originalité, la première œuvre connue de Ledoux est le somptueux décor de lambris sculptés du café Militaire (1762, aujourd'hui conservé au musée Carnavalet). Elle témoigne d'emblée de son goût pour l'iconographie narrative et de son aptitude à traiter tous les programmes, fussent-ils modestes, avec une monumentalité théâtrale et pittoresque. Très épurée par la suite, cette tendance iconographique deviendra une des marques essentielles de son style, une des données fondamentales de sa théorie.

Nommé en 1764 architecte-ingénieur des Eaux et Forêts, Ledoux se partagea durant une dizaine d'années entre ses chantiers de province et une clientèle parisienne qui célébrait avec ostentation les bienfaits de la paix de Paris de 1763 en s'installant dans de somptueux hôtels. L'idéologie ledolcienne, transmise plus tard par le livre de 1804, s'attachait déjà à promouvoir cet équilibre idéal entre, d'une part, l'activité privée de l'architecte mondain au service de la noblesse et du pouvoir de l'argent et, d'autre part, les devoirs civiques de l'homme de l'art, responsable de l'aménagement du territoire sous l'autorité de l'État. Aux travaux modestes du début, ponts, églises de villages ou décor religieux (chœur de la cathédrale d'Auxerre, 1764) en Bourgogne et en Champagne, s'ajoutèrent bientôt de superbes demeures, édifiées entre 1763 et 1773 : parmi les plus célèbres, les hôtels d'Hallwyl, de Montmorency, d'Uzès, de Mlle Guimard, de Mlle de Saint-Germain, le pavillon Tabary, le pavillon de Mme du Barry à Louveciennes, les châteaux de Benouville (Calvados) et de Maupertuis (Seine-et-Marne), les écuries de l'hôtel des Équipages à Versailles...

Nommé inspecteur des Salines de Lorraine et de Franche-Comté (1771), puis architecte de la Ferme générale (1773), Ledoux agrandit son rayon d'action à d'autres provinces où il connut son heure de gloire à la tête d'immenses chantiers. Le plus extraordinaire reste celui de la Saline royale d'Arc-et-Senans dans le Doubs (1774-1779) : la première usine « noblement » architecturée de l'époque moderne ! Suivirent : le grenier à sel de Compiègne (1775), le théâtre de Besançon (1776-1784), le palais de justice et les prisons d'Aix-en-Provence (premier projet 1776, fondations 1786, chantier arrêté en 1792, abandonné en 1802). Une clientèle de fermiers généraux, de banquiers anoblis et d'hommes d'affaires, à la suite de l'aristocratie militaire qui favorisa ses débuts, mit à profit alors les talents d'un artiste bien en cour et devenu très à la mode. Ledoux participa ainsi à l'urbanisme paysager des quartiers nord-ouest de Paris sous le règne de Louis XVI, au Faubourg-Poissonnière et à la Chaussée-d'Antin, où il éleva notamment l'hôtel Thélusson (1781), dans des formes à l'antique théâtralisées au cœur d'un jardin anglo-chinois miniature, et les fameuses maisons Hosten (1792), rare témoignage de son activité de constructeur privé durant la Révolution.

Le dernier chantier que Ledoux dirigea pour les pouvoirs publics est celui du mur d'enceinte des fermiers généraux (1785-1790), ponctué de cinquante-cinq barrières ou plutôt pavillons d'octroi, simples ou jumeaux, qui signalèrent jusqu'au milieu du XIXe siècle les portes de Paris. Tous différents, conçus avec une monumentalité massive, parfois somptueuse, ils devaient symboliser, à travers l'image des *propylées* grecs, l'adhésion civique des contribuables à l'autorité des édiles d'une capitale « policée ». L'esthétique, en l'occurrence fort coûteuse, et l'idéal utopique de l'architecte se heurtèrent de front à la Révolution. Désavoué par Louis XVI, définitivement dessaisi du chantier en 1789, Ledoux vit avec dépit ses dernières barrières achevées, et parfois simplifiées, par ses confrères J. D. Antoine et J. A. Raymond. L'artiste, engagé dans le courant moralisateur de l'art, également défendu ou illustré par Diderot, Greuze et David, définissait ainsi l'objectif politico-social de l'architecture : « Si l'exemple des vertus avance plus les progrès de tous les élans que le plus beau dialogue, les monuments qui les consacrent frappent davantage la classe laborieuse qui n'a pas le temps de lire. »

Éthique sociale et architecture parlante

Peu familiers des mœurs de l'Ancien Régime, nous pourrions trouver aujourd'hui la carrière de Ledoux paradoxale, en opposant le courtisan, l'artiste à la mode couronné de succès dans de nombreux chantiers, à l'architecte-philosophe intransigeant, génie bafoué dans plusieurs réalisations réduites ou avortées. Un tel jugement conviendrait mal à l'activité et à l'art de Ledoux : c'est bien sa double réussite, professionnelle et sociale, qui confortait son art à s'épanouir aussi dans l'imaginaire et qui, matériellement, lui permit de subvenir à ses exigences de théoricien et d'écrivain imagier de l'architecture, dans leurs rapports avec l'éthique sociale et la liberté créatrice individuelle. C'est à son compte qu'il fit graver les centaines d'estampes de son œuvre et qu'il les publia dans une édition luxueuse. La réussite exemplaire de l'artiste est aussi concrètement affirmée par les lettres de noblesse qu'il s'apprêtait à recevoir à la veille de la Révolution. Mme du Barry, Trudaine, d'Angiviller, Necker, Calonne, l'intendant Lacorée avaient été ses protecteurs les plus puissants et fidèles. Architecte du roi en 1773 grâce à son élection à l'Académie royale d'architecture, il avait bénéficié de la confiance personnelle de Louis XV et du soutien des ministres éclairés de Louis XVI, avant de connaître la disgrâce en 1789 (avec l'affaire des propylées), l'emprisonnement en 1794-1795 « pour aristocratie », et l'inaction sous le Directoire et le début de l'Empire. Mais cette retraite involontaire lui donna le loisir de composer le plan et d'écrire le texte du vaste ouvrage dont il publia, deux ans avant sa mort en 1806, un seul volume sur les cinq annoncés : *L'Architecture considérée sous le rapport de l'art, des mœurs et de la législation*.

Ledoux avait fait travailler, durant une trentaine d'années, les meilleurs graveurs d'architecture à cette entreprise considérable. Un second tome posthume, sans texte (éd. de D. Ramée, 1847), fit connaître les gravures inédites recueillies par ses héritiers, témoignage hélas ! incompris de son œuvre édifié et rêvé.

La disparition des trois quarts des bâtiments de Ledoux entretint donc longtemps l'ambiguïté entre l'utopie et la réalité dans l'approche de son art ; ambiguïté qui s'explique aussi par sa production graphique qui lègue elle-même à la postérité une image souvent déformée de ses constructions. En effet, afin d'offrir des modèles et avec le souci d'enseigner aux jeunes artistes (« Enfants d'Apollon », comme il les nomme) les ressorts de l'imagination, Ledoux n'hésita pas à idéaliser les formes géométriques et la structure apparente de ses édifices. La théorie de l'*architecture parlante*, qu'il partage avec ses confrères Boullée et Le Camus de Mézières, notamment, tient ses origines d'une extrapolation des théories de l'abbé Laugier (l'auteur de *L'Essai sur l'architecture*, 1753, et des *Observations sur l'architecture*, 1765) et d'une transposition de l'analyse sensualiste de Locke et de Condillac.

« Les hommes pompent avec les yeux les vertus et les vices », affirme Ledoux ; illustrant sa théorie morale des sensations, et particulièrement de la vue qu'il place au premier rang des sens, Ledoux dessina une gravure intitulée « Coup d'œil du théâtre de Besançon ». Dans le cercle que délimite l'iris (de l'œil de l'architecte, d'un spectateur, d'un comédien) apparaît la vue perspective de la salle de spectacle vide. Dans l'exaltation de ce qu'il nomme lui-même les « délires de [son] imagination », Ledoux composa un texte littéraire étonnant, lyrique jusqu'à l'emphase, métaphorique dans la meilleure tradition de l'épopée où intervient le *Deus ex machina* mythologique. Hymne à la création, à la catharsis architecturale, son livre n'est donc pas seulement un recueil d'informations sur son œuvre, réalisé ou projeté, ou un traité théorique. C'est une œuvre d'art, en soi, qui expose et raconte l'architecture ; une encyclopédie (il le dit) et une fable à la fois, destinées à l'éducation des artistes « initiés », c'est-à-dire doués d'une inspiration vertueuse. « Vous qui voulez devenir architecte, commencez par être peintre », écrit-il pour justifier l'esthétique du *pittoresque* qui transfigure, par l'évocation du clair-obscur et des pictogrammes stylisés, les métamorphoses du goût « à la grecque » de ses débuts dans l'art monumental. Sensible aux effets lumineux et aux contrastes vigoureux prônés par Piranèse, adepte de la forme singulière et des volumes autonomes inclus dans un système de variations thématiques empruntés à Palladio et aux palladiens anglais, Ledoux invente un style individuel qui transcende la théorie classique de l'*imitation*. L'expressionnisme des volumes purs (cube, sphère, cône, cylindre, pyramide) et des ordres antiques réinterprétés (dorique grec trapu, fûts de colonnes à bossage géométrique) évoque les origines mythiques de l'architecture où s'affirme la double influence de la *nature* : nature humaine (c'est le *caractère* symbolique) et nature physique (le modèle des formes plastiques). Élargissant sa théorie à l'urbanisme, Ledoux présente son œuvre construit et projeté à l'appui d'un projet de ville idéale : la ville de Chaux – du nom de la forêt située à proximité d'Arc-et-Senans – qu'il développe autour de la Saline royale. S'y ajoutent des monuments utopiques consacrés à la sociabilité, comme l'*Oïkéma* (maison de plaisir), le *Pacifère*, le *Temple de mémoire*, etc. Sa conception utilitariste de la création architecturale est ainsi résumée, en contrepoint au titre déjà fort suggestif de son livre : *La vérité dans les arts est un bien de tous ; c'est un tribut libéral que l'on offre à la société ; chercher à la découvrir est un droit qui appartient à tout le monde.*

DANIEL RABREAU

Bibliographie

• *Éditions de Ledoux*

Architecture de Ledoux, inédits pour un tome III, introduction de M. Gallet, éd. du Demi-Cercle, Paris, 1991 / C. N. LEDOUX, *L'Architecture considérée sous le rapport de l'art, des mœurs et de la législation*, grand in folio, Paris, 1804 ; réédition au même format, 2 tomes, éd. F. de Nobele, Paris, 1962 ; *L'Architecture de Claude Nicolas Ledoux*, éd. sans textes des gravures inédites, par D. Ramée, Paris, 1847 ; rééditions de format réduit des deux volumes de *L'Architecture...* : U.H.L. Verlag, Nördlingen, 1981, et Princeton Architectural Press, New York, 1984 (cette édition comporte le *Prospectus* publié par Ledoux en 1802 et une introduction de A. Vidler).

• *Études et monographies*

M. GALLET, *Claude Nicolas Ledoux*, éd. Picard, Paris, 1980 / E. KAUFMANN, *Von Ledoux bis Le Corbusier...*, Vienne, 1933 (trad. franç. *De Ledoux à Le Corbusier*, L'Équerre, Paris, 1981) ; *Three Revolutionary Architects, Boullée, Ledoux and Lequeu*, Philadelphie, 1952 (trad. franç. *Trois Architectes révolutionnaires, Boullée, Ledoux et Lequeu*, éd. de la S.A.D.G., Paris, 1978) ; *Architecture in the Age of Reason...*, Cambridge (Mass.), 1955 (trad. franç. *L'Architecture au siècle des Lumières*, Julliard, Paris, 1963) / G. LEVALLET-HAUG, *Claude Nicolas Ledoux, 1736-1806*, Paris-Strasbourg, 1934 / J. C. MOREUX & M. RAVAL, *Claude Nicolas Ledoux, architecte du roi*, Paris, 1945 / M. MOSSER, « Situation d'Emil K » [Kaufmann], in *De Ledoux à Le Corbusier. Origines de l'architecture moderne*, éd. Fondation C. N. Ledoux, Arc-et-Senans, 1987 / M. OZOUF, « L'Image de la ville chez Claude-Nicolas Ledoux », in *Annales, économie, société, civilisation*, novembre-décembre 1966 / J. RITTAUD-HUTINET, *La Vision d'un futur : Ledoux et ses théâtres*, éd. P.U. de Lyon, Lyon, 1982 / *Soufflot et l'architecture des Lumières*, Actes du colloque de Lyon (1980), supplément au n° 6-7 des *Cahiers de la recherche architecturale*, Paris, 1980 (4e partie : « Une nouvelle trilogie, Soufflot, De Wailly, Ledoux », pp. 222-298) / A. VIDLER, *Ledoux*, Hazan, Paris, 1987 ; *Claude-Nicolas Ledoux. Architecture and Social Reform at the End of the Ancien Régime*, M.I.T. Press, 1990.

LEFUEL HECTOR (1810-1881)

À la mort de Louis Visconti, Hector Lefuel devient l'architecte en chef du nouveau Louvre (en 1854), dont les bâtiments avaient été commandés par Napoléon III pour compléter les anciens édifices destinés à relier le Louvre aux Tuileries. Bien qu'ils ne participent pas exactement de ce que la langue anglaise nomme un *revival*, ces bâtiments allaient être à l'origine d'un intérêt international pour l'architecture de la Renaissance (intérêt qui allait supplanter dans l'éclectisme le néo-classicisme : l'architecte américain Hunt travailla à ce chantier et il introduisit aux États-Unis le goût pour le style Renaissance). Les bâtiments de Lefuel, si l'on excepte les pavillons d'angle (assez proches, pour certains détails, de l'Opéra de Garnier), sont une interprétation assez peu originale des différentes variations sur un même thème architectural que constituait le Louvre. Cette construction peu inventive deviendra néanmoins, à l'instar de l'Opéra, la réalisation la plus célèbre du second Empire et comme la marque de la médiocrité de ce règne.

YVE-ALAIN BOIS

LEGEAY JEAN-LAURENT (actif entre 1732 et 1786)

Architecte et dessinateur. Après avoir obtenu le Grand Prix d'architecture, il séjourne à Rome de 1737 à 1742, gravant de nombreuses vues de la ville. Appelé à Berlin (plans de Sainte-Hedwige en 1747), il devient Premier architecte du roi de Prusse, travaillant à Sans-Souci et créant le parc baroque de Schwerin. Après un séjour à Londres, où il fréquente Chambers, il publie ses *Suites* gravées de vases, tombeaux, ruines et fontaines (1770), visions proches de Piranèse. La dimension imaginaire qu'il confère au projet a beaucoup marqué ceux qui, comme ses élèves Boullée, Peyre ou De Wailly, chercheront aussi à « composer avec des pinceaux ».

JEAN-PIERRE MOUILLESEAUX

Bibliographie

G. EROUART, *L'Architecture au pinceau, Jean-Laurent Legeay, un piranésien français dans l'Europe des Lumières*, Paris, 1982.

LE MÊME HENRY-JACQUES (1897-1997)

L'architecte Henry-Jacques Le Même est né à Nantes en 1897. Reçu au concours d'admission en 1917, il s'inscrit à Paris d'abord dans l'atelier Pascal-Recoura, où se regroupaient les étudiants nantais et suisses, puis chez Emmanuel Pontrémoli. En 1923, il remporte le concours Rougevin pour une piscine dans un hôtel particulier. Émile Jacques Ruhlmann, décorateur et créateur de meubles d'un raffinement extrême, lui demande alors de venir travailler chez lui. Le Même pourra ainsi s'exercer aux luxueuses subtilités des intérieurs parisiens des années 1920, apprenant ainsi la menuiserie moderne et le dessin grandeur nature qui favorise la conception. Il aura également l'occasion de travailler chez d'autres maîtres français, Pierre Patout en particulier pour l'Exposition de 1925.

Le Corbusier, dans le numéro 28 de *L'Esprit nouveau* (janv. 1925) consacré au Salon d'automne de 1924, évoquera la boutique des céramistes Fau et Guillard, œuvre de Le Même, insérée dans un ensemble urbain de Mallet-Stevens.

En janvier 1926, la baronne Maurice de Rothschild lui commande pour Megève une « ferme savoyarde » : les vieilles fermes étaient alors à la mode. Il étudie pour ce projet les maisons de Megève et de Combloux, auxquelles il emprunte le grand volume extérieur simple et harmonieux. À l'intérieur, il compose une demeure digne des hôtels particuliers de l'époque. Savoir reconnaître la culture de son temps et s'imprégner de l'esprit du lieu est la leçon donnée par Le Même. Comme Le Corbusier, il croit aux voitures, aux avions, mais aussi au Parthénon. Le chalet de la baronne de Rothschild est le premier des 1 013 dossiers ouverts par l'agence. Le Même vécut, travailla et mourut à Megève, où en 1929, il avait construit sa maison, un splendide cube rouge pompéien qui resplendit sur l'herbe verte ou dans la neige, inscrite à l'Inventaire des Monuments historiques, en juillet 1995.

En soixante ans de carrière se succédèrent des œuvres aussi différentes que le chalet de la princesse de Bourbon, des petits chalets d'à peine 50 mètres carrés au sol et des logements sociaux à Megève, mais aussi le palais du Bois de l'Exposition internationale des arts et des techniques de 1937 à Paris. Ce palais de 5 000 mètres cubes de bois fut construit en cinq mois, délai extrêmement court. Sa réussite lui vaudra le premier grand prix de l'Exposition internationale. Il gagna pour cette même Exposition le concours des pavillons de la Savoie pour lequel il reçut le deuxième grand prix.

À la fin des années 1920, il s'associe avec son vieil ami l'architecte Pol Abraham, nantais comme lui, de six ans son aîné, rencontré à l'atelier Pascal-Recoura, pour la réalisation des sanatoriums du plateau d'Assy à Passy (Haute-Savoie). Le projet du sanatorium de Plaine-Joux, qu'ils présentèrent en 1928 au Salon des artistes décorateurs, leur avait valu une renommée internationale. On peut encore admirer les sanatoriums de Guébriant (1932) et de Martel-de-Janville (1937), malgré quelques transformations qui sont heureusement réversibles.

En 1980, il reçoit encore la commande d'un « grand chalet » pour Marcel Dassault qui exigeait une façade de 70 mètres de longueur. Il fallut tout le talent de Le Même pour démontrer à l'avionneur que l'architecture ne résultait pas de la simple addition « d'un séjour et de chambres... »

Il va ainsi soutenir l'impulsion donnée à Megève par les sports d'hiver et de bourgade prospère, celle-ci devint grâce à son architecture une station élégante. Il en inventa aussi le symbole : un triangle vert, un triangle blanc, sur un fond carré de ciel bleu.

FRANÇOISE VERY

Bibliographie

F. VERY & P. SADDY, *Henry-Jacques Le Même, architecte à Megève*, Institut français d'architecture, Mardaga, 1988.

LE MERCIER JACQUES (1585 env.-1654)

L'architecte Jacques Le Mercier est issu d'une famille de maîtres maçons de Pontoise, connue dès le XVIe siècle. Son père Nicolas (1541-1637) travaille pour

Brulart de Sillery au château et à l'église de Marines, sans doute sur les dessins de Clément Métezeau. Jacques Le Mercier fait le voyage de Rome, où il exécute une série de gravures (Saint-Jean-des-Florentins, 1607 ; statue d'Henri IV à St-Jean-de-Latran par Nicolas Cordier, 1609 ; catafalque pour Henri IV, 1610). Dès 1612, il est de retour en France et construit le couvent des Minimes de Fublaines, près de Meaux. Il réside alors à Montereau, travaillant sans doute au pont ; on le consulte en effet dans les années suivantes pour les ponts de Toulouse (1614), Lyon (1619) et Rouen (1620). En 1617 il bâtit l'amphithéâtre de médecine de la rue de la Bûcherie (détruit), en 1622 dessine le portail du château de Dracy-Saint-Loup (Saône-et-Loire), en 1623 est consulté pour Saint-Eustache.

Qualifié d'architecte du roi dès 1615, Le Mercier en 1618 touche 1 200 livres de gages. Il entreprend en 1624 les grands travaux du Louvre, doublant la façade de Lescot au-delà du pavillon de l'Horloge. Les travaux arrêtés, dès 1626, ne reprennent qu'en 1639. Le Mercier, qui avait voûté la salle des Cariatides (1630), est alors nommé premier architecte du roi ; il donne des dessins pour la façade est du Louvre et le décor de la Grande Galerie que devait peindre Poussin (1641).

Mais Le Mercier est aussi l'architecte favori de Richelieu. Il donne les plans du nouveau collège de la Sorbonne (1626), élève le Palais-Cardinal (1629-1636) et travaille à ses châteaux de Rueil et de Bois-le-Vicomte. En 1631, il trace les plans de la ville nouvelle de Richelieu (Indre-et-Loire) et s'occupe des remaniements considérables du château familial, dessine en 1633 la chapelle de la Sorbonne et en 1635 la façade de l'église du village de Rueil.

À Paris, il donne sans doute les plans de l'hôtel d'Emery (1635), construit par Jean Thiriot, qui fut souvent son entrepreneur ; il remodèle l'hôtel de Liancourt, rue de Seine (1635), gravé par Marot. Les contemporains lui attribuent le château de Chilly, auquel travailla Métezeau en 1627. Peut-être lui succéda-t-il, comme il le fit avant 1630 sur le chantier de l'église de l'Oratoire, modifiant ses plans et projetant une façade, non réalisée mais gravée par Marot. Le Mercier donne encore des dessins pour la châsse de Sainte-Geneviève, pour les maîtres-autels de Saint-Eustache et des Cordeliers (1634), et pour le clocher de Sainte-Croix d'Orléans (1638). En 1646, Le Mercier remplace Mansart sur le chantier du Val-de-Grâce ; il élève les murs de l'église jusqu'à l'entablement, voûte les chapelles latérales et modifie le plan de la chapelle du Saint-Sacrement. En 1653, il trace les plans de l'église Saint-Roch.

Le Mercier apparaît comme le représentant d'une architecture plus sobre, plus rigoureuse, proscrivant tous les ornements inutiles ; dans la façade sur cour de la chapelle de la Sorbonne, il se souvient du portique du Panthéon. Sauval l'appelait le Vitruve de son temps ; mais la plupart des contemporains, tout en appréciant son honnêteté et sa compétence, critiquent assez vivement ses ornements et son dessin trop sec. Sa culture architecturale est plus diverse qu'il ne paraît au premier abord : serliennes des tribunes de l'Oratoire, frontons emboîtés du Louvre dans la tradition des maniéristes florentins. Son style, souvent austère dans les extérieurs (refends du Palais-Cardinal et du château de Richelieu), sait se faire plus riche dans les intérieurs et même recourir aux ornements maniéristes (maîtres-autels de Saint-Eustache et des Cordeliers).

CLAUDE MIGNOT

LE MUET PIERRE (1591-1669)

Né à Dijon, d'une bonne famille « d'épée et de robe », Pierre Le Muet s'affirme comme un des meilleurs architectes de son temps, à l'égal de Le Mercier, Mansart et Le Vau, ses contemporains.

Ingénieur du roi et « conducteur des dessins des fortifications de Picardie » depuis 1617, il signe un volume de *Plans des places fortes de Picardie* (1631) conservé à la bibliothèque de l'Arsenal. Sous les ordres de l'ingénieur d'Argencourt, il travaille à Péronne et à Corbie (1635-1638), et plus tard à Langres.

Qualifié d'architecte du roi dès 1616, il touche 300 livres pour un modèle en relief du palais du Luxembourg, puis 600 en 1618 « pour travailler en modèles et élévations de maisons », gages portés à 1 500 livres en 1645. Cette pension, qui n'implique aucune fonction précise, semble liée à ses publications architecturales. En 1623, en effet, Le Muet publie *Manière de bâtir pour toutes sortes de personnes* (réédité en 1647, 1664, 1681 ; traduit en anglais en 1670). Reprenant une idée de Serlio, il propose des modèles de distributions et d'élévations de maisons urbaines, disposés selon un ordre progressif, de la plus petite parcelle constructible à la plus grande. Ces planches donnent une bonne image de l'architecture parisienne vernaculaire des années 1620 : maisons bourgeoises sur rue avec couloir latéral et escalier à vis (pl. I à IV), grandes maisons entre cour et jardin, avec aile(s) en retour, porte cochère et escalier droit ou à quatre noyaux (pl. VII à XI), pavillons isolés (pl. XII et XIII). Les élévations, composées d'un quadrillage de chambranles moulurés ou de chaînes de pierre harpées et de bandeaux horizontaux pour les plus simples, sont marquées par un style maniériste assagi dans les compositions les plus élaborées. Il publie encore *Règles des cinq ordres d'architecture de Vignole* (1631-1632, réédité en 1647 et 1657), traduction des *Regole* de Vignole, qu'il complète d'une suite inédite de portails, dont beaucoup montrent déjà un retour au classicisme ; puis *Traité des cinq ordres traduit du Palladio, augmenté de nouvelles inventions pour l'art de bien bâtir* (1645, édité aussi à Amsterdam en 1646, 1679 et 1682), traduction exacte des chapitres XII à XX du premier livre de Palladio, consacrés aux ordres antiques et adaptation libre des chapitres suivants du même livre, où Le Muet substitue aux mesures données par Palladio les mesures usuelles en France et propose des modèles de combles brisés (première représentation de ce nouveau type de toiture), de portes et de croisées, d'un classicisme élégant.

Le Muet est consulté comme expert à Saint-Eustache (1623) et donne les plans de l'église Notre-Dame-de-la-Victoire (1629), dont le chantier est vite interrompu ; il épouse, en 1632, la fille de Jean Autissier, un des grands entrepreneurs parisiens de maçonnerie. Mais son activité d'architecte se développe surtout après 1636. Pour Claude Bouthillier, il fournit les plans du château de Chavigny en Touraine (1637), dont subsistent le portail, la chapelle et un grand escalier, puis ceux du château de Pont-sur-Seine en Champagne (1638), incendié en 1814, dont il ne reste qu'une partie des communs et du dessin du parc. Pour Michel Particelli d'Émery, il complète le château de Tanlay en Bourgogne (1643) et trace dans le parc un grand canal avec buffet d'eau. Dans ces trois châteaux, Le Muet adopte le plan traditionnel en quadrilatère avec pavillons d'angle et mur-écran fermant la cour, mais la silhouette s'unifie, le décor se fait plus sobre ; il expérimente les nouveaux types d'escaliers à vide, introduit le vestibule central à l'antique et crée à Pont le premier jardin à la française avec terrasses enchaînées et grand canal dans l'axe.

À Paris, après avoir édifié plusieurs petits hôtels proches des modèles de *Manière de bâtir* — hôtels Coquet (1639), Marin, puis d'Assy (1642), maisons pour Tubeuf (1643) —, il bâtit pour Claude d'Avaux un grand hôtel, 71, rue du Temple (1644). Dans la cour scandée de pilastres corinthiens d'ordre colossal, il atteint un classicisme d'une simplicité atticiste. Gravés par Jean Marot, les plans et élévations de ces œuvres sont publiés en supplément à la réédition de *Manière de bâtir* (1647). Pour Jacques Tubeuf, intendant des bâtiments de la reine, à qui il dédie son *Palladio* et qui loue à Mazarin son hôtel de la rue des Petits-Champs, il construit encore l'écurie et la bibliothèque de l'hôtel Mazarin (1646), puis un grand hôtel, 16, rue Vivienne (1650), gravé par Marot dans son *Architecture française*. Tubeuf le charge en 1655 de remplacer Le Mercier sur le chantier du Val-de-Grâce. Le Muet voûte la nef et élève la coupole, sans doute sur un nouveau dessin (1655-1661), puis dirige toute la décoration intérieure. Il trace avec Gabriel Le Duc, son adjoint, le dessin de l'autel (1663) et achève le couvent et l'avant-cour (1655-1667). Cette charge ne l'empêche pas de donner encore les plans de nombreux hôtels à Paris : de Laigne (1659), de Chevreuse (1660) et Ratabon (1664), ces deux derniers détruits, mais tous trois ont été gravés par Marot.

Si le rôle de Le Muet comme ingénieur militaire semble secondaire, sa place dans l'histoire de l'architecture française doit être réévaluée.

CLAUDE MIGNOT

LENNÉ PETER JOSEF (1789-1866)

Jardinier-paysagiste inspiré dont le nom reste lié au site exceptionnel de Potsdam (Allemagne), Peter Josef Lenné dota la Prusse d'un impressionnant ensemble de jardins où domine le style paysager. Ses idées sur les « parcs pour le peuple » (*Volksgarten*) ainsi que ses vastes projets urbanistiques pour Berlin ont conféré à la future capitale de l'Allemagne ce faciès de Ville verte qu'elle a conservé jusqu'au XXe siècle. Grâce aux monographies de Gerhard Hinz (*Peter Josef Lenné. Landschaftsgestalter und Städtplaner*, Göttingen, 1977) et de Harri Günther (*Peter Josef Lenné. Garten, Parke, Landschaften*, Berlin, 1985), on mesure mieux la largeur de conception et la diversité d'inspiration d'un artiste dont l'important corpus graphique révèle une sorte de topographe inspiré.

Issu d'une lignée d'ancêtres jardiniers depuis le XVIIe siècle, Lenné, dont le père était jardinier et botaniste à Brühl, se forma auprès de son oncle, Hans Clemens Weyhe, avant d'entreprendre une série de voyages pour parfaire ses connaissances. Après avoir parcouru l'Allemagne du Sud (1809), grâce aux relations établies par son père avec les autorités françaises lors de l'occupation napoléonienne, il put se rendre à Paris. Il travailla pendant un an auprès du botaniste André Thoin, administrateur du Muséum, et suivit les cours de l'architecte Durand à l'École polytechnique (1810). Il semble, comme en témoignent ses premières œuvres, avoir subi l'influence de Gabriel Thoin qui mettait alors au point le système de typologie des jardins qu'il devait publier en 1819 sous le titre de *Plans raisonnés de toutes espèces de jardins*. Il compléta sa formation en Suisse, puis en Autriche où, grâce au botaniste Josef Boos, il fut engagé à Schönbrunn. Ses premiers travaux officiels, projet de remaniement pour l'ensemble du parc de Laxenbourg et pour l'extension de la ville de Coblence, précèdent de peu son engagement au service du roi de Prusse, Frédéric-Guillaume III. C'est en effet en janvier 1816 que le maréchal von Malsein le nomma à l'Administration générale des jardins de Potsdam, dont il devait devenir le directeur en 1828. Dès lors, les nombreux aménagements et extensions qu'il mène, parfois en étroites relations avec l'architecte Karl Friedrich Schinkel, mobilisent une grande partie de son activité. On le voit cependant multiplier ses interventions dans de nombreuses propriétés de la région, pour des familiers du roi, finissant par donner sa marque à tout le paysage environnant. Pour le domaine royal, il dessine d'abord un plan d'ensemble pour les jardins du Nouveau Palais. Mais c'est surtout dans le domaine contigu de Charlottenhof, où le futur Frédéric-Guillaume IV fait construire un palais « à la romaine » par Schinkel, qu'il peut donner libre cours à son goût des vastes prairies piquées de boqueteaux et d'arbres isolés et parcourues par des sentiers courbes et des eaux sinueuses (à partir de 1826). Sous l'influence « classique » des jardins romains et plus encore de ceux de la Renaissance italienne (il voyage en Italie de 1844 à 1847), il se plaît à des organisations plus régulières, structurées par des berceaux de charmille et des parterres géométriques (Marlygarten, 1855 ; jardin nordique et jardin sicilien, 1860). Ainsi le magnifique ensemble de Potsdam, admirablement restauré et entretenu, témoigne aujourd'hui de l'intelligence d'un artiste qui respecta le dispositif baroque d'origine tout en le reliant subtilement à une série de nouveaux jardins, tantôt réguliers, tantôt paysagers. On retrouve cette volonté « d'intégration intelligente » à Schwerin (1840). Dans d'autres cas, le goût nouveau l'emporte, comme à Charlottenburg (Berlin) où les parterres cèdent la place à de vastes pelouses et où le bassin se transforme en lac, ou encore à Klein-Glienicke, la propriété du prince Charles de Prusse, frère de Frédéric-Guillaume IV.

Une de ses plus poétiques créations est cette Pfaueninsel (île des Paons), au milieu du lac Havel, à l'est de Berlin, où il aménagea pour Frédéric-Guillaume III et sa femme Louise une retraite pittoresque, pleine de plantes rares, de fabriques (laiterie néo-gothique, palais indien) et d'animaux exotiques (1829-1831), qui allaient être à l'origine du premier jardin zoologique allemand.

Le 24 avril 1840, Peter Josef Lenné présentait au ministre de l'Intérieur un « Projet d'embellissement et de délimitation pour Berlin et ses environs immédiats ». Ce plan ambitieux d'extension et de régularisation pour l'ensemble de la « ville de résidence » prussienne intégrait des idées formulées antérieurement (entre autres par Schinkel), mais proposait aussi des solutions nouvelles (vastes places plantées, larges allées avec alignements d'arbres, réseau de nouveaux canaux dont une liaison entre la Spree et le Schafgraben). Dès l'orée de sa carrière, Lenné s'était intéressé à la question des parcs urbains en proposant un projet de « parc naturel » pour le Tiergarten (1816). Ce vaste domaine, à la fois royal (réserve de faisans) et public, à l'ouest de la ville (un peu comme le bois de Boulogne à Paris), devait l'occuper près de quarante ans. En 1819, il proposa d'en faire un « parc du peuple » en y intégrant de nombreux monuments dédiés à la mémoire des héros de la guerre d'Indépendance et aux gloires prussiennes. Mais ce n'est qu'après 1833 qu'il supervisa d'importants travaux d'assainissement et de restructuration. Cette expérience reste à la base des conceptions paysagères de l'« urbanisme romantique » de Lenné. Dans son plan de 1840, il proposait un nouveau parc, au nord de la ville : le Friedrichshain, qui devait être réalisé par son élève Gustav Meyer à partir de 1846. Au même moment, il dirigeait les travaux du Landwehrkanal, destinés à améliorer la navigation fluviale au centre de la ville. Jusqu'en 1857, année de l'abdication de Frédéric-Guillaume IV, Lenné devait poursuivre son œuvre d'urbaniste en commençant l'infrastructure du quartier sud-ouest du Köpenicker Feld (Luisenstadt).

Il réalisa aussi des *Volksgarten* pour Magdebourg (1824), Francfort-sur-l'Oder (1835), ainsi que le jardin zoologique de Dresde (1860). À la fois préoccupé de problèmes purement formels et de questions d'édilité publique, Lenné tient une place originale dans l'Europe de la première moitié du XIXe siècle, à mi-chemin des Anglais Repton ou Loudon, et du Français Alphand.

MONIQUE MOSSER

LE NÔTRE ANDRÉ (1613-1700)

Le jardin classique ne saurait être réduit aux broderies des parterres ou à la forme des bosquets, qui appartiennent au temps long de l'histoire des jardins. Prolongement géométrique d'une demeure seigneuriale libérée des contraintes défensives, il participe d'une certaine façon à la transformation de l'environnement, tire parti de la morphologie des sites, et recourt, tandis qu'elles apparaissent, aux techniques d'inventaire et de tracé mises au point par les géographes.

L'analyse des traités, l'observation des plans établis entre 1620 et 1650 et l'exploitation des comptes des bâtiments du roi montrent que les apports attribués à Le Nôtre ne lui sont pas spécifiques, et surtout qu'il n'agissait pas seul. Sa destinée illustre l'ascension d'une corporation dont son grand-père, Pierre, était maître-juré à la fin du XVIe siècle. Son père, Jean, accéda aux Offices en tant que jardinier du roi aux Tuileries. Quant à André Le Nôtre lui-même, sa charge de contrôleur général des bâtiments du roi lui donnait de très larges compétences qui ne s'arrêtaient pas aux jardins.

Le Nôtre avant Le Nôtre

En dehors de la charge de contrôleur général des bâtiments du roi, Le Nôtre donnait les grands dessins et les intentions générales des tracés, pour lesquels il percevait un surcroît de rémunération. Cependant, à côté de ces fonctions d'encadrement et de conception, il continuait à exécuter certains travaux sur contrat, en tant qu'entrepreneur, toujours dans le cadre des domaines royaux. Ses revenus importants lui permettaient d'entretenir un train de maison composé de deux jardiniers, d'un cuisinier, d'une femme de chambre, d'un laquais et d'un cocher. Il collectionnait en outre les toiles de maître : Rembrandt, Bruegel, Claude Lorrain et Poussin ornaient la maison des Tuileries que son père avait habitée avant lui. Le Nôtre eut trois enfants, tous morts en bas âge ce qui explique la disparition du nom. Par contre, l'une de ses sœurs, Élisabeth, avait épousé Pierre Desgotz, jardinier des Tuileries ; leur fils

Claude Desgotz, auteur entre autres du jardin de Champs-sur-Marne, sera le disciple et le continuateur du célèbre oncle.

À l'instar des recherches récentes sur l'architecture brique et pierre qui ont fait reculer d'une soixantaine d'années la datation de ce que l'on appelait communément le style Louis XIII, nous pensons que les caractéristiques typologiques du jardin classique sont totalement formalisées aux alentours des années 1620-1630, un quart de siècle donc avant les premières œuvres attestées de Le Nôtre (Saint-Mandé et Vaux-le-Vicomte). Le domaine de Courances, archétype s'il en fût et attribué comme il se doit à André Le Nôtre (né, rappelons-le, en 1613) est décrit sous sa forme actuelle dans un acte notarié de 1626, et, pour comble, ce même document testamentaire contient une reconnaissance de dette de Jean Le Nôtre au profit du seigneur du lieu.

La théorie du jardin classique est également élaborée de façon quasi définitive dans le *Traité du jardinage selon les raisons de la nature et de l'art* de Jacques Boyceau de La Baraudière, paru en 1636. Cet auteur, qui par ailleurs était aux Tuileries le supérieur hiérarchique de Jean Le Nôtre, traite de l'intégration dans le paysage, de l'utilisation de ses lignes de force, des avantages, quant aux effets pittoresques, des sites irréguliers ou en déclivité, de l'emploi des diagonales et de la nécessaire diversité des formes.

Paysage et topographie

La topographie tient une place prépondérante dans l'enseignement des jésuites durant la première moitié du XVIIe siècle. La discipline nommée « géométrie pratique » englobe à la fois cosmographie, géographie, arpentage et art des fortifications. La grande galerie du Louvre, proche de l'habitation des Le Nôtre, et où le jeune André allait apprendre la peinture chez Simon Vouet, abritait, entre autres artisans soustraits au système des corporations par la volonté royale, un fabricant de sphères célestes et d'instruments mathématiques ainsi qu'un ingénieur en fortifications.

L'ampleur des compositions de jardins du XVIIe siècle s'explique par la formation très composite de leurs concepteurs, formation où les techniques d'aménagement de l'espace et l'architecture avaient un rôle essentiel. Au cours de leurs travaux sur François Mansart, Allan Braham et Peter Smith, ont découvert un texte faisant état de la reconnaissance de Le Nôtre à l'égard du grand architecte dont il aurait été le collaborateur. Les plans de Maisons et d'Évry-Petit-Bourg prouvent la capacité de Mansart à traiter globalement la demeure, le jardin, le parc dans leur rapport au site : dans les deux cas, les rives de Seine.

La maison des champs

L'affaire de Vaux-le-Vicomte, à l'issue de laquelle Le Nôtre se voit, administrativement parlant, grandi, est un coup d'arrêt non seulement à la carrière de Fouquet, mais surtout au processus de colonisation des anciens fiefs et des terres agricoles de la région parisienne par la bourgeoisie d'office. La maison de plaisance ou maison des champs (le terme château n'est pas employé à l'époque) est le complément de l'hôtel urbain. Sur trois générations en moyenne, les négociants parisiens acquièrent des terres, parfois jusqu'à mille hectares d'un seul tenant, et, ultime étape, construisent la maison de plaisance accompagnée de son jardin, en même temps qu'ils accèdent aux charges d'officiers royaux. La prolifération de ces demeures est indéniable au cours des décennies 1610-1650 ; on peut en recenser une bonne cinquantaine, essentiellement groupées au sud et à l'ouest de Paris. Certaines comme Villeroy ou Le Raincy n'avaient rien à envier au faste de Vaux. Au-delà des rivalités et des affaires économiques, Fouquet paie en quelque sorte pour les autres, et Louis XIV récupère à son actif le rôle de mécène et de concepteur éclairé qu'avait joué pendant quelques années le Surintendant.

Le projet de Versailles

Ce retour en force de l'État, perceptible dans bien d'autres domaines, va appuyer sur de nouvelles institutions. Au cénacle d'artistes et d'écrivains (dont les Scudéry), que Fouquet avait constitué pour élaborer son projet, Louis XIV va substituer l'Académie d'architecture, et surtout celle des sciences. Il faut en effet concevoir le projet versaillais comme un travail collégial, orchestré par Colbert lui-même, où les académiciens des sciences sont impliqués à tous les stades. Mariotte travaille sur la question des fontaines et de leur rendement, et conçoit à cet effet les premières conduites forcées en fer, dont certaines fonctionnent encore aujourd'hui. Tandis qu'il commence la première carte de France triangulée, que les Cassini achèveront au milieu du XVIIIe siècle, l'abbé Picard travaille au nivellement du grand canal et vérifie l'éventualité d'une jonction avec la Loire ; cela grâce à l'adaptation, pour la circonstance, de la lunette de Galilée sur le graphomètre ou demi-cercle utilisé antérieurement par les topographes. Ce nouvel instrument à lui seul explique la dimension inusitée qui a pu être donnée au jardin de la demeure royale. D'ailleurs, la même année (1678), une équipe de géographes est rémunérée pour tracer dans la plaine les allées du parc et faire le levé de la carte ; opérations qui sont donc concomitantes, et expliquent aisément la géométrie à base de triangles composant le grand parc.

De même les plantations massives effectuées à Versailles de 1668 à 1672, et qui se traduisent par l'apport de cent trente mille arbres, ne sauraient être dissociées de la grande « réformation forestière » de 1669, dont le but est d'inventorier, de revaloriser la forêt française, et d'en optimiser la gestion.

Les règles d'assemblage des éléments composant le jardin classique, telles qu'elles sont formulées dans le traité de Boyceau de La Baraudière, puis dans celui de Désallier d'Argenville qui est en quelque sorte le résumé des préceptes de Le Nôtre, constituent en fait la première façon de définir et d'organiser à l'aide de concepts un espace non bâti. Par rapport à cette méthodologie horticole, le quadrillage homogène des projets de villes qui lui sont contemporains apparaît d'une grande pauvreté. La différenciation des espaces propres à l'urbanisme moderne prend naissance dans le jardin classique où les lieux et les fonctions se distinguent qualitativement par contiguïté, par transition, par degré de densité. Le parc, avec sa codification, son classement des variations végétales et leur disposition graduée, institue en quelques sorte un zonage. À la limite, il n'y a plus de parc, il n'y a que des espaces de transition savamment ordonnés entre l'architecture du bâtiment et la campagne ou la forêt.

Véritable opération d'aménagement à l'échelle régionale, le projet de Versailles est un lieu d'expérience pour les techniques de pointe du dernier quart du XVIIe siècle. Le réseau des étangs artificiels, reliés par des aqueducs maçonnés, s'étendant jusqu'à Rambouillet, afin de récupérer et conduire les eaux pluviales pour alimenter enfin les jets d'eau du parc royal, en est l'apothéose. Le Nôtre participe à tous ces aménagements, quand il n'est pas à l'origine même des idées. On le trouve au hasard des comptes des bâtiments du roi, chargé un jour par exemple de surveiller la fabrication et la mise en œuvre d'une pompe dotée de pistons à segments de cuir. Mais le plus intéressant dans le domaine hydraulique, c'est encore l'anecdote rapportée par l'académicien Perrault dans ses Mémoires : un matin de rendez-vous de chantier, Le Nôtre avait rêvé de voir les navires de la Méditerranée venir mouiller dans le grand canal, cela grâce à un réseau de canaux entre les fleuves français.

Le jardin classique

Le Nôtre, contrairement à ce que l'on croit habituellement n'aimait pas les parterres de broderies, et le disait volontiers. Il n'aimait pas non plus que le boisement soit trop rapproché de la demeure, ce qui lui avait valu une déconvenue à Choisy, la Grande Mademoiselle ne lui ayant pas confié, pour cette raison, la réalisation de son jardin. Il considérait les grandes lignes du tracé, et le parti général, comme constituant l'essentiel ; et ce sont encore aujourd'hui ces grandes traces dans le paysage, traduisant des visées prospectives, que l'on doit considérer comme l'originalité essentielle du jardin classique. En effet, le contenu des jardins du XVIIe siècle reste dans la tradition romaine et italienne : les arabesques de buis, les effets topiaires, les grottes de rocaille sont toujours là, ainsi que les automates hydrauliques. Des jardins décrits par Pline le Jeune à ceux de Versailles se dessine une longue continuité qui passe par le jardin médiéval d'Hesdin, et par le monde enchanté du *Songe* de Poliphile. Les gravures illustrant cet article expriment cette imbrication entre progrès et tradition : bosquet des rocailles dit de la salle de bal, d'une part, qui ne déparerait pas la villa d'Este, et grand canal de Versailles avec sa flottille cosmopolite d'autre part, à l'image du rêve de conquête matérialisé par l'instauration de la Compagnie des Indes.

Le Nôtre ne peut être compris et situé que par référence à une culture et à un milieu dont il serait vain de le dissocier. Ni à Versailles, ni aux Tuileries il n'était chargé de tout. L'histoire scolaire a oublié les Mollet, les Marin, les Trumel, et surtout les Le Bouteux, qui ont servi dans les domaines royaux de père en fils, d'Henri IV à 1789, et furent longtemps responsables de Trianon, des orangers, et de l'acclimatation des plantes exotiques ramenées par les galères.

THIERRY MARIAGE

Bibliographie

J. BOYCEAU DE LA BARAUDIÈRE, *Traité du jardinage selon les raisons de la nature et de l'art*, Vanlochom, Paris, 1636 / A. BRAHAM & P. SMITH, *François Mansart*, Swemmer, Londres, 1973 / A. J. DESALLIER D'ARGENVILLE, *La Théorie et pratique du jardinage*, Mariette, Paris, 1747 / E. DE GANAY, *André Le Nôtre 1613-1700*, Fréal, Paris, 1962 / P. GRIMAL, *Les Jardins romains*, P.U.F., Paris, 1969 / T. MARIAGE, *L'Univers de Le Nostre et les origines de l'aménagement du territoire*, rapport de recherche D.G.R.S.T.-C.O.R.D.A., Paris, 1983 ; « L'Univers de Le Nostre et les origines de l'aménagement du territoire », in *Revue des Monuments historiques*, n° 143, p. 8, 1986 / O. DE SERRES, *Le Théâtre d'agriculture et mesnage des champs*, Saugrain, Paris, 1603.

LÉONARD DE VINCI (1462-1519)

Personnalité majeure de la Renaissance artistique et scientifique en Italie, Léonard de Vinci contribua à l'élaboration de la nouvelle architecture dès son arrivée à Milan en 1482. Consulté sur les projets de la coupole du Duomo (1487) et de la cathédrale de Pavie (1490), il étudia tout particulièrement l'articulation des espaces dans les églises à plan central. Il concrétisa ses études d'urbanisme en imaginant, après la peste de Milan (1485), une cité fluviale à plusieurs niveaux. Invité à la cour de François Ier, en 1516, pour fournir les dessins du château de Romorantin, il semble qu'il ait inspiré le plan en croix et l'escalier central du château de Chambord.

CATHERINE CHAGNEAU

Bibliographie

L. FIRPO, *Leonardo, architetto e urbanista,* Turin, 1963.

LEONIDOV IVAN (1902-1959)

On ne peut pas parler de l'architecture soviétique des années 1920 sans évoquer le nom d'Ivan Leonidov. Après avoir suivi l'« école de quatre ans », ce fils de paysans travaille comme manœuvre sur les chantiers navals de Petrograd. La révolution lui permet d'accéder aux ateliers artistiques de Tver en 1920. En 1921, il entre au Vkhoutemas ; le département d'architecture est alors dirigé par Alexandre Vesnine qui aura une grande influence sur lui. C'est à partir de ce moment que Leonidov commence une carrière d'architecte dans laquelle on peut distinguer plusieurs étapes. De 1920 à 1926, c'est la période « constructiviste » : Leonidov s'allie au groupe de l'O.C.A. (Union des architectes contemporains) pour lequel les solutions fonctionnelles en architecture sont primordiales ; en 1926, il présente un projet pour la typographie des *Izvestia.* De 1927 à 1930, c'est une période d'intense activité créatrice pendant laquelle Leonidov trouve sa propre voie : en 1927, il donne un projet pour l'institut Lénine (Institut des sciences bibliographiques) et s'impose comme un des maîtres de l'avant-garde internationale. « Le matériau : verre, métal, béton armé ; le but : répondre aux exigences de la vie en utilisant au maximum les possibilités de la technique », telle est la définition que donne Leonidov de son projet. Le bâtiment doit présenter une interrelation étroite entre la composition architecturale et la fonction qu'on lui assigne. En 1928, il exécute deux nouveaux projets : un « club d'un type social nouveau », qui doit permettre le développement harmonieux de l'individu et donner une réponse spatiale aux activités du club ; le second projet est celui du Centrosojuz (Centrale des coopératives), qui sera finalement réalisé par Le Corbusier en 1930. Cette même année, Leonidov s'affirme comme urbaniste avec son projet pour « la ville socialiste de Magnitogorsk ». Dépassant les querelles des « urbanistes » et des « désurbanistes », il propose l'organisation d'une ville linéaire dans laquelle nature et bâtiments s'interpénétreraient de façon harmonieuse : « La ville socialiste, écrit-il, ce n'est pas l'ancienne ville, fruit du développement spontané, une ville faite de quartiers détachés de la nature, reliés d'une manière accidentelle aux centres de production et qui, par sa monotonie, déprime l'homme [...]. L'habitation et le lieu de travail, les lieux de repos et de culture doivent être liés en un tout organique » (*Revue de l'architecture contemporaine,* no 3, 1930). Le projet pour le Palais de la culture, présenté la même année, lui permet de définir sa conception de l'aménagement de tout un quartier comme « centre de complexes culturels et sportifs ». Mais bientôt, en raison de l'évolution politique et idéologique des années 1930, Leonidov se verra violemment critiqué par les épigones du réalisme socialiste triomphant. C'est le règne du « monumentalisme », de la stylisation archaïque, que l'on définit comme la « véritable architecture prolétarienne ». Leonidov, comme de nombreux autres architectes d'avant-garde, est critiqué pour ses « tendances bourgeoises ». Un des leaders de la V.O.P.R.A. (Union des architectes prolétariens, fondée en 1929), Mordvinov, dénonce le « sabotage » de Leonidov dans la revue *L'Art dans les masses* (*Iskusstvo v masse*) sous le titre « De la léonidoverie et de ses méfaits » (« Leonidovščina i eë vred »). À partir de 1934, Leonidov disparaît, comme Melnikov, de l'histoire de l'architecture. Après une dernière réalisation en 1937, il participe à la Maison de vacances et de repos Ordjonikidze à Kislovodsk en Crimée, œuvre achevée par Guinzbourg, et n'exécute plus que des tâches mineures, en particulier pour des expositions.

ANATOLE KOPP

LEPAUTRE LES

Famille d'artistes français. Formé dans l'atelier d'Adam Philippon, « menuisier et ingénieur du roi », qui avait été envoyé à Rome pour étudier sur place les monuments antiques, Jean Lepautre (1618-1682) suivit sans doute son maître en Italie ; il fut le principal graveur du recueil que Philippon publia en 1645 *Curieuses Recherches de plusieurs beaux morceaux d'ornements antiques et modernes tant dans la ville de Rome que autres lieux d'Italie*. Il resta très marqué par ce voyage tout en conservant certaines habitudes du style Louis XIII à forte influence flamande. La liberté avec laquelle il gravait à l'eau-forte et sa facilité d'invention hors du commun en font un des artistes les plus productifs du siècle. On lui attribue environ 2 200 estampes, dont la moitié traite de sujets religieux, historiques et de genre, et comporte nombre de pièces majeures ; mais c'est pour l'autre moitié, presque purement ornementale, qu'il est le plus connu.

Le style de Lepautre, caractéristique de la grandeur et de la richesse du style Louis XIV, eut une grande influence pendant tout le XVIIIe siècle. Ce style fait preuve d'une extrême richesse d'invention, les détails d'ornements se juxtaposent d'une manière un peu touffue parfois, faisant intervenir les guirlandes de fleurs et de fruits, les amours, les mascarons. L'essentiel de cet œuvre décoratif a été réédité en 1741 par le libraire Jombert, sous le titre d'*Œuvres d'architecture de Jean Lepautre*, en trois volumes : le tome I concerne essentiellement les ornements d'architecture, le tome II le décor intérieur tant profane (cheminées, lambris, alcôves) que religieux (clôtures, chaires, etc.), et le tome III l'orfèvrerie, les carrosses, les compositions allégoriques. Jean Lepautre est le père de Pierre Lepautre (vers 1652-1716), graveur également et dessinateur d'architecture sous la direction de Jules Hardouin-Mansart, et de Jacques Lepautre (?-1684), graveur aussi, mais mort jeune (*Inventaire du fonds français. Graveurs du XVIIe siècle*, tome 11 : *Antoine Lepautre, Jacques Lepautre et Jean Lepautre*, par Maxime Préaud, Bibliothèque nationale, Paris, 1993).

Antoine Lepautre (1621-1679), architecte, est le frère de Jean. Il se fait connaître très jeune par l'hôtel de Fontenay et surtout par la chapelle du couvent de Port-Royal à Paris (1646). Il s'y montre tributaire de ses prédécesseurs, Le Mercier et François Mansart, et cette chapelle apparaît comme un compromis entre la chapelle de la Sorbonne et celle de la Visitation : plan presque centré, avec très courte nef (une seule travée) et entrée latérale, coupole sans dôme, abside semi-circulaire voûtée en cul-de-four. Dès cette époque, comme dans les *Œuvres d'architecture* qu'il publiera en 1652, il montre son goût pour les lignes courbes, les ressauts, les colonnades, qui ne sont pas sans rappeler le baroque italien. Cela apparaît encore davantage dans l'hôtel de Beauvais (considéré comme son chef-d'œuvre, 1655), où l'espace très irrégulier qui lui était imposé est compensé par un plan très savant, en particulier une cour semi-circulaire répondant au péristyle en avancée sur cette cour. Ces réussites lui valurent d'être nommé en 1648 architecte des Bâtiments du roi, puis avant 1660 architecte du duc d'Orléans, auquel il donna des plans pour Saint-Cloud puis pour Clagny. Mais, s'il exécuta une partie de ses projets dans le premier de ces châteaux, pour le second on lui préféra Jules Hardouin-Mansart. Cette préférence est très révélatrice de la carrière de Lepautre, qui resta dans l'ombre de rivaux plus brillants, Perrault, Le Vau ou Mansart.

Il faut mentionner enfin l'excellent sculpteur que fut Pierre Lepautre, neveu de Jean et d'Antoine, fils de Jean Lepautre le Jeune ; il est toujours confondu avec son cousin Pierre, le graveur. Né entre 1659 et 1666, il vécut jusqu'en 1744. Dans le jardin des Tuileries, à Paris, on peut admirer deux groupes en marbre de Pierre Lepautre, *Paetus et Arria* (1691) et *Énée et Anchise* (1716) qui se font pendant.

COLOMBE SAMOYAULT-VERLET

LE PÈRE JEAN-BAPTISTE (1761-1844)

Architecte français dont les activités ont marqué l'Empire et la Restauration. Jean-Baptiste Le Père, ingénieur autant qu'architecte, de tempérament aventureux, commença très jeune à voyager, à Saint-Domingue d'abord où il construisit pour divers particuliers (1787), puis à Constantinople où il établit une fonderie de canons (1796). Le Père, qui avait parcouru la Turquie, la Dalmatie et l'Italie du Sud, fut choisi pour faire partie de l'expédition d'Égypte (1798). On lui doit des projets de constructions pour Le Caire et, surtout, les relevés de l'ancien canal des pharaons qui traversait l'isthme de Suez. Il prit part à cette occasion à la rédaction des volumes de la *Description de l'Égypte*. Rentré à Paris, très attaché à Bonaparte, Le Père devint architecte de la Malmaison (1802) ; il fut ensuite architecte de Saint-Cloud, de Saint-Germain, de Meudon et de Sèvres (1815-1823). Chargé d'élever l'église Saint-Vincent-de-Paul à Paris, en 1824, il s'adjoignit son gendre Jacques Ignace Hittorff, avec qui il travailla jusqu'à sa mort.

DANIEL RABREAU

LEQUEU JEAN-JACQUES (1757-env. 1825)

La hardiesse d'une imagination quelque peu morbide a fait de ce Normand autodidacte l'initiateur, en France, d'un éclectisme architectural sans retenue, où les puristes identifient volontiers la source du mauvais goût auquel se complaira la petite bourgeoisie du XIXe siècle industriel.

Les troubles révolutionnaires interrompirent une carrière commencée sous d'assez heureux auspices ; réduit à des fonctions subalternes de dessinateur dans les services, malchanceux dans les concours, Lequeu s'octroya la liberté de composer une architecture aux programmes sans contraintes, dont l'invention polémique était à usage personnel. Ses grands lavis du Cabinet des estampes (Bibliothèque nationale, Paris), souvent accompagnés de commentaires abondants et énigmatiques, reprennent et varient, avec un extrême fini de rendu, les thèmes d'une aristocratique architecture de divertissement qui, depuis les années 1750, marquaient le succès de la doctrine anglaise de l'esthétique associationniste. Le travail de Lequeu consiste, dès lors, à amplifier l'éclectisme infus dans le dessin des fabriques, en développant les traits physiognomoniques dont sont susceptibles les formes symboliques, et à en importer les produits jusque dans les partis les plus monumentaux. Affranchi des normes traditionnelles de régularité et de proportions, il enrichit, en outre, ses projets de la mise en œuvre de toutes sortes de qualités sensibles conjointes aux formes bâties, combinant les eaux, les sons, les airs et les odeurs, les masses végétales et les jeux de lumière sur les textures murales. Aucun édifice construit par Lequeu ne subsiste et encore n'est-il pas attesté qu'il en ait véritablement construit : on sait qu'il a collaboré avec Soufflot à l'édification de l'hôtel Montholon en 1786 (détruit). On lui attribue le Temple du silence (près de Gaillon) et la maison appelée Cazin de Terlinden à Sgrawensel qui appartenait à « madame la douairière de Meulanaër ».

JACQUES GUILLERME

LEQUEUX MICHEL JOSEPH (1753-1786)

Élaborée en moins de dix années, dotée d'une forte unité, encore présente à nos yeux à l'exception d'un édifice, l'œuvre raffinée de Michel Lequeux domine l'architecture lilloise de la fin du XVIIIe siècle. Esprit novateur, formé à Lille puis à Paris, pratiquant un art résolument moderne, il a doté sa ville de quelques beaux édifices qui, loin d'être de plates imitations de modèles importés, sont au contraire le fruit d'une recherche originale appliquée aux conceptions artistiques de l'époque. Une clientèle riche, la protection de l'intendant Esmangart lui donnent la possibilité de construire à Lille d'élégants hôtels (d'Avelin, 1777 ; Petitpas de Walle, 1778 ; du Chambge d'Elbecq, 1781 ; de l'Intendance, 1786) ainsi qu'un théâtre (1785, incendié en 1903) et, à Douai, le bâtiment du parlement de Flandre (1785, aujourd'hui palais de Justice).

Les grands nus, les arêtes vives, les rythmes simples, l'expression épurée des masses sont les caractères que présente le plus constamment le style de Lequeux particulièrement à l'hôtel d'Avelin, son chef-d'œuvre, harmonieuse composition d'une monumentalité sans précédent à Lille, avec une insistance sur les horizontales et la franchise des partis qui rappelle l'hôtel d'Hallwyl de Ledoux. Sa dernière œuvre, l'hôtel du parlement de Flandre, se rattache nettement à l'art néo-classique par le jeu affirmé des lignes et la forte sévérité de l'ensemble.

JEAN-JACQUES DUTHOY

LE RICOLAIS ROBERT (1894-1977)

Inventeur de formes, de structures, de calculs statiques nouveaux, Robert Le Ricolais n'était ni architecte, ni ingénieur, ni mathématicien. Ce grand chercheur et enseignant de l'architecture n'avait aucun titre académique. L'académicien Laprade l'appelle cependant, pour avoir introduit dans cette discipline la méthode expérimentale, le « Claude Bernard de l'architecture ».

Le Ricolais est né à La Roche-sur-Yon. Il prépare une licence de sciences, mais la guerre interrompt tôt ses études et il ne les reprendra plus. Gravement blessé, il reviendra de la guerre avec une pension d'invalide, seule retraite qu'il se soit assurée, n'ayant été durant sa longue vie, laborieuse jusqu'à ses derniers jours, titulaire d'aucun poste.

De 1918 à 1931, il vit à Paris, fréquente l'académie de la Grande-Chaumière et Montparnasse. Peintre constructiviste de la lignée d'un Tatlin, il est de plus en plus attiré vers la construction. Ses connaissances scientifiques, particulièrement en chimie, en cristallographie et en zoologie, lui inspirent par analogie des solutions originales dans ce domaine. Les coquillages, les radiolaires, les cristaux sont autant d'exemples de voiles, de réseaux et d'ossatures qu'il essaye de traduire dans des projets qu'il entreprend en collaboration avec de jeunes architectes novateurs.

La crise économique termine cette période qu'il appelait « baroque », et en 1931 il quitte Paris pour Nantes, trouvant une occupation alimentaire à l'Air liquide, besogne qui lui permet pendant treize ans de se consacrer à sa nouvelle passion : les structures. S'ouvre alors une période féconde pendant laquelle il élabore des systèmes, prend des brevets, publie des articles. On citera : « Les Tôles composées et leurs applications aux structures métalliques légères » (*Bulletin de la Société des ingénieurs civils de France*, n° 5-6, 1935) où il tente d'introduire dans le bâtiment des techniques légères applicables aussi à la fabrication des fuselages d'avions, et « Systèmes réticulés à trois dimensions » (*Annales des Ponts et Chaussées*, 7 août 1940 et 9 août 1941), annonçant l'utilisation des structures spatiales dans l'architecture. Pour ces recherches, il obtient la médaille de la Société des ingénieurs de France.

La guerre interrompt encore une fois ses espoirs. La paix venue, il démissionne et, en pleine fièvre de la reconstruction, il se lance de nouveau dans la réalisation de ses idées d'architecture légère, modulaire, industrialisable, avec laquelle il propose de résoudre facilement la pénurie provoquée par les récentes destructions. Mais les responsables étaient alors subjugués par les prophètes du béton armé puis de la préfabrication lourde, techniques alors nouvelles et considérées comme révolutionnaires. La reconstruction se réalisera contre les théories de Le Ricolais, aboutissant au résultat qu'on connaît.

Il persévère, pendant sept ans encore, pour faire valoir ses idées. Une seule réalisation résulte de tous ses efforts : le marché couvert de Yaoundé (Cameroun), un hangar de 7 000 mètres carrés, bâti en 1947, qui est la première charpente en bois conçue comme une structure tridimensionnelle composée d'éléments de fabrication industrielle. Cette grande première sera en même temps la dernière structure réalisée grandeur nature par Le Ricolais. Il sera désormais un de ces grands architectes précurseurs de l'histoire, qui, selon leurs détracteurs, n'ont jamais rien construit. De cette période enthousiaste et décevante à la fois, il conservait une amertume profonde, transformée en une ironie teintée d'humour dont il gratifiait spécialistes et autres professionnels du bâtiment, et à laquelle était jointe un mépris inaltérable pour tout ce qui touche à l'argent et au milieu des affaires.

En 1951, fatigué de prêcher dans le désert, alors que ses travaux théoriques étaient de plus en plus remarqués à l'étranger, il décide enfin, à l'âge de cinquante-sept ans, d'immigrer aux États-Unis, où il est invité à enseigner d'abord à l'université de l'Illinois, à Urbana, puis à l'université de Pennsylvanie, à Philadelphie, où la faculté d'architecture lui offrira la possibilité de créer un laboratoire de recherches structurales. Formant avec l'architecte Louis Kahn un tandem incomparable, il y restera pratiquement jusqu'à la fin de sa vie. Ses travaux de recherche aboutissent à des publications remarquables : sur les configurations répétitives qu'il analyse pour la première fois avec des méthodes topologiques ; sur les structures tendues obtenues par l'extrapolation dans l'espace des systèmes Polonceau et qui méritent certainement un grand avenir ; sur les surfaces à double courbure, à l'étude desquelles il emploie la méthode du film de savon ; sur l'automorphisme et le dualisme dont il déduisait un nouveau mode de calcul, la « méthode de l'image » qu'il appelle aussi « mécanique des formes », essai qui lui était particulièrement cher et qui est une extension de la statique graphique aux réseaux tridimensionnels.

Professeur et principalement directeur de thèses, il forme des *masters* qui essaimeront partout, répandant ses idées et parfois même les colportant chez les autres « génies », plus habiles ou plus prompts à les exploiter. Il se console en citant Aragon : « Le propre du génie est de donner des idées aux crétins – une vingtaine d'années plus tard. » Ce travail de défricheur finit cependant par être reconnu. En 1962, Robert Le Ricolais reçoit le grand prix d'architecture décerné par le Cercle d'études architecturales. André Malraux, ministre des Affaires culturelles, le qualifie à cette occasion du juste titre de « père des structures spatiales ». En 1965 à Paris, il est, avec Buckminster Fuller, une des deux figures triomphantes du congrès de l'Union internationale des architectes. La grande exposition rétrospective qu'on organise, à cette occasion, en son honneur fera le tour du monde. Salué comme le nouveau Viollet-Le-Duc, il est appelé alors par l'École des beaux-arts à la tête d'un atelier de recherche et sa leçon inaugurale sera tenue solennellement, sinon devant l'impératrice, devant le Tout-Paris de la république des Arts. Épisode éblouissant mais, comme chez son illustre prédécesseur, sans lendemain : sa nomination s'était perdue dans les sables de l'Administration. En 1976, il obtient, dans le cadre du bicentenaire des États-Unis, le prix de l'Institut américain des architectes, la plus importante récompense qu'un architecte puisse recevoir.

Carrière inhabituelle, certes, mais somme toute assez fréquente, du marginal qui finit par s'imposer. Cependant, la personnalité de Le Ricolais est bien trop complexe, voire paradoxale, pour être réduite au simple schéma de l'autodidacte. Son enseignement, à l'image de son existence, était polarisé par une sorte de dualisme.

Théoricien et familier des problèmes abstraits, il fondait sa démarche sur l'intuition : « Je procède expérimentalement par manipulations. Ce n'est jamais un calcul préétabli. Je ne suis pas un imaginatif. Il me faut avancer à petits pas, plaçant là un élément, ici un autre. Il me faut toucher et travailler de mes mains » (interview au *Monde*, 5 janv. 1963).

Rationaliste, il ne peut admettre que ce travail aboutisse à la création de formes dévergondées et cite souvent Goethe : « Tout ce qui est arbitraire ou fantaisiste doit périr. Là où est la nécessité, là est Dieu. » Tout expédient trompeur ou mise en scène devra être rigoureusement proscrit. Contradictoirement, cette attitude puriste envers les formes constructives est tempérée par la conviction selon laquelle : « Les zones toujours imprévues de la recherche se situent à mi-distance de l'ésotérisme et de la trivialité » (*Les Plaisirs de la recherche*, catalogue de l'exposition Le Ricolais au palais de la Découverte, 1965). D'où ces réflexions motivées certainement par sa lutte incessante contre l'orthogonalisme envahissant : « La croix est sans doute le symbole le plus puissant de l'univers chrétien. Son origine, comme celle des quatre points cardinaux, est anthropomorphe. Pour lui donner un sens cosmique, il faut lui ajouter deux branches, ce qui a été réalisé par le symbole judaïque de l'octaèdre, dont la projection plane donne le sceau de Salomon » (*Zodiac*, n° 22, 1973 ; ce numéro contient une bibliographie exhaustive à la date de sa parution). Humaniste, il croit qu'« une époque passionnante s'ouvre pour l'architecte [...]. En contraste avec l'architecture statique de jadis, celle de demain devra composer tout ce qui marche, roule, flotte ou vole, en un mot tout le dynamisme de la vie future. »

Mais il a une attitude totalement négative vis-à-vis de l'architecture contemporaine. Il affirme par exemple : « Je suis sûr que Le Corbusier ne sera pas à la fois le plus grand et le dernier architecte des temps [...] : rien ne remplacera pour l'homme la liberté et le devoir de créer » (*Aujourd'hui*, n° 51, nov. 1965). Même l'utilisation des réseaux cristallins qu'il préconise comme structures habitables suscite en lui des réserves : « Il faut considérer les réseaux répétitifs comme une sorte de tissu où doit intervenir l'art du tailleur » (*Zodiac*, n° 22). Cependant malgré son souci d'humanisme, il reconnaît que ses recherches conduisent « vers le monumental et la mégalomanie. Mais l'homme doit prendre son parti. Il est entraîné vers un destin impitoyable » (*Arts*, n° 30, mai 1962).

Dans son enseignement, les notions de continuité et de coupure remplacent les banalités insignes des architectes traditionnels sur « les pleins et les vides ». « L'art de construire devient paradoxalement celui de faire des trous. » Cela en vertu du but suprême qu'il définit par une boutade : « Portée infinie, poids nul ! » Ses recherches portent sur les structures tendues de forme tubulaire ; leur emploi comme mégastructure de circulation urbaine, le Skyrail, est la meilleure illustration de cette tendance qu'il présente avec la conclusion autodestructrice suivante : « Appliquées aux êtres animés, les lois de la matière inorganique, bien que ces deux ordres relèvent l'un et l'autre des lois de la géométrie et de la physique, seront sans doute à l'origine de monstrueuses révolutions. La naïve croyance que l'accroissement des dimensions ou du nombre peut améliorer les conditions d'existence humaine est un des plus coupables mensonges de notre civilisation actuelle. L'instabilité croît plus que proportionnellement avec les dimensions. La mégalomanie hitlérienne est là pour nous en donner un exemple » (*Architecture d'aujourd'hui*, n⁰ 141, décembre 1968).

Mais, au-delà de ses déchirements et des contradictions qui sont ceux de son temps, c'est cette ordonnance réglée – les lois de partition de l'espace, problème fondamental de l'architecture et base de la préfabrication, et les lois de composition qui régissent les phénomènes de la forme et des forces – qui était au centre des préoccupations de Robert Le Ricolais. En effet, l'œuvre vivante de cet homme de la qualité à une époque vouée à la quantité reste d'avoir introduit la morphologie en tant que science de la conception architecturale. Ce donneur d'idées professait jusqu'à son ultime phrase publiée (*Techniques et Architecture*, n⁰ 309, mai 1976) : « Au point de vue des formes, surprendre est chose facile, convaincre est autrement ardu. Derrière toute réalisation périssable, il faut atteindre l'idée indestructible. »

DAVID GEORGES EMMERICH

LESCOT PIERRE (1510 env.-1578)

Parmi les trois grands architectes français de la Renaissance classique, Pierre Lescot occupe une place à part, dans la mesure où, contrairement à Delorme et à Bullant, il n'est pas issu d'une famille de maçons. Bourgeois aisé à la vie sans heurts, Lescot fut un amateur éclairé et savant, féru de théorie architecturale, mais aussi peintre et dessinateur. Loué par Du Bellay, ami de Ronsard, il fut familier de la cour et des souverains français. Cet esprit universel a laissé une œuvre limitée en quantité, mais déterminante pour l'art français. Du jubé de Saint-Germain-l'Auxerrois, il ne reste que des vestiges sculptés par Goujon et un dessin identifié par Henri Zerner. Le château de Vallery est demeuré incomplet ; l'hôtel Carnavalet, traditionnellement attribué à Lescot, a été considérablement modifié, en particulier par François Mansart au XVII⁰ siècle.

Le Louvre suffit à la gloire de Lescot. La construction du palais a fait l'objet de nombreuses recherches ; Jean Guillaume doit publier la première étude d'ensemble sur le Louvre de Lescot, qui mettra en évidence l'importance du bâtiment. Le dessin du nouveau château royal fut commandé par François I⁰ʳ en 1546, et l'architecte, confirmé dans ses fonctions par Henri II, conserva la responsabilité du chantier jusqu'à sa mort. Sur l'emplacement du vieux Louvre de Charles V (c'est-à-dire le quart sud-ouest de l'actuelle cour Carrée : le quadruplement de la cour ne fut réalisé qu'au XVII⁰ siècle), il fit construire le corps de logis, l'aile gauche et le pavillon d'angle, dit pavillon du roi. Ce pavillon, visible de la rive gauche, révélait une très nette influence de l'architecture italienne contemporaine, en particulier celle du palais Farnèse : les niveaux superposés nettement différenciés par des corniches continues et les bossages d'angles (tous éléments que l'on retrouve à Vallery) étaient inspirés de l'œuvre d'Antonio da Sangallo le Jeune, de même que l'opposition entre ce traitement et celui de la cour. L'élévation de la façade sur cour est en effet l'élément le plus remarquable et le plus significatif de cet ensemble. On y voit apparaître les ordres d'architecture dessinés avec une perfection que seul Delorme peut égaler à l'époque. Ces ordres témoignent d'une profonde connaissance de l'architecture antique et des recherches théoriques les plus modernes. L'influence de Sebastiano Serlio se manifeste dans l'emploi d'un ordre composite superposé à un ordre corinthien (réalisé à la même époque au château bourguignon d'Ancy-le-Franc) et dans le traitement très orthodoxe des entablements (en refusant la superposition du denticule et des modillons, Lescot suit davantage les leçons de l'Italien que celles de la réalité antique). La morphologie de ce langage architectural à l'antique est donc très marquée par l'Italie. Mais, en même temps, la façade du Louvre est « un des parangons de l'architecture à la française » (J.-M. Pérouse de Montclos, *L'Architecture à la française*, Paris, 1982). La syntaxe des ordres est en effet typique : emploi d'un rythme triomphal, avec des colonnes en fort relief, jeux subtils d'interruption des entablements. D'autres éléments apparaissent, qui sont ou deviendront caractéristiques : les croisées, les fenêtres segmentaires (à la partie supérieure en arc de cercle) et le toit brisé, qu'on appellera plus tard toit « à la Mansart ». Toute l'architecture française du XVIIe siècle en sera marquée.

La très haute qualité architecturale de l'œuvre de Lescot est valorisée en outre par la collaboration de Jean Goujon. Les deux hommes, qui avaient déjà travaillé ensemble au jubé de Saint-Germain, ont réalisé au Louvre un ensemble remarquable, autant du point de vue de la symbolique iconographique traduisant les aspirations de Henri II au trône impérial (comme l'a montré Volker Hoffmann, « Le Louvre de Henri II. Un palais impérial », in *Bulletin de la Société de l'histoire de l'art français*, 1982) que de l'organisation formelle, avec une savante gradation du décor sculpté dans les différents étages. La tribune des Cariatides est un autre extraordinaire résultat de cette collaboration exemplaire.

Tout en sachant rester dans l'esprit de l'architecture à l'antique venue d'Italie, Lescot a créé un art spécifiquement français, qui restera en honneur au siècle suivant, trouvant grâce aux yeux des plus sévères censeurs du classicisme. Toute l'architecture du Louvre est déterminée par celle de Lescot ; les bossages et l'appareil de briques et pierres de Vallery deviennent des modèles pour les châteaux du XVIIe siècle (en particulier le château de Mansart à Balleroy). Alors que Delorme, victime de son goût pour le pittoresque et des habitudes gothiques de sa formation, est condamné et peu à peu oublié, Lescot conserve sa réputation et son influence tout au long du Grand Siècle.

YVES PAUWELS

LE VAU LOUIS (1612-1670)

Succédant à Jacques Le Mercier avec le titre de premier architecte, puis d'intendant et d'ordonnateur général des Bâtiments royaux, Le Vau règne sans partage sur l'architecture française à partir de 1654. Une riche clientèle privée, la protection de Mazarin, le coup d'éclat de Vaux-le-Vicomte, la faveur royale (il a l'oreille de Louis XIV, et Colbert s'en inquiète dans une lettre du 28 septembre 1663) lui ont assuré une carrière exceptionnellement brillante et lui ont valu d'être au centre de toutes les grandes entreprises royales, avec son élève et fidèle collaborateur François d'Orbay.

Pour sa clientèle privée, il construit entre autres : l'hôtel Lambert (1642), les châteaux de Sucy-en-Brie (1641-1643, attribution), de Saint-Sépulcre, du Raincy, de Meudon, de Vaux (1656-1661), les hôtels de Lauzun, de Tambonneau, de Lionne (1662). Pour Mazarin, il réaménage Vincennes (pavillons dits du roi et de la reine, portique et bel arc triomphal, à partir de 1653) et, après la mort du cardinal, élève le collège des Quatre-Nations (aujourd'hui Institut) : le beau rythme de la vaste façade concave, la noble ordonnance de la chapelle précédée d'un portique donnent à l'ensemble de la puissance et de l'harmonie. En 1657, enfin, il édifie la Salpêtrière.

À partir de 1660, il donne tous ses soins aux Tuileries, au Louvre et à Versailles. Au Louvre, il achève, en 1660, la cour Carrée par l'élévation d'une façade sur la Seine, qui disparaîtra lors de travaux ultérieurs. En 1662, il commence les fondations (retrouvées au cours des fouilles de 1964) de l'aile orientale et laisse divers dessins pour la façade. Mais l'hostilité de Colbert interrompt les travaux en janvier 1664. Après des années de tergiversations et l'échec de Bernin, Le Vau est associé, en 1667, à Claude Perrault, à Le Brun et à François d'Orbay pour élaborer un projet qui aboutira à la construction de la colonnade.

À Versailles, de 1661 à 1665, une première campagne de Le Vau débute par la construction de l'Orangerie et de la Ménagerie et le remaniement complet du Château Vieux de Louis XIII. Ici s'exprime le goût baroque de Le Vau, influencé par l'italianisme. Il joue des oppositions d'ombres et de lumières, de droites et de courbes (les deux demi-lunes), il imagine un décor animé (bustes sur consoles, vases) et très coloré (grilles bleues, balcon vert, épis de faîtage dorés, marbres) : « un effort vers la jeunesse, la grâce » (Hautecœur). Pourquoi ne pas parler d'art baroque ? Ce Versailles-là a disparu. En 1668, nouvelles transformations ; mais on tâtonne et Colbert s'impatiente : « Tout ce qu'on projette de faire n'est que rapetasserie qui ne sera jamais bien. » Dans ce climat peu propice, Le Vau dessine un projet (1669). Mais ce qui sera bâti est si différent de ce qu'il a fait jusque-là que la critique moderne, déconcertée, parle d'une crise, d'un renouvellement du style. Or, Laprade a montré qu'à cette époque l'architecte est retenu loin de Paris par les difficultés qu'il rencontre dans l'exploitation de ses manufactures du Nivernais. Il revient dans la capitale, malade et abattu, pour y mourir quelques mois plus tard. En son absence, c'est François d'Orbay qui a pris les responsabilités, dessiné les plans, veillé à l'exécution. Ce Versailles de 1669-1670, « c'est le Versailles de François d'Orbay » (B. Teyssèdre).

Les œuvres de Le Vau manquent sans doute de la grâce et de la finesse de dessin qui caractérisent celles de François Mansart. Il a le goût des nobles ordonnances scandées par l'ordre colossal, du modelé des formes, d'une certaine surcharge décorative : en cela, on peut voir en lui le plus baroque des architectes français de son temps.

JEAN-JACQUES DUTHOY

LIBESKIND DANIEL (1946-   )

Né en 1946 à Lodz en Pologne, Daniel Libeskind se destinait à une carrière de musicien quand il décida de se lancer dans l'architecture. Formé à la Cooper Union School de New York (il est diplômé en 1970), il emprunte, avant de construire, le chemin des théories déconstructivistes influencées par la pensée de Jacques Derrida. Son œuvre est placée sous le signe du sens et de la mémoire.

Pour la biennale de Venise, en 1985, Libeskind édifie des machines en bois (« Machine à lire », « Machine de mémoire » et « Machine à écrire » composées de 2 662 pièces...) qui brûleront lors d'une exposition à Genève quelques années plus tard. En 1988, il est l'un des huit architectes déconstructivistes présentés au Museum of Modern Art de New York. Cette exposition « historique » constitue pour lui le tremplin qui lui permit de passer de la théorie à la pratique. Son premier bâtiment, un pavillon, est construit au Japon (*Osaka Folly*, 1989-1990) ; il est invité ensuite à de nombreux concours internationaux. À partir des collages et autres assemblages de sa première période il s'engage dans une réflexion sur la sédimentation de la ville et sur la mutation des lieux. Après *City Edge*, projet lauréat étudié en 1987 dans le cadre de l'I.B.A. (Internationale Bauausstellung) de Berlin, il se distingue à deux reprises. D'une manière très radicale, en 1993 ; avec un projet pour le site de Sachsenhausen qui fait grand bruit : il propose, afin d'« accélérer la ruine de l'histoire », de noyer les vestiges du camp de concentration nazi sous un lac. Son projet pour la célèbre Alexanderplatz à Berlin est un autre succès médiatique. Là encore, l'architecte se bat avec l'histoire en proposant, plutôt que de raser ce que l'ère soviétique avait légué à la ville, de le couler au milieu du bâti existant. Il obtient un deuxième prix (de consolation), la ville de Berlin préférant construire un ensemble de tours signé Hans Kolhoff sur ce site cher à Alfred Döblin qui lui a consacré l'un de ses romans.

C'est dans la nouvelle capitale allemande qu'il réalise son premier grand projet : le Musée juif. Baptisé *Between the Lines*, ce bâtiment très radical peut être lu comme une étoile juive « déconstruite ». C'est en tout cas une ligne brisée. Articulé autour d'une succession de vides, le musée offre des espaces intérieurs étonnants dont certains, comme la tour de l'Holocauste, sont en béton brut. À l'extérieur, le bâtiment se remarque par sa peau de zinc bleui, lacérée par des « coupures », percements obliques qui permettent à la lumière d'entrer à l'intérieur du musée. Le réseau de ces ouvertures résulte d'un graphisme très particulier : le décryptage de toutes les adresses des juifs de Berlin déportés par les nazis. Dix ans ont été nécessaires pour construire ce projet, fruit d'un concours international lancé en 1989. Le hasard veut que le Musée juif a été inauguré en 1999, vide, par le nouveau chancelier allemand Gehrard Schröder, presqu'au même moment que le musée d'Osnabrück. Moins symbolique, ce petit musée dédié à un peintre mort à Auschwitz (collection Felix Nussbaum) reprend des éléments de son grand frère berlinois, notamment l'idée des percements obliques dans les parois de béton.

Au tournant du XXIe siècle, Libeskind travaille sur trois nouveaux programmes culturels importants. Le Musée juif de Berlin a entraîné la commande d'un musée juif à San Francisco et celle de l'Imperial War Museum à Birmingham en Grande-Bretagne. Enfin, lauréat du concours pour l'extension du Victoria and Albert Museum, à Londres, Libeskind a conçu un édifice dont les volumes imbriqués et en porte-à-faux ont été comparés par les adversaires du projet à des « cartons effondrés ». L'ouverture du chantier de ce projet frappé du sceau du Millenium a été fixée en 2000.

FRANCIS RAMBERT

il emprunte de nombreux motifs souvent traduits avec un sens bizarre du grotesque.

SYLVIE BÉGUIN

Bibliographie

D. LIBESKIND, *Countersign*, Londres Academy, Londres, 1992 / A. M. MÜLLER dir., *Radix Matrix, écrits et œuvres de Daniel Libeskind*, Prestel, Munich, 1994 ; *The Jewish Museum Berlin*, Verlag der Kunst, Berlin, 1999.

LIGORIO PIRRO (1500 env.-1583)

Né à Rome, Pirro Ligorio travaille dans cette ville de 1534 à 1569 comme peintre et comme architecte : le casino de Pie IV et la villa d'Este à Tivoli témoignent de son œuvre architecturale. La seule décoration certaine de cette période romaine, *La Danse de Salomé* (1540-av. 1550, oratoire de San Giovanni Decollato) est marquée par l'influence de Jules Romain et de l'art ferrarais. En 1549, il entre au service du cardinal Ippolito d'Este comme peintre dans son palais romain, mais surtout comme expert et comme conseiller en matière d'œuvres antiques. Dans cette période romaine, Ligorio devient surtout célèbre comme peintre de façades, et reprend la tradition érudite et archéologique créée par Baldassare Peruzzi et Polidoro da Caravaggio : mais toutes ces œuvres ont disparu. À partir de 1569, Ligorio travaille comme antiquaire pour la cour d'Este à Ferrare où il meurt. Ses nombreux dessins attestent l'influence de Jules Romain et de l'Antiquité à laquelle

LION YVES (1945-   )

Né à Casablanca en 1945, Yves Lion obtient son diplôme d'architecte en 1792, et ouvre son agence à Paris en 1974. Il est associé à l'architecte canadien Alan Levitt depuis 1986. Après toute une série d'études que l'on qualifierait aujourd'hui de colossales, pour des villes nouvelles (3 000 logements à Marne-la-Vallée, 12 000 à L'Isle-d'Abeau près de Lyon) Lion se fait remarquer à la fin des années 1970 par un petit programme de maisons en bande pour L'Isle-d'Abeau. Il y met en œuvre ce qui deviendra sa marque de fabrique : un rapport au site mûrement réfléchi, des plans compacts et simples, une expression honnête du logement social. De 1980 à 1983, il réalise son premier édifice public, le Palais de justice de Draguignan. Sur un îlot triangulaire enchâssé dans le tissu médiéval, Lion parvient à hiérarchiser les éléments du programme autour d'une cour d'honneur. L'expression stylistique relève du néo-brutalisme et de James Stirling, mais aussi d'Auguste Perret, ce qui était moins courant à l'époque. Le recours à la pierre, à la tuile canal et aux jalousies manifeste par ailleurs le souci de renouer avec le vernaculaire. Yves Lion construit ensuite à Rochefort une série de maisons en bande dont le style concilie répétitivité moderne à la Pieter Oud et disposition banlieusarde du pavillon posé sur son garage. De 1981 à 1995, il réalise un équipement public colossal, le Palais de justice de Lyon à la Part-

Dieu : une grande barre Nord-Sud prolongée par quatre redans arrondis, hommage à certains édifices de Tony Garnier. Le design sobre des salles d'audience veut exprimer la majesté de l'institution, et la salle des pas perdus évoque un hypocauste. Lion poursuit parallèlement son exploration du logement social, avec deux programmes le long du bassin de La Villette à Paris. Plutôt que de rivaliser avec les « boîtes à chaussures » voisines léguées par les années 1960, il a choisi des volumes simples, une modénature subtile et des matériaux discrets mais coûteux.

De 1986 à 1992 l'atelier Lion se consacre au Palais des congrès de Nantes, bâtiment gigantesque supposé affirmer le rang de capitale régionale de la ville. Le parti est simple et radical à la fois, les détails sobres, les matériaux chics (du cuivre, du travertin, du marbre). L'édifice n'en reste pas moins isolé dans la ville, coincé entre un canal et une voie rapide. À la fin des années 1980, Lion réalise aussi un petit musée consacré à « l'amitié franco-américaine » dans le château de Blérancourt. À moitié vide et luxueux, il n'est pas sans analogie avec le Pavillon de Barcelone de Mies van der Rohe.

L'agence continue à réaliser des logements sociaux, comme à Villejuif, où Lion met en pratique une théorie qui lui tient à cœur, celle de la « bande active » : il s'agit de disposer en façade les salles de bains, lesquelles éclairent en second jour les chambres à coucher. Dispositif certes ingénieux, mais qui ne semble guère avoir convaincu d'autres maîtres d'ouvrage. La force du projet réside davantage dans la prise de possession du site, l'intelligence de la distribution (duplex accessibles depuis un espace commun) et dans la simplicité des matériaux et des coloris. Qualités que l'on retrouve dans un programme de logements sociaux à Marne-la-Vallée en 1994, et surtout quai Henri-IV à Paris en 1998 pour le casernement de la Garde républicaine. Dans un site exceptionnel donnant au sud sur la Seine, à l'ouest sur Notre-Dame, avec le mont Valérien au loin, l'atelier Lion a réalisé plusieurs plots destinés à loger les gardes. Moins de couleurs, des formes plus simples, des détails maîtrisés : Lion poursuit son travail de réduction vers l'archétype. Ce qui ne l'empêche nullement de jouer le jeu de l'intégration urbaine et du respect de l'existant, puisqu'il conserve également sur le site trois pavillons « industriels », datant du XIXe siècle de l'ancienne caserne. L'agence Lion a récemment été chargée de la construction de l'ambassade de France à Beyrouth. Architecte praticien, dessinateur rigoureux, Yves Lion se passionne également pour les questions urbaines et l'évolution des modes d'habiter. Thèmes qu'il a l'occasion de populariser auprès des étudiants de l'école de Marne-la-Vallée, dont il est directeur depuis 1998.

JEAN CLAUDE GARCIAS

Bibliographie

Yves Lion, ouvr. coll., Electa-Le Moniteur, Milan-Paris, 1985 ; *Yves Lion*, ouvr. coll., E. Guilli, Barcelone, 1992.

LISBOA ANTONIO FRANCISCO dit ALEIJADINHO (1738 env.-1814)

Réputé le plus grand des artistes brésiliens, Antonio Francisco Lisboa a exercé ses talents dans la province de Minas Gerais, région montagneuse et désertique, soudainement devenue un Eldorado au début du XVIIIe siècle. L'Église elle-même, comme toutes les autres classes de la société, s'y était laissé gagner par la soif de l'or, et demandait à l'art de célébrer son opulence.

Antonio Francisco Lisboa est un mulâtre, fils naturel d'un charpentier (*carpinteiro*) et d'une femme de couleur. On le connaît sous le nom de « O Aleijadinho » (le petit estropié). En 1777, alors qu'il est dans la pleine force de l'âge, il est en effet victime d'une maladie qui allait lui ronger les membres et au sujet de laquelle on a avancé les hypothèses les plus diverses, de la lèpre à la syphilis en passant par les maladies endémiques du Minas. Il acquit dans l'atelier paternel des connaissances très larges sur tous les métiers du bâtiment, car Manuel Francisco Lisboa, le Carpinteiro, était aussi architecte. Il les compléta par l'étude de la *talha*, la sculpture sur bois.

L'Aleijadinho est donc un artiste complet. Il est architecte lui-même et on apprécie ses talents à Saint-François d'Ouro Preto, un monument d'une rare perfection qu'il élève entre 1766 et 1792. C'est l'époque où, dans le Minas, le rococo se substitue au baroque. L'Aleijadinho en apprécie les charmes, mais il en use avec discrétion. Tout le décor, d'une grande unité, conduit au retable.

Il réforme l'art du décor d'autel en composant toujours ses retables avec une grande lisibilité et une remarquable clarté. Simultanément, il réintroduit le décor de pierre à l'intérieur de l'église. À l'extérieur, il donne tous ses soins aux portails auxquels le goût rococo confère un rythme souple et une parfaite élégance (Carmo de Sabará, église paroissiale de Congonhas do Campo, Carmo d'Ouro Preto, Saint-François de S ao Jo ao del Rei, Saint-François d'Ouro Preto).

Mais il demeure surtout l'auteur d'une œuvre exceptionnelle, le décor du sanctuaire du Bom Jesus de Matosinhos à Congonhas do Campo. Ce sommet spirituel de l'Amérique latine, dédié à la Passion, se situe à soixante kilomètres d'Ouro Preto (or noir, la ville où l'on avait découvert le minerai le plus riche en or), à une altitude d'environ mille mètres. Il s'inspire de la scénographie puissante de son modèle portugais, le Bom Jesus de Braga. Alors qu'il est victime d'une infirmité croissante, l'Aleijadinho exécute, et fait exécuter par son atelier (1796-1799), les statues en bois des *passos*, ou stations du Chemin de croix placées dans six chapelles bordant la Voie sacrée, et surtout les statues des prophètes (1800-1805), qui se dressent sur la terrasse, en avant de l'église où l'on vénère la statue gisante du Senhor Bom Jesus. L'Aleijadinho se trouvait mal préparé par ses travaux antérieurs à la réalisation de cette statuaire en pierre ; mais le souffle divin dont il a su enflammer ses personnages lui a fait découvrir un grand style religieux.

MARCEL DURLIAT

LODOLI fra CARLO (1690-1761)

Le principe d'une rationalité architectonique réduite au pur présent de l'architecture est énoncé pour la première fois par un théoricien vénitien, le moine Carlo Lodoli.

Ses conceptions demeurèrent dans le seul univers du discours, mais elles constituèrent un précédent théorique notable dans le débat que l'illuminisme développa autour des problèmes de l'architecture.

Davantage remarqué pour son « ardeur philosophique » que pour sa piété, Lodoli exerce son rôle de critique militant dans le milieu du jeune patriciat vénitien, le plus réceptif aux nouvelles idées.

Lodoli s'employa à réviser radicalement les présupposés de l'architecture contemporaine issus de tous les modèles réels ou conceptuels que la tradition transmettait indistinctement depuis la Renaissance. La correspondance obligée entre représentation et fonction et la conformité de l'architecture à la « vraie nature des matériaux » sont les deux points fondamentaux de sa doctrine. La recherche du moine-philosophe a donc pour objet la transposition des critères esthétiques habituels dans ceux d'une analyse rationnelle ; seules les nécessités de la méthode déductive peuvent rétablir une « science de l'architecture » basée sur des « principes clairs », et non plus sur les notions non scientifiques de goût, de beauté, d'imitation.

Parmi les théoriciens, Milizia fut le plus influencé par les idées de Lodoli, notamment dans *La Vie des architectes les plus célèbres* (1768) ainsi que dans les *Principes d'architecture civile* (1781). Répandues dès 1740, les théories de Lodoli ne trouveront, toutefois, jamais de formulation définitive ; elles demeurent dispersées de son vivant. Andrea Memmo, l'un de ses commentateurs, se réfère à plusieurs cahiers, à un traité sur l'architecture, et à des planches d'études sur la résistance des matériaux destinées aux artisans vénitiens, toutes œuvres qui « périrent après sa mort ».

Le *Saggio sull'architettura* de Francesco Algarotti, publié en 1759, du vivant de Lodoli, devait être l'exposé fidèle de ses fondements d'architecture fonctionnelle ; l'éducation classique et l'éclectisme mondain d'Algarotti l'empêchent de s'éloigner des principes d'un classicisme rationaliste de plus vieille souche, et son essai, brillant témoignage du conflit entre sensibilité et rationalité, est contesté par Lodoli en premier. *Gli Elementi di architettura lodoliana*, dont Andrea Memmo publie seulement le premier tome (1786), composent la version la moins altérée des idées de Lodoli et un précieux document sur l'ambiance dans laquelle se développe la plus originale expérience de l'illuminisme vénitien.

MARILÙ CANTELLI

LODS MARCEL (1891-1978)

« Le bâtiment de demain se fera en usine. » Cette simple phrase, qui revient dans tous les écrits et toutes les déclarations de Marcel Lods, pourrait à elle seule décrire l'état d'esprit dans lequel celui-ci a travaillé toute sa vie. Ce déplacement de la conception technique de l'architecture vers l'expression d'un type à venir de production des bâtiments découle de cet espoir que Lods ainsi que les architectes du mouvement moderne ont mis dans le progrès technique, source de bien-être et de perfection.

L'architecte français Marcel Lods est né à Paris en 1891. Il commence à exercer à la fin des années 1920, et il adhère, dès le début de sa carrière, aux thèses du mouvement moderne. Membre du groupe français des Congrès internationaux d'architecture moderne (C.I.A.M.), il collabore à la rédaction de la charte d'Athènes. La recherche et l'expérimentation de procédés de préfabrication détermineront rapidement l'ensemble de ses travaux. Cette orientation technologique et fonctionnaliste se poursuit à travers différents projets réalisés de 1930 à 1940 en collaboration avec Eugène Beaudouin (cité des Oiseaux à Bagneux, 1931-1932 ; cité de la Muette à Drancy, 1932-1935 ; école en plein air à Suresnes, 1934 ; maison du peuple à Clichy, en collaboration avec Jean Prouvé, en 1939). À la Libération, Lods, déçu du manque d'initiative des pouvoirs publics, leur reproche de ne pas saisir l'occasion de la reconstruction pour développer une véritable politique d'aménagement du territoire, s'inspirant des thèses de Le Corbusier et s'appuyant sur une réelle industrialisation de la construction. Il se consacre alors à la mise au point des procédés de préfabrication lourde qui donneront naissance aux grands ensembles (immeubles de Fontainebleau, 1951 ; 4 000 logements en région parisienne, 1954). Cette application à grande échelle des idéaux du mouvement moderne consacre l'abandon des recherches de formalisation architecturale et de composition urbaine de l'avant-guerre, dont un des exemples les plus intéressants était justement la cité de la Muette, au profit de l'idéal, économique et social, de la grande série et de l'esthétique de la répétition.

La disposition des bâtiments devient un élément important du travail des architectes : elle doit en effet permettre d'offrir à tous les habitants l'air, la lumière et le soleil grâce à l'abandon de la rue-corridor et à une systématique de l'orientation. Ainsi, l'ensemble d'habitation Marly-les-Grandes-Terres, conçu par Lods en collaboration avec Honneger, Beuffé et avec les frères Arsène-Henry et construit en 1956-1957, garda pendant longtemps valeur d'exemple.

Au cours des années 1960, Lods met au point le système de préfabrication légère « Geai » dont il construit un prototype près de Rouen en 1966-1968. Les dernières réalisations importantes auxquelles participe Marcel Lods sont la Maison des sciences de l'homme à Paris et, récemment, les nouveaux bâtiments de l'Imprimerie nationale à Douai.

Personnalité étonnante, toujours à la recherche de solutions constructives nouvelles, Marcel Lods faisait partie de cette génération pour laquelle « l'architecte doit innover perpétuellement ». Cette croyance dans le progrès le conduisit à ne voir dans l'architecture que sa nécessaire efficacité : « Ou bien l'architecte se préoccupe de rechercher la meilleure performance, ou bien il se met au service de la mode pour flatter le goût douteux d'un certain nombre de ses clients. »

Toute sa vie, Marcel Lods s'est inlassablement battu pour appliquer les schémas de la production industrielle au monde du bâtiment. Son échec relatif a pu être considéré par certains comme inhérent à la position de précurseur dans laquelle il s'était placé. Mais le fait de concevoir un habitat à partir d'un schéma intellectuel lié à la production, à l'exclusion de toute autre contrainte architecturale, est peut-être le caractère le plus contesté aujourd'hui du mouvement moderne.

BERNARD HAMBURGER
et JEAN-MICHEL SAVIGNAT

Bibliographie

M. Lods, *Le Métier d'architecte : entretiens avec Hervé Le Boterf*, France-Empire, Paris, 1976 / *Marcel Lods, Photographies d'architecte*, catal. expos., Centre Georges-Pompidou-C.C.I., Paris, 1992.

LOMBARDO LES

Famille d'architectes et de sculpteurs originaires des environs de Lugano qui se fit connaître par son activité en Vénétie au XVe et au XVIe siècle.

Pietro (1430-1515), son plus remarquable représentant, se forme à Florence sous la direction de Bernardo Rosselino et de Desiderio da Settignano, puis gagne Venise où il exécute les monuments funéraires des doges Marcello et Malipiero, ainsi que des éléments de décoration à l'église des Frari et à San Giobbe.

Devant le succès de ses premières œuvres, on lui confie la construction de l'église Santa Maria dei Miracoli, dont il réalise également la décoration, avec l'aide de ses fils Antonio et Tullio, de 1481 à 1489. Avec eux aussi, Pietro Lombardo construit la Scuola di San Marco, qui sera terminée par Coducci. Puis c'est, dans la cathédrale de Trévise, le monument pour l'évêque Zanetti et une chapelle à coupole. Les Gonzague lui demandent un dessin pour la chapelle de leur palais de Mantoue, alors qu'il est nommé depuis 1498 surintendant du palais ducal de Venise. On le trouve encore à Trévise puis à Cividale dans les premières années du XVIe siècle. Pietro Lombardo est un des artistes qui a introduit à Venise, sans heurt, les nouvelles formules florentines de l'architecture et de la sculpture.

Tullio (1455 env.-1532) travaille en collaboration avec son père et son frère Antonio (tombeau du doge Mocenigo, et différentes réalisations à Trévise). Il atteint une grande virtuosité technique, mais s'applique à suivre d'une manière trop stricte les règles de composition, ce qui rend son style assez froid, quoique élégant.

Antonio (1458 env.-1516) a été associé aux travaux de son père et de son frère (Sainte-Marie des Miracles, monument Zanetti). Il travaille au tombeau du doge Vendramin (1493) et à des reliefs pour le Santo à Padoue. À partir de 1506, il est à Ferrare au service de la famille d'Este. Comme son frère, Antonio se montre respectueux des règles classiques et, comme lui, assez froid, mais possède à un plus haut degré le sens décoratif.

Girolamo (1504 env.-1590), fils d'Antonio, se rattache à l'école de Jacopo Sansovino, et participe sous sa direction aux travaux de décoration de la Libreria et de la Loggetta du campanile (frise) à Venise. Il travaille aussi, pour Andrea Sansovino, aux reliefs de la Sainte Maison de Lorette, exécute des tabernacles à Fermo et à Milan, crée enfin les portes de la basilique de Lorette, en collaboration avec ses frères Aurelio et Lodovico.

RENÉE PLOUIN

LONGHENA BALDASSARE (1598-1682)

Figure marquante parmi les architectes et sculpteurs du XVIIe siècle vénitien, Longhena s'était formé auprès de Scamozzi, qui lui avait inculqué les règles de l'architecture pure préconisée par Palladio. Mais sa sensibilité l'oriente, dès ses œuvres de jeunesse, vers une manière plus décorative qui se rattache à celle de Sansovino (*Ca' Rezzonico, Ca' Pesaro*). Longhena pourtant ne cède pas à la tentation baroque des architectes romains. Il sait maintenir le rythme palladien dans les façades de l'église de la Salute (1630-1683) dont il organise l'intérieur en un vaste espace dénué de toute tension baroque. De même, pour les façades de palais, il gradue les effets de force suivant la hauteur des niveaux, tout comme le faisaient Sanmicheli et Palladio. En 1640, Longhena devient *protomaestro* des Nouvelles Procuraties, poste très important pour l'édilité de la cité ; il aménage d'autre part l'intérieur de l'église des Scalzi, construit la synagogue, les *scuole* de San Giorgio et des Carmini. Il a aussi œuvré à Padoue, à Vicence, à Chioggia (cathédrale). Pour les familles patriciennes de Venise, il construit des villas sur la terre ferme : villa Rezzonico à Bassano, villa Borletti à Bagnolo par exemple.

Son talent de sculpteur s'exerce, en outre, dans l'exécution de mobiliers d'églises (autel et chaires de la cathédrale de Chioggia, autels de San Pietro di Castello, des Frari, de la Salute). Mais le principal titre de gloire de Longhena reste son œuvre d'architecte, notamment l'église de la Salute qui a transformé la silhouette de la ville de Venise et où il a réussi la synthèse entre l'animation ornementale et l'art des justes proportions.

RENÉE PLOUIN

LOOS ADOLF (1870-1933)

Si l'Autrichien Adolf Loos n'est pas toujours un architecte de premier plan, il est au moins l'un des rares (avec Le Corbusier) qui soit aussi un écrivain. Son écriture révèle, comme son architecture pourtant si rigoureuse, la recherche déterminée d'un plaisir : il sera, peut-on dire, le premier architecte fondamentalement hédoniste, et c'est pourquoi les aménagements intérieurs (la liberté de l'usage) auront une telle importance dans ses écrits et dans ses rares réalisations.

En 1893, Loos a terminé ses études à Dresde et décide d'aller voir la nouvelle architecture américaine dont les architectes européens pressentent l'importance mais qu'ils ne connaissent pas. Il restera trois ans aux États-Unis, vivant de menus travaux, mais surtout théorisant inlassablement ce qu'il voit. Ces quelques années seront beaucoup plus importantes pour l'élaboration de sa pratique architecturale et théorique que sa longue période de formation européenne. Sa connaissance parfaite des travaux de W. Le Baron Jenney, de Sullivan et des premières œuvres de F. L. Wright l'aide à formuler, dès son retour en Autriche, ce qui lui semble alors essentiel : la critique du terrorisme de l'Art nouveau alors en pleine gloire à Vienne. Il édite une revue, *Das Andere* (*L'Autre*), dont le sous-titre (« Un journal pour l'introduction de la culture occidentale en Autriche ») montre l'enjeu (la revue ne traite pas seulement d'architecture ; la cuisine, la mode, les coutumes, etc. y sont évoquées). Alliant le purisme de Sullivan (qui venait de bannir la « décoration ») et le fonctionnalisme de l'architecte viennois Otto Wagner, Loos veut supprimer « l'ornement » et montrer la structure des bâtiments.

Loos est d'abord isolé dans le combat qu'il mène contre la mode ; mais en 1908 les choses ont changé (deux architectes de la Neue Sezession, Olbrich et Hoffmann, reviennent à un style moins tourmenté) : c'est la date de son essai le plus connu, *Ornament und Verbrechen* (*Ornement et crime*, réédité dans la revue de Le Corbusier, *L'Esprit nouveau*, 1920). Il ne faut pas se méprendre sur le titre de l'ouvrage : si Loos est contre la décoration de l'Art nouveau, ce n'est pas par puritanisme (il déclare dans son essai : « tout art est érotique »), mais au contraire pour affirmer une nouvelle sensualité en architecture. Dans les intérieurs qu'il conçoit, les murs sont couverts de matériaux semi-précieux (bois, marbre, cuivre, cuir), mais employés à l'état brut. Loos ne veut pas se départir d'un libéralisme fondamental dans l'aménagement de l'espace (il ne dessine pas de meubles, par exemple). Après s'être chargé de l'amélioration de l'aménagement intérieur de bâtiments déjà construits, Loos réalise la maison Steiner en 1910 (Vienne), une des premières maisons en béton armé : là, une apparente neutralité veut briser l'excès (la boursouflure) de l'architecture contemporaine (toit en terrasse, corps de bâtiment blanc en U sans cantilever, fenêtres horizontales sans balcon). Comme dans la maison Scheu de 1912, qui présente cependant une moindre austérité extérieure, la nudité des blocs (qui évoquent les cubes de Garnier) contraste singulièrement avec la subtilité sobre mais raffinée de l'organisation intérieure (contrastes de textures, contrastes de volumes, de luminosité, et même d'odeurs).

Recevant peu de commandes du milieu viennois qui lui est hostile, Loos vient s'installer à Paris en 1923. Il avait été contraint d'interrompre un projet d'immeubles à terrasses ; on ne doit aucun bâtiment public à cet architecte qui souhaitait construire autre chose que des villas ou des édifices commerciaux. À Paris, il se lie aux mouvements d'avant-garde et construit en 1926 la maison de Tristan Tzara.

L'un de ses derniers projets, malheureusement non réalisé, sera la maison de Joséphine Baker à Paris. Il avait conçu pour l'actrice une sorte de paradis utopique. L'extérieur étonne par ses violents contrastes géométriques : sur un « socle » blanc (le rez-de-chaussée), les deux étages (différenciés par les types de fenêtres, horizontales et verticales) sont unifiés par des bandes régulières, parallèles et alternées de marbre noir et blanc, et par deux murs aveugles (derrière lesquels se trouve la piscine). L'intérieur contraste radicalement avec l'apparence de forteresse du bâtiment à l'extérieur, par une grande préciosité qui semble de l'extravagance : la piscine (qui forme terrasse au deuxième étage) est vue du premier étage comme un grand aquarium grâce à des cloisons transparentes. Ce luxe n'est pas gratuit ; Loos a souvent répété que c'est notre société qui rend absurde (scandaleux même) tout attachement au bien-être.

YVE-ALAIN BOIS

LOUIS NICOLAS dit VICTOR (1731-1800)

G rand Prix de Rome en 1755, Victor Louis séjourne à Rome de 1756 à 1759. En 1765, il voyage en Pologne où il effectue des travaux au château royal. En 1767-1768, il procède à l'aménagement du pourtour du chœur de la cathédrale de Chartres et à divers travaux dans des églises de Metz puis édifie en 1771 l'hôtel de l'Intendance à Besançon. Appelé à Bordeaux par le maréchal de Richelieu, il y construit (1775-1780) son chef-d'œuvre, le théâtre, ainsi que de nombreux hôtels (Saige, Fonfrède, de la Molère, de Roly, de Nairac). Il a véritablement marqué la ville de son style, malgré l'échec du projet grandiose présenté pour l'aménagement de la place Ludovise sur l'emplacement du château Trompette. Dans la région, il édifie les châteaux de Virasel (Marmande, 1774) et de Bouilh (Saint-André-de-Cubzac, 1786). Le théâtre de Bordeaux, célèbre pour son péristyle colossal de douze colonnes corinthiennes, deviendra le prototype du genre et Charles Garnier se souviendra du grand escalier d'honneur à triple volée de Victor Louis : il l'adaptera à l'Opéra de Paris. Dans les vingt dernières années de sa vie, les grandes entreprises de Louis sont parisiennes : les galeries du Palais-Royal, aux façades, côté jardin, si harmonieusement décorées et rythmées, le théâtre du Palais-Royal (aujourd'hui la Comédie-Française, mais avec modifications ultérieures). Louis a été un architecte très actif, bien en accord avec son temps par son goût de l'élégance, de l'ornementation riche et sans ostentation, par son adaptation intelligente des leçons de l'Antiquité et de Palladio. Rien de révolutionnaire ni de fort dans son art, mais une harmonie sans défaut. Ces qualités sont sensibles dans les nombreuses décorations qu'il a exécutées tant pour les églises (couvent du Bon-Secours et église Sainte-Marguerite à Paris, Saint-Éloi à Dunkerque) que pour les fêtes et les théâtres. Il a créé aussi quelques modèles intéressants d'éléments de décoration intérieure, consoles, pendules, luminaires et, le premier, au théâtre de Bordeaux, il a su pratiquer d'une façon systématique ce que nous appelons l'éclairage indirect.

JEAN-JACQUES DUTHOY

LUBETKIN BERTHOLD (1901-1990)

Architecte radical dans ses projets comme dans ses décisions personnelles, Berthold Lubetkin reste la figure majeure du Mouvement moderne en Grande-Bretagne, bien qu'il n'ait réalisé qu'un petit nombre de bâtiments. Certains d'entre eux, telle la piscine des Pingouins du zoo de Londres (1934), conservent aujourd'hui encore une force symbolique exceptionnelle.

Les épisodes initiaux de sa biographie restent obscurs. Né à Tiflis en 1901, il reste en Russie, où sa famille possède des intérêts textiles, jusqu'en 1923, fréquentant les lycées de Saint-Pétersbourg puis de Moscou et recevant une formation partielle d'architecte aux Vkhutemas, école nouvelle comparable au Bauhaus. Il se rend à Berlin, puis à Paris, où il dessine des pavillons d'exposition pour la représentation commerciale soviétique, tout en passant son diplôme à l'École spéciale d'architecture. Associé avec Jean Ginsberg, rencontré à l'E.S.A., il construit un immeuble en béton armé 25, avenue de Versailles à Paris, qui utilise des fenêtres en bande et des gardecorps empruntés à la construction navale.

Dans un étonnant poème en prose, Lubetkin exhalera sa nostalgie pour le monde du bâtiment parisien, soupirant, à l'heure de l'achèvement de la construction, qu'après tout « la maison n'est qu'un chantier mort ». Il participe aussi à quelques-uns des grands concours d'architecture soviétiques de cette période, notamment pour le palais des Soviets de Moscou.

En 1931, Lubetkin s'installe à Londres, où il anime dès l'année suivante Tecton, atelier collectif d'architecture, tout en s'engageant activement dans l'Architects and Technicians Organization, groupe militant proche du P.C. de Grande-Bretagne. S'il conserve son intérêt précoce pour la critique et la polémique, envoyant des articles à *L'Architecture d'aujourd'hui*, et observant les crises de l'architecture en U.R.S.S., c'est désormais avec des bâtiments originaux que Lubetkin exprime ses positions. À partir de 1932, Tecton élabore plusieurs constructions pour le zoo de Londres ; après la maison des Gorilles (1932-1933), la piscine des Pingouins détourne la commande de la Royal Zoological Society obtenue par l'intermédiaire de Julian Huxley, en un manifeste inattendu en faveur de l'habitation moderne : les oiseaux se déplacent sur les rampes courbes d'un paysage géométrique et dans le même temps hospitalier, semblant suggérer aux visiteurs la comparaison avec la grisaille de leur propre environnement quotidien.

Tecton réalise cependant des logements pour les humains, telle la propre maison de Lubetkin à Whipsnade dans le Bedfordshire, commencée en 1936 et associant une large ouverture sur le paysage à des espaces plus intimes, qu'enveloppent des murs courbes. Deux bâtiments d'habitation marqueront la contribution de Lubetkin à l'émergence du fonctionnalisme en Grande-Bretagne : en 1934-1935, il réalise à Londres les cinquante-neuf appartements de l'immeuble Highpoint One pour l'industriel Zigmund Gestetner. Opposant cette fois les prismes austères des logements aux formes libres des services résidentiels groupés au rez-de-chaussée, Tecton réalise ce qui reste sans doute la plus brillante interprétation d'un thème resté impopulaire en Angleterre : le logement collectif vertical. Deux années plus tard, l'immeuble Highpoint Two infléchit cependant ce dispositif rigoureux, introduisant plus de monumentalité, voire quelque ironie (1936-1938). Deux cariatides moulées d'après l'antique viennent supporter la mince dalle de béton de l'auvent et soulignent la liberté de ton de Lubetkin.

Le dispensaire de Finsbury (1935-1938) transcrit dans le domaine des équipements publics cette conjugaison de la rationalité constructive et de la liberté plastique typique de l'œuvre de Tecton, alors que l'équipe continue à étudier des architectures pour les animaux, ses projets de logements économiques rencontrant encore beaucoup de difficultés. Lubetkin devient gentleman-farmer dans le Gloucestershire pendant la guerre, à l'issue de laquelle Tecton réalise de grandes opérations de logement pour les municipalités travaillistes.

Dans ces ensembles, qui préludent à la dissolution de Tecton, survenue en 1948, Lubetkin et ses associés poursuivent un double travail de perfectionnement des plans des appartements et d'invention plastique dans la volumétrie et les façades, qui leur vaudra les foudres des défenseurs de l'orthodoxie fonctionnaliste. Désormais solitaire, Lubetkin travaille pendant trois ans au plan d'ensemble de la ville nouvelle de Peterlee, dans le comté de Durham, mais le projet sombre du fait des incohérences de la bureaucratie gouvernementale. La crise d'une pratique professionnelle collective pour laquelle il avait beaucoup sacrifié, les critiques dont il est l'objet se conjuguent à l'impasse des grands projets par lesquels il entendait réaliser enfin ses conceptions à une échelle plus vaste. Lubetkin choisit donc de se replier sur sa compagnie de prédilection : les animaux. Il s'installe en 1951 dans le Gloucestershire, où il élèvera des porcs pendant vingt ans, et continue jusqu'à sa mort à suivre avec une ironie indéfectible les transformations de l'architecture européenne.

JEAN-LOUIS COHEN

Bibliographie

B. LUBETKIN, « Pages d'un journal de chantier », in *The Architectural Review*, oct. 1932 ; « L'Architecture en Angleterre », in *L'Architecture d'aujourd'hui*, déc. 1932-janv. 1933 ; *Berthold Lubetkin, un moderne en Angleterre*, Institut français d'architecture, Paris, Pierre Mardaga, Liège, 1983.

LURÇAT ANDRÉ (1894-1970)

Architecte français, représentant du mouvement dénommé style international, André Lurçat est, avec Hannes Meyer (moins censuré que lui, cependant), l'un des rares praticiens et théoriciens marxistes de sa génération. Après avoir fait des études académiques à l'École des beaux-arts de Paris, dont il sort diplômé en 1923, Lurçat voyage beaucoup : il découvre l'architecture du Moyen Âge et de la Renaissance en Italie, rencontre Hoffmann en Belgique, Gropius en Allemagne (qui l'invitera en 1926 à l'inauguration du Bauhaus), les frères Taut, J. J. P. Oud aux Pays-Bas. En 1928, Lurçat préside la commission d'urbanisme du congrès de La Sarraz, premier congrès international d'architecture moderne (Le Corbusier présidait la commission d'architecture) ; il ne s'agissait pas seulement d'emmagasiner un certain nombre d'éléments connotant la modernité (éléments qu'il utilisa par la suite : balcons et auvents en cantilever, nudité des murs, fenêtres en bande continue, baies vitrées, etc.), mais de réfléchir sur la fonction de l'architecture et sur son articulation à l'urbanisme. La plupart des architectes fondateurs des congrès internationaux d'architecture moderne (C.I.A.M.) déploraient en effet ne pouvoir construire que des maisons particulières. La propriété privée est un obstacle à la planification urbanistique : c'est la première prise de conscience politique de Lurçat.

En 1930, en accord avec la municipalité communiste dirigée par Paul Vaillant-Couturier, Lurçat réalise le groupe scolaire Karl-Marx à Villejuif, où il tente de mettre en pratique une architecture « démocratique » en invitant la population à participer au projet. Ce groupe scolaire aura un retentissement international, car c'est par des bâtiments destinés à de telles fonctions que l'architecture moderne fera son entrée dans de nombreux pays. Invité en U.R.S.S., il rencontre les architectes « constructivistes » (Guinzbourg, Vesnine), dont le travail l'intéresse vivement, et il décide de venir travailler quelques années dans ce pays. De 1934 à 1937, il y enseigne (et participe notamment au concours pour l'Académie des sciences de Moscou, en 1934), mais il n'aura malheureusement pas la possibilité de bâtir directement. Son enseignement critique sera écouté avec ferveur, mais son influence sera plus tard radicalement combattue par les architectes réactionnaires de l'ère stalinienne. À la différence des autres architectes occidentaux travaillant en U.R.S.S. (May, Hannes Meyer), Lurçat dénonce l'insuffisance théorique des architectes soviétiques non en termes esthétiques ou techniques, mais en termes politiques : leur retard architectural vient du manque de formation politique. « La connaissance du marxisme doit aider l'architecte à faire de l'architecture un art fondé sur la connaissance des faits et sur la science des lois qui la régissent, ce qu'elle était jusqu'à l'époque capitaliste », écrit Lurçat à Moscou (« L'Homme, la technique et l'architecture », in *Izvestia*, Moscou, 1937, repris dans *VH 101*, n° 8-9, Paris, 1972). L'interprétation qu'il donne du passé se fonde aussi sur les thèses du matérialisme dialectique : « L'éclectisme n'est-il pas une copie sèche, sans esprit, de l'aspect des œuvres du passé, ne tenant aucun compte de leur contenu, de leur valeur idéologique, de l'époque et de la société pour laquelle elles ont été créées ? » Lurçat allait être déçu de l'accueil officiel à ses propos : l'architecture soviétique devait sombrer dans le néo-classicisme le plus académique. De retour en France, il fonde pendant la Seconde Guerre mondiale le Front national des architectes résistants et ne reprendra qu'après cette période son activité urbanistique : à Maubeuge (1946-1958), au Blanc-Mesnil (1950-1967), à Saint-Denis (1947-1967) et à Villejuif (1946-1966), c'est-à-dire partout où il trouvera un pouvoir politique désirant soutenir son travail.

YVE-ALAIN BOIS

MACHUCA PEDRO (mort en 1550)

Peintre et architecte espagnol, né à Tolède à la fin du XVe siècle et mort à Grenade en 1550, Pedro Machuca est le meilleur représentant du maniérisme en Andalousie. On sait qu'il étudie en Italie où il se trouve en 1517 lorsqu'il signe *La Vierge et les âmes du purgatoire* (Prado), œuvre très marquée par les Sibylles de Michel-Ange à la Sixtine. En 1520, il est en Espagne, écuyer du comte de Tendilla à l'Alhambra où il reçoit l'importante commande de la construction du palais de Charles Quint. Simultanément à cette œuvre architecturale, il exécute des retables pour la chapelle royale de Grenade et pour les cathédrales de Jaén et d'Úbeda. Doué d'une grande imagination, il renouvelle les thèmes souvent traités dans la peinture religieuse, *Descente de Croix* (Prado), *Nativité* (coll. part., Florence) en faisant preuve d'originalité dans le choix des attitudes expressives et le graphisme acéré des figures. Un violent clair-obscur anime les scènes et fait éclater quelques coloris acides qui accentuent l'effet tragique. Créateur incontestable de formes, il est avec Alonso Berruguete le seul artiste espagnol à avoir participé à l'évolution du maniérisme italien.

CLAUDIE RESSORT

MACKINTOSH CHARLES RENNIE (1868-1928)

On a fort justement relevé un net parallélisme entre l'originalité et l'étendue des discours plastiques tenus à Barcelone par Gaudí et à Glasgow par Mackintosh. C'est, déjà, incorporer deux poétiques, radicalement différentes, au même schème historique. Mais peut-être n'a-t-on pas suffisamment souligné à quel point leur message a été diversement intercepté à l'époque de leur émission, au niveau régional, en Catalogne pour l'un, en Europe continentale pour l'autre. L'art de Mackintosh, sans grande audience en Écosse ou en Angleterre, a rapidement joué comme révélateur, modèle et excitant en Allemagne, en Autriche, en Italie et a par le fait même contribué à constituer le phénomène esthétique qui marque l'articulation des XIXᵉ et XXᵉ siècles, le modern style. Il importe, ici, d'indiquer que la démarche de Mackintosh dérive en partie de l'idéologie de William Morris (comme celle de Van de Velde), laquelle a ouvert la problématique de la production unifiée par une opération commune (architecture, équipement mobilier, accessoires) : les architectes du modern style furent à ce point convertis à ce programme, et à la pratique qu'il suppose, que la technologie architecturale des années 1900 s'est trouvée marquée par les procédés de construction inhérents au travail du bois, à l'ébénisterie. La bibliothèque de la School of Art de Glasgow (1907-1909) est, à cet égard, symbolique : le dispositif des poutres horizontales et des piliers rectangulaires évoque la technique du meuble ; il a aussi pour conséquence de scander l'espace de manière telle qu'il maîtrise la dialectique plastique, les modulations discontinues, la partition, inaugurées lors de l'aménagement du hall de Hill House (1903, Helensburgh) où l'on voit les cloisons à claire-voie, les suspensions à cornières, le mobilier à redans jouer avec la vigueur discursive que le constructivisme russe et le mouvement néoplasticiste hollandais mettront, vers les années 1920 à 1925, à la base de leurs énoncés picturaux et architecturaux. Entretemps cependant (et, paradoxalement, ceci montre l'ambiguïté et la richesse des initiatives écossaises) l'école viennoise, marquée par le purisme d'Adolf Loos, a été touchée (à la suite d'images reproduites en 1897 dans la revue *The Studio*, de l'exposition d'un ensemble mobilier à Munich en 1898, d'une participation importante à l'exposition annuelle de la Wiener Sezession en 1900) par la poétique curvilinéaire mise au point et appliquée par Mackintosh de 1897 à 1900 : poétique faite d'élongations, de nervures fragiles, de résilles vacillantes, de plans virtuels, de sèmes exotiques, d'entrelacs celtiques, de rythmes raffinés mais toujours habilement mesurés pour garantir la sobriété et la rigueur d'un ensemble. À ce rituel signifiant (il conviendrait de l'examiner en rapport avec et par rapport à celui qui assume l'œuvre de Klimt) sont remarquablement assujettis la décoration et l'équipement mobilier de la chaîne écossaise des Cranston's Tearooms : le salon de thé de Buchanan Street (1897), d'Argyle Street (1897), d'Ingram Street (1901), de Sauchiehall Street (1903-1904), tous à Glasgow. C'est sur cet horizon linéaire, symbolique, esthétisant que se profile l'œuvre maîtresse de Mackintosh, la Glasgow School of Art (1898-1909), entreprise à l'époque où s'achevait, à Bruxelles, la Maison du peuple conçue par Horta : elle marque, outre-Manche, l'introduction du fer dans la structure architecturale, prend quelque liberté vis-à-vis des conceptions avancées par Voysey, privilégie les thèmes manipulés par Webb (l'un des plus actifs associés de Morris) et, surtout, apporte à la partition spatiale le discontinu.

ROBERT-L. DELEVOY

MADERNO CARLO (1556-1629)

Neveu de Domenico Fontana, Carlo Maderno arrive en 1588 à Rome, appelé par son oncle qui l'utilise comme stucateur et décorateur dans les travaux que lui a confiés Sixte Quint. Carlo Maderno organise les décors de la fête du

Corpus Domini et des funérailles de Sixte Quint. Il s'initie à l'architecture au contact des œuvres de Domineco Fontana et de Giacomo della Porta. Après quelques travaux d'importance secondaire comme la fontaine de Lorette, en collaboration avec Giovanni Fontana, la fontaine de la villa Torlonia, à Frascati, et l'Acqua Paola (1612), il atteint à un style personnel, est nommé architecte de Paul V et réalise de nombreux ouvrages : achèvement du chœur et de la coupole de Saint-Jean-des-Florentins, de la façade de Saint-Jacques-des-Incurables au Corso, du palais Aldobrandini, du palais Lancellotti ai Coronari (1600). La façade de Sainte-Suzanne (1597-1603) constitue sa première œuvre entièrement personnelle ; c'est une composition expressive aux lignes architectoniques très fermes. Dans le palais Mattei (1606-1616), Maderno associe dans la décoration les stucs de son invention et les pièces antiques, introduisant ainsi dans l'architecture maniériste romaine les premières manifestations baroques. Il participe à la construction du palais Rospigliosi (1603), commence l'église de Santa Maria della Vittoria, et San Domenico de Pérouse, qui sera achevée après sa mort. En 1602, il succède à Giacomo della Porta comme architecte de Saint-Pierre. Il en dirigera les travaux jusqu'à sa mort. C'est lui qui allonge la nef de deux travées et qui construit la façade (1606-1619). Pour cette dernière, il crée une sorte d'édifice indépendant adossé à la nef, conservant l'idée générale du pronaos de Michel-Ange, mais supprimant les colonnes libres du portique de manière à aménager dans la partie haute une grande salle pour les bénédictions papales. Enfin, il élargit la façade de manière que les clochers prévus (mais réalisés seulement par Bernin) n'entravent pas la vue de la coupole. Les éléments de gigantisme et de théâtralité caractéristiques du style baroque sont bien dus ici à Carlo Maderno.

RENÉE PLOUIN

MAEKAWA KUNIO (1905-1986)

Kunio Maekawa (ou Mayekawa) figure parmi ce qu'il est convenu d'appeler les « pères » de l'architecture moderne au Japon. Il introduisit dans son pays qui les ignorait les nouveaux concepts de l'architecture occidentale, après avoir séjourné, de 1928 à 1930, à Paris, dans l'atelier de Le Corbusier.

Maekawa travailla pour Antonin Raymond (1890-1976), architecte américain d'origine tchèque qui s'était établi à Tōkyō en 1921, après avoir assisté Frank Lloyd Wright pour la réalisation de l'Imperial Hotel. Raymond fut un des agents essentiels de la découverte par le Japon du nouveau style international. Il y construisit notamment, en 1923, la première maison en béton armé.

Maekawa ouvrit son agence personnelle en 1935. Il y développa une manière sobre, intransigeante, qui n'avait guère de références aux traditions nationales, mais dont le béton brut, les pilotis, les ossatures ne choquèrent guère, selon ses dires, le public japonais, grâce à certaines similitudes avec les ossatures de bois de l'architecture locale. Parmi ses collaborateurs, il compta Tange Kenzō, qui allait devenir l'architecte le plus célèbre du pays. C'est principalement après la guerre, époque qui vit l'occidentalisation rapide de la culture japonaise, que Maekawa s'imposa. Son œuvre est marquée par la recherche d'une constante expressivité sculpturale, l'emploi régulier de puissantes masses de béton armé (partiellement justifiées par les nécessités de la construction antisismique), une plastique souvent sévère, parfois brutale (le « brutalisme » était alors une valeur esthétique), néanmoins plus réservée, plus rationnelle, moins lyrique que celle de Tange Kenzō.

Les années 1950 virent mûrir sa production, dont on peut retenir les ensembles les plus significatifs : le petit immeuble de bureaux de la banque Sogoh à Tōkyō (1953), la bibliothèque et la salle de concerts de Yokohama (1955), la maison internationale de Tōkyō (conçue avec Sakakura et Yoshimura, 1955), le centre civique de Kyōto, le centre culturel Fukushima, le pavillon japonais à l'exposition de Bruxelles, l'immeuble de logements Harumi (1958), dont la monumentalité et la netteté volumétrique sonnaient comme un plaidoyer en faveur du modernisme et de la vie collective, enfin l'université Gakushuin à Tōkyō (1960).

Créateur en 1955 du groupe Mido, avec une équipe de jeunes confrères, Maekawa Kunio développa une réflexion humaniste sur les rapports pouvant exister entre l'architecture et la démocratie. Il crut longtemps que l'architecture et l'urbanisme devaient contribuer à l'humanisation de la société moderne, aider au contrôle de son développement, et il chercha donc toujours à lier le contenu social et l'expression formelle. Maekawa attendait sans doute trop du modèle occidental ; assez désabusé, il se demandait, dans un essai publié en 1965, *Pensées sur la civilisation en architecture*, par quelle perversion de ses fins premières l'architecture moderne tendait parfois à une forme d'inhumanité. Constatant qu'une dégradation de l'éthique semblait accompagner la diffusion des standards de la société moderne, il hésitait à s'abandonner à la tentation d'un retour aux valeurs nationales et traditionnelles.

Maekawa continua d'animer son agence en construisant par exemple la tour de bureaux de la Marine and Fire Insurance Company (1974) ou le musée d'Art de la préfecture de Miyagi (1982), et participa peu avant sa mort au concours pour le nouvel hôtel de ville de Tōkyō. Mais son œuvre majeure reste le centre culturel et l'auditorium du parc Ueno, à Tōkyō, achevé en 1961, face au musée d'Art occidental de Le Corbusier, construit sur les esquisses du grand architecte par ses trois élèves japonais : Sakakura, Yoshizaka et Maekawa lui-même. L'ampleur de l'édifice, la majesté puissante de ses masses, le calme qui émane de son énorme toit en béton armé posé sur une succession régulière de piliers en retrait, la force de son parti plastique lui valurent une renommée internationale au début des années 1960, alors que l'on recherchait une volumétrie plus généreuse, après avoir momentanément épuisé le registre des formes orthogonales.

FRANÇOIS CHASLIN

MAILLART ROBERT (1872-1940)

Comme Eiffel, Roebling et Freyssinet, également constructeurs de ponts célèbres, Maillart était un ingénieur (diplômé du Collège technique de Zurich où il sera ensuite professeur). Les architectes les consultaient sur des points « techniques », mais ils refusaient de les considérer comme étant des leurs. C'est pourquoi ce que l'architecture doit à ces ingénieurs est toujours plus ou moins occulté, non seulement par les historiens de l'architecture, mais par les architectes même qui appliquent néanmoins avec retard leurs différentes découvertes. Or ce que la modernité architecturale, au moins depuis le rationalisme, aura mis en évidence, c'est que les questions « techniques » sont en architecture plus que de simples questions techniques. Sauf à faire une architecture de théâtre (qui masque la fonction de l'édifice et n'obéit pas à la raison ou à la vérité du matériau employé), il n'est pas possible de dissocier « mise-en-forme » et « structuration » d'un bâtiment.

Avec Maillart, il est précisément question d'un matériau, le *béton armé*, dont il aura expérimenté les nombreuses possibilités. Maillart comprit très tôt la nature de son élasticité : le ciment résiste bien à la compression mais non à la tension, à l'inverse de l'acier, d'où l'efficace de leur union. De plus, Maillart se libéra très vite des contraintes de la loi de Hooke « dans un matériau élastique, la déformation est proportionnelle à la pression » auxquelles se tenaient la plupart des architectes usant du béton armé (à l'exception de Freyssinet) ; c'est précisément la connaissance « technique » que Maillart avait de son matériau qui lui fit construire avec sûreté et maîtrise des édifices légers, et c'est grâce à l'économie (de matière, d'argent) représentée par ce mode de construction qu'il réussit à se faire entendre. Mais ses fameux ponts, parce que leur nouveauté choquait, sont situés en des endroits retirés et nombre de ses projets ne virent pas le jour. Maillart fut le premier à utiliser le béton armé comme tel, et non comme du bois, du fer, ou de la pierre. « L'ingénieur, disait-il, était tellement habitué à construire et à calculer avec ces éléments de base [les poutres] dont la force portante était limitée à une seule dimension qu'il ne lui venait même pas à l'esprit qu'il pouvait exister d'autres possibilités. Le béton armé ne changea rien, au début, à cette conception et on l'employa de la même façon que les matériaux traditionnels. » Le béton armé rend possible une certaine répartition des forces en jeu (poids, pressions, résistances) et donc la mise en question de l'opposition séculaire entre élément porteur et surface portée. De là viennent toutes les inventions de Maillart : les « piliers-champignons » (dès 1908), qui permettent une grande économie de surface au sol, les arcs à trois articulations, d'une extrême élasticité, les poutres continues des « arcs raidis », la dalle de béton comme élément dynamique dans la construction. Ainsi, dans la plupart des ponts de Maillart (notamment son premier pont, à Zuoz en Engadine, 1901, et le magnifique pont Salginatobel sur le ravin de la Salgina dans les Grisons, 1929-1930), l'arc et le tablier se fondent en une unité organique continue comme les piliers-champignons se dissolvent ou se perdent dans les plafonds, ce qui démontre assez, par l'utilisation des courbes, qu'il n'est pas de point privilégié ou indépendant de l'ensemble. Le pavillon de la Compagnie du ciment Portland, à l'Exposition nationale suisse de Zurich en 1939, conque, coquillage ou oreille, allait prouver que Maillart était un grand architecte en ce qu'il ne dissocia jamais les problèmes que posait la construction d'un édifice de la question de la « beauté » en architecture. Aussi n'est-ce pas un hasard si Max Bill, peintre plus qu'architecte, lui consacra très tôt une monographie (*Robert Maillart*, 1949).

YVE-ALAIN BOIS

MAÎTRE DE BOURGES (XIIe s.)

Les conceptions architecturales du Maître de-Bourges s'opposent à celles du Maître de Chartres qui est pourtant son contemporain. Il ne cherche pas à définir le volume intérieur de la cathédrale à partir du principe de la répétition d'une même cellule. Il tente au contraire d'ouvrir les différents volumes les uns sur les autres, grâce à l'adoption d'un plan et d'une élévation appropriés : doubles collatéraux, hauteur donnée aux grandes arcades, supports réduits en diamètre et surtout suppression du transept, ce qui permet de ne pas interrompre le vaisseau longitudinal. Les-masses extérieures offrent un traitement identique : les formes s'étagent les unes au-dessus des autres pour s'arrondir au chevet. La seule liaison est donnée par les arcs-boutants qui créent une tension verticale dans cette succession d'horizontales.

ALAIN ERLANDE-BRANDENBURG

Bibliographie

R. BRANNER, *La Cathédrale de Bourges et sa place dans l'architecture gothique,* Paris-Bourges, 1962.

MAÎTRE DE CHARTRES (fin du XIIe s.)

L'architecte qui conçut en 1194 et réalisa en grande partie la cathédrale de Chartres de 1194 à 1230-1235, demeure anonyme. On l'a dit originaire de l'Aisne, ce qui demeure hypothétique. Il renouvelle la conception architecturale de son temps par une redéfinition du volume intérieur dont l'élément de base devient la travée, utilisée comme un module répétitif. Elle est constituée de trois niveaux car les tribunes avantageusement remplacées par les arcs-boutants ont été supprimées. Une même hauteur est donnée au grandes arcades et aux fenêtres hautes. Les deux supports qui enserrent chaque travée viennent aboutir sur la clé de voûte, qui constitue l'élément de focalisation de l'ensemble. Le triforium de type continu forme un élément horizontal, obscur, qui s'intègre dans la dynamique verticale. Le jeu très subtil entre les clairs et les obscurs provient des vitraux de couleurs qui ferment le volume.

ALAIN ERLANDE-BRANDENBURG

Bibliographie

A. ERLANDE-BRANDENBURG, *La Cathédrale de Chartres,* Paris, 1986.

MAÎTRE DE SAINT-DENIS (vers 1231)

On a donné le nom de « Maître de Saint-Denis » à l'architecte à qui l'abbé de Saint-Denis, Eudes Clément, avait confié en 1231 la reconstruction de l'abbatiale, tout en conservant la crypte et le double déambulatoire avec ses chapelles rayonnantes que l'abbé Suger avait réalisés (1140-1143). Le programme compenait en outre un développement spectaculaire du carré du transept — par l'emboîtement de trois carrés — destiné à abriter les tombes des rois de France inhumés au cours des âges dans l'abbatiale. Cet architecte demeuré anonyme, auquel devait succéder, avant 1247, Pierre de Montreuil, a renouvelé l'élévation définie par le « Maître de Chartres » en ajoutant le triforium et en liant, aussi bien optiquement que physiquement, les deux niveaux supérieurs. Il a d'autre part réduit l'architecture à une ossature de pierre à l'intérieur de laquelle pouvait se développer une surface gigantesque de mur-lumière. Ce nouveau rapport devait être adopté sur les chantiers de l'Île de France puis du Saint Empire. On a pensé que cet architecte pouvait être Pierre de Montreuil, ce qui n'est guère plausible. On devrait plutôt songer à Jean de Chelles.

ALAIN ERLANDE-BRANDENBURG

Bibliographie

R. BRANNER, *La Cathédrale de Bourges et sa place dans l'architecture gothique,* Paris-Bourges, 1962.

MAÎTRE MARTIN (XIIIe s.)

Deux documents attestent que l'architecte qui dirigeait le chantier de la cathédrale de Tolède, au début du XIIIe siècle, était un certain Martin. On sait qu'il était marié et qu'en 1227, le doyen du chapitre lui fit un don. Il est vraisemblable que Maître Martin est l'auteur de la partie de la cathédrale commencée en 1222, mais dont la première pierre n'a été posée qu'en 1227. Le plan s'inspire de ceux des cathédrales de Paris et de Bourges. Quant à la conception du volume, elle dérive indirectement de celui de Bourges, et directement de celui de la cathédrale du Mans. Elle apporte à la hiérarchisation des volumes une note originale en les élargissant et en les abaissant. Il est vraisemblable, en se fondant sur son nom et sur le style de l'édifice que Maître Martin était soit français, soit formé en France.

ALAIN ERLANDE-BRANDENBURG

MAKI FUMIHIKO (1928-)

Maki Fumihiko est l'un des plus célèbres et des plus talentueux architectes japonais de notre époque. Il est né à Tōkyō en 1928. Il y a grandi et y exerce aujourd'hui son métier d'architecte. Diplômé de l'université de Tōkyō en 1952, il poursuit sa formation aux États-Unis, à l'université Harvard à Cambridge (Massachusetts), dont il est diplômé en 1954. Jusqu'en 1966, il travaille à New York pour l'agence Skidmore, Owings & Merril (S.O.M.) et à Cambridge avec l'architecte catalan José Luis Sert (1902-1983). De 1956 à 1965, il poursuit parallèlement une carrière d'enseignant à l'université de Washington puis à l'université Harvard. Au début des années 1960, il participe à la création du groupe Métaboliste à Tōkyō avec des architectes tels que Kiyonori Kikutake (né en 1928) et Kurokawa Kishō (né en 1934). En 1965, il rentre à Tōkyō, où il installe sa première agence d'architecture. Il est nommé professeur à l'université de Tōkyō, poste qu'il occupera jusqu'en 1988.

Les toutes premières œuvres de Maki comme le Steinberg Arts Center à Washington (1960), s'inscrivent dans le courant de l'architecture moderne, sans doute sous l'influence de l'agence S.O.M. et de José Luis Sert. On retrouve l'apport du maître catalan dans les auditoriums des universités de Nagoya (1960) et de Chiba (1962). Maki est d'ailleurs un témoin attentif de l'un des derniers C.I.A.M. (Congrès internationaux de l'architecture moderne). Bientôt pourtant, il manifeste une certaine distance avec ce mouvement architectural en participant au mouvement Métaboliste. Mais contrairement aux autres membres de ce groupe, convaincus de la nécessité de développer des projets spectaculaires et utopistes, Maki s'oriente vers une réflexion sur le concept de « formes collectives » dont on peut voir l'une des illustrations dans le projet de l'université de Risshō (1967-1968) à Kumagaya, préfecture de Saitama. Petit à petit, il développe une démarche originale fondée sur le principe d'une architecture composée de volumes fragmentés. La première tranche du projet de logements de Hillside Terrace (1969) à Tōkyō annonce cette évolution. Dans ce projet, on découvre une autre préoccupation de Maki : la recherche de la qualité dans la définition des espaces publics extérieurs, comme dans d'autres œuvres : l'école élémentaire Katō Gakuen (en 1972, à Numazu, préfecture de Shizuoka), le musée Toyota Kuragaike (en 1974, dans la ville de Toyota, préfecture de Hyōgo) ou le musée Iwasaki (en 1979 à Ibusuki, préfecture de Kagoshima).

Maki s'intéresse aussi aux relations entre les bâtiments et leur contexte, ce qui le différencie de nombre de ses confrères. Dans un bâtiment à vocation d'équipement culturel commandé par un groupe industriel, il tente d'exprimer deux éléments qui font partie, à ses yeux, de l'histoire des formes de Tōkyō : la grille et la spirale. Ce bâtiment, appelé Spiral, sera construit à Tōkyō en 1985. Également à Tōkyō, le pavillon Tepia, réalisé en 1989 obéit à la même logique d'une production définie par l'architecte lui-même comme relevant de l'idée de « vernaculaire industriel ». Dans ces différents bâtiments, Maki confirme en effet sa prédilection pour l'utilisation du métal, tel que le projet du gymnase municipal d'Akibadai à Fujisawa (1984) le laissait déjà entendre.

Avec celles du musée d'Art moderne de Kyōto (1986), les photographies de toutes ces œuvres sont publiées dans les revues d'architecture du monde entier. Maki est consulté, au Japon comme à l'étranger, pour de grands projets dont il est l'un des rares architectes japonais à bien maîtriser l'échelle : centre d'expositions internationales de Makuhari Messe à Chiba (1989), gymnase métropolitain de Tōkyō (1990), centre d'art Yerba Buena Garden à San Francisco (1993).

Cette riche carrière de concepteur ne doit pas faire oublier le rôle important qu'il joue dans la formation de jeunes architectes à l'université de Tōkyō. Là, dans son « laboratoire », il mène avec ses étudiants, jusqu'en 1988, un important travail de recherche théorique sur l'espace urbain de Tōkyō, qui permet de mieux comprendre l'ordre caché de cette ville en apparence si chaotique. De même, ses réflexions et ses écrits sur le concept de *oku* (profondeur) apporte un nouvel éclairage à la question de l'intériorité de l'espace traditionnel japonais.

Au nombre de ses œuvres récentes on peut compter la septième tranche (1999) de travaux pour l'ensemble de logements de Hillside Terrace, dont les six précédentes se sont échelonnées sur plus de vingt années à Tōkyō (1969, 1973, 1977, 1979, 1987, 1992). Maki a réalisé un pavillon flottant à Groningen aux Pays-Bas (1995). Ce projet lui a permis d'exploiter une nouvelle piste dans ses réflexions sur le contexte : dans le cas présent celui-ci est variable puisque le pavillon peut se déplacer sur les canaux hollandais. En 1997, Maki a conçu un crématorium, à Kaze No Oka au Japon.

MARC BOURDIER

Bibliographie

F. MAKI, « Japanese City Spaces and the Concept of *oku* », in *The Japan Architect*, Tōkyō, mai 1979 / S. SALAT, *Fumihiko Maki : une poétique de la fragmentation*, Le Moniteur, Paris, 1987 / « Fumihiko Maki », in *The Japan Architect*, n° spéc., Tōkyō, hiver 1993-1994.

MALLET-STEVENS ROBERT (1886-1945)

Architecte et décorateur fortement marqué par Josef Hoffmann et par l'Atelier viennois (*Wiener Werkstätte* (ateliers viennois), Robert Mallet-Stevens est, en France, dès avant 1914 et avant Le Corbusier, son exact contemporain, l'un des premiers à réagir contre les fioritures du Modern Style et à se faire le champion d'une architecture « universelle », récusant le décor et le régionalisme. Comme Le Corbusier, il opte pour l'ossature de béton, nie la fenêtre traditionnelle au profit du pan de verre, exalte le plan libre et les volumes géométriques lisses. Toutefois, la composition de ses façades et l'organisation volumétrique de ses constructions témoignent d'une complexité qui leur est propre (asymétrie systématique, décrochements, dialectique des formes orthogonales et cylindriques). La même structure « décrochée » se retrouve dans ses espaces intérieurs, traduite en jeux de niveaux et en emboîtements d'espaces toujours libérés de poteaux.

La maison particulière pour une clientèle privilégiée est le genre où Mallet-Stevens excelle et où il témoigne dans l'aménagement intérieur d'un raffinement esthétique et d'un sens du confort qui tranchent avec la rudesse polémiste des autres représentants du style international (cf. les hôtels de la rue Mallet-Stevens à Paris construits entre 1927 et 1929, le château de Mézy pour Paul Poiret). Mais il a également construit des immeubles d'appartements, des magasins (Bailly), des édifices publics tels que la stricte caserne des pompiers rue Mesnil (Paris, 1936) ou le regrettable casino de Saint-Jean-de-Luz (son seul bâtiment-manifeste, qui nie avec agressivité les matériaux, les traditions locales et le site). Décorateur et membre fondateur de l'Union des artistes modernes, Mallet-Stevens a, en outre, marqué l'histoire du décor de cinéma en créant un cadre architectural résolument contemporain pour *L'Inhumaine* de Marcel L'Herbier (1924).

L'œuvre de Mallet-Stevens est aristocratique, faite de subtilité et de discrétion. Elle a mûri à l'écart des problèmes sociaux. Éclipsée pour ces raisons par celle de contemporains plus engagés, elle n'a pas eu de postérité directe. Elle est cependant partie intégrante de l'esthétique de l'avant-guerre.

FRANÇOISE CHOAY

MANSART FRANÇOIS (1598-1666)

François Mansart a donné une signification nouvelle à l'architecture classique française. Il y est parvenu en appliquant le vocabulaire classique à des formes architecturales auxquelles il n'était pas en fait destiné, à tel point qu'entre ses mains le château français et l'hôtel particulier sont presque devenus des types de bâtiments classiques, tout comme les architectes italiens du XVe siècle ont créé des prototypes nouveaux, mais apparemment classiques, pour leur façades d'églises ou leurs palais. En France, seuls Pierre Lescot et Salomon de Brosse avaient sérieusement essayé de progresser dans ce domaine. Mansart s'inspira très fortement de ces deux créateurs, mais il profita quelque peu aussi de l'habileté structurale et géométrique de Philibert de l'Orme (ou Delorme), et du style fondé sur l'utilisation systématique de la brique et de la pierre, inséparable de l'architecture civile sous le règne de Henri IV. En combinant ces disciplines, tout en essayant de retrouver le style de l'Antiquité au moyen des sources limitées qu'il avait à sa disposition, Mansart a créé des projets qui étaient réellement classiques, tout en étant totalement dépourvus de sécheresse et de monotonie.

Mansart, pas plus que son contemporain Louis Le Vau, n'a survécu au changement de goût qui s'est manifesté avec l'arrivée au pouvoir de Louis XIV, lorsqu'il se révéla nécessaire pour les artistes de donner dans le genre de la cour. Dans de nombreux domaines, Mansart a été éclipsé par son petit-neveu Jules Hardouin, qui a repris le nom de Mansart, et avec lequel on le confond souvent. Jules Hardouin-Mansart a été formé tout jeune par son grand-oncle, et un grand nombre de ses projets s'inspirent de dessins de celui-ci. C'est particulièrement vrai du plan de Hardouin pour la chapelle à dôme des Invalides qui doit beaucoup au projet non exécuté de Mansart pour la chapelle des Bourbons.

Caractère et influence

Mansart s'est fait la réputation d'abuser par avarice du travail des gens qu'il dirigeait (critique qui forme le thème de *La Mansarade,* pamphlet publié en 1651). Il était sans aucun doute intransigeant et souffrait d'une impuissance quasi pathologique à s'arrêter à une décision. Ses dessins étaient continuellement remaniés, et beaucoup d'entre eux comportent un nombre étonnant de solutions diverses. Il modifiait même des bâtiments en cours de construction afin d'améliorer leurs lignes – une partie du château de Maisons fut démolie et reconstruite de cette façon – et il n'existe pas de cas où, lorsque la comparaison est possible, le bâtiment existant corresponde au projet qu'il en avait fait. Ainsi que le dit éloquemment son biographe Charles Perrault : « Cet excellent Homme qui contentoit tout le monde par ses beaux ouvrages ne pouvoit se contenter luy-mesme ; il luy venoit tousjours en travaillant de plus belles idées que celles où il s'estoit arrêté d'abord... »

Hors de France, particulièrement en Angleterre et en Suède, l'influence de Mansart fut considérable. L'architecte anglais Christopher Wren, qui le rencontra à Paris en 1666, lui devait beaucoup, de même que Nicodème Tessin, architecte suédois ; son influence est manifeste jusqu'en Autriche dans les œuvres de Fischer von Erlach.

Après une période d'oubli, il connut un regain de popularité en France vers la fin du XVIIe siècle, et ses projets furent de nouveau admirés puis largement imités. Le théoricien de l'architecture François Blondel avait coutume de conduire ses élèves en pèlerinage au château de Maisons afin de les convaincre que Mansart était le « dieu de l'architecture ».

On associe aussi le nom de Mansart avec le comble à la mansarde, bien qu'il ne soit pas le créateur du genre. Pierre Lescot l'avait déjà employé dans son aile du Louvre en 1551, et il dérive de sources italiennes. Néanmoins, ce n'est pas un hasard si ce type de toit porte le nom de Mansart, car ce dernier a exploité cette formule avec constance et originalité à travers son œuvre, et a créé un type de comble à trois pentes qui semble ne pas avoir été employé par d'autres architectes.

Formation et œuvres de jeunesse

C'est à Paris, dans l'atelier de son père qui était charpentier, que Mansart fit son premier apprentissage, et ensuite auprès de son beau-frère le sculpteur Germain Gaultier ; son dernier maître fut un de ses oncles, Marcel Le Roy, qui était maître maçon et entrepreneur. Pour autant qu'on le sache, il ne voyagea jamais hors de France et il ne reçut aucune éducation formelle. Sa première commande dont il reste trace fut pour la façade de l'église des Feuillants, rue Saint-Honoré à Paris (1623), mais rien ne permet encore d'expliquer avec certitude comment il lui arriva d'être choisi pour ce travail important qui fut réalisé sous patronage royal.

Durant les années 1620 et le début des années 1630, Mansart réalisa un certain nombre de commandes d'importance médiocre, transformant quelques châteaux déjà existants (Berny, Coulommiers et Plessis-Belleville) et en construisant un (Balleroy, en Normandie) ; à Paris, il fit des travaux dans un hôtel particulier (l'hôtel de l'Aubépine) et dessina deux retables (pour Saint-Martin-des-Champs et Notre-Dame) ainsi qu'une petite église (celle de la Visitation, rue Saint-Antoine). Il ne reste de ces édifices que le château de Balleroy et l'église de la Visitation, mais ils révèlent la maîtrise des formes que possédait Mansart dès le début de sa carrière ; certains documents montrent que ses autres ouvrages n'étaient pas moins hardis et originaux. Dans tous les domaines, Mansart prouva sa capacité de repenser le type de monument qui se faisait à son époque et d'apporter des solutions neuves, sinon radicalement différentes. Il rejeta également une grande partie de la décoration affectée et trop recherchée que voulait la tradition, en faveur d'un style plus pur et plus classique.

Les grandes réalisations

En 1635, Mansart reçut deux commandes qui lui donnèrent enfin l'occasion d'exercer son pouvoir créateur à grande échelle. Pour le secrétaire d'État Louis Phélypeaux de La Vrillière, il construisit l'une des plus grandes résidences de Paris, et pour le frère du roi, Gaston d'Orléans, il dessina un somptueux palais aux proportions grandioses, qui aurait probablement été l'un des plus grands monuments de l'architecture classique française s'il avait été terminé : le château de Blois.

Dans son projet pour Blois, Mansart mit en œuvre un plan qui était aussi hardi que les réalisations contemporaines de Borromini en Italie. Il donnait l'impression d'une symétrie apparente à l'intérieur d'une structure fondamentalement asymétrique, de telle sorte que le schéma n'avait rien de cette régularité monotone qui va parfois de pair avec l'architecture classique. L'aile inachevée de ce château, qui fut la seule partie de ce projet à être édifiée, témoigne toujours de la grandeur et de la subtilité du plan. La surface du mur, scandée par des pilastres, bien proportionnée et clairement définie, avec ses trophées et ses guirlandes discrètement ramenés sous le fronton, est typique de l'œuvre de Mansart à cette époque, comme le sont les frontispices savamment calculés.

L'hôtel de La Vrillière ressemblait à un certain nombre d'hôtels particuliers construits à Paris vers les années 1630, avec une aile à loggia « en retour » le long du jardin et un grand escalier installé dans un pavillon flanquant l'aile qui ouvrait sur la cour principale ; cette solution rendait possible l'aménagement d'une enfilade de chambres dans cette aile. Il est difficile de déterminer le rôle de Mansart et celui de Le Vau dans le développement de ce genre de plan, car tous deux l'ont adopté en même temps (Le Vau pour l'hôtel de Bautru).

René de Longueil, qui commanda le château de Maisons en 1642, se révéla le client le plus satisfaisant pour Mansart, car sa fortune augmenta prodigieusement tandis que les travaux étaient en cours, et ses premières exigences, en termes d'aménagement, n'étaient pas très grandes. Pour une fois, Mansart eut la possibilité de se livrer jusqu'au bout à sa recherche de perfection ; chaque partie du projet, depuis les voûtes en sous-œuvre et les fondations, jusqu'au plus infime détail de décoration, fut dessinée et exécutée avec la plus grande précision. On choisit un site splendide, sur les rives de la Seine, près de la forêt de Saint-Germain, et on dessina une savante série d'avant-cours, de portails et d'avenues, l'avenue principale conduisant ingénieusement vers le château de Saint-Germain où le roi logeait souvent. Sur un côté de la première avant-cour s'élevait une des plus grandes écuries de France, abritant une école d'équitation et un abreuvoir d'une décoration très étudiée, et ayant à l'entré un fronton qui rivalisait avec celui du château. L'élévation du château est une version améliorée de celle qui avait été employée à Blois.

En 1645, la reine Anne d'Autriche demanda à Mansart d'ajouter une église et un palais au couvent du Val-de-Grâce où elle allait fréquemment faire retraite. Pour ce projet Mansart conçut un plan inspiré de l'Escorial, où Anne d'Autriche avait passé sa jeunesse. Le plan qu'il fit pour l'église était inédit par bien des points, avec ses tours flanquant la nef et son portail d'entrée à un étage, en avancée, qui rappelait plus les entrées de ses châteaux que les frontons d'églises traditionnelles. Malheureusement, Mansart fut renvoyé un an après le début des travaux, et le palais ne fut pas construit ; mais l'église elle-même fut commencée sous sa direction, et elle lui doit son plan. On ne connaît pas exactement les raisons de la défaveur de Mansart, mais le coût des travaux, dû en partie aux difficultés présentées par le site (le sous-sol était miné par des caves et des carrières), s'ajoutant à l'incapacité de Mansart à se décider une fois pour toutes, en sont les causes les plus probables.

La Fronde et la dernière manière de Mansart

Après cet échec, et durant les émeutes de la Fronde, Mansart se contenta de dessiner et de transformer un certain nombre d'habitations particulières destinées à la bourgeoisie et à la petite noblesse. Dans ces œuvres, son style devint plus plastique, avec des éléments décoratifs plus simples (hôtel de Jars et hôtel de Guénégaud des Brosses) ; il montra une grande habileté dans son traitement de sites restreints et dans son adaptation d'éléments déjà existants (hôtel de Guénégaud-Nevers, hôtel de La Bazinière et hôtel de Condé). Pour ces derniers, Mansart créa un type d'escaliers progressivement plus mouvementés et curvilinéaires, évolution qui connaît son aboutissement avec l'escalier de l'hôtel d'Aumont : celui-ci s'amenuise et tourne de telle sorte qu'il revient sur lui-même dans la largeur de la cage. Contrairement à ce que prétend *La Mansarade,* Mansart semble avoir toujours respecté l'œuvre de ses prédécesseurs lorsqu'il a transformé des bâtiments existants. C'est particulièrement vrai dans le cas de l'hôtel Carnavalet où il eut beaucoup de difficultés pour préserver et mettre en valeur l'entrée sur la rue dessinée par Pierre Lescot.

Mansart n'eut plus jamais l'occasion de concevoir un château dans son ensemble, mais on lui confia la transformation d'un certain nombre de châteaux déjà édifiés, et il réalisa une œuvre d'avant-garde dans ses plans de terrasses, de jardins et de pièces d'eau. Il est établi que ses dessins de jardins pour Maisons, Fresnes, Limours, Petit-Bourg et Gesvres ont fourni un modèle pour la fin du XVIIe siècle et ont grandement influencé Le Nôtre. Il reste peu de vestiges de ces dessins, ni même des dernières œuvres de Mansart, mais, pour autant qu'on puisse en juger d'après un pavillon qui subsiste au château de Gesvres, l'œuvre de Mansart à cette époque prit un peu de cette *terribilità* qu'on associe à la dernière manière de Michel-Ange.

Pour l'achèvement de l'église des Minimes, en 1657, Mansart proposa une haute composition pyramidale, avec un dôme et des tours d'encadrement, semblable à ce qui fut fait à la même époque pour l'église Sainte-Agnès sur la piazza Navona à Rome, et inspirée des plans centraux italiens de la première Renaissance. Ce fameux portail ne fut jamais achevé, et la partie qui en avait été élevée a malheureusement été détruite.

Projets pour le Louvre et la chapelle des Bourbons à Saint-Denis

Avec l'arrivée de Colbert, Mansart connut un bref regain de faveur à la cour avant de mourir, en 1666. Il reçut deux importantes commandes royales, pour la construction de la chapelle funéraire de la dynastie des Bourbons à Saint-Denis et pour l'achèvement et l'agrandissement du Louvre. Aucun de ces deux projets ne vit le jour, en partie à cause des changements de goût et des exigences de la cour, et en partie aussi à cause du caractère difficile de Mansart.

Son projet pour la chapelle des Bourbons aurait abouti à l'édification d'une vaste composition à plan central coiffée d'un dôme, à l'extrémité est de la basilique Saint-Denis qui en possédait déjà un, celui de la chapelle (inachevée) des Valois. Un certain nombre de chapelles à dôme, pour abriter les tombeaux, se seraient groupées autour de cet espace central circulaire qui devait être recouvert d'un dôme tronqué complexe, éclairé à l'intérieur par des fenêtres invisibles. Dans ce cas précis, le parallèle avec les plans de la première Renaissance devient encore plus net, mais ce plan était aussi, en ce qui concerne l'évolution de Mansart, la conclusion logique d'une série d'expériences sur des plans centraux qu'on peut retrouver dans son œuvre à partir du dessin pour la petite église de la Visitation de la rue Saint-Antoine. Comme ce fut le cas de ses projets pour le Louvre, Mansart se trouva en compétition avec Bernin que Colbert avait appelé en France.

Le travail de Mansart pour le Louvre représenta probablement l'épisode le plus extraordinaire et le plus décevant de toute sa carrière. Le Vau, qui avait déjà préparé des plans pour terminer la cour carrée, fut écarté par Colbert, et on demanda à Mansart de soumettre un projet. Stimulé par l'importance de la commande, il présenta non pas un, mais une vaste série de dessins, dans lesquels le thème du bâtiment entourant une cour ouverte était traité de presque toutes les manières imaginables ; il y en avait même dans lesquels il n'y avait pas de cour du tout. Il ne s'agissait pas de projets extravagants ou empiriques, mais de choix réellement possibles établis à partir d'une intime compréhension de ce que voulaient le roi et la cour, et permettant une liaison ingénieuse avec les bâtiments déjà construits sur le site. On demanda à Mansart de sélectionner un ou deux dessins pour les soumettre à l'approbation du roi, mais il s'y refusa, sous prétexte que pour un travail aussi important, il ne voulait pas se limiter à un plan, préférant garder la liberté d'améliorer ou de changer les dessins de façon à obtenir le bâtiment le plus parfait possible. On lui retira la commande, mais il continua à travailler sur des schémas variés, tandis que de nombreux architectes soumettaient leurs projets, dont beaucoup s'inspiraient des siens. Cependant, Mansart ne fut pas complètement oublié, car, même après sa mort, le roi garda le droit de consulter ses dessins qui furent laissés dans un coffre-fort. Ceux-ci, avec d'autres projets de Mansart, furent jalousement gardés par ses plus proches parents, et parmi eux Jules Hardouin et Jacques IV Gabriel.

WILLIAM PETER J. SMITH

Bibliographie

J.-P. BABELON, « L'Hôtel de Guénégaud des Brosses », in *La Vie urbaine*, vol. III, Paris, 1964 ; « François Mansart, dieu de l'architecture », in *Bull. monumental*, t. 135-IV, 1975 / A. F. BLUNT, *François Mansart and the Origins of French Classical Architecture*, Londres, 1941, rééd. Brighton, 1990 ; *Art et architecture en France, 1500-1700*, Paris, 1983, 5e éd. 1993 ; « François Mansart », in *L'Urbanisme de Paris et l'Europe, 1600-1680*, Paris, 1969 / A. J. BRAHAM, « Mansart Studies, I : The Val-de-Grâce », in *Burlington Magazine*, 1963 ; « Mansart Studies, IV : The Château de Gesvres », in *Burlington Magazine*, 1964 ; *François Mansart, 1598-1666*, catal. expos., Marseille, 1970 / A. J. BRAHAM & W. P. J. SMITH, « Mansart Studies, V : The Church of the Minimes », in *Burlington Magazine*, 1965 ; « François Mansart's Work at the Hôtel de Chavigny », in *Gaz. Beaux-Arts*, 1965 ; *François Mansart*, 2 vol., A. Zwemmer, 1973 / E. J. CIPRUT, « Un dessin inédit de François Mansart », in *Gaz. Beaux-Arts*, 1954 ; « Une quittance autographe de François Mansart », in *Bull. Soc. Hist. Art franç.*, 1956 ; « La Dernière Œuvre de François Mansart », in *Bull. Soc. Hist. Art franç.*, 1961 ; « Un ouvrage de Mansart à Limours », in *Bull. Soc. Hist. Art franç.*, 1961 ; « Œuvres inconnues de François Mansart », in *Gaz. Beaux-Arts*, 1965 / J. DUPONT & R. VASSAS, « Le Domaine de Maisons à Maisons-Laffitte », in *Les Monuments historiques de la France*, n° 3, 1967 / M.-A. FLEURY, « Les Dispositions testamentaires et l'inventaire après décès de François Mansart », in *Bull. Soc. Hist. Art franç.*, 1956 ; « Les Plus Anciens Documents sur l'activité de François Mansart », in *Bull. Soc. Hist. Art franç.*, 1961 / L. HAUTECŒUR, *Histoire de l'architecture classique en France*, 2 vol., Paris, 1943 / W. P. J. SMITH, « Mansart Studies, II : The Val-de-Grâce », in *Burlington Magazine*, 1964 ; « Mansart Studies, III : The Church of the Visitation in the Rue Saint-Antoine », in *Burlington Magazine*, 1964 ; « L'Hôtel de La Bazinière », in *L'Urbanisme de Paris et l'Europe, 1600 1680*, Paris, 1969 ; « Redécouverte de François Mansart », in *Archeologia*, n° 41, juill.-août, 1971.

MARINI GIROLAMO (1500-1553)

Appartient à cette génération d'ingénieurs italiens qui, grâce à leur savoir-faire en matière de fortification bastionnée, furent employés au XVIe siècle par des princes et des rois européens. En 1536, il entre au service de François Ier et fortifie Pignerol et diverses autres bastides piémontaises. En 1543, il participe au siège de Perpignan, puis rejoint les villes de la Sambre, notamment Landrecies. Chargé ensuite d'inspecter les places de l'est du royaume, il élabore en 1545 le plan en damier de Vitry-le-François, où l'accès à la place centrale se fait pour la première fois dans une place-forte par le milieu de chacun de ses côtés, modalités reprises à Charleville. Rappelé dans le Nord, il meurt lors de la destruction de Thérouanne en 1553 par les impériaux.

CATHERINE BRISAC

Bibliographie

P. LAVEDAN, J. HUGUENEY & P. HENRAT, *L'Urbanisme à l'époque moderne XVIᵉ - XVIIIᵉ siècles*, Paris, 1982.

MARTELLANGE ÉTIENNE ANGE MARTEL dit (1569-1641)

Le nom de Martellange, qui serait une contraction de Ange-Étienne Martel, était en fait déjà porté par le grand-père de l'architecte. Entré dans la Compagnie de Jésus en 1590, il est envoyé à Rome où il réside jusqu'en 1604. Là, le père Martellange s'initie à l'architecture, et subit l'influence de Vignole. Nommé coadjuteur temporel de la Compagnie, il établit des plans pour de nombreux collèges et églises, dans les différentes provinces de France, travaillant à Sisteron (1605), à Vienne pour Saint-André-le-Haut, à Carpentras, à Lyon (collège et noviciat), à Rennes (église de la Toussaint). Il organise les modifications du collège de Dôle et élève celui de la Flèche (1612) qui servit longtemps de prytanée militaire. À Paris, il donne sans doute les plans pour le collège de Clermont (aujourd'hui lycée Louis-le-Grand), construit le noviciat (détruit) et l'église de la maison professe (Saint-Paul-Saint-Louis) dont la façade, élevée par le père Derand, n'obtiendra pas son approbation. Quelques-uns de ses plans ne sont réalisés qu'après sa mort. On lui attribue encore, à Orléans, la façade de Saint-Maclou et le transept de la cathédrale Sainte-Croix (1627).

Suivant la conception courante dans la Compagnie, il accole, la plupart du temps, une riche façade à une église très simple, même pauvre. Les plans, parfois dérivés de l'église du Gesù de Rome (église Saint-Paul-Saint-Louis de Paris), présentent beaucoup de liberté dans le plan (croix grecque à Saint-Pierre de Nevers, 1912), comme dans les élévations. Certaines des chapelles qu'il dessine seront même de style gothique. L'approbation de Rome, nécessaire pour que la réalisation des projets soit effective, n'a jamais entraîné une soumission à un style déterminé qui serait le « style jésuite ».

RENÉE PLOUIN

MATHIEU D'ARRAS (mort en 1352)

L'empereur Charles IV désireux de transférer à Prague la capitale de l'Empire découvrit à Avignon Mathieu d'Arras à qui il confia le soin d'entreprendre la reconstruction de la cathédrale Saint-Guy (1344) qui fut poursuivie après la disparition du maître d'œuvre (1352) par Peter Parler. Mathieu, sur lequel nous n'avons aucun témoignage antérieur à celui-ci, se rattache à la tradition de l'architecture gothique du midi de la France, telle que l'a exprimée Jean Deschamps au cours du dernier tiers du XIIIᵉ siècle. Il y reprend le traitement de la travée conçue comme une cellule définie par des verticales dont la tension se focalise dans la clé de voûte ainsi que l'affirmation nette des chapelles rayonnantes autour du déambulatoire. Le bouleversement apporté par son successeur dans la poursuite du chantier ne permet pas de juger du parti initial retenu pour l'élévation qui pourrait avoir comporté un triforium aveugle.

ALAIN ERLANDE-BRANDENBURG

Bibliographie
P. HELIOT & V. MEND, *Mathieu d'Arras et les sources méridionales et nordiques de son œuvre à la cathédrale de Prague,* Cahiers de Fanjeaux, n° 9, pp. 103-125, Toulouse, 1974.

MAURICE dit DE SULLY (mort en 1196)

La destinée de ce fils de paysans est exemplaire. Né à Sully-sur-Loire, près d'Orléans, Maurice de Sully entra dans les ordres ; il fut rapidement nommé chanoine puis archidiacre de Paris. Il professait la théologie à l'université lorsqu'il fut nommé évêque de Paris le 12 octobre 1160. D'exceptionnelles qualités morales et intellectuelles unanimement reconnues l'avaient porté à cette haute charge. Il occupa le siège de la capitale du royaume jusqu'à sa mort. Homme d'action, Maurice de Sully se consacra essentiellement à l'administration de son diocèse, sur le plan temporel et spirituel. Mais il lui était difficile de rester étranger au grand mouvement architectural qui animait alors le nord de la France. Il fit reconstruire son palais épiscopal, décida la construction de plusieurs abbayes, sans négliger pour autant les œuvres éditaires : on lui doit notamment la reconstruction de plusieurs ponts qui dépendaient de la mense épiscopale. C'est cependant à la cathédrale gothique Notre-Dame qu'est attaché son nom. Maurice de Sully décida de la reconstruction de l'édifice et les plans, qu'il corrigea certainement, lui furent soumis. Dès son avènement, les premiers travaux, qui débutèrent par le chœur, furent entrepris. Sous son impulsion, ils furent menés rapidement et, à sa mort, le chœur était achevé et la nef assez avancée. Il est difficile de mieux préciser le rôle de Maurice de Sully dans le projet architectural, mais il n'est pas impossible qu'il ait été important dans le choix du plan si ce n'est de l'élévation. Il fit adopter le principe d'un chœur sans chapelles rayonnantes comme celui de la cathédrale de Sens et de certaines églises normandes, et d'une nef bordée de doubles collatéraux, s'inspirant sur ce point du projet élaboré par Suger pour Saint-Denis et que la mort de l'abbé empêcha de mener à bien. Le plan de Maurice de Sully devait être assez scrupuleusement respecté, sauf dans les travées occidentales de la nef où l'on remarque l'influence de la cathédrale de Chartres. Cette œuvre puissante et massive, encore imprégnée des traditions romanes dans le jeu des volumes, illustre parfaitement l'architecture du dernier tiers du XIIe siècle.

ALAIN ERLANDE-BRANDENBURG

MAY ERNST (1886-1970)

Urbaniste et architecte allemand. Responsable de l'Office municipal du bâtiment à Francfort-sur-le-Main, il met en place une politique volontariste du logement (il s'intéresse en particulier à la préfabrication). Il construit en cinq ans (1925-1930) 15 000 logements de conception rationaliste. En 1930, il rejoint les constructivistes soviétiques puis s'exile en Afrique pour ne pas travailler avec les nazis. Après la guerre, de retour en Allemagne, il participe à la reconstruction de Hambourg, de Mayence et de Wiesbaden.

ROGER-HENRI GUERRAND

Bibliographie
Architectures en Allemagne, 1900-1933, Centre Georges-Pompidou, Paris, 1979.

MEIER RICHARD (1934-   )

Parmi les « stylistes » du prestige moderne, l'architecte Richard Meier, né à Newark (New Jersey) en 1934, lauréat du prix Pritzker (1984), a conquis une place de premier plan. En 1963, il visite l'exposition consacrée par le musée d'Art moderne de New York aux dessins et maquettes de Le Corbusier, événement qui devait décider de l'orientation de sa carrière. Il allait peu à peu, dans son activité de peintre, dans les collages qu'il effectuait dans l'atelier de son ami Frank Stella, et à l'occasion de la construction de ses premières maisons, élaborer un langage plastique sophistiqué, clairement inspiré par le purisme des années 1920, sorte d'introspection de l'architecture moderne, de retour aux sources. Les fameux « cinq points » de Le Corbusier, qu'illustre magistralement la villa Savoye construite à Poissy en 1929, lui offraient les bases d'exercices spatiaux de plus en plus savamment articulés. Dans les bâtiments qu'il construit dans les années 1970, sans renoncer à son idéal de pureté et d'abstraction, il enrichit son vocabulaire, développe la souplesse de composition jusqu'à déployer un type achevé de baroquisme d'esprit moderne. Plus que dans ses ensembles de logement (Westbeth, en 1970, ou Twin Parks, en 1974) ou son remarquable centre pour handicapés mentaux du Bronx, c'est à l'occasion de la construction de somptueuses maisons particulières ou de musées prestigieux qu'il a su donner le meilleur de son talent. Dans ses grandes villas (Smith House, Darien, Connecticut, 1967 ; Saltzmann House, East Hampton, État de New York, 1969 ; Douglas House, Harbor Springs, Michigan, 1974 ; ou encore Giovannitti, 1983), Richard Meier a prouvé une extraordinaire aisance à dresser dans des sites naturels ses constructions blanches, faites de frontalité franche et de fuites curvilinéaires, d'avancées de volumes ou de surfaces immaculées et de retraits sombres, de transparences, de grands aplats vitrés sertis dans de minces huisseries, de rambardes en tube d'acier rond évoquant les ponts de navires, de passerelles et d'escaliers métalliques. Les itinéraires que ménage l'architecte à l'intérieur de ses œuvres, ces parcours qui renouent avec la notion corbuséenne de « promenade architecturale », se retrouvent à une plus grande échelle dans le séminaire de Hartford, 1981, ou dans ce qui est peut-être une de ses réalisations les plus magistrales, l'Atheneum de New Harmony, 1979, destiné à servir de « propylée », de pavillon introductif, à une sorte de ville-musée conservant les souvenirs de la colonie utopiste de Robert Owen. Les musées de Richard Meier sont ses œuvres les plus réussies. Celui d'Atlanta (1984), compact, massif, est l'image même de l'intériorité, dans laquelle entre le visiteur après avoir gravi une longue rampe qui le cueille à l'extérieur, pénètre l'édifice clos puis se déploie sous les verrières. Le musée des Arts décoratifs de Francfort (1985), plus extraverti, est disposé dans un parc et structuré en liaison avec une grosse villa classique. Le projet définitif, établi en 1991, du complexe de la fondation Getty près de Los Angeles prévoit la mise en relation harmonieuse du magnifique site et des six bâtiments contenant entre autres un musée, une bibliothèque et un centre de conservation.

Le siège de Canal Plus, inauguré en 1992, est la première réalisation en France de Richard Meier. L'immeuble, situé dans le XVe arrondissement de Paris, est formé de deux corps en L réunis par un vaste atrium. On y retrouve le vocabulaire architectural qui caractérise les différents projets de l'architecte : la transparence servie par d'immenses verrières, les façades tramées et blanches, les horizontales fortement marquées.

FRANÇOIS CHASLIN

MEISSONNIER JUSTE-AURÈLE (1695-1750)

Architecte et ornemaniste français né à Turin, Meissonnier est un précurseur de l'art rocaille et du style Louis XV. Nommé en 1726 dessinateur de la chambre et du cabinet du roi (aidé par les Slodtz), il crée des ornements et des pièces d'orfèvrerie aux motifs asymétriques et exagérés, aux formes organiques. Ses dessins publiés (1742-1750) auront une influence déterminante sur l'art décoratif. Outre des projets d'autels (pour Orléans notamment) et les décors (disparus) de palais à Varsovie, on connaît de lui la maison Brethous (1733) à Bayonne. Son projet pour la façade de Saint-Sulpice à Paris rappelle les compositions dynamiques du baroque piémontais et ses plans abandonnant la symétrie et la hiérarchie de l'architecture classique française.

JEAN-PIERRE MOUILLESEAUX

Bibliographie

D. NYBERT, Œuvre de Juste-Aurèle Meissonnier, New York, 1969.

MELNIKOV KONSTANTIN STEPANOVITCH (1890-1974)

Avant de devenir architecte, Melnikov fut peintre. Il entre au Collège de peinture, sculpture et architecture de Moscou (le futur Vkhoutemas), où il rencontre des artistes de l'avant-garde : A. Vesnine, N. Gontcharova, V. Tatline. En 1914, il passe au département d'architecture. Architecte, Melnikov adhérera au groupe Asnova (Association des nouveaux architectes) ; il dessinera soixante-quinze projets environ, dont les trois quarts ne seront pas réalisés. Son premier bâtiment est construit en 1923, le dernier en 1929. Après quoi, victime des critiques violentes des néo-réalistes triomphants, représentés en architecture par le groupe de la Vopra (Union des architectes prolétariens), Melnikov se verra peu à peu interdire toute possibilité de réalisation. Dans les années trente, on l'accusera de « formalisme » ; en 1934, on lui interdit d'exposer à la triennale de Milan et, en 1936, il est exclu du Congrès des architectes. À partir de ce moment, le nom de Melnikov est rayé de l'histoire de l'architecture et ses projets ne sont même plus édités. C'est donc essentiellement de 1923 à 1929 que se situe son activité. Chacun de ses projets, chacune de ses œuvres rendent compte de son extraordinaire sens de l'insertion de la forme dans l'espace. Melnikov cherche toujours à provoquer un choc émotionnel. Il ne partage pas la théorie selon laquelle la forme suit la fonction. La tâche de l'architecte est de rechercher le meilleur agencement de la fonction dans un espace donné. « J'aime une esthétique naturelle créée par les hommes », dira-t-il, et son critère suprême est la concordance de l'édifice et des règles de la nature. À cela s'ajoute une volonté de créer une architecture dynamique, aux espaces transformables. Plusieurs projets témoignent de ces options : en 1923, le pavillon Makhorka (tabac populaire) pour l'Exposition agricole et artisanale de Moscou ; en 1925, le pavillon de l'U.R.S.S. pour l'exposition des Arts décoratifs à Paris ; de 1926 à 1928, la construction de six clubs ouvriers (club Roussakov) ; en 1927, sa propre maison à Moscou.

ANATOLE KOPP

MENDELSOHN ERICH (1887-1953)

L'architecture pourrait n'être qu'un art du dessin. Les quinze cents esquisses de l'architecte allemand Mendelsohn, dont le corpus fut publié de mai 1962 à octobre 1964 par la revue *Architettura*, figureraient alors au premier plan. La transmission de l'image mentale à l'espace graphique est assurée par la gestualité avec une économie maximale. Mais la courbe anthropométrique du geste disparaît souvent dans la rationalisation qui accompagne la mise au point, au passage de l'espace graphique à la réalité. Ce sont donc les œuvres dont la rationalisation entraînée par la conception ne trahit pas l'expressionnisme de l'invention qui transmettent à l'espace architectural bâti la fulgurance imprimée par le geste à l'espace graphique, tels les magasins Schocken (1926-1928), ou surtout la tour Einstein (1920-1921) à Potsdam, télescope solaire qui préfigure, bien qu'en brique, des formes que le béton suggérera trois décennies plus tard à Le Corbusier pour Notre-Dame-du-Haut à Ronchamp. Si, selon Mendelsohn, « l'expressionnisme est la transformation de la réalité car il espère trouver derrière elle une signification qui apporte la liberté, le bonheur, la paix.... », la tour Einstein en constitue le chef-d'œuvre et le terme car la suite de l'œuvre sera produite dans une rigidité constructive et géométrique qui évoque les choix du Bauhaus et manifeste la profonde influence de l'idéologie fonctionnaliste chez un artiste qui avait opté pour une poétique expressionniste en architecture. En témoigne sa collaboration avec Richard Neutra ou avec Serge Chermaieff. Quittant l'Allemagne nazie où il était établi à Berlin après avoir étudié à Munich et fréquenté le *Blaue Reiter*, il travaille à Londres et en Palestine (1933-1941), puis à New York (1941), enfin à San Francisco (1945) où il mourut.

PHILIPPE BOUDON

MENGONI GIUSEPPE (1829-1877)

Ingénieur formé à Bologne, Mengoni fut l'un des rares architectes italiens de la seconde moitié du XIXe siècle de dimension européenne. Il construisit de nombreux hôtels de ville et marchés en Émilie et en Toscane, recherchant une « italianité » qui trouva sa meilleure expression dans la Cassa di Risparmio de Bologne en 1867. Dès 1861, il participa aux concours pour le nouvel aménagement urbain autour du Duomo de Milan, projetant notamment la vaste galerie Victor-Emmanuel. Réalisée entre 1865 et 1878, cette galerie, couverte d'une architecture de verre et de fer, constitua l'une des plus grandioses adaptations des techniques nouvelles à l'échelle de la rue.

CATHERINE CHAGNEAU

Bibliographie
L. MARCHETTI, *La Galleria di Milano*, Milan, 1967.

MÉTEZEAU LES (XVIe-XVIIe s.)

De cette famille de maîtres maçons et d'architectes, originaire de Dreux, plusieurs membres atteignirent une certaine notoriété.

Clément Ier Métezeau, expert-juré de la ville de Dreux en 1500, travaille à l'hôtel de ville (1515-1541) et à l'église Saint-Pierre (1524-1534). Son fils aîné, Jean, lui succède comme maître d'œuvre à Saint-Pierre et construit sans doute, après avoir terminé la tour Saint-Vincent, le transept et le portail sud. Son fils cadet, Thibault (1533-1596), y travaille aussi, mais se rend en 1569 à Paris, où il travaille sur les chantiers royaux, notamment aux Tuileries, sous la direction de Philibert Delorme, et à la sépulture des Valois à Saint-Denis ; on lui attribue parfois l'hôtel de Nevers (1572) ; il participe au concours pour la construction du Pont-Neuf (1578). L'ascension de la famille se poursuit avec ses deux fils, Louis et Clément, architectes du roi, vivant noblement.

Louis Métezeau (1572-1615) occupa rapidement une importante position. En 1594, pour faire pièce aux pouvoirs de Jacques II Androuet Du Cerceau, Jean de Fourcy, intendant des bâtiments du roi, le nomme architecte des bâtiments du roi ; il sera logé aux Tuileries. Les documents ne nous permettent guère d'apprécier sa part, sans doute considérable. Il dirige avec Du Cerceau les travaux du Louvre, mais on lui attribue tout à fait arbitrairement le dessin de la moitié est de la Grande Galerie. Son rôle semble avoir été surtout d'architecte décorateur : il donne des dessins de cheminées pour Jean de Fourcy (1601), Henri IV (1606), le sieur Lalanne (1613), et de lambris pour l'appartement de la reine (1607) et la salle des Antiques (1608) au Louvre ; il étudie le monument au cœur d'Henri IV au collège de La Flèche (1609) et prépare l'entrée de Marie de Médicis à Paris (1610). En 1611, on l'envoie à Florence pour lever les plans du palais Pitti. Les quelques dessins qui peuvent lui être attribués montrent une utilisation élégante du vocabulaire maniériste.

Clément II Métezeau (1581-1652) habite en 1607 avec son frère aux galeries du Louvre. Maître architecte de la paroisse Saint-Germain-l'Auxerrois, il construit un grand réservoir voûté pour la pompe de la Samaritaine (1607). Il travaille ensuite en Lorraine, dessinant les jardins du palais ducal de Nancy, gravé par Callot (1609). En 1610, il est architecte de Charles de Gonzague, duc de Nevers ; en 1611, il habite Mézières et travaille à la ville neuve de Charleville, fondée en 1606 par le duc de Nevers ; on lui attribue le dessin des maisons de la place. En 1615, il retourne à Paris prendre la succession de son frère. Sur la foi d'un document et contre la tradition unanime, on a voulu lui attribuer la façade de Saint-Gervais (1616) ; à bien lire, Métezeau ne signe le marché que comme garant, et il faut laisser cette œuvre à Salomon de Brosse ; mais il donne le dessin du jubé de bois (1618). On lui doit aussi les plans de nombreux hôtels. À l'hôtel de Chevreuse, rue Saint-Thomas-du-Louvre, pour Claude de Lorraine (1624, détruit), il conserve le plan traditionnel, mais oppose une élégante façade sur cour, ornée de pilastres jumelés, à une façade sur jardin, traitée en chaînes de pierre rustiques. En 1630, à l'hôtel Le Barbier, quai Malaquais (vendu presque immédiatement à Lomenie de Brienne), il joue sur le volume d'un immeuble voisin pour créer une composition plus grandiose, procédé repris ensuite par Le Vau à l'hôtel Hesselin.

La construction de la digue de La Rochelle, destinée à empêcher le ravitaillement de la ville par les bateaux anglais, qu'il éleva avec l'entrepreneur Jean Thiriot (hiver 1627-1628), le rendit célèbre, comme le rappelle son portrait gravé par Michel Lasne. Son rôle dans l'évolution architecturale des années 1610-1640 devra sans doute être réévalué.

CLAUDE MIGNOT

MEYER HANNES (1889-1954)

Le travail et le nom de Hannes Meyer ont été longtemps proscrits des histoires de l'architecture moderne. Même Walter Gropius, qui l'avait pourtant désigné comme son successeur au Bauhaus, le traite d'opportuniste et d'épigone. Tant d'aversion et de dépit ne sont pas sans raisons. En Hannes Meyer « quelque chose », qui le singularise, gêne, a gêné, gênera : il est, en effet, pendant les années 1930, l'un des seuls architectes à vouloir penser l'architecture et l'urbanisme en termes marxistes (pour cette raison, il ira travailler en U.R.S.S. — quitte à en revenir déçu — tout comme Ernst May, André Lurçat et Hans Schmidt). Cette prise de position théorique, cette réflexion est, en effet, exemplaire, malgré ses errances, à un moment où la plupart des collaborateurs de Meyer sombraient dans un idéalisme formaliste des plus suspects.

Né à Bâle d'un père architecte (les Meyer sont architectes de père en fils depuis le XVIIe siècle), Hannes Meyer fait des études techniques dans cette ville puis se rend à Berlin pour suivre les cours de l'École d'arts appliqués. Il s'intéresse très tôt aux questions sociales et politiques que l'architecte ne peut pas ne pas rencontrer ; ainsi, il suit des cours du soir à l'Académie agricole sur la réforme agraire et l'économie. En 1912-1913, il se rend en Angleterre où il étudie l'urbanisme à Bath (ville dont les habitations en bandes continues, les célèbres *crescents*, constituent au XVIIIe siècle l'un des exemples précurseurs les plus accomplis d'une planification moderne) et prend contact avec le mouvement des cités-jardins de Ebenezer Howard ainsi qu'avec les organisations coopératives de Londres et de Buckingham. En rentrant en Suisse en 1914, il jouera un rôle important dans le mouvement coopératif qui lui commandera, en 1919, les logements de Freidorf, communauté groupant cent cinquante familles. Hannes Meyer allait passer du coopératisme au marxisme : le mouvement coopératif (introduit par Robert Owen en Angleterre au début du XIXe siècle) aura été la première tentative de contestation de l'économie libérale, et certains y voient la seule expérience socialiste qui ait réussi. Cependant, la critique faite par Marx et par Lassalle de ce système allait convaincre Meyer de son insuffisance : les coopératives ne sont pas dangereuses pour les classes dirigeantes puisqu'elles atténuent la lutte des classes en permettant aux petites industries et aux petits commerces de survivre, elles ne pourraient être révolutionnaires qu'à devenir de coopératives de consommation des coopératives de production. Après avoir achevé la construction en nid d'abeilles des logements de Freidorf, Meyer voyage en Europe où il prend contact avec les architectes et les mouvements qui représentent l'architecture moderne (Le Corbusier, l'Esprit nouveau, le Stijl, Mart Stam, les architectures belge et scandinave). De retour à Bâle, il participe à la revue internationale *ABC. Beiträge zum Bauen*, éditée par H. Schmidt, et fait son autocritique : les constructions de Freidorf n'étaient qu'un « compromis absolu », d'autant plus que l'argument de la standardisation y avait perdu tout intérêt économique (le travail ayant été confié à de petites industries, rien n'y avait été produit en grand nombre). Si les bâtiments de Freidorf ne présentent pas en eux-mêmes les caractéristiques de la modernité architecturale (qui serait, sans doute, celle du style international qui règne alors), le projet pour la Peterschule de Bâle (1926), en collaboration avec Hans Wittwer, doit avoir vivement intéressé Gropius qui nomme Meyer à la tête du département d'architecture du Bauhaus en 1927, puis directeur en 1928. Meyer, dès le début de son enseignement, semble avoir été assez critique envers le formalisme du Bauhaus, l'idéalisme de Kandinsky ou de Muche pour que Gropius sache qui il désigne comme remplaçant ; aussi est-il assez injuste de le voir plus tard se récrier et accuser Meyer d'insincérité.

L'on imagine cependant facilement les réactions que certains propos de Meyer devaient entraîner : « Tout art est composition, et par conséquent antifonctionnel. Toute vie est fonction et par conséquent non artistique. L'idée de la *composition d'un port* ? Risible [...]. L'architecture comme *expression des émotions de l'artiste* ne se justifie pas [...]. Construire est l'œuvre collective des ouvriers et des architectes et seul celui qui, travaillant en équipe, ne cesse pas pour autant de dominer les processus vitaux... mérite le nom d'architecte [...]. Construire, c'est seulement organiser : organiser la vie sociale, technique, économique et psychologique. » Hannes Meyer allait, en effet, être renvoyé du Bauhaus de manière très brutale en 1930, après une lettre de dénonciation de Kandinsky au maire de Dessau ; Mies van der Rohe lui succédera dans la direction de l'école. Meyer se rend alors à Moscou, où il enseigne l'urbanisme jusqu'en 1936, mais là comme ailleurs ses projets ne seront pas réalisés. Déçu, il repart en Suisse, puis au Mexique où il enseigne quelques années avant de revenir dans son pays natal où il mourra.

Les projets urbanistiques de Meyer n'ont jamais été acceptés (mis à part le travail de jeunesse à Freidorf et l'École de la Fédération générale des syndicats allemands, à Bernau, 1928-1930), ses projets architecturaux les plus modernes non plus (projet du palais de la Société des Nations à Genève, 1926) ; son activité s'est réduite bien vite à la construction de quelques maisons particulières. Cette censure a permis de juger Meyer un peu vite et de l'oublier. Et, si l'architecture moderne n'était pas une simple collection de bâtiments prestigieux ou de tics esthétiques, si elle devait être une organisation signifiante de la vie quotidienne ? Meyer fut occulté pour avoir posé de telles questions.

YVE-ALAIN BOIS

MICHEL-ANGE MICHELANGELO BUONARROTI dit (1475-1564)

Aborder l'œuvre de Michel-Ange, c'est rencontrer un art placé sous le signe de la complexité essentielle, de la difficulté voulue et du renouvellement incessant. L'extrême richesse, formelle et sémantique, de cette œuvre découle de la diversité des domaines et des techniques dans lesquels Michel-Ange s'est exprimé : sculpture, peinture, architecture et poésie, comme autant d'exercices de style aux lois et contraintes diverses. Or, si ses réalisations les plus considérables sont universellement célèbres, l'omission trop fréquente de ses créations secondaires simplifie à l'excès l'image de l'artiste comme s'il n'avait eu, à la différence de ses contemporains, que des tâches exceptionnelles à accomplir. Ce sentiment d'extrême variété est encore suscité par sa double carrière, florentine et romaine, qui le pousse à adopter des modes bien différents selon qu'il œuvre dans la cité toscane ou dans la capitale de l'Église. Et la durée de sa carrière, exceptionnelle pour l'époque (près de soixante-quinze ans), y contribue certainement. Qu'y a-t-il de commun entre l'artiste qui polit avec tant d'amour la Pietà de Saint-Pierre et, mu par la juste fierté de sa propre virtuosité, la signa, et celui qui, assailli par les doutes, la lassitude et un authentique dégoût pour la vanité de cet art, ébaucha, mutila et recommença la Pietà de Milan ? Et quels changements dans ses conditions de travail et surtout dans sa conception de l'art et de son rôle ! quelle distance, de l'enthousiasme humaniste de ses premiers mécènes, collectionneurs passionnés d'antiques qui voyaient dans la beauté le reflet de la divinité à cette méfiance à l'égard du beau, s'il n'est pas « décent » et strictement subordonné à la doctrine religieuse, des milieux réformateurs qu'il fréquenta à la fin de sa vie !

Peu d'œuvres achevées au sens artisanal du terme à inscrire au catalogue de Michel-Ange : un petit nombre de sculptures, datant surtout de sa jeunesse, un seul panneau peint sûrement autographe et les vastes ensembles peints à fresque du Vatican. Mais une grande part d'œuvres inachevées ou terminées par d'autres, comme ses entreprises architecturales tardives, ou bien connues par des dessins qui laissent pressentir seulement le devenir d'un projet sculptural ou architectonique. La distance historique qui nous sépare de Michel-Ange est en outre la cause de malentendus qui pèsent sur l'interprétation de ses œuvres. On se méprendrait sur sa conception de l'art en y voulant trouver des messages personnels, d'ordre psychologique ou philosophique, dissociables de la forme qui les manifeste, alors que les deux ont toujours été élaborés par lui en étroite relation dialectique. À ses yeux, l'art était un langage autonome, dont il recherchait, pour en triompher plus glorieusement, les plus grandes subtilités. On se tromperait encore en imaginant qu'il cherchait à satisfaire l'ensemble du public de son temps, quand il n'a eu pour visée toute sa vie que sa propre « satisfaction du point de vue de l'art » (comme il le disait au pape Jules II à propos de la voûte de la chapelle Sixtine) et l'approbation d'un nombre extrêmement limité de véritables connaisseurs, appartenant au monde artistique ou à l'élite sociale cultivée. Enfin, de même que l'artiste repensait à chaque nouvelle occasion les moyens et le sens de l'art, l'approche de l'œuvre de Michel-Ange est constamment remise en question par des facteurs nouveaux. Redécouvertes d'œuvres, comme celle des dessins muraux du local situé sous l'abside de la chapelle funéraire des Médicis en 1975 ou celle de la première version du torse du Christ de la Pietà de Milan en 1972 ; restaurations spectaculaires comme celles de la Sainte Famille ou *Tondo Doni* et la chapelle Sixtine (1980-1994) qui ont rendu à ces œuvres un éclat et une limpidité de coloris surprenants au premier abord ; réévaluations d'œuvres comme le *Christ en croix* de Santo Spirito (Casa Buonarroti, Florence) qui déroute par la candide pureté de ses formes d'adolescent ; confrontations avec de nouveaux documents (des contrats explicites notamment) ou nouvelle lecture de sources anciennes, biographies de l'artiste ou sa propre correspondance ; progrès dans la connaissance des artistes contemporains de Michel-Ange, en relation avec lui comme Sebastiano del Piombo ou Daniele da Volterra ; meilleure étude de ses « dettes » envers les maîtres toscans des XIVe et XVe siècles. Tous ces éléments, conjugués aux curiosités changeantes des générations et à de nouveaux types d'enquêtes portant sur le mécénat (Michel-Ange et les Médicis par exemple) et les aspects sociaux et économiques de la pratique artistique et architecturale, amènent à une vision renouvelée. Michel-Ange y apparaît comme un praticien aux prises avec les mêmes difficultés que ses contemporains pour gagner un concours et emporter une commande, pour convaincre son commanditaire de la validité de ses solutions plastiques ou fonctionnelles, pour tenir ses engagements professionnels, pour concilier enfin sa soif d'honorabilité, de dignité et de liberté avec la nécessité de travailler pour vivre. À la vision romantique du génie saturnien qui fleurit encore dans les livres de grande diffusion se substitue peu à peu l'image, qui ne le diminue en rien, d'un homme pris dans une multitude de rapports dialectiques, réagissant aux contraintes imposées par son matériau, le lieu où il travaille et bâtit, les éléments édifiés ou peints avant son intervention, les ressources financières des promoteurs de l'entreprise et l'inconstance de leurs intentions. Comme Raphaël, auquel on l'a trop systématiquement opposé dans son style comme dans son caractère, Michel-Ange a su faire preuve d'un prodigieux esprit d'assimilation (« Il lui suffisait de voir une seule fois l'ouvrage d'un autre pour le retenir parfaitement et l'utiliser à l'occasion sans que personne ne s'en aperçoive », dit Vasari) et d'un grand sens de l'adaptation à la demande, preuves mêmes de l'intelligence vive et profonde que lui ont reconnue ses contemporains les plus éclairés.

1. Une vie entre la Florence de Laurent le Magnifique et la Rome de Pie IV

L'art de Michel-Ange, la hauteur de ses conceptions et l'originalité de ses œuvres apparaissent bien souvent sans commune mesure avec les données quotidiennes d'une vie retirée, frugale, plutôt sédentaire, timorée (n'a-t-il pas fui les armées étrangères ou les menaces qu'il croyait peser sur sa vie à six reprises ?), toute consacrée au travail solitaire et acharné, peuplée de rares amitiés et de conversations. Michelangelo Buonarroti est né en territoire florentin, à Caprese, au nord d'Arezzo, d'une famille de notables (son père fut podestat de Caprese et de Chiusi) où on le destinait à devenir, comme ses frères, un « fonctionnaire », c'est-à-dire un intellectuel. Encouragé à dessiner par son ami le peintre

Francesco Granacci, il fut mis en apprentissage par son père, le 1er avril 1488, chez les frères Domenico et Davide Ghirlandaio qui dirigeaient l'atelier de peinture le plus actif et le plus renommé de Florence à cette date. Bien que Vasari en ait retrouvé le contrat, cet apprentissage fut dénié plus tard par Michel-Ange parce qu'il nuisait à l'image qu'il voulait donner de lui-même : celle d'un artiste libéral et dilettante, qui ne tient pas « boutique », plus ou moins autodidacte ou, mieux, formé par imprégnation dans le milieu des artistes et des lettrés entourant Laurent le Magnifique. Cet apprentissage fut vraisemblablement de courte durée. De même les critiques ont-ils émis l'hypothèse que Michel-Ange avait dû recevoir une semblable formation, rapide et informelle, également passée sous silence, dans le domaine de la sculpture, chez Benedetto da Maiano, dont il est, à ses débuts, proche stylistiquement par l'ampleur de ses volumes, et dans celui de l'architecture, sans doute vers 1505-1506, chez Giuliano da Sangallo (qui l'a vraisemblablement proposé à Jules II pour son projet de tombeau). Michel-Ange, qui fut plus tard le rival d'Antonio da Sangallo le Jeune, neveu de Giuliano, n'était évidemment pas enclin à reconnaître ce qu'il pouvait devoir à Giuliano, dont il s'inspira pourtant dans ses projets de façade pour l'église de San Lorenzo à Florence et pour l'articulation des murs de la chapelle des Médicis (proche de la sacristie de Santo Spirito de Giuliano). Remarqué par Laurent le Magnifique, Michel-Ange est son hôte au palais Médicis de 1489 à 1492 ; il reçoit des conseils du précepteur familial, Ange Politien, qui prônait en art l'audace et l'impétuosité combinées à une culture ouverte, qualités que Michel-Ange mit aussitôt en pratique. Il s'adonne à la sculpture sous la tutelle de Bertoldo di Giovanni, l'« héritier » de Donatello, très apprécié du Magnifique pour ses petits bronzes qui marquent à Florence le début d'une nouvelle conception du rôle de l'œuvre d'art : pur objet de collection sans destination pratique ou dévotionnelle, conception qui influencera profondément Michel-Ange. Il étudie les pierres gravées et les sculptures antiques de la collection médicéenne. À la mort de Laurent, Michel-Ange est accueilli par le prieur de Santo Spirito, qui lui fournit des occasions de pratiquer des dissections dans son hôpital.

À l'approche des troupes du roi de France Charles VIII, en 1494, Michel-Ange s'enfuit de Florence à Venise puis à Bologne, où il trouve refuge et travail auprès du noble bolonais Gianfrancesco Aldovrandi, qui lui fait lire Dante et les poètes toscans, et lui commande trois statuettes pour compléter le tombeau de saint Dominique dans l'église homonyme de Bologne. La République instaurée à Florence en 1494, Michel-Ange y retourne et observe, non sans en être affecté, ce régime inspiré par les prédications de Savonarole. Il est logé chez Lorenzo di Pierfrancesco de' Medici, d'une branche de la famille qui avait pris parti en faveur de la République, et travaille pour lui (une sculpture, perdue, de saint Jean-Baptiste enfant). Sans doute désireux de quitter la ville où les partisans extrémistes de Savonarole, les *Piagnoni* (pleurnicheurs), répandent un climat hostile à l'art et à la culture et multiplient les autodafés, plus curieux encore, comme tant de ses prédécesseurs florentins, de découvrir les vestiges de cet art antique qu'il s'était déjà exercé à imiter, Michel-Ange se rend à Rome en 1496 où il est l'hôte du cardinal Raffaelle Riario dans son palais de la Chancellerie. Il travaille pour le cardinal et pour son cercle d'humanistes, dont le banquier Jacopo Galli (un Cupidon endormi, perdu). Grâce à ce dernier, il signe en 1498 un contrat avec le cardinal Jean Bilhères de Lagraulas, ambassadeur de Charles VIII auprès du pape Alexandre VI (1492-1503), pour une *Pietà* destinée à une chapelle annexe de l'ancienne basilique Saint-Pierre.

Au printemps de 1501, il revient à Florence où la République se consolide et se modère (après l'exécution de Savonarole en 1498) sous l'autorité du gonfalonier Piero Soderini. Il y est sans doute attiré par le projet des membres de la fabrique de la cathédrale d'attribuer à un sculpteur volontaire un bloc de marbre déjà ébauché par un autre artiste pour une figure colossale de prophète qui devait orner un des contreforts de la cathédrale : ce sera le *David*. Un aréopage, comprenant une quinzaine d'artistes les plus prestigieux de Florence dont Léonard de Vinci, Botticelli, Piero di Cosimo et Pérugin, décida de placer le « géant » devant le palais de la Seigneurie, lui reconnaissant ainsi une signification beaucoup plus civique que biblique. Soderini commanda aussitôt après à Michel-Ange une fresque pour la salle du Conseil du même palais représentant un épisode de la guerre contre Pise en 1364, la bataille de Cascina ; cette commande reflète des préoccupations semblables : donner aux Florentins un exemple de patriotisme, les inciter à la vigilance armée contre les ennemis de l'extérieur ; cela en accord avec les idées du secrétaire de la République, Nicolas Machiavel, qui tentait de promouvoir une milice permanente de citoyens au lieu de recourir aux services d'un *condottiere*, chef de troupes mercenaires. La fresque n'eut qu'un commencement d'exécution mais le carton, exposé au palais de la Seigneurie, puis au palais Médicis, sera « l'école du monde », pour reprendre l'expression de Benvenuto Cellini, avant d'être dispersé en morceaux. Durant les années suivantes, Michel-Ange travaille à Florence pour de riches marchands, notamment des membres de la corporation de la laine (Agnolo Doni, Taddeo Taddei), ainsi qu'à un retable sculpté pour le cardinal Francesco Piccolomini (qui régna en 1503 sous le nom de Pie III) à la cathédrale de Sienne.

Cette période de création aisée d'œuvres domestiques s'interrompit en 1506 avec l'invitation faite par Jules II à l'artiste de se rendre à Rome pour réaliser son tombeau. Vasari a raconté, avec force anecdotes hautes en couleurs sur le caractère emporté de Michel-Ange, les débuts malchanceux de ce qui devait être pour lui pendant quarante ans la « tragédie du tombeau », le mettant aux prises jusqu'en 1545 avec les héritiers du pape qui exigeaient le respect de ses engagements. Soucieux, dans un premier temps, de reconstruire la basilique constantinienne de Saint-Pierre, très délabrée, où sa sépulture devait prendre place, Jules II avait en effet remis à plus tard la réalisation de celle-ci. Ne pouvant obtenir une entrevue du pape et craignant d'avoir perdu sa confiance, Michel-Ange, sentant l'hostilité de la cour pontificale, s'enfuit à Florence quelques mois plus tard et ce ne fut que sur la pression du gouvernement qu'il accepta de se rendre à Bologne que le pape venait d'investir. La « pénitence » imposée à l'artiste fut la réalisation d'une statue colossale en bronze du pontife placée sur la façade de la cathédrale San Petronio, statue que les Bolonais devaient transformer en canon dès 1511 lorsqu'ils retrouvèrent leur indépendance. Dès le mois d'avril 1508, Michel-Ange est à Rome, contraint d'accepter une commande de substitution à celle du tombeau : la décoration à fresque, beaucoup moins onéreuse, de la voûte de la chapelle Sixtine, édifiée vers 1475 par Giovannino de' Dolci pour Sixte IV Della Rovere (1471-1484), l'oncle du pape Jules II. Michel-Ange y travailla quatre ans, puis, après la mort du pontife en février 1513, passa un nouveau contrat pour la sépulture de celui-ci avec ses héritiers.

Mais les projets du nouveau pape, Léon X Médicis (1513-1521), ne devaient pas tarder à retarder l'exécution des statues. Le pape florentin désirait en effet imprimer sa marque à sa ville en faisant édifier une façade somptueuse à l'église inachevée des Médicis, San Lorenzo. Michel-Ange s'empressa de participer au concours aux côtés des architectes les plus éminents de l'époque, les Sangallo, les Sansovino, Raphaël, et, de façon plus ou moins honorable, il évinça ses rivaux et les collaborateurs qu'on voulait lui donner. De 1513 à 1518, il fit de nombreux séjours dans les carrières de marbre de Carrare pour surveiller l'extraction des blocs qu'il avait choisis pour le tombeau de Jules II et pour la façade de San Lorenzo. Mais Léon X renonça finalement à réaliser cette façade dispendieuse et fit passer en priorité une entreprise qui lui semblait essentielle après la mort des deux membres de la famille Médicis qui avaient gouverné Florence en son nom, Julien, duc de Nemours (1513-1516) et Laurent, duc d'Urbin (1516-1519) : une chapelle funéraire qui aurait réuni leurs tombes et celles de Laurent le Magnifique (mort en 1492), père de Léon X, et de son frère Julien, assassiné lors de la conjuration des Pazzi en 1478. Michel-Ange, chargé d'un projet sans doute assez modeste, réussit, comme dans le cas de la Sixtine, à faire approuver par les Médicis (le cardinal Giulio, le futur pape Clément VII, s'étant chargé des relations avec l'artiste) un projet beaucoup plus ambitieux où entraient à la fois un cadre architectural très riche et de nombreuses sculptures qu'il désirait exécuter de sa main. À cet important chantier s'ajouta, à partir de 1524, celui de la bibliothèque Laurentienne, située sur le côté ouest du cloître de San Lorenzo. Première bibliothèque publique de la Renaissance, elle était destinée à abriter les manuscrits de Laurent le Magnifique. Ces travaux s'éternisèrent car les Médicis, à la suite du sac de Rome en 1527, furent de nouveau chassés de Florence et une dernière république instaurée dans la ville. Retrouvant ses sympathies républicaines antérieures, Michel-Ange se mit au service du gouvernement et, le 6 avril 1529, il était nommé gouverneur général des fortifications. Sentant la faiblesse de Florence et redoutant la contre-offensive des armées pontificales et impériales, désormais unies, il profita d'une tournée d'inspection des fortifications de Ferrare, alors les plus modernes d'Italie, pour s'enfuir jusqu'à Venise, formant même un moment le projet de répondre à l'invitation de François Ier et de passer en France. Il revint cependant à Florence à la fin de l'année 1529, où il dirigea des travaux défensifs en terre battue sur la colline de San Miniato, position clé pour la maîtrise de la cité, et participa à la défense de la ville assiégée par les impériaux. Après la reddition des républicains, il fut caché dans San Lorenzo par le prieur, sans doute dans ce petit local sous la chapelle des Médicis où l'on a retrouvé plusieurs dizaines de dessins tracés par lui sur les murs. Le prieur s'entremit pour lui faire obtenir le pardon de Clément VII (1523-1534), et l'artiste se remit au travail à San Lorenzo jusqu'à la mort du pape. Privé de cet appui, il se sentit en danger à Florence, gouvernée par le cruel Alessandro de' Medici, et il s'établit définitivement à Rome, malgré les invitations répétées de Côme Ier de Médicis, grand duc de Toscane (1537-1574), secondé par Vasari dans son désir de faire revenir dans sa patrie l'artiste le plus illustre de l'époque. Michel-Ange sera en revanche en relations d'amitié suivies avec des exilés florentins, hostiles au régime autoritaire et policier de Côme : le cardinal Ridolfi pour lequel il exécuta, fait unique dans son œuvre, un buste de marbre de *Brutus*, le tyrannicide, assassin de César : sur le visage énergique se lisent, de façon complexe selon l'angle de vue, la noblesse et la détermination ou le mépris de l'adversaire (musée du Bargello, Florence) ; Donato Giannotti, auteur d'un *Dialogue* où Michel-Ange est le principal intervenant ; Luigi del Riccio et son neveu Francesco Bracci, jeune homme d'une grande beauté mort dans la fleur de l'âge pour lequel l'artiste composa une cinquantaine d'*Épitaphes* en vers et dont il dessina la tombe à Santa Maria in Aracoeli. Dans les années 1530, Michel-Ange noua également des amitiés romaines qui lui inspirèrent des œuvres originales : avec un jeune gentilhomme cultivé, Tommaso Cavalieri, auquel il dédia des sonnets pétrarquisants et des dessins allégoriques d'une exécution raffinée, où une sensualité franchement érotique et la philosophie néo-platonicienne de l'amour sublimé jouent à cache-cache ; puis avec Vittoria Colonna, marquise de Pescara, muse dévote d'un cercle d'hommes d'Église et de culture soucieux de réforme morale, pour laquelle Michel-Ange rima et dessina aussi, sur des sujets chrétiens et austères cette fois. Dès 1535, le nouveau pape Paul III Farnèse (1534-1549) désira s'attacher l'artiste et lui confirma la commande de la fresque du *Jugement dernier* pour le mur de l'autel de la chapelle Sixtine, exécutée de 1537 à 1541. Les réactions du public à cette œuvre totalement inédite montrent bien l'évolution des goûts et des idées depuis l'époque de la voûte. D'un côté, la lecture maniériste de Vasari : « Dans la pensée de cet homme extraordinaire, il ne s'est agi que de montrer la perfection et l'harmonie du corps humain dans la diversité de ses attitudes et en outre les mouvements passionnels et ceux qui comblent l'âme ; content de s'en tenir à ce registre – où il l'emporte sur tous les artistes – en montrant la route du grand style, du nu et la science du dessin. » De l'autre, celle des esprits touchés par le vent de rigorisme de la Contre-Réforme qui reprochèrent violemment à l'artiste les « obscénités » de la composition et les atteintes à l'orthodoxie théologique. En 1542, Michel-Ange signa un contrat fixant la sixième et dernière version du *Tombeau de Jules II* qui fut érigé à Rome dans l'église Saint-Pierre-aux-Liens sur un plan et avec des ornements considérablement réduits par rapport au triomphal projet initial. Paul III lui commanda aussitôt la décoration de la nouvelle chapelle qu'il s'était fait bâtir au palais du Vatican, la chapelle dite Pauline. Michel-Ange exécuta là, de 1542 à 1550, ses dernières peintures.

Sa carrière prit alors une tournure nouvelle à partir de 1546, date de la mort d'Antonio da Sangallo, le dernier « héritier » de Bramante et l'architecte le plus important de Rome à cette date. Dès le début des années 1540 avait commencé, sous la direction et sur les dessins de Michel-Ange, l'aménagement de la place du Capitole, cœur de la Rome antique et siège du gouvernement civil de la Rome moderne, dont l'aspect vétuste, disparate et rustique (accès par des chemins de terre abrupts) avait produit un piètre effet lors de l'entrée de Charles Quint à Rome en 1536. Mais, en 1546, Michel-Ange hérita des charges et des chantiers de Sangallo : l'achèvement du palais familial du pape, le

MICHEL-ANGE

Le plan de Michel-Ange pour Saint-Pierre date de 1546. Il reprend l'espace central original de Bramante, mais surpasse le projet de ce dernier en clarté et en simplicité. En ouvrant des galeries de circulation autour des angles, il crée une croix inscrite dans un carré et obtient un espace intérieur plus homogène. Une double colonnade et une plate-forme à degrés confèrent une noblesse nouvelle à la façade.

preneurs et conducteurs de travaux lésés dans leurs ressources par la réduction qu'il apportait au projet de Sangallo et par son intention de lutter contre la corruption, Michel-Ange exigea de Paul III une autorité absolue sur le chantier et, pour parer à toute insinuation, lui fit ajouter une apostille au *motu proprio* le nommant chef de la construction, dans laquelle il était dit que Michel-Ange renonçait à toute rémunération, travaillant « pour la gloire de Dieu ». Ces fonctions lui furent confirmées par les papes suivants, après la mort de Paul III en 1549 : Jules III (1550-1555), Paul IV (1555-1559) et Pie IV (1559-1565). Jules III Ciocchi del Monte fit appel à ses avis pour divers projets, et Michel-Ange lui dessina la façade du palais familial qu'il voulait construire au champ de Mars en utilisant les structures du mausolée d'Auguste ; il lui donna également des conseils pour les tombes de la famille del Monte à San Pietro in Montorio, ainsi que sur les premiers projets pour la villa Giulia. Mais ce fut surtout le troisième pape Médicis, Pie IV, qui sut l'employer malgré son grand âge et l'impliqua dans un vaste projet d'urbanisme, à caractère avant tout esthétique : la via Pia qui, partant des statues antiques des Dioscures du Quirinal, rejoignait au nord-est les remparts de Rome au milieu des villas et des jardins des riches romains. Dans les dernières années de sa vie, Michel-Ange dessina la porta Pia qui marquait l'extrémité de la rue comme le point de fuite d'une perspective scénographique, pièce indéfendable et purement ornementale de fortifications jugées désormais désuètes ; il dirigea aussi l'aménagement de la grande salle des thermes de Dioclétien en l'église Sainte-Marie-des-Anges, l'un des temps forts de la via Pia. Parmi ses derniers projets figurent les trois plans si différents faits à la demande des consuls de la nation

palais Farnèse, le plus vaste de Rome alors, prévu pour abriter une « maison » de trois cents personnes ; la supervision des fortifications vaticanes et des aménagements du palais apostolique ; et le chantier de la nouvelle basilique Saint-Pierre (cf. figure). Expertises techniques, comme les avis donnés sur la consolidation du pont Santa Maria, projets architecturaux traduits sous forme de dessins, maquettes en terre cuite et modèles en bois constituent désormais la quasi-totalité de l'activité de Michel-Ange jusqu'à sa mort, si l'on excepte quelques dessins et quelques poèmes sur des thèmes religieux composés pour lui-même, ainsi que les ébauches des deux *Pietà* sculptées de Florence et de Rome. La fabrique de Saint-Pierre fut son principal souci ; en proie à l'hostilité des *monsignori* commis à la construction, des fournisseurs, des entre-

florentine à Rome pour l'église de leur colonie, Saint-Jean-des-Florentins. Faute des fonds nécessaires, le magnifique projet qui avait reçu leur accord demeura à l'état de maquette en bois, connue par des gravures ; et, en reconnaissance de ses talents, Michel-Ange fut désigné comme chef de l'Académie florentine de dessin fondée en 1563. C'était un an avant sa mort dans le quartier appelé Macel de' Corvi, près du forum de Trajan sur l'aménagement duquel il avait été consulté.

2. Le dessin et l'idée

« Le dessin, que d'un autre nom nous appelons trait, est ce en quoi consiste et ce qui constitue la source et le corps de la peinture, de l'architecture et de tous les autres genres d'art, et la racine de toutes les sciences », fait dire à l'artiste le miniaturiste portugais Francisco da Hollanda dans ses *Dialogues avec Michel-Ange* écrits à la suite de leurs conversations à Rome en 1538. Mais ce dessin, père des trois arts que pratiqua Michel-Ange, n'est nullement la simple habileté nécessaire à imiter les choses innombrables de la nature, comme pour Léonard de Vinci. Il est la recherche de la « difficulté de la perfection », une « copie de la perfection de Dieu et un souvenir de la peinture divine, une musique et une mélodie que seul l'intellect peut percevoir. Et cette peinture est si rare que très rares sont ceux qui parviennent à l'exécuter et à y atteindre ». On voit ici, outre la conception élitiste que Michel-Ange avait de l'art, que pour lui le dessin est au service de l'idée ou plutôt dans une constante interaction avec elle. Chez lui l'idée doit être entendue en un sens complexe : elle est l'idée des néo-platoniciens qu'il fréquenta à Florence dans sa jeunesse, l'intuition, la réminiscence du beau qui n'est autre selon eux que le reflet de la divinité éparse dans la nature ; mais elle est aussi la cristallisation, dans la solitude et la réflexion, de sa propre expérience, de ses passions et de ses tourments ; elle est le miroir de son caractère, de cette *terribilità* que lui attribue Vasari, entendant par là la grandeur de son esprit, la rudesse de ses manières et la difficulté inédite de son style ; elle est encore le fruit de cette *fantasia*, la capacité d'imaginer, pour laquelle il revendique toute liberté en prenant pour exemple, dans les *Dialogues* de Francisco da Hollanda, les grotesques et leurs agencements irrationnels de créatures chimériques ; elle est le produit de l'« innutrition » des chefs-d'œuvre antérieurs de l'art, pris comme stimulants pour de nouvelles créations ; et enfin l'amour de la difficulté, non comme virtuosité gratuite mais comme métaphore d'une exigeante quête spirituelle, difficulté qu'il dissimulera soigneusement dans chaque œuvre comme dans sa production tout entière. N'a-t-il pas détruit bon nombre de ses dessins pour ne pas laisser la trace de ses tâtonnements, comme le rapporte Vasari ? Et, pour Francisco da Hollanda, il a expliqué cet idéal de désinvolture aristocratique qui est aussi celui du *Courtisan* de Castiglione, la *sprezzatura* : « Plus il y a à travailler et à étudier dans une œuvre de peinture, à grands frais de temps et de travail, plus la chose réalisée doit être telle qu'elle ne semble pas tant travaillée que faite à la hâte et sans peine et très légèrement même s'il n'en est rien. »

L'œuvre de Dieu la plus parfaite sur cette terre est l'homme et son corps, créé à Son image. C'est à la création de corps humains admirables que s'adonna constamment Michel-Ange, désireux d'« imiter l'art de Dieu immortel ». Ce choix a entraîné chez lui trois types d'études. Il pratiqua l'anatomie surtout à Florence dans les années 1490 et à Rome dans les années 1540, collaborant à cette date avec son ami médecin Realdo Colombo à l'illustration d'un traité d'anatomie projeté par ce dernier. Toutefois, les corps peints ou sculptés par Michel-Ange sont rarement exacts mais toujours soumis à une volonté d'art, à la fois esthétique (allongement du canon des figures) et expressive (des distorsions destinées à mettre en relief un trait moral). Un autre grand manipulateur de formes vivantes, le futuriste Umberto Boccioni, écrivait à ce propos : « Chez lui l'anatomie devient musique. Chez lui le corps humain est un matériau presque purement architectonique » (*Dinamismo plastico*, Milan, 1911). Michel-Ange s'intéressa aussi aux proportions du corps humain, objet des recherches théoriques de nombre de ses prédécesseurs ; mais, plus qu'à l'aspect mathématique, dont témoignent seuls quelques dessins et sa statue du *Christ ressuscité* de Santa Maria sopra Minerva à Rome (les nœuds de la tige de roseau que tient verticalement le Christ sont régulièrement espacés, formant une toise à dix sections qui coïncident avec les articulations du corps du Christ, exemple parfait de canon vitruvien), c'est à l'aspect organique et à l'effet artistique de ces proportions qu'il s'est attaché. Vasari a admirablement résumé cette attitude : « Les figures, il leur donnait un canon de neuf, dix ou douze têtes, en se proposant exclusivement de faire naître de leur association une sorte d'harmonie dans une grâce supérieure à la nature. Car, disait-il, il faut avoir le compas dans l'œil, non dans la main ; les mains travaillent, l'œil juge. Et cette attitude fut aussi la sienne pour l'architecture. »

Enfin, pour Michel-Ange, la représentation du corps humain n'est rien si elle ne tient pas compte du mouvement, indissociable de la vie ; c'est l'erreur commise par Dürer dans son traité des proportions de l'homme que Michel-Ange critiquait sévèrement. Le mouvement du corps humain a une double signification dans son art, ce qui explique son caractère souvent déconcertant. Il est, conformément à la tradition florentine, le moyen de traduire les *affetti*, les passions de l'âme, et son ampleur est alors à la mesure de la passion qui anime le personnage, comme dans le *Saint Matthieu* ébauché par Michel-Ange pour la cathédrale de Florence (1505-1506, Académie, Florence). Mais il est aussi le moyen de mettre en valeur la musculature puissante ou la finesse des articulations ou l'élégance des contours d'un corps, à des fins purement esthétiques, comme pour les soldats sortant du bain dans le carton de la *Bataille de Cascina*. Ces deux tendances coexistent à la voûte de la Sixtine : les mouvements contrastés des *Prophètes* et des *Sibylles* expriment l'inspiration, la fureur prophétique dont ils sont saisis ; mais les poses des *Ignudi*, ces splendides nus masculins qui encadrent les scènes bibliques, dans la savante invraisemblance de leurs poses et dans leur façon de se répondre et de s'opposer au travers de la voûte, ont une fonction essentiellement ornementale, comme des figures de rhétorique enrichissant un discours de registre élevé. Dans les premières phases de son œuvre, les mouvements des figures peintes ou sculptées par Michel-Ange sont généralement « modérés et plaisants », selon les recommandations d'Alberti, et les formes, juvéniles et gracieuses, s'inscrivent dans des contours fermés. La pureté des formes des corps manifeste le rayonnement de l'âme des personnages et exprime l'enthousiasme de leur auteur pour le beau. À l'occasion de commandes monumentales comme celle du *David* et plus encore de la voûte de la Sixtine, il a conçu des figures d'échelle colossale, exprimant une énergie héroïque, dont les formes s'épanouissent davantage et les contours s'ouvrent pour conquérir l'espace environnant. Pour les premières versions de la tombe de Jules II (*Esclaves* du Louvre, vers 1513, et *Victoire* du palais de la Seigneurie de Florence) et pour les figures sculptées de la chapelle des Médicis, Michel-Ange élabore un style hautement artificiel qui aura une emprise déterminante sur les maniéristes florentins : les corps s'étirent, des forces les traversent et les ploient selon des rythmes curvilignes complexes, ils semblent mimer des sentiments plutôt que les traduire avec immédiateté. La *Victoire* est l'archétype de la *figura serpentinata*, dont Lomazzo attribue l'invention à Michel-Ange dans son *Traité de peinture* (1584) : au *contrapposto*, ou déséquilibre compensé de la figure inspiré de la plastique hellénistique, s'ajoute un mouvement de torsion en spirale ; une épaule s'efface en arrière, le bras opposé est projeté en travers du torse, la tête et le regard accentuent ou contrarient ces directions. Le divorce entre l'âme et la matière est traduit par une attitude évoquant une nostalgie songeuse, image de la conception néo-platonicienne de la vie humaine comme une « forme d'existence irréelle, dérivée et pleine de tourments » qui a donné à l'insatisfaction profonde vécue par Michel-Ange dès cette époque sa « légitimation » philosophique, ainsi que l'explique E. Panofsky. La deuxième série des *Esclaves* (ébauchés vers 1532-1534, Académie, Florence) et les nus du *Jugement dernier* dénotent une évolution vers des formes trapues et massives ; c'est une race de Titans, qui se débattent violemment contre la matière qui les enserre dans le premier cas, contre le caractère inéluctable du destin dans le second. Les contours et les volumes des corps vont en se simplifiant dans les œuvres tardives, et cette synthèse, qui se détache de toutes les préoccupations esthétiques antérieures de l'artiste, atteint son point culminant dans les dessins de Crucifixion de ses dernières années : frontalité, rigidité, symétrie, lourdeur des attaches et caractère indifférencié des torses, tout conspire à détourner l'attention de la forme charnelle vers le message chrétien. Au terme de sa vie, après avoir usé de toutes les possibilités artistiques du corps humain comme du langage le plus noble et le plus beau, Michel-Ange n'en garde plus que la dépouille informe, comme s'il voulait se dépouiller lui-même de toute vanité d'artiste au seuil de la mort.

Cette idée de la mort hante la presque totalité de l'œuvre de Michel-Ange, d'abord par le type de commandes qu'il reçut : tombeaux, Pietà, crucifix. Elle n'est parfois qu'une allusion, comme le linceul porté par les *putti* dans le relief de la Madone à l'échelle ou le chardonneret du *tondo* (disque) de marbre pour Bartolomeo Pitti. Plus tard, la pensée de la mort guidera l'artiste vers une économie de plus en plus grande de ses moyens plastiques, de même qu'elle l'aidait à discerner l'essentiel dans sa vie. Comme il l'écrivait dans une lettre, « cette pensée est la seule qui nous fait nous reconnaître nous-mêmes, qui maintient notre unité intérieure, sans nous laisser dérober à nous-mêmes ». À cette idée sont liées les questions, si débattues à l'époque même où Michel-Ange peignait son *Jugement dernier*, de la grâce et du salut, qui ont préoccupé considérablement l'artiste. Si la vision du *Jugement dernier* semble plutôt pessimiste, montrant les élus comme hébétés et les damnés repoussés sans rémission ni intercession, la force morale qui émane de la *Crucifixion de saint Pierre* (chapelle Pauline) et l'élan vertical des derniers dessins et de la *Pietà* de Milan apporteront plus tard le démenti d'une profession de foi ardente.

3. Le sculpteur : projets et réalisations

L'un des aspects les plus intéressants de l'art de Michel-Ange sculpteur est sa façon de procéder, extrêmement révélatrice, bien qu'elle ne laisse pas de poser des problèmes d'interprétation. Pour Michel-Ange, la sculpture digne de ce nom est celle qu'on obtient *per via di levare* (par la taille) où le sculpteur se heurte à la résistance de la pierre et doit faire appel à son « jugement », puisqu'il ne peut corriger ses erreurs. L'art de la sculpture commence pour lui, dès la carrière, par le choix du marbre ; ceux qu'il a employés pour ses figures, bien loin de reprendre la blancheur abstraite de certaines œuvres antiques qu'il avait pu voir, ont une teinte ivoire ou ambrée qui évoque la chair. Après s'être « approprié » le bloc en l'épannelant à la masse, il trace au charbon sur les faces les profils les plus apparents. La figure est alors dégagée, en partant de la vue frontale et en progressant en profondeur comme pour un relief, le long de lignes pointillées au foret, avec le ciseau pointu (*subbia*) percuté par le marteau, puis modelée grâce au ciseau denté, la gradine. Des ciseaux plats, des limes, puis des tampons de paille permettent de la polir. Mais l'originalité de Michel-Ange réside surtout dans la manière spontanée et intuitive dont il avance son travail. Dans les *Esclaves* inachevés conservés à l'Académie de Florence, les torses sont déjà très élaborés, comme si l'artiste avait voulu leur permettre de respirer, tandis que les membres ou la tête sont encore prisonniers ou à peine dégrossis. Michel-Ange exécute en premier lieu les parties du corps qu'il visualise le plus précisément et semble attendre que, par un effet interactif, elles lui suggèrent une solution pour les parties laissées en sommeil dans le bloc. Le travail de taille est préparé chez lui par des esquisses dessinées, des études précises de parties du corps, où le réseau des hachures simule les changements de plan, des ébauches sommaires en terre modelée (le petit *bozzetto* d'un groupe d'*Hercule et Cacus*, commandé par la Seigneurie de Florence en 1528 pour faire pendant au *David*, conservé à Florence à la casa Buonarroti) et, dans les cas où il a dû accepter de se faire aider par des assistants, des modèles en cire de grandeur définitive comme celui pour une figure de Fleuve prévue pour les tombes des Médicis (casa Buonarroti).

Un nombre élevé de sculptures de Michel-Ange sont inachevées, du moins d'un point de vue technique traditionnel. Pour certains critiques, ce *non finito* tient à des circonstances matérielles indépendantes de la volonté de l'artiste : des défauts du marbre (dans la *Pietà* de Florence), le décès ou le changement d'avis d'un commanditaire (c'est le cas des statues ébauchées pour les versions successives du tombeau de Jules II), le départ définitif pour Rome en ce qui concerne les statues de la chapelle Médicis. Pour d'autres, cet état d'inachèvement incombe à l'artiste, mais les raisons invoquées varient. Soit Michel-Ange aurait désespéré de jamais réaliser la perfection dont il rêvait, et une phrase que lui prête Francisco da Hollanda va dans ce sens : « On juge de la science d'un grand homme à travers sa crainte de ne pas exécuter une chose exactement comme il la conçoit. » Soit, au contraire, il aurait jugé l'effet recherché atteint dès ce stade d'inachèvement et n'aurait pas voulu amoindrir l'idée par une élaboration plus poussée. En réalité, les formes et les degrés de *non finito* sont différents dans chaque cas. Dans les œuvres de la jeunesse florentine, c'est surtout le fond du relief qui conserve la trace de la *subbia* ou de la gradine et par ses striures diffracte la lumière, créant une atmosphère plus douce autour des personnages (*Tondo Taddei*, 1502, Royal Academy of Fine Arts, Londres). Le procédé peut aussi viser à imiter un morceau de sculpture antique comme dans le relief de la *Bataille des centaures* (casa Buonarroti). Et si le *Saint Matthieu* destiné à la cathédrale de Florence est le seul vestige d'une vaste commande de douze apôtres, annulée par la suite, son inachèvement vient cependant renforcer le concept de l'œuvre en accentuant l'antithèse entre la spiritualité de l'évangéliste et la pesanteur de la matière qu'il doit vaincre par son message. En conservant un peu du bloc originel qui nous remémore la matière rude et informe dont il a tiré ses figures, Michel-Ange confère encore plus de prix à la délicatesse de leurs corps : c'est le cas des *Parties du jour* de la chapelle Médicis.

Dès' sa jeunesse, Michel-Ange s'est imposé à l'admiration de ses contemporains avant tout comme sculpteur. Dès ses premières œuvres en effet, il semble vouloir récapituler les conquêtes du Quattrocento toscan et les dépasser en y imprimant sa marque personnelle. Dans la *Madone à l'échelle*, 1492 (casa Buonarroti), exécutée du temps de Laurent le Magnifique, il démontre une maîtrise parfaite de la technique du relief en méplat (*rilievo schiacciato*, écrasé) introduite par Donatello. Mais, au lieu d'en tirer des effets picturaux illusionnistes, il en associe la pureté et la délicatesse linéaire à la noblesse et à l'ampleur des formes de la Vierge. Celle-ci n'est plus l'une de ces tendres mères imaginées par ses prédécesseurs florentins mais la première de ses Madones sibyllines, au visage hellénisant empreint de gravité prophétique. L'explication de l'échelle placée à côté de la Vierge se trouve dans la métaphore ancienne qui, en raison de son rôle d'intercesseur, la dénomme « échelle du paradis ». Dans la *Bataille des centaures*, 1492, dont le sujet lui aurait été suggéré par Politien, Michel-Ange fond et interprète avec une aisance surprenante divers types de reliefs historiés : centauromachies romaines, reliefs profondément évidés, grouillant de personnages qui jaillissent en oblique du fond de la dalle, des chaires à prêcher de Giovanni Pisano à Pistoia ou à Pise, pastiche raffiné de l'antique, traduit avec le lissé et l'élégance de la fin du Quattrocento, de la *Bataille de cavaliers* de Bertoldo. Le séjour bolonais a enrichi son horizon artistique, lui faisant découvrir la puissance expressive et l'eurythmie des statues et des reliefs de Jacopo della Quercia, sculpteur siennois du début du Quattrocento, à la cathédrale San Petronio. Cette influence se fait sentir immédiatement dans les trois statuettes de marbre du tombeau de saint Dominique : un drapé abondant, aux larges plis disposés de façon lyrique, enveloppe les silhouettes de saint Petronio et de l'Ange porte-candélabre, 1494-1495. Elle se devinera longtemps dans l'art de Michel-Ange, dans la disposition riche et mouvementée des étoffes (manteau de la Madone de la *Pietà* de Rome, 1498-1499) et dans la cadence des nus (*Création d'Adam* et *Péché originel* de la voûte de la Sixtine). Le *Bacchus* (Bargello) sculpté à Rome en 1496-1497 est un défi lancé à la plastique gréco-romaine si admirée de son commanditaire le cardinal Riario ; non seulement il évoque des sculptures romaines comme le groupe de *Bacchus et un satyre* du musée des Thermes, mais surtout il cherche à reconstituer précisément, à partir d'une

Description de Callistrate, d'une *ekphrasis*, le *Bacchus* perdu de Praxitèle, loué pour son réalisme physique et psychologique stupéfiant. Suivant l'auteur antique, Michel-Ange le représente avec un corps souple et relâché et semblant rire ; mais son *Bacchus* l'emporte par la complexité : son expression est volontairement ambiguë, hésitant entre l'euphorie et l'hébétude de l'ivresse ; sa pose chancelante est plus audacieuse que le *contrapposto* antique ; ses formes, comme l'a noté Vasari, combinent la sveltesse d'un jeune homme à la sensualité charnue d'une femme.

Le défi de la *Pietà* de Saint-Pierre de Rome s'adresse cette fois à la sculpture contemporaine : le contrat stipulait qu'elle serait « la plus belle œuvre en marbre existant à Rome à ce jour » et Michel-Ange en prit occasion pour créer deux êtres, les plus beaux que ses contemporains aient pu rêver ; la beauté du Christ reste intacte malgré la souffrance et la mort, celle de la Vierge juvénile fait écho aux vers de Dante : « Vierge mère, fille de ton fils. » Bien que l'origine du thème soit à rechercher dans les *Vesperbild* allemandes de la fin du Moyen Âge, ces amères images de dévotion vénérées aux vêpres du Vendredi saint, la traduction, dans sa douce idéalisation, est toute italienne. Avec le *David*, 1501-1504, Michel-Ange allait réaliser un autre type de prouesse : tailler dans un bloc, déjà compromis par un sculpteur maladroit, une figure colossale impliquant une simplification des effets plastiques. La position élevée à laquelle la sculpture était destinée explique certaines exagérations et distorsions, comme cette tête projetée en avant du torse avec énergie ou la puissance des bras et des mains, attirant l'attention sur la fronde et la pierre, seules armes du jeune héros. Animé de la même fierté intrépide que son personnage, Michel-Ange a inscrit sur un dessin préparatoire : « Ce que David a fait avec sa fronde, moi Michel-Ange je le fais avec mon outil. »

De 1505 date le premier projet pour la tombe de Jules II. Michel-Ange avait proposé au pape un monument indépendant à quatre faces, comme un *arcus quadrifons* romain, renfermant une chambre funéraire ovale et développant sur trois niveaux, éléments architectoniques, reliefs et figures en ronde bosse de grandeur naturelle : en bas, des *Victoires* et des *Prisonniers*, dont le sens exact nous échappe ; plus haut, quatre imposantes figures assises, dont une seule, le *Moïse*, fut effectivement sculptée et utilisée dans le projet terminal ; en couronnement, un tronc de pyramide et deux figures allégoriques soutenant le catafalque et la statue du pontife. Les premières figures exécutées vers 1513, les deux *Esclaves* donnés par Michel-Ange à Roberto Strozzi, par celui-ci à François Ier et par ce dernier au connétable de Montmorency (Louvre), sont l'expression des concepts opposés : comme l'a fait remarquer Kenneth Clark (*Le Nu*), *L'Esclave mourant* retrouve le signe traditionnel de la douleur, dont l'origine remonte aux Grecs, la tête penchée en arrière soutenue par la main, illustrant notre passivité devant notre esclavage mortel, tandis que *L'Esclave rebelle*, figure active du pathos, se tord et lutte pour se délivrer de ses liens, Michel-Ange s'inspirant des rythmes convulsifs gonflant les muscles du *Laocoon*, découvert à Rome en 1506 et dès lors un de ses modèles constants. Le *Moïse*, sculpté vers 1515, pâtit de la position dans laquelle il a été installé, car il fut conçu pour être vu en contre-plongée et depuis la droite. Ce facteur explique les proportions agrandies du buste, des bras et l'avancée de la tête ainsi que l'asymétrie de la sculpture. Être prophétique saisi en pleine vision, son regard se détourne pour se porter au loin tandis que le mouvement nerveux de ses mains et de son vêtement commente son émoi. Puissance physique et intensité psychologique fusionnent en lui : vaste front bosselé, sourcils froncés abritant des orbites profondément reculées, bras et mains aux tendons et aux veines apparentes. Comme l'a analysé Charles de Tolnay, dans son état de frémissement, les forces cosmiques dont il est composé se manifestent : les mèches de sa chevelure sont des flammes, sa barbe opulente une tumultueuse cascade, les masses plastiques de ses membres et de son drapé, renforcées par de violents contrastes de clair-obscur, ont la solidité de rocs. C'est la seule figure entièrement autographe du tombeau réalisé de Jules II, les statues de *Lia*, incarnation de la vie active et représentée comme une matrone romaine, et de *Rachel*, image de la vie contemplative, toute aspirée dans l'élan fervent de la prière et voilée comme une religieuse, sont en partie le travail d'assistants pour le projet de 1542.

Le second ensemble sculptural essentiel de l'œuvre de Michel-Ange est celui de la chapelle Médicis, inachevé et modifié lui aussi. Après de nombreuses hésitations sur la forme des tombes (un monument isolé central pour les deux « Magnifiques » et les deux « Ducs » médicéens, puis deux tombes pariétales doubles), il insèra dans la travée centrale des murs latéraux de la chapelle les deux tombes des ducs d'Urbin et de Nemours : leur effigie, ou plutôt une image idéale de leur personnalité (étant donné l'horreur éprouvée par Michel-Ange pour le portrait individuel), domine un sarcophage de forme hautement originale dont le couvercle à volutes s'écarte pour laisser leur âme s'élever vers le ciel et porte sur ses rampants les figures allongées de la *Nuit* et du *Jour* (tombe de Julien, le capitaine énergiquement redressé dont le corps pivote autour d'un axe), de l'*Aurore* et du *Crépuscule* (tombe de Laurent le Pensif, dont le regard absent est ombré par un casque de fantaisie). Les attitudes des figures, sculptées vers 1524-1526, et les concepts qui les animent obéissent à un subtil contrepoint, opposant corps détendus et épousant la courbe des sarcophages et corps repliés selon une courbure antithétique, langueur et force rassemblée, réveil des facultés et assoupissement, poli luisant des torses et des cuisses (parties où se concentre l'expression chez Michel-Ange) et rugosité mate de visages à peine ébauchés, allongement maniériste arbitraire des corps féminins de l'*Aurore* et de la *Nuit* et jeu des muscles qui s'enchaînent musicalement dans les torses masculins du *Crépuscule* et du *Jour*, librement inspirés du Torse antique du Belvédère. De la tombe des « Magnifiques », face à l'autel, Michel-Ange ne fit qu'ébaucher la *Vierge* qui forme avec l'Enfant qu'elle allaite un *contrapposto* tournoyant, et dessiner les statues des saints patrons médicéens, *Côme* et *Damien*.

Les dernières œuvres sculptées de Michel-Ange, ses deux *Pietà*, ont un caractère bien différent. Entreprises près de vingt ans plus tard dans les années 1550, sans destinataire précis mais plutôt conçues comme des occasions de « s'exercer » (selon le témoignage de Vasari) sur des thèmes qui lui étaient chers, elles portent toutes deux les marques d'une genèse lente et conflictuelle. Le groupe aujourd'hui abrité au musée de l'Œuvre de la cathédrale de Florence est plutôt une *Déposition du Christ* : Marie-Madeleine et Joseph d'Arimathie soutiennent le corps de Jésus ployé selon des obliques contrastantes, ses deux bras soulevés évoquant encore l'attitude du crucifié, et le posent sur les genoux de sa mère. Michel-Ange désirait le mettre en place sur sa propre tombe, et Joseph d'Arimathie, qui offrit son tombeau au Christ, est d'ailleurs clairement un autoportrait spirituel de l'artiste. Le profil du groupe s'inscrit dans un cône étroit et élancé, dont la vue principale est oblique, montrant l'union mystique des têtes de la Vierge et du Christ sous le regard ému de Joseph d'Arimathie. Le corps du Christ est si finement élaboré qu'on ne remarque pas de prime abord l'absence de la jambe gauche. En effet, Michel-Ange la détruisit impitoyablement, frappé par les connotations érotiques qu'il avait données à l'attitude du Christ dont la jambe gauche reposait sur celle de sa mère. Le groupe du château Sforza à Milan est difficile à interpréter car cette ébauche simplifiée porte encore en elle les vestiges d'une première version très différente et plusieurs variantes esquissées. Plus que d'une Pietà, il s'agit d'une *ostensio*, d'une présentation mystique du corps du Christ dressé à la verticale par sa mère. Les formes amincies, au modelé sommaire, comme spiritualisées et semblant échapper enfin à la « prison obscure » du corps, retrouvent une sorte de schématisme médiéval pour exprimer plus intensément l'espoir du salut par le sacrifice du Christ.

4. Le peintre et le dessinateur

Michel-Ange ne s'est jamais reconnu comme peintre, bien que ce soit dans ce domaine seulement qu'il ait pu mener à terme et seul ses entreprises. Il a accepté à contrecœur les commandes de décors peints que lui ont passées trois papes et a souffert physiquement de la dureté du travail à fresque, la technique « noble » selon l'idéal florentin mais aussi celle exigeant la plus grande maîtrise technique et graphique. Comme on l'a remarqué dès son époque (voir les critiques que lui adresse un admirateur de Titien comme Lodovico Dolce), son style pictural est conditionné par son habitude de concevoir en trois dimensions. À l'enquête de l'humaniste florentin Benedetto Varchi sur la supériorité de la peinture ou de la sculpture, il répondit en 1547 : « Je dis que la peinture me paraît devoir être tenue pour d'autant meilleure qu'elle est plus proche du relief. » La beauté des contours, la virtuosité des raccourcis, la justesse du modelé traduit par le clair-obscur sont à ses yeux l'essentiel, et ce sont ces qualités formelles que Vasari loue constamment dans ses descriptions des fresques de l'artiste. Le seul panneau peint qui nous soit parvenu et dont l'autographie ne soit pas contestée est le *Tondo Doni* (Offices, Florence) peint en 1504, sous l'émotion artistique suscitée à Florence par le carton de sainte Anne de Léonard de Vinci. Retenant de son aîné l'idée d'un groupe savamment imbriqué de personnages aux poses complexes et à la stature imposante, il en modifie complètement l'effet en opposant au *sfumato* introduit par Léonard, cette façon d'atténuer les contours et de fondre les figures avec l'air environnant, une netteté extrême des lignes qui cernent les personnages de la Sainte Famille. Le coloris a retrouvé en 1984 sa vivacité et ses *cangianti* (modulations, diaprures) que Michel-Ange reprendra plus tard dans les drapés des figures prophétiques de la Sixtine. Le sujet anticipe également sur celui de la Sixtine ; c'est la succession des trois âges : avant la Loi (les bergers nus à l'arrière-plan, images d'un passé mythique), avant la Grâce (saint Jean-Baptiste, situé dans un espace intermédiaire, dernier prophète regardant l'Enfant Jésus) et l'ère de la Grâce, ouverte par le geste de saint Joseph qui tend l'Enfant à sa mère au premier plan.

Le programme iconographique de la voûte de la Sixtine, sans doute élaboré au cours de dialogues entre les théologiens de la cour de Jules II et Michel-Ange, complète celui des murs de la chapelle décorés en 1480-1482 des *Histoires de Moïse et du Christ* se déroulant selon des parallèles établis entre l'Ancien et le Nouveau Testament. La voûte, dans sa partie centrale, est une sélection d'épisodes tirés de la Genèse qui leur correspondent pareillement. Ces scènes de la Création de l'univers, de l'homme, de la faute des premiers parents et de l'histoire de Noé sont flanquées de nus qui soutiennent par le moyen de guirlandes de chêne (*rovere*, le nom du pontife) des médaillons historiés peints à l'imitation du bronze. À la jonction de la voûte et des murs et dans les lunettes qui les couronnent sont représentées les générations bibliques qui ont vécu dans l'attente de l'avènement du Christ ; leurs attitudes traduisent la peur, l'accablement, la lassitude, le repli sur soi. Dans les pendentifs aux angles de la voûte, quatre épisodes bibliques témoignent des secours miraculeux envoyés par Dieu à son peuple. Une majestueuse architecture fictive (corniche formant, aux intersections avec les arcs doubleaux, des ressauts soutenus par des couples de *putti* cariatides, eux-mêmes perchés sur de hauts socles cantonnés de balustres dorés) encadre les scènes et les voyants, cinq *Sibylles* et sept *Prophètes*. Michel-Ange y prend sa revanche sur l'ajournement de son projet de tombeau pour le pape, construit et sculpte avec ses pinceaux un monument illusoire peuplé de statues colossales. Au cours des quatre années que dura l'exécution, l'évolution stylistique fut très nette. Dans les premières travées peintes, situées vers l'entrée, les figures sont contenues dans l'espace qui leur est imparti, leurs mouvements sont tempérés ; à mesure que l'on progresse vers l'autel, l'échelle des personnages s'accroît, ils empiètent sur les membres architecturaux et sont animés de mouvements impétueux, expressifs d'une émotion qui atteint son paroxysme dans la figure renversée et quasi extatique de Jonas placé juste au-dessus de l'autel. Sans l'intermédiaire de parchemins et de grimoires à déchiffrer, ce prophète semble assister directement aux scènes où Dieu, immense figure emplissant et traversant l'espace informel, suscite les choses et les êtres. Michel-Ange y atteint à une économie de moyens extrême, et la force de son dessin synthétique est compensée par le dégradé délicat des teintes des drapés, du rose au lilas. Dans les pendentifs du Serpent d'airain et d'Aman crucifié apparaissent les premières infractions à l'unité narrative et à la cohérence spatiale de la représentation.

Puis, pendant vingt-cinq ans, Michel-Ange n'exécuta plus aucune peinture et se contenta de dessiner pour fournir des modèles à des peintres ou pour faire des présents à ses amis. C'est ainsi qu'il aida le peintre vénitien Sebastiano del Piombo dans les années 1515-1517 en lui donnant des dessins pour sa *Pietà* du musée de Viterbe, la *Flagellation du Christ* à San Pietro in Montorio à Rome, et la *Résurrection de Lazare* (National Gallery, Londres) commandée par le cardinal Giulio de Médicis en *paragone* (rivalité) avec la *Transfiguration* de Raphaël ; en 1532-1533, Sebastiano implorera de nouveau son aide et recevra des dessins pour sa *Pietà* d'Ubeda (casa de Pilatos, Séville) et d'autres projets de retables. Dans les mêmes années, Pontormo mit en couleurs ses cartons de *Vénus et Cupidon* pour le marquis del Vasto et du *Noli me tangere* pour Bartolomeo Bettini. Des années 1530 datent aussi ces dessins minutieux et fantaisistes, aux formes idéales, surnommés « têtes divines », qu'il offrit à divers amis dont Gherardo Perini, ainsi que ces allégories de l'amour composées pour Tommaso Cavalieri : *Ganymède emporté par l'aigle, Le Supplice de Tityus, La Chute de Phaëton, Le Songe* et *Les Archers*.

En 1537, Michel-Ange commença l'exécution de la fresque du *Jugement dernier*, après avoir fait effacer les compositions peintes précédemment par Pérugin sur ce mur ; l'effet produit est celui d'une paroi entièrement supprimée, notre regard se trouvant confronté subitement à un au-delà écrasant et terrifiant, sans repère spatial ni point d'ancrage. Le *Jugement* est présenté non plus comme une assemblée solennelle des élus entourant paisiblement un Dieu trônant, mais comme un cataclysme, et le Christ nu qui, de son bras levé donne l'impulsion à cet immense tourbillon de formes humaines, a été comparé à un Jupiter foudroyant. Nul n'échappe au mouvement giratoire universel : les morts qui sortent de terre et retrouvent leur chair, ceux qui prennent leur essor vers le ciel ou qui sont hissés par des élus, les grappes des saints anonymes ou identifiables aux instruments de leur supplice, les vols obliques d'anges portant les instruments de la Passion, les anges de l'Apocalypse sonnant de la trompette, les légions célestes qui précipitent en enfer des damnés luttant désespérément et les démons bestiaux qui s'emparent d'eux. Ces données chrétiennes traditionnelles sont traitées sur un mode épique, rehaussé de concepts et de licences poétiques comme la figure de Minos entouré de serpents et la barque de Charon, empruntée à Dante ; et la lumière qui rayonne du Christ, nouvel Hélios, vient frapper les élus et relègue dans les ténèbres les diables et les damnés. Une fois de plus détourné du tombeau de Jules II par la commande des fresques de la chapelle Pauline commencée en 1542, Michel-Ange écrivait : « Je peindrai mécontent et je ferai des choses mécontentes. » Ces deux peintures évoquent en effet un esprit à la fois lugubre et courroucé. Le mur y devient un écran où l'artiste projette des visions, se souciant encore moins que dans le *Jugement* des règles renaissantes de composition spatiale et narrative édictées au Quattrocento. Dans la *Conversion de Saül*, au vol convergent des anges qui entourent le Christ fulminant répond le mouvement de fuite centrifuge des compagnons de Saül et de son cheval qui se cabre. Dans la *Crucifixion de saint Pierre*, les plans et la ligne de sol sont encore plus indéterminés : soldats, bourreaux, fidèles émus ou apeurés forment une procession irréelle autour du pivot de la croix. Michel-Ange y métamorphose des éléments formels empruntés aux reliefs de la colonne Trajane et leur imprime un pathétique chrétien inédit et qui resta incompris.

5. L'architecte et l'expert

L'architecture de Michel-Ange possède les mêmes caractères que sa sculpture. Le premier est la plasticité de ses constructions et projets, qui l'amène à réduire à presque rien les surfaces murales lisses et à articuler richement les parois par des bandes saillantes, des pilastres, des niches et des fausses fenêtres, des corniches et des entablements aux frises finement sculptées. L'édifice est conçu comme un organisme humain dont l'architecte tel un savant médecin révèlerait la structure et les forces internes, les muscles et les tendons. Le deuxième est le dynamisme, entendu en un double sens : mouvement interne à l'édifice, comme la tension entre support et entablement dont il accentue fréquemment le contraste, entre le nu du mur ou les ouvertures et ce qui les encadre ; et mouvement suggéré à qui se trouve face à l'une de ces constructions ou qui y pénètre, par l'accentuation d'un ou de plusieurs axes l'invitant à se déplacer. Le troisième trait constant est sa liberté imaginative, l'audace de Michel-Ange pour inventer des formes et des ornements, cette *licenza* que Vasari loue chez lui tout en en reconnaissant le danger : le mépris des règles de proportion et d'agencement des ordres enseignées par Vitruve et respectées par tous ses contemporains. Enfin, comme dans l'exécution de ses sculptures, Michel-Ange a toujours cherché à maintenir son projet dans un état de fluidité, à n'adopter définitivement une solution qu'à mesure que la construction l'exigeait ; ses dessins en témoignent, dont aucun ne correspond exactement à ce qui fut réalisé.

On a coutume de distinguer deux grandes périodes dans l'activité architecturale de Michel-Ange. La première, de 1514 à 1534, durant laquelle il travaille presque exclusivement à Florence (la façade de la chapelle de Léon X au château Saint-Ange exceptée) et presque exclusivement pour les Médicis (à l'exception des projets de fortification de Florence pour le gouvernement républicain). Dans ces constructions, il adopte la bichromie florentine du crépi ou du marbre blanc et de la *pietra serena* (pierre grise et mate au grain menu) ; il regarde les modèles du Quattrocento, les constructions linéaires et abstraites, délicatement profilées, rationnellement mesurées de Brunelleschi. Les constructions commandées ont un caractère plutôt privatif et confidentiel, elles sont destinées à une élite sociale (le mausolée des Médicis) et intellectuelle (la bibliothèque Laurenziana). L'échelle en est modeste mais l'admiration naît de la sophistication des ornements sculptés et des modénatures. Frustré de son projet de façade pour San Lorenzo, Michel-Ange a créé pour ces deux espaces intérieurs des « façades introverties ». Les façades de marbre de la chapelle Médicis forment un écrin luxueux et inventif à ses propres figures sculptées, les faces du vestibule de la bibliothèque sont une sorte de sculpture non figurative avec leurs puissantes colonnes géminées comprimées dans des niches et leurs consoles à volutes qui ne supportent rien. L'escalier d'accès à la salle de lecture, réalisé bien plus tard sur une maquette de Michel-Ange, possède un caractère encore plus délibérément non fonctionnel, capricieux et expressif : les marches convexes de la rampe centrale semblent s'avancer comme une coulée de lave.

La seconde période, de 1534 à sa mort, eut Rome pour théâtre. Michel-Ange, longtemps tenu à l'écart au profit d'architectes plus orthodoxes, devint l'architecte « obligé » de la papauté à partir de Paul III. Successeur de Bramante au Vatican, il respecta plus l'esprit que la lettre de ses projets, en s'inspirant comme lui des constructions romaines, de l'ampleur de leurs vides et de leurs masses murales malléables, de la majesté de leurs voûtes et de leurs coupoles. Il employa la brique (*porta Pia*) et surtout le travertin, à la texture irrégulière, à la couleur ocre et striée, qu'il traita avec la même précision que le marbre. À Saint-Pierre, il voulut même construire les voûtes des bras de la croix en un appareillage savant de blocs de travertin. La plasticité des façades est encore accrue, notamment celle du palais des Conservateurs au Capitole, animée de contrastes d'ombre et de lumière, de pleins et de vides, entre les piliers et les baies de la loggia du rez-de-chaussée ; la tension entre l'élan vertical des supports et la pesanteur horizontale de l'entablement y est poussée à son paroxysme par l'introduction d'un ordre colossal de pilastres embrassant les deux niveaux et d'une puissante corniche sommée d'une balustrade. Michel-Ange eut à intégrer dans ses projets romains des œuvres sculptées antiques : au Capitole, la statue équestre de Marc Aurèle, image emblématique du pouvoir impérial, qui par son piédestal ovale engendra le dessin de la place, ainsi que les imposants *Fleuves* couchés dont il orna la base de l'escalier à double rampe du palais des Sénateurs ; et dans le projet d'aménagement de la via Pia, les *Dioscures retenant leurs chevaux*. À Rome, les tâches auxquelles Michel-Ange fut confronté furent différentes de ses entreprises florentines, tant par leur ampleur exigeant des effets forts et simples, que par leur caractère. Il eut l'occasion, en continuant le palais Farnèse, de créer du côté du *Campo dei Fiori* une façade imposante, en surélevant le dernier étage construit par Sangallo et en le couronnant d'une corniche très haute et saillante ; il attira l'attention sur la fenêtre centrale de l'étage noble, encadrée de colonnes et surmontée d'un énorme blason ; et, côté jardin, il avait prévu une loggia dans l'aile arrière qui aurait offert une vue plaisante vers le Tibre, ajoutant à ce palais urbain les agréments d'une villa.

Mais c'est surtout sur la basilique Saint-Pierre (cf. figure) que son génie exerça une influence irréversible. De la maquette de Sangallo, il supprima les clochers aux étages multiples, l'immense façade-écran qui aurait masqué et altéré la pureté du plan en croix grecque, et les déambulatoires annulaires qui devaient envelopper les absides des quatre bras de la croix et qui, rendant multiple et confus l'espace intérieur, auraient de plus compromis l'éclairage des parties centrales. À l'extérieur, aux trois ordres superposés de colonnes engagées prévus par Sangallo pour les murs de pourtour, il substitua un ordre de pilastres colossaux qui épousent la courbure des absides et se plient dans les angles rentrants. Dans ses dernières années, Michel-Ange fit construire le tambour intérieur de la coupole et fit préparer une maquette en bois de cette coupole et de sa lanterne ; elles furent exécutées par Giacomo della Porta avec quelques modifications. L'idée de Michel-Ange était de reprendre, par les couples de colonnes du tambour extérieur et leur entablement formant ressaut, l'élan vertical des murs, de prolonger leur saillie dans les doubles nervures de la coupole, dans les colonnettes géminées de la lanterne et les balustres qui les dominent et de fondre enfin ces forces dans la sphère surmontée de la croix qui couronne l'édifice. Les dessins chargés de repentirs et de propositions diverses de Michel-Ange ne permettent hélas pas de savoir s'il aurait opté pour un dôme hémisphérique inspiré du Panthéon (comme celui qu'il projeta à la même époque pour Saint-Jean-des-Florentins) et une lanterne élevée ; ou pour la solution – choisie par Della Porta – d'un dôme plus élancé sur le modèle de celui de la cathédrale de Florence et d'un *tempietto* (petit temple) plus ramassé pour la lanterne. Cette incertitude est d'autant plus irritante pour les historiens que le dôme elliptique de Saint-Pierre fut pendant trois siècles le modèle absolu pour d'innombrables architectes.

MARTINE VASSELIN

Bibliographie

MICHEL-ANGE, *Poèmes*, trad. P. Leyris, éd. Mazarine, Paris, 1983 / MICHEL-ANGE BUONARROTI, *Épitaphes pour la mort de François des Bras*, trad. S. Matarasso-Gervais, Alinéa, Aix-en-Provence, 1983.

- *Sources anciennes*

G. VASARI, *Les Vies des meilleurs peintres, sculpteurs et architectes*, vol. IX : *Vie de Michel-Ange Buonarroti*, trad. A. Chastel, Berger-Levrault, Paris, 1985 / FRAN-

MICHELOZZO DI BARTOLOMMEO (1396-1472)

ÇOIS DE HOLLANDE, *De la peinture : dialogues avec Michel-Ange*, trad. S. Matarasso-Gervais, Alinéa, Aix-en-Provence, 1984 / A. CONDIVI, *Vita di Michelangelo Buonarroti* (Rome, 1553), P. D'Ancona, Milan, 1928.

• *Bibliographies*

E. STEINMANN & R. WITTKOWER, *Michelangelo Bibliographie*, t. I, 1510-1926, Hildesheim, 1967 ; t. II, 1927-1970, Wiesbaden, 1974.

• *Études*

J. S. ACKERMAN, *L'Architecture de Michel-Ange* (*The Architecture of Michelangelo*, 2 vol., Zwemmer, Londres, 1961), trad. franç. M. K. Deming, Macula, Paris, 1991 / U. BALDINI, *L'Opera completa di Michelangelo scultore*, Rizzoli, Milan, 1973 / P. BAROCCHI & R. RISTORI, *Il Carteggio di Michelangelo*, 5 vol., Sansoni, Florence, 1965-1983 / E. CAMESASCA, *L'Opera completa di Michelangelo pittore*, Rizzoli, Milan, 1966 / A. CONTI, *Michel-Ange et la peinture à fresque*, La Maison Usher, Paris, 1987 / E. PANOFSKY, « The Neoplatonic Movement and Michelangelo », in *Studies in Iconology*, Oxford Univ. Press, Oxford, 1939 / A. PARRONCHI, *Opere giovanili di Michelangelo*, Florence, 1968 ; 2 *Il Paragone con l'antico*, Florence, 1975 ; 3 *Miscellanea michelangiolesca*, Florence, 1981 / P. DAL POGGETTO, *I Disegni murali di Michelangelo e della sua scuola nella Sagrestia Nuova di San Lorenzo*, Centro Di, Florence, 1979 / P. PORTOGHESI & B. ZEVI, *Michelangelo architetto*, Turin, 1964 / D. SUMMERS, *Michelangelo and the Language of Art*, Princeton Univ. Press, Princeton, 1981 / C. DE TOLNAY, *Michelangelo*, 5 vol., Princeton, 1942-1960, rééd. 1969-1970 ; *Corpus dei disegni di Michelangelo*, 2 vol., Istituto geografico De Agostini, Novare, 1975-1976 / J. WILDE, *Michelangelo. Six Lectures*, Oxford Univ. Press, 1978.

• *Ouvrages collectifs*

C. DE TOLNAY, U. BALDINI, R. SALVINI et al., *Michel-Ange, l'artiste, sa pensée, l'écrivain*, Atlas, Paris, 1983 / P. L. DE VECCHI, *Michel-Ange peintre*, Cercle d'art, Paris, 1984 / A. NOVA, *Michel-Ange architecte*, ibid., 1984 / V. GUAZZONI, *Michel-Ange sculpteur*, ibid., 1984 / G. COLALUCCI, F. MANCINELLI, J. SHEARMAN et al., *Michel-Ange et la chapelle Sixtine*, Bedford, 1986.

• *Catalogues d'expositions*

J. GERE, *Drawings by Michelangelo*, British Museum, Londres, 1975 / C. DE TOLNAY, *Brunelleschi e Michelangelo e i Medici*, ibid., 1980 / A. FORLANI-TEMPESTI, *Raffaello e Michelangelo*, ibid., 1984 / C. SISI, *Michelangelo e i maestri del Quattrocento*, ibid., 1985 / G. AGOSTI & V. FARINELLA, *Michelangelo e l'arte classica*, ibid., 1987 / *Michelangelo e la Sistina. La Tecnica. Il restauro. Il mito*, Vatican, Rome, 1990.

Architecte et sculpteur florentin, Michelozzo di Bartolommeo se forme, très jeune, dans les ateliers de la monnaie de Florence et collabore avec Ghiberti à la première porte du Baptistère, puis au *Saint Matthieu* d'Or San Michele. Il s'associe ensuite avec Donatello, travaillant notamment à la réalisation des œuvres en bronze dont celui-ci est chargé : le *Saint Louis* d'Or San Michele, le tombeau du pape Jean XXIII, la chaire de Prato. Moins soucieux que lui de pittoresque, Michelozzo s'attache davantage à l'élaboration d'un répertoire décoratif, inédit dans les éléments d'architecture, accompagnant statues et bas-reliefs, au tabernacle d'Or San Michele par exemple.

Son œuvre d'architecte est plus originale. Il travaille d'abord à Venise, où il a suivi Cosme de Médicis en exil (1433-1434). Aucune de ses réalisations vénitiennes ne nous est parvenue. Rentré à Florence, il est chargé de la construction du couvent et de l'église de Saint-Marc, édifices de la plus grande simplicité que viendront enrichir les peintures de Fra Angelico. Il participe avec Alberti à l'église de l'Annunziata de Florence. Ce sont ensuite des architectures de petite dimension où l'artiste peut expérimenter des formes nouvelles, tirées de l'Antiquité : pilastres ioniques, décorations d'entablements enrichis de guirlandes, de putti, etc. (tabernacles du crucifix à San-Miniato et à l'Impruneta, lanternon du dôme de Florence). Ses constructions civiles auront une résonance bien plus importante ; en élevant le palais Médicis de la via Larga (1444-1459), Michelozzo donne le prototype des palais florentins : façades peu éclairées, appareils au relief atténué d'un niveau à l'autre, cortile carré entouré d'un portique à colonnes antiques, accès par le milieu de la façade permettant d'avoir dès l'entrée une perspective vers le jardin, à travers le cortile. Michelozzo construit sur ce type le Palazzo Strozzino et aménage le cortile du Palazzo Vecchio (1451), qui subira des transformations très peu de temps après. Toujours pour les Médicis, Michelozzo modifie les châteaux médiévaux de Cafaggiolo (1451) et surtout la villa de Careggi.

Les travaux exécutés par l'architecte à Milan introduisent les formes nouvelles en Lombardie (Banco Mediceo, détruit au XIXe siècle et connu par un dessin de Filarète ; chapelle Portinari à Saint-Eustorge). Michelozzo a utilisé dans ses œuvres un vocabulaire tiré de l'Antiquité, plus varié et plus abondant que Brunelleschi, dont il a subi l'influence. Son importance, dans le domaine de l'architecture civile, est exceptionnelle si l'on pense qu'une trentaine de palais furent élevés, entre 1450 et 1478, sur le type du palais Medici-Riccardi.

RENÉE PLOUIN

MICHELUCCI GIOVANNI (1891-1990)

L'architecte Giovanni Michelucci est mort dans sa maison de Fiesole, près de Florence, le 31 décembre 1990. Il aurait fêté ses cent ans le 2 janvier 1991.

Michelucci a terminé l'École des beauxarts de Florence en 1911 et obtenu un diplôme de « dessin architectural » en 1914. L'architecture italienne vit alors sa période Liberty (Art nouveau). Michelucci en subit l'influence, car il travaille dans l'atelier familial de ferronnerie d'art, où il apprend la valeur du travail bien fait. Cette activité d'artisan le marquera durablement.

Entre 1910 et 1940, il construit quelques édifices dans l'esprit prôné par l'Italie fasciste. Dès 1928, il enseigne à l'École d'architecture de Florence ; excellent pédagogue, il formera plus d'une génération d'architectes. Il dirige les travaux d'un « groupe toscan » de jeunes architectes (Baroni Berardi, Gamberini, Guarnieri, Lusanna) pour le célèbre concours de la nouvelle gare de Florence (1933), située en face de l'abside de l'église Santa Maria Novella. Cette œuvre (1936) révèle à la fois la méthode de projet et d'utilisation des matériaux de Michelucci et surtout sa conception de la continuité de la ville dans l'architecture. La gare, considérée comme l'une des plus belles du monde, reste aussi l'œuvre la plus importante de l'architecture rationaliste italienne.

Dès 1936, la ville représente pour Michelucci la véritable dimension de l'architecture, non pour bâtir des idéologies urbaines, mais pour proposer des opérations, fondées sur des méthodes concrètes d'intervention et sur des critères culturels précis Ces principes d'une architecture, perçue comme « continuité de la ville », sont exposés dans ses écrits des années 1940 ; ses esquisses de 1945 pour la reconstruction de la zone du Ponte Vecchio, détruite par les troupes allemandes, s'en inspirent directement. Michelucci lance alors une revue, *La Nuova Città* (1945-1954), dont le programme est « de trouver en dehors des rapports traditionnels, de nouvelles relations plus authentiques entre la vie et l'architecture ».

Entre 1947 et 1955, ses réalisations architecturales sont exemplaires d'une période de « recherche rigoureuse » : la Borsa Merci de Pistoia (1950) et l'église de Collina di Pontelungo (1953). La première développe le thème d'une construction « moderne » dans un contexte historique, la seconde répond à son insertion dans le site. Le respect du contexte est en effet le champ de bataille des architectes italiens de cette période qui, comme Michelucci, seront accusés par les critiques de régionalisme, voire de « toscanisme » suffocant. Pour respecter l'environnement, pour lutter contre la spéculation foncière et la dégradation du paysage naturel et bâti, Michelucci refusera alors certaines commandes. Pour protester contre les idées urbanistiques de la municipalité florentine, il quitte même l'école de Florence pour celle de Bologne en 1948.

C'est en 1956 qu'il réalise enfin, dans le centre de Florence, le nouveau siège de la Caisse d'épargne à proximité du quartier de Santa Croce. Il conçoit cet édifice comme un espace vivant et filtrant – notamment avec la galerie interne sur laquelle donnent tous les services publics de la banque, galerie qui constitue en outre une liaison effective avec la ville puisqu'elle est une véritable « rue », qui continue, à l'intérieur, l'espace urbain. La composition se libère ici du rationalisme le plus strict pour intégrer une dimension plus « organique » (en 1951 avait eu lieu à Florence une exposition sur Franck Lloyd Wright, dont l'influence a fortement marqué l'architecture italienne de 1950 à 1960).

Ses œuvres postérieures à 1960 acquièrent une plus grande souplesse, dont l'apogée est sans doute atteint dans la célèbre « église de l'autoroute », dédiée à saint Jean-Baptiste (1961-1964), aux portes de Florence. À l'intérieur, des espaces fortement articulés sont couverts par un toit en forme de tente. L'église est comme un contrepoint « décomposé » donné à la perfection du tracé de l'autoroute. Désormais, pour Michelucci, l'espace d'un édifice doit être totalement « accessible » et « vital ». D'autres églises sont construites, selon le même esprit de liberté formelle (Borgo Maggiore à Saint-Marin, 1961-1966) ou de liberté fonctionnelle (Longarone, 1968-1976).

Michelucci travaillera encore pendant plus de vingt ans avec le même élan passionné et polémique, s'intéressant de plus en plus aux problèmes sociaux de la ville. Reconnu en Italie comme à l'étranger, une remarquable exposition de ses dessins lui fut consacrée au C.C.I. du Centre Georges-Pompidou, en 1987.

Quelques mois à peine avant sa mort il travaillait encore sur des projets pour Florence : une nouvelle entrée pour le musée des Offices, un théâtre pour Luciano Berio, un parc fluvial.

Michelucci a marqué l'histoire de l'architecture italienne par la singularité de ses idées et de ses œuvres. Comme il le disait lui-même : « Il y a des tas de bons architectes, mais moi, je suis différent. »

LUCIANA MIOTTO MURET

Bibliographie

G. MICHELUCCI, *La Nuova Città*, revue publiée à Florence en trois périodes : 1946, 1952-1953, 1954 / F. BORSI & G. ALESSANDRI, *G. Michelucci*, Florence, 1966 / L. LUGLI, *Giovanni Michelucci, il pensiero e le opere*, Casa editrice R. Patron, Bologne, 1966 / G. K. KOENIG, *Architettura in Toscana 1931-1968*, Turin, 1968 / A. BELLUZZI & C. CONFORTI, *Giovanni Michelucci, catalogo delle opere*, Electra, Milan, 1986.

MIES VAN DER ROHE LUDWIG (1886-1969)

« J'ai renoncé à inventer une nouvelle architecture tous les lundis matin », répondit Mies van der Rohe à qui lui rapportait l'étonnement des Berlinois devant le plan de la Nationalgalerie, si semblable à leurs yeux à celui du bâtiment administratif de la société Bacardi à Santiago de Cuba. Cela n'est évidemment pas un aveu d'impuissance, mais tout au contraire l'affirmation de ce que nécessite, à son sens, l'architecture : continuité, longue patience, recherche sans fin de la perfection. En effet, si les problèmes et les thèmes que Mies van der Rohe a abordés sont ceux mêmes des architectes de sa génération qu'on devait appeler fonctionnalistes, c'est sans doute plus sa ténacité à explorer ces problèmes, à leur apporter des solutions sans cesse affinées que sa participation à l'élaboration de cette problématique et de cette thématique qui apparaît comme un des traits spécifiques de son architecture.

Architecture et industrialisation

« Nous rejetons toute spéculation esthétique, toute doctrine et tout formalisme », écrit Mies van der Rohe dans ses thèses publiées, en mai 1923, dans le premier numéro de *G*, revue à laquelle il collabore. Ce qui n'est nullement rejeter l'idée de forme ; en 1927, il écrit au docteur Rizler : « Je ne m'oppose pas à la forme, mais seulement à la forme comme but. » Celle-ci ne peut être que le résultat d'un processus rationnel, dominé par l'architecte : « Une identité totale entre forme et construction, telle est la condition sine qua non de toute architecture », écrit Ludwig Hilberseimer dans le n° 3 de *G*. « La forme sera ce que la feront les tâches à accomplir avec les moyens de notre époque. » Au-delà du déterminisme fonctionnel suggéré par cette formule, mais démenti par toute la volonté perfectionniste de Mies van der Rohe élevée au niveau d'un principe, il reste qu'une des données de son époque est l'industrialisation, qu'il voit dans celle-ci le « nœud du problème » et qu'il s'est fait le propagandiste zélé de l'industrialisation de l'architecture moderne. Mies n'est certainement pas l'architecte qui a le plus industrialisé le bâtiment, mais c'est celui qui a le plus pensé ses projets en fonction de l'industrie et le mieux utilisé les possibilités de celle-ci. Certes, le projet de l'industrialisation est souvent exprimé à l'époque, l'activité du Bauhaus en témoigne. Cette idée toujours avancée, plus ou moins explicitement, comme solution à la crise de l'humanité, est ressentie par les architectes, par exemple Le Corbusier, à travers la crise du logement, en fonction de leur vision globale du monde ; idéologie que l'angoisse d'une grande partie des intellectuels aux lendemains de la première guerre impérialiste devait en partie susciter. Mies van der Rohe, qui « rejette toute doctrine », n'en lie pas moins la solution aux problèmes du monde à la solution de ceux de l'architecture : « Si nous réussissons à promouvoir une telle industrialisation, alors tous les problèmes, d'ordre social, scientifique, technique et même artistique, seront faciles à résoudre. » Mais si les architectes de cette époque placent au premier rang de leurs préoccupations l'idée d'une nécessaire industrialisation, seul Mies van der Rohe s'en est saisi pleinement ; cette idée imprègne son œuvre plus que celle de tout autre, idée intimement liée à celle de la continuité dans la recherche architecturale, de la clarté dans la méthode.

Né à Aix-la-Chapelle, Ludwig Mies van der Rohe reçoit une formation artisanale chez son père, maçon, puis dans une école professionnelle. Il travaille ensuite comme dessinateur dans plusieurs agences. À partir de 1905, il suit à Berlin un stage de construction en bois chez Bruno Paul. De 1908 à 1911, il travaille chez Peter Behrens, à l'époque où celui-ci, architecte conseil de l'A.E.G. (Allgemeine Elektrizitäts Gesellschaft), construit la salle des Turbines. Là, il s'initie aux techniques modernes de construction, particulièrement aux techniques du métal. Le goût du détail, la minutie dans le dessin, la perfection dans l'exécution sont bien ceux d'un homme qui a une profonde connaissance des matériaux, d'un architecte qui fait des contraintes de l'industrie un principe esthétique. « Dieu est dans les détails » : cette réflexion donne la mesure d'une œuvre où rien n'est laissé au hasard.

Un rationaliste

Mies ne construit presque pas pendant sa période allemande et il s'exprime surtout par ses dessins et ses textes ; c'est aux États-Unis qu'il construira la plus grande partie de sa production. À Berlin, après s'être détaché de l'influence de Behrens et, à travers cet architecte, de celle de l'art néo-classique de Karl Friedrich Schinkel, il travaille à des projets qui seront exposés par le Novembergruppe dont il dirige la section d'architecture de 1921 à 1925. Il participe à la revue *G*, due à l'initiative de De Stijl, et la finance. En 1926, il est nommé président du Deutscher Werkbund, et c'est à ce titre qu'il organise l'exposition du logement de Weissenhof (cf. figure) à Stuttgart, où il invite J. J. P. Oud, Victor Bourgeois, Le Corbusier et Jeanneret, Gropius, Ludwig Hilberseimer, Bruno Taut, Hans Poelzig, Behrens, Hans Scharoun, à y construire chacun un bâtiment et où lui-même construit un immeuble d'habitation collective. En 1929, Mies van der Rohe, succédant à Gropius, prend la direction du Bauhaus à Dessau et continue à le diriger, après son transfert à Berlin, jusqu'à sa fermeture par les nazis en 1933.

Dans les premières années de sa production originale, Mies se laisse quelque peu séduire par des recherches expressionnistes dont une des meilleures réalisations est le monument à Karl Liebknecht et Rosa Luxemburg, monument en brique édifié en 1926 et détruit par les nazis ; mais cette influence n'est pas profonde. Dans les mêmes œuvres, on retrouve la marque du groupe De Stijl (jeu de plans, de lignes) avec qui il est en contact et dont il partage en grande partie les idées. Mais en fait, dès cette époque, il s'affirme fondamentalement rationaliste.

Trois projets marquent fortement le début de sa production personnelle : l'immeuble de bureaux de la Friedrichstrasse à Berlin en 1921, le gratte-ciel de verre en 1922 et l'immeuble de bureaux, en béton, de la même année. Malgré la présentation charbonneuse du dessin de l'immeuble de la Friedrichstrasse, malgré l'aspect dramatique de la perspective, malgré l'agressivité des angles aigus du plan, ce projet n'est pas plus expressionniste, fondamentalement, que le gratte-ciel de verre dont le contour sinueux relève d'un plan d'inspiration organique. Et ne prendre en compte que les seuls aspects formels de l'expressionnisme et de l'architecture rationnelle serait réduire le rationalisme à l'angle droit en l'opposant au jeu formel de l'expressionnisme. L'idée du gratte-ciel directement fonction des nécessités d'une société n'est-elle pas en elle-même rationa-

MIES VAN DER ROHE LUDWIG

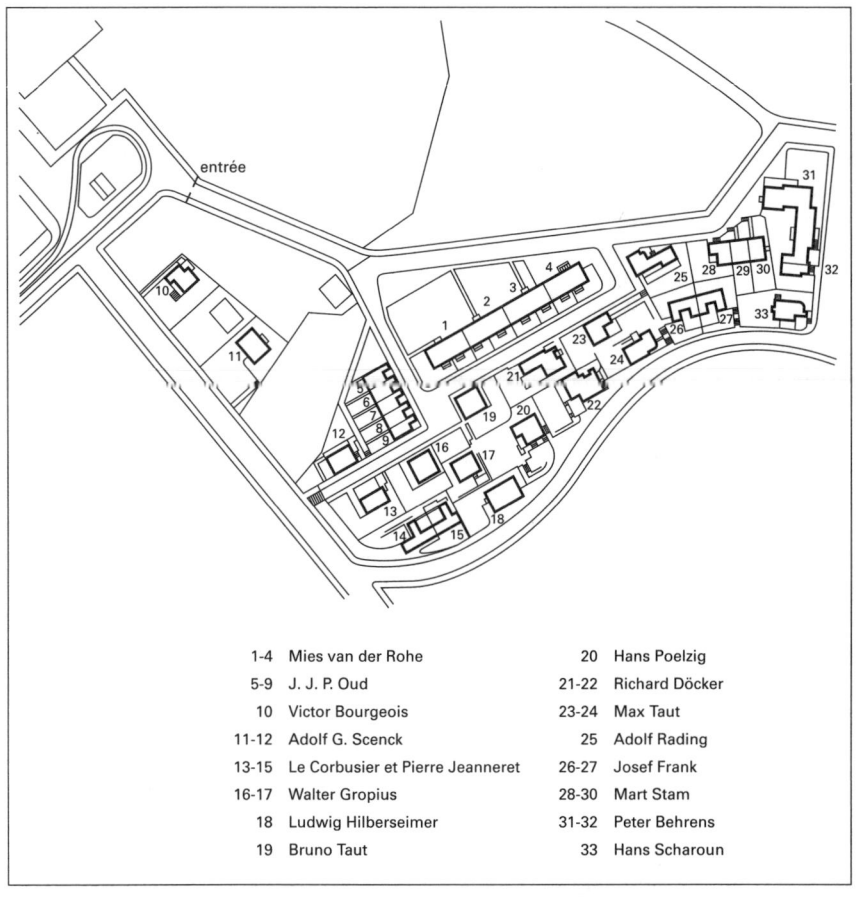

1-4	Mies van der Rohe	20	Hans Poelzig
5-9	J. J. P. Oud	21-22	Richard Döcker
10	Victor Bourgeois	23-24	Max Taut
11-12	Adolf G. Scenck	25	Adolf Rading
13-15	Le Corbusier et Pierre Jeanneret	26-27	Josef Frank
16-17	Walter Gropius	28-30	Mart Stam
18	Ludwig Hilberseimer	31-32	Peter Behrens
19	Bruno Taut	33	Hans Scharoun

Chargé de la préparation de l'Exposition du logement organisée à Stuttgart en 1927, Mies Van der Rohe avait invité un certain nombre d'architectes européens à collaborer avec lui à la réalisation du lotissement de Weissenhof.

liste, n'est-elle pas en quelque sorte une forme de « réalisme » ? La réponse architecturale à ce problème témoigne d'une pensée déductive pour qui la forme n'est qu'un résultat donnant satisfaction aux différentes fonctions du programme.

« L'idée la plus importante en architecture est celle qui est née ici, à Chicago, l'idée du squelette, de l'ossature », dira Mies quand il s'installera, en 1938, dans cette ville où il réalisera une grande partie de sa production américaine (c'est aux États-Unis que Mies van der Rohe mourra). Or cette idée, celle « des os et de la peau », est la base même des premiers projets, particulièrement le gratte-ciel en verre ; en outre, le découpage des plans rend possible la pénétration de la lumière au centre de la construction, ce qui est assurément plus « fonctionnel » que le centre entièrement aveugle du Seagram Building à New York, au plan parfaitement rectangulaire. La conception structurelle de l'architecture affirmée par ces trois projets est liée à la conception du plan libre, plan où les espaces s'organisent indépendamment des structures porteuses, conception en fait afonctionnelle de l'« espace à tout faire » de Mies van der Rohe. Cela va l'amener rapidement à abandonner les murs porteurs, que l'on trouve dans les projets de la « Maison de campagne en brique » et de la « Maison de campagne en béton » (1923), pour disposer une trame régulière de poteaux. Voici ce qu'il dit en 1927 à propos de l'immeuble d'habitation de Weissenhof : « La construction par ossature intérieure est ici la plus appropriée de toutes les techniques. L'exécution s'effectue rationnellement et l'espace intérieur totalement dégagé peut être compartimenté en toute liberté. » Ainsi le pavillon de l'Allemagne à l'Exposition internationale de Barcelone (1928-1929), dont les murs, disposés indépendamment des piliers d'acier à section cruciforme, divisent l'espace intérieur selon le plan de circulation choisi et, de même, en grande partie, la villa Tugendhat à Brno. Le pavillon de Barcelone, synthèse des expériences passées, point de départ de réflexions et de réalisations futures, devait avoir une très grande influence sur les architectes de cette génération. Il n'est pas possible d'évoquer le pavillon de Barcelone sans rappeler l'activité de Mies dans le domaine du mobilier, puisque c'est à cette occasion qu'il dessina la plus célèbre de ses chaises. À la recherche d'espaces les plus libres possible, Mies s'efforçait de rejeter les points d'appuis à l'extérieur : l'admirable Farnsworth House à Plano (1945-1950, Illinois), le Crown Hall de l'Institut technologique de l'Illinois à Chicago (1950-1956), le projet du Convention Hall de Chicago (1953-1954) dont la toiture devait franchir une distance de deux cent vingt mètres sans point d'appui, ou encore la Nationalgalerie de Berlin. Cette évolution du système structural entraînera une évolution formelle. L'aspect bien connu de l'architecture européenne des années 1920-1930, jeu de volumes aux faces lisses, souvent blanches, animées de larges bandes de verre que l'on retrouve dans la « Maison de campagne en béton », va laisser place à des volumes très simples, souvent des parallélépipèdes, aux façades de verre et de métal entièrement transparentes. La maison de Brno et l'immeuble de Weissenhof sont en quelque sorte une transition : l'ossature est adoptée, mais la « peau » se rattache encore au style de l'architecture de l'époque. Le style international, dont la paternité revient, à n'en pas douter, à Mies, est né de la recherche d'espaces libres – qui l'amena à l'architecture d'ossature – et de la réponse donnée, selon les nécessités de l'industrie, au problème de l'enveloppe de ces espaces libres ; la répétition d'éléments et l'utilisation de matériaux comme l'acier et le verre en sont les composantes principales.

Servi par un exceptionnel métier, Mies van der Rohe a pu incarner dans son œuvre sa conception architecturale. Œuvre de la clarté, de la raison, elle est proche de l'art grec et non de l'art gothique, auquel on a voulu parfois la comparer, par le type de structure utilisé (poutres et poteaux) et surtout par le soin extrême apporté à l'étude des projets et à leur exécution ; en témoigne la légère surélévation du milieu de la poutre de la Nationalgalerie, destinée à corriger l'effet optique désagréable d'une poutre droite, ce qui est un procédé familier à l'art grec classique. Mais la question se pose de savoir si cet acharnement à rationaliser n'a pas mené Mies à donner coûte que coûte à son architecture l'apparence du rationnel, s'il ne l'a pas mené à une sorte de maniérisme. On rapporte que Louis Kahn aurait parlé du Seagram Building comme d'une vieille dame très belle et bien corsetée. On peut se demander si les poutres extérieures du Crown Hall, si la recherche systématique d'espace sans points porteurs ne sont pas, en dernière analyse, une certaine forme d'expressionnisme.

PIERRE GRANVEAUD

Bibliographie

W. BLASER, *Mies van der Rohe : meubles et intérieurs*, Electa-Moniteur, Milan-Paris, 1982 / J.-L. COHEN, *Mies van der Rohe*, Hazan, Paris, 1994 / U. CONRADS, *Programes and Manifestoes, on Twentieth Century Architecture*, Londres-Cambridge (Mass.), 1970 / A. DREXLER & F. SCHULZE dir., *The Mies van der Rohe Archive*, 4 vol., Garland, New York, 1986 / P. C. JOHNSON, *Ludwig Mies van der Rohe*, New York, 1947 / F. NEUMEYER, *Mies van der Rohe, das Kunstlose wort siedler*, Berlin, 1986.

MILIZIA FRANCESCO (1725-1798)

Théoricien italien de l'architecture. Après avoir accompli des études irrégulières à Padoue, puis à Naples (où il fréquenta les cours de philosophie de l'abbé Genovesi), Milizia s'établit à Rome en 1761 ; il entre alors en relation avec la société d'artistes et d'écrivains que domine la personnalité de J. J. Winckelmann ; sous l'influence de R. Mengs, notamment, il se convertit à l'esthétique néo-classique et se prend de passion pour l'architecture. Par rapport aux écrits de ses prédécesseurs immédiats (Cordemoy, Lodoli, Algarotti), ceux de Milizia ont un caractère systématique et polémique qui n'échappe pas à ses contemporains impliqués dans le mouvement néo-classique : certains critiques anciens lui donnent le surnom de don Quichotte du beau idéal. Imbu des idées issues de la philosophie des Lumières et de l'empirisme anglais, Milizia conçoit des ouvrages théoriques : *Principes d'architecture civile* (*Principi di architettura civile*, 1781), *De l'art de voir les beaux-arts du dessin selon les principes de Sulzer et de Mengs* (*Dell'arte di vedere...*, 1781), *Du théâtre* (*Del teatro*, 1772). Il écrit aussi des ouvrages historiographiques : *Les Vies des plus célèbres architectes* (*Le Vite de' più celebri architetti*, 1768) qui, augmentées plus tard d'un *Essai sur l'architecture*, deviennent les *Mémoires des architectes anciens et modernes* (*Memorie...*, 1781), le *Dictionnaire des beaux-arts* (*Dizionario...*, 1787), *Rome des beaux-arts du dessin* (*Roma delle belle arti*, 1787). Les *Mémoires* passent en revue les architectes anciens jusqu'à la « décadence », c'est-à-dire l'époque de Constantin, puis, du IVe au XIVe siècle, ceux de la renaissance de l'architecture, et enfin ceux du XIVe au XVIIIe siècle, selon une formule qui évoque un peu Vasari dans la mesure où Milizia recourt volontiers à l'anecdote, même si l'économie de l'ouvrage est fondée sur l'analyse séparée des monuments. L'intérêt de l'*Essai* consiste dans son éloge du rôle fonctionnel (l'*utilitas* vitruvienne) des édifices. Pour Milizia, l'architecture est née du besoin de l'homme de se protéger contre les intempéries (thème de la cabane) ; aussi blâme-t-il vigoureusement l'ornementation gratuite dont les architectes, principalement ceux du baroque et du rococo, ont paré leurs monuments, détournant ainsi leur art de sa fonction primordiale. Désormais, il s'agit de revenir à la pureté des formes classiques de l'architecture gréco-romaine, mais dans un esprit critique, sous l'égide de la philosophie et de la raison. Milizia entend relever les « erreurs » des architectes les plus célèbres. Les théoriciens dont il s'inspire (Vitruve, Alberti, Palladio, Serlio, Scamozzi) n'échappent pas à la rigueur de son jugement critique. Simplicité, harmonie, unité dans la variété, juste proportion, tels sont les critères qui déterminent la beauté de l'édifice.

MARC LE CANNU

MIQUE RICHARD (1728-1794)

Issu d'une famille d'architectes lorrains qui travaillent pour leur duc, à Nancy et à Lunéville, Richard Mique fait son apprentissage à Strasbourg, avant de venir étudier à Paris, chez J. F. Blondel. La protection de Stanislas Leszczyński, roi de Pologne et duc de Lorraine, lui vaut d'être nommé, dès 1762, ingénieur des Ponts et Chaussées de Lorraine et Barrois. À la mort d'Emmanuel Héré, Mique, anobli, est nommé directeur des bâtiments du roi de Pologne (1763). Les bâtiments qu'il construit à Nancy, la caserne et la porte Sainte-Catherine, la porte Saint-Stanislas (véritables arcs de triomphe) perpétuent le style de son prédécesseur, mais avec un souci de sévérité qui puise sa source dans les théories rigoristes de son maître Blondel. La carrière nancéienne de Mique est de courte durée : à la mort de Stanislas (1766), la reine Marie Leszczyńska fait venir l'architecte de son père ; Mique, honoré du titre d'intendant et contrôleur général des Bâtiments et Jardins de la reine, est chargé de donner les plans d'une maison d'éducation que la reine projetait à Versailles. À la mort de la reine (1768), le projet est repris en main par sa fille, Mme Adélaïde ; Mique, qui peut achever son œuvre (le Couvent de la Reine, aujourd'hui lycée Hoche), est ainsi assuré d'une éminente protection qui le maintient dans sa charge auprès de la nouvelle reine Marie-Antoinette. Après l'avènement de Louis XVI, la démission de Gabriel (1775) lui procure la première place d'architecte de la cour et, à la mort de l'ancien premier architecte (1782), il prend sa place à la direction de l'Académie royale. Sa grande souplesse de talent, prompte à satisfaire ses maîtres, et sa fidélité constante à leur cause, l'exposent aux coups dans la tourmente révolutionnaire. Il est décapité le 8 juillet 1794.

Au cours de sa carrière, succédant par deux fois à de fortes personnalités (Héré, puis Gabriel), Mique ne sait pas échapper à l'influence de ses prédécesseurs qui ont formé le goût des cours de Lorraine et de France. Les prérogatives de sa charge et l'autonomie qu'elle confère sont sans cesse combattues par l'intransigeant comte d'Angiviller, le directeur des Bâtiments du roi, qui protège une nouvelle génération d'architectes, adeptes du néo-classicisme international. La première œuvre versaillaise de Mique, le Couvent de la reine (1767-1772), avec son audacieuse chapelle centrale, s'inscrit pourtant, timidement, dans ce renouveau, et l'architecte aura recours aux mêmes formes élémentaires et expressives pour la chapelle du Carmel de Saint-Denis (1775). Mais l'essentiel de son œuvre témoigne d'un respect un peu attardé pour la tradition française telle que Gabriel l'avait fixée au Petit Trianon. Les fabriques construites autour de ce pavillon, dans un cadre « à l'anglaise » imaginé par le jardinier Richard, assisté du peintre Hubert Robert, sont en harmonie de ton : le Temple de l'Amour (1778), le Belvédère, le Théâtre miniature (1780) et le Hameau rustique (1783-1787) ont une grâce, une joliesse bien éloignées du style robuste des fabriques que Soufflot, Thévenin, Ledoux et bien d'autres construisent dans les parcs de Touraine et d'Île-de-France. Cette élégance, où l'on se plaît à reconnaître le goût de Marie-Antoinette, culmine dans les aménagements d'intérieurs à Versailles (1779-1783), Fontainebleau (1780-1785) et Saint-Cloud (1785-1790), où de petits appartements lambrissés, aux tonalités claires, s'ornent peu à peu de motifs discrets empruntés à l'Antiquité. L'appellation « style Louis XVI » n'aura jamais été mieux justifiée qu'appliquée aux décorations et aux petits édifices de Mique.

DANIEL RABREAU

MNÉSICLÈS (~Vᵉ s.)

Architecte athénien, Mnésiclès construisit, de ~ 437 à ~ 432, les Propylées. Cette grandiose porte d'accès à l'Acropole se substitua à une construction datée de l'époque des Pisistratides. Elle est composée d'un porche à cinq passages avec un vestibule dorique à six colonnes sur les deux façades et sur les ailes en retour ; le passage intérieur, plus profond, est divisé en trois allées par deux rangées de trois colonnes ioniques. Au nord, est accolé un avant-corps, formé d'une salle à vestibule, destinée à être une pinacothèque ; au sud, un autre avant-corps en portique donne accès au sanctuaire d'Athéna Nikè, fondé sur un bastion qui dominait l'accès à l'Acropole. L'œuvre de Mnésiclès est restée inachevée, sans doute à cause de la guerre du Péloponnèse. Utilisant ingénieusement un terrain difficile, l'architecte usa avec maîtrise du mélange des ordres dorique et ionique,

et de la diversité des matériaux : le calcaire gris-bleu d'Éleusis souligne l'articulation des masses de marbre blanc du Pentélique. Mnésiclès dessina pour les Propylées un chapiteau ionique qui est un des plus beaux exemples de cet ordre.

ALAIN MAHUZIER

MONEO RAFAEL (1937-)

L'architecte espagnol Rafael Moneo est né en 1937 à Tudela. Diplômé de l'université de Madrid en 1961, il fait des stages chez Francisco Saenz de Oiza puis chez Jørn Utzon. Il passe deux ans à l'Académie d'Espagne à Rome, obtient une chaire à Barcelone où il popularise les thèses de Robert Venturi. Pour ses premiers bâtiments en Espagne il réinterprète magistralement la tradition constructive locale : effet d'embrasure en briques pour une banque à Madrid (1976), fines colonnettes portant une corniche en large débord pour la mairie de Logrono (1981). Moneo entame très tôt une carrière internationale d'enseignant : Institute for Architectural and Urban Studies (I.A.U.S.) et Cooper Union School à New York, universités de Princeton, Madrid, Lausanne et Harvard, où il dirige le département d'architecture de 1985 à 1990. Il remporte son premier succès international avec le Musée archéologique de Merida en Estrémadure en 1986 : une œuvre magnifique qui met en valeur l'héritage romain de la ville dans de vastes salles de briques et béton éclairées zénithalement et latéralement, aussi impressionnante que les thermes de Caracalla.

La transition démocratique et la modernisation du pays lui procurent ensuite de grandes commandes publiques : aéroport de Séville (1991), gare d'Atocha à Madrid (1992), auditorium de musique à Barcelone (1988). Il déploie dans toutes ces œuvres un minimalisme formel qui n'est pas sans évoquer les années 1830 et Giorgio De Chirico, mais aussi Aldo Rossi, Adolf Loos ou le classicisme nordique. L'insertion dans le site est magistrale, la destination du bâtiment immédiatement reconnaissable et les (rares) détails parfaitement maîtrisés.

La beauté du musée de Merida lui vaut toute une série de commandes culturelles. Il réaménage le palais Villahermoso à Madrid pour y abriter la collection Thyssen-Bornemitsa (1991), et construit le musée Miró de Palma de Majorque (1992). À cette occasion Moneo rend hommage au bâtiment existant de José Luis Sert qui date des années 1950, au paysage de cultures en terrasse et surtout à l'art de Miró. Il y parvient avec un grand bâtiment blanc découpé par une verrière, accolé à une étrange étoile de mer qui évoque le i de la signature du peintre. Moneo est immédiatement appelé à l'étranger pour rééditer de tels succès. Pour le musée de peinture et de cinéma Davis dans le Massachusetts (1993), il doit tenir compte du voisinage d'un bâtiment construit par Paul Rudolph en 1950-1960 et propose un grand cube de brique éclairé par quatre sheds couverts de zinc, dans lequel il découpe une promenade architecturale (1993). En 1998, il achève à Stockholm un grand musée d'art moderne sur la baie, éclairé zénithalement par de multiples lanterneaux couverts de cuivre. Si les précédents formels ne manquent pas, de John Soane à Dulwich jusqu'à Robert Venturi et Denise Scott-Brown pour l'extension de la National Gallery de Londres, l'occupation du site est propre à Moneo : une nappe de bâtiments bas épousant les courbes de niveau de l'île de Skeppsholmen, blottie dans l'équerre d'une caserne néo-classique du XIXe siècle. Moneo est également responsable de la restructuration du Lido de Venise (lauréat en 1991), et de la construction du Kursaal de Saint-Sébastien (1990-1998). Doit-on voir dans cette œuvre un salut amical à Frank O. Gehry ou un tournant dans un parcours jusque-là régulier ? L'auditorium et la salle de conférences ont des volumes curieusement déhanchés, que Moneo compare à des récifs.

S'il a peu construit de logements, Moneo est également spécialiste de l'immeuble de bureaux, comme le siège de la Prevision à Séville (1988) ou la succursale de la banque d'Espagne à Jaén (1989). Avec Manuel de Solà-Morales il a réalisé un ensemble colossal à Barcelone en 1993, baptisé Edificio Diagonal, mais malgré leur talent les deux architectes ne sont pas parvenus à humaniser trois cents mètres de façade, régulière, répétitive et anonyme. Il est permis de préférer le Moneo des musées silencieux et des alignements classiques. Rafael Moneo a obtenu le prix Pritzker 1996, souvent présenté comme le « Nobel de l'architecture ».

JEAN CLAUDE GARCIAS

Bibliographie

A. & V., n° spécial *Rafael Moneo* n° 36, 1992 ; *El Croquis*, Madrid n° spécial *Rafael Moneo* n° 64, 1994.

MONTALEMBERT MARC-RENÉ marquis de (1714-1800)

Tout en servant comme officier, notamment auprès du prince de Conti, Montalembert se consacre à l'étude de la fortification. En 1750, il ouvre à Ruelle, près d'Angoulême, sa ville natale, d'importantes forges destinées à fabriquer des canons pour la marine. Il reprend du service pendant la guerre de Sept Ans (1756-1763), ce qui lui permet de mettre en pratique ses innovations en matière de fortification. En opposition aux principes de Vauban, il préconise l'abandon du système bastionné au profit d'un tracé polygonal entraînant la suppression des organes de défense avancée, remplacés par de nombreuses casemates assurant un flanquement perpendiculaire et capables avec peu d'hommes de soutenir des attaques. Il rassembla ses théories en un ouvrage de onze tomes : *La Fortification perpendiculaire* (1776-1793).

CATHERINE BRISAC

Bibliographie

MONTALEMBERT (capitaine de), « Le Marquis de Montalembert », in *Revue historique de l'armée,* n° 4, 1955.

MOORE CHARLES W. (1925-1993)

Originaire du Middle-West américain, Charles W. Moore, docteur en histoire de l'art et architecte, est une figure essentielle du postmodernisme américain. Comme sa tendance à adapter ses constructions à des lieux spécifiquement américains l'a isolé des grands courants de l'architecture moderne internationale, il s'est attribué un rôle de traducteur et de codificateur des éléments du répertoire architectural : la maîtrise des règles, l'intégration maximale des éléments, leur confrontation conditionnent la production de techniques nouvelles par une recherche formelle inattendue. L'originalité de Moore porte sur l'interférence de l'élément constructif avec les exigences traditionnelles de la fonction. S'adaptant à la singularité de chaque projet, il connut une réputation internationale en 1963 en construisant des maisons de vacances à Sea Ranch, au nord de San Francisco, conciliant les usages de l'habitat classique avec une remise en question fondamentale de son volume architectural. En 1961, enseignant alors à Berkeley, il se construit à Orinda, en Californie, une maison d'une pièce unique qui résume les grandes lignes de son propos : l'intégration du volume bâti dans le site aussi bien sur le plan esthétique que fonctionnel (ici la grange), des portes coulissantes en guise de façades articulent l'intérieur avec le dehors ; l'architecture reste simple, c'est sa combinatoire interne qui assume la complexité architectonique. Nommé professeur à Yale, il s'installe en 1967 dans une vieille maison coloniale de New Haven : l'intérieur est complètement évidé, la maison neuve (une boîte géométrique) s'insère dans l'ancienne coquille ; il s'agit d'une architecture intériorisée que l'aspect extérieur ne révèle en rien. Il construit de nombreuses résidences privées en Californie, en étroite collaboration avec ses associés Lyndon, Turnbull, Whitaker (Jobson House, 1961 ; Bonham House, 1962 ; Slater House, 1964 ; Talbert House, Johnson House, Karas House, 1965). En 1967, il se voit confier un projet d'habitations sociales, Church Street South à New Haven : la structure reste traditionnelle, le progrès formel est assuré par un détournement des matériaux de leur usage habituel (les modules de béton — murs de refend et dalles de plancher — servent à élever les murs des façades), de sorte que le jeu des proportions conventionnelles est détruit. Kresge College (1973) et St. Simon Island manifestent une architecture stratifiée, en écrans, qui favorise l'élargissement d'un espace central de dégagement par un jeu d'échelles différentes (comme à Withman College, 1974). Moore quitte Yale en 1975 et se construit une nouvelle maison, partie intégrante d'un ensemble résidentiel, près de Los Angeles. Ce type de construction lui permet de reprendre le principe élaboré à Sea Ranch : un volume dépouillé sur lequel viennent se greffer des espaces fonctionnels.

Le démantèlement du tissu urbain, exprimant l'incapacité de notre culture à maintenir des espaces homogènes, conduit Moore vers l'éclectisme culturel (projet de logements à Williamsburg en Virginie, avec références coloniales ; fontaine Piazza d'Italia à La Nouvelle-Orléans, 1975-1978, dans une tradition baroque), qui permet d'articuler formellement le site architectural et les conditions d'habitat. Son refus du monumental lui permet de renouer avec la tendance contemporaine non avant-gardiste, dont Louis Kahn a sans doute été le premier représentant dès l'après-guerre.

Cette seconde tradition de la modernité, opposée au courant internationaliste de l'avant-guerre (Wright, Mies van der Rohe, Le Corbusier), a pour objectif d'atteindre elle aussi une modernité radicale sans pour autant que ses produits entrent en conflit avec l'héritage construit ou même technique ; par exemple au Pakistan Louis Kahn a fait appel aux techniques artisanales et aux matériaux locaux.

Pour Moore également, il s'agit de penser l'intégration de l'objet architectural moins en terme de signalétique et d'opposition que d'*insinuation* ; l'objet ne doit plus être ce « choc » dont parlait Walter Benjamin à propos du mode d'apparition de la ville moderne, mais un objet médian qui accepte et ménage les déterminations existantes, architecturales ou sociales. C'est pourquoi la notion d'hébergement l'emporte chez Moore sur celle d'habitat grâce à un développement accru du tissu urbain de type villageois ; l'architecte voulant ainsi donner l'exemple d'une urbanité basée sur l'accident social, par opposition à la planification fonctionnaliste du type Le Corbusier. C'est aussi le sens de son livre, écrit en collaboration avec K. C. Bloomer, *Body, Memory and Architecture* (Yale University, 1977).

Pour Charles Moore, l'architecture devait « parler », ce qui l'orienta de plus en plus vers un postmodernisme souvent commercial à partir des années 1980.

Architecte soucieux d'humour et d'ironie, très éloigné du postmodernisme sérieux d'un Robert Venturi, Moore a publié en 1976 avec G. Allen *Dimensions. Space, Shape and Scale in Architecture* qui a été traduit en français en 1981 sous le titre *L'Architecture sensible*.

CHRISTIAN BONNEFOI

MORA FRANCISCO DE (1546 env.-1610)

Recommandé à Philippe II par Herrera, l'architecte Francisco de Mora n'en sacrifia pas moins sans réserve à la manière austère de son prédécesseur. Il est l'auteur de la petite ville de Lerma (1604-1614), sur les bords de l'Arlanza, qu'il dessina pour le favori de Philippe III, Francisco de Sandoval y Rojas. Si les façades ont généralement la rigueur sans complaisance de celles de l'Escorial, l'implantation des bâtiments (palais, couvents, églises, monuments divers) marque le retour à un style plus libre, brisant avec la symétrie.

Francisco de Mora est aussi l'auteur de l'intéressante façade de San José d'Ávila (1608).

MARCEL DURLIAT

MURCUTT GLENN (1936-   )

Premier architecte australien de réputation internationale, Glenn Murcutt est un artisan solitaire. Installé à Sydney, il refuse de construire hors de son pays et n'a pratiquement réalisé que des maisons. C'est le représentant le plus marquant d'un « fonctionnalisme écologique » qu'il a contribué à inventer. Pour lui, chaque bâtiment doit être un médiateur entre l'Homme et la Nature, un révélateur du paysage, un dispositif de régulation climatique à l'impact sur l'environnement le plus réduit possible. Pour chaque site, il se livre à une analyse et à une interprétation minutieuses, qui constituent l'un des fondements du projet. Pour ses maisons, il tient compte de l'orientation solaire et lunaire, des vents dominants, des pluies, de la topographie, de la géologie ; ces données sont incorporées au programme au même titre que les fonctions domestiques. Auvents, toitures, façades mobiles, parois poreuses, descentes d'eaux pluviales appartiennent à la substance de l'architecture et sculptent son esthétique ; l'économie de matière est une des clés de leur dessin et du calcul de leurs dimensions. Si Murcutt s'attache à transposer les conditions du site dans le langage de sa discipline, il aime aussi affirmer le contraste entre les paysages naturels et ses enveloppes légères, ses structures nerveuses, faites de matériaux ordinaires – métal, tôle ondulée, bois, verre – et de produits industriels standard, ennoblis par des détails d'assemblage d'une grande élégance.

Murcutt voue un véritable culte au paysage australien. Il tient de sa famille son esprit pionnier (son père fut chercheur d'or en Nouvelle-Guinée puis promoteur-constructeur à Sydney et Glenn est né à Londres au cours d'un voyage en Europe de ses parents), sa philosophie individualiste, tournée vers la vie dans la nature, inspirée par Henry David Thoreau et les transcendantalistes américains. Ses lectures d'étudiant et ses voyages, dans les années 1960, l'ont formé au modernisme européen ; la redécouverte des traditions vernaculaires régionales et de la culture aborigène, qu'a connue l'Australie durant la décennie suivante, a eu sur lui une forte influence. Les pilotis, les plans en longueur, fluides et dépouillés, des réalisations les plus significatives de ses débuts, telle la maison située à Kempsey, en 1975, devaient autant au minimalisme et à l'ordre formels de Mies van der Rohe qu'aux bâtiments agricoles de la campagne australienne. Avec ses pavillons entièrement métalliques, à Glenorie (1983), Bingi Point (1984), dans les montagnes Bleues (1993), il a continué d'explorer ce type d'habitation légère, autonome, conçue plutôt comme « un moment du paysage » que comme une construction pérenne. Sa réalisation la plus ambitieuse est l'école d'art de Riversdale (1999), dont l'aile métallique et le grand portique dominant la campagne concrétisent les mêmes principes à une échelle inédite.

FRANÇOISE FROMONOT

Bibliographie

F. FROMONOT, *Glenn Murcutt. Œuvres et projets*, Gallimard, Paris, 1995.

MUTHESIUS HERMANN (1861-1927)

En octobre 1907 se réunissaient à Munich douze artistes et les représentants de douze firmes industrielles allemandes. Ils décidaient de fonder une association qui projetait de coordonner tous les efforts vers une production d'objets de qualité. Ce fut le Werkbund : à sa tête, on remarqua bientôt un pangermaniste convaincu, l'architecte Hermann Muthesius. Plusieurs années attaché culturel à l'ambassade d'Allemagne à Londres, il en avait ramené deux ouvrages rédigés par lui sur l'architecture de la maison anglaise avec un talent de vulgarisateur passionné : durant sa vie, il a publié des centaines d'articles où il a pu apparaître, avant Le Corbusier, comme un missionnaire de l'esthétique quotidienne. Sa place était donc tout naturellement dans le Werkbund et dans le mouvement allemand des cités-jardins dont il sera le conseiller artistique.

Constructeur de luxueuses résidences mafflues, Muthesius se départira rarement d'un goût prononcé pour les formes consacrées de l'architecture germanique, en particulier le toit pentu que les nazis rendront plus tard obligatoire. Ce n'est pas dans ce domaine qu'il faut chercher l'originalité de ce maître. Elle tient à ce qu'il a porté l'accent sur la question clé posée aux créateurs modernes travaillant en liaison avec l'industrie, celle de la standardisation.

Elle s'imposa en juillet 1914 au congrès du Werkbund : tous les débats ultérieurs de l'esthétique industrielle y furent lancés publiquement pour la première fois. Muthesius affirma que la standardisation représentait une concentration de forces vives. On y parviendrait par des regroupements d'artistes mettant leur créativité en commun. Henry Van de Velde, au nom des innovateurs solitaires, répondit à Muthesius qu'il incombait à ceux-ci de dicter leur loi aux industriels. Malgré leur antagonisme, les deux hommes méditaient cependant un projet commun : établir les fondements d'un style nouveau pouvant témoigner de leur époque. Partisan de la guerre à outrance, Muthesius écrivit, en 1914-1918, des ouvrages et des brochures qu'il est préférable d'oublier. Il mourut accidentellement tandis qu'il visitait un chantier.

ROGER-HENRI GUERRAND

NARJOUX FÉLIX (1833-1891)

Les « palais scolaires » édifiés par la Ville de Paris — trois cents écoles primaires entre 1870 et 1914 — sont de belles bâtisses qui ont prouvé leur qualité, mais leur principal promoteur, s'il n'est pas inconnu des spécialistes, n'a pas encore trouvé le biographe qu'il mérite. Félix Narjoux a pourtant figuré parmi ces hommes sans lesquels l'œuvre de Jules Ferry n'aurait pas été aussi vite reconnue par le public. Entré en 1864 dans l'administration de la Ville après avoir été architecte de la municipalité niçoise, il se passionna très tôt pour les constructions scolaires sur lesquelles il écrivit plusieurs ouvrages aussitôt remarqués.

« Gothique » — dans l'esprit de son ami Viollet-le-Duc — et « laïque », ce qui n'est pas contradictoire à cette époque, Narjoux revient de ses voyages à travers l'Europe avec l'idée que les bâtiments scolaires doivent impressionner les enfants par un certain caractère monumental. Il faut transposer dans les édifices civils, pour en tirer parti au profit de la nouvelle morale républicaine, l'impression causée par l'ambiance des églises. C'est dans cette perspective que Narjoux construira le groupe de la rue de Tanger, dans le XIXe arrondissement, en 1875-1877. Sur une base en meulière, la pierre de Paris, superbement appareillée et égayée par des effets de briques, forme le corps du bâtiment tandis que des colonnettes gothiques cantonnent les portes à mi-hauteur.

Les propositions de Narjoux serviront à élaborer le célèbre « Règlement pour la construction et l'ameublement des maisons d'école » de juin 1880, le modèle achevé de ces plans centralisateurs sans modifications notables jusqu'à l'introduction du système de préfabrication sous la IVe et la Ve République. Commissaire-voyer de la Ville de Paris pendant toute sa carrière, Narjoux n'atteignit pas l'âge de la retraite. Entre 1882 et 1886, il avait eu le temps de faire paraître une série de volumes : *Paris, monuments élevés par la Ville entre 1858 et 1880*, qui reste toujours indispensable à la connaissance de la capitale.

ROGER-HENRI GUERRAND

NASH JOHN (1752-1835)

Étrange destinée que celle de John Nash qui devint sur le tard l'architecte favori du régent (futur George IV), puis connut la disgrâce, marqua profondément le paysage urbain de la capitale anglaise, mais fut l'objet d'acerbes critiques et dont l'œuvre disparate et inspirée divise encore les historiens. Quoique exactement contemporain de Soane, Nash est en fait un homme du XIXe siècle, puisqu'il ne commença réellement sa carrière que vers l'âge de cinquante ans. Il connut le néoclassicisme triomphant de la fin du XVIIIe siècle, mais s'en démarqua assez vite. Son rôle déterminant dans le courant de l'esthétique « pittoresque » ainsi que son goût pour les styles historiques et exotiques en font le champion de l'éclectisme. Un contemporain le décrit comme un « génial improvisateur en architecture ». Plus attentif aux inventions formelles qu'aux détails, il n'échappa pas toujours à une certaine maladresse dans les proportions et fit quelquefois preuve de négligence dans l'exécution de ses projets, défauts qui précipitèrent sa perte lors de l'échec de la construction du palais de Buckingham.

Il travailla dans sa jeunesse dans l'agence de Robert Taylor. Un héritage important lui permit de se lancer dans la spéculation immobilière et il édifia alors des séries d'immeubles à bon marché dont certains subsistent dans les quartiers de Bloomsbury. Mais il fit faillite en 1783 et se retira alors au pays de Galles, où il devint l'architecte attitré des gros propriétaires fonciers. Le vrai départ de sa carrière date de sa rencontre avec Humphrey Repton (1752-1818), le théoricien incontesté du jardin paysager, avec lequel il noua une fructueuse collaboration jusqu'en 1802. Tandis que Repton agençait les propriétés et aménageait les parcs, Nash reconstruisait ou transformait les maisons, multipliait les pavillons, les laiteries et autres « fabriques ». Ce faisant, il fut amené à adopter le style pittoresque qui, comme à Luscombe (Devon), pour la maison du banquier Charles Hoare (1800), se fonde sur une irrégularité méditée. Au sein de ce mouvement esthétique, son apport le plus original réside dans la mise au point de la maison « à l'italienne », avec sa silhouette irrégulière flanquée d'une tour coiffée d'un toit conique et de larges auvents qui, comme à Cronkhill (1802), semble plus sortir d'un tableau de Claude Lorrain que de l'observation de la réalité. Grâce à Repton, il entra en contact avec la cour du prince de Galles pour lequel il construisit une serre en 1798. Mais jusqu'à l'époque de la Régence, il se consacra exclusivement à la construction de maisons de campagne et de fabriques d'agrément. Quoiqu'il n'ignore rien du style classique (Rockingham, 1810), il préfère cependant le répertoire gothique et ses créneaux comme à Caerhays (Cornouailles) ou dans sa propre maison à East Cowes (pays de Galles). Multipliant les combles pointus, les lucarnes, utilisant les pans de bois et le chaume, il ressuscite le style Tudor et exprime l'essence même du pittoresque, comme à Blaise Castle où il rassemble un groupe de cottages, sorte d'anthologie du style vernaculaire. Si le goût du pittoresque tire incontestablement ses origines de la théorie du jardin paysager, un autre phénomène — tout aussi important à l'époque — en découle : l'intérêt pour les styles exotiques et même historiques. Il n'est que de rappeler le précédent de William Chambers à Kew en 1750. Mais l'on passe vite d'expériences à petite échelle (fabriques de jardins) à de vastes édifices où le luxe s'allie à la fantaisie pour le plaisir des yeux et de l'imagination. C'est à Nash que l'on doit le chef-d'œuvre du genre : le Pavillon royal de Brighton commandé par le prince de Galles. Nash élabore une étrange demeure de rêve où l'extrême raffinement des détails décoratifs n'exclut pas de véritables trouvailles dans la conception d'ensemble. Il éleva d'abord la salle à manger et le salon de musique (1815-1818), vastes espaces couverts par des coupoles aplaties évoquant d'immenses tentes d'apparat. Cette idée se retrouve d'ailleurs dans tout le bâtiment : toitures incurvées, porche formant un dais princier, linteaux découpés comme des rideaux. Ce fastueux palais où se combinent tous les styles : le chinois, le gothique et l'indien, où le plafond des cuisines repose sur de faux palmiers, frappe surtout par la qualité et la somptuosité du décor intérieur. Ainsi le régent avait-il trouvé en John Nash l'ordonnateur inspiré d'un théâtre cosmopolite transposé magiquement dans la réalité de l'espace architectural.

La dernière phase de la carrière de Nash se rattache à l'urbanisme. En 1811, Marylebone Park, vaste domaine encore champêtre, revint à la couronne. On désigna alors deux architectes pour donner des plans d'aménagement : Thomas Laverton et John Nash, qui depuis 1806 avait été nommé inspecteur des Eaux et Forêts. Ce dernier, en une démarche extrêmement novatrice, appliqua à la ville les données de l'esthétique pittoresque et conçut un vaste parc paysager avec des villas enfouies dans les arbres, un grand lac d'agrément et même une église nouvelle : le futur Regent's Park. Mais il dépassa ces vues, déjà fort imposantes, en imaginant une voie nord-sud destinée à relier Carlton House, la résidence du prince de Galles, au nouveau parc, avenue monumentale qui devait devenir Regent Street. Le parti général s'appuie sur une brillante synthèse entre les idées théoriques les plus novatrices et les contraintes matérielles (structures urbaines préexistantes, adduction d'eau, etc.). Il semble que pour le plan d'ensemble Nash se soit inspiré des schémas développés par Ledoux dans la ville idéale d'Arc-et-Senans, tout en y intégrant des formes spécifiquement anglaises : places rondes (*circus*) ou semi-circulaires (*crescent*), succession de terrasses dominant le parc. On a reproché à Nash certaines maladresses dans le détail, des ruptures et des oppositions de style et des « bizarreries extrêmes », par exemple dans ses églises de Sainte-Marie à Haggerston (1826) et de Toutes-les-Âmes à Langham Place. Mais ces « incongruités » témoignent d'un besoin de changement, d'une nécessité d'expérimentation, et définissent à l'intérieur même de ces dissonances un caractère original. Vers 1825 l'ensemble de ces travaux étant achevé, on chargea l'architecte, alors fort âgé, de rééedifier Buckingham Palace et de remanier en même temps St James's Park qu'il délimita par les blanches terrasses de Carlton House. Une succession d'erreurs dans la construction du palais le firent démettre de ses fonctions en 1830 à la mort de George IV, son protecteur. Il se retira alors dans son domaine d'East Cowes. Ce qui caractérise le mieux l'art de Nash, c'est son immense faculté de combiner les formes : il puise à tous les styles, emprunte à ses contemporains anglais (R. Taylor, Chambers, Soane) et français (Gabriel, Percier), élaborant une architecture plus visuelle que plastique, foisonnante et déconcertante.

MONIQUE MOSSER

NELSON PAUL (1895-1979)

Paul Nelson, architecte d'origine américaine, né à Chicago en 1895 et mort à Marseille en 1979, appartient à cette catégorie d'architectes à peine mentionnés dans les classiques de l'histoire de l'architecture moderne, mais dont on reconnaît peu à peu l'importance et la juste place grâce à des recherches, à des publications et à des expositions. Cette marginalité dans l'historiographie est d'autant plus regrettable que Paul Nelson, qui a travaillé tantôt aux États-Unis et tantôt en France, était au carrefour de plusieurs courants fondamentaux de l'architecture contemporaine, une situation dont il a su tirer parti.

Après des études à Princeton, il découvre la France comme aviateur volontaire sur le front allié pendant la Première Guerre mondiale. En 1920, il entame des études d'architecte à l'École des beaux-arts de Paris, d'abord dans l'atelier Pontremoli, puis surtout dans l'atelier Perret dit l'atelier du Palais de Bois. Il en sort diplômé en 1927 et séjourne en France jusqu'en 1940.

Sa double appartenance explique pourquoi il a été considéré comme un architecte américain en France et a contrario comme un architecte français aux États-Unis. Ainsi, lors de la célèbre exposition sur le Style international qui s'est tenue, en 1932, au Museum of Modern Art de New York et dont Alfred Barr, Henry-Russell Hitchcock et Philip Johnson furent les commissaires, c'est en tant qu'architecte français qu'il est retenu puisque l'on expose la pharmacie qu'il a construite à Paris en 1931. En 1929, il avait conçu l'ensemble des décors du film *What A Widow !* avec Gloria Swanson en vedette. Cette comédie sentimentale d'Allan Dwan n'a guère laissé le souvenir d'un chef-d'œuvre cinématographique, mais les décors de Paul Nelson ont contribué à faire connaître les formes de l'architecture d'avant-garde au public américain avant l'exposition de 1932. Paul Nelson dessine des intérieurs de paquebots, de magasins de luxe et d'hôtels particuliers ainsi que des mobiliers où l'on décèle l'influence des villas de Le Corbusier, des constructions de Mallet-Stevens (notamment les décors pour *L'Inhumaine*, film de Marcel L'Herbier, en 1924) et des réalisations d'Eileen Gray comme la villa E 1027 près de Menton.

Si la maison Brooks construite 80 boulevard Arago à Paris, en 1929, est encore fortement imprégnée des leçons du classicisme structurel de Perret, les quatre grands projets conçus dans les années 1930 représentent un ensemble tout à fait inventif et original. Aucun malheureusement n'a été réalisé. Le pavillon de chirurgie d'Ismaïlia (1935), qui devait être construit sur les bords du canal de Suez, intégrait des écrans parasolaires mobiles, des parois de briques de verre (Paul Nelson admirait beaucoup la maison du docteur Dalsace, dite maison de verre, construite à Paris, rue Saint-Guillaume, par Pierre Chareau en 1931), et des salles d'opération ovoïdes justifiées par des impératifs d'éclairage et d'hygiène. Le projet pour la Cité hospitalière de Lille (1932) associe deux tours et deux barres pour mieux répartir les fonctions tout en les combinant.

Un autre projet, la maison suspendue (1936-1938), est constitué de deux portiques en acier et d'une structure métallique formée de claustras losangés. Les principaux volumes de la maison, reliés par des rampes, sont suspendus aux portiques métalliques. À cela s'ajoute un élément opaque en béton et briques de verre encastré dans l'enveloppe métallique transparente. Ce projet de maison destiné à montrer les avantages de la construction métallique et de l'ossature d'acier se voulait une solution à la standardisation de l'habitat. Il traduisait clairement l'influence de l'« inventeur » américain Buckminster Fuller et de son projet de *4D House*. Paul Nelson semblait ainsi prendre ses distances avec l'esthétique que Le Corbusier avait donnée à son prototype, la maison Dom-Ino, et aussi avec la structure architecturale chère à Perret.

Par son agencement de bâtiment suspendu à un mât central, le projet de palais de la Découverte à Paris (1937-1938) élaboré en association avec Oscar Nitzchké et Frantz Jourdain, rappelle les audaces de l'architecture constructiviste : un anneau en béton suspendu par des tirants à une coque ovoïde inclinée en béton. Paul Nelson, qui a travaillé pour ce projet avec quelques-uns des grands savants de l'époque et avec le muséologue Georges-Henri Rivière, invente une monumentalité technicienne qui témoigne avec force de la fonction civilisatrice du savoir et de sa diffusion.

En 1940, Paul Nelson retourne aux États-Unis où il préside à partir de 1943 le comité France For Ever. Après guerre, plusieurs commandes qui se sont concrétisées lui ont permis de mettre en œuvre une approche rationnelle de l'architecture hospitalière, domaine qui a toujours stimulé sa réflexion depuis son projet de diplôme pour un centre homéopathique (1927) et son projet de maison de santé minimum (1932). La plus célèbre réalisation est l'hôpital franco-américain de Saint-Lô (1948-1956) dont l'entrée est ornée d'une mosaïque de Fernand Léger, témoignage des liens qui unissaient Nelson à quelques-uns des grands peintres de son temps (il se lia d'amitié avec Georges Braque dans les années 1920). L'hôpital de Dinan (1963-1968) et le Centre de santé d'Arles (1965-1974) confirment l'intérêt de Paul Nelson pour ce type de programme.

Si Paul Nelson a relativement peu construit, son action comme professeur a été importante. Entre 1957 et 1960, il a enseigné dans de prestigieux établissements universitaires américains : Pratt Institute à New York, Yale University, Harvard University et Massachusetts Institute of Technology. En 1960, il s'installe en France où il poursuit sa carrière de pédagogue, d'abord comme directeur de l'Atelier franco-américain de l'École des beaux-arts, puis de 1967 jusqu'en 1973 à l'Atelier international d'architecture de Marseille-Luminy.

CLAUDE MASSU

Bibliographie

« Paul Nelson 1895-1979 », supplément au *Bulletin d'informations architecturales*, Institut français d'architecture, n° 130, avril 1989, Paris.

NERVI PIER LUIGI (1891-1979)

Pier Luigi Nervi est considéré comme l'un des principaux représentants, l'un des « maîtres » de l'architecture contemporaine, non seulement en Italie mais plus encore sur le plan international. Dans *Geschichte der modernen Architektur* (1958), le critique allemand Jürgen Joedicke écrit que « les intentions de l'architecture moderne se trouvent intégralement réalisées » dans les constructions de Nervi ; l'Américain G. E. Kidder Smith (*The New Architecture in Europe*, 1961) définit ses œuvres comme étant « parmi les plus grandioses du XXe siècle » et il ajoute que Nervi est « un géant dans un pays où les géants ne manquent pas ». On pourrait citer d'autres jugements, mais ceux-ci suffisent à donner une idée du succès remporté par l'œuvre de Nervi. En vérité, ses réalisations appartiennent à un domaine qui, presque toujours, reste essentiellement en dehors de l'architecture. Dans ses œuvres, Nervi s'attache en effet assez rarement à ce qui constitue pour l'architecture le problème fondamental, à savoir : la synthèse, exprimée organiquement dans un langage spécifique, des relations dialectiques qui existent entre l'espace et les fonctions, d'une part, entre l'architecture elle-même et les structures sociales, d'autre part.

Sans nul doute phénomène historiquement important de la seconde moitié du XXe siècle, l'œuvre de Nervi pose un double problème : il faut d'abord déterminer les raisons de son succès universel et préciser ensuite les caractéristiques qui la distinguent.

En ce qui concerne le premier point, il faut noter que Nervi réalise en images extrêmement modernes sur le plan technologique – et parfois même projetées dans le futur – des partis traditionnels fondés sur la perspective centrale, sur la symétrie, sur la répétition de modules : procédé rassurant car il permet de rétablir une continuité avec le passé et de minimiser le traumatisme provoqué par la rupture violente que l'architecture contemporaine opère avec la tradition. Quant aux caractéristiques spécifiques de l'œuvre, elles peuvent se résumer en une formule, tirée du titre d'un livre de Nervi : « construire correctement », avec tout ce qu'une semblable définition implique de confiance dans les possibilités de la technique, celle-ci tenue pour capable d'amener, au terme d'un processus rationnel qui se développe à partir de prémices logiques, à des résultats qui résolvent intégralement tout problème de construction et par là même tout problème de langage architectonique.

Structure et esthétique

Pier Luigi Nervi est né en 1891 à Sondrio, en Lombardie. En 1913 il reçoit à Bologne son diplôme d'ingénieur.

Deux œuvres, réalisées à une trentaine d'années d'intervalle, traduisent de façon quasi emblématique les extrêmes à l'intérieur desquels se situe son activité : l'escalier extérieur du stade de Florence (1929-1932) et la coupole à calotte sphérique qui recouvre le Grand Palais des sports de Rome (1958-1959), réalisation de haute qualité technique, et cependant entièrement étrangère au volume intérieur de la salle. « Il est évident », écrit Nervi dans l'un des essais qu'il a publiés pour illustrer sa propre démarche (*Aesthetics and Technology in Building*, paru à Harvard en 1965), « que la double essence du phénomène architectonique – qui se constitue à partir d'une structure physique obéissant à des exigences objectives et à partir d'un aspect esthétique destiné à produire une émotion de nature subjective – situe l'architecture dans un domaine complètement séparé de celui des autres arts » : la distinction traditionnelle entre « structure et esthétique » qui est ainsi proposée, tout en faisant siens les modèles philosophiques de la tradition classique définitivement abandonnés par la pensée contemporaine, rend compte de la discontinuité et de la disponibilité de l'œuvre de Nervi. Discontinuité, puisque dans un tel appareil conceptuel, il peut toujours y avoir un jaillissement de l'imagination, capable d'intégrer l'espace de façon dynamique, comme c'est le cas pour l'escalier de Florence (où, et ce n'est pas un hasard, l'élément hélicoïdal qui équilibre la rampe constitue un tour de force technologique qui aurait pu être évité grâce à un système plus simple de consoles ou de tirants) ; disponibilité, puisque – comme c'est le cas pour le Palais des sports de Rome – la distinction entre le moment structurel et le moment esthétique permet de circonscrire les problèmes inhérents au premier sans tenir compte du second, et aussi de séparer de la dialectique sociale l'activité de construction dans une impassibilité qui se situe en dehors de l'histoire. Les œuvres réalisées de cette façon aboutirent fatalement à une pure et simple description d'elles-mêmes, à une tautologie.

Le « génie » et la tradition de la Renaissance

L'ensemble des réalisations de Nervi offre un répertoire d'images fascinant. Les hangars à avions réalisés pour l'aéronautique italienne (1935-1938 et 1939-1942), les réservoirs d'essence souterrains (1937-1942), l'entrepôt construit à Rome en 1945, les couvertures des salons du Palais des expositions de Turin (1947-1950), la charpente à nervures isostatiques de la filature lainière Gatti à Rome (1951-1953), la structure projetée pour la gare de Naples (1954), la Salle de conférences et l'escalier du palais de l'U.N.E.S.C.O. à Paris (1953-1958), l'ossature du gratte-ciel Pirelli à Milan (1955-1959), le Petit Palais des sports (1956-1957), le stade Flaminio (1957-1959) et le viaduc du Corso Francia à Rome

(1958-1960), le George Washington Bridge Bus Terminal de New York (1960-1962), le gratte-ciel à Montréal (1962-1966), le pont de la Renaissance à Vérone (1963-1968), la cathédrale de Sainte-Marie à San Francisco et la salle des audiences au Vatican (1966-1971) sont quelques-unes des étapes les plus significatives d'une brillante carrière. Chacune de ces œuvres présente un intérêt non seulement technique, mais aussi figuratif. Le complexe contreforts-poutrelles qui permet le glissement des portes à l'angle du hangar à avions de 1935, l'agencement rythmique des piliers cylindriques de la citerne de 1937, la vibration de la lumière à travers les couvertures ondulées du Palais des expositions de Turin, le subtil contrepoint entre les nervures et les vides du plafond de la filature Gatti, la structure aiguë des cloisons qui forment l'ossature de la gare de Naples, la spirale en ciment qui se détache sur l'arête vive des marches de l'escalier de l'U.N.E.S.C.O., le squelette gigantesque et pourtant aussi clair qu'une pièce de mécanique de précision du gratte-ciel Pirelli, la délicate attache de la voûte, grâce aux piliers obliques, du Petit Palais des sports de Rome, les surfaces rayées des pylônes de soutènement du viaduc du Corso Francia ; toutes ces œuvres trahissent une main étonnamment habile dans le choix des solutions et une intelligence extraordinairement adroite qui « devine » les limites et le degré de résistance des structures avant même de passer au contrôle des calculs mathématiques. Comment ne pas éprouver la sensation que l'on se trouve devant un « géant », pour employer le terme de Kidder Smith ? On se souvient alors presque naturellement des « génies » multiformes de la Renaissance. Ada Huxtable écrit en 1960 qu'il n'y a rien d'étrange à ce que la grande tradition du *design* italien « qui a dans le passé créé des palais et des églises » se consacre de nos jours « aux entrepôts, aux hangars, aux fabriques et aux salles d'exposition », car c'est en eux que devraient se découvrir « le point d'arrivée du « design » contemporain ainsi que les conquêtes structurelles et esthétiques les plus significatives de notre époque » ; de tels rapprochements – historiquement arbitraires – montrent que, dans une large mesure, l'admiration pour Nervi « architecte » naît d'une attitude littéraire et émotionnelle qui par ailleurs conditionne encore l'interprétation actuelle de la Renaissance.

L'organisation du chantier

Un aperçu même succinct de la personnalité de Nervi serait incomplet si l'on omettait de souligner l'attention particulière qu'il consacre à l'organisation des chantiers. Cet aspect de son activité n'est nullement secondaire. Il constitue très probablement son apport le plus significatif – plus encore que ses innovations strictement structurelles, y compris la préfabrication d'éléments en ciment armé et l'utilisation du « ferrociment ». Ces innovations sont des solutions à des problèmes particuliers plutôt que des propositions générales susceptibles d'application systématique. Il est bien connu que l'architecture rencontre de graves difficultés dans la recherche d'une dimension accordée aux exigences du monde contemporain et ces difficultés constituent l'une des causes fondamentales de la crise permanente de la construction elle-même. On tente de remédier à une telle situation – mais jusqu'à présent avec un succès médiocre – grâce à différentes formules d'industrialisation, depuis la préfabrication lourde jusqu'à la préfabrication légère. Nervi ne se limite pas à l'élaboration de projets, il est aussi un entrepreneur de construction et il a orienté ses propres recherches vers le domaine de la rationalisation des opérations de chantier : il ne s'agit pas seulement de viser à une meilleure distribution et à une meilleure application des énergies, mais de conduire l'élaboration même du projet en étroite corrélation avec sa réalisation. Depuis le Palais des expositions de Turin jusqu'aux établissements Fiat de cette même ville (1954-1955), du Petit Palais des sports au viaduc du Corso Francia à Rome, le projet naît et se développe sans que Nervi oublie la nécessité de réaliser l'économie maximum, en temps comme en matériaux. La rapidité d'exécution stupéfiante d'œuvres telles que la couverture des salons du Palais des expositions de Turin (six à huit mois), par exemple, témoigne du succès de ces efforts. Avec sa recherche rationnelle de solutions économiques, l'œuvre de Nervi se trouve impliquée dans la problématique contemporaine des rapports de production. Elle trouve ainsi, de façon précise, sa propre insertion dans l'histoire. Cette insertion, bien qu'elle ne se réalise pas au niveau de la recherche architecturale proprement dite, marque l'originalité et l'importance durable de l'œuvre de Nervi.

STEFANO RAY

Bibliographie

• *Œuvres de Pier Luigi Nervi*

Scienza o arte del costruire ?, Rome, 1945 ; *El Lenguaje arquitectónico*, Buenos Aires, 1950 ; *Costruire correttamente, caratteristiche e possibilità delle strutture cementizie armate*, Milan, 1955, 2ᵉ éd. 1964 ; *Nuove Strutture*, Milan, 1963 ; *Aesthetics and Technology in Building*, Cambridge (Mass.), 1966.

• *Études*

G. C. ARGAN, « Nervi, Pier Luigi », in *Enciclopedia italiana di scienze, lettere ed arti*, appendice II, 1928-1948, Rome, 1949 ; *Pier Luigi Nervi*, Milan, 1955 / R. BANHAM, « U.N.E.S.C.O. Headquarters », in *The Architectural Review*, Londres, déc. 1952 / P. COLLINS, « Stock Exchange Tower, Montreal », in *The Architectural Review*, Londres, juin 1966 / P. DESIDERI, P. L. NERVI Jr & G. POSITANO, *Pier Luigi Nervi*, Zurich, 1979, rééd. Artemis, Zurich, 1982 / M. FUGII-ZELENAK, *Strukturen in den modernen Architekturen. Pier Luigi Nervi-Kenzo Tange*, I.K.O., Francfort-sur-le-Main, 1992 / A. L. HUXTABLE, *Pier Luigi Nervi*, New York, 1960 / J. JOEDICKE, *Pier Luigi Nervi*, Stuttgart, 1957 ; *Pier Luigi Nervi*, t. I : *Constructions et projets*, t. II : *Structures nouvelles*, 1957-1963, Paris, 1963 / E. MCCOY, « Pier Luigi Nervi, Concrete Sections from Two New Stadiums », in *Arts and Architecture*, Los Angeles, sept. 1956 / N. PEVSNER, « Concrete Thriller. The Works of Pier Luigi Nervi », in *The Architectural Review*, Londres, juin 1958 ; « Nervi, Pier Luigi », in *Allgemeines Lexicon der bildenden Künstler des XX. Jahrhunderts*, vol. VI, Leipzig, 1962 / A. PICA, *Pier Luigi Nervi*, Rome, 1969 / J. M. RICHARDS, « U.N.E.S.C.O. House, Place de Fontenoy, Paris », in *The Architects' Journal*, Londres, déc. 1958 ; « Three Stadiums by Nervi », in *The Architectural Record*, New York, déc. 1958 / J. TOMÊS, *Nervi*, Prague, 1967 / G. VERONESI, « Una struttura di P. L. Nervi a Parigi », in *Zodiac*, nᵒ 1, Milan, 1957 / B. ZEVI, *Spazi dell'architettura moderna*, Einaudi, Turin, 1973 ; *Storia dell'architettura moderna*, *ibid.*, 1950, nouv. éd. 1975.

NEUMANN BALTHASAR (1687-1753)

En 1723 arrive à Paris un jeune architecte allemand, inconnu. Il vient soumettre à Robert de Cotte et Germain Boffrand, artistes dont la gloire rayonne sur toute l'Europe, les plans qu'il a contribué à établir pour la construction d'un nouveau palais destiné au prince-évêque de Würzburg. Reçu avec condescendance par l'un, amabilité par l'autre, il repart au bout de quelques mois. Ce sera le seul séjour en France de Neumann. L'épisode est important, car la résidence de Würzburg a occupé Neumann pendant une trentaine d'années. Les travaux de fortifications et d'urbanisme en général constituent une grande part de l'activité de Neumann. Son plus beau titre de gloire aujourd'hui, ce sont pourtant les châteaux et les églises qu'il a édifiés. Il prend place aisément parmi les plus grands architectes que l'Allemagne, et même l'Europe, aient produits.

※

Travaux militaires et édifices civils

Balthasar Neumann est né à Eger (aujourd'hui Cheb) en Bohême, d'une famille d'artisans modestes. Ses études de géométrie et d'architecture le conduisent à devenir ingénieur militaire et, en 1717, il prend part au siège de Belgrade, que dirige le prince Eugène (c'est en officier que Giambattista Tiepolo le représentera en 1751).

La grande carrière s'ouvre pour lui le jour où Johann Philip von Schönborn, après son accession au trône de prince-évêque de Würzburg, en 1719, l'appelle à seconder Maximilian von Welsch qu'il a chargé de construire une nouvelle résidence. La famille des Schönborn est alors l'une des plus puissantes de l'Empire. La confiance et la familiarité que Neumann sait mériter de la part de ces grands seigneurs, pleins de goût pour les arts, lui valent bien vite des commandes dans toute l'Allemagne. En 1729, il est chargé de la direction et de l'inspection de l'ensemble des activités d'architecture militaire, civile et religieuse dans les deux évêchés de Bamberg et Würzburg.

En 1730, Neumann est appelé en consultation pour l'achèvement du château de Bruchsal (Rhénanie). Il insère au centre du bâtiment un extraordinaire escalier : le plan est elliptique ; deux rampes, symétriques par rapport au grand axe de l'ellipse, s'élèvent depuis le rez-de-chaussée, qui est sévère, avec ses colonnes doriques à fût cannelé, jusqu'à l'étage, tout empli de lumière ; on se trouve alors dans un large espace aux fenêtres cintrées séparées par des pilastres composites. La fresque de Johann Zick, qui décore la coupole, et les stucs de Johann Michael Feuchtmayer, qui l'encadrent, complètent cet éblouissant ensemble.

De 1733 à 1745, en même temps que se poursuivent les travaux de la résidence, le prince-évêque se fait construire à Werneck un séjour plus retiré. Ici Neumann est seul maître du plan et des aménagements. Les installations intérieures ont aujourd'hui disparu. Les différentes ailes s'ordonnent autour d'une cour ; de gros pavillons, fortement saillants, se dressent aux angles, ainsi qu'au centre du corps principal. Le jeu des toitures aux pans incurvés, les deux minces tours coiffées de bulbes, les courbes capricieuses des frontons confèrent à ce château une saveur et un charme pleins de séduction.

Cependant les travaux d'urbanisme se multipliaient à Würzburg : adductions d'eau en 1730, destruction des anciennes fortifications et aménagement de nouveaux boulevards sur leur emplacement tout au long des années 1730. Neumann surveille personnellement la construction des maisons d'habitation qui s'élèvent le long des nouvelles rues. Les destructions de la guerre ont considérablement altéré l'aspect original qu'il avait donné à la ville, et fait disparaître certaines des maisons qu'il avait lui-même bâties, comme le Hof Rombach.

Toutes ces réalisations visaient à encadrer dignement la résidence ; les travaux, commencés dès 1720, ne furent achevés pour le gros œuvre qu'en 1744. Malgré la multiplicité des interventions, les unes venant de Paris avec de Cotte et Boffrand (ce dernier fait en personne le voyage de Würzburg en 1724), les autres de Vienne avec Johann-Lukas von Hildebrandt (il effectue plusieurs séjours à Würzburg entre 1730 et 1740), l'ouvrage porte bien la marque de Neumann. La guerre a endommagé le château, et la plus grande partie des appartements ont disparu. Par chance, les pièces maîtresses existent encore : l'escalier et le salon d'honneur (Kaisersaal), où Tiepolo vint en 1750 et 1751 déployer des fresques fastueuses, et la chapelle, chef-d'œuvre, où la part de Hildebrandt est essentielle dans la décoration.

L'escalier de Würzburg est peut-être le plus étonnant témoignage que Neumann ait laissé de son habileté technique. Il se développe dans une cage rectangulaire de 30 mètres sur 18 que couvre une voûte d'un seul tenant. À Neresheim, que le fils de Balthasar Neumann achèvera après la mort de son père, un souci de prudence conduira à renoncer au voûtement en pierre, que seule la virtuosité du disparu aurait pu mener à bien. Le grand salon embrasse deux étages ; son plan est un quadrilatère à pans coupés ; de hautes pénétrations allègent l'aspect de la voûte qui le couvre. Le souvenir de Vaux-le-Vicomte paraît avoir inspiré la conception d'ensemble.

Les églises de Balthasar Neumann

La chapelle de la résidence n'est pas le premier essai de Neumann dans le domaine de l'architecture religieuse mais elle marque le point de départ de nouvelles conceptions que l'église des Vierzehnheiligen (cf. figure) et celle de Neresheim porteront à leur apogée. Entre 1730 et 1735, il donne les plans et surveille la construction de l'église de pèlerinage de Gössweinstein (Franconie) ; la coupole basse qui couvre la croisée du transept dénote un effort encore incertain pour résoudre la vieille antinomie entre plan central et plan basical. À Etwashausen (Franconie), où les travaux commencent en 1741, la solution est plus audacieuse : la nef se réduit à deux courtes travées ; la croisée forme un carré, sur les diagonales duquel se disposent quatre couples de colonnes toscanes à fût lisse, portant les fragments d'un entablement circulaire qui constitue la base de la coupole. L'effet de centralisation de l'espace est encore plus accusé dans l'église de Gaibach (Franconie) qui date des mêmes années ; Neumann expérimente ici pour la première fois l'idée des espaces elliptiques qui se pénètrent réciproquement. C'est cette idée qui triomphe à la chapelle de Würzburg avec son corollaire, la formule des arcs gauches tangents au sommet.

Il est possible que cette idée ait été inspirée à Neumann par l'exemple qu'avaient donné à Banz, tout près de Würzburg, les Dientzenhofer, architectes pragois. Neumann a lui-même travaillé à Banz, pour compléter les bâtiments de l'abbaye. En 1742, il dépose son plan pour la reconstruction de l'église de pèlerinage dédiée aux quatorze saints intercesseurs, les « *Vierzehnheiligen* », située juste en face de Banz.

La construction des Vierzehnheiligen eut une histoire compliquée. L'architecte Gottfried Krohne, dont les plans avaient été écartés, mais qui demeurait chef du chantier, entama les travaux à un emplacement légèrement différent de celui que Neumann avait prévu ; il en résultait que l'endroit de l'apparition miraculeuse, sur lequel devait prendre place l'autel principal, n'était plus dans le chœur, mais au centre de la nef. En 1744, Neumann remanie ses plans et construit un modèle en bois, conservé aujourd'hui au musée de Bam-

NEUMANN BALTHASAR

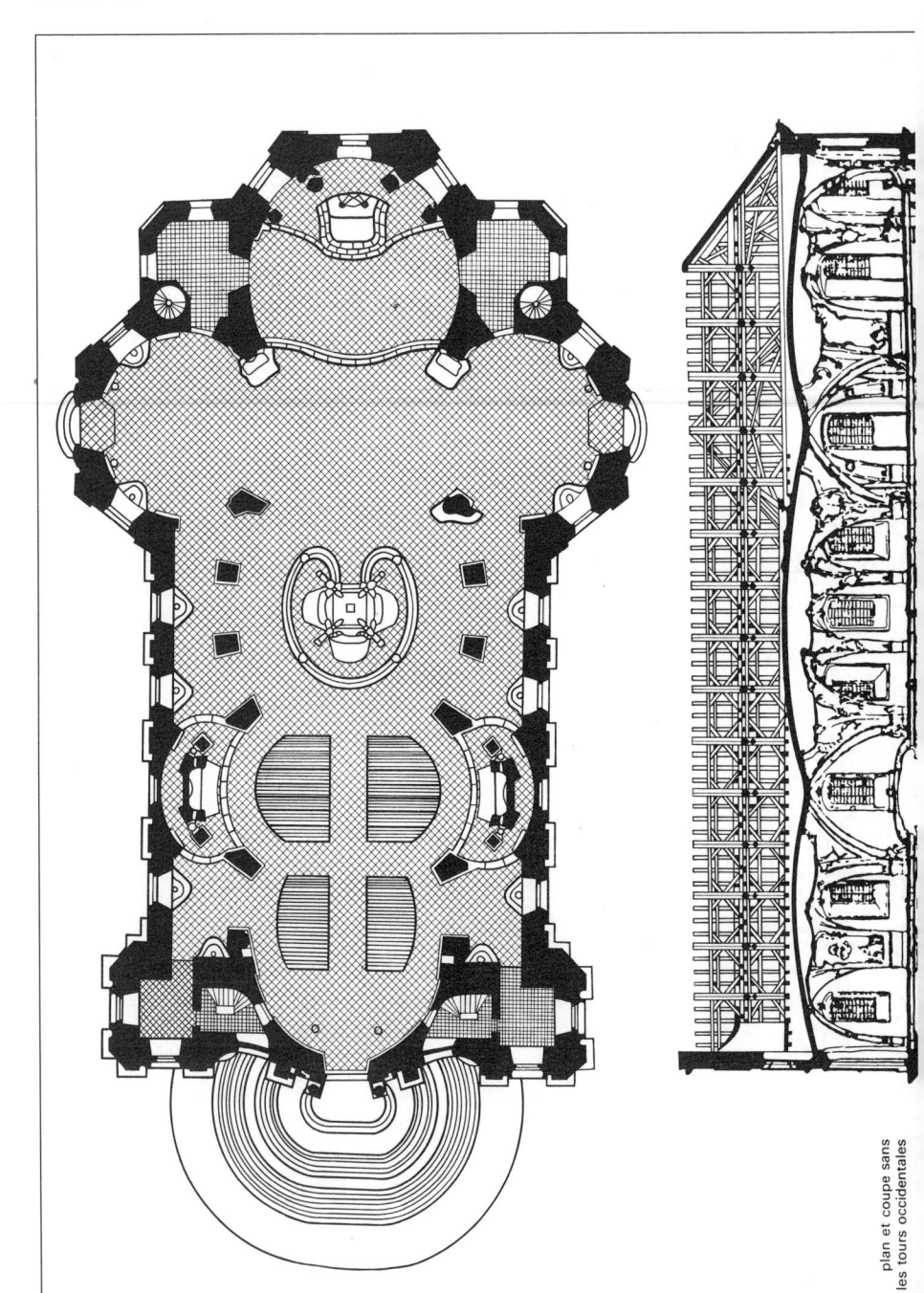

plan et coupe sans les tours occidentales

plan des voûtes

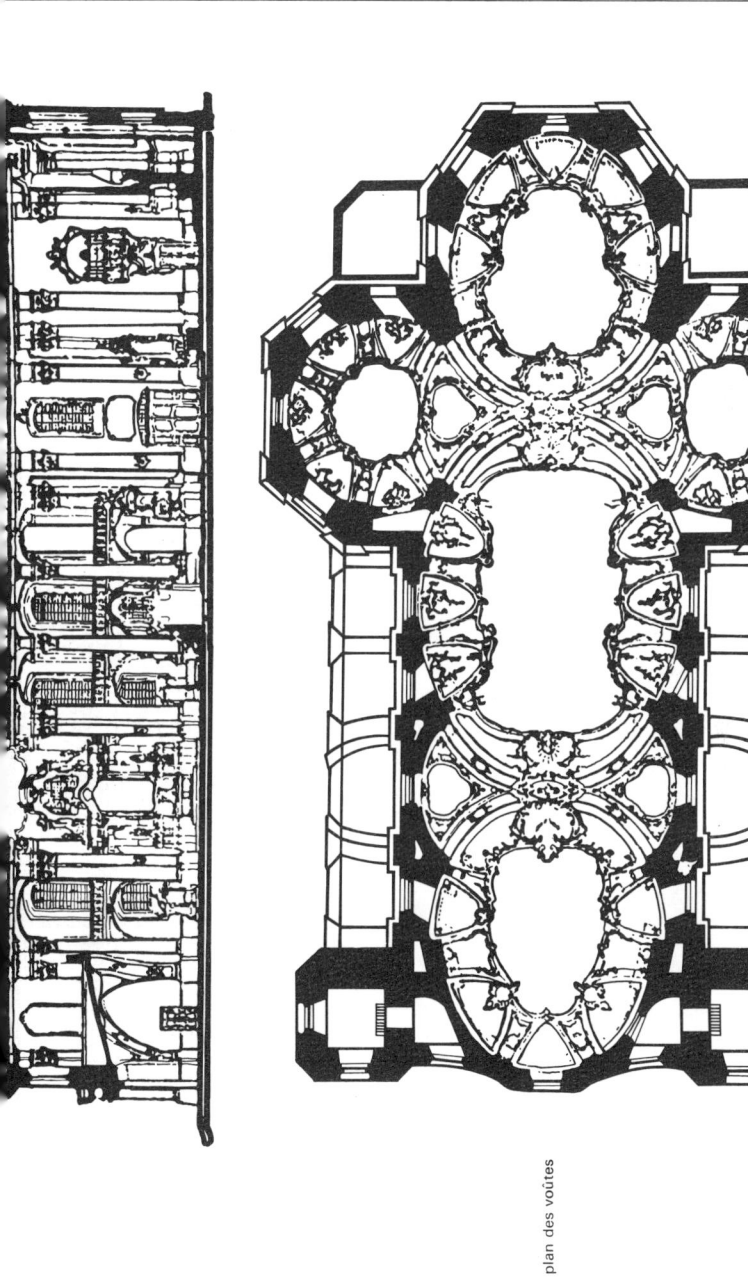

Église des Vierzehnheiligen en Franconie (d'après Nikolaus Pevsner, « Génie de l'architecture européenne », Paris, 1965)

berg. La nouvelle position de l'autel oblige à accentuer le caractère central de l'édifice. Il y parvient en créant un décalage hardi entre le plan au sol (qui reste un plan basical, avec une nef, des bas-côtés et un transept) et le plan des voûtes (trois coupoles surbaissées sur plan elliptique) ; la coupole qui couvre la nef est la plus importante, des arcs gauches la raccordent aux coupoles qui couvrent le chœur et la travée d'entrée. Ainsi, privilégiée sur le plan, la croisée du transept est en fait indiquée, au niveau des voûtes, par l'accolement de deux grands arcs, ce qui la réduit à n'être qu'un temps faible ; cet effet est accentué au moyen du second transept, que Neumann introduit au niveau de la jonction entre l'ellipse principale et celle de l'entrée. L'autel principal, ainsi que l'ensemble de la décoration, furent exécutés après la mort de Neumann par Jakob Michael Küchel et Thomas Appiani. Extraordinairement lumineuse et claire, l'église forme une sorte d'écrin étincelant autour de l'autel central ; le jeu combiné des différentes courbes donne au visiteur l'impression, à mesure qu'il se déplace, de circuler dans un espace aux frontières incertaines et aux articulations trompeuses. Le premier motif d'admiration que l'on éprouve devant les Vierzehnheiligen est l'insertion dans le paysage ; la façade en pierre jaune de l'église s'élève au milieu de collines boisées, flanquée de ses deux tours aux bulbes compliqués. Un effet plus achevé encore est obtenu au Käppele de Würzburg ; ici Neumann a aménagé toute la pente d'une colline au moyen de terrasses et d'escaliers perdus dans la verdure. Le gros œuvre du Käppele est à peine achevé, en 1749, que Neumann donne ses plans pour la grande église de Neresheim, en pays souabe. Le plan rappelle celui d'Ottobeuren ; plan longitudinal de cinq travées, correspondant à cinq coupoles, où Neumann reprend sur un mode plus grandiose le thème des quatre couples de colonnes supportant la coupole principale. L'effet de compénétration des espaces est moindre qu'aux Vierzehnheiligen et l'ensemble donne une impression plus calme et moins ambiguë. Ce dernier ouvrage commence à peine à sortir de terre quand Neumann disparaît à Würzburg. Ses papiers, restés quelque temps dans sa famille, furent dispersés en 1804 et la dernière guerre en fit disparaître une grande partie. Mal connu en dehors de l'Allemagne, cet architecte est parmi les plus importants du XVIIIe siècle. Il se situe au point extrême de la tradition issue de Borromini et de Guarini. Si leur somptueuse décoration fait de certaines de ses œuvres des modèles parfaits de ce que l'on appelle rococo, il reste avant tout, cependant, un architecte, tirant ses plus beaux effets d'un agencement habile de la construction : on le voit parfaitement avec des édifices restés sans décor, comme Etwashausen. Sa science de praticien a permis de comparer telle ou telle de ses réalisations avec les plus grands effets obtenus par les techniciens du béton armé.

GEORGES BRUNEL

Bibliographie

M. VON FREEDEN, *Balthasar Neumann*, catal. expos., Würzburg, 1953 ; *Balthasar Neumann*, Munich, 1963 / H. R. HITCHCOCK, *Rococo. Architecture in Southern Germany*, Londres, 1968 ; *Die Zeichnungen aus dem Nachlass*, Mann, Berlin, 1979 / J. KETTNER, *Balthasar Neumann*, Münster, 1993 / B. NEUMANN, *Briefe von seiner Pariser Studienreise 1723*, K. Lohmeyer éd., Düsseldorf, 1911 / H. REUTHER, *Die Kirchenbauten Balthasar Neumanns*, Berlin, 1960 / R. SEDLMAIER & H. PFISTER, *Die fürstbischöfliche Residenz zu Würzburg*, Munich, 1923 / G. THIEM, *Balthasar Neumann in Baden-Württemberg*, catal. expos., Stuttgart, 1975.

NEUTRA RICHARD (1892-1970)

Parmi les grands architectes de la première moitié du XXe siècle, Neutra fait généralement figure de second. Dans son architecture n'apparaît pas la puissance créatrice artistique de Frank Lloyd Wright, Mies van der Rohe ou Le Corbusier, et son nom n'est pas, comme celui de Gropius, attaché à une école fameuse qui aurait pu assurer la réputation de sa démarche. Pourtant celle-ci est peut-être plus nouvelle qu'une autre : si la tendance actuelle à substituer les problèmes inquiétants de l'environnement à ceux de l'architecture se poursuivait, le mérite historique reviendrait à Richard Neutra d'avoir, le premier, posé explicitement l'architecture en termes d'environnement. Cherchant à fonder son travail de conception sur une connaissance biologique et psychosomatique de l'individu, Neutra a réalisé une architecture qui est moins un objet de contemplation artistique qu'un milieu de vie. Il s'ensuit que l'expression de l'artiste y est moins forte que l'impression de l'ambiance, et que l'architecture en impose d'autant moins au critique d'art que sa qualité première est précisément de ne pas s'imposer à celui qui l'habite, d'être transparente, pour ainsi dire absente, simple environnement. Toutefois, aucune architecture ne pouvant se soustraire à la signification, celle de Neutra, par cette transparence même, exprime d'autant plus la riche société californienne pour laquelle elle fut souvent conçue.

Les sources

Richard Neutra, qui était né à Vienne, fut très impressionné durant ses études à la Technische Hochschule par l'architecture d'Otto Wagner qui tendait alors à épurer cet art de toute surcharge ornementale et à rechercher la beauté dans les simples proportions. Adolf Loos, l'auteur du fameux article *Crime et ornement*, eut sur lui une grande influence par la suite et l'engagea sur la voie d'une architecture produite par la machine. Mais c'est surtout Frank Lloyd Wright qui fournit à Neutra, arrivé aux États-Unis en 1923, certains concepts clés dont il ne se départit guère. Auparavant, Neutra avait collaboré un temps avec Erich Mendelssohn : la continuité dynamique horizontale de l'architecture de ce dernier (qu'on trouve aussi chez Wright) l'a sans doute influencé. Ainsi à travers Loos et Wright, l'architecture de Neutra relève simultanément des deux grandes tendances de l'architecture moderne, la tendance fonctionnaliste et la tendance organique.

Outre ces modèles, maîtres choisis délibérément, la source propre de l'innovation de Neutra apparaît dans le texte qui suit : « Au début de la vie, bébés perplexes et curieux, nous passons de longs moments étalés sur le sol. Vers deux ou trois ans, je m'asseyais souvent sur le plancher, étudiant la croissance des copeaux que l'usure du parquet faisait naître, ainsi que le gauchissement des lattes. Pour les adultes, le plancher est distant. S'ils s'étaient penchés pour examiner ma production en ce lieu tranquille que sont les interstices du parquet, ils l'auraient qualifiée de saleté. Un agrandissement eût dévoilé un monde grouillant de microbes. Je l'éprouvais par le vieux test du flâneur : le portant à ma bouche, je le trouvais « mauvais ». Aussi étrange que cela paraisse, mes premières impressions sur l'architecture furent éminemment gustatives. »

L'espace architectural

L'espace de Neutra est fait de matières diverses, verre, pierre, bois, acier, brique, eau, sable, l'architecte ne cherchant pas l'unité d'expression de l'objet artistique par le matériau comme Mies avec l'acier ou Le Corbusier avec le béton. L'objet architectural est démantelé en une suite de *lieux* qui relèvent plus d'une géométrie de l'espace vécu dont l'individu est le pôle, que d'une géométrie de l'architecte. L'unité du tout fait place à une succession d'ambiances psychosomatiques. Aucun lieu n'est véritablement fermé par des volumes lisibles, chaque endroit de l'architecture est plutôt intersection de lieux : le plancher et le plafond d'un point de l'espace sont rarement projection verticale l'un de l'autre et relèvent d'espaces différents. Les murs relèvent également de divers ensembles, de sorte que de multiples lectures de l'espace sont possibles au gré des tendances psychosomatiques de chacun à se projeter suivant son humeur vers tel ou tel lieu, dans telle ou telle matière, à travers une transparence générale de l'architecture. Interpénétration de plans réels ou virtuels (portiques, surfaces vitrées, emploi de l'eau, etc.), interpénétration d'intérieurs et d'extérieurs, l'architecture de Neutra est *milieu*.

Pour la réalisation de ce milieu, l'emploi des techniques industrielles est poussé au plus haut point. La maison Lovell à laquelle l'architecte a donné le surnom significatif de Health House fut, en 1927, construite en quatre jours grâce à l'étude détaillée et minutieuse de la structure métallique et elle a établi la renommée de Neutra. Ainsi, usant des avantages de la fabrication industrielle, Neutra ne l'a pas déifiée comme l'a fait Mies en des temples d'acier et de verre.

Supprimant, suivant Loos, l'ornement, il ne lui a pas non plus substitué un nouveau décor comme le béton brut de décoffrage de Le Corbusier ou des architectes « brutalistes ». Il a plutôt, comme Alvar Aalto, recours à la variété des matériaux tous indispensables à des moments divers à l'équilibre de l'individu. On trouverait également réunis chez Neutra la conception du plan libre de Le Corbusier, la transparence de l'espace de Mies, le plan en croix de Wright et la continuité entre l'extérieur et l'intérieur, l'intégration au site propre à Wright ou à Aalto, ou la composition par plans du mouvement De Stijl. Loin de considérer un tel rassemblement comme une compilation littéraire ou un éclectisme artistique, on doit y voir plutôt les prémices d'une démarche scientifique, englobant dans une théorie unitaire diverses acquisitions tant fonctionnalistes qu'organiques de l'architecture moderne. En cela la démarche de Neutra est éminemment nouvelle : elle se voudrait réponse scientifique au problème de l'environnement. Faite pour entourer l'individu, une telle architecture est, plus sans doute que celles de certains autres « grands architectes », vivable.

En contrepartie, une fois dépassée l'échelle de l'individu à laquelle le matériau est perceptible et le déplacement sensible, lorsque l'architecture cesse d'être contenant, milieu, pour être objet vu à distance, l'aspect du matériau ou la transparence des lieux cessent d'être un langage possible. Alors l'architecture de Neutra devient le jeu abstrait d'un graphisme un peu trop simple de blancs, de gris et de noirs qui caractérise ses buildings plus importants ; des volumes fermés et formels se substituent à la transparence des plans. Objet et obstacle, cette architecture perd l'intérêt majeur qu'elle revêtait à l'échelle humaine, celui d'être un milieu.

La pensée et les écrits

Pour répondre à la demande sociale de *design*, Neutra constate que les architectes ne disposent d'aucun critère suffisamment général et reposant sur des bases assez solides pour fonder la conception de l'environnement : « *Mere speculation will no longer suffice.* » Au contact de ses clients, l'architecte constate que goûts et aversions constituent habituellement la règle suprême. On ne peut se contenter d'« objectifs techniques et commerciaux », il faut encore, par une connaissance approfondie de l'homme, résoudre les problèmes issus de la situation biologique sans précédent dans laquelle l'ont placé les grandeurs terrifiantes de vitesse, d'énergie et de masse investies aujourd'hui. C'est sur la physiologie que Neutra fonde l'espoir d'une élaboration d'un ensemble de critères valides et objectifs notamment au niveau de la programmation, qu'il s'agisse d'une petite maison ou d'un grand hôpital. Ainsi les clients pourront-ils s'assurer de « n'être pas les victimes de concepteurs esclaves de notions périmées ou de la simple nouveauté ». Seul un programme de recherche sur les effets psychosomatiques de l'environnement, estime Neutra, pourrait permettre de rendre objective la démarche du designer. Dans de nombreux écrits, en particulier *Survival through Design*, il a développé une pensée qui, même si on peut la critiquer, a le mérite d'essayer de poser les problèmes du design comme objet collectif de recherche, alors que souvent les textes d'architectes ne sont que des manifestes de foi en leur propre solution.

La première critique qu'on pourrait adresser à une telle pensée est sans doute la place privilégiée qui y est faite à la physiologie de l'homme : concevoir l'environnement comme l'optimisation du milieu biologique, fondé sur la prévision des réactions du système nerveux aux divers stimuli, est négliger d'autres réalités humaines non moins fondamentales, en particulier la réalité sociologique dont l'architecture est en droit d'attendre recherches ou informations ; la création de l'environnement humain diffère grandement de celle qui est imaginée pour les souris dans les laboratoires de biologie en ce que l'homme y est simultanément sujet et objet. Neutra fait l'hypothèse d'un environnement adéquat pour une sorte d'invariant qui serait l'homme, un homme seul soumis aux seules matières, textures et couleurs qui l'entourent. C'est toute une partie de l'environnement – les autres – qui échappe à l'architecte ainsi que le contenu sémantique socio-culturel du domaine bâti.

La dernière page de *Survival through Design* évoque le besoin de plus en plus urgent d'esquisser les projets de construction et de fabrication « en termes convaincants pour les utilisateurs » ; l'environnement biologique de l'homme n'est peut-être pas seul en cause bien que sa dégradation risque de nécessiter des mesures de survie ; il faut aussi tenir compte de l'environnement social, totalement dominé par des objectifs financiers ou commerciaux : « *Naturalness can be regained when acceptance of design is guided physiologically and not just commercially pushed.* » Mais l'environnement purement biologique existe-t-il indépendamment du milieu social ? La neutralité d'apparence scientifique derrière laquelle l'architecte voudrait abriter ses propres choix est illusoire ; la transparence d'une telle architecture n'est pas plus neutre que celle de Mies van der Rohe ou l'affirmation volontaire de soi de Le Corbusier, tant il est vrai que l'architecture est avant tout choix, parti. La physiologie ne peut donc expliquer et justifier que partiellement les décisions prises dans le domaine de l'environnement. La connaissance scientifique du domaine de l'environnement comme *projet* dans un système de décision aurait plus de chance de mener à une libération idéologique du design que la recherche de la justification du design par une science, la physiologie, dont l'objet est tout autre. Mais le recours à la physiologie n'est-il pas le symptôme d'une attitude préscientifique qui peut-être présagerait d'une science de l'environnement ?

PHILIPPE BOUDON

Bibliographie

• *Œuvres de Richard Neutra*

Wie baut Amerika, Stuttgart, 1927 ; *Neues Bauen in der Welt*, Vienne, 1930 ; *Architecture of Social Concern*, São Paulo, 1948 ; *Mystery and Realities of the Site*, New York, 1951 ; *Construire pour survivre* (*Survival through Design*, 1954), trad. S. de Trooz, Paris, 1971 ; *Life and Human Habitat*, Stuttgart, 1956 ; *Realismo biológico*, Buenos Aires, 1958.

• *Études*

W. BOESIGER, *Richard Neutra, Buildings and Projects*, 3 vol., Zurich, 1966 / T. S. HINES, *Richard Neutra and the Search for Modern Architecture*, Oxford Univ. Press, New York, 1982 / « Neutra », in *L'Architecture d'aujourd'hui*, n° spéc., juin 1948 / « Neutra, dernières œuvres, derniers écrits », in *Architettura*, n° 181, nov. 1970 / M. SACK, *Richard Neutra*, Architecture, Munich, 1992 / B. ZEVI, *Richard Neutra*, Milan, 1954.

bonne part à la personnalité exceptionnelle et à la puissante imagination plastique de Niemeyer. La renommée de ce dernier sur le plan international a toutefois tendance à rejeter dans l'ombre l'action et les réalisations d'autres architectes (Lucio Costa, Alfonso Eduardo Reidy, les frères Roberto, Vilanova Artigas...) qui ont, eux aussi, contribué à l'éclosion ou au développement en profondeur d'un mouvement aux multiples ramifications qui constitue une des grandes fiertés du Brésil. Cette éclipse d'indéniables talents au profit d'une figure dominante est quelque peu regrettable, car elle limite par trop la richesse et la variété des créations architecturales brésiliennes, mais la réputation de Niemeyer n'est pas usurpée : il a joué un rôle décisif dans son pays et son influence a rapidement dépassé ce cadre pourtant vaste pour faire de lui un des noms les plus en vue de l'architecture contemporaine. On ne s'étonnera pas que l'orientation de son œuvre ait donné lieu à de vives controverses et à des prises de position passionnées : admiré pour son génie de l'invention formelle, il se vit souvent reprocher un manque de considération pour la solution des problèmes d'ordre fonctionnel ; il déclencha enfin l'ire de quelques théoriciens dont les conceptions étaient à l'opposé des siennes.

NIEMEYER OSCAR (1907-)

Le brusque essor de l'architecture brésilienne depuis 1936 et la place de choix qu'elle occupe désormais dans le panorama mondial sont dus pour une

Un disciple de Le Corbusier

Oscar Niemeyer Soares Filho est né à Rio de Janeiro en 1907 ; il fit ses études à l'École nationale des beaux-arts de sa ville natale et y obtint son diplôme d'architecte en 1934. L'enseignement délivré dans cette institution, fondée au siècle précédent sur le modèle de l'École des beaux-arts de Paris, était traditionnel. Un vent de renouveau y avait pourtant soufflé en 1931, pendant une courte période de sept mois, lorsque Lucio Costa, alors âgé de vingt-huit ans, en avait été nommé directeur, après la révolution de novembre 1930. L'augmentation du corps professoral par le recrutement de jeunes contractuels d'avant-garde et l'organisation d'une double filière de cours, dont le choix était laissé aux étudiants, avaient bouleversé structures et habitudes. L'adhésion enthousiaste des élèves ne faiblit pas avec l'échec rapide de la tentative et la reprise en main de l'École par les professeurs titulaires ; si les résultats pratiques de la grève qui suivit le renvoi de Costa se révélèrent minces sur le plan officiel, un nouvel état d'esprit était né et les partisans convaincus d'une architecture « moderne » se regroupèrent autour du directeur évincé pour étudier l'œuvre de Le Corbusier, considéré comme le livre sacré de l'architecture depuis le rapide séjour et les conférences de ce dernier à Rio de Janeiro en 1929. C'est ainsi qu'avant même d'obtenir son diplôme et par souci de compléter sa formation théorique et pratique Niemeyer entra comme dessinateur bénévole dans le cabinet de Costa. L'opération allait rapidement se révéler bénéfique, car ce fut grâce à elle que Niemeyer se trouva finalement incorporé dans l'équipe chargée d'établir les plans du ministère de l'Éducation et de la Santé (devenu palais de la Culture).

Cet ouvrage, projeté et construit à Rio de Janeiro de 1936 à 1943, a constitué un véritable point de départ pour l'architecture contemporaine locale. Il a permis un contact direct des membres, du groupe brésilien (Costa, Reidy, Moreira, Leão, Vasconcellos et Niemeyer) avec Le Corbusier, appelé comme architecte-conseil. Les trois semaines de travail intensif sous la direction du maître admiré (juillet-août 1936) suffirent à transformer la méthode et l'état d'esprit des disciples, dont la timidité se dissipa brusquement ; ils comprirent alors que la fidélité inconditionnelle au style international austère des années 1920-1930, qui bridait leurs capacités, n'était plus de mise ; la découverte de l'importance décisive accordée par Le Corbusier aux problèmes formels fut pour tous, mais surtout pour Niemeyer, une révélation. Partie d'une des esquisses de Le Corbusier, l'équipe brésilienne réalisa une œuvre très différente de celle proposée par le dessin initial tout en en conservant les divers éléments. L'originalité de la création finale provenait d'un certain dynamisme dû à une succession d'oppositions (façades, volumes), de la légèreté de la composition et de la richesse décorative de l'ensemble (fresque et mosaïques de Portinari, sculptures de Lipchitz et Giorgi, jardins de Burle Marx). Le retentissement de cette œuvre fut immense et contribua de façon décisive au succès de la nouvelle architecture au Brésil.

Un créateur de formes

L'ascension de Niemeyer fut extrêmement rapide ; il la dut en partie à l'aide dévouée que lui apporta Costa, dès que celui-ci fut persuadé du talent de son jeune collaborateur. Costa n'hésita pas en effet à s'effacer à diverses reprises pour fournir à Niemeyer des occasions de s'affirmer : refus du premier prix décerné lors du concours pour le pavillon du Brésil à l'Exposition internationale de New York en 1939 et élaboration en commun d'un nouveau projet ; abandon en 1940 de la direction du groupe d'architectes responsables du ministère de l'Éducation pour permettre à Niemeyer d'assumer cette charge ; choix de ce dernier pour construire le « Grand Hôtel » d'Ouro

Preto (1938-1940), alors que les fonctions de Costa au service des Monuments historiques créé en 1937 et les servitudes imposées par cette ville-musée du XVIIIe siècle semblaient logiquement le désigner pour cette tâche.

La grande chance de Niemeyer fut cependant de ce voir offrir de 1941 à 1944 par le maire de Belo Horizonte, Juscelino Kubitschek, la construction d'une série de monuments de prestige destinés à lancer une vaste opération immobilière dans le futur quartier de Pampulha, situé hors de la ville. Le programme, qui comprenait un casino, un club nautique, un restaurant populaire, un hôtel (non réalisé) et une chapelle, convenait particulièrement bien à Niemeyer du fait de l'absence de contraintes. L'absolue liberté dont il disposait lui permit de créer des bâtiments originaux, d'autant plus impressionnants qu'ils restèrent isolés au bord d'un lac artificiel puisque les lotissements prévus ne furent pas construits. Cette entreprise marqua également le début d'une entente profonde entre l'homme politique ambitieux, passionné de construction, et l'architecte plein d'imagination. La rencontre ne devait cesser de porter ses fruits, tout au long de la carrière de l'un et de l'autre, aboutissant à l'apogée de Brasília. Niemeyer lui rend hommage avec le mémorial J. Kubitschek (1980-1981).

Bien que se réclamant officiellement du mouvement rationaliste, Niemeyer ne tarda pas à faire porter l'essentiel de ses recherches sur l'aspect formel de la composition. Estimant que l'architecture de XXe siècle ne serait digne de ce nom que si elle savait exploiter la plasticité de matériaux nouveaux et notamment la malléabilité du béton armé, il s'attacha à mettre au point des structures capables de valoriser l'esthétique des bâtiments (pilotis en V, arcs, voûtes, rampes), il inventa des volumes neufs ou procéda par combinaison d'éléments simples empruntés à un vaste répertoire dont la source fut souvent l'œuvre de Le Corbusier. Les commandes affluèrent à Rio de Janeiro (Banque Boa Vista, 1946) dans l'État de São Paulo (Centre technique aéronautique de São José dos Campos, 1947 ; ensemble du parc d'Ibirapuera à São Paulo, 1951-1954) ou dans celui de Minas Gerais dont Kubitschek fut gouverneur pendant quatre ans (hôtel, école et club de Diamantina, 1950-1951 ; lycée de Belo Horizonte, 1954). L'emploi fréquent des courbes a frappé bien des critiques qui y ont vu une tendance néobaroque, mais cette opinion est discutable : malgré quelques caprices comme l'utilisation de la forme libre pour le dessin de sa propre maison à Rio de Janeiro (1953-1954) et un dynamisme contenu, l'architecture de Niemeyer est restée marquée par la clarté et l'équilibre.

L'architecte de Brasília

L'année 1954 constitua un tournant dans l'œuvre de Niemeyer. Venu pour la première fois en Europe, qu'il parcourut longuement, l'architecte révisa son jugement sur les styles du passé, qu'il avait jusque-là considérés comme incapables d'apporter une contribution à l'architecture contemporaine ; il comprit la signification de ces créations en tant que symbole d'une civilisation et la valeur permanente de leur beauté opposée au caractère transitoire des facteurs fonctionnels et utilitaires. Il s'attacha désormais à épurer son style, à le dépouiller de tout excès de fantaisie, à lui donner un caractère permanent de grandeur monumentale. L'accession de Kubitschek à la présidence de la République et la fondation de la nouvelle capitale, Brasília, furent pour lui l'occasion rêvée. S'il refusa de tracer le plan de la ville qui échut après concours à Lucio Costa, Niemeyer accepta la charge de construire la plupart des édifices publics et notamment ceux de l'axe monumental tracé par Costa. Il fut également l'architecte de l'ensemble des immeubles d'habitation d'une des unités résidentielles de l'aile sud de l'agglomération. Si certaines réserves peuvent être faites quant à l'agencement pratique de ces derniers bâtiments, la réussite plastique des premiers est indéniable. Leur architecture symbolique allie distinction et élégance, audace et nouveauté, puissance et légèreté. Le retour au vieux principe méditerranéen de l'édifice à portique pour la plupart des palais officiels a donné des résultats remarquables, démontrant tout le parti qu'on pouvait tirer des monuments du passé tout en restant typiquement de son époque. La variété des solutions trouvées dans les ouvrages de Brasília n'altère en rien l'unité profonde qui se dégage de la ville entière. La parfaite conjonction du plan de Costa et de l'architecture de Niemeyer ont abouti à la plus belle réalisation de l'urbanisme du XXe siècle.

Le coup d'État militaire de 1964 le contraint à l'exil, il vit de 1967 à 1972 à Paris. Son audience internationale a considérablement augmenté et il est l'auteur de projets pour des pays multiples : Algérie, Ghana, Liban, Israël (l'université d'Haïfa), Italie (siège des éditions Mondadori à Segrate, 1968-1975) et naturellement la France (siège du Parti communiste à Paris, 1965-1980, et maison de la culture au Havre, 1972-1982). On a souvent opposé ses idées progressistes et le fait que ses grandes réussites aient été obtenues dans des programmes monumentaux qui n'avaient aucun caractère social ; Niemeyer a répliqué que la tâche de l'architecte consistait à construire ce qu'on lui demandait et qu'il ne pouvait renoncer à travailler parce qu'il ne vivait pas dans un régime qui lui aurait confié les commandes désirées. Cette réponse est probablement un alibi ; Niemeyer s'est en effet révélé comme un artiste donnant toute sa mesure lorsqu'il ne se trouvait pas en face de contraintes astreignantes. Sa contribution décisive à la civilisation de notre temps a été de rappeler avec éclat que l'architecture n'était pas seulement une création utilitaire, mais aussi un art de signification majeure, dont l'expression ne devait pas être systématiquement brimée.

YVES BRUAND

Bibliographie

Y. BRUAND, *L'Architecture contemporaine au Brésil*, Lille, 1973 ; *A arquitetura contemporânea no Brasil*, São Paulo, 1981 / G. LUIGI dir., *Oscar Niemeyer. Une esthétique de la fluidité*, Parenthèses, Marseille, 1987 / O. NIEMEYER, « Témoignage », in *Módulo*, n° 9, Rio de Janeiro, 1958 ; *Minha Experiência em Brasília*, Rio de Janeiro, 1961 ; *Oscar Niemeyer*, Mondadori, Milan, 1975 ; *Oscar Niemeyer par lui-même*, Balland, Paris, 1993.
S. PAPADAKI, *The Work of Oscar Niemeyer*, Reinhold, New York, 1950 ; *Oscar Niemeyer : Works in Progress*, ibid., 1955 ; *Oscar Niemeyer*, New York, 1964 / D. UNDRWOOD, *Oscar Niemeyer and Brazilian Free-Form Modernism*, Brazzler, New York, 1994 / *L'Architecture d'aujourd'hui*, n° 13-14, 1947, n° 42-43, 1952, n° 90, 1960, n° 171, 1974, n° 184, 1976 ; *Zodiac*, Milan, n° 6, 1960, n° 11, 1964.

NITZCHKÉ OSCAR (1900-1991)

Le déplacement des thèmes et des formes de l'architecture moderne européenne vers les États-Unis a trop souvent été perçu comme résultant uniquement de l'exposition *The International Style*, organisée en 1932 au musée d'Art moderne de

New York par Henry-Russell Hitchcock et Philip Johnson. Les passeurs comme Oscar Nitzchké permettent cependant de découvrir les itinéraires plus secrets par lesquels une transmission durable des expériences du modernisme allemand ou français s'est accomplie.

Né en 1900 à Altona (en Allemagne), Oscar Nitzchké découvre l'architecture à Genève, puis à l'atelier Laloux-Lemaresquier, pilier de l'enseignement académique à l'École des beaux-arts de Paris, qu'il quitte en 1923 avec un groupe de jeunes rebelles, pour ouvrir sous la férule d'Auguste Perret l'atelier du Palais de bois. En compagnie de Paul Nelson, Pierre Forestier, Ernö Goldfinger ou Berthold Lubetkin, Nitzchké explore les potentialités de la logique constructive rationaliste de Perret. En 1929, sa maîtrise des techniques contemporaines lui vaut de remporter le concours de maisons métalliques organisé par les Forges de Strasbourg, ville où il contribue à la réalisation du dancing de l'Aubette avec Van Doesburg et les Arp. Il construira plus de cinq cents exemplaires de son élégante boîte de tôle d'acier.

Par l'intermédiaire de l'éditeur Christian Zervos, Nitzchké rencontre le publicitaire Martial, propriétaire d'un terrain aux Champs-Élysées, sur lequel l'architecte conçoit en 1934-1936 la maison de la Publicité, projet fondateur d'une approche radicalement nouvelle des rapports de la communication visuelle et de l'architecture. Quarante ans avant le Centre Georges-Pompidou et les propositions des architectes high-tech des années 1980, Nitzchké fait du bâtiment en béton qu'il imagine le support d'un mur d'images mouvantes tourné vers l'avenue. Panneau d'affichage le jour et journal lumineux la nuit, cette peau englobe des salles d'expositions et d'auditions aux contours fluides. Sollicité par le peintre Amédée Ozenfant, qui lui commande un projet pour son école londonienne en 1937, Nitzchké travaille avec Paul Nelson et Frantz-Philippe Jourdain à un palais de la Découverte, dont les formes organiques et les toits suspendus à des câbles inaugurent un répertoire très éloigné de l'orthogonalité du « portique souverain » cher à Perret.

Nitzchké, qui avait visité New York en 1936, est invité deux ans plus tard par Wallace K. Harrison, architecte du Rockefeller Center, à travailler avec lui et à enseigner à l'université Yale à New Haven. Il imagine alors des édifices sensuels pour le zoo du Bronx (1940) ou des gratte-ciel plus austères pour le siège des Nations unies (1947), où son rôle est essentiel dans l'équipe élaborant le projet final. Entre 1949 et 1953, Nitzchké réalise pour Harrison et Max Abramovitz ce qui reste son œuvre majeure, lorsqu'il dessine tous les éléments constructifs, le hall et la façade du siège de l'Alcoa, à Pittsburgh. Salué par Marcel Lods comme le premier « classique » de l'architecture métallique, ce gratte-ciel de trente étages crée, avec les ressources de l'aluminium embouti, un jeu d'ombres et de lumières jusque-là banni des murs-rideaux américains.

Revenu à Paris dans les années 1960, son œuvre est lentement redécouverte en France et aux États-Unis, notamment à la faveur de l'exposition rétrospective de la Cooper Union à New York en 1985. Avec ses dessins exemplaires par la concision et la souplesse de leur trait, Nitzchké communique aujourd'hui la vision d'une modernité aérienne portée par l'enseignement de Perret, vision dont la religion française du béton armé a souvent brisé l'envol.

JEAN-LOUIS COHEN

Bibliographie

J. ABRAM, « Oscar Nitzchké, un constructivisme rationaliste et tempéré », in *Architecture Mouvement Continuité*, déc. 1984 / G. DUDLEY dir., *Oscar Nitzchke Architect*, Cooper Union, New York, 1985..

NOGUCHI ISAMU (1904-1988)

Né en 1904 à Los Angeles, d'une mère écossaise et d'un père japonais, Isamu Noguchi, élevé au Japon, a suivi tout d'abord des études de médecine avant de s'engager dans la voie artistique. À cet égard, la découverte de Brancusi en 1926 fut déterminante, ainsi que le séjour qu'il fit à son atelier parisien l'année suivante grâce à une bourse de la fondation Guggenheim.

Fasciné par la fusion de l'abstraction et de la figuration, Noguchi en quête de formes organiques a peu à peu développé son travail sur le terrain du surréalisme. Puis, curieux d'aller puiser aux sources mêmes de sa culture orientale, il se rend à Kyōto en 1931 pour étudier les secrets de l'art du potier, l'emploi de l'argile et le dessin au pinceau. Ce qui l'anime, c'est la volonté de recouvrer une intimité qu'il avait eue dans son enfance avec la nature. Vers le milieu des années 1930, dans une même intention d'appréhender l'espace, Noguchi pénètre l'univers de la danse et réalise pour Martha Graham, avec laquelle il ne cessera de collaborer, son premier décor de ballet *Frontier* (1935). La Seconde Guerre mondiale retient Noguchi à New York ; c'est pour lui l'occasion de rencontrer tous les artistes européens qui y sont en exil et de s'inscrire définitivement dans la communauté artistique internationale. Sa participation à l'exposition *Fourteen Americans* au Museum of Modern Art en 1946 marque la reconnaissance de son œuvre par les institutions. À partir de cette date, le sculpteur entre dans sa pleine maturité. Sa préoccupation essentielle – la place et l'espace de la sculpture – trouve dès lors les réponses les plus inattendues. De nouveau au Japon au début des années 1950, l'artiste va se consacrer à l'art des jardins. Sans tomber dans le piège d'un mimétisme local, Noguchi inaugure en ce domaine une forme nouvelle, réussissant à concevoir un milieu naturel comme un univers absolu, conforme aux recherches plastiques de sa propre sculpture.

Les jardins qu'il réalise, à l'université de Keyio comme au Metropolitan Museum of Art de New York, ne sont pas de simples accompagnements d'architecture, mais des lieux propres qui jouent en contrepoint avec elle. Ils opèrent une véritable alliance entre l'homme, l'architecture et l'espace. En 1956 il réalise pour les jardins de l'U.N.E.S.C.O. à Paris de grandes sculptures monolithiques en pierre. Ce même souci d'intégration le conduit par ailleurs à s'occuper de design industriel, parce que pour lui il n'est aucune limite à la sculpture. Ses lampes aux volumes globulaires, en papier transparent monté sur une armature de bambou, au piétement métallique noir très léger, ont connu un succès considérable à travers le monde. Auteur de nombreuses fontaines, comme celle de l'*Expo 70* à Ōsaka, Noguchi laisse une œuvre monumentale très importante. Son penchant pour la dissymétrie – comme l'a si bien noté André Pieyre de Mandiargues –, son « affaire d'amour avec la pierre », comme le basalte, l'obsidienne ou le granit, dont il présenta en 1981 à la galerie Maeght une grande diversité de formes taillées et polies, font de son art l'un des plus dépouillés de la sculpture moderne.

PHILIPPE PIGUET

Bibliographie

F. MATHEY, « Le Jardin de Noguchi », in *Quadrum*, nº 4, Bruxelles, 1959 / « Noguchi », textes de Shuzo Takiguchi et Saburo Hasegawa, éd. Bijutsu Shuppan-Sha, Tōkyō, 1953 / *Noguchi*, texte d'André Pieyre de Mandiargues, éd. galerie Maeght, coll. Derrière le miroir, Paris, 1981.

NORMAND ALFRED-NICOLAS (1822-1909)

Fils d'architecte, Normand pousse ses études d'architecture jusqu'au Grand Prix de Rome, 1846. À la pratique du traditionnel relevé architectural dessiné, il ajoute celui de la photographie, technique alors nouvelle, réalisant de nombreux calotypes pendant son séjour italien. Grâce à son érudition archéologique, il construit la Maison pompéienne du prince Napoléon, avenue Montaigne (détruite en 1890). De ses autres travaux, le plus important est la prison de Rennes (1867-1876) considérée à l'époque comme un modèle de bâtiment carcéral parce que son plan apportait une variation nouvelle au système panoptique.

ANNIE JACQUES

Bibliographie

Alfred Normand, architecte 1822-1909, catal. d'expos., Paris, 1978.

NOUVEL JEAN (1945-)

Jean Nouvel est, de tous les architectes français contemporains, le plus célèbre, le plus convoité par la mode, le plus courtisé par les médias, mais aussi le plus contesté par certains de ses confrères. Son image a fini par se fondre avec celle de l'homme « branché », cet archétype de l'époque, et lui-même, d'ailleurs, aime se référer à un vague « esprit du temps » mal défini.

Pendant l'été du bicentenaire de la Révolution, la une du 16 juillet 1989 du *Sunday Times Magazine* de Londres était consacrée à « The Best of France », citant d'abord Jean Nouvel, « the best architect », dont son célèbre confrère Richard Rogers affirmait qu'il incarnait parfaitement le modernisme français, constituant « le principal symbole de cette confiance en lui-même », qui, selon lui, caractérisait alors la France.

Nouvel est en effet devenu un symbole alors que montait un vedettariat architectural inusité dans ce pays. Cela explique que la scène architecturale parisienne se soit tant de fois si vivement déchirée à son propos.

Jean Nouvel n'est guère affecté par ce type de jugement : « Je suis un hors-la-loi », laisse-t-il entendre, un voleur qui aime « piquer à droite et à gauche : à la mode, à la bande dessinée, à la recherche de pointe, aux images techniques ». Voleur, ou bien synthétiseur, c'est un brasseur des rêves et des émotions du moment.

Né en 1945 de parents enseignants, il a passé son enfance à Sarlat, fait ses études à Bordeaux ; en 1966, à vingt et un ans, il vient à Paris pour s'inscrire à l'École des beaux-arts. Durant quatre ans, il est en même temps le collaborateur de Claude Parent, architecte assez marginal, bouillant polémiste et brillant dessinateur, qui, ayant redécouvert avec Paul Virilio les beautés du bunker puis mis au point la théorie de la « fonction oblique », inventait alors des univers d'une sombre plasticité en glorifiant la rudesse du béton armé.

En 1972, Nouvel fut, avec son ami le peintre François Seigneur, lauréat de la première session du concours P.A.N., ce programme architecture nouvelle qui devait, année après année, révéler les jeunes générations d'architectes. Leur projet sacrifiait au poncif du moment, celui de la multiplication cellulaire et de la répétitivité, dans une esthétique oblique encore très marquée par celle de Parent ; sa difficulté à trouver une « écriture » personnelle durera quelques années.

Très vite, il apparut comme une des figures marquantes du militantisme architectural et politique des années 1970. Activiste infatigable, mêlé au monde du théâtre (Jean-Marie Serrault, plus tard Jacques Le Marquet et Sylvia Monfort) puis au monde artistique (dès 1970, il fut l'architecte de la biennale de Paris, puis l'animateur de sa section architecture, devenue en 1980, 1982 et 1985 un lieu essentiel du débat théorique), Jean Nouvel était de tous les combats. Le local qu'il partageait avec d'autres architectes rue Lacuée, « loft » convivial établi dans un ancien atelier de serrurerie du quartier de la Bastille, devint un des foyers de l'activité architecturale parisienne. Nouvel participa à la création du mouvement Mars-76, destiné pour l'essentiel à lutter contre le corporatisme des architectes, puis à celle du syndicat de l'architecture, dressé contre l'ordre professionnel ; il fut également l'un des organisateurs de ce concours de contre-projets pour les Halles qui, à la fin de l'année 1979, mobilisa six cents équipes d'architectes du monde entier.

Combatif, rebelle, Jean Nouvel le resta longtemps. Son architecture trouvait l'essentiel de sa vigueur, le prétexte à ses choix, dans cette attitude critique qui l'animait tout entier. En pleine période postmoderne, il construisait des édifices « réactifs ». Ainsi pour la maison Dick, construite en 1978 près de Troyes, comme on lui refusait un permis de construire, il feignit de s'incliner, mais traça à la brique rouge les corrections du censeur et fit d'une violence qu'on lui imposait le fondement même de son esthétique. Ainsi encore, l'année suivante, comme il devait construire à Antony un collège à partir d'un système industrialisé tout à fait médiocre, en renchérissant sur la standardisation, en numérotant chaque pièce de ce pauvre Meccano, en multipliant les effets de trame, imagina-t-il une sorte de paysage d'architecture normalisée, baigné des lueurs lugubres de tubes d'éclairage au néon.

Ailleurs, il s'essayait, avec une certaine maladresse qui suscita pourtant la curiosité, à la manipulation des significations croisées et à cet exotisme moderne qui est resté l'une de ses caractéristiques. Ainsi pour la clinique de Bezons, terminée en 1979, qu'il emballa sous une carrosserie de métal ondulé et brillant et qu'il enrichit de passerelles et d'échelles de coupée pour tenter d'évoquer le caractère passager de la maladie et greffer sur cet édifice sanitaire l'idée du transatlantique mâtinée de celle des trains qui traversent l'Europe.

Si certains de ses projets de concours semblaient un peu univoques et simplistes, d'autres réalisations avaient un caractère stupéfiant. malgré quelques maladresses de détail, malgré aussi leur peu de souci de la commodité la plus élémentaire. Ainsi, en 1980, la rénovation drastique du vieux théâtre de Belfort, mis à nu, gratté, rayé, brûlé au chalumeau en certains endroits, et drapé en d'autres lieux de fastes quasi baroques. Ainsi, dans le même registre « blessé », la réhabilitation en 1985 du lycée technique Dhuoda, à Nîmes, où se mêlent étrangement le saccage d'un bâtiment scolaire très ordinaire et son exaltation à grand renfort de feuilles d'or, de touches d'un bleu Klein profond et de bandes d'un rouge éclatant.

Jean Nouvel et les nombreuses équipes d'associés dont il a su s'entourer avant que de rompre, le plus souvent d'ailleurs dramatiquement, ont fourni à l'actualité des concours d'architecture des contributions toujours remarquées, rarement décevantes et bien souvent à deux doigts de l'emporter. On citera, parmi les concours perdus : le ministère des Finances, le parc de La Villette, la Défense, la Bibliothèque de France, l'Opéra de Tōkyō et l'aéroport d'Osaka. On citera également son extraordinaire proposition de médiathèque enfouie sous un sol de verre, à laquelle en 1984 la ville de Nîmes a préféré le projet de Norman Foster.

C'est un concours gagné en 1981, celui de l'Institut du monde arabe à Paris, qui lui permit de réaliser avec ses partenaires une œuvre phare de la nouvelle architecture parisienne et qui le propulsa définitivement dans la célébrité. Achevé à l'automne de 1987, cet édifice élégant, lisse et spectaculaire, d'une rare sophistication, fait du collage d'images inspirées de la technique et de références puisées à la tradition orientale, est parfaitement intégré tant au mouvement du quai en bord de Seine qu'à l'espace plus abstrait et froid de la faculté de Jussieu.

En 1987 également, Nouvel achevait avec d'autres associés deux opérations de logement social tout à fait inédites par leur esthétique industrielle, leurs escaliers métalliques, leurs bardages de tôle et par les surfaces abondantes qu'elles offraient. Celle de Saint-Ouen d'abord, celle de Nîmes-Nemausus surtout, dont l'aspect hirsute et acéré, le brutalisme, la place faite aux interventions d'artistes, la situation insolite (deux vaisseaux de fer parallèles, glissés parmi les files de platanes) suscita un énorme intérêt, prouvant que dans le logement social aussi il était possible d'échapper aux modèles traditionnels et de créer le sentiment d'une aventure, peut-être futuriste, anticipant sur les modes de vie à venir, ou peut-être simplement « branchée » : l'avenir le dira.

Parmi les projets qui suivirent (la tour d'Hérouville-Saint-Clair, étudiée en 1988, à la façon d'un cadavre exquis, par quatre équipes d'architectes européens conversant par télécopie ; la rénovation de l'Opéra de Lyon, édifice néo-classique coiffé d'un haut volume hémicylindrique de verre et d'acier,1993 ; le bâtiment de la fondation Cartier à Paris, 1994 ; le nouveau centre de Perpignan ou l'énorme structure qu'il a imaginée en 1988 pour le centre thermal de Vichy ; ou encore le centre des Congrès de Tours, terminé en 1993), le plus remarqué fut cette extraordinaire « tour sans fins » qui remporta en 1989 le concours de la Folie : conçue avec Jean-Marc Ibos, une tour extrêmement fine, haute d'environ 400 mètres, un cylindre monobloc qui pourrait un jour se dresser à côté de la grande arche de la Défense et dont la définition technique constitue un renouvellement radical du gratte-ciel de bureaux.

Après avoir inauguré un impressionnant monolithe noir (*Onyx*) sur un parking de Saint-Herblain (un centre culturel conçu avec Myrto Vitard), Jean Nouvel, au début de 1989, achève deux édifices fort différents : le centre de documentation du C.N.R.S. à Nancy et l'insolite hôtel Saint-James du restaurateur Amat près de Bordeaux, entièrement voilé d'une sorte de résille d'acier rouillé qui le pare d'un voile mystérieux.

Parmi ses dernières réalisations, il convient de citer deux œuvres majeures : le Triangle des gares, Euralille (1994) et les Galeries Lafayette à Berlin (1996).

L'esthétique de Jean Nouvel est à situer entre les merveilles rutilantes de la technique et l'âpre crudité du bitume, entre le capotage lisse et des accents plus aigus, entre la tension, la plénitude, l'énergie contenue et toute l'ambiguïté des lumières filtrées et des effets venus de la vidéo ou de l'éclairage artificiel, entre la densité et une aspiration jamais comblée à l'« immatérialité ». L'architecture, affirme-t-il, est un acte culturel. C'est-à-dire qu'elle doit signifier, prendre parti, commenter, jouer, détourner, manipuler l'univers et savoir qu'elle intervient toujours dans un contexte humain, physique ou culturel à prendre en compte. La modernité est expérience et renouvellement constant, et non code figé. Ainsi n'a-t-elle aucun sens pour lui, cette modernité calme et triomphante, aspirant à l'éternité, qu'avait définie Le Corbusier lorsqu'il parlait de l'architecture comme « jeu savant, correct et magnifique des volumes assemblés sous la lumière ».

La modernité de Jean Nouvelle peut être triviale et naïve, bricolée, hirsute, certainement incorrecte, voire laide. Elle peut être nocturne ou crépusculaire plutôt que de pleine lumière. Mouvementée, dynamique, mouvante plutôt que stable.

Pour Jean Nouvel, « l'avenir de l'architecture n'est plus architectural ». Cet avenir, il le voyait plutôt dans la confrontation avec la culture du moment ; celui d'une architecture en résonance, libre, libérée surtout de la notion sacrée et indéfinissable de « beau », et aussi de celle d'« espace », libérée enfin de tous les tabous, de toutes les morales, d'ailleurs fluctuantes, qui l'ont toujours cantonnée dans les règles d'un jeu que lui, au contraire, voudrait ouvrir à d'autres spéculations, à d'autres interlocuteurs, à d'autres critères de jugement ; il la rêve impure et éclectique, fruit d'une imagination vagabonde, chimérique et composite, « pétrification d'un instant d'imagination ».

FRANÇOIS CHASLIN

Bibliographie

L'Architecture d'aujourd'hui, n^{os} spéc. 231 (févr. 1984) et 260 (déc. 1988) / O. BOISSIÈRE, *Jean Nouvel*, Terrail, Paris, 1996 / P. GOULET, *Jean Nouvel*, Ifa, Electa Moniteur, Paris, 1987.

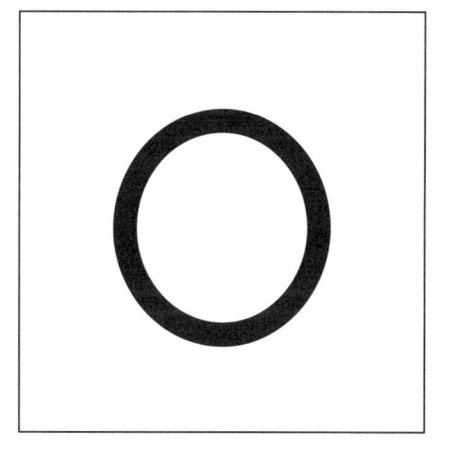

O'GORMAN JUAN
(1905-1982)

Bien que participant du mouvement moderne, sa passion pour l'histoire du Mexique l'a conduit à recouvrir ses œuvres de céramiques racontant les épisodes essentiels du passé aztèque et espagnol (Université de Mexico, 1952). Sa propre maison, géométrique à l'origine, deviendra de plus en plus irrégulière et colorée dans un esprit proche de celui du facteur Cheval.

ROGER-HENRI GUERRAND

Bibliographie
Contemporary Architects, Londres, 1980.

OLBRICH JOSEPH MARIA (1867-1908)

C'est à Vienne que Joseph Maria Olbrich, après avoir suivi l'enseignement de Wagner, fait ses débuts d'architecte. Son nom est définitivement attaché à la Sécession viennoise (dont il fut cofondateur en 1897) : en effet, c'est à lui que fut confiée la conception du bâtiment d'exposition de l'association (1897-1898), bâtiment qui se signale par une grande rigueur géométrique alors que, partout ailleurs, l'Art nouveau multiplie ses arabesques. En 1899, avec d'autres artistes, dont Peter Behrens, le grand-duc Ernst Ludwig de Hesse l'appelle à Darmstadt (qui devint très vite un centre de réaction contre l'Art nouveau) pour jeter les bases d'une colonie d'artistes. L'ensemble des maisons construites — dont, parmi les plus connues, la maison Ernst Ludwig d'Olbrich et la maison que P. Behrens construisit pour lui-même —, constitue en 1901 l'exposition de la *Mathildenhöhe,* importante en ce qu'elle marque le début des manifestations de groupe en Allemagne. L'œuvre majeure d'Olbrich à Darmstadt, à côté de son pavillon d'exposition, est la Hochzeitsturm (1906-1908) ; d'après l'historien de l'architecture Hitchcock, « l'une des pièces de prestige les plus distinguées de l'architecture publique moderne » : tour massive et quelque peu classicisante de caractère, avec cette accentuation de la verticalité que l'on retrouve très souvent chez Olbrich, elle propose des fenêtres d'angle en bandes continues — élément architectural qui sera l'un des signes majeurs du style international. Durant les dernières années de sa courte vie, Olbrich construit encore la maison Feinhals à Cologne en 1908 et le grand magasin Tietz à Düsseldorf ; mais ces deux bâtiments ne semblent pas remplir les promesses de la maison Ernst Ludwig. Sur un mode mineur, ils pourraient cependant, comme le pense Mandredo Tafuri, être mentionnés parmi les premiers exemples de « bâtiments critiques », la première tentative d'une autocritique de l'architecture moderne telle qu'il la conçoit.

YVE-ALAIN BOIS

OPPENORD ou OPPENORDT GILLES MARIE (1672-1742)

Fils d'un ébéniste du roi, d'origine hollandaise, Gilles Marie Oppenord dut au milieu d'artisans protégés par le roi et logés au Louvre dont il faisait partie de recevoir une formation très complète. Envoyé à Rome, il fit un grand nombre de dessins d'après l'antique et d'après des édifices de Bernin et de Borromini, mais aussi, fait plus rare à une époque où les artistes s'intéressaient à Rome avant tout, il étudia en Italie du Nord les œuvres de Palladio et de Bramante. À son retour en France, il ne put s'intégrer aux équipes de

Versailles, Hardouin-Mansart lui préférant Lepautre, et il se consacra surtout à des projets d'églises, dont la tendance baroque est nettement marquée. Sa première grande commande, l'hôtel de Pomponne, date de 1714. Les boiseries, connues par les dessins d'Oppenord, sont caractérisées par une très grande richesse décorative : des trophées de chasse sont suspendus à des arbres très naturalistes. Dans les panneaux secondaires, il adapte pour la première fois à la sculpture de boiseries les motifs de l'arabesque : rinceaux, lambrequins, etc.

Son originalité à cette époque réside surtout dans l'utilisation nouvelle de certains éléments décoratifs. Il donnera sa mesure lorsqu'il sera nommé premier architecte du duc d'Orléans. Il travaille alors au Palais-Royal, en commençant par les appartements privés du duc avant les grands appartements. Oppenord peut appliquer dans ces appartements ses théories sur le décor libre. Il y utilise certains éléments qui se retrouvent dans le style Louis XV, les panneaux entourés de baguettes qui s'incurvent en haut et en bas, les motifs de fleurettes stylisées, les ailes de chauve-souris, les coquilles déchiquetées. Pourtant, Oppenord est retenu dans ses recherches par le poids de sa formation italienne. Les éléments architectoniques restent primordiaux pour lui, et certaines réminiscences du baroque italien, son âge aussi peut-être, font qu'il n'est pas un fondateur du style rocaille, au même titre que Meissonnier ou Pineau, mais seulement un précurseur. Comme François Antoine Vassé, son contemporain, Oppenord est le grand artisan du style de transition de la période Régence.

L'abondance de ses dessins (plus de deux mille), rachetés en 1742 par le graveur Huquier qui les publia à partir de 1748 dans des recueils familièrement désignés sous les noms de *Petit, Moyen et Grand Oppenord*, lui assura pendant tout le XVIIIe siècle une extrême célébrité.

COLOMBE SAMOYAULT-VERLET

ORBAY FRANÇOIS D'
(1634-1697)

Élève puis collaborateur de Louis Le Vau, dont il dirige les travaux après 1660, François d'Orbay fait partie de l'administration des Bâtiments de Louis XIV (1664), où il est chargé notamment de lever les plans d'architecture. De cette activité, il nous reste un très grand nombre de dessins signés de sa main, témoignage précieux des grandes œuvres de la seconde moitié du XVIIe siècle, parfois disparues ou mutilées. Reçu membre de la toute récente Académie d'architecture (1771), François d'Orbay avait déjà participé aux plus grands chantiers du règne, à Versailles et à Paris (à la mort de Le Vau en 1770, il est chargé de continuer, avec les conseils de Claude Perrault, la colonnade du Louvre). Ses œuvres personnelles — à Paris, le portail de l'église des Prémontrés de la Croix-Rouge (1661) et celui de l'hôpital de la Trinité (1671), tous deux détruits ; à Lyon, le portail des Carmélites (1680-1682) — dénotent un style très dépendant de celui de ses maîtres, sans avoir toutefois l'aisance de Le Vau ni la force et la diversité de François Mansart. La cathédrale de Montauban (1692-1739), édifiée sur ses plans et continuée à partir de 1708 par Robert de Cotte, est digne de figurer cependant parmi les meilleurs morceaux d'architecture religieuse baroque en France. En 1688, François d'Orbay avait établi les plans et construit l'hôtel des Comédiens-Français avec un luxe de décoration qui rendait enfin honneur au théâtre dans la ville. Le peintre Boullogne et le sculpteur Le Hongre assistèrent l'architecte dans cette entreprise sans précédent en France.

DANIEL RABREAU

OTTO FREI (1925-)

L'Allemand Frei Otto est l'un des plus célèbres concepteurs de structures contemporains. On lui doit notamment le pavillon allemand de l'Exposition universelle de Montréal de 1967, ainsi que la toiture des principales installations des jeux Olympiques de Munich de 1972. Ses recherches, son enseignement et ses livres ont exercé une influence tout aussi profonde que ses réalisations.

Né en 1925 à Siegmar, en Saxe, Otto s'oriente vers l'architecture qu'il étudie en Allemagne puis aux États-Unis. Sa thèse, publiée en 1954, porte déjà sur les structures tendues. Installé à son compte à partir de 1957, il se lance peu après dans une collaboration avec un fabricant de tentes. De là vont naître ses premières réalisations dans le domaine des toitures légères. En 1964, Frei Otto devient professeur à l'université technique de Stuttgart à l'instigation de l'architecte Rolf Gutbrod et de l'ingénieur Fritz Leonhardt. C'est avec eux qu'il réalise le pavillon allemand de Montréal. La structure du pavillon est constituée d'un réseau de câbles précontraints à courbures inverses tendus sur des mâts de hauteur variable. Otto fera usage du même principe pour la couverture des équipements olympiques de Munich. Si cette dernière réalisation le fait connaître auprès d'un large public, on lui doit toute une série d'autres projets remarquables, comme la volière du zoo de Munich ou la halle polyvalente de Mannheim.

Frei Otto a toujours cherché à faire coïncider forme et structure. Fasciné par les bulles et les films liquides, il se montre un observateur tout aussi attentif des formes vivantes. C'est leur caractère souvent minimal qui le fascine et qu'il tente d'imiter dans ses créations. Bien qu'elle soit pour l'essentiel antérieure au développement des membranes, son œuvre constitue un jalon essentiel sur le chemin qui mène à l'architecture textile d'aujourd'hui.

ANTOINE PICON

Bibliographie
A. PICON dir., *L'Art de l'ingénieur-constructeur, entrepreneur, inventeur*, Éd. du Centre Georges-Pompidou / Le Moniteur, Paris, 1997.

OUD JACOBUS JOHANNES PIETER (1890-1963)

Braque et Picasso, les fondateurs du cubisme, n'ont jamais dessiné ou peint un seul cube : bien au contraire, ils se sont attachés à briser l'illusion scénographique qui, depuis la fin du XIVe siècle, se déployait, en Occident, dans l'espace imaginaire de ce volume. Aussi est-ce un non-sens (on le commet fréquemment) de parler d'architecture cubiste à propos de l'œuvre de Wright, de Loos, de Berlage, de Dudok, de Rietveld, de Pieter Oud : il n'y a aucune liaison entre le « cubisme » pictural et l'architecture des années 1920-1940. Avancer, par conséquent, que l'architecture du Stijl, mouvement dont Oud est cofondateur en 1917 avec Van Doesburg et Mondrian, relève du cubisme demeure une grossière erreur historique et dialectique, tant il est vrai que l'éclatement opéré par les structures cubistes n'a rien de commun avec la démarche de Wright (premier modèle de Oud) qui tendait à gommer la notion d'enveloppe continue pour introduire des plans de pénétration susceptibles d'incorporer des portions d'espace-milieu à l'ancien espace-limite. Et c'est précisément au moment où le cube comme instrument géométrique est abandonné par la peinture qu'il est traité avec une rigueur exceptionnelle en architecture : les architectes du Stijl en font, avec le parallélépipède rectangle, leur structure privilégiée, sinon une forme a priori de la conscience, pour développer, après les licences romantiques du modern style, une architecture de l'angle droit, une architecture puriste, formaliste, esthétisante, directement dérivée des spéculations picturales néo-plasticistes. Dès lors, écrit Oud (1921), « l'architecture qui se base d'une façon rationnelle sur les circonstances de la vie moderne fera un contraste à tous points de vue avec l'architecture actuelle. Sans tomber dans le rationalisme aride elle sera avant tout objective, mais elle éprouvera dans cette objectivité le début du sublime. Contrastant le plus violemment possible avec les produits non techniques sans forme ni couleur de l'inspiration immédiate, tels que nous les connaissons, elle figurera les problèmes qu'on lui pose en s'abandonnant entièrement au but, de manière presque impersonnelle, plastique de façon technique, pour devenir des organismes de forme nette et de proportions pures. » Au niveau formel, le passage des structures asymétriques de l'écran-surface aux trois dimensions de l'espace architectural s'amorce nettement dans un projet d'usine à Purmerend (cité natale de Oud) élaboré en 1919 et s'accomplit avec une singulière orthodoxie en 1924-1925 (c'est-à-dire trois ans après qu'il eut démissionné du groupe du Stijl) lorsqu'il construit le café *De Unie* à Rotterdam (détruit en 1940), ville dont Oud est l'architecte en titre depuis 1919 : l'ouvrage est en tous points conforme à la doctrine à laquelle Oud s'est cependant abstenu de souscrire (il n'a signé aucun des manifestes du Stijl). Voilà autant d'indices contradictoires. Signes d'ambivalence aussi d'une démarche trop enracinée dans le contexte politique et social, trop essentiellement fondée sur le sens démocratique et sur le respect des désirs du citoyen auquel elle s'adresse sans jamais vouloir s'imposer (l'architecture est ici pensée comme un service social) pour se satisfaire de visées esthétiques ou mécaniquement fonctionnalistes. C'est probablement pourquoi, entre des débuts sentimentaux orientés par Wright et Berlage et les décisions de la maturité, simultanément hostiles à la neutralité et aux principes directeurs du style international des années 1925-1950 (bâtiments administratifs de la société Shell à La Haye, 1938 ; sanatorium biomarin près d'Arnhem, 1952-1960), la phase néo-plasticiste peut être vue, au-delà des apparences, comme un moyen radical d'épurer la construction en mettant l'accent sur les possibilités économiques offertes à la sérialité par les procédés de préfabrication et la standardisation. Ce n'est dès lors pas un hasard si Oud s'est toujours senti comme un corps étranger parmi les congrès internationaux d'architecture moderne (C.I.A.M.) et s'il est très tôt entré en conflit avec Van Doesburg.

ROBERT-L. DELEVOY

PACIOTTO FRANCESCO (1521-1591)

La carrière de Paciotto est l'exemple même de l'activité des ingénieurs-architectes italiens du XVIe siècle, époque de l'essor de l'architecture militaire bastionnée. Son œuvre de constructeur est autant civile que militaire et se déroule auprès de plusieurs souverains européens. Né à Urbin, il entre au service des Farnèse en 1540 et modernise plusieurs de leurs places dont Plaisance (1558). Il passe au service du duc de Flandres et travaille à fortifier Béthune, Arras, Gravelines, puis les places du duc de Savoie (Gênes, Milan, Lucques, Vercelli). Philippe II l'appelle en Espagne où il inspecte diverses fortifications et travaille au projet du palais de l'Escorial et de plusieurs couvents. De retour en Piémont, il entreprend la célèbre citadelle pentagonale de Turin (démolie), dont il reprend le plan à Anvers (1564-1566). Il conçoit le projet de la citadelle d'Arras, puis retourne en Italie comme ingénieur au service du pape.

CATHERINE BRISAC

Bibliographie

G. KUBLER, « Paciotto Architect », *in Studies in Ancient and European Art (the Collected Essays of George Kubler),* New Haven-Londres, 1984.

PAGAN BLAISE FRANÇOIS DE (1604-1665)

Cet Avignonnais entre fort jeune au service du roi de France, participant dès 1621 aux sièges de Saint-Jean-d'Angély et de Clérac. En 1623, il est ingénieur au siège de Nancy. En 1629, il acquiert un renom exceptionnel en forçant, à la tête des assiégeants français, les nombreuses barricades qui entourent Suse. Sa carrière militaire s'arrête en 1642. Devenu, en effet, aveugle à la suite de plusieurs blessures, il se consacre à l'étude des mathématiques et à celle des fortifications. Il publie en 1645 à Paris un *Traité des fortifications* qui a inspiré directement Vauban. Pagan tient à adapter le tracé bastionné d'une place au relief du terrain, idée reprise par Vauban. Il recommande aussi d'établir dans les bastions des retranchements intérieurs qui retardent la progression de l'ennemi et isolent le corps de garde, ce qui permet l'échelonnement de la défense en profondeur. Enfin, pour obtenir un flanquement efficace, il préconise que les tracés des bastions soient perpendiculaires à la ligne de la défense.

CATHERINE BRISAC

Bibliographie

N. FAUCHERRE, *Places fortes : bastion du pouvoir,* Paris, 1986.

PAINE JAMES (1717-1789)

Architecte britannique, Paine poursuit la tradition britannique d'un palladianisme orné proche de W. Kent, sans être influencé par le renouveau de l'architecture grecque. Il bâtit de nombreuses demeures aristocratiques à la campagne : Mansion House à Doncaster (1745), Wardour Castle (1770), travaille à Kedleston (achevé par R. Adam) et publie ses *Plans, Elevations and Sections of Noblemen and Gentlemen's-Houses* (1767). À Londres, il construit le Middlesex Hospital (1755), l'Exhibition Room (1771) et donne les dessins de la chapelle funéraire Bowes à Gibside (1760).

JEAN-PIERRE MOUILLESEAUX

Bibliographie

P. LEACH, « J. Paine » in *Macmillan Encyclopedia of Architects*, II, Londres, 1982.

PALLADIO ANDREA (1508-1580)

La basilique ou le théâtre olympique de Vicence, la Rotonda : autant d'édifices qui symbolisent pour l'amateur éclairé l'œuvre de l'architecte italien Andrea Palladio. Un seul programme architectural résume même son génie : la villa, cœur aristocratique de la vie rurale, dernière conquête, forcée mais fructueuse, du grand négoce vénitien. Temple de l'humanisme où s'épanouit le loisir bucolique, la Rotonda est admirée aujourd'hui encore comme la synthèse, absolue et paradoxale à la fois, des deux composantes majeures de l'architecture du Cinquecento : le classicisme vitruvien et le maniérisme moderne. Véronèse (qui décore un des chefs-d'œuvre de Palladio : la villa Barbaro à Maser), Titien et Tintoret, les peintres prestigieux de l'École vénitienne, partagent l'idéal de Palladio, l'architecte par excellence de la république de Venise, à la suite de Sansovino (1486-1570) ; pour certains historiens, ils incarnent l'âme même de Vicence, sa sujette. Dans un climat de coalition protectionniste où les puissances européennes entendaient l'isoler (ligue de Cambrai, 1508), aux prises avec les troubles que provoque le combat mené par la Contre-Réforme, alors que les Turcs avaient réduit sa puissance maritime (chute de Byzance, en 1453) et que l'Europe s'ouvrait vers l'océan Atlantique, la Sérénissime crée l'union sacrée de la cité capitaliste et de son territoire nourricier. Palladio sera l'architecte de cette mise en scène unique au monde du paysage rural et urbain.

Le constructeur, artiste classique

Né en 1508 à Padoue, fils d'un meunier qui le place très jeune en apprentissage chez un tailleur de pierre, Palladio débute comme sculpteur ; c'est cet art qu'il pratique à Vicence en 1524 où, à l'âge de seize ans, il entre dans l'atelier de Giovanni di Porlezza et Girolamo Pittoni. Ces deux maîtres, au style classique proche de celui de Sanmicheli, avaient su former le goût du jeune sculpteur pour le « bel antique », jusqu'à le préparer à de grands changements dans sa vocation d'artiste. En effet, Palladio n'était pas encore son nom, il se nommait Andrea Pietro della Gondola. C'est dans les années qui suivirent 1530, au moment où il se découvre une passion pour l'architecture, que ce nom lui fut attribué par le comte Giangiorgio Trissino. Ce célèbre mécène, humaniste, poète, philologue, diplomate et architecte amateur, était un des principaux acteurs de l'essor culturel de Vicence au milieu du XVIᵉ siècle.

Trissino entendait fonder un art nouveau inspiré des gloires de l'Antiquité et propre à asseoir la suprématie littéraire et artistique de la république de Venise. En pleine crise économique, atteinte dans son pouvoir et dans son prestige politique international, la Sérénissime déployait toutefois un dynamisme prometteur dont les villes et les territoires de l'arrière-pays soumis depuis peu devaient témoigner. Ce régionalisme vénitien, vécu avec un sens civique aigu par l'aristocratie d'affaires (Trissino était un de ses porte-parole), nuançait la tradition classique déjà séculaire à Florence et à Rome, en réactivant le mythe de l'*antique revival*. Deux œuvres de Trissino, sa tragédie *Sophonisbe* et son poème épique *L'Italia liberata dai Goti* (dédicacée au pape Paul III), illustrent cette production littéraire patriotique dont on débattait dans les cercles académiques. « Trissino avait une idée moralisante de l'architecture, écrit Guido Piovene (*Bolletino del C.I.S.A.*, 1963), il la considérait comme le miroir des *Vertus* des peuples projetées et transmises à la postérité dans leurs réalisations. Dans *L'Italia liberata dai Goti*, on a la description vitruvienne d'un palais idéal et l'ange qui descend du ciel pour le défendre s'appelle Palladio. » En attribuant ce nom (symbole de Minerve, la Sagesse, qui était aussi la protectrice de la ville et de l'État) au jeune praticien de la pierre et du marbre, Trissino concrétisait le mythe identificateur et métamorphosait le sculpteur en architecte, artiste médiateur de l'Âge d'or, symbole de l'humanisme triomphant – on pense à l'homme *omniscience* de Vitruve dessiné par Léonard de Vinci.

C'est à la villa Trissino à Cricoli (1533-1537), premier chantier où l'on rencontre Palladio, que s'opéra la métamorphose. En transformant une *ca' rustica* en demeure patricienne, l'auteur de *Sophonisbe* offrait un cadre digne à l'Académie qu'il venait de créer. Ce cénacle, qui réunissait la jeunesse aristocratique et intellectuelle vicentine, préfigurait l'institution que Trissino allait fonder en 1556, et pour laquelle un de ses membres, Palladio, œuvra par la suite : l'Académie olympique de Vicence, assemblée des gloires modernes qui dirigeaient le brillant satellite de Venise. Les rapports étaient ainsi scellés entre l'art et la politique ; la carrière éblouissante de Palladio s'explique par l'osmose parfaite entre l'idéal culturel intense de la noblesse entreprenante et le dynamisme économico-politique de l'État vénitien touché par la crise – notamment dans ce qui justifiait son prestige séculaire : le grand négoce maritime. Homme neuf, d'origine très modeste, mais talentueux, Palladio est formé par un cercle d'humanistes pour devenir à la fois le praticien et le théoricien d'un courant dominant : le classicisme. Il était difficile de prévoir que son génie propre, assimilant les contradictions stylistiques de l'Italie du Cinquecento, le conduirait à actualiser d'une manière totalement inédite cette valeur d'équilibre et d'harmonie universels.

Rayonnant à partir de Vicence, où il complète sa formation livresque, Palladio s'initie concrètement à l'architecture antique et moderne qu'il dessine. À Vérone, il étudie les vestiges romains et découvre les œuvres récentes de Sanmicheli et de Falconetto. De ce dernier il put admirer, à Padoue où il séjourne avec Trissino en 1538, l'*Odéon* et l'élégante *Loggia* (1524) construits par Alvise Cornaro, humaniste et divulgateur de Columelle (auteur latin du *De re rustica*), mécène et théoricien de la *villegiatura*. La première œuvre connue de Palladio, la villa Godi à Lonedo di Lugo Vicentino (1540), illustre directement l'influence des idées de Cornaro et de Falconetto. Trissino, qui en était le propagateur à Vicence, offrit ensuite à Palladio l'ultime moyen de parfaire sa formation, en lui servant de cicérone à Rome même. Entre 1541 et 1555, Palladio se rendit au moins cinq fois à Rome ; à la suite du décès de Trissino, le dernier voyage s'effectua en compagnie du patriarche d'Aquilea, Daniele Barbaro, humaniste et mécène, auteur d'un guide, *L'Antiquità di Roma*, et d'un *Vitruvio* (1556) que Palladio illustra. D'autres voyages, pour certains, difficiles à prouver, à Naples, à Florence, en Piémont ou en Provence, complètent encore la science archéologique de Palladio ; mais celle-ci ne saurait éclipser, dans le contexte du séjour romain, la découverte des monuments modernes : ceux de Bramante, de Raphaël, des Sangallo, de Peruzzi ; les grands chantiers du Vatican et de la place du Capitole de Michel-Ange. Cette vaste expérience, assortie du souci de publier ses propres constructions, aboutira au grand œuvre livresque de Palladio : le volume des *Quattro Libri dell'architettura*, imprimé à Venise en 1570. Cinq ans plus tard, illustrés par son fils Orazio et par lui-même, paraissaient *Les Commentaires de César*.

C'est à Vicence même que Palladio reçut sa plus grande commande : la consolidation et l'embellissement complet de la basilique (vaste édifice médiéval, consacré à la vie municipale, au pouvoir judiciaire et aux marchés, dressé en plein cœur de la ville, entre la Piazza dei Signori et la Piazza delle Erbe). Prévu de longue date, ce chantier avait donné lieu à un concours d'idées auquel participèrent certains des plus grands noms de l'architecture alors présents en Italie du Nord-Est : Sansovino, le Florentin devenu Vénitien, Sanmicheli le Véronais, Serlio et Jules Romain, respectivement disciples de Peruzzi et de Raphaël. Cette liste situe l'émulation architecturale autour de Venise, Mantoue et Vérone, dans les années 1535 et 1540 ; elle indique aussi, par le seul nom des protagonistes, les choix artistiques divergents ou complémentaires (entre maniérisme et classicisme) dont Palladio saura tirer parti : son esprit, apte à la synthèse, n'avait-il pas été éduqué dans le but de re-sourcer la bonne architecture ? Une connaissance critique des monuments romains, une réflexion spéculative sur leurs antécédents grecs (matériellement inconnus à l'époque) et l'interrogation attentive des recherches contemporaines devaient lui permettre d'assujettir les modèles à sa propre conception de l'architecture. Palladio obtint que ses premiers projets pour la basilique, datés de 1545, fussent définitivement adoptés ; la pose de la première pierre en 1549 ouvrit un immense chantier qui l'occupa toute sa vie.

Partagée entre l'architecture publique et l'architecture privée, la carrière de Palladio s'est comme naturellement soumise au pouvoir politico-économique de l'intelligentsia vénitienne qui l'employait indifféremment à la ville ou à la campagne. Des palais à Vicence, des villas édifiées sur les bords de la Brenta, sur les collines des Marches de Trévise ou celles du Véronais marquent les trente premières années de son activité au service des plus grandes familles propriétaires des domaines de la *terra ferma* : au total, plus d'une vingtaine de villas et une dizaine de palais pour les familles Foscari, Barbaro, Vendramin, Emo, Valmarana, Saraceno, Pojana, Pisani, Badoer, sans oublier les Trissino et les Cornaro. Autant de noms qui scellent l'attachement de la noblesse capitaliste à l'éclat de la vie agricole dont Vicence était le cœur culturel et Venise la tête politique et financière.

Après 1570, la Sérénissime retient elle-même officiellement Palladio qui, à la mort de Sansovino, se voit nommé Surintendant des travaux des domaines de la République. Il construit alors des sanctuaires et des couvents à Venise ; certains, déjà en cours de construction, comme San Giorgio Maggiore et le couvent de la Charité (également la façade de San Francesco della Vigna, 1562, qui parachève l'église de Sansovino), d'autres émanant désormais de commandes directes du Sénat, comme la basilique votive du Rédempteur (1577), ainsi que des décors de fêtes (Entrée solennelle du roi de France Henri III, en 1574) ou les projets (non réalisés) pour le pont du Rialto. La défaite des Turcs à Lépante (1571) lui dicte le décor de la Loggia del Capitaniato à Vicence, ville où il meurt en 1580, avant d'avoir achevé son ultime chef-d'œuvre, le plus romain de tous : le théâtre olympique – continué par son disciple Vicenzo Scamozzi. L'œuvre construit de Palladio est donc considérable et touche tous les genres ; toutefois, une bonne moitié de ces édifices ne furent pas terminés du vivant de l'architecte. Certains subirent des ajouts ou des transformations ; d'autres, plus nombreux, restèrent à l'état de fragments, mais parfaitement constitués dans leurs membres et leur décor (le plus saisissant est peut-être le palais Porto Breganze, commencé par Scamozzi sur un projet de Palladio, vers 1570, qui ne comporte que deux travées entièrement décorées en façade). La fascination exercée par Palladio tient également à son rôle de théoricien et au fait qu'il publia lui-même certains de ses dessins ; bon nombre furent rassemblés et étudiés après sa mort, en particulier au XVIIIe siècle.

Le Vitruve des Temps modernes

Si l'homme Palladio demeure peu connu aujourd'hui, l'architecte, l'artiste s'est mis lui-même en scène dans son œuvre ; avec cette conviction, que partageaient d'ailleurs ses « patrons », ne déclarait-il pas dans l'avant-propos des *Quattro Libri* : « Dès mon jeune âge, une inclination naturelle me porta à l'étude de l'architecture et, parce qu'à mon jugement les anciens Romains excellèrent en beaucoup de choses, j'estimais qu'en l'art de bâtir également ils avaient dépassé tous ceux qui les ont suivis. C'est pourquoi je pris Vitruve pour maître et pour guide [...], et me mis à rechercher et à observer avec curiosité les reliques de tous ces vieux édifices, qui, malgré le temps et la brutalité des Barbares, nous restent encore [...]. Je commençai de faire une étude très exacte de chacune de leurs parties [...], afin de concevoir par ce qui reste, ce qu'avait été le tout ensemble, et le transposer en *dessin* [je souligne]. »

Influencé par Alberti, continuateur de Fra Giocondo et de Serlio, Palladio entend affirmer la démarche rationnelle dans l'art de construire. L'absolu que représente le modèle romain, certes justifié par l'analyse des ordres et des types formels déjà connus avant lui, s'élargit dans la pratique même des combinaisons spatiales que suggère l'*antique revival*. Le mécénat en est alors féru : la Renaissance, tardive en Vénétie, se développe à partir d'un imaginaire poétique très volontaire qui conduit la passion humaniste à inventer tout en respectant, sans les suivre à la lettre, les règles des Anciens. L'architecte, homme de science et archéologue, est cet artiste qui dessine librement ses compositions. Dès lors, la légitimité de l'art, civique ou religieux, s'appuie sur un comportement mimétique qui trouve dans les traces concrètes de l'histoire (monuments, ruines, textes) des modèles à imiter et non pas à reproduire. Cette exigence créative devait satisfaire une société en pleine mutation. Palladio a été l'instrument de cette détermination, à la ville comme à la campagne. La comparaison vitruvienne s'arrête là où Palladio construit et projette ; à la différence du théoricien latin, l'architecte de la Renaissance laisse un œuvre construit et dessiné considérable qui n'a cessé de susciter l'admiration, et d'inspirer des émules, jusqu'au XXe siècle.

L'influence de Palladio repose sur cette dialectique création/imitation, selon une progression très équilibrée qu'il semble avoir annoncée lui-même dans les *Quattro Libri*. Les villas et les palais qu'il y publie sont rapidement expliqués comme l'application concrète de la théorie, mais aussi comme l'illustration des convenances dont l'auteur est le héraut. Plus encore que la richesse ou la position sociale du propriétaire, l'architecture doit exprimer le caractère de celui-ci, et Palladio prend bien soin d'associer ce dernier à chaque œuvre présentée dans son texte.

Les relevés d'antiques illustrent la théorie pure ou, plutôt, ils apparaissent comme la partie expérimentale des commentaires de nature vitruvienne. Certaines planches du premier livre et celles du quatrième, consacrées aux ordres et aux temples, sont probablement les plus belles gravures sur bois qui ont été publiées au XVIe siècle sur l'architecture. S'ajoutent à cette rareté des innovations dans les procédés analytiques de figuration : projections géométriques, demi-coupes et élévations cotées corrélativement aux plans, multiplication des motifs d'ornement, détaillés et ombrés. Aucun artiste avant Palladio n'avait illustré, avec une telle science didactique, les grands principes albertiens (Alberti, *De re aedificatoria*, 1485).

Le savoir suprême, sur lequel se fonde tout l'art poétique de l'architecte, c'est le système des proportions. Celui de Palladio, qui fit école et qui contribua aux diverses querelles des ordres du classicisme moderne, ne manque pas de souplesse dans l'énoncé. Il tient compte des méthodes modulaires que transmettait la pratique des chantiers et d'une rhétorique fondée sur la hiérarchie des corps naturels. Voici schématiquement les rapports usuels que Palladio préconise dans l'emploi des ordres antiques :

ordre	rapport de la hauteur de la colonne à son diamètre (module)	nombre de modules dans la proportion des entre-colonnements
toscan	7	4
dorique	8	3
ionique	9	2 un quart
corinthien	9 et demi	2
composite	10	1 et demi

Unité modulaire selon Palladio.

Le système palladien repose, en fait, sur une poétique des correspondances extrêmement riche, apte aux variations infinies sur le motif, comme dans l'harmonie des parties constitutives de la composition. Rudolf Wittkower a montré comment Palladio combinait ses proportions par analogie avec la gamme musicale. À travers les multiples préoccupations des cénacles humanistes, et notamment du cercle prestigieux que représentait l'Académie olympique, c'était faire revivre non seulement les fastes de Rome, mais l'esprit d'Athènes : « Les proportions des voix, écrit Palladio, sont harmonie pour les oreilles ; celles des mesures sont harmonie pour les yeux. De telles harmonies plaisent souvent beaucoup sans que quiconque sache pourquoi, à l'exception du chercheur de la causalité des choses. » La pratique de la sculpture et des canons de la beauté grecque n'est certainement pas étrangère à l'anthropomorphisme particulièrement convaincant du système de l'architecture de Palladio.

L'art de la variation

Tout un vocabulaire spécifique est attaché à l'architecture de Palladio et à ses applications ultérieures que les historiens de l'art ont consacré par un terme, devenu international, le palladianisme (cf. voir la notice PALLADIANISME, du Thesaurus-Index). Ce vocabulaire comporte des motifs et des membres architectoniques empruntés par Palladio et par ses émules à la double tradition antique et vénitienne de la Renaissance. Mais la manière très personnelle qu'a Palladio de les employer (selon le rôle plastique, spatial, voire symbolique, qu'il leur assigne), tout comme les formes inventives qu'il leur donne, authentifie un style. La serlienne (du nom de Serlio : triplet formé d'une haute baie centrale cintrée et de deux ouvertures latérales rectangulaires plus basses – nommé aussi *venitian window* en anglais) et la fenêtre thermale (baie en demi-cercle divisée par deux montants) sont deux motifs de l'architecture palladienne. Mais, tandis que la seconde se limite à doter l'espace intérieur d'un jour « à l'antique », où l'harmonie des courbes et des droites souligne un volume voûté unitaire et pur (nef du Rédempteur, salon central de la villa Foscari, dite La Malcontenta, à Mira), la première inspire d'infinies variations. Monumentale, ordonnancée, géométrique, pittoresque, isolée ou en groupe, la serlienne peut à elle seule devenir façade, comme à la villa Pojana et dans de nombreux projets dessinés. Déployée en plan, elle structure et embellit l'espace de certains *atrium*, comme au palais Thiene ou à la villa Pisani à Montagnana. Développée linéairement en séquences superposées, elle compose la façade ajourée de la basilique : loggia urbaine dont le mouvement implicite anime une ordonnance, étagée à la romaine (ionique sur dorique), qui compose l'ossature visuelle de l'ensemble. Comme dans la plupart des édifices de Palladio, d'élégantes figures sculptées, très élancées, prolongent les colonnades vers le ciel.

Adepte du mur plastique selon Michel-Ange (jeu de pilastres, de colonnes engagées, de frontons alternés, de balustrades, etc.) ou bien des grands effets dissonants dus à la superposition ou à l'imbrication d'ordres et de surfaces à bossages, Palladio varie à l'extrême ses façades de palais, sur la rue comme dans le *cortile* à arcades ou à portiques qui articule la distribution. Au palais Valmarana, l'ordre colossal triomphe d'un petit ordre d'une manière quasi sculpturale ; aux palais Thiene, Iseppo da Porto et Barbarano Porto, l'accord des bossages, des ornements et des ordres se rapproche du maniérisme mantouan de Jules Romain. À l'inverse, la double colonnade linéaire qui ouvre la façade du palais Chiericati sur la Piazza dell'Isola réinvente la grandeur antique originelle ; le souvenir de Peruzzi (Palazzo Colonna à Rome) y est rendu méconnaissable par l'audace du motif (le portique urbain) affirmé ici en toute liberté. Les formes urbaines jouent des contrastes permanents entre les espaces ouverts ou fermés, en pénétration ou en passage le long d'un bâtiment, entre le monumental et le sculptural : ainsi, sur la Piazza dei Signori, se font vis-à-vis l'immense basilique de pierre gris clair, légère, et la Loggia del Capitaniato, massive bien qu'inachevée, dans sa parure de brique et de terre cuite en bas relief. C'est en revanche un syncrétisme d'une rare élégance qui distingue les églises de Venise. Vaste vaisseau, inspiré des salles thermales romaines (un des exercices archéologiques préférés de Palladio), l'église du Rédempteur, par exemple, dresse sa haute façade blanche sur la rive de la Giudecca : de loin, sous la silhouette du dôme et des campaniles pointus, apparaît l'image aplatie de deux *pronaos* imbriqués, jeu volumétrique abstrait où s'harmonise la double épure d'un temple antique, devenu intemporel.

Clarté de composition, contrastes simples savamment hiérarchisés, symétrie absolue calquée sur la structure du corps humain, centralité, axialité dominatrice, assortie toutefois au site : telles sont les caractéristiques majeures de l'esthétique que Palladio réserve aux villas. Hormis quelques exemples qui donnent à la baie ou à l'arcade le beau rôle en façade (villas Godi, Pojana, Caldogno), la plupart d'entre elles déclinent le thème du temple à portique eustyle (généralement d'ordre ionique), sommé d'un fronton et nettement avancé sur un haut podium. La double fonction de la villa dicte toujours très exactement le parti architectural : logis aristocratique au centre (lui-même sur plan centré, souvent en croix), destiné aux maîtres du domaine et au loisir bucolique (ils inspirent la transparence, si bien décrite par Pline le Jeune dans ses lettres sur sa villa des Laurantes près d'Ostie) ; dépendances de l'exploitation agricole (écuries, chais, celliers, remises, granges, etc.) disposées en ailes attenantes et symétriques que l'on nomme *barchesse* – abritées par des galeries à bossages ou des portiques trapus d'ordre toscan (villas Badoer, Piovene à Lonedo di Lugo Vicentino, Emo à Fanzolo di Vedelago) ; à la villa Sarego, inachevée et unique en son genre, autour de ce qui devait être une cour fermée rectangulaire, un puissant portique de colonnes ioniques au fût à bossages illustre cet étonnant ordre rustique qu'affectionnaient Serlio et Jules Romain. La Rotonda échappe à la bipolarisation spatiale et volumétrique des autres villa-temples : quatre pronaos identiques donnent la mesure d'un plan centré où, dans un cube, s'inscrit le salon rond ; la formule est classique dans ses formes et ses proportions, mais sa structure et son décor accusent la démarche maniériste de Palladio.

Pour clore l'aperçu de ces variations infinies, toutes fondées sur l'harmonie des rapports entre l'unité organique des formes et des membres et celle du programme et du parti, il faudrait décrire le décor sculpté et peint qui orne l'intérieur des palais et des villas. Le cas le plus célèbre est celui de la villa Barbaro à Maser, majestueuse demeure aux teintes blanc et ocre clair, dont le fronton maniériste, sculpté par Alessandro Vittoria ou par son atelier, se découpe sur un rideau de conifères : les fresques en trompe l'œil de Véronèse animent l'espace largement ouvert sur l'environnement. À l'inverse de ces décors illusionnistes où les dieux de l'Olympe se partagent avec les héros grecs l'espace imaginaire peint avec un goût encore plus prononcé pour l'architecture feinte aux villas Godi, Caldogno, Malcontenta, Emo (fresques de G. B. Zelotti, G. A. Fasolo, A. Maganza), d'autres décors s'inspirent directement du système des grotesques et des tableaux antiques cloisonnés dont Raphaël avait suscité la mode à Rome, à la suite de la découverte de la *Domus Aurea* de Néron. Réservées à l'allégorie et à l'histoire romaine, les fresques capricieuses de G. Fiorentino à la villa Badoer, celles de B. India et de A. Canera à la villa Pojana (salle des Empereurs) soulignent la pure mise en scène des volumes et des espaces palladiens. Il serait toutefois injuste d'oublier qu'à Maser Véronèse peignit sur les murs les habitants de la villa, maîtres, serviteurs, animaux familiers, unis comme dans un microcosme enchanteur où des perspectives faussement ombrées encadrent des paysages fictifs, miroirs immobiles des vraies baies ouvertes sur les champs.

DANIEL RABREAU

Bibliographie

La bibliographie sur Palladio est immense. Nous nous bornons à citer ici les titres accessibles dans les grandes bibliothèques publiques. Une étude approfondie s'orientera vers les publications du *Corpus* et du *Bollettino* (1959-1985) del *C.I.S.A. Andrea Palladio* : Centro internazionale di studi di architettura Andrea Palladio, C. P. 593 – 36100 Vicenza (Italie).
A. PALLADIO, *I Quattro Libri dell'architettura*, Venise, 1570 (éd. franç. disponible, Arthaud, Paris, 1980). J. S. ACKERMAN, *Palladio*, Harmondsworth, 1966 ; *Palladio*, Macula, Paris, 1981 / F. BARBIERI, *La Basilica palladiana*, Vicence, 1968 / F. BARBIERI, R. CEVESTE & L. MAGAGNATO, *Guido di Vicenza*, Vicence, 2ᵉ éd. 1956 / G. P. BORDIGNON FAVERO, *La Villa Emo di Fanzolo*, Vicence, 1970 / B. BOUCHER, *Palladio*, Citadelles-Mazenod, Paris, 1994 / R. CEVESE, « Proposta per una nuova lettura critica dell'arte palladiana », in *Essays in the History of Architecture*, Londres, 1967 / L. CROSSATO, *Gli affreschi nelle ville venete del Cinquecento*, Trévise, 1962 / E. FORSSMAN, *Palladios Lehrgebaüde*, Uppsala, 1965 / G. MAZZOTTI, *Ville Venete*, Rome, nouv. éd. 1966 / *Palladio*, catal. expos., Basilica palladiana, Vicence, 1973-1974 / R. PANE, *Palladio*, Turin, 1961 / L. PUPPI, *Andrea Palladio*, Milan, 1973 / F. RIGON, *Palladio*, Bologne, 1980 / P. SCHNEIDER, *De la villa en Vénétie*, Genève, 1985 / C. SEMENZATO, *La Rotonda di Palladio*, Vicence, 1968 / R. STREITZ, *Palladio. La rotonde et sa géométrie*, Paris-Lausanne, 1973 / M. TAFURI, *Architecture et humanisme de la Renaissance aux réformes*, Dunod, Paris, 1981 / A. VENDITTI, *La Loggia del Capitaniato*, Vicence, 1969 / R. WITTKOWER, *Architectural Principles in the Age of Humanism*, Londres, 1949 (3ᵉ éd. révisée, 1962) / L. ZOPPÉ, *Villa veneta*, guide, Bologne, 1981 / G. G. ZORZI, *I Disegni delle Antichità di A. Palladio*, Vicence, 1958 ; *Le Opere pubbliche e i palazzi privati*, Vicence, 1964 ; *Le Chiese i ponti di A. Palladio*, Venise, 1966 ; *Le Ville e i teatri di A. Palladio*, Vicence, 1968 ; *Il Redentore*, Vicence, 1969.

PARENT CLAUDE (1923-   )

Architecte marginal, designer inventif, polémiste, Claude Parent est l'une des figures les plus controversées de l'architecture française de l'après-guerre. Ses projets, ses réalisations, comme ses écrits en font un opposant permanent aux académismes de cette période et, à ce titre, un des architectes les plus stimulants.

Né en 1923 à Neuilly-sur-Seine (où il vit toujours), Claude Parent s'oppose rapidement à l'enseignement sclérosé de l'École des beaux-arts de Paris ; en 1949, avec Ionel Schein, il demande à Georges-Henri Pingusson d'y diriger un atelier libre. Jusqu'en 1955, il dessine et construit avec Schein plusieurs maisons individuelles, prétextes pour les deux jeunes architectes à une réflexion sur l'espace de l'habitation ainsi que sur les matériaux. La rencontre d'André Bloc constitue la seconde étape décisive dans la carrière de Parent : accueilli par celui-ci au comité de rédaction de *L'Architecture d'aujourd'hui*, il intègre dans le même temps le groupe *Espace*, où il fréquente notamment Fernand Léger, Sonia Delaunay et Vasarely. Le travail de Parent évolue au gré des rencontres : rien de commun en effet entre la maison d'André Bloc à Antibes (1959) ou la Maison de l'Iran à la Cité universitaire de Paris (1961, avec M. Foroughi, H. Ghiaï et A. Bloc), bâtiments à ossature métallique d'une extrême sobriété, et les bunkers réalisés quelques années plus tard. Son amitié avec Paul Virilio – ils fondent le groupe et la revue *Architecture principe* – le conduit en effet vers une réflexion sur l'enveloppe de béton brut, mais aussi sur la fonction oblique, théorie énoncée en 1964 et publiée par Parent sous le titre *Vivre à l'oblique* (1970). Outre quelques démonstrations spectaculaires comme de mémorables conférences prononcées sur un sol oblique, le centre paroissial Sainte-Bernadette à Nevers (1963-1966) et les centres commerciaux de Reims-Tinqueux, Sens ou Ris-Orangis (1969-1971), constituent les témoignages les plus remarquables de cette période.

Partant du postulat que l'architecture crée le site, Claude Parent poursuit son travail – proche de la sculpture – sur la structure et son épiderme en participant à la conception (en collaboration avec d'autres architectes et des ingénieurs d'E.D.F.) de plusieurs centrales nucléaires au début des années 1980 (Paluel, Cattenom, Chooz). Les dessins qu'il a produits à cette occasion comptent parmi les meilleurs exemples de l'imaginaire poétique de Parent. On retrouve cette dimension, portée à son paroxysme, dans les projets utopiques de l'architecte, établis en régulière collaboration avec des artistes : Yves Klein, Nicolas Schöffer ou encore Jean Tinguely, avec qui il projette le *Lunatrack*, tour de cent mètres de haut pour la porte Maillot (1960).

En marge de la profession, Parent se refuse à édifier des ensembles de logements, inévitablement normés ; il préfère imaginer des « villes cônes éclatées », des « villes spirales », cités improbables où le principe de la vie à l'oblique est néanmoins justifié par des antécédents historiques et géographiques. Hostile au régionalisme comme au désurbanisme, amoureux des villes, Claude Parent a, paradoxalement, surtout construit à leur périphérie. Cet amateur de théâtre – qui n'a pas hésité à mettre sa vie en scène – s'est vu confier en 1987, par l'actrice Silvia Monfort, la réalisation d'un théâtre sur le site des anciens abattoirs de Vaugirard à Paris : œuvre à part, cette tente métallique ceinturée d'un ruban rouge semble cependant significative de sa dernière période, celle d'une tentation déconstructiviste, plus manifestement exprimée au centre d'animation de l'aéroport de Roissy (1995) et à la mairie de Lillebonne, livrée en 1998. La collaboration de Claude Parent avec l'agence autrichienne Coop Himmelb(l)au pour un projet de centre d'art contemporain à Tours confirme son intérêt persistant pour une esthétique – voire une éthique – de la fracture.

SIMON TEXIER

Bibliographie

C. PARENT, *Claude Parent, architecte*, Robert Laffont, Paris, 1975 ; *Entrelacs de l'oblique. Claude, Parent, architecte*, Le Moniteur, Paris, 1981 / M. RAGON, *Claude Parent. Monographie critique d'un architecte*, Dunod, Paris, 1982.

PÂRIS PIERRE ADRIEN (1745-1819)

Né à Besançon, où son père exerce la profession de géomètre, architecte et maître de chantier, Pierre Adrien Pâris suit celui-ci en Suisse où le prince évêque de Bâle l'appelle pour s'occuper des travaux d'embellissement de son château (1750). Nommé directeur des bâtiments de la principauté (1767), Pâris ne quittera plus Porrentruy, la résidence des évêques de Bâle, et c'est lui qui formera son fils, avant de l'envoyer se perfectionner dans l'atelier de l'architecte parisien L. F. Trouard qui le présente aux concours de l'Académie. Malgré plusieurs tentatives, Pâris n'obtient qu'un accessit au grand prix de 1768 (projet de théâtre), mais il s'était fait remarquer par le premier gentilhomme de la Chambre en exercice, le duc d'Aumont, qui sollicite pour son protégé une bourse d'étude en Italie. Cette protection et ce voyage sont la clé de la carrière exceptionnelle de Pâris qui reste cinq ans à Rome (1769-1773) où il devient un des meilleurs connaisseurs des antiquités de la ville et de ses environs. Cicérone émérite, c'est lui que le financier Bergeret choisit pour guider ses visites (lors de son voyage avec le peintre Fragonard) ; dessinateur talentueux, il est employé par Charles De Wailly lors de son passage à Rome ; enfin, lié avec l'abbé de Saint-Non, il collabore à son *Voyage pittoresque ou Description des royaumes de Naples et de Sicile*. Rentré en France, auréolé d'un prestige rare pour un jeune artiste, Pâris retrouve la protection du duc d'Aumont et décore les appartements de son hôtel (l'actuel hôtel Crillon, place de la Concorde) ; mais il n'oublie pas son ancien protecteur et envoie au prince-évêque de Bâle un superbe projet de reconstruction de sa résidence de Porrentruy (1776). En 1778, Pâris est nommé à la place de M.-A. Challe dessinateur de la chambre et du cabinet du roi : ces fonctions importantes au sein des Menus Plaisirs lui donnent la responsabilité de la plupart des décors des fêtes, des pompes funèbres, des théâtres, et de toutes les réalisations éphémères de la cour. Au retour d'un second voyage en Italie (1783), Pâris s'arrête en Suisse, où la ville de Neuchâtel, qui a rejeté les projets de Ledoux, lui demande les plans d'un hôtel de ville (1784-1790). Rentré à Paris, il reprend ses fonctions avec le nouveau titre d'architecte des Menus Plaisirs (en 1780, il avait été élu membre de l'Académie d'architecture à la place de J.-G. Soufflot). Émigré pendant la Révolution, Pâris se réfugie chez un ami et mécène à Colmoulin, près du Havre, et donne par la même occasion les plans de reconstruction du château et d'aménagement du parc. Sous l'Empire, il part pour la troisième fois en Italie où il est nommé directeur par intérim de l'Académie de France à Rome (1805-1817). Rentré en France, déçu peut-être par les nouveaux responsables en place, il se fixe à Besançon, où il meurt en 1819, non sans avoir légué à la bibliothèque de sa ville natale sa fabuleuse collection de dessins, œuvre de toute une vie et témoignage rarissime, par son unité et son ampleur, de l'activité d'un des meilleurs artistes de la seconde moitié du XVIIIe siècle.

Grâce à cette collection nous pouvons apprécier l'activité de Pâris aux Menus Plaisirs où les décorations colorées et brillantes se succèdent sans interruption. Citons, parmi les innombrables décors pour l'Opéra de Paris, pour les théâtres de Versailles et de Fontainebleau, ceux d'*Armide* (1781), un décor de salon néo-gothique (1783), un autre dans le goût chinois (1783). Parmi les projets de pompes funèbres et de fêtes : le catafalque de l'impératrice Marie-Thérèse à Notre-Dame (1781), la salle de verdure et le corps du feu d'artifice élevé à Marly (1782), la salle à manger de la maison de bois pour les bals de la reine à Versailles (1785), la salle d'assemblée des notables (1787) et surtout l'imposante salle des états généraux, édifiée à Versailles dans l'hôtel des Menus Plaisirs (1789). On ne saurait trop insister sur l'importance de ces œuvres variées et neuves qui précédèrent souvent certaines réalisations durables, notamment de l'Empire, où le goût du faste à l'antique puise, non sans ingratitude, dans les réalisations de Pâris. L'œuvre de cet architecte, archéologue et dessinateur aux Menus Plaisirs a fait l'objet d'un livre important d'Alain-Charles Gruber, intitulé *Les Grandes Fêtes et leurs décors à l'époque de Louis XVI* (Genève-Paris, 1972). Signalons enfin que

Pâris fit des projets pour l'agrandissement du château de Versailles (1785) et qu'il participa à la construction de la façade de la cathédrale Sainte-Croix d'Orléans, chef-d'œuvre néo-gothique du XVIIIe siècle (1787-1790). Outre ses dessins, la bibliothèque de Besançon possède les textes des publications préparées par Pâris, témoignage de son activité d'archéologue (*Examen des édifices de Rome, Restauration du Colisée*).

DANIEL RABREAU

PARLER LES

Le milieu du XIVe siècle marque dans l'évolution de l'art gothique, en Allemagne, une étape stylistique qui correspond sur le plan social à l'accession de la bourgeoisie qui prend alors le pas sur le clergé et la noblesse. Une famille d'architectes et de sculpteurs, les Parler, va définir avec une extraordinaire acuité ce mouvement. Le premier est Heinrich, vraisemblablement originaire de Cologne. Il construit, à Schwäbisch Gmünd, l'église de la Sainte-Croix en 1351. En 1353, l'empereur Charles IV appelle son fils Peter (1330-1399) à Prague. Il y fonde la Bauhütte dont l'influence va se répandre à l'Ouest. Son œuvre la plus importante est l'achèvement du chœur de la cathédrale pragoise Saint-Guy, qu'il modifie profondément. Alors que, dans la partie inférieure, son prédécesseur, Mathieu d'Arras, avait adopté des divisions verticales, Peter Parler dispose des registres horizontaux, ce qui engendre une rupture brutale. Le triforium est traité en galerie couverte ; au-dessus se déploient librement les fenêtres, scandées par un réseau très particulier de meneaux. La voûte n'a pas moins d'importance puisqu'elle va inspirer toutes les voûtes réticulées qui vont suivre et qui sont en fait des voûtes en berceau décorées. Peter Parler dirige en même temps, entre 1365 et 1385, un programme cohérent de sculpture destiné aux différentes parties du chœur, les six tombeaux des ancêtres de Charles IV et, le long des murs du triforium, les bustes de vingt-quatre personnages liés à l'histoire de la cathédrale : l'empereur, ses épouses, les dignitaires de l'Église, les directeurs du chantier et les architectes. La rupture avec le passé n'est pas moins nette. On y note la volonté d'individualiser les traits des personnages et même de les portraiturer. Dans la sacristie, Heinrich IV, un autre membre de la famille Parler, a sculpté la statue équestre de saint Wenceslas. Peter eut deux fils, Wenzell et Johann, qui furent aussi sculpteurs.

Les Parler ont marqué toute l'architecture de l'Europe centrale, ils furent surtout les introducteurs du « beau style » qui définit l'art de la Bohême à cette époque, style auquel appartiennent les « belles Madones » et les Pietà qui apparaissent un peu avant 1400 en Bohême et en Autriche, où elles eurent une grande vogue.

ALAIN ERLANDE-BRANDENBURG

PATKAI ERVIN (1937-1985)

Le sculpteur Ervin Patkai est mort alors qu'il venait d'avoir quarante-huit ans. Sa fin brutale ne lui a pas permis d'élargir une œuvre déjà riche et complexe. Ervin Patkai était aussi urbaniste et architecte ; pendant une longue période, il a réussi à réaliser les rêves de sa jeunesse : construire effectivement des villes, des centres urbains. Ses fins dessins préparatoires qui évoquaient une cathédrale, un château fort ou une pyramide ont pris forme dans le matériau le plus brut, le plus industriel : le béton.

Originaire d'une petite ville de la Hongrie, Békéscsaba, Patkai quitte son pays au moment de la révolution de 1956. Dès 1957, il s'inscrit à l'École des beaux-arts de Paris où il devient l'élève de Henri-Georges Adam. Il s'intéresse à la technique du moulage ; il travaille la terre et le plâtre. En 1961, il expose à la deuxième biennale de Paris et, à partir de 1964, il prend part régulièrement au Salon de la jeune sculpture. On l'invite à participer au Salon *Grands et Jeunes d'Aujourd'hui* et au Salon des *Réalités nouvelles*.

En 1963, il travaille le plâtre — « Série d'oiseaux » et « Composition d'os » — dans un esprit tout à la fois baroque et surréalisant. Mais, après la découverte de l'œuvre de Giacometti et de Germaine Richier, il trouve sa voie. En 1964, il perfectionne la technique du polyester coulé dans la paraffine. Ses recherches s'orientent ensuite vers une série de sculptures appelées « structures maigres ». Dans une monographie consacrée à Patkai, Denys Chevalier les décrit ainsi : « Bien que construites, et avec quelle autorité, moins qu'à des architectures, elles font penser à des squelettes d'architecture. » Cette attirance pour l'architecture lui impose une certaine rigueur, une simplicité et une symétrie librement interprétée. Son premier grand projet réalisé est l'ensemble « mur et fontaine » du village olympique de Grenoble, en 1967. Il réalise des sculptures architecturales pour diverses villes de France : Vitry-sur-Seine, Sénart, Bobigny, Rennes, Bordeaux, Clermont-Ferrand, La Celle-Saint-Cloud, Blainville-sur-l'Eau, Saint-Romain-en-Gal, etc. Grâce aux commandes de l'État, dans le cadre du « 1 p. 100 », il a réalisé des œuvres monumentales presque exclusivement en béton. « Le volume est un élément spirituel métamorphosé en objet matériel, presque encombrant comme la chair peut l'être », explique l'artiste.

Sans abandonner son travail sur les petites sculptures en bronze (sculptures transformables en 1970, sculptures molles en 1973, etc.), il consacre le meilleur de lui-même à l'urbanisme. À partir de 1974, avec Jean-Jacques Villey, urbaniste en chef de la ville nouvelle de Marne-la-Vallée, il conçoit le nouveau centre-ville, nommé Pavé neuf, à l'aide d'une grande maquette en polystyrène. Le sommet de ce travail est un projet de pyramide, censée exprimer « le monde du dedans », le monde invisible. Cette même préoccupation du monde intérieur de l'homme apparaît dans ses dernières sculptures en forme de cube qui doivent être vues de l'intérieur.

KRISZTINA PASSUTH

Bibliographie

Monographie : D. CHEVALIER, *Patkai*, Pierre Belfond, Paris, 1973.

- *Catalogues d'exposition*

Patkai-Sculptures, Préface de Georges Boudaille, galerie Soleil, Paris, 1973 ; *Patkai-Sculptures*, Préface de Maurice Allemand, Monique Faux, Château de Vesvres-Rouy et maison de la Culture de Saint-Étienne, 1974.

PATTE PIERRE (1723-1814)

Architecte et théoricien, Pierre Patte, élève de Boffrand, a pris une part considérable aux discussions sur l'architecture et l'urbanisme de son temps par ses très nombreux ouvrages : *Monuments éri-*

gés en France à la gloire de Louis XV (1764), *Mémoire sur les objets les plus importants de l'architecture* (1769), *Suite du cours d'architecture de Blondel* (1777). Polémiste plutôt que créateur, il effectua quelques travaux de décoration à Grenoble et à Paris (hôtels de Charost et de Deux-Ponts). Il a surtout construit, pour le duc de Deux-Ponts dont il était le protégé, le château de Jaegersburg et le pavillon de chasse de Peterschem inspiré du Grand Trianon de Versailles.

JEAN-JACQUES DUTHOY

PAXTON JOSEPH (1803-1865)

Le XIXe siècle a donné naissance à un type de manifestation spectaculaire qui contribue à symboliser ses structures socio-économiques fondamentales : les expositions universelles. Elles scandent les transformations vers lesquelles le siècle est orienté. Elles situent les étapes progressives de l'industrialisation. Elles prétendent exhiber les conquêtes du machinisme. La présentation des produits exige des locaux appropriés, théoriquement provisoires. Surgissent dès lors de nouveaux problèmes d'ordre architectural. La réponse à ces nouveaux programmes va susciter des solutions expérimentales : malgré leur caractère provisoire, les constructions qui seront ainsi réalisées seront des œuvres d'avant-garde et tendront à exprimer l'extrême pointe des possibilités techniques du moment. Dans l'histoire de l'architecture, les expositions universelles peuvent donc être considérées comme des jalons importants.

Il était normal que la formule de l'exposition universelle prenne corps en Angleterre, c'est-à-dire dans le pays industriellement le plus avancé. Elle se déploya à Londres, à Hyde Park, en 1851, dura cent quarante et un jours et accueillit 6 039 195 visiteurs. Elle fut le prétexte du célèbre Crystal Palace, construit par Paxton (il servit à construire en 1852-1854 le Crystal Palace de Sydenham détruit par un incendie en 1936). L'origine de ce bâtiment révolutionnaire, il faut la trouver, certes, dans le génie inventif de Paxton, mais aussi dans un singulier, rare, étonnant contexte : en 1826, William Spencer, sixième duc de Devonshire, offre à un jeune jardinier attaché à la Société d'horticulture de Chiswick la fonction de chef jardinier du domaine de Chatsworth. Joseph Paxton déploie aussitôt une activité inattendue, variée, multiple : il s'attache à apprendre les langues, réunit une collection de conifères, construit des serres pour protéger les orchidées, remanie le dessin des jardins, crée des pièces d'eau. En 1837, il entreprend la construction d'une serre géante en vue de reconstituer les conditions climatiques favorables au maintien d'essences végétales (palmiers-dattiers, bananiers, etc.) et d'oiseaux tropicaux : ainsi fut édifié *the largest glass building in the world* (84 m de longueur, 38 m de largeur, 20 m de hauteur) sous une couverture incurvée montée sur un léger châssis en bois façonné dans des lamelles encollées et à partir de montants de fonte creux spécialement dessinés pour ce projet. Nul ne pouvait alors se douter que cet ouvrage n'était qu'une introduction, la préface d'une démarche plus hardie, plus complète, plus ambitieuse encore : celle qui, en 1851, allait, pour réaliser le Crystal Palace, reposer sur l'utilisation à grande échelle d'éléments usinés préfabriqués en fer, verre et bois, sur la construction en série et la standardisation des matériaux, sur l'industrialisation du bâtiment, la mécanisation du chantier, ce dernier supposant des procédés de montage inédits. Malgré la campagne menée par les architectes professionnels, les ingénieurs, les techniciens contre un « amateur », malgré les « avertissements » de ces « spécialistes » (fondations insuffisantes, vibrations inquiétantes, dangers d'effondrement, impossibilité d'achever une telle entreprise en temps utile, etc.), les différents éléments en bois et en fer (usinés par plusieurs firmes de Birmingham) furent livrés selon le programme établi, assemblés sur place et montés en moins de six mois, les pièces les plus lourdes, les poutres de fonte (24 pieds de longueur : module de base) ne dépassant pas le poids d'une tonne. Cet immense bâtiment transparent (deux ailes rectangulaires reliées à un corps central : transept perpendiculaire couvert en berceau) couvrait 70 000 mètres carrés. Il peut être techniquement décrit comme une vaste verrière reposant sur une ossature métallique (colonnes de fonte) assurée par des poutres cintrées, les vitres, posées dans des cadres en bois préfabriqués, mesurant quatre pieds de longueur, c'est-à-dire la plus grande dimension réalisable à l'époque. L'ensemble, correctement raidi, fut si bien étudié (en neuf jours !) qu'il résista parfaitement à toutes les contraintes mécaniques.

ROBERT-L. DELEVOY

PEI IEOH MING (1917-)

L'architecte sino-américain Ieoh Ming Pei est né à Canton en 1917. Il a passé sa jeunesse à Hong Kong, où son père dirigeait la Banque de Chine, puis à Shanghai, au moment du plein développement économique et commercial de la ville. En 1935, il rejoint l'université de Pennsylvanie puis le M.I.T. de Chicago, dont il est diplômé en 1940. Retenu par la guerre mondiale, il collabore à la défense nationale des États-Unis, en analysant, à des fins militaires, les villes japonaises et leur construction, ce qui lui vaut en 1954 la citoyenneté américaine. Élève à la Harvard Graduate School of Design, où professaient Gropius et Breuer, il fait partie de cette génération d'architectes modernistes américains formée par les maîtres européens de l'avant-guerre.

À partir de 1948, il mène différentes études urbaines pour le cabinet de promotion Webb and Knapp, y acquérant sens du travail en équipe, réalisme, respect des contingences techniques et financières. Il étudie ainsi le Mile High Center de Denver (1955), la restructuration du centre de Montréal en construisant, au-dessus d'une ancienne gare de triage, Place Ville-Marie, à la fois gratte-ciel cruciforme et complexe piétonnier à plusieurs niveaux, qui compte parmi les grands modèles de l'urbanisme occidental de l'après-guerre (1961). Enfin, il aménage le quartier de Society Hill à Philadelphie, pour lequel il organise un ensemble de maisons disposées autour de placettes et un groupe de trois tours de trente étages (1964). Appuyés sur une analyse précise des problèmes à résoudre, respectueux des tissus urbains, ces projets se caractérisent par la simplicité et la cohérence de leur parti.

En 1962, il quitte Webb and Knapp ; il avait dès 1958 créé la firme Pei and Associates, qui devint Pei and Partners en 1966 et compta à certains moments près de trois cents employés, dont plusieurs dizaines d'architectes. Il pratique alors une manière sèche et nette, inspirée du purisme de Mies van der Rohe, sensible dans sa transparente maison de week-end de la région de Westchester (1952). Ses tours de Kips Bay Plaza à New York (1960 et 1965), influencées par le célèbre Lake Shore Drive de Mies mais où le béton armé remplace le métal, constituèrent le prototype d'une série de réalisations d'expression sobre, qu'on retrouve à Society Hill, dans le grand ensemble de New York University (1966), au Earth Sciences Center du M.I.T. (1964) ou, à un moindre degré, aux Harbor Towers du port de Boston (1973).

Puis il s'oriente vers la plasticité plus généreuse de Le Corbusier, étudie l'œuvre d'Aalto et celle de Kahn, s'évadant quelque peu d'une orthogonalité qui l'avait généralement tenu dans son carcan. Les musées qu'il bâtit alors à Syracuse (Everson Museum of Art, 1964), à Des Moines dans l'Iowa (1968), à la Cornell University d'Ithaca (1973), furent pour lui l'occasion d'expérimenter des volumes à la géométrie forte et pure, avec de grandes surfaces aveugles, des porte-à-faux, une décomposition sculpturale des masses et un usage contrôlé du rythme et de la proportion des percements. Le centre des recherches atmosphériques de Boulder, dans les montagnes Rocheuses du Colorado (1967), regroupe des volumes scandés, asymétriques, dans un site superbe où l'ombre et la lumière se disputent les grandes surfaces de béton rose.

Auteur à la fin des années 1960 du terminal Kennedy de New York et d'une tour de contrôle pentagonale qui sera répétée sur vingt-cinq ou trente autres aéroports, Pei poursuit sa quête d'expressivité plastique dans l'ensemble du Christian Science Center de Boston (1975) et dans la haute façade oblique de l'hôtel de ville de Dallas (1977). Au tournant des années 1980, deux édifices ont assis sa réputation : la bibliothèque-mémorial Kennedy de Dorchester, en face de Boston, où un prisme triangulaire pénètre un cube de verre sombre, et l'aile est de la National Gallery de Washington, dont le parti architectural, la rencontre de deux triangles autour d'un immense hall sous verrières – monolithique et ouvert, massif et splendide de finesse – est d'une impeccable maîtrise.

La construction, à une centaine de kilomètres de Pékin, de l'hôtel de la Colline parfumée (1982) lui permet un retour en Chine qui connaîtra un développement spectaculaire avec l'érection à Hong Kong d'un gratte-ciel cristallin de soixante-dix étages pour la Bank of China de la République populaire (1990). Car les tours de bureaux sont l'une des spécialités de l'agence Pei and Partners. Parmi les plus célèbres, la John Hancock de Boston (1972), haut rhomboïde aux parois lisses revêtues de miroirs bleutés, tendus jusqu'au sol. Il faut encore citer la tour Texas Commerce de Houston (1982), le centre de congrès et d'expositions de New York (Convention Center), gigantesque boîte de verre portée par une résille de charpentes tridimentionnelles en acier, et trois gratte-ciel à Singapour : ceux de l'Oversea Chinese Banking Corporation (1976), de Raffles City (1986) et du Gateway (1991).

En France, Pei avait donné en 1972 une proposition de tours jumelles pour l'axe de la Défense. Appelé comme consultant pour le projet d'exposition universelle en 1989, il fut invité par François Mitterrand à étudier l'aménagement du Grand Louvre, qui aboutit notamment à la célèbre pyramide de verre qu'il dressa dans la cour Napoléon (1989). Il construisit parallèlement l'auditorium de Dallas, aux beaux effets de verrières (1989), puis le chaotique musée du Rock and Roll de Cleveland (1995) et a engagé divers projets de musée pour Shiga, au Japon, Athènes et Luxembourg.

Homme rompu à la négociation, habile à maîtriser les problèmes complexes pour aboutir aux solutions les plus épurées, Ieoh Ming Pei est le type même du grand architecte contemporain de style international. Ses œuvres portent l'empreinte de cette sûreté professionnelle, souvent éclairée d'une discrète expressivité.

FRANÇOIS CHASLIN

Bibliographie

B. Suner, *Ieoh Ming Pei*, Hazan, Paris, 1988 / C. Wiseman, *I. M. Pei, A Profile in American Architecture*, Harry M. Abrams, New York, 1990.

PELLI CESAR (1926-   )

Né en 1926 à Tucumán en Argentine, Cesar Pelli, après des études d'architecture dans son pays et aux États-Unis, a commencé sa carrière américaine en 1954 dans l'agence d'Eero Saarinen. De 1968 à 1976, il travaille à Los Angeles chez Victor Gruen Associates. En 1977, il fonde sa propre agence.

Ses œuvres se caractérisent par les diverses réponses apportées à la question de l'enveloppe d'un bâtiment à ossature. Dans la lignée du second principe exposé en 1932 par Henry-Russell Hitchcock et Philip Johnson dans leur ouvrage *The International Style*, les bâtiments doivent produire un effet de volume et non de masse. Les édifices doivent être enveloppés dans une sorte de peau lisse et continue, comme tendue sur une ossature. Chez Cesar Pelli, cette peau est faite le plus souvent de panneaux de verre ou plus tardivement de plaques de granit. Les variations que l'architecte peut introduire à partir de ce principe de continuité des surfaces enveloppantes concernent les couleurs des matériaux utilisés (verre et granit) et leur texture (en particulier, transparence ou opacité du verre).

Dès ses premières réalisations Cesar Pelli manifeste cette orientation, par exemple au Commons-Courthouse Center construit à Columbus (Indiana) en 1973. La diversité des fonctions de cette galerie marchande est unifiée au moyen d'une enveloppe continue de verre brun et blanc.

À une échelle monumentale, le Pacific Design Center à Los Angeles (1971-1976) relève de la même esthétique. Il s'agit d'un vaste espace d'exposition permanente qui rappelle l'illustre précédent du Crystal Palace érigé à Londres en 1851. Surnommé « la baleine bleue » (*the blue whale*) à cause de ses dimensions et de la couleur du verre utilisé comme enveloppe, il présente un profil qui évoque dans une certaine mesure les contours d'une modénature classique, avec moulures et larmier.

Tout en restant fidèle au principe de l'enveloppe indifférenciée, Cesar Pelli introduit des innovations volumétriques, comme en témoigne par exemple l'annexe du Museum of Modern Art de New York (1980-1984) : un espace vitré de circulation hors œuvre abritant des escalators et une tour de 44 étages. Avec les quatre tours de bureaux du World Financial Center (1981-1988) élevées dans Battery Park City au sud de Manhattan, Cesar Pelli expérimente diverses formes pour coiffer les sommets de ses immeubles : pyramide ou dôme. Ce procédé permet d'abord de les identifier au milieu des autres constructions en hauteur du quartier, en particulier de les distinguer de l'architecture minimaliste des tours jumelles du World Trade Center de Minoru Yamasaki (1974), et aussi d'évoquer discrètement certaines formes de l'architecture Art déco de l'entre-deux-guerres.

C'est ce modèle new-yorkais qui a été exporté à l'est de Londres pour le principal immeuble de bureaux de Canary Wharf à One Canada au cœur de l'opération de réhabilitation et d'aménagement des Docklands. Cette tour signal (1988-1991) en forme d'obélisque est haute de 245 mètres. Son échelle disproportionnée (c'est le plus haut bâtiment de Grande-Bretagne) et sa présence à proximité du patrimoine architectural de Greenwich (œuvres d'Inigo Jones et de Christopher Wren) situé en bordure de la rive opposée de la Tamise, n'ont pas été comme on peut l'imaginer sans susciter de vives critiques, en particulier de la part du Prince Charles.

Cette tendance au gigantisme s'est accentuée avec la construction, en 1996, des Petrona Towers au centre de la ville de Kuala Lumpur en Malaisie : hautes de 451 mètres, les deux tours sont reliées par une passerelle à double étage, située à 175 mètres au-dessus du niveau de la rue.

CLAUDE MASSU

Bibliographie

J. PASTIER, *Cesar Pelli*, New York, 1980, Paris, 1982 / S. WILLIAMS, *Docklands*, Architecture Design and Technology Press, Londres, 1990.

PERCIER CHARLES (1764-1838) & FONTAINE PIERRE FRANÇOIS (1762-1853)

L'amitié des deux architectes Percier et Fontaine, favoris des Bonaparte, date de leurs années d'études passées dans les ateliers des meilleurs architectes de la fin du XVIIIe siècle. Après des débuts modestes chez A. F. Peyre, Pâris et Chalgrin, Percier et Fontaine s'imposent par leur talent dans les classes de l'Académie royale (Fontaine chez Heurtier, Percier chez David Leroy) où, en 1785 et 1786, ils obtiennent respectivement le second et le premier grand prix d'architecture. Fontaine accompagne son ami lors du séjour romain accordé au lauréat et les deux architectes se passionnent pour les monuments de l'Antiquité qu'ils reproduisent dans de merveilleux dessins, source future de leur inspiration commune. Fontaine rentre le premier à Paris (1790), tandis que Percier, qui a fait le détour par Naples et le midi de la France, retrouve, en 1791, une capitale peu propice aux grands travaux. La protection de leur ancien maître P. A. Pâris leur vaut de collaborer aux décorations de la scène de l'Opéra. Ils fondent une école d'architecture ; Percier, conquis par l'idéal révolutionnaire, participe à la Commune des arts et assiste Alexandre Lenoir dans la création du musée des Monuments français, se familiarisant ainsi avec l'architecture du Moyen Âge et de la Renaissance envers laquelle se manifestait un regain d'intérêt. Une première publication, *Palais et maisons de Rome* (1798), attire l'attention du public ; la haute société bourgeoise du Directoire commande aux deux architectes maintes décorations d'appartements et d'hôtels, si bien qu'ils peuvent publier, en 1801-1802, un recueil, *Plans, coupes, élévations des plus belles maisons et hôtels construits à Paris et dans ses environs*, qui leur assure une grande notoriété. Soucieuse de devancer la mode, Joséphine de Beauharnais introduit les deux amis dans l'entourage de Bonaparte. Percier et Fontaine, nommés architectes des palais du Premier et du Deuxième consul (1801), vont poursuivre une carrière exclusivement officielle que les titres successifs d'architecte des palais impériaux (1804) et de premier architecte (1813), dévolus à Fontaine, apparentent à une surintendance des arts de l'Empire. Charge indépendante et même opposée, dans sa doctrine, à la tutelle sévère du Conseil des bâtiments civils. Si le style de Percier et de Fontaine, souvent assimilé au style Empire, est très loin d'en résumer toutes les tendances, son originalité et sa constance dans le domaine des arts décoratifs dominent toutes les entreprises destinées à la cour. L'Empereur, soucieux de faire éclater son prestige, soucieux plus encore d'œuvrer avec économie, laisse peu de liberté à ses architectes dont les travaux seront consacrés, en priorité, à l'aménagement d'anciennes demeures. Ainsi naîtront ces suites d'appartements à la Malmaison, à Saint-Cloud, aux Tuileries, au Louvre (définitivement transformé en musée), à Compiègne et à Fontainebleau, où les architectes, avec la collaboration de maîtres d'œuvre habiles (par exemple, le menuisier Jacob), créèrent des modèles qui seront diffusés dans toute l'Europe. L'admiration de Percier et de Fontaine pour l'Antiquité, sensible dans les moindres détails de leurs décorations, se manifeste avec éclat dans l'arc de triomphe du Carrousel (1808), tandis que de nouveaux projets laissent apparaître l'influence grandissante de la Renaissance italienne. Tels sont les dessins des façades d'immeubles des rues de Rivoli et de Castiglione à Paris et, plus encore, les imposants projets pour le palais du roi de Rome qui devait être construit sur la colline de Chaillot (1811-1813). Dans ces œuvres, les architectes renouaient, pour la première fois, avec la mégalomanie qui caractérisait les projets de l'Académie où ils s'étaient formés. Ce palais, dont la construction fut enfin décidée en 1812, s'intégrait dans un ensemble d'urbanisme colossal. Le projet, qui comprenait l'édification de casernes, d'entrepôts, d'une église, d'un palais des archives, d'une université, d'une école des beaux-arts, aurait doté Paris d'un ensemble monumental incomparable, rivalisant avec ceux de Londres et de Saint-Pétersbourg. Mais, ici encore, les architectes subissaient la tutelle de l'Empereur qui déclarait : « Je veux faire ce palais pour moi et non pour la gloire de l'architecte. » La chute de l'Empire arrêta les travaux de fondations. L'art de Percier et de Fontaine, élégant quand il n'a pas les moyens d'être somptueux, marque une étape décisive dans l'évolution de l'architecture du XIXe siècle. Totalement opposé aux tendances rationalistes issues de la fin du siècle précédent (et illustrées par les ingénieurs des Ponts et Chaussées, de plus en plus influents sur l'architecture), prônant la recherche d'un beau adapté au goût relatif de son temps, cet art, fondé sur l'historicité des modèles de l'Antiquité et de la Renaissance, ouvre la voie à l'éclectisme.

DANIEL RABREAU

PERRAULT CLAUDE (1613-1688)

Médecin, savant et architecte, Claude Perrault fait partie de ces esprits universels dont le XVIIe siècle offre de nombreux exemples. On lui doit des contributions pleines d'intérêt, parfois même décisives, dans des domaines aussi différents que la philosophie naturelle, l'anatomie animale et humaine, la science des machines et l'architecture, comme l'a montré Antoine Picon dans son ouvrage *Claude Perrault, 1613-1688, ou la Curiosité d'un classique* (Picard, 1988).

Claude Perrault naît en 1613 dans une famille de la bourgeoisie parisienne aisée. Ses parents avaient déjà eu deux fils, Pierre et Jean. Deux autres suivront, Nicolas en 1624 et Charles, le futur auteur des *Contes du temps passé*, en 1628. Les frères Perrault demeureront très liés toute leur vie durant, Claude et Charles en particulier, qui vont faire carrière ensemble au service de Colbert.

Claude commence par étudier la médecine à la faculté de Paris. Reçu docteur en 1641, il exerce pendant près de vingt-cinq ans sans éclat particulier. Largement due à l'influence de son frère Charles, devenu entre-temps l'un des principaux collaborateurs de Colbert, sa nomination en 1666 à l'Académie des sciences représente le véritable point de départ de son itinéraire scientifique. Au sein de cette compagnie de création récente, Perrault prend très vite la tête du groupe des médecins et des anatomistes. C'est dans ce cadre qu'il assume, en 1671 et en 1676, la publication de deux livraisons monumentales des *Mémoires pour servir à l'histoire naturelle des animaux*. Rectifiant de nombreuses erreurs commises par les Anciens, Perrault ouvre la voie à ce qui deviendra l'anatomie comparée. Il s'intéresse en parallèle à l'anatomie et à la physiologie humaines. Ses *Essais de physique*, parus entre 1680 et 1688, comprennent l'une des premières descriptions précises de la structure de l'oreille interne ainsi que l'exposition d'une curieuse théorie animiste du vivant, qui annonce certaines conceptions du siècle des Lumières. À sa mort, en 1688, il laisse ainsi un ensemble d'observations et d'hypothèses tout à fait représentatives de l'état de la science de son temps.

Si l'œuvre scientifique de Claude Perrault est loin d'être négligeable, la postérité a surtout retenu son apport à la vie architecturale du règne de Louis XIV. Quoique n'ayant jamais exercé l'architecture à titre professionnel, Perrault est l'auteur de l'Observatoire de Paris, imaginé en 1667 et achevé pour l'essentiel en 1672, ainsi que d'un projet d'arc de triomphe pour la place du Trône, conçu vers la même époque, qui sera finalement abandonné après un début de réalisation. Sobre et puissant, l'Observatoire se range à coup sûr parmi les édifices majeurs du classicisme français. Jouissant de l'estime de Colbert, Claude Perrault participe également en 1667-1668 à la conception de la colonnade du Louvre, aux côtés de Charles Le Brun et de Louis Le Vau, à la suite de l'abandon définitif du projet de Bernin. Les documents relatifs à cet épisode célèbre de l'histoire de l'architecture française ne permettent pas de trancher définitivement le difficile problème de la paternité exacte de l'œuvre. Bien qu'elle soit souvent appelée « colonnade de Perrault », la façade orientale du Louvre est probablement le fruit d'un travail collectif. Elle n'en porte pas moins l'empreinte des conceptions architecturales très particulières de Perrault, de son maniement de la référence antique en même temps que de son goût pour la performance technique.

Perrault marque aussi une étape décisive de l'histoire de la théorie architecturale. Son intervention dans ce domaine passe tout d'abord par la traduction des dix livres de *De architectura*, de Vitruve, que lui commande Colbert. Publiée une première fois en 1673, sa traduction représente une incontestable réussite en même temps qu'elle laisse transparaître des idées fort peu orthodoxes sur le beau architectural et sur l'importance à accorder à la question des proportions dans les notes qui accompagnent le texte principal. Ces idées vont se préciser dans l'*Ordonnance des cinq espèces de colonnes selon la méthode des Anciens*, que Perrault fait paraître en 1683, puis dans la réédition de 1684 de sa traduction de Vitruve.

Les théories esthétiques de Perrault doivent être replacées dans le cadre de la fameuse querelle des Anciens et des Modernes, dans laquelle s'illustre son frère Charles. Comme Charles, Claude se range dans le parti des Modernes, convaincus de la supériorité de l'art de leur temps sur celui de l'Antiquité. Traducteur de Vitruve, Claude Perrault admire pourtant les monuments gréco-romains, dont s'inspire d'ailleurs la colonnade du Louvre, mais il entend prendre ses distances à l'égard de la vénération que leur voue la plupart des architectes. Dans le même esprit, il remet radicalement en cause le postulat selon lequel c'est l'exactitude des proportions qui fait toute la beauté d'un édifice. Distinguant entre des « beautés positives », comme la symétrie, la qualité des matériaux et la précision de l'exécution, et des « beautés arbitraires », qui tiennent à l'accoutumance et au goût dominant, il range les proportions des membres d'architecture dans cette dernière catégorie.

Émanant d'un homme dont la compétence architecturale est généralement reconnue, une telle conception fait scandale. Elle constitue en réalité l'un des signes avant-coureurs de la remise en cause de la conception vitruvienne de l'architecture qui va se produire au cours de la seconde moitié du XVIIIe siècle.

ANTOINE PICON

PERRAULT DOMINIQUE (1953-)

Né en 1953 à Clermont-Ferrand, Dominique Perrault est diplômé de l'Unité pédagogique d'architecture n° 6 (Paris-La Villette) en 1978. Il fréquente les agences de Martin van Treek, René Dottelonde et Antoine Grumbach avant de créer la sienne en 1981. Lauréat du concours pour la construction de l'École supérieure d'ingénieurs en électronique et électrotechnique (E.S.I.E.E.) à Marne-la-Vallée, il livre en 1987 un bâtiment qui le fait immédiatement remarquer sur la scène française. Perrault devient alors la figure de proue d'une génération d'architectes revendiquant notamment une complète maîtrise technique du projet. Minimaliste, sculpturale, voire paradoxale – les notions d'effacement et de geste sont intimement mêlées dans chacune de ses propositions –, l'architecture de Perrault est basée sur des images fortes, des partis radicaux, légitimés en aval par une parfaite mise en œuvre des matériaux de construction. C'est le cas à Paris avec l'hôtel industriel Berlier (1986-1990) ou l'usine de traitement des eaux de la S.A.G.E.P. à Ivry-sur-Seine (1987-1993). De la même façon, Perrault acquiert la reconnaissance internationale en remportant, en 1989, le concours pour la Bibliothèque nationale de France à Paris, achevée en 1997. Prenant le parti d'enterrer les salles de lecture, disposées autour d'une forêt inaccessible, transplantée à grands frais – aux dimensions du Palais-Royal –, Perrault dresse, aux quatre coins de cet espace, des tours dont le rôle, la hauteur et le système de protection ont alimenté l'une des plus violentes polémiques de la décennie. Le projet – modifié – comme la réalisation vaudront à l'architecte de vives critiques, mais aussi quelques éloges ; la B.N.F. agace en effet par son austérité et ses dysfonctionnements, tout autant qu'elle fascine par sa puissance et la précision de son exécution. Architecte controversé, Perrault est pourtant l'un des rares Français à avoir su s'exporter, à Berlin notamment, où il a réalisé le vélodrome (1998) et la piscine olympique (1999).

Depuis 1998, Dominique Perrault est président de l'Institut français d'architecture, qui a pour mission la diffusion et la recherche en architecture.

SIMON TEXIER

Bibliographie

J. BELMONT, *Dominique Perrault*, I.F.A.-Pandora, Paris, 1991 / S. REDECKE, *Dominique Perrault, architecte*, catal. expos., Paris, Sens et Tonka, 1996.

PERRET AUGUSTE (1874-1954)

Pendant la période où l'apparition de nouveaux matériaux a été déterminante pour l'avènement d'une architecture moderne, un rôle éminent revient à Auguste Perret qui a donné au béton armé un style architectural. Petit-fils de maître carrier, fils d'un tailleur de pierre, devenu lui-même appareilleur puis entrepreneur, il en a retenu l'idée de l'importance du matériau qui devait guider les principes fondamentaux de son art. Édifiant en 1899 le casino de Saint-Malo en moellons de granite, il conçoit un plancher de béton armé de dix-huit mètres de portée. Puis par une opération de désémantisation du caractère fruste du nouveau matériau, il l'enrichit de connotations de formes empruntées à l'art grec et au classicisme français qui lui donnent ses lettres de noblesse. Une esthétique du vrai accompagne nécessairement l'entreprise : « C'est par la splendeur du vrai que l'édifice atteint à sa beauté [...] celui qui dissimule une partie quelconque de la charpente se prive du seul légitime et du plus bel ornement de l'architecture ». Au théâtre des Champs-Élysées (1913), au Mobilier national (1930), au musée des Travaux publics (1937) à Paris, une idéologie esthétique fonctionnaliste donne à l'architecture sa clarté architectonique tandis que de réelles possibilités fonctionnelles sont exploitées dans la célèbre verrière du garage Ponthieu (1905) à Paris, les claustras de l'église du Raincy (1923) et le plan librement composé de l'immeuble de la rue Franklin à Paris (1903). Ce souci de rationalité avait amené Perret à proposer un sous-sol général de services techniques pour la reconstruction du centre de la ville du Havre qui fut malheureusement refusé. Mais l'idéal de pureté et de vérité qui sous-entend le fonctionnalisme aboutit aux excès que l'on sait et le nouveau centre du Havre n'est pas exempt de la monotonie générale de l'architecture moderne dont l'esprit même de classicisme français perpétué par Perret a pu cautionner les dogmes esthétiques.

PHILIPPE BOUDON

PERRIAND CHARLOTTE (1903-   )

Née à Paris, Charlotte Perriand suivit les cours de l'école de l'Union centrale des arts décoratifs. Elle exposa pour la première fois au Salon des artistes décorateurs, en 1926, un « coin de salon » cossu dans l'esprit des maîtres héritiers de la tradition luxueuse du XVIIIe siècle. Mais, l'année suivante, son « bar sous le toit », en acier, présenté au Salon d'automne, la classera dans le groupe de ceux qui ne récusent pas l'étiquette « d'ingénieurs-décorateurs ». Charlotte Perriand décide d'aller travailler chez Le Corbusier. Elle y restera dix ans, collaborant également avec Pierre Jeanneret, et deviendra responsable de l'équipement mobilier du constructeur de « machines à habiter », la villa Laroche (1928), le pavillon suisse de la cité universitaire (1930-1932), le refuge de l'Armée du salut à Paris (1932). Très engagée aux côtés des novateurs, elle participe à la fondation de l'Union des artistes modernes (U.A.M.), née en 1930 de la scission avec la Société des artistes décorateurs, et elle figure à la quatrième session des Congrès internationaux d'architecture moderne fondés en 1928 par Le Corbusier.

Préoccupée par l'équipement de l'habitation des classes populaires auquel personne alors ne s'intéresse, Charlotte Perriand conçoit des sièges, des tables, des casiers à réaliser en série : ce programme ne pourra pas aboutir en raison de l'incompréhension des industriels. Présente au Salon des arts ménagers de 1936, elle y expose une salle de séjour ainsi qu'un photomontage sur la misère à Paris. Sa participation à l'Exposition de 1937 est significative de l'éventail de ses intérêts et de ses aspirations : le souci de l'habitat avec une cabine sanitaire pour l'hôtellerie dans le pavillon de l'U.A.M. ; la passion de la montagne avec un projet de refuge en aluminium ; les préoccupations politiques puisqu'elle illustre — en compagnie de Fernand Léger — le programme du Front populaire prévu pour l'agriculture. Ses années d'apprentissage sont terminées. Charlotte Perriand quittera l'atelier de Le Corbusier en 1937, processus normal de l'évolution d'une personnalité très indépendante.

Invitée par le ministre du Commerce et de l'Industrie du Japon comme conseillère de l'art industriel, Charlotte Perriand s'embarque à Marseille, le 14 juin 1940, à bord du dernier bateau en partance pour l'Extrême-Orient. Elle retrouvera là-bas une tradition du travail du bois auquel elle n'avait jamais renoncé malgré les critiques de ses camarades d'atelier : la fameuse chaise longue en tube d'acier à position variable par simple glissement, présentée en 1929, sera ici traduite en bambou.

Dès son retour en France, au printemps de 1946, Charlotte Perriand crée son atelier. Le public va commencer à apprécier ses tiroirs de rangement en plastique ou en métal. De 1967 à 1982, elle se consacre à l'aménagement de la station de ski des Arcs, près de Bourg-Saint-Maurice, en Savoie. Elle y installera des salles de bains industrialisées consistant en deux coques de polyester. En 1983, Charlotte Perriand est appelée en Chine pour équiper une station de sports d'hiver ; en 1985, sa première exposition rétrospective, *Un art de vivre*, est présentée au musée des Arts décoratifs, à Paris, où elle avait reçu sa première formation. En 1993, elle réalise à l'U.N.E.S.C.O. une Maison de thé pour la manifestation japonaise *Dialogue des cultures*.

Ayant choisi une esthétique de la rigueur à travers la promotion de matériaux industriels comme l'acier, l'aluminium et même le plastique dès son apparition, Charlotte Perriand, célèbre dans le monde entier depuis les années 1950, a été longtemps méconnue en France. Dans ce pays, beaucoup de gens doutent encore qu'un logement puisse avoir une « âme » s'il est agencé sans aucune passementerie.

ROGER-HENRI GUERRAND

PERRONET JEAN-RODOLPHE (1708-1794)

Fondateur et directeur de l'École des ponts et chaussées, Jean-Rodolphe Perronet est aussi le plus grand constructeur d'ouvrages d'art français du XVIIIe siècle. Par la réputation qu'il acquiert au cours de sa longue carrière comme par la multiplicité de ses centres d'intérêt, il apparaît comme une des figures phares de la profession d'ingénieur au siècle des Lumières, une profession qu'il contribue à faire évoluer dans le sens d'une plus grande autonomie par rapport au modèle traditionnel du technicien artiste, proche parent de l'architecte.

Jean-Rodolphe Perronet naît en 1708 à Suresnes. Issu d'une excellente famille suisse des environs de Fribourg, son père qui avait appartenu aux gardes suisses s'était mésallié en épousant une simple paysanne. Devenu cabaretier, ce père mourra vers 1725 sans laisser de fortune à son fils. À bien des égards, la réussite de ce dernier peut être interprétée comme le fruit d'un désir de revanche sur des débuts plutôt obscurs dans la vie.

Ce désir conduit tout d'abord le jeune Jean-Rodolphe Perronet à essayer d'entrer dans le prestigieux corps des ingénieurs des fortifications. Il doit très vite y renoncer par suite de son manque de fortune, et il se tourne alors vers l'architecture en entrant au service du premier architecte de la Ville de Paris, Debeausire. Celui-ci l'emploie notamment au projet du grand égout et à la construction du quai des Tuileries. En marge de ces tâches absorbantes, Perronet perfectionne ses connaissances mathématiques et physiques en suivant les leçons de Privat de Molières au Collège de France. En 1735, il rejoint un corps des Ponts et Chaussées de création récente et qui est encore loin de concurrencer celui des ingénieurs des fortifications. Nommé dans la généralité d'Alençon, Perronet se fait très rapidement remarquer par ses qualités de technicien et d'organisateur. Il perfectionne les techniques de revêtement des chaussées tout en étudiant la division du travail qui règne dans une manufacture d'épingles voisine. Dès cette époque, il conjugue réflexion technique et intérêt pour les problèmes que pose la direction des hommes.

Ce profil très particulier lui vaut d'être nommé en 1747 directeur du Bureau des dessinateurs de Paris, un organisme de contrôle technique employant des jeunes gens parmi lesquels on souhaite désormais recruter les futurs ingénieurs des Ponts et Chaussées. Cette nomination représente un véritable tournant pour Perronet, qui transforme progressivement le Bureau en une véritable école. Dès 1760, le Bureau des dessinateurs est d'ailleurs qualifié officiellement d'École des ponts et chaussées, appellation qu'officialisera Turgot en 1775. Pour cet établissement, que l'on peut considérer comme la première école d'ingénieurs française, Perronet met au point une formation originale, fondée sur une pratique intensive du projet sous toutes ses formes en même temps que sur l'apprentissage d'un esprit de corps exigeant.

Directeur de l'École des ponts et chaussées jusqu'à sa mort, en 1794, Perronet prend également la tête du corps des Ponts et Chaussées à partir de 1763, un corps qu'il parvient à propulser au premier rang en remettant en cause la suprématie traditionnelle des ingénieurs des fortifications. Fréquentant le milieu des encyclopédistes, à commencer par Diderot, membre de l'Académie d'architecture et de l'Académie des sciences ainsi que de plusieurs sociétés savantes étrangères, il incarne les points forts et les faiblesses de la plupart des ingénieurs français des Lumières. Doté d'un sens exigeant de l'État, homme de l'art plus qu'homme de science en dépit de la fréquentation régulière des savants, il réussit grâce à un mélange de pragmatisme et d'audace qui s'accorde parfaitement avec l'esprit de prudence théorique et de curiosité technologique de son temps.

Son œuvre de constructeur d'ouvrages d'art reflète à sa façon ce mélange. Parallèlement à ses responsabilités de pédagogue et d'administrateur, Perronet est l'auteur de certains des ponts les plus célèbres du XVIIIe siècle. On lui doit notamment le pont de Neuilly, construit de 1768 à 1774, le pont de Pont-Sainte-Maxence, réalisé de 1772 à 1786, le pont Louis-XVI, enfin, l'actuel pont de la Concorde à Paris, exécuté de 1787 à 1791. Pragmatique, Perronet ne cherche pas à révolutionner les techniques de construction des ouvrages en pierre qui reposent sur des dispositifs de fondation et d'appareillage éprouvés, mais il pousse à leurs limites les possibilités de la pierre, comme pour souligner les limites des savoirs traditionnels de l'ingénieur. Alors qu'on donnait généralement aux piles une épaisseur comprise entre le quart et le sixième de l'ouverture des arches, Perronet ne leur en donne que le neuvième au pont de Neuilly. Cette diminution spectaculaire provoque bien des polémiques à l'époque. Elle correspond à un accent nouveau mis sur la performance structurelle au détriment de tout ce qui rattachait la construction des ponts à l'architecture. Dans une note rédigée vers la fin de sa vie, Perronet se targuera même d'être le premier à avoir osé donner aux ouvrages d'art « une décoration ». Ce protofonctionnalisme orgueilleux renvoie à l'orientation générale d'une vie et d'une œuvre tout entières consacrées à la promotion de la figure de l'ingénieur.

ANTOINE PICON

PERUZZI BALDASSARE (1481-1536)

Architecte et peintre du cercle de Raphaël, né à Sienne, Baldassare Peruzzi se consacre d'abord à la peinture, sous la direction de Pinturicchio avec qui il collabore aux fresques du dôme de Sienne (chapelle Saint-Jean), puis vers 1503 part pour Rome et travaille dans le même style avec Pietro d'Andrea, chargé de commandes à la fin du pontificat d'Alexandre VI. Avant de quitter Sienne, Peruzzi s'était initié à l'architecture auprès de son compatriote Francesco di Giorgio Martini. À Rome, il cherche à vérifier sur les monuments les principes de la « grande » architecture, en faisant de nombreux relevés. Le cardinal Chigi lui demande de construire une villa, la Farnésine (1509-1510), séjour de repos et de fêtes, dont le jardin s'étend jusqu'au Tibre. Peruzzi conçoit l'édifice comme une scène de théâtre à l'antique et, pour la décoration peinte, cherche à suivre la description qu'Ovide donne du palais du Soleil, avec des représentations des constellations et des signes du zodiaque pour lesquelles il se fait aider par Sodoma. Son style évolue au cours du travail : à l'imitation de l'antique succède une manière plus sculpturale qui détache les personnages sur un fond de mosaïque d'or. Enfin, sous l'influence de Raphaël, dont le style doux correspond à son élégance de Siennois, il réalise un portique en trompe l'œil, démontrant ainsi sa science toute nouvelle de la perspective et des raccourcis. Presque aussitôt, il construit le dôme de Carpi (1513-1514) et donne en même temps un projet sur plan centré pour Saint-Pierre de Rome. Il prend part au concours pour la façade de San Petronio à Bologne, puis élève à Sienne la villa Belcaro (1524) et le palais Pollini, tout en collaborant avec Antonio da Sangallo le Jeune aux travaux de Saint-Pierre. Réfugié à Sienne lors du sac de la Ville éternelle, en 1527, il y exécute différents travaux, notamment des fortifications, des palais, un projet d'église : San Domenico. On lui demande aussi des estimations pour les fresques exécutées par Sodoma au Palazzo Pubblico et pour un carton de mosaïque de Beccafumi. De retour à Rome vers 1532, Peruzzi s'occupe du palais Massimo alle colonne, où les souvenirs antiques sont dilués dans un souci de raffinement extrême qui ouvre la voie au maniérisme. Il est alors nommé par le pape architecte de Saint-Pierre (1534), mais ne conserve que très peu de temps ce poste honorifique, et il est difficile de déterminer ce qui lui revient dans cette immense entreprise. Bien que ses travaux d'architecture l'aient détourné à peu près complètement de la peinture, il dresse en 1520 les décors pour la représentation de la *Calandra* au Vatican et pour une fête donnée à l'occasion de l'intronisation de Clément VII (1523).

Peruzzi avait rassemblé un grand nombre de dessins de monuments antiques (conservés en grande partie aux Offices) et pensait publier un traité d'architecture, qu'il n'eut pas le temps d'achever. Il légua ses carnets à son élève Sebastiano Serlio, qui les utilisera pour la publication de son traité, en notant dans sa préface tout ce qu'il devait à son maître.

RENÉE PLOUIN

PETITOT ENNEMOND-ALEXANDRE (1727-1801)

Fils d'un architecte de Lyon, où il travaille pour Soufflot, il remporte le Grand Prix de 1745 et, pendant son séjour à Rome, dessine des fantaisies architecturales proches de Piranèse. Créateur de formes bizarres, Petitot aime mêler dans ses gravures les éléments naturels au vocabulaire architectural (*Suite des vases*, publiée en 1764), non sans humour comme pour la célèbre *Mascarade à la Grecque*

éditée en 1771. Installé à Parme en 1753, il dirige les bâtiments du duché et l'académie des Beaux-Arts. Pour la résidence de Colorno, il crée la Vénerie (1753) et les opulents décors du grand salon et, à Parme, aménage le Palazzo del Giardino, construit le Casino des nobles, la bibliothèque palatine (1769) et la façade de San Pietro. Ses projets urbanistiques voulaient faire de Parme une capitale des Lumières.

JEAN-PIERRE MOUILLESEAUX

Bibliographie
R. Tassi, « Ennemond-Alexandre Petitot », in *L'Arte a Parma dei Farnese ai Borbone*, catal. d'expos., Parme, 1978.

PEVSNER NIKOLAUS (1902-1983)

Sir Nikolaus Pevsner fait partie de la génération de savants et d'intellectuels allemands chassés de leur pays par la montée du nazisme. Contrairement à Erwin Panofsky qui choisit les États-Unis, Pevsner préféra — à l'instar des Viennois Ernst Gombrich (qui devint directeur de l'institut Warburg transporté à Londres), Ludwig Wittgenstein ou Karl Popper — s'établir en Angleterre où il connut une brillante carrière universitaire.

Il devint, dès lors, l'un des principaux protagonistes de l'histoire de l'architecture dans ce pays et jouit en même temps d'une renommée internationale. Pevsner sut, en effet, joindre à une grande rigueur intellectuelle le goût des larges synthèses ; professeur avant tout, il se plut à multiplier les ouvrages destinés à un public élargi. Dans le même esprit, il fut l'animateur de plusieurs sociétés (dont la *Victorian Society*), le rédacteur infatigable de l'*Architectural Review* et aussi le promoteur de l'inventaire exhaustif des monuments remarquables d'Angleterre. Couvert d'honneurs en Grande-Bretagne et aux États-Unis, il fut anobli par la reine. Cependant, sa notoriété et surtout les positions tranchées qu'il a toujours défendues à propos du « mouvement moderne » ont fait de lui, à partir des années 1970, la cible favorite de certains historiens. C'est ainsi que Pevsner est la figure centrale du pamphlet de David Watkin, *Morale et architecture aux XIXe et XXe siècles* (Oxford, 1977, éd. franç., Bruxelles, 1979). Face à la polémique, il paraît nécessaire de prendre un certain recul en analysant l'évolution de la démarche de Pevsner et en rappelant le foisonnement d'une œuvre dont malheureusement fort peu de titres sont traduits en français.

Né à Leipzig en 1902, Pevsner poursuivit ses études universitaires tant à Leipzig qu'à Munich, Berlin et Francfort, villes qui ont (comme Hambourg ou Vienne) formé dans les premières décennies du siècle une génération de chercheurs aussi attachés aux valeurs de l'interprétation iconographique qu'à celles de l'analyse formelle. En 1924, Pevsner soutint une thèse de doctorat sur l'architecture baroque allemande. Conservateur adjoint au musée de Dresde (1924-1928), il consacre ses premiers travaux à la peinture maniériste en Italie (« Gegenreformation und Manierismus », in *Repertorium für Kunstwissenschaft*, 1925 ; repris en anglais dans le tome I de *Studies in Art, Architecture and Design*, Londres, 1928). Cette importante étude place Pevsner dans la descendance directe de Burckhardt et de Wölfflin. Du premier, il reprend la conception d'une histoire de l'art qui se veut surtout histoire culturelle et sociale, du second il développe l'idée selon laquelle le style d'une époque se définit plus en vertu d'une approche globalisante qu'en fonction des réalisations individuelles de quelques grands artistes. Les années de jeunesse de Pevsner — il enseigna ensuite de 1929 à 1933 à Göttingen — correspondent donc à l'élaboration d'une pensée fortement marquée par un déterminisme qui puise ses origines dans les concepts de *Volksgeist* (caractère national) et de *Kunstwollen* (sorte d'inconscient collectif). Une fois en Grande-Bretagne (où il enseigne pendant plus de vingt ans à Oxford et à Cambridge), Pevsner publie le texte d'une série de conférences à la B.B.C., *The Englishness of English Art* (1955), où il tente de vérifier sa méthode sur l'art anglais pour en tirer quelques éléments permanents. Parallèlement, il s'intéresse à d'autres formes « régulatrices » de la production artistique et publie *Academies of Art, Past and Present* (1940 ; réed. New York, 1973).

Mais son livre le plus célèbre, qui contient l'essentiel de son enseignement universitaire, reste *An Outline of European Architecture*, 1942 (*Génie de l'architecture européenne*, 1965, réed. 1991). Il y affirme dans l'introduction la primauté absolue de l'architecture dont l'histoire est avant tout « l'histoire de l'homme modelant l'espace ». D'ailleurs, « cette supériorité artistique se double d'une supériorité sociale. Ni la sculpture, ni la peinture, bien que toutes deux soient enracinées dans les instincts élémentaires de création et d'imitation, ne nous entourent au même degré que l'architecture, n'agissent sur nous de manière aussi incessante et aussi omniprésente. » Il fait preuve dans son livre d'une vaste culture mais surtout de virtuosité dans l'analyse formelle, choisissant tel ou tel bâtiment comme la cristallisation exemplaire d'un moment de l'histoire. Mais sa vision reste marquée par ses choix idéologiques, et il est ainsi amené à condamner la production de la fin du XVIIIe siècle et de toute une partie du XIXe au nom de leur « historicisme ». Pour Pevsner, en effet, l'éclectisme ne peut être que le symptôme d'un « siècle malade où l'architecte doit abandonner son rôle d'artiste pour celui de conteur d'histoire ». De plus, pour un historien qui place sa foi dans une vision progressiste de l'art et croit aux vertus d'une nécessaire *tabula rasa*, toute référence au passé est un vice. Ces idées sous-tendent aussi bien *Pioneers of Modern Movement, from William Morris to Walter Gropius* (1936 ; rééd. *Pioneers of Modern Design*, 1949) que *Sources of Modern Arts* (1962 ; rééd. *The Sources of Modern Architecture and Design*, 1968 ; trad. franç., Bruxelles, 1970, Thames & Hudson, Paris, 1993).

Ruskin et William Morris en Angleterre, Otto Wagner et Adolf Loos à Vienne, et plus tard Walter Gropius et Frank Lloyd Wright ont personnifié les différentes étapes d'un processus au cours duquel l'architecture est redevenue miroir universel d'une société réconciliée avec elle-même. Cette foi inébranlable en la modernité appartient elle aussi à un moment particulier de notre histoire ; elle n'autorise en aucun cas à occulter la qualité et la profondeur des travaux de Pevsner, qu'il s'agisse des quarante-six volumes de *The Buildings of England* (immense somme publiée de 1951 à 1974), de la série d'essais riches d'intuitions originales : *La Genèse du pittoresque* ; les *Revivals* égyptien ou dorique (cf. *supra, Studies in Art...*) ou de son dernier livre *A History of Buildings Types* (1976), où Pevsner brosse une intéressante étude typologique des grands programmes architecturaux.

MONIQUE MOSSER

PEYRE MARIE-JOSEPH (1730-1785)

Élève de Legeay et de Blondel, Grand Prix d'architecture en 1751, il participe d'une tendance aux volumes géométriques et aux proportions colossales de la première génération du néo-classicisme, l'obsession archéologique en moins. Il construit à Paris l'hôtel Leprêtre de Neubourg (1762, détruit), marqué par Palladio, le Théâtre français — actuel Odéon — (de 1767 à 1782 en collaboration avec De Wailly). Son célèbre recueil des *Œuvres d'architecture* (1765) allait former le cahier de modèles monumentaux pour les exercices académiques de la génération suivante.

JEAN-PIERRE MOUILLESEAUX

Bibliographie
A. BRAHAM, *L'Architecture des Lumières de Soufflot à Ledoux,* Paris, 1982.

PHILANDRIER GUILLAUME, dit PHILANDER (1505-1565)

La notoriété de Guillaume Philandrier n'eût sans doute dépassé les cercles humanistes (il fut l'ami de Rabelais) s'il n'avait publié en 1544, à Rome, des annotations sur le *De architectura* de Vitruve, *In decem libros M. Vitruvii Pollionis de architectura annotationes*. L'ouvrage n'est pas seulement un commentaire vitruvien illustré — le second après celui de Cesare Cesariano (Côme, 1521) ; il contient également des corrections pour le texte latin de Vitruve ainsi qu'une *Digression* où est exposé le système des cinq ordres d'architecture. Les *Annotationes* reflètent le parcours exceptionnel de leur auteur, humaniste et théoricien qui passa près de dix ans en Italie et fréquenta toutes les personnalités du monde artistique, littéraire et humaniste.

La biographie que Philibert de La Mare consacre à Philandrier, *De vita, moribus et scriptis Guillelmi Castilionis civis romani epistola* (Dijon, 1667), est fort utile mais peu précise sur les séjours de Philandrier à Venise puis à Rome, si importants pour la genèse des *Annotationes*. Issu d'une ancienne famille bourguignonne, Philandrier reçoit une éducation humaniste et acquiert assez vite une réputation de savant qui lui vaut de devenir en 1533 le secrétaire de l'évêque de Rodez, Georges d'Armagnac. Il prépare alors une édition commentée de Quintilien dont il publie les prémices (*Castigationes atque annotationes pauculae in XII libros institutionum M. Fab. Quintiliani*, Lyon, 1535). Le nom de Vitruve lui est familier comme à tous les humanistes. En 1536, il accompagne d'Armagnac à Venise où ce dernier est envoyé par François I er comme ambassadeur auprès de la Sérénissime République. Philandrier fréquente Titien, l'Arétin... et surtout l'architecte Sebastiano Serlio dont il devient le disciple. Il s'intéresse à cette époque au traité de Vitruve et étudie avec Serlio le livre que le Bolonais publie sur les cinq ordres d'architecture (*Quarto Libro*, Venise, 1537). Après un bref séjour en France où Philandrier rencontre Guillaume Budé (janvier 1540), il voyage en Italie avant de gagner Rome où d'Armagnac est nommé ambassadeur auprès du pape. À la cour de Paul III, il fréquente les plus grands architectes et artistes de l'époque (Antonio da Sangallo par exemple), les membres les plus représentatifs de l'élite intellectuelle romaine (Marcello Cervini, le futur pape Marcel II). Il prend part aux séances de l'Accademia dellà Virtù qui a pour dessein, entre autres, l'édition commentée du traité de l'architecte romain. En 1541, alors que sa participation à l'académie vitruvienne est attestée, Philandrier entreprend pour son propre compte la rédaction des *Annotationes* qui paraissent trois ans plus tard. Elles sont rééditées à Paris, en 1545. Philandrier rentre en France vraisemblablement au début de l'année 1546 et se fixe définitivement à Rodez. Il n'accompagne pas d'Armagnac lorsque celui-ci retourne à Rome. Il se consacre à l'enseignement et à la révision des *Annotationes* dont une version augmentée paraît à Lyon, en 1552, accompagnée d'un texte intégral de Vitruve. En 1554, il devient chanoine puis archidiacre de Rodez. Il meurt à Toulouse en 1565, lors d'une visite à d'Armagnac, archevêque de cette ville.

Les *Annotationes* sont rédigées sous forme de notes, à partir d'extraits de Vitruve. Lorsque le texte ne lui paraît pas satisfaisant, Philandrier propose une correction circonstanciée. Il poursuit ainsi l'immense travail de restauration philologique entrepris par Fra Giocondo, auteur de la première édition véritablement scientifique du *De architectura* de Vitruve (Venise, 1511). La pertinence des corrections fait des *Annotationes* un texte de référence pour tous les éditeurs de Vitruve, anciens et modernes. Mais les *Annotationes* sont surtout un commentaire d'une prodigieuse érudition. Philandrier utilise toutes les sources du savoir, livresques (auteurs antiques et modernes) mais aussi numismatiques, épigraphiques et archéologiques. Une exceptionnelle connaissance des vestiges antiques (monuments, statues, inscriptions, monnaies) confère à son ouvrage une originalité certaine. Philandrier développe enfin dans la *Digression* du livre III le système des cinq ordres codifié par Serlio dans le *Quarto Libro*. La *Digression* est en réalité une synthèse personnelle des données vitruviennes et de Serlio, un « abc » de la théorie architecturale dans les années 1540. Philandrier, plus normatif que Serlio, en fixant un seul modèle pour chaque ordre, propose la première règle des ordres avant le traité de Vignole (*Regola delli cinque ordini*, Rome, 1562). Les *Annotationes* furent lues aux XVIe et XVIIe siècles par les théoriciens (Vignole, Scamozzi) mais aussi par les spécialistes de Vitruve, éditeurs, traducteurs et commentateurs (Daniele Barbaro, Claude Perrault). Leur importance est aujourd'hui reconnue car elles demeurent un texte capital pour les études vitruviennes, les recherches théoriques menées à Rome dans les années 1540 dont elles sont le seul témoignage imprimé. Elles sont aussi un document non négligeable pour l'histoire des idées à la Renaissance.

FRÉDÉRIQUE LEMERLE

PIANO RENZO (1937-   )

Né à Gênes en 1937, diplômé en 1964, l'architecte Renzo Piano a travaillé avec l'ingénieur Z.-S. Makowski, inspirateur de ses premières recherches. Pour la réalisation de plusieurs usines, de son bureau et de pavillons à la Triennale de Milan et à l'exposition d'Ōsaka, il met au point des solutions techniques légères, d'une grande élégance. Il bâtit à Gênes un quartier de logements formé d'éléments cellulaires en béton armé. Puis à Novedrate, en Lombardie, les bureaux des fabricants de meubles B&B (1973) : portiques tridimensionnels en acier, couverture indépendante, gaines de climatisation apparentes en sont les principales caractéristiques.

Associé avec Richard Rogers, partenaire des ingénieurs du cabinet Ove Arup et particulièrement de Peter Rice jusqu'à sa mort en 1992, Piano conçoit avec eux le Centre Georges-Pompidou (1971-1977), « provocation de garçons mal élevés ». Généralement soucieux d'une « compréhension douce et scrupuleuse du contexte », tant historique, urbain et paysager qu'écologique et social, il assume la fière brutalité de cette « machine culturelle » – plateaux libres et flexibles, ossature sophistiquée, coursives à jour, escalators – avec cette exacerbation des réseaux techniques, cette esthétique fonctionnaliste qui vaudra à l'édifice sa réputation de raffinerie.

Il développe des « laboratoires de quartier » pour la réhabilitation de secteurs de plusieurs villes italiennes, mène celle d'ensembles industriels des années 1920, des bâtiments Schlumberger à Montrouge (1984) puis de l'usine automobile du Lingotto à Turin, transformée en centre d'activité plurifonctionnel (1983-1995), et conduit diverses interventions dans le vieux port de Gênes à l'occasion de la commémoration de la découverte de l'Amérique (1992).

Avec Rice, il conçoit pour la Fiat un prototype de voiture expérimentale (1980). Le pavillon d'exposition itinérante I.B.M. (1984) reprend les expériences structurelles des débuts, en les portant à un haut niveau de raffinement esthétique ; il est constitué d'une succession d'arcs associant des pyramidions de polycarbonate transparent à une ossature composite de bois et aluminium.

Au musée De Menil à Houston (1986), Renzo Piano se montre attentif au contrôle de la lumière à travers un dispositif de verrières et de brise-soleil qui confère à la construction une rythmique sereine. Ce système trouve des prolongements à la Fondation Beyeler, près de Bâle (1997). Constituée de plans de porphyre rouge sombre de Patagonie glissant sous l'horizontale d'un toit de verre, cette réalisation manifeste un souci de la topographie et de l'assise au sol que l'on retrouve, sur un registre urbain, dans la reconstruction de l'atelier Brancusi, au modernisme assez académique (1996).

La Cité internationale de Lyon (engagée en 1985 le long des quais du Rhône) est déployée de part et d'autre d'une sorte de rue intérieure. Les architectes y ont mis en œuvre une technique de « double peau » et d'éléments préfabriqués de terre cuite, matériau qu'ils ont également appliqué à un ensemble de logements rue de Meaux, à Paris (1991), à l'extension de l'I.R.C.A.M. (1990) et comme élément unificateur du projet de la Potsdamerplatz à Berlin (entamé en 1992). Ce dernier concerne une vaste zone à réurbaniser à la charnière de l'ancien Berlin-Est. Son plan, inspiré de la trame urbaine d'avant-guerre, comporte galeries couvertes, logements, immeubles de bureaux et de loisirs confiés à divers architectes de renom. Plusieurs édifices ont été confiés à Piano, dont la tour Debis, inaugurée à la fin de 1997.

Le Pritzker Prize d'architecture a été décerné à Renzo Piano en 1998.

Piano aime manier ces géométries complexes que l'ordinateur permet de calculer. Ainsi pour le stade de Bari (1990), le centre commercial de Bercy (1990), l'aéroport du Kansaï, construit sur une île artificielle dans la baie d'Ōsaka (1994), bâtiment de 1,7 km de longueur dont l'impressionnante structure se déploie en un souple mouvement organique. Ainsi pour un pont en arc dans l'archipel d'Ushibuka au Japon (1995), le centre de la Science et de la Technologie d'Amsterdam, qui offre sur son toit une place surélevée (1997), le centre de design de Mercedes-Benz près de Stuttgart (1998), les trois salles de l'auditorium de Rome (dessinées en 1994) ou le projet d'un gratte-ciel de 200 mètres pour Sydney (1997).

Renzo Piano anime une centaine de collaborateurs dans ses agences de Paris et Gênes. Fondée sur une éthique du métier, sa méthode privélégie le « faire », qu'il entend sur un mode presque artisanal. Il insiste sur la compétence sans cesse reconstruite, le goût de l'étude et du chantier, plus que sur l'œuvre achevée. Il prend ses modèles chez les grands ingénieurs-constructeurs plutôt que chez les architectes, et aspire à fonder un humanisme moderne, technologiste et mesuré, qui saurait combiner permanence et mobilité, légèreté et transparence, et privilégierait les éléments immatériels de l'émotion spatiale.

Le centre de culture canaque de Nouméa (1998) est très représentatif de sa démarche. Entre artefact et paysage, entre primitivisme et modernité sociale, l'esthétique de Piano découle d'une réflexion anthropologique qui se développe entre la réminiscence des techniques ancestrales et une expression high-tech d'une sophistication achevée.

FRANÇOIS CHASLIN

Bibliographie

B. APPLEYARD, *R. Rogers*, Londres, 1986 / P. BUCHANAN, *R. Piano Complete Works*, 3 vol. parus, Londres, 1993-1997 / M. DINI, *R. Piano, Progetti e Architetture, 1964-1983*, Milan, 1983 / *L'Architecture d'aujourd'hui* n° 219, n° 246, n° 308, A+U, mars 1989 / L. MIOTTO, *R. Piano*, Paris, 1987 / R. PIANO, *Chantier ouvert au public*, Paris, 1985 ; *Carnet de travail*, Paris, 1997 / *R. Piano, Progetti e Architetture, 1984-1996*, Milan, 1996 / R. PIANO & R. ROGERS, *Du plateau Beaubourg au Centre Pompidou*, Paris, 1987 / P. RICE, *An Engineer Imagines*, Londres, 1994.

PIERRE DE CORTONE (1596-1669)

La vie et l'œuvre de Pierre de Cortone, peintre et architecte, sont indissolublement liées à l'histoire du mouvement baroque, dont il fut un des premiers et des plus éminents représentants. Il a marqué de son empreinte l'évolution de la peinture italienne, en créant quelque chose de neuf, qui répondait en même temps aux exigences de la société contemporaine ; il est parvenu à réaliser un heureux accord entre ses moyens d'expression et le sentiment nouveau de grandeur et de richesse qu'imposaient les hauts dignitaires de l'Église catholique et l'esprit monarchique régnant à l'époque, et il sut se maintenir dans cette voie jusqu'à la fin, encouragé en cela par les louanges et les récompenses dont il bénéficia largement durant sa longue existence. Certain d'avoir laissé une trace profonde dans son siècle, il ne donna aucun signe de fatigue ou d'épuisement, même dans l'exécution de ses toutes dernières œuvres.

L'époque n'était certes pas des plus favorables pour la culture et l'histoire italiennes : vers le milieu du siècle, au moment où l'artiste atteignait à sa pleine maturité, la paix de Westphalie consacrait la cristallisation de deux blocs antagonistes, et la scission religieuse apparaissait désormais insurmontable. Dans le nouvel équilibre qui s'instaure, avec le déclin de l'Empire germanique et de l'influence pontificale, Rome perd l'hégémonie politique, mais n'en continue pas moins d'imposer ses canons en matière d'art, grâce aux peintres, sculpteurs et architectes baroques qui réussissent à créer les formes d'expression les plus appropriées à l'esprit des forces nouvelles constituées au XVIIe siècle. Bien qu'associé au destin de Rome et se situant au début d'une époque caractérisée par le passage actif à des tendances esthétiques qui proposaient les images propres à exalter les principes des nouvelles classes dirigeantes, Pierre de Cortone a pu se considérer comme l'instigateur d'une manière de peindre et de décorer qui, en dépit des variations de la mode, se prolongea pendant plus d'un siècle et bénéficia de plus d'une extraordinaire diffusion.

Il n'est pas douteux qu'en raison de sa contribution majeure au nouvel élan donné à l'Europe entière, à partir de la première moitié du XVIIe siècle, par la culture artistique de Rome Pierre de Cortone doive être tenu pour la personnalité la plus influente parmi les peintres italiens de sa génération ; et cela, pourtant, à un moment où surgissait en Europe une culture plus libre, plus moderne, non seulement dans la bourgeoise Hollande, mais aussi dans la vieille, aristocratique et décadente Espagne, alors que Rembrandt, Vermeer, Vélasquez participaient, par des voies diverses, au renouvellement en profondeur de la peinture.

Telle fut la position de Pierre de Cortone, et tel aussi le destin historique du baroque.

※

Le peintre des Barberini

Pietro Berrettini, dit Pietro da Cortona ou en français Pierre de Cortone, du nom de sa ville natale en Toscane, entre tout jeune dans l'atelier du peintre florentin Andrea Commodi qui lui inculque les premiers rudiments de l'art ; il semble bien que, dès cette époque, il ait commencé à se livrer à une véritable activité picturale. Il accompagne Commodi à Rome en 1612, et reste avec lui pendant deux ans avant de rejoindre l'atelier de Baccio Ciarpi. Rome est alors le siège d'une intense activité artistique, sous l'impulsion du pape Paul V et de son neveu Scipion Borghese, activité qui imprime un cours nouveau au goût de l'époque. Pierre travaille assidûment à reproduire les œuvres de l'Antiquité (il dessine en particulier les reliefs de la colonne Trajane) ; parmi les modernes, il est séduit surtout par les décorations de Polidoro da Caravaggio. C'est de ce premier séjour romain que datent les fresques de la villa Arrigoni à Frascati, celles de la galerie du palais Mattei di Giove (1622-1623), les copies de la *Vierge* du Titien (Capitole, Rome) et de la *Galatée* de Raphaël (galerie de l'académie de saint Luc, Rome) et le *Serment de Sémiramis* (collection Mahon, Londres), œuvres qui signalent déjà clairement l'apparition d'une nouvelle expression. Mais sa première réalisation d'envergure est sans doute la décoration d'une partie de la nef de Sainte-Bibiane, exécutée de 1624 à 1626 pour satisfaire une commande d'Urbain VIII. Ces diverses expériences établissent la renommée de Pierre de Cortone, qui est reçu dans le cercle du cardinal Barberini et inaugure, à partir de 1626, une période d'intense activité. C'est alors qu'il exécute différents retables : l'*Apparition de la Vierge à san Romualdo* (musée de Toledo, États-Unis), la *Vierge à l'Enfant avec quatre saints* dans l'église Saint-Augustin à Cortone et le célèbre *Enlèvement des Sabines* (pinacothèque du Capitole, Rome), ainsi que la décoration de la villa de Castelfusano, propriété de ses protecteurs, les marquis Sacchetti. Dans ces fresques et ces peintures qui annoncent le courant néo-vénitien, Pierre affirme avec netteté son style : refus délibéré de tout accent réaliste et distribution égale de la lumière sur toute la surface de l'œuvre, excluant toute valorisation de tel ou tel détail. En raison de la position dominante qu'il s'est conquise à Rome, Pierre de Cortone est chargé d'exécuter le plus important projet pictural de l'époque : la décoration du plafond du palais Barberini, dans la via Quattro Fontane à Rome (1631-1639). Le motif, conçu par Francesco Bracciolini, était ainsi formulé : « Le triomphe de la Divine Providence et l'accomplissement de ses fins à travers le pouvoir spirituel du pape. » Les grandes abeilles couronnées de laurier indiquent que le pouvoir temporel et spirituel appartenait aux Barberini. Dans l'image grandiose, unitaire et apologétique du plafond Barberini, il est permis de découvrir le symbole le plus propre à servir et à exalter une des tendances fondamentales du XVIIe siècle : la glorification du pouvoir temporel, correspondant à l'exaltation de l'absolutisme monarchique. Avec la décoration de la voûte du palais Barberini, Pierre de Cortone atteint le point culminant de son évolution artistique et de sa carrière. Mais les sept années durant lesquelles il se consacra à cette tâche n'en furent pas moins occupées aussi à d'autres réalisations : à l'église de San Lorenzo in Damaso, sur la voûte de la sacristie de la Chiesa nuova, dans la chapelle privée d'Urbain VIII dans les appartements anciens du Vatican.

En 1637, Pierre de Cortone accompagne le cardinal Sacchetti à Florence ; là, à la demande du grand-duc Ferdinand II, il entreprend la décoration de la « sala della Stufa » (chambre du Poêle) au palais Pitti ; ce sont les *Quatre Âges de l'Humanité* (1637-1641), quatre fresques qui constituent une de ses œuvres les plus inspirées.

De retour à Rome, Pierre de Cortone exécute pour Barberini une *Extase de saint Alexis* (galerie Corsini, Florence). En 1640, il retourne à Florence et reçoit commande de décorer sept pièces (ultérieurement ramenées à cinq) au premier étage du palais Pitti. Il se met au travail en 1641, et le poursuit jusqu'en 1647, exécutant la décoration des trois salles de Vénus, Jupiter et Mars et commençant celle d'Apollon, qui sera achevée plus tard, d'après les cartons de l'artiste, par Ciro Ferri. Comme pour le palais Barberini, Pierre de Cortone est appelé, dans la décoration du palais Pitti, à traduire en images les suggestions d'un lettré, Francesco Rondinelli, qui proposait le thème suivant : « Quelles doivent être, sous le signe des planètes, les vertus nécessaires à un prince, de l'adolescence à la vieillesse ? » Et ici aussi, c'est la lumière qui assume une fonction unificatrice. Cependant, Pierre innove en donnant la prépondérance à la décoration en stuc, qui se fait luxuriante et envahit les voûtes, limitant d'autant la partie proprement picturale. Pendant les années 1640-1647, Pierre de Cortone exécute aussi des peintures dans la casa Buonarroti, où il fut l'hôte de Michel-Ange le Jeune durant son séjour florentin.

En 1647, Pierre de Cortone est de retour, définitivement, à Rome. Il est chargé de peindre la coupole de la Chiesa nuova, ouvrage qui l'occupe de 1648 à 1651. En 1651, Innocent X lui commande la décoration de la galerie construite par Borromini dans le palais Pamphili, sur la place Navone à Rome ; il exécute ainsi, de 1651 à 1654, les fresques des *Histoires d'Énée*, qui restent l'œuvre la plus importante de sa maturité. Alors que, pour le plafond du palais Barberini et les salles du palais Pitti, les thèmes lui étaient dictés, il se trouve ici livré à sa seule inspiration pour effectuer une décoration élégante selon le goût figuratif le plus à la mode. La voûte, longue et très étroite, ne se prêtait pas, comme le plafond du palais Barberini, à une vision unitaire et totalisante ; l'espace est divisé en compartiments décoratifs qui encadrent différemment les épisodes traités ; l'artiste s'est abstenu de recourir au stuc, afin, sans doute, de remplacer l'unité du sujet par l'unité du style, caractérisé par une élégance facile et fleurie. Seul élément à échapper à la division en zones et à conserver quelque unité, un même ciel se déploie comme fond des principaux épisodes narratifs et établit une correspondance de rythmes. Durant cette période, il se consacre principalement à son métier d'architecte, et, engagé dans de multiples projets, il n'accorde que peu de temps à la peinture ; il parvient, après de longues interruptions, à peindre la tribune de la Chiesa nuova, ouvrage commencé au printemps de 1655.

En 1661, le pape passe deux commandes à Pierre de Cortone : un tableau pour l'église Saint-Thomas-de-Villanova à Castel Gandolfo, et un retable pour l'église Saint-Yves-de-la-Sapience. Signalons, parmi les œuvres les plus importantes des dernières années de sa vie, la fresque de la nef centrale de la Chiesa nuova (1664-1665) et le retable pour le maître-autel de San Carlo ai Catinari (1667). En 1668, il exécute la fresque de la coupole de la chapelle Gavotti à Saint-Nicolas-de-Tolentino, et enfin, pour Clément IX, il peint un tableau d'autel destiné à l'église Saint-Ignace, à Pistoie, ultime réalisation avant sa mort à Rome.

GIULIANO BRIGANTI

Un architecte du baroque romain

Si Pierre de Cortone peut être peintre *et* architecte, c'est que pour lui comme pour Michel-Ange l'architecture est *invenzione, disegno*. En dépit du caractère fragmentaire, inachevé, mineur de son œuvre architecturale, l'histoire de l'art a reconnu en lui un des protagonistes majeurs, avec Borromini et Bernin, de la première architecture baroque romaine.

Profondeur plastique et lumineuse de la paroi, gradation contrastée de plans, de courbes et de contre-courbes, orchestration urbanistique, rhétorique iconologique des figures architecturales – thèmes centraux de toute l'architecture baroque romaine – trouvent chez lui des formulations particulièrement séduisantes.

Formation, premières œuvres

En architecture comme en peinture, le milieu familial, Commodi, Ciarpi ne jouèrent qu'un rôle mineur ; Cortone fit son apprentissage en copiant les édifices de la Rome antique et moderne. Les contacts avec les cercles académiques, la maison Sacchetti et Cassiano del Pozzo le familiarisèrent avec la tradition maniériste, la culture néo-platonicienne et les problèmes archéologiques.

De 1623 et 1624 datent plusieurs projets pour l'église de l'académie de saint Luc, dont la reconstruction, souhaitée depuis l'attribution en 1588 de l'église Sainte-Martine à l'académie, n'avait jamais pu aboutir. Derrière le maniérisme ésotérique du parti adopté, témoin des ambitions culturelles du jeune Cortone, il faut voir la nouvelle articulation plastique du mur et la première rupture décisive de la paroi rectiligne.

Pierre de Cortone dessine pour les Sacchetti, avant 1630, la minuscule villa du Pigneto, aux environs de Rome. Sans doute jamais achevée, en ruine dès la fin du XVIIe siècle, aujourd'hui complètement disparue, elle est connue par un ensemble de dessins et de gravures. Cortone y reste fidèle au type de la villa maniériste ; mais, comme dans ses peintures, un nouveau sentiment de l'espace anime les motifs empruntés. L'édifice ne constitue plus que le motif central d'une vaste composition où l'architecture, avec ses plans multiples (avant-corps central creusé d'une niche, ailes concaves, pavillons latéraux), modèle l'espace avant de se dissoudre progressivement dans le paysage en un jeu de terrasses, d'escaliers, de rampes et de cascades.

Santi Martina e Luca

En 1634, les projets pour l'autel Falconieri et pour Santi Martina e Luca consomment la rupture avec la spatialité maniériste. Cette année-là, élu *principe* de l'académie, Cortone obtient le privilège de reconstruire la crypte à ses frais. Au cours des travaux, la découverte des reliques de sainte Martine assure les concours financiers qui permettent une reconstruction complète. Dans ces nouveaux projets, façade et coupole constituent deux éléments distincts : dans la vue frontale relativement courte, la coupole, qui apparaît au sommet du Capitole comme un objet architectural autonome, est complètement dissimulée par la façade. En renonçant ainsi à faire coïncider espace réel et espace perçu, Cortone affirme la relativité de la perception. Si la façade appartient au type des façades à deux ordres superposés, colonnes et pilastres ne la divisent plus clairement en travées et une courbure convexe vient l'animer ; elle n'est plus le revers de l'espace interne ; écran plastique relativement indépendant, elle appartient à l'espace urbain.

Les espaces intérieurs manifestent le même souci de privilégier l'espace perçu, avec leur plan en croix grecque à longues branches, dont l'axe longitudinal légèrement plus long corrige la déformation perspective. Comme à l'extérieur, l'architecte a donné aux murs une profondeur et une articulation continue, tandis que dans la coupole se superposent caissons et nervures. Dans cet intérieur complètement blanc, les modulations de l'ombre et de la lumière jouent un rôle essentiel.

Retenu à Florence de 1637 à 1647, Pierre de Cortone ne suivra que de loin la lente construction de son œuvre. Tous ses projets architecturaux pour le palais Pitti et l'église des Philippins tournent court. Lorsqu'il revient à Rome, ce sont encore de grands travaux de décoration qui lui sont confiés, si bien que pendant près de vingt ans l'architecture ne fut pour lui que *divertimento*.

La nouvelle Rome d'Alexandre VII

En 1655, Alexandre VII Chigi succède à Innocent X Pamphili. Pierre de Cortone devient un des agents principaux de la grande politique urbaine du nouveau pape et il abandonne quelque peu la peinture pour une importante production architecturale.

Il remodèle intérieurement et extérieurement la petite église de Santa Maria della Pace. Un portique semi-circulaire, qui veut peut-être évoquer le temple de la Paix, doit orner la façade du XVe siècle. Puis, développant son projet, Cortone taille dans le tissu médiéval et, pour donner à la façade un environnement harmonieux, il organise une petite place pentagonale qui encadre l'église, masquant les structures préexistantes de rideaux architecturaux dont il dessine également les élévations. L'appartenance de la façade à la rue, et non à l'édifice, ne peut être plus clairement énoncée. Les petites rues latérales sont respectées, mais ne constituent plus que des portes dans les façades systématisées de la place. L'espace est clos, ouvert seulement d'un côté par la voie oblique de la Pace, qui guide vers la place sans en révéler la disposition. Comme à Santi Martina e Luca, la vue frontale est assez courte. Cortone simule ainsi un vaste espace là où il n'y en avait guère. Soutenue par cet environnement, la façade a une profondeur qui rivalise avec la profondeur même de la place. Deux écrans concaves qui vont s'accrocher au milieu de l'ancienne nef, et qui par leurs matériaux et leurs formes prolongent les motifs des parois de la place, constituent le plan le plus lointain. Dans la façade proprement dite, le type traditionnel à deux ordres inégaux reliés par des volutes est complètement désarticulé dans l'espace : les deux ailes basses et leurs ailerons déterminent un plan intermédiaire, devant lequel s'avance la façade revêtue d'un placage convexe de travertin, qui annonce en mineur le motif du portique à colonnes. Il n'y a plus, dans cette façade, de plan de référence, ni de vision générale, mais seulement des points de vue particuliers dont la discontinuité est irréductible.

En 1658, avant même que les travaux de Santa Maria della Pace ne soient achevés, Cortone donne les dessins d'une autre façade, celle de Santa Maria in via Lata. Là encore, il s'agit d'embellir un édifice ; située sur le Corso, à l'angle d'une rue, la façade ne peut s'avancer. En la creusant de deux loggias superposées à l'articulation complexe et à la profondeur lumineuse, Cortone apporte une autre solution à une même problématique spatiale.

À partir de 1665, Pierre de Cortone intervient dans le dessin du dôme de la grande église de San Carlo al Corso. La comparaison de cette coupole avec celle de Santi Martina e Luca témoigne de l'évolution de ses conceptions spatiales. La paroi pleine disparaît complètement : seul un ordre articulé de colonnes et de pilastres perméable à l'espace définit le tambour.

Pour les Chigi qui voulaient faire de la place Colonna ce que la place Navone était pour les Pamphili, Cortone établit encore plusieurs projets de palais ornés d'une fontaine. Le plus intéressant développe une large vasque convexe devant une colonnade concave colossale dressée sur un soubassement rustique, association monumentale qui ne sera réalisée qu'au XVIIIe siècle à la fontaine de Trevi. Mais le rejet de ses projets pour le Louvre comme de ceux de Bernin marque symboliquement le triomphe de la conception académique de l'espace architectural.

CLAUDE MIGNOT

Bibliographie

● *Le peintre*

F. BALDINUCCI, *Notizie de' professori del disegno*, Florence, 1681, réed. Milan, 1911 / F. S. BALDINUCCI, *Biografia di Pietro da Cortona nel manoscritto della Biblioteca nazionale di Firenze, Pal. 565*, s.d. ; *L'Inedita Vita del Baldinucci scritta dal figlio Francesco Saverio*, éd. S. S. Ludovici, Milan, 1848 / L. BERRETTINI, « Lettera a Ciro Ferri » (1679), in Campori, *Lettere artistiche*, Modène, 1866 / M. BOSCHINI, *La Carta del navegar pitoresco*, Venise, 1660 / G. BRIGANTI, *Pietro da Cortona o Della pittura barocca*, Florence, 1962, réed. 1982 / M. CAMPBELL dir., *Mostra di disegni di Pietro Berrettini da Cortona per gli affreschi di palazzo Pitti*, catal. expos., Florence, 1965 ; *Pietro de Cortona at the Pitti Palace. A Study of the Planetary Rooms and Related Projects*, Princeton, 1977 / N. FABBRINI, *Pietro Berrettini da Cortona, pittore e architetto*, Cortone, 1896 / L. LANZI, *Storia pittorica dell'Italia*, Bassano, 1795-1796 / G. MANCINI, *Considerazioni sulla pittura...* (1625), 2 vol., Rome, 1956-1957 / A. MARABOTTINI MARABOTTI, *Catalogo della Mostra di Pietro da Cartona*, Cortone-Rome, 1956 / J. M. MERZ, *Pietro da Cortona*, Wasmuth, Tübingen, 1991 / G. B. PASSERI, *Vie de' pittori, scultori ed architti...*, Rome, 1772 / H. POSSE, « Das Deckenfresco des Pietro da Cortona in palazzo Barberini und die Deckenmalerei in Rom », in *Jahrbuch preussischer Kunstsammlung*, t. XL, 1919 / J. VON SANDRART, *Teutsche Akademie der edlen Bau-, Bild- und Mahlerey Kunste* (1675), éd. Peltzer, Munich, 1925 / F. SCANNELLI, *Microcosmo della pittura*, Cesena, 1657 / L. SCARAMUCCIA, *Le Finezze dei pennelli italiani*, Pavie, 1674 / W. VITZTHUM, « Pietro da Cortona's Camera della Stufa », in *Burlington Magazine*, mars 1962 ; « Pietro da Cortona », *ibid.*, mai 1963 ; « Review of Briganti », in *Master Drawings*, vol. I, 1963 / H. VOSS, *Die Malerei des Barock in Rom*, Berlin, s.d. (1924) / E. WATERHOUSE, *Baroque Painting in Rome*, Cambridge (G.-B.), 1937.

● *L'architecte*

A. BLUNT & J. M. MERZ, « The Villa del ligneto Sacchetti », in *Journ. Soc. Arch. hist.*, 1990 / C. COFFEY, « Pietro da Cortona's project for the church of San Firenze in Florence », in *Mitteilungen des kunsthistorischen Institutes in Florenz*, 1978 / R. KRAUTHEIMER, « Alexander VII and Piazza Colonna », in *Römisches Jahrbuch für Kunstgeschichte*, t. XX, 1982 / L. KUGLER, *Studien zur Malerei und Architektur von Pietro Berrettini da Cortona*, Die Blaue Eule, Essen, 1985 / K. NOEHLES, « Die Louvre-Projekte von Pietro da Cortona und Carlo Rainaldi », in *Zeitschrift für Kunstgeschichte*, 1961 ; « Architekturprojekte Cortonas », in *Münchener Jahrbuch der bildenden Kunst*, vol. XX, 1969 ; *La Chiesa dei SS. Luca e Martina nell'opera di Pietro da Cortona*, Rome, 1969 / H. OST, « Studien zu Pietro da Cortonas Umbau von S. Maria della Pace », in *Römisches Jahrbuch für Kunstgeschichte*, vol. XIII, pp. 231-285, 1971 / R. WITTKOWER, *Art et architecture en Italie, 1600-1750 (Art and Architecture in Italy, 1600-1750*, 1958), trad. C. F. Fritsch, Hazan, Paris, 1991.

PIERRE DE MONTREUIL (déb. XIIIe s.-1267)

Né vraisemblablement dans les premières années du XIIIe siècle à Montreuil-sous-Bois, l'architecte Pierre de Montreuil peut être considéré comme l'un des plus grands créateurs de ce siècle ; son rôle a été décisif dans l'évolution de l'architecture rayonnante. Un certain nombre de textes évoquent son activité au réfectoire (1239-1244) et à la chapelle de la Vierge (1245-1255) à Saint-Germain-des-Prés. En 1247, il est *cementarius* (maçon) de Saint-Denis. Enfin, en 1265, il est dit maître des œuvres de la cathédrale de Paris. Il devait mourir peu de temps après, et il fut enterré avec sa femme dans la chapelle de la Vierge qu'il avait édifiée. Ce rare privilège suffit à souligner la très grande estime dans laquelle le tenaient ses contemporains. L'inscription qui courait sur la dalle, « De son vivant docteur des maçons », confirmait cette notoriété ainsi que le fait qu'il a participé aux plus grands chantiers de l'époque : Saint-Germain-des-Prés, Saint-Denis, Notre-Dame de Paris ; en revanche, son rôle à la Sainte-Chapelle et au réfectoire de Saint-Martin-des-Champs n'est nullement attesté. On peut suivre dans ces édifices une évolution assez notable, quoique la destruction du réfectoire et de la chapelle de Saint-Germain-des-Prés, ses premières œuvres, nous empêche de prendre la mesure exacte de son génie. Il donne à l'architecture un linéarisme de plus en plus souligné : les supports montent du sol sans interruption, pour recevoir directement la retombée des ogives. Les meneaux des fenêtres hautes se poursuivent dans le triforium pour mieux lier entre eux les deux niveaux. Ce goût si particulier pour le jeu des meneaux apparaît particulièrement dans les baies des édifices qu'il construit. Son chef-d'œuvre est sans conteste l'élévation du bras sud de Notre-Dame de Paris dont Jean de Chelles avait posé la première pierre. Elle apparaît comme l'œuvre d'un grand dessinateur qui a cherché à mettre en valeur un jeu de lignes extrêmement simples mais très harmonieuses. L'art de cour est parvenu là à son plus haut degré de raffinement.

ALAIN ERLANDE-BRANDENBURG

PIGAGE NICOLAS DE (1723-1796)

Architecte lorrain formé par Héré, il a séjourné à Paris, en Italie et en Angleterre, avant de diriger les bâtiments et les jardins de l'électeur palatin (1749), réalisant des travaux pour Mannheim et le parc de Schwetzingen, orné de fabriques (temples d'Apollon, de Mercure, de Minerve, maison de bains, mosquée turque) ainsi que théâtre du château (1752). À Benrath (près de Düsseldorf), il dessine des décors intérieurs (1769-1773) ; il aménage les portes d'Heidelberg (la Karlstor en 1775) dans un style proche du classicisme français.

JEAN-PIERRE MOUILLESEAUX

Bibliographie
P. DU COLOMBIER, *L'Architecture française en Allemagne au XVIIIe siècle,* Paris, 1956.

PILGRAM ANTON (1460 env.-env. 1515)

Il semble que l'architecte et sculpteur Anton Pilgram soit né et mort à Brno, en Moravie, où il a exercé la majeure partie de son activité. On lui a parfois attribué le tabernacle du chœur de l'église Saint-Kilian à Heilbronn sur le Neckar, daté d'après 1487. Sa marque apparaît à deux reprises à l'église Saint-Jacques de Brno (oriel et escalier à vis) pour la date de 1495, et se retrouve en 1502 sur le mur de la nef septentrionale. Le Bayerisches Nationalmuseum de Munich conserve de Pilgram une *Mise au tombeau* de 1496. La ville de Brno lui doit encore la tour des Juifs, de 1508, et le portail, orné de statues, de son hôtel de ville. De 1513 à 1515, on le voit occupé à la cathédrale Saint-Étienne de Vienne ; il y sculpte le pied de la console des orgues, où son buste apparaît (comme sous la chaire du même édifice), à la manière de ceux que Nicolas Gerhaert de Leyde avait réalisés à la suite de son séjour en Bourgogne. Ce parti de vérisme un peu sec apparaît de nouveau au pied de la chaire de l'église d'Eggenberg.

VICTOR BEYER

PINEAU NICOLAS (1684-1754)

Sculpteur et décorateur issu d'une famille d'artistes français des XVIIe et XVIIIe siècles. Nicolas Pineau n'avait pas dix ans à la mort de son père Jean (1652-1694), sculpteur du roi, qui travailla à Versailles et dans les différents châteaux de la Couronne, mais il n'en reçut pas moins une formation poussée de sculpteur et d'architecte. On connaît surtout son activité à partir de 1716, date à laquelle il est appelé en Russie, comme sculpteur de lambris et ornemaniste, avec une équipe dirigée par l'architecte Le Blond. Il y reste jusqu'en 1727, donnant de nombreux dessins et exécutant, en particulier, les boiseries du cabinet de Pierre le Grand au palais de Peterhof. Bien que Pineau soit éloigné de Paris, son art n'en évolue pas moins dans le sens du style pittoresque. Il le développe encore plus à son retour, où il se spécialise, comme en Russie, dans les dessins de boiseries et d'intérieurs. La publication de certains de ces dessins par Mariette, à partir de 1738, dans son *Architecture française* assura une diffusion rapide de ce style. Les moulures atténuées deviennent de moins en moins architectoniques. Les montants sont souvent remplacés par des bâtons enrubannés. Certains motifs nouveaux, feuillages légers et guirlandes, bords ajourés en forme de coquilles, apparaissent dans les dessins pour l'hôtel de Rouillé ou l'hôtel de Roquelaure. Les contrastes, l'asymétrie des cartouches rencontrent par leur nouveauté et leur mesure un succès immédiat. Ce succès se confirmera jusqu'à la mort de l'artiste par de nombreuses commandes pour des hôtels parisiens ou des châteaux. Son style une fois fixé n'évoluera que très peu et on le retrouve tel aussi bien dans les dessins d'intérieurs que dans les projets qu'il donna pour des édifices religieux : autels, baldaquins, etc. Sa seule commande pour le roi lui fut obtenue par Mme de Pompadour pour le château de La Muette.

On associe toujours le nom de Pineau à celui de Meissonnier comme inventeurs du style rocaille. Si Meissonnier est plus original, plus inventif, plus hardi que Pineau, le succès de ce dernier fut plus durable, sans doute parce que ses dessins, plus mesurés et tenant mieux compte des exigences techniques, étaient plus faciles à réaliser.

Son fils Dominique (1718-1786) fut son élève et profita de son succès ; il se spécialisa dans la sculpture sur bois, art dans lequel il s'imposa pour son habileté. On connaît de lui, en outre, quelques dessins de meubles.

COLOMBE SAMOYAULT-VERLET

PINGUSSON GEORGES-HENRI (1894-1978)

Architecte et urbaniste français. Major en 1920 du concours d'admission de l'école des Beaux-Arts de Paris, il entre dans l'atelier de G. Umbdenstock. Celui-ci, en butte à l'architecture « panbétoniste », influence probablement les débuts régionalistes de son élève : de 1927 à 1928 Pingusson et son associé Paul Furiet réalisent le Golf-Club de Chiberta, le théâtre-cinéma du Colisée à Nîmes, le casino du Grau-du-Roi, puis sur la côte d'Azur les villas Bourboulon à Hyères, Brocherioux et Vincens à Sainte-Maxime, Outhorn à Boulouris. Dès 1929, Pingusson s'essaie aux volumes simples et dépouillés avec les villas Gillet et Gompel à Cannes et celle du docteur Caron à Urrugne. Ils bâtissent, avec François Lafaye, la villa Barret-Decap, dite Bagheera (Anglet, 1930), empreinte d'une géométrie plus rigoureuse. L'enveloppe de la centrale thermique Arrighi à Vitry, commencée avec Paul Furiet et livrée après son décès en 1931, confirme le choix d'une écriture résolument moderne. Sur la scène parisienne, Pingusson construit en 1930 les Menus-Plaisirs, cabaret de chansonniers. Ingénieur de l'École spéciale de mécanique et d'électricité (1913), il y dispose une signalétique aux néons, qui emprunte aux peintres post-cubistes les fragmentations géométriques, à Dada son impertinence amusée (et annonce la Maison de la publicité de O. Nitzschké). Fort de ces succès, il expose une chambre au Salon des artistes décorateurs en 1930, un stand à l'Exposition coloniale de Paris en 1931, et élabore son œuvre majeure : le Latitude 43 à Saint-Tropez. Achevé en 1932, cet hôtel reflète l'humanisme de Pingusson, séduit par l'idéal communautaire fouriériste mais aussi soucieux de préserver les libertés individuelles. Il invente ici une coupe qui décale la coursive par rapport aux logements qu'elle distribue, donnant ainsi des appartements à double orientation. Cette « machine à traiter l'humain » prolonge les réflexions sur le logement social (le Norkomfin de Guinzbourg), cautionne les cinq points de Le Corbusier (pilotis, toit-terrasse, fenêtre en bandeau, plan libre, façade libre), illustre « l'architecture de l'enduit blanc » (R. Banham) et préfigure la Cité radieuse (cheminée sculpturale, façade épaisse, organisation sociale du plan). L'expérience, qui se poursuit avec les immeubles Faure (Vichy) et Ternisien (Boulogne-Billancourt) en 1936, accompagne l'engagement de Pingusson au sein de l'Union des artistes modernes, de 1933 à 1956. Ce mouvement prône notamment la synthèse des arts, réalisée au Latitude 43, où Pingusson dessine tout, des tapis aux affiches publicitaires. Auteur du Manifeste de 1949, il y côtoie l'avant-garde et trouve en Mallet-Stevens un associé. Tous deux concourent pour les musées d'Art moderne (1935), imaginent un singulier stade olympique à Paris (avec H. Gréber et B. Rotival, 1936) et décrochent le 5e prix pour l'aéroport du Bourget. En 1937, dans le cadre de l'Exposition internationale, Mallet-Stevens réalise le pavillon de l'Électricité et de la Lumière, dont Pingusson aménage la scénographie lumineuse et le mât qui signale les entrées. En association avec F.-P. Jourdain et A. Louis, Pingusson signe le pavillon de l'U.A.M., manifeste esthétique du style « paquebot » ou « clinique » : rampes, courbes à grands rayons, volumes à équilibre dissymétrique, terrasses, passerelles, ossatures apparentes associées à des éléments standardisés. Sur ce dernier thème, Pingusson crée en 1944 la société Architecture et Préfabrication, signe avec Lods un prototype de maisons préfabriquées, puis une maison économique en béton armé (Exposition d'urbanisme et d'habitation, 1947). Il étudie également des cellules-logements en 1960 (procédé d'industrialisation Camus) et une école élémentaire (Marne-la-Vallée, 1975). En parallèle, Pingusson entame une réflexion urbaine et hygiéniste sur les règlements de voiries, le métropolitain et les gares parisiennes. Il dessine en 1945 un projet d'immeuble qu'il qualifie d'« architecture éolienne » dessinée en fonction des vents soufflant sur Pointe-Noire (Congo). L'après-guerre (1946-1961) le consacre architecte en chef de la reconstruction en Moselle et en Sarre occupée, pour le ministère de la Reconstruction et de l'Urbanisme (dont les archives ont été peu dépouillées). Il compose les plans masses de cités des Houillères et les plans d'aménagement de la région sidérurgique, notamment Waldwisse avec François Prieur et Briey en collaboration avec Le Corbusier. Il érige l'ambassade de France à Sarrebruck (1950-1952) et revendique à cette occasion les principes urbains de la charte d'Athènes. De 1958 à 1961, il interviendra en Algérie (concours de 700 logements à Oran avec V. Bodiansky, réalisation de 1 500 logements à Biskra et projet d'un quartier résidentiel à Constantine), mais cette période est encore mal connue. Pingusson retrouve sa liberté plastique des années 1930 pour une série d'églises construites de 1955 à 1963 : à Borny (avec Erhard et Wolff), Corny, Boust (aboutissement du plan centré des églises non réalisées de Goussainville et Arcueil) puis Fleury. Le point culminant de ses architectures religieuses se cristallise avec le Mémorial des martyrs de la déportation, creusé à Paris entre 1961 et 1962. La subtile ambiguïté du clos et de l'entrouvert, la rugosité brutale du béton et l'humilité de l'ensemble figent dramatiquement ce passé douloureux. La construction d'un lycée technique à Sarreguemines perpétue cet humanisme, grâce à une « aula » (hall) destinée « à la prise de conscience d'être une communauté vivante liée par la solidarité de l'effort commun » (1965-1972, avec son nouvel associé O. Dugas). Pingusson achève alors ses derniers projets : le groupe scolaire et le complexe culturel de Boulogne, dont le théâtre de l'Ouest parisien (1968-1969), un programme de 400 logements à Bures-Orsay (1967-1969), et de 525 logements pour la ville nouvelle de Noisiel en 1975. Sa dernière œuvre d'architecte sera l'étude bénévole de la reconstruction du village de Grillon (Vaucluse) de 1974 à 1978, où seuls 18 logements ont pu être réalisés.

Pingusson est aussi un intellectuel. Professeur à l'école des Beaux-Arts de 1949 à 1964, au groupe C du Grand Palais de 1965 à 1968, puis à l'U.P. 5 de Nanterre, il pense et écrit la pédagogie. Membre du comité de rédaction de *L'Architecture d'aujourd'hui* à partir de 1933, de celui des *Cahiers du Syndicat des architectes de la Seine* (de 1955 à 1969), critique régulier dans les colonnes de *Chantiers* et *Techniques et Architecture*, écrivain épisodique pour les revues *Esprit* et *L'Art sacré*, Pingusson dénonce les systèmes rigides (la pensée totalitaire, l'institution ordinale...), déroute par son humanisme naïf et tenace, et impressionne par la rigueur d'une réflexion concise, dont on constate l'adéquation avec l'œuvre construite. Ses archives, en cours d'étude, sont déposées à l'Institut français d'architecture.

BENOÎT CHALANDARD

PIRANÈSE GIOVANNI BATTISTA PIRANESI dit (1720-1778)

La série des *Prisons* (*Invenzioni di carceri*) de Piranèse, publiée en 1745, puis rééditée en 1760, a valu à son auteur une célébrité durable. Les premiers, les Anglais, néo-classiques et néo-gothiques, se sont enthousiasmés pour ces œuvres ; après Walpole et De Quincey, Hugo, Nodier,

Gautier se sont approprié l'univers imaginaire du graveur, attachant son nom à une sorte d'angoissant caprice architectural : des gouffres sans fond, coupés d'escaliers et de ponts vertigineux dont on ne sait où ils mènent.

Cependant, Piranèse, qui s'intitulait lui-même « architecte vénitien », fut aussi archéologue et théoricien. Ce graveur-poète, salué par les préromantiques, joua un rôle déterminant dans le mouvement de retour à l'antique qui marqua la seconde moitié du XVIIIe siècle et dans l'élaboration du style néo-classique.

Cette personnalité contradictoire, impétueuse et changeante, plus apte à la création qu'à la défense soutenue de doctrines définies, et qui influença plusieurs générations d'artistes – essentiellement des architectes anglais et français –, se plie mal aux classifications des historiens.

La jeunesse

Giovanni Battista Piranesi est né à Mestre, en Vénétie. Son père, Angelo, était tailleur de pierre ; mais le jeune Piranèse apprit l'architecture chez son oncle maternel Matteo Lucchesi, ingénieur des Eaux. Henri Focillon a longuement analysé le milieu complexe où se formait alors un architecte vénitien : Piranèse passa dans l'atelier de l'érudit Temanza, admirateur convaincu de Palladio, auteur d'un recueil archéologique, *Le Antichità di Rimini*, puis chez le classique Scalfarotto, mais aussi, comme il était d'usage, dans une *bottega* de scénographes, les Zucchi, où il apprit la perspective théâtrale. Il pratiqua enfin la peinture, peut-être avec Giambattista Tiepolo.

Passionné d'histoire romaine dès son jeune âge, il put, en 1740, à vingt ans, se joindre à l'escorte de l'ambassadeur de Venise auprès du Saint-Siège. Sa formation s'acheva donc à Rome, auprès des Valeriani pour la perspective, et dans l'atelier de Giuseppe Vasi le Palermitain où il s'initia à la gravure. Vasi gravait avec succès des *Vues* de Rome et Piranèse se lance dans la carrière des *vedutisti* et des ruinistes où s'illustrent surtout des peintres, Marco Ricci ou Giovanni Paolo Pannini. Mais la résonance poétique et dramatique des paysages architecturaux de Piranèse, sa science de l'eau-forte qui varie à l'infini les effets des blancs et des noirs (le trait continu est banni au profit des hachures dont le sens est toujours diversifié ; le vernis dur qui empêchera l'action de l'acide et ménagera les blancs de la gravure est posé après coup, au pinceau, en touches sensibles) conquerront rapidement le public à ses gravures. Au bout de quelques mois, Piranèse rompt brusquement avec son maître Vasi auquel il reproche, outre son manque de confiance, de lui cacher des secrets de métier. Il s'associe avec son compatriote Polenzani. Tout le jour, il parcourt les ruines antiques, en compagnie du sculpteur Corradini, Vénitien comme lui, ou bien avec des pensionnaires de l'Académie de France dont il est familier, observant, dessinant sans relâche, n'abandonnant les antiques que pour courir aux bibliothèques compléter ses connaissances archéologiques. Cette passion de l'Antiquité, qui ne le quittera plus, le mène à Naples, où il se remet à la peinture avec Luca Giordano et produit quelques bambochades, passées ensuite, affirme Legrand, son ami et biographe, dans la collection des Rezzonico, mais dont on ne sait rien. Il s'abouche surtout avec les premiers explorateurs des ruines d'Herculanum et mûrit encore son projet d'une espèce d'encyclopédie gravée de l'architecture antique. Il sera en mesure de réaliser son rêve lorsque, après un bref retour à Venise en 1744, il revient s'installer à Rome, sur le Corso, où il tient une boutique d'estampes, en face du palais de l'Académie de France, pour le compte de Wagner, marchand-graveur vénitien.

Le graveur des antiquités romaines

Jusqu'à sa mort, Piranèse ne devait plus cesser de dessiner et de graver les œuvres de l'Antiquité, à Rome, dans la campagne romaine où il fouille, surtout à la villa Hadriana. Il collectionne infatigablement les fragments d'architecture, échangeant et marchandant avec Gavin Hamilton ou le cardinal Albani, et, surtout, il commence à publier ses œuvres : son premier recueil gravé, *Prima Parte d'architettura* (1743), présente un choix de monuments « à l'antique », mais imaginaires, qui témoignent de son admiration pour Rome et pour Palladio plutôt que de scrupules archéologiques. Ce goût pour les restitutions grandioses et la fiction a posteriori lui inspira encore, en 1761, cette gigantesque rêverie qu'est *Il Campo Marzo*. Les *Prisons* constituent l'aboutissement le plus neuf de cette méditation « visionnaire » sur le passé. Cependant, dès 1744, les *Capricci*, d'un « métier blond », sensible et brillant, trahissaient un sentiment nouveau des ruines pittoresques, inspiré sans doute des *Inventions* de Jean-Laurent Legeay, pensionnaire à l'Académie de France depuis 1738 et dont l'action devait être déterminante sur les jeunes générations d'architectes français. Toutefois, la manière propre de Piranèse s'affirma vite ; son dessin exact, qui détaille les appareils et les structures, n'exclut pas l'amplification systématique des proportions, la surenchère de la perspective : Goethe se plaindra que les ruines de Rome ne soient pas à l'échelle des gravures de Piranèse. Mais l'ensemble des planches constitue une sorte de musée imaginaire, accessible à un public accru de voyageurs et d'amateurs, ainsi qu'un prodigieux répertoire de formes pour les artistes. On citera : *Opere varie di architetture, prospettive, grotteschi* (1750) ; *Trofei di Ottaviano Augusto* (1753) ; *Le Antichità romane* (1756, recueil dédié à Robert Adam) ; *Le Rovine del castello dell'Acqua Giulia* (1761) ; *Lapides capitolini* (1762) ; *Le Antichità di Cora* (1763) ; *Antichità d'Albano e di Castel Gandolfo* (1764) ; *Vedute di Roma* (1748-1778, recueil de vues de la Rome antique et moderne) , *Vasi, candelubri, cippi...* (1778). En 1778, année de sa mort, parurent aussi les *Différentes Vues de quelques restes* de trois grands édifices qui subsistent encore dans l'ancienne ville de Pesto : dix-neuf vues seulement sur vingt et une sont de Piranèse ; son fils, Francesco, achèvera l'ouvrage après la mort de son père.

Les gravures de Piranèse, vendues d'abord par Bouchard et Gravier, marchands d'estampes au Corso, furent ensuite éditées par l'auteur. Dès 1750 environ, Piranèse avait quitté le Corso et installé son atelier à la Trinité-des-Monts, strada Felice. Ses gravures de Rome étaient fort recherchées des voyageurs et Piranèse dut s'entourer d'artistes qui le secondèrent : Barbault, pensionnaire de l'Académie de France, qui exécutait surtout les figurines de ses gravures ; Dolcibene, Girolamo Rossi ; puis, à la fin de sa vie, ses enfants Francesco, Angelo et Laura, sa fille, qui gravait aussi, et l'architecte Benedetto Mori qui accompagna Piranèse à Paestum.

L'architecte

Piranèse bénéficiait de la protection des Rezzonico, Vénitiens comme lui. Lorsque l'un d'eux devint pape sous le nom de Clément XIII, la fortune de l'artiste fut à son comble. C'est surtout à la demande des

Rezzonico que Piranèse fut requis d'exercer ses talents d'architecte, particulièrement dans les années 1760-1770. Il donna des dessins pour l'aménagement des appartements pontificaux à Monte Cavallo et à Castel Gandolfo et il médita un projet d'esprit borrominien – non exécuté – pour une nouvelle décoration de l'abside de Saint-Jean-de-Latran (dessins à la Pierpont Morgan Library). W. Körte lui attribue, mais sans preuve, la construction d'un palais, n° 6-9, via dei Prefetti, G. Fiocco parle de la restauration de San Nicola in Carcere. Mais il est sûrement l'auteur de la restauration du grand prieuré romain des chevaliers de Malte et de son église, SainteMarie-Aventine ; il fut aussi l'ordonnateur de la place attenante, devant le prieuré : la stèle, le trophée, l'obélisque y sont les éléments privilégiés de son langage décoratif, antiquisant mais symboliste, qui mêle, au nom de l'ordre de Malte, des rostres et les armes de la colonne Trajane en des alliances inattendues et « pittoresques ». Place d'Espagne, on lui devait le décor égyptisant du Café anglais.

Un étrange théoricien

L'imagination de scénographe de Piranèse combinait en des décors bizarres toutes sortes de formes antiques, mais en les affranchissant des règles et des proportions classiques. Cette méthode lui paraissait devoir offrir des possibilités nouvelles à l'architecture. Il a exposé ses opinions dans divers ouvrages théoriques, s'entourant sans doute des conseils des « antiquaires » romains : Bottari, Gori, Guarnacci. *Della magnificenza ed architettura de' Romani* parut en 1761. C'est une réponse à l'ouvrage de Le Roy, *Les Ruines des plus beaux monuments de la Grèce* (1758), où était affirmée la théorie de la primauté artistique des Grecs, véritables inventeurs de la « bonne architecture » et dont les Romains n'auraient été que les vils plagiaires. Piranèse objecte que l'art grec est séduisant, mais capricieux et surtout dépourvu de grandeur, et que, si les ordres venaient de Grèce, l'architecture utilitaire et fonctionnelle avait ses racines dans le sol de l'Italie : égouts, aqueducs, cirques, routes prouvaient amplement la supériorité des architectes et ingénieurs romains et même étrusques. Pierre Jean Mariette releva le défi en 1764 dans la *Gazette littéraire de l'Europe* : les Étrusques étaient des colons grecs et, à Rome, nombre d'artistes étaient des esclaves ou des affranchis grecs. On s'attendrait à voir rebondir le débat dans le *Parere sull'architettura* de Piranèse, suivi des *Osservazioni sopra la « lettre de M. Mariette »* (1765). Mais l'artiste a déplacé la discussion : Protopiro, l'élève, et Didascalo, le maître, s'opposent dans un dialogue. La perfection de l'architecture grecque n'est pas mise en question, mais, tandis que l'élève, rigoriste, reprend les théories de Lodoli en faveur d'une architecture sobre et dépouillée où les ornements ne sont employés que pour souligner les membres essentiels, Didascalo raille la simplicité qui conduit à la copie servile et à l'indigence. Les Romains ont donné libre cours à l'invention décorative et il faut les suivre dans cette voie. Les arts antiques – égyptien, grec, étrusque, romain – offrent d'immenses répertoires de formes propres à stimuler le génie créateur des artistes. Les extraordinaires décorations gravées pour les *Diverse Maniere d'adornare i cammini* (1769) sont des exemples de l'éclectisme préconisé par Piranèse. À Paestum, cependant, il fut impressionné par le style dorique de Grande-Grèce ; les dessins directs et dépouillés qu'il exécuta lors de cet ultime voyage paraissent trahir un revirement dans ses préférences, mais il mourut prématurément à Rome, âgé de cinquante-huit ans.

La fortune de Piranèse

Francesco Piranesi prit la succession à la tête des ateliers paternels, à Rome d'abord, puis à Paris où il ouvrit avec son frère et sa sœur, rue de l'Université, la chalcographie Piranesi Frères. En 1830, les cuivres furent acquis par Firmin Didot et plusieurs éditions virent encore le jour jusqu'en 1839 où les planches revinrent à Rome ; elles sont aujourd'hui à la Calcografia nazionale.

Répandues à Paris à l'aube du XIXe siècle, les planches de Piranèse ne furent pas sans influencer les ornemanistes du style Empire qui firent triompher l'égyptomanie. L'espèce de désintégration à laquelle Piranèse, architecte, avait soumis les structures classiques et baroques, l'amalgame hardi de formes empruntées à des civilisations différentes, les recherches systématiques de contrastes d'échelle préparaient les innovations des architectes « révolutionnaires » de France, d'Angleterre et d'Italie. C'est surtout l'artiste visionnaire qui laissa dans les imaginations un ferment vivace : aux États-Unis, l'art de Salisbury Field (1805-1900) est redevable aux rêves et à la mégalomanie de Piranèse.

SYLVIA PRESSOUYRE

Bibliographie

H. FOCILLON, *Giovanni Battista Piranesi*, Paris, 1918, rééd. ital., Bologne, 1963 / J. HARRIS, « Le Geay, Piranesi and International Neo-Classicism », in *Essays in the History of Architecture Presented to R. Wittkower*, New York, 1967 / A. M. HIND, *Giovanni Battista Piranesi. A Critical Study*, Londres, 1922 / A. HYATT MAYOR, *Giovanni Battista Piranesi*, New York, 1952 / T. HYLTON, *The Drawings of G. B. Piranesi*, New York, 1954 / E. KAUFMANN, « Piranesi, Algarotti and Lodoli », in E. Gombrich et al., *Essays in Honour of Hans Tietze*, Paris, 1958 / L. KELLER, *Piranèse et les romantiques français. Le mythe des escaliers en spirale*, Paris, 1966 / *Piranèse et les Français*, colloque, mai 1976, Acad. France à Rome, 1978 / U. VOGT-GOEKNIL, *G. B. Piranesi. Carceri*, Zurich, 1958 / J. WILTON-ELY, *Piranèse* (*The Mind and Art of Giovanni Battista Piranesi*, 1978), trad. M. Callum, Paris, 1979 / J. WILTON-ELY & J. CONNORS, *Piranesi architetto*, catal. expos., Elefante, Rome, 1992 / R. WITTKOWER, « Piranesi's Parere su l'architettura », in *Journ. Warburg Institute*, 1938-1939 ; *Piranesi as Architect*, catal. expos., Smith College Museum of Art, Northampton (Mass.), 1961.

PLEČNIK JOZE (1872-1957)

Fils d'un menuisier de Ljubliana, capitale historique de la Slovénie alors province de l'Empire austro-hongrois, Joze Plečnik fut élève de la section menuiserie de l'école technique de Graz tout en s'initiant à l'architecture sous la direction d'un maître qui avait remarqué ses dons. Il travaille ensuite deux ans à Vienne, dans une entreprise de menuiserie, avant d'être accepté, en 1894, dans l'atelier de l'architecte Otto Wagner. Dans l'ombre du plus célèbre architecte viennois de cette période, Plečnik ne va pas tarder à s'affirmer. Après avoir participé aux travaux du métro de Vienne conduits par son maître, il passe son diplôme, et ce succès lui vaut une bourse de voyage à Rome dont il revient enthousiasmé. Membre actif de la Sécession — avec Klimt et Hoffmann —, Plečnik construit des villas dans le goût Art nouveau. Toute trace en a disparu, dès 1903, dans l'immeuble qu'il édifie pour l'industriel Zacherl, chef-d'œuvre singulier où s'allient rigueur et baroquisme.

En 1910, Plečnik reçoit la commande de l'église du Saint-Esprit destinée à un quartier ouvrier de Vienne. C'est la première d'une longue série d'édifices religieux où la foi catholique du maître d'œuvre s'exprime à l'aise. Ici, avant Auguste Perret, il a choisi le béton nu mais sans se dégager de la forme-temple – avec un monumental fronton triangulaire en façade – qu'il n'abandonnera jamais. Après sa nomination comme professeur à l'École des arts et métiers de Prague, on pensera même à lui, en 1912, pour succéder à Wagner : l'échec de ce projet – peut-être dû à ce qu'il appartenait à une minorité remuante – l'affectera beaucoup.

Après 1918 commence la seconde partie de la carrière de Plečnik qui se partage entre deux États nouveaux, la Tchécoslovaquie et la Hongrie. Intime du président Masaryk, il est chargé de transformer le château de Prague. Il aménagera un ensemble de salles – aucune technique de décoration ne lui est étrangère – et il transformera heureusement les jardins du Hradčany. Mais l'*opus magnum* de Plečnik, c'est désormais sa ville de Ljubliana : à partir des années 1920, il préside à son urbanisme et il occupera le poste de professeur à la faculté d'architecture de Slovénie jusqu'à sa mort. On lui doit les monuments les plus divers, dont l'église Saint-François de Siska (1925-1931) et la Bibliothèque universitaire (1936-1941) sont les plus marquants. Dans la Yougoslavie redevenue indépendante en 1945, la Slovénie occupe le rang de république. La dernière œuvre de Plečnik, en 1956, sera un pavillon de repos pour le maréchal Tito, à Brioni.

L'exposition consacrée en 1986 à Plečnik au Centre Georges-Pompidou, à Paris, a suscité un très vif mouvement de curiosité parmi les architectes français. Presque tous ignoraient son œuvre, occultée par les tenants du Mouvement moderne que l'artisan du Danube tenait en piètre estime : dans les constructions de Le Corbusier, il voyait seulement les travaux hygiénistes d'un protestant suisse. Car Plečnik, issu de l'univers de l'Europe centrale baroque et fervent praticien du bois, délaissé – et même condamné – par les Modernes, n'avait rien de commun avec les constructeurs œuvrant dans le décor industriel des villes tentaculaires.

Sa référence suprême resta toujours Rome. Il se rattache donc au courant néoclassique et il peut apparaître comme l'un des précurseurs des post-modernistes. N'at-il pas torturé tout le répertoire formel de l'Antiquité, utilisant constamment les colonnes et prenant plaisir à modifier les volutes du chapiteau ionique ; Il faut souligner en outre la foi très vive de Plečnik, foi sous-jacente à son métier d'architecte. Le Slovène, en effet, ne se maria pas pour pouvoir remplir pleinement sa vocation d'architecte. Il resta toute sa vie fidèle au catholicisme de son enfance et chercha sincèrement, par le mélange des éléments classiques et régionalistes, à inventer une architecture slovène. Une impasse, sans doute, mais dont l'authenticité est trop rare pour ne pas mériter un détour.

ROGER-HENRI GUERRAND

POELAERT JOSEPH (1817-1879)

Né à Bruxelles, Poelaert fait des études d'architecture à Paris chez Jean-Nicolas Huyot et Louis Visconti. Il travaille ensuite dans sa ville natale (école, rue de Schaerbeek, 1852 ; restauration du théâtre de la Monnaie, 1855), dont il est nommé l'architecte officiel en 1856. À partir de 1862, il réalise, après un concours international, le palais de Justice, dans un style composite et monumental ; ce bâtiment était encore inachevé au moment de sa mort.

ANNIE JACQUES

Bibliographie
Poelaert et son temps, catal. d'expos., Bruxelles, 1980.

POELZIG HANS (1869-1936)

Souvent qualifié d'expressionniste (mais on peut s'interroger sur la signification de ce terme en architecture), Poelzig exerça une certaine influence en Allemagne comme enseignant (dès l'âge de vingt et un ans à l'Académie de Breslau) et comme partisan de Peter Behrens. De fait, si certaines des constructions d'avant guerre de Poelzig sont très proches de celles du grand initiateur du Deutscher Werkbund (l'usine de produits chimiques de Luban, qui date de 1912, ressemble fort à celle de Behrens pour l'Allgemeine Elektrizitäts Gesellschaft), d'autres sont de véritables innovations. Par exemple, un bâtiment de bureaux à Breslau qui annonce, dès 1910, le style « rationaliste » des années 1920-1930, avec ses bandes de fenêtres horizontales continues (sans angles : le coin n'est qu'une courbe) et le château d'eau de Posen (1911) conçu comme une peau de briques facettée par la structure de fer qu'elle recouvre sans la dissimuler. Mais les travaux les plus célèbres sont certainement les projets fantastiques de l'après-guerre (auxquels ni Mendelsohn ni Sant'Elia n'auraient rien à ajouter) : la maison de l'Amitié à Istanbul (1916), la Festhalle de Dresde (1917) et surtout le théâtre du Festival de Salzbourg (1920). Si aucun de ces projets ne sera malheureusement réalisé, Poelzig aura l'occasion de montrer son évolution par son œuvre la plus connue : l'aménagement intérieur du Grand-Théâtre de Max Reinhardt à Berlin (1919). Souvent l'ex-Schuman Circus aura été comparé à une caverne aux stalactites stylisées : de fait, le plafond est une sorte d'arène à l'envers d'où pendent des centaines de voûtes non porteuses de différentes tailles (les piliers sont dans le vide), formant une sorte de grille (sur laquelle la lumière *joue* différentes variations). Peu d'architectes nommés « visionnaires » ont obéi au principe de Gropius : « ne rien dessiner que l'on ne puisse construire », et, s'ils l'ont fait, c'est au prix de concessions (la tour Einstein de Mendelsohn et les bâtiments de Gaudí sont des exceptions). Ainsi Poelzig a-t-il pour une fois réussi à imposer sa « vision », mais il ne s'agissait, au sens propre, que d'un replâtrage, fût-il grandiose (jouer le « décor » contre une ossature préexistante, « récupération » d'un bâtiment, chose absurde aux yeux des fonctionnalistes).

YVE-ALAIN BOIS

POMPE ANTOINE (1873-1980)

Fils d'un modeste artisan-bijoutier bruxellois, Antoine Pompe pratique très tôt l'apprentissage de la gravure sur métaux et de l'ébénisterie. Peu satisfait de l'Académie des beaux-arts où son père l'a placé à treize ans et qui diffuse un enseignement fondé sur l'imitation académique des styles du passé, il se rend en 1880 à la Kunstgewerbeschule de Munich. Durant trois ans, il y reçoit une formation très poussée, orientée vers le dessin et les arts appliqués, qui lui permet, à son retour, de s'employer dans diverses activités artisanales ou industrielles proches de l'architecture : fabrique de tapis, forge, ferronnerie d'art, ameublement, construction de ponts et de charpentes métalliques. Ses excellentes qualités de dessinateur lui valent une certaine notoriété, et des architectes de renom ont fréquemment recours à lui pour le rendu des perspectives. Il travaille ainsi pour Victor Horta, traçant les plans du pavillon du Congo pour l'Exposition universelle de Paris de 1900, et assiste au développement et au triomphe de l'Art nouveau qui vient de débarrasser l'architecture belge de l'éclectisme pasticheur hérité du XIXe siècle. Ce n'est qu'à trente-sept ans, en 1910, qu'il réalise sa première œuvre personnelle, qui restera son chef-d'œuvre, la clinique orthopédique du docteur Van Neck à Bruxelles-Saint-Gilles.

C'est l'époque de l'essoufflement de l'Art nouveau, qui s'épuise dans l'ornement. Une nouvelle génération d'architectes est en train de naître, influencée par les recherches de Berlage et de la Sécession viennoise ; une nouvelle architecture est en germe, libérant la forme de l'ornement pour retrouver le volume pur et retournant à certains principes rationalistes et structurels de Viollet-le-Duc. Dans cette ambiance, l'œuvre de Pompe apparaît comme un véritable manifeste et connaît un grand retentissement ; elle surprend par la rigueur de ses formes, la grande pureté de ses lignes dépouillées, la simplicité et l'étrangeté d'une composition qui reflète la complexité du programme et par l'utilisation de matériaux nouveaux, comme la brique de verre. Dès lors, il devient la figure dominante d'un courant que l'on a souvent appelé l'« architecture du sentiment », courant qui produit une architecture romantique, expressive et pourtant rationaliste, courant qui se veut celui du « bon sens », de l'architecture comme art et comme métier. Se qualifiant lui-même de « pseudo-moderniste », passionné du « mystère des nombres et des formes », il veut associer « le style, fruit du sentiment, et la géométrie, produit de la raison ». Mais un courant parallèle se développe, lié au Mouvement moderne international, animé en Belgique par Huib Hoste, Louis Herman De Koninck et Victor Bourgeois. Pompe s'élève dans plusieurs pamphlets contre l'« utilitarisme » de ce mouvement, puriste et révolutionnaire, qui occupe rapidement le devant de la scène. Il prône l'usage exclusif du béton armé, du fer et du verre, l'affirmation des éléments fonctionnels, la toiture plate, les volumes simples et surtout le refus de la décoration, jusqu'à déclarer : « Le salut de l'architecture, c'est la dèche ! » Relégué dans une marginalité et une solitude progressives, Antoine Pompe réalise peu d'œuvres importantes, essentiellement des maisons bourgeoises, souvent entre mitoyens, pour lesquelles il étudie des plans très ingénieux, d'une grande fluidité spatiale, marqués de dislocations, de jeux obliques et de pans coupés, de saillies et de creux en façade, de bow-windows d'angle, et qu'équilibre une lourde toiture.

Préoccupé par le logement social et la préfabrication, notamment pendant son association avec Fernand Bodson de 1913 à 1921, il construit à Anderlecht des maisons ouvrières réalisées en blocs préfabriqués et couvertes de longues ardoises en fibrociment. Il édifie cent vingt-quatre habitations dans la cité-jardin du Kapelleveld entre 1922 et 1926 ; ces maisons, modestes et confortables, inspirées des cottages anglais, adoptent des plans complexes et expressifs et contrastent avec celles que réalise Hoste dans la même cité, marquées de l'esthétique rigoureuse du Mouvement moderne.

Une part importante de l'activité d'Antoine Pompe est consacrée à l'ameublement. En 1914, l'intérieur ouvrier qu'il expose au Salon national du mobilier fait scandale, on le compare à l'irruption d'un ouvrier en casquette dans une société mondaine ; d'une conception dépouillée, construit en bois clair, cet intérieur comporte un ingénieux « banc-secrétaire » à usages multiples. A. Pompe enseigne longtemps, de 1915 à 1939, l'architecture intérieure, la menuiserie et le dessin technique et rédige un ouvrage non publié sur « le meuble raisonné ». Il dépose de nombreux brevets qui paraissent parfois un peu naïfs, comme en 1945 celui d'une chaise pliante, ou encore comme ces trois versions successives d'un curieux mode de locomotion, le « patin-cycle », qu'il étudiera pendant six ans, de 1944 à 1950.

Totalement oublié au lendemain de la Seconde Guerre mondiale, alors que règne sans partage le Mouvement moderne, ce remarquable architecte-artisan est redécouvert à la fin des années soixante grâce au travail des Archives de l'architecture moderne de Bruxelles qui lui consacrent deux expositions : *Antoine Pompe et l'effort moderne en Belgique* (1969) puis, à l'occasion de son centième anniversaire, *Antoine Pompe, ou l'Architecture du sentiment*.

FRANÇOIS CHASLIN

PONTI GIO (1891-1979)

L'activité d'architecte de Gio Ponti est liée au caractère de capitale industrielle de Milan, la grande métropole du nord de l'Italie, dont il est originaire. Sa carrière englobe les deux périodes cruciales de l'histoire de l'Italie contemporaine : la dictature de Mussolini et le renouveau économique de l'après-guerre. Ponti se signale d'abord par sa participation au groupe Novecento en 1922. Lié au fascisme naissant, le groupe prône un retour aux valeurs traditionnelles italiennes, héritées de la Renaissance classique, en même temps qu'il se proclame révolutionnaire. L'ambiguïté de ce programme, qui reflète le caractère complexe de l'idéologie fasciste de la première période, permet le développement d'un courant rationaliste en architecture. Le mouvement rationaliste italien prend corps avec l'appui du régime, et trouve son apogée lors de la Ve triennale de Milan en 1933 ; Gio Ponti sera l'un des artisans de ce rassemblement important qui trouvera un écho dans toute l'avant-garde européenne en architecture. En 1928, Gio Ponti fonde une revue intitulée *Domus*, dont le centre d'intérêt ne se limite pas à l'architecture et englobe la production industrielle, les objets quotidiens, le mobilier, etc. Ces préoccupations renvoient au thème de la collaboration entre les industriels et les artistes, inauguré par William Morris et repris par Gropius au Bauhaus. Gio Ponti participe donc à l'élaboration et à la diffusion de la notion de *design* et il est l'un des premiers à avoir compris l'importance de la presse spécialisée dans ce domaine. La politique de *Domus*, particulièrement après la Seconde Guerre mondiale sera tout entière dévouée à la diffusion du *design* italien, reflet de la nécessité pour l'industrie renaissante de trouver de nouveaux débouchés, en misant sur la qualité formelle et l'aspect à la fois attrayant et rationnel des objets.

Cette mise au service de l'industrie des capacités créatives de l'architecte, destinée en dernier ressort à procurer aux grandes sociétés une image de marque flatteuse, dicte la carrière de Gio Ponti. Avec la même habile sophistication à la fois sèche et désinvolte, il conçoit bâtiments, meubles, vaisselle, machines. Sur le plan purement architectural, il a réalisé en 1936 à Milan pour la firme Montecatini un immeuble d'inspiration très classique, où les placages de marbre s'allient aux détails savamment calculés. Un même souci du détail et du décor se retrouve dans la cathédrale de Tarente (1971) et dans le Museum of Modern Art de Denver (1972).

Gio Ponti serait resté une sorte d'élégant « couturier », si en 1958, en association avec le grand ingénieur Pier Luigi Nervi, il n'avait fait la preuve, dans la construction de la *torre* Pirelli à Milan, de sa capacité à concevoir un objet qui est indéniablement une des réalisations marquantes de l'architecture européenne d'après-guerre. L'immeuble Pirelli, dont l'intention est de rivaliser avec ses semblables d'outre-Atlantique (Lever House, Seagram Building, par exemple) dans son aptitude à donner à une firme industrielle un monument-image (un « slogan » déclare Ponti), n'est pas pour autant un pâle démarquage des modèles américains. Structurellement, il repose sur le principe de deux éperons de béton allant en s'amenuisant vers le sommet, entre lesquels sont lancés les planchers. On a souvent noté que la tour Pirelli est un objet *fermé*, limité par deux supports latéraux. La forme fuselée du plan donne, en outre, à l'ensemble un aspect inhabituel, l'ampleur de la façade contrastant fortement avec l'acuité des côtés. Le caractère clos de la tour Pirelli a engendré une critique de l'architecture fondée uniquement sur la répétition d'une trame, sur un mode élégant et quelque peu désabusé.

JEAN-ÉTIENNE GRISLAIN

PÖPPELMANN MATTHÄUS DANIEL (1662-1736)

Les ambitions d'Auguste le Fort, qui monte sur le trône de Saxe en 1694, si elles n'eurent pas toujours politiquement d'heureux effets, aboutirent du moins à faire de Dresde, dans les premières décennies du XVIIIe siècle, un grand centre artistique et une capitale monumentale. Le souverain trouva, pour mettre à exécution ses projets, quelques hommes de premier plan, en particulier Matthäus Daniel Pöppelmann. Saxon d'origine, Pöppelmann est officiellement appointé par la cour de Dresde dès 1689. Il fit ses débuts sous la direction de Marcus Conrad Dietze, et c'est lui qui, après la mort de ce dernier en 1704, mena à bien la reconstruction du château royal de Dresde ; on y trouve tout un système de cours bordées de galeries basses qui inspira visiblement Pöppelmann dans sa réalisation la plus fameuse, le Zwinger.

Cet étonnant bâtiment, que la Seconde Guerre mondiale a malheureusement beaucoup abîmé et qui a dû être reconstruit en très grande partie, est plutôt une enceinte conçue en vue de tournois et de défilés qu'un palais proprement dit. En fait, les travaux, qui commencèrent en 1709 et durèrent plus de dix ans, ne furent jamais menés à bien et, de l'enchaînement de cours prévu par Pöppelmann, seule une moitié fut édifiée. Des galeries basses, percées d'arcades, dessinent une sorte de rectangle et relient des pavillons plus massifs et plus élevés ; alors que les arcades sont assez sobrement traitées, les pavillons rappellent presque des pièces d'orfèvrerie : pilastres et colonnes doublés, parfois même triplés, toits à double pente ou en bulbes, frontons brisés, cartouches, pour ne pas parler de l'abondante décoration sculptée due à Permoser. On ne trouve nulle part ailleurs en Europe une architecture de fête ainsi conçue pour être permanente, et à cette échelle.

Les pavillons du Zwinger ont un certain air de chinoiserie ; on retrouve ce goût de l'exotisme oriental, beaucoup plus clairement affirmé, dans le palais dit « palais japonais » que Pöppelmann élève vers 1730. Meissen était alors la seule manufacture d'Europe à pouvoir concurrencer les porcelaines chinoises, et une arrière-pensée de propagande derrière ces conceptions architecturales serait sans peine décelable. Pöppelmann n'en a pas moins donné là quelques-unes des œuvres les plus singulières et les plus intéressantes du XVIIIe siècle allemand.

GEORGES BRUNEL

PORTMAN JOHN (1924-)

Architecte américain. La réussite de Portman tient autant à ses qualités d'homme d'affaires (il est souvent son propre promoteur) qu'à son talent d'architecte. Alliant la performance économique à un style exprimant la réussite, il crée des formules novatrices vouées à un vif succès populaire : l'atrium de l'hôtel Hyatt Regency à San Francisco (1974) est couvert par plus de huit cents chambres en porte-à-faux, donnant l'illusion d'une toiture colossale. L'hôtel Bonaventure à Los Angeles (1977) et le centre Renaissance de Detroit (1978) développent l'image spectaculaire d'un socle opaque, rehaussé de cinq tours rondes aux parois de miroirs.

FRANÇOIS GRUSON

Bibliographie

J. PORTMAN & J. BARNETT, *The Architect as Developer*, New York, 1976.

PORTZAMPARC CHRISTIAN DE (1944-)

L'architecte Christian de Portzamparc est né à Casablanca en 1944 ; il entreprend ses études à l'École nationale des beaux-arts en 1962, d'abord dans l'atelier d'Eugène Beaudoin puis, changeant radicalement de cap, chez Georges Candilis. En 1966, il effectue un séjour à la Columbia University, à New York, qui est pour lui l'occasion d'un travail critique et historique sur l'urbanisme. Sa démarche se fonde sur deux notions fondamentales : d'une part, la géométrie est à l'origine de la spatialité, et l'architecture est née de la géométrie, d'autre part, l'urbanisme et la culture urbaine sont les référents structurels de tout projet architectural. Il réalise sa première œuvre en 1971. Conçu sur le thème de la tour de Babel, le château d'eau de Marne-la-Vallée est une forme symbolique monumentale qui structure, en lui donnant un centre, une vaste étendue urbaine. Il réalise ensuite à Paris, dans le XIIIe arrondissement, les Hautes-Formes (1975-1979). Il poursuit là les recherches urbaines menées dans son projet pour la Roquette, explorant, à l'occasion des nombreux concours d'urbanisme auxquels il participe à partir du début des années 1980, une autre problématique spatiale : celle de la clairière ou de l'espace vide. Hostile à l'unité monolithique de la barre de H.L.M., il répartit les logements en plusieurs bâtiments verticaux agencés autour d'une rue, d'une place intérieure et d'une cour, délimitant un lieu à la fois ouvert et fermé, confrontant la notion de fragmentation à ce qui est constitutif de la ville européenne : l'îlot. À Montpellier (1989) comme à Nantes, sur des sites périphériques à mi-chemin de la ville et de la campagne, il soumet le quadrillage régulier d'un damier au modèle de la cité-jardin ; à Metz ou à Aix-en-Provence (1989), il compose avec la mémoire des lieux et greffe sur le contexte urbain des « îlots-objets ». L'architecte poursuit cette logique de la fragmentation à l'occasion de commandes plus complexes : au conservatoire Erik-Satie à Paris (1981-1984), édifice qui témoigne d'un certain engouement pour la vague postmoderne, puis dans l'école de danse de l'Opéra de Paris, à Nanterre (1983-1988), pour laquelle il reçoit l'Équerre d'argent, et enfin à la Cité de la musique de La Villette (1984-1995). La complexité de ce dernier programme et la spécificité du site le conduiront à organiser l'espace comme un fragment de ville. À l'ouest, l'aile de l'enseignement, déjouant la rigueur de la structure, se déploie en un dédale de formes et de lieux singuliers ; à l'est, côté public, le plan triangulaire rassemble des figures aux résonances baroques : une ellipse centrale abritant la salle de concert, une oblique, une spirale. Pour le concours de l'Opéra de la Bastille (1983), au contraire, la compacité et la frontalité du bâtiment répondaient aux contraintes d'un site exigu. Dans l'ensemble de logements construits à Fukuoka au Japon (1991), ou encore le projet de Marseille, un hôtel et des logements (1991), l'accent est toujours placé sur le déploiement des masses et sur leur caractère sculptural. En 1991 débute l'étude de la tour du Crédit lyonnais, projet s'inscrivant dans le cadre d'Euralille achevé en 1995. Suivront les études pour la tour Bandaï à Tōkyō en 1994 et pour la tour L.V.M.H. à New York en 1995 (ouverture du chantier en 1996). En 1993, Christian de Portzamparc est lauréat de plusieurs concours : du Nouvel Espace culturel de Rennes, du siège social de D.D.B. Needham Worldwide à Saint-Ouen, de la cité judiciaire de Grasse, de l'Institut national des langues et civilisations orientales à Paris et enfin de l'extension du palais des Congrès de la porte Maillot à Paris. Le grand prix d'architecture de la Ville de Paris (1990), le grand prix national de l'architecture (1992) et le prix Pritzker (1994) ont couronné cet artiste dont les édifices contiennent, selon ses propres mots, « de l'air, du mouvement et de la lumière ».

CHANTAL BÉRET

POST PIETER (1608-1669)

Architecte et peintre né à Haarlem, il est avec Jacob van Campen, auprès duquel il se forme, et son contemporain Philip Vingboons (1607-1678), qui est actif à Amsterdam, l'un des plus importants représentants du classicisme palladien hollandais, marqué surtout par la lecture de Scamozzi. À La Haye, nommé architecte de la cour en 1645, il bâtit pour le prince Frédéric-Henri le palais Huis Ten Bosch (1645) ; il construit aussi des édifices publics à Leyde (poids public, 1657-1660), à Maestricht (hôtel de ville, 1659-1660) et à Gouda (poids public, 1668-1669).

CLAUDE MIGNOT

Bibliographie

P. PORTOGHESI dir., « Pieter Post » in *Dizionario Enciclopedico di Architettura e Urbanistica*, Rome, 1969.

POUILLON FERNAND (1912-1986)

Au début de 1961 éclatait brusquement le plus grand scandale immobilier de l'après-guerre, celui du Comptoir national du logement ; au centre de l'affaire, son architecte en chef Fernand Pouillon, encore ignoré du public. Il ne le restera pas longtemps car son comportement fait très vite de lui le héros rêvé des médias : arrêté, transporté dans une clinique en raison de son état de santé, Pouillon s'évade de façon rocambolesque pour finalement se présenter devant le tribunal correctionnel de la Seine. Dans le droit-fil des conceptions des maîtres de l'époque classique qui assumaient allégrement plusieurs fonctions, Pouillon, sous des prétextes de rentabilité, avait été actionnaire de différents fournisseurs du C.N.L., en se servant de prête-noms. En outre des « travaux particuliers » considérables avaient été payés par le C.N.L. : il s'agissait, dans le cas de Pouillon, de la restauration d'un château en Eure-et-Loir et d'une fastueuse demeure médiévale, rue des Ursins, à Paris.

Exclu de sa profession, Pouillon s'exila en Algérie et se convertit à l'islam. Architecte conseil du gouvernement algérien, il construira pour lui 40 hôtels, principalement au cours des années 1970. Le conseil municipal de Saint-Tropez lui demande un plan d'aménagement du port. Adopté par les élus, ce plan est refusé après une campagne à laquelle participe Brigitte Bardot :

l'actrice a menacé de quitter le pays s'il était mis à exécution. Réinscrit à l'Ordre des architectes à partir de 1977, Pouillon est élu à son conseil régional de l'Île-de-France en 1980. En 1982, la biennale de Venise le couronne. Les commandes affluent de nouveau à l'agence qu'il vient d'ouvrir au château de Belcastel, à Rignac, près de Rodez. C'est là qu'il meurt le 24 juillet 1986.

Originaire du Lot-et-Garonne, Pouillon passa sa jeunesse à Marseille mais il quitta le lycée à quinze ans pour entrer à l'école des Beaux-Arts de la ville. En 1934, on le retrouve à l'école des Beaux-Arts de Paris et, deux ans plus tard, il construit des immeubles à Marseille et à Aix. Diplômé en 1942, Pouillon rencontre alors à Marseille Eugène Beaudouin, urbaniste de la ville.

L'époque de la Libération s'annonce faste pour les bâtisseurs. Le jeune maître ne dédaignera pas les travaux les plus divers : camps de transit et camps de prisonniers ; un stade à Aix ; l'usine Nestlé à Marseille ; surtout les travaux de reconstruction du Vieux-Port systématiquement détruit par les Allemands en 1942 – à l'occasion desquels il travaillera en association avec Auguste Perret. Pouillon occupera la célèbre agence de la rue Raynouard, à Paris, après la mort du maître, en 1954.

Débute alors une ascension qui ne durera qu'une dizaine d'années. Grâce à la confiance de Jacques Chevallier, maire d'Alger, Pouillon reçoit les plus importantes commandes jamais passées à un architecte en Algérie : des milliers d'appartements, des centres commerciaux, des écoles, des centres civiques s'édifieront rapidement. L'opération culminera avec le complexe Climat de France, 3 500 appartements regroupés autour d'une cour en longueur, bientôt baptisée les 200 Colonnes par ses habitants.

Viendront ensuite la reconstruction du vieux port de Bastia, partiellement détruit par des tirs d'artillerie pendant la Seconde Guerre mondiale, et enfin les premières – et dernières – opérations dans la banlieue de Paris entre 1955 et 1962 : cités à Montrouge (Buffalo) et à Pantin, le Point du jour à Boulogne (2 200 appartements) et la ville nouvelle de Meudon-la-Forêt (3 500 appartements). Durant l'exil, s'ouvre la période des hôtels, la plus brillante sans doute : tous différents dans leur structure et leur décoration, ils sont tous respectueux du génie du lieu.

Admirateur fervent de l'architecture cistercienne – il a fait plusieurs relevés des abbayes provençales et, dans son ouvrage *Les Pierres sauvages*, il s'est décrit en moine du Thoronet brisé dans son élan créateur –, Pouillon s'est souvent présenté comme un architecte de la « banalité ». Il a même déclaré qu'il ne s'intéressait ni à la recherche architecturale ni aux œuvres de ses contemporains, ce qui n'était pas forcément une provocation.

Quand on choisit de privilégier la pierre, constamment employée dans tous ses édifices, on se range dans une tradition rassurante qui aura toujours ses fidèles : en prétendant que les Parisiens ont la nostalgie des immeubles de l'île Saint-Louis, Pouillon dévoile ses idées. En même temps que lui, son confrère Louis Arretche avait pratiqué ce retour à la « tradition » : dans la reconstruction de Saint-Malo, son triomphe, il a systématiquement utilisé le granit et un ciment comprimé qui l'imite.

La stéréotomie au service du peuple fut un leitmotiv de Pouillon qui se vanta d'avoir construit les plus beaux logements sociaux de France. Doit-on le croire ? Dans l'innovation architecturale, la décoration et les locaux collectifs, les immeubles de la fondation Rothschild à Paris – édifiés avant 1914 par une équipe animée par Augustin Rey et Henry Provençal – allaient beaucoup plus loin que les alignements de barres qui dominent l'univers du maître.

Dans les années 1970, les préoccupations de Pouillon rencontrent celles de quelques maîtres d'œuvre à la recherche d'un nouveau classicisme, en particulier Aldo Rossi, très attentif aux figures traditionnelles, Ricardo Bofill dont les ensembles se rattachent au courant baroque et Léon Krier, farouche contempteur du mouvement moderne.

La référence cistercienne – dont nombre d'architectes du mouvement moderne, à commencer par Le Corbusier, se réclamèrent – a trop souvent servi d'alibi à une réelle pauvreté de formes. Les disciples de saint Bernard, ayant volontairement choisi de vivre hors du siècle, s'efforcèrent de bannir de leur vie tous les aspects du sensible. L'idéal hédoniste de nos contemporains exige un autre parti. Comme Pouillon, qui n'habita jamais ses œuvres et mourut dans un château du XIIIe siècle, ils réclament désormais du pittoresque.

ROGER-HENRI GUERRAND

Bibliographie

F. POUILLON, *Les Pierres sauvages*, Seuil, Paris, 1964 ; *Mémoires d'un architecte*, *ibid.*, 1968.
B. F. DUBOR, *F. Pouillon*, Electa Moniteur, Paris, 1986.

POYET BERNARD (1742-1824)

Élève de Charles De Wailly, Poyet remporte, en 1768, le second prix d'architecture avec un projet de théâtre et obtient un brevet pour le séjour à l'Académie de

France à Rome. À son retour d'Italie, il est nommé architecte du duc d'Orléans, et construit successivement les écuries de la rue Saint-Thomas-du-Louvre (1773), la maison des Enfants d'Orléans, rue de Bellechasse (1778), l'hôtel d'Antoine Callet, boulevard du Montparnasse (1777). Membre de l'Académie d'architecture, Poyet est nommé contrôleur des travaux de la Ville de Paris ; il construit l'église Saint-Sauveur (1780). Architecte de la Ville de Paris (1790), il s'occupe des questions d'adduction d'eau : c'est lui qui aménage sur un nouveau plan la célèbre fontaine des Innocents de Jean Goujon. Nommé architecte du palais de l'Assemblée du corps législatif (1800), Poyet donne les plans et dirige les travaux de construction du frontispice de l'actuelle Chambre des députés face au pont de la Concorde (1804-1807). Cette façade, d'une solennité quelque peu ennuyeuse, ne doit pas faire oublier que Poyet fut un artiste inventif, épris comme beaucoup de ses confrères de colossal et de pittoresque. Certains de ses grands projets non réalisés l'apparentent aux artistes visionnaires de la fin du XVIIIe siècle : les plus intéressants concernaient un hôtel-Dieu de plan circulaire qui devait s'élever sur l'île des Cygnes (1785), un Opéra pour la place de la Concorde (1789) et l'érection d'une colonne nationale (1798-1816).

DANIEL RABREAU

POZZO ANDREA (1642-1709)

L'importance de Pozzo dans l'histoire de la peinture a été reconnue très tardivement. Il a partagé le sort de tous les artistes qui se sont adonnés à la peinture de plafond. Pour la peinture moderne, les musées ont absorbé longtemps tout l'intérêt des historiens d'art, donnant ainsi une valeur exagérée aux tableaux de chevalet. La réhabilitation de l'art baroque, qui s'est accomplie au cours de la première moitié du XXe siècle, a attiré enfin l'attention sur la peinture décorative et par là même sur la peinture dite plafonnante, création de l'Italie ; la place prépondérante de Pozzo dans ce domaine est alors apparue. Toutefois, la peinture plafonnante n'a pas encore donné lieu à des études approfondies, et l'œuvre de Pozzo doit faire encore l'objet d'une revalorisation.

À l'école des Vénitiens et de Rubens

Andrea Pozzo fut élève des jésuites ; il gribouillait des croquis sur ses cahiers de latin. À dix-sept ans, il entra chez un peintre qui lui fit copier les tableaux des églises de sa ville natale, Trente. On suppose qu'il a dû avoir des contacts avec la peinture vénitienne, ne serait-ce qu'à cause de la proximité de Vérone. Lui-même a dit que ses modèles avaient été les Vénitiens et Rubens. Trois ans après, un peintre qui passait à Trente l'emmena à Côme, et il travailla pour lui pendant deux ans. S'étant fâché avec son maître, il alla à Milan et entra dans la Compagnie de Jésus, comme frère laïc, le 23 décembre 1665. Il se rendit vraisemblablement ensuite à Gênes, où l'on trouve quatre tableaux d'autel de sa main, et c'est là qu'il découvrit sans doute l'art de Rubens. Sa première grande entreprise personnelle documentée est la décoration de l'église de la mission San Francesco Saverio à Mondovi, en Piémont (1676-1677). Il est invité ensuite à la cour de Turin

(1677-1679), y travaille pour le compte des Jésuites et de diverses paroisses. En 1681 il est à Rome, où il réalise son chef-d'œuvre de décorateur : l'autel de saint Ignace à l'église du Gesù (1695-1699). Le prince Anton Florian Von Lichtenstein, ambassadeur auprès du Saint-Siège, le fait appeler par la cour de Vienne ; à la fin de 1703, il est dans cette ville, où il exécute plusieurs travaux, aujourd'hui disparus, pour la cour impériale et un plafond pour le palais Lichtenstein (*Entrée d'Hercule dans l'Olympe*). Sa principale œuvre viennoise est l'*Universitätkirche*, église jésuite dont il refait l'architecture et qu'il décore. C'est à Vienne que Pozzo mourra.

L'architecte

Il est difficile de séparer chez Pozzo le peintre de l'architecte. Son œuvre d'architecte est fort bien connue, grâce à son traité de perspective publié à Rome en 1693 et 1700 (*Perspectiva pictorum et architectorum*), dans lequel il a reproduit ses principales créations. Sa formation d'architecte est encore plus obscure que sa formation de peintre. C'est d'ailleurs en tant que peintre décorateur qu'il fut chargé de dessiner ces architectures provisoires qui servaient lors de certaines fêtes religieuses. Il y montra tant de talent qu'on lui demanda ensuite d'établir des projets d'édifices religieux, le plus souvent pour l'ordre des Jésuites : Montepulciano, Belluno, église San Francesco Saverio à Trente, Ragusa (Dubrovnik), cathédrale de Ljubljana.

Les monuments d'architecture pure encore conservés, comme la cathédrale de Ljubljana, l'église des Servi de Montepulciano, l'église de San Francesco Saverio à Trente, sont des œuvres d'un goût berninesque à dominante horizontale, sans grande originalité. Dans l'église de l'université de Vienne, Pozzo a multiplié les accidents et les ornements, qu'il emploie cependant avec plus de bonheur dans les architectures peintes de ses plafonds ; le volume restreint et la voûte basse de cet édifice contribuent à en faire une des plus pesantes expressions du baroque. Au contraire, l'autel de saint Ignace, dans le croisillon nord du transept de l'église du Gesù, est une des manifestations les plus nobles du baroque romain et une des créations les plus typiques de cette liturgie triomphale, qui célèbre la foi catholique dans un de ses héros. Le père Pozzo a prodigué ici les matières les plus précieuses, argent, bronze doré, lapis-lazuli, marbres de Sicile et de Venise, albâtre d'Orient ; il a incorporé les bas-reliefs antérieurs de l'Albane, dessiné les statues nouvelles et ordonné tous ces éléments en une composition grandiose qui est, à proprement parler, une « gloire ». Le monument avait été mis au concours, le père avait proposé douze projets qui se trouvaient en concurrence avec onze autres. C'est en dessinant des monuments éphémères, des *teatri sacri*, pour des fêtes religieuses qu'il avait acquis un tel sens de la mise en scène. Son traité de perspective a heureusement conservé le souvenir de ces « machines » destinées à l'adoration du saint sacrement lors des « quarante heures », pendant la semaine sainte, et pour lesquelles on choisissait un thème tiré de la Sainte Écriture ; il en avait déjà dessiné à Milan pour l'église jésuite San Fedele. Le théâtre des « Noces de Cana », fait pour le Gesù de Rome en 1685 (*Traité*, I, 71), celui qui a pour motif la parole de l'Écriture « *Sitientes, venite ad aquas* », exécuté également au Gesù en 1695 (*Traité*, II, 47 et 48), sont parmi les plus belles inventions du baroque.

Le peintre

À la fin du XVIᵉ siècle, l'art de la *quadratura*, ou mise en perspective des images peintes sur les surfaces courbes des voûtes, s'élabore dans les écoles bolonaise et milanaise. Les artistes baroques utiliseront cette technique pour peupler les grands salons des palais et les nefs des églises de figures volant dans le paradis ou l'Olympe, et qui donnent au spectateur l'impression que le monument ouvre sur le ciel ou l'empyrée. On ignore absolument où Andrea Pozzo avait appris cet art difficile qui consiste à peindre, sur des surfaces verticales, horizontales ou le plus souvent courbes, des figurations qui, grâce à des diminutions ou à des augmentations, paraissent normales à un spectateur situé en un point donné. Dans son traité, Pozzo a livré tous les secrets de cet art de géométrie, où il s'agit de tracer des intersections sur des plans concaves ou convexes de sections coniques droites ou gauches à partir de plans horizontaux ou verticaux graticulés, c'est-à-dire, divisés en carrés. Le père explique qu'après avoir quadrillé le modèle au sol, il choisissait le nombre de carrés à faire en un jour et faisait recouvrir d'*intonaco* la voûte correspondante ; puis il reportait le quadrillage (*graticolazione*) sur l'enduit, en suspendant à la voûte une grille, réalisée avec des ficelles, reproduisant à l'échelle le quadrillage du dessin préparatoire ; il projetait cette grille sur la voûte, en opérant la nuit au moyen d'une source lumineuse située au centre de la perspective conique. À l'époque où travaille Andrea Pozzo, la peinture *a fresco* du Moyen Âge est abandonnée, et on peint alors sur un mur *a mezzo fresco* (à moitié humide) en employant un enduit très granulé qui accroche la couleur. Le père commença sa carrière de *quadraturista* par un coup de maître, la coupole de San Francesco Saverio à Mondovi, où il a figuré, comme si elle était vue de la nef, une rotonde octogonale portée sur d'énormes consoles et s'ouvrant dans un ciel où l'on voit la gloire de san Francesco Saverio ; à l'abside, Pozzo a représenté, selon le même procédé, le saint baptisant les infidèles devant un portique.

Le grand œuvre de Pozzo est la décoration de l'église Saint-Ignace de Rome. L'abside est ornée d'une multitude de personnages et d'anges placés autour du saint consolant les affligés. Mais le morceau le plus extraordinaire est le *Triomphe de saint Ignace*, sur la voûte de la nef centrale. Le programme est donné par une citation de saint Luc : « *Ignem veni mittere in terram, et quid volo nisi ut accendatur ?* » (« Je suis venu jeter le feu sur la terre et que désiré-je, sinon qu'il s'allume ? »). Du Christ portant sa croix, tel qu'il était apparu à saint Ignace, jaillit un rayon de ce feu lumineux qui atteint le cœur du saint en extase. Un second rayon, issu du côté du Christ, se réfléchit sur un écu brillant, sur lequel est gravé le monogramme de Jésus, emblème de la Compagnie : quatre rayons rejaillissent sur quatre figures allégoriques, situées à la base et symbolisant les quatre parties du monde. Autour de saint Ignace et du Christ volent les anges et les élus. L'impression que la voûte est crevée et laisse voir le ciel est donnée par une architecture feinte qui continue l'architecture réelle de l'église. Au centre de la nef, un disque blanc indique le point de vue. C'est de ce disque qu'on doit regarder aussi la perspective de la coupole en trompe-l'œil qu'en 1685 le père peignit sur une toile plane à la croisée du transept : un conflit avec les dominicains voisins de Santa Maria sopra Minerva, qui s'ajoutait à des difficultés techniques et financières, avait en effet amené les jésuites à renoncer à édifier une coupole à Saint-Ignace. Pozzo répéta, en la simplifiant et en la refermant au sommet, l'architecture feinte de la coupole de San Francesco Saverio de Mondovi, mais le tour de force est encore plus remarquable, puisque toute l'illusion d'un espace courbe est créée sur une surface plane. Détériorée en 1891 par l'explosion d'une poudrière, cette peinture a été restaurée. On attribue au père Pozzo, mais sans preuve, d'autres peintures murales. À Vienne, le grand salon du palais Lichtenstein, célébrant le *Triomphe d'Hercule*, montre une application un peu sèche de la *quadratura*, qui n'a plus l'audace de la nef de Saint-Ignace. En revanche, le tableau de l'Assomption du maître-autel de l'église de l'Université est composé selon une magnifique arabesque planante, mais les peintures de la voûte de l'église ont été détériorées et mal repeintes.

Le père Pozzo, qui se réclamait de Véronèse et de Rubens, appartient au courant romain de la couleur claire, qui transforme les voûtes des églises en apothéoses lumineuses.

Le maître de l'espace baroque

Andrea Pozzo applique les principes de la perspective géométrique, définis au XVe siècle par l'architecte Leon Battista Alberti ; il redresse à la verticale les fuites en perspective que les peintres florentins du Quattrocento figuraient horizontalement sur le tableau. Avec ces moyens, il crée les plus beaux trompe-l'œil du baroque, procurant au fidèle le sentiment de la transcendance du monde de l'au-delà. Il accomplit dans une apothéose l'idéal baroque de la composition ouverte et met un terme, par un chef-d'œuvre, à la peinture plafonnante romaine. Au XVIIIe siècle, cet art se déplacera à Naples et exploitera d'autres principes. C'est en Europe centrale que l'art du père Pozzo, conjugué avec l'espace plafonnant des Vénitiens et des Lombards, aura ses prolongements les plus riches. Traduit en diverses langues (dont le néerlandais), son traité de perspective aura une répercussion considérable, et sera le véritable manuel des plafonniers du XVIIIe siècle.

GERMAIN BAZIN

Bibliographie

A. POZZO, *Prospettiva de' pittori e architetti*, t. I, Rome, 1693 ; t. II, Rome, 1700.
F. S. BALDINUCCI, « Vita di Andrea Pozzo », in E. Benvenuti, *Atti della Imperial Regia Accademia degli agliati*, vol. XVIII, Rovereto, 1912 / N. CARBONERI, *Andrea Pozzo architetto*, Trente, 1961 / M.-C. GLOTTON, *Trompe-l'œil et décor plafonnant dans les églises romaines de l'âge baroque*, Rome, 1965 / D. GIOSEFFI, « Prospettiva », in *Enciclopedia universale del arte*, vol. XI, Rome, 1963 / B. KERBER, *Andrea Pozzo*, Beiträge für Kunstgeschichte, W. de Gruyter, Berlin, 1971 / R. MARINI, *Andrea Pozzo pittore*, Trente, 1959 / F. NEGRI ARNOLDE, « Prospettici e quadraturisti », in *Enciclopedia universale del arte*, vol. XI, Rome, 1963.

PRANDTAUER JAKOB (1660-1726)

Dans la génération d'architectes qui éclôt en Autriche à la fin du XVIIe siècle et vient affirmer la renaissance d'un art germanique, Jakob Prandtauer occupe une place aussi importante, par l'ampleur de ses réalisations comme par l'originalité de son talent, que Hildebrandt ou Fischer von Erlach. Il importe cependant de souligner une différence notable entre ces derniers et Prandtauer : alors que Fischer et Hildebrandt sont des architectes de cour, formés en Italie, au courant des dernières modes et au service d'une clientèle brillante (l'empereur ou les grandes familles de Vienne), Prandtauer, Tyrolien de naissance et éduqué comme maître maçon, reste toute sa vie au service des communautés religieuses de la province autrichienne. Aussi contrôlait-il personnellement, et avec le plus grand scrupule, l'exécution des édifices qu'il avait la charge de bâtir, et ses œuvres valent autant par la qualité du détail que par les mérites de l'invention.

Le chef-d'œuvre de Prandtauer, et l'un des chefs-d'œuvre du baroque germanique, est l'abbaye de Melk, à une centaine de kilomètres à l'ouest de Vienne, sur un piton rocheux dominant le Danube. La beauté naturelle du site est utilisée avec une habileté remarquable : la longue façade des bâtiments conventuels s'étend tout au long de l'éperon, terminée par l'église qui se dresse à l'extrémité, juste au-dessus du fleuve ; les deux clochers à bulbes, la coupole et les statues forment une silhouette pittoresque qui se reflète dans l'eau et contraste avec l'allure sévère du reste de la construction. L'intérieur, savamment distribué, est rehaussé par une splendide fresque de Rottmayr qui couvre tout le plafond de la nef.

Parmi les autres abbayes dont Prandtauer est l'auteur, il faut citer au moins Saint-Florian, tout près de Linz (début de la construction en 1706), et Dürnstein (commencée en 1717 et que mènera à bien son disciple Joseph Munggenast). Toutes témoignent du même mérite, avec cette saveur paysanne qui n'exclut pas les raffinements de composition et d'agencement et qui est le secret de Prandtauer.

GEORGES BRUNEL

PROUVÉ VICTOR (1858-1943) & JEAN (1901-1984)

Artiste polyvalent, Victor Prouvé a pratiqué toutes les techniques ; il fut peintre, graveur, sculpteur et décorateur. Originaire de Nancy, ses précoces dispositions pour le dessin lui valent, dès 1877, une bourse d'études à l'École des beaux-arts de Paris où il sera l'élève de Cabanel. Il expose aux Salons des artistes français à partir de 1885. De retour dans sa ville natale, il participe largement au mouvement de renouveau des arts décoratifs et il succédera à Émile Gallé à la tête de l'école de Nancy.

On doit à Victor Prouvé des compositions aux lignes simplifiées, peintes de couleurs claires, et quelques monuments sculptés (décorations des édifices officiels de Nancy). Mais c'est plutôt à son étroite collaboration avec le grand maître verrier Émile Gallé qu'il doit sa célébrité. Prouvé lui a fourni des modèles de figures pour ses vases décoratifs, notamment celles du célèbre *Vase d'Orphée* du musée des Arts décoratifs, à Paris, qui porte la signature gravée « Émile Gallé Victor Prouvé », et qui fut présenté à l'Exposition universelle de 1889. Émile Gallé lui-même décrit dans ses *Écrits pour l'art* le *Vase Prouvé* qu'il offrit à son collaborateur lorsque celui-ci fut promu chevalier de la Légion d'honneur en 1891. Après la mort prématurée d'Émile Gallé, Victor Prouvé garde, de 1904 à 1913, la direction artistique des établissements de Nancy qui continuent à produire de nombreux vases dans le même style naturaliste ; ces vases portent encore la marque « Gallé », mais celle-ci est précédée d'une étoile. Nommé en 1919 directeur de l'École des beaux-arts de Nancy, Prouvé a contribué à la formation des artistes de la génération suivante.

Fils de Victor Prouvé, Jean Prouvé, né à Paris, doit certainement à son père l'origine de sa formation (artisanat du métal) et l'idée du bâtiment comme un organisme où chaque détail a une fonction. Cette « idée », que Jean Prouvé allait si intelligemment mettre en pratique, semble commune à tous les grands ingénieurs de la construction moderne qui, pour ne pas s'embarrasser d'une culture « historique » de l'architecture, allaient fondamentalement bouleverser les traditions en ce domaine : Roebling, Eiffel, Freyssinet et surtout Maillart avec qui Prouvé ne manque pas de points communs. En 1923, Prouvé fonde à Nancy un atelier de ferronnerie d'art qui allait connaître un développement très rapide, pour s'associer désormais à une pratique architecturale. Dès le départ, le nom de Prouvé est lié à la connaissance d'un matériau, le métal : en même temps qu'il met au point des techniques nouvelles du façonnage de la tôle d'acier de faible épaisseur, Prouvé est l'ingénieur d'un aéroclub à Buc (1935) et de la Maison du peuple à Clichy (1938), dont les architectes sont Eugène Beaudouin et Marcel Lods. Après la guerre, la firme de Prouvé prend des dimensions vraiment industrielles, et celui-ci envisage la possibilité de la standardisation. C'est le principe d'économie qui est au fondement de tout le travail de Prouvé : économie de matière puisque tous les éléments jouent et font partie d'une structure (pressions et tensions s'équilibrant), et économie financière (standardisation, partage rationnel du travail). Mais c'est précisément la raison pour laquelle la censure en fut plus effective : la grosse industrie métallurgique, qui n'avait aucun avantage à cette économie, contraignit Prouvé à abandonner la direction de ses ateliers. En 1953, lui qui recommandait de ne pas couper la conception du travail d'atelier, qui écrivait : « Il ne faut rien faire que ce que l'on peut réaliser, mais à l'avant-garde, et sans plagiat », Prouvé se retire dans ses bureaux et dessine. Il pensera, au cours de ces années de retraite, aux possibilités de la standardisation et développera dans les maisons particulières, dont il recevra les commandes, de nombreuses combinaisons des éléments standards qu'il avait préalablement mis au point. Il ne s'agit pas, pour Prouvé, de standardiser un bâtiment complet (« la nullité architecturale, la bêtise des chaumières produites par les grosses firmes sont écœurantes ») mais d'agencer des éléments dont l'articulation est pensée comme principe générateur de la construction. Ses différentes maisons particulières ont toutes des points communs : une base lourde réalisée sur place (par opposition à l'habitacle léger aux éléments préfabriqués) et un « bloc-service » (cuisine, sanitaire, chauffage central) autour duquel s'articule, de manière variée, l'habitation. Pour Prouvé, « construction égale assemblage », si bien que, d'une certaine manière, « il n'y a pas de différence entre la construction d'un meuble et celle d'une maison » (H. Damisch, « Architecture et industrie : Jean Prouvé ou le parti du détail », in *Critique*, n° 311, avr. 1973). De même, si Prouvé est l'un des inventeurs du « mur-rideau », il ne s'agit nullement pour lui d'une peau inerte tendue sur une ossature pour donner quelque prestige à une façade, mais d'un élément dont l'élasticité et la légèreté sont déterminantes dans l'élaboration du bâtiment. Prouvé aura toujours insisté sur la nécessité d'une architecture souple, aisément montable et démontable, dont les transformations ne supposent pas de démolition ou de modification globale ; aussi est-il erroné de ne voir en lui l'architecte du métal que par mépris des autres matériaux. Prouvé écrit du béton, à propos du projet du Centre des industries et des techniques (pour lequel il fut consulté en 1955) : « En dehors de mon admiration pour les prodigieuses réalisations d'ouvrages d'art en béton armé, ponts et barrages en particulier, j'étais, dès mes débuts, toujours réticent devant les structures, également en béton armé, des grands immeubles. La disposition des poteaux et des poutres, identique à celle des constructions en bois ou en acier, me décevait. » (On retrouve cette opinion chez Maillart, « spécialiste » du béton armé.)

« Pour moi, le béton qui se coule aurait dû conduire à des ossatures très différentes, participant plus intimement à la définition des volumes habitables. À mon esprit se présentaient des cylindres, de grandes trémies également de sections variées et justifiées, des voiles, des alvéoles. J'imaginais conjointement ces squelettes, enveloppes de peaux légères, en métal, en verre ou en bois » (J.-C. Steinegger, *Jean Prouvé. Une architecture par l'industrie*, Zurich, 1971).

Ce n'est donc pas un parti pris « esthétique » qui fait choisir à Prouvé le métal comme matériau de base, c'est une raison technique : il souhaite une architecture légère, provisoire à la limite, et réserve l'emploi du béton aux grands édifices publics.

Pour avoir voulu penser la standardisation en liaison avec les possibilités industrielles, Prouvé fut absurdement censuré pendant plus d'une décennie par l'industrie même qu'il croyait servir. Réhabilité comme architecte, ayant acquis un renom international, Prouvé, à plus de soixante-dix ans, avait commencé une nouvelle carrière en retournant à ses chantiers. En 1981 était terminée la tour radar d'Ouessant, tandis qu'une grande exposition de son œuvre se tenait à Rotterdam. En 1982 il recevait le grand prix d'architecture de la Ville de Paris, et le musée des Arts décoratifs lui consacrait une exposition ; enfin, en 1983, son œuvre était analysée de façon complète (D. Clayssen, *Jean Prouvé, l'idée constructive*, Paris, 1983).

YVE-ALAIN BOIS et JEANNE GIACOMOTTI

PUGET PIERRE (1620-1694)

Dès le début du XVIIIe siècle, Puget fut célébré comme « le Michel-Ange de la France ». De Falconet à David d'Angers, de Rude à Rodin, de Delacroix à Cézanne, innombrables sont les témoignages d'admiration, parfois critique, pour la puissance pathétique du sculpteur, en qui Théophile Gautier reconnaît « le plus grand statuaire de son époque » et que Charles Baudelaire célèbre comme l'un des « phares » de l'humanité. Installé dans une salle Puget ouverte au Louvre en 1824, son *Milon de Crotone* contribua à l'imposer au XIXe siècle comme l'un des représentants du génie français, le pendant de Poussin pour la sculpture. Dénoncé au début du XXe siècle par l'histoire de l'art nationaliste comme l'un des fourriers de l'italianisme, contraire à l'esprit de mesure français d'un Goujon ou d'un Girardon, Puget parut inversement sans doute trop classique pour bénéficier pleinement d'un nouveau retournement du goût en faveur du baroque. De la première monographie scientifique (1970) à l'exposition pour le tricentenaire de sa mort (1994), l'historiographie a développé le catalogue de ses œuvres sculptées, au-delà des grands morceaux qui ont fait sa gloire ; elle a redécouvert son activité de peintre et de dessinateur, négligée (dix-sept peintures, une centaine de dessins), et d'architecte, mal mesurée ; elle a su aussi démonter la légende romantique, noire et glorieuse, de l'artiste provincial, oublié du pouvoir et se dressant contre l'absolutisme, « âme souffrante d'un siècle malade » (Michelet), légende qui a entretenu efficacement sa mémoire, mais brouillé son image. L'inscription qu'il apposa sur plusieurs de ses œuvres, « P. Puget Massil. Sculp. Arch. et Pic. » (Pierre Puget, Marseillais, sculpteur, architecte et peintre), atteste ses ambitions d'artiste universel, qui sut revendiquer et faire reconnaître sa liberté de création, comme Michel-Ange et Bernin, auxquels on peut et on doit sans doute le comparer pour lui rendre justice.

De la sculpture à la peinture, une carrière provinciale

Né le 16 octobre 1620, à Marseille, orphelin deux ans plus tard de son père maître maçon, Pierre Puget fut élevé par ses deux frères Jean et Gaspard, tailleurs de pierre et maîtres maçons (le second finit par s'imposer comme architecte de la ville de Marseille). Après un apprentissage de quatre ans, à Marseille, auprès du sculpteur Jean Roman (nov. 1634-nov. 1638), Puget partit, comme tant d'artistes européens de sa génération, pour l'Italie, où il séjourna pendant cinq ans (1639-1643). De Florence, où il put parfaire son éducation artistique sur les chantiers du grand-duc, il gagna Rome, où il suivit vers 1640 Pierre de Cortone, qui achevait le décor du palais Barberini. De retour en Provence au printemps de 1644, Puget accompagna à Rome en 1646 un père feuillant, mandaté par la reine Anne d'Autriche, pour dessiner des antiques. À la mort de son compagnon, il rentra en France et s'installa à Toulon, où il se maria en 1647.

Dans les douze ans qui suivirent, Puget s'affirma peu à peu comme l'un des meilleurs artistes de Provence. Associé à son frère Gaspard, il donna des modèles pour les sculptures des navires de l'arsenal et pour quatre fontaines de la ville (1649-1650) ; il réalisa quelques bas-reliefs sur bois (*Adoration des bergers* et *Adoration des mages*, signés, datés, 1653, coll. part.), ou de terre cuite (*Lapidation de saint Étienne*, signé, vers 1654, musée des Beaux-Arts, Marseille) ; mais il semble avoir eu essentiellement une activité de peintre, comme le suggèrent les marchés qui le qualifient de « maître peintre » de la ville de Toulon ou de la ville de Marseille. Il peignit de petits tableaux de dévotion (*Sainte Cécile*, 1651 ; *La Vierge apprenant à lire à l'Enfant Jésus*, 1656, signés, datés ; et sans doute le *Sommeil de l'Enfant Jésus*, au somptueux cadre sculpté ; tous trois au musée des Beaux-Arts de Marseille), mais aussi des tableaux d'autels pour des églises de Toulon, pour la cathédrale de Marseille (*Baptême de Constantin* et *Baptême de Clovis*, 1653 ; *Salvator mundi*, 1655 ; aujourd'hui au musée des Beaux-Arts de Marseille), et pour la chapelle du collège des jésuites d'Aix (*Annonciation* et *Visitation*, 1658-1660, à Aix-en-Provence, respectivement au musée des Tapisseries et au musée Granet). Ces tableaux portent la marque cortonesque, mais trahissent aussi le souvenir de compositions gravées de Rubens ou du Guide, interprétées avec une grande liberté, en laquelle on pourrait reconnaître encore une certaine incertitude stylistique.

Pour des amateurs, Puget composa aussi de grands et élégants dessins de scènes de mer sur vélin (*Vaisseau tirant le canon*, musée des Beaux-Arts, Marseille, 1651 ;

Tempête devant le port de Marseille, musée Atget, Montpellier, 1652 ; *Baie de Toulon*, musée du Louvre, 1654, etc.) qui rappellent les marines hollandaises d'Hendrick Wroom, de Gaspard Van Eyck et de Reinier Noons dit Zeeman, dont les compositions sont largement diffusées par la gravure, mais aussi les marines plus héroïques de Filippo d'Angeli dit Napoletano.

Le statuaire, de Toulon à Gênes

En 1655, dans un climat d'émulation assez vive, la municipalité de Toulon décida d'ériger un portail et un balcon neuf à l'hôtel de ville, comme plusieurs des villes voisines. Puget soumit un projet le 4 janvier 1656, où il proposait de soutenir le balcon, non par des consoles, comme à Tarascon en 1648 ou à Salon en 1654, ou encore par des colonnes, comme à Aix en 1655, mais par deux atlantes engainés, renouvelant avec bonheur un motif (portail de la « casa degli Omenoni » à Milan, croisées de l'hôtel du Vieux Raisin à Toulouse, atlantes des plafonds de Cortone au palais Pitti) qui fut par la suite largement imité dans l'architecture civile à Aix et ailleurs. Désigné comme « maistre esculpteur » dans le contrat signé le 19 janvier, il acheva l'essentiel en juin 1657.

Cette commande semble avoir révélé à Puget ses capacités dans le domaine de la statuaire monumentale, et le succès de ces atlantes, au corps puissant, marqué par l'effort, contribua sans doute à réorienter sa carrière. De l'automne de 1659 à l'automne de 1660, Puget séjourna en Île-de-France et en Normandie. Pour le château de Vaudreuil du marquis de Girardin, il exécuta un *Hercule tuant l'hydre de Lerne* (musée des Beaux-Arts, Rouen) et une *Cérès* (perdue). Il entra en contact avec Nicolas Fouquet, et reçut la mission d'aller choisir des marbres dans les carrières de Carrare pour les bâtiments du roi et ceux du surintendant.

En 1660-1661, à Gênes, d'où il surveillait l'expédition des marbres, Puget sculpta un grand *Hercule gaulois* (au Louvre depuis 1849) pour une destination qui reste obscure – peut-être pour le tombeau de François Sublet de Noyers, comme on l'a suggéré, plutôt que pour Fouquet, comme on l'a longtemps prétendu –, avant son installation dans les jardins du château de Colbert à Sceaux. De Gênes, il se rendit une troisième fois à Rome en 1662, où il signe et date une *Tête* (Cleveland Museum of Art), qui s'inspire de bustes antiques de philosophes. Il put revoir les beaux antiques des collections pontificales et les dernières sculptures de l'Algarde et de Bernin, mais aussi la place du Capitole de Michel-Ange enfin achevée, et le début des travaux du parvis de Saint-Pierre de Bernin.

Au printemps de 1663, au lieu de chercher à gagner le chantier versaillais, Puget s'installa avec sa famille pour un long séjour à Gênes, retenu sans doute par le chantier de l'église Sainte-Marie de Carignan. En juin 1663, il donna le modèle du maître-autel. Un très grand dessin autographe, conservé au musée Granet, qui servit peut-être de modèle pour une maquette en bois, montre une magistrale variation sur le baldaquin de Saint-Pierre de Rome, strictement contemporaine de celle qui fut imaginée par Le Muet et Le Duc pour le maître-autel du Val-de-Grâce à Paris : quatre paires de colonnes, disposées sur un plan circulaire, dont l'entablement, bombé comme la façade de l'église Saints-Luc-et-Martine de Pierre de Cortone à Rome, soutient de grandes volutes portant une Assomption en couronnement. En 1664, Puget s'engagea à sculpter deux statues colossales pour les niches de la croisée, un *Saint Sébastien* et un *Alexandre Sauli*, dont les grands drapés et les gestes expressifs rivalisent avec le *Saint Longin* de Bernin pour la croisée de Saint-Pierre. Des dessins et trois esquisses de terre cuite (musée Granet, musée de Cleveland et collection particulière) permettent de suivre l'élaboration de la figure d'*Alexandre Sauli*, qui fut livré avec son pendant en mai 1666. L'*Assomption de la Vierge*, en bas relief, taillée avant 1665 pour le duc de Mantoue (Staatliche Museen, Berlin), et celle en ronde bosse, commandée en mai 1666 par Emanuele Brignole, achevée en 1670 et installée en 1671 sur le maître-autel de l'église de l'Albergo dei Poveri (in situ), l'une et l'autre d'un dessin tout en suavité, témoignent de la capacité de Puget à changer de registre selon les sujets.

Le Michel-Ange de France

En juillet 1668, sollicité pour diriger l'atelier de sculpture de l'Arsenal de Toulon, Puget quitta Gênes, où il retourna cependant régulièrement, pour achever son *Assomption*, régler diverses affaires et laisser active la menace constamment brandie, dans ses négociations avec Colbert et Villacerf, de quitter la France.

Outre des projets pour l'extension de l'Arsenal, écartés pour être trop ambitieux, Puget dessina régulièrement, jusqu'au 1er janvier 1679, date de son licenciement de l'atelier, plus irrégulièrement après, des modèles pour plus d'une trentaine de navires, dont la richesse se heurta bientôt aux recommandations de les alléger selon la mode anglaise.

Mais, marquant qu'il souhaitait surtout servir le roi comme sculpteur, Puget avait obtenu de Colbert, en décembre 1670, l'autorisation de sculpter trois blocs de marbre pour le roi et la permission de choisir ses sujets. Ce seront le *Milon de Crotone*, un *Persée délivrant Andromède* et le bas-relief monumental d'*Alexandre et Diogène*, tous trois aujourd'hui au Louvre. Une étude conservée au musée des Beaux-Arts de Rennes permet de saisir la première invention pour le *Milon* : arquebouté en oblique, la main prise dans le tronc qu'il a voulu fendre, Milon est attaqué de dos par un lion, tandis que sa toge glisse sur son bras. Au-delà des notions de classique et de baroque, qui n'ont pas de sens dans l'esthétique du XVIIe siècle et qu'il vaudrait mieux abandonner, le groupe de Puget apparaît comme la tentative réussie de rivaliser avec le groupe antique du *Laocoon*, alors universellement admiré, dans la représentation puissante d'un corps tendu par la douleur (*exemplum doloris*) : muscles bandés par l'effort, veines saillantes et visage souffrant, renversé en arrière à la pointe du triangle de la composition. Le marbre, signé et daté 1682, fut mis en place dans les jardins de Versailles, à l'entrée du Tapis vert en 1683. Il suscita immédiatement l'admiration générale, et Louvois écrivit qu'il était prêt à acquérir pour le roi « tout ce que fera ledit Puget, pourvu qu'il soit de la force du Milon ». Commencé en 1678, le *Persée*, signé et daté 1684, vint lui faire pendant en 1685. Si le thème du troisième bloc avait été choisi dès 1670, dégrossi en 1679, à « deux tiers fait » en 1683, il fut achevé seulement en 1689. Le grand bas-relief organise la scène sur une série d'obliques affirmées, autour des deux figures d'Alexandre et de Diogène, installés au premier plan en un puissant haut-relief, devant un groupe compact de soldats en demi relief au second plan, tandis qu'un fond d'architecture se développe dans la partie haute. En 1692, Puget s'attaqua à un nouveau grand bas-relief, *Saint Charles Borromée priant pour les malades de la peste* (musée des Beaux-Arts, Marseille), qu'il acheva en deux ans. Dans ce panneau très pictural, Puget maîtrise le passage des quasi rondes-bosses du premier plan aux bas-reliefs écrasés des arrière-plans avec une virtuosité qui lui a permis de dire qu'il s'agissait là d'« une des meilleures choses » qu'il eut faites. En janvier 1694, Puget tenta en vain de le vendre au roi, et à sa mort, le 2 décembre suivant, il se trouvait encore dans son atelier.

En octobre 1683, Puget écrivait à Louvois : « Je me suis nourri aux grands ouvrages, je nage quand j'y travaille, et le marbre tremble devant moi, pour grosse que soit la pièce. » Marquant bien les préférences de sa jubilation créatrice, il indiquait qu'il avait « quitté le pinceau » « depuis environ vingt ans ». Cependant, Puget, qui signe encore en 1684 son *Persée* « P. Puget Massil. Sculp. Arch. Et Pic. » (Pierre Puget, Marseillais, sculpteur, architecte et peintre), peignit encore quelques marines et quelques tableaux après 1660, la *Sainte Famille au palmier* (coll. part.) lors du séjour génois, portraits et autoportraits à usage privé, *David tenant la tête de Goliath*, 1671 (musée de l'université Laval, Québec), et l'*Éducation d'Achille*, à l'étrange composition, inachevée dans l'atelier en 1694 (musée des Beaux-Arts, Marseille).

En 1663, peut-être stimulé par ce qu'il avait pu connaître des projets architecturaux de Pierre de Cortone pour Alexandre VII, Puget proposa trois dessins successifs pour l'hôtel de ville de Marseille. Si l'on reconnaît dans le premier l'influence du grand style de Michel-Ange pour les palais de la place du Capitole, le troisième, approuvé en 1666 et exécuté par son frère Gaspard, s'inspire des palais génois d'Alessi. Lorsque Marseille obtint l'autorisation d'agrandissement, Puget envoya de Gênes, puis de Toulon des dessins – seul le Cours fut réalisé –, mis en œuvre aussi par son frère. Lorsqu'en 1685 les projets de places royales se multiplièrent en France, dans le sillage de la place parisienne des Victoires, Puget proposa un projet pour Marseille, dont on conserve trois dessins datés de 1686 (musée des Beaux-Arts, Marseille), montrant une place ovale, qui ouvre sur le vieux port par un arc colossal, tandis que les bâtiments mêlent d'une manière heureuse le « grand style international » aux motifs maniéristes de la culture architecturale génoise. Puget dessina encore pour Marseille une halle aux poissons, sa propre maison, et surtout l'hôpital de la Charité, dont le chantier, engagé sur ses plans en 1671, se poursuivit jusqu'au milieu du XVIIIe siècle. Commandée en 1679, entreprise en 1682 et consacrée en 1707, avant de subir diverses altérations, la chapelle, qui est isolée au milieu d'une cour d'une extrême simplicité, présente un plan centré extraordinaire, sans précédent et sans postérité, où le souvenir du premier projet de Pierre de Cortone pour l'église Saints-Luc-et-Martine est renouvelé par l'emploi d'écrans de colonnes, à la manière de Palladio, entre l'espace central et les deux chapelles latérales faisant office de transept.

Artiste provençal, Puget ne reste pas longtemps un artiste provincial. Sa culture artistique est italienne, florentine, romaine et génoise, et il travaille pour le plus grand monarque européen, avec une liberté revendiquée et accordée. Comme son contemporain Bernin, il pratique les trois arts du dessin : peintre marginal, dès qu'il abandonne les limites de sa première carrière, architecte sur papier, il se veut d'abord sculpteur, comme leur modèle commun, Michel-Ange.

CLAUDE MIGNOT

Bibliographie

Actes du colloque « Puget et son temps », in *Provence historique*, t. XXII, fasc. 88, 1972 / F. BARON, « Observations sur le relief d'*Alexandre et Diogène* de Puget », in *Revue du Louvre*, n° 1, 1976 / J. BOUGEREL, *Mémoires pour servir à l'histoire de plusieurs hommes célèbres de Provence*, Paris, 1752 / M.-C. GLOTON, *Pierre et François Puget, peintres baroques*, Edisud, Aix-en-Provence, 1985 / K. HERDING, *Pierre Puget, das bildnerische Werk*, Gebr. Mann, Berlin, 1970 / K. HERDING & G. WALTON, « Documents nouveaux sur Pierre Puget », in *Bull. soc. hist. art franç.*, pp. 77-79, 1979 / *Pierre Puget*, n° spéc. 78 de *Arts et livres de Provence*, 1971 / *Pierre Puget, peintre, sculpteur, architecte, 1620-1694*, musées de Marseille, 1994 / F. SOUCHAL, *French Sculptors of the 17th and 18th Centuries, the Reign of Louis XIV*, t. III, Cassirer, Londres, 1987 / G. WALTON, « Pierre Puget in Rome : 1662 », in *Burlington Mag.*, vol. CVI, 1969.

PUGIN LES

Famille d'architectes anglais. Le père, Auguste Pugin, dit Augustus Charles Pugin (1762-1832) est né en Normandie. Il émigre en Angleterre lors de la Révolution française, et sa carrière de dessinateur, d'aquarelliste et d'architecte s'y déroule. Peu après son arrivée à Londres, en 1798, il entra comme dessinateur chez l'architecte John Nash, dont il fut le collaborateur pendant vingt ans. Il exécuta d'abord une série de vues en couleurs d'édifices gothiques. La précision de son dessin et la vérité de ses couleurs furent bientôt remarquées. Il entra comme élève à la Royal Academy et commença à y exposer en 1809. Membre de la Water Colour Society à partir de 1812, il contribua, par son emploi d'une plus grande variété de couleurs, à l'évolution de la technique de l'aquarelle.

De 1808 à 1811 il collabora, pour la partie architecturale des illustrations, au *Microcosm of London*, publié par Ackermann. Il fournit aussi de nombreux dessins pour les *Views of Islington and Pentonville* (1823). De 1821 à 1823, il publia *Specimens of Gothic Architecture* et, après le voyage qu'il fit en 1825 en Normandie, accompagné de ses élèves, les *Antiquities of Normandy* (1826-1828), avec un texte de John Britton. Ce livre, traduit en français, devait paraître à Paris en 1854, sous le titre *Antiquités architecturales de la Normandie*. L'ouvrage capital de Augustus Charles fut *Views of Paris and Its Environs* (1828-1831).

Il ne pratiqua presque pas l'architecture. Il fut l'associé de sir Marc Isambard Brunel pour le projet du cimetière de Kensal Green, et ses dessins pour l'une des grilles du cimetière furent exposés à la Royal Academy en 1827. Il fut, avec Morgan, l'architecte du diorama proche de Regent's Park, maintenant converti en chapelle, et conçut la décoration intérieure du cosmorama de Regent Street (détruit par un incendie).

Sa notoriété est due à l'enseignement qu'il donna à de jeunes architectes, en particulier Joseph Nash et son propre fils, Augustus Welby Northmore, et surtout à l'influence considérable qu'il exerça sur l'architecture anglaise : ses dessins de monuments favorisèrent une étude systématique de l'architecture gothique et furent à l'origine de la renaissance de ce style.

Augustus Welby Northmore Pugin (1812-1852), architecte et écrivain, commença par dessiner pour son père des vues d'édifices gothiques en France et en Angleterre ; après l'avoir aidé à préparer les plans du cimetière de Kensal Green, il entreprit en 1827 sa première œuvre personnelle, en dessinant les meubles destinés au château de Windsor, C'est alors qu'il rencontra George Dayes, fils du peintre Edward Dayes. C'est ce dernier, écrit Pugin dans son journal, « qui me communiqua le goût des décors de théâtre et des représentations scéniques ». Pugin construisit chez son père un petit théâtre où il présentait un panorama animé du vieux Londres, et prit part à la réorganisation des décors de Drury Lane. En 1831 il exécuta les décors du ballet *Kenilworth*.

En 1834, il se convertit à la religion catholique et se persuada qu'il était du devoir des catholiques d'encourager l'architecture gothique. Grâce au comte de Salisbury, Pugin commença alors une carrière d'architecte. Il fit pour lui les plans du remaniement des Alton Towers, de l'église de Cheadle, de la chapelle et d'autres bâtiments du St. John Hospital d'Alton, et reconstruisit le château d'Alton Rock. En 1835, il fit ses débuts d'écrivain et de théoricien du néo-gothique avec *Gothic Furniture in the Style of the Fifteenth Century*. Ce livre fut suivi en 1836 par *Ancient Timber House* et par *Contrasts or a Parallel*, publication qui devait soulever une véritable polémique. Dans cet ouvrage, il oppose, en la ridiculisant, l'école « païenne » d'architecture à l'école « chrétienne » et il découvre dans le Moyen Âge des XIVe et XVe siècles un modèle de structure sociale. Sir Kenneth Clarke voit dans *Contrasts* les germes du socialisme chrétien et de la Guilde de St. George, que fondera Ruskin en 1871. Toujours en 1836, Pugin travailla avec Charles Barry à la reconstruction du Parlement de Londres, qui avait brûlé en 1834, assurant notamment toute la partie décorative, et peut-être en grande partie les plans d'ensemble. Il se spécialisa par la suite dans l'architecture religieuse, et construisit en particulier les églises de St. Chad's à Birmingham, St. Mary à Derby et St. Oswald à Liverpool. En 1841, Pugin publia ses *True Principles of Pointed, or Christian Architecture* et, en 1845, un important *Glossary of Ecclesiastical Ornament and Costume*.

Pugin fut, à l'époque moderne, un des premiers et des plus éminents spécialistes de l'architecture du Moyen Âge, et le premier véritable théoricien du néo-gothique.

CLAUDE JACQUET

PUTMAN ANDRÉE (1925-)

Si on se penche sur le bilan artistique des années 1965 fait actuellement ici et là, une grave lacune saute aux yeux : personne ne donne sa part à un trio incomparable et unique dans l'histoire du design mondial. Car il a été constitué par des femmes : Maïmé Arnodin (1916), Denise Fayolle (1923-1995), Andrée Putman (1925). Aucune d'entre elles n'a été formée par une quelconque école d'art. La doyenne est ingénieur de l'École centrale, la seconde a passé une licence de philosophie, tandis que la troisième a obtenu un premier prix d'Harmonie au Conservatoire de Paris. Un très haut niveau de culture donc, bien que marginal, par rapport à celui des créateurs patentés dans le domaine des arts appliqués.

Chacune de ces créatrices va se lancer dans le combat de la beauté contemporaine accessible à tous. Maïmé Arnodin, d'abord directrice du *Jardin des Modes*, retrouvera Denise Fayolle au Printemps pour prendre en main le bureau de mobilier et d'objets à bon marché dans le cadre de Prisunic : cette expérience sollicitera des designers d'avant-garde tels que Gae Aulenti, Terence Conran ou Marc Held. À chaque fois, Andrée Putman fera partie de l'équipe et elle figurera ensuite dans le groupe Mafia, une agence de conseils en publicité et en produits que ses amies fondent en 1968.

La tentative de Prisunic n'atteindra par le public souhaité – en cette fin du XXe siècle, le mobilier de « style » du faubourg Saint-Antoine conserve encore toutes ses chances – mais cet échec ne détournera pas Andrée Putman de l'action qu'elle mènera en solitaire en créant, en 1978, le bureau d'études si bien nommé Écart.

Née le 23 décembre 1925, Andrée Putman est la fille de l'écrivain Joseph Aynard et l'arrière-petite-nièce de Taine. Élevée dans un milieu où les exigences culturelles commençaient dès l'enfance par des visites répétées au Louvre et la fréquentation des concerts, Andrée Putman passe également ses vacances de jeune fille dans un cadre privilégié : l'abbaye cistercienne de Fontenay, propriété familiale des Montgolfier. Après des études secondaires au collège d'Hulst, un établissement libre très renommé, elle ne choisit pas la voie de la facilité. Reçue au Conservatoire de Paris pour se consacrer à l'Harmonie, elle en obtiendra un premier prix. Malgré ce succès, elle refuse de répondre à l'exigence de son maître : s'enfermer dix ans pour produire une œuvre.

Andrée Putman découvrira le monde en se risquant dans une carrière de journaliste : on repère sa signature dans *Fémina*, dans la rubrique décoration des cahiers de *Elle*, dans la revue *L'Œil*, des postes privilégiés pour observer l'évolution du goût. En 1978, son indépendance se manifeste dans le choix du local pour Écart. Le bureau d'études est installé rue Pavée, au cœur du Marais, dans l'une des plus anciennes rues de la capitale : en 1913, au scandale de certains, Hector Guimard, l'architecte des entrées du métro, y a dressé son dernier chef-d'œuvre, une synagogue à la façade totalement dépouillée. Pouvait-elle déplaire à cette habituée de l'un des plus beaux cloîtres du monde ?

C'est dans ce lieu insolite qu'Andrée Putman intéresse les connaisseurs en présentant des œuvres d'Eileen Gray, de Robert Mallet-Stevens ou de Mario Fortuny, quelque peu oubliés jusque-là. Voilà une nouvelle enfant d'Adolf Loos qui rejette le terme de « décorateur ». Oui, « l'ornement est un crime », le goût « Versailles » a perverti les Français, et Andrée Putman reprendrait volontiers la déclaration de Le Corbusier : « À l'ancien duo bois-pierre, il faut substituer le quatuor ciment-verre-métal-électricité. »

Une conception rationnelle des objets et des aménagements extérieurs et intérieurs reste à la source des réalisations d'Andrée Putman, très attentive aux nécessités du corps. Ainsi porte-t-elle tous ses soins à la cuisine et à la salle de bains, deux centres vitaux de l'habitation dont l'ameublement se limitera aux objets indispensables. Avec une condition préalable, l'omniprésence de la lumière, ce matériau impalpable que l'architecture doit capter et diffuser par tous les moyens : Andrée Putman manifeste un goût prononcé pour les persiennes.

Cette aspiration au « vide » organisé a victorieusement rivalisé avec les fantaisies des postmodernistes : depuis deux décennies, Andrée Putman, en Europe, en Amérique du Nord et en Asie, affirme sa présence d'architecte d'intérieur et de designer. Tant dans des hôtels, des magasins, des expositions, l'aménagement du musée de Rouen ou celui du Concorde, que dans des créations de petits meubles en acier pour Prisunic (1998) ou celle d'une collection de linge de maison pour Les Trois Suisses (1999).

L'ordre de Cîteaux interdisait la couleur – Jean Prouvé a suivi saint Bernard sur ce point – mais Andrée Putman est sortie récemment de cette ascèse. Fidèles à la devise de Mies van der Rohe, « Moins est

Plus », ses créations peuvent défier le temps. Le néo-kitsch aurait-il été vaincu ? Voici venir les citoyens « conscients » – ceux que Philippe Starck convoque lui aussi dans les magasins de vente par correspondance –, avides d'acheter des produits reflétant une métaphysique...

ROGER-HENRI GUERRAND

Bibliographie

S. TASMA-ANARGYROS, *Andrée Putman*, Norma, 1993.

QUARENGHI GIACOMO (1744-1817)

Le refus de Catherine II de réaliser les projets de Charles Louis Clérisseau, peu après, d'ailleurs, que l'architecte Vallin de La Mothe eut quitté Saint-Pétersbourg, est à l'origine d'un ralentissement momentané de l'influence française dans l'activité artistique russe de la seconde moitié du XVIIIe siècle. La tsarine, qui a déjà fait appel à l'Écossais Charles Cameron, charge son ministre à Rome, par l'intermédiaire du baron Grimm, de lui envoyer à demeure des architectes italiens, renouant ainsi avec les habitudes du règne précédent pendant lequel l'italianisme avait dominé avec le grand baroque Francesco Rastrelli. C'est ainsi qu'en 1780 les deux architectes G. Trombara et G. Quarenghi arrivent à Saint-Pétersbourg pour y faire carrière. Celle du second sera fulgurante et exclusivement attachée au service de l'architecture officielle qui connaît une expansion considérable sous le règne de Catherine, puis de ses successeurs Paul Ier (1796-1801) et Alexandre Ier (1801-1825).

Originaire de Bergame où il étudie très jeune la peinture, Quarenghi se rend à Rome en 1763 et devient l'élève de Raphaël Mengs, puis de Stefano Pozzi. Influencé par le milieu des artistes étrangers (tous passionnés d'archéologie) qui sont fixés à Rome, il abandonne vite la peinture pour s'adonner à l'étude de l'architecture et des antiques, trouvant deux maîtres fort différents en Paolo Posi et surtout en Antoine Derizet (un adepte de la transposition des proportions musicales en architecture). Ses recherches devaient évidemment porter Quarenghi à étudier les œuvres des grands maîtres de la Renaissance ; ce qu'il fit à travers les traités théoriques mais aussi grâce à plusieurs voyages consécutifs en Italie (1771-1772). C'est finalement de l'œuvre de Palladio qu'il tirera toute la substance de son inspiration créatrice, sans toutefois négliger de s'informer des œuvres importantes des architectes contemporains, français et anglais surtout, dont il copie gravures et dessins. Arrivé à un très haut degré de formation, Quarenghi s'exerça à différents projets et obtint quelques commandes (comme la reconstruction de l'intérieur de l'église de Subiaco, près de Rome, 1771-1774), avant de recevoir cette offre exceptionnelle de faire carrière en Russie. Son œuvre, tant à Saint-Pétersbourg qu'à Moscou — ou dans les résidences de campagne de la Cour — témoigne d'une intense activité (particulièrement à ses débuts, entre 1780 et 1790) qui se poursuivra sans faille jusqu'à sa mort. Architecte personnel du souverain et conseiller d'État, Quarenghi s'occupe de tous les domaines de l'architecture civile et religieuse, qu'il s'agisse de la construction d'édifices publics, de résidences, ou, plus simplement, d'aménagements d'ordre décoratif. Parmi ses principales réalisations d'édilité, citons, à Moscou : la galerie des Marchands (1780), l'hôpital Seremetev (1794-1807) ; à Saint-Pétersbourg : la banque d'État (1783-1790), l'Académie des sciences (1783-1789), le manège de la Garde à cheval (1804-1807) et l'Institut des demoiselles nobles de Smolny (1806-1808) ; à Pavlosk : l'hôpital (1781). Parmi les églises, celles de Tsarskoïe Selo (1780-1790), de Pavlosk (1781) et, à Saint-Pétersbourg, l'église des Chevaliers de Malte (1798-1800). Enfin, Quarenghi construit de somptueuses demeures à Saint-Pétersbourg : palais Bezborodko (1780-1790), palais Anglais (1781-1789, détruit), palais Jusupov (1790-1800) et effectue de nombreux embellissements dans les résidences impériales : galerie des Loges de Raphaël (1783-1792) et théâtre de l'Impératrice (1783-1787) à l'Ermitage ; salle de concert (1784-1788) et fabriques du parc (1795) à Tsarskoïe Selo. Il est assez étonnant de constater que Quarenghi a pu traiter autant de types variés de bâtiments sans qu'une évolution sensible vienne marquer les quarante années de son activité ! De l'église de Subiaco à celles de Saint-Pétersbourg, des galeries de palais aux salles d'hôpitaux, l'art de Quarenghi développe inlassablement les mêmes thèmes puisés largement dans les œuvres de Palladio. Adoptant pour ses vastes compositions le type de plan centré avec prolongements bilatéraux (parfois curvilignes) des villas palladiennes, il utilise, sur une grande échelle, tous les éléments de structure et de décoration chers au maître de Vicence : pronaos à colonnes lisses et frontons, salles basilicales, voûtes à caissons, fenêtres thermales, etc. Son art, proche de celui de son confrère Cameron, montre que Catherine II désirait introduire en Russie un style homogène, à la fois solennel et pur, qui pouvait hausser son prestige au rang de celui des grands souverains occidentaux. Mais, malgré son indéniable habileté, Quarenghi fait davantage preuve d'imagination dans ses dessins (notamment ses admirables *vedute* à la plume et à l'aquarelle) que dans son architecture ; on peut aussi lui reprocher de n'avoir pas été assez attentif à résoudre le problème de l'intégration urbaine de ses constructions. Si son rôle dans l'épanouissement de l'architecture russe est indéniable — puisqu'il la fait entrer dans le courant néo-palladien international —, Quarenghi demeure isolé : les jeunes architectes russes de son temps, qui vont étudier en France chez De Wailly et chez Chalgrin, réaliseront des œuvres beaucoup plus contrastées et nettement plus expressives sous l'influence de leurs maîtres français, auxquels va s'ajouter bientôt Thomas de Thomon, l'émule de Ledoux.

DANIEL RABREAU

QUARONI LUDOVICO (1911-1987)

Maître de l'incertitude et d'une école qu'il n'a jamais voulu modeler, l'architecte italien Ludovico Quaroni poursuit pendant près d'un demi-siècle ce qu'il appelait le « dialogue continu de ces deux entités si différentes et paradoxalement si liées : l'*Urbs* et la *Civitas* ». Né en 1911 à Rome, Ludovico Quaroni obtient à vingt-trois ans son diplôme d'architecte et ouvre aussitôt une agence. Sa carrière universitaire débute en 1937, comme assistant de M. Piacentini à la chaire d'urbanisme. Datent de ces années ses premières participations remarquées aux concours du régime : le projet pour l'Auditorium du mausolée d'Auguste (1935), le Plan directeur d'Aprilia (1936), deux exercices rationalistes significatifs. Signalé comme exemple unique de quartier moderne en Italie, le Plan d'Aprilia figurera aux côtés des projets de May, de Gropius et de Le Corbusier à l'exposition des plans directeurs de la VIe Triennale de Milan. Sa participation au concours pour la Pretura unifiée de Rome (1936) est jugée trop moderne pour l'emporter, alors que le projet de Palais impérial et de Place impériale sort lauréat du concours de l'*E 42* et révèle combien son goût du classicisme nordique lui inspire des solutions élégantes et raffinées. Mais la guerre interrompt son activité.

En 1946, Quaroni reprend son enseignement à Rome, à Naples et à Florence et participe activement aux débats sur le renouvellement de la pédagogie. Il fait partie de l'A.P.A.O. (Association pour l'architecture organique), adhésion que reflète la réalisation du Quartier Tiburtino à Rome, en collaboration avec Mario Ridolfi (1950-1959). Le bourg rural de La Martella, près de Matera (1951), s'inscrit dans la politique méridionale prônée par le mouvement de Comunità lié à Olivetti. Premier épisode dans l'intervention de l'État pour la création d'un habitat en Italie, ce bourg inaugure l'expérimentation de techniques de recherche interdisciplinaires.

Le prix Olivetti, en 1956, couronne l'activité urbanistique de Quaroni, engagé alors dans les études pour les Plans d'Ivrea et de Rome. Parmi ses projets d'architecture, des œuvres comme les églises de Francavilla al Mare (1948-1959) et de La Sacra Famiglia à Gênes (1956) sont des références pour l'architecture italienne contemporaine. Le projet pour la ville satellite Le Barène di San Giuliano à Mestre (1959) illustre l'aboutissement de concepts longuement élaborés.

Après l'échec de plusieurs expériences d'urbanisme, non abouties ou altérées, Quaroni revient aux thèmes spécifiques de l'architecture. À partir de 1963 il occupe la chaire de composition à l'université de Rome ; le projet où il s'engage le plus jusqu'en 1970 est celui du concours pour le bureau de la Chambre des députés en 1967. L'église de Gibellina (1970) est un hommage à l'illuminisme et en particulier à Boullée.

À l'issue d'un enseignement universitaire fécond en publications : *La Torre di Babele* (1967), *Immagine di Roma* (1969), *Progettare un edificio* (1977), *La Città Fisica* (1981), Quaroni revient à un travail plus solitaire. Parmi ses divers projets, les Services du théâtre de l'Opéra de Rome ont soulevé les réactions les plus contradictoires chez les architectes italiens. Ironique vis-à-vis de ses commentateurs, Quaroni a déclaré avoir conçu un édifice qu'il définirait non comme *post-moderne* mais plutôt comme *post-antico*.

MARILÙ CANTELLI

QUATRE GROUPE ANGLAIS DES

Ce que l'on nomme le groupe des Quatre (*The Four*) est, en fait, moins une association qu'une petite communauté artistique et familiale : outre Charles Rennie Mackintosh (1868-1928), il comprend sa femme Margaret Macdonald (1865-1933), sa belle-sœur Frances Macdonald (1874-1921) et le mari de celle-ci, Herbert McNair (né en 1870). Mackintosh et McNair ont fait leurs études d'architecture et de *design* à la Glasgow School of Art, les sœurs Macdonald y ont suivi les cours de travail du métal, de techniques du vitrail et de broderie. Dès 1889, Mackintosh travaille avec McNair dans une firme et, s'il ne se marie qu'en 1897, on peut affirmer que le groupe était constitué dès les premières années 1890.

On connaît l'itinéraire qui allait conduire Mackintosh de l'Art Nouveau au géométrisme le plus pur (qui influencera Loos) ; malheureusement, la production du groupe reste assez réduite : les sœurs Macdonald confectionnaient les bijoux dessinés par Mackintosh, McNair l'aidait à concevoir certains aménagements intérieurs. La renommée de Mackintosh à l'étranger (il participe au concours du Zeitschrift für Innendekoration de Darmstadt en 1901 et construit les nouveaux bâtiments de la Glasgow School of Art, où les sœurs Macdonald enseigneront de 1898 à 1909) éclipsera, en effet, totalement l'activité collective des Quatre. Si l'idée d'un travail en commun faisant appel à diverses formations artistiques n'a pas survécu à la popularité du chef de groupe, Mackintosh, cette idée féconde sera plus tard reprise au Bauhaus.

YVE-ALAIN BOIS

QUATREMÈRE DE QUINCY
ANTOINE CHRYSOSTOME QUATREMÈRE dit (1755-1849)

« Esprit supérieur, que la France n'apprécia pas assez de son vivant, que la jeunesse vers la fin insultait à plaisir, qui ne s'appliquait point en effet à plaire, et qui ne craignait point du tout de choquer ou même de braver son public et son temps : espèce de Royer-Collard dans sa sphère, ennemi aussi de la démocratie dans l'art, mais non point respecté comme l'autre, et qui semblait même jouir de son impopularité » (Sainte-Beuve, *Nouveaux Lundis*, t. II). L'actuelle curiosité pour l'art néo-classique a justement fait sortir le nom de Quatremère de Quincy d'un trop long purgatoire où les défenseurs du romantisme, d'abord, puis ceux du modernisme à la fin du XIXe siècle l'avaient relégué. Non pas qu'il fut tant artiste lui-même, mais philosophe de l'art, écrivain et homme politique influent dont le rôle a marqué la vie artistique française et européenne tout au long d'une carrière publique particulièrement féconde (1787-1839).

Entré en 1772 dans l'atelier du sculpteur Guillaume Coustou, Quatremère de Quincy s'initie à l'art de la statuaire, déjà orienté par les sculpteurs de la fin du règne de Louis XV vers un idéal de beauté « à l'antique ». Un premier séjour en Italie (1776-1780), où il voyage de Rome à la Sicile en passant par Naples, lui permet de s'imprégner d'art hellénistique. Familier du milieu romain d'artistes et d'amateurs qui propagent les nouvelles idées artistiques et archéologiques héritées de Winckelmann et de Caylus (Mengs, Piranèse, Bottoni, Volpano), Quatremère fréquente les artistes de l'Académie de France à Rome. Découvrant les beautés des vestiges archéologiques avec le peintre Jacques-Louis David, il incite ce dernier à orienter son style vers une exactitude, une simplicité et une pureté toutes sculpturales. Mais c'est lors d'un second séjour en Italie (1783-1784) qu'il se lie d'amitié avec le jeune sculpteur Canova dont il deviendra une sorte de guide spirituel et artistique. Subjugué par les dons de Canova, conscient de la valeur de David, et pressentant chez beaucoup de jeunes artistes qui fréquentent alors l'Académie de France un talent supérieur, Quatremère de Quincy, à son retour en France, abandonne la pratique pour se livrer à un véritable apostolat des arts à travers l'action politique et littéraire. En 1787, une commande de Charles Joseph Panckoucke, l'éditeur de l'*Encyclopédie méthodique*, lui donne l'occasion d'entreprendre un ouvrage d'envergure : le *Dictionnaire d'architecture*, où il se fait reconnaître d'emblée comme l'un des théoriciens les plus éclairés de son temps. Sa collaboration aux plus célèbres journaux de l'époque (*Le Journal de Paris, Le Mercure de France, Le Moniteur universel*) permet de diffuser dans un public nombreux une esthétique fondée sur un respect et une imitation sans partage de la beauté absolue : celle des antiques. Aucun domaine culturel et artistique n'échappe désormais aux réflexions de Quatremère. Ses responsabilités politiques successives lui donnent une audience exceptionnelle. Représentant de la Commune de Paris (1789-1790), il y lit, par exemple, un discours fort remarqué sur *La Liberté des théâtres*. Député de l'Assemblée nationale, ami de Danton, membre du comité d'Instruction publique (1791), Quatremère se partage avec David, Condorcet, Debry et Romme, les interventions, projets de lois et décrets concernant l'organisation des arts et de l'instruction publique du nouveau régime. Plusieurs fois inquiété (il est emprisonné sous la Terreur en 1794, puis exilé en Allemagne), il ne voit cependant pas son influence baisser. Dans ses sept lettres au général Miranda (1796), il conteste vigoureusement la politique qui consiste à saisir les chefs-d'œuvre de l'art dans les pays occupés par la France pour les rassembler à Paris. Député aux Cinq-Cents sous le Directoire, nommé par deux fois secrétaire du Conseil général de la Seine, il prend une part active, parfois déterminante, aux décisions prises pour l'embellissement de Paris. Membre de l'Institut depuis 1804, entretenant des liens amicaux avec les meilleurs artistes de l'époque, il apparaît comme le théoricien officiel d'une doctrine institutionnalisée, comme le meilleur exégète d'une esthétique fondée sur l'*imitation* et l'absolue nécessité d'un classicisme uniforme voué à l'idéal moral et civique de l'État. Révolutionnaire très modéré, soumis pendant l'Empire, Quatremère adhère pleinement au régime de monarchie constitutionnelle de la Restauration. Il accède alors aux postes les plus influents de sa carrière : secrétaire perpétuel de l'Académie des beaux-arts (1816-1839), membre du Conseil honoraire des musées, membre du comité du *Journal des savants*, professeur d'archéologie près la Bibliothèque du roi (1820) ; il est à nouveau élu député de Paris (1820-1822). Ses activités le placent au centre de la création de l'École des beaux-arts où ses théories sont professées, tandis que ses directives atteignent les élèves de l'Académie de France à Rome (pendant les importants directorats de Vernet et d'Ingres) et qu'il participe avec une égale autorité au jury des Salons. C'est ici, néanmoins, que son influence et son rôle furent le plus tôt contestés, alors que la jeune école romantique, à laquelle il s'opposait farouchement, connaissait ses premiers triomphes. Face à un Delacroix, face au succès du nouveau style troubadour, et, bientôt, au développement du néo-gothique, Quatremère de Quincy apparaissait comme le dernier garant du *vrai* style fondé sur l'interprétation de l'archéologie scientifique et l'imitation inconditionnelle des Anciens. Le néoclassicisme de Quatremère, qui diffère sensiblement du goût romain moralisateur et triomphant de l'école de David, mais aussi du naturalisme d'un Houdon ou d'un Prud'hon, a trouvé dans le génie de Canova l'expression parfaite de ses ambitions de pureté absolue et d'idéal spirituel. Pour Quatremère l'archéologie détermine un seul point de vue esthétique. C'est ainsi qu'il préconise, avant Hittorff, la polychromie, et le genre colossal en statuaire ; qu'il soutient les peintres de grandes décorations murales (Meynier, Abel de Pujol), suit de près l'exécution des nouvelles statues équestres de Paris et de Lyon (dues notamment à ses amis Lemot et Bosio). Et en architecture, épris d'un rationalisme expressif qui puise souvent sa source dans l'esthétique d'Alberti et de Palladio (premiers imitateurs de l'Antiquité), il propage les idées de ses amis Legrand et Durand, architectes et théoriciens, dont la pensée imprègne le tout-puissant Conseil des bâtiments de l'Empire puis du royaume. Parmi une très grande quantité d'œuvres, de monuments ou de travaux d'embellissement dans Paris, qui furent directement inspirés ou supervisés par lui, l'œuvre la plus directement personnelle de Quatremère (en marge de certains programmes de fêtes révolutionnaires) fut sans conteste la transformation de l'église Sainte-Geneviève de Soufflot en Panthéon civique (1791-1793). L'art (et plus spécialement la sculpture des bas-reliefs), véritable instrument de l'instruction publique, trouvait dans ce monument un vaste terrain d'application, dont la IIIe République se souviendra encore un siècle plus tard. Parmi les innombrables écrits de Quatremère de Quincy, citons les plus célèbres : *Dictionnaire d'architecture*, in *Encyclopédie méthodique* (3 vol., 1788-1825) ; *Considérations sur les arts du dessin en France...* (1791) ; *Lettres à Miranda sur le déplacement de l'art des monuments de l'Italie...* (1796, rééd. Macula, Paris, 1989) ; *Lettres [...] à M. Canova sur les marbres d'Elgin* (1818) ; *Histoire de la vie et des œuvres des plus célèbres architectes, du XIe siècle jusqu'à la fin du XVIIIe siècle* (1830).

DANIEL RABREAU

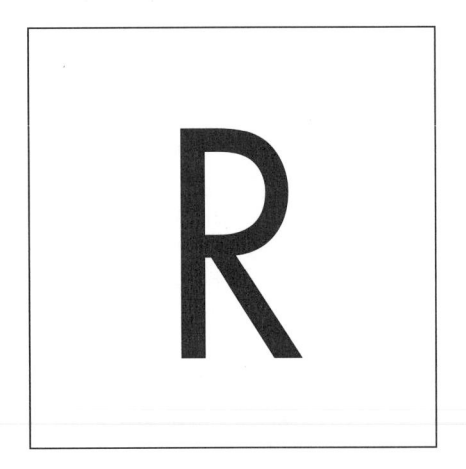

RAINALDI GIROLAMO (1570-1655) & CARLO (1611-1691)

Issu d'une lignée d'architectes d'origine lombarde, Girolamo Rainaldi fut le disciple de Carlo Fontana qui lui fit obtenir sa première commande, l'église de Montalto dans les Marches (1589). Il acquit rapidement une réputation d'architecte habile, travaillant dans un style qui reste très lombard et se rattache à Domenico Fontana, comme le montrent ses réalisations à Modène (palais ducal), à Parme (palais del Giardino), à Bologne (Sainte-Lucie et collège des jésuites). À Rome, Rainaldi collabore avec Giacomo della Porta à l'achèvement des palais des Conservateurs et du Sénat sur la place du Capitole, en poursuivant les plans de Michel-Ange, et à l'église Santa Maria d'Aracoeli. Après avoir donné des projets pour le port de Fano et pour des ponts, il reçoit en 1612 le titre d'architecte du peuple romain, ce qui l'amène à travailler à divers travaux d'édilité (aqueduc de l'Aqua Felice, commencé par D. Fontana, aménagement du Quirinal). Le pape Innocent X, élu en 1645, le nomme architecte de la cour pontificale. Rainaldi élève alors le palais Pamphili sur la place Navone et donne un plan pour l'église Santa Agnese in Agone (1652). Mais le dessin déplaît au pontife qui éloigne Rainaldi et le remplace par Borromini.

Son fils Carlo, formé près de lui, participe à l'élaboration du plan de Sainte-Agnès, donne un projet, non réalisé, pour la place Saint-Pierre, construit l'église Santa Maria in Campitelli (1656-1665), ainsi que des villas dans la campagne romaine, par exemple la villa Mondragone à Frascati. En 1664, il dresse un plan pour le palais du Louvre qu'il envoie à Louis XIV. On lui doit aussi le chevet de Sainte-Marie-Majeure (1669-1675) et les plans des deux églises jumelles de la place du Peuple, Santa Maria in Montesanto (1675) et Santa Maria dei Miracoli (1678), qu'achèveront Bernin et Carlo Fontana. L'ensemble de son œuvre est marqué par le « triomphalisme » qui animait alors l'Église romaine.

RENÉE PLOUIN

RAPHAËL RAFAELE SANZIO dit (1483-1520)

Peintre majeur de la Renaissance, Raphaël est chargé en 1508 de la décoration de l'appartement du pape Jules II au Vatican (les trois Chambres, 1509-1516). Il fut nommé architecte de Saint-Pierre en 1514 puis « commissaire » des Antiquités de Rome. Il donna les plans de la chapelle Chigi à Santa Maria del Popolo et collabora à la *Farnesina*. Il construisit le deuxième étage des Loges où il réalisa un décor de grotesques à l'antique

(1517). La villa Madame, où il reconstitua la villa romaine, et l'ordonnance du palais Branconio dell'Aquila projeté en 1520 (un rez-de-chaussée toscan dépouillé, un étage noble ionique à niches et frontons et un attique orné de bas-reliefs) sont devenus deux références essentielles pour les architectes maniéristes.

CATHERINE CHAGNEAU

Bibliographie

J. SHEARMAN, « Raphael as Architect », in *Journal of the Warburg and Courtauld Institutes*, CXVI, 1968.

RASMUSSEN STEEN EILER (1898-1990)

Né en 1898 d'un père officier et géodésiste, l'architecte danois Steen Eiler Rasmussen aurait, dès l'enfance, été obsédé par les problèmes d'échelle et de dimension, les jeux de construction et l'idée de devenir architecte.

À l'âge de vingt et un ans, associé à un camarade, il remportait trois concours d'urbanisme, dont celui de la ville nouvelle de Hirtshals. Trois ans plus tard il devenait membre du conseil de l'Académie royale danoise des beaux-arts et entreprenait, en Italie puis en Chine, les premiers des longs voyages qui allaient le mener à la découverte des villes du monde. À son retour, il ouvrit à l'académie une chaire d'urbanisme, discipline qu'il a enseignée jusqu'en 1968.

Rasmussen se consacra notamment à l'étude du logement unifamilial, dont les qualités devaient définitivement le convaincre lors d'un séjour à Londres en 1927.

Cette préoccupation déboucha en 1934 sur la publication d'un ouvrage longtemps connu par le titre de l'édition anglaise de 1937 : *London, the Unique City*. En des termes simples, concrets, il y décrivait les mérites de cette ville dispersée, fruit d'une croissance naturelle, ville du libre commerce, idéale à son avis, parce que développée sans le corset des remparts ou octrois. En cela elle s'opposait aux villes continentales, notamment à Paris, la capitale de l'absolutisme. Y retrouvant les traits du caractère national, « authentique et solide », parfaitement libre derrière la façade du code social, il jugeait la métropole anglaise propre à la vie familiale, saine, sportive, hygiénique, toute d'harmonie et de régularité.

En tant qu'architecte, Rasmussen s'exprima dans des registres successivement classicisant, fonctionnaliste et moderniste ; il a privilégié les valeurs humanistes, commodité, intimité, discrétion, et déclarait souhaiter que ses bâtiments ne parussent pas avoir été dessinés ; pour lui l'architecture doit se développer autour des gens afin qu'ils y vivent, elle n'est pas faite pour être vue de l'extérieur.

Professeur après 1938, il restera connu surtout comme écrivain et comme l'auteur d'un célèbre schéma, le plan « en cinq doigts » pour l'extension de Copenhague (1948). Membre du bureau d'urbanisme de la capitale danoise de 1932 à 1938, il sera de ceux qui, après la guerre, ont proposé son développement selon cinq axes desservis par des réseaux ferrés, canalisant l'urbanisation et ménageant entre eux de longues zones vertes, modèle original, différant radicalement de celui de la ceinture verte londonienne et de son collier de villes nouvelles.

Son livre *Villes et architecture* (1949), redécouvert avec la vogue de l'architecture « urbaine » au début des années 1980, se voulait d'une grande clarté pédagogique. Tout y concourait : la typographie, les dessins au trait, de sa main, et surtout les éclatés, inspirés des maisons de poupée, figuration qu'il affirmait « mathématiquement exacte dans sa sobriété » et plaisant « même aux enfants » qui « aiment voir ce qu'il y a dedans ». L'ouvrage revenait sur la volonté de Rasmussen de considérer les villes comme des entités cohérentes exprimant « certains idéaux » son souci de tenir les monuments d'abord pour des espaces où vivre et à l'intérieur desquels se déplacer, des lieux en prolongement de l'espace urbain.

FRANÇOIS CHASLIN

Bibliographie

London, the Unique City, Copenhague, 1934 ; Londres, 1937 / *Londres*, Picard, Paris, 1990 / *Villes et architecture*, Copenhague, 1949, L'Équerre, Paris, 1984 / *Experiencing Architecture*, Copenhague 1957, Cambridge (Mass.) 1959 ; Londres, 1960 / *Steen Eiler Rasmussen*, ouvrage collectif, Aarhus, 1988.

RASTRELLI LES

Italiens d'origine, les deux Bartolomeo Rastrelli, le père et le fils, sont devenus par adoption des artistes russes. Le père naît en 1675 à Florence et meurt en 1744 à Saint-Pétersbourg ; le fils, né en 1700 à Paris, meurt lui aussi à Saint-Pétersbourg en 1771. C'est à 1716 que remonte l'installation de la famille en Russie. Pierre le Grand et ses successeurs, désireux de faire de leur État une monarchie conforme aux modèles de l'Europe occidentale, feront ainsi appel tout au long du XVIIIe siècle à des artistes italiens ou français, et les plus aventureux d'entre eux trouveront dans ce lointain empire un terrain d'action bien plus vaste et bien moins concurrencé qu'à Paris ou à Rome. Rastrelli, le père, était à la fois architecte, ingénieur et sculpteur. On lui doit deux importantes statues en bronze de Pierre le Grand et de la tsarine Anna Ivanovna.

Le fils, plus remarquable que son père, fut essentiellement un architecte, d'une inspiration si délibérément moderne que, pour les Russes, le nom de Rastrelli est à peu près l'équivalent de rococo. Ses travaux, fort nombreux, sont disséminés dans tout l'ancien empire des tsars ; il faut citer le palais d'Hiver, le couvent Smolny et, au sud de Saint-Pétersbourg, le palais de Tsarskoïe Selo, non pas construit, mais totalement remanié par Rastrelli de 1749 à 1756. L'ampleur du parti général, l'importance des cours et des espaces extérieurs montrent l'attention soutenue prêtée aux maîtres italiens, sinon à ceux de l'Europe centrale. Mais, dans le détail du décor, l'influence française est nettement perceptible. Il serait d'ailleurs injuste de ne voir en Rastrelli qu'un épigone qui transpose en Russie des modèles occidentaux ; il sut, au contraire, tirer parti de l'adaptation des formules baroques aux traditions locales, par exemple dans l'église Saint-André de Kiev (1747-1752).

GEORGES BRUNEL

RAYMOND DU TEMPLE (2e moitié XIVe s.-déb. XVe s.)

Raymond du Temple, Maître des œuvres du roi Charles V (1364-1380), demeure malgré les recherches récentes une personnalité mystérieuse. Mentionné dès 1359 et jusqu'en 1403, il semble avoir eu une activité démesurée si l'on en croit l'attachement que le roi lui portait. Il n'en subsiste plus aujourd'hui qu'un édifice, très restauré en outre, la chapelle de Beauvais (1375) à Paris. C'est en effet le roi qui devait assurer sa fortune lorsqu'il lui confia la construction en 1364 de la Vis du Louvre, dressée en saillie sur l'aile nord : elle était destinée à desservir les appartements royaux. Ouvrage en fait modeste dont la célébrité vient du prodigieux ensemble sculpté qui avait attiré nombre d'artistes très jeunes. Après la mort du roi, on trouve Raymond du Temple au service du duc de Bourgogne, puis à celui du duc d'Orléans pour lequel il construit une chapelle accolée au flanc sud des Célestins. Sa réputation fut telle que l'on n'a pas hésité à lui attribuer par la suite de grands monuments contemporains : Vincennes, Pierrefonds, les Célestins qui sont aujourd'hui encore sans paternité.

ALAIN ERLANDE-BRANDENBURG

Bibliographie
P. HENWOOD, « Raymond du Temple, maître d'œuvre des rois Charles V et Charles VI », in *Bulletin de la Société de l'histoire de Paris et de l'Île-de-France*, pp. 55-74, 1978.

RAYMOND JEAN ARMAND (1742-1811)

Élève de J. F. Blondel et de Soufflot, le Toulousain Raymond remporta le premier prix d'architecture en 1766. Prolongeant son séjour à Rome par un long voyage à travers toute l'Italie (1769-1776), il étudia particulièrement les œuvres de Palladio. De retour en France, il partage son temps entre Paris et la province et, attaché depuis 1776 à son Midi natal, il est nommé architecte des États du Languedoc en 1787. Ses projets et ses constructions pour cette province sont fort nombreux : projet de palais des États et achèvement de la place du Peyrou à Montpellier, prisons à Montpellier et à Toulouse (1783-1786), décoration de l'archevêché de Toulouse, projet d'embellissement de Nîmes (1785) et restauration des arènes de la ville... Admis à l'Académie d'architecture en 1784, Raymond mène aussi une carrière parisienne et construit notamment l'hôtel de Saint-Priest (Faubourg-Saint-Honoré) et la maison de Mme Vigée-Lebrun (1785, rue du Sentier). Membre de l'Institut en 1795, il fait également partie du Conseil des bâtiments civils, sous l'Empire. Deux échecs, à la fin de sa carrière, vont faire accréditer la légende d'un architecte malchanceux que la célébrité ignore. Son grand projet d'achèvement du Louvre, très admiré, tombera dans l'oubli et le succès de Chalgrin dans la compétition pour l'arc de triomphe de l'Étoile (1806) obligera Raymond à retirer définitivement le projet qui lui avait été commandé à cette occasion. L'art de Raymond, très proche de celui d'un Gondoin, est fait de correction et de grâce hellénisante ; son rôle de théoricien et de praticien dans la diffusion du néo-classicisme dans le midi de la France mériterait d'être mieux étudié.

DANIEL RABREAU

REIDY AFFONSO EDUARDO (1909-1964)

Architecte brésilien né à Paris. Diplômé de l'École des beaux-arts de Rio de Janeiro en 1930, Reidy fait carrière dans les services municipaux d'architecture et d'urbanisme de la ville de Rio. Membre de l'équipe chargée de la construction du ministère de l'Éducation et de la Santé (1936-1943), il subit profondément l'influence de Le Corbusier pendant le court séjour de celui-ci à Rio. Sensible à l'invention formelle de Niemeyer et au charme des meilleures réussites de Costa, il sait s'en inspirer en créant des œuvres originales remarquables d'équilibre. Rigueur fonctionnelle, plasticité structurale, souci de la conception générale et du détail, telles sont les qualités fondamentales de ses réalisations. Il est l'auteur des meilleurs programmes d'habitation populaire tentés au Brésil (unités résidentielles de Pedregulho, 1950, et de Gavea, 1954, dont la réalisation fut malheureusement si lente qu'elles étaient encore inachevées à sa mort) : il y crée une architecture adaptée à un site accidenté, fait appel à la construction économique sans, pour autant, sacrifier l'esthétique, valorise les bâtiments publics qui animent l'ensemble (école, gymnase, dispensaire, marché). On note son goût prononcé pour les volumes purs définis par des obliques (théâtre populaire Maréchal-Hermès, 1950-1951 ; maison Carmen-Portinho, 1950-1952), l'audace de ses recherches de structure (collège expérimental d'Assomption au Paraguay, 1953-1965 ; musée d'Art moderne de Rio de Janeiro, 1954-1967). Reidy a malheureusement rencontré de nombreuses difficultés pour l'achèvement de ses projets d'envergure par suite des déboires financiers de l'administration commanditaire. Il connaît aussi une vive déception sur le plan de l'urbanisme : son projet pour la colline Santo Antonio (1948) est admiré mais refusé par la municipalité de Rio. Il obtient par contre un succès complet lors de l'aménagement du parc Flamengo (1962-1964) avec l'architecte-paysagiste Burle Marx : ce magnifique complexe de jardins et d'autoroutes est établi sur les terrains gagnés sur la baie pour pouvoir assurer une liaison rapide entre le centre de Rio de Janeiro et les quartiers résidentiels de la zone sud.

YVES BRUAND

RENAUDIE JEAN (1925-1981)

Né le 8 juin 1925 dans une famille modeste de la Haute-Vienne, Jean Renaudie entreprit au lendemain de la guerre des études d'architecture qui devaient être longues, comme c'était souvent le cas pour les étudiants pauvres, contraints de « faire la place » pour survivre, reportant leur diplôme d'année en année.

Il avait commencé chez Auguste Perret, le vieux maître de l'académisme moderne et de l'austérité constructive, puis avait suivi Marcel Lods quand celui-ci eut provoqué une scission. Il soutint enfin son diplôme en 1958, aidé par trois jeunes confrères avec lesquels il s'associa au sein de l'Atelier de Montrouge. Après avoir fait un stage chez Georges Candilis, Renaudie avait connu ces architectes dans l'agence de Michel Écochard, où l'on travaillait au projet de l'université de Karachi. Jean Thurnauer, né en 1926 et qui avait séjourné chez Lods, Jean-Louis Véret, né en 1927, et qui avait, comme Pierre Riboulet, né en 1928, collaboré aux travaux de Candilis après avoir été le représentant de Le Corbusier sur son chantier d'Ahmedabad entre 1953 et 1955, constituaient depuis longtemps une équipe dynamique et très soudée.

Élèves de Louis Arretche, rapidement diplômés avec un projet commun sur le thème de l'université de Fez, ils avaient été marqués par Écochard, chef des services d'urbanisme du Maroc, rencontré en 1949 lors d'un grand voyage en Afrique. Ils retournaient de temps en temps travailler avec lui et, hostiles au système académique des Beaux-Arts, menaient des recherches à caractère urbanistique, marquées par le rationalisme des Congrès internationaux d'architecture moderne. Ils créèrent d'ailleurs une branche du mouvement C.I.A.M., le groupe de Lutèce, parallèle au groupe Ascoral qu'animaient Le Corbusier et André Wogenscky.

Jusqu'à la violente rupture de 1968 et le départ de Renaudie, l'Atelier de Montrouge allait développer une attitude relativement homogène, malgré la différence des tempéraments ; il se distinguait par un certain « brutalisme » formel hérité de Le Corbusier et par une attention soutenue aux problèmes d'organisation urbaine.

Pendant quelques années, plusieurs concours non suivis de réalisation permirent à la jeune équipe d'affiner sa démarche. Ce furent ceux de la C.E.C.A. en 1959, où ils proposèrent des unités d'habitation à forte densité qui auraient influencé l'architecte Moshe Safdie, puis pour la S.C.I.C., filiale de la Caisse des dépôts, les concours de Thiais, Dourdan et Goussainville, enfin (avec Arretche qui, en bon maître, « poulinait » généreusement ses anciens élèves) celui du Lavandou et ceux de Rouen Secteur-Est et Rouen Saint-Sever en 1963 et 1965.

Déjà apparaissaient dans leur réponse aux problèmes posés le souci de situer chaque opération « dans son contexte général, géographique, économique et social » et l'idée qu'il fallait « intégrer largement la troisième dimension dans l'espace urbain, non seulement par la disposition de volumes très variés en hauteur, mais aussi par la différenciation des niveaux de circulation et la création de plates-formes artificielles ».

En 1963, Jean Renaudie se pencha plus particulièrement sur un projet non réalisé qui portait en germe l'essentiel de sa réflexion ultérieure. Il s'agissait d'étudier pour le domaine du Gigaro à La Croix-Valmer cent cinquante maisons de vacances structurées en un seul groupement homogène. L'architecte mit alors au point un système de composition susceptible de conférer une structure globale solide et cohérente tout en offrant « à chaque moment une surprise ». Il expliquait que le « hasard » devait s'introduire dans l'architecture « en s'opposant au systématique » et qu'à condition d'être « exploité, canalisé en dehors de toute recherche de pittoresque », il pouvait devenir « une force constructive ».

Cette quête d'une ossature rationnelle et systématique laissant sa part au hasard et à la diversité, esquissée dans les études du Gigaro, est peut-être l'apport fondamental de Jean Renaudie à l'architecture française contemporaine. Ses travaux suivants ne feront que le perfectionner. C'est notamment le cas de la proposition pour un ensemble de cinq mille logements à Saint-Denis (1964-1966), dans laquelle apparaît le souci de l'évolution physique ultérieure des ensembles bâtis, l'exigence de non-dissociation des fonctions et le souhait de « provoquer au maximum les occasions de contact, l'animation et la personnalisation des divers cheminements empruntés par les habitants ».

Les constructions réalisées par Renaudie dans le cadre de son association avec l'Atelier de Montrouge sont peu nombreuses et de taille très modeste : la crèche de Montrouge en 1964, édifice au parti volumétrique affirmé, constitué de quatre corps de bâtiments identiques à la plastique nette (qui mêle le béton brut, les moellons et un enduit grossier à des éléments de bois), une cantine pour l'E.D.F. à Ivry en 1966 et, en 1968, à Montrouge, un centre de premiers secours d'incendie et trente-huit logements. L'année 1968 constitua un tournant radical et certainement douloureux dans la vie de l'architecte, entré dans un conflit très violent avec ses trois partenaires. Peut-être avait-il toujours été comme une pièce rapportée dans une association plus ancienne ; deux événements, en tout cas, précipitèrent la crise. Ce fut, d'une part, l'agitation politique qui saisit les architectes lors du mouvement de mai 1968 : Riboulet et Véret étaient plutôt gauchisants tandis que Renaudie, d'un communisme sentimental et souvent critique, soutenait quand même les initiatives de son parti.

Ce fut surtout un grave conflit professionnel qui précipita la rupture : l'équipe avait eu un contrat d'étude préliminaire pour analyser les possibilités d'implantation de la future ville nouvelle de Vaudreuil sur un site de terrain plat de l'humide vallée de la Seine, mais Renaudie, chargé du travail, proposa un contre-projet volontariste, accroché aux collines calcaires qui dominent le fleuve en cet endroit, idée jugée utopique et farfelue par l'administration. L'Atelier, après de vives discussions, choisit de « faire ce qui lui était demandé » ; Renaudie, qui s'entêtait, fut dessaisi du dossier et Thurnauer prit la suite des affaires. La brouille était définitive ; Jean Renaudie quitta l'Atelier de Montrouge avec Nina Schuch et s'établit à Ivry, sans projet immédiat et sans argent.

Il approfondissait à ce moment-là ses travaux dans le sens de la recherche d'une fusion intense de l'architectural et de l'urbain, considérés comme « une seule et même chose », et sa réflexion théorique s'inspirait dans une certaine mesure des recherches de la biologie contemporaine que les écrits de François Jacob commençaient à diffuser. Dans un article qui fit date, publié par L'Architecture d'aujourd'hui en 1968, il affirma que « la ville est une combinatoire » et un « organisme complexe », que les « explications de la biologie sur la structure des organismes vivants semblent illustrer parfaitement » et que : « Comme tout organisme, la ville est un tout. »

C'est à Ivry qu'il allait réaliser son œuvre clé, grâce à Renée Gailhoustet, architecte en chef de la rénovation du centre-ville. Renaudie entreprit une refonte radicale de l'organisation physique du quartier, déployant une colline de formes aiguës, terrasses triangulaires étagées et plantées de jardins, introduisant parmi la scansion sévère et d'ailleurs très belle des tours de Renée Gailhoustet une dimension plus organique, vivante, imbriquée, tout un paysage inattendu, parfois âpre et acéré, parfois enfoui et buissonnant, parfois tendu en proues, parfois lové autour de cours paisibles.

Dans son projet hélas inachevé, le nouveau centre devait mêler les commerces et le logement, la culture et les activités plus triviales, le public et le privé, les classes sociales et les âges de la vie ; il devait favoriser les rencontres, casser enfin cette solitude inexpugnable qui est le drame des urbanisations modernes, bref favoriser l'épanouissement de la « part ouverte » de chacun.

Par ailleurs, les logements de Renaudie, composés à partir du carré et de sa diagonale, adoptent les formes les plus diverses ; ce sont des espaces étudiés un à un, souvent distordus, dans lesquels les dispositions étranges, exaltantes pour certains, angoissantes pour d'autres, invitent à une transformation des mœurs et de la vie quotidienne : rien à voir avec ces cellules plus ou moins rationnelles établies une fois pour toutes qui, organisées en nappes ou en pyramides indifférenciées, composèrent ce que l'on appela un temps l'architecture « proliférante ».

Pourtant de taille modeste, l'opération d'Ivry fut un événement considérable par son réalisme scrupuleux en même temps que par la part d'utopie sociale et de générosité qu'elle véhiculait. Mais Jean Renaudie restait isolé, sans commandes, gravement endetté. Finalement, il fut considéré comme une sorte de lauréat *honoris causa* du concours Programme Architecture nouvelle. La rénovation du vieux centre très dégradé de Givors lui fut confiée en 1973 : vingt-sept plans « masse » avaient été proposés pour tenter de résoudre la reconstruction de cette malheureuse ville, écrasée contre une colline exposée en plein nord. Jean Renaudie fit là sa deuxième œuvre importante, achevée en 1980, une œuvre qui poursuivait les recherches d'Ivry.

Si l'on excepte la révolutionnaire école des Plants à Cergy-Pontoise, qui souffrit longtemps d'être en avance sur la pédagogie que certains voulaient y pratiquer, si l'on écarte ses contributions pour le concours de La Villette en 1980 et pour celui de la cité judiciaire de Lyon, l'essentiel de son œuvre concerne le logement et la manière dont il peut permettre de composer la ville.

C'est ainsi qu'on lui doit des études pour Vitrolles, non réalisées (1975), et des ensembles à Villetaneuse, Saint-Martin-d'Hères et Grande-Synthe, près de Dunkerque. Lauréat en 1978 du grand prix national de l'Architecture, il commençait enfin, à la veille de sa mort, à construire sur un rythme assez soutenu, après des années de difficultés.

FRANÇOIS CHASLIN

Bibliographie

Les principaux articles de Jean Renaudie ont été publiés par les revues : *Aujourd'hui*, n° 54, sept. 1966, *Architecture d'aujourd'hui*, n° 138, juin-juill. 1968, et n° 146, oct.-nov. 1969, *Techniques et Architecture*, n° 312, déc. 1976, *Architecture-Mouvement-Continuité*, n° 45, mai 1978.

RHOÏCOS (2e quart ~VIe s.)

Actif durant le deuxième quart du VIe siècle, Rhoïcos est le premier grand artiste grec, à la fois architecte et sculpteur, dont nous puissions tant soit peu apprécier l'œuvre. Son nom est presque toujours associé dans les textes antiques à celui de Théodôros, son fils selon Diodore. Qu'il se soit agi d'un atelier familial ou de l'association d'un artiste et d'un ingénieur, Rhoïcos est en tout cas à la tête d'une véritable firme qui conçoit et exécute des projets d'avant-garde et de grande envergure, inspirés par l'Égypte.

Sa présence est d'ailleurs attestée à Naucratis, le comptoir grec du Delta, entre 575 et 550, par la dédicace d'un vase à Aphrodite (British Museum, inv. 88.6-1.392, Londres). Dans le domaine de la sculpture, ses deux fils (?) sont crédités par Diodore (I, 98) de la réalisation simultanée, à Samos et à Éphèse, des deux parties d'une statue d'Apollon qui se complétaient parfaitement grâce à l'emploi du canon égyptien – une grille de proportions permettant de reproduire exactement les figures humaines. C'est à l'Égypte également qu'il emprunte la technique de la fonte en creux à la cire perdue (Pausanias IX, 41, 1 ; X, 38, 6) qui va révolutionner la sculpture grecque : elle permet d'obtenir avec peu de matériau, par pièces détachées assemblées après la fonte, des statues légères, faciles à équilibrer, capables de représenter un mouvement vif. C'est enfin à son retour d'Égypte qu'il a dû concevoir (Hérodote III, 60) le plan du grand temple d'Héra, à Samos, le premier temple grec à double colonnade extérieure (570-560), dont les proportions gigantesques (52,5 × 105 m) et la « forêt de colonnes » s'inspirent des salles hypostyles des temples égyptiens. Ce prototype en calcaire tendre (*pôros*), ne resta pas longtemps debout : insuffisamment fondé, il s'écroula et fut remplacé par un temple identique en marbre, mais beaucoup plus solidement fondé. Entre-temps, Éphèse et Didymes s'étaient dotées de temples semblables.

BERNARD HOLTZMANN

Bibliographie

V. C. GOODLETT, « The Non-Collaboration between Rhoikos and Theodoros », in *American Journal of Archaeology*, 93, p. 254, 1989.

RIBERA PEDRO DE (1681-1742)

Architecte espagnol qui appartient à la catégorie des « fous délirants » dénoncés par le néo-classicisme. On condamnait ainsi la liberté dans la création et le caractère proprement espagnol de celui qui fut le grand architecte madrilène du XVIIIe siècle, par opposition aux architectes étrangers pratiquant à la cour un art international.

Formé d'abord par son père Juan, un maître charpentier d'origine aragonaise installé à Madrid, Pedro de Ribera entre au service de Teodoro Ardemáns, le maître des œuvres de la ville (1719). À la mort de ce dernier en 1726, il lui succède dans sa charge. C'est l'époque où le marquis de Vadillo, actif *corregidor* (administrateur royal de Madrid) de 1715 à 1729, s'efforce de donner à la ville un visage de capitale, grâce à d'importants travaux d'urbanisme.

La première réalisation de Ribera fut le parc de la Virgen del Puerto (1718), en bordure du Manzanares, avec une chapelle où le marquis de Vadillo fut enterré. Ce petit édifice fort savant se recommande par un plan complexe et une présentation recherchée. D'autres créations de Ribera contribuèrent à faire naître un style madrilène d'architecture. Il s'agit du pont de Tolède sur le Manzanares (1719), d'un dessin très élaboré et orné des oratoires de San Isidro et de Santa María de la Cabeza, de la caserne des gardes du corps (1720) et surtout de l'hospice de San Fernando, commencé en 1722 (aujourd'hui Musée municipal. Le portail est une œuvre capricieuse et surchargée, dont les caractères se retrouvent sur plusieurs autres portails sortis des mains de Ribera. Le cycle madrilène de l'artiste se termine avec deux églises demeurées inachevées, celle de Montserrat, pour les bénédictins (1720), et celle de San Cayetano (plans de 1722 et 1737), pour les théatins. En dehors de Madrid, Ribera fournit les dessins de la tour de la cathédrale de Salamanque, construite entre 1733 et 1738, qui dut être restaurée après le tremblement de terre de 1755.

MARCEL DURLIAT

RICHARDSON HENRY HOBSON (1838-1886)

Architecte américain, souvent considéré comme l'un des fondateurs de l'école de Chicago, bien qu'il se soit fixé à New York, puis à Brookline (Massachusetts) et qu'il ait surtout construit à Boston. Diplômé de Harvard (1858), il se rend à Paris, entre à l'École des beaux-arts dans l'atelier d'André puis travaille dans l'agence de Labrouste. Il obtient un succès considérable après son retour aux États-Unis, où il reçoit des commandes dont le nombre ira s'amplifiant jusqu'à sa mort. L'originalité de son œuvre, qui provient de l'unité réalisée entre la fonction, la masse et la décoration, l'a fait qualifier de premier architecte de son pays ayant fait preuve d'un style personnel dégagé des influences européennes. Il ne faut pourtant rien exagérer. L'art byzantin et l'art roman lui ont donné un répertoire formel et décoratif qui marque profondément l'ensemble de ses créations, particulièrement ses églises (*Trinité* de Boston, 1873-1877, qui assoit sa réputation) et ses édifices publics (hôpital de Buffalo, 1872 ; prison de Pittsburgh, 1884-1888). Ses maisons ont une parenté évidente avec les constructions anglaises contemporaines de Shaw ou de Webb ; l'accent y est mis sur le confort et la pénétration de la lumière : ouverture de larges fenêtres en fonction des besoins sans souci de symétrie dans les façades. Mise à part cette architecture domestique, où il utilise brique et tuile, Richardson a un goût marqué pour les matériaux bruts, grossièrement taillés (granit ou autres pierres dures de couleur) qui donnent à ses monuments un aspect de lourdeur et de solidité typiques. Il s'avère très éclectique dans ses sources d'inspiration ; mais ses meilleures réussites sont celles où il fait preuve d'une totale simplicité. Son chef-d'œuvre fut le magasin de vente en gros Marshall Field à Chicago (1885-1887, démoli en 1930), magnifique exemple d'immeuble commercial adapté à sa fonction, bien que l'ossature métallique interne disparût totalement derrière de sobres façades de maçonnerie porteuse dont toute ornementation avait été bannie.

YVES BRUAND

RIETVELD GERRIT THOMAS (1888-1964)

L'œuvre de l'architecte hollandais Rietveld peut être considérée comme une brillante et convaincante traduction dans l'espace des conceptions plastiques élaborées par les fondateurs du groupe et de la revue *De Stijl* (1917-1931), groupe auquel Rietveld devait adhérer en 1918, avant de travailler, durant l'année 1923, en étroite association avec Van Doesburg et avec l'architecte Van Eesteren. La réalisation capitale de Rietveld, la villa Schröder, construite à Utrecht en 1924, est l'accomplissement dans l'espace (après des essais mineurs tentés en 1917 au niveau du mobilier : sièges, fauteuils en bois peint *construits* selon les principes néo-plasticistes), la transposition en termes d'architecture du système plastique développé depuis 1917 par Mondrian et Van Doesburg, c'est-à-dire d'un langage pictural aperspectif qui contenait de nombreuses virtualités spatio-temporelles. Dans cette œuvre, Rietveld a traité la maison comme un ensemble de relations entre des plans rectangulaires verticaux et horizontaux, opaques ou transparents, dynamiques et asymétriques, homogènes et tendus. Il est vrai que les techniques nouvelles de construction (ossature d'acier ou de béton, dalles, parois autonomes) devaient rendre immédiatement possible pareille mise en œuvre et soutenir la nouvelle ordonnance spatiale de l'habitation.

ROBERT-L. DELEVOY

RINALDI ANTONIO (vers 1710-1790)

Né vers 1709 dans une famille noble du sud de l'Italie, Antonio Rinaldi fit ses classes auprès de l'un des plus grands architectes de son temps, Luigi Vanvitelli (1700-1773), et participa sous sa direction à la construction de plusieurs édifices : le palais colossal des rois de Naples à Caserte, le monastère Sant'Agostino à Rome ainsi que l'église du monastère Santa Magdalena à Pesaro. Pendant l'hiver 1750-1751, Rinaldi signa un contrat avec Kirill Razoumovski, hetman de la Petite-Russie et frère de l'époux morganatique de l'impératrice Élisabeth. Au printemps suivant, après un voyage en Angleterre, il partit pour la Russie. Il travailla deux années en Ukraine avant de s'installer à Saint-Pétersbourg où il reçut le titre d'architecte du grand-duc Pierre Fedorovitch, le futur Pierre III, et de son épouse Catherine, la future Catherine II, qui prit l'artiste sous sa protection. Après l'intronisation de Catherine, Rinaldi devint le premier architecte de la ville de Saint-Pétersbourg.

Il travailla en Russie pendant près de trente ans, essentiellement pour Catherine II. Mais une chute mit fin à son activité. En 1784, il repartit pour l'Italie et passa les dernières années de sa vie à Rome où il prépara la publication de ses projets. Un album consacré aux bâtiments de la résidence d'Oranienbaum aux environs de Pétersbourg, *Pianta Generale ed Elevazione delle Fabbriche esistenti nel nuovo Giardino di Oranienbaum*, vit le jour après la mort de l'architecte, en 1796.

L'ensemble d'Oranienbaum, que l'impératrice Élisabeth avait offert à son héritier Pierre en 1743, fut le premier chantier de Rinaldi après son arrivée à Saint-Pétersbourg. En 1756, il y construisit Peterstadt, une forteresse miniature contenant un petit palais. Plus tard, Rinaldi réalisa pour Catherine II un vaste jardin anglo-chinois qui abritait de nombreux bâtiments, notamment une glissoire pour descendre en traîneau (*Katalnaïa gorka*) comportant une Salle ronde et deux cabinets attenants, recouverts par d'exubérants décors rocaille, et un palais chinois qui tire son nom du style de ses ornements intérieurs, mais qui renferme également des plafonds de Giambattista Tiepolo et de différents peintres vénitiens.

Gatchina, une autre résidence aux environs de Pétersbourg, fut construite par Rinaldi à partir de 1766, pour le favori de Catherine, le comte Grégoire Orlov. L'architecture de Gatchina obéit à une véritable discipline classique : selon un schéma élaboré par les architectes de la Renaissance italienne, les façades du château sont partagées en différents registres par des corniches et ornées de pilastres, doriques au niveau inférieur, puis ioniques. Le corps principal est flanqué de deux tours pentagonales qui évoquent le Moyen Âge, contribuant ainsi au « vieillissement » symbolique du château. Dans le parc paysager de Gatchina, Rinaldi éleva des monuments qui commémoraient les victoires de la Russie sur l'Empire ottoman. Il érigea des monuments du même type à Tsarskoïe Selo.

Le palais de Marbre, l'œuvre la plus connue de Rinaldi, située en plein centre de Saint-Pétersbourg, fut construit pour le comte Orlov entre 1768 et 1785. Ce fut probablement l'édifice le plus italien de la ville. Ses façades et ses appartements sont revêtus de marbres et de granits de différentes couleurs. Pour les façades l'architecte utilisa un ordre corinthien colossal d'une grande plasticité. Le somptueux escalier du palais évoquait le souvenir du célèbre escalier de Caserte.

L'église Saint-Isaac, construite à partir de 1768 d'après un projet de Rinaldi, fut démolie en 1818 et remplacée par l'actuelle cathédrale due à Auguste Ricard Montferrand. L'architecte entreprit également la construction de l'église Saint-Vladimir, achevée par Ivan Starov et consacrée en 1789. Il bâtit aussi le clocher de l'église de l'Ascension sur la perspective Voznessenski. Enfin, on attribue à Rinaldi l'hôtel dit Miatlev, sur la place du Sénat.

OLGA MEDVEDKOVA

Bibliographie

L. HAUTECŒUR, *L'Architecture classique à Saint-Pétersbourg à la fin du XVIIIe siècle*, Paris, 1912 / F. STRAZZULLO, *Le Lettere di Luigi Vanvitelli della Biblioteca palatina di Caserta* (Correspondance de Vanvitelli avec Rinaldi après le départ de celui-ci pour la Russie), vol. I-III, Congedo ed. Galatina, 1976-1977 / D. KJUTCHARIANTS, *Antonio Rinaldi*, Leningrad, 1984 (en russe).

RIZZO ANTONIO (mort apr. 1499)

Architecte et sculpteur originaire de Vérone, Antonio Rizzo est signalé en 1465 à la chartreuse de Pavie. Il est probable qu'avant cette date il avait travaillé à Venise, notamment avec Antonio Bregno à l'arc Foscari, env. 1457. Dans les textes anciens, Rizzo est souvent confondu soit avec Bregno, soit avec Andrea Riccio. Sa première œuvre personnelle, le monument Giustiniani à Sant'Eufemia (après 1464), a été détruite, mais il en subsiste des éléments sculptés au Metropolitan Museum de New York. Viennent ensuite le monument de Vittore Capello, puis celui de Niccolò Tron, aux Frari (après 1476). Ce grand édifice pariétal à cinq étages, de type toscan, marque l'apparition dans la sculpture vénitienne des éléments classiques de la Renaissance ; on sent dans l'ordonnance générale l'écho des innovations architecturales introduites par Michele Coducci à San Michele in Isola, notamment dans le style classique des figures de *Vertus* (*La Charité*, *La Prudence*). En 1483, Rizzo devient *Protomagister* du palais ducal. C'est alors qu'il exécute les belles et célèbres figures d'Adam et d'Ève pour les niches de l'arc Foscari. La haute qualité de ces sculptures, que rien n'annonce dans l'œuvre antérieure de Rizzo, semble confirmer la mention de Vasari selon laquelle le sculpteur aurait été en contact avec Antonello de Messine. On sait, d'autre part, qu'il a fréquenté les Bellini, sculptant notamment pour la *Scuola* di San Marco un lutrin dessiné par Gentile. Comme architecte du palais ducal, on lui doit l'imposant escalier des Géants, dont la construction était en cours lorsque Rizzo dut fuir Venise, où il était accusé de malversations dans l'exercice de sa charge.

MARIE-GENEVIÈVE DE LA COSTE-MESSELIÈRE

ROBERTO LES

Architectes brésiliens qui ont adopté pour leur agence de Rio de Janeiro la raison sociale M.M.M. Roberto. De l'équipe constituée par les trois frères Marcelo (1908-1964), Milton (1914-1953) et Mauricio (né en 1921), les deux aînés s'imposent par l'édifice de l'Association brésilienne de la presse (1935-1938), premier immeuble de style moderne élevé à Rio de Janeiro ; on y relève l'application des théories rationalistes, mais le séjour de Le Corbusier en 1936 n'exerce aucune action directe, car les Roberto ne font pas partie du groupe travaillant pour le ministère de l'Éducation et de la Santé. L'influence de la plasticité de Niemeyer est sensible dans les œuvres suivantes, mais on note un souci dominant de réalisation fonctionnelle (le meilleur exemple est l'aérogare Santos Dumont, 1937-1944). Les frères Roberto sont notamment connus pour leurs recherches sur les proportions et sur la préfabrication (Institut de réassurances du Brésil, 1941-1944), sur le dynamisme des structures (usine Sotreq, 1949 ; bureau de vente de la plantation Samambaia à Petropolis, 1954), sur le mouvement des façades (édifice Seguradoras, 1949 ; édifice Marquês de Herval, 1953-1955). La mort des deux fondateurs, Milton, le meilleur plasticien, et Marcelo, le théoricien de l'équipe, n'interrompt pas l'activité de l'agence dirigée désormais par le seul Mauricio, mais les réalisations n'ont plus le même intérêt historique. De grands projets d'urbanisme (plan directeur régional pour la péninsule Cabo Frio-Buzios, 1955 ; plan directeur pour Brasilia, 1956-1957, classé troisième au concours d'avant-projets) sont remarqués pour leur rigueur rationaliste et l'ampleur des études menées en profondeur, mais ils restent sans suite. Hors du Brésil, on a fait appel aux Roberto pour un projet de centre touristique à Aranzano, cité balnéaire du sud de l'Italie (1964).

YVES BRUAND

ROCHE KEVIN (1926-   )

Né à Dublin en 1926, l'architecte Kevin Roche a fait ses études en Irlande, puis à partir de 1948 aux États-Unis, à Urbana-Champaign (Illinois). Après avoir suivi pendant un an l'enseignement de Ludwig Mies Van der Rohe à l'Illinois Institute of Technology à Chicago, il entre dans l'agence d'Eero Saarinen à qui l'on doit quelques-uns des plus prestigieux bâtiments commerciaux et publics des années 1950. À la suite de la mort prématurée d'Eero Saarinen en 1961, Kevin Roche se voit confier la responsabilité de l'agence en partenariat avec un autre collaborateur de Saarinen, John Dinkeloo. L'association Roche/Dinkeloo établie en 1966 a duré jusqu'à la mort de John Dinkeloo en 1981. Dans le prolongement de l'œuvre d'Eero Saarinen, Kevin Roche s'est surtout illustré dans l'architecture des institutions publiques et des grandes entreprises privées.

Institutions publiques et grands programmes privés

Le musée d'Oakland en Californie (1961-1962) témoigne d'un parti original. Il associe des lieux d'expositions consacrées à trois aspects de la vie en Californie : l'histoire naturelle, l'histoire culturelle et l'histoire de la peinture. Sur un terrain en pente, Kevin Roche a construit en béton une série de bâtiments en escaliers, les toits plats servant de terrasses et de lieux de promenade. L'édifice, qui occupe une vaste parcelle rectangulaire au centre d'Oakland, est à la fois un jardin public et un lieu d'identité municipale. Certains critiques ont considéré ce musée comme une non-architecture dans la mesure où il est comme camouflé par la végétation plantée sur les toits. Pourtant Kevin Roche, dans ce bâtiment, a su tirer parti de la déclivité du site, et il a habilement harmonisé une construction dépouillée en terrasses avec un environnement paysager de pelouses et de bassins.

En 1973, Kevin Roche affirmait à propos des États-Unis : « Toute l'échelle de ce pays est en train de changer. C'est une échelle de mobilité. » Et il est vrai que son architecture pose et tente de résoudre le problème d'une échelle architecturale contemporaine, c'est-à-dire d'une architecture conçue non plus pour être perçue par un piéton, mais pour être appréhendée par un automobiliste. La vitesse est un facteur nouveau que Kevin Roche a pris en compte dans les dimensions de ses réalisations architecturales. L'immeuble de bureaux des Knights of Columbus construit à New Haven (Connecticut) en 1965 en bordure d'une autoroute en témoigne. Quatre tours cylindriques aveugles, disposées en carré et contenant les espaces de circulation et les sanitaires, sont reliées par des poutres en acier Cor-Ten au noyau central des ascenseurs. Cette structure imposante, où pourrait se lire la transposition de certaines formes chères à Louis Kahn, est associée à un immense édifice horizontal lui aussi en acier et béton : le New Haven Coliseum qui abrite un garage et une vaste salle pour de grands rassemblements. La combinaison de ces deux repères vertical et horizontal constitue pour les usagers de l'autoroute une sorte de signal monumental à l'entrée de New Haven. L'ensemble reste cependant surdimensionné pour le visiteur qui en parcourt à pied les abords.

La tendance à privilégier la perception instantanée de l'architecture se confirme avec le siège de la College Life Insurance Company à Indianapolis, Indiana, (1967-1971). Trois immeubles en forme de pyramides déformées associent murs de pierre et parois de verre bleu réfléchissant. Ces espaces de bureaux sont alignés et reliés par des passerelles. Ce n'est qu'à une certaine distance que l'on peut reconnaître et identifier cet ensemble monumental.

Le siège de la Fondation Ford érigé à Manhattan en 1963 propose une solution originale au problème de l'immeuble de bureaux moderne. Kevin Roche a réalisé une sorte de vaste serre cubique dont deux côtés sont occupés par des bureaux transparents insérés dans une structure en acier Cor-Ten. Refus de densifier la parcelle, aménagement d'un jardin en pente qui est en même temps un espace public reliant les 41e et 42e rues, transparence de l'ossature et des lieux de travail, différences d'échelles selon les façades nord et sud : ces traits originaux ont fortement retenu l'attention à l'époque de la construction. Surtout, comme l'a souligné Kevin Roche lui-même, dépourvue de barrières visuelles, l'architecture de la Fondation Ford avait pour but de « promouvoir le sens de la communauté », c'est-à-dire de susciter chez le personnel le sentiment constant d'œuvrer en commun pour l'objectif philanthropique de la fondation. Avec cette organisation unitaire d'un espace de travail tertiaire, Kevin Roche s'inscrit dans la lignée de l'immeuble de bureaux Larkin que Frank Lloyd Wright a construit à Buffalo (New York), en 1904-1905.

En 1982, Kevin Roche reçoit le prix Pritzker, l'équivalent du prix Nobel pour l'architecture. Sa notoriété a été acquise en grande partie grâce à la construction de sièges de grandes entreprises privées commerciales et industrielles. Dans ce domaine, parmi ses nombreuses réalisations, il faut mentionner un édifice construit en France, le siège de l'entreprise Bouygues à Saint-Quentin-en-Yvelines (1983).

Une architecture de verre

L'emploi du verre s'est affirmé comme une des constantes de l'architecture de Kevin Roche. Les volumes plus ou moins complexes des bâtiments sont enveloppés dans des peaux de verre transparent ou réfléchissant de diverses couleurs. Dans l'hôtel One United Nations Plaza construit à New York en 1976, Kevin Roche dissimule les fonctions du bâtiment derrière l'uniformité d'une pellicule de verre tendue sur l'ossature. Des retraits obliques et des angles biseautés donnent à l'édifice son identité singulière.

Mais c'est surtout dans le programme complexe des ailes supplémentaires ajoutées au Metropolitan Museum of Art de New York que Kevin Roche a procédé à un usage extensif (voire excessif ?) des espaces vitrés pour abriter des fonctions variées. Sélectionné dès la fin des années 1960, l'architecte a mené à bien cet ambitieux projet de restructuration et de développement du musée jusque dans les années 1990. La liste des réalisations effectuées donne la mesure du projet : aile Robert Lehman (1975), aile Sackler avec le temple de Dendur (1978), aile américaine et cour Charles Engelhart (1980), aile Michael C. Rockefeller (1982), aile Lila Acheson Wallace (1987), aile Henry R. Kravis et cour de sculpture européenne Carroll et Milton Petrie (1990). Dans tous les cas, Kevin Roche a privilégié l'enveloppe de verre sans ornement fonctionnant comme contenant universel. L'exemple le plus célèbre est l'aile égyptienne, l'aile Sackler, qui abrite dans un pavillon de verre le temple de Dendur, cadeau de l'Égypte aux États-Unis pour les remercier de leur participation au sauvetage du temple d'Abu Simbel. Quant à l'aile Robert Lehman avec son plan polygonal et son toit conique, elle permet par l'emploi du verre de mettre en valeur des fragments néo-gothiques de la façade ouest élevée à l'origine par Vaux et Mould (1880). Dans l'ensemble, Kevin Roche a voulu souligner le contraste entre l'immatérialité du verre et la maçonnerie de l'architecture de McKim, Mead & White du début du XXe siècle.

Sans renoncer à l'architecture de verre sur laquelle repose son image de marque, Kevin Roche s'est aussi adapté aux tendances historicisantes apparues depuis les années 1980. L'immeuble Leo Burnett à Chicago (1989) est un exemple significatif de cette évolution. Suggestion de corniche au sommet de la tour, arcades à la base, élévation évoquant une colonne : ces caractéristiques donnent à son immeuble de bureaux de cinquante étages une apparence de néo-classicisme discret.

CLAUDE MASSU

Bibliographie

J. W. COOK & H. KLOTZ, *Conversations with Architects*, Praeger, New York, 1973, trad. franç., *Questions aux architectes*, Mardaga, Liège et Bruxelles, 1974 / Y. FUTAGAWA dir., *Kevin Roche, John Dinkeloo and Associates 1962-1975*, Architectural Book Publishing Co., New York, 1977 / « Kevin Roche, John Dinkeloo and Associates », in *Global Architecture*, Tōkyō, n° 9, 1984.

RODRÍGUEZ VENTURA (1717-1785)

Architecte comme son père, Ventura Rodríguez effectua sa formation sur les chantiers royaux, d'abord au château d'Aranjuez, sous la direction de l'ingénieur militaire français Étienne Marchand (1731), puis au Palais royal de Madrid, sous celle des architectes italiens Juvara et Sacchetti, à partir de 1735. Influencé par ces derniers, il s'initia à la grande architecture romaine de Bernin.

Un premier style le montre donc très appliqué à suivre des modèles baroques. C'est le cas de l'église paroissiale de San Marcos de Madrid (1749-1753) dont le plan, qui combine cinq ellipses, s'inspire d'exemples fournis par Borromini et par Juvara. Son habileté s'affirme dans son intervention au Pilar de Saragosse. Il sut trouver pour la petite chapelle de la Vierge, qu'il éleva à partir de 1750 à l'intérieur de l'immense édifice de Francisco Herrera, un parti ingénieux répondant aux conditions impérieuses posées par les chanoines. Toujours à la même veine baroque appartient son *Transparente* à la cathédrale de Cuenca (1753), dont la structure s'inspire de celui de Tomé au maître-autel de la cathédrale de Tolède.

Privé de ses fonctions sur le chantier du Palais royal de Madrid après la mort de Ferdinand VI en 1759, Ventura Rodríguez dut se multiplier dans des œuvres de moindre importance. Son style évolue dans le même sens que l'architecture européenne contemporaine. Il s'inspire notamment des théories énoncées par l'architecte français Jacques-François Blondel, qui préconise un accord entre le décor et les structures architecturales. L'édifice caractéristique de cette période est le sévère couvent des Agustinos Filipinos de Valladolid (1760), dont l'église combine d'une manière heureuse un vaste chœur et une nef en forme de rotonde. Spéculant encore sur le même parti, il propose pour l'église de Covadonga un projet particulièrement beau (1779), qui ne fut malheureusement pas réalisé. On retiendra également l'amphithéâtre de l'Académie de médecine de Barcelone (1761), traité dans un sens éminemment plastique.

Les dernières œuvres de Ventura Rodríguez sacrifient malheureusement au genre académique qui s'impose à toute l'Espagne vers la fin du XVIIIe siècle. Si la façade du palais élevé pour son protecteur, l'infant don Luis, à Boadilla del Monte (avant 1776), fait encore preuve de sensibilité, en dépit de l'économie des moyens, celle de la cathédrale de Pampelune (1783) pèche par sa lourde prétention archéologique. On peut dire qu'à travers cette œuvre indigeste l'artiste reniait tout un passé qui lui avait valu la gloire.

MARCEL DURLIAT

ROEBLING JOHN AUGUSTUS (1806-1869)

Les ponts ne relèvent pas à proprement parler de l'architecture : on confie généralement leur construction à des ingénieurs n'ayant aucune formation architecturale, Maillart étant l'exception la plus remarquable de cette pratique dévalorisante. Roebling est l'un de ces ingénieurs, dont le style (ou l'absence de style) allait tant influencer les architectes rationalistes du XXe siècle (comme en témoigne, par exemple, l'importance des silos à grains américains pour Walter Gropius puis pour Le Corbusier). Mais, d'après Mumford (*The Brown Decades - A Study of the Arts in America, 1865-1895*, 1971), Roebling aurait étudié l'architecture et même la philosophie avec Hegel (il laisse un gros manuscrit intitulé *Théorie de l'univers*). Il est de toute manière certain que Roebling, dont les histoires de l'architecture parlent trop peu, est né en Allemagne, qu'il a fait ses études à l'École polytechnique royale de Berlin (il y écrit une thèse sur les possibilités offertes par la suspension des ponts), et qu'il est venu faire carrière aux États-Unis en 1837.

Ce n'est pas toujours de l'architecture proprement dite que viennent les réalisations architecturales les plus modernes, et c'est précisément parce que Roebling (comme Eiffel) n'avait pas de formation architecturale (à l'époque l'architecture s'enlisait dans des questions assez oiseuses de fidélité ou d'interprétation historique) qu'il a pu concevoir le fameux Brooklyn Bridge. D'une certaine manière, il n'a fait qu'appliquer à une plus grande échelle les principes du Français Marc Seguin (qui, le premier, employa des câbles métalliques pour la suspension des ponts). Mais la différence de taille est précisément la question à laquelle Roebling a dû répondre, et il l'a fait avec audace : il affirme que l'équilibre entre l'élasticité et le poids, les forces de traction et la résistance des matériaux ne serait pas rompu par le gigantisme de l'édifice.

C'est le pont construit près des chutes du Niagara en 1852, le premier pont de chemin de fer suspendu (aujourd'hui disparu) qui rendit célèbre le nom de Roebling en raison de sa longueur, et qui valut à son auteur la commande du Brooklyn Bridge. Malgré une campagne hostile à cette construction pourtant nécessaire, il dessina le pont suspendu le plus long du monde à l'époque. La commande de cet édifice auquel il travaillait depuis dix ans n'eut lieu qu'en 1867, deux ans avant sa mort, et c'est son fils qui en réalisa la construction. Ce pont donnait à New York le ton d'un gigantisme auquel les gratte-ciel de Manhattan ne s'accorderont verticalement que plus tard.

YVE-ALAIN BOIS

ROGERS ERNESTO N. (1909-1969)

La carrière d'architecte d'Ernesto N. Rogers est associée à celle du groupe qu'il forme au début des années 1930 avec Gian Luigi Banfi, Ludovico Belgiojoso, Enrico Peressutti : B.B.P.R. (leurs initiales). Parallèlement, il devient un des principaux animateurs de la réflexion théorique sur l'architecture moderne en Italie.

À la sixième triennale de Milan, en 1936, le groupe présente une de ses premières réalisations, à savoir une série d'habitations étudiée par chacun des membres. Appartenant à la tendance « rationaliste » qui s'oppose à celle qui est issue du mouvement Novecento, les B.B.P.R. sont d'abord les introducteurs en Italie d'une expérience de planification moderne à l'occasion d'une commande de l'industriel Adriano Olivetti pour le plan directeur du Val d'Aoste. Ils mènent simultanément études économiques, géographiques, démographiques et historiques, selon les principes de l'« urbanisme corp if », pour mettre en place, entre les plans de développement nationaux liés à des activités économiques précises et les plans à caractère strictement urbanistique, un organe intermédiaire à vocation opérationnelle qui réponde à la fois au développement urbain et à la création ou à la restructuration des activités économiques. En 1939, le Centre d'héliothérapie de Legnano manifeste les traits caractéristiques de ce que deviendra l'architecture moderne italienne à la suite du mouvement rationaliste : volonté de dialogue critique avec la modernité, par l'introduction de formes plus ou moins reprises à la tradition et l'utilisation de matériaux et de méthodes de mise en œuvre locaux. En 1942, le concours pour l'Exposition universelle de Rome (E.U.R. 42) entérine la défaite du rationalisme dont les animateurs passent à la résistance au régime. Le Monument de Milan, construit en 1946 à la mémoire des victimes des camps de concentration, est une sorte d'hommage au mouvement rationaliste et l'expression de sa prolongation après la chute du fascisme. À cette date, Ernesto N. Rogers remplace Gio Ponti comme rédacteur en chef de *Domus*. Il occupe ce poste deux ans et se consacre à imposer l'idée d'une responsabilité sociale de l'architecte. La revue *Casabella*, organe du rationalisme avant la guerre, interdite en 1943, reparaît en 1954 sous sa direction et devient la tribune où s'exprime une nouvelle génération d'architectes qui après les hésitations formalistes des années de l'immédiat après-guerre développent une approche que l'on a qualifiée de néo-réaliste. Le débat tourne autour de la place à donner à la réalité, dans ses aspects sociaux, urbains et historiques. Il s'agit de définir la nature des interventions de l'architecte aussi bien du point de vue des programmes que du vocabulaire architectural. Dans une série d'éditoriaux et dans un ouvrage paru en 1958 (*Esperienza dell' architettura*), Rogers insiste sur l'importance de la critique et de l'approche historique pour résoudre les problèmes de l'environnement urbain, ainsi que sur les responsabilités des architectes vis-à-vis de la tradition.

Rogers a permis à l'architecture italienne de la seconde moitié du XXe siècle d'avoir ses caractères spécifiques : méthodes d'analyse urbaine fondées sur le repérage des typologies des bâtiments et des tracés, souci de l'intégration aux tissus existants, travail sur le détail architectural, volonté de synthèse entre tradition et modernité.

JEAN-ÉTIENNE GRISLAIN

ROGERS RICHARD (1933-)

L'architecture anglaise est dominée par deux créateurs à la sensibilité très différente qui forment les deux pôles du courant high tech : Norman Foster, discipliné à l'extrême, rigoureux comme un ingénieur et soucieux de perfection plastique, et son ancien associé Richard Rogers, plus complexe, moins attaché à l'objet fini qu'au processus de sa mise en œuvre, à la dynamique dans laquelle il s'insère, au mouvement, à la fusion des espaces, principes qui confèrent à ses œuvres un aspect vivant, parfois presque sauvage quand ceux de Foster sont, au contraire, soigneusement policés et contrôlés.

Rogers est né en 1933 à Florence, dans un milieu anglo-italien de vieille souche. Le statut ambigu de sa famille la contraignit à gagner la Grande-Bretagne à l'approche de la guerre. Sur cette terre étrangère, les difficiles conditions financières et psychologiques du moment, le changement de langue et de culture contribuèrent à faire du jeune garçon un être rebelle et dilettante, doté d'une affectivité inquiète, mû par un fort besoin d'amitié qui jouera un rôle essentiel dans sa vie professionnelle ultérieure et dans la formation de certains de ses principes.

Ce n'est qu'à plus de vingt ans qu'il décida d'entreprendre des études d'architecture, influencé par les séjours qu'il faisait dans l'atelier milanais de son oncle Ernesto Rogers, forte personnalité de la scène architecturale italienne.

Richard Rogers entra à la fin de 1954 à l'Architectural Association, après quelques mois de préparation fébrile au College of Art d'Epsom. Baigné dans une atmosphère moderniste encore assez marginale en Grande-Bretagne dans les années 1950, il y manifesta de grandes capacités d'argumentation et de réflexion critique qui firent pardonner certaines faiblesses, notamment une relative inaptitude au dessin.

Robert Furneaux Jordan inculquait aux élèves une approche sociologisante du métier, portée par une conception progressiste et moraliste de l'histoire. Mais le phare de l'école était Peter Smithson ; il avait achevé en 1954 avec sa femme Alison la construction d'un bâtiment scolaire à Hunstanton qui, avec son austérité et son prosaïsme, catalysa les espoirs de la jeune architecture anglaise des années 1950, suscitant le mouvement du New Brutalism, au retentissement international immédiat. Mouvement qui développa un radicalisme intransigeant face à la tradition du pittoresque anglo-saxon, cherchant son renouveau dans l'art brut, la publicité, les modèles industriels et la culture pop, se réclamant de l'éthique plus que de l'esthétique et affichant une manière « à la fois ordinaire et héroïque ».

Rogers acheva ses études à New Haven, dans l'école de Yale que dirigeait Paul Rudolph, où Serge Chermayeff l'introduisit à ses réflexions sur l'urbain et sur le rapport des espaces publics et privés. Il y connut le critique Vincent Scully et son compatriote Foster, de deux ans son cadet, venu de l'école de Manchester, brillant dessinateur, strict et précis, doté d'une remarquable compétence technique et de qualités souvent complémentaires des siennes.

De retour à Londres, ils créaient à quelques-uns l'équipe Team 4 au début de 1963. Une villa en Cornouailles puis trois maisons mitoyennes dans les Mews de Londres leur assurèrent une réputation qui s'affirma définitivement avec la réalisation, en 1967, à Swindon, de l'usine d'électronique Reliance Controls où, pour la première fois, mais avec une grande autorité, s'imposa leur image techniciste. L'équipe devait se disperser cet été-là, les talents complémentaires de l'un et de l'autre ayant fini par se révéler antagoniques. L'usine de Swindon, première d'une longue série de bâtiments industriels pour chacun des deux architectes, se distinguait par sa rigueur constructive, sa netteté quasi graphique, ses éléments bien lisibles (charpente d'acier blanche, contreventée par des tirants croisés en diagonale devant les façades en bardage de tôle pliée).

Ce furent ensuite des années difficiles pour Richard Rogers, qui construisit peu. La maison Spender, dans l'Essex, puis celle de ses parents à Wimbledon, abritées sous des successions régulières de larges portiques métalliques, lui permirent de développer ses recherches sur les matériaux au fini parfait et d'une esthétique puriste. Il mena par ailleurs l'étude d'un système de coques industrialisées à montage rapide qu'il appela *Zip-up*. Il théorisa ses différents travaux dans une sorte de manifeste rédigé en 1969 où il exposait que l'architecte devait dorénavant supplanter les traditionnelles entreprises générales, négocier directement avec les fournisseurs de matériaux, souvent choisis en dehors du monde du bâtiment, tendre à formuler des solutions à caractère général plutôt que dessiner à façon et sur mesure, n'employer qu'un nombre réduit de composants industriels, préfabriqués, posés à sec en peu de temps sous une toiture construite en premier pour pouvoir abriter la suite des travaux, enfin ménager une large flexibilité, une totale liberté des espaces internes, et faire circuler les réseaux dans des conduites aisément accessibles, trait qui est en quelque sorte sa signature.

En 1970, Rogers est contacté par un jeune architecte génois, Renzo Piano, qui menait de son côté le même type de travaux, avait une grande connaissance des matériaux, des techniques, des processus de fabrication et témoignait d'un goût développé pour les détails. Ils s'engagèrent ensemble dans le concours du centre Beaubourg à Paris, qu'ils devaient remporter devant 681 candidats, avec une proposition radicale qu'ils définissaient comme « quelque chose entre un Times Square de l'information computorisée et le British Museum ». Ce bâtiment exceptionnel, un des plus controversés et des plus populaires du XXe siècle, avec son foisonnement de structures presque gothique dans une parfaite géométrie rectangulaire, était le premier d'une génération d'édifices trouvant leur inspiration dans les splendeurs du machinisme et les rêveries de la technique qui devaient naître au cours des années 1980, et constituer le mouvement high tech.

Quatorze portiques d'acier y soutiennent des plateaux libres portant sur des poutres géantes posées en équilibre sur d'étranges pièces d'acier moulées appelées gerberettes, retenues par des réseaux de tirants et de contreventements.Toutes les circulations, batteries d'ascenseurs, coursives à jour, escalator sont déployées en façade, les réseaux techniques étant rejetés sur l'arrière du bâtiment auquel ils confèrent cette allure de raffinerie polychrome qui alimenta tant de polémiques.

Richard Rogers, pourtant, vit son projet réalisé avec une relative insatisfaction et des griefs qui indiquent que sa démarche ne visait pas une simple esthétique techniciste : il regrettait les pilotis qui devaient dresser l'édifice au-dessus d'une piazza animée, les terrasses nombreuses, les planchers mobiles, les immenses écrans audiovisuels sur les façades, la transparence et la mixité des fonctions qui auraient décloisonné encore plus les activités du centre, et surtout les multiples entrées qui devaient le rendre totalement perméable, animé d'un incessant mouvement.

La collaboration avec Renzo Piano permit la réalisation de quelques œuvres communes, souvent à caractère industriel : bureaux de la B and B près de Côme et les laboratoires Pat à Cambridge. Mais les rapports se dégradèrent et, en 1977, était créée l'agence Richard Rogers and Partners, après que l'architecte eut traversé une période dépressive, envisageant de tout abandonner et songeant un moment à s'associer de nouveau à Norman Foster.

Les années suivantes virent naître des projets d'usines de plus en plus étonnants. D'abord des entrepôts près de Quimper pour la société Fleetguard, boîte suspendue à une forêt régulière de mâts métalliques par tout un jeu de câbles et d'accastillages ; puis l'usine d'électronique Inmos à Newport, en Galles du Sud, et les laboratoires Pat de Princeton aux États-Unis, bâtiments évolutifs, préfabriqués, organisés autour d'une rue intérieure, « épine dorsale » qui, sur plus de 100 mètres pour l'une, 80 pour l'autre, abrite divers services, « noyau dur » de ces constructions. De hautes structures métalliques dressées sur ces axes, portiques en treillis dans un cas, grands chevalets en forme de A dans l'autre, émergences aiguës, supportent, par des câbles et des tirants tendus de part et d'autre, des poutres horizontales qui fournissent, sans aucun appui intermédiaire, de vastes abris couverts. Le long de l'« épine dorsale » courent les gaines et tuyaux divers, des boîtes techniques et des passerelles qui rendent extrêmement spectaculaire et expressive l'insolite exposition, sur le toit des bâtiments, de cette « tripaille » aux couleurs vives, symbole efficace de l'univers de l'industrie.

Dans les mêmes années, Rogers réalisait à Londres, dans la City, son grand œuvre, inauguré à l'automne de 1986 : le nouveau siège des Lloyd's. Il s'agit d'un édifice en béton préfabriqué, usiné comme de l'acier, sorte de Meccano géant – de « kit », dit l'architecte –, formant un volume de plan rectangulaire organisé autour d'un haut atrium éclairé par une verrière qui évoque le Crystal Palace construit pour l'Exposition universelle de 1851, irrigué par le mouvement ininterrompu d'une double batterie d'escaliers mécaniques. Tous les services (sanitaires, escaliers, ascenseurs de verre) ont été situés à l'extérieur, où ils composent six tours « satellites » faites d'un empilement régulier de volumes métalliques, très saillants, glissés dans les structures de béton comme des capsules autonomes rangées dans des casiers. Des gaines de climatisation inoxydables glissent le long des façades et se hissent jusqu'aux énormes boîtes-usines bardées de tôle, ceintes de passerelles et d'escaliers de secours, hérissées de bras de grues, qui couronnent cet édifice complexe, grouillant d'excroissances, syncopé, heurté, curieux assemblage de pièces et de modules autonomes, où rien n'est jamais caché, où chaque constituant prend sa place dans une organisation quasi mécanique, les éléments « servants » qui risquent de devenir rapidement obsolètes pouvant être démontés et remplacés par des composants nouveaux.

Richard Rogers, auquel on doit quelques usines isolées de tout contexte, et deux créations urbaines assez violentes : Beaubourg et les Lloyd's, n'a jamais cessé de se réclamer de la continuité urbaine. Il prétend retrouver celle-ci par d'autres voies que celles de la tradition, et notamment par l'analyse exigeante des circulations et des rencontres au niveau de la rue, du trottoir plus précisément, par la pénétrabilité mutuelle des lieux publics et privés, par la mise en avant des structures et des réseaux, services dynamiques et modifiables dans le temps qui portent en eux, selon lui, une complexité capable d'enrichir le paysage de la ville, plus que les impassibles façades closes de la modernité classique et qui ménagent des silhouettes, des vues obliques, des échappées et surtout ce mouvement qui est, pour l'architecte, le « principal générateur de la forme ».

Et c'est ainsi que d'importants projets d'urbanisme étudiés pour Londres depuis le début des années 1980, peu connus du public, poursuivent cette recherche d'une architecture urbaine d'écriture moderniste, parfois teintée de science-fiction comme cet étrange Silver Mile qui devait lancer un pont sur la Tamise à partir d'une tour hérissée de mâts et de piliers, tendue de câbles et de haubans, amarrée à toutes sortes de pontons et de plates-formes, proposition qu'il offrit à la ville à l'occasion d'une grande exposition de la Royal Academy : *London as it could be.*

Plus concret, et d'échelle plus réduite, le projet qu'il rendit lors de la compétition pour l'extension de la National Gallery en 1982, dit Hampton Site, participait des mêmes préoccupations : flux piétons, fusion des lieux publics et privés, architecture d'emboîtements, de capsules, de creux marqués, de tours d'observation et de plates-formes, une incohérence très maîtrisée et volontaire, carrossée d'acier, au profil déchiqueté pour qu'il prenne sa place dans la silhouette mouvementée de Trafalgar.

Attaché à un petit nombre de principes idéologiques dont il ne se départit pas, Richard Rogers a construit en France plusieurs édifices importants : en 1995, le Palais européen des droits de l'homme, en bordure de l'Ill, à Strasbourg ; en 1996, le palais de justice de Bordeaux, situé dans le cœur historique de la ville, près de la cathédrale et de la mairie. Et pour Londres, le siège de Channel Four en 1995. Enfin, dans le domaine de l'urbanisme, il a été invité à concourir avec quinze autres agences pour le projet de restructuration de Potsdamerplatz à Berlin en 1991 (concours remporté par les architectes munichois Hilmer et Saltler) et a reçu des commandes d'immeubles de bureaux pour la société Daimler-Benz.

FRANÇOIS CHASLIN

Bibliographie

B. APPLEYARD, *Richard Rogers, a Biography*, Faber & Faber, Londres, 1986 / B. C. COLE & R. ELIAS ROGERS, *Richard Rogers + Partners*, Academy Editions, Londres, Saint Martin's Press, New York, 1985 / R. Piano, R. Rogers, *entretiens avec Antoine Picon*, Centre Georges-Pompidou, 1988.

ROMAIN JULES, ital. GIULIO PIPPI dit GIULIO ROMANO (1492 ou 1499-1546)

Principal collaborateur de Raphaël pour les fresques des Loges et les Chambres au Vatican, Jules Romain passa au service de Frédéric Gonzague à Mantoue où il exerça les fonctions d'architecte ducal en 1524. Dès 1526, il entreprit la construction du palais du Té, immense villa suburbaine, utilisant toutes les variantes du style rustique et du bossage. À l'intérieur, il fit alterner les grandes fresques et les décors de stuc et peinture exécutés par Primatice. Il fournit les dessins de la palazzina della Paleologa (1531), de la villa ducale de Marmirolo (1530-1539) et des projets pour la porte de la citadelle (1533). Il éleva le côté sud du cortile de la Cavalerie au palais ducal (1538) où il introduisit la colonne torse. Il rénova la basilique de San Benedetto Po (1539) et éleva sa propre maison (1544), exemple de maniérisme classique. Il reconstruisit la cathédrale de Mantoue (1545) et donna un projet pour la façade de San Petronio à Bologne.

CATHERINE CHAGNEAU

Bibliographie

F. HARTT, *Giulio Romano*, New Haven, 1958.

RONDELET JEAN-BAPTISTE (1743-1829)

Fils d'un entrepreneur de bâtiments lyonnais, Rondelet vient étudier, en 1763, l'architecture à Paris chez J. F. Blondel. Dessinateur dans l'agence de Soufflot (1770), Rondelet participe à la construction de l'église Sainte-Geneviève, l'actuel Panthéon, dont les hardiesses techniques défraient la chronique de l'époque. Véritable technicien du bâtiment, esprit scientifique, Rondelet défend les conceptions de Soufflot et se fait vite connaître comme l'un des meilleurs constructeurs de son temps. Après l'interruption des travaux de Sainte-Geneviève, à la mort de Soufflot (1780), il effectue un voyage de deux ans en Italie, comme pensionnaire du roi (1783-1785), afin d'approfondir sa connaissance des Antiques. De retour à Paris, il est nommé directeur des travaux du futur Panthéon, qu'il achèvera. Professeur à l'École des beaux-arts dans la chaire de stéréotomie, inspecteur général et membre du Conseil des bâtiments civils, pendant l'Empire, Rondelet est élu membre de l'Institut en 1815. Son *Traité de l'art de bâtir* (1802) le place parmi les plus importants théoriciens de la construction, aux côtés de son confrère J. R. Perronet : leur science de la maçonnerie et de la stéréotomie leur permit d'inventer d'audacieuses méthodes de construction qui ouvrirent la voie à l'utilisation de matériaux nouveaux.

DANIEL RABREAU

ROSSELLINO LES

Matteo di Domenico Gambarelli, originaire de Settignano, eut cinq fils qui se consacrèrent tous à l'architecture et à la sculpture. Deux d'entre eux sont à mettre au rang des artistes majeurs de la première Renaissance italienne.

L'aîné, Bernardo, surnommé Rossellino (1409-1464), fut surtout un architecte. Il fut successivement au service des papes Eugène IV, Nicolas V et Pie II. Nicolas V l'employa, en particulier de 1451 à 1453, comme *ingegnere* et le fit travailler aux fortifications du Vatican (*torrione* de Nicolas V) ; il lui demanda aussi un plan régulateur pour le Borgo (quartier de Rome sis entre le Tibre et la basilique Saint-Pierre), plan resté à l'état de projet mais qui inspira les travaux exécutés, plus tard, au temps de Sixte IV. À Pienza, ville construite par le pape Pie II à l'emplacement de la modeste bourgade de Corsignano où il était né, il put réaliser en partie (1460-1462) un modèle de cité idéale, fortement influencé par les théories d'Alberti, dont il avait peut-être été le collaborateur à Florence (palazzo Rucellai) et qui lui dédia son traité d'architecture *De re aedificatoria*. Même dans le domaine de la sculpture, l'œuvre de Bernardo Rossellino s'impose par la clarté de la composition et l'originalité de l'invention : ainsi à Arezzo, à la partie supérieure de la façade de l'oratoire de la Miséricorde (1433-1434), et surtout au tombeau de Leonardo Bruni, à Santa Croce de Florence (1446-1450) qui influença durablement la typologie des monuments funéraires italiens.

Il eut pour élève, puis comme collaborateur, son plus jeune frère Antonio (1427-1479) qui prit aussi le surnom de Rossellino. Sculpteur très habile, il excella surtout dans le travail du marbre. On lui doit quelques bustes (*Matteo Palmieri*, 1468, musée du Bargello, Florence) ; des sculptures religieuses (*Saint Sébastien*, 1457, église d'Empoli ; *Retable de la Nativité*, église de Monteoliveto, Naples ; *Saint Jean-Baptiste enfant*, 1477, pour le Dôme de Florence, aujourd'hui au Bargello) et surtout des monuments funéraires, dont le célèbre tombeau du cardinal de Portugal (San Miniato al Monte, Florence, 1460-1465). Le succès de cette œuvre fut tel qu'Antonio Rossellino fut invité à en exécuter une réplique presque littérale pour le sépulcre de Marie d'Aragon (église de Monteoliveto, Naples ; inachevé en 1479, il sera terminé par Benedetto da Maiano). Il est possible que Rossellino ait aussi travaillé à Ferrare (tombeau Roverella à San Giorgio). Mais c'est à Florence qu'il exécuta sa dernière œuvre, la *Madonna del Latte* qui orne le tombeau de Francisco Nori à Santa Croce.

JEAN-RENÉ GABORIT

ROSSETTI BIAGIO (1447 env.-1516)

Bolonais d'origine, Biagio Rossetti travaille essentiellement à Ferrare, au service de la famille d'Este. De 1466 à 1493, il édifie pour le duc Borso le palais Schifanoia, spécialement conçu pour servir aux fêtes et aux réceptions ; l'élément essentiel de cette construction est la salle des Mois, décorée de fresques où se mêlent symbolisme astrologique et allusions politiques ; les proportions de la salle et son système d'éclairage dissymétrique (quatre fenêtres en façade et trois sur la cour) ont visiblement été calculés en fonction de ce décor peint. En 1491-1492, le duc Hercule Ier lui confie une entreprise beaucoup plus considérable : le plan d'urbanisme de l'adizzione Ercolea, c'est-à-dire d'un nouveau quartier de Ferrare, établi au nord-est de la cité médiévale et qui pratiquement doublait la superficie de la ville. Rossetti réalise avec beaucoup d'habileté cette opération foncière dont le but est à la fois politique et économique ; il organise un réseau routier rationnel autour de la croisée de deux axes principaux et d'une vaste place (actuelle piazza Ariostea) tout en assurant une liaison organique entre les deux parties de la ville. Quelques monuments insignes jalonnent cet ensemble et, notamment au carrefour principal, quatre palais dont le palais des Diamants. Celui-ci doit son nom et sa célébrité à son décor de bossage, inspiré peut-être de celui du palais Sanseverino à Naples (1470), mais qui est à son tour imité, notamment en Europe centrale et jusqu'en Russie. D'autres édifices de Ferrare (San Francesco, chartreuse de San Cristoforo, Santa Maria in Vado, palais dit de Renée de France) portent aussi la marque du style de Rossetti ; mais c'est surtout son œuvre d'urbaniste qui retient aujourd'hui l'attention. Comme l'a montré Bruno Zevi, dans un livre magistral publié en 1971, *Saper vedere l'urbanistica. Ferrara di Biagio Rossetti, la prima città moderna europea*, Biagio Rossetti, au lieu de créer dans une zone privilégiée, comme l'ont fait tant d'architectes de son époque, un prestigieux décor architectural, s'est efforcé au contraire de fournir l'infrastructure logique d'un développement urbain continu et équilibré. En assumant toutes les conquêtes de l'urbanisme médiéval, Rossetti a ouvert la voie aux notions les plus modernes de plan directeur et d'aménagement du territoire.

JEAN-RENÉ GABORIT

ROSSI ALDO (1931-1997)

L'architecte Aldo Rossi est né à Milan le 3 mai 1931. Il collabore de 1955 à 1964 à la revue *Casabella-continuità* qui entendait porter un regard critique sur le modernisme. Enseignant (notamment à Venise), il joue un rôle essentiel dans l'élaboration puis dans la diffusion de la théorie typomorphologique, avec la publication de *L'Architecture de la ville* (1966). Cet ouvrage, qui eut un grand retentissement, invitait à considérer la ville comme une œuvre, un artefact chargé de valeurs symboliques, le lieu d'une mémoire collective. Puis Rossi formule l'idée de la ville « analogue », essayant de cerner ce qui fait l'imaginaire historique sans cesse reconstruit des architectures et des lieux. Ses écrits ont fourni les fondements doctrinaux du mouvement italien néo-rationaliste de la *Tendenza* au cours des années 1970.

Il invoquait parmi ses sources le « rationalisme exalté » de Boullée, l'idée de types élémentaires présente chez J. N. L. Durand, la rigueur de Loos et l'austérité de Mies van der Rohe. Mais aussi la peinture métaphysique de Giorgio De Chirico et un certain nombre d'images obsédantes venues de l'enfance : toits, drapeaux figés et girouettes de tôle, cafetières en fer émaillé, cadrans ronds d'horloge, escaliers déserts, théâtres vides, cabines de plage, vastes cours des habitations ouvrières à coursives, phares et cheminées d'usine. Ses dessins, qui ont marqué la culture des années postmodernes, combinent ces thèmes en d'étranges natures mortes d'architectures, de ruines et d'objets familiers d'un caractère souvent spectral. Son *Autobiographie scientifique* (1981) révèle la part personnelle de ces réminiscences, le fond de désillusion sur lequel s'élabora son œuvre, méditation pessimiste sur le temps qui passe, l'ordre et la liberté, qui fait de ses compositions architecturales « la scène fixe des vicissitudes humaines ».

Ses motifs empruntent à la mémoire collective. Ce sont des archétypes (triangle, cube, cylindre et cône, fronton), formes abstraites et élémentaires dans ses premiers projets (monument aux partisans à Segrate, 1965). Sans cesse plus historicistes ensuite, elles articulent rigoureusement briques et linteaux de métal, charpentes à poutres rivetées, corniches, toits en berceau, larges et courtes colonnes.

Son architecture a souvent quelque chose de figé, que certains ont jugé de caractère carcéral. Délibérément monotone, symétrique et ritualisée, « liturgique » a-t-il écrit (écoles à Broni, 1969-1970, et Fagnano Olana, 1972-1976, hôtel de ville de Borboricco, 1983-1989, cimetière San Cataldo de Modène, 1971-1984), elle est répétitive, scandée, empreinte d'un rationalisme intransigeant. L'ensemble du Gallaratese à Milan (1969-1973) est une barre de logements rectiligne à portiques et à coursives, d'une géométrie sèche, qui traduit la volonté d'exprimer avec une grande simplicité d'écriture l'essence de l'habitation collective. Vittorio Gregotti dira qu'elle avait « la séduction terroriste et poétique d'un pur théorème réalisé ». Rossi ne craint pas la répétitivité « sincère » des percements, les fenêtres identiques et systématiquement carrées, la logique implacable des distributions et de l'articulation des corps de bâtiment. Dans la composition globale de ses édifices, il manifeste un goût de la monumentalité qui lui fera par ailleurs défendre l'architecture stalinienne.

Certaines œuvres ont un caractère expérimental et théorique, comme le Théâtre du monde (1979-1980), transcription de l'idée d'analogie et de correspondance avec le génie du lieu, flottant sur un radeau d'abord amarré à la douane de mer de Venise puis remorqué jusqu'à Dubrovnik, ou la chapelle funéraire très maniériste de Giussano (1987). D'autres sont un peu lourdes et emphatiques, comme les logements à Berlin-Friedrichstadt (1981-1988), la Casa Aurora à Turin (1984-1987), le centre commercial Torri à Parme (1985-1988), avec ses énormes tours carrées qui jaillissent comme des propylées, le quartier de Fontivegge à Pérouse (1982-1989), la reconstruction avec Ignazio Gardella du théâtre Carlo-Felice de Gênes (1983-1990), etc. En 1990, il reçoit le prix Pritzker. Puis Rossi emprunte les voies plus ouvertement artistiques du vedettariat international, construisant de Berlin à Fukuoka (hôtel Il Palazzo, 1987-1989), de Paris (logements et poste de La Villette 1987-1991) au musée de Vassivière (wagon perpendiculaire à la pente, flanqué d'un phare conique, 1988-

1991), du musée de Maastricht (1989-1991) à l'école d'architecture de Miami et, enfin, à Disneyland (bureaux à Orlando, 1991).

FRANÇOIS CHASLIN

Bibliographie

• *Écrits d'Aldo Rossi*

A. Rossi, *L'Architecture de la ville*, 1966, trad. franç., L'Équerre, 1981 ; *Scritti scelti sull'architettura e la città*, Marsilio, Milan, 1975 ; *Il Libro Azzuro*, J. Weber, Zurich, 1981 ; *Autobiographie scientifique*, trad. franç., éd. Parenthèses, Marseille, 1988 ; *Teatro del Mondo*, Cluva, Venise, 1982 ; *Disegni di architettura*, Mazzotta, Milan, 1986.

• *Études*

G. Braghieri, *A. Rossi*, Zanichelli, Bologne, 1981 / J.-L. Cohen, *La Coupure entre architectes et intellectuels, ou les Enseignements de l'italophilie*, In Extenso, Paris, 1984 / C. Conforti, *Il Gallaratese di Aymonino e Rossi*, Officina Edizioni, Rome, 1981 ; *A. Rossi par A. Rossi*, Centre Georges-Pompidou, Paris, 1991 / F. Moschini, *A. Rossi, Progetti e disegni*, Centro Di, Florence, 1979 / V. Savi, *L'Architettura di A. Rossi*, Franco Angeli, Milan, 1976.

monumental et sculptural de stuc blanc et de bronze doré qui se détache des enduits vivement colorés des murs (jaune pâle ou vif, bleu turquoise, vert dragon, carmin, rose saumon ou gris perle). Reflétée dans les multiples canaux de la ville et associée à des formes originales et diversifiées, cette polychromie unique en son genre transgresse les lois académiques du néo-palladianisme occidental. Entre 1820 et 1832, Rossi édifie les bâtiments qui ferment en hémicycle la place du palais d'Hiver (état-major, ministères, arc de triomphe), la place et le palais Michel, les palais du Synode et du Sénat, séparés par un arc de triomphe, et le théâtre Alexandre au milieu d'un quartier aménagé sur ses plans (avec, notamment, les immeubles de la rue Rossi et la Bibliothèque impériale).

DANIEL RABREAU

ROSSI CARLO (1775-1849)

Russe d'adoption, Carlo (ou Karl Ivanovitch) Rossi fait partie de la dernière génération des grands architectes néo-classiques de Saint-Pétersbourg ; sous les règnes d'Alexandre Ier (1801-1825) et de Nicolas Ier (1825-1855), et aux côtés de l'architecte russe Stassov et de Ricard de Montferrand, architecte d'origine française auteur de la cathédrale Saint-Isaak, cette ville se transforme en un vaste chantier. Les palais et les édifices publics s'entourent d'un environnement prestigieux et gigantesque où l'architecture à programme déploie des portiques, des arcs de triomphe et des colonnades, ensemble

ROUSE JAMES WILSON (1914-1996)

Promoteur immobilier et urbaniste américain. Pionnier du « renouveau urbain » (*urban renewal*), dont il lance l'expression, il acquiert une grande notoriété dans la revitalisation des centres-villes à travers la réalisation, dès les années 1950, de zones commerciales piétonnes (*shopping malls*) puis d'espaces mêlant commerces et animations, les *festival market-places* (Boston, 1974 ; Baltimore, 1980 ; etc.). Au cours des années 1960, il crée la ville de Columbia.

BERNARD COUVELAIRE

ROUX-SPITZ MICHEL (1888-1957)

Michel Roux-Spitz occupe une place centrale dans le débat architectural français entre 1925 et 1950. Partisan et artisan d'une modernité qui ne renie ni les leçons de l'histoire ni la mutation des techniques constructives, il se pose en héraut d'une architecture spécifiquement française, héritière du rationalisme tout autant que du classicisme.

Né en 1888 à Lyon, élève de l'atelier Redont-Recoura à l'École des beaux-arts de Paris, Michel Roux-Spitz obtient le grand prix de Rome en 1920. Ses premières constructions lyonnaises (école et dispensaire dentaire, salle des fêtes de la Croix-Rousse, 1924-1929) témoignent de la forte influence de son maître local Tony Garnier, mais aussi d'Auguste Perret avec la nette affirmation de la structure en béton armé, les remplissages de briques ou encore l'utilisation des claustras. Toutefois, Roux-Spitz s'oriente rapidement vers une voie plus personnelle. Installé à Paris, il livre en 1925 un immeuble de rapport, rue Guynemer, dont la clarté des espaces et la finesse de l'écriture seront immédiatement reconnus : le bow-window à trois pans de la façade sur rue est repris par de nombreux architectes, Roux-Spitz développant lui-même ce dispositif, devenu un véritable type (quai d'Orsay, 1928-1931 ; boulevard du Montparnasse, 1930-1931 ; boulevard d'Inkermann à Neuilly, 1929-1931). L'immeuble Ford, boulevard des Italiens et, dans une moindre mesure, les ateliers d'artistes de la rue de la Cité-Universitaire (1931), montrent pour leur part les possibilités d'adaptation de la doctrine de Roux-Spitz à des programmes plus spécifiques.

Très présent dans le débat des années 1930, Roux-Spitz s'élève contre ce « nouveau formalisme » qu'incarne selon lui l'architecture de Le Corbusier et de ses disciples. En cela, il se rallie aux positions de Perret, dont il ne suit cependant pas entièrement les théories : peu soucieux de donner au béton armé la noblesse des matériaux traditionnels, Roux-Spitz recourt le plus souvent au plaquage de pierre, qu'il met en œuvre – pour une clientèle aisée le plus souvent – avec un soin particulier. Architecte des Postes, architecte des Bâtiments civils et Palais nationaux, il applique une logique de construction rigoureuse, voire austère, à chacun de ses chantiers : le central des chèques postaux, rue des Favorites à Paris (1932-1935), la direction régionale des P.T.T. à Lyon (1935-1938) ou, à Versailles, le dépôt annexe de la Bibliothèque nationale (1933) dont il réalise par ailleurs le département des Estampes à Paris (1938-1945).

Rédacteur en chef de la revue *L'Architecte*, entre 1925 et 1932, Roux-Spitz milite notamment pour la création d'un Ordre des architectes visant à « séparer nettement l'exercice de l'architecture, profession libérale, de celui de l'entreprise, profession commerciale ». À partir de 1943, et jusqu'en 1950, il dirige la revue *L'Architecture française ;* profitant de cette tribune mensuelle, Roux-Spitz attaque violemment les partisans d'une reconstruction basée sur la préfabrication et la normalisation. Nommé professeur de théorie à l'École des beaux-arts en 1943, il y poursuit son credo pour un nouveau classicisme, « à riches dessous scientifiques et techniques ».

Peu féru d'urbanisme, Michel Roux-Spitz achève sa carrière avec la reconstruction de la ville de Nantes, où il édifie notamment l'ensemble de logements des Hauts Pavés (1947) et le Centre hospitalier régional, à structure métallique (1947-1963, achevé par son fils Jean). À Paris, il est chargé de la restructuration de l'îlot insalubre n° 16 dans le Marais : procédant à un savant mélange de restauration et de curetage des immeubles, il tente de reconvertir ce quartier en cité d'intellectuels. Il meurt en 1957 à Dinard, dans la villa qu'il s'était construite à partir de 1938, son œuvre à la fois la plus personnelle et la plus complexe : alliant composition classique, construction en béton armé – notamment pour l'étonnant porte-à-faux du salon – et parement de granit local, elle incarne à la fois le savoir-faire, la cohérence et les ambiguïtés de cet architecte, qui fut également un excellent décorateur.

SIMON TEXIER

Bibliographie

Michel Roux-Spitz, Réalisations, vol. I (1924-1932), II (1932-1939), III (1943-1957), Vincent, Fréal et Cie, Paris, 1932, 1950 et 1959 / M. RAYNAUD, D. LAROQUE & S. RÉMY, *Michel Roux-Spitz, architecte (1888-1957)*, Pierre Mardaga, Liège-Bruxelles, 1983.

RUDOLPH PAUL (1918-1997)

L'architecte américain Paul Rudolph a été l'architecte américain le plus célèbre de l'après-guerre, avant de connaître dans les années 1970 un discrédit qui le blessa profondément. Il fut en effet emporté par la vague critique de ce qui allait devenir le postmodernisme, où s'illustrèrent d'ailleurs plusieurs de ses anciens étudiants (Charles Gwathmey, Robert Stern, Stanley Tigerman) tandis que d'autres architectes (comme Norman Foster ou Richard Rogers) allaient devenir les protagonistes du mouvement high-tech britannique.

Rudolph est né, en 1918, à Elkton (Ky.) ; il était le fils d'un prêtre méthodiste. Jusqu'en 1940 il est étudiant à l'Institut polytechnique d'Alabama puis à l'université Harvard avec Walter Gropius. Il est diplômé en 1947, après avoir passé les années de guerre dans la marine. Associé avec Ralph Twitchell à Sarasota (Calif.), il s'installe à New Haven, Connecticut, en 1957 puis à New York en 1965.

Il s'illustre d'abord comme architecte de maisons individuelles (notamment à Siesta Key, Sarasota ou Palm Beach), constructions basses conçues sous l'influence de Ludwig Mies van der Rohe et du style international. Légères et raffinées, riches d'invention technique, elles se caractérisent par leur transparence, la netteté de leur parti horizontal, la finesse de leurs ossatures puis elles sont progressivement marquées par des volumes plus emphatiques (Milan House à Jacksonville, 1960-1962).

C'est dans ses projets de logement collectif que cette volonté d'imbrication des éléments va prendre une dimension plus futuriste : cristallisation de cellules serrées les unes contre les autres ou bien accrochées à des structures porteuses géantes (projets pour Stafford Harbour, Va., 1966, Lower Manhattan à New York, 1967). Supposant que le mobil-home pouvait devenir la « brique » du futur, c'est-à-dire le module d'une architecture industrialisée, Rudolph proposa un urbanisme à base de conteneurs assemblés. De son propre aveu, Oriental Masonic Gardens, expérience menée dans cet esprit à New Haven (1968-1971), fut mal reçue par les habitants, hostiles à l'idée d'habiter une sorte de caravane.

D'une production très abondante, diffusée dans les revues du monde entier, soutenue par ses rigoureux dessins à l'encre, il faut retenir le monumental parking à étages en béton armé de Temple

Street à New Haven (1959-1963) et, dans la même ville, le complexe de logements pour personnes âgées de Crawford Manor (1962-1966), une tour très articulée, aux petits balcons ronds en saillie, aux textures de béton cannelé. Et surtout l'école d'art et d'architecture de Yale, que Rudolph dirigea de 1957 à 1965 (Charles Moore lui succède alors). Le parti de cet édifice, que le critique Vincent Scully trouve « furieusement ambitieux », est inspiré du couvent de Le Corbusier à la Tourette. Chef-d'œuvre du brutalisme américain (1958-1963), il est organisé autour d'un vaste atrium lumineux, très dessiné en termes de volumes et de relations spatiales. Son béton, brut de décoffrage ou strié de raies verticales, son abstraction vigoureuse, dense et sculpturale, le dialogue tumultueux des espaces en font le symbole d'un modernisme pleinement assuré, qui peut sembler autoritaire. En 1969, un groupe d'étudiants tente de l'incendier ; longtemps abandonné, il a été ensuite transformé en un centre administratif et d'archivage.

Cet événement brutal sonne le glas de la notoriété d'un concepteur qui avait souhaité dépasser le modernisme européen pour porter l'architecture américaine à un niveau expressif et lyrique. Rudolph est chargé néanmoins jusqu'à sa mort, à New York, d'importantes opérations, essentiellement en Asie du Sud-Est : gratte-ciel du Bond Center à Hong Kong, immeubles à Djakarta, Singapour, etc.

FRANÇOIS CHASLIN

Bibliographie

J. W. Cook & H. Klotz, *Questions aux architectes*, trad. franç. Mardaga, Liège, 1974 / P. Heyer, *Architects on Architecture, New Directions in America*, Allen Lane et Penguin, Londres, 1967 / P. Howey, *The Saratosa School of Architecture*, Cambridge, 1995 / S. Moholy-Nagy, *The Architecture of Paul Rudolph*, Thames & Hudson, Londres, 1970 / P. Rudolph, *Dessins d'Architecture*, trad. Office du livre, Fribourg, 1974 / V. Scully, *American Architecture and Urbanism*, Praeger, New York, 1969 / R. Spade, *Paul Rudolph*, Londres, 1971.

RUSKIN JOHN (1819-1900)

Écrivain, critique d'art et réformateur social, Ruskin eut une influence considérable sur le goût de l'Angleterre victorienne et s'opposa aux doctrines économiques de l'école de Manchester. Dans ses ouvrages sur l'économie, la violence et l'amertume sont souvent comparables à celles de Swift. Ses réflexions sur l'art furent accueillies avec enthousiasme et respect ; sa critique sociale souleva, en revanche, une réprobation mêlée de crainte. Professeur d'art à Oxford, il partagea son temps entre l'enseignement et le mécénat.

La sensibilité de Ruskin trouve son expression dans un style solennel et orné, aux cadences oratoires. De puissantes affinités électives unissaient Ruskin à Proust, qui traduisit *La Bible d'Amiens* et *Sésame et les lis*. Proust décrit ainsi l'effet décisif de la révélation de Ruskin sur sa propre conception de l'art et de la vie : « Mon admiration pour Ruskin donnait une telle importance aux choses qu'il m'avait fait aimer qu'elles me semblaient chargées d'une valeur plus grande même que celles de la vie. »

Éducation et formation

John Ruskin naquit à Londres et mourut à Brantwood, dans la région des Lacs. Ses parents, d'origine écossaise, entourèrent d'infinies précautions l'éducation de leur fils et le choix de ses maîtres. Ils lui permirent de développer son goût et son intelligence. Le père, négociant en vins, s'intéressait aux classiques anglais du XVIIIe siècle et à la peinture. Il aimait visiter les musées, en particulier la Dulwich Gallery et les collections privées, et fit donner à son fils des leçons par l'aquarelliste Copley Fielding. La mère, d'un puritanisme rigide, fit étudier la Bible à son fils, mais encouragea également son goût pour la musique, le dessin, l'observation de la nature. Toute sa première éducation se fit chez ses parents. Ruskin a décrit ces années de jeunesse dans sa dernière œuvre, *Praeterita* (Londres, 1885-1900). À partir de quatorze ans, il accompagna ses parents dans plusieurs voyages en Europe, en Flandre, sur les bords du Rhin, dans la Forêt-Noire, et dans les Alpes. D'une précocité remarquable, il commença à écrire à sept ans, et composa des drames et des poèmes à l'imitation de Pope, Byron, Walter Scott et Shelley. En mars 1834, le *Magazine of Natural History* accepta sa première publication, un essai sur les montagnes et le Rhin. En 1836, Ruskin partit étudier à Oxford, sous la surveillance de sa mère. Il y obtint le prix de poésie Newdigate, et se mit à collectionner les peintures de Turner. En 1837, il publia dans l'*Architectural Magazine* une série d'articles sur *The Poetry of Architecture*, inspirés par l'apôtre du néo-gothique, A. W. Pugin. De 1843 à 1860 se poursuivit la publication des cinq volumes de *Modern Painters*, qui eut un succès considérable.

CLAUDE JACQUET

Ruskin et l'art

La révolution romantique, qui a donné à l'Angleterre son art moderne, s'est accomplie, pour l'essentiel, avant Ruskin ; mais c'est lui qui en a dégagé la signification. Composés, les plus importants du moins, entre 1840 et 1860, ses écrits sur l'art dégagent clairement et imposent la notion même d'un art moderne. Ils le dotent rétrospectivement d'une conscience esthétique et morale.

Cette activité spéculative ne se présente pas d'un seul bloc. Même dans les deux décennies où Ruskin s'est consacré presque uniquement à l'étude de l'art, sa pensée a beaucoup évolué. Commencés en 1842 mais achevés en 1860 seulement, les cinq volumes de *Modern Painters* en présentent les états successifs plutôt qu'ils n'en constituent la somme. Les contradictions apparentes abondent ; les grands développements s'articulent mal, et cela est d'autant plus déroutant que le détail de l'argumentation emprunte souvent à la littérature didactique et morale sa démarche logique et jusqu'à sa rhétorique propre. Cependant, l'essentiel de la méditation de Ruskin sur l'art s'organise autour de quelques données permanentes, constantes d'une sensibilité et postulats d'une pensée.

« Je possède, écrit-il, un instinct puissant, et que je ne peux analyser : celui de voir et de décrire les choses que j'aime. » Par cet instinct, par une perception extraordinairement aiguë et complète, le tempérament personnel de Ruskin s'accorde au génie objectif qu'avaient légué à l'Angleterre romantique des siècles de tradition rurale. La génération contemporaine de la Révolution et de l'Empire venait de doter cette tradition d'un statut théorique et d'un somptueux répertoire de thèmes et de motifs. Ruskin la recueille à son tour.

L'art, selon lui, a pour objet de voir et de décrire ce qui est. Lui en assigner un autre revient à le pervertir, et sa grandeur est en quelque sorte relative à sa vérité. Le concept de vérité occupe une place centrale chez Ruskin, et par lui son réalisme instinctif s'approfondit en réflexion morale. Car la vérité ne se réduit nullement à une ressemblance matérielle : elle implique l'engagement sincère de l'artiste dans ce qu'il représente, son refus de tricher, de s'en remettre au savoir-faire, à l'expérience d'autrui ou à des idées générales. Cette exigence rejoint celle que formulent, dans les mêmes années, les écrits esthétiques de Baudelaire, avec leur condamnation du « chic » et du « poncif » et leur éloge de la naïveté. Elle est caractéristique d'une époque où l'art, comme la société, abdique ses valeurs morales sous la marée montante du matérialisme.

Une grande part de l'activité critique de Ruskin consiste donc à confronter les œuvres d'art et cette nature dont elles se prétendent l'image et qu'il a si bien observée lui-même. Il condamne implacablement la tradition classique, qui aurait prétendu ramener la variété de la nature à l'unité d'un « grand style » ; mais il rejette aussi le naturalisme du XVIe siècle, qui voulut trop, à ses yeux, nier la nature spirituelle de l'homme au profit de sa nature physique et de la beauté en soi. Son idéal personnel consiste en un art « qui se donne pour unique objet les choses telles qu'elles sont, et accepte également, dans chacune d'elles, le bien et le mal ». Ce programme lui paraît accompli par le paysage « moderne ».

Ruskin propose de désigner le caractère dominant de cet art par le mot *cloudiness*, « nuageosité ». Les nuages ne sont pas seulement pour le peintre des sujets de prédilection, mais les symboles d'une nature en perpétuelle métamorphose. Pour en saisir la vérité, l'artiste « moderne » suit donc la démarche opposée à celle du paysagiste classique. Il se refuse à sacrifier les vérités particulières à un « beau idéal » ; il cherche à retrouver les rythmes organiques de la nature et les conditions de la perception.

En situant l'art moderne au « service des nuages », Ruskin pouvait entrevoir l'avènement d'une peinture libérée du dessin et de la perspective, et inaugurer une problématique originale. Mais l'amour de la liberté qu'il associe à celui des nuages le conduit seulement à définir, après tant d'autres, les caractères d'un paysage sublime ou pittoresque devenu conventionnel : nature vaste et sauvage, grands ciels, phénomènes atmosphériques, montagnes, mer... Et, fidèle à son obsession de la vérité, il exhorte les peintres à pratiquer un dessin précis pour représenter les faits naturels les moins clairement délimités, et surtout à les étudier selon les lois de l'optique : principes qui se situent, somme toute, dans le droit-fil de la tradition académique. On le verra lors de sa controverse célèbre avec Whistler, à qui il reprochera de peindre ses tableaux trop vite, exaltant au contraire la conscience professionnelle de ses amis préraphaélites.

Au début de *Modern Painters*, la passion dominante et presque unique de Ruskin est Turner. Puis vient, en 1844, sa découverte de l'art italien, à laquelle s'ajoutera celle des préraphaélites. Des œuvres aussi diverses ne sont guère réductibles à l'unité d'une esthétique et, malgré la prolixité et l'ingéniosité de ses commentaires, Ruskin ne parvient souvent à les concilier qu'en en donnant une image incomplète. Turner, dont il fut pourtant le plus ardent panégyriste, n'appréciait guère ses analyses fondées surtout sur son œuvre de topographe, aux dépens de ses paysages historiques. Mais le point de vue moral de Ruskin résout les contradictions formelles de ses goûts. Le commun dénominateur des œuvres qu'il admire réside toujours dans la recherche de la vérité : celle de la vision fluide ou voilée de Turner, celle de la perception claire et distincte des préraphaélites. Un autre concept, celui de mystère, lui permet de réunir paradoxalement dans une même admiration la « nuageosité » du premier et la netteté des seconds. Le mystère, c'est ce qui, dans l'espace, pénétrable ou flou, suggère l'infini.

Que la vérité selon Ruskin ne se confond nullement avec l'objectivité figurative, c'est ce que prouve l'application de ce concept à l'art non figuratif par excellence, l'architecture. Dans *The Seven Lamps of Architecture* (Londres, 1849), un de ses livres les plus populaires, comme dans *The Stones of Venice* (Londres, 1851-1853), et *The Bible of Amiens* (Londres, 1880-1885), Ruskin n'est pas seulement un historien de l'architecture admirablement vivant et informé, mais d'abord un moraliste. Écœuré par le mercantilisme des urbanistes et des architectes victoriens, il refuse une architecture déracinée, sans autre but que le profit rapide, et qui ne reflète plus le génie du lieu et de la société. C'est pourquoi (et non, comme on l'a dit trop légèrement, pour prendre part tardivement à la mode néogothique) il entreprend de ressusciter aux yeux de ses contemporains un passé où la splendeur de l'architecture allait de pair avec celle de la société. *Les Pierres de Venise*, dit la Préface, « ont pour sujet principal le rapport de l'art de Venise et de son tempérament moral ». Le génie évocatoire de Ruskin (on a comparé à juste titre sa vision poétique de Venise à celle de Turner) n'est donc pas, dans ce livre, une fin en soi. S'il fait miroiter la beauté de ce passé comme un mirage ou un paradis perdu, c'est pour l'opposer à la réalité insupportable du présent. Science et féerie débouchent sur une moralité révolutionnaire.

Des premiers aux derniers volumes de *Modern Painters*, en passant par les deux grands livres sur l'architecture, la réflexion de Ruskin s'est de plus en plus fortement appliquée à la réalité sociale de son temps. Le lyrisme ébloui des premiers livres a fait place à un sentiment tragique de la vie. Dans la pénombre des montagnes, Ruskin ne voit plus seulement la beauté de l'œuvre de Dieu, mais le signe de sa colère. Turner même lui apparaît, en 1860, comme le peintre de la sombre condition humaine, et s'il est aussi celui des beautés de la nature, c'est, dit-il, « parce qu'il n'a pas trouvé de beauté ailleurs ».

Cette interprétation de l'œuvre de Turner est contestable, mais elle éclaire bien l'itinéraire de Ruskin. Désormais, il ne pourra plus garder les yeux fixés sur la nature et sur l'art, ni même chercher à opérer la réforme de la société à travers ses « pierres » seules. Une action plus directe s'impose à lui. Même si sa carrière de critique ne s'arrête pas tout à fait en 1860, elle reste toujours, par la suite, subordonnée à son action sociale.

PIERRE GEORGEL

L'action sociale de Ruskin

L'étude des mérites de l'architecture gothique conduisit Ruskin à méditer sur les vertus des hommes qui l'avaient créée, à passer de la critique d'art à la critique sociale. Sa conception de l'art, dépositaire de la vérité naturelle, indissociable des valeurs morales, le persuade que le travailleur trouve son épanouissement dans l'exécution d'une œuvre satisfaisante et utile. Il consacra l'essentiel des quarante dernières années de sa vie à développer ses théories sur la société industrielle.

Ruskin écrivit deux séries de lettres aux ouvriers, *Time and Tide* (Londres, 1888) et

Fors Clavigera (Londres, 1871-1887). Il fonda, en 1871, la Company of Saint George, sorte de coopérative qu'il dota d'un capital de dix mille livres, et qui mit en œuvre ses doctrines économiques. Il se fit l'avocat d'un système d'éducation gratuite pour les enfants et les adultes, demanda des retraites pour les vieillards, des logements plus confortables, des espaces verts autour des villes, et mit sa fortune au service de ces fins. La justice sociale exige des conditions qui permettent à tous de partager avec l'artiste les joies de la création. L'art apparaît ainsi dans la pensée de Ruskin comme le principe de la vie spirituelle. Pour lui, les forces du progrès matériel, associées à la laideur industrielle et à l'égoïsme économique, s'opposent à l'ordre voulu par la nature.

Sa campagne contre l'utilitarisme des économistes et les maux de la civilisation industrielle, et en faveur du retour à un travail illuminé par cette foi et cette joie créatrice qui, pensait-il, étaient celles des artistes du Moyen Âge, trouva son expression dans une série de conférences et d'articles. Certains de ces essais, considérés comme révolutionnaires, éveillèrent une telle opposition que William Thackeray, rédacteur en chef du *Cornhill*, dut en arrêter la publication. Ils furent recueillis dans *Unto This Last*. L'expression la plus complète des vues de Ruskin sur la société future est contenue dans les vingt-cinq lettres à un ouvrier réunies dans *Time and Tide*. Mais le plus célèbre de ses essais reste *Sesame and Lilies* (Londres, 1865). Il dénonce l'abdication de la spiritualité, le machinisme, qui fait du travailleur l'esclave de l'outil, la loi de l'offre et de la demande, qui fait dépendre les prix d'une lutte entre deux égoïsmes rivaux. Il proclame son horreur d'un système social qui condamne la plupart des hommes à la pauvreté et à la laideur, et s'attaque enfin à l'ensemble du système capitaliste. Ces théories, souvent utopiques, mises en pratique avec une certaine naïveté, valent surtout par leur critique pénétrante de la société industrielle. Pour Ruskin, « la vie est la seule richesse » : ce n'est pas le goût de l'argent qui mène les hommes, mais « l'admiration, l'espoir et l'amour ».

CLAUDE JACQUET

Bibliographie

● **Œuvres de John Ruskin**
Works, éd. E. T. Cook & A. Wedderburn, 39 vol., Londres, 1903-1912 ; *Diaries*, éd. J. Evans & J. H. Whitehouse, 3 vol., Londres, 1956-1959 ; *The Lamp of Beauty*, éd. J. Evans, Londres, 1959 ; *Selections from Ruskin*, éd. K. Clark, Londres, 1963 ; *The Art Criticism*, éd. R. L. Herbert, New York, 1964.
Traductions : *Les Peintres modernes*, Laurens, 1914 ; *Le Repos de Saint-Marc*, Éd. d'aujourd'hui, Paris, 1976 ; *Les Sept Lampes de l'architecture*, *ibid.*, 1980 ; *Les Sources de Wandel*, Paris-Nantes, 1981 ; *Sur Turner*, Godefroy, Paris, 1983 ; *Les Pierres de Venise*, Hermann, Paris, 1983 ; *La Bible d'Amiens*, U.G.E., Paris, 1986 ; *Sésame et les lys*, Complexe, Bruxelles, 1987 ; *La Nature du gothique*, E.N.S.B.A., 1992.

● **Études**
M. W. BROOKS, *John Ruskin and Victorian Architecture*, Rutgers Univ. Press, New Brunswick (N. J.), 1987 / J. P. CASTERAS et al., *John Ruskin and the Victorian Eye*, catal. expos., Indianapolis Museum of Art, 1993 / A. CHEVILLON, *La Pensée de Ruskin*, Paris, 1909 / W. G. COLLINGWOOD, *The Life and Work of J. Ruskin*, Londres, 1893 / E. T. COOK, *Life of John Ruskin*, 2 vol., Londres, 1911 / F. D. CURTIN, *Aesthetics in English Social Reform : Ruskin and his Followers*, Ithaca, 1940 / L. DERRICK, *Ruskin the Great Victorian*, Londres, 1949 / R. EVANS, *John Ruskin*, Londres, 1954 / R. DE LA SIZERANNE, *Ruskin et la religion de la beauté*, Paris, 1897 / H. NEEDHAM, *Le Développement de l'esthétique sociologique*, Paris, 1926 / M. PROUST, *Pastiches et mélanges*, Paris, 1928 / J. D. ROSENBERG, *The Darkening Glass : a Portrait of Ruskin's Genius*, Londres, 1963 / F. G. TOWNSEND, *Ruskin and the Landscape Feeling*, Urbana, 1951 / J. UNRAU, *Ruskin and St. Mark's*, Thames and Hudson, Londres, 1984 / R. W. WILENSKI, *John Ruskin*, Londres, 1933.

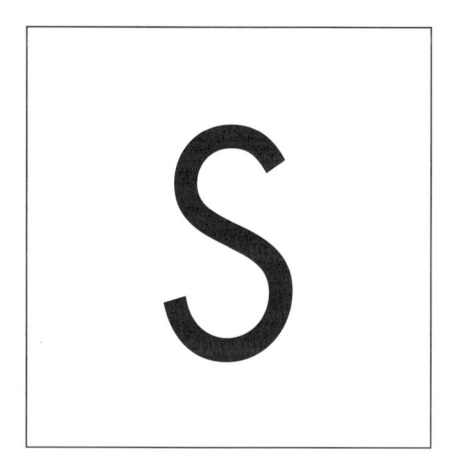

SAARINEN EERO (1910-1961)

Fils de l'architecte finlandais Eliel Saarinen (1873-1950), Eero Saarinen a influencé l'œuvre de son père et a contribué à faire de son architecture un travail novateur. Cela mérite d'être souligné. Le père (dont la gare centrale d'Helsinki est très proche des bâtiments d'Hoffmann et d'Olbrich) remporte un prix en 1922 pour la Chicago Tribune Tower, ce qui le décide à émigrer avec sa famille aux États-Unis en 1923. Le fils aura une formation américaine (diplômé de Yale en 1934) mais il voudra, pendant quelques années, faire un tour d'Europe (où Gropius et Mies van der Rohe vivent encore). De retour aux États-Unis, il s'associe avec son père en 1937 et, sous l'influence des divers mouvements européens — « purisme », « rationalisme » ; « fonctionnalisme », « expressionnisme » — qu'il a découverts et analysés, lui déconseille de recourir abusivement à l'« ornement ».

Eero Saarinen travaille avec son père à Cranbrook pour un groupe scolaire, et à Minneapolis pour la Christ Lutheran Church (1949). Mais son premier grand travail est le General Motors Technical Center (1955) à Warren (Michigan) dont la commande avait été faite à son père et dont il se charge après la mort de celui-ci. Cet ensemble de vingt-cinq bâtiments entourant un lac artificiel rectangulaire ressemble plus à une usine qu'à un campus universitaire. L'influence de Mies van der Rohe (notamment de l'Illinois Institute of Technology de Detroit) est évidente, mais Saarinen a voulu diversifier l'organisation globale des bâtiments pour lutter contre la monotonie écrasante et le gigantisme de l'Institut de Mies ; la disposition des édifices est asymétrique et clairsemée, la taille et le format des bâtiments varient, leurs façades offrent en alternance des murs-rideaux (verre teinté et aluminium noirci) et des murs de brique violemment colorés (rouge, bleu, jaune) ; une tour d'acier qui se reflète dans l'eau et une sculpture d'Antoine Pevsner viennent parachever ces ruptures d'échelles.

Par la suite, Saarinen renoncera à la rigidité « classique » qu'il avait défendue devant son père : il en viendra peu à peu, grâce à sa meilleure connaissance des œuvres de Wright, à une architecture organique qualifiée tantôt de néo-baroque, tantôt de néo-expressionniste : plus proche, en effet, des recherches de Gaudí que du style international des années 1930.

Saarinen allait se faire connaître par des bâtiments où la courbe et la continuité spatiale, engendrant une structure interne caverneuse, entretiennent un rapport non mimétique (il n'y a pas d'architecture « naturelle ») mais symbolique avec la nature : ainsi la métaphore du coquillage vient très souvent traduire la spécificité du Yale Hockey Rink (New Haven, Connecticut, 1958), du fameux T.W.A. Air Terminal à Idlewild près de New York (1956-1962, l'actuel Kennedy Airport), le Dulles International Airport à Washington (1958-1963). Les meubles, aujourd'hui célèbres et commercialisés dans le monde entier, que Saarinen dessina en collaboration avec Charles Eames démontrent eux aussi la liaison étroite qu'entretiennent depuis toujours la « forme » et le matériau d'un objet : ces chaises, ces fauteuils sont des coquilles parce « qu'ils en ont la forme » et parce qu'ils sont constitués d'une plaque fine de plastique moulé continue posée sur un pied-champignon. Saarinen n'a d'ailleurs pas abandonné certains mots d'ordre « fonctionnalistes », et il n'est pas juste de dire, en comparant les bâtiments « expressionnistes » des aéroports cités ou de l'Opéra de Stockbridge (Massachusetts, 1947) et les collèges Ezra Stiles et Morse à Yale (1958-1962), qu'il y a deux Saarinen. Un point commun unit, malgré leur grande diversité de facture, ces divers bâtiments (ce pour quoi l'on a souvent traité Saarinen d'architecte frivole) : c'est l'attention portée à l'*effet* de l'architecture sur le spectateur (l'habitant) et le désir de briser le « brutalisme » du classicisme américain. Eero Saarinen est mort trop tôt pour voir réalisés nombre de ses projets.

YVE-ALAIN BOIS

SACCONI GIUSEPPE (1854-1905)

Architecte italien, représentant l'éclectisme triomphant dans l'art officiel du XIXe siècle, Sacconi est connu pour avoir édifié sur le Capitole, le Vittoriano (1885-1911). La construction au cœur de la Rome antique de ce colossal monument patriotique a suscité de vifs débats ; architecture-assemblage, il est surchargé d'un programme décoratif évoquant l'histoire nationale. Sacconi a construit, non loin, l'immeuble des Assicurazioni Generali et, au Panthéon, la tombe d'Umberto Ier (1900). Restaurateur d'édifices religieux (Lorette), il a donné les plans d'églises à Civitanova Marche et à Monte Urano.

JEAN-PIERRE MOUILLESEAUX

Bibliographie
P. PORTOGHESI, *L'Eclecttisma a Roma 1870-1922*, Rome, 1968.

SAFDIE MOSHE (1938-)

Architecte israélien. Cet élève de Kahn démarre brillamment sa carrière en réalisant à l'occasion de l'Exposition universelle de Montréal (1967), l'ensemble de logements Habitat 67, mégastructure de béton supportant des grappes de cellules d'habitation préfabriquées. Conçus sur les mêmes principes, d'autres projets Habitat suivront à Porto Rico, en Inde et en Israël (1970), exemples caractéristiques de l'urbanisme proliférant des années soixante-dix.

FRANÇOIS GRUSON

Bibliographie
M. SAFDIE : *For Everyone a Garden*, Londres, 1974.

SAGREDO DIEGO DE (XVIe s.)

Ce chapelain de la reine Jeanne la Folle est l'auteur du premier ouvrage sur l'architecture écrit en langue espagnole. Dans ses *Medidas del Romano*, publiées à

Tolède en 1526 (trad. française, 1542). Sagredo prône le respect des principes énoncés par Vitruve tout en s'efforçant de les adapter au style plateresque.

ROBERT FOHR

Bibliographie

F. CHUECA GOITIA, *Arquitectura del siglo XVI (Ars Hispaniae, XI)*, Madrid, 1953.

SAKAKURA JUNZŌ (1901-1969)

Pionnier de l'architecture et de l'urbanisme modernes du Japon, Sakakura Junzō fut un des deux disciples japonais de Le Corbusier. Après des études d'histoire de l'art à l'université de Tōkyō en 1927, il commence sa carrière d'architecte au cours de son séjour à Paris (1929-1939), où il suit des cours d'architecture au Conservatoire national des arts et métiers. Il fréquente l'atelier de Le Corbusier où travaille déjà son compatriote Maekawa. Après de longs voyages en Europe au cours desquels il étudie attentivement les œuvres d'art et l'architecture, il entreprend la construction du pavillon japonais à l'Exposition universelle de Paris en 1937. Le grand prix couronne sa première œuvre. Il rentre au Japon en 1939 et fonde en 1940 sa propre agence d'architecture à Tōkyō. Il construit des œuvres très variées (à fonctions collectives ou domestiques) et, depuis 1956, remporte de nombreux prix. Sa théorie « harmonie de l'architecture moderne et de la nature » se cristallise dans son chef-d'œuvre, le musée départemental d'Art moderne de Kanagawa (1951), situé au bord de l'étang du Lotus. On retrouve le même lyrisme dans toutes ses œuvres. On citera parmi ses réalisations principales : la Maison internationale de la culture (1955, en collaboration), le Centre de la soie (Maison internationale de tourisme et de commerce) de Kanagawa (1959), l'arcade Shinsaibashi d'Ōsaka (1959) et sa dernière construction, le Centre municipal de la culture d'Ashiya (1969). Son tempérament de grand dilettante se reflète dans son goût raffiné pour les moindres détails du mobilier. Urbaniste, Sakakura s'intéresse à l'insertion de l'architecture dans l'environnement, comme en témoignent la place de la gare de Shibuya à Tōkyō (1954-1956), la place de la gare de Shinjuku à Tōkyō (1966-1968) et le Centre en plein air de la jeunesse d'Ōsaka (1967).

MINAKO DEBERGH

SALVI NICOLA (1687-1751)

Peintre de formation, Nicola Salvi, architecte du début du XVIIIe siècle, donna l'un des ultimes chefs-d'œuvre du baroque romain en dessinant, en 1732, la fontaine de Trevi à laquelle il travailla toute sa vie. La même année, il participa au concours pour la façade de Saint-Jean-de-Latran. Membre de l'Académie de Saint-Luc en 1733, il entra à la Congregazione dei Virtuosi del Pantheon en 1745. Il réalisa notamment l'agrandissement du palais du Mont-de-Piété (1735), l'autel majeur de Saint-Eustache (1735), et collabora avec

Vanvitelli aux transformations du palais Odelscachi (1745). Ses derniers projets furent pour la nouvelle façade de l'église des Saints-Apôtres (1746).

CATHERINE CHAGNEAU

Bibliographie

A. SCHIAVO, *La Fontana di Trevi e le altre opere del Salvi*, Rome, 1956.

SANFELICE FERDINANDO (1675-1748)

Architecte napolitain appartenant à la nouvelle génération du baroque local (le *barochetto*), Sanfelice a été l'élève du peintre Solimena. Membre de l'aristocratie, c'est pour elle qu'il construit de nombreux palais ou édifices religieux à Naples (Santa Maria Succurre Miseris et l'église de la Nunziatella) et à Pontecorvo (Santa Maria delle Periclitani). Adaptant la typologie du palais napolitain, il aménage de spectaculaires escaliers, souvent ajourés, invente des formes monumentales (pour les porches notamment) et utilise des effets scénographiques (il a été d'ailleurs l'architecte de nombreuses fêtes et feux d'artifice). Citons les palais Serra di Cassano (1725), Sanfelice (1728), Bartolomeo di Maio ou le palazzo dello Spagnuolo ainsi que les escaliers sur la façade de la villa du prince d'Elbeuf à Portici.

JEAN-PIERRE MOUILLESEAUX

Bibliographie

A. WARD, *The Architecture of Ferdinando Sanfelice*, New York, 1987.

SANGALLO LES

Le surnom de Sangallo fut donné à une famille d'architectes toscans, les Giamberti, parce qu'ils étaient établis, à Florence, près de la Porta San Gallo.

Sculpteur sur bois dans sa jeunesse, Giuliano (1443-1516) fait un premier séjour à Rome, avant 1479, et travaille ensuite comme ingénieur militaire, créant les fortifications d'Ostie, de Poggio Imperiale, de Borgo San Sepolcro. Comme Brunelleschi, un demi-siècle plus tôt, avait renouvelé le type du palais florentin, Sangallo renouvelle celui de la villa avec Poggio a Caiano (commencée en 1480), dont l'ordonnance, le portique, l'insertion entre jardins et vergers répondent à la poétique humaniste qui était celle de Laurent de Médicis. L'église Santa Maria delle Carceri, à Prato (1485-1490), sur plan en croix grecque, est également une innovation décisive et représente l'aboutissement des recherches de Brunelleschi sur les plans centrés. Ces deux œuvres font de Sangallo l'initiateur du classicisme à Florence. Il y donne encore les plans de la sacristie de Santo Spirito et de son vestibule (achevé par Cronaca). Après la mort de Laurent le Magnifique (1492), Giuliano part pour Rome, où il exécute le plafond de Sainte-Marie-Majeure, donne les plans du cloître de Saint-Pierre-aux-Liens, fait des projets pour la nouvelle basilique Saint-Pierre et pour des aménagements au château Saint-Ange. Il conçoit également, pour le roi de Naples, Ferdinand d'Aragon, un palais grandiose qui ne sera pas réalisé. Giuliano da Sangallo a laissé un précieux recueil de dessins d'architecture qui témoigne de ses nombreuses curiosités, puisqu'on y trouve des relevés de monuments antiques, des plans d'après Brunelleschi (notamment la rotonde de Sainte-Marie-des-Anges) et même celui de Sainte-

Sophie de Constantinople, emprunté au « carnet de voyage » d'un grand connaisseur de l'époque, Cyriaque d'Ancône.

Antonio le Vieux (1455-1534), frère de Giuliano, est comme lui ingénieur militaire et architecte. Il collabore avec son frère pour les travaux de Sainte-Marie-Majeure et de Saint-Pierre-aux-Liens. Il modernise la forteresse du château Saint-Ange (1483) et celle de Civita Vecchia (1494). On lui doit aussi le portique de l'Annunziata d'Arezzo (1517) et surtout l'église San Biagio de Montepulciano (1518-1534), qui fait la synthèse entre les formes de Santa Maria delle Carceri et les modèles de Bramante. Il construit à Montepulciano et à Monte San Savino de nombreux palais, inspirés, semble-t-il, des conceptions architecturales de Raphaël.

Antonio le Jeune (1485-1546), neveu des précédents, collabore avec Antonio le Vieux pour plusieurs palais et élève à Rome les églises de Santa Maria di Loreto puis de Santo Spirito in Sassia. En 1534, Antonio commence la construction du palais Farnèse qui sera achevé par Michel-Ange. Nommé architecte de Saint-Pierre en 1520, à la mort de Raphaël, il poursuit activement les travaux de la basilique, réalisant notamment la chapelle Pauline. Le caractère de son œuvre permet de voir en lui le vulgarisateur du style de Bramante et de Raphaël.

RENÉE PLOUIN

SANMICHELI MICHELE (1484-1559)

Membre d'une famille d'architectes véronais, élève de Falconetto et de Sansovino, Sanmicheli effectue un long séjour à Rome, vers 1500, pour étudier les monuments antiques ; il fréquente le cercle de Bramante et des Sangallo, puis entre au service du pape. Envoyé avec Antonio le Jeune à Orvieto, il travaille ensuite au dôme de Montefiasconne, puis à Pavie et à Plaisance. De là, Sanmicheli rejoint la Vénétie, où on le charge de travaux d'architecture militaire (bastions de San Bernardino et de San Zeno à Vérone, 1520). Ses procédés sont ceux du Siennois Francesco di Giorgio, mais c'est à lui, semble-t-il, qu'on doit la conception du bastion angulaire (1527). Sanmicheli est sans doute le premier à avoir dessiné des portes de villes dont le caractère défensif ne soit pas la marque essentielle (*Porta San Giorgio*, 1525, *Porta Palio*, 1542-1557, *Porta San Zeno*, à Vérone, 1541). Il exécute par la suite des fortifications à Legnano, Brescia, Bergame, Padoue, Venise (plan du fort Saint-André au Lido) et Zara (1541).

Sanmicheli poursuit parallèlement ses travaux d'architecture civile et religieuse, à Vérone surtout, où son activité peut être comparée à celle que Palladio accomplit à Vicence : chapelle Pellegrini dans l'église San Bernardino (1538-1557), aux formes très pures ; *Madona di Campagna*, achevée par Brugnoli ; les palais Canossa (1530-1537), Bevilacqua et Pompei (1530). À Venise, il construit le palais Corner-Mocenigo (1541), et à Rongo, le palais Roncalli (1555), enfin, près de Castelfranco, la villa Soranza.

Ces réalisations font de Sanmicheli l'un des initiateurs de l'architecture classique en Vénétie. Il tempère la rigidité du style romain par l'élégance des proportions. Certaines des œuvres furent achevées par son neveu, Gian-Girolamo Sanmicheli.

RENÉE PLOUIN

SANSOVINO JACOPO TATTI dit (1486-1570)

Architecte et sculpteur qui devait prendre le surnom de son maître Sansovino, Jacopo Tatti joue un rôle particulièrement important dans le développement de l'art vénitien. Florentin de naissance, il entre dans l'atelier d'Andrea Contucci dit Sansovino et le suit à Rome. Travaillant dans la Ville éternelle de 1503 à 1510/11, puis, après un retour à Florence à cause de sa santé, de nouveau de 1518 à 1527, il fréquente le cercle des San Gallo et de Michel-Ange. Après le sac de la ville par les impériaux, Jacopo se réfugie à Venise où il se fixe définitivement, refusant notamment sur les conseils de l'Arétin une invitation de François Ier, et aussi celle du pape qui désirait son retour au Vatican. Sansovino est alors nommé *protomaestro* de la fabrique de Saint-Marc. Après avoir donné, à Padoue, des reliefs pour la basilique de Saint-Antoine, et la statue d'une Vierge à l'Enfant, il entreprend à Venise de grands travaux d'architecture : *libreria*, *logetta* du campanile de Saint-Marc dont il sculpte les bas-reliefs, reliefs en bronze pour la porte de la sacristie et pour les chaires de Saint-Marc (1537-1544). On lui demande ensuite une statue d'Ercole de Ferrare et les deux figures de Mars et de Neptune — symboles de la République de Venise — qui se trouvent sur le perron d'honneur du palais des Doges. Sansovino prend une importance de plus en plus grande dans les travaux de la Sérénissime, dressant les plans de la Zecca, de la Scuola della Misericordia, de l'église San Francesco della Vigna, de l'église San Giminiano. Au palais Corner sur le Grand Canal (1536), il maintient la disposition traditionnelle du rez-de-chaussée vénitien, mais superpose deux étages scandés par des ordres classiques dans la pure tradition romaine. Il fait désormais autorité dans presque toute l'Italie : on l'appelle à Florence, à Brescia, à Pola. Son originalité est d'avoir réussi la synthèse entre la manière romaine et le goût vénitien, en alliant au classicisme monumental un élément de couleur par les jeux des ombres et de la lumière, et en intégrant la sculpture à l'ordonnance architecturale.

RENÉE PLOUIN

SANT'ELIA ANTONIO (1888-1916)

L'apport de l'Italien Sant'Elia à l'architecture moderne est difficile à évaluer, car son expérience d'architecte n'a connu qu'un développement limité.

Ses conceptions théoriques retiennent l'attention : dans le climat de confusion de l'éclectisme italien, sa position suggère une nouvelle problématique critique. Sa production figurative nous est connue à partir des années 1910-1911, au cours desquelles il fréquente l'Académie Brera et se lie aux milieux artistiques milanais. Il construit, en 1911, près de Côme, la villa Elisi, œuvre au demeurant assez peu significative. À partir de 1913, ses dessins se libèrent graduellement de la dépendance à l'égard du répertoire Art nouveau et aboutissent aux schémas des *Dynamismes architectoniques*, purgés de tout esprit décoratif. En mai 1914 paraît *Le Message* et, deux mois après, le *Manifeste de l'architecture futuriste*, tous deux signés de Sant'Elia ; cependant que ses dessins (*La Ville nouvelle*, *Gares*, *Ponts*) sont exposés pour la première fois à Milan. Les prédictions du *Message* et du *Manifeste* relatives à un nouvel espace urbain se reflètent dans ces interprétations purement idéologiques de l'architecture ; le caractère même de sa théorie ne lui permet pas la formulation nette de principes figuratifs : « L'architecture, comme art de disposer les formes des édifices selon des critères fixés d'avance, est morte. L'architecture doit [...] faire du monde des choses une projection directe du monde de l'esprit. D'une architecture ainsi conçue ne peut naître aucune habitude plastique et linéaire, car l'architecture futuriste sera fondamentalement transitoire et périssable. Les choses dureront moins que nous. Chaque génération devra construire sa ville. »

Les dessins de *La Ville nouvelle*, fragments de scène urbaine et non pas projets consistants d'urbanisme, montrent comment la ville futuriste est une image parfois suggestive mais surtout littéraire. L'insistance sur ce thème, chez les artistes du premier futurisme, souligne le caractère d'un mouvement imaginatif qui fut, plus que tout autre, citadin. Il est impossible de parler d'architecture futuriste sinon en termes de programme et de poétique, mais l'expérience de Sant'Elia est inséparable du contexte général du mouvement. Après sa mort, les éléments virtuellement positifs de ses intuitions ne sont pas approfondis et le mouvement se dégrade rapidement dans les vaines scénographies de Virgilio Marchi et l'exaltation rhétorique de l'univers machiniste.

MARILÙ CANTELLI

SANTOS DE CARVALHO EUGENIO DOS (1711-1760)

Après le tremblement de terre de Lisbonne en 1755, Dos Santos fut chargé, par le marquis de Pombal, de la reconstruction de la capitale, sous la responsabilité de l'ingénieur Manuel de Maia. La régularité de son plan quadrillé, aux rues à angle droit, inspiré d'une base navale anglaise de Minorque, l'austérité de ses immeubles d'habitation uniformes, avec locaux commerciaux au rez-de-chaussée, l'ont fait considérer parfois-comme l'un des précurseurs de l'urbanisme fonctionnel du XXe siècle.

ROBERT FOHR

Bibliographie
G. KUBLER & M. SORIA, *Art and Architecture in Spain and Portugal [...] 1500 to 1800*, Harmondsworth, 2e éd., 1969.

SARTORIS ALBERTO (1901-1998)

L'architecte italien Alberto Sartoris a toujours montré sa prédilection pour le dessin axonométrique, ce mode de représentation étant pour lui une technique descriptive qui, en intégrant plans et coupes, nous renseigne de manière concise sur tous les aspects du projet architectural, y compris sa disposition dans l'espace. Le nom de Sartoris reste davantage lié à ses créations de dessins et à ses activités de publiciste qu'à ses propres réalisations architecturales.

Né à Turin le 2 février 1901, Sartoris accomplit ses études d'architecture à l'école des Beaux-Arts de Genève, de 1916 à 1919. De 1922 à 1926, il s'établit à Turin dans l'atelier d'Annibale Rigotti. Celui-ci l'introduit dans le cercle des intellectuels réunis autour du collectionneur Riccardo Gualino, où Sartoris rencontre les peintres Felice Casorati, Luigi Fillia et l'historien de l'art Lionello Venturi. En collaboration avec Casorati, Sartoris réalise un théâtre privé pour Gualino (1924-1925). Là, il expérimente l'intégration des arts qu'il défend. Casorati lui aurait dit : « Nous devons faire un théâtre ensemble ; je réaliserai les sculptures, toi l'architecture, mais il faut faire une œuvre métaphysique. » Mais des querelles autour du projet décident Sartoris à interrompre sa collaboration.

Son premier contact avec les avant-gardes internationales, en particulier les futuristes italiens, a lieu à l'occasion de l'*Exposition internationale d'art moderne* à Genève (1920-1921) à laquelle participe Marinetti. L'exposition parisienne du groupe De Stijl à la galerie de l'Effort moderne, à l'automne de 1923, attire son attention sur le procédé analytique appliqué par De Stijl pour dépasser la vision perspective héritée de la Renaissance et sur les possibilités offertes par les axonométries en couleur. Attentif à saisir la portée des idées nouvelles, Sartoris se lie, dès 1926-1927, avec le groupe naissant des rationalistes italiens mais sa collaboration avec Giuseppe Terragni ne commencera que vers la fin des années 1930. C'est en 1927 qu'il adhère au futurisme. Présent dans toutes les expositions et dans tous les débats, Sartoris, l'« ambassadeur de l'architecture italienne à Genève », fait bénéficier les Italiens de ses rapports avec les milieux internationaux. En 1928, il participe à l'*Exposition des communautés artisanales* à Turin ainsi qu'à la première *Exposition d'architecture rationnelle* au palais des Expositions à Rome, où, parmi les dessins exposés, figure l'axonométrie du pavillon des Communautés artisanales, que Sartoris présente comme le premier projet d'architecture rationaliste jamais réalisé en Italie. La même année, il représente l'Italie au C.I.A.M. de La Sarraz en Suisse. Sa collaboration aux publications du peintre futuriste Luigi Fillia, *La Città Futurista* et *La Città Nuova*, commence en 1929, date à laquelle il publie des articles sur la nouvelle architecture dans la revue *La Casa Bella*. Son essai *Antonio Sant'Elia* (1930) situe l'architecte futuriste en précurseur du processus de renouveau de l'architecture italienne. Cofondateur de *Cercle et carré*, Sartoris participe à la première exposition internationale du groupe à la Galerie 23 de Paris ; en 1931, il devient membre d'Abstraction-Création. Pour Sartoris, ce sont les peintres qui ont inventé l'architecture moderne. « Les peintres et les poètes cubistes et néo-plasticiens, violemment prodigues de leur génie et de leur lyrisme constructif, firent davantage pour l'architecture moderne – écrit-il – que ce que n'a pu faire la masse anonyme des architectes. » Entre 1930 et 1932 Sartoris réalise quatre « tableaux d'architecture », ses plus beaux dessins : la villa-studio du peintre Jean-Saladin van Berchem à Paris, la maison du poète Henri Ferrare à Genève, l'église Notre-Dame-du-Phare à Fribourg et la petite église du Bon Conseil à Lourtier. Seule à avoir été construite, la chapelle de Lourtier (1932) est agrandie et transformée de 1955 à 1957, alors que Notre-Dame-du-Phare, sous-titrée par Sartoris : « Cathédrale-monastère, centre culturel, scolaire et religieux en acier, marbre, cristal et béton armé », a été immortalisée en 1980 quand Kenneth Frampton la choisit pour illustrer la couverture de *L'Architecture moderne*. Pour l'historien américain en effet, cette image, « Logo synthétiseur par excellence », suggère les multiples aspects de l'avant-garde européenne.

Les axonométries colorées de Sartoris constituent une exégèse convaincante de sa poétique de l'architecture néo-plastique et rationnelle. De cette vision de l'architecture, Sartoris essaye, dès 1932, de réaliser un thesaurus et publie *Gli elementi dell'architettura funzionale. Sintesi panoramica dell'architettura moderna*, (1932, 1935, 1941) dont le premier préfacier est Le Corbusier. Il poursuivra, dans la série *Encyclopédie de l'architecture nouvelle* (1948, 1954, 1957), son rêve obstiné, réussir à forger la structure philosophique de l'architecture moderne.

MARILÙ CANTELLI

Bibliographie

M. CANTELLI, « Les Formules du "fonctionnalisme" de Sartoris », in J. Guillerme dir., *Amphion. Étude d'histoire des techniques*, Picard, 1987 / J. GUBLER & A. ABRIANI, *Alberto Sartoris. Novanta gioielli*, Mazzotta, Milan, 1992 / M. SEUPHOR, *Sartoris*, Jean Scheiwiller, Milan, 1933.

SAUVAGE HENRI (1873-1932)

Après des débuts brillants dans l'Art nouveau, l'architecte Henri Sauvage oriente sa pratique vers une rationalisation de l'habitation collective en concevant des unités d'habitation en gradins qu'il réalisera partiellement. En 1901, il construit la villa Majorelle à Nancy. C'est le meilleur exemple de l'architecture de l'école de Nancy, construit par un architecte parisien qui bientôt abandonnera ce formalisme littéraire pour une architecture plus épurée. En 1912, Sauvage abandonne ses exercices d'Art nouveau pour une recherche méthodique d'habitat rationnel. Il construit un immeuble d'appartements, 26, rue Vavin, à Paris. Redéveloppant l'idée de la cité-jardin, il construit cet immeuble dans lequel l'intimité et la vue dont on jouit de chaque appartement sont assurées par un système de gradins. Sauvage reprendra cette idée, en la systématisant, et dessinera même des villes en gradins, se rapprochant intuitivement de son contemporain italien Sant'Elia. En 1924, bien avant Le Corbusier, Sauvage construit, 26, rue des Amiraux, sur un financement de logement social, une unité d'habitation collective (dotée d'une piscine) dans laquelle les services sont rationnellement regroupés. Après l'expérience charnière, dans l'œuvre de Sauvage, de la rue Vavin, il entreprend une production complexe qui réunit aussi bien les maisons « à gradins » que les recherches technologiques sur les « maisons préfabriquées en série et à éléments standardisés ». Les premières études sur les maisons à gradins datent des années 1907-1908. Sauvage développe son idée de structure d'habitation dans des éléments du vocabulaire Art nouveau (bow-windows et loggias très arrondies), ainsi que dans l'assemblage des volumes et des toitures à pente très prononcée des modèles régionaux. En 1907, eut lieu à Darmstadt la troisième et dernière exposition internationale de la *KünstlerKolonie* qui révéla l'épuisement des expériences Art nouveau, marqué d'ailleurs par la fondation du *Deutscher Werkbund*. Lié à la tradition technologique propre à la culture architectonique française, Sauvage reçoit de la ville de Paris, en 1913, la commande d'un projet pour une construction à bon marché sur le terrain de la rue des Amiraux. La réalisation ne débuta que dix ans plus tard. Sauvage expérimenta la méthode d'« usinage » dans la réalisation de deux grands magasins. Entre 1926 et 1929, il s'occupe avec Frantz Jourdain de l'agrandissement de la Samaritaine. Ses compétences en matière d'organisation de chantier, son habileté à concevoir les structures métalliques et le façonnage en usine d'éléments spécifiques pour chaque intervention se révélèrent à l'occasion de ce chantier. À Nantes, en 1931, il entreprend la réalisation des grands magasins Decré dans une totale liberté d'action. Le projet était rendu particulièrement difficile en raison des différences de niveau et de l'étroitesse des rues voisines. Tenant compte de ces contraintes, Sauvage décide d'un rez-de-chaussée en retrait (pour élargir le trottoir) et suspend les façades à la structure portante. Le plancher du rez-de-chaussée en « aile de moulin » s'adapte à la pente des rues. Sauvage adopte avec succès la méthode de l'usinage et cent jours lui suffisent pour construire 8 000 mètres carrés de planchers, y compris les fondations établies sur un sol schisteux. En 1929, il étudie une typologie de petites maisons à construire selon le procédé Monteils. Il met aussi au point un autre système pour la réalisation de ces maisons, un matériau courant : les tuyaux en ciment amiante Éternit (les tuyaux très résistants placés verticalement les uns à côté des autres « pouvaient épouser tous les contours les plus fantaisistes du plan »). Avec la construction de deux cinémas parisiens (Sèvres et Gambetta) et par sa participation importante à l'exposition de 1925, Sauvage apparaît comme un maître de l'« art déco » : le pavillon du Printemps, la galerie Constantine sont des témoignages de l'esthétique art déco. Architecte reconnu, Sauvage participera au concours pour la transformation des Galeries Lafayette. En 1927-1928, il élabore une série de projets utopiques pour le bord de la Seine. Le *Giant Hotel* devait s'étendre sur une surface de 20 000 mètres carrés, les seize étages s'élevaient à 70 mètres de hauteur et comportaient treize cents chambres réparties en gradins. Le noyau central était affecté à différents halls ; six restaurants, une piscine, un théâtre et un cinéma de 2 000 places chacun, quatre tennis, un garage pour cinq cents voitures, sans oublier les services nécessaires à ces fonctions. Les constructions à gradins étaient pensées par Sauvage comme un élément constitutif du milieu urbain. Un projet pour un « immeuble à habitations et garage » qui pouvait être édifié sur un terrain vaste de 32 000 mètres carrés comprenait six cents appartements, un garage pour quatre mille voitures, quatre salles de tennis, un restaurant et une piscine. Ces projets représentent de vastes organismes urbains où la typologie pyramidale est envisagée à très grande échelle. Ces formes englobantes abritent des équipements qui transforment la ville en cité futuriste : ainsi le projet de la « tour pyramide » sur le cimetière du Montparnasse qui permettait de libérer 100 000 mètres carrés de surface habitable.

À l'heure de la mutation industrielle, Sauvage a participé avec enthousiasme au renouvellement de l'architecture. Dans la première partie de sa carrière, il applique ses conceptions architecturales pour des logements à bon marché qui répondent à un programme civique contemporain. En particulier, la rue des Amiraux, dont le complexe architectural montre la justesse des conceptions de Sauvage en matière d'organisation technique et de nouveauté architectonique. Dans sa période de maturité, 1912-1932, Henri Sauvage démontre une prodigieuse capacité d'adaptation, ne révélant toutefois son esprit créatif que là où le problème qui lui était posé le contraignait à aller au-delà des solutions usuelles.

CHRISTIAN BONNEFOI

SCAMOZZI VINCENZO (1552-1616)

Formé à l'architecture par son père Gian-Domenico (1526-1582), Vincenzo Scamozzi étudie les œuvres de Palladio et fait de nombreux voyages en Italie et en Europe (on conserve de lui un carnet de dessins exécutés d'après des monuments français). Son œuvre est très éclectique. Ainsi, la villa Pisani à Lonigo (1576) et l'église San Gaetano de Padoue s'inspirent directement de Palladio tandis que le palais Trissino al Duomo de Vicence semble plus proche de Serlio. Pour les nouvelles Procuraties qu'il élève place Saint-Marc à Venise à partir de 1584, il s'aligne sur le style décoratif de Sansovino et de la Libreria. Avec le palais Contarini, également à Venise, Scamozzi atteint une élégance classicisante, une ferme définition des volumes géométriques qui n'excluent pas les raffinements maniéristes. Parmi ses travaux, importants et variés, citons le proscenium du théâtre olympique de Vicence laissé inachevé par Palladio (1583-1585), le théâtre ducal de Sabbionetta (1588-1589), un projet pour la cathédrale de Salzbourg, un autre pour le pont du Rialto et divers travaux hydrauliques qui relèvent de l'art de l'ingénieur (1606-1607). Architecte, ingénieur, Scamozzi est en outre un théoricien et publie de nombreux ouvrages archéologiques, notamment un traité intitulé Idée de l'architecture universelle (Idea dell'architettura universale, 1615), qui reste l'élément de base de sa réputation. Comme le titre l'indique, l'auteur envisage toutes les règles d'architecture du monde connu. Il prône les ordres antiques et cherche, par eux, à déterminer la perfection du goût classique, préconisant le choix des formes en fonction de leur finalité pratique. Par là, Scamozzi fut, en quelque sorte, un précurseur des architectes néo-classiques et éclectiques.

RENÉE PLOUIN

SCARPA CARLO (1906-1978)

L'architecte Carlo Scarpa est né à Venise. En 1926, il obtient à l'Académie des beaux-arts de Venise le diplôme de professeur de dessin d'architecture. Scarpa appartient à la génération qui se forme entre les deux guerres, quand l'architecture passe des décadences du dernier style Liberty à la rhétorique des monuments fascistes. Il rejette l'enseignement académique et étudie pour son propre compte les maîtres de l'Art nouveau (Olbrich et Hoffmann, en particulier) et l'architecture de sa ville (Palladio, notamment).

Entre 1927 et 1947, Scarpa produit très peu : quelques aménagements intérieurs et quelques projets. Il travaille le verre dans les ateliers de Murano, où il apprend le secret de la réalisation patiente, consciente et mesurée des « objets ». De cette expérience lui viendra la passion de « toucher les choses », qui explique sa connaissance intime de la texture de Venise, de ses pierres, de ses matériaux et des différentes techniques qui ont présidé à leur utilisation.

SCARPA CARLO

Cette passion des textures restera la caractéristique majeure de son œuvre. Son isolement à Murano, « la seule chose possible » pendant les années obscures du fascisme, ne l'empêchera pas de se tenir au courant des nouvelles orientations des arts plastiques en Europe. Il répondra donc à l'appel au renouveau lancé en 1948 par G. Samonà, directeur de l'Institut universitaire d'architecture de Venise. La même année, Scarpa organise la présentation de l'exposition *Paul Klee* pour la XXIVe biennale. Il aborde ainsi pour la première fois la problématique des expositions d'art : « Placer correctement une œuvre d'art implique qu'on en comprend la nature, le caractère, l'essence la plus spécifique. » Cette expérience formera la base de ses idées, discours sur la muséographie, qu'il développera à maintes reprises par la suite.

En 1951, il rencontre F. L. Wright, venu à Venise pour le fameux projet sur le Grand Canal, rencontre qui scellera pour toujours sa dévotion au maître américain.

Entre 1948 et 1956, Scarpa organise la présentation de nombreuses expositions (G. Bellini, Antonello de Messine, Mondrian...), aménage des musées (notamment certaines salles de l'Académie et du musée Correr à Venise, des Offices à Florence et le musée Abatellis de Palerme) ainsi que des magasins. Il réalise deux pavillons dans les jardins de la Biennale : en 1950, celui du « Livre d'art » et, en 1956, celui du Venezuela, qui le consacrera comme architecte, alors qu'il était auparavant considéré comme un créateur de design.

De 1957 à 1978, son œuvre se caractérise par de nombreux projets d'habitations « non réalisées » : dessinant des centaines d'esquisses et méditant très longuement sur des détails, Scarpa irrite ses clients, qu'il perd souvent. Parmi de rares réalisations, on citera la villa Veritti, à Udine (1955-1961).

À Venise même, Scarpa a très peu construit : en 1958, le magasin Olivetti, sous les arcades des *Procuratie Vecchie* de la place Saint-Marc. En 1961-1963, il restaure le rez-de-chaussée et aménage le jardin de la Fondation Querini-Stampalia. Cette œuvre lui fera découvrir qu'à Venise « l'eau » est un « matériau ».

Parmi les nombreuses présentations d'expositions que Scarpa réalise tout au long de sa vie, car elles étaient pour lui l'occasion d'aborder différents sujets, celle pour le pavillon de la Vénétie à l'exposition *Italia '61* de Turin est la plus brillante par l'utilisation qu'il fait des verres de Murano, des couleurs et de l'eau.

Scarpa a été considéré, à juste titre, comme le grand spécialiste des aménagements de musées. Son chef-d'œuvre est indéniablement celui de Castelvecchio, à Vérone (1956-1964). Dans les musées qu'il a aménagés, Scarpa a su « réinventer » pour le visiteur les objets qu'il devait présenter. De 1963 à 1972, il est chargé de la reconstruction du théâtre Carlo-Felice, à Gênes. Cette expérience lui permit d'étudier et d'expérimenter les différentes solutions qu'autorise la thématique théâtrale.

Parmi ses dernières réalisations, le cimetière Brion Vega à San Vito d'Altivole, près d'Asolo, province de Trévise (1970-1974), est en quelque sorte la synthèse des différentes influences qui ont marqué Scarpa : Venise est présente dans les parcours et dans l'utilisation de l'eau ; l'Art nouveau, dans les détails architectoniques et, en particulier, dans certaines solutions de la chapelle ; à l'art oriental il a emprunté son vocabulaire formel (l'entrée, l'arc, les sarcophages, le cloître).

LUCIANA MIOTTO MURET

SCHAROUN HANS (1893-1972)

L'activité professionnelle du Brémois Hans Scharoun s'étend de 1920 à 1970, et les mouvements les plus importants de l'architecture moderne allemande sont marqués par ses œuvres.

Les débuts du fonctionnalisme, illustrés par Gropius, mouvement qui allait déboucher sur le Bauhaus et, plus tard, sur l'« architecture internationale », ont eu en Allemagne une coloration très particulière : l'ensemble des artistes d'avant-garde exprimait à travers l'expressionnisme une attitude éloignée du rationalisme ascétique d'Adolf Loos. C'est pourquoi Bruno Taut, Hans Poelzig, Finsterling et Mendelsohn ont exploré à cette époque un grand nombre de formes et de structures qui indiquent une vision différente de l'architecture « cubiste ».

Scharoun participe à ces mouvements (le Ring fondé en 1926, la revue *Frühlicht* dirigée par Bruno Taut) et est aussi imprégné à cette époque des théories « organiques » de Hugo Haring, qui explique que la forme architecturale doit être déduite de la complexité des fonctions de la vie. Haring analyse la fonction de chaque élément du bâtiment et conçoit ainsi de libres assemblages de formes complexes.

C'est à partir de ces techniques que Scharoun aborde les problèmes les plus importants de son temps et qu'il propose des solutions toujours originales marquant à chaque fois la réflexion sur un certain nombre de thèmes.

Sa conception de l'habitat collectif (développée en particulier dans les immeubles Roméo et Juliette à Stoccarda 1954-1959) montre comment les appartements d'un immeuble peuvent constituer un véritable espace architectural qualifié par le simple agencement de quelques cloisons. Cette démarche donne naissance à un habitat où l'architecture ne se manifeste ni par les matériaux, ni même par les formes (en tant que plaisir esthétique dont les formes seraient la source), mais uniquement par l'articulation des espaces et de la vie qu'ils rendent possibles.

L'école de Darmstadt, édifiée en 1951, est aussi un exemple de la façon dont Scharoun renouvelle les données d'un programme : c'est la vie de chaque classe qui lui donne sa disposition, et la forme de l'ensemble semble le résultat presque aléatoire de ces organisations élémentaires.

Le théâtre, la salle de concert ont aussi été réévalués par Scharoun, aboutissant sans doute au plus grand chef-d'œuvre de l'architecture organique allemande : la salle du Théâtre philharmonique de Berlin (1956-1963).

BERNARD HAMBURGER

SCHINKEL KARL FRIEDRICH (1781-1841)

Schinkel, qui apparaît aujourd'hui comme l'architecte allemand dominant de son siècle, est né à Neuruppin (Brandebourg). Il a laissé une œuvre à multiples facettes comportant notamment, en dehors de ses réalisations et de ses projets architecturaux, des peintures (jusqu'en 1825 : *La Grèce à l'époque de sa floraison*), des décors de théâtre, du mobilier, ainsi que des études archéologiques et théoriques (*Karl Friedrich Schinkel, 1781-1841*, catal. d'expos., Berlin-Est, 1980, et

Karl Friedrich Schinkel, Architektur, Malerei, Kunstgewerbe, catal. d'expos., Berlin-Ouest, 1981). Sa conception d'une architecture que l'on peut qualifier de néo-grecque s'inspire autant de l'Antiquité, de l'époque gothique que de la révolution industrielle anglaise (voyage de 1826). Elle a constitué la référence de toute l'école berlinoise, et plus particulièrement de Hitzig et Stüler.

À partir de 1797, il est élève de David Gilly et de son fils, Friedrich, dont le projet de monument à Frédéric le Grand marque l'avènement du néo-classicisme prussien. En 1799 il suit l'enseignement de Gentz, de Langhans, de Hirt à l'École d'architecture de Berlin. Un voyage en Italie entre 1803 et 1804 le conduit à Rome, à Naples et en Sicile (en 1824 il effectue un second voyage en Italie). Dès 1806, il signe des peintures pour des dioramas et panoramas, dont celui de Palerme en 1808 et *Les Sept Merveilles du monde* en 1813. Parallèlement, il exécute de nombreuses peintures de paysages proches du style de Friedrich et de Runge, où il apparaît comme un partisan du néo-gothique. Son projet d'un monument en forme de cathédrale pour commémorer les guerres de libération de 1814 en représente l'aboutissement. Sa carrière au sein de l'administration des travaux publics de Berlin débute en 1810 grâce à Wilhelm von Humboldt qui l'introduit auprès de la famille royale. En 1815, il est nommé conseiller supérieur et s'occupe à ce titre non seulement de la transformation de la capitale (son premier plan d'aménagement de Berlin date de 1817), mais encore des monuments historiques de la Prusse. Il conçoit alors également de nombreux décors scéniques, dont celui pour *La Flûte enchantée* (1815-1816).

Parmi ses travaux exécutés à Berlin, on peut citer le mausolée de la reine Louise à Charlottenbourg (1810) ; la Neue Wache (1816-1818), corps de garde doté de l'ordre dorique ; le théâtre du Gendarmenmarkt (1818-1821) ; le musée du Lustgarten (Altes Museum, 1823-1830) qui constitue une contribution majeure à l'architecture des musées dans le sillage de Durand ; le pavillon du château de Charlottenbourg (1824-1825) ; de nombreuses fabriques dans l'île des Paons (Pfaueninsel, 1815, 1824 et années suivantes) ; le Neue Packhof, entrepôt rationaliste (1829-1831) ; l'École d'architecture de Berlin (1831-1836). Il signe également de nombreux édifices cultuels : les églises de Louise (1821-1826), de Nazareth, Saint-Paul, Saint-Jean, Sainte-Élisabeth (1832-1834). Si Schinkel recourt ici à un vocabulaire néo-Renaissance ou antiquisant, la Friedrich-Werdersche Kirche (1824-1830) est un chef-d'œuvre de l'architecture néo-gothique en brique. L'église Saint-Nicolas à Potsdam (1830-1847) apparaît cependant comme son œuvre majeure dans ce domaine. Schinkel rejoint la problématique internationale des églises à dôme sur plan centré. Le château de Charlottenhof et les bains romains de Potsdam (1826-1835) illustrent son intérêt pour le décor intérieur et la composition pittoresque.

L'architecte a projeté et exécuté de nombreux édifices dans les « provinces » annexées par la Prusse, et notamment en Rhénanie et sur le territoire de l'actuel État polonais (repos de chasse à Antonin, 1822-1824 ; projet d'un château pour Potocki à Krzeszowice, 1823). Certains de ses travaux se situent au niveau de la pure reconstitution archéologique et de l'utopie : la restitution de la villa de Pline en 1833 ; le palais pour l'Acropole (1834) ; ou celui d'Orianda, en Crimée (1838).

Dès 1819, Schinkel est membre de la députation technique pour les arts et métiers de la Prusse, destinée à relancer l'industrie (en collaboration avec Beuth). Il fournit de nombreux modèles pour des artisans, s'intéressant notamment aux objets en zinc et en bronze, ainsi qu'au mobilier.

L'œuvre de Schinkel est largement diffusée grâce à la publication de la *Sammlung architektonischer Entwürfe, 1819-1840*. Son projet de publier un cours d'architecture ne fut pas réalisé, mais les nombreux fragments conservés permettent d'en reconstituer plusieurs versions successives : « romantique », « classique » et « technicienne ». Schinkel apparaît ainsi comme l'un des théoriciens majeurs de son époque.

De très nombreuses études ont été consacrées à Schinkel (on se reportera utilement à G. Peschken, *Das architektonische Lehrbuch*, Munich-Berlin, 1979), mais son œuvre n'a pas toujours été resituée dans le contexte national (rapports avec Weinbrenner, Klenze ou Gärtner) et international, malgré sa nomination dans plusieurs académies étrangères. Ses relations avec la France, notamment, restent à étudier.

WERNER SZAMBIEN

Nering comme architecte de l'Arsenal, construit de 1695 à 1717 et terminé par Jean de Bodt ; en 1698, il reçut la direction des travaux du palais, dont il dessina les façades sur la cour intérieure et sur le jardin ainsi que l'escalier monumental. En dépit de son intérêt pour les sciences exactes, il commit à plusieurs reprises de graves fautes de construction, dont l'une lui coûta la faveur royale : la tour de la Monnaie, qu'il avait entrepris de surélever en 1702, dut être abattue quatre ans plus tard, avant même d'être achevée, pour éviter qu'elle ne s'écroule. En 1714, après la mort du roi, il suivit l'ambassadeur de Prusse à Saint-Pétersbourg où il mourut peu après son arrivée. Ses constructions d'un baroque un peu lourd se distinguent par l'abondance des sculptures associées à l'architecture. Sculpteur lui-même, il a réalisé la statue en bronze de Frédéric III et surtout le monument équestre du Grand Électeur (1700, les esclaves du piédestal en 1708), inspiré, comme la statue équestre de Louis XIV par Girardon qui lui est à peu près contemporaine, de la statue de Marc-Aurèle sur la place du Capitole à Rome.

PIERRE VAISSE

SCHLÜTER ANDREAS (1660 env.-1714)

Sculpteur et architecte allemand, Schlüter fut actif surtout à Berlin, où il se fixa au plus tard en 1694, sans doute appelé par l'électeur Frédéric III (devenu en 1701 roi de Prusse sous le nom de Frédéric Ier). Probablement originaire de Dantzig, il avait auparavant travaillé à Varsovie, mais sa formation reste obscure. À Berlin, où il exerça de 1702 à 1704 la charge de directeur de l'Académie des beaux-arts, il succéda à

SCHOCH JOHANNES (1550 env.-1631)

Originaire du pays de Bade, Schoch devint bourgeois de Strasbourg en 1577. En 1583, il entra au service du margrave de Bade pour lequel il travailla à l'Ernestinum de Durlach et au château de Gottesaue (1588-1589). Dans les mêmes années furent élevés à Strasbourg, sur ses plans, le Neue Bau (1582-1585), le Salzhaus (1586) et la Grande Boucherie

(1587-1588). Nommé architecte de la ville après la mort de Daniel Specklin, Schoch renonça à cette charge en 1597. Entre 1601 et 1607, il conduisit les travaux du Friedrichsbau d'Heidelberg, édifice de structure Renaissance, dont la surcharge décorative appartient déjà à l'art baroque.

ROBERT FOHR

Bibliographie
E. HEMPEL, *Baroque Art and Architecture*, New York, 1977.

SCOLARI MASSIMO (1943-   )

Architecte italien. Comme son ami Léon Krier, Scolari est un architecte sans œuvre construite. Cet élève de Rossi consacre sa carrière à la recherche, l'enseignement et l'édition, notamment depuis 1973 au travers de la revue *Lotus International*. Il s'est également illustré par une importante production d'aquarelles, sortes d'utopies poétiques où domine le goût du trompe-l'œil et des citations. Bibl. : *Massimo Scolari, Architecture between Memory and Hope*, New York, 1976-1980.

FRANÇOIS GRUSON

SCOTT sir GEORGE GILBERT (1811-1878)

Architecte britannique, autodidacte, Scott incarne la réussite de sa profession à l'ère victorienne. Après des travaux pour l'administration (hôpitaux, prison de Reading), il restaure des édifices médiévaux et construit des églises néo-gothiques, sans originalité. Chargé de construire l'immeuble du Foreign Office (1856-1873) à Londres, il crée l'Albert Memorial (1863) s'inspirant du monument Scaliger de Vérone. Célèbre, il se voit confier de nombreux travaux par l'administration, l'église (cathédrale de Glasgow) ou les universités (à l'Exeter College d'Oxford, et au St. John's College de Cambridge) et bâtit l'immense hôtel de la gare Saint Pancras à Londres (1867). Conformiste, il défend les recettes d'une architecture officielle dans ses mémoires où il passe en revue les créations de ses contemporains (*Personal and Professional Recollections,* paru en 1879).

JEAN-PIERRE MOUILLESEAUX

Bibliographie
D. COLE, *The Work of Sir George Scott,* Londres, 1980.

SEGAL WALTER (1907-1985)

Originaire d'Ascona, dans le canton suisse du Tessin, Walter Segal a accompli un parcours assez inhabituel en s'inscrivant successivement aux écoles d'architecture de Berlin, de Delft et de Zurich. En 1936, il s'installe à Londres et il ne quittera plus la Grande-Bretagne. Après avoir participé, de 1950 à 1970, à l'essor de la construction dans ce pays, il devient très méfiant à l'égard du gigantisme et cherche une solution qui engagerait les futurs habitants d'un quartier dans le processus de construction de leurs logements. En effet, depuis ses études à Berlin où il connut Bruno Taut, l'un des inventeurs du logement social moderne, Segal s'intéressait aux problèmes de l'habitation ouvrière.

C'est dans les années 1970 qu'il conçoit ses premières maisons pour autoconstructeurs, mais il ne parvient pas à les imposer aux fortes résistances bureaucratiques. Il faudra attendre 1980 pour voir la municipalité de Lewisham, au sud-est de Londres, prendre en compte ses projets et lui permettre de les mettre à exécution à un moment où la commande publique diminue fortement dans toute l'Europe. Segal est revenu à la maison isolée, à la façon des Castors français, avec cette différence qu'ici la présence de l'architecte a été constante : chaque famille a travaillé avec lui à la définition de son programme et de son espace dans le cadre des dix-neuf variantes possibles du plan initial. À partir d'une structure en bois, des éléments industrialisés ont été fournis aux autoconstructeurs qui les ont facilement agencés. Seules les couvertures en terrasses ont été réalisées par des entreprises. L'entraide a très bien fonctionné, et les délais de réalisation ont varié de dix mois à deux ans.

Bâtisseur tenté par l'utopie, Walter Segal fut l'un des rares maîtres d'œuvre pratiquant le dialogue avec ses clients : les solutions qu'il a proposées sont du plus haut intérêt pour le relogement et la réinsertion sociale des personnes à faible revenu.

ROGER-HENRI GUERRAND

SEMPER GOTTFRIED (1803-1879)

Architecte allemand, Semper est, avec Schinkel, l'un des plus importants représentants de l'historicisme romantique allemand, mais aussi l'un des tout premiers fonctionnalistes, et un grand théoricien de l'architecture.

Né à Hambourg, formé à Munich et à Paris, ayant voyagé en Italie et en Grèce (il écrit sur la polychromie dans l'architecture grecque, polychromie qu'il sera l'un des premiers à préconiser pour l'architecture moderne), Semper connaît parfaitement l'histoire de l'architecture lorsqu'il obtient une chaire à l'Académie de Dresde (1834). Cette ville possède son œuvre la plus célèbre, l'Opéra (où Wagner remportera ses premiers succès) : édifié en 1837-1841, il sera reconstruit par Semper en un style différent après l'incendie de 1869. La première version, de facture néo-Renaissance (relents de palladianisme), laissait voir de l'extérieur la fonction et l'organisation interne du bâtiment : façade courbe (semi-circulaire) évoquant l'emplacement réservé au public. La seconde version (1871-1878) est néo-baroque ; sans changer la configuration générale de l'édifice, elle ne démontre plus le rôle de ses différentes parties (et la raison de leur agencement), la décoration y reprenant figure de masque. Curieux retournement, car Semper est l'un des rares architectes du XIXe siècle, surtout dans le mouvement de l'historicisme romantique, à penser l'« ornement » (il aura une grande influence sur Loos) et à le penser en termes structuraux : la décoration ne doit pas être plaquée, mais elle doit jouer un rôle par rapport à une fonction globale de l'édifice et s'adapter historiquement, spatialement à la configuration du bâtiment. Semper édite une revue dont le titre est significatif (si on le rapproche du nom du groupe hollandais, De Stijl, gravitant autour de Mondrian), *Der Stil* (1861-1863), dont le thème principal est que tout détail signifie et que rien, dans un bâtiment comme dans la vie quotidienne, n'est accessoire ou indifférent. C'est pourquoi il ne faut pas se contenter d'une décoration de façade (comme souvent le néo-classicisme et, plus tard, l'Art nouveau), mais il faut l'organiser et la lier à toute la construction. À cette pensée, que l'on peut qualifier de structuraliste, correspond une métaphore chère au linguiste Saussure : pour Semper, le vêtement (dont il parle dans sa revue) est plus que le vêtement, ce n'est pas une simple enveloppe, car il est chargé de sens ; aussi n'est-ce pas un hasard si Semper est le premier Européen à considérer le tatouage africain comme un art.

Mais entre les deux versions de l'Opéra de Dresde s'est écoulé presque un demi-siècle : après la révolution de 1848, Semper, chassé (comme Wagner) de la ville pour son activité politique, se réfugie à Paris, puis à Londres (il prend contact avec les jeunes architectes, aussi bien les héritiers du Gothic Revival que les fonctionnalistes, et il prend la défense du Crystal Palace de Paxton). De cette époque datent les réflexions de Semper sur les relations entre la structure interne des matériaux et la forme, aussi bien dans l'artisanat qu'en architecture, *Le Style dans les arts techniques et architectoniques* (*Der Stil in den technischen und tektonischen Künsten*, 1860-1863). En 1855, il se rend à Zurich pour enseigner jusqu'en 1871 au Polytechnikum ; il entreprend alors la reconstruction de l'Opéra de Dresde et la création du Burgtheater de Vienne (qui sera réalisé sur ses plans par von Hasenauer). Mais aucun de ces bâtiments tardifs n'a la justesse (au sens où lui-même l'entendait, selon le principe d'harmonie du néo-classicisme) de ceux de la première période.

YVE-ALAIN BOIS

SÉNENMOUT (~XVIᵉ s.)

L'architecte du temple d'Hatchepsout à Deir el-Bahari en Égypte a connu une carrière exceptionnelle. D'origine modeste, il débute comme scribe des armées et des finances puis, fidèle d'Hatchepsout lorsque, régente, elle confisque le pouvoir à son profit, il connaît une ascension fulgurante. Il cumule plus de quatre-vingts titres et épithètes, dirige les domaines royaux, ceux du dieu Amon de Karnak et de la sœur de la reine. Il est directeur des constructions royales et des travaux d'Amon. Souvent représenté, laissant vingt-trois statues répertoriées, il connaît pourtant la disgrâce à la fin de sa vie, peut-être par vengeance de l'héritier du trône, Thoutmosis III.

LUC PFIRSCH

Bibliographie

C. MEYER, « Senenmut. Eine prosopografische Untersuchung », in *Hamburger Ägyptologische Studien,* 2, Hambourg, 1982.

SÉRÉ DE RIVIÈRES RAYMOND (1815-1895)

Après l'École polytechnique et celle du Génie, Séré de Rivières commence une carrière de technicien des constructions militaires dans plusieurs villes de France. Le développement de l'artillerie rayée l'oblige à entreprendre la modernisation du système défensif français avant 1870. Pendant la guerre de 1870, il est chargé de l'armée de l'Est et, après la défaite, de rendre la frontière moins vulnérable en créant deux rideaux défensifs composé chacun d'une ligne de forts renforcés en avant et en arrière par des forts isolés destinés à garantir l'utilisation des principales voies ferrées. Reprenant la notion de pré-carré et l'adaptant à l'est du pays et aux régions alpines, Séré conçoit un type de fort enterré dit d'arrêt, constitué d'une grosse batterie et abritant plusieurs canons : le blindage y est progressivement utilisé et la garnison s'enferme dans des abris.

CATHERINE BRISAC

Bibliographie

R. DUTRIEZ, *Besançon, ville fortifiée : de Vauban à Séré-de-Rivières,* Besançon, 1976.

SERLIO SEBASTIANO (1475-env. 1554)

Architecte et théoricien de l'architecture italien. Il fut l'élève à Rome de Baldassare Peruzzi qui lui légua ses notes et ses dessins. À Venise, où il se rendit sans doute après le sac de Rome de 1527, Serlio fut bien accueilli dans le milieu savant de Trissino, d'Alvise Cornaro, de Titien ; on le consultait comme un expert ; l'Arétin l'admirait sans réserve. Sur la foi de sa réputation, François Ier l'attira en France où il se rendit vers 1541. Cellini, qui l'y rencontra, le mentionna plus tard dans son traité sur l'architecture, mais en le donnant pour un plagiaire sans envergure. L'accusation fit long feu et reparut, particulièrement virulente, sous la plume de Lomazzo (*Idea del tempio della pittura*, 1590, chap. IV). Quant à Vasari, il a gardé sur Serlio un étrange silence. Les Français — Delorme, Philandrier, Goujon — le citent respectueusement mais brièvement. Serlio d'ailleurs s'est plaint lui-même qu'à la cour de France on n'ait eu guère recours à ses lumières. Il mourut à Fontainebleau, après une vieillesse difficile : quelques années auparavant, à Lyon, il avait dû vendre des fragments encore inédits de son traité sur l'architecture.

On signale peu de réalisations à l'actif de Serlio : quelques travaux à Venise, au palais Zeno (1531) et dans la salle du scrutin du palais des Doges (un plafond disparu), à Vicence au palais Migliorini ainsi qu'à la Casa Porto, où il édifia en 1539 un théâtre provisoire ; à Thiene, on lui doit le campanile du Dôme ; en France, il donna des dessins pour l'hôtel de Ferrare à Fontainebleau et pour le château d'Ancy-le-Franc (env. 1546). Son traité demeure l'essentiel de son œuvre. Il en commença la publication à Venise en 1537 et ne cessa d'y travailler jusqu'à sa mort. La forme en était très neuve : au lieu d'un discours suivi, accessoirement illustré de quelques planches, c'est une série de gravures commentées. Pour chaque édifice envisagé, on trouve un plan, une élévation, parfois même des coupes et des détails de modénature. Le texte en regard précise les rapports numériques, les modes d'assemblage ou la distribution des lieux. La démarche est empirique, les buts pratiques. Serlio y donne nombre de « recettes » commodes : comment déterminer un ovale, doubler une surface donnée, etc. Tout un livre, le septième, est consacré aux problèmes concrets posés par la restauration des vieux édifices, par l'adaptation des sites défavorables et par toutes sortes d'« accidents ». Rien donc qui rappelle le traité systématique d'Alberti ou les spéculations de Filarète et de l'auteur du *Songe de Polyphile*. On s'attache facilement pourtant à cet ouvrage, élaboré durant de longues années, et où se lisent parfois, en filigrane, des aveux autobiographiques : d'un livre à l'autre, Serlio se montre différent, influencé par des fréquentations variées, diversement préoccupé. Au livre II, sur la perspective, il se laisse aller à des souvenirs de jeunesse : car, fils d'un peintre de Bologne, Serlio commença par être lui-même peintre en perspectives ; et c'est par ce biais qu'il aborda l'architecture, à l'instar — il se plaît à le souligner — de Peruzzi, de Genga et même de Bramante. Vers 1511-1515, il séjournait à Pesaro, et c'est sans doute à cette époque qu'il fréquenta la cour d'Urbin, dont les divertissements et les pastorales lui ont laissé un souvenir ébloui ; passionné de théâtre, c'est avec un plaisir évident qu'il clôt son cours sur la perspective par des considérations sur les décors de la scène et ses trucs. Au livre III, c'est l'élève de Peruzzi qui nous apparaît, engagé dans l'étude approfondie de Vitruve et des ruines romaines : une autre période de sa vie. Tandis que la curiosité de Serlio et ses facilités d'assimilation se découvrent davantage dans les livres VI et VII où il confronte et médite les types d'architecture domestique de France et d'Italie, de Paris et de Venise. Les dates et l'ordre de publication des différents livres sont d'ailleurs significatifs : le livre IV, sur les ordres classiques, le premier achevé, fut aussi le premier publié, à Venise, en 1537 ; puis Serlio, s'aidant des matériaux rassemblés par Peruzzi, vint à bout du troisième livre sur les antiquités, qu'il publia en 1540. Les livres I et II (géométrie et perspective) sortirent à Paris en 1545, suivis du livre V (modèles de temples) en 1547. Le livre VII (des accidents), qu'il vendit à l'antiquaire Jacopo Strada de passage à Lyon, ne parut qu'après sa mort, en 1575, à Francfort.

Ces six livres (I, II, III, IV, V, VII) avec un autre livre extraordinaire contenant exclusivement des modèles de portes monumentales et paru à Lyon en 1551, constituèrent jusqu'à nos jours tout l'œuvre (*Tutte l'opere d'architettura*) de Serlio. Le succès en fut immense dans toute l'Europe. Les premières traductions et rééditions partielles datent du vivant de l'auteur. En 1584, Scamozzi publia à Venise la première édition complète ; il y en eut d'autres en 1618-1619 et en 1663. L'attitude antiphilosophique de Serlio, sa méfiance à l'égard des considérations théoriques, sa démarche de pédagogue, qui lui furent souvent reprochées par les théoriciens et par les critiques, contribuèrent sans nul doute au succès de son traité, facile à consulter et bourré de dessins et d'indications pratiques immédiatement exploitables. Une masse de relevés d'après l'antique et d'après des édifices modernes remarquables se trouva mise ainsi en circulation. Serlio, en outre, a multiplié les inventions. Il prône rarement telle forme en soi et se montre plutôt attentif à l'agencement des parties, sensible aux incidences de la lumière sur les volumes. Il met en œuvre le vocabulaire classique mais en variant, multipliant, déformant même les membres architectoniques, en les entremêlant de motifs naturalistes (Serlio avait une prédilection pour l'appareil rustique). Cette mise en question de l'héritage de la Renaissance était le fait de l'Italie de son temps et les méthodes d'investigation auxquelles il recourt ne lui appartiennent pas en propre mais procèdent directement des expériences de Jules Romain. Ni précurseur ni révolutionnaire, Serlio fut un excellent vulgarisateur et ses livres firent beaucoup pour l'établissement en Europe d'un style maniériste international. Certaines de ses trouvailles furent largement adoptées : ainsi la *serliana*, type de fenêtre tripartite, dérivé de l'antique, et que Palladio devait fréquemment utiliser.

Les livres VI et VIII du traité de Serlio, probablement vendus à Strada, étaient restés inédits. Partie au moins du dernier, un traité de castramétation (l'art des camps) a été retrouvé à Munich. Mais la découverte la plus sensationnelle est celle du sixième livre dont on connaît aujourd'hui deux versions manuscrites conservées l'une à Munich (Staatsbibliothek) et l'autre à l'université Columbia à New York. Le manuscrit de Munich a été publié en 1966, à Milan, par les soins de Marco Rosci. Serlio s'y montre sous un jour nouveau, préoccupé de dresser une typologie de l'habitat considéré dans son ensemble, depuis la petite maison des champs jusqu'au palais du roi. Les questions les plus diverses retiennent son attention : problèmes d'urbanisme, types et répartition du décor, distribution et commodité des logis. Certains de ses projets, où il s'efforce de concilier la manière française et la manière italienne, constituent de véritables anticipations. Sur une idée traditionnelle — le principe d'un classement des types d'architecture domestique en fonction du rang social des habitants était déjà indiqué chez Vitruve —, Serlio a fait œuvre originale. Les architectes sociologues du XXe siècle reconnaissent en lui un précurseur.

SYLVIA PRESSOUYRE

SERT JOSÉ LUÍS (1902-1983)

Né en 1902 à Barcelone, José Luís Sert appartient à une famille dont un des membres fut protecteur de Gaudí. Son oncle José María Sert y Badía était un fresquiste réputé qui décora la cathédrale de Vich en Catalogne (1904-1926), le hall du Rockefeller Center (1933) et la salle du conseil de la Société des Nations à Genève.

Sert est de cette génération d'architectes qui purent entrer sans transition dans la modernité. Il fait partie à Barcelone du groupe de jeunes étudiants contestataires qui font venir Le Corbusier pour une conférence en 1927. Frais diplômé l'année suivante, il est engagé par ce dernier pour travailler dans son atelier parisien sur le deuxième projet du Palais des Nations.

Il participe aux C.I.A.M. (congrès internationaux de l'architecture moderne) à partir de la réunion de Francfort en 1929, et il est cofondateur la même année du Gatepac de Barcelone (Groupe des architectes et techniciens pour la résolution des problèmes de l'architecture moderne), mouvement très actif qui publie la revue *Arquitectura contemporanea* (1931-1937). Sert joue un rôle prépondérant dans l'élaboration des projets collectifs du groupe (plan directeur de Barcelone, 1934-1935) et réalise le prototype recommandé – la « casa-bloc », deux cents logements sociaux regroupés en un immeuble en forme de grecque – pour remplir le nouveau plan en damier de l'extension de Barcelone.

Avec José Torres i Clavé et Joan Baptista Subirana i Subirana, il construit en 1935, pour le nouveau gouvernement catalan, un dispensaire antituberculeux : un superbe bâtiment-manifeste, proche du premier langage de Le Corbusier.

Sert et sa femme Moncha ont pour amis Calder, Miró et les surréalistes qu'ils fréquentent dans leurs cercles parisiens. Aussi, à l'Exposition internationale de Paris, en 1937, il est choisi, avec Luis Lacasa, pour le pavillon de la République espagnole. De simples planchers légers, clos de fins pans de verre, et une salle de plein air recouverte d'un vélum abritent les œuvres de Calder, d'Alberto Gonzáles, de Miró et de Picasso, qui y élabore *Guernica*, au départ simple fresque murale décorant le pignon intérieur d'un portique couvert.

Après la défaite de la République, l'antifranquiste convaincu qu'était Sert s'expatrie aux États-Unis. À New York, il fonde les Urbanistes associés avec Paul Lester Wiener et Paul Schultz. Ce cadre professionnel permet la mise en pratique de théories des C.I.A.M. à travers l'élaboration des méthodes de la planification urbaine. Il trouve un champ d'application auprès de groupements d'entreprises en Amérique latine où il réalise avec ses associés une série de plans directeurs : Cité des Moteurs à Rio (1945-1946), Chimbote (Pérou, 1948), Medellín (Colombie, 1949), Bogotá (Colombie, 1951-1953) et, un peu plus tard, La Havane (1955-1958).

Sert devient président des C.I.A.M., succédant à Cor Van Esteren au congrès de Bridgewater en 1947. Son livre, publié en 1944, *Can Our Cities Survive ? An A.B.C. for Urban Problems, their Analysis, their Solutions, Based on Proposals Formulated by the CIAM*, adapte aux conditions américaines le contenu de la charte d'Athènes, qu'il est le premier à traduire en anglais. Il succède à Gropius comme doyen de l'école supérieure de dessin de Harvard (Cambridge). À travers lui, le message européen va continuer à marquer le panorama de l'architecture de l'après-guerre aux États-Unis. C'est grâce à lui que Le Corbusier pourra réaliser son unique œuvre américaine : le Centre d'arts visuels (1960), donation de la famille Carpenter au campus de Harvard. Sert en maîtrisera les détails et l'exécution avec une perfection sans surprise qui était cependant étrangère à l'esprit plus improvisateur du maître. En 1957, Sert ouvre à Cambridge une agence d'architecture. Une série de commandes pour des bâtiments universitaires lui permet d'expérimenter un langage adapté à la haute technicité américaine, épreuve à laquelle Louis Kahn répond à la même époque avec un brio tout différent.

Les dortoirs des étudiants mariés de Harvard puis l'université de Charles River à Boston (en collaboration avec Hoyle, Doran, Berry Stefan, 1962-1965) vont servir un temps d'image de référence : traitement en tours différenciées par blocs de trois étages, opposition de grands plans nus et du relief des petits brise-soleil verticaux. Sert contribue à créer un classicisme bostonien ; ses édifices de béton soigneusement coffré au remplissage de verre et de brique ou de grands panneaux préfabriqués répondent à la fois au cube de verre de Mies van der Rohe et au purisme de Gropius. Ses nombreuses réalisations restent fidèles à un mode de composition antimonumental, par volumes simples, juxtaposés, et poursuivent une recherche sur l'expression de l'enveloppe, de la lumière, par des ouvertures disposées librement. On citera, en particulier, sa propre maison à patio, à Cambridge (1958).

Parallèlement, Sert construit en Europe. Il a toujours été dans les C.I.A.M. le défenseur d'une ligne méditerranéenne de l'architecture, prenant appui sur les valeurs de la construction populaire et spontanée des villages, pour souligner le caractère déterminant du climat, du site, de la lumière dans l'architecture contemporaine.

Avec la construction de maisons de vacances à Punta Martínez (Ibiza, 1961-1965), il reprend très fidèlement beaucoup de dispositifs et de procédés de construction de l'architecture traditionnelle. L'ambassade des États-Unis construite à Bagdad (1955-1960) illustre cette architecture qui multiplie balcons, patios, voûtes, voûtains, claustras, brise-soleil et toits-parasols. Mais c'est surtout avec la construction de la Fondation Marguerite et Aimé Maeght à Saint-Paul-de-Vence (1959-1964), de la Fondation Miró à Barcelone (1972-1975), de celle des ateliers de Miró à Majorque (1955) et de Braque à Vence qu'il va pleinement maîtriser la lumière par des volumes couverts de voûtains et de coques alternant avec les toits en terrasse. Ces monuments, qui offrent à la fois une image traditionnelle rassurante et un traitement moderne de l'espace, vont servir de modèles pour toute une architecture muséographique ou institutionnelle. Les deux grandes coques inversées formant réservoir qui émergent au milieu des collines couvertes de pins, à Vence, sont devenues le symbole d'une nouvelle monumentalité.

Au terme d'une fructueuse carrière qui sut allier l'héritage catalan au flux des avant-gardes internationales, une des dernières paroles de José Luís Sert sera pour demander de ne pas oublier « la cause », c'est-à-dire le message de son maître et inspirateur Le Corbusier, auquel, comme tant d'autres de sa génération, il est demeuré fidèle.

FRANÇOIS LAISNEY

Bibliographie

- **Œuvres de José Luís Sert**

J. L. SERT, *Can Our Cities Survive ? An A.B.C. for Urban Problems, their Analysis, their Solutions Based on Proposals Formulated by the CIAM*, Harvard Univ., Cambridge (Mass.), 1944 ; *The Heart of the City : toward the Humanisation of Urban Life*, C.I.A.M., Londres, 1952.

- **Études**

K. BASTLUND, *J. L. Sert, Architecture, City Planning, Urban Design*, Éd. d'Architecture, Zurich, 1967 / M. L. BORRAS, *Sert : Arquitectura mediterranea*, Poligrafa, Barcelone, 1974 / J. FREIXA, *J. L. Sert*, Gili-Estudio Paperpack, Barcelone, 1979 / B. ZEVI, *Arquitectura de Sert a la Fondacio Miró*, Poligrafa, Barcelone, 1976.

SERVANDONI JEAN-NICOLAS (1695-1766)

Né à Florence, de père français, Jean-Nicolas Servandoni a eu une carrière exceptionnelle, tant par la variété et l'étendue de ses talents que par la diversité des lieux où ils se sont exercés. Élève, à Rome, de Pannini pour la peinture et de Rossi pour l'architecture et la décoration, c'est à Lisbonne qu'il se fait connaître par ses décors pour l'opéra italien. Mais c'est à Paris, où il se fixe dès 1724, qu'il va obtenir ses grands succès de décorateur, puis d'architecte et, « par l'étendue de ses lumières », mériter l'admiration sans réserve de J. F. Blondel. Il conçoit des dessins et des maquettes pour l'Opéra, il exécute des tableaux de ruines (École nationale des beaux-arts, Paris), il se fait organisateur de spectacles (particulièrement aux Tuileries, de 1737 à 1742), de fêtes et de feux d'artifice (1730, pour la naissance du Dauphin ; 1739, pour le mariage de Mme Élisabeth). Dans le domaine de la décoration des édifices religieux, il est l'auteur de travaux importants : transformation en 1729 de la chapelle de la Vierge à Saint-Sulpice, projet très ambitieux (et refusé) pour le buffet d'orgues de la même église, grand autel avec baldaquin de la cathédrale de Sens et de Saint-Bruno à Lyon. Servandoni y manifeste un goût baroque, avec effets de perspectives dans le genre de Borromini, jeux de la polychromie, fantaisie des lignes. De façon surprenante, ce sont des qualités opposées qu'il met en œuvre dans ses travaux d'architecture, l'église de Coulanges-la-Vineuse (Yonne) en 1737, et surtout la façade de Saint-Sulpice, mise au concours en 1733 : le projet de Servandoni, d'un classicisme rigoureux, de lignes simples et affirmées, l'emporte sur ceux de Meissonnier et d'Oppenord. Malgré des modifications ultérieures (fronton détruit par la foudre et non remonté, nouveau dessin des tours), l'essentiel de l'apport de Servandoni demeure : rigueur de la composition, simplicité des volumes, utilisation de la colonne pour sa fonction portante et non plus seulement pour son effet décoratif. Nouveautés qui feront école et vaudront à Servandoni d'être reconnu comme un précurseur. Après un séjour à Londres en 1749 (feu d'artifice et décors de théâtre), il va parcourir l'Europe, sollicité pour des fêtes, des décors, des plans ; il est à Dresde en 1754, à Bruxelles en 1759 (travaux pour le duc d'Ursel et peut-être pour le palais d'Arenberg, aujourd'hui palais d'Egmont, château à Sterrebeck), à Vienne en 1760, à Stuttgart en 1762. Tous ces déplacements ne l'empêchent pas de travailler encore pour Paris : il avait participé au concours ouvert en 1748 par le directeur des Bâtiments en vue de doter la ville d'une nouvelle place royale. Il avait proposé, à cette occasion, deux projets qui ne furent pas retenus. En 1752, il imagine de créer devant Saint-Sulpice une grande place bordée de façades sur arcades à refends, ensemble accordé au goût nouveau, mais jugé trop ambitieux. Après quelques modifications le projet est adopté, mais une seule maison sera construite, en 1777 (le n° 6 de la place Saint-Sulpice).

Décorateur dans l'esprit baroque, teinté de rococo, mais aussi architecte d'un rigoureux classicisme et tourné vers l'antique, propagateur de l'art parisien à travers les cours princières d'Europe, grand organisateur de fêtes et inventeur d'illusions, Servandoni apparaît comme l'un des artistes les plus doués de son temps et très représentatif de celui-ci. Il est, pour le XVIIIe siècle, l'équivalent de ce qu'Inigo Jones et Bernin ont été pour le XVIIe siècle.

JEAN-JACQUES DUTHOY

SHAW RICHARD NORMAN (1831-1912)

Architecte britannique. Bien que sa production ait été essentiellement éclectique, Shaw a exercé une influence considérable sur l'évolution de l'architecture occidentale. En effet, si le style passe insensiblement du néo-gothique des premiers manoirs au baroque des dernières années (Piccadilly Hotel, Londres, 1908), en passant par le Queen-Ann de la maturité (Old Swann House, Londres, 1876), la démarche fait toujours apparaître le même souci de rationalité, tant par la composition que par la technologie mise en œuvre : Shaw sera un des premiers à s'intéresser à la préfabrication (couvent de Bethany, Bournemouth, 1870) et au béton armé (Portland House, Londres, 1906).

FRANÇOIS GRUSON

Bibliographie

A. SERVICE, *Edwardian Architecture and its Origins*, Londres, 1975.

SHUTE JOHN (mort en 1563)

Tout ce que l'on sait de Shute est tiré de son livre, *The First and Chief Groundes of Architecture* (1563), le premier traité du genre publié en Angleterre. Vraisemblablement peintre et architecte, Shute fut envoyé en Italie par le duc de Northumberland, l'un des promoteurs de l'italianisme à la cour d'Edouard VI. Remarquable par la qualité de ses illustrations et les observations personnelles de l'auteur, *The First and*

Chief Groundes [...] est un traité des ordres compilé à partir de différentes sources telles que Vitruve et Serlio. Son influence demeure difficile à apprécier.

ROBERT FOHR

Bibliographie

J. SUMMERSON, *Architecture in Britain 1530 to 1830*, Harmondsworth, 1977.

SILOE DIEGO DE (1495-1563)

Le fils du sculpteur flamand Gil de Siloe passe pour le plus grand artiste de la Renaissance en Espagne. Diego de Siloe fit le voyage d'Italie et collabora à Naples, avec Bartolomé Ordóñez, à la sculpture du retable de la chapelle des Caraccioli dans l'église de San Giovanni à Carbonara (1517).

Après son retour en Espagne en 1519, une première partie de sa carrière se déroule à Burgos, au service des évêques et du chapitre de la cathédrale. Son art demeure très fortement influencé par l'Italie. Le tombeau de l'évêque Acuña (1519), qu'il exécute pour la chapelle Sainte-Anne, est l'œuvre d'un architecte. Il construit le bel escalier doré (Escalera dorada, 1519-1523), qui rachète la dénivellation importante existant entre la porte septentrionale du transept, dite de la Coronería, et le sol de la cathédrale. Dans le détail de l'ornementation, il utilise déjà les cartouches à personnages fortement encadrés, qui soulignent la vigueur de son art. Il est associé à Felipe Vigarny (1523-1526) pour le décor de la monumentale chapelle du Connétable, au fond du déambulatoire (retable principal et retable de saint Pierre).

En avril 1528, Diego de Siloe est appelé à Grenade pour y poursuivre la construction du fastueux monastère de San Jerónimo. Il décore les voûtes de l'église de prophètes de la Bible et de héros de l'Antiquité. Pour les stalles du chœur (1528-1531), il fournit des sculptures d'une extraordinaire délicatesse de lignes (*Vierge à l'Enfant*).

Son ambition de bâtir comme les Romains trouva matière à s'exercer dans la construction de la cathédrale de Grenade, dont il dirigea le chantier après la mort d'Egas. Son prédécesseur l'avait conçue comme une réplique de la cathédrale de Tolède. Il en fera un monument foncièrement original, tout à la fois monument funéraire et ex-voto, combinant la rotonde et le plan basilical. L'exécution en fut lente. Durant les années 1530, il élève les portails, notamment la puerta del Perdón (1537), et commence la rotonde et le déambulatoire. Les successeurs de Siloe respecteront dans l'ensemble les dessins qu'il avait fournis.

L'influence de la cathédrale de Grenade, le grand édifice de la première Renaissance en Espagne, fut considérable. Son style a marqué celle de Málaga. L'église du Sauveur à Úbeda (1536) combine à nouveau une rotonde et une nef. Siloe intervint aussi dans les plans de la sacristie (1536) de la cathédrale de Séville et dans ceux de la cathédrale de Guadix (1549).

MARCEL DURLIAT

SIMOUNET ROLAND (1927-1996)

L'architecte Roland Simounet est né à Guyotville, en Algérie, où il a vécu, étudié, construit avant d'exercer en France. C'est de son pays natal, de son climat, de sa

SIMOUNET ROLAND

beauté et de sa pauvreté qu'il a extrait l'essentiel de son art. Il commence des études d'architecture à Alger ; il les poursuivra à Paris, à l'école des Beaux-Arts, sans jamais les terminer. Revenu à Alger, il y entame, très jeune, une carrière d'architecte. À l'occasion du IXe Congrès international d'architecture moderne (C.I.A.M.) qui doit se tenir à Aix-en-Provence en 1953, sur le thème de « L'Habitat pour le plus grand nombre », il mènera pour le groupe C.I.A.M. d'Alger l'analyse d'un bidonville. La connaissance de cette organisation spatiale, élémentaire mais efficace, va le préparer, après la construction de quelques maisons individuelles, à une importante activité dans le domaine des logements de transit et des cités d'urgence : à Alger, dans le quartier de Maison Carrée, 300 logements pour une cité de « première urgence », en 1955, les 2 500 logements de la cité La Montagne en 1955-1956, et 200 logements à Orléansville, après le tremblement de terre ; à Alger encore, 800 logements collectifs, en 1957-1959, pour la résorption des bidonvilles aux Carrières Jaubert, 200 logements, en 1956-1958, à Djemam-el-Hasan, son opération la plus aboutie dans ce domaine. Elle est formée d'un tissu très dense (900 habitants à l'hectare) de maisons individuelles qui épousent la pente abrupte du terrain, généralement constituées d'une pièce et d'une loggia. Construites en parpaings, elles sont couvertes de voûtes de briques. Les groupes de maisons reliés par des escaliers dans le sens de la pente bordent, par gradins horizontaux, des ruelles, parfois couvertes, entrecoupées de « patios » plantés d'arbres fruitiers. Adaptation à la pente, attention portée au climat, simplicité, répétition et variété des espaces vont devenir les constantes du travail de Simounet. À côté de ces œuvres nécessaires et justes, il construit toujours avec autant d'austérité des édifices plus élaborés : avec Louis Miquel, le centre Albert-Camus à Orléansville (El Cheliff), bel ensemble dédié à la culture et au sport (1954-1959), l'église Sainte-Marguerite-Marie en 1956-1957 à Tefeschoun. En 1957, il est chargé de l'étude d'une nouvelle agglomération (1958-1962) à Timgad, près des ruines de la ville antique : logements en rez-de-chaussée, logements collectifs à deux étages, logements avec étables et jardins, écuries collectives, commerces, bains maures, moulin à grain, école, bâtiments culturels, mosquée, vergers, centre sportif sont organisés selon un plan réticulé. Il utilise la main-d'œuvre et les moyens locaux, mettant en place de lourds poteaux et des remplissages d'éléments de maçonnerie semblables aux murs de l'antique Timgad. Sa venue en France coïncide avec une étude menée en 1961-1962 pour 700 logements à Noisy-le-Grand destinés aux Asociaux du père Joseph. Il réalise à la même époque une résidence universitaire à Tananarive. En France, il construit de nombreux logements sociaux (Neuf-Brisach en 1968-1970, Évry-Courcouronnes en 1972-1975, Saint-Denis en 1977-1985, Cergy-Pontoise en 1977-1980, Villejuif en 1983-1986), ainsi que des bâtiments culturels (école d'architecture à Grenoble en 1973-1978, musée de Préhistoire d'Île-de-France à Nemours en 1976-1980, musée d'Art moderne à Villeneuve-d'Ascq en 1978-1983, musée Picasso à Paris en 1976-1985, École naionale supérieure de danse à Marseille en 1985-1992).

D'une grande homogénéité, l'architecture de Roland Simounet est à l'évidence issue des terres chaudes et sèches de la Méditerranée ; une Méditerranée archaïque et austère, celle des murs pleins percés de minuscules fenêtres, murs de maçonneries puissantes, de masses lisses d'argile ou de pisé, et aussi la Méditerranée des villes arabes denses et continues. Depuis le début du XXe siècle, la Méditerranée (le ciel, la lumière, le soleil, l'habitat des Cyclades, le Parthénon, la voûte catalane, Alger et sa Casbah) a beaucoup intéressé les architectes, en particulier Le Corbusier, dont le souhait tenace de construire en Algérie ne se réalisa pourtant pas. Roland Simounet connaît le travail de Le Corbusier. Il lui empruntera sans façon thèmes et manières : vérité du matériau – en particulier le béton brut –, couverture en voûtes, dessins de claustras, habitat en pente. De la même manière, les problèmes de l'habitat pour le grand nombre et le souci de la résorption des bidonvilles sont partagés par de nombreux architectes : l'équipe Candilis-Josic-Woods se constitue autour de ces thèmes qui firent l'objet de leur exposition *Problèmes d'habitat marocain*, présentée au C.I.A.M. d'Aix-en-Provence en 1953.

L'innovation n'est pas le but de Roland Simounet, sa recherche est ailleurs. Si les thèmes sont ceux qui sont discutés dans les C.I.A.M., si les références sont bien les mêmes, le style très particulier de Simounet tient à la connaissance directe, intime, qu'il en a. Ces problèmes ne sont pas pour lui théorisés, ils constituent la matière même de son architecture, une architecture de la vérité : celle du sol, celle du soleil, celle du matériau. De leur lent assemblage, vingt fois repris, surgit une architecture lourde, épaisse et pourtant transparente. Peu d'architectes ont, au XXe siècle, exploité aussi bien le thème de l'épaisseur, avec une telle puissance mais aussi avec une telle sérénité.

Le musée de Préhistoire d'Île-de-France est sa réussite la plus parfaite : fusion de l'architecture et de la nature, massivité et légèreté des volumes, expressivité des matériaux, réussite qui fait regretter certains ouvrages postérieurs où les formes justes ont laissé place à un maniérisme, souvent beau mais sans nécessité, comme si le sol s'était dérobé sous les pieds du poète.

PIERRE GRANVEAUD

Bibliographie

R. SIMOUNET, *Pour une invention de l'espace*, Electa-Moniteur, Paris, 1986, rééd. 1997.

SINAN' ou KODJA MI'MĀR SINĀN (1489-1578 ou 1588)

L'œuvre de Sinan est le symbole même de l'apogée de l'Empire ottoman. Ses premiers succès furent curieusement ceux d'un ingénieur, constructeur de bateaux ou de ponts. Mais à trente ans, il est déjà l'architecte par excellence de l'islam de son temps. On ne saurait énumérer en détail son œuvre étonnante par la variété des édifices construits (mosquées, madrasas, minarets, hôpitaux, palais, aqueducs et ponts) et leur nombre, trois cent quarante-trois monuments selon un de ses biographes. Sans rompre jamais avec le jeu de coupoles hérité de Byzance, il sut donner à la mosquée une grandeur, une subtilité dans l'équilibre des masses, une qualité de lumière nulle part égalées. Pour établir une correspondance avec l'Occident, on pourrait dire qu'il permit à l'architecture de Soliman d'associer à l'élan du gothique la grandeur et la majesté complexe des monuments classiques.

MICHEL TERRASSE

Bibliographie

H. STIERLING, *Soliman et l'architecture ottomane*, Paris, 1985.

SIZA ALVARO (1933-   )

Alvaro Siza Vieira est né en 1933 au Portugal à Matosinhos ; il est l'une des grandes figures de l'architecture contemporaine. De 1949 à 1955, il étudie à l'École supérieure des beaux-arts de Porto. Alors sous la direction de Carlos Ramos (1897-1969) et de Fernando Távora (né en 1923), l'établissement connaît une profonde rénovation qui amorce ce courant appelé par l'historien de l'architecture Kenneth Frampton le « régionalisme critique ». En réaction à l'académisme d'inspiration nationale prôné par le régime de Salazar, il s'agissait de trouver le chemin d'un certain modernisme en puisant aux sources locales, aux techniques artisanales, et en revenant à la tradition des maisons populaires blanches et dépouillées.

Sensible aux paysages, à la topographie, aux agencements spatiaux, Alvaro Siza dans ses différentes réalisations poursuit une réflexion esthétique très élaborée. Il privilégie, notamment au début de sa carrière, un certain vernaculaire puis effectue un retour à un rationalisme très épuré, avant d'opter pour un large registre expressif d'un maniérisme raffiné. Subjective, poétique, souvent blanche, unitaire bien que très articulée, son architecture est de celles qui ont le plus systématiquement exploré les voies stylistiques ouvertes dans les années 1920 par l'abstraction. Mais elle le fait en plaçant les œuvres en situation, dans un long dialogue avec le site. Créateur assez imprévisible, sans doctrine très établie, inquiet et parfois douloureux, Siza se fraye une voie « à travers les conflits, les compromis, l'hybridation et la transformation ».

Superbement établies parmi les rochers de granit, deux de ses premières œuvres les plus marquantes sont situées à Leça de Palmeira au bord de l'Atlantique : le salon de thé Boa Nova (1958-1963) mêle l'influence d'Aalto à une touche de régionalisme ; la piscine de la plage (1961-1962) est d'une inspiration sensiblement plus brutaliste.

Alvaro Siza s'est brillamment illustré dans les petits édifices, dès ses premières réalisations de Matosinhos : quatre maisons (1954-1957) et la petite piscine Quinta da Conceição (1958-1965). Durant toute sa carrière, il concevra des résidences privées. Parmi les plus remarquables, la maison basse au plan fracturé d'Alves Costa à Moledo do Minho (1964-1968), celle de Manuel Magalhães à Porto (1967-1970), d'un rationalisme précis et élégant, les irrégularités savantes de la maison Beires à Povoa do Varzim (1973-1976), pliée autour de la concavité d'une façade vitrée, les failles et la géométrie complexe de celle bâtie pour son frère autour d'une étroite courette à Santo Tirso (1976-1978), etc.

À une échelle à peine plus grande, il est l'auteur de plusieurs succursales de banques. Notamment celle de Pinto et Sotto Maior à Oliveira de Azemeis (1971-1974) qui, à un angle de rue, développe des mouvements courbes au subtil tracé régulateur, et à Lamego (1972-1974). Enfin celles de Borges e Irmão à Vila do Conde (1978-1980 et surtout 1982).

Après la révolution des Œillets d'avril 1974, la politique du s.A.A.L. qui vise à associer les mal-logés à une nouvelle politique d'habitat social lui vaut de construire les ensembles collectifs de Bouça et São Victor à Porto (1974-1977), disposés en bandes sur un mode rationaliste et répétitif, et surtout d'entreprendre en 1977 la vaste opération de Malagueira, ville nouvelle de 1 200 logements à la périphérie d'Evora, dans l'Alentejo. Suivant un plan général très fractionné, agencé dans un grand respect de la topographie, de petites maisons blanches à patio se serrent sur les pentes, le long de rues courtes et étroites, dans un rythme saccadé que renforce l'émergence régulière de leurs cheminées. De longs aqueducs de parpaings font circuler les réseaux techniques et donnent sa cohésion au paysage.

Appelé à l'étranger dès le milieu des années 1970, Alvaro Siza étudie des projets pour Berlin, notamment l'immeuble d'angle de la Schlessisches Tor (1980-1984), aux façades curvilignes, auquel la répétitivité monotone des fenêtres a valu d'être frappé en son fronton d'un graffiti, « bonjour tristesse », qui est devenu son sobriquet. À La Haye (1986-1988), il dessine la centaine de logements de Schilderswijk, en « lots traditionnels » à façades de brique, et dresse deux curieuses maisons dans le parc Van der Venne.

Lauréat du Pritzker Prize en 1992, sa notoriété lui vaut de nombreuses commandes ; il fait d'ailleurs figure d'architecte officiel dans son pays. Chargé de la reconstruction du quartier historique du Chiado à Lisbonne après l'incendie d'août 1988, il construit le pavillon portugais de l'Expo'98 de Lisbonne, immense dais de béton armé, très mince, suspendu comme une toile à deux larges portiques de pierre massive, dans une composition à la fois emphatique et aérienne.

On lui doit aussi des bâtiments publics organisés autour de galeries à portiques comme l'école normale de Setubal (1986-1993) et le rectorat d'Alicante (1995-1998), le centre artistique galicien sur les hauteurs de Saint-Jacques-de-Compostelle (1988-1993), le souple voile de brique de la bibliothèque universitaire d'Aveiro (1988-1995), la petite église Santa Maria de Marco de Canavezes (1990-1996) et la faculté d'architecture de Porto (1985-1993), prétexte à une expérimentation spatiale d'une grande virtuosité, à la fois savante et ironique. Disposé sur un coteau au bord du Douro, cet ensemble de pavillons qui semblent faire le guet de leur silhouette insolite (dans leur morphologie, leurs percements et leurs auvents en casquette) est caractéristique de la dimension poétique de sa démarche.

FRANÇOIS CHASLIN

Bibliographie

V. Gregotti dir., *Alvaro Siza, architetto, 1954-1979*, Idea, Milan, 1979 / Quaderni di Lotus, *Alvaro Siza, professione poetica, profession poétique*, Electa, Milan, 1986, Paris, 1987 / A. Siza, *Esquissos de Viatgem*, Documentos de Arquitectura, Porto, 1988 / P. Testa, *A arquitectura de Alvaro Siza*, Faup, Porto, 1988 / Opus Incertum, *Architectures à Porto*, Mardaga, Liège, 1990 / N. Portas & M. Mendes, *Portugal, architecture 1965-1990*, Electa, Milan, 1991 ; Moniteur, Paris, 1992 / G. Borella, *La Scuola di Porto*, Clup, Milan, 1991 / *Alvaro Siza*, plaquette du Pritzker Prize, Los Angeles, 1992 / *Alvaro Siza, architectures 1980-1990*, Centre Georges-Pompidou, Paris, 1991 / B. Fleck, *Alvaro Siza*, Birkhäuser, Bâle, 1992 / J.-P. Santos, *Alvaro Siza, Works and Projects, 1954-1992*, Gustavo Gili, Barcelone, 1993 / L. Trigueiros, *Alvaro Siza, 1954-1976*, Blau, Lisbonne, 1997.

SKIDMORE, OWINGS & MERRILL (SOM)

Depuis la fin du XIXe siècle, l'histoire de l'architecture aux États-Unis se caractérise par le développement de très grandes agences employant de nombreux associés et collaborateurs, disposant de bureaux implantés dans les principales villes, et appelées à construire sur l'ensemble du territoire américain, voire à l'étranger. Dans cette tradition illustrée par des noms tels que D. H. Burnham and Co. ou McKim, Mead & White, l'agence Skidmore, Owings & Merrill (S.O.M.) s'est imposée à partir du milieu du XXe siècle par le nombre de ses réalisations, la qualité du travail de ses équipes et sa capacité à satisfaire tous les types de programmes architecturaux, industriels, commerciaux et publics (à l'exception peut-être de la maison individuelle). Elle n'est certes pas la seule agence de premier plan, mais sa puissance et son rayonnement sont tels qu'on a pu la définir dans les années 1960 comme « la General Motors de l'architecture ».

Les origines et le rôle moteur de l'antenne new-yorkaise

L'agence d'origine a été fondée en 1936 à Chicago par Louis Skidmore (1897-1962) et Nathaniel Owings (1903-1984) qui avaient tous les deux participé trois ans plus tôt à l'organisation de l'exposition *Century of Progress Exposition* commémorant le centenaire de la fondation de Chicago. Un troisième associé, l'ingénieur John Merrill (1896-1975), les rejoint en 1939 pour former l'agence Skidmore, Owings & Merrill. Dès 1937, un bureau de l'agence avait été ouvert à New York et d'autres bureaux le seront ensuite à San Francisco, Portland (Oregon), Washington, D.C., etc.

Pendant la guerre, à partir de 1942, la toute nouvelle agence est chargée de planifier et de construire à Oak Ridge (Tennessee), Atom City qui regroupe les savants et ingénieurs chargés de mettre au point la première bombe A américaine. La réussite de cette opération menée dans le secret et dans l'urgence a marqué le début de la notoriété de S.O.M. dans le domaine de la gestion de programmes complexes. Après la guerre, le type d'organisation qui a assuré l'efficacité de S.O.M. se met en place. L'agence se caractérise par un travail en équipes qui ont chacune la charge, du début à la fin d'un projet, de tous ses aspects (technique, constructif, esthétique, juridique, etc.). Cette organisation collective et apparemment anonyme laisse cependant toute leur place à la créativité et aux initiatives du designer. C'est la raison pour laquelle malgré l'anonymat officiel de l'agence, plusieurs créateurs ont pu marquer de leur empreinte et de leur qualité les réalisations de S.O.M. et être reconnus comme tels. On peut à cet égard citer les noms de Gordon Bunshaft à New York, Myron Goldsmith, Bruce Graham, Fazlur Khan et Walter Netsch à Chicago, Edward Bassett à San Francisco. Les fondateurs de l'agence ont donc eu le souci dès le début de s'attacher les services d'architectes talentueux et de leur donner la possibilité de créer des œuvres personnelles, et cette tradition s'est maintenue bien après que ces fondateurs eurent pris leur retraite dans les années 1950 et 1960.

L'immédiat après-guerre se caractérise par la position dominante occupée par le bureau de New York. Dans le contexte de diffusion du Style international aux États-Unis, S.O.M. donne naissance à quelques édifices devenus de véritables prototypes de l'immeuble de bureaux contemporain. C'est surtout au talent de *designer* de Gordon Bunshaft (1909-1990) que l'on doit ces réussites. L'agence a contribué à adapter et à acclimater sur le sol américain les leçons de l'architecture structurale prônée par Ludwig Mies Van der Rohe qui lui-même construit beaucoup au lendemain de son installation à Chicago en 1938. Situé Park Avenue à New York, l'immeuble dit Lever House (1952) associe deux volumes : une partie basse horizontale surélevée sur des pilotis, ce qui libère le sol et le restitue à l'espace public, et une dalle verticale dont l'ossature visible est enveloppée dans du verre fumé. Comme Seagram Building conçu par Mies Van der Rohe et Philip Johnson en 1958 également Park Avenue, Lever House impose un modèle d'architecture de verre et d'acier aux proportions harmonieuses destiné à abriter et à symboliser les espaces de travail tertiaire dans la seconde moitié du XXe siècle. Quant à la succursale sur la Cinquième avenue de la banque Manufacturers' Trust Company (1954), elle rompt avec l'architecture monumentale au profit d'un volume clair et transparent dont les articulations structurales sont dessinées avec soin et élégance. L'ouverture et la transparence qui en résultent marquent un tournant dans l'image donnée par l'architecture bancaire et ont été beaucoup imitées. L'immeuble Pepsi-Cola érigé en 1960 à l'angle de Park Avenue et de la 59e rue exhibe derrière sa façade de verre les poteaux de l'ossature. Sans ostentation, de dimensions moyennes, ce bâtiment raffiné manifeste la maturité et la sérénité d'un style architectural résolument moderne.

C'est précisément dans le domaine de l'immeuble de bureaux que S.O.M. a montré son savoir-faire. Les premiers éclats new-yorkais des années 1950 ne sont que les débuts d'une longue série de constructions qui ont profondément marqué le paysage des villes américaines, grandes et moyennes. Parmi ces très nombreuses réalisations, on peut retenir l'immeuble de la Chase Manhattan Bank à New York (1957-1961), le siège de l'Inland Steel Company à Chicago (1954), le siège de la Connecticut General Life Insurance Company à Hartford (Connecticut, 1957), les bâtiments de l'US Air Force Academy à Colorado Springs (Colorado, 1958), et l'immeuble de la Bank of America à San Franciso (1969-1971). Avec le siège de la banque Lambert à Bruxelles (1965), édifice qui a fait école, les architectes de S.O.M. conçoivent un édifice à dominante horizontale dont l'ossature en béton armé est visible et mise en évidence pour ses qualités plastiques.

Après la guerre se développe aussi une demande nouvelle concernant les sièges de grandes entreprises et à laquelle S.O.M. a su répondre de façon efficace. Eero Saarinen avait ouvert la voie avec le centre technique de la General Motors à Warren (Michigan) bâti entre 1951 et 1956. Il ne s'agit plus seulement de construire des tours de bureaux dans les quartiers d'affaires des centres-villes, mais aussi d'édifier des immeubles peu élevés dans des parcs aménagés en périphérie des cités. Le siège de la Connecticut General Life Insurance Company à Bloomfield (Connecticut, 1957) est une réalisation exemplaire de S.O.M. en ce domaine.

L'agence S.O.M. s'est également illustrée dans la construction d'édifices culturels pour répondre aux souhaits de commanditaires désireux de prendre leurs distances avec l'architecture monumentale et historiciste qui prévalait jusque-là dans cette catégorie de bâtiments. Citons l'aile de verre et acier ajoutée à l'Albright-Knox Art Gallery à Buffalo (New York, 1962), la bibliothèque de manuscrits et livres rares Beinecke sur le campus de l'université Yale (1963), ornée de panneaux de marbre translucide, la bibliothèque Lyndon Johnson à Austin (Texas, 1971), et l'anneau aveugle en béton du musée Hirshhorn à Washington, D.C. (1974).

Les innovations architecturales de l'antenne de Chicago

Dans les années 1960, le bureau de Chicago de l'agence S.O.M. acquiert une position dominante, en renouant pour ainsi dire avec la tradition constructive et fonctionnaliste de l'École de Chicago du dernier quart du XIXe siècle. Au sein de l'agence, l'architecte Bruce Graham et l'ingénieur Fazlur Khan conçoivent des immeubles spectaculaires qui témoignent d'inventions décisives en matière de structures architecturales. Le John Hancock Center à Chicago (1970), en forme de pyramide tronquée, exhibe en façade ses puissants contreventements. Il s'agit d'une véritable ville dans la ville dont les quelque cent étages abritent garages, espaces commerciaux et de loisirs, bureaux et appartements. La tour Sears (1974), qui s'élève à plus de 440 mètres, marque une nouvelle étape dans l'histoire de l'immeuble de grande hauteur. En effet, le système poteau-poutre est ici éliminé au profit d'un faisceau de tubes en béton qui donne son aspect sculptural et constructiviste à l'édifice : pour pouvoir atteindre des hauteurs inégalées jusqu'alors, des murs porteurs en béton ont remplacé la technique de l'ossature. La structure tubulaire a été utilisée pour l'immeuble One Magnificent Mile à Chicago (1983), et à Barcelone pour l'hôtel Arts Barcelona (1992). Vaste structure de toile de tente arrimée à des poteaux en béton, le terminal Haj à l'aéroport international de Djedda en Arabie Saoudite (1982) témoigne de l'audace des recherches structurales conduites par S.O.M. et son bureau de Chicago. Ce remarquable édifice s'inscrit dans la lignée des couvertures suspendues illustrée par les constructions de l'architecte allemand Frei Otto.

Toujours à Chicago, Walter Netsch propose avec sa « théorie des réseaux » (*field theory*) une solution de rechange à l'architecture structurale. Il expérimente un système de conception architecturale fondé sur la rotation et l'imbrication de formes géométriques élémentaires (en particulier, le carré). Il en résulte des constructions anguleuses aux arêtes vives, comme en témoignent la chapelle de l'US Air Force Academy à Colorado Springs (1962) et plusieurs édifices sur le campus de l'University of Illinois at Chicago Circle (1965).

S.O.M. à l'ère du postmodernisme

La contestation de l'architecture moderniste à partir de la fin des années 1970 et le retour en grâce de certaines formes d'historicisme contemporain ont provoqué une crise dans une agence qui avait incarné au plus haut point l'idéal, le savoir-faire et l'universalité de l'architecture de la modernité technologique. Avec l'ère postmoderne, S.O.M. s'est trouvée en décalage par rapport à la commande. Les années 1980 témoignent de difficiles adaptations aux nouvelles demandes des maîtres d'ouvrages plus soucieux qu'auparavant d'identité architecturale et de monumentalité plus ou moins historiciste. Cette perplexité s'est traduite dans les années 1980 par l'absence d'originalité de nombreux projets qui relèvent de ce que l'on a appelé le style moderne tardif et qui sacrifient à la mode des serres, c'est-à-dire qu'ils incluent de vastes espaces publics enveloppés de verre qui précèdent ou annoncent les espaces de bureaux proprement dits (par exemple, l'immeuble 33 West Monroe à Chicago en 1980).

Cependant, bon an mal an, S.O.M. s'est adaptée à la demande d'édifices qui ne soient plus l'image parfaite de l'optimisme et de la rigueur technologiques, mais qui sachent aussi faire leur place à des allusions historicistes plus ou moins subtiles. L'immeuble néo-Art déco de la tour NBC à Chicago (1989) est un exemple parmi d'autres de ces concessions stylistiques opérées par l'agence. On peut aussi constater cet historicisme de bon aloi dans le parti « néo-Beaux-Arts » du plan masse de Canary Wharf au cœur du projet des Docklands à l'est de Londres et dans les édifices construits par S.O.M. autour de Westferry Circus dans les années 1990.

Malgré les mutations qu'a connues l'architecture américaine depuis les années 1970, S.O.M. a su maintenir ses activités à l'étranger comme sur le territoire américain. Mais on peut remarquer qu'elle n'est plus aussi inventive qu'auparavant. L'apogée de l'agence a correspondu à la période dite des Trente Glorieuses ; grâce à ses compétences, à son pragmatisme et à sa foi dans le progrès, elle savait alors décliner toutes les variations du langage de la modernité technologique quitte à en épuiser tous les ressorts. Depuis lors, elle doit affronter la concurrence d'autres grandes agences plus éclectiques dans leurs partis architecturaux (I. M. Pei, Cesar Pelli, Helmut Jahn, Johnson/Burgee, Kohn Pederson & Fox, etc.).

CLAUDE MASSU

Bibliographie

A. BUSH-BROWN dir., *Skidmore, Owings and Merrill : Architecture and Urbanism, 1973-1983*, Thames and Hudson, Londres, 1984 / E. DANZ, *Architecture of Skidmore, Owings & Merrill, 1950-1962*, Praeger, New York, 1963 / C. KRINSKY, *Gordon Bunshaft of SOM*, M.I.T. Press, Cambridge (Mass.), 1988 / C. MASSU, *Chicago : de la modernité en architecture 1950-1985*, Parenthèses, Marseille, 1997 / N. OWINGS, *The Spaces in Between : an Architect's Journey*, Houghton Mifflin, Boston, 1973.

SMIRKE sir ROBERT (1780-1867)

Architecte britannique, Smirke est l'un de ceux qui ont introduit le néodorique dans l'architecture anglaise. Fils de peintre, il visite la France, l'Italie et la Grèce. Le théâtre de Covent Garden (1804) et les porches de la Monnaie de Londres (1809) le rendent célèbre. Son architecture un peu uniforme impressionne par l'aspect compact des volumes et l'effet de stabilité des colonnes doriques. Reconnu pour ses compétences de constructeur, il dirige — avec Soane et Nash — le Board of Works chargé des travaux qui font alors de Londres une capitale néo-classique. Deux réalisations (employant l'ordre ionique) ont consacré son influence : le General Post Office bâti en 1824 (disparu) et surtout le British Museum, construit de 1823 à 1847, dont les structures de fonte sont masquées par une imposante enveloppe de parois de pierre et de colonnades.

JEAN-PIERRE MOUILLESEAUX

Bibliographie

J. MORDAUNT CROOK, *The British Museum*, Londres, 1972.

SMITH TONY (1912-1980)

Né dans le New Jersey à South Orange, Tony Smith passa sa jeunesse à faire un peu tous les métiers, tandis qu'il suivait des cours à l'Art Students League de New York. Il passa l'année universitaire 1937-1938 au New Bauhaus de Chicago, avec l'intention de devenir architecte. L'enseignement le déçut et il entra en 1938 dans l'équipe de Frank Lloyd Wright, participant, au printemps de 1939, au projet Ardmore. Ces quelques mois de collaboration lui furent particulièrement bénéfiques. Il expérimenta alors une méthode de travail fondée sur un système d'unités et il en vit les limites. Il entendit également le conseil de

Frank Lloyd Wright : « Étudiez la géométrie, qui est l'idée de toute forme ; une caille, un escargot, un coquillage, un poisson ; ils cèdent leurs secrets sans peine, et ils sont plus faciles à saisir que chiens, chevaux, humains parce qu'ils sont plus près des origines, plus primitifs. » Géométrie, sans doute, mais tirée de formes organiques : la leçon sera retenue.

De 1940 à 1960, Tony Smith mena parallèlement une activité d'architecte ou de concepteur et un enseignement artistique dans des universités et collèges, New York University, Cooper Union et Pratt Institute, Bennington College, Hunter College. Ami de Pollock, de Rothko, de Newman, d'Ad Reinhardt, il est considéré comme l'un des artistes de l'école de New York. En tant qu'architecte, il conçut des habitations pour des personnalités comme la directrice de galerie Betty Parsons, un atelier pour le peintre Cleve Gray, et il remodela l'espace de la galerie French & Co., où le critique Clement Greenberg organisa ses célèbres expositions. Tony Smith exposa également ses peintures, agrégats de modules géométriques allusivement biomorphiques et répartis sur la toile de façon sérielle à la manière de Vantongerloo.

Ce travail de peintre sur des modules élémentaires et répétés autant que sa réflexion d'architecte sur les éléments essentiels d'un volume conduisirent naturellement Tony Smith à la sculpture. Il avait près de cinquante ans lorsqu'il réalisa sa première pièce aboutie, *The Black Box* en 1962. À l'époque, il faisait faire à ses étudiants des exercices d'après des boîtes de cigarettes, afin de leur faire prendre conscience des possibilités monumentales d'une forme géométrique simple. Pris lui-même au jeu, il finit par exécuter, à partir du cube, module initial, une série de structures qui n'en conservaient que certains axes. Ainsi *Free Ride* (« Libre Parcours », titre donné en l'honneur du vol orbital de Scott Carpenter en mai 1962) est constitué par trois arêtes du cube pour donner les trois directions, hauteur, largeur, profondeur. Deux flancs seuls du cube forment *The Elevens Are Up*. Rabattre un axe conduit à *Night* ou *Playground*, évider les faces à *We Lost*.

Le principe générateur était né. Des polyèdres de papier, dont la répétition assurait la régularité de la forme, furent ajustés les uns aux autres et engendrèrent barres et pyramides. Ces éléments s'articulèrent à d'autres et formèrent des sculptures complexes. Ainsi naquirent, toujours en 1962, *Spitball, The Snake Is Out, Willy*.

Tony Smith s'éloigna donc des considérations de fonction imposées par l'architecture pour arriver à une spéculation sur la forme pure. Celle-ci se développe pour chaque œuvre et se transforme d'une œuvre à l'autre selon des schémas analogues aux chaînes de molécules mises au jour par la chimie organique : structures cristallographiques, dont *Smoke* (1967) et *Smog*, qui en dérive, sont les agrandissements les plus spectaculaires.

Aucun des éléments d'une sculpture de Tony Smith ne peut être isolé, pas plus que la pièce de sculpture elle-même ne peut être séparée de son environnement. En effet, dans les architectures qui entourent l'œuvre, se trouvent des équivalents de ses éléments constitutifs : tétraèdres ou octaèdres, parallélépipèdes, ou bien des surfaces ou des axes qui sont autant de rimes visuelles aux faces et aux arêtes de la sculpture. Il s'en explique ainsi : « Dans mes dernières pièces, les vides sont faits des mêmes composantes que les pleins. Sous ce jour, ceux-ci peuvent être vus comme des interruptions dans un flux spatial par ailleurs continu. Alors que j'espère que mes sculptures ont forme et présence, je ne les considère pas comme des objets parmi d'autres objets, je les considère comme isolées dans leur propre environnement. »

Dans les dernières années, Tony Smith a davantage porté son attention sur les vides qui s'inscrivent à l'intérieur des pleins. Il a voulu mettre plus encore en évidence le continu discontinu spatial que provoque toute sculpture.

Ainsi, à l'égal des jardins de pierre zen, *10 Elements* (1976-1979) éparpille des blocs dont les positions respectives créent un réseau de relations et de tensions. D'autre part, cette œuvre joue sur des paradoxes visuels : saisis à distance, les dix polyèdres semblent autant de cubes vus en perspective, chacun selon un système différent, créant ainsi un effet de distorsion spatiale.

Tony Smith a souvent été rapproché, à tort, des minimalistes de la génération suivante. Ses blocs d'acier noir n'ont qu'une ressemblance lointaine avec les parallélépipèdes parfaitement usinés de ses successeurs. Il n'a pas eu, comme eux, l'objectif premier de réduire la sculpture à ses constituants matériels élémentaires. Son travail s'est fondé sur une appréhension à la fois sensorielle (perceptive) et psychologique de l'espace et des masses. La géométrie, à ce titre, était pour lui commodité, et non finalité. À l'opposé des œuvres minimalistes et du *cool art*, les œuvres de Tony Smith tendent à retrouver un processus de création organique : « Je ne pense pas tellement, écrit-il, que mes pièces soient les exemples d'une typologie de même que des spécimens qui pourraient constituer une collection de timbres ou de monnaies. Je les vois comme des graines ou des germes qui pourraient croître ou contaminer. »

HÉLÈNE LASSALLE

SMITHSON ALISON (1928-   ) & PETER (1923-   )

Architectes britanniques. Associés dès 1950, membres de « Team Ten » et de « Independance Group », les Smithson ont relativement peu construit et beaucoup écrit, sur un ton souvent jugé agressif et provocateur. Pourtant, cette réflexion commune, à la fois poétique et humaniste, les pousse vers une production brutaliste mais sensible, proche de Le Corbusier. Après l'école secondaire d'Unstanton (1949-1954) et Caro House à Londres (1960), ils s'illustreront dans l'ensemble Robin Hood Gardens près de Londres (1968-1972), d'où se dégage une fascination pour la société machiniste et la culture de rue.

FRANÇOIS GRUSON

Bibliographie
R. BANHAM, *Le Brutalisme en architecture*, Paris, 1970.

SNOZZI LUIGI (1932-   )

Architecte suisse. D'abord associé à Livio Vacchini de 1962 à 1971, puis, à l'occasion de différents concours dans les années 1970, avec Mario Botta et Aurelio Galfetti, Luigi Snozzi apparaît comme la figure centrale du renouveau architectural dans le Tessin. Après quelques projets urbains (à Brissago en 1972, et à Celerina en 1973), il réalise quelques villas d'un grand raffinement formel (Casa Kalmann, Brione, 1974-1976, Casa Bianchetti,

Locarno, 1975 -1977). Depuis 1981, il consacre son activité à la restructuration du village de Monte Carasso, œuvre de longue haleine où chaque élément (gymnase, cimetière, banque ou maison du maire) devient le protagoniste d'un nouveau dialogue urbain.

FRANÇOIS GRUSON

Bibliographie
Luigi Snozzi, 1957 -1984, Milan, 1984.

SOANE sir JOHN (1753-1837)

L'architecte anglais Soane appartient à la catégorie des artistes qui découragent toute tentative de classification. Par sa longue carrière, la diversité de ses sources et la coexistence de tendances divergentes dans l'ensemble de son œuvre, il a déconcerté l'analyse formelle, celle d'Emil Kaufmann par exemple. Ce dernier, tout en stigmatisant les contradictions entre la théorie et la pratique de Soane, distingue chez lui : des survivances baroques, des tentations « révolutionnaires » et une certaine prémonition des formules de l'Art nouveau ; il admet enfin que, « sans être un grand réformateur, il fut certainement une des personnalités les plus intéressantes de l'histoire de l'architecture ». Le jugement de Kaufmann est moins étrange qu'il n'y paraît, si on le replace dans l'attitude globale de la critique historique vis-à-vis de l'éclectisme, attitude tour à tour dépréciative et fascinée. Or il est incontestable que Soane fut en son temps le « champion de l'éclectisme ». En effet, s'il fut bien, aux côtés de Nash, l'un des maîtres de la dernière phase du classicisme en Angleterre, il élabora concurremment un style profondément original où il intégra les nombreuses tendances esthétiques du début du XIXe siècle. Il illustra ce syncrétisme dans sa propre maison qu'il érigea à la fois comme un manifeste et un testament, puisqu'il la légua à l'État avec ses dessins et l'ensemble de ses collections pour en faire un musée.

Issu d'un milieu modeste, Soane fut conscient très tôt de sa vocation pour l'architecture. À l'âge de quinze ans, il vint à Londres où il entra d'abord au service de George Dance, puis de Henry Holland, auprès duquel il acquit une parfaite connaissance de la pratique architecturale. Parallèlement à cette formation « sur le tas », il suivit les cours de Sandby à la Royal Academy et remporta une médaille d'or en 1776 ; peu de temps après, une bourse d'étude lui fut accordée pour séjourner trois années en Italie. À l'instar de son maître Dance, Soane s'attacha autant à l'observation des monuments du Cinquecento que des vestiges antiques. Ses dessins de jeunesse prouvent une bonne assimilation de l'idéal classique néoantiquisant ; ainsi son projet de pont triomphal (qui lui valut la médaille de 1776) s'inscrit-il dans la descendance de ceux de Palladio et de Piranèse. Ses vastes projets italiens pour un Sénat et un Palais-Royal associent une certaine connaissance des schémas de l'architecte français Peyre au goût de l'accumulation des motifs décoratifs dans une veine encore baroquisante.

Il dut se consacrer à la construction de petites maisons de campagne que nous connaissons par diverses publications : *Plans ... of Buildings in Several Counties* (1788) et *Sketches in Architecture* (1793). S'appuyant sur le schéma palladien de la Villa et sur une pratique héritée de Holland, il organisa des distributions complexes et des agencements originaux, presque étranges à force de raffinement, entre autres : Tendring (Suffolk, 1784), Letton (Norfolk et Tyringham (1793-1798). En 1788, à la mort de Robert Taylor, il obtint le poste d'architecte de la Banque d'Angleterre grâce à l'appui de Pitt. À partir de 1792, il fut amené à reconstruire le Bank Stock Office dans un style qui, tout en étant redevable à Dance, se définit comme l'un des plus originaux du temps. Inspiré par les théories développées par le père Laugier dans l'*Essai sur l'architecture*, il veut que la fonction du bâtiment, avec ses contraintes techniques (éclairage, sécurité), dictent la conception d'ensemble. Si les formes extérieures restent traditionnelles, à l'intérieur il illustre magnifiquement son goût pour la « lumière mystérieuse », trait constant dans toute son œuvre. Son parti de « primitivisme » l'amène à alléger au maximum l'ornementation : les ordres classiques disparaissent au profit du simple jeu de panneaux cannelés et de refends réguliers qui viennent animer graphiquement les surfaces et rappellent quelques-uns des décors « égyptiens » de Piranèse : une volonté d'étrangeté des effets se manifeste déjà.

Après ce premier groupe de bâtiments extrêmement originaux, son style s'infléchit dans le sens d'un certain « pittoresque ». S'il connaît les écrits des théoriciens de ce mouvement : Payne, Knight, Repton..., il reste néanmoins en marge. Il recherche et définit lui-même ses propres composantes, prônant d'abord dans ses dessins de *cottages* un primitivisme délibéré, puis montrant une nette attirance pour le gothique — non pas au travers d'emprunts stylistiques, mais par l'interprétation des effets et le choix de certaines formules techniques —, cédant enfin à la fascination colorée du style pompéien.

En 1806, il est élu professeur à l'Académie ; il se livre alors à de longues réflexions sur l'histoire de l'architecture qui aboutirent à l'élaboration de ces innombrables grands dessins en couleurs sortis de son agence et qui, surtout, vinrent enrichir sa création. L'œuvre la plus significative de cette période est la Dulwich Art Gallery (1811-1815) construite sur le vœu du fondateur qui y voulut aussi son mausolée. Le traitement organique des diverses parties dérive de Vanbrugh auquel Soane vouait une grande admiration, mais le traitement « cubiste » des volumes, servi par l'emploi de la brique, apparaît d'une étonnante modernité. Les écuries de l'hôpital de Chelsea relèvent de la même inspiration. Sa propre maison, au 13 Lincoln's Inn Fields à Londres, est le manifeste de l'éclectisme triomphant. Le goût d'un décor fait de la juxtaposition de fragments antiques s'inscrit dans la suite des bizarres fantaisies de Piranèse ou de Delafosse. L'Antiquité classique voisine avec l'Égypte et le Moyen Âge, et l'on rencontre successivement les ruines d'un monastère, une crypte égyptienne et une cellule de moine. L'extrême originalité du traitement des espaces (plafonds-coupoles suspendus détachés des murs) et de l'agencement des lumières contribuent à l'étrangeté qui émane de ce lieu. La fin de sa vie fut peut-être sa période d'activité la plus intense, puisqu'il fut chargé de la reconstruction de nombreux bâtiments officiels : appartement royal de la Maison des Lords, suite de salles d'audience et de tribunal à Westminster (1823), State Paper Office, trois églises à Londres, etc. Dans ces dernières œuvres, Soane ne se pose plus en novateur, il se contente de pousser à leur limite extrême certains de ses anciens partis, et obtient parfois des effets d'un maniérisme démesuré. Mais en même temps, il ne se départit jamais de son goût pour un néo-classicisme abstrait, tel qu'il subsiste encore dans ses projets pour un Palais-Royal à Green Park (1822).

Caractère inquiet, Soane exprima au plus haut degré l'incertitude et l'agitation de son époque, mais cette quête esthétique le place en même temps « aux sources de la mystérieuse naissance de l'architecture moderne » (E. Kaufmann).

MONIQUE MOSSER

SOHIER HECTOR
(actif 1re moitié XVIe s.)

Bien que Sohier ait été nommé architecte de la ville de Caen en 1555, il semble que l'essentiel de son activité se situe dans les décennies antérieures. La seule œuvre qu'on lui donne avec certitude est le chevet de l'église Saint-Pierre (1528 - 1545), dont le décor Renaissance emprunté à l'Italie du Nord (piliers traités en pilastres, pinacles et pendentifs en forme de candélabres, etc.) est plaqué sur une structure de style gothique flamboyant. Il n'est pas impossible que Sohier soit également intervenu à l'église Saint-Sauveur de Caen (env. 1546) et au château de Lasson (Calvados).

ROBERT FOHR

Bibliographie
L. HAUTECOEUR, *Histoire de l'architecture classique en France*, I, Paris, 1965.

SOLARI LES

Famille d'artistes italiens. On ignore quels furent les débuts de Cristoforo Solari dit il Gobbo (actif de 1489 à 1520), sculpteur et architecte, frère aîné du peintre Andrea Solario. En 1489, il est à Venise, travaillant à l'autel de la chapelle Saint-Jean (détruit) dans l'église Santa Maria della Carita. Mais l'essentiel de sa carrière se déroule en Lombardie, à Milan et à la chartreuse de Pavie surtout. Au style aigu, fragmenté, qu'avaient fait prévaloir en sculpture Giovanni Antonio, Amadeo et Cristoforo Mantegazza, il fait succéder une manière plus large, d'une plus grande densité plastique, où s'exprime une réaction implicite à l'art de Léonard de Vinci. Devenu sculpteur officiel du duc de Milan après la mort de Mantegazza, il est chargé en 1497 d'élever le monument funéraire de Béatrice d'Este et de Ludovic le More à Sainte-Marie-des-Grâces. L'édifice ayant été démantelé par la suite, les seuls éléments subsistant sont les gisants, transportés aujourd'hui à la chartreuse de Pavie. On sent dans ces deux effigies, d'une impassibilité souveraine, que Solari, plus que ses contemporains milanais, sait traiter les formes à grande échelle et subordonner à l'équilibre des volumes les détails d'ornement, le mouvement des étoffes, les effets de virtuosité technique. On ne retrouve pas cette fermeté dans les statues qu'il exécute par la suite à la cathédrale de Milan (*Adam et Ève*, *Christ à la colonne*), où il travaille à partir de 1501. En architecture, il poursuit l'œuvre de Bramante au monastère de Saint-Ambroise, achève avec Amadeo l'église Santa Maria presso san Celso (1512) et dessine l'abside de la cathédrale de Côme. Sa renommée s'étend en Italie. Il séjourne à Rome en 1514, sculpte une fontaine pour Isabelle d'Este, un groupe d'*Hercule et Cacus* (disparu) pour son frère Alphonse, duc de Ferrare (1516-1517). En 1519, il succède à Amadeo comme architecte en chef de la cathédrale de Milan.

C'est à Venise, en 1489, que l'activité d'Andrea Solario (né entre 1470 et 1474, mort en 1524) est tout d'abord signalée : il y accompagne son frère, le sculpteur Cristoforo. La première œuvre signée et datée d'Andrea, *La Sainte Famille avec saint Jérôme* (1495) qui provient de Murano (aujourd'hui au musée Brera à Milan) tout comme le *Portrait d'un sénateur* (National Gallery, Londres), montrent qu'il a travaillé près d'Alvise Vivarini et des artistes vénitiens marqués par Antonello de Messine. Cette première formation laisse dans l'œuvre de Solario une empreinte qui reste vive dans ses œuvres ultérieures, surtout dans ses portraits (*Charles d'Amboise*, musée du Louvre ; *Cristoforo Longoni*, National Gallery, Londres). Mais lorsque Solario quitte Venise pour se fixer à Milan, il y subit, comme tous les peintres de la cité, l'ascendant irrésistible de Léonard de Vinci. Initié par les émules d'Antonello aux traitements des modelés lumineux, il assimile aisément les subtilités du *sfumato* tout en élargissant, près de son nouveau maître, le répertoire de ses thèmes de composition et le type de ses figures. Dans l'*Annonciation* (1506, Musées nationaux), le visage de la Vierge, l'attitude de l'ange dérivent de Léonard de Vinci, tandis que, dans un espace traité à la flamande, la construction des volumes reflète les conceptions d'Antonello et des Vénitiens.

En 1507, Andrea part pour la France, appelé par le cardinal d'Amboise qui le charge de décorer la chapelle du château de Gaillon (fresques détruites). Durant ce séjour, qui prélude à celui de Léonard, Solario exerce une influence notable sur les peintres français, notamment, comme portraitiste, sur Jean Clouet. *La Madone au coussin vert* (musée du Louvre) montre d'autre part qu'il sait composer des dérivations personnelles et attachantes à partir des thèmes léonardiens. Après son retour en Lombardie (1510), il se contentera trop souvent en revanche de démarquer laborieusement son grand modèle.

MARIE-GENEVIÈVE DE LA COSTE-MESSELIÈRE

SOLERI PAOLO (1919-)

Architecte italien né à Turin, Paolo Soleri y reçoit en 1946 son diplôme de l'École polytechnique. En janvier 1947, il arrive aux États-Unis pour travailler dans le studio de l'architecte Frank Lloyd Wright, à Taliesin West (Arizona). Mais il en part, en septembre de la même année, en compagnie de Mark Mills, un autre « idéaliste rebelle ». Ils s'installent tous deux dans le désert et y réalisent leur première œuvre symbolique d'indépendance, une colonne à encorbellement faite de parpaings volés. Toujours en Arizona, à Cave Creek, ils construisent Dome House ; cette maison, entièrement enterrée et couverte d'un dôme d'aluminium et de verre, s'inspire des théories de l'architecture « organique » de Wright. Après son mariage avec Carolyne Woods à la fin de l'année 1949, il retourne à Turin. Durant les cinq années qu'il passe en Italie, il fait du dessin sur tissu, de la céramique et invente une caravane de camping dont les différents éléments sont agencés d'une manière très dense — le Leoncino —, anticipant sur un principe de mobilité que les États-Unis vont adopter rapidement. Dans cette caravane, il va à Vietri sul Mare, près de Salerne où, en 1953, il est commandité pour édifier une usine de céramique (Ceramica artistica Solimene) dont le plan en spirale s'inspire de celui du musée Guggenheim de Wright.

SOLERI PAOLO

Depuis 1955, il vit à nouveau aux États-Unis, à Scottsdale (Arizona), où il a créé un artisanat de cloches en céramique et construit Earth House (une autre maison enterrée), base de la fondation Cosanti, qu'il ne cesse, depuis lors, d'accroître de ses mains. Parallèlement à l'appui de ses théories sur une « technologie imaginative » capable de résoudre les besoins biologiques et spirituels de l'homme, et afin de lutter contre « la tendance de l'espèce humaine à se répandre », il projette une ville utopique compacte pour deux millions d'habitants, située sur une table montagneuse (Mesa City Project, 1958) ; il reçoit pour cela en 1962 un prix de la Graham Foundation, puis à deux reprises, en 1964 et en 1967, le prix Guggenheim-Grant.

Soleri se consacre également à l'étude d'autres mégalopoles utopiques (Asteromo, Babelhoah, Veladiga, Babel B), se plaçant ainsi au tout premier rang du mouvement des « Mégastructures », qui se manifeste dans les années 1960. Ses dessins et maquettes furent réunis lors d'une exposition à la Corcoran Gallery à Washington en 1970, commentés par les médias et édités dans un luxueux catalogue sous le titre *The Sketch Books of Paolo Soleri* (*Les Esquisses de Paolo Soleri*), dont la préface est signée par son meilleur biographe, Jeffrey Cook ; ils révèlent Soleri en tant qu'architecte utopiste et font en même temps connaître sa fondation Cosanti.

Cette fondation, lieu d'expérimentation de l'*arcology* (néologisme solérien : *architecture + ecology*) qu'il développe dans ses ouvrages, *Arcology, City in the Image of Man*, 1969 (*Arcologie, cité à l'image de l'homme*), et *Matter Becoming Spirit*, 1971 (*La matière devient esprit*), donne naissance en 1970 à un projet plus vaste, Arcosanti. Cette « ville du futur », en plein désert (Cordes Junction, Arizona), est construite progressivement par une petite équipe de disciples qui travaillent bénévolement dans la communauté mystique dont Soleri est le chef spirituel. Pour résoudre les problèmes énergétiques, Soleri consacre ses recherches à l'énergie solaire : l'Arcologie aux deux soleils, ce qui donne naissance à de nouveaux projets (Arcologie Barrage, Regina Arcologie, village indien et village sibérien).

En tant que fondation, Arcosanti édite depuis 1974 une revue, *Arcosanti Newsletter*, qui lui a valu plusieurs prix d'architecture.

L'œuvre de Soleri, fondamentalement influencée par les théories et la personnalité de Wright dont il a repris le personnage de « rebelle mystique », oscille entre deux registres : le travail artisanal et le projet aux dimensions surhumaines. Contrairement aux autres architectes connus principalement par ce qu'ils construisent, l'importance de Soleri, qui n'a construit que peu de bâtiments, provient beaucoup plus de sa contribution philosophique que des théories exprimées dans ses projets. Il est le premier à suggérer que les formes spécifiques (fortement inspirées des microstructures cellulaires) qu'il propose ne sont pas figées, mais étroitement liées aux moyens artisanaux de leur mise en œuvre. Son goût pour les voûtes et les absides en céramiques colorées lui ont également valu de passer (notamment aux yeux de Wolfgang Pehnt dans l'*Encyclopaedia of Modern Architecture*, mais à tort selon Jeffrey Cook) pour un admirateur de l'architecte catalan Antoni Gaudí. Mais son originalité vient surtout de la libération qu'il promeut et de la distanciation qu'il établit face aux attitudes architecturales et urbanistiques modernes, et sa vie illustre puissamment ses vues utopiques.

MARC RAYNAUD

SORIA PIERRE (1947-1998)

Architecte français. Auteur en son nom propre de nombreux logements sociaux et d'équipements publics tels les lycées de Palaiseau et de Saint-Germain de la Guadeloupe, ou encore l'hôtel de ville de Choisy-le-Roi, Pierre Soria est associé à Jean Nouvel et à Archi-Studio pour la réalisation de l'Institut du monde arabe à Paris et à l'agence Nouvel-Catani pour des logements sociaux à Saint-Ouen. Ses dernières réalisations personnelles, un centre de secours et un conservatoire de musique, sont situées au Tremblay-en-France. Pierre Soria est par ailleurs un architecte engagé : il participe au mouvement Mars 76 et il est membre fondateur, puis secrétaire général à partir de 1981, du Syndicat de l'architecture, instance d'opposition à l'Ordre des architectes.

CHRISTINE FLON

SOTTSASS ETTORE (1917-   )

La Foire internationale du meuble qui se tient chaque année à Milan suscite, au moins depuis 1970, un succès croissant tant l'équipement de la maison a provoqué l'inventivité des créateurs transalpins soutenus par des industriels à l'affût du moindre signe de modernité. Reprenant l'exemple des maîtres de l'Art nouveau, certains architectes se comportent aussi en designers : Gio Ponti, l'initiateur du mouvement moderne en Italie et le fondateur de *Domus*, l'une des plus célèbres revues de décoration du XXᵉ siècle, n'a pas hésité, dans les années 1950, à dessiner lui-même un bidet, accessoire de salle de bains dont les Italiens ont conquis aujourd'hui le marché mondial.

En octobre 1981, une date maintenant historique, dans le cadre de la fameuse foire, surgissent les productions d'un groupe tout nouveau. En compagnie de l'industriel Ernesto Gismondi, un personnage qui n'est pourtant pas tout jeune s'impose soudain : né en 1917 à Innsbruck, Ettore Sottsass a en effet soixante-quatre ans. Les deux hommes viennent de fonder le groupe Memphis et leurs productions affolent le dernier carré des fonctionnalistes présents à Milan. Jusqu'alors, depuis les doctrinaires du Bauhaus jusqu'à leurs successeurs spirituels de l'école d'Ulm, les créations résultant du design devaient représenter des réalités rationnelles pour une société empreinte de rationalité et hautement industrialisée. Cette fois, la forme l'emportait systématiquement sur la fonction. Une table se présentait avec quatre pieds différents et les étagères d'une bibliothèque pouvaient ne pas être droites tandis que de violentes couleurs laquées agressaient le regard.

Le design, comme le postmodernisme en architecture, rejetait le dépouillement prôné par le mouvement moderne depuis les années 1920, quand les ennemis de la moindre ornementation faisaient la loi dans les agences. Cette révolte cheminait souterrainement à l'initiative, dans les années 1960, d'un groupe d'étudiants et d'architectes. Ils avaient fondé *Archigram*, un journal et une association qui se proposaient de dynamiter l'espace de la ville traditionnelle où à « l'homme-besoins » des C.I.A.M. (Congrès internationaux d'architecture moderne) de Le Corbusier et de ses disciples succéderait un être de fiction s'inventant son théâtre personnel dans un cadre totalement renouvelé.

C'est cet homme nouveau qui intéresse Memphis dont le chef a tout de même attendu un certain temps pour libérer ses démons intérieurs. Fils d'un architecte qui avait été l'élève et le collaborateur d'Otto Wagner à Vienne, Ettore Sottsass fut diplômé de l'Institut polytechnique de Turin – la ville emblématique du peintre surréaliste Giorgio De Chirico – en 1939. Installé à Milan en 1947, il construit d'abord des logements sociaux très sobres, aménage des expositions et dessine ses premiers meubles. Après un voyage en Asie, il séjourne un an aux États-Unis, à Palo Alto (Californie) afin de soigner une lésion des reins et fréquente la colonie des poètes beatnik de la côte ouest dont Jack Kerouac est le prophète.

À cette époque, la firme Olivetti – créée en 1908 par un ingénieur pour fabriquer du matériel de bureau – avait produit en série, dès 1911, les premières machines à écrire italiennes puis, en 1932, les premières portables. Elles étaient alors carrossées de noir, comme toutes les machines à écrire. En 1958, Sottsass devient – en échange d'une liberté complète – le collaborateur régulier d'une des firmes les plus renommées du monde. Pour elle, il dessine « Valentine » (1969), habillée de rouge vif, un véritable objet pop facilement transportable : cette machine, jusque-là réservée au monde du travail, pouvait maintenant intégrer l'espace privé, tant par ses couleurs que par ses dimensions.

Ettore Sottsass est vraiment lancé. En 1976, on le retrouve au Studio Alchimia qui expose, l'année suivante, une première collection de mobilier annonçant la révélation de Memphis, ce terme faisant référence autant à l'Égypte ésotérique qu'à la ville d'Elvis Presley, une belle preuve de « nomadisme culturel » que certains qualifieront de sacrilège. Comme tous les créateurs, le maître aime avoir les coudées franches et il abandonnera rapidement « Memphis » pour doter ses œuvres du label Sottsass Associati », du nom du bureau qu'il a formé avec quatre jeunes collaborateurs.

En mai 1989, nouvelle provocation avec Meta-Memphis, époustouflante exhibition où les meubles apparaissent affranchis de toute sujétion à leur fonction. Les formes divaguent et ondulent, les couleurs sont violentes, superposées, heurtées. Le mélange des matériaux naturels et artificiels se manifeste comme un principe de construction avec une place majeure réservée au stratifié.

C'en est fini des ustensiles de la production de masse qui se ressemblaient presque tous. Les objets ont été abordés et torturés – comme chez les cubistes – dans chacun de leurs aspects. L'instable est devenu une nouvelle valeur dont la signification politique importe peu, car Sottsass ne se rattache à aucun parti : pour lui, l'indispensable renouvellement de la société sera une affaire culturelle et elle tiendra le plus grand compte de « l'ornement ». Ainsi que l'écrivaient les fidèles d'Archigram en 1960, « nous avons choisi de contourner l'image pourrissante du Bauhaus ». Ettore Sottsass a certainement été l'un de ceux qui ont appliqué, dans leurs œuvres, cette consigne à la lettre.

ROGER-HENRI GUERRAND

SOUFFLOT JACQUES GERMAIN (1713-1780)

Ce fils d'avocat, né à Irancy (Yonne), est, avec son contemporain et ami Ange-Jacques Gabriel, l'un des plus grands architectes d'une époque fertile en grands artistes sur laquelle les historiens de l'art se sont tout particulièrement penchés au début de la décennie quatre-vingt (A. Braham, *The Architecture of the French Enlightment*, Londres, 1980, trad. franç., Paris, 1982 ; Caisse des monuments historiques, *Soufflot et son temps*, catal. expos., Paris, 1980) ; il y a pourtant de nombreuses différences dans le style des deux artistes. La sensibilité, l'imagination, une certaine inquiétude prédominent en Soufflot et influencent son style dans le sens de la grandeur et de la sévérité, avec un accent romantique déjà perceptible. Ses goûts aussi le distinguent de Gabriel, si classique et si mesuré. Il a retenu de ses deux séjours en Italie les leçons de Paestum et de l'Antiquité romaine, mais il a aussi étudié les édifices de la Renaissance et particulièrement les dômes et les coupoles. De plus, fait important, il admire l'architecture gothique pour la légèreté et l'économie de ses structures (les architectes du XVIII siècle, fins connaisseurs, seront des précurseurs, à cet égard, de l'admiration des romantiques pour le Moyen Âge). Tout cela compte dans son œuvre, où l'on peut déceler des emprunts à ces sources diverses, préfiguration de l'éclectisme, mais avec la marque souveraine du génie qui sauve tout.

À peine sorti de l'enfance, un appel irrésistible de l'Italie le jette sur les routes et il séjourne à Rome de 1731 à 1738. De retour à Lyon, il établit, en 1740, les plans de l'Hôtel-Dieu, édifice considérable, et réalise de nombreuses commandes privées (palais archiépiscopal, maison des Génovéfains) et publiques (construction du quai Saint-Claire, Loge au Change) qui ont fait l'objet d'un colloque organisé par l'université de Lyon II (*L'Œuvre de Soufflot à Lyon*, Presses universitaires, Lyon, 1982). En 1749, il est choisi pour accompagner en Italie, avec Cochin, le jeune Marigny, frère de Mme de Pompadour, qu'on destine à la surintendance des Bâtiments. Après un nouveau séjour à Lyon (plans de quelques hôtels particuliers et d'une salle de spectacle), il est appelé à Paris en 1755 et commence une carrière officielle sous la protection de Marigny : trésor et sacristie de Notre-Dame, École de droit, projets d'aménagement des Champs-Élysées et d'une place devant la colonnade du Louvre, percement d'une grande rue le long des Tuileries, projet repris pour la rue de Rivoli. Pour Marigny, il élève deux hôtels et les nymphées des châteaux de Ménars et de Chatou. Mais la grande œuvre est l'église Sainte-Geneviève, l'actuel Panthéon, « qui marque les débuts du style nouveau » (Hautecœur). De 1756 à sa mort, Soufflot va se consacrer à cet édifice au milieu de difficultés de toutes sortes et en butte aux attaques de Patte, qui met en doute la solidité de la construction. Soufflot ne verra pas l'achèvement des travaux, terminés en 1790 par son assistant Rondelet. Pendant la Révolution, Quatremère de Quincy supprime les tours, obstrue les fenêtres et efface une grande partie du décor pour donner au monument une austérité romaine.

JEAN-JACQUES DUTHOY

SPECKLE DANIEL (1536-1589)

Théoricien de la fortification bastionnée germanique, ce Strasbourgeois commence sa carrière au service de l'empereur Maximilien II, participant à de nombreux sièges. Son œuvre de constructeur demeure imprécise faute d'études. Il travailla surtout à moderniser les places fortes rhénanes et probablement s'occupa-t-il de celle d'Oslo. Revenu à Strasbourg en tant qu'architecte de la ville, il rédige un traité théorique sur la fortification, paru l'année de sa mort : *Architectura von Vestungen...*, Strasbourg, 1589. Pragmatique, Speckle propose de rendre la défense plus efficace par des chemins couverts protégeant les assiégés et permettant un étagement des feux. Il conçoit des tracés de bastions plus ouverts pour obtenir une ligne de feux puissante et sûre. Errard de Bar-le-Duc et Vauban appliquèrent plusieurs de ses propositions concernant les tracés des bastions.

CATHERINE BRISAC

Bibliographie

P. ROCOLLE, *2000 Ans de fortification française*, t. I, Paris-Limoges, 1972.

SPEER ALBERT (1905-1981)

Né dans une famille très riche, Albert Speer fait, comme son père, des études d'architecture. Après avoir entendu et vu Hitler, il adhère au Parti national-socialiste au mois de janvier 1931 et devient membre de la N.S.K.K. (corps motorisé du parti). Il se fait rapidement remarquer par ses dons d'architecte et Hitler l'accueille au nombre de ses confidents. De 1933 à 1945, le destin de Speer est lié à celui du Führer. Occupant des situations très différentes mais toujours exceptionnelles, il est tour à tour l'architecte de Berlin, l'ami fidèle des réunions nocturnes à la Chancellerie du Reich et au Berghof, le technocrate et l'organisateur qui obtient, dans la production d'armements, des résultats qui étonnent le monde, l'opposant enfin, aussi efficace qu'inattendu, à qui l'Allemagne doit, pour une large part, sa survie économique. De la naissance à la chute du IIIe Reich, Albert Speer appartient au cercle des intimes de Hitler sans pourtant s'y intégrer. Il conserve, seul dans ce cercle, un regard lucide. Même ses détracteurs les plus résolus ont reconnu qu'il avait préservé son intégrité morale tout au long de sa carrière au service d'un système amoral. Il est nommé, en 1937, inspecteur général des Bâtiments de Berlin, construit notamment, dans un style néo-classique colossal, la grande chancellerie du Reich (détruite pendant la guerre) et aménage le champ de Mars. Devenu ministre de l'Armement en 1942 et chef de l'organisation Todt, il utilise la main-d'œuvre étrangère réquisitionnée pour l'effort de guerre allemand. C'est pour cette réquisition qu'il est condamné par le Tribunal militaire international de Nuremberg à vingt années de détention. Il est libéré en 1966 et se consacre à l'écriture. Il publie, entre autres, ses Mémoires sous le titre *Au cœur du IIIe Reich (Erinnerungen, 1969)*.

ANDRÉ BRISSAUD

SPOERRY FRANÇOIS (1912-1999)

Issu d'une famille d'industriels du textile à Mulhouse, l'architecte François Spoerry commence sa formation à Strasbourg (1930) puis devient l'assistant de Jacques Coüelle (1902-1987) entre 1932 et 1934. Avec ce dernier, il participe à la réalisation du château de Pigranel, près de Mougins, en intégrant à l'œuvre contemporaine des éléments architecturaux du xve siècle – dialogue du passé et du présent dont la génération des modernes n'était pas coutumière. Une mission d'inventaire l'amène en Grèce (1939) à la recherche des traditions populaires des Cyclades. Il obtient son diplôme d'architecte, dirigé par Eugène Beaudouin, en 1942, puis s'engage dans la Résistance avant de connaître les camps de concentration.

Au lendemain de la guerre, il est chargé de l'achèvement de la tour Perret à Amiens (1957). Les traces de cette formation « moderne » apparaissent encore à Mulhouse, dans la construction du quartier de l'Europe et de sa monumentale tour (premier restaurant panoramique tournant en Europe, 1960-1970) ou encore dans l'ensemble de 2 500 appartements construits dans les quartiers résidentiels de Pierrefontaine et d'Entremont (1967-1975).

Il aurait pu mener une carrière d'architecte officiel, responsable des Z.U.P. ou des Z.A.C. qui fleuriront à la périphérie des villes. Il s'en détournera. Sensible aux « réalisations des Anciens et des villages traditionnels », il ne peut guère adhérer à une modernité qui rejette toute filiation avec les usages séculaires. L'architecte qualifie cette production de « brutaliste », « sèche », « répétitive », « méprisant les sites », ou de « langage issu d'une conception purement fonctionnaliste ». Encore fallait-il trouver des débouchés professionnels en accord avec cette vision de l'architecture.

À un moment où le développement de la civilisation des loisirs de masse engendre des ensembles monumentaux (La Grande-Motte par Jean Balladur, 1968 ; Avoriaz par G. Brémont, 1964-1974 ; ou Flaine par Marcel Breuer, 1960-1970), il réalise dans la baie de Saint-Tropez, la cité lacustre de Port-Grimaud (1963-1966) – d'une tout autre nature. Église, commerces et maisons sont entièrement reconstitués d'après des modèles vernaculaires du bassin méditerranéen et débordent de couleur, d'ornements (vrais ou faux), ainsi que de détails pittoresques affirmant avec fantaisie un monde en dehors du temps. La ville se développe en une succession de vides organisant et resserrant les espaces publics autour d'eux, valorisant les hiérarchies traditionnelles entre le monumental et le vernaculaire. Donnant sur des canaux où chacun peut amarrer son bateau, les maisons en bande (500 à l'origine, plus de 2 000 aujourd'hui) constituent une ville rassurante, à l'échelle du piéton : la voiture y est interdite.

La leçon de Port-Grimaud s'exportera particulièrement bien dans les années 1980. Adaptant ses architectures au « goût local », il réalise aux États-Unis l'ensemble de vacances de Port Louis en Louisiane (1982), dans un style colonial, puis des résidences principales en bardeaux de bois à Port Liberty, dans la baie de New York (1 800 logements, 1984). En Espagne, le village de Puerto Bendinat près de Palma de Majorque (1982-1988) et, au Mexique, celui de Puerto Escondido (1984) reprennent, eux aussi, la tradition vernaculaire. En France, il appliquera cette manière quelque peu régionaliste à l'extension du village de Gassin en Provence (100 maisons, 1985) puis au quartier du Port dans la ville nouvelle de Cergy-Pontoise (avec son fils Bernard, 1988).

À l'époque de la réalisation de Port-Grimaud, des critiques violentes venues du milieu des architectes soulignaient « l'absurdité de créer un pastiche architectural », parlaient « d'un nouveau poids au passif de l'évolution », de « décadence » qui remettait en cause les principes doctrinaires de l'architecture moderne. Aujourd'hui, les critiques sont plus réservées : on en parle même comme de « l'une des meilleurs réussites d'aménagement touristique » (plus de deux millions de personnes s'y promènent chaque été). Pour Spoerry, il s'agissait seulement d'architecture « douce » (titre de son ouvrage publié par Robert Laffont, en 1989) dont « les références ne sont ni anciennes ni modernes, elles sont éternelles... ». Son ambition était de réconcilier l'usager avec son mode de vie, l'habitant avec son cadre – dont l'image globale semble s'enraciner dans un passé curieusement sans histoire. Le résultat est une accumulation de lieux et d'espaces qui sont autant de poncifs associés à des formes architecturales parlantes. Spoerry a su toucher de cette manière le monde sensible d'une mémoire collective en quête de racines. Peu importe que ces racines soient pur décor de cinéma. Faute de réalité, elles ont l'apparence pour elles – à l'image de la société tout entière. Il ne s'est pas caché derrière le paravent d'une modernité de pure consommation. Il a avoué les contradictions d'une époque qui voit la culture comme un masque et essayé de façon intuitive d'exprimer la demande des classes moyennes en quête d'identité.

HÉLÈNE GUÉNÉ-LOYER

SPRECKELSEN JOHAN OTTO VON (1929-1987)

Né en 1929 à Viborg (Danemark), Johan Otto von Spreckelsen est diplômé de l'École d'architecture de l'Académie des beaux-arts de Copenhague en 1953, où il enseigne à partir de 1955. Après avoir fréquenté plusieurs importantes agences danoises, il est attaché à l'École française d'archéologie de Delphes, en Grèce, puis crée son agence en 1958. Il construit la même année sa propre maison, à Hørsholm, au nord de Copenhague.

Invité à enseigner dans les écoles d'architecture d'Ankara en Turquie et de Colombus aux États-Unis, Spreckelsen est plus particulièrement apprécié dans son pays pour les quatre lieux de culte qu'il y réalise. Les deux églises catholiques de Hvidovre (1960) et Esbjerg (1969) sont d'une grande sobriété et témoignent d'une attention particulière à la mise en œuvre des matériaux comme à l'inscription de l'architecture dans le site ; la deuxième, construite en béton cellulaire, affecte la forme d'un cube fermé qui annonce le dessin de la Grande Arche de la Défense, près de Paris. À Vangede (1974) et Stanvnholt (1982), pour le culte protestant, Spreckelsen utilise respectivement une pierre jaune clair et de la brique rouge, avec le même souci de rigueur ; l'architecte y dessine par ailleurs l'ensemble du mobilier, de même que les orgues, dont l'acoustique est remarquable.

Figure discrète malgré sa solide réputation, Spreckelsen fait une entrée subite sur la scène internationale, en 1983, lorsqu'il est lauréat de la consultation internationale pour l'aménagement de la Tête-Défense. Outre son caractère symbolique, son projet a séduit le jury par son extrême simplicité, son évidence, et rappelle en cela la manière dont son compatriote Jørn Utzon avait remporté le concours pour l'Opéra de Sydney en 1957. Spreckelsen s'impose également grâce à l'efficacité de son discours, proche du poème : « Un cube ouvert / Une fenêtre sur le monde / Comme un point d'orgue provisoire sur l'avenue / Avec un regard sur l'avenir. / C'est un « arc de Triomphe » moderne, / À la gloire du triomphe de l'Humanité, / C'est un symbole de l'espoir que dans le futur / Les gens pourront se rencontrer librement. » La Grande Arche de la Défense s'avérera de surcroît le « Grand Projet » mitterrandien le plus consensuel. Sa réalisation n'en sera pas aisée pour autant : le sous-sol saturé de réseaux et les dimensions du monument (un cube de cent mètres de côté), enfin le parement de verre difficile à poser sur une superstructure en béton armé ont fait de ce chantier l'un des plus délicats de l'époque. Spreckelsen démissionnera d'ailleurs en juillet 1986, avant même la livraison du bâtiment (réalisé par Paul Andreu pour le gros œuvre, François Deslaugiers pour les façades et Peter Rice pour le « nuage », structure suspendue entre les parois de l'Arche) ; il décédera en 1987, à Copenhague, sans avoir vu son œuvre majeure achevée. Par cette réalisation, simple et monumentale, Spreckelsen a marqué de son sceau le paysage parisien en même temps qu'il entrait au panthéon des architectes de la fin du XXe siècle.

SIMON TEXIER

Bibliographie
F. CHASLIN & V. PICON-LEFEBVRE, *La Grande Arche de la Défense*, Electa, Moniteur, Milan-Paris, 1989 / *Arkitektur-DK*, n° 1-2, Copenhague, 1990.

STARCK PHILIPPE (1949-   )

Né à Paris en 1949, fils d'un constructeur d'avions, Philippe Starck est un produit de l'enseignement libre : études secondaires à l'institution Sainte-Croix de Neuilly puis cours d'architecture intérieure à l'école Camondo. Dès 1969, il se fait connaître par un projet de maison gonflable et le couturier Pierre Cardin l'engage pour créer une gamme de mobilier. L'attention des noctambules parisiens lui est accordée, dix ans plus tard ; par sa décoration des Bains-Douches, il prouve un savoir-faire qu'il manifeste ensuite jusqu'aux États-Unis.

C'est la réalisation du café Costes – aujourd'hui disparu – place des Innocents, en bordure de l'emplacement des anciennes Halles de Paris, qui apporte à Starck une réputation dont toutes les revues d'art se font l'écho. À trente-cinq ans, il prend place parmi les stars du nouveau design et manifeste une activité vibrionnante qu'il place au-delà de l'architecture et du design. Ces deux disciplines ne l'intéressent pas, non plus que le débat entre la forme et la matière. Ce qui le passionne, affirme-t-il, « c'est de créer des signes forts, des surprises ». Cependant, à la différence de nombre de ses confrères tenant de semblables propos, il ne heurte pas ses clients par des outrances à la façon d'Ettore Sottsass ou de Gaetano Pesce. En 1982, il est chargé de meubler les appartements privés de l'Élysée ; en 1984, il aménage des salles à la Cité des sciences de La Villette. La même année, c'est le mobilier urbain de Nîmes – dont le maire est Jean Bousquet, le couturier Cacharel – qu'il reprend entièrement. Il reçoit divers prix en France et à l'étranger où il construit : un immeuble de bureaux et une brasserie à Tōkyō (1987), un hôtel à New York (1988).

Subitement, vers 1985, Starck se convertit à « l'art social », celui que Victor Hugo appelait de ses vœux en 1864 : « Quelques purs amants de l'Art, écrivait en effet le poète, écartent cette formule, craignant que l'Utile ne déforme le Beau. Or l'Utile, loin de circonscrire le sublime, le grandit. Un service de plus, c'est une beauté de plus. » Tous les créateurs de l'Art nouveau souscriront à cette déclaration et on croirait les entendre en écoutant Philippe Starck annoncer : « Ma vocation a toujours été de donner le mieux pour tout le monde. » En 1900, un tel discours ne pouvait parvenir jusqu'aux consommateurs les plus humbles, car les catalogues des Grands Magasins parisiens s'adressaient plutôt aux classes moyennes. La hausse du niveau de vie, depuis les Trente Glorieuses, a élargi, dans de notables proportions, le nombre de clients potentiels, ce dont vont profiter les maisons de vente par correspondance, telles que La Redoute et Les Trois Suisses.

Starck va saisir une opportunité que Prisunic avait tenté d'exploiter dans les années 1970 en sollicitant des designers déjà célèbres. Gae Aulenti, Terence Conran, Joe Colombo, Marc Held conçurent alors des séries complètes qui ne trouvèrent pas leur clientèle malgré des prix très étudiés. Mais les temps ont changé et les nouveautés de l'ameublement ne rencontrent plus l'aversion qui leur avait été manifestée jusque-là dans la société française.

Voici donc Philippe Starck devenu le chantre d'un objet dont les designers n'avaient jamais vraiment modifié la forme, presque identique depuis son apparition au XVIe siècle, à savoir la brosse à dents. Avec lui, ce modeste outil va se transformer en sculpture : car c'est l'interprétation d'un oiseau de Brancusi que l'on plante dans un support perforé en forme de tronc conique. Dans la salle de bains, nouvel espace ludique et non plus clinique, chacun doit trouver de beaux objets. L'éditeur est un ami du designer, il s'agit de l'industriel Alessi, dont la firme est l'un des principaux vecteurs du design italien pour les recherches et les expériences postmodernistes. Il a fabriqué cette brosse-icône avec un nouveau matériau, le plastique A.B.S., qui a remplacé le polystyrène fragile des années 1950 et que la société allemande Braun avait été l'une des premières à utiliser. Dans le catalogue 1997 de La Redoute, Starck s'émerveille de cet objet qui envoie des signes : « Petits rayons de poésie, les différentes brosses d'une même famille posées sur une étagère animent la salle de bains même la plus humble. »

Dans l'édition 1998 de ce même catalogue, il fait sien un mot clé de la période actuelle, celui de « citoyen ». Désormais, Philippe Starck veillera à l'équipement de ce voisin qu'il aimerait avoir pour ami. En faveur de ce type idéal, dans une annexe de son catalogue habituel, il se propose de présenter de « bons objets pour des non-consommateurs » et ce ne seront pas forcément les siens. Car il a essayé de trouver, collecter, corriger ou créer des objets honnêtes, responsables, respectueux de la personne, en bref « un marché moral ». Par exemple, la chaise Cheap Chic en tube d'aluminium époxy, coque en plastique, offerte en de multiples couleurs. Elle est « parfaite », dit Starck, discrète, solide, empilable. C'est son œuvre, mais comment justifier la présentation d'un champagne « biologique » dont il n'a dessiné que l'étiquette posée sur la bouteille ? Le designer, selon Starck, est-il un démiurge transversal qui transmute tout ce qu'il touche ?

Dans le domaine architectural, cependant, cette opération alchimique rencontrera peut-être des difficultés. Le citoyen-consommateur habitant Paris ira voir, au quartier Latin, la nouvelle École nationale supérieure des arts décoratifs (E.N.S.A.D.) que Starck vient de restructurer avec la collaboration de l'architecte bordelais Luc Arsène-Henry. Il s'agit d'une aile donnant sur la rue Érasme, un cadre de marbre blanc-gris que Mies van der Rohe n'aurait pas renié. À l'intérieur, un escalier peint en rouge – le Parthénon aussi était coloré – enveloppe une cour tandis que la façade arrière du bâtiment s'étale – c'est la mode – en transparence et en surplomb. La surprise n'est pas à la hauteur des promesses du catalogue.

ROGER-HENRI GUERRAND

die, les édifices de Starov n'ont pas encore cette liberté d'invention qui caractérisera l'architecture russe du début du XIXe siècle et qui transformera Saint-Pétersbourg en un immense et audacieux ensemble urbain néo-classique.

DANIEL RABREAU

STAROV IVAN EGOROVITCH (1745-1808)

À l'époque où l'Italien Giacomo Quarenghi et l'Écossais Charles Cameron se partageaient les grands travaux de Saint-Pétersbourg et des environs, Starov apparaît, avec N. A. Lvov et F. I. Volkhov, comme un des tout premiers architectes néo-classiques du règne de Catherine II. Moscovite d'origine, comme son contemporain V. Bajenov (qui fera une brillante carrière à Moscou), Starov se fixe à Saint-Pétersbourg, où il entre, en 1758, comme élève à l'Académie impériale. Après un long séjour en Europe occidentale (1762-1768), où il étudie principalement à Paris, dans l'atelier de Charles De Wailly, Starov retourne à Saint-Pétersbourg, où il reçoit de nombreuses commandes. Reflétant les nouveaux modes de composition et de décoration à l'antique, le style de Starov dénote une application un peu trop fidèle dans la transcription des modèles occidentaux. Deux édifices cependant soutiennent la comparaison avec les œuvres, toujours un peu sèches, de Quarenghi : la cathédrale de la Trinité, au couvent de Saint-Alexandre-Nevski (1776-1790), et, surtout, le palais de Tauride (1782-1789) édifié pour le prince Potemkine, favori de la tsarine. D'une inspiration palladienne très alour-

STIJL DE

Il y a trois manières de définir *De Stijl*, toutes trois adoptées simultanément par Theo van Doesburg dans l'article rétrospectif qu'il consacra au mouvement en 1927 (« Dates et faits », in *De Stijl*, numéro spécial du dixième anniversaire) : en tant que *revue*, en tant que *groupe* constitué autour de la revue, en tant qu'*idée* partagée par les membres de ce groupe.

La première définition est la plus commode, car elle part d'un corpus très défini : le premier numéro de la revue paraît à Leyde en octobre 1917, le dernier à Paris peu de temps après la mort de Theo van Doesburg, son fondateur et rédacteur, survenue en mars 1931. Néanmoins, l'éclectisme même de la revue, son ouverture à toute l'avant-garde européenne pourraient faire douter de l'identité du mouvement : à ranger (comme le fit Van Doesburg dans l'article cité) les dadaïstes Hugo Ball, Hans Arp et Hans Richter, le futuriste italien Gino Severini, le constructiviste russe El Lissitzki et le sculpteur Constantin Brancusi parmi les « principaux collaborateurs » du Stijl (sans compter Aldo Camini et I. K. Bonset, qui ne sont autres que Van Doesburg lui-même en habit futuriste ou dadaïste), on s'interdit l'appréhension de ce qui fit la force et l'unité du groupe hollandais.

C'est d'ailleurs la deuxième définition, celle du Stijl en tant que groupe restreint, qui est la plus communément admise : elle établit une hiérarchie simple, fondée sur la seule antériorité historique, entre une poignée de pères fondateurs hollandais et de nouvelles recrues cosmopolites venues combler les vides laissés par certaines défections. Les pères fondateurs sont grosso modo les signataires du *Premier Manifeste* du Stijl (paru en novembre 1918), à savoir les peintres Piet Mondrian et Vilmos Huszár, les architectes Jan Wils et Robert van't Hoff, le sculpteur belge Georges Vantongerloo, le poète Antony Kok (dont l'œuvre est minime) et, bien entendu, le véritable homme-orchestre que fut van Doesburg, trait d'union du groupe et cheville ouvrière du mouvement. À ces noms il faut ajouter ceux du peintre Bart van der Leck (qui avait quitté le Stijl avant la publication du manifeste) et des architectes Gerrit Rietveld et J. J. P. Oud (le premier ne s'était pas encore joint au mouvement, alors qu'il avait déjà réalisé sa célèbre *Chaise bleue et rouge*, le second ne signa jamais aucun texte collectif). Les nouvelles recrues, mis à part l'architecte Cornelis van Eesteren, menèrent une carrière très indépendante du Stijl et ne s'y associèrent que brièvement, lorsque la vie du mouvement touchait à sa fin : il s'agit du musicien George Antheil (connu par sa partition pour le film de Fernand Léger, *Le Ballet mécanique*), des peintres et auteurs de reliefs Cesar Domela et Friedrich Vordemberge-Gildewart, de l'architecte et sculpteur Frederick Kiesler et du dessinateur industriel Werner Gräff.

Malgré son utilité, cette deuxième définition est à peine plus précise que la première, car elle se fonde sur un critère d'appartenance qui semble absolument contingent (et ne peut expliquer, par exemple, le départ de Van der Leck dès la première année, de Wils et de Van't Hoff dès la deuxième, de Oud la quatrième, puis de Huszár et de Vantongerloo la cinquième, et pour finir celui de Mondrian en 1925).

Reste la définition du Stijl en tant qu'idée : « C'est à partir de l'*idée De Stijl*, écrit Van Doesburg (toujours dans le même article rétrospectif), que le mouvement De Stijl s'est peu à peu développé. » Bien qu'elle semble la plus vague du fait de sa nature conceptuelle (par opposition aux deux premières, de nature empirique), cette définition est la plus restrictive. C'est la seule à pouvoir rendre compte du fait que *De Stijl* signifie non seulement « le Style », mais de façon beaucoup plus ambitieuse encore, « Le style ».

❧

Le principe général du Stijl

Le Stijl fut un mouvement novateur, dont la théorie se fonda sur ces deux mamelles du modernisme que sont l'historicisme et l'essentialisme : historicisme parce que, d'une part, le Stijl conçut sa production comme l'aboutissement logique de tout l'art du passé et que, d'autre part, il prophétisa, en termes quasi hégéliens, la dissolution inexorable de tout art dans une sphère totalisante (qui ne connaîtrait pas d'extérieur), celle de la vie ou de l'environnement ; essentialisme parce que cette lente progression historique eut pour moteur une quête ontologique, chaque art devant réaliser sa nature en se purgeant de tout ce qui ne lui appartient pas en propre, en exposant ses matériaux et ses codes, afin d'œuvrer à l'instauration d'un langage plastique universel. Rien de tout cela n'est profondément original, même si la formulation de cette théorie par le Stijl fut étonnamment précoce. La spécificité du Stijl repose ailleurs : dans l'idée qu'un même principe générateur puisse concerner toutes les pratiques artistiques sans diminuer en rien l'autonomie de chacune d'entre elles, et, plus encore, que ce principe soit seul à l'origine d'une telle autonomie.

Bien que ce principe n'ait jamais été formulé comme tel par les membres du mouvement, on peut dire qu'il repose sur deux opérations : l'*élémentarisation* et l'*intégration*. Élémentarisation, c'est-à-dire décomposition de toute pratique en une série de composantes, et réduction de ces composantes à quelques éléments discrets incompressibles ; intégration, c'est-à-dire articulation exhaustive de ces éléments entre eux en un tout syntaxique indivisible et non hiérarchique. Il s'agit là d'un principe structural (comme les phonèmes de la langue, les éléments en question n'ont de sens que par leur différence), c'est-à-dire d'un principe total : aucun élément n'est plus important qu'un autre, aucun ne doit échapper à l'intégration. Leur mode d'agencement n'est pas additif mais exponentiel (d'où le rejet par le Stijl de toute répétition).

Très rapidement, ce principe général déplacera la question ontologique (la recherche de l'essence de la peinture ou de l'architecture) en amenant les artistes à la notion de limite, c'est-à-dire de ce qui sépare une œuvre de son entour (d'où l'intérêt de tous les peintres du Stijl pour les jeux sur le cadre et pour les polyptyques – par exemple, le célèbre *Mine, Triptyque* de Van der Leck (1916), au Gemeentemuseum, La Haye, ou la *Composition XVIII en trois tableaux* de Theo van Doesburg (1920), dans la succession Van Doesburg, La Haye). La logique de ce déplacement est la suivante : la limite, en tant que composante constitutive de toute pratique, doit elle aussi être élémentarisée et intégrée ; or cette intégration ne pourra être parfaitement accomplie tant que l'intérieur et l'extérieur (ce que la limite articule) n'auront pas de dénominateur commun, c'est-à-dire tant que l'extérieur ne sera pas lui aussi élémentarisé : c'est pourquoi l'utopie de l'insertion de l'environnement, pour risible qu'elle nous paraisse aujourd'hui, n'est pas un simple rêve idéologique mais la conséquence du principe général. Cette utopie n'empêcha certes pas un Mondrian, par exemple (qui en fit l'un des ressorts de sa théorie), de considérer avant tout ses tableaux en tant qu'objets, en tant qu'entités indépendantes (et il en va de même pour les meubles de Rietveld), car il fallait d'abord que le principe général soit réalisé dans les œuvres pour que celles-ci puissent s'articuler à autre chose qu'elles-mêmes et en premier lieu s'articuler entre elles.

La peinture

De Stijl fut initialement une congrégation de peintres, auxquels se sont joints ensuite des architectes ; ce sont les peintres qui ont posé les premières pierres de ce principe général. Et si, parmi eux, Mondrian fut le seul à l'avoir radicalement actualisé (lorsqu'il parvint au néo-plasticisme, en 1920), Van der Leck et Huszár travaillèrent eux aussi à son élaboration (le cas de Van Doesburg est plus complexe).

On sait que Van der Leck fut le premier à avoir su élémentariser la couleur (Mondrian lui doit ses couleurs primaires, comme il le dira lui-même dans le dernier numéro du *Stijl*, hommage posthume à Van Doesburg), mais il ne put jamais parvenir à l'intégration de tous les éléments de ses tableaux. Aussi abstraites qu'aient pu être certaines de ses toiles (et sous l'influence directe de Mondrian il ira presque, de 1916 à 1918, jusqu'à l'abstraction totale), il en est toujours resté à une conception illusionniste de l'espace, le fond blanc de ses tableaux se comportant comme une zone neutre, comme un réceptacle originel, antérieur en quelque sorte à l'inscription des figures. Le prétexte invoqué rétrospectivement par Van der Leck quand il quitte le groupe (la trop grande présence des architectes dans la revue) est en fait secondaire : à partir du moment où la question du fond fut réglée par les autres peintres du Stijl, il ne partagea plus leur langage (et ce n'est aucunement un hasard s'il retourne ostensiblement à la figuration en 1918, au moment de son départ).

Quant à Huszár, sa seule contribution picturale théorique au Stijl est précisément l'élémentarisation du fond ou, plutôt, de la relation figure/fond qu'il réduit à une opposition binaire (dans la plus remarquable de ces œuvres, une linogravure en noir et blanc, il est impossible de démarquer la forme du fond ; nous citerons parmi ses autres compositions la couverture de la revue *De Stijl* et *Marteau et Scie*, 1917, seule œuvre à y avoir été reproduite en couleurs, elle est conservée aujourd'hui au Gemeentemuseum de La Haye). Mais l'artiste s'est malheureusement arrêté là, incapable d'intégrer d'autres variantes dans son travail : parti de l'espace illusionniste de Van der Leck (comme en témoigne *Composition II-Les Patineurs*, 1917, Gemeentemuseum, La Haye), il y retourne au milieu des années 1920 avec de médiocres œuvres figuratives, trop souvent antidatées par les marchands, qui n'ont plus aucun rapport avec De Stijl.

Ayant parfaitement assimilé les leçons du cubisme lors de son premier séjour à Paris en 1912-1914, Mondrian pourra, beaucoup plus rapidement que les autres peintres, résoudre la question de l'abstraction et concentrer ses efforts sur celle de l'intégration. Son premier souci (après avoir opté pour les couleurs primaires) est d'unir la figure et le fond en un tout inséparable, mais sans se limiter à une solution binaire qui rendrait inutile le jeu de la couleur. L'évolution qui le conduira des trois tableaux de 1917 (*Composition en couleur A*, *Composition en couleur B*, *Composition avec lignes*, présentés d'ailleurs en triptyque lorsqu'ils furent exposés pour la première fois) au néo-plasticisme est beaucoup trop complexe pour pouvoir être analysée ici. Notons simplement que Mondrian n'est parvenu à éliminer de son vocabulaire le fond neutre, à la manière de celui de Van der Leck, qu'après avoir utilisé une grille modulaire dans neuf de ses tableaux (1918-1919). Il s'agissait pour lui d'élémentariser la division de ses toiles, c'est-à-dire de trouver un système irréductible de répartition des plans colorés, fondé sur un seul élément (d'où l'utilisation du module, de mêmes proportions que la surface du tableau qu'il divise). Très rapidement, Mondrian abandonna ce système, lui trouvant un caractère régressif ; fondé sur la répétition, il ne privilégiait qu'un seul type de rapport entre les parties du tableau (engendrement univoque). Cependant la grille modulaire lui avait permis de résoudre une opposition essentielle, laissée de côté par les autres peintres du Stijl, celle de la couleur et de la non-couleur. Le premier tableau néo-plastique proprement dit, *Composition en rouge, jaune et bleu* de 1920 (Stedelijk Museum, Amsterdam), abandonne toute trame régulière.

Van Doesburg, au contraire, eut besoin toute sa vie de la grille parce qu'elle constituait pour lui un garde-fou contre l'arbitraire du signe : malgré les apparences, malgré ses formulations parfois mathématiques, Van Doesburg resta paralysé par la question de l'abstraction (si une composition doit être abstraite, semble-t-il penser, qu'elle soit au moins justifiée par des calculs, que sa configuration géométrique soit motivée). Avant qu'il ne parvienne à la solution de la grille (par le biais de son art décoratif, notamment par ses vitraux), cette obsession avait longtemps fait hésiter Van Doesburg entre le système plastique de Huszár (avec *Composition IX - Joueurs de cartes*, 1917, succession Van Doesburg, La Haye) et celui de Van der Leck (*Composition XI*, 1918, Guggenheim, New York) puis elle l'avait conduit à présenter ses toiles comme la stylisation de motifs naturels (une vache, un portrait, une nature morte, ou un danseur par exemple, comme pour *Rythme d'une danse russe*, 1918, dont toutes les esquisses sont conservées, avec la toile, au musée d'Art moderne de New York). Même s'il essaie un moment d'appliquer ce type d'explication à ses œuvres modulaires (ainsi l'absurde présentation qu'il fit en août 1919 de *Composition en dissonance* [1918, musée de Bâle] comme étant la représentation abstraite d'« une jeune femme dans son atelier »), c'est au contraire pour son côté mécaniquement répétitif et totalement projectif (décidé à l'avance, appliqué sur le plan du tableau dont la matière et la taille importent peu) que Van Doesburg fut séduit par le système de la grille, c'est-à-dire, en fait, pour les raisons mêmes qui avaient motivé son abandon par Mondrian. Cela permet de comprendre la querelle de l'*élémentarisme* (mot fort mal choisi par Van Doesburg pour désigner son introduction de l'oblique, en 1924, dans le vocabulaire formel du néo-plasticisme), querelle qui amena Mondrian à quitter le Stijl l'année suivante : si Mondrian refusa violemment cette « amélioration » (selon l'expression de Van Doesburg) dont un des exemples les plus célèbres est *Contre-Composition XVI en dissonances* (Gemeentemuseum, La Haye), c'est bien moins parce qu'elle dérogeait à la règle formelle de l'orthogonalité (ses propres tableaux à losanges l'avaient déjà fait) que parce qu'elle détruisait d'un coup l'effort accompli pour parvenir à une intégration totale de tous les éléments du tableau (en glissant sur la surface de ses toiles, les lignes obliques de Van Doesburg éloignent de nouveau cette surface du plan du tableau, et l'on se retrouve devant le fond neutre de Van der Leck – c'est-à-dire, pour l'évolutionniste qu'était Mondrian, huit ans en arrière). En bref, bien qu'il soit un peintre tout à fait passionnant, Van Doesburg n'obéit pas dans l'ensemble de son œuvre picturale aux principes d'élémentarisation et d'intégration du Stijl ; mais il est d'autres domaines où il travaille avec beaucoup plus d'efficacité à la mise en œuvre de ces principes, à savoir l'art de l'intérieur et l'architecture.

L'intérieur

L'importance accordée à l'intérieur par les artistes du Stijl repose à la fois sur leur interrogation au sujet de la notion de limite et sur leur défiance à l'égard de tout art appliqué (l'opinion reçue faisant du Stijl un mouvement appliquant une solution formelle à la sphère de ce que l'on nomme le *design* est erronée, l'art décoratif n'ayant jamais intéressé les artistes du Stijl – à une exception près qui fut d'ailleurs de courte durée et qualifiée d'ignominieuse par Rietveld : l'art du vitrail). Selon le principe du Stijl, les arts ne doivent pas s'appliquer les uns sur les autres, mais peuvent éventuellement s'allier les uns aux autres dans la constitution d'une unité indivisible : tel est le fondement de l'intérieur abstrait du Stijl, conçu comme un art hybride, situé entre la peinture et l'architecture, sans que l'une des composantes ne prenne le pas sur l'autre. L'enjeu était de taille, et presque toutes les disputes internes au mouvement proviennent d'un affrontement entre peintres et architectes, tant l'invention de cet art hybride était problématique. Elle se fit en deux temps, en deux mouvements théoriques.

Premier mouvement : ce n'est que lorsqu'il a tracé les limites de son champ, visé à un maximum d'autonomie et trouvé quels sont ses moyens spécifiques, bref, ce n'est que lorsqu'il s'est défini lui-même (par différence avec les autres pratiques artistiques) que chaque art peut percevoir le dénominateur qu'il a en commun avec l'art auquel il veut s'allier. Seul ce dénominateur peut permettre l'articulation entre les différents arts et leur intégration. Ainsi de l'architecture et de la peinture : ces deux arts peuvent aujourd'hui travailler de concert parce qu'ils ont un élément fondamental en commun, celui de la planéité (du mur, de la surface du tableau). « C'est désormais à la surface plane de transmettre la continuité de l'espace », écrit Van der Leck, en mars 1918, poursuivant ainsi : « La peinture est aujourd'hui architecturale parce qu'en elle-même et par ses moyens propres elle dessert le même concept que l'architecture – l'espace et le plan – et donc exprime « la même chose », mais d'une manière différente » (et l'on peut trouver des déclarations similaires à la même époque dans des écrits de Van Doesburg et de Mondrian mais aussi dans un texte de Oud publié dans le premier numéro du *Stijl*). De ce premier mouvement découle la totalité des projets colorés de Van der Leck (la plupart non réalisés), les premiers intérieurs de Huszár, l'atelier de Mondrian à Paris et son *Projet de salon pour Madame B.*, de 1926. Toutes ces œuvres ont en commun une conception statique de l'architecture, chaque pièce étant considérée comme une somme de murs, comme une boîte à six faces, ce qui s'explique peut-être par le fait qu'il s'agissait à chaque fois d'animer une architecture déjà existante.

Le deuxième mouvement est la conséquence d'une collaboration qui échoua (ce fut d'ailleurs le premier échec au sein du Stijl) entre un peintre et un architecte : celle de Van Doesburg et Oud pour la maison de vacances *De Vonk*, à Noordwijkerhout, en 1917, puis pour les blocs d'habitation *Spangen* à Rotterdam en 1918. Si cette collaboration conduisit à une rupture entre le peintre et l'architecte, Oud refusant les derniers projets colorés de Van Doesburg, c'est parce que, en dépit des efforts remarquables de ce dernier pour intégrer la couleur aux éléments architecturaux (les portes et les fenêtres de tout le bâtiment – à l'intérieur comme à l'extérieur – sont prises dans une séquence colorée), la médiocrité de l'architecture elle-même conduira le peintre à vouloir nier par sa couleur les données constructives du bâtiment et à le considérer comme un tout spatial : le mur n'est plus l'unité. Il y a là un paradoxe, car c'est d'une certaine manière parce que l'architecture de Oud était absolument étrangère au principe du Stijl que Van Doesburg fut conduit à l'invention d'un type d'intégration fondé sur un rapport négatif, sur une abolition visuelle de l'architecture par la peinture. À l'exception d'un *Projet d'usine* de 1919, très influencé par Wright, l'œuvre de Oud se caractérise par la répétition et par la symétrie ; son apport au mouvement De Stijl se limite exclusivement à ses quelques contributions théoriques.

« L'architecture joint, noue – la peinture dénoue, disjoint », écrit Van Doesburg en novembre 1918. D'où l'oblique « élémentariste » qui apparaît pour la première fois dans un projet coloré pour un *Hall d'université* de Van Eesteren (1923), puis dans un petit cabinet floral pour la villa construite par Mallet-Stevens à Hyères (1924) et enfin à grande échelle dans le ciné-dancing de l'Aubette à Strasbourg (1928) ; là encore, il s'agit à chaque fois d'architectures préexistant à l'intervention du peintre. Alors qu'elle contredisait en peinture le principe d'intégration prôné par le Stijl, l'oblique y obéit dans l'architecture intérieure, car elle n'est plus appliquée, elle possède une fonction (ironiquement antifonctionnaliste) : cette fonction est le camouflage de l'ossature (la donnée naturelle, anatomique du bâtiment), camouflage nécessaire à la perception de l'intérieur comme un tout abstrait et non hiérarchisé.

L'oblique n'était évidemment pas la seule solution à cette nouvelle tâche d'intégration, comme Huszár et Rietveld l'ont admirablement démontré dans leur *Pavillon de Berlin* (1923) : il était possible d'élémentariser l'articulation des plans architecturaux (murs, sol, plafond) en faisant du coin un agent visuel de continuité spatiale. Dans cet intérieur, les plans colorés ne se brisent pas à la jonction de deux surfaces murales mais, au contraire, les chevauchent, provoquant ainsi une sorte de détopisation et obligeant le spectateur (ou son regard) à un mouvement giratoire. Mais si la peinture, en allant jusqu'au bout de ses possibilités, débouche ici sur un problème purement architectural (la circulation dans l'espace), c'est que précisément l'architecture du bâtiment ne préexistait pas à son action, c'est qu'un art architectural propre au Stijl commence à se faire jour.

L'architecture

La contribution du Stijl à l'architecture du siècle est quantitativement beaucoup moins importante qu'on ne le pense généralement : les deux petites maisons que Van't Hoff réalisa en 1916 (avant la fondation du mouvement) sont d'aimables pastiches de Wright ; les constructions de Wils se rapprochent plutôt de l'Art déco (Wils quitte d'ailleurs très vite le mouvement) ; quant à Oud, il appartient beaucoup plus à ce que l'on nomme le Style international qu'au Stijl proprement dit. Cette contribution architecturale du Stijl se résume à peu près aux projets de Van Doesburg et Van Eesteren exposés dans la galerie de Léonce Rosenberg à Paris, en 1923, et au travail de Gerrit Rietveld.

En ce qui concerne les projets Rosenberg, une sombre querelle d'attribution, due aux revendications de paternité de Van Eesteren, oppose depuis longtemps les partisans de l'architecte à ceux de Van Doesburg. Or il s'agit là d'une fausse question, ou plutôt d'une question mal posée : l'essentiel est en effet qu'il y ait une différence formelle très nette entre le premier de ces projets (un élégant *Hôtel particulier*, qui anticipe de quelques années sur le style international) et les deux derniers (une *Maison particulière* et une *Maison d'artiste*), et que cette différence soit la conséquence de l'intervention non du peintre (puisqu'il est cosignataire des trois projets) mais de la peinture : la première maquette était blanche, les deux autres polychromes. Le point de départ de ces deux derniers projets fut en effet la possibilité de penser en même temps l'articulation colorée du bâtiment et son articulation spatiale, et le slogan tapageur mais énigmatique de Van Doesburg selon lequel la couleur devient dans ces projets « matériau de construction » n'est pas un vain mot : c'est en effet la couleur qui permit l'élémentarisation de la surface murale elle-même en conduisant à l'invention d'un nouvel élément architectural, *l'unité indivisible de l'écran*. Le caractère propre des deux derniers projets Rosenberg, comme le montre Van Doesburg dans les célèbres dessins axonométriques réalisés à cette occasion, tient à la limitation du vocabulaire constructif de l'architecture à ce nouvel élément, l'écran ; celui-ci a deux fonctions plastiques contradictoires (de profil, c'est une ligne de fuite, de face un arrêt de l'extension spatiale en profondeur), ce qui engendre l'interpénétration visuelle des volumes et la fluidité de leur articulation : les murs, le plafond et le sol deviennent des surfaces sans épaisseur, que l'on peut dédoubler, déplier comme des paravents et faire glisser les unes sur les autres (une fois inventé, l'écran s'écartera de son origine chromatique : le seul élément « De Stijl » dans la maison-atelier que Van Doesburg se fit construire à Meudon juste avant sa mort est l'écran qui masque presque totalement une des façades, lui faisant comme une seconde peau).

C'est avec raison que Van Doesburg célébra la maison Schröder de Rietveld (1924) comme la seule application des principes élaborés de manière théorique dans les projets Rosenberg, à cette réserve près que l'usage de l'écran y a une portée beaucoup plus large, car elle s'appuie sur l'élémentarisation de ce qui resta toujours un problème insoluble pour Van Doesburg (et n'avait été traité dans ses projets que d'un point de vue constructif, fonctionnel, anatomique et donc naturel, sous la responsabilité hautement proclamée de Van Eesteren), à savoir l'ossature. Alors que l'élémentarisation de la surface murale avait conduit Van Doesburg et Van Eesteren à faire un usage intensif du plan horizontal en porte à faux (l'une des caractéristiques formelles des projets Rosenberg), l'invention de Rietveld consista à déplacer le porte-à-faux au niveau de l'ossature elle-même, l'élémentarisant en déjouant ironiquement, par une transformation souvent minime, ce qui fait le fondement de toute ossature, c'est-à-dire l'opposition porteur/porté. La maison Schröder est pleine de ces renversements qui viennent sans cesse pervertir la morale fonctionnaliste de l'architecture, le cliché qui voudrait que chaque signe n'ait qu'un sens (le plus célèbre est la fenêtre en coin qui, une fois ouverte, interrompt violemment l'axe constitué par la jonction de deux murs) ; tout le mobilier de Rietveld est construit sur le même modèle (dans la célèbre *Chaise bleue et rouge* de 1918, un des éléments verticaux est à la fois porté – il est suspendu – et porteur – il soutient l'accoudoir). Qu'il s'agisse d'architecture ou de mobilier, Rietveld conçoit ses œuvres comme des sculptures (et elles sont souvent très proches des meilleures sculptures de Georges Vantongerloo), c'est-à-dire comme des objets indépendants qui ont pour charge de « séparer, limiter et amener à échelle humaine une partie de l'espace illimité », comme il l'écrira dans un texte autobiographique en 1957 (contre Mondrian, pour qui la nature tridimensionnelle de l'architecture était une sorte de tare indélébile, mais aussi contre tous les premiers textes sur l'intérieur publiés dans *De Stijl* et centrés sur la nature clôturante de l'architecture).

Si Rietveld est le seul architecte proprement dit du Stijl, c'est qu'il a su opposer à la morale fonctionnaliste une autre morale, celle que Baudelaire nommait en son temps la *morale du joujou*. Tout est mis en œuvre pour flatter notre désir intellectuel de démonter pièce par pièce ses meubles ou ses constructions architecturales (il existe d'ailleurs une photographie d'époque montrant tous les éléments nécessaires à la réalisation de la *Chaise bleue et rouge*) ; mais, à l'instar de l'enfant baudelairien parti à la recherche de l'« âme » du jouet dans la désarticulation de ses éléments, nous n'apprendrions rien de cette opération de démontage (et nous ne saurions probablement pas reconstruire l'objet démonté), car c'est au contraire dans l'articulation de ces éléments, dans leur intégration que réside l'« âme » en question.

YVE-ALAIN BOIS

Bibliographie

- **Textes**

De Stijl, 7 vol., 1917-1932 ; rééd. A. Petersen, 2 vol., Amsterdam, 1968.
T. VAN DOESBURG, « Grundbegriffe der neuen gestaltenden Kunst », in *Bauhausbücher*, n⁰ 6, Munich, 1924 ; rééd. Mayence, 1966 / H. L. C. JAFFÉ éd., *De Stijl* (anthologie de textes), Cologne, 1967 ; Londres, 1970 / J. J. P. OUD, « Hollandische Architektur », in *Bauhausbücher*, n⁰ 10, 1926 ; rééd. Mayence, 1966.

- **Études**

B. ZEVI, *Poetica dell'architettura neoplastica*, Milan, 1953 / H. L. C. JAFFÉ, *De Stijl 1917-1931, the Dutch Contribution to Modern Art*, Amsterdam-Londres, 1956 / P. OVERY, *De Stijl*, Londres, 1969 / N. TROY, *The De Stijl Environment*, Cambridge, 1983 / *De Stijl's Collaborative Ideal : the Colored Abstract Environment*, thèse, Yale Univ., 1979 / FRIEDMAN dir., *De Stijl : 1917-1931, Visions of Utopia*, Minneapolis-New York, 1981 / C. BLOTKAMP dir., ESSER, EX, VERMEULEN et al., *De Beginjaren van De Stijl*, Utrecht, 1982, trad. anglaise, M.I.T. Press, Cambridge (Mass.), 1986 / G. FANELLI, *De Stijl*, Bari, 1983 ; *De Stijl*, 1982.

- **Monographies**

J. BALJEU, *Theo Van Doesburg*, Londres, 1974 / S. POLANO dir., *Theo Van Doesburg. Scritti di arte et di architettura*, Rome, 1979 / M. SEUPHOR, *Piet Mondrian, sa vie, son œuvre*, Paris, 1956 / H. L. C. JAFFÉ, *Mondrian*, New York-Cologne-Paris, 1970 ; *Theo Van Doesburg*, La Haye, 1983 / S. LEMOINE, *Mondrian et De Stijl*, Hazan, Paris, 1987 / G. OTTOLENGHI, *Tout l'œuvre peint de Mondrian*, Paris, 1974 / BOIS dir., WELSH, JOOSTEN, HENKELS et al., *L'Atelier de Mondrian*, Paris, 1982 /

R. OXENAAR, *Bart Van der Leck tot 1920. Een primitief der nieuwe tijd*, Utrecht, 1976 / *Bart Van der Leck*, catal. de l'Institut néerlandais, Paris, 1980 / T. BROWN, *The Work of Gerrit Rietveld, Architect*, Utrecht, 1958 / D. BARONI, *The Furniture of Gerrit Thomas Rietveld*, Woodburg, 1978 / *Georges Vantongerloo*, catal. expos., Washington, 1980 / H. R. HITCHKOCK, *J. J. P. Oud*, Paris, 1931 / G. STAMM, *The Architecture of J. J. P. Oud, 1906-1963*, Florida State Univ., 1978.

STIRLING JAMES (1926-1992)

Mort le 2 juin 1992, quelques jours après avoir été anobli, James Stirling est l'une des figures les plus captivantes et les plus paradoxales de la scène architecturale britannique.

Né en 1926, fils d'un ingénieur de marine, il fut blessé en Normandie lors du débarquement des forces alliées. Il se forme à Liverpool dans l'atmosphère critique qui était celle de l'école d'architecture locale après la guerre. Le modernisme n'y était déjà plus conçu comme un mouvement monolithique et d'esprit fonctionnaliste, mais comme un courant susceptible d'infléchissements et de particularismes.

Contre la bienséance anglo-saxonne de l'époque, il se singularisa immédiatement par une attitude provocatrice qui, en plus véhément, participait du courant brutaliste théorisé par Reyner Banham. Sa première œuvre (réalisée avec James Gowan, son associé jusqu'en 1963) fut un ensemble de maisons en bande à Ham Common (1956) inspiré des villas Jaoul que Le Corbusier venait de construire à Neuilly : brique nue, à l'intérieur comme à l'extérieur, bandeaux de béton armé, gargouilles en saillie.

C'est à l'occasion de trois réalisations universitaires qu'apparaît son style si singulier, qui devait marquer profondément l'esthétique des années 1960. D'abord avec le sculptural bâtiment d'ingénierie de Leicester (1959-1964), édifice violent, saisissant, aux résonances futuristes, où deux tours vitrées sont étrangement posées sur les masses anguleuses des amphithéâtres, dans une composition expressive rappelant le constructivisme soviétique des années 1920 ; puis avec l'édifice du département d'histoire de Cambridge (1964-1967), dont la fameuse bibliothèque-atrium, établie sous une grande verrière en éventail, se déploie dans l'angle d'un bâtiment de verre et de brique, coiffée de gros extracteurs qui en renforcent le caractère machiniste. Objet de scandale, victime de campagnes antimodernistes qui appelaient à sa démolition (surtout au début des années 1980 lorsqu'elle commença à donner de graves signes de fatigue), l'œuvre fut néanmoins conservée et restaurée ; enfin au Queen's College d'Oxford, avec la résidence étudiante du Florey Building (1966-1971), étagée en surplombs, portée par des piliers obliques, et pliée autour d'une cour vitrée, transposition radicale du cloître. Ces trois constructions au ton démonstratif furent élaborées sans grand souci du contexte. Stirling se plaisait d'ailleurs à les représenter sous la forme d'axonométries qui en soulignaient la dimension d'objets autonomes.

L'ensemble de résidences universitaires de Saint Andrew, en Écosse (1964-1968), les complexes de logements collectifs puis de maisons en bande de la ville nouvelle de Runcorn (1967-1977) relèvent d'une recherche constructive à partir de panneaux de béton armé puis de fibre de verre ; ces panneaux à la surface cannelée, soigneusement dessinés, aux couleurs contrastées et parfois criardes, à la géométrie forte,

sont percés de fenêtres en forme de hublots ronds qui en accentuent l'apparence industrielle. Le centre de formation Olivetti de Haslemere dans le Surrey (1969-1972) utilise le même registre avec des façades en polyester moulé qui évoquent le design des machines à écrire de la compagnie.

Mais, au début des années 1970, avec la crise économique et la fin du cycle des grands programmes universitaires en Grande-Bretagne, James Stirling se trouve quasi sans travail. Durant cette décennie d'amertume, il s'est surtout consacré au dessin et à l'architecture de papier. Dans cette époque d'émergence du postmodernisme, il accomplit, en collaboration avec le doctrinaire néo-classique Leon Krier (notamment pour le projet du centre-ville de Derby en 1970), puis associé avec Michael Wilford à partir de 1971, un tournant essentiel qui allait décevoir (et choquer) nombre de ses partisans. Stirling commence alors à critiquer l'« ennui moderniste » et à se sentir davantage intéressé par la continuité urbaine et l'architecture classique, même s'il ne s'engagea jamais dans le combat traditionaliste mené par le prince Charles.

Trois concours en Allemagne marquèrent cette mutation : ceux des musées de Westphalie à Düsseldorf et Wallraf-Richartz à Cologne (1975), et surtout celui de la nouvelle Staatsgalerie de Stuttgart (1977) qui suscita la controverse et fut qualifié de fasciste. Surmontée d'une étrange corniche incurvée, parsemée de traits d'ironie, de citations et de fragments ouvertement néo-classiques, bâtie avec des pierres en bandes alternées et des éléments d'acier laqué de couleurs crues, cette œuvre importante, achevée en 1984, renouait avec une composition monumentale, massive et calme qui renvoyait à l'Antiquité ou à l'esthétique de Ledoux plutôt qu'au vif modernisme dont l'architecte avait été le héros. Elle se définit par une promenade piétonne déroulée à travers rampes et terrasses autour d'une grande cour cylindrique.

Aux États-Unis, le Fogg Museum de Harvard (1979-1984), avec ses façades de brique et ses lourds encadrements de pierre blanche, et l'élégante école d'architecture de la Rice University de Houston (1979-1981) participent de ce nouveau classicisme. Celui-ci s'épanouira à Londres avec la Clore Gallery, annexe de la Tate Gallery destinée à abriter la collection du peintre Turner (1980-1986), puis dans quelques projets non réalisés, comme l'agrandissement de la National Gallery (1985) et l'aménagement du site de Number One Poultry dans la City, proposition que le prince Charles compara à un « poste de radio des années trente » : même registre urbain, fragmenté et composite, mêmes corniches, mêmes arcades, même écriture insolite.

James Stirling a évolué de l'objet isolé vers une conception plus urbaine. Son architecture était faite d'itinéraires, de rampes et d'escaliers, de moments de détente, de collisions, de fractures et d'inflexions lisibles, de collages parfois, notamment dans ses derniers projets où, comme pour le Wissenschaftszentrum de Berlin (1979-1987) et la Bibliothèque de France (1988), il procéda à l'assemblage d'éléments distincts, souvent des archétypes, tout en manifestant clairement le caractère composite de ses agencements.

James Stirling était la personnalité la plus artistique de l'architecture anglaise. Excentrique et déroutant, joueur, il avait su prendre les plus grands risques.

FRANÇOIS CHASLIN

Bibliographie

James Stirling, Riba Drawings Collection, Londres, 1974 / *James Stirling, Buildings and Projects, 1950-1974*, Thames & Hudson, Rizzoli, New York, Londres, 1975 / C. Rowe, *James Stirling, Buildings and Projects*, Londres, 1984 ; trad. franç., Sers, Paris, 1984 / *New Architecture : Foster, Rogers, Stirling*, catal. expos. au Riba, Londres, 1986 ; rééd. D. Sudjic, *New Directions in British Architecture*, Thames & Hudson, 1986/ *British Architecture Today, Six Protagonists*, catal. de la biennale de Venise, Electa, Milan, 1991.

SUGER (1081 env.-env. 1151)

Suger, abbé de Saint-Denis de 1122 à sa mort, a laissé un triple héritage : il a donné à l'unification nationale, centrée en puissance dans le domaine royal, une tâche civilisatrice, à l'art gothique la prise de conscience de son esthétique, à l'histoire de France les bases de l'archivistique. Son œuvre a eu pour cadre l'abbaye de Saint-Denis, qu'il a réformée dans les cinq premières années de son abbatiat et dont l'église reconstruite devint le monument symbolique de la monarchie française et le modèle du nouvel art gothique. Historien, il a été « créateur d'histoire » auprès de Louis VI et Louis VII, avant de devenir régent de France, en 1147, pour la durée de la IIe Croisade. Administrateur, agronome, diplomate et guerrier, il a conçu de vastes programmes d'art et il en a exposé le message spirituel en critique d'art et en iconographe. Il occupe une place considérable entre les grands abbés du Mont-Cassin et de Cluny, d'une part (au XIe siècle et au début du XIIe siècle), et, d'autre part, Bernard de Clairvaux en France et Wibald en Allemagne, comme lui chefs monastiques et politiques, diffuseurs de nouvelles formules artistiques. L'abbatiale de Saint-Denis, mausolée de la monarchie capétienne et église de pèlerinage d'où partit la II⁰ Croisade, est la synthèse gothique de Cluny, du panthéon des rois de Léon, de Saint-Jacques de Compostelle et du Mont-Cassin.

« Médiateur et lien de paix »

Ces termes par lesquels le moine de Saint-Denis, qui fut son premier biographe, résume le caractère de Suger s'appliquent à ses multiples activités. Il a restauré l'ordre avec la justice dans les régions ravagées par les féodaux entre la vallée de Chevreuse et l'Orléanais, n'usant de la force qu'à l'extrême limite de la nécessité. Il opéra une retraite mesurée devant les attaques de saint Bernard, forçant bientôt l'admiration et attirant la collaboration de l'abbé de Clairvaux. Après qu'il eut ménagé la retraite d'Étienne de Garlande, le sénéchal de Louis VI, l'influence de saint Bernard put se faire sentir dans les conseils de la monarchie. L'amitié des deux abbés aboutira à la II⁰ Croisade (dont Suger condamna la direction stratégique et non le principe) et à la préparation d'une croisade de revanche. Suger est ambassadeur auprès du pape Calixte II dans les années où l'empereur Henri V va être obligé de régler les rapports entre le pouvoir spirituel et le pouvoir temporel conformément aux vues de l'Église. En France, l'équilibre fut préservé dans ce domaine grâce à une harmonie entre la monarchie et l'épiscopat qui prévint l'explosion d'une nouvelle querelle des Investitures dans le royaume et fit des évêchés de Beauvais, Reims, Châlons-sur-Marne, Laon, Langres, Noyon, où le roi exerce son droit de nomination, les avant-postes d'une fédération française. Quand se dessina en 1124 le danger de coalition germano-anglaise contre le royaume, tous les évêques des sièges limitrophes du domaine royal et la noblesse de Bourgogne et de Champagne se rallièrent autour du roi à Saint-Denis. Louis VI, en recevant des mains de Suger l'oriflamme de Saint-Denis (qui allait rester le drapeau national jusqu'à Azincourt), devenait l'homme-lige du saint patron, protecteur de l'abbaye et du royaume de France. Cependant, Suger garda toute son estime pour Henri I⁰ʳ Beauclerc ; le roi d'Angleterre, ainsi que Thibaut IV de Blois, comte de Champagne, un féodal récalcitrant, comptera parmi les principaux donateurs de Saint-Denis.

L'architecture gothique, art d'harmonie et de synthèse

L'abbatiale de Saint-Denis fut construite pour résorber, sans l'absorber complètement, l'église carolingienne. La façade, « porte du ciel » et portail royal, bâtie la première, à la mort de Louis VI, quand Suger commence à écrire sa vie, fut dédiée le 9 juin 1140, au cours d'une cérémonie placée sous le signe de l'union des personnes divines dans la Trinité. Après une seconde campagne de trois ans et trois mois, le chevet fut consacré le 11 juin 1144 par les pairs ecclésiastiques et les évêques du royaume avec l'assistance de l'évêque de Cantorbéry, entourant le roi de France « très chrétien », *christus Domini* (l'oint du Seigneur). Louis VII éleva lui-même les reliques de saint Denis et de ses compagnons de la crypte dans les nouvelles châsses installées dans le chœur, « cité du Grand Roi » (Psaume XLVII, 3). Les extrémités occidentale et orientale enchâssèrent ainsi, dans le double écrin de constructions rendues lumineuses par d'abondantes percées, la nef carolingienne, qu'il n'y a nulle raison de se représenter obscure et qui était une relique monumentale, parce que ses murs passaient pour avoir été consacrés par le Christ. L'harmonie entre les parties avait été ménagée selon « des calculs et des tracés géométriques ». Les anciennes murailles qui servaient de trait d'union entre les deux extensions en recevaient aussi l'illumination, car « brille ce qui est brillamment relié à des parties brillantes de lumière ». Sous le portail central, consacré au Jugement dernier, les portes de bronze doré devaient éclairer les esprits afin qu'« à travers les lumières de vérité » (les mystères de la mort et de la résurrection du Christ, sculptés sur les panneaux) ils puissent se rendre jusqu'à la « vraie lumière à laquelle le Christ donne accès ». Le maître-autel fut aussi enrichi sur ses côtés de deux bas-reliefs d'or qui s'ajoutèrent à ceux qu'avaient donnés Dagobert et Charles le Chauve, « de sorte que l'autel apparût entièrement entouré d'or ». Il y eut peu d'architecture romane dans le domaine royal, et tout s'est passé comme si Saint-Denis, tout en consacrant l'architecture gothique ainsi que l'expression monumentale du nouveau royaume en croissance, renouait avec l'architecture carolingienne, ressuscitant la colonne antique comme norme des proportions et développant la notion d'espace en vision de lumière. Suger envisagea même la croisée d'ogives comme le lien jeté entre les deux parois de la travée dont l'unité repose dans le Christ, pierre d'angle et clé de voûte dans l'œuvre d'édification spirituelle, qui va de pair avec la construction, de plus en plus élevée, de l'édifice matériel.

Métaphysique néo-platonicienne de la lumière

Suger eut une forte et vibrante conception de la beauté comme forme lumineuse émanant de la source divine et permettant, par la contemplation d'objets transfigurés par la lumière, de remonter vers son origine dans une anabase, ou *anagogie*, de moins en moins sensible et de plus en plus intellectuelle. C'est l'esthétique de Plotin et des néo-platoniciens. Ce sera celle de Robert Grosseteste et de saint Bonaventure. Elle est tirée du traité de Denys l'Aréopagite sur la *Hiérarchie céleste*. Un hasard, qui fit autant la fortune de Saint-Denis que la foire du Lendit, restaurée à l'abbaye en 1109, voulut que l'auteur de ce traité, un Syrien qui vécut vers l'an 500, fût confondu avec le Denys converti par saint Paul à Athènes, et ce dernier avec le martyr du IIIe siècle, dont la légende fit un apôtre contemporain du Christ. Les œuvres de Denys le pseudo-Aréopagite avaient été traduites et commentées sous l'abbatiat d'Hilduin (814-841), puis par Jean Scot Érigène. L'entreprise fut reprise par Hugues de Saint-Victor et Jean Sarrazin à l'époque de Suger. L'esthétique dionysienne est le troisième aspect que prit sous Suger le retour à la renaissance carolingienne (la reconstruction de l'abbatiale et la résurrection légendaire de Charlemagne dans le *Pèlerinage de Charlemagne*, son modèle latin, et le *Pseudo-Turpin* en constituant les deux autres composantes). Elle a inspiré la commande d'œuvres où l'or baignait de ses reflets les pierres précieuses, perles, gemmes et émaux, et l'implantation d'un chevet à neuf chapelles rayonnantes, à l'image des neuf chœurs d'anges de la *Hiérarchie céleste*, où la pierre se dématérialise en sertissure d'une paroi de verrières continues et convergentes. Les taches des vitraux diaprent les douze colonnes isolées dans le demi-cercle du déambulatoire ; ces colonnes furent montées, pour symboliser les douze Apôtres, au-dessus d'autres colonnes qui, dans l'ombre de la crypte, figurent les douze prophètes.

Symbolisme sugérien de la révélation

La symbolique incorporée dans les programmes de construction et de décoration à Saint-Denis renoue, par l'intermédiaire de l'esthétique dionysienne des « lumières », avec la typologie qui servit de méthode iconographique à l'art paléochrétien et à l'art carolingien. Elle est fondée sur la correspondance entre les signes inscrits dans l'Ancien Testament et les actes miraculeux et fondateurs des sacrements dans la vie du Christ. Par exemple, le signe tau est le symbole de la croix, du salut et de la rédemption dans le baptême. Les ombres de la Loi contiennent les lumières de la grâce. Dans les mystères chrétiens se dévoilent les promesses cachées sous la matérialité des événements de l'Ancienne Alliance. La compréhension du monde créé et la découverte du sens eschatologique de l'histoire sont rendues possibles à travers un système de voiles et d'écrans ; Dieu a disposé dans l'univers et le long du temps la chaîne des symboles qui, en tamisant sa lumière, empêchent que la révélation n'en soit aveuglante. L'homme entrevoit les mystères comme suspendus en filigrane dans la lumière-couleur, la couleur n'étant que la brisure irisée du rayon à la source invisible contre la matière. Les matériaux splendides jetaient Suger dans une transe contemplative étrange, suscitée par les radiations enfouies dans ces condensations matérielles de la lumière et par la vision de la cause dernière. Ils lui paraissaient les mieux appropriés à la transsubstantiation opérée dans le sacrifice de la messe, qui répète le drame de la Rédemption, et il y voyait les réceptacles du divisionnisme lumineux inhérent à la structure du cosmos. Le phénomène du passage de la matière à la lumière, sous-jacent au changement du vin en sang sacramentel, se manifeste merveilleusement dans le calice fait d'une coupe de sardonyx moiré, d'origine alexandrine, qu'il fit monter (cf. art GOTHIQUE, pl. II). Dans les verrières de Saint-Denis, les symboles de l'Ancien Testament et les mystères du Nouveau se confrontent comme des miroirs de saphir. À la grande croix implantée à l'entrée du chœur, œuvre que l'on ne connaît que par des descriptions et qui mesurait près de cinq mètres, le Christ d'or, à la poitrine ruisselante de rubis, cloué par des saphirs au-dessus de gerbes de pierres précieuses et de perles, dominait un pilier carré émaillé de soixante-huit plaques composées comme des médaillons polylobés de vitrail et explicitant les « types » de l'Ancien Testament et les « antitypes », ou révélations, du Nouveau. Quelques splendeurs du trésor de Saint-Denis sont encore réparties entre la galerie d'Apollon du Louvre et le cabinet des médailles de Paris. Le vase de porphyre transformé en aigle par l'addition d'ailes de bronze est la métamorphose d'un objet en objet d'art chargé du sens anagogique de l'oiseau solaire.

PHILIPPE VERDIER

Bibliographie

SUGER, *Œuvres complètes*, éd. A. Lecoy de La Marche, Paris, 1867 (comprenant *Sugerii vita*) ; *Vie de Louis le Gros* (*Vita Ludovici regis*, avec les premiers chap. de la *Vie de Louis VII* inachevée, éd. A. Molinier, 1887), 8 éd. et trad. H. Waquet, Paris, 1929. M. AUBERT, *Suger*, abbaye de Saint-Wandrille (Seine-Maritime), 1950 / M. BUR, *Suger. Abbé de Saint-Denis, régent de France*, Perrin, Paris, 1991 / O. CARTELLIERI, *Abt Suger von Saint-Denis*, Berlin, 1898 / S. MCKNIGHT CROSBY, *L'Abbaye royale de Saint-Denis*, Paris, 1953 / E. S. GREENHILL, « Eleanor, Abbot Suger and St. Denis », in *Eleanor of Aquitaine Patron and Politician*, W. W. Kibler, Austin (Tex.)-Londres, 1976 / L. GRODECKI, « Les Vitraux de Saint-Denis. L'enfance du Christ », in *De artibus opuscula XL. Essays in Honor of Erwin Panofsky*, New York, 1961 ; « Les Vitraux allégoriques de Saint-Denis », in *Art de France*, vol. I, 1961 ; *Les*

Vitraux de Saint-Denis, vol. I : *Histoire et restitution* (*Corpus vitrearum Medii Aevi*), Paris, 1976 / J. LECLERCQ, *Comment fut construit Saint-Denis* (traduction du *De consecratione* de Suger), Paris, 1945 / R. LETHABY, « The Part of Suger in the Creation of Medieval Iconography », in *Burlington Magazine*, vol. XXV, 1914 / E. MÂLE, « Suger et son influence », in E. Mâle, *L'Art religieux du XIIe siècle en France*, 3e éd., Paris, 1928 / B. de MONTESQUIOU-FEZENSAC, *Le Tombeau des corps saints à l'abbaye de Saint-Denis*, Cah. archéol., n° 23, 1975 / B. de MONTESQUIOU-FEZENSAC & D. GABORIT-CHOPIN, *Le Trésor de Saint-Denis. Inventaire de 1634*, 3 vol., Paris, 1973-1977 ; *Camées et intailles du trésor de Saint-Denis*, Cah. archéol., n° 24, 1975 / E. PANOFSKY, *Abbot Suger. On the Abbey Church of Saint-Denis and Its Art Treasures*, Princeton Univ. Press, 1946 ; trad. franç., *Architecture gothique et pensée scolastique*, Minuit, 1974 / O. VON SIMSON, *The Gothic Cathedral. Origins of Gothic Architecture and the Medieval Concept of Order*, New York, 1956 / SUGER, *La Geste de Louis VI*, Imprimerie nationale, Paris, 1994 / SUMNER, S. MCKNIGHT, CROSBY et al., *The Royal Abbey of Saint-Denis, in the Time of Abbot Suger (1122-1151)*, Metropolitan Museum of Art, New York, 1981 / P. VERDIER, « La Grande Croix de l'abbé Suger à Saint-Denis », in *Cahiers de civilisation médiévale*, vol. XIII, 1970 ; *Réflexions sur l'esthétique de Suger*, Mélanges C.R. Labande, Paris, 1975 ; *Saint-Denis et la tradition carolingienne des tituli. Le De rebus in administratione sua gestis de Suger*, Mélanges R. Louis, Paris, 1982 ; *Peut-on reconstituer l'aspect du tombeau des corps saints à Saint-Denis ?*, Mélanges J. Stiennon, Liège, 1983.

SULLIVAN LOUIS HENRY (1856-1924)

À lire les historiens de l'architecture, le nom de Sullivan (qui a pourtant peu construit) sonne comme l'emblème d'origine de la modernité architecturale américaine. Faut-il souscrire à ce jugement ?

Sullivan fait ses études au Massachusetts Institute of Technology (1870-1873) et à l'École des beaux-arts de Paris (1874-1878). À Chicago, il suivra les cours de William Le Baron Jenney. En 1879 il entre au bureau de Dankmar Adler, remarquable ingénieur, et deux ans plus tard devient son associé. Les premiers buildings de Sullivan (et Adler) sont visiblement inspirés de Richardson (style néo-roman italien) et n'offrent pas de grandes innovations. Même l'Auditorium Building à Chicago, qui le fait connaître (c'est un travail gigantesque qui prendra quatre ans, de 1886 à 1889), n'a rien du purisme rationaliste qui intéressera dans son œuvre les architectes du XXe siècle : le bâtiment n'est pas très élevé, l'extérieur (sobre et néo-roman) est radicalement opposé à l'intérieur (débauche d'ornements) qui participe de l'Art nouveau. Les premiers grands travaux de Sullivan reprennent en le radicalisant le principe de Jenney : ils avouent plus nettement l'ossature de métal (ils annoncent le mur-rideau, bien que les fenêtres soient encore en retrait par rapport aux poutres métalliques porteuses) et leur verticalité en fait les premiers gratte-ciel. Du Wainwright Building de Saint-Louis (1890-1891) au Guarantee Trust Building de Buffalo (1894-1895), la construction gagne en légèreté : les éléments porteurs sont plus fins et moins enrobés ; il y a moins de « remplissage » inutile. C'est ce principe d'économie qui incite Sullivan à réviser sa conception outrancière de l'utilisation de l'ornement : « Ce serait tout à fait pour notre bien, du point de vue esthétique, si nous renoncions complètement, pendant quelques années, à utiliser l'ornement, de manière à ce que notre pensée puisse se concentrer sur la construction de bâtiments [...] plaisants dans leur nudité », écrit-il en 1892 dans un article repris dans son célèbre *Kindengarten Chats* (1901). De fait, la façade du Gage Building de Chicago (1898-1899) qui lui avait été commandée par les architectes William Holabird et Martin Roche, est une étape vers la simplicité : espacement des éléments porteurs et larges bandes continues de fenêtres. Cependant, Sullivan n'a pas pu s'empêcher de décorer le rez-de-chaussée d'une frise très découpée et l'entrée d'un tympan byzantin. Malgré sa rigueur (son purisme), le fameux Carson Building n'échappe pas à cette nostalgie : le magasin Carson, Pirie and Scott, le bâtiment le plus connu et le plus moderne de toute l'œuvre de Sullivan, a été construit en plusieurs étapes, de 1899 à 1906. La façade, conçue pour donner un maximum de lumière et percée de centaines de fenêtres utilisées comme modules, l'intérieur constitué d'étages continus, la finesse des éléments porteurs en font un bâtiment résolument novateur dont l'allure n'est contrebalancée que par la stupide tour d'angle arrondie imposée par les propriétaires du grand magasin. Malheureusement, lorsque le bâtiment fut terminé on le considéra comme « démodé » et Sullivan allait être de moins en moins sollicité (il mourra pauvre et isolé) : le style demandé alors, néo-Renaissance et néo-gothique de prestige (Hunt, par exemple), fit écrire à Le Corbusier : « Écoutons les conseils des ingénieurs américains. Mais craignons les « architectes » américains. »

Après avoir visité l'Exposition internationale de Chicago pour laquelle il avait construit un bâtiment, Sullivan écrivit en 1893 : « C'est ainsi qu'on a tué l'architecture au pays de la liberté, dans un pays qui se targue d'être une démocratie, d'avoir de l'imagination, de posséder un esprit d'entreprise et une audace sans pareils, dans un pays qui croit marcher vers le progrès. Voilà quelle est l'œuvre de *l'aca-démisme blafard qui nie la réalité*, exalte la fiction, le *mensonge*. Le dommage causé par l'Exposition internationale sera encore sensible dans un demi-siècle, et peut-être même plus longtemps encore. » Sullivan avait raison, et il faudra attendre l'éveil de son élève F. L. Wright pour que l'architecture américaine connaisse un nouvel essor.

YVE-ALAIN BOIS

SUSTRIS FRIEDRICH (1540 env.-1559)

Fils du peintre flamand Lambert Sustris, Friedrich fit le voyage d'Italie et fut l'élève et le collaborateur de Vasari à Florence (1564), avant d'entrer au service des Fugger, les banquiers d'Augsbourg (1565-1569). Appelé par le duc Guillaume V en Bavière en 1573, il fut nommé architecte en chef de la cour ducale en 1580 : à ce titre, il dirigea les travaux de rénovation du château Trausnitz à Landshut (à partir de 1577), remania l'aile de l'Antiquarium de la Résidence de Munich (1580) et dota ce palais de nouveaux bâtiments (1581-1586). C'est également lui qui donna les dessins de l'église Saint-Michel de Munich (1583-1599).

ROBERT FOHR

Bibliographie

H. R. HITCHCOCK, *German Renaissance Architecture*, Princeton, 1982.

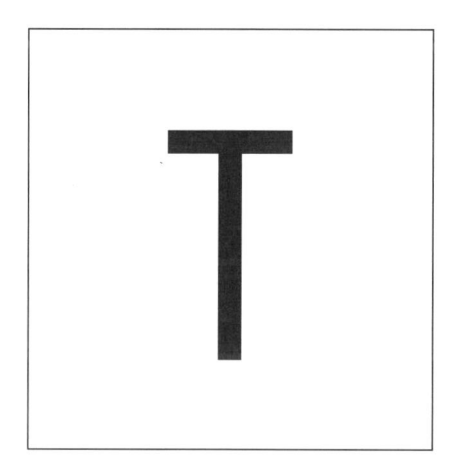

TAFURI MANFREDO (1935-1994)

Architecte de formation, ancré dans le milieu intellectuel de Rome où il était né en 1935, l'historien de l'architecture Manfredo Tafuri n'a cessé, depuis ses premières recherches sur l'œuvre de son aîné romain Ludovico Quaroni, de mettre en cause les idéaux professionnels de ses premiers collègues et les méthodes des historiens de l'art vers lesquels il était attiré.

C'est à l'Institut universitaire d'architecture de Venise que Manfredo Tafuri, militant actif du Parti communiste italien, trouve à partir de 1968 non seulement un havre institutionnel, mais aussi une équipe qui lui permet de développer ses recherches et de fonder un programme pédagogique novateur. Il avait participé au début des années 1960 à la rédaction de la revue *Casabella-Continuità*, dirigée par Ernesto Nathan Rogers, qui poursuivait alors le dessein d'une « révision critique » de l'histoire du mouvement moderne. À l'Institut de Venise, où architectes romains et milanais avaient trouvé un terrain neutre de collaboration, la rencontre de Massimo Cacciari, de Francesco Dal Co, de Marco de Michelis et d'autres jeunes historiens encourage Tafuri à radicaliser sa critique de l'« histoire opérative » de Bruno Zevi. En opposition à une démarche visant à fournir des indications immédiatement utiles à la conception architecturale, voire des recettes, Tafuri s'interroge dès son premier livre important, *Théories et histoire de l'architecture*, sur les contradictions internes aux théories et aux projets des avant-gardes européennes des années 1920, mettant en évidence leur accord avec les entreprises de rationalisation capitaliste.

Sur la base de ces réflexions, Tafuri constitue alors une équipe qui restera pendant une quinzaine d'années la plus productive de toutes celles qui furent actives dans l'Europe d'après 1968, et sans doute la première à mettre en œuvre dans le champ de l'architecture les méthodes issues de la lecture de Roland Barthes, de Michel Foucault et de Walter Benjamin. Avec ses collègues et assistants, il mène à bien un ensemble de chantiers collectifs exemplaires sur l'art et l'architecture de l'avant-garde russe, sur l'urbanisme américain et sur l'architecture de la réforme sociale en Allemagne. Refusant la vénération des maîtres tels que Le Corbusier, Frank Lloyd Wright ou Walter Gropius, l'équipe du département de l'histoire de l'Institut de Venise ouvre de nouveaux fronts de recherche et bouleverse la compréhension antérieure du rapport entre novation formelle et politiques publiques.

Au début des années 1980, Manfredo Tafuri déplace presque complètement son dispositif de recherche. Considérant son travail sur les avant-gardes du XXe siècle comme terminé après la publication de *La Sfera e il labirinto*, il renouvelle désormais la réflexion sur la Renaissance à Venise par ses enquêtes sur la construction de l'église de San Francesco della Vigna ou sur la modernisation d'ensemble de la ville au XVIᵉ siècle. Il se rapproche alors des techniques de l'histoire des *Annales*, interprétant les transformations de l'espace urbain et du métier d'architecte comme autant d'épisodes d'une histoire générale du travail, et assimilant les grands chantiers vénitiens à une expérimentation continue. Cet intérêt pour l'urbain n'empêche pas cependant Manfredo Tafuri de réfléchir sur les œuvres de Raphaël, de Jules Romain ou d'Andrea Palladio, dans l'analyse desquelles il investit tant son exceptionnelle érudition et son acharnement archivistique que sa capacité d'architecte à restituer les schèmes de composition des édifices.

Foisonnants et stimulants, les livres de Tafuri connaissent dès le début des années 1970, en dépit d'une densité d'écriture qui lui sera parfois reprochée par les lecteurs habitués à une histoire plus comestible, une large diffusion en France, en Espagne et aux États-Unis. Ils y imposent de nouveaux critères scientifiques et théoriques à une histoire de l'architecture contemporaine essoufflée dans ses thèmes comme dans ses méthodes. Mais le dessein institutionnel poursuivi par Tafuri à Venise ne passe pas non plus inaperçu. La création au sein de l'Institut universitaire d'architecture d'un département d'histoire avait anticipé d'une dizaine d'années l'adoption d'un tel système dans toutes les universités italiennes, mais surtout avait ouvert la voie à la professionnalisation des historiens de l'architecture, dans un cursus distinct des architectes et des historiens de l'art. Tafuri restera très attaché à l'idée d'un enseignement ouvert à la commande sociale se développant dans le champ du patrimoine et de la restauration et délivrant des diplômes spécifiques.

Associant le souci de l'utilité collective de la formation et de la recherche à une exigence féroce de la qualité empirique et théorique du travail intellectuel, Manfredo Tafuri laisse une œuvre ample et souple, traversée par une inquiétude féconde. Qu'elle porte sur Le Corbusier et les grands épisodes de la modernité ou sur les réformes civiques suggérées au XVIᵉ siècle par Daniele Barbaro pour Venise, elle dissipe l'illusion d'une histoire instrumentale, tout en ouvrant les yeux des architectes sur la futilité d'une poursuite de la nouveauté pour elle-même.

JEAN-LOUIS COHEN

Bibliographie

- **Ouvrages de Manfredo Tafuri**

Théories et histoire de l'architecture, S.A.D.G., Paris, 1976 ; *Projet et utopie*, Dunod, Paris, 1979 ; *La Sfera e il labirinto, avanguardia e architettura dal Piranesi agli anni '70*, Einaudi, Turin, 1980 ; *Venezia e il Rinascimento*, ibid., 1985 ; *Ricerca del Rinascimento*, ibid., 1992.

Il projetto storico di Manfredo Tafuri, nº spéc. de la revue *Casabella*, janv.-févr. 1995.

TALENTI FRANCESCO (1300 env.-1369) & SIMONE (1340 env.-apr. 1381)

Architecte et sculpteur actifs à Florence au XIVᵉ siècle. On sait que Francesco Talenti travaille aux sculptures du dôme d'Orvieto en 1325, sans qu'on puisse déterminer ce qu'il a effectivement réalisé. On le retrouve sur le chantier de Santa Maria del Fiore où il assume, à différentes reprises, les fonctions de maître d'œuvre. En 1351, il monte les derniers étages du campanile, sur les plans de Giotto (la flèche ne sera jamais construite) et contribue à la modification du chevet de la cathédrale, pour lequel son dessin semble avoir été retenu de préférence à ceux d'Orcagna ou même de son fils, Simone. Il a peut-être aussi taillé une statue de prophète pour le campanile. Simone construit avec Taddeo di Restoro et Benci di Cione la Loggia della Signoria à Florence. C'est lui qui dessine le profil des piliers et le décor des chapiteaux (1377). Il travaille encore à la sculpture ornementale de cet édifice en 1380. Plus sculpteur qu'architecte, Simone donne le dessin des remplages complexes qui ont permis de clore les arcades d'Or San Michele. Il réalise l'une des fenêtres et quelques statuettes conservées au Bargello. Les autres ont été exécutées d'après ses dessins.

RENÉE PLOUIN

TANGE KENZO (1913-)

Architecte et urbaniste japonais de renom international. Contrairement à la plupart de ses collègues et compatriotes, Tange Kenzō fait ses études au Japon, à Hiroshima puis à l'université de Tōkyō où il suit les cours de la section d'ingénierie (1935-1938). Entré dans l'agence de Maekawa, il se distingue en 1942-1943 par des projets primés (Mémorial d'Extrême-Orient, Centre culturel nippo-thaïlandais à Bangkok) dont la guerre empêche la réalisation. Il exécute sa première construction en 1950 (pavillon d'exposition pour la foire industrielle et commerciale de Kōbe, édifice provisoire démonté après la fin de la manifestation). Son activité devient intense à partir de 1954 ; il reçoit de multiples commandes de bâtiments officiels : préfectures, hôtels de ville, bibliothèques, centres d'art ou centres culturels. Les grands rassemblements internationaux organisés au Japon (jeux Olympiques de 1964, Exposition universelle d'Ōsaka en 1970) assoient définitivement sa réputation et lui permettent de s'imposer comme personnalité internationale ; on fera désormais appel à lui un peu partout, notamment dans les pays arabes (campus universitaire d'Oran, 1971 ; aéroport de Koweït City, 1967 ; villes nouvelles et palais du roi Fayçal en Arabie Saoudite, 1972). La reconnaissance de son talent lui vaut de nombreuses récompenses, dont la médaille d'or de l'Académie d'architecture française (1973) et le grand prix de l'Institut d'architecture japonais (1986).

On distingue deux phases successives dans son œuvre d'architecte. Il s'efforce d'abord de combiner l'architecture rationaliste du béton et du verre avec la tradition japonaise de l'ossature en bois (plan et façade libres dans les deux cas). Il évolue d'un style international très pur (hôtel de ville de Shimizu, 1954 ; Centre de la paix de Hiroshima, 1954-1956) vers une synthèse avec la tradition locale (préfecture de Kagawa, 1958). À partir de 1960, il pratique une architecture plus variée : il recherche les effets de masse et de volume, il se lance dans les techniques d'avant-garde, utilise les voiles pré-tendus, joue sur les surfaces gauches, s'efforce d'abriter de grands espaces sous des couvertures légères suspendues (palais des sports de Tōkyō pour les jeux Olympiques de 1964 ; cathédrale catholique de Tōkyō, 1965 ; place des Fêtes de l'Exposition universelle d'Ōsaka, 1970). Il se penche aussi sur les problèmes d'urbanisme, propose une extension de Tōkyō par la création sur la baie d'une ville de cinq millions d'habitants répartis sur des archipels artificiels reliés par des autoroutes (Tōkyō-sur-Mer, 1960). Son projet de reconstruction de Skopje (Macédoine), détruit lors du tremblement de terre de 1963, procède par réorganisation de l'ancien espace urbain. Pour Paris, il propose différents projets : en 1984, le réaménagement de la place d'Italie ; en 1993, le développement des abords de la gare d'Austerlitz et de la Bibliothèque de France. La vision prospective et utopique qu'il développe dans ses cours à l'université de Tōkyō ou dans ses conférences à l'étranger est fondée sur l'idée que le monde passe actuellement de l'ère industrielle à l'ère postindustrielle ; cette dernière exige des mégalopoles entièrement consacrées au secteur tertiaire dominé par l'informatique, et par conséquent des structures entièrement neuves. Cela n'empêche pas Tange de revenir à la réalité et aux problèmes immédiats dans les plans des villes nouvelles moins ambitieuses ou de complexes universitaires dont il a été chargé aux États-Unis (Yerba Buena à San Francisco, 1967), en Algérie (1976), en Jordanie (1976) et en Arabie Saoudite (1984). À partir des années 1970, il s'oriente vers une activité tournée vers l'étranger plus que vers son pays (musée des Arts asiatiques, Nice, 1998). Cependant, il renoue avec son pays natal dans les années 1980 où il construit nombre de bâtiments et de complexes architecturaux. Il faut citer, parmi les projets les plus ambitieux, celui du nouvel hôtel de ville de Tōkyō (1986).

YVES BRUAND

TATLINE VLADIMIR EVGRAFOVITCH (1885-1953)

Bien avant la révolution de 1917, Vladimir Evgrafovitch Tatline s'affirme comme un artiste d'avant-garde. En 1909, il entre à l'École de peinture, sculpture et architecture de Moscou (future Vkhoutemas), et l'année suivante il rencontre les frères Vesnine. Il se lie d'amitié avec Alexandre, futur architecte, qui déterminera certainement ses options artistiques. Un voyage à Paris en 1913 lui permet de faire la connaissance de Picasso qui lui montre ses tableaux en relief. De retour en Russie, Tatline développe une série de « contre-reliefs », compositions similaires à celles de Picasso. Mais c'est précisément le bouleversement d'Octobre qui va lui permettre d'affirmer sa personnalité. En 1918, il fait partie du département des Arts décoratifs (section de Leningrad) créé à l'instigation du commissariat à l'Éducation (*Narkompross*) alors dirigé par Lounatcharski. On y trouve des peintres (Malevitch, Kandinsky, Falk), des architectes (Joltovski), des sculpteurs. Tatline adopte pleinement le slogan du Front gauche de l'art (LEF) : « À bas l'art ! » (*Doloj iskusstvo*). Tatline abandonne la peinture de chevalet, et se déclare, comme les artistes du Vkhoutemas, « artiste productiviste ». L'art doit donc être avant tout un art fonctionnel, directement lié à la production et à la construction. Il faut abolir la dichotomie traditionnelle de la forme et du contenu, puisque la matière elle-même est à la fois forme et contenu. Tatline s'insère ici dans le courant artistique des années vingt, époque de recherches formelles, d'une remise en cause totale de la finalité de l'art. Trois créations caractérisent ces options. En 1919, il expose la maquette du Monument à la IIIe Internationale ; en 1927, il crée sa « chaise » en tubes métalliques ; en 1932, le « Letatlin ». Violemment critiqué en 1933 lors de la mise au pas générale des artistes, Tatline se réfugiera, à partir de 1934, dans la décoration théâtrale.

ANATOLE KOPP

TAUT BRUNO (1880-1938)

C'est le Pavillon du verre à l'exposition du Deutscher Werkbund (Cologne, 1914) qui rendit Bruno Taut célèbre. Cet édifice polygonal semble entièrement fait de verre (ce que permet sa très petite taille) ; les murs épais et translucides et le toit, qui préfigure remarquablement les dômes géodésiques de Buckminster Fuller, formé de plaques fines découpées en losange, veulent démontrer les possibilités de ce nouveau matériau. Le verre peut d'ailleurs être pris comme un emblème idéologique : la transparence dévoile l'ossature d'un bâtiment et ne la noie pas dans la masse. Si Taut, pendant la Première Guerre mondiale, se mit à dessiner quantité de projets fantastiques et, à la lettre, utopiques (puisque impossibles à construire), son importance ne réside pas dans ces travaux intermédiaires très différents des bâtiments qu'il construira au cours des années 1920. On lui doit d'avoir montré combien la modernité architecturale (Taut participe à ce que l'on a nommé le « style international ») peut trouver des solutions au problème des H.L.M. Les grands ensembles qu'il a construits dans la partie est de Berlin (qui allait considérablement influencer Ernest May pour son Neue Frankfurt) manifestent l'importance de la diversité des détails lors de l'élaboration d'un plan d'ensemble. Taut est notamment le premier architecte à utiliser sans restriction la couleur dans ses constructions. Que l'on puisse faire mieux pour le même coût, telle est la thèse qu'il défend lorsqu'il construit des H.L.M. : thèse soutenable non seulement d'un point de vue esthétique et humanitaire mais surtout technique, puisque, comme les autres grands ensembles réalisés par les novateurs des années 1920 (Oud aux Pays-Bas, May à Francfort-sur-le-Main), les bâtiments de Taut ne sont pas devenus des taudis.

YVE-ALAIN BOIS

TEAM TEN

En 1954, au Xe Congrès international d'architecture moderne (C.I.A.M.), quelques architectes européens s'aperçoivent qu'ils ressentent le même malaise : ils voient l'esprit de l'architecture moderne, l'« esprit nouveau » de Le Corbusier, se figer un peu partout dans l'application aveugle de principes schématiques. La charte d'Athènes cautionne une reconstruction sans recherche et, au nom de l'architecture moderne, la plupart des villes à travers le monde s'entourent à cette époque des quartiers les plus tristes de leur histoire. Ce sont les « tours » et les « barres », issues de la règle des prospects (le prospect est le rapport qui existe entre la hauteur d'un immeuble et la distance qui le sépare de l'immeuble qui lui fait face), de la rationalité des « chemins de grues » et de la séparation foncière et opérationnelle du commerce et de l'habitat.

Georges Candilis et Shadrach Woods, bientôt rejoints par Alexis Josic à Paris, Alison et Peter Smithson à Londres, Aldo Van Eyck et Jacob Bakema à Amsterdam sont une minorité à ce Xe Congrès dont ils ont préparé les débats. C'est l'« équipe dix » : Team Ten. Ils n'ont pas de théorie commune, mais ils sont les premiers à porter un regard critique sur le sort de l'architecture moderne. Ils proposent d'organiser les discussions autour de notions nouvelles, comme le « cluster » des Smithson, qui est une recherche sur les formes d'association des logements, ou comme les projets d'habitat très nouveaux étudiés par Georges Candilis pour le Maroc. En face de la crise architecturale et urbaine, les membres de Team Ten, dans leur diversité, ont donc le désir commun de rechercher des « outils » de conception nouveaux qui soient dignes de répondre à cet accroissement énorme du besoin de logement pour le plus grand nombre, et ils savent que la réponse à ce problème n'est pas dans les normes quantitatives que la poésie de l'homme idéal selon Le Corbusier a contribué elle-même à faire fleurir. Cette lucidité ébranle un C.I.A.M. déjà quelque peu figé dans la dévotion à la personnalité exemplaire du père fondateur.

En poursuivant la « recherche patiente » inaugurée par Le Corbusier, les membres de Team Ten se sentent en fait les vrais héritiers du mouvement moderne, mais ils vont progressivement réévaluer cet héritage. Ils gardent toutefois le souci de ne jamais fixer une théorie commune, car ils connaissent le danger des vérités architecturales définitives, normalisantes ; entre ces hommes dont les pratiques sont très distinctes s'établit un consensus à peine formulé, qui concerne non plus la forme architecturale proprement dite, mais les valeurs éthiques et politiques inhérentes à l'architecture. Alors que la génération « héroïque » des pionniers du mouvement moderne avait mis l'accent sur la nouveauté esthétique et technique de leur architecture et lutté pour promouvoir de nouveaux « objets architecturaux » dans un paysage qui était encore celui du XIXe siècle, Candilis, Smithson ou Van Eyck s'attachent maintenant à parler du bâti comme du lieu d'une pratique quotidienne, sociale, populaire. C'est le sens par exemple de la critique virulente et saine de Georges Candilis contre le formalisme. Pour lui et Josic, comme pour leurs amis de Londres et d'Amsterdam, l'architecte n'est ni un artiste ni un ingénieur. La forme n'est pas, comme le croyait le rationalisme d'avant guerre, le lieu d'une glorieuse vérité technique, esthétique ou fonctionnelle. Elle n'est qu'un support qui permet ou non la vie « du plus grand nombre », et, s'il y a une poétique dans l'acte de bâtir, il faut la trouver dans les relations mêmes du bâti avec l'habitant, relation intime que Van Eyck recherche dans son imprévisible relation ouverte où Candilis crée de nouvelles formes de liens sociaux.

Malgré leur diversité, les thèmes architecturaux et urbanistiques développés par les membres de Team Ten se regroupent en quelques concepts directeurs ou « outils » de conception qui permettent à l'architecture d'être organisation urbaine en même temps qu'habitat. Trois notions sont apparues successivement : le *cluster*, le *stem*, le *web*. Le *cluster* conduit à la recherche de ce qu'on a appelé ensuite l'unité de voisinage, c'est-à-dire les modes et échelles de groupement de l'habitat en système communautaire vivant, plutôt qu'en addition quantitative illimitée. Le *stem* est issu de la Cité radieuse de Le Corbusier et développe l'idée d'une rue intérieure suspendue au-dessus d'immeubles collectifs continus, indépendants de la circulation automobile. Les Smithson l'ont approfondie avec leur projet de Golden Lane et avec la réalisation de Robin Hood Garden à Londres, en 1969 ; Candilis et Josic dans le plan de Toulouse-Le Mirail en ont donné une interprétation moins littérale. Le troisième « outil », le *web*, est une création beaucoup plus nouvelle dont les répercussions seront immenses. L'origine en est sans doute dans la réflexion de Georges Candilis sur l'habitat des casbahs et dans la sensibilité de Van Eyck à l'habitat vernaculaire, ainsi que dans son concept poétique de « clarté labyrinthique » illustré par l'orphelinat d'Amsterdam. Le *web* consiste à penser l'architecture selon deux espaces successifs : le premier est défini par une partition tramée et régulière, le second, réel, est l'occupation de cet espace selon une technique constructive ou une autre. L'organisation cristalline d'unités s'associant librement entraîne la déstructuration des formes architecturales reçues et l'apparition d'un lien poétique entre la préfabrication et l'habitat collectif. À partir de là, c'est une voie nouvelle qu'ouvre Shadrach Woods dans son concours pour le centre de Francfort, en 1963 : celle d'une infrastructure à trois dimensions que l'on emplit selon la demande. Candilis et Woods en donnent la réalisation la plus brillante avec leur concours pour l'université de Berlin. Cette nouvelle idée d'occupation de l'espace a alimenté tout un courant préoccupé de formes d'habitat dites intermédiaires, groupements néo-vernaculaires de cellules à terrasses-jardins, aussi bien que les efforts vers l'« autoconstruction », c'est-à-dire l'installation libre des habitants dans une infrastructure collective, aux États-Unis et en Hollande notamment.

Team Ten aura été l'instaurateur d'un engagement social de la recherche architecturale en face de son époque ; et c'est par leur travail réel et non par des discours, par le ferment antidogmatique même qu'ils ont semé, que ces architectes ont permis à la génération suivante de s'interroger à nouveau : l'idée de rue, par exemple, poursuivie sans relâche par Candilis, peut-elle exister sans la forme-rue que Team Ten considérait caduque ? Ainsi les héritiers encore une fois ne sont peut-être pas ceux qui suivent les voies toutes tracées par leurs aînés, mais paradoxalement ceux qui adoptent le parti de remise en cause choisi par Team Ten et posent à leur tour d'autres questions sur les rapports entre la vie urbaine et la forme architecturale.

CHRISTIAN DE PORTZAMPARC

TERRAGNI GIUSEPPE (1904-1943)

La ville de Côme, haut lieu de la Lombardie touristique, mériterait aussi l'hommage des amateurs d'histoire de l'architecture moderne. C'est en effet ici que vécurent deux figures emblématiques du rationalisme constructif en Italie au XXe siècle, Antonio Sant'Elia (1888-1916) et Giuseppe Terragni. Tous deux firent leurs études secondaires à Côme, où ils furent diplômés, et travaillèrent à Milan où ils se lièrent à l'avant-garde. Ils moururent jeunes, l'un à vingt-six ans, l'autre à trente-neuf ans, des suites de blessures reçues à la guerre, le premier à celle de 1914, le second à celle de 1939-1945. Dans l'intervalle, ces jeunes maîtres avaient tout juste eu le temps de donner la preuve de leur génie, épanoui grâce à la doctrine futuriste qui a fait entrer l'Italie dans la modernité.

Né près de Milan, Giuseppe Terragni suivit les cours de l'École polytechnique de cette ville, où les futuristes avaient lutté avant 1914. Membre actif — avec Gio Ponti — du « groupe 7 », héritier direct du mouvement lancé par le poète Marinetti, le jeune architecte, dès 1927, présente à la troisième biennale de Monza deux projets pour une usine à gaz et pour une usine de tuyaux d'acier qui sont très proches de l'ingénierie. L'année suivante, son immeuble Novocomun, à Côme, constitue le premier exemple de l'architecture rationnelle en Italie, un beau bloc de béton à l'angle cassé par un cylindre et qui ne doit rien au bric-à-brac toujours à la mode depuis que l'Italie a totalement perdu son rôle de chef de file en matière d'architecture.

Marinetti, le père du futurisme, avait adhéré avec enthousiasme au fascisme, et Terragni fera de même, en toute loyauté : engagement fâcheux qui a longtemps embarrassé la critique. Lorsqu'il construira la Maison du fascisme, à Côme — bâtiment heureusement préservé —, il travaillera avec sa foi militante en voulant bâtir un espace destiné à trois fonctions : l'éducation spirituelle des masses, l'exaltation des forces physiques, les besoins de l'organisation du parti. Le résultat est un carré parfait, tout en surfaces vitrées, et que couronne un toit en terrasse. Mies van der Rohe aurait pu signer cet édifice conforme à sa devise « Moins est plus ». Devant cette œuvre rare, on ne peut s'empêcher de penser que Terragni a certainement eu l'ambition de rivaliser avec l'imposant palais communal de Côme, le fameux Broletto qui est l'un des plus anciens palais d'Italie (1215). Contrairement au régime ancien, le fascisme — dans l'esprit de Terragni — n'avait rien à cacher.

Le troisième chef-d'œuvre de Terragni fut ensuite son Asilo Sant'Elia, une école maternelle (1935-1937) dans un quartier populaire de Côme. Ici sont appliquées un certain nombre de recettes classiques pour les tenants du mouvement moderne : absence de symétrie, pas de murs opaques, parois mobiles, recherche de la lumière. Mais en Italie, un tel parti était encore suspect, et Terragni aura bien besoin de son frère, ingénieur devenu notable fasciste, pour imposer ses conceptions « internationales » où le génie romain n'apparaît

qu'en filigrane. Cependant Terragni se voyait reconnu par l'intelligentsia : il eut maintes occasions de construire des immeubles, des villas et même quelques rues de quartiers populaires dont la rigueur annonce l'après-guerre. L'un de ses derniers projets fut le Danteum, bâtiment en l'honneur de l'auteur de la *Divine Comédie* : des blocs d'espaces rectangulaires disposés en labyrinthes symbolisaient les étapes de l'Enfer, du Purgatoire et du Paradis.

Ayant accueilli la Seconde Guerre mondiale avec la même exaltation que Sant'Elia qui s'était engagé en 1915 et fut tué au front l'année suivante, Terragni alla combattre dans les Balkans et en Russie. Rapatrié, il mourut à Côme. En partie grâce à lui, la prophétie de son aîné avait commencé de s'accomplir en Italie : « Nous ne sommes plus sensibles aux formes monumentales, massives, statiques, mais notre sensibilité s'est enrichie du goût des formes légères, pratiques, du provisoire et de la vitesse. » (Sant'Elia, *Manifeste de l'architecture futuriste*, juill. 1914.)

ROGER-HENRI GUERRAND

TERZI FILIPPO (1529-1597)

Après avoir travaillé comme ingénieur sur les fortifications de Pesaro, Senigalia et Urbin, ce Bolonais se mit au service du roi du Portugal (1576). Devenu architecte de Philippe II d'Espagne (1580), il participa aux décorations de l'entrée du roi à Lisbonne (1581). Dans cette ville il entreprit, en 1582, son œuvre majeure, l'église São Vicente de Fora (achevée en 1605), mélange original d'italianisme et d'influences espagnoles (celle de Herrera notamment). Comme ingénieur, Terzi élève, dans les années 1580, la forteresse de Setúbal, et les aqueducs de Vila do Conde et de Tomar (1584-1613). C'est également lui qui est chargé de terminer, d'après les plans de Torralva, le cloître du couvent du Christ à Tomar.

ROBERT FOHR

Bibliographie
G. FIOCCO, *Rivista d'arte*, n 20, 1938.

TESSIN LES

La famille suédoise des Tessin offre un cas d'exceptionnelle ascension sociale. Nicodème Ier Tessin (1615-1681) est un architecte, son fils Nicomède II (1654-1728) aussi et son petit-fils Charles-Gustave (1695-1770) devient un grand personnage, diplomate et ministre, tout en restant un amateur d'art fort éclairé.

Nicodème Ier est l'auteur de plusieurs palais pour la cour de Suède ; il élève, en 1653, celui de Riddarholmen et surtout, en 1662-1686, celui de Drottningholm. Sa manière s'inspire visiblement des exemples donnés en France par Le Vau ou François Mansart, en particulier dans la façon d'ordonner de gros pavillons qui articulent vigoureusement le corps des édifices.

Nicodème II est nettement plus imbu d'italianisme et semble avoir été spécialement sensible à l'influence de Bernin. C'est à lui qu'il revient de reconstruire le palais royal de Stockholm après l'incendie de 1697. La composition s'ordonne autour d'une très grande cour, pouvant servir au déploiement des fêtes et des défilés ; c'est là un trait que l'on rencontre fréquemment dans les palais que se font édifier les monarchies que l'on pourrait dire nouvelles dans l'Europe du Nord. L'usage d'une gigantesque colonnade destinée à scander la façade constitue une réminiscence manifeste de Bernin. Il est aussi l'auteur du palais Tessin à Stockholm (1703). Dans la grande galerie, décorée avec l'aide d'une équipe d'artistes français, il introduit le style « versaillais ».

Le rôle de Charles-Gustave comme collectionneur a été essentiel pour le patrimoine suédois. Connaissant bien la France, où il avait été ambassadeur, Tessin était lié avec beaucoup d'artistes parisiens, et des plus importants, comme Boucher. Si les musées de Stockholm sont si riches en tableaux et dessins français du XVIIIe siècle, c'est à Charles-Gustave Tessin qu'ils le doivent. Soucieux d'encourager la pratique des arts dans son pays même, Tessin est d'autre part le fondateur de l'Académie royale de dessin à Stockholm (1735).

GEORGES BRUNEL

THOMON THOMAS DE (1754-1813)

Architecte lorrain, élève de Ledoux, admirateur en Italie de Piranèse et des temples grecs de Paestum, il suit le comte d'Artois en émigration avant de s'installer en 1799 à Saint-Pétersbourg. Architecte du tsar Alexandre Ier, il construit le théâtre, le mausolée de Paul Ier à Pavlovsk, publie un *Recueil* gravé de ses œuvres et, à partir de 1804, dirige la construction de la Bourse, édifice dorique de granit sur les bords de la Neva.

JEAN-PIERRE MOUILLESEAUX

Bibliographie

G. LOUKOMSKI, « Thomas de Thomon », in *Apollo*, LXII, 1945.

TIBALDI PELLEGRINO (1527-1596)

Né à Puria in Valsolda, formé à Bologne, Pellegrino Tibaldi, artiste très précoce, travaille à Rome, dès 1545-1546, avec Perino del Vaga au château Saint-Ange (décoration de la salle du Conseil, qu'il achèvera entre 1547 et 1549 dans un style nettement michelangelesque). Ce style est celui de ses autres œuvres romaines (Belvédère ; Sant'Andrea), peut-être sous l'influence de Daniel da Volterra, avec qui il collabore à partir de 1550. Entre 1554 et 1555, il travaille à la Santa Casa de Lorette (en partie détruite) et, probablement à la même date, il commence à Bologne son œuvre principale, *L'Histoire d'Hercule* (deux salles du palais Poggi), brillant exercice illusionniste où l'exemple de Michel-Ange est paraphrasé avec un humour volontairement affecté. Vers 1555, il élève et peint la chapelle sépulcrale du cardinal Poggi à San Giacomo Maggiore (*Vie de saint Jean-Baptiste*). Son exemple à Bologne est capital pour les maniéristes tardifs (Samacchini, Passarotti). En 1556, Tibaldi se rend à Ancône, où il travaille jusqu'en 1561 (Loggia dei Mercanti ; Palazzo Ferretti) : sa manière s'adoucit et son inspiration se rattache à l'esprit de la Contre-Réforme. Il entre alors au service du cardinal Charles Borromée, qui l'utilise comme architecte à Pavie et à Milan. En 1577, Tibaldi suit en Espagne F. Zuccaro, qu'il remplace en 1588 à la direction des travaux de l'Escorial. Dans le cloître et la bibliothèque, ses compositions simplifiées, aux formes d'une abstraction presque géométrique, montrent une importante évolution par rapport à ses œuvres précédentes. Comme peintre et comme architecte, Tibaldi est une figure originale du maniérisme italien. Il meurt à Milan.

SYLVIE BÉGUIN

TOLEDO JUAN BAUTISTA DE (mort en 1567)

Jusqu'à une époque récente, la vie et l'œuvre de l'architecte espagnol Toledo demeuraient une énigme. On a dû attendre les publications du père Carlos Vicuña pour entrevoir les origines de son art. Ces études ont notamment précisé la nature de l'activité de l'artiste durant les années 1546-1548. À la suite de la mort d'Antonio San Gallo le Jeune et sous les ordres de Michel-Ange, Juan Bautista, qui s'appelle alors de Alfonso, participe comme architecte à la construction de Saint-Pierre de Rome. En 1548, cependant, il disparaît du Vatican, sans doute pour avoir répondu à l'appel de l'actif vice-roi de Naples, Pedro de Toledo, qui se situe aux origines de l'urbanisme moderne dans cette ville. L'architecte allait désormais porter le nom de son protecteur.

En 1559, Philippe II fait revenir Juan Bautista en Espagne et, deux ans plus tard, il lui confie la charge de maître principal (*maestro mayor*) du monastère-palais de l'Escorial, qui sera la grande entreprise architecturale de son règne. Toledo fournira les plans d'ensemble, que le roi contrôlera de très près, notamment en ce qui concerne l'église. Le projet de Toledo fut corrigé par l'ingénieur italien Pacciotto en 1562.

Selon J. Camón Aznar, on passa à la réalisation des travaux en 1563. En 1566, on avait établi les fondations de l'église et on travaillait aux piliers du cloître des Évangélistes. Cette cour, tout entière de Toledo, constitue une excellente illustration de son art. Quand Juan Bautista de Toledo meurt à Madrid, il laisse le souvenir d'un artiste complet aussi habile en sculpture qu'en architecture, d'un humaniste maîtrisant aussi bien le grec que le latin et d'un savant dont les connaissances s'étendaient également à la philosophie et aux mathématiques. Son assistant, Juan de Herrera, allait peu après lui succéder à la direction de l'immense chantier de l'Escorial, confisquant (pour de nombreux historiens étrangers), à son seul profit, la paternité de cette œuvre collective.

MARCEL DURLIAT

TOMÉ LES

Famille d'architectes et de sculpteurs baroques espagnols, qui apparaît au début du XVIIIe siècle. Narciso Tomé travaille en 1715, avec ses frères et son père Antonio, à la façade de l'université de Valladolid.

Le souvenir de Narciso (mort en 1742) s'attache surtout au Transparente de la cathédrale de Tolède (1721-1732), l'œuvre la plus étonnante du rococo espagnol. C'est une sorte de chapelle sans murs, installée par un artifice théâtral au-dessus du déambulatoire gothique intérieur. Une étonnante mise en scène figure une Cène dans un espace éclairé par un soleil métaphysique, et peuplé d'anges. On voulait rappeler ainsi aux fidèles, en frappant les imaginations, la présence réelle du Christ dans le tabernacle du maître-autel.

MARCEL DURLIAT

TORRALVA DIOGO DE (1500-1566)

Architecte marquant du Portugal vers le milieu du XVIe siècle, Torralva était d'origine espagnole, mais fortement italianisé. Il épousa la fille de Francisco de Arruda, un des maîtres du style manuélin et fut nommé à la direction des œuvres de l'Alentejo (1547) après la mort de son beau-père.

À Évora, où les Arruda avaient leur maison familiale et où le roi Jean III fixa sa résidence, à partir de 1531, pour en faire un important centre d'art et de culture, Diogo de Torralva paraît être l'auteur de l'église Nossa Senhora (1531-1537) du couvent de Graça. Émile Bertaux en trouvait la façade « michelangélesque par sa puissance et aussi par sa fantaisie baroque ». Elle comprend un portique à pilastres et à colonnes, un décor de grands disques de part et d'autre de la niche centrale et, aux angles, des géants que surmontent des sphères.

En 1557, lorsque la reine régente Catherine fit reprendre les travaux du cloître principal du couvent du Christ à Tomar, elle s'adressa à Diogo de Torralva. Celui-ci s'inspira de Serlio pour dessiner deux étages d'arcatures aux puissants effets théâtraux. Les dômes qui surmontent les tourelles d'escalier évoquent ceux de Francisco de Arruda à la tour de Belém. C'est dans ce cloître que Philippe II reçut la couronne de Portugal en 1580, d'où son nom de claustro dos Felipes, qui en fait le symbole de la domination espagnole sur le Portugal.

Toujours à Tomar, une semblable référence à Serlio a permis d'attribuer à Diogo de Torralva l'exquise petite église de Nossa Senhora da Conceiç ao (achevée en 1551), véritable bijou de la Renaissance italienne au Portugal. Son influence sera considérable dans le nord du pays, notamment à Braga et à Porto.

Diogo de Torralva occupe une place de choix dans le courant italianisant puriste qui parcourt l'ensemble de la péninsule Ibérique au XVIe siècle.

MARCEL DURLIAT

TORROJA EDUARDO (1899-1961)

Comme Maillart et Freyssinet, l'Espagnol Torroja était ingénieur et, comme eux, il porta ses recherches vers les possibilités offertes par le béton armé (il fut directeur de l'Institut technique de la construction et du ciment de Madrid). La formation technique de Torroja lui aura été plus utile qu'une connaissance de l'histoire de l'architecture : parti d'une réflexion sur la structure, et non plus l'ossature, il invente la construction en coque, où tous les points ont la même importance et où l'opposition entre l'élément porteur et l'élément porté est abolie par une distribution spatialisée mais partagée des forces en jeu. On peut dire que la réévaluation du toit comme élément fondamental dans l'architecture aura été, au prix d'un certain illusionnisme, le geste majeur de Torroja (ceux du marché couvert d'Algésiras, en 1933, et de l'hippodrome de la Zarzuela à Madrid, en 1935, le rendirent célèbre). Bien qu'il défende la simplicité et l'« objectivité » en architecture, comme il le déclare dans son livre *Philosophy of Structures*, publié à Berkeley en 1958, Torroja ne se débarrassera jamais d'un certain baroquisme : la disparition totale d'éléments porteurs (les toits, ou coques, en forme de parachutes sont autoporteurs puisqu'ils « sont » le bâtiment) ne se fait pas sans un certain recours à l'idéologie de l'effet (les articulations sont masquées dans le continu de la nappe cimentée). Remplacer le statisme de l'orthogonalité par le dynamisme des courbes — le béton armé permettant, par son extrême résistance aux pressions, une grande économie de matière, un « rognement des angles » —, tel aura été le désir de Torroja, dont d'autres, après sa mort, poursuivront la mise en œuvre.

YVE-ALAIN BOIS

TSCHUMI BERNARD (1944-   )

Fils de l'architecte suisse Jean Tschumi (1904-1962), qui avait été formé à l'école des Beaux-Arts de Paris, Bernard Tschumi est né à Lausanne en 1944. Son enfance se déroule à Paris, il étudie à Lausanne puis à l'E.T.H., école polytechnique de Zurich, dont il est diplômé en 1969. De 1970 à 1980, il enseigne à l'Architectural Association de Londres, l'un des lieux où se constituait alors l'avant-garde européenne de ces années-là. Il s'installe enfin à New York ; depuis 1988, il est doyen de l'école d'architecture de l'université Columbia.

Bernard Tschumi a reçu en France le grand prix de l'architecture 1996, alors que se construisaient le Studio national des arts contemporains du Fresnoy, à Tourcoing, et l'école d'architecture de Marne-la-Vallée. Il est une figure caractéristique de cette famille de praticiens pour lesquels le concept (au sens de l'art conceptuel) prime toute autre dimension du parti architectural.

Tschumi est représentatif en effet d'une génération qui a beaucoup parlé d'architecture, écrit sur l'architecture, avant que de construire : « Nous en savons plus quant aux livres que sur les bâtiments. » La théorie est pour lui essentielle, plus que l'esthétique, plus que l'espace, plus que l'objet construit, sa logique structurelle ou son expression formelle.

Les *Manhattan Transcripts* sont des travaux graphiques qu'il avait présentés dans différentes galeries d'art à Londres et à New York puis réunis en ouvrage en 1981. Inspirés du montage cinématographique (et notamment d'Eisenstein), ils proposaient des bandes parallèles organisées en séquences ; l'une présentait une succession de photographies d'un événement (parfois décomposé à la manière de la chronophotographie d'Étienne Jules Marey), la seconde une évocation d'architectures stylisées, confuse imbrication d'espaces, une troisième enfin la notation quasi chorégraphique d'un mouvement. Dans le texte qui accompagnait les planches apparaissaient déjà les notions de « disjonction » et de « déconstruction » de la réalité, thèmes principaux de son travail ultérieur. Il s'agissait de suggérer les relations inattendues qui peuvent exister entre un événement (un meurtre par exemple), l'espace et le déplacement des corps. L'association de ces trois niveaux crée, selon Tschumi, l'expérience architecturale.

Parallèlement, il réalise ce qu'il nommait ses « folies », cinq installations temporaires que l'architecte considérait comme des « laboratoires ».

Parus dans *Studio International*, *Architectural Design*, *Oppositions*, *Artforum* ou *Perspecta* à partir du milieu des années 1970, ses articles sont systématiques et très argumentés, pour la plupart réunis dans *Architecture and Disjunction* en 1994. Ils se situent volontairement en dehors du champ traditionnel de l'architecture et des recherches historiques, urbaines et typologiques qui se développaient alors, annonciatrices du postmodernisme. Ils se réclament du futurisme et du constructivisme soviétiques des années 1920, de Bataille (l'éros, la mort et la transgression), des théories de la linguistique et du structuralisme (Lacan, Barthes, Foucault), de l'exploration du langage et de sa distorsion telles que Joyce les avait expérimentées dans *Finnegan's Wake*, enfin des thèses sur la « déconstruction » du philosophe Jacques Derrida (qui devint le penseur de référence du mouvement déconstructiviste américain).

Ces textes explorent les relations entre forme et usage, considérées non pas sous l'angle positif, humaniste et idéaliste du modernisme, ni selon une approche de type fonctionnaliste, mais dans une démarche plus abstraite, de nature structuraliste, qui voulait porter l'architecture à ses limites, en l'éloignant de ses critères habituels. Il s'agissait de considérer cette discipline moins dans sa matérialité constructive que dans ses séquences spatiales. De ne pas y plaquer de signification au sens narratif ou symbolique. D'y valoriser le mouvement, l'intrusion des corps, éventuellement la violence (jusque dans ce qu'elle peut avoir de plaisant), alors que l'usage en architecture est de valoriser la beauté et le confort. Il s'agissait de favoriser de manière générale ce qui engendre interférences et instabilité. Pour Tschumi, ce qui compte est « l'excentrique, le disloqué, le disjoint, le déconstruit, le démantelé, le dissocié, le discontinu, le dérégulé... Dé-, dis-, ex- : ce sont les préfixes d'aujourd'hui. Et non post-, néo- ou pré- ».

Présent dans de nombreux concours, la Tête-Défense (1983), l'Opéra de Tōkyō et l'hôtel de région de Strasbourg (1986), l'aéroport du Kansaï, la Bibliothèque de France et un centre artistique à Karlsruhe (1989), la gare de Kyōto (1991), plus récemment l'extension du Museum of Modern Art de New York (1997), il avait jusqu'alors relativement peu construit, sinon les célèbres Folies du parc de La Villette.

En 1983, il fut en effet au second tour et dans la polémique (devant le Néerlandais Rem Koolhaas) lauréat du concours international pour la conception de ce grand parc parisien. On connaît son parti, son refus des critères habituels du paysagisme, écologiques ou poétiques, la trame régulière des folies de métal rouge, disposées de manière inflexible tous les 120 mètres, les grandes surfaces gazonnées bordées de platanes, enfin le ruban sinusoïdal de la promenade, découpé en séquences confiées aux concepteurs les plus divers (paysagistes, artistes, philosophes). Ordre complexe, unité et fragmentation, répétitivité, hasard et collision caractérisent ce projet qui privilégie ce qui relie les éléments.

Il a ensuite conçu un projet de quatre ponts habités qui devaient enjamber la rivière Flon à Lausanne (1988), ponts qui furent, à la suite de mouvements d'opinion, partiellement abandonnés en 1994 (à l'exception de l'un d'eux et d'une gare souterraine, en cours de réalisation). Il a réalisé un pavillon consacré à la vidéo à Groningue, objet minimal constitué d'un rectangle de verre basculé (1990), et donné le plan régulateur d'une zone d'activités à Chartres (1991).

Le complexe du Fresnoy, inauguré en octobre 1997, est son premier bâtiment important. Établissement d'enseignement artistique et audiovisuel de haut niveau, il est situé dans un ancien centre récréatif (dancing et cinéma populaire) de Tourcoing. Le projet se résume pour l'essentiel à un grand toit d'acier horizontal, partiellement ajouré, qui évoque pour Bernard Tschumi « l'absolu d'un concept ». Il recouvre sur près d'un hectare les bâtiments neufs et les constructions anciennes (diverses nefs métalliques à caractère industriel sans qualités particulières) dont il conserve l'allure hétérogène. Entre les anciens combles de tuiles et le toit nouveau, où circulent gaines et réseaux, est créé un « entre-deux », vaste espace vide traversé de passerelles suspendues et de terrasses, proposant un parcours poétique et hasardeux, sans destination précise.

Pour l'école d'architecture de Marne-la-Vallée (en chantier), Tschumi veut également favoriser la rencontre, l'inattendu et le croisement entre les disciplines. Elle est conçue comme une « petite ville », formée de studios transparents, sans « style particulier », organisés autour d'un vaste atrium central sous verrière combinant gradins et coursives.

Le centre culturel de l'université Columbia, dont l'inauguration a été prévue pour la fin de 1999, s'inscrit dans un dispositif néoclassique tracé vers 1890 ; il devrait être le « moyeu » du campus, fédérant ses différentes activités sociales (salons, panneaux d'annonces, milliers de boîtes aux lettres, bars, auditoriums et lieux d'exposition). Derrière une façade de verre, il présente un jeu complexe d'escaliers métalliques, de rampes et de coursives qui exprimeront ce mouvement, cet aléatoire chers à un concepteur pour lequel il ne saurait y avoir d'architecture sans déplacement des corps.

FRANÇOIS CHASLIN

Bibliographie

B. TSCHUMI, *The Manhattan Transcripts*, Academy Editions, Londres, 1981 ; *Le Fresnoy, Studio national des arts contemporains*, Riposati, Paris, 1993 ; *Architecture and Disjunction*, M.I.T. Press, Cambridge et Londres, 1994 ; *Praxis : Villes-événements*, Riposati, 1993 / J. DERRIDA, « Point de folie, maintenant l'architecture », in *La Case vide*, AA Files, n° 12, Londres, 1986, repris in *Psyché, inventions de l'autre*, Galilée, Paris, 1988 / *Tschumi, une architecture en projet, Le Fresnoy*, ouvr. coll., Centre Georges-Pompidou, Paris, 1993.

ment à Berlin (1973-1980), à Mertenhof (1975-1980) et à Marburg (1976). Il est revenu depuis à des projets très théoriques qui se caractérisent par une variation sur le carré ; ainsi à Francfort le musée d'architecture et les nouveaux locaux de la Foire de Francfort.

FRANÇOIS GRUSON

Bibliographie

« Rational Architecture », in *Archives de l'architecture moderne,* Bruxelles, 1978.

UNGERS OSWALD MATTIAS (1926-)

Architecte allemand. Cet ancien élève d'Eiermann a un début de carrière fécond en réalisant l'Institut scientifique d'Oberhausen (1953-1958), des immeubles de logements à Cologne et Wuppertal (1956-1959) et de nombreuses maisons individuelles. Sensible aux problèmes urbains, il se consacre ensuite à des projets de rénovation douce en centre-ville, notam-

UPJOHN RICHARD (1802-1878)

Architecte américain, Upjohn diffuse les formes inspirées par l'architecture pittoresque et le néo-gothique anglais. À New York, il construit Trinity Church (1841-1846) et à Burlington (New Jersey) l'église Saint Mary en 1846. Traducteur des formes de la Renaissance italienne dans l'architecture domestique, il crée une villa pour Edward King à Newport (1845-1847).

JEAN-PIERRE MOUILLESEAUX

Bibliographie

P. S. STANTON, « Upjohn » in *Macmillan Encyclopedia of Architects,* t. IV, Londres, 1982.

UTZON JØRN (1918-)

L'architecte Jørn Utzon est sans doute moins connu que son chef-d'œuvre, l'Opéra de Sydney, qu'il ne réalisa que partiellement à l'issue d'un chantier difficile qui dura dix ans. C'est pourtant un architecte de tout premier plan, dont les projets et les trop rares réalisations témoignent de l'exceptionnelle capacité à allier créativité plastique et rigueur conceptuelle dans des formes aussi personnelles que novatrices.

Une personnalité singulière

Fils d'architecte naval, neveu de sculpteur, Utzon naît à Copenhague en 1918. Très jeune, il manifeste un talent certain pour le dessin, mais c'est l'architecture qu'il décide d'étudier. En 1937, il entre à l'Académie royale de Copenhague, où il reçoit l'enseignement humaniste de l'architecte et urbaniste Steen Eiler Rasmussen. Tout en s'engageant dans les débats de l'avant-garde internationale, il cultive ses références nordiques – Erik Gunnar Asplund, Alvar Aalto, dans l'agence duquel il travaillera quelque temps –, découvre les théories organicistes de Franck Lloyd Wright, vers lesquelles le porte sa sensibilité aux formes naturelles, et voyage dans le monde. À cette époque son univers s'enrichit d'affinités et d'intérêts peu communs : l'architecture de la Chine ancienne, ses monuments et ses traités ; l'antiquité méso-américaine et islamique ; les mouvements artistiques contestataires, comme le groupe Cobra.

Utzon fonde son agence au début des années 1950 ; ses premiers projets sont originaux et remarqués. Avec sa propre maison de Hellebaek, il introduit le plan libre dans l'architecture domestique danoise. Les deux villages qu'il construit ensuite (à Helsingør, en 1956, et à Fredensborg, en 1959), se veulent une alternative aux lotissements qui prolifèrent autour des villes danoises. En réinterprétant un modèle ancien – la maison à patio – qu'il décline en plusieurs types et distribue suivant la topographie des lieux, Utzon réussit une synthèse exemplaire entre des exigences contradictoires : l'habitation privée et le sens de la communauté, l'aspiration au confort intérieur et le désir d'espaces publics partagés, la flexibilité d'usage et la cohérence architecturale d'ensemble, l'affirmation de l'intervention humaine et le respect du site.

L'Opéra de Sydney

En 1957, Utzon est lauréat du concours international pour le nouvel Opéra de Sydney. La surprise est grande car, à trente-huit ans, il n'est guère connu, même s'il s'est signalé au Danemark et en Suède en remportant plusieurs consultations d'architecture et d'urbanisme, qui n'ont pas abouti. L'étude et la réalisation (entamée en 1959) de ce projet majeur vont l'occuper pendant dix années. Sans avoir visité Sydney, il donne au paysage de la ville et au programme du concours une réponse dont l'audace et la poésie tranchent avec les propositions des autres concurrents. Il veut ériger sur le promontoire de Bennelong, des éventails de coques blanches qui couvriraient, telles des voiles, deux salles de concert contenues dans un socle monumental en pierre. Cette image, construite en dépit de multiples difficultés, est devenue l'emblème mondialement célèbre de la plus grande ville d'Australie.

L'intention qui anime le projet pour l'Opéra s'inscrit dans un mouvement de retour à la forme propre à la génération d'Utzon. Les jeunes architectes réagissent contre le dessèchement du modernisme de leurs aînés et parient sur de nouvelles technologies – ici les coques minces en béton armé – pour incarner leur revendication d'une plus grande liberté plastique et favoriser l'émergence d'une nouvelle architecture. Pourtant, Utzon et ses ingénieurs sont vite confrontés à l'impossibilité de construire l'Opéra sans modifier le projet. Pendant que le socle émerge lentement du sol, l'agence londonienne de l'ingénieur Ove Arup (1895-1988) échoue à calculer la géométrie des toitures lyriques qui doivent le couronner. C'est finalement l'architecte qui trouve, en 1962, une solution inédite : il propose que les coquilles soient toutes prélevées sur une même sphère théorique, ce qui rend leurs surfaces homothétiques, les rationalise et permet une réalisation économique. Les membranes galbées en béton de faible épaisseur envisagées au départ deviennent des voûtes en ogive, un assemblage d'arches elles-mêmes décomposées en segments préfabriqués. Sur le plan constructif, l'Opéra de Sydney s'apparente donc plus à une cathédrale gothique qu'aux expériences qui l'avaient d'abord inspiré, comme le fameux terminal de la compagnie TWA conçu par Eero Saarinen pour l'aéroport Kennedy de New York.

Une carrière de météore

En 1966, alors que l'extérieur de l'Opéra est presque achevé, un violent conflit avec le gouvernement local contraint Utzon à démissionner du projet. Il lègue à la ville une coquille vide dont les auditoriums et les façades seront réalisés par un trio d'architectes locaux, l'Opéra étant officiellement ouvert en 1973.

Ses entreprises parallèles restent elles aussi à l'état de projet : les étranges bulbes conçus pour le musée Asger Jorn à Silkeborg au Danemark, les nappes flottantes du théâtre de Zurich, les pavillons modulaires de sa propre résidence de Sydney. Obsédé par la préfabrication, devenue, après l'expérience de l'Opéra, la discipline quasi philosophique grâce à laquelle il pense pallier le déclin des compétences artisanales dans les sociétés contemporaines, Utzon conçoit en 1969, pour des industriels danois, un système de maisons sur catalogue qui n'aura pas le succès escompté. Sur des principes apparentés, il construira pourtant une église à Bagsværd, dans la banlieue de Copenhague (1972-1976) ; deux maisons sur l'île de Majorque (1973 et 1974) et le colossal parlement du Koweït, au début des années 1980.

Autant que sa carrière météorique, le caractère inclassable de son architecture explique sans doute qu'Utzon soit resté mal compris. Artiste radical nourri de tradition, humaniste et utopiste, celui qui voulait « travailler aux limites du possible » a traversé le paysage de l'après-modernisme européen comme une lumineuse énigme.

FRANÇOISE FROMONOT

Bibliographie

S. GIEDION, « Jørn Utzon et la troisième génération », in *Espace, temps, architecture*, La Connaissance, Bruxelles, 1968 / F. FROMONOT, *Jørn Utzon et l'Opéra de Sydney*, Gallimard, Paris, 1998.

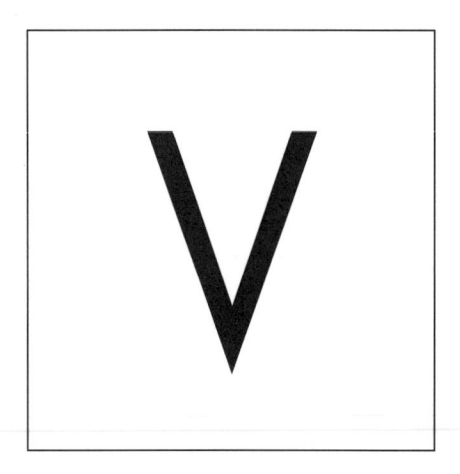

VALADIER GIUSEPPE (1762-1839)

L'architecture néo-classique italienne possède deux représentants importants, Giuseppe Valadier et Giacomo Quarenghi. Mais, tandis que Quarenghi s'illustrera avant tout en Russie, Valadier demeure fidèle à Rome, sa ville natale. Architecte au service des États pontificaux, Valadier est nommé directeur des travaux publics en 1810, et devient le principal responsable de l'architecture religieuse et civile de Rome, mais aussi le créateur d'un plan d'urbanisme dans lequel s'inscrivent les monuments antiques, restaurés, de la Ville éternelle. L'œuvre d'ingénieur et d'archéologue de Valadier a constamment influencé son œuvre d'architecte et d'urbaniste qui fut considérable : toute une partie de la ville lui est encore redevable de sa conception logique des cheminements variés et de la magnificence des aires de dégagement. La piazza del Popolo, dont Valadier propose plusieurs aménagements en 1793, 1813 et 1815, est finalement réalisée sur ses dessins entre 1816 et 1822. Seules des difficultés matérielles expliquent qu'il n'ait pu réaliser les places qu'il projetait autour du Panthéon, de la fontaine de Trevi et de la basilique Saint-Jean de Latran ; toute une trame urbaine, rénovée, se serait dessinée dans la continuité de la piazza del Popolo, entrée monumentale de la Rome moderne. Mais Valadier donne aussi des plans d'églises, de palais et d'édifices publics ; parmi eux, citons ceux de la villa Poniatovski (1800-1810), du palais Lazzini et du théâtre Valle (1819). Deux projets n'ont pas été réalisés : pour Rome, le palais Braschi (1790), et pour Trevi, une église (1796-1798). Valadier, qui s'occupe en effet des principales villes des États, donne de nombreux plans d'édifices religieux (ou de restaurations) à Todi, Terracina, Rieti, Spoleto (1788) et Urbino (1789). Professeur à l'Académie de Saint-Luc, Valadier s'associe à l'éditeur F. A. Visconti qui publie ses œuvres gravées. Œuvres où sont diffusés ses projets personnels (*Raccolta di diverse invenzioni*, 1796, *Projetti architettonici*, 1807, *Opere di architettura*, 1833), mais aussi des réflexions de l'archéologue qui attestent une connaissance parfaite de l'architecture antique et de la qualité des restaurations exécutées par l'artiste, notamment au Colisée et à l'arc de Titus (*Raccolta delle più insigni fabbriche di Roma antica*, 1813).

DANIEL RABREAU

VALLIN DE LA MOTHE JEAN-BAPTISTE MICHEL (1729-1800)

L'œuvre de l'architecte Vallin de la Mothe est un chapitre de l'histoire de l'expansion de l'art français et appartient presque exclusivement à la Russie. Le premier article qui lui fut consacré fut publié par Louis Réau en 1922 dans la revue *L'Architecture* (n° 12). Des recherches furent ensuite menées par Boris Lossky qui a découvert, au musée de la Société d'archéologie et d'histoire de la Charente à Angoulême, soixante-quatre dessins de l'architecte qu'il publia dans plusieurs articles au cours des années 1980. En Russie, l'œuvre de Vallin de la Mothe a été l'objet d'une publication de Valeri Chouïsky.

Du côté maternel, Vallin de la Mothe appartenait à la célèbre famille des architectes Blondel ; il fut le neveu et probablement l'élève de François II Blondel, dit Jean-François (1683-1756), et le cousin germain de Jacques-François Blondel (1705-1774), lui-même également élève de François II. En 1750, en qualité d'externe de l'Académie de France, il partit pour Rome et y passa deux ans. Il fit ensuite un voyage à travers l'Italie, intéressé surtout par l'œuvre de Palladio, comme il l'écrivait lui-même au marquis de Vandières, frère de Mme de Pompadour. À son retour d'Italie, Vallin de La Mothe travailla probablement sous la houlette de son oncle et à la mort de celui-ci, en 1756, il resta sans emploi. Parmi les rares renseignements dont nous disposons sur son œuvre en France, il faut surtout retenir la description de son projet pour la place Louis XV, présenté au deuxième concours de 1753 et publié dans *Mercure de France* (juin, 1754). Comme les plans et la maquette, que l'architecte commente dans sa publication, ne sont pas conservés, nous devons imaginer ce projet à partir de sa seule description : deux grands arcs de triomphe d'ordre corinthien couronnés de statues de Mars et d'Apollon représentant la Guerre et la Paix, prolongés par des galeries circulaires du côté des Champs-Élysées, deux corps formant l'entrée de la rue Royale et enfin deux fontaines décorant les remparts du jardin des Tuileries. La plus grande attention est portée à l'aménagement des différents points de vue, même les plus éloignés. Une exubérante décoration sculptée règne sur l'ensemble, y compris sur les fontaines ; l'ordre utilisé est le corinthien, en écho à l'architecture romaine.

En 1759, Vallin de la Mothe accepta la proposition de l'ambassadeur russe Bestoujev d'enseigner l'architecture à la nouvelle Académie des beaux-arts de Saint-Pétersbourg. Il vécut seize ans dans la capitale russe, où il forma une pléiade d'architectes actifs au tournant du siècle. Il revint en France en 1775 et présenta à l'Académie des beaux-arts de Paris sa collection de pierres semi-précieuses (agates, jades, lapis-lazuli) rapportée de Russie. À Paris, puis à Lyon et enfin à Angoulême, où il mourut, Vallin de la Mothe continua à s'occuper des pensionnaires russes en France, comme le prouve sa correspondance conservée aux Archives de Saint-Pétersbourg. En 1793, l'académie de Saint-Pétersbourg, à la suite de l'oukase de Catherine II visant tous les Français à cause de la Révolution, lui retira sa pension de 400 roubles.

À Pétersbourg, Vallin de la Mothe a laissé de nombreuses œuvres : l'Académie des beaux-arts ; l'église catholique Sainte-Catherine et la halle du commerce, sur la perspective Nevski, le pavillon de l'Ermitage, dit Petit Ermitage, attenant au palais d'Hiver ; l'arche dite de la Nouvelle Hollande. Son nom est également associé au quai sur la rive gauche de la Neva qui fut habillé de granit, à la célèbre grille du jardin d'Été, ainsi qu'aux bornes installées sur les routes de Tsarskoïe Selo et de Peterhof. Pour Catherine II, Vallin de la Mothe refit une partie de la décoration intérieure du palais d'Hiver et du palais de Peterhof (salle des Tableaux dite cabinet des Modes et des Grâces, ainsi que deux cabinets chinois).

L'œuvre russe de Vallin de la Mothe reflète fidèlement les tendances artistiques de son époque. Si, dans la distribution et dans la décoration intérieure, il reste toujours attaché à la tradition de l'architecture française de la première moitié du XVIIIe siècle, il fait preuve de beaucoup plus d'originalité et de liberté dans ses façades. Là, on discerne en effet les différents éléments qui animent, en France, la pensée architecturale des années 1750-1760 : la renaissance de l'architecture du Grand Siècle prônée par Jacques-François Blondel, le modèle que constitue l'architecture grecque, le style néo-palladien et enfin le poids de l'architecture romaine, considérée alors comme la rivale de l'architecture française.

Dans la Russie des années 1760, le nouveau goût pour l'architecture classique représenté par Vallin de la Mothe a fait irruption sur le fond du baroque exubérant d'un Rastrelli, produisant un effet de choc radical. Pourtant on reprocha très rapidement à Vallin de la Mothe, au cours des années 1770, de ne pas être assez classique et surtout d'être trop strictement français. Il laissa donc la place à l'architecture internationale d'inspiration romaine représentée par l'Italien Giacomo Quarenghi et par l'Écossais Charles Cameron.

OLGA MEDVEDKOVA

VAN ALEN WILLIAM (1882-1954)

Architecte américain. Simple commis, Van Alen obtient en 1907 une bourse d'études et devient l'élève de Laloux à l'École des beaux-arts de Paris. Installé à New York en 1925, il y construit le Child Restaurant Building (1926), le Reynolds Building (1928) et surtout le Chrysler Building (1929), qui fut momentanément l'immeuble le plus haut du monde. Reconnaissable à sa silhouette effilée, c'est probablement l'édifice américain le plus proche de l'Art déco européen.

FRANÇOIS GRUSON

Bibliographie
J. BURCHARD & A. BUSH-BROWN, *The Architecture of America*, Londres, 1961.

VAN BAURSCHEIT JEAN-PIERRE dit LE JEUNE (1699-1768)

Fils du sculpteur du même nom (1669-1728), Van Baurscheit reçoit d'abord sa formation dans l'atelier de son père : il sera l'auteur, en 1740, d'un Christ en pierre et d'un autel pour la cathédrale d'Anvers, ainsi que des confessionnaux de l'église Saint-Pierre à Turnhout. En 1728, il se consacre à l'architecture (premières œuvres en Zélande à Flessingue et Middelburg). À partir de 1737, il reçoit de nombreuses et importantes commandes pour Anvers : l'hôtel de Fraula (1737), l'hôtel Van Susteren, dit le Palais-Royal (1745), l'hôtel Osterreith (1749), l'hôtel des Monnaies (1750), démoli, l'hôtel *Den Grooten Robijn* (date indéterminée). Ajoutons quelques châteaux et propriétés de campagne (Zorgvliet à Hoboken, s'Gravenwezel) et, en 1740-1744, l'hôtel de ville de Lierre. Cette liste, loin d'être exhaustive, suffit à montrer que Van Baurscheit fut un architecte très sollicité par l'aristocratie et la haute bourgeoisie. Il est le meilleur représentant aux Pays-Bas de l'art rococo, toujours chatoyant, parfois à la limite de la surcharge, comme à l'hôtel Osterreith. Mais il sait aussi s'exprimer avec élégance et sobriété, comme à l'hôtel de ville de Lierre, chef-d'œuvre d'harmonie, d'un classicisme touché de grâce. Signe qui le rattache à la tradition flamande, la travée centrale est toujours ornée d'une entrée monumentale à colonnes et balcon, surmontée d'une lucarne en attique, avec fronton ou grande niche décorée.

JEAN-JACQUES DUTHOY

VANBRUGH sir JOHN (1664-1726)

Personnage déconcertant par la multiplicité de ses activités. Très lié à la haute société anglaise, Vanbrugh œuvra dans le climat de la Restauration du temps de la reine Anne. En étroite collaboration avec Hawksmoor, il poussa à leurs extrêmes conséquences les propositions baroques de l'art de Wren. Sa puissance créative fut à l'origine de majestueuses compositions qui trouvent leur expression dans une suite de palais et de demeures grandioses. En outre, son goût du pittoresque et sa volonté d'interprétation du répertoire médiéval apparaissent comme les prémices d'une sorte de romantisme.

Fils d'un riche industriel d'origine flamande, Vanbrugh reçut une éducation classique et voyagea en France avant d'embrasser la carrière des armes. Officier, il aborda vers 1696 la vie littéraire en écrivant des pièces amusantes et superficielles, inspirées des auteurs français. C'est peut-être le théâtre qui lui donna tardivement l'occasion de s'intéresser à l'architecture. Il fut en effet chargé de la construction de la Queen's Opera House de Haymarket (réalisée en 1705). Mondain et brillant, membre du parti whig et dû Kit-Kat club, il fréquentait la noblesse et la riche bourgeoisie londonienne. Dès sa première œuvre, Goose-Pie House (1699, détruite en 1906), il impose les caractéristiques de son style : importance donnée au cube (module de la composition), traitement vigoureux des masses et du décor, dissonance méditée entre les parties ; formes bizarres que certains critiques jugèrent « monstrueuses ». Vers 1700, lord Carlisle fit appel à lui pour la construction de Castle Howard, Yorkshire (1701-1715), sa plus harmonieuse création. Au centre de la composition se dresse le corps de logis, relié par deux bras arrondis aux ailes plus basses des communs qui se développent autour de cours secondaires. Sur le jardin, le jeu des façades, à l'arrière desquelles se trouve une enfilade de vastes appartements, est beaucoup moins mouvementé. À l'intérieur, le grand hall, avec ses hautes arcades et sa coupole sur pendentifs, évoque l'ordonnance de quelque église romaine. L'ensemble du bâtiment conserve l'équilibre et la gradation du baroque. Grâce à l'appui de Carlisle, Vanbrugh obtint la charge de contrôleur des Travaux du roi. À la même époque, ses attaches politiques avec John Churchill, duc de Marlborough, lui valurent d'être désigné pour la construction de Blenheim, le palais que la reine Anne et la nation avaient donné au général pour la victoire de Höchstädt-Blenheim, remportée sur les troupes françaises. Reprenant le parti de Castle Howard, il déploya de façon magistrale et sur une échelle colossale une demeure où l'on retrouve des échos de la villa palladienne avec ses ailes déployées, de l'ordonnance de la cour d'honneur de Versailles et des brillantes créations élisabéthaines. De lourdes colonnades surbaissées relient le corps de logis principal, qui abrite une suite de grands salons, aux ailes latérales. Ce qui domine, c'est l'interpénétration des volumes (« les masses, en forme de bloc, semblant naître les unes des autres » a écrit E. Kaufmann) et l'étrangeté des superstructures qui confèrent au palais un aspect presque fantastique. En conflit avec Sarah Churchill, duchesse de Marlborough, Vanbrugh dut se retirer en 1711, et ce fut Hawksmoor qui acheva l'immense demeure. De plus, la situation officielle de Vanbrugh subit le contrecoup de la disgrâce du duc de Marlborough. Pour sa propre maison de Blackheath (1717-1718), il donna une austère interprétation de l'art médiéval. Après 1720, il bâtit encore plusieurs châteaux, Eastbury, Seaton Deleval et Grimthorpe, où il mit en œuvre un ordre rustique dorique, proche de celui qu'avait utilisé Salomon de Brosse au palais du Luxembourg à Paris. Seaton Deleval représente l'apogée de la manière de Vanbrugh. Condensé étonnant d'éléments disparates, cet édifice donne l'impression « d'un mouvement rapide arrêté à un moment dramatique ». En 1786, le peintre Reynolds écrit : « Dans les bâtiments de Vanbrugh, qui était poète autant qu'architecte, il y a un déploiement d'imagination plus grand peut-être que chez nul autre. » Ce jugement reflète bien l'impression durable laissée par la sombre magnificence et l'intensité dramatique de cette étonnante architecture que N. Pevsner qualifie de « gothisme baroque ».

MONIQUE MOSSER

VAN CAMPEN JACOB (1595-1657)

Architecte hollandais. Van Campen introduisit en Hollande les ordonnances classiques qu'il avait étudiées à Venise et à Vicence (1615-1621). Le Mauritshuis à La Haye (1633, en collaboration avec Pieter Post) est un édifice très simple à pilastres colossaux et fronton, d'une architecture calme, tirant ses effets non de contrastes plastiques mais de la couleur des matériaux (brique et pierre) et de ses heureuses proportions. L'hôtel de ville d'Amsterdam (1648-1655, aujourd'hui palais royal) montre une application plus ambitieuse des principes classiques (frontons sculptés, deux ordres de pilastres). Grandiose bâtiment, d'un effet austère, témoignage de la puissance de la ville, alors au faîte de sa gloire. Autres œuvres : la maison du Bois de La Haye, belle résidence construite pour la princesse Amélie de Solms (1647, collaboration de Pieter Post, décoration peinte sous la direction de Jordaens) ; nombreuses maisons bourgeoises bordant les canaux d'Amsterdam.

JEAN-JACQUES DUTHOY

VAN DE VELDE HENRY (1863-1957)

L'importance et la diversité de son œuvre construite, comme le nombre et la portée de ses écrits, placent Henry Van de Velde parmi les pères fondateurs du Mouvement moderne.

Né à Anvers en 1863, Henry Van de Velde est d'abord tenté par la musique, avant de se tourner vers la peinture. Il fréquente à Paris l'atelier de Carolus-Duran puis, à son retour en Belgique un an plus tard (1889), intègre le groupe des XX, mouvement artistique belge le plus important de l'époque, influencé par le néo-impressionnisme français ; la découverte de l'œuvre de Georges Seurat sera décisive pour Van de Velde, bien que certains de ses travaux se rapprochent plutôt des œuvres du mouvement nabi (*La Veillée d'anges*, 1893, Museum Bellerive, Zurich). Préoccupé par la laideur dont souffre selon lui la production artistique et artisanale de son temps, il entame à Anvers une longue carrière d'enseignant, avec un « cours d'histoire des métiers d'art et de dessin appliqué à la technique des différents métiers ». Van de Velde publie également son premier texte important, *Déblaiement d'art*, incantation qui ne cache pas sa dette envers John Ruskin : il y prône le retour à la morale et à l'unité des arts, qu'il met lui-même en pratique en s'adonnant au travail de la reliure, puis du mobilier et de l'architecture. Deux ans après la construction de l'hôtel Tassel par Victor Horta, Van de Velde édifie à Bruxelles sa propre demeure, le « Bloemenwerf » (1864-1895), dont les formes et la sobriété témoignent davantage de son intérêt pour l'art anglais que d'un ralliement en bloc à l'Art nouveau. Pour la première fois, Van de Velde concrétise la synthèse des arts qu'il appelait de ses vœux. Dans le même temps, il ouvre à Ixelles un atelier de décoration intérieure et acquiert une réputation internationale en concevant des salles d'exposition, chez le marchand d'art Bing à Paris (1895), ou à La Haye, pour la galerie Arts and Crafts (1898).

Sa recherche d'un « ornement rationnel » le conduit ensuite, sous l'impulsion du critique d'art allemand Julius Meier-Graefe, à Berlin puis à Weimar, où il réalise plusieurs aménagements importants tout en participant à l'exposition de la Sécession de Munich. L'aménagement intérieur du musée K.-E. Osthaus à Hagen (1902) compte parmi les exemples les plus remarquables de cette période féconde. Nommé conseiller près la cour de Saxe-Weimar, Van de Velde a la charge de relever le niveau artistique du grand-duché ; à travers un enseignement théorique et pratique doublé d'un contrôle de la qualité des œuvres, son action vise à réconcilier art et industrie dans un esprit qui annonce le Bauhaus. Parmi la quinzaine de villas qu'il construit ou aménage entre 1900 et 1914, la maison Leuring à Scheveningen (1901-1904) marque le passage de Van de Velde de l'Art nouveau à des compositions plus géométriques (villa H. Esche à Chemnitz, 1902-1911) ; en revanche, le plan centré demeure son dispositif privilégié. Cette nouvelle manière est encore perceptible dans les deux écoles fondées et construites par Van de Velde à Weimar, la Kunstschule et la Kunstgewerbeschule (1904-1911), et dans la façade du Nietzsche Archiv (1903). Ses projets de musées pour Weimar témoignent dans le même temps de son goût pour la mise en scène des œuvres d'art, ce qui n'empêche pas un patient travail axé sur la façade, qu'il traite de façon monumentale et très homogène à la fois.

C'est toutefois dans le domaine de l'architecture théâtrale que le rôle historique de Van de Velde est le plus sensible ; paradoxalement, c'est également celui où l'architecte connaîtra les échecs les plus cuisants de sa carrière. Son projet pour le théâtre Louise Dumont à Weimar (1903-1904), dont la façade arrondie trahit l'influence de Gottfried Semper, sera finalement réalisé par deux autres architectes, Heilmann et Littmann, en 1908. Van de

Velde y avait notamment prévu une scène tripartite, dispositif scénique dont il revendiquera toujours, mais à tort, la paternité. Invité en 1910 à modifier les plans de Roger Bouvard pour le théâtre des Champs-Élysées à Paris, il se voit rapidement dessaisi du projet par les entrepreneurs auxquels il avait fait appel : en assurant la construction du théâtre en béton armé – Van de Velde avait d'abord songé à une structure métallique –, Auguste et Gustave Perret s'approprient en effet la totalité d'une œuvre dont la façade est encore marquée du sceau de leur confrère belge. Artiste plus que constructeur, Van de Velde est, ici, en partie victime de sa faible formation technique. L'affaire du théâtre des Champs-Élysées suscitera une vive polémique jusqu'en 1914, attisée après la guerre par un nouveau différend : en 1925, Van de Velde accuse les frères Perret de lui avoir pris, pour le théâtre de l'Exposition des Arts décoratifs de Paris, la scène tripartite du théâtre de l'Exposition du Deutsche Werkbund à Cologne (1913-1914), l'œuvre la plus aboutie de sa période allemande. Cette construction éphémère avait été l'occasion pour lui non seulement de mettre à l'épreuve un plan qu'il projetait depuis dix ans, mais encore de procéder à une recherche esthétique qui annonçait l'architecture expressionniste d'Erich Mendelsohn. Au terme d'une décennie particulièrement riche en publications, Van de Velde prendra violemment position contre la standardisation des œuvres d'art, prônée par l'architecte allemand Hermann Muthesius.

Après un passage en Suisse pendant la guerre, Van de Velde s'installe en 1920 à La Haye, où il travaille plusieurs années pour la famille Kröller-Müller. Le projet (non réalisé) de musée d'art moderne sur le site d'Hoenderloo (1921-1929) le conduit à développer sa pensée sur la monumentalité, les lois de composition et l'intégration du bâtiment dans son environnement. Van de Velde construit plusieurs édifices industriels et administratifs aux Pays-Bas, tout en s'essayant à la construction préfabriquée (maison « De Tent » à Wassenaar, 1920-1921). À son retour en Belgique, en 1926, il est invité à fonder l'Institut supérieur des Arts décoratifs, installé dans l'abbaye de La Cambre à Bruxelles. Jusqu'à sa mort en 1957, cette institution sera le lieu d'un constant débat sur l'architecture et son enseignement. Les villas qu'il construit à cette époque, notamment la sienne à Tervuren (1927-1928), affichent une grande sobriété de lignes et de volumes ; cette simplification du langage se confirme avec la bibliothèque de l'Institut d'histoire de l'art de l'université de Gand (1932-1936), qui apparaît à cet égard comme un aboutissement. Il en est de même du musée Kröller-Müller d'Otterlo (1936-1938) où Van de Velde, bien loin de son projet pour Hoenderloo, renonce désormais à tout effet de monumentalité au profit d'une savante présentation des œuvres. Les pavillons de la Belgique aux Expositions internationales de Paris (1937) et New York (1939) sont les deux derniers témoignages de cette période.

Entre 1935 et 1943, Van de Velde est chargé de contrôler l'esthétique des constructions de la Société nationale des chemins de fer, puis est nommé conseiller général pour l'architecture en vue de la reconstruction de la Belgique, fonction qu'il occupe de 1940 à 1943. Il se retire en Suisse et, à partir de 1948, rédige ses mémoires. Inachevé à sa mort, en 1957, ce texte demeure – nonobstant son caractère inévitablement partisan – l'un des plus précieux témoignages laissés par un architecte sur son travail et sur son époque.

Henry Van de Velde laisse derrière lui une œuvre considérable, dont les qualités plastiques ne laissent pas de fasciner. Référence pour des générations d'architectes, cet artiste a pourtant douloureusement vécu la transition d'un temps propice à l'œuvre d'art totale vers celui d'une incontournable maîtrise technique de la construction.

SIMON TEXIER

Bibliographie
L. PLOGAERTS & P. PUTEMANS, *L'Œuvre architecturale de Henry Van de Velde*, Payot, Paris, Atelier Vokaer, Bruxelles, Presses de l'université de Laval, Québec, 1987 / K. J. SEMBACH, *Henry Van de Velde*, Hazan, Paris, 1990 / H. VAN DE VELDE, *Récit de ma vie* (texte établi et commenté par Anne Van Loo, avec la collaboration de Fabrice Van de Kerckhove), t. I (1863-1900) et t. II (1900-1917, introduction de François Loyer), Versa, Bruxelles, Flammarion, Paris, 1992 et 1995.

VAN DOESBURG CHRISTIAN EMIL MARIE KÜPPER dit THEO (1883-1931)

Peintre originaire d'Utrecht, Van Doesburg termine ses études à l'académie de sa ville natale en 1889. Il s'attache aussitôt à une réflexion sur les problèmes de l'art contemporain, les sources, la signification, la portée des recherches dont il est témoin (cubisme, futurisme), réflexion qui fait l'objet d'articles critiques publiés, à partir de 1912, dans différents périodiques hollandais. La question des rapports entre la peinture comme phénomène dynamique et l'architecture comme phénomène spatial le conduit à entrer en rapport avec les architectes Oud et Wils en 1916, année où il fonde le groupe De Sphinx. L'année suivante, il participe avec Mondrian (qui vient de renoncer à toute figuration en spéculant sur la représentation de rythmes par la mise en œuvre de plans colorés et de tensions linéaires) et Oud à la fondation du groupe et de la revue *De Stijl*, dont il élaborera le programme en étroite communauté d'idées avec Mondrian. À ce titre, il a apporté une contribution fondamentale à la rédaction des manifestes du Stijl. Pour lui, face à la « confusion archaïque » entretenue par la persistance du « baroque moderne » (séquelles du modern style), la seule pensée capable d'élaborer une forme nouvelle « significative du développement de la conscience humaine » est la pensée plastique, laquelle est considérée comme activité essentielle, autonome, indépendante de toute contingence politique, philosophique, juridique, religieuse. Il importe dès lors de se soustraire aux illusions que la nature entretient, d'échapper aux relations homme-nature pour dégager, à partir d'un principe esthétique élémentaire — le contraste —, les relations plastiques élémentaires auxquelles le monde est assujetti. Centrées sur l'expérience intérieure, les formes engendrées selon cette naïve métaphysique seront, de même que les matériaux produits par la technologie moderne, dénaturalisées, donc « privées une fois pour toutes du pittoresque des formes anciennes ». Elles sont censées déboucher naturellement sur une nouvelle conception de la vie et de l'art, étant entendu que, frontispice du mouvement, « le but de la nature, c'est l'homme, et le but de l'homme, c'est le style ». Ces propositions théoriques sont de toute évidence l'émanation d'un idéalisme subjectif lié à une culture esthétisante de tradition bourgeoise. Elles font l'objet d'un traité qui rassemble l'essentiel des exposés faits en 1922, par Van Doesburg au Bauhaus et publiés sous le titre *Principes fondamentaux de l'art nouveau* (*Grundbegriffe der neuen gestaltenden Kunst*, 1924). Elles se traduisent dans une volonté de synthèse opérationnelle entre la peinture (pure) et l'architecture (froide), vouée à une stricte plasticité (jeu spatial), illustrée par la décoration de l'Aubette à Strasbourg (1927, détruite ; le ciné-dancing a été reconstitué de 1990 à 1994), incarnation de la « forme-esprit » dépersonnalisée et prétendue universelle selon le *Manifeste de l'élémentarisme* rédigé par Van Doesburg en 1926. Il reste à interroger, à découvrir la motivation profonde de l'intérêt surprenant porté, dès 1922, par cet adepte de l'ordre, de l'équilibre, de la pureté, de la rigueur, de l'absolu plastique, aux activités contestataires, déconstructivistes, anarchiques du mouvement dada. Le mécanisme de cette contradiction demande toujours a être démonté.

ROBERT-L. DELEVOY

VAN EESTEREN CORNELIS (1897-1988)

Architecte-urbaniste hollandais, théoricien et praticien du mouvement rationaliste et fonctionnaliste orienté par le groupe et la revue *De Stijl*, Van Eesteren a apporté une contribution substantielle à l'élaboration d'une nouvelle codification de l'architecture (déterminations planimétriques rigoureusement orthogonales, logique structurale fondée sur des articulations de plans droits, dénotation spatiale déléguée à l'interpénétration de dalles planes — cloisons, planchers, plafonds —, signes colorés d'accentuation). Sa rencontre avec Van Doesburg en 1922 marque le début d'une étroite collaboration sanctionnée par l'adhésion au Stijl en 1923 et la rédaction en commun du cinquième manifeste du Stijl en faveur du travail d'équipe et de la réalisation conséquente d'œuvres collectives, l'architecture étant considérée comme phénomène unitaire, résultat de l'interférence de la technique, de l'industrie et de tous les arts. Il s'ensuit, en particulier, que l'incorporation entière de l'activité picturale à l'architecture doit entraîner la disparition du tableau de chevalet. « Nous devons comprendre que l'art et la vie ne sont plus des domaines séparés, écrivent-ils [...]. Notre époque est l'ennemie de chaque spéculation subjective en art, science, technique, etc. L'esprit nouveau qui gouverne déjà presque toute la vie moderne est contre la spontanéité (le lyrisme), contre la domination de la nature [...]. Pour construire une chose nouvelle nous avons besoin d'une méthode, c'est-à-dire d'un système objectif. Si on découvre, dans différentes choses, les mêmes qualités, on a trouvé une échelle objective. Une des lois fondamentales et fixes est, par exemple, que le constructeur moderne rend visible le rapport des qualités et non le rapport des choses en elles-mêmes » (*De Stijl*, n° 6). Dès lors, une nouvelle attitude est adoptée par les militants du Stijl. Elle implique, au niveau de l'architecture, une approche méthodologique basée sur l'établissement de relations spatiales qui expriment la volonté de faire passer l'analyse théorique dans la réalité figurale. Sensible au purisme, à l'austérité, à l'économie linéaire et chromatique, au découpage et au champ iconique illimité du constructivime russe (révélé aux membres du Stijl par l'intervention de Malevitch au Bauhaus en 1926-1927), il tente d'associer l'objet bâti (selon l'ordre réclamé par l'orthodoxie fonctionnaliste) à des partis d'ensemble où la priorité est attribuée à la plastique (volumes simples, angles droits, plans contrastés, relations des volumes et des surfaces), le tissu urbain étant engendré par la répartition des espaces libres et des volumes plus ou moins modulés en hauteur selon un rythme rigoureusement *préconçu*.

Voilà comment, pour avoir voulu dominer la croissance chaotique de la ville moderne, l'urbanisme se fige à un niveau artificiel, en marge des réalités sociales immédiates, comme phénomène conditionné d'abord par des visées esthétiques et non comme système biologique. Il est vrai que la « dénaturalisation » est l'un des objectifs fondamentaux du Stijl. « L'intelligence construit et se substitue au sentiment », devait écrire un jour Van Eesteren. Il était dès lors dans l'ordre normal des choses de voir l'associé de Van Doesburg participer en 1928, au château de La Sarraz (Suisse), avec ses compatriotes Rietveld, Oud et Stam, à la fondation des Congrès internationaux d'architecture moderne (C.I.A.M.), initiative téléguidée par Le Corbusier, et, a fortiori, de le voir élevé à la présidence de ces mêmes Congrès en 1930. C'est en s'inspirant des principes idéalistes, fonctionnalistes et technocratiques adoptés par les C.I.A.M. et codifiés en 1933 par la Charte d'Athènes (toujours sous l'inspiration de Le Corbusier) que Van Eesteren a établi et publié en 1934 l'essentiel de son activité théorique dans *Principes du développement urbain d'Amsterdam*, ville à laquelle il est attaché comme architecte-urbaniste depuis 1929 et dont il assumera la direction du Département d'urbanisme de 1952 à 1959. C'est pour Amsterdam que Van Eesteren conçut en 1936 un plan d'aménagement où retentissent les options plastiques prises dès 1925 dans un projet de rénovation de la grande artère berlinoise Unter den Linden.

ROBERT-L. DELEVOY

VAN EYCK ALDO (1918-1999)

Aldo Van Eyck a joué un rôle hors du commun sur la scène architecturale. Esprit libre et curieux, il a renouvelé les formes de son architecture pendant plus d'un demi-siècle, en restant fidèle à quelques principes : engagement social, attention portée à l'usager, tiers-mondisme, refus de l'académisme et de la hiérarchie. « Baba cool » avant la lettre, il a préfiguré l'utopie convivialo-proliférante des années 1970 en Europe.

Aldo Van Eyck est né à Driebergen aux Pays-Bas ; il passe son enfance en Angleterre, puis revient dans son pays natal en 1935. Il étudie l'architecture à La Haye, puis en Suisse à Zurich, au début des années 1940, et voyage en Afrique du Nord. Il s'intéressera toute sa vie à l'architecture sans architectes, celle des villages Dogons, des pueblos précolombiens ou des bidonvilles péruviens. En 1945, il s'installe à Amsterdam, et travaille à l'atelier public d'architecture, où il se spécialise dans les aires de jeu : il côtoie alors le mouvement Cobra et les situationnistes. Membre de Team X, il joue un rôle majeur dans la remise en cause de la *doxa* moderne et dans la dissolution des congrès internationaux d'architecture moderne (C.I.A.M.), notamment par ses articles dans la revue *Dutch Forum* au début des années 1960. Van Eyck est d'abord installateur d'expositions. Il participe dans les années 1950 à la création d'un village de polder à Nagele, pour lequel il dessine le plan-masse et construit trois écoles. La critique internationale a voulu y voir les prémices d'une architecture « structuraliste ». On pourrait aussi bien évoquer la tradition social-démocrate de l'entre-deux-guerres, et l'influence de Piet Mondrian ou de Bart Van der Leck.

En 1955, Van Eyck obtient la commande qui fera de lui une star internationale, le nouvel orphelinat municipal d'Amsterdam auquel il travaillera jusqu'en 1960. Il le rénovera en 1990, pour en faire une école d'architecture. Ce bâtiment marque une rupture radicale avec l'image institutionnelle de l'enfance malheureuse : il est formé par l'agglutinement de centaines de petits dômes et d'une dizaine de coupoles autour de patios et de cours intérieures. L'influence des casbahs algériennes est aussi évidente dans ce bâtiment que celle des maisons Jaoul du Corbusier. Van Eyck pensait y avoir mis en œuvre les concepts de « relativité architectonique » et de « réciprocité », « qui font de chaque maison une petite ville et de chaque ville une grande maison ». Chef-d'œuvre de réflexion constructive, l'orphelinat forme un ensemble à la fois clair et non hiérarchique. Ce souk organisé a été admiré et imité dans tous les pays occidentaux. Mais entre les mains d'architectes moins talentueux il a donné toute une série de crèches, d'écoles primaires et de centres sociaux proliférants, dont la convivialité supposée cache mal la pauvreté formelle.

De 1973 à 1980, Van Eyck se consacre à La Haye à une autre œuvre « sociale » marquante, le foyer Hubertus pour mères célibataires. Un demi-siècle après la création de la cité-refuge de l'Armée du salut à Paris par Le Corbusier, Van Eyck donnait aux « filles déchues » et à leur progéniture un foyer digne et gai, même si une certaine naïveté n'est pas absente du projet : le living des bambins figure en plan un ventre de femme enceinte. Très actif sur la scène architecturale « alternative », il participe à la reconstruction du quartier Nieuwmarkt d'Amsterdam, en collaboration avec Théo Bosch. Hamie Van Rojen, l'épouse de Van Eyck, joue ensuite un rôle actif dans l'agence : le couple réalise le siège de l'Agence spatiale européenne à Noordwijk (1989) et la clinique psychiatrique Padua de Boekelo. Aldo Van Eyck a relativement peu construit et n'a pas laissé d'œuvre théorique organisée, encore qu'il ait beaucoup écrit. Architecte inclassable, il est sans doute le premier de sa génération à avoir développé une critique « de gauche » de la modernité canonique et du progressisme technologique, à s'intéresser aux cultures dites primitives et au vernaculaire européen, à exiger non seulement une bonne qualité architecturale, mais aussi « une quantité suffisante de cette qualité ». Comment oublier celui qui s'exclamait : « Ma couleur favorite, c'est l'arc-en-ciel ! »

JEAN CLAUDE GARCIAS

Bibliographie

F. STRAUVEN, *Aldo Van Eyck, The Shape of Relativity*, Amsterdam, 1998 / V. LIGTELYN, *Aldo Van Eyck, Projects 1944-1998*, Bâle, 1999.

VANVITELLI LUIGI (1700-1773)

Fils de Gaspard van Wittel, peintre hollandais fixé en Italie (d'où l'italianisation de leur nom), Luigi Vanvitelli se destine d'abord à la peinture. On connaît de lui des fresques dans l'abside de l'église du Suffragio à Viterbe, à Rome, et dans la chapelle des reliques à Santa Cecilia in Trastevere, un tableau à l'huile dans la même chapelle, des cartons pour des mosaïques de Saint-Pierre. Il fait ensuite des études d'architecture sous la direction de Juvara. Ses projets, non primés, pour le concours de la façade de Saint-Jean-de-Latran et pour la fontaine de Trevi le font remarquer du pape, qui le nomme en 1726 architecte de la fabrique de Saint-Pierre avec Antonio Valeri. Il occupe seul le poste à partir de 1736. Le pape l'envoie alors dans les Marches où il construit le lazaret d'Ancône, puis, en collaboration avec Francesco Barigioni, les églises de San Domenico et San Francesco à Urbin.

Ayant acquis une grande réputation d'habileté technique, il est appelé par Charles III de Bourbon à Naples, où il reçoit le titre de premier architecte du roi. Il construit l'église de l'Annunziata, celle de la Madeleine et exécute divers travaux d'ingénieur (aqueduc et ponts) ; il est, enfin, chargé d'élever à Caserte un palais qui puisse rivaliser avec le château de Versailles. Les travaux, inachevés à sa mort, seront menés ensuite par son fils Carlo (1739-1821), qui poursuit l'aménagement du parc dont il anime les longues perspectives par une suite de fontaines, cascades et jeux d'eau. Mais les ambitieux projets de Luigi Vanvitelli ne furent qu'en partie réalisés : il avait prévu, en effet, devant la façade, des ailes incurvées qui n'ont jamais vu le jour.

Dans cet œuvre abondant, Vanvitelli se révèle un précurseur du néo-classicisme. Il se dégage des règles du style baroque pratiqué par Juvara, mais ne suit pas une ligne d'évolution continue : on le sent constamment tendu entre le désir du dépouillement et le goût des décors exubérants.

RENÉE PLOUIN

VASARI GIORGIO (1511-1574)

Vasari donne, comme certaines figures fortes de la Renaissance, l'impression d'avoir vécu plusieurs existences à la fois. Il est le fondateur de l'histoire de l'art ; son ouvrage extraordinaire et novateur de 1550, les *Vite*, a connu un succès tellement retentissant qu'une seconde édition a été nécessaire en 1568, mais on ne voit pas que Vasari ait jamais sacrifié à l'érudition une seule commande. Son activité de peintre, d'architecte, puis, après 1553, de « directeur des Beaux-Arts » du grand-duché de Toscane, a été soutenue, ambitieuse et brillante. Interprète insurpassable d'une grande époque, il est aussi l'artiste officiel type : sous ces deux aspects, il est intimement lié à l'« âge des académies » qui clôt la Renaissance.

❦

Un artiste officiel

Né à Arezzo, fils d'artisan et petit-fils d'un potier (d'où son nom), Lazzaro Vasari – auquel il consacrera une intéressante biographie –, Giorgio Vasari fut élève de Rosso et de Bandinelli ; il reçut aussi des leçons du maître verrier français Guillaume de Marcillat. Mais son désir de faire carrière le pousse à copier les œuvres des maîtres à Florence puis à Rome, où il se rend dès 1531. Il recherche les hautes protections, celle d'Ottaviano dei Medici (en 1532), ce qui le lie au milieu médicéen, puis celle du banquier Altoviti, pour qui il peint la *pala* de l'*Immaculée Conception* (église des Saints-Apôtres, Florence, 1540-1541) ; cet ouvrage est comme la démonstration calculée du nouveau style syncrétique, la version vasarienne de la *maniera*. Dans une seconde période, il partage son activité entre Venise (1541-1542), Rome (1542-1546), Naples (1545-1546). À Venise, où il a été invité par son compatriote l'Arétin pour le décor d'une comédie (la *Talanta*), il ne réussit pas à imposer les modèles de l'Italie centrale. À Rome, il entre dans le cercle de Paul III Farnèse et est amené à peindre le fameux décor de la salle des fastes Farnèse à la Chancellerie (1546), réalisé en cent jours et vite célèbre. À Naples, il se présente en initiateur du style moderne, au réfectoire et à l'église de Monte Oliveto, mais sans succès notable. À la fin de 1546, Vasari revient à Florence où il vivra désormais, mais avec des séjours à Rimini (*Adoration des Mages*, 1548), à Arezzo, où il élève l'église de la Badia (vers 1550), et de nouveau à Rome, où il cherche obstinément la faveur du pontife Jules III.

En 1553, sa carrière prend une tournure définitive avec l'avènement du grand-duc Cosme de Médicis : il va être l'impresario artistique de la nouvelle cour. Il s'occupe en détail des funérailles solennelles de Michel-Ange (1564). Il dessine des décors pour les noces de François de Médicis et Jeanne d'Autriche, avec la fameuse *Mascarade de la généalogie des dieux* (mars 1565), dont il publie le livret. Il veille au nouvel aménagement du Palais-Vieux, dirige et réalise avec de nombreux aides les cycles peints de chaque étage (1555-1571), dont il donnera le commentaire détaillé dans les *Ragionamenti* (écrits entre 1557 et 1567, parus en 1588) où il souligne son intention de montrer des *esempi e gesti grandi* dans les scènes allégoriques et historiques du salon des Cinq-Cents et les autres grandes salles ; dans les *stanze* d'Éléonore de Tolède, il a recherché au contraire des effets mineurs d'ingéniosité descriptive, par opposition à cet art de célébration. Il peint de nombreux tableaux d'autel, toujours dans un style complexe et chargé. Il élève le palais des Cavalieri di San Stefano à Pise (1558) et entreprend à partir de 1560 la construction du palais de l'administration grand-ducale avec la galerie étroite et profonde des Offices dont la façade mince en écran sur l'Arno fait un chef-d'œuvre du maniérisme architectural. Entre-temps, il aménage son palais à Florence, près de Santa Croce, pour lequel il prévoyait des scènes de la vie d'Apelle accompagnées des portraits des plus illustres peintres anciens et modernes, et sa maison d'Arezzo avec un décor plus personnel.

Les *Vite* ont été conçues et réalisées comme une épopée de l'art toscan, à travers trois siècles prodigieusement actifs. L'ouvrage, qui venait bien à son heure, assura à Vasari une autorité qui explique son rôle dans la création, avec B. Varchi, de l'Academia del disegno (1562), chargée de définir la doctrine officielle ; comme il apparaît dans ce titre même, le dessin est exalté en tant que principe central de l'art et même en accord avec une certaine philosophie de l'« idée », de l'activité intellectuelle tout entière. Dans ses dernières années, Vasari, comblé d'honneurs et devenu une personnalité marquante – dont son autoportrait de « prestige » (Offices) rend assez bien compte –, accorde un peu de temps à la refonte de ses *Vite*. Il entreprend en 1566 un voyage en Italie du Nord, qui le ramène à Venise, où il rend visite à Titien ; manifestement, il complète sa documentation pour la seconde édition qui paraît en 1568. Mais il se rend à Rome, où Pie V lui fait l'honneur de lui confier le décor et les *pale* des chapelles et de la Sala regia au Vatican (1571-1573), non loin de la chapelle Pauline de Michel-Ange. Vasari avait encore prévu un *libro* sur les antiquités et un dialogue avec Michel-Ange, mais il meurt à Florence.

Vasari a évidemment contribué par ses initiatives multiples et ses voyages à la diffusion de la *maniera* dans toute l'Italie ; il n'a cessé de l'enrichir et de l'assouplir en faisant appel à des peintres comme Salviati, ou à des collaborateurs qui prolongeront son style comme Zucchi, et qui sont souvent des artistes du nord de l'Europe comme Stradano. Il a eu une conscience peut-être trop flatteuse de ses moyens et de ses réalisations : la seconde édition des *Vite* comporte une longue *Descrizione delle opere di Giorgio Vasari*, que complètent de nombreux passages des biographies de Signorelli, Salviati, Tribolo, où l'auteur, moins timide qu'en 1550, n'hésite plus à se mettre en avant. Mais Vasari a contribué d'une manière décisive à hausser la profession d'artiste au niveau de celle des gens de lettres ; pour lui, l'idéal du peintre est de répondre aux besoins de l'époque et d'en être récompensé par le succès. Il a mis ses dons de dessinateur rapide et de compilateur plastique au service des puissances, c'est-à-dire de l'Église de la Contre-Réforme, où les thèmes doctrinaux sont plus élaborés, et du nouvel État toscan, fondé sur la glorification des Médicis. Il en est résulté des cycles entiers d'allégories démesurément flatteuses, à Rome et à Florence, où il y a autant d'artifice dans le style que dans les thèmes. Mais le génie entreprenant de Vasari a permis l'élaboration d'un ouvrage historique, qu'il croyait être le simple complément de son activité professionnelle et de la doctrine académique, mais qui les dépasse singulièrement l'une et l'autre, tout en subissant certaines limitations du fait qu'il leur reste fatalement lié.

Les « Vite »

La publication des *Vite de' più eccellenti pittori, scultori e architetti*, en un volume, aux éditions Torrigiani eut, semble-t-il, un effet de surprise. Vasari en a rapporté l'origine aux entretiens de 1545-1546 autour du cardinal Farnèse, avec Paul Jove et les humanistes romains. Mais il recueillait déjà depuis une quinzaine d'années des *ricordi* et *scritti* sur les artistes, qu'il put organiser en une *ordinata notizia* en 1547, avant la révision de 1548 et la remise à l'éditeur du *libro* en 1549. Vasari eut naturellement recours à des informateurs, comme Borghini dont il cita de longs extraits sur les Lombards du Moyen Âge, et à des réviseurs, comme le Romain A. Caro. La seconde édition, prévue dès 1562, fut en fait un remaniement complet de l'ouvrage qui parut aux éditions Giunti en trois volumes, avec un bois gravé en tête de chaque *vita*. En 1550, Vasari avait fait diligence pour réaliser un projet qui était dans l'air et devancé ses concurrents, florentin, comme l'anonyme Magliabecchiano, vénitien, comme M. A. Michiel, et romain : Paul Jove lui-même. L'ampleur de la conception, la sûreté de l'exposé étaient extraordinaires ; mais ce qui force aussi l'admiration, c'est le travail de correction, d'enrichissement et de critique accompli pour l'édition de 1568. Par l'originalité de la première présentation et par l'intelligence de la seconde, l'ouvrage de Vasari commande toujours largement notre connaissance de la Renaissance en Italie.

L'édition de 1550 : le primat toscan

Il s'agissait de réaliser à la fois une mise en valeur des artistes de l'Italie, en fonction d'une perspective historique fournie par la continuité toscane, et d'une démonstration de la dignité culturelle des arts plastiques et du bien-fondé de la *maniera* moderne. Le premier dessein entraînait une enquête sur les personnalités – célèbres ou non –, qui n'était qu'imparfaitement préparée par les auteurs de répertoires existant déjà. L'idée maîtresse de Vasari a été de combiner trois éléments de la littérature artistique naissante et de les multiplier en quelque sorte les uns par les autres : l'histoire des individus sur le modèle des « listes » d'hommes illustres ; le catalogue des œuvres, dont des recueils topographiques avaient esquissé le recensement, comme celui du chanoine Albertini pour Rome et Florence ; il y avait enfin une masse d'anecdotes, de bons mots, de traits légendaires, qui faisaient partie de la littérature toscane, avec des témoins aussi éclatants que Dante ou Boccace, ou, à une époque plus proche, Politien. Grâce à son talent de narrateur, Vasari a été capable de bâtir des récits continus où l'originalité des personnalités est restituée en une galerie de caractères et de types, et où l'énumération monotone des œuvres est animée soit par des descriptions (sur le type des *ekphrasis* antiques, soigneusement élaborés), soit par des historiettes piquantes ou cocasses. On a, naturellement, beaucoup épilogué sur la véracité de Vasari, en examinant ses sources et les documents. Il faut aussi tenir compte du cadre littéraire, qui commande l'organisation de chaque biographie, avec la mise en valeur des singularités individuelles, chère aux Italiens. Ce cadre est toujours significatif : la biographie de Giotto – partiellement élaborée à partir de la mention de l'artiste par Dante (*Purgatoire*, XI) –, celle du nonchalant Botticelli, celle du romantique Giorgione n'ont pas seulement compté par leur valeur informative, mais aussi par la force de leur mise en scène.

La première édition contenait près de cent cinquante biographies, groupées en trois grandes sections. La seconde édition en comptera cent quatre-vingt-dix-huit. Après une remarquable introduction sur les techniques, proprement irremplaçable par son caractère concret, Vasari a disposé les biographies selon un ordre qui fait de chacune une pièce de l'ensemble. Cet ordre est explicité par trois paliers correspondant à une étape nécessaire : 1. XIIIe et XIVe siècle, émancipation ; 2. XVe siècle, maturation, 3. XVIe siècle, perfection de la *maniera moderna*. La structure générale de l'ouvrage doit donc rendre intelligible le développement de l'art depuis le XIIIe siècle. Sur le modèle d'une vieille théorie cyclique est ainsi explicité le schéma historique de la Renaissance et la suite des *Vies* peut et doit se lire à ce niveau comme le déploiement d'un système reposant sur des jugements critiques et s'enchaînant dans un sens positif. À chaque étape est saisi un aspect nouveau de l'art par rapport à la nature : la plasticité (Giotto), l'organisation de l'espace (Masaccio), la souplesse des formes (Léonard) conduisant à la plénitude du style (Michel-Ange). À ce point final et à celui-là seulement, l'intuition du vrai et l'étude se fondent, le principe de naturalisme intégral se conjugue avec la connaissance rigoureuse de l'antique. Pour les prédécesseurs, la plupart des appréciations sont celles qui avaient cours dans le milieu florentin et plus précisément dans le cercle de Michel-Ange (médiocrité du Pérugin, insuffisance du dessin chez Titien, etc.). Ainsi, un maximum de rigueur doctrinale a pu être combiné avec un maximum d'information concrète et d'évocation historique. Le recueil des *Vite* est remarquable à la fois par son apport exceptionnel de renseignements de tous ordres, et par sa valeur documentaire tant pour la mentalité toscane que pour la pensée académique vers le milieu du siècle.

L'édition de 1568 : amplifications et retouches

L'édition de 1550 s'achevait sur la biographie de Michel-Ange, sommet et conclusion de l'évolution. Il fallut modifier cette disposition en 1568, d'abord en ajoutant la mention *di molti nobili artefici che sono vivi*, c'est-à-dire en admettant que l'histoire continue après la mort de Michel-Ange (1564) : d'où l'addition de Primatice, de Titien, de Sansovino (par exception, une édition séparée de la vie de ce dernier fut donnée à Venise en 1570), et de divers groupes d'artistes italiens et septentrionaux. La conclusion appartient maintenant aux *accademici* et, après eux, à la *Descrizione delle opere* de Vasari lui-même. La position qu'occupe l'autobiographie est significative de sa nouvelle situation, où il apparaît comme porteur de la *maniera* postérieure à l'art des maîtres.

Mais l'ébranlement le plus grave de l'édifice doctrinal était venu de Venise. Les ouvrages polémiques s'y multipliaient contre la thèse vasarienne du primat toscan, du principe universel du *disegno* et de l'unicité du goût. Le dialogue de Pino (1548) opposait à l'art de Michel-Ange les solutions de Raphaël et surtout de Titien ; celui de Dolce (1557) accentua encore plus vivement la défense de la couleur et de la fantaisie. Le texte de 1568 porte des traces intéressantes de ces contestations. La longue *Vie de Titien* fut précédée d'une brève introduction sur l'erreur de ceux qui, après Giorgione, ont prétendu que *il dipignere solo con i colori stessi, senz' altro studio di disegnare in carta, fosse il vero e miglior modo di fare* (« peindre avec les seules couleurs, sans s'appliquer en rien à dessiner sur la feuille, est la véritable et la meilleure façon de procéder »). Mais Vasari admet finalement la pluralité des goûts en acceptant l'irréductibilité des génies. L'équilibre du système des arts tend à un certain relativisme. En même temps, l'intérêt pour les personnalités historiques est accentué par l'introduction de portraits gravés en tête de la plupart des *Vite*. Ce fut pour Vasari l'occasion d'une recherche originale, à partir des fresques ou tableaux où l'on pouvait repérer des autoportraits.

Le même sens de l'originalité irréductible des individus se marquait depuis longtemps par le souci de Vasari de recueillir des échantillons de dessins ; son *Libro dei disegni* comprenait cinq gros portefeuilles, où les feuilles étaient groupées et encadrées, avec un sens intéressant des compatibilités historiques ; il était devenu l'accompagnement et, en un sens, l'illustration concrète du grand ouvrage. Ce trait de collectionneur achève de constituer, dans ses dimensions modernes, la figure de l'historien.

La première histoire de l'art

L'importance de Vasari dans l'histoire de la littérature italienne comme dans l'historiographie moderne est immense. Il y a chez lui une aisance dans le discours qui explique la popularité de son ouvrage. En fait, son style présente une intéressante diversité et offre plusieurs facettes ; il passe du ton vif et charmant des conteurs florentins, comme dans la *Vie de Buffalmaco*, à des descriptions très apprêtées d'œuvres célèbres, où il fait montre de plus de prétention littéraire, et à des développements philosophiques touchant des points de théorie (importance du dessin, légitimité du « nu », etc.) ou de morale (fâcheux effets de l'ambition, dans la *Vie de Pérugin*, faiblesse de caractère d'Andrea del Sarto, etc.).

C'est toute la « comédie » de l'art qu'il restitue, en même temps qu'il en éclaire le rôle central dans la civilisation moderne. Sa complexité même invite à rapprocher de la situation culturelle et artistique du maniérisme certains traits de la démarche historique de Vasari : d'une part le culte des maîtres, dont on enregistre passionnément les moindres gestes, dont on scrute soigneusement les relations avec les autorités politiques et religieuses, d'autre part l'attention aux *minores*, aux septentrionaux, à la variété naturelle des goûts et des modes de travail, le sens de la technique (Vasari est le seul à avoir remarqué, par exemple, qu'à Venise on a peint très tôt sur toile) et des tours de force professionnels. En un sens, l'histoire de l'art répondait à une exigence maniériste, dont la prodigieuse agilité d'esprit de Vasari a fait quelque chose de durable.

Né à un moment précis de l'histoire, son ouvrage fut pendant trois siècles une référence sinon un modèle obligé, même pour ceux qui condamnaient son dogmatisme et son toscanisme intempérant : les critiques vénitiens, au XVIe et au XVIIe siècle ; Malvasia revendiquant au XVIIe siècle l'originalité des Bolonais ; G. Della Valle, au XVIIIe, celle des Siennois. C'est à l'imitation expresse de Vasari que Carel van Mander a composé le « Livre des peintres » (*Schilderboeck*) pour les Flamands et les maîtres du Nord (1604). Les milieux académiques français lui ont reproché son goût abusif de l'anecdote et sa fragmentation de l'idéal entre des personnalités multiples (Félibien l'appelle « âne chargé de reliques »). Mais il est resté irremplaçable. Même au moment où, avec la grande édition des *Vite* par Milanesi, les travaux de K. Frey ou de V. Kallab, la critique moderne révélait dans les *Vite* d'innombrables erreurs et partis pris, la pensée d'un Berenson a conservé l'armature générale de sa vision de la Renaissance, et les maîtres de l'érudition italienne, A. Venturi, R. Longhi, en le rectifiant et en le complétant d'abondance, ont conservé le cadre monographique et l'interprétation de l'histoire de l'art comme recherche des personnalités artistiques.

ANDRÉ CHASTEL

Bibliographie

G. VASARI, *Le Vite de' più eccellenti architetti, pittori e scultori italiani da Cimabue insino a'tempi nostri*, Florence, 1550, rééd. L. Bellosi et A. Rossi, Turin, 1986 ; *Le Vite de' più eccellenti pittori, scultori e architetti, scritte e di nuovo ampliate da Giorgio Vasari co' ritratti loro e con l'aggiunta delle vite de' vivi e de' morti dall'anno 1550 insino al 1567*, 3 vol., Florence, 1568, rééd. Bologne, 1647-1663-1681 ; éd. annotées, G. Bottari, 3 vol., Rome, 1759-1760 ; G. B. Strecchi, 7 vol., Livourne, J 767-1772 ; G. Della Valle, 11 vol., Sienne, 1791-1794 ; G. Milanesi, 9 vol., Florence, 1878-1885 ; A. M. Ciaranfi, 4 vol., Florence, 1927-1932 ; G. L. Ragghianti, 4 vol., Milan, 1942-1950, rééd. 1971-1974 ; P. Della Pergola, L. Grassi et G. Previtali, 7 vol., Milan, 1962 sq.

● *L'artiste*
P. BAROCCHI, *Vasari pittore*, Milan, 1964 / C. CONFORTI, *Vasari architetto*, Electa, Milan, 1993 / L. CORTI, *Vasari. Catalogue complet des peintures*, Bordas, Paris, 1991 / C. MONBEIG-GOGUEL, *Giorgio Vasari, dessinateur et collectionneur*, catal. expos., R.M.N., Paris, 1965 / L. G. SATKOWSKI, *Giorgio Vasari Architect and Courtier*, Princeton Univ. Press, 1993 / *La Toscana nel '500, Giorgio Vasari*, catal. expos., Arezzo, 1981 / I. L. ZUPNICK & M. POIRIER, *The Age of Vasari*, Univ. of Notre Dame (Ind.) et State Univ. of New York, 1970.

● *L'historien*
V. KALLAB, *Vasaristudien*, Vienne, 1908 / R. LE MOLLE, *Georges Vasari et le vocabulaire de la critique d'art dans les Vite*, Univ. de Grenoble, 1989 / W. PRINZ, « Vasaris Sammlung von Künstlerbildnissen », in *Mitteilungen des Kunsthistorischen Institutes in Florenz*, vol. XII, 1966 / C. L. RAGGHIANTI, « Il valore delle' opera di Giorgio Vasari », in *Reale Accademia nazionale dei Lincei. Scienze morali*, vol. IX, 1934, repris dans l'éd. des *Vite*, vol. I, Milan, 1943 / J. VON SCHLOSSER-MAGNINO, *Die Kunstliteratur*, Vienne, 1924 ; *La Littérature artistique*, trad. franç., Paris, 1984 / U. SESTI-BERTINELLI, *Vasari scrittore*, Milan, 1905 / *Studi vasariani*, colloque, Florence, 1952.

● *Le collectionneur*
L. COLLOBI RAGGHIANTI, *Il Libro de' disegni del Vasari*, 2 vol., Florence, 1974 ; « Aggiunte per il *Libro de' disegni* del Vasari », in *Critica d'arte*, n° 154 et 156, 1977 / B. DEGENHART & A. SCHMITT, « Methoden Vasaris bei der Gestaltung seines... *Libro* », in *Studien zur toskanischen Kunst*, Munich, 1964 / C. GOGUEL & C. LORGUES, *Vasari illustré. Dessins du libro*, in Vasarie, *Les Vies...*, vol. XII, 1989 / A. GOLFETTO, « Das *Libro de' disegni* des G. Vasari », in

Raggi (Zurich), t. IV, 1962 / O. Kurz, « Giorgio Vasari's *Libro dei disegni*, in *Old Masters Drawings*, vol. XII, 1937, 1938.

- **Généralités**
Arezzo nelle « Vite », *del Vasari*, Arezzo, 1974 / P. Barocchi, *Studi vasariani*, Turin, 1984 / T. S. R. Boase, *Giorgio Vasari, the Man and the Book*, Princeton, 1979 / G. C. Garfagnini dir., *Giorgio Vasari*, colloque, Oeschki, Florence, 1985 / *Il Vasari, storiografo e artista*, Florence, 1974 ; *Artists and Literati at the Medicean Court*, symposium et exposition Yale University, 1994.

VAUBAN SÉBASTIEN LE PRESTRE DE (1633-1707)

La carrière de Vauban correspond à l'apogée de la fortification bastionnée en France, dont les nombreuses guerres du règne de Louis XIV favorisent le développement. Vauban est né à Saint-Léger de Foucheret (actuellement Saint-Léger-Vauban, Yonne) dans une famille de petite noblesse nivernaise. Après des études chaotiques, il commence son apprentissage militaire en 1651 dans le régiment du prince de Condé, en rébellion contre le pouvoir royal. Deux ans plus tard, il est fait prisonnier par les troupes du roi, mais sa bravoure et son efficacité sur le terrain sont déjà connues et Mazarin l'envoie au service du chevalier de Clerville, alors commissaire général des fortifications. Il y apprend le métier d'ingénieur militaire et en obtient le brevet en 1655.

Dès lors, il participe à la plupart des campagnes militaires de Louis XIV, dont le règne personnel vient de commencer. Gouverneur de Lille en 1668, brigadier en 1673, maréchal de camp en 1676, commissaire général des fortifications en 1678, lieutenant des armées du roi en 1688, Vauban n'accédera au maréchalat qu'en 1703.

Ces titres ne rendent pas compte de son action sur le terrain ni de son sens politique. Cet ingénieur militaire est en effet à l'origine de l'aménagement de plus d'une centaine de places fortes situées aux frontières du royaume et au-delà, de la construction d'une trentaine d'enceintes nouvelles et de citadelles, comme celle de Lille, son premier grand projet urbanistique réalisé à partir de 1667.

Vauban, ingénieur militaire

Mettant à profit les acquis de ses prédécesseurs, notamment ceux de Blaise de Pagan (1604-1655), Vauban perfectionne les méthodes d'attaque et de défense des places. Il veut à tout prix éviter les pertes en hommes en réduisant la durée des sièges. Et, pour ce faire, il s'inspire des moyens alors utilisés par l'armée ottomane pour investir une place et conçoit un système de tranchées souterraines tracées en ligne brisée et reliées entre elles par des parallèles ceignant les fortifications de la ville. La progression des assiégeants se fait alors par étapes successives, grâce à l'utilisation de batteries d'artillerie qui ont pour mission d'exécuter des brèches. Vauban augmente aussi l'efficacité de ces batteries en inventant le tir à ricochet qui permet aux boulets de faire plusieurs rebonds et de démolir en un seul tir les défenses et les canons ennemis. Il dote enfin les fantassins d'armes mieux adaptées à leurs actions, comme la baïonnette. La modernisation des principes d'attaque fait évoluer la construction des fortifications. Vauban estime que la place forte doit commander le terrain environnant, de façon à permettre des observations tactiques et à empêcher les tirs plongeants de l'ennemi. Il conçoit donc des ouvrages épais, renforcés par d'importants volumes de remblai et maintenus par des maçonneries à l'épreuve des tirs. Il prévoit des remparts munis de bastions convenablement espacés pour éviter des tirs flanquants et protégés par des contregardes et par des ouvrages échelonnés en profondeur. Ces derniers sont destinés à multiplier les obstacles que l'assaillant devra franchir l'un après l'autre.

Vauban est aussi un pragmatique. Il se rend compte que le relief de la place en commande le tracé bastionné, qu'il est impossible de fortifier de la même manière une place de plaine et une place de montagne : les perfectionnements qu'il apporte à la fortification, comme les tours bastionnées à casemates (tour Rivotte à Besançon), ou le doublement des ouvrages au-dehors de la place, dont un des meilleurs exemples est fourni par la place alsacienne d'Huningue, sont toujours introduits en fonction du site. Il constate que la citadelle, lieu de commandement de la place et réduit pour la garnison dans la phase ultime d'un siège, doit, comme à Lille, être éloignée de la cité : cela implique l'agrandissement du périmètre fortifié des places modernisées par Vauban qui veut alors englober tous les organes défensifs dans le même tracé bastionné.

Ce qu'on a appelé les « trois systèmes » de Vauban, selon la doctrine établie par le Génie en France aux XVIIIe et XIXe siècles, n'est donc qu'une désignation a posteriori des aménagements variés mis au point par l'ingénieur en vue d'augmenter efficacement la résistance d'une place. L'originalité de Vauban est d'avoir su tirer toutes les conséquences logiques des principes de l'attaque pour construire ou pour rénover les places.

Toujours dans une optique défensive, doublée du souci de stabiliser les frontières nord-est du royaume, Vauban conçoit une double ligne de places fortes qu'il nomme pré carré, destinées à verrouiller les passages les plus vulnérables.

Vauban, urbaniste militaire

Pendant les guerres de la ligue d'Augsbourg et de la succession d'Espagne, Vauban se consacre aussi à la défense des côtes et met au point un type de petit fort semi-circulaire adapté aux tirs rasants sur l'eau. L'un des exemples les mieux conservés en est la tour Vauban à Camaret (Finistère). Vauban accorde aussi beaucoup d'attention au front terrestre des fortifications maritimes comme à Blaye (Gironde). Il préconise encore l'installation de phares constitués d'une tour principale et d'une tourelle d'escalier, comme celui du Stiff à la pointe ouest de l'île d'Ouessant (Finistère). Il encourage le développement de certains ports de guerre : il construit entièrement Dunkerque qu'il relie par un canal à la haute mer pour le garantir de l'ensablement. En montagne, notamment à Briançon, la nature fortement accidentée du terrain l'oblige à renoncer aux dispositions habituelles de la fortification bastionnée pour reprendre celles de la fortification médiévale afin d'échelonner ses enceintes. En plaine, Vauban utilise souvent l'eau pour améliorer le système défensif d'une place : il y fait réaliser des écluses dans le but d'inonder artificiellement celle-ci et d'arrêter la progression de l'ennemi. L'adjonction d'une citadelle érigée à distance de la ville (Arras : 1668 ; Besançon : 1674-1687 ; Strasbourg : 1681) a entraîné la construction en damier de nouveaux quartiers séparés de la citadelle par une zone interdite à la construction, appelée esplanade.

Ainsi, dans les neuf places qu'il crée de toutes pièces pour protéger les frontières (Huningue, Longwy, Phalsbourg : 1679 ;

Sarrelouis : 1680 ; Montlouis : 1681 ; Fort-Louis-du-Rhin : 1687, détruite en 1794 ; Montroyal, rasée en 1702 ; Montdauphin : 1692 ; Neufbrisach : 1698), Vauban applique des principes urbanistiques simples et normalisés en matière de construction. Une enceinte le plus régulière possible : le tracé octogonal de Neufbrisach, en est l'application la mieux réussie. Une organisation urbanistique qui réponde aux exigences militaires : ce qui implique un plan en damier et une distribution fonctionnelle des bâtiments publics et des habitations groupés autour d'une place centrale carrée destinée aux manœuvres et aux parades. Les lieux du commandement militaire se combinent harmonieusement avec les lieux voués aux activités civiles (hôtel de ville, halles) et religieuses (église). Les casernes, dont les pavillons situés aux extrémités sont réservés aux officiers, et les magasins à poudre sont construits sur les remparts. La superficie de ces places est délimitée par une enceinte, dont l'extension n'est pas prévue. La construction des bâtiments militaires, qu'il s'agisse des arsenaux ou surtout des casernes, suit des normes strictes, où seuls les matériaux employés changent suivant les régions. Il en est de même pour les constructions civiles. Seules les portes de ville échappent à cette rigueur constructive car Vauban tient à leur conserver un décor sculpté à la gloire du roi.

Comme beaucoup d'hommes de son temps, Vauban a eu l'habitude de consigner ses actions et ses projets par écrit : *Le Traité de l'attaque des places* et *Le Traité de défense des places*, publiés l'un et l'autre en 1706, sont passés rapidement à la postérité. En complément à cette œuvre sur le terrain, Vauban poursuit l'initiative de Louvois et fait exécuter les plans en relief des places qu'il construit ou restructure. Ces maquettes, réalisées à l'échelle d'un pied pour cent toises correspondant dans le système métrique au 600e, reproduisent avec soin une place et les travaux prévus. Elles sont ensuite fabriquées sur place par les ingénieurs militaires chargés des travaux de fortification. Une fois achevées, elles sont transportées au Louvre où, propriété personnelle du roi, elles sont gardées aussi jalousement que des secrets militaires. Il reste une trentaine de maquettes fabriquées du vivant de Vauban sur les cent deux encore conservées. Cet ensemble, qui présente un intérêt historique et urbanistique exceptionnel, forme une collection publique appartenant à l'État, partagée depuis 1986 entre Paris (hôtel des Invalides, musée des Plans-Reliefs) et Lille (musée des Beaux-Arts).

Vauban, inventeur, penseur et réformateur

En dehors de son œuvre militaire, Vauban est à l'origine de nombreuses réalisations dans des domaines aussi variés que l'agronomie, la démographie ou encore les travaux publics. Ses connaissances techniques le conduisent à s'intéresser à la navigation fluviale qu'il considère comme essentielle au développement de l'économie française. Il essaie de faire comprendre au roi que certains travaux, comme l'aqueduc de Maintenon destiné à alimenter Versailles en eau, sont trop onéreux et pourraient aisément être remplacés par des solutions moins prestigieuses et moins coûteuses.

Comme il connaît admirablement le royaume de France qu'il traverse continuellement, Vauban se rend compte des difficultés auxquelles est confrontée sa population, en particulier les paysans, accablés par les guerres et par les impôts. Il cherche avec lucidité des solutions, qu'il consigne tout au long de sa vie dans de nombreux mémoires ou traités intitulés : *Mes Oisivetés, ou Pensées d'un homme qui n'avait pas grand-chose à faire*. Ces écrits, consacrés aux sujets les plus divers et réunis en une douzaine de volumes, témoignent non seulement des multiples facettes de son intelligence, mais aussi de son esprit de tolérance. Les thèmes y foisonnent et concernent aussi bien les méthodes de construction que le travail dans les mines. Les méthodes préconisées y sont parfois audacieuses : pour connaître la géographie de la région entourant ses terres dans le Morvan (*Description géographique de l'élection de Vézelay*, 1696), il conduit son enquête en utilisant, c'est une innovation, des formulaires de statistiques. En politique, Vauban demeure pourtant soucieux de l'autorité du roi, tout en étant conscient des erreurs commises par Louis XIV, notamment lors de la révocation de l'édit de Nantes. Dans le *Mémoire pour le rappel des huguenots* (1686), il énumère les conséquences tragiques pour la France, tant sur le plan humain que sur le plan économique, de cette décision arbitraire.

Soucieux de plus d'équité, Vauban en vient à s'attaquer aux inégalités fiscales, tout d'abord avec son *Projet de capitation* (1694), puis en rédigeant en 1698 son *Projet d'une dixme royale*, publié seulement en 1706 et sans l'autorisation du roi. Conclusion logique de l'évolution généreuse et lucide du maréchal, l'ouvrage préconise un impôt fiscal proportionné au revenu et l'abandon des privilèges du clergé et de la noblesse. Louis XIV condamne le livre : Vauban en meurt de chagrin quelques semaines plus tard. En prononçant son éloge funèbre devant l'Académie des sciences en 1707, Fontenelle souligne la clairvoyance du maréchal. Les générations suivantes et notamment les encyclopédistes n'ont pas saisi la modernité de la pensée économique de Vauban. Il faudra attendre le début du XXe siècle et surtout les années 1970-1980 pour que soit enfin reconnue l'originalité des travaux de Vauban dans le domaine économique.

CATHERINE BRISAC

Bibliographie

D. AUGER, *Bibliographie des œuvres de Vauban ou concernant Vauban*, 3 vol., Saint-Léger-Vauban, 1994 / R. BORNECQUE, *La France de Vauban*, Arthaud, Paris, 1983 / L. GRODECKI, « Vauban urbaniste », in *Bulletin de la Société d'études du XVIIe siècle*, juill.-oct. 1957 / M. PARENT & J. VERROUST, *Vauban*, Fréal, Paris, 1971 ; réédition épurée Berger-Levrault, Paris, 1972 / VAUBAN, *La Dîme royale*, Impr. nat., Paris, 1992 / Colonel ROCHAS D'AIGLUN, *Vauban, sa famille, ses écrits. Ses oisivetés, sa correspondance. Analyse et extraits*, Berger-Levrault, 1910 ; édition anastatique, J. Laffitte, Marseille, 1972 / *Vauban réformateur*, colloque, association Vauban, Paris, 1985, rééd. 1993.

VAUDOYER LÉON (1803-1872)

Fils de l'architecte académicien Antoine-Thomas-Laurent Vaudoyer, Léon Vaudoyer est l'un des quatre inventeurs de l'architecture romantique des années 1830. Prix de Rome en 1826 (projet d'un palais pour une académie de France à Rome), il séjourne à la villa Médicis en même temps que Félix Duban, Henri Labrouste et Joseph-Louis Duc, relevant avec eux les vestiges de l'Italie étrusque, romaine et médiévale, et de la Sicile grecque et normande. De retour en France en 1832, il achève le tombeau du général Foy, projeté en 1826, qui le fait connaître, et ouvre un atelier où se formeront Gabriel Davioud, Henri-Jacques Espérandieu, Jean-Juste Lish... Il est nommé inspecteur des travaux du palais d'Orsay, commencé par Jacques-Charles Bonnard en 1810 et dont Jacques Lacornée est architecte en chef. Avec ses trois compagnons romains, il expose au Salon de 1833 une « galerie chronologique » de l'architecture (perdue) et il s'engage dans une féconde activité d'historien de l'architecture nationale, publiant dans *L'Encyclopédie nouvelle* dirigée par les saint-simoniens Pierre Leroux et Jean Reynaud, dans *Le Magasin pittoresque*, où il rédige entre 1839 et 1842 quarante-sept « Études d'architecture françaises », enfin participant à *L'Histoire de l'architecture en France*, éditée par E. Charton. Il poursuivra ses investigations sur l'architecture nationale en relevant pour le comité des Monuments historiques les édifices civils de la Renaissance à Orléans (médaille d'or en 1855). Léon Vaudoyer exploite dès 1836 ses connaissances sur la Renaissance française dans un projet pour le concours de l'hôtel de ville d'Avignon, où il obtient le troisième prix (projet perdu). En 1838, il est enfin chargé d'un grand chantier qu'il poursuivra jusqu'à sa mort : l'agrandissement et la restauration du Conservatoire des arts et métiers, installé depuis la Révolution dans l'abbaye Saint-Martin-des-Champs. Pour construire les ailes nouvelles, il s'inspire librement de la Renaissance française, reprenant, par exemple, la porte Dauphine du palais de Fontainebleau. Après un projet de reconstruction de la Sorbonne en 1853 (en collaboration avec Duc) resté sans suite, il obtient la commande de la cathédrale de Marseille en 1852. Pour évoquer le rôle historique de l'antique cité dans la culture et l'économie de la Méditerranée, il choisit un genre roman, à dôme ovoïde sur la croisée et maçonneries à assises alternées qui se réfèrent à ses études toscanes ou siciliennes. Vaudoyer, élu en 1868 à l'Institut, était considéré par ses contemporains comme un « esprit romain et gaulois tout à la fois, préférant la force à la grâce et les déductions rigoureuses aux raffinements de l'atticisme. L'architecture était pour lui l'art des beautés relatives, locales et climatériques » (Charles Blanc).

FRANÇOISE HAMON

VAUDREMER ÉMILE (1829-1914)

Après une formation dans l'atelier de Blouet, consacrée par le Grand Prix de Rome en 1854, Vaudremer, au cours de ses voyages en Italie, s'intéresse plus spécialement aux monuments du Haut Moyen Âge. Après avoir travaillé avec Victor Baltard pour l'église Saint-Augustin, il est nommé architecte officiel des treizième et quatorzième arrondissements de Paris. Il construit, plutôt dans l'esprit des théories rationalistes, la prison de la Santé (1862-1885), l'église Saint-Pierre-de-Montrouge (1864-1872), dans un style principalement néo-byzantin, ainsi que de nombreux édifices religieux et scolaires.

ANNIE JACQUES

Bibliographie

B. BERGDOLL, « Émile Vaudremer », in *Macmillan Encyclopedia of Architects*, New York, 1982.

VÁZQUEZ LORENZO (XVᵉ-XVIᵉ s.)

Très au fait des nouveautés architecturales italiennes qu'il fit connaître à la Castille, Vázquez mérita le surnom de « Brunelleschi espagnol ». Ses principales œuvres sont le collège de Santa Cruz à Valladolid (1491), dont les ordres et les modénatures à l'antique reposent sur une structure gothique ; le palais Medinaceli à Cogolludo (1492-1495), apparenté au Banco Mediceo de Filarète à Milan, enfin, l'église du couvent de San Antonio à Mondéjar (avant 1508), célèbre pour son décor plateresque.

ROBERT FOHR

Bibliographie
F. CHUECA GOITIA, *Arquitectura del siglo XVI (Ars Hispaniae, XI)*, Madrid, 1953.

VENTURI ROBERT (1925-)

Architecte américain. Après un passage dans les agences de Stonorov, Saarinen et Kahn, et un séjour à l'Académie américaine de Rome (1954-1956), Venturi entreprend une double carrière de praticien et de théoricien. Il publie en 1967 *Complexity and Contradiction in Architecture* (*De l'ambiguïté en architecture*, Paris, 1971), livre fondateur du postmodernisme, puis, en 1972, *Learning from Las Vegas* (*L'Enseignement de Las Vegas*, Paris, 1979) qui érige en système le culte de l'ordinaire. Cette sensibilité proche du Pop Art se dégage de sa production. Dès 1962, la maison Venturi à Philadelphie marque la rupture avec le modernisme par l'utilisation d'ornements historiques. De même, l'arc de la Guild House (1965), la silhouette évidée de la maison de Franklin (1972-1976) à Philadelphie ou le chapiteau ionique du Allen Art Museum (Oberlin College, 1973-1977) illustrent le retour au symbole figuratif, à ce que Venturi appelle le « réalisme architectural ».

FRANÇOIS GRUSON

VERLY FRANÇOIS (1760-1822)

Cet architecte, né à Lille, est ignoré des historiens de l'art. Son importance n'est pourtant pas négligeable, mais le sort a voulu que ses grands projets n'aient pas été exécutés et que ses œuvres réalisées aient été détruites ou défigurées (cf. J.-Y. Duthoy, « Un architecte néo-classique : F. Verly », in *Revue belge d'architecture et d'histoire de l'art*, t. XLI, 1972). François Louis Joseph Verly a occupé des charges officielles : architecte du gouvernement à Lille pendant la Révolution, puis architecte de Napoléon à Anvers et responsable, à ce titre, d'opérations d'urbanisme considérables. Il a beaucoup construit pour la clientèle privée en Belgique, a été un décorateur très sollicité (château de Duras) et un organisateur de fêtes rassemblant de grandes foules (Paris, Lille, Anvers). Son œuvre, étendue et multiforme, reflète parfaitement la mentalité d'un artiste néo-classique qui a mis son talent au service de la Révolution, puis de l'Empire.

Principales étapes de sa carrière : 1778-1786, formation à Paris où il est élève de l'Académie royale d'architecture (le maître qui l'a formé ne nous est pas connu).

1786-1801 : activité à Arras (séminaire) et surtout à Lille ; ses grandioses projets de reconstruction de la ville sont acceptés par la municipalité en 1794, mais ne seront pas exécutés. 1801-1814 : à Anvers, il est chargé de remodeler la vieille cité, d'implanter les nouveaux bâtiments nécessaires au développement économique et culturel, d'agrandir les bassins du port. Il travaille également à l'achèvement de la cathédrale d'Arras et présente les plans d'un hôtel de ville à Saint-Omer. 1814-1822 : au service du prince d'Orange à Bruxelles (plans et façades du palais de justice, 1816-1824).

Il convient de souligner le caractère exceptionnel que présentent certains projets de Verly, et particulièrement ceux de 1794 pour Lille : il s'agissait bien là de construire une ville entièrement nouvelle, inspirée des idéaux révolutionnaires. Par leur ampleur, par la nouveauté des formes, l'éloquence des volumes, le sens de l'espace, ces projets apparaissent comme les plus remarquables qui aient été conçus pour une ville française de province. Réalisés, ils eussent fait de Lille l'étonnante capitale d'un art nouveau (deux dessins aquarellés au musée de Lille en témoignent).

Les grands nus, les masses puissantes, les lignes simples qui caractérisent le style de Verly font apparaître un artiste visionnaire et audacieux très en avance sur son temps, à l'égal de Boullée et de Ledoux à qui il fait souvent penser. Il nous semble devoir être considéré comme l'un des plus importants propagateurs en province de l'art de la Révolution. Dans sa dernière période, il abandonne l'art sévère de sa maturité pour donner dans un néo-classicisme académique, qui caractérise en particulier le palais de justice de Bruxelles.

JEAN-JACQUES DUTHOY

VESNINE LES

Architectes russes. La carrière des trois frères, Leonid Alexandrovitch (1880-1933), Viktor Alexandrovitch (1882-1950), Alexandre Alexandrovitch (1883-1959), commence bien avant la révolution ; mais ils ne se distinguent alors en rien des architectes de l'époque, obligés de satisfaire des clients particuliers. La révolution de 1917 permet l'explosion du talent des frères Vesnine. Dès 1919, ils commencent une carrière pédagogique et enseignent dans quatre instituts, notamment aux Vkhoutemas et au M.A.I. (Institut d'architecture de Moscou). Ils soulignent l'importance du rôle de l'architecte dans la nouvelle société socialiste, surtout en ce qui concerne la construction industrielle.

Les Vesnine, comme beaucoup d'architectes des années 1920, vivent avec leur époque, respirent à son rythme, et leur période constructiviste commence dès l'année 1924. Ils jouent un grand rôle dans la création du groupe de l'O.C.A. (Union des architectes contemporains) et éditent de nombreux articles dans la revue de ce groupe, *L'Architecture contemporaine* (*CA*, 1926-1930). C'est le début d'une intense période de réflexion et de création architecturales. Outre l'élaboration de nombreux projets, ils participent à des concours pour des clubs ouvriers, pour le palais du Travail, pour la poste centrale de Moscou, etc. On citera quelques projets marquants : en 1924, projet pour la succursale du journal *Leningradskaïa Pravda* à Moscou ; en 1925, projet de grand magasin à Moscou, projet pour le club des ouvriers du textile ; en 1926, projet de gare à Kiev. Les années 1929-1932 marquèrent l'apogée de leur carrière d'architectes avec la construction de la centrale hydroélectrique du Dnieproguess. À partir de 1933, les frères Vesnine doivent se soumettre à l'idéologie de l'époque qui souligne l'importance du problème de l'héritage culturel et de la monumentalité en architecture. Avec le projet du palais des Soviets (1933), les divers projets pour la maison de l'Industrie (1935), les Vesnine cèdent au monumentalisme conquérant de l'époque stalinienne. L'année 1936 marque la fin de leur période créatrice. Les Vesnine (Viktor et Alexandre), tout en continuant à enseigner à l'Institut d'architecture, se borneront désormais à publier quelques textes théoriques dans divers journaux.

Alexandre Vesnine fut peintre avant d'être architecte, et cette activité mérite d'être étudiée pour elle-même. Elle débute vers 1910, à l'époque où il partageait un studio avec Tatline. Il expose des toiles à la célèbre Dixième Exposition d'État (où voisinent le *Noir sur noir* de Rodtchenko et le *Carré blanc sur fond blanc* de Malevitch), mais il n'en reste apparemment pas de photographie. Il prend parti pour les constructivistes et participe à l'exposition organisée en 1921 par Rodtchenko, « 5 × 5 = 25 » (Stepanova, Popova et Exter étaient les trois autres membres de ce quintette). Mais ses réalisations les plus personnelles sont sans doute ses décors de théâtre : théâtre dans la rue, d'abord, avec la décoration de la place Rouge et du Kremlin pour les fêtes du 1er mai 1918. Il travaille surtout au Kamennyï Teatr avec Taïrov qui est l'un des premiers grands metteurs en scène à collaborer avec les artistes. En 1920, Taïrov monte *L'Annonce faite à Marie*, de Claudel ; en 1921, *Roméo et Juliette*, mais les décors de Vesnine sont plus éblouissants dans *Phèdre* (en 1922) et pour *Un nommé Jeudi* de Chesterton (1923). Les décors géométriques de *Phèdre*, sans accessoires réalistes, forment une sorte de caverne descendante dont les différents plans — articulés selon l'idée futuriste d'intersection des plans (Boccioni) — sont mobiles et captent la lumière diversement selon leur inclinaison. Les costumes rouges et orange des acteurs (en général de longues draperies) contrastent avec la froideur de cet espace sculptural. Le décor de *Un nommé Jeudi* est beaucoup plus complexe, sorte d'échafaudage préliminaire à la construction d'un bâtiment. Des escalators, des cages d'ascenseurs, des monte-charge, des écrans pour projeter les titres forment un univers mécanique en mouvement perpétuel propre à critiquer l'atmosphère de la grande ville : ainsi, après la grande fascination éprouvée pour la machine (le futurisme russe, Dada...), commence avec la naissance d'un monde bureaucratique toute une satire théâtrale de la mécanisation (les acteurs se déplaçaient à des rythmes différents mais réguliers), plus d'une décennie avant le film de Chaplin, *Les Temps modernes*.

Vers la fin des années 1930, Vesnine revient à une peinture sans éclat, mais peut-être est-ce à cause des persécutions dont l'avant-garde artistique est l'objet qu'il devient alors un aquarelliste très tranquille.

ANATOLE KOPP

VICENTE DE OLIVEIRA MATEUS (1710-1786)

Élève de Federico Ludovici, Vicente de Oliveira, l'un des meilleurs représentants du style rococo portugais, commença la reconstruction de l'église du Carmel à Lisbonne (détruite par le tremblement de terre de 1755), et, en collaboration avec R. Manuel dos Santos, édifia la basilique d'Estrela, inspirée de Saint-Pierre de Rome (1779 -1780). Son chef-d'œuvre demeure le palais de Queluz (1747-1752), achevé par le Français Jean-Baptiste Robillon en 1759 - 1760.

ROBERT FOHR

Bibliographie

G. KUBLER & M. SORIA, *Art and Architecture in Spain and Portugal [...] 1500 to 1800*, Harmondsworth, 2ᵉ éd., 1969.

VIGNOLE ital JACOPO BAROZZI DA VIGNOLA (1507-1573)

Architecte italien. Jacopo Barozzi, dit Vignole, reçoit sa première formation d'architecte à Bologne, où il a peut-être été l'élève de Serlio. À Rome, il fréquente le cercle des Sangallo et se met à l'étude des monuments antiques. On le trouve ensuite au côté de Primatice à Fontainebleau, occupé sans doute à réaliser des fontes d'après l'antique. De retour en Italie, Vignole participe au concours pour la façade de San Petronio de Bologne. À partir de 1546, il est au service du pape Jules III, achève pour lui la villa Giulia en collaboration avec Vasari et élève, sur la via Flaminia, la petite église dédiée à saint André (1550-1553 ; cf. figure), en se servant de formes géométriques pures, dépouillées de tout décor. À partir de 1566, il édifie à Bagnaia la villa Lante dont il dessine également les jardins. Vignole donne ensuite les plans de l'église du Gesù (1568-1573) qui subira quelques transformations lorsque Giacomo della Porta construira la façade. À une époque où triomphe la Contre-Réforme, l'architecte parvient à donner à cette église des Jésuites une grandeur qui tient à ses seules proportions, sans aucun recours au

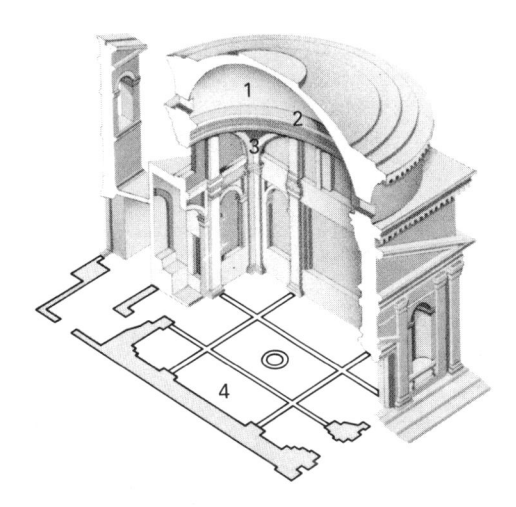

Sant'Andrea in Via Flaminia, à Rome fait figure d'un édifice expérimental parmi les églises du XVIᵉ siècle. Vignole l'a construite pour le pape Jules III en 1554. Inspirée du Panthéon, cette église de petites dimensions et de conception logique a une coupole elliptique (1) portée par une corniche corinthienne (2) et des pendentifs (3) ; son plan général est carré (4). L'ovale de la coupole annonce les petites églises baroques. L'élégante façade d'entrée imite celle d'un temple, avec un fronton et des pilastres corinthiens.

décor. Un siècle plus tard, la peinture transformera totalement le sanctuaire.

Les quinze dernières années de sa vie seront occupées par la transformation pour les Farnese de la forteresse de Caprarola en villa de plaisance. Il organise, à l'intérieur du bâtiment pentagonal, une magnifique cour ronde à portique, et par un jeu d'escaliers intègre l'ensemble aux vastes jardins. Vignole donne encore des plans pour Sainte-Marie-des-Anges à Assise. Nommé architecte de Saint-Pierre, à la mort de Michel-Ange, il ne réalisera rien de très important dans la basilique pontificale. Sollicité par Philippe II, il envoie à Madrid des plans pour l'église de l'Escorial. Vraisemblablement sous l'influence de Peruzzi, Vignole a mesuré et étudié les monuments de l'ancienne Rome, cherchant à retrouver les règles qui régissaient l'architecture antique. Il a consigné les résultats de ses réflexions dans un *Traité sur les cinq ordres d'architecture* (*Trattato sulle regole delle cinque ordini dell'architettura*) publié en 1562. C'est là son principal titre de gloire, qui lui valut d'être considéré pendant le XVIIe et le XVIIIe siècle comme le législateur de l'architecture. L'engouement du XIXe siècle pour les styles roman et gothique fera, au contraire, négliger son œuvre construit.

RENÉE PLOUIN

VILLALPANDO FRANCESCO DE (mort en 1561)

Réputé l'un des artistes les plus raffinés et les plus doctes de la Renaissance espagnole, Villalpando travailla sous la direction d'Alonso de Covarrubias à la construction de la façade principale de l'Alcázar de Tolède, à partir de 1553. Auparavant, il avait exécuté pour la cathédrale de cette ville des ouvrages de fer forgé et de bronze (1548). Il donna également la première traduction en espagnol des IIIe et IVe livres de l'*Architettura* de Serlio en 1552.

ROBERT FOHR

Bibliographie

F. CHUECA GOITIA, *Arquitectura del siglo XVI (Ars Hispaniae, XI),* Madrid, 1953.

VILLANUEVA JUAN DE (1739-1811)

Né à Madrid d'un père sculpteur, il reçut sa formation à Rome (1759 - 1764). Successivement architecte de la communauté monastique de l'Escorial (1768), architecte principal des palais royaux (1789), directeur de l'Académie de Saint-Ferdinand (1792). Il fut le principal représentant du néo-classicisme en Espagne. Son style se définit dans trois « maisons des champs » princières : deux aux abords de l'Escorial, la *casita de Abajo* (1771-1774) et la *casita de Arriba* (1772 - 1774), la troisième au Pardo (*casita del Príncipe,* 1784). Il est aussi l'auteur du monumental musée du Prado (à partir de 1785) et de l'Observatoire (commencé en 1790).

MARCEL DURLIAT

Bibliographie

F. CHUECA & C. DE MIGUEL, *La Vida y las obras del arquitecto Juan de Villanueva*, Madrid, 1949.

VILLARD DE HONNECOURT (1225 env.-env. 1250)

Personnalité de la première moitié du XIIIe siècle sur laquelle la lumière n'a pas été entièrement faite, Villard de Honnecourt est célèbre auprès des historiens de l'art par le recueil de croquis, appelé à tort *Album*, qu'il a signé (Bibl. nat., Paris) ; il est devenu pour le grand public le symbole de l'architecte itinérant de l'époque médiévale. Son carnet résulte en réalité du rassemblement de notes prises sur des feuillets séparés et qui furent peut-être réunis par Villard lui-même. Certains dessins seraient l'œuvre de deux des propriétaires successifs du carnet. À la différence des autres recueils de dessins destinés à servir de modèles, l'*Album* a un caractère encyclopédique qui oblige à s'interroger sur sa véritable destinée : dessins architecturaux, dessins de figures, ornements et machines se retrouvent singulièrement mêlés sur une même page.

Le champ de l'activité de Villard s'est étendu de la Picardie à la Champagne et à la Brie avec Meaux. Il a voyagé en Suisse et en Hongrie. Dans ces dessins, il faut distinguer les œuvres d'imagination — il en existe en fait très peu — et les relevés d'édifices existants : Cambrai, Meaux, Laon, Reims, Lausanne et Chartres. Nous ne sommes donc nullement assurés que Villard ait jamais construit.

La sculpture n'occupe pas moins de place que l'architecture dans ce carnet ; mais alors que les édifices dessinés possédaient une certaine variété, toutes les sculptures représentées ont le même style, c'est-à-dire celui des années 1200 qui renoue avec l'Antiquité des liens complexes mais indéniables. Villard dessine des œuvres qui expriment sa propre sensibilité : la plupart ont d'ailleurs été exécutées d'après des œuvres existantes auxquelles il a apporté parfois une note « antiquisante » qui est la marque de son style.

ALAIN ERLANDE-BRANDENBURG

VINGBOONS PHILIP (1614-1678)

Architecte hollandais, il établit, après Van Campen, l'influence de Palladio et de Serlio principalement dans l'architecture domestique : ordonnance des façades, et symétrie du plan. Ses créations principales sont des demeures de négociants d'Amsterdam : maison Joan Poppen (1642), maisons De Son (1665). Il emploie le vocabulaire classique sur des façades de pierre (maisons Belin la Garde et de Arend). Il publie ses ouvrages en deux albums (1648 et 1674). Son frère, Justus, a construit le palais Trip (à pilastres d'ordre colossal) à Amsterdam.

JEAN-PIERRE MOUILLESEAUX

Bibliographie
Palladio e la sua eredità nel mondo, catal. d'expos., Vicence, 1980.

VIOLLET-LE-DUC EUGÈNE EMMANUEL (1814-1879)

L'œuvre et la personnalité de Viollet-le-Duc continuent à susciter, depuis plus d'un siècle, des controverses portant tantôt sur son rôle de restaurateur des monuments anciens, tantôt sur la valeur de l'explication qu'il donna de l'art médiéval, ou encore sur sa place dans la formation de l'architecture moderne. Dans l'opinion courante, son nom était associé, en France tout au moins, aux excès romantiques du complément des édifices anciens : « faire du Viollet-le-Duc » signifiait, jusqu'à une époque récente, « restituer abusivement ». Pour les archéologues et les historiens de l'art des générations récentes, l'interprétation de l'architecture médiévale qu'il formula dans son *Dictionnaire raisonné de l'architecture française* n'est plus valable sur de nombreux points, même si l'ouvrage continue à servir comme base indispensable des études. Mais l'influence des idées de Viollet-le-Duc, exprimées dans le *Dictionnaire* et surtout dans les *Entretiens sur l'architecture*, sur la formation de l'art du XXe siècle, est admise aujourd'hui tant par les historiens que par les techniciens. Depuis quelques années d'ailleurs, sur presque tous ces points, on assiste à une sorte de réhabilitation de Viollet-le-Duc. L'homme fut, évidemment, complexe, porté vers l'admiration et l'étude du Moyen Âge par le grand mouvement romantique, mais en même temps entraîné par le courant « positiviste », rationnel et même « scientiste » de son siècle. À la vaste culture historique, à l'immense érudition technique et archéologique accumulée pendant ses voyages et ses travaux, il sut allier des talents de dessinateur et d'écrivain, et une exceptionnelle capacité d'engagement physique et intellectuel.

Vie et carrière

Fils d'un haut fonctionnaire, qui deviendra après 1830 conservateur des résidences royales de Louis-Philippe, neveu du peintre et critique d'art Étienne J. Delécluse, Eugène Emmanuel Viollet-le-Duc a connu dès son adolescence Sainte-Beuve, Ludovic Vitet et Prosper Mérimée, inspecteur général des Monuments historiques après 1834, qui facilitera sa carrière. Dès 1830, il se destine à l'architecture mais refuse d'entrer à l'École des beaux-arts, se forme presque seul, au cours de voyages en France et en Italie (1836-1837), en apprenant les rudiments du métier auprès d'Achille Leclère. Pendant ces années, il exécute de très nombreux dessins et relevés des monuments, expose aux Salons, collabore aux *Voyages pittoresques* du baron Taylor. Aide de Leclère aux Bâtiments civils, il est chargé par Mérimée, en 1840, de la restauration de la Madeleine de Vézelay, qui menace ruine. C'est le début d'une foudroyante carrière d'architecte restaurateur, principal conseiller de Mérimée, chargé de multiples missions et projets. En 1840, il est appelé par son ami, l'architecte J. B. Lassus, à la Sainte-Chapelle de Paris ; en 1844, il est nommé, avec Lassus, architecte de Notre-Dame de Paris ; en 1847, on lui confie Saint-Sernin de Toulouse et la basilique de Saint-Denis ; en 1849, les remparts de la Cité de Carcassonne et la cathédrale d'Amiens, pour ne citer que les chantiers les plus importants. À l'avènement du second Empire, Mérimée l'introduit à la cour, ce qui entraîne Viollet-le-Duc dans de nouveaux travaux, notamment la reconstruction du château de Pierrefonds (1858) ; il supervise les travaux de la cathédrale de Reims, de l'église d'Eu, etc. On reste confondu devant l'immensité de ces obligations, surtout si l'on pense aux constructions neuves – église Saint-Denis-de-l'Estrée à Saint-Denis, façade de la cathédrale de Clermont-Ferrand, maisons à Paris, projets de châteaux, projets de l'Opéra de Paris (refusés par le jury d'un concours), dessins de vitraux, de tombeaux, de mobilier, enseignement, très important, donné à l'École de dessin de la ville de Paris. Collaborateur, depuis 1844, des *Annales archéologiques* de Didron, Viollet-le-Duc trouve encore le temps d'écrire plusieurs monographies d'édifices, et entreprend, en 1854, l'œuvre gigantesque du *Dictionnaire raisonné d'architecture*, et, en 1858, du *Dictionnaire du mobilier*, dont la publication ne s'achèvera qu'en 1875. En 1864, il est nommé professeur à l'École des beaux-arts mais doit renoncer, face à l'opposition de l'Académie et des élèves ; les *Entretiens sur l'architecture* (1863-1872) naissent de ce projet d'enseignement. La guerre de 1870, la mort de Mérimée, ébranlent gravement Viollet-le-Duc, qui participe à la défense de Paris comme colonel du Génie ; s'il continue à diriger les grands chantiers de restauration pour le compte des Monuments historiques, il se démet, en 1874, de ses charges officielles d'inspecteur général des édifices diocésains. Il se livre à la polémique politique dans la presse, se fait élire conseiller municipal de Paris. La seule grande entreprise nouvelle sont les travaux de la cathédrale de Lausanne (1874), où Viollet-le-Duc séjourne souvent et où il va mourir. Pendant cette dernière partie de sa vie, il achève ses *Dictionnaires*, publie une série d'ouvrages d'initiation ou de vulgarisation, se livre à des recherches géographiques, en dressant une carte du massif du Mont-Blanc (1876).

La restauration des monuments. Doctrine et résultats

Viollet-le-Duc s'est expliqué plusieurs fois sur ce qu'il entendait par la restauration. En 1844, dans son projet pour Notre-Dame de Paris, il affirme le principe de conservation intégrale de l'édifice à restaurer. En 1858, dans le *Dictionnaire*, il développe largement ses idées. « Restaurer un édifice, écrit-il, ce n'est pas l'entretenir, le réparer ou le refaire, c'est le rétablir dans un état complet qui peut n'avoir jamais existé à un moment donné. » Cette thèse courageuse et énergique est assortie d'un certain nombre de conditions : 1. le « rétablissement » doit être scientifiquement documenté par des relevés et des photographies, des études archéologiques qui en garantiraient l'exactitude ; 2. il doit concerner non l'apparence du monument, l'effet qu'il produit, mais d'abord sa structure, et cela à l'aide des moyens les plus efficaces pour en assurer la durée (matériaux plus solides, employés plus judicieusement) ; 3. on doit exclure toute modification qui serait contraire aux témoignages évidents ; l'adaptation de l'édifice à l'usage plus conforme à la civilisation moderne, ou plus rationnel, ne doit pas être refusée, ce qui peut exiger des altérations ; 4. on doit conserver toutes les modifications anciennes subies par l'édifice, à l'exception de celles qui compromettent sa stabilité ou sa conservation, ou bien celles qui nuisent gravement à la valeur de son témoignage historique.

Historiens et critiques du XXe siècle ont fait remarquer plusieurs particularités de cette doctrine. Même si l'étendue des connaissances archéologiques de Viollet-le-Duc était très grande, supérieure à nulle autre de son temps, l'état des études était à cette époque imparfait, et conduisit l'architecte à des erreurs que plus de modestie de sa part eût permis d'éviter (L. Réau). La doctrine de modifications structurales nécessaires fut imposée à l'architecte par l'insuffisance des moyens techniques de son temps ; la conservation de certaines dispositions qu'il modifia ou de certaines maçonneries qu'il replaça n'était possible qu'à l'aide des ciments hydrauliques, du béton armé, de la précontrainte, que le XIXe siècle a peu pratiqués ou n'a pas connus (J.-

P. Paquet). Le « romantisme » de Viollet-le-Duc, c'est-à-dire son opposition déclarée à l'académisme néo-classique et éclectique, l'entraînèrent à faire de ses restaurations des démonstrations artistiques et techniques d'une architecture plus rationnelle. La dernière observation (W. Frodl) concerne la conception même du monument ancien au siècle de l'historicisme qui fut le sien : le monument est un « témoin du passé », une « leçon d'histoire » (bien plus qu'une œuvre d'art valable par ses qualités propres) ; pour que l'évidence du témoignage soit plus grande, la « leçon » plus claire, il convient que ce monument soit aussi complet que possible et suffisamment homogène. Cette conception est commune aux restaurateurs anglais, allemands, français, et, si Viollet-le-Duc en est le représentant le plus éminent, il ne fait pas exception.

Si l'on juge les résultats des principales restaurations de Viollet-le-Duc, Vézelay (F. Salet), Notre-Dame de Paris, Saint-Denis, Amiens, Lausanne, on doit reconnaître une réussite technique à peu près totale ; les structures défaillantes ont été durablement rétablies et certains monuments ont été littéralement sauvés de la ruine. Les modifications du parti architectural ont été plus discrètes qu'il n'était d'usage de les pratiquer au XIXe siècle, à part Saint-Sernin de Toulouse, dont la restitution de la silhouette primitive est contestable, et dont les matériaux mis en œuvre sont de mauvaise qualité. Les adjonctions modernes, comme la façade de la cathédrale de Clermont ou la sacristie de Notre-Dame de Paris, sont des œuvres réussies dans leur accord avec les édifices. Les compléments du décor ont été souvent excessifs, les fautes graves de conception ou d'archéologie étant toutefois rares. Mais les restaurations de Viollet-le-Duc souffrent de l'inégalité, et quelquefois de la médiocrité de l'exécution, l'architecte n'ayant pas souvent trouvé des collaborateurs aussi habiles qu'Henri Gérente ou Stanislas Oudinot pour les vitraux, Geoffroy-Dechaume pour la statuaire. On doit mettre à part, dans cette œuvre de Viollet-le-Duc, la reconstruction des ruines du château de Pierrefonds. Entraîné, par la commande impériale, à créer une résidence romantique et non à restituer un édifice ancien, Viollet-le-Duc s'est laissé aller à sa facilité d'invention formelle (avec d'excellents résultats), en tenant peu compte de sa doctrine, sinon pour se justifier. Le bilan de cette œuvre est positif, on se plaît à le reconnaître maintenant, surtout depuis que les destructions de la Seconde Guerre mondiale ont conduit les restaurateurs de plusieurs pays européens à reconstruire archéologiquement, tout en les adaptant aux besoins sociaux modernes, un grand nombre d'édifices ou d'ensembles monumentaux.

Interprétation de l'architecture médiévale

Le préromantisme du XVIIIe siècle s'était déjà attaché à l'art gothique (Horace Walpole, Goethe), en y voyant surtout les qualités de pittoresque ou d'exotique, ou bien la catégorie esthétique du sublime. Les tendances « néo-gothiques » en architecture apparaissent un peu partout en Europe entre la fin du XVIIIe siècle et le milieu du XIXe siècle ; elles ont pour corollaire l'étude archéologique, à laquelle restent attachés les noms de Sulpiz Boisserée et de Franz Mertens en Allemagne, de John Britton et de Robert Willis en Angleterre, d'Alexandre de Laborde et d'Arcisse de Caumont en France. Viollet-le-Duc profite de ce mouvement, il le dépasse aussi, en élaborant une interprétation « rationnelle », fondée sur des thèses sociologiques et techniques (N. Pevsner). Les thèses historiques et sociologiques de Viollet-le-Duc sont de portée restreinte. L'architecture gothique apparaîtrait au moment du déclin du monachisme et de la laïcisation de la société ; elle correspondrait aussi à l'éclipse de la féodalité au profit d'une organisation communale (ainsi la cathédrale de Laon aurait une fonction municipale). La libération du métier de constructeur serait, aux XIIe et XIIIe siècles, la cause de rapides progrès techniques et formels de l'architecture, devenue une véritable science de la construction.

L'apport essentiel de Viollet-le-Duc est l'étude de cette science de la construction, de la structure, qui commande toutes les particularités formelles et même décoratives de l'architecture gothique. « Tout est fonction de structure, écrit-il, la tribune, le passage du triforium, le pinacle et le gâble ; il n'existe pas de forme architecturale, dans l'art gothique, qui soit fondée sur la libre fantaisie. » Ce « fonctionnalisme structural » peut être le plus efficacement démontré par l'étude des voûtes, où les ogives et les arcs d'encadrement (doubleaux et formerets) sont des « cintres permanents » supportant les voûtains, et aidant la répartition du poids de la voûte sur les points déterminés des supports. En raison de la courbure des arcs et des voûtes, et de leur mode d'assemblage, ce poids s'exerce obliquement en tant que poussées, que les architectes gothiques neutralisent en leur opposant d'autres poussées (par exemple les arcs-boutants), ou bien en les annulant par des charges verticales convenablement calculées (par exemple les pinacles). C'est donc un système « dynamique », opposé en cela au système statique de l'architecture antique romaine. Ce système est aussi « élastique », en ce sens qu'il supporte des déformations de maçonneries par tassement ou par déversement, les éléments de la bâtisse étant, jusqu'à un certain point, indépendants les uns des autres quoique nécessairement complémentaires. L'art gothique n'est donc point défini par le décor, par l'assemblage de formes adventices, comme l'est l'art académique du XIXe siècle, c'est un art « organique », commandé par les principes internes de la nécessité et de la technique. Les qualités proprement artistiques – le style – se déduisent de l'accord entre le décor et la structure. On peut appliquer ces idées à l'étude de la formation et de l'évolution, en constant progrès, des solutions constructives et des formes qu'elles engendrent. Il est aussi possible d'envisager des explications « fonctionnelles » des techniques d'art associées à l'architecture, comme la sculpture ou le vitrail.

Un certain nombre de thèses proprement historiques ou archéologiques de Viollet-le-Duc ont été rapidement contestées (A. de Saint-Paul, J. D. Brutails), et ne furent pas retenues par les archéologues du XXe siècle, notamment ce qui touche à la chronologie. Mais la thèse centrale, fonctionnelle et structurale, acceptée par les architectes (A. Choisy, A. de Baudot) et par les archéologues (R. de Lasteyrie, E. Lefèvre-Pontalis, M. Aubert), parut pleinement satisfaisante, amputée de quelques exagérations, par exemple sur le rôle raidisseur des appareils en délit. Il en fut tout au moins ainsi en France, car dans certains pays, comme l'Allemagne, l'emprise des méthodes d'analyse formelle s'opposa au succès d'une thèse fondée sur un déterminisme technique (A. Schmarsow, P. Frankl). Les critiques essentielles vinrent au XXe siècle des historiens anglo-saxons (A. D. Hamlin, A. Kingsley Porter, R. Gilman) ou des techniciens français (V. Sabouret, P. Abraham). Calculée avec précision et en tenant compte de la résistance des matériaux et des mortiers, la fonction portante de l'ogive est illusoire. Le « dynamisme » du jeu des poussées ne correspond pas au comportement des maçonneries médiévales, devenant « monolithes » après la prise définitive des mortiers. Ainsi, l'essence de l'architecture gothique doit être cherchée ailleurs, dans le « graphisme formel », dans une conception spatiale tendant au verticalisme ou à l'unification des parties, dans le principe de la « continuité optique » (E. Gall, P. Frankl). Le réseau des colonnettes et d'arcs en relief donne certes l'illusion d'un système rationnel, et certains dispositifs, comme l'ogive ou l'arc-boutant, sont des commodités de chantier facilitant la marche du travail et correspondant à des nécessités pratiques. En réponse à ces critiques, des techniciens (P. Masson) ont montré que, pratiquement, la thèse de Viollet-le-Duc était efficace – puisqu'elle a permis et permet encore de reprendre ou de rétablir des structures médiévales défaillantes – et qu'elle correspondait bien à un calcul approximatif ou à une estimation pragmatique des pesées et des poussées ; des documents, il est vrai tardifs, montrent que le calcul de la voûte se faisait, au Moyen Âge, sur le tracé des ogives (G. Kubler). L'idée d'une « illusion de structure » est incompatible avec le *modus operandi* intellectuel du XIIIᵉ siècle (E. Panofsky) ; si l'explication de Viollet-le-Duc ne rend pas compte de toutes les « fonctions » des éléments de l'architecture gothique – car ces fonctions sont à la fois structurales, spatiales et décoratives (H. Focillon), et même « illustratives » (H. Sedlmayr) –, elle est, dans son propre domaine, valable. Plus récemment, on a insisté sur le mérite méthodologique de la doctrine de Viollet-le-Duc, en y voyant un exemple précoce du « structuralisme » philosophique moderne (P. Boudon et H. Damisch). Enfin, les théoriciens de l'architecture contemporaine (E. Torroya, R. Sarger) ont reconnu dans cette théorie les prémices des conceptions modernes de l'équilibre structural par tension dynamique et par élasticité.

Influence et contribution à l'art contemporain

Les édifices bâtis ou projetés par Viollet-le-Duc importent peu dans l'histoire de l'architecture, qu'il s'agisse de l'église de Saint-Denis-de-l'Estrée à Saint-Denis, des immeubles parisiens ou de ses projets pour l'Opéra de Paris (1861), œuvre proprement « éclectique ». Par ailleurs, tout en louant les Halles de V. Baltard (1853), il n'a pas employé dans ses constructions le fer, en restant en deçà du modernisme structural de Labrouste, de Paxton, de Bogardus.

Pourtant, l'influence de Viollet-le-Duc fut considérable, soit par l'intermédiaire de son *Dictionnaire* et de ses *Entretiens*, soit par l'activité de ses disciples ou de ses admirateurs, en France et à l'étranger. Son véritable successeur, comme restaurateur et comme théoricien, fut A. de Baudot, dont l'enseignement prolongea la pensée de Viollet-le-Duc, et dont les constructions en béton armé furent les applications (J.-B. Ache). On a constaté cette même influence sur quelques grands architectes des années 1890-1910 : V. Horta en Belgique, A. Gaudí en Catalogne, R. L. Sullivan aux États-Unis, lequel formula très clairement le principe fonctionnel (*form follows function*). En effet, dans les *Entretiens*, les idées sur le fonctionnalisme structural de toute architecture sont développées très fermement. Sur plusieurs exemples théoriques, Viollet-le-Duc conçoit des structures « à ossature », où les fonctions portantes sont nettement séparées de l'enveloppe ; il dessine des projets de structures métalliques sur soubassements de pierre, où les principes « dynamiques » d'équilibre par la tension des matériaux d'étrésillonnement ou de butée assurent la réalisation de programmes adaptés à la civilisation moderne. L'édifice à ossature indépendante est réalisé bientôt par l'école de Chicago, notamment par W. Le Baron Jenney et, peu après, par Sullivan. Le perfectionnement des techniques de béton armé autorise, dès avant 1900, l'application de ce procédé sur une vaste échelle (par Baudot, A. Perret, plus tard F. L. Wright). S'il est évident que l'on ne peut guère faire dériver les structures modernes utilisant des tensions internes (emploi systématique du porte-à-faux, poutres et voiles de couverture précontraints, structures suspendues, etc.) du « dynamisme » préconisé par Viollet-le-Duc, il est certain que l'architecture contemporaine est dominée par le principe du « fonctionnalisme structural » que Viollet-le-Duc formula et défendit.

Viollet-le-Duc eut aussi quelque influence sur la naissance de l'« art nouveau » de 1900. Comme le « néo-gothique » préraphaélite déboucha, à travers l'œuvre de W. Morris, sur le « modern style », de même les modèles « gothiques » ou naturalistes de Viollet-le-Duc ne furent pas sans inspirer Gaudí et Horta, qui furent ses admirateurs. Il en fut de même en France, d'une façon plus diffuse, pour l'école de Nancy. Il apparaît ainsi que l'œuvre et la pensée de Viollet-le-Duc fournissent un apport considérable à la réflexion sur l'architecture et sur la création artistique elle-même.

LOUIS GRODECKI

Bibliographie

• *Œuvres de E. E. Viollet-le-Duc*

Dictionnaire raisonné de l'architecture française du XIe au XVIe siècle, 10 vol., Paris, 1854-1868 ; *Dictionnaire raisonné du mobilier français de l'époque carolingienne à la Renaissance*, 6 vol., Paris, 1858-1875 ; *Entretiens sur l'architecture*, 2 vol. et 2 atlas, Paris, 1863-1876 ; *Mémoire sur la défense de Paris. Septembre 1870-janvier 1871*, 1 vol. et pl., Paris, 1871 ; *Monographie de l'ancienne église abbatiale de Vézelay*, Paris, 1873 ; *Histoire d'une forteresse*, Paris, 1874 ; *Histoire d'un hôtel de ville et d'une cathédrale*, Paris, 1877.
Depuis 1968, les rééditions d'ouvrages de Viollet-le-Duc ont été nombreuses.

• *Études*

J.-B. ACHE, *Éléments d'une histoire de l'art de bâtir*, Paris, 1970 / P. M. AUZAS, *Eugène Viollet-le-Duc 1814-1879*, catal. expos., Paris, 1965, rééd. 1979 / F. BOUDON, « Le Réel et l'imaginaire chez Viollet-le-Duc », in *Revue de l'art*, n° 58-59, 1982-1983 / P. BOUDON & P. DESHAYES, *Viollet-le-Duc : le Dictionnaire de l'architecture*, coll. Architecture + Recherche, n° 10, Bruxelles, 1979 / H. DAMISCH, *Viollet-le-Duc*, Paris, 1964 / R. DE FUSCO, *L'Idea di architettura. Storia della critica da Viollet-le-Duc a Persico*, Milan, 1964 / P. DUFOURNET, « Dessins de Viollet-le-Duc dans les collections de l'Académie d'architecture », in *Les Cahiers de l'Académie d'architecture*, n° 4, 1983 / P. FRANKL, *The Gothic. Literary Sources and Interpretations through Eight Centuries*, Princeton (N. J.), 1960 / P. A. FREY dir., *E. Viollet-le-Duc et le massif du Mont-Blanc, 1868-1879*, Lausanne, 1988 / L. GRODECKI, *Le Moyen Âge retrouvé*, t. II : *De Saint Louis à Viollet-le-Duc*, Flammarion, Paris, 1991 / J.-P. PAQUET, F. SALET et al., « Viollet-le-Duc », in *Les Monuments historiques de la France*, n° spéc., 1965 / N. PEVSNER, *Ruskin and Viollet-le-Duc. Englishness and Frenchness in the Appreciation of Gothic Architecture*, Londres, 1969 / *Saint-Sernin de Toulouse. Trésors et métamorphoses, 1802-1985*, catal. expos., musée Saint-Raymond, Toulouse, et Caisse nat. des monuments historiques, Hôtel de Sully, 1989-1990 / *Viollet-le-Duc*, catal. expos., Grand Palais, Paris, 1980 / *Viollet-le-Duc et la montagne*, Glénat, Grenoble, 1993.
À l'occasion du centenaire de la mort de Viollet-le-Duc, une série d'expositions et de colloques s'est tenue en 1979 et 1980. À la lumière de ces expositions et colloques, notre opinion sur l'œuvre du grand architecte a été fondamentalement révisée.

VITRUVE (~Ier s.)

Vitruve est l'auteur du seul traité complet d'architecture qui ait échappé au naufrage de la littérature technique grecque et latine. Cette circonstance explique le contraste entre l'extraordinaire importance accordée à son œuvre, depuis le temps de Charlemagne jusqu'à celui de Viollet-le-Duc, et la modestie de sa situation historique réelle. On ne saurait donc prendre pour un signe d'excellence un isolement qui n'est dû, en grande partie, qu'aux lacunes de la tradition. Mais on ne doit pas céder pour autant à la tentation de refuser toute crédibilité à un praticien qui, certes, n'a pas joué le rôle d'initiateur et de codificateur que d'aucuns voulurent lui reconnaître, mais qui a eu le mérite de réunir en un tout cohérent le vaste trésor d'expériences et de connaissances, accumulé avant lui par les bâtisseurs hellénistiques. C'est dire que l'analyse du contenu de *De architectura* est inséparable d'une exacte localisation de son auteur dans l'univers culturel et technique de son temps, et d'une réflexion méthodologique sur les règles d'un « genre », le traité théorique, plus contraignantes qu'on ne l'a cru souvent.

Un ingénieur militaire tourné vers le passé

Nous savons peu de choses de la vie et de la carrière de ce Vitruvius dont on ignore d'ailleurs le prénom, et dont le surnom Polio ou Pollio n'est guère assuré. Si l'on refuse, à juste titre, son identification au personnage de Mamurra, ce riche chevalier romain qui fut « préfet des ouvriers » dans les armées de César pendant la guerre des Gaules, il faut se résoudre à tirer parti des rares confidences personnelles dont il a émaillé son œuvre. La préface du livre Ier du *De architectura* demeure le témoignage principal : d'abord attaché à César en tant que technicien, mais on ne sait avec quelle fonction précise, il fut chargé par Octave, le futur Auguste, de la maintenance du parc d'artillerie avec trois autres spécialistes, avant d'accéder à une retraite studieuse, pendant laquelle il dut à la recommandation d'Octavie, sœur du prince, de conserver la totalité de sa solde. Il est probable, si l'on en croit Frontin, qu'il exerça en outre des responsabilités dans le Service des eaux de Rome, réorganisé par Agrippa en 33 avant J.-C. Ce dernier fit-il appel à Vitruve, alors qu'il était encore en activité, ou lui demanda-t-il de reprendre du service alors qu'il avait déjà quitté ses fonctions, on ne saurait le dire. Il n'est pas exclu qu'Agrippa l'ait seulement consulté, dans son effort pour rationaliser un systême de distribution où régnait alors la plus grande anarchie. Au total donc, une carrière essentiellement militaire, qui fut plutôt celle d'un ingénieur que d'un architecte ; elle le conduisit sans doute à côtoyer le personnel dirigeant, puisqu'il fut un vétéran choyé, mais ne lui apporta point la fortune, et ne le désigna nullement pour de grandes tâches édilitaires. La seule construction publique dont il se targue d'avoir été à la fois le promoteur et le constructeur est la basilique judiciaire de Fano, l'antique *Fanum Fortunae*, sur la côte adriatique, dont il décrit de manière prolixe les particularités au livre V de son traité.

C'est sans doute à la fin des années 30, et plus précisément après la bataille d'Actium, qu'il cessa toute activité professionnelle pour rassembler sa documentation et rédiger son ouvrage. Plusieurs indices tendent à prouver que celui-ci était pour l'essentiel achevé, sinon intégralement publié, vers 25 avant J.-C. Ces données chronologiques ont leur importance, car elles placent Vitruve en retrait par rapport à l'intense activité architecturale et urbanistique qui se déploie dans Rome à partir de 28. Même s'il dédie son livre à Auguste et le lui décrit comme une sorte de guide destiné à le seconder dans sa vaste entreprise de rénovation monumentale, il apparaît plutôt comme un observateur critique et souvent amer de la pratique professionnelle de son temps. Réagissant aux innovations avec humeur, il préfère chercher ses modèles dans un passé plus ou moins lointain, et se refuse à prendre pour exemple certaines réalisations prestigieuses qui s'élevaient sous ses yeux au cœur de la ville.

Un traité cohérent et ambitieux

S'il ne s'appuie pas sur une doctrine très rigoureusement définie, dans les domaines structurel et esthétique, le traité de Vitruve se présente en effet sous une forme volontiers dogmatique, où le normatif l'emporte souvent sur le descriptif. La documentation de base y est organisée et souvent remodelée en fonction d'options théoriques ambitieuses et parfois difficilement conciliables, qui expliquent certains des aspects les plus déconcertants de l'ouvrage, du moins pour un lecteur moderne.

La première et la plus évidente de ces ambitions est celle de « couvrir » la totalité du champ de l'activité architecturale, entendue au sens le plus large, dans la grande tradition grecque des praticiens polyvalents. Vitruve rappelle plusieurs fois que, s'il fait œuvre de novateur, c'est en présentant un véritable corpus, et non pas une simple juxtaposition de monographies. C'est pourquoi, aux sept premiers livres, qui entrent dans le cadre de ce que nous entendons aujourd'hui par l'architecture, et qui sont consacrés respectivement à l'implantation des villes et à leurs enceintes (I), aux techniques et aux matériaux de construction (II), aux temples et aux ordres architecturaux (III et IV), aux édifices publics, religieux et profanes (V), aux maisons et aux villas (VI), aux revêtements stuqués ou peints (VII), il juge bon d'ajouter des livres qui traitent des sources, des eaux et de leur adduction (VIII), de l'astronomie et de la gnomonique (IX), des machines, des pompes et des engins de siège (X). Le niveau de compétence de Vitruve, en ces domaines si divers, est, inévitablement, assez inégal, et l'on a relevé depuis longtemps les erreurs ponctuelles que véhicule son exposé, même dans les sections où l'on est en droit d'attendre qu'il tire le meilleur parti de son ancienne activité professionnelle, comme la poliorcétique du livre X.

En réalité, une ligne de clivage assez nette sépare les livres ou passages relatifs aux techniques de construction de ceux consacrés aux types monumentaux. Dans les premiers, les observations tirées de la pratique quotidienne des bâtisseurs et, sans doute dans une moindre mesure, de l'expérience de Vitruve lui-même offrent un intérêt immédiat pour l'interprétation des vestiges de la fin de la République et du début de l'Empire, en dépit de quelques lacunes importantes mais explicables. Dans les seconds, au contraire, l'absence, fréquemment constatée, de correspondance entre les monuments contemporains et les archétypes proposés dans le texte trahit le caractère systématique des développements et pose le problème de leur finalité en termes plus épistémologiques qu'archéologiques.

Le phénomène s'explique par la seconde grande exigence vitruvienne, corollaire de la première, qui est d'élever l'architecture au rang d'un « art libéral ». Vitruve a souffert de la faible considération dont jouissait à Rome sa corporation, et de la modestie de la situation sociale qui, sauf exception, lui était consentie. Aussi déploie-t-il de grands efforts pour convaincre son lecteur qu'un architecte digne de ce nom maîtrise une culture encyclopédique, qui fait de lui l'égal d'un orateur ou d'un philosophe. Et il consacre le chapitre initial de son premier livre à définir, dans la tradition de Pythéos, le fameux praticien de Priène, une sorte de polymathie de principe. Mais, avec son pragmatisme d'homme de métier, soucieux d'aboutir à des résultats concrets et rapides sans s'embarrasser de spéculations abstraites, il prône en fait un mode d'imprégnation superficiel. Ce mélange de revendication culturelle et d'humilité pratique explique l'aigreur de plus d'un chapitre. Vitruve se révèle à la fois tributaire et victime d'une hiérarchie séculaire des fonctions, qui établissait un divorce strict entre la pensée théorique et ses applications. Dans le cours de ses développements, il manifeste souvent une indifférence souveraine à l'égard des problèmes scientifiques fondamentaux – définition des notions mathématiques, théories de la vision... – au profit d'applications assez élémentaires, qui procèdent de la simple recette d'atelier.

Mais ce à quoi il tient surtout, c'est à présenter un discours intégralement cohérent, définissant des normes aussi précises que possible et fixant une typologie fondée sur des antécédents prestigieux. Ces préoccupations complémentaires d'intelligibilité, de rigueur et de légitimité historique, quoique mal servies par un style quelque peu abrupt, procèdent du même souci de promotion intellectuelle défini plus haut. Vitruve est prêt à y sacrifier beaucoup, et même le caractère opératoire de ses préceptes. Certes, tout auteur de traité, et particulièrement à l'époque hellénistique, se révèle plus soucieux de définir une orthodoxie que de suivre une évolution et de décrire des diversités. Mais Vitruve pousse cette attitude jusqu'à sa limite extrême : l'état des formes et des types, tel qu'il nous a été transmis par les théoriciens des IIIe et IIe siècles avant J.-C., le plus souvent actifs en Asie Mineure, marque pour lui à la fois le sommet et la fin de l'histoire de l'architecture. Toute velléité d'innovation, même étroitement contrôlée, est par principe condamnable. D'où l'application d'un certain nombre de « méthodes » d'exposition qui, pour être implicites, n'en ordonnent pas moins efficacement son ouvrage.

L'architecture comme activité intellectuelle

En présence de tout monument, Vitruve commence par lui chercher une caution grecque. S'il n'y parvient pas, ou bien il estompe certaines des particularités les plus saillantes du plan ou de l'élévation, pour le faire entrer dans ses catégories, ou bien il l'élimine de son catalogue. Cette démarche réductrice est particulièrement sensible pour les temples. Il lui arrive toutefois d'admettre des constructions de type « italique » ou « romain », mais alors il leur impose au préalable un schéma théorique calqué sur celui d'un type d'édifice grec, analogue ou voisin : si le plan régulateur défini au livre V pour le « théâtre romain » n'a jamais pu être appliqué aux exemplaires archéologiques conservés, c'est parce qu'il offre ce caractère arbitraire, qui ne tient compte ni des finalités réelles du monument, ni de la conception des bâtisseurs occidentaux. Ce curieux procédé a même des incidences dans le secteur purement technique des modes de construction : le goût classicisant de Vitruve pour les architectures « probes », où les parements révèlent sans tromperie la structure interne des murs, le conduit à passer sous silence ou à présenter en termes dépréciatifs les pratiques les plus courantes – et les plus riches d'avenir – de son temps, l'*opus caementicium* et ses revêtements, parmi lesquels la brique cuite.

Par ailleurs, pour éviter une dispersion nuisible à la rigueur normative de l'ensemble, Vitruve procède fréquemment à une sorte de ponctualisation, qui consiste à privilégier une formule parmi d'autres et à la présenter comme seule possible, et donc canonique. Par exemple, le rythme pycnostyle – c'est-à-dire, tout simplement, dense – de la colonnade d'un temple se définit pour lui par un seul rapport, celui de 1,5, entre l'entrecolonnement et le diamètre inférieur du fût. D'une manière générale, il transforme souvent des techniques empiriques de construction ou d'implantation, qui faisaient intervenir, sur la planche à dessin comme sur le chantier, des montages géométriques simples mais efficaces, où le compas et le cordeau jouaient leur rôle, en une série de relations arithmétiques, d'apparence claire et satisfaisante. Peu importe qu'elles se révèlent à l'usage peu exploitables pourvu qu'elles s'intègrent facilement à un développement livresque. Le cas le plus patent est peut-être celui du chapiteau ionique, pour lequel le théoricien fournit les rapports chiffrés entre les différentes composantes verticales, mais omet d'expliquer comment se déterminaient les centres à partir desquels on traçait les volutes.

Sans doute ces lacunes étaient-elles en partie compensées, dans l'édition originale, par des illustrations, dont aucune ne nous a été transmise par les manuscrits médiévaux. Mais elles devaient être au total assez rares, si l'on en juge par le nombre restreint des allusions qu'on relève dans le *De architectura* – pas plus d'une douzaine – à des croquis en fin de livre ou de chapitre. La façon dont Vitruve les présente prouve du reste qu'ils constituaient pour l'auteur un pis-aller ; il n'y recourt que lorsque l'explication d'un procédé de construction ou la description d'une modénature posent des problèmes vraiment insurmontables au niveau du texte. Mais le passage du graphisme à l'écriture, la transcription « littéraire » de ce qui, dans les ateliers ou sur le terrain, n'était exprimé qu'au moyen de croquis cotés ou de modèles à grandeur d'exécution, restent pour Vitruve l'un des moyens – et peut-être le principal – d'élever l'architecture au rang d'une activité intellectuelle, régie par une rationalité qui peut se résoudre en formules aussi rigoureuses que celles de la rhétorique, par exemple.

De telles conceptions posent évidemment en termes prégnants la question des sources, à laquelle nous avons déjà fait allusion. Elle a été largement explorée par la critique germanique à la fin du XIXe siècle et au début du XXe siècle, avec des résultats intéressants, bien que la problématique en ait été quelque peu obscurcie par la recherche systématique de l'auteur unique auprès duquel Vitruve aurait puisé l'essentiel de ses informations et de ses préceptes. On a désigné successivement Hermogénès, architecte grec d'Asie, actif à Magnésie du Méandre au début du IIe siècle avant J.-C., et Hermodoros, architecte de Salamine de Chypre, qui vint travailler à Rome pour le compte des membres de la noblesse sénatoriale dans la seconde moitié de ce même siècle. L'un et l'autre sont effectivement cités par Vitruve ; le premier, surtout, est présenté au livre III comme un maître insurpassable, et il ne fait aucun doute que ses traités sur le temple pseudodiptère et sur l'ordre eustyle ont servi de base à la plupart des développements vitruviens consacrés aux temples. Mais l'ampleur et la diversité des sujets traités dans le *De architectura* impliquent une multiplicité de références, qu'il est vain de prétendre retrouver. Au reste, l'important est moins de mettre des noms – dont, par ailleurs, on ne sait presque rien – sous tel ou tel exposé que de comprendre quelle est la communauté artisanale et culturelle dont Vitruve tire l'esprit, plus que le détail, de ses choix essentiels : il s'agit sans aucun doute de cette école orientale dont les premiers représentants, à Priène et à Halicarnasse, formèrent de nombreux émules, qui allaient eux-mêmes faire école dans tout le monde grec pendant la première période hellénistique. Ces architectes de l'aire ionienne, qui surent, les premiers, assimiler et codifier les nouvelles règles de la grande architecture de représentation, mise à l'honneur par les diadoques, sont les véritables fondateurs de ce qui deviendra bientôt l'architecture impériale. Même s'il n'a pas toujours compris le sens de leurs créations, le théoricien romain, qui voulut être leur lointain épigone, et n'en fut parfois que l'héritier maladroit, a du moins su transmettre certains aspects importants de leurs enseignements. S'il␣en a, dans quelques cas, faussé ou méconnu la portée, c'est qu'il rencontra de réelles difficultés pour prendre une connaissance directe des travaux de ces grands anciens. Sans postuler un recours systématique à des manuels de seconde main, on peut penser que Vitruve ne se référa que rarement aux ouvrages originaux. Quand cela lui arrive, il le signale avec satisfaction. Mais, lorsqu'elle est possible, la comparaison entre le texte grec et le résumé qu'il en donne fait apparaître des obscurités ou des incompréhensions ; c'est le cas pour le quatrième chapitre du livre V, qui reprend le traité d'Aristoxène de Tarente sur l'harmonie musicale.

L'apport fondamental de Vitruve

Ces observations sur la structure et les limites du *De architectura* ne doivent pas nous dissimuler la masse et l'intérêt des données contenues dans ces dix livres. L'aspect parfois négatif des exégèses modernes s'applique davantage à l'emploi sans discernement qu'on en faisait dans un passé encore récent qu'à la teneur même de l'exposé. Si la « marge utile » de celui-ci, c'est-à-dire la frange directement exploitable pour la compréhension ou la restitution des édifices romains, est plus étroite que ne le croyaient les architectes et les archéologues du néo-classicisme européen, son aspect documentaire n'est nullement négligeable.

Ce qu'on doit d'abord à Vitruve, c'est un effort systématique pour créer en latin un vocabulaire spécifique de l'architecture. L'entreprise était difficile, compte tenu de la haute technicité des vocables grecs, et, toutes proportions gardées, l'action du théoricien romain s'apparente à celle de Cicéron dans le domaine de la philosophie. Dans la terminologie du *De architectura*, on relève cent trente mots qui sont des hapax, de forme ou de sens. La plupart sont directement empruntés au grec, et ils gardent souvent leur morphologie d'origine, simplement translittérée en latin ; d'autres sont latinisés au moyen de suffixes. Mais beaucoup de ces termes ne sont pas attestés dans la littérature ou les inscriptions helléniques, car nous avons perdu les textes où ils auraient pu être employés. Il suffit, pour mesurer la dette que tous les historiens de l'architecture ont contractée à l'égard de Vitruve, d'imaginer un instant comment nous décririons un mur isodome ou un chapiteau corinthien si nous n'avions pas connaissance des chapitres correspondants de son traité. En fait, tout le vocabulaire des appareils et des ordres, encore couramment employé par les historiens modernes, vient du *De architectura*.

À cela s'ajoutent les nombreux renseignements techniques, le plus souvent fort précis, et qui se révèlent dans l'ensemble exacts, quand la vérification archéologique est possible, sur la composition des mortiers, des enduits, des stucs, des peintures, sur les méthodes de bardage et de levage des pierres, sur la construction des machines...

Enfin, ce que la lecture du *De architectura* nous restitue, c'est un état d'esprit, que nul autre texte ne nous permet de cerner avec autant de sûreté : l'importance accordée aux rapports modulaires, avec la notion cardinale de *symmetria* ou *commodulatio*, la recherche passionnée des corrections optiques et, en même temps, l'exploitation des phénomènes de perspective, l'analyse si singulière des rapports entre la forme et la fonction, organisée autour de la notion, autant morale que technique, de *decor*, telles sont, rapidement énumérées les composantes principales de la réflexion de l'architecte à la fin de la période hellénistique. Si toutes les indications vitruviennes ne doivent pas être prises à la lettre, elles nous font du moins participer, de l'intérieur, à la démarche des bâtisseurs antiques.

La fortune du « De architectura » pendant la Renaissance

Les nombreux manuscrits – plus de cent ont été recensés à ce jour –, qui s'échelonnent du IXe au XIVe siècle, prouvent largement que l'ouvrage n'était pas inconnu des érudits médiévaux. L'exhumation d'un *Vitruve* complet des archives de la bibliothèque de Saint-Gall pendant le concile de Constance en 1416, dont on voulut faire un commencement absolu, n'a donc été qu'une redécouverte. Il n'en reste pas moins que le XVe siècle marque le début d'un nouvel essor des études vitruviennes, dans les domaines de la philologie et de l'archéologie, dont l'importance pour la pensée, l'art et l'architecture de la Renaissance européenne devait être décisive. La première édition imprimée paraît en 1486 à Rome, par les soins de G. Sulpizio di Veroli ; en 1511, Fra Giocondo, véritable restaurateur du texte, est l'auteur de la première publication scientifique du *De architectura* ; autour des années 1520, dans l'atelier de Raphaël, on réfléchit beaucoup sur le traité antique, et la première édition en langue italienne, commentée et illustrée, paraît en 1521 sous la signature de Cesare Cesariano. La première édition française date de 1547 ; suscitée par Henri II, elle est due à Jean Martin et illustrée par Jean Goujon ; la première édition allemande est celle de Walther Ryff, médecin et mathématicien (Nüremberg, 1548). À cela il faut ajouter les nombreux manuscrits ou incunables, en latin ou en langue vulgaire, qui circulaient parmi les humanistes ; citons, entre beaucoup d'autres, l'édition annotée de la main de Guillaume Budé, retrouvée à la Bibliothèque nationale de Paris, et le texte de Marco Fabio Calvo, qui avait traduit Vitruve à la demande de Raphaël.

Il est certain que pour les « antiquaires » et les architectes du XVIe siècle, poursuivant leur quête passionnée d'une caution archéologique en élaborant un nouveau langage décoratif et architectonique, le traité latin était au centre même de leurs préoccupations. Tous l'ont avidement lu et commenté, âprement critiqué aussi, car s'ils pensaient y trouver la clé de leurs problèmes, le *De architectura* fut souvent pour eux la source de nombreuses perplexités. Ce n'est assurément pas un hasard si les dix livres du *De re aedificatoria* de Leon Battista Alberti paraissent en 1485, quelques mois seulement avant la première édition imprimée de l'ouvrage de Vitruve. D'emblée, l'auteur se pose en continuateur mais aussi en contestataire parfois virulent du théoricien romain. S'il en exploite amplement l'ouvrage, il a contre lui des mots très durs, et dénonce plus particulièrement, outre certaines incohérences ou inadvertances de détail, le caractère bâtard de sa langue, mi-latine, mi-grecque, qui le rend, assure-t-il, presque illisible.

On s'aperçoit en fait très vite que les formules vitruviennes ne correspondent que rarement aux indications modulaires et typologiques tirées de l'observation directe des ruines de la Rome impériale. Sans remettre en cause la grammaire du *De architectura*, un Raphaël, par exemple, s'interroge gravement en la confrontant aux réalités antiques observables de son temps.

De ce double mouvement, contradictoire mais fécond, d'analyse archéologique et de lecture d'un texte théorique naîtront quelques-unes des plus belles créations de l'architecture italienne. La chapelle Chigi, édifiée par Raphaël en l'église romaine de Santa Maria del Popolo, véritable manifeste esthétique du nouvel art décoratif, ne se conçoit pas sans une réflexion approfondie sur les livres III et IV du *De architectura*. Et l'ouvrage magistral de Palladio, les *Quattro libri dell'Architettura*, paru en 1570, est indissolublement lié au travail de commentaire et d'illustration du « Vitruve » de Barbaro, auquel participa l'architecte de Vicence dès les années 1555.

PIERRE GROS

Bibliographie

VITRUVE, *De l'architecture*, Livre I : éd. et trad. P. Fleury ; Livre III : éd. et trad. P. Gros ; Livre IV : éd. et trad. P. Gros ; Livre VIII : éd. et trad. L. Callebat ; Livre IX : éd. et trad. J. Soubiran ; Livre X : éd. et trad. L. Callebat et P. Fleury, Les Belles Lettres, Paris, 1969 sqq. / A. CHOISY, *Vitruvius Pollio. Les dix livres d'architecture*, 2 vol., Paris, 1909, rééd. 1971.

- *Ouvrages et articles sur l'œuvre de Vitruve*

A. BIRNBAUM, « Vitruvius und die griechische Architektur », in *Denkschriften der Kaiserl. Akademie der Wissenschaften in Wien*, Philologisch-historische Klasse, vol. LVII, n° 4, Vienne, 1914 / P. GROS, « Structures et limites de la compilation vitruvienne dans les livres III et IV du *De architectura* », in *Latomus*, vol. XXXIV, pp. 986-1009, Bruxelles, 1975 ; « Vitruve : l'architecture et sa théorie, à la lumière des études récentes », in *Aufstieg und Niedergang der römischen Welt*, II, 30, 1, pp. 659-685, Berlin-New York, 1982 / H. PLOMMER, *Vitruvius and Later Roman Building Manuals*, Cambridge, 1973 / *Le Projet de Vitruve. Objet, destinataires et réception du « De architectura »*, colloque, École franç. de Rome, C.N.R.S., Scuola Normale Superiore, Rome, Paris, Pise, 1994 / P. RUFFEL & J. SOUBIRAN, « Vitruve ou Mamurra ? », in *Pallas*, vol. XI, pp. 123-179, 1962 / F. W. SCHLIKKER, « Hellenistische Vorstellungen von der Schönheit des Bauwerks nach Vitruv », in *Schriften für Kunst des Alttertums*, Deutsches archäologisches Institut, Berlin, 1940.

VITTONE BERNARDO ANTONIO (1705-1770)

Architecte disciple de G. Guarini (dont il édite l'œuvre en 1737), il est une des figures marquantes du baroque piémontais. Après une formation à Rome, il rentre à Turin et dessine de nombreux projets d'églises paroissiales et d'édifices religieux aux coupoles aérées et aux plans elliptiques très élaborés. Citons le sanctuaire du Valinotto à Carignano (1739), San Bernardino de Chieri (1740), Santa Chiara de Bra (1742), l'Assunta de Grignasco (1750), l'église des Théatins de Nice (vers 1745) et Santa Maria di Piazza à Turin ; parmi ses édifices civils : l'Albergo di Carità de Carignano, l'hospice de Pinerolo, le palais Giriodi à Costigliole-Saluzzo. Dans ses deux traités ou *Istruzioni* parus en 1760 et 1766, il développe avec un esprit didactique les principes d'un art architectural lié au mouvement, à l'espace et aux recherches mathématiques.

JEAN-PIERRE MOUILLESEAUX

Bibliographie

Atti del convegno internazionale promosso d'all Accademia delle Scienze di Torino nella ricorenza del secondo centenario della morte di B. Vittone, Turin, 1972.

VKHOUTEMAS ou VHUTEMAS (Ateliers supérieurs d'art et de technique)

Ateliers supérieurs d'art et de technique, les Vkhoutemas ont été créés en 1920 à Moscou par le Narkompros (commissariat à l'Éducation du peuple) à partir de la refonte des Ateliers libres d'État, venus remplacer le Collège de peinture, sculpture et architecture et l'école Stroganov d'art industriel, fermés en 1918 parce que jugés trop académiques. La vocation des Vkhoutemas était de former des cadres capables de répondre aux besoins artistiques et techniques du pays qui construisait le socialisme, et d'élaborer la nouvelle esthétique qui devait pénétrer tous les aspects de la vie des masses, s'attaquant aussi bien aux problèmes de la mise en forme du logement, nouveau « condensateur social », qu'à ceux du mobilier, des équipements collectifs et des objets d'utilisation courante. La création des Vkhoutemas et l'esprit de leur enseignement sont profondément marqués par les positions idéologiques de l'avant-garde artistique de l'U.R.S.S. des années vingt, qui voyait en l'art un instrument de transformation sociale dont la base était la « reconstruction du mode de vie » et qui préconisait un art « productif » directement lié à la production et aux besoins de la vie quotidienne, jetant ainsi les bases de l'actuel *design*. En même temps qu'ils acquéraient une technique et une culture artistiques, les étudiants baignaient dans un climat de recherches expérimentales fondées sur le fonctionalisme et le rationalisme de la construction de l'« objet ». Les études duraient cinq ans. Les deux premières années dispensaient un enseignement commun qui introduisait à toutes les disciplines des arts plastiques et industriels et qui reposait sur le programme de rénovation pédagogique mis au point par Kandinsky à l'Inkhouk (Institut de culture artistique) en 1920. Aux Vkhoutemas, l'enseignement se répartissait en plusieurs facultés (peinture, polygraphie, sculpture, architecture, textile, céramique, menuiserie, travail des métaux), qui se diversifiaient elles-mêmes en divers ateliers dont la pédagogie, non strictement codifiée, dépendait exclusivement de la personnalité de l'enseignant. En effet, on ne trouvait pas seulement des artistes de gauche aux Vkhoutemas : ceux-ci côtoyaient d'éminents représentants de l'école « classique », futurs piliers du réalisme socialiste. Néanmoins les Vkhoutemas restent avant tout la première tentative de rénovation profonde de la pédagogie artistique, ce qui les rapproche du Bauhaus. On y trouvait des personnalités aussi marquantes que Tatline, Rodtchenko, Malevitch, El Lissitsky, Popova, Rozanova, M. Guinzbourg, les frères Vesnine, Ladovski, Kandinsky jusqu'en 1922, et bien d'autres, qui formèrent quantité de jeunes artistes et architectes contre lesquels s'acharnèrent par la suite les représentants du réalisme socialiste. La situation aux Vkhoutemas commença à se dégrader dès 1926, lorsque le tronc commun d'études fut réduit à un an. En 1927, les Vkhoutemas furent dédoublés : à côté des anciens Vkhoutemas, on trouvait des Vkhoutemas-Vkhoutein (Instituts techniques d'études supérieures), ce qui marquait le retour au cloisonnement entre la technologie et la recherche expérimentale.

Les Vkhoutemas-Vkhoutein furent définitivement fermés en 1930, et remplacés par toute une série d'instituts spécialisés. C'était le coup d'arrêt final à toute recherche expérimentale dans les domaines de l'art industriel et de l'architecture.

ANATOLE KOPP

VORONIKHINE ANDREÏ NIKIFOROVITCH (1759-1814)

Serf du comte Stroganov, Andreï Voronikhine est envoyé par celui-ci étudier l'architecture à Moscou, dans l'agence de V. I. Bajenov (1777). Amateur éclairé et grand voyageur, ce prince est aussi un mécène qui permet à Voronikhine d'accompagner son fils et son précepteur dans un voyage à travers l'Europe (1784-1790). Affranchi en 1786, Voronikhine revient avec des connaissances solides, non seulement en architecture, mais encore en physique et en peinture. Les premiers travaux qu'il effectue dans les résidences du comte le rendent célèbre, surtout comme peintre de perspective : en 1794, il est reçu à l'Académie de Saint-Pétersbourg avec une *Galerie Stroganov*. Mais l'œuvre maîtresse de Voronikhine à Saint-Pétersbourg est la cathédrale Notre-Dame-de-Kazan (1801-1811). Gigantesque édifice, pour lequel l'architecte italien Giacomo Quarenghi s'était vu refuser des plans (1801), cette église est dessinée par Voronikhine d'après un ensemble de modèles qu'il avait pu admirer en Italie et en France. Une vaste colonnade en hémicycle élevée devant la façade imite celle de Bernin à Saint-Pierre de Rome ; le plan de l'église et le profil des portiques sont proches de ceux du Panthéon de Soufflot à Paris ; mais le parti général s'inspire plus directement de la composition pour une cathédrale gravée par M. J. Peyre dans son *Livre d'architecture* (1765). Ces références, habituelles dans l'architecture russe de la fin du XVIIIe siècle, n'ont pas encore été fondues par Voronikhine en un style homogène et personnel. La cathédrale Notre-Dame-de-Kazan, attachante par sa composition (sur la perspective Nevski) et son riche décor intérieur, représente mal, malgré sa célébrité, la richesse d'invention qui caractérise l'architecture néo-classique russe du début du XIXe siècle.

DANIEL RABREAU

VOYSEY CHARLES FRANCIS ANNESLEY (1857-1941)

Architecte et décorateur. Respectueux de la tradition britannique du cottage, il s'attache à en simplifier les lignes et à l'ancrer dans le sol avec un souci d'horizontalité qui se retrouvera chez Wright. Mais ce rénovateur de la maison individuelle, qui devient l'idéal des classes moyennes anglaises à l'époque édouardienne, n'aura pas le même succès avec son décor intérieur, meubles, tissus, papiers peints : leur manque « d'application d'art » décevra. Car Voysey, l'un des premiers à la fin du XIXe siècle, s'est débarrassé de toute référence apprise pour accéder à l'abstraction.

ROGER-HENRI GUERRAND

Bibliographie

J. BRANDON-JONES, *C. F. A. Voysey Architect and Designer*, Brighton, 1978.

WAGNER OTTO (1841-1918)

Architecte viennois, dont l'œuvre remarquable illustre fortement les contradictions de l'Autriche-Hongrie et celles des architectes européens durant le dernier tiers du XIXe siècle : la crainte, mêlée de fascination, provoquée par l'irruption brutale des techniques industrielles, l'effacement des valeurs aristocratiques devant les valeurs bourgeoises et la découverte de cultures riches dans les ethnies minoritaires et exotiques. Wagner fut lui-même partagé entre le classicisme et l'art nouveau, entre une conception artistique et une conception scientifique de la construction. Son ami intime, le peintre Gustav Klimt, ses assistants, Olbrich et Hoffmann, tinrent un rôle de premier plan dans la Sécession, variante germanique du style 1900. Loos, qui l'admirait, et Schindler, qui fut son élève, font partie des pionniers de l'architecture moderne, du style international. Wagner est l'architecte d'une transition (cf. H. Geretsegger et M. Peintner, *Otto Wagner*, Salzbourg, 1964). Tout son œuvre conservera intacts les fondements de la composition classique : symétrie, modénature, ornement. Mais l'œuvre connaîtra deux retournements stylistiques. Wagner construit pendant près de trente ans, à partir de 1870, des bâtiments de volume et de modénature apparentés au répertoire monumental classique, dans lesquels sont souvent introduits des poutres et des piliers métalliques dont le style évoque l'art romain. Soudain, en 1897, il dessine le célèbre immeuble Majolica, dont les façades couvertes de céramiques et d'arabesques art nouveau firent scandale à Vienne. Puis, en 1904, il revient, dans le siège de la Caisse d'épargne de Vienne, à un style moins lyrique ; il invente une ornementation originale, lisse, colorée et géométrique, proche de celles d'Hoffmann (palais Stoclet à Bruxelles) ou de Mackintosh (École d'art de Glasgow).

De l'œuvre de Wagner, les réalisations les plus remarquées sont, outre Majolica et la Sparkassenamt, les trente-six stations (plus les ponts, tunnels, soutènements...) du métro de Vienne (1896-1900), deux écluses et toutes les installations correspondantes sur le canal du Danube (1894-1898 et 1904-1908) et l'église Am Steinhof (1905). Les projets non réalisés, fort nombreux, témoignent, entre autres qualités, d'une maîtrise graphique tout à fait exceptionnelle. Le plus connu est *Die grosse Stadt* (*La Grande Ville*), un plan détaillé pour l'extension de Vienne (1911). Wagner y propose la construction successive, sur un schéma général radioconcentrique, de districts d'au moins 100 000 habitants, dans la conception desquels on retrouve à la fois Baumeister et Stübben (tracé géométrique simpliste), le Paris d'Haussmann (immeubles de six étages à l'alignement de larges avenues), l'urbanisme anglais (maillage de squares) et une transposition du Ring viennois (les principaux bâtiments publics regroupés autour d'une perspective centrale traitée en jardin public).

L'œuvre écrite de Wagner comporte principalement les quatre tomes de *Quelques Esquisses, projets et réalisations* (*Einige Skizzen, Projekte und ausgeführte Bauwerke*, 1890, 1897, 1906 et 1922) et *L'Architecture moderne* (*Moderne Architektur*, 1895), ouvrages qui ont été traduits en plusieurs langues.

GÉRARD BAUER

WALTER JEAN (1883-1957)

Fils d'un entrepreneur alsacien qui avait opté pour la France après la guerre de 1870, Jean Walter naquit à Montbéliard. Diplômé de l'École spéciale d'architecture en 1902, il ouvrit un cabinet dans sa ville natale : là, il se distingue très vite par ses tarifs, bien en deçà de ceux que pratiquent ses confrères, également étonnés par ses propos sur l'industrialisation nécessaire du bâtiment et la rationalisation de la conduite des chantiers. Déjà, le logement social intéresse le jeune architecte. En 1908, il édifiera deux cités ouvrières pour les Japy, habiles manufacturiers qui dominent le pays de Montbéliard depuis un siècle.

Il n'est donc pas étonnant que l'abbé J. Viollet, fondateur de la société L'Habitation familiale, ait appelé Jean Walter pour une réalisation pilote dans le domaine du logement populaire à Paris : quarante pavillons autour d'un jardin, rue Daviel, dans le XIIIe arrondissement. Pour la première fois, une famille ouvrière pouvait disposer d'une maison — en location — comprenant jusqu'à trois chambres d'une superficie moyenne de 20 mètres carrés. Construits en parpaings imperméables, matériau économique, ces « cottages » — encore habités aujourd'hui — marquent une étape dans la constitution du « mythe pavillonnaire » qui commence à hanter nombre de Français. Au même moment, en 1913, Walter a été choisi comme architecte par un groupement de coopérateurs ayant fait l'acquisition du château de Draveil et de son parc pour y réaliser « Paris-Jardins », une cité dans l'esprit de la *garden-city* anglaise dont l'idéal trouve alors des partisans jusqu'en Russie. Walter donnera le plan du lotissement, un parc aux voies sinueuses, et construira vingt-cinq maisons sans aucune originalité architecturale : il a adopté une fois pour toutes le « style normand ».

Plusieurs fois blessé pendant la guerre de 1914 qu'il terminera comme attaché au cabinet militaire de Georges Clemenceau, Jean Walter, après les hostilités, se découvre une autre vocation : en 1925, il décèle au Maroc, près de la petite ville d'Oujda, un gisement exceptionnel de plomb et de zinc. C'est le point de départ de la Société des mines de Zellidja qui lui apportera la fortune et le propulsera dans le monde des affaires.

Walter ne renoncera cependant jamais à l'architecture. En 1931, il est l'auteur de quelques immeubles de luxe d'apparence massive dans le quartier de la Muette (Paris, XVIe arrondissement), et surtout il commence à se spécialiser dans les bâtiments hospitaliers. Collaborateur d'Urbain Cassan, il est chargé de concevoir le nouveau Beaujon, à Clichy, un bloc vertical en béton de douze étages. Bâti en quatre ans, cet édifice unitaire tranche avec l'éparpillement des pavillons qui était de règle depuis le début du XXe siècle. Sur l'emplacement de l'ancien hôpital de la Charité, Walter implantera, en 1936, le complexe de la nouvelle faculté de médecine de Paris (VIe arrondissement), qui ne sera achevé qu'en 1950 et dont Louis Madeline fut le maître d'œuvre.

Résistant sous l'Occupation, Jean Walter sera arrêté et détenu plusieurs mois à Fresnes. Après la mort de sa femme, il s'était remarié, en 1938, à la veuve de Paul Guillaume, le marchand et critique d'art qui avait rassemblé l'une des plus belles collections de peinture du XXe siècle. Le couple Walter la complétera : donné à l'État, cet ensemble de cent quarante-quatre œuvres majeures a été installé au musée de l'Orangerie. En 1939, Walter avait fondé, avec l'approbation de Jean Zay, ministre de l'Éducation nationale, les bourses Zellidja qui permettent encore à des lycéens de mener à bien des projets de voyages sur des programmes originaux.

S'il ne fut pas un génie de l'architecture — le « style Walter » n'existe pas —, Jean Walter mérite d'avoir sa place parmi les novateurs du début du XXe siècle qui se passionnèrent pour le logement des humbles. D'une activité sans limites précises, il ressemble par maints aspects à Édouard Empain, l'ingénieur et financier belge qui s'attacha toute sa vie au développement des transports en commun.

ROGER-HENRI GUERRAND

WARCHAVCHIK GREGORI (1896-1972)

Architecte brésilien. Après avoir quitté en 1918, la Russie, où il est né, pour l'Italie, Warchavchik fait ses études à l'Institut supérieur des beaux-arts de Rome. Il travaille ensuite comme assistant de Piacentini. Installé au Brésil en 1923, il publie en 1925, dans la presse locale, un manifeste intitulé *Futurismo*, apologie de l'architecture fonctionnaliste européenne. La répercussion de ce texte dans un pays où triomphe l'éclectisme est tout d'abord limitée. Warchavchik construit sa maison (1927-1928) dans le quartier de Vila Mariana à S ao Paulo : volumes cubiques, dépouillement absolu, c'est l'illustration pratique des théories annoncées malgré des concessions sur le plan technique (construction traditionnelle) et stylistique (véranda de type colonial sur le jardin). Cet ouvrage, premier édifice d'esprit moderne réalisé au Brésil, déclenche une polémique qui se conclut par le triomphe de Warchavchik ; celui-ci obtient l'appui de l'aristocratie intellectuelle et commerciale pauliste. Il reçoit de nombreuses commandes de villas où il affirme avec une rigueur et une franchise accrues un style brutal dans sa sobriété. Le Corbusier lui accorde sa caution lors de son passage à S ao Paulo (1929) et propose la nomination de Warchavchik comme délégué des C.I.A.M. (Congrès internationaux d'architecture moderne). L'exposition de meubles modernes dessinés par l'architecte et présentés avec les productions des artistes locaux d'avant-garde dans la Maison moderniste, sa plus récente création, se traduit par un succès de prestige (1930). Appelé à Rio de Janeiro pour y enseigner l'architecture à l'École des beaux-arts (1931) lors de la réforme avortée de l'institution, il s'associe avec Lucio Costa (1931-1933) et la clientèle de la capitale commence à lui passer des commandes. Il demeure cependant à S ao Paulo où il poursuit sa carrière d'architecte et de constructeur jusqu'à la fin de ses jours.

Théoricien de l'architecture fonctionnelle, partisan du béton armé et de l'esthétique cubiste, Warchavchik a eu un rôle important de pionnier de 1925 à 1935. Mais, incapable de renouveler son style austère qui ne fait aucune concession à l'imagination formelle, il fut rapidement dépassé par l'éclosion du mouvement rationaliste brésilien, directement influencé par Le Corbusier.

YVES BRUAND

WEBB JOHN (1611-1672)

Architecte britannique, proche collaborateur d'Inigo Jones, il dessine pour les projets de ce dernier (Whitehall ; décors de Wilton House). Après Jones, il poursuit la leçon palladienne (Lamport Hall, 1654 ; Gunnersbury). Candidat malheureux à la charge de *Surveyor,* il dessine des projets d'églises et imagine pour Charles II un vaste palais à Greenwich dont seule une aile (King Charles' Building) est réalisée. Il fait paraître — sans le signer — un ouvrage sur les mégalithes de Stonehenge : *The Most Notable Antiquity of Great Britain* (1655). Son classicisme forme une transition entre l'art palladien d'I. Jones et le style personnel de C. Wren.

JEAN-PIERRE MOUILLESEAUX

Bibliographie

J. HARRIS & A. TAIT, *Catalogue of the Drawings by Inigo Jones, John Webb and Isaac De Caus at Worcester College,* Oxford, 1979.

WEBB PHILIP (1831-1915)

Architecte et designer anglais. Assistant de G.E. Street, alors très actif en faveur du « revival » néo-gothique, il fait la connaissance de William Morris pour lequel il construit, dans le Kent, la « Maison rouge » (1859), une résidence de campagne en briques d'inspiration médiévale. Devenu collaborateur de la firme Morris pour laquelle il crée des meubles, des tissus et des objets de métal, Webb s'affirme comme un maître de l'architecture domestique : « Clouds », dans le Wiltshire (1881-1886), figurera comme un modèle avec sa simplicité, son intérieur clair et dégagé.

ROGER-HENRI GUERRAND

Bibliographie

P. DAVEY, *Arts and Crafts Architecture,* Londres, 1980.

WELSCH MAXIMILIAN VON (1671-1745)

Architecte allemand. Originaire de Kronach en Franconie, Maximilian von Welsch reçoit à Bamberg une formation d'ingénieur militaire qui le mène au grade de général. En 1704, il entre au service du prince-archevêque de Mayence, l'archichancelier d'Empire Lothar Franz von Schönborn (1655-1729), et il s'établit définitivement dans cette ville.

Comme Balthazar Neumann, qui fut également au service de la famille des Schönborn, Maximilian von Welsch devait passer de l'architecture militaire (il a construit une ceinture de fortifications autour de la forteresse de Mayence) à l'architecture civile. Le château de la Favorite, inspiré de l'exemple de Marly, qu'il édifia à Mayence au début de sa carrière, a disparu. Lorsque Lothar Franz fit édifier au village de Weissenstein en Franconie la somptueuse résidence familiale qu'est le château de Pommersfelden, von Welsch donna les plans du jardin (1715) et ceux des écuries qui ferment la cour d'honneur (construites de 1714 à 1718) ; peut-être a-t-il participé à l'élaboration des plans du château lui-même, construit par Johann Dientzenhofer avec les conseils de Lukas von Hildebrandt. Lorsque Johann Philipp von Schönborn, neveu de Lothar Franz, décida de faire construire à Wurtzbourg, dont il était devenu prince-évêque en 1719, une chapelle funéraire à l'extrémité nord du transept de la cathédrale, les plans furent demandés à Maximilian von Welsch ; mais Neumann, chargé de l'exécution, modifia considérablement la disposition intérieure (1721-1724). Inversement, von Welsch dut revoir et corriger les plans de Neumann, alors au début de sa carrière, pour la résidence de Wurtzbourg, entreprise à la même époque ; la disposition générale est due à cette collaboration, si l'aspect extérieur reflète les interventions de Lukas von Hildebrandt et de Boffrand. La carrière des deux hommes devait encore se croiser : au château de Bruchsal (résidence du cardinal Damian Hugo von Schönborn, autre neveu de Lothar Franz), achevé par Neumann après que von Welsch eut été appelé à en tracer les plans dès 1720 ; à l'église de pèlerinage de Vierzehnheiligen, chef-d'œuvre de Neumann, pour laquelle un plan de von Welsch ne fut pas retenu ; à l'abbaye bénédictine d'Amorbach en Basse-Franconie (aujourd'hui église paroissiale), construite de 1742 à 1747, où, au contraire, le plan de ce dernier fut préféré à celui, malheureusement perdu, de Neumann. On peut regretter ce choix, von Welsch n'ayant pas fait preuve dans cet ouvrage d'une originalité bien sensible. Son style apparaît mieux à l'Orangerie de Fulda (1722-1724) : il s'y montre marqué par l'influence française, proche des disciples de Jules Hardouin-Mansart.

Directeur des bâtiments d'un des premiers personnages de l'Empire et d'un homme dévoré par la passion de bâtir, von Welsch ne jouit pas aujourd'hui d'une réputation à la mesure de ce que furent sa charge et ses responsabilités. Consulté sur de nombreux projets, il nous a laissé peu de témoignages de son talent. Ce fait tient en partie à l'habitude répandue à l'époque parmi les princes et dignitaires allemands de s'entourer des conseils de plusieurs architectes pour une entreprise de quelque importance. Cette habitude rend parfois difficile de déterminer la part revenant à chacun d'eux, et elle devait être défavorable à Maximilian von Welsch dans la mesure où il s'est ainsi trouvé éclipsé par l'extraordinaire génie que fut l'architecte des princes-évêques de

Wurtzbourg, Neumann, et même par le grand architecte viennois Lukas von Hildebrandt, appelé à travailler pour les Schönborn par le vice-chancelier d'Empire Friedrich Carl, autre neveu de Lothar Franz.

PIERRE VAISSE

WERKBUND DEUTSCHER

En 1902, alors même qu'il est attaché à l'ambassade d'Allemagne à Londres et qu'il arrive au terme d'une scrupuleuse enquête sur l'utopisme pratique et théorique de William Morris, l'architecte allemand Hermann Muthesius entreprit d'ébranler les mouvements fin de siècle qui défendaient la vieille tradition des métiers d'art. Pour lui, seuls les objets fabriqués à la machine sont susceptibles de répondre aux exigences de l'époque. De retour en Allemagne, en 1903, il s'attache avec une farouche obstination à jeter les bases d'un organisme qui devait tendre à « unir les artistes et les entreprises industrielles en vue de développer, par une association effective, le travail allemand dans le sens de la technique et du goût... ». Conséquence de ce travail préparatoire : le 6 octobre 1907 se réunissent à Munich une douzaine d'artistes (Behrens, Hoffmann, Olbrich, Riemerschmid, Fischer, Poelzig, Schumacher, Van de Velde...) et douze firmes industrielles pour fonder le Deutscher Werkbund.

Le manifeste inaugural de Werkbund (« le lien par l'œuvre ») exprime les objectifs et la philosophie du mouvement : « Choisir les meilleurs représentants des arts, de l'industrie, des métiers et du commerce ; coordonner tous les efforts vers la réalisation de la qualité dans la production industrielle, créer un centre de ralliement pour tous ceux qui ont la capacité et la volonté de faire des produits de qualité [...]. Il n'y a pas de frontière fixe entre l'outil et la machine. Des œuvres de qualité peuvent être créées indifféremment à l'aide d'outils et de machines dès l'instant que l'homme se rend maître de la machine et en fait un outil. » La notion de qualité qui est privilégiée est entendue comme signifiant « non seulement un ouvrage correctement adapté aux matériaux, mais ayant une portée sensible et une signification artistique ». Le Werkbund tend ainsi à neutraliser la distance que l'évolution économique et sociale a introduite entre l'art et la société, à convertir l'artisan et à conduire l'artiste à penser dans les termes de la nouvelle technologie. Il vise à insérer le potentiel créateur de l'artiste dans le circuit de la production industrielle. On peut ainsi espérer restituer au plasticien une fonction sociale depuis longtemps abandonnée. En somme, le Werkbund indiquait l'urgence de dépasser le plan archaïque des métiers manuels, dénonçait l'inadéquation des « écoles des métiers d'art » (Kunstgewerbeschulen), supputait l'apparition d'une discipline nouvelle dont les Américains prendront conscience vers les années 1930 à travers l'expérience du Bauhaus et les travaux de Raymond Loewy en la baptisant « industrial design » (connue en France, depuis 1945, sous le vocable d'Esthétique industrielle, qui a été remplacé par le mot design depuis les années 1970). Poussant plus avant encore sa pensée, Muthesius, à l'occasion de l'assemblée annuelle du Werkbund en 1914, défend vivement un processus susceptible de rationaliser davantage la production industrielle, en général, et de favoriser, en particulier, la standardisation de l'architecture. Cette position déclencha l'irritation de Van de

Velde pour qui la notion d'industrie restait liée à celle de *manufacture* et recouvrait davantage le travail fourni en atelier par des batteries d'outils que la production linéaire mécanisée. Au sein de Werkbund, les deux tendances s'affrontèrent toujours mais se cristalliseront autour du phénomène architectural. Le mouvement cesse toute activité, de même que le Bauhaus, en 1933, à l'avènement du nazisme. L'association a été reconstituée en 1947 à Rheydt, en Rhénanie.

ROBERT-L. DELEVOY

WOOD L'AÎNÉ JOHN (1704-1754)

Architecte qui travaille d'abord à Londres, il construit la Bourse de Bristol (1740) et celle de Liverpool (1748). Autodidacte savant, Wood fait paraître un ouvrage ésotérique *The Origin of Building* (1741). À partir de 1727, il conçoit de vastes projets pour Bath, appelée à devenir la ville d'eaux par excellence : on retrouve dans ses créations, le caractère pratique de l'urbanisme romain et la composition inventive de Palladio. Il crée ainsi un réseau d'espaces aux façades soigneusement ordonnancées : Queen Square (1729) relié par Gay Street à un hémicycle original, le Circus, commencé en 1754, et achevé par son fils. Dominant la ville, la résidence de Prior Park (1735) est une variation palladienne bien adaptée au site.

JEAN-PIERRE MOUILLESEAUX

Bibliographie

J. SUMMERSON, *Architecture in Britain 1530-1830*, 6ᵉ éd., Londres, 1977.

WOOD LE JEUNE JOHN (1728-1781)

Poursuivant l'œuvre de son père, Wood le Jeune se consacre au développement de Bath. Il termine le Circus, relié par Brock Street au Royal Crescent (1768), sa création urbaine la plus célèbre. Sachant utiliser la pente du terrain et le site bien dégagé, il regroupe les maisons particulières, les unifiant en une même façade en demi-cercle et rythmant ce vaste ensemble monumental de pierre par des colonnes ioniques. Cette formule devait connaître un grand prolongement dans l'urbanisme anglo-saxon. Wood est également l'auteur de deux édifices au néo-classicisme mesuré : le Hot Bath (1775) et les Assembly Rooms (1778), équipements remarqués de la ville d'eaux.

JEAN-PIERRE MOUILLESEAUX

Bibliographie

J. SUMMERSON, *Architecture in Britain 1530-1830*, Londres, 6ᵉ éd., 1977.

WREN sir CHRISTOPHER (1632-1723)

Wren est le plus célèbre architecte anglais et, dans ses projets les plus réussis, probablement le plus éminent. Son œuvre est inégale, en partie à cause de son absence de formation, mais aussi parce que ses protecteurs et surtout la Couronne ne disposaient pas des fonds nécessaires pour exécuter ses plans les plus ambitieux. Sa production fut prodigieuse : la cathédrale Saint Paul et cinquante-deux églises à Londres, trois palais, deux hôpitaux importants et un grand nombre d'ouvrages mineurs. Dans ses premières constructions et jusque vers 1675, il s'appuie beaucoup, pour le détail, sur les traités de Serlio et de Palladio, mais son style change au cours des années quatre-vingt. Son échelle s'agrandit, et, dans ses projets, il assemble fréquemment les différents corps de bâtiment ; en fait, la conception en est baroque, bien qu'on puisse admettre qu'il s'agit d'un baroque mesuré. Wren ne visita jamais l'Italie, de sorte qu'il devait tirer des gravures ses notions du baroque intégral. En 1665, antérieurement à sa décision définitive de devenir architecte, il fit un unique voyage sur le Continent (en France), mais il en garda une impression profonde. Depuis cette date et jusqu'à la fin du siècle, il contribua essentiellement à faire comprendre à l'Angleterre l'architecture classique.

Les années de formation

Wren naquit à East Knoyle dans le Wiltshire : sa jeunesse fut consacrée à la science et aux mathématiques où il excellait. Avant l'âge de trente ans, il occupa deux chaires d'astronomie à Londres, puis à Oxford, et fut, en 1661, membre fondateur de la Société royale des sciences. Cette culture scientifique lui donna le goût de résoudre les problèmes, et ses connaissances mathématiques lui furent précieuses.

Ses premiers ouvrages furent commencés avant 1665. Le plus important concerne le Sheldonian Theatre à Oxford, où se posait le problème de couvrir un vaste espace sans le soutien de colonnes intérieures ; Wren eut recours à des formes de bois triangulaires auxquelles le plafond était fixé. Le résultat suscita la vive admiration de ses contemporains bien que la conception de l'extérieur ne fût pas encore très perfectionnée.

Les travaux de Wren à la Société royale des sciences attirèrent rapidement l'attention du roi, ce qui eut un rôle important dans la suite de sa carrière. Cette période de formation s'achève par le voyage en France en 1665-1666.

Le grand incendie et ses répercussions

En septembre 1666, Londres fut presque complètement détruit par un grand incendie. Le roi désigna une commission dont Wren faisait partie pour résoudre les vastes problèmes qui en résultèrent. Cette catastrophe fut l'un des événements déterminants de la carrière de Wren qui fut occupé presque jusqu'à la fin de sa longue existence par les tâches de reconstruction. Des projets tendant à reconstruire l'ensemble de la ville selon un plan radioconcentrique se révélèrent irréalisables, et les membres de la commission se tournèrent vers le problème des églises dont cinquante-deux devaient être relevées. Wren fut probablement l'auteur des plans, mais il lui était impossible de surveiller tous les travaux en personne, et à certains endroits l'exécution est inélégante. L'extérieur, à l'exception des tours, importe peu, car il est de brique, matériau disponible le moins coûteux. Les plans, en revanche, sont fort intéressants. Certains des sites étaient irréguliers, Wren réussit cependant à aménager un édifice rectangulaire sur la plupart d'entre eux. Il n'y a cependant pas deux intérieurs identiques, et les proportions aussi bien que les solutions constructives adoptées pour le plafond et ses supports présentent une foule de variations ingénieuses. Elles sont souvent enrichies de galeries situées soit latéralement, soit à l'intérieur de la façade principale. La construction de nombreuses églises fut entreprise dans les années soixante-dix et plus encore dans les années quatre-vingt : la majorité des édifices étant prêts à être ouverts au culte vers 1685. Les tours et les flèches sont fréquemment bien postérieures au corps principal de l'église, et leur grande variété témoigne de l'esprit inventif de Wren. Malheureusement, les églises furent cruellement abîmées lors de la Seconde Guerre mondiale. Certaines d'entres elles ont pu être restaurées.

En 1669, Charles II avait nommé Wren *Surveyor General* auprès de la Couronne, et il fut fait chevalier en 1673 lorsqu'il abandonna finalement sa chaire d'astronomie à Oxford.

La cathédrale Saint Paul

En raison d'une plus grande urgence, les églises furent mises en chantier avant la cathédrale, bien que Wren ait commencé dès 1668 à en dessiner des projets. L'histoire longue et compliquée de ses multiples déconvenues ne peut être discutée ici. Wren était partisan d'une église à plan central en forme de croix grecque, mais le clergé y était hostile, et l'idée fut abandonnée, bien que, à en juger par une maquette qui se dresse encore dans la cathédrale, elle ait été l'une des plus magnifiques conceptions de Wren.

Charles II et Wren durent alors conclure un compromis. Wren fournirait des plans qu'il savait devoir agréer au clergé et Charles les accepterait par un acte royal contenant une clause autorisant l'architecte à apporter des modifications en cours de construction. Le projet retenu manque de hardiesse, il ne saurait être postérieur au *Great Model* et pourrait être celui de 1668. Il prévoit une croix latine longitudinale avec nef et chœur surhaussés traditionnellement par rapport aux bas-côtés.

La première pierre fut posée au chevet en 1675, et Wren apporta presque immédiatement une modification. Le projet de l'acte royal indiquait que les murs seraient en retrait au-dessus des bas-côtés et le mur extérieur s'élève sur un seul plan vertical sur toute la hauteur de la cathédrale. Cela confère à l'édifice une grandeur qui était absente du projet de l'acte royal et devait jouer un rôle important dans l'étayage de la coupole. En fait, la partie supérieure du mur est factice et sert à dérober à la vue les toits des bas-côtés et une série d'arcs-boutants.

L'acte royal implique que seul un nouveau chœur devait être reconstruit, le reste étant laissé à plus tard. Là encore, Wren opéra un changement, car, en 1684, bien que le chœur fût loin d'être achevé, des entrepreneurs travaillaient au côté nord de la nef. Au fur et à mesure que l'édifice s'élevait, il apparut orné d'une riche décoration florale dont l'échelle était parfaitement harmonisée aux proportions de l'ensemble. De nombreuses sculptures sont visibles également à l'intérieur de l'église. Ni le dôme ni les tours de la façade ne furent bâtis avant 1700. Les tours, dont les lignes sont rompues par des colonnes couplées, sont le trait le plus baroque de la cathédrale et contrastent avec la simplicité apparente du dôme. Ici, le tambour est entouré également d'une colonnade circulaire, bien qu'un intervalle sur quatre soit plein et serve ainsi de contrefort tout en ne rompant pas le grand élan de la corniche. Le dôme très élevé est supporté par huit piliers à l'intérieur de l'église et formé de trois coques. La coque intérieure s'infléchit en une courbe harmonieuse au-dessus du grand espace central percé d'une ouverture circulaire en son milieu, d'où la lumière pénètre largement par de hautes baies invisibles d'en bas. La coque extérieure de plomb recouvre celle de bois qui est au milieu, et entre les deux s'intercale un gros cône de brique qui supporte le poids de la grande lanterne.

Le dôme fut achevé en 1710, et le fils de Wren fut hissé au sommet dans une corbeille pour la pose de la dernière pierre, qui eut lieu quarante-cinq ans après celle de la première.

Les édifices civils

Outre le grand nombre d'édifices religieux qu'il conçut, Wren reçut également de multiples commandes civiles importantes. La première fut la bibliothèque du Trinity College à Cambridge (1676-1684). Cet édifice d'un seul tenant est d'une conception hardie, et les ordres architecturaux sont traités avec une précision extrême ; il fut construit sur l'extrémité libre d'une cour du début du XVIIe siècle, et une comparaison avec les bâtiments antérieurs révèle le changement que Wren apportait à l'architecture anglaise. L'ensemble est un peu plus complexe que ne le suggère l'extérieur, car l'étage principal n'est pas au sommet de l'ordre inférieur, mais abaissé au niveau des tympans sculptés. Le résultat est une pièce haute de plafond, qui offre un ample espace pour les rayonnages sous les fenêtres et un bon éclairage pour la lecture.

Dans les autres édifices importants qu'il conçut, Wren introduit l'agencement de corps de bâtiment groupés autour de cours. L'hôpital de Chelsea (1682-1691) a une avant-cour unique et profonde avec de longues ailes latérales en brique ; la façade du bâtiment principal qui les relie est décorée d'un ordre géant de pierre, orné de loggias des deux côtés de colonnes plus petites ; elle est surmontée d'une lanterne avec une coupole.

Au cours de la même décennie, Wren entreprit de construire un palais pour Charles II à Winchester (1683-1685), dont seuls subsistent des fragments, car le chantier fut pratiquement abandonné après la mort du roi en 1685. Wren envisageait un alignement de cours en entonnoir au fond duquel le corps principal soutiendrait une coupole.

L'avènement du roi Guillaume et de la reine Marie en 1688 apporta un regain d'ouvrage. Guillaume, trouvant le palais de Whitehall insalubre, acheta une demeure datant du début du XVIIe siècle, à Kensington, que Wren remania pour lui. Une commande plus importante suivit bientôt. Le couple royal décida de faire de Hampton Court (1689-1702) sa résidence principale à la campagne. Un palais Tudor occupait déjà le site, mais le projet de Wren supposait la démolition du bâtiment Tudor, excepté le grand hall Henri VIII. Le nouveau palais aurait une vaste façade avec un ordre colossal surmonté par une coupole et déboucherait sur une grande arrière-cour unique entourée de bâtiments. Ce grand dessein fut rejeté comme étant trop onéreux, mais un autre fut rapidement présenté. Les cours Tudor devaient subsister, et Wren leur avait ajouté une cour spacieuse avec, pour la reine, des appartements donnant sur le parc, alors que ceux du roi seraient orientés vers le sud. Hampton Court fournit la meilleure occasion d'étudier combien Wren est habile dans l'art de combiner deux matériaux. L'ouvrage principal est en brique, mais rehaussé d'embellissements considérables en pierre, et l'exploitation des contrastes de couleurs permet de prévenir la monotonie et d'éviter de donner trop d'importance aux verticales ou aux horizontales.

Le dernier édifice civil que Wren exécuta, et à bien des égards le plus réussi de tous, est l'hôpital de Greenwich (1696-1702). Une fois de plus, il proposa un alignement de cours débouchant en apothéose sur un grand bâtiment couronné d'une coupole. Le projet fut rejeté, car le bâtiment surmonté de la coupole aurait bouché la vue sur le fleuve de la Maison de la reine, œuvre d'Inigo Jones, située un peu plus haut sur la colline. Il résolut finalement le problème en élevant deux avant-corps saillants plus proches du fleuve, la position du grand hall orné de peintures et de la chapelle étant désormais marquée par deux dômes réduits prenant appui sur de hauts tambours. Deux longues colonnades en partaient pour former un cadre à la Maison de la reine.

Wren mourut dans sa maison de St. James Street à Londres. Il fut inhumé dans la crypte de Saint-Paul, et son fils plaça sur le mur, au-dessus de la pierre tombale très simple, une inscription qui s'achève sur ces mots : ... *lector, si monumentum requiris, circumspice* (« lecteur, si tu désires un monument, regarde autour de toi »).

MARGARET DICKENS WHINNEY

Bibliographie

K. DOWNES, *English Baroque Architecture*, Londres, 1966 ; *Sir Christopher Wren*, Trefoil, Londres, 1988 / E. F. SEKLER, *Wren and His Place in European Architecture*, Londres, 1956 / J. SUMMERSON, *Architecture in Britain, 1530-1830*, Harmondsworth, 1953, rééd. 1970 ; *Wren*, Londres, 1953 / G. WEBB, *Wren*, Londres, 1937 / M. D. WHINNEY, « Sir Christopher Wren's visit to Paris », in *Gazette des Beaux-Arts*, avr. 1958 ; *Christopher Wren*, Londres, 1971 / M. D. WHINNEY & O. MILLAR, *English Art : 1645-1714*, Oxford, 1957 / S. WREN, *Parentalia or Lives of the Wrens*, Londres, 1750, rééd. 1969 / *The Wren Society*, 20 vol., Oxford, 1924-1943.

WRIGHT FRANK LLOYD (1867-1959)

« **B**ien que la Bible ait joué un rôle d'une importance incalculable dans la formation de la culture occidentale pendant deux millénaires, c'est seulement avec Wright que la pensée biblique est parvenue à s'exprimer dans l'architecture, dominée de façon à peu près totale par la tradition gréco-romaine. » Wright avait dans le sang le sens missionnaire de la protestation. Il cherchait « la vérité contre le monde ». Comme le fait observer Norris Kelly Smith, dans *Frank Lloyd Wright : A Study in Architectural Content*, il est le premier architecte à puiser directement dans la pensée hébraïque : il défend une conception de la vie dynamique, vigoureuse, passionnée et souvent explosive, antagoniste de la vision modérée, harmonieuse, olympienne, propre à la culture hellénique, et que l'aristotélisme chrétien a assimilée en fonction du pouvoir politique de l'Église.

Déchirure de la boîte architecturale

Frank Lloyd Wright est né à Richland Center, dans le Wisconsin ; son père était un pasteur baptiste, devenu ensuite « unitarien ».

Dès sa jeunesse, Wright est un rebelle : dans le *cursus* des architectes américains, même des plus indépendants comme Henry Hobson Richardson et Louis Sullivan, l'École des beaux-arts de Paris constituait une étape obligatoire ; lorsqu'on offre à Wright, en 1894, d'aller à Paris, sa réponse est un « non » tranchant. C'est qu'il a appris à détester le classicisme en observant à quelles tragiques conséquences il menait à l'exposition colombienne de Chicago en 1893 : une « White City » de style gréco-romain, une ville blanche comme les visages cadavériques de ses édifices de marbre. Élève de Sullivan, avec qui il avait travaillé pendant cinq ans, il veut, en architecture aussi, revenir aux sources bibliques, à la matrice, à la vérité originaire, et il en vient rapidement à l'identifier dans l'espace intérieur, défini comme l'élément dirigeant, le protagoniste de la réalité architecturale.

Le premier cycle de l'activité de Wright va de la Winslow House à River Forest dans l'Illinois (1893) jusqu'aux chefs-d'œuvre que sont la Robie House de Chicago, la Roberts House et la Coonley House de Riverside (1908-1909). C'est la période dite des *Prairie Houses*, qui témoigne d'une agression croissante contre le principe traditionnel de la boîte architecturale. La Winslow House se présente encore comme un prisme compact, avec symétrie de la façade. Mais déjà, en 1900, la Hickox House de Kankakee, dans l'Illinois, a rompu l'enveloppe pour projeter les volumes des différentes pièces dans le paysage. À Highland Park (Ill.), la Willitts House, qui est de 1902, offre un parti en croix, avec des bras qui partent de la cheminée et se prolongent en longs portiques assumant une fonction de liaison entre les lieux clos et la nature. Dans la Roberts House, la fluidité planimétrique est intégrée par la continuité verticale, grâce à un séjour qui relie deux niveaux. C'est toujours la ligne horizontale qui domine : elle est la « ligne de terre » immanente. Sous cet aspect aussi, Wright est biblique, et non pas chrétien : il mise sur la vie vécue, et non sur la vie éternelle, il considère le chemin de l'homme dans ce monde, et non celui de l'œil montant vers Dieu.

La période des Prairie Houses comprend divers bâtiments non résidentiels, parmi lesquels le Larkin Building à Buffalo (N. Y.), qui est de 1904, et le Unity Temple de Oak Park (Ill.), de 1906. Ils expriment l'idée wrightienne des structures insérées dans le milieu urbain, idée qui trouvera plus tard confirmation dans le Johnson Wax Building et dans le musée Guggenheim : l'attention créatrice est concentrée à l'intérieur, dans un grand creux illuminé par en haut et protégé des bruits de la ville par des murs solides.

L'influence de Wright est fondamentale pour l'architecture moderne en Europe. Lorsque ses œuvres sont exposées à Berlin en 1910 et publiées dans une superbe édition Wasmuth, des jeunes aux tempéraments les plus divers, de Ludwig Mies van der Rohe à Erich Mendelsohn, de J. J. P. Oud à Hugo Häring, en subissent un véritable trauma. Le mouvement hollandais De Stijl, se réclamant de certaines expériences des Prairie Houses, théorise la rupture du volume compact et sa réduction en plaques librement encastrées dans l'espace ; mais même le courant opposé, courant dit de l'école d'Amsterdam, s'inspire du maître américain, dont Hendrik Petrus Berlage est un admirateur inconditionnel.

En dépit de l'envahissement des États-Unis par l'académisme, la première décennie du XXe siècle marque le triomphe professionnel de Wright, qui construit cent quarante résidences et édifices divers. Il n'a désormais aucune incertitude quant à son avenir – mais c'est alors que brusquement il balaie tout : en 1909, sans avertir personne, il abandonne son atelier de Oak Park, ses six enfants ; coupant les ponts avec son passé et sans se soucier du scandale, il s'enfuit en Europe avec la femme d'un client. Pourquoi ? « Ne sachant pas ce que je voulais, je voulais partir », explique-t-il dans son *Autobiographie*.

« Dans la nature des matériaux »

De cette fugue, qui lui vaudra vingt années de persécutions et de très graves difficultés financières, on a donné de nombreuses interprétations. La plus convaincante est celle que propose N. K. Smith : Wright se sentait suffoquer dans la vie suburbaine de Oak Park. Il avait vécu à Chicago l'épopée de la métropole, il en avait subi la fascination ; mais, tout comme Whitman, Thoreau et Emerson, il la détestait – exaltant le rêve d'une existence libre, au contact de la nature. Oak Park était une expérience négative sous un double aspect : ni ville ni campagne, mais un compromis, la périphérie. Sensible à tout ce qu'un tel compromis comporte de faux, il suit son impulsion hérétique et anarchiste. Et il accomplit un geste qui conditionnera son activité pendant un quart de siècle, de 1910 à 1935, mais qui apparaît inévitable pour la régénération de sa personnalité d'homme et aussi de poète.

Dans la nature des matériaux est la recherche qui définit les principales œuvres du second cycle, à savoir les Midway Gardens de Chicago (1914), l'Imperial Hotel de Tōkyō (1916-1922), les villas californiennes de 1920 à 1924. On a parlé, et non sans raison, d'une phase « expressionniste ». Alors que les rationalistes européens pratiquent une architecture décharnée, par élimination du poids et de l'épaisseur et réduction à des cloisons bidimensionnelles qui visent un idéal de transparence et de légèreté, Wright creuse, déchire, agresse le bois, la pierre, la brique, le ciment, le métal et le verre, afin d'en extraire des messages spécifiques, de posséder les secrets de la matière jusqu'à ses fibres les plus intimes. Chargeant de décorations les salles de l'Imperial Hotel, il semble revenir en arrière, au XIXe siècle ; mais les résultats de cette entreprise sont évidents dans les villas californiennes, et surtout dans « La Miniatura » de Pasadena (1923), où les blocs de béton sont perforés de telle sorte que la lumière, plutôt que de pénétrer à travers des trous pratiqués dans les murs, semble leur être intégrée.

En 1911, sur la terre de ses ancêtres, à Spring Green, dans le Wisconsin, il commence la construction de Taliesin, communauté qui comprend habitation, école, atelier et ferme. Détruite à deux reprises par des incendies, elle est reconstruite, agrandie, enrichie, incarnant un système de vie en perpétuelle transformation.

C'est à cette époque que Wright découvre l'Arizona : près de Chandler, en 1927, il aménage Ocotillo Desert Camp selon des formes extravagantes et en biais qui annoncent les habitations des communautés hippies. Lorsqu'en 1938, poussé par une soif angoissée et indomptable de liberté, il voudra édifier une autre Taliesin, c'est dans le désert de l'Arizona qu'il choisira de la situer.

Le génie du continuum spatial

En 1932, le musée d'Art moderne de New York organise une exposition internationale d'architecture. On discute longuement pour savoir si l'on invite Wright ; nombreux sont ceux qui soutiennent que sa mentalité de pionnier, son individualisme farouche, son amour de la nature en font un romantique d'une exceptionnelle grandeur, mais irrémédiablement attaché à l'esprit du XIXe siècle, que Gropius, Le Corbusier, Mies van der Rohe ont dépassé. Aujourd'hui, pareille thèse nous paraît incompréhensible et grotesque. Mais personne ne pouvait prévoir, en 1932, que le génie de Wright exploserait en de nouveaux élans d'imagination surhumaine, dont l'histoire tout entière de l'architecture ne fournit peut-être aucun autre exemple.

En effet, la Maison sur la cascade (*Falling Water*), villa Kaufmann à Bear Run, en Pennsylvanie (1936-1939), semble représenter l'abord d'un chemin millénaire. L'homme, depuis la préhistoire jusqu'au

Ier siècle avant l'ère chrétienne, a vécu dans la terreur ancestrale de l'espace : le « vide » signifiait la négativité, l'insécurité, et c'est pourquoi, pendant des millénaires, l'architecture s'est exprimée sous forme d'éléments solides « pleins », en volumes tangibles comme les Pyramides, en objets plastiques immaculés comme les temples grecs. C'est seulement avec le Panthéon, à Rome, que l'espace intérieur acquiert une légitimité artistique, mais c'est un espace statique, hermétiquement clos, séparé du monde environnant et opposé à lui. Depuis le Panthéon jusqu'à la Maison sur la cascade, l'effort des architectes, au Moyen Âge, à la Renaissance, au cours de la période baroque et de l'illuminisme, vise à libérer cet espace, à établir un dialogue entre la cavité architecturale et le paysage. Mais en 1936, pour la première fois dans l'histoire, édifice et nature s'intègrent dans un champ magnétique total. C'est une époque nouvelle qui commence, dont très peu ont alors conscience. Le génie devance : celui de Wright appartient, dans une large mesure, au futur.

La vision tridimensionnelle de la Renaissance est ici complètement brûlée : il n'existe plus de volumes, de façades, de hiérarchies perspectives, de points de vue privilégiés, de clivages entre un « dedans » et un « dehors ». Les espaces intérieurs sont projetés, les espaces extérieurs sont aimantés et comme aspirés. Cascade, murailles pierreuses, rubans vitrés, saillies en béton, escalier jeté sur des courants fluviaux, masses d'arbres et rochers, tout cela est mêlé et emporté dans un même mouvement, dans le plus vital et le plus miraculeux continuum de l'aventure humaine.

Dans les bureaux de la Johnson Wax à Racine, dans le Wisconsin (1936-1939), l'immense espace central, ponctué de points d'appui arboriformes, rappelle le schéma du Larkin Building. Mais, désormais, les volumes enveloppants sont ondulés et fluides, et même les angles formés par les murs et les plafonds sont troués par des boutonnières lumineuses.

Taliesin West, à Paradise Valley, près de Phœnix en Arizona (1938), est conçue hors de toute référence linguistique : c'est un campement qui exalte la vie communautaire, le sentiment panique du provisoire et du changeant. Taliesin, dans le Wisconsin, a un caractère monastique à part : il défend les valeurs existentielles contre la corruption du quotidien urbain. Taliesin West, en revanche, s'affranchit de toute polémique. L'architecture, qui fait correspondre ses diagonales avec les cimes des montagnes, se fond dans le paysage, elle le domine et s'en laisse dominer.

Malgré l'importance croissante de ses entreprises, Wright n'abandonne pas la construction familiale. À partir de 1934, les *Usonian Houses* se multiplient, explorant toutes sortes de formes, depuis l'emboîtement d'hexagones de la Hanna House à Palo Alto (Calif.), en 1937, jusqu'à la spirale de la maison qu'il construit pour son fils David, près de Taliesin West, en 1952. Mais il arrive souvent que la géométrie soit écartée au bénéfice d'images « informelles » prophétiques, annonciatrices des dimensions futures de la liberté humaine.

Parmi les innombrables chefs-d'œuvre de sa dernière période, débordante de gestes créateurs – le Florida Southern College à Lakeland (Flo.) de 1938-1950 ; l'église « en attente de prière » à Madison (Wisc.), de 1951, la tour Price à Bartlesville (Okl.), de 1953-1956 – se détache le musée Guggenheim de New York (1946-1959) : une route ascendante et dilatée en spirale, une sorte de supergarage pour l'art – promenade qui prolonge celles de la cité bien qu'en en contestant l'échiquier orthogonal. Ce qui triomphe, ici, c'est une vision temporelle, une architecture exclusivement de parcours. Ce bâtiment incarne une idée démocratique de la jouissance artistique, il se moque de la rhétorique sacrée des musées classiques, antiques ou pseudomodernes ; c'est pourquoi il suscite l'enthousiasme du public, des hommes du commun, mais est honni par les conservateurs et les « experts », au point que, dès la disparition du maître, on en modifia l'éclairage qu'il avait conçu en liaison avec celui, toujours mobile, de la ville.

L'activité se conclut sur une note véritablement biblique, avec la synagogue d'Elkins Park à Philadelphie, inaugurée en septembre 1959, quatre mois après sa mort. Sur un soubassement en béton s'élève un trépied de verre, la « montagne de lumière », le « transparent Sinaï ».

En 1930, répondant à un critique américain qui le présentait comme « dépassé », Wright écrivait : « J'avertis Henry Russell Hitchcock, ici et maintenant, que, ayant commencé sous d'heureux auspices, j'entends être, non seulement le plus grand architecte qui ait jamais vécu jusqu'à ce jour, mais encore le plus grand qui vivra jamais. Oui, j'entends être le plus grand architecte de tous les temps. Cela dit, je mets le carré rouge et je signe cet avertissement. » Le maître était connu pour son ironie et son esprit sarcastique ; mais lorsqu'il affirme sa volonté artistique, il ne plaisante pas. Il a pleinement réalisé son programme.

Une bipolarité urbanistique révolutionnaire

Wright fut le premier et même le seul architecte de son époque à comprendre que l'automobile devait avoir des conséquences colossales et dramatiques dans le sens d'une « désurbanisation ». Tandis que les autres poursuivaient des idéaux utopiques et absurdes, comme ceux des « cités-jardins », en exhumant les villages anglais du Moyen Âge, il comprit, lui, qu'il fallait, une fois annulée la séparation entre ville et campagne, reconstituer la pensée urbanistique sur des bases radicalement nouvelles, révolutionnaires. Face aux métropoles surannées, il propose une thérapie bipolaire qui, aujourd'hui, après de nombreuses décennies et alors qu'il est peut-être déjà trop tard, est adoptée par la plupart des urbanistes : d'un côté, la « cité-territoire », Broadacre City, élaborée de 1932 à 1958 ; de l'autre, des macrostructures concentrées, dont l'« Illinois », le gratte-ciel haut d'un mile, est l'emblème.

En attribuant à chaque personne une surface minimale d'un acre (4,047 m²), la population tout entière des États-Unis pourrait résider sur une superficie à peine supérieure à celle du Texas ; il existe donc de larges possibilités de parvenir à une désurbanisation organique. Quant à l'« Illinois », avec ses 528 étages, il abrite 130 000 habitants, et comporte en outre un parking pour 15 000 voitures et deux terrasses pour 100 hélicoptères : il suffit de dix structures de cette dimension pour remplacer tout l'amas architectural de Manhattan.

Ainsi, Wright, le plus grand poète de l'architecture, a indiqué les seules voies logiques pour éviter la catastrophe de la civilisation urbaine.

BRUNO ZEVI

Bibliographie

F. Ll. WRIGHT, *An Autobiography*, New York, 1932, éd. rev. 1943 ; *The Disappearing City*, New York, 1932 ; *A Testament*, New York, 1957 ; *Selected Writings*, éd. F. Gutheim, New York, 1941 ; *Writings and Buildings*, éd. E. Kaufmann & B. Raeburn, New York, 1960 ; *In the Cause of Architecture*, éd. F. Gutheim, 1975 ; *L'Avenir de l'architecture*, 2 vol., trad. M.-F. Bonardi et W. Desmond, Denoël, Paris, 1982 ; *Projets de réalisations (Ausgeführte Bauten und Entwürfe*, Berlin, 1910), trad. franç., Herscher, Paris,

1986.*L'Architettura. Cronache e storia*, nº 82, août 1962, et nº 169, nov. 1969 / J. Barnett, « Rethinking Wright », in *Architectural Forum*, juin 1972 / H. R. Hitchcock, *In the Nature of Materials : The Buildings of Frank Lloyd Wright, 1887-1941*, New York, 1942 / A. Izzo & C. Gubitosi, *Frank Lloyd Wright. Dessins 1887-1959*, catal. expos., E.N.S. des Beaux-Arts, Paris, 1989 / N. Kelly Smith, *Frank Lloyd Wright*, Englewood Cliffs (N. J.), 1966 / G. C. Manson, *The First Golden Age. Frank Lloyd Wright to 1910*, New York, 1958 / B. B. Pfeiffer, *Frank Lloyd Wright*, Seuil, Paris, 1993 / W. Storer, *The Architecture of F. Ll. Wright, a Complete Catalog*, Cambridge (Mass.), 1974 / D. Treiber, *Frank Lloyd Wright*, Hazan, Paris, 1986 / B. Zevi, *Frank Lloyd Wright*, Milan, 1947 ; « Attualità dell'urbanistica wrightiana », in *L'Architettura. Cronache e Storia*, nº 204, oct. 1972 ; *Frank Lloyd Wright*, Bologne, 1979.

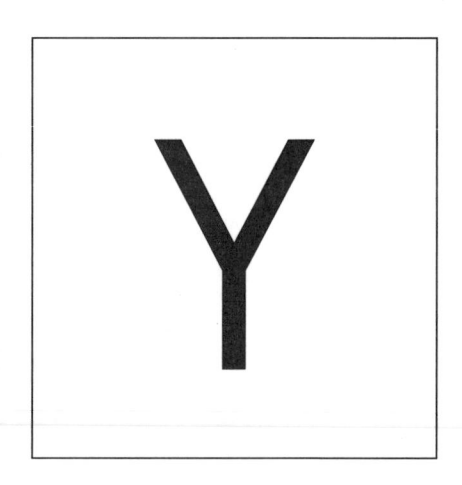

WYATT JAMES (1747-1813)

Un des architectes les plus représentatifs du courant pittoresque anglais qui a réalisé la transition du néo-classicisme orné au néo-gothique. Après avoir travaillé six ans à Venise, il connaît la célébrité grâce à la construction du Pantheon d'Oxford Street à Londres (1769) et réalise d'élégantes maisons de campagne aux décors intérieurs raffinés (Heaton Hall, Bryanton House, Goodwood House) ou les met au goût du jour (Heveningham Hall, Castle Coole en Irlande). Deux de ses œuvres majeures auront une grande influence : l'immense et chaotique Fonthill Abbey (1795 -1807), prototype du néo-gothique, et l'église de Dodington (1796), unissant le vocabulaire dorique à la recherche de l'asymétrie.

JEAN-PIERRE MOUILLESEAUX

Bibliographie
A. Dale, *James Wyatt,* Londres, 1956.

YAMASAKI MINORU (1912-)

Architecte américain. Deux années passées chez le designer Raymond Loewy, en 1944 -1945, ont poussé Yamasaki à créer ses bâtiments-comme des objets industriels, prototypiques et hors contexte. Si, de ce point de vue, le Century Plaza à Los Angeles (1966 -1975) ou le World Trade Center à New York (1969 - 1974) sont des réussites, l'opération « Pruitt Igoe », à Saint Louis (1952 -1955), est devenue célèbre pour avoir été en 1972 le premier grand ensemble détruit au monde, à la grande joie de la critique post-moderne.

FRANÇOIS GRUSON

Bibliographie
« Recent Work of Minoru Yamasaki », in *Casabella*, Milan, janv. 1966.

YEVELE HENRY (entre 1320 et 1330-env. 1400)

Architecte anglais qui a dû se former, avec son frère Robert, sur le chantier de la cathédrale de Lichfield. Henry Yevele quitte la région pour Londres après la Peste noire. Il apparaît dans la ville en 1353 et y demeure jusqu'à sa mort. Il y prend rapidement de l'importance à la fois comme entrepreneur, comme marchand de matériaux de construction, comme propriétaire de biens immobiliers et comme architecte. Sa clientèle est de qualité ; il travaille pour le Prince Noir à Kennington dès 1357, pour le prieur de la chartreuse de Londres, pour l'abbé de Westminster, pour le duc de Lancastre Jean de Gand au Savoy, pour la municipalité de Londres, pour le lord de Cobham dans le Kent, pour l'évêque de Winchester, William de Wykeham. En 1360, il entre au service du roi, devient un de ses architectes en chef en 1378 et est nommé en 1390, avec deux autres architectes, maître des œuvres du roi pour toute l'Angleterre. Ses travaux sont très variés : il exécute des réparations et des travaux d'entretien, il fait des projets pour des palais, des manoirs, des collèges, il contribue à l'architecture militaire par des fortifications, il élève un pont, il dessine des jubés et des sépultures, il construit des églises.

Parmi les œuvres qui subsistent, il faut mentionner le grand hall royal de Westminster, qu'il élève à partir de 1394 avec le maître charpentier Hugh Herland, le jubé de Neville à la cathédrale de Durham (qui lui est attribué vers 1380), les tombeaux d'Édouard III, de Richard II et du cardinal Langham, ainsi que la nef de la cathédrale de Canterbury, qui fait de lui le rival de William Wynford, auteur de la nef de la cathédrale de Winchester. Il y apparaît comme le meilleur représentant du style perpendiculaire défini par le réseau rectangulaire des baies, excluant tout élément curvilinéaire.

ANNE PRACHE

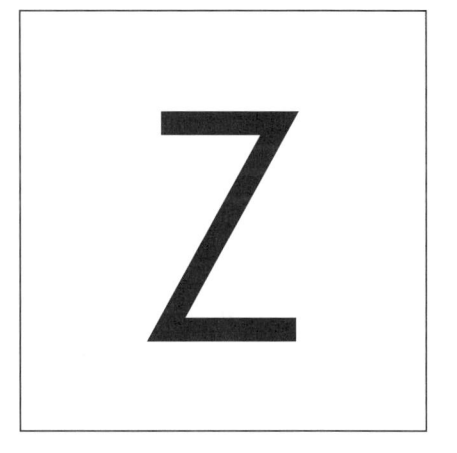

ZAKHAROV ANDREÏAN DIMITRIEVITCH (1761-1811)

Élève de l'Académie des beaux-arts de Saint-Pétersbourg où des maîtres français et italiens transmettent les préceptes d'un néo-classicisme devenu international, Zakharov obtient une bourse d'étude à l'étranger qui lui permet de découvrir Rome et surtout Paris où, de 1782 à 1786, il fréquente assidûment l'atelier de Chalgrin. De retour à Saint-Pétersbourg, il participe (avec son compatriote Voronikhine) à la vaste campagne de construction entreprise par les continuateurs de Catherine II : les tsars Paul Ier (1796-1801) et Alexandre Ier (1801-1825). L'influence française, devenue prépondérante à cette époque, culmine avec la présence à Saint-Pétersbourg de l'architecte Thomas de Thomon qui, associé aux artistes russes, construit d'importants édifices publics (en particulier, la célèbre Bourse de commerce), imposant ainsi à la capitale un style puissant et contrasté, qui conjugue les portiques des temples de Paestum avec les volumes expressifs imités d'un Ledoux, sur une échelle colossale que les architectes révolutionnaires avaient pressentie. Fortement marqués par une éducation que prolongent ces exemples, les jeunes architectes russes, et particulièrement Zakharov, vont créer un style très original qui concrétise les utopies des architectes français les plus ambitieux. L'Amirauté, élevée entre le quai de la Neva et l'aboutissement de la perspective Nevski, face à l'Ermitage, occupe le cœur de la ville néo-classique qu'est Saint-Pétersbourg. Édifice majeur de la carrière de Zakharov, l'Amirauté fut construite sur ses plans entre 1805 et 1819. Malgré ses dimensions gigantesques, l'édifice conserve une élégance indéniable, avec ses colonnades, ses frises et ses sculptures (les célèbres cariatides portant la sphère céleste, dues au sculpteur T. Chtchedrine) qui se détachent, blanches, sur l'enduit jaune vif du mur. Une flèche d'or couronne le pavillon central qui domine deux ailes très allongées qu'encadrent des pavillons aux masses synthétiques et pittoresques à la fois. L'Amirauté est sans conteste le bâtiment le plus impressionnant et le plus original des édifices russes de cette période. On doit encore à Zakharov un projet pour l'église de Gatchina (inspiré de la Rotonda de Palladio), la construction de fabriques et de communs dans le parc de Gatchina (1800) et la cathédrale Saint-André de Cronstadt.

DANIEL RABREAU

ZEHRFUSS BERNARD (1911-1996)

L'architecte Bernard Zehrfuss, membre de l'Institut, secrétaire perpétuel de l'Académie des beaux-arts, est mort le 3 juillet 1996.

Né le 20 octobre 1911 à Angers, il avait été l'élève du célèbre « patron » Emmanuel Pontremoli. Il reçut en 1939, juste avant la guerre, le premier grand prix de Rome, mais la villa Médicis était alors repliée à Nice et lui-même mobilisé. À son retour, il assista Eugène Beaudouin à l'école des Beaux-Arts de Marseille – où s'étaient installés nombre d'élèves qui ne souhaitaient pas retourner en zone occupée – et anima l'atelier d'Oppède-le-Vieux, où étaient réunis des musiciens, peintres, sculpteurs et architectes. Là ils élaborèrent un grand projet fondé sur le renouveau des métiers, qui fut exposé à Vichy et leur valut une subvention de l'État français.

Grâce au prix de Rome, Zehrfuss obtint un laissez-passer afin d'étudier le futur Institut français de Barcelone. Engagé à Madrid dans les Forces françaises libres, il se rendit en 1943 à Alger, d'où il fut envoyé en Tunisie. D'abord chargé d'expertiser les dégâts occasionnés par la guerre, il fut nommé directeur du service d'architecture de la direction des Travaux publics de ce protectorat français, poste qu'il occupa jusqu'en 1947. Outre les plans de reconstruction des villes les plus abîmées, comme Sfax et Bizerte près de laquelle il traça la ville nouvelle de Zarzouna, il dirigea le plan d'extension des autres agglomérations, la conception et la réalisation de tous les édifices publics, plans types d'écoles, ensembles de logements, dispensaires et marchés. Il y signa plus particulièrement le cimetière militaire de Gammarth et l'immeuble de la Sûreté. Après l'indépendance, il dressa le plan général de la faculté de Tunis, au sein de laquelle il construisit la faculté des sciences (1960-1963).

Dès son action tunisienne, où il déclarait vouloir « introduire quelques-unes des idées essentielles de la Charte d'Athènes » (qu'il avait découvertes durant la guerre), prévalaient les critères fonctionnalistes : rationalité, orientation, lumière et salubrité. Il exerça ensuite en Algérie, construisant notamment des ensembles de logements, avant de se heurter à l'hostilité de Fernand Pouillon, appelé par le maire d'Alger, Jacques Chevallier, en 1953.

Conçu avec Pier Luigi Nervi et Marcel Breuer, le palais de l'U.N.E.S.C.O. (Paris, 1952-1958) reste son grand œuvre : un majestueux immeuble en Y, dressant des façades à brise-soleil de verre sur des pilotis de béton, et une superbe salle des conférences autonome, en béton plissé en accordéon. Zehrfuss en bâtira les extensions successives.

Il participa ensuite à la réalisation du Centre national des industries et des techniques, C.N.I.T., à la Défense (1954-1958), en association avec Robert Camelot et Jean de Mailly, les ingénieurs Jean Prouvé pour la façade de verre, et surtout Nicolas Esquillan, inventeur de l'extraordinaire voûte tripode à double coque mince qui reste l'un des chefs-d'œuvre des années 1950.

Avec les deux mêmes confrères, il fut l'auteur d'une première esquisse pour l'aménagement de l'axe de la Défense, dès le milieu des années 1950, du premier plan-masse officiel de l'opération (1957-1958), puis (avec Paul Herbé et Robert Auzelle) d'un second en 1960, approuvé en 1964. C'était un délicat mélange de modernisme et de composition classique proposant des jeux de symétrie tempérée, des tours qui eussent toutes culminé à 100 mètres et des ensembles de logements organisés autour de cours carrées inspirées du Palais-Royal. Avec, faisant face au C.N.I.T., une spectaculaire tour-signal quadripode de 200 ou 250 mètres de hauteur, « un équilibre de volumes et non une symétrie ». Le plan fut abandonné à la fin des années 1960, au profit d'un jaillissement plus libéral et plus spontané des tours, et le signal dont il rêvait au profit de la proposition faite en 1971 par Ieoh Ming Pei pour le site de la Tête-Défense. Jusqu'à la fin de sa vie, il regrettera cette « composition » architecturale « gâchée par la spéculation ».

Le quartier du Haut-du-Lièvre (1959-1963), sur un plateau surplombant Nancy, est également caractéristique du formalisme qui présidait à la conception des grands ensembles français des années 1950, mélange d'académisme et de rationalisme moderne. Il groupe quelque 3 000 logements, dont plus de 1 600 dans deux barres qui totalisent plus de 700 mètres linéaires de façade. « Toute la composition de ce nouveau centre se rattache à la composition classique de Nancy, écrivit l'architecte. [Elle] est donc volontairement rigide, sévère même. Nancy, ville d'ordre et de tradition, n'aurait pu supporter un ensemble baroque à ses portes. »

On lui doit l'usine Renault et la cité de Flins (1950-1958), l'imprimerie Mame à

Tours, les sièges de Sandoz à Rueil-Malmaison (1968), Siemens à la Plaine-Saint-Denis (1972), Garonor à Aulnay-sous-Bois (1967), Jeumont-Schneider à Puteaux (1976). Mais aussi l'ambassade du Danemark à Paris (1970) et celle de France à Varsovie. Enfin le beau musée de la Civilisation gallo-romaine de Lyon (1972-1975), construit autour d'une rampe qui, sur 300 mètres, s'enfonce dans le sol, sous de sombres ossatures de béton brut, avec des canons à lumière offrant quelques vues sur le site archéologique de Fourvières.

FRANÇOIS CHASLIN

Bibliographie

Annales de l'I.T.B.T.P., juin 1950 / *L'Architecture d'aujourd'hui* : n° 20, *Tunisie* / G. GILLET, *Discours de réception de B. Zehrfuss*, Institut de France, Paris, 1983 / S. SANTELLI, « Tunis la Blanche », in *Architectures françaises outre-mer*, Ifa-Mardaga, Liège, 1992 / B. ZEHRFUSS, *De l'architecture, Des villes*, Institut de France, Paris, 1994 et 1995 ; *Vie d'architecte*, manuscrit inédit, 1973.

ZIMMERMANN DOMINIKUS (1685-1766)

Stucateur et architecte allemand, Dominikus Zimmermann est le frère du stucateur et fresquiste Johann Baptist Zimmermann (1680-1756). Originaire de Wessobrunn, village de Haute-Bavière spécialisé dans le travail du stuc, il fut d'abord fabricant de retables et ne se tourna que tardivement vers l'architecture. Installé à Landsberg-sur-le-Lech en 1716, il y demeura jusqu'en 1753, date à laquelle il vint se fixer près de l'église de pèlerinage qu'il achevait à Wies, dans les Préalpes bavaroises. Au contraire de son frère, établi à Munich, il se tint toute sa vie à l'écart de la cour de Bavière et ne travailla que pour le clergé. Il a construit un certain nombre d'églises, mais sa renommée ne repose que sur trois d'entre elles, qui suffisent à faire de lui l'un des architectes les plus originaux de sa génération : l'église de pèlerinage de Steinhausen (Souabe), édifiée de 1727 à 1733 pour l'abbé de Schussenried, l'église Notre-Dame de Günzburg (Bavière, 1736-1741) et l'église de pèlerinage de Wies (Bavière, 1745-1754), commande de l'abbé de Steingaden. Son frère, auquel il doit peut-être sa familiarité avec l'ornementation de style rocaille, a participé à la décoration du premier et du troisième édifice, où les fresques sont de sa main. Le parti adopté à Steinhausen, un espace central de plan ovale entouré de bas-côtés presque aussi élevés, séparés de lui par des colonnes, est nouveau dans l'histoire de l'architecture religieuse, même si Zimmermann a pu s'inspirer de recherches antérieures, en particulier des plans de chœur ovale dus à Caspar Moosbrugger, moine d'Einsiedeln originaire du Vorarlberg (1656-1723). Les bas-côtés font défaut à l'église de Günzburg, dont la nef s'inscrit dans le rectangle formé par les murs extérieurs ; mais la structure et le décor de l'espace intérieur, couvert par une coupole ovale, tendent à créer la même impression qu'à Steinhausen ; le chœur, par contre, qui était un ovale transversal à Steinhausen, est à Günzburg un long rectangle plus étroit que la nef et orné de tribunes, disposition reprise à la Wies et qui confère à l'ensemble de la composition un caractère théâtral très accentué. On retrouve en revanche à la Wies les bas-côtés de Steinhausen, avec une disposition des supports qui renforce le caractère central du plan. Ces trois créations, d'une remarquable originalité, correspondent à l'intérêt porté par les architectes allemands de la première moitié du XVIIIe siècle à l'emploi de l'ovale dans les édifices religieux, compromis entre le plan longitudinal traditionnel et le plan central circulaire dont les théoriciens italiens de la Renaissance avaient affirmé la supériorité. Autant que par leurs dispositions architecturales, les églises de Zimmermann s'imposent par la richesse et l'harmonie de leur décor de stucs et de fresques. Les tons clairs y jouent sur un fond blanc, qui assurent à l'espace une grande luminosité. Le répertoire ornemental, sensiblement le même à Steinhausen et à Günzburg, est inspiré à la Wies, où Johann Baptist a dirigé les travaux de décoration, du répertoire de la rocaille ; les motifs, traités avec une exubérance rare, envahissent tout l'intérieur de l'édifice.

PIERRE VAISSE

INDEX

Certaines **ENTRÉES** de cet index sont aussi des titres d'articles : dans ce cas, elles sont précédées d'une puce et suivies d'un folio (exemple : • **ARCHITECTE** 34).
En l'absence de puce et de folio, le mot joue seulement le rôle d'entrée d'index (exemple : ACADÉMIE D'ARCHITECTURE).
Pour plus d'informations sur le fonctionnement de l'index, voir page 9.

- • **AALTO** ALVAR (1898-1976) *11*
- • **ABADIE** PAUL (1812-1884) *16*
- **ABSTRACTION-CRÉATION** GROUPE
  BILL (M.)
- **ABSTRAIT** ART
  BAUHAUS *84*
  STIJL (DE) *651*
- **ACADÉMIE D'ARCHITECTURE**
  ARCHITECTE *49*
  BLONDEL (F.)
  BOULLÉE (É. L.)
- **ACADÉMIES**
  PALLADIO (A.) *496*
  VASARI (G.) *694*
- **ACIER**, *architecture*
  EIFFEL (G.)
  JACOBSEN (A.)
  JENNEY (W.)
  JOHNSON (P. C.)
  KOWALSKI (P.)
  PAXTON (J.)
  POELZIG (H.)
  ROGERS (R.) *587*
  SAARINEN (E.)
- **ACROPOLE D'ATHÈNES**
  CALLICRATÈS
  MNÉSICLÈS
- • **ADAM** ROBERT (1728-1792) & JAMES (1730-1794) *16*
  CLÉRISSEAU (C. L.)
- **ADLER** DANKMAR (1844-1900)
  SULLIVAN (L. H.)
- • **AILLAUD** ÉMILE (1902-1988) *17*
- **AIX-LA-CHAPELLE**
  ARCHITECTE *40*
  EUDES DE METZ *234*
- • **ALAVOINE** JEAN ANTOINE (1776-1834) *18*
- **ALBERS** JOSEF (1888-1976)
  BAUHAUS *81, 84*
- • **ALBERTI** LEON BATTISTA (1404-1472) *18*
  ARCHITECTE *46*
  FILARÈTE *241*
  VITRUVE *721*
- **ALEIJADINHO**
  ▶ **LISBOA** ANTÓNIO FRANCISCO
- • **ALESSI** GALEAZZO (1512-1572) *24*
- **ALEXANDRIE**
  DINOCRATÈS
- **ALGAROTTI** FRANCESCO (1712-1764)
  LODOLI (fra C.)
- **ALGER**
  POUILLON (F.) *546*
  SIMOUNET (R.) *626*
- **ALLEMANDE ARCHITECTURE**
  ASAM (LES)
  BAUHAUS *77*
  BEHRENS (P.) *87*
  DIENTZENHOFER (LES)
  EGCKL (W.) *230*
  ENDELL (A.) *232*
  FISCHER (J. M.)
  GILLY (D. et F.)
  GROPIUS (W.) *290*
  HILBERSEIMER (L.)
  IXNARD (P.-M. d') *336*
  KNOBELSDORFF (G. W. von)
  KREBS (K.) *355*
  LANGHANS (K. G.) *359*
  MAY (E.) *423*
  MENDELSOHN (E.)
  MUTHESIUS (H.)
  NEUMANN (B.) *471*
  OTTO (F.)
  PARLER (LES)
  PIGAGE (N. de) *531*
  POELZIG (H.)
  PÖPPELMANN (M. D.)
  SCHAROUN (H.)
  SCHINKEL (K. F.)
  SCHLÜTER (A.)
  SCHOCH (J.) *615*
  SEMPER (G.)
  SPECKLE (D.) *643*
  SPEER (A.)
  SUSTRIS (F.) *664*
  TAUT (B.)
  UNGERS (O. M.) *679*
  WELSCH (M. von)
  WERKBUND (DEUTSCHER)
  ZIMMERMANN (D.)
- • **ALPHAND** ADOLPHE (1817-1891) *25*
- • **AMADEO** GIOVANNI ANTONIO (env. 1447-env. 1522) *27*
- • **AMENHOTEP**, XVIIIe dynastie *27*
- **AMÉRICAINE ARCHITECTURE**
  BACON (H.)
  BREUER (M.) *136*
  BUNSHAFT (G.) *153*
  BURNHAM (D. H.) *158*
  CHICAGO (ÉCOLE DE) *178*
  EAMES (C. et R.)
  FULLER (R. B.) *254*
  GEHRY (F. O.)
  GOFF (B.)
  GOLDBERG (B.) *286*
  GRAVES (M.) *288*
  GROPIUS (W.) *292*

746

INDEX

HUNT (R. M.)
JACOBS (J.)
JEFFERSON (T.) *339*
JENNEY (W.)
JOHNSON (P. C.)
KAHN (A.)
KAHN (L. I.)
LATROBE (B. H.)
LE RICOLAIS (R.) *391*
MEIER (R.)
MIES VAN DER ROHE (L.) *452*
MOORE (C. W.)
NELSON (P.)
NEUTRA (R.) *477*
NOGUCHI I. *485*
PEI (IEOH MING)
PELLI (C.)
PORTMAN (J.) *544*
RICHARDSON (H. H.)
ROCHE (K.)
ROEBLING (J. A.)
RUDOLPH (P.) *595*
SAARINEN (E.)
SKIDMORE, OWINGS & MERRILL
SMITH (T.) *633*
SOLERI (P.)
SULLIVAN (L. H.)
UPJOHN (R.) *679*
VAN ALEN (W.) *684*
VENTURI (R.) *704*
WRIGHT (F. L.) *735*
YAMASAKI MINORU *740*

- **AMMANNATI** BARTOLOMEO (1511-1592) *28*

AMPHIPROSTYLE TEMPLE
CALLICRATÈS

AMSTERDAM
BERLAGE (H. P.)
DE KLERK (M.)
KEYSER (H. de)
RIETVELD (G. T.)
VAN CAMPEN (J.)
VINGBOONS (P.) *709*

- **AMSTERDAM** ÉCOLE D' *28*
  DE KLERK (M.)

ANASTASIUS ► **HOPE** THOMAS

ANATOMIE ARTISTIQUE
MICHEL-ANGE *437*

- **ANDO** TADAO (1941-) *29*

- **ANDROUET DU CERCEAU** LES *30*
  ARCHITECTE *48*
  BROSSE (S. de) *141*

ANET CHÂTEAU D'
DELORME (P.) *208*

ANGLAISE ARCHITECTURE
ADAM (R. et J.)
ARCHIGRAM (GROUPE)
BARRY (sir C.) *74*
BRUTALISME
BURGES (W.) *156*
BURLINGTON (comte de)
BUTTERFIELD (W.) *159*
CAMERON (C.)
CAMPBELL (C.)
CARR (J.) *168*
CHAMBERS (W.)
DANCE (G.)
DEANE (sir T. NEWENHAM) *199*
ELY (R.)
FOSTER (N.) *247*
GIBBS (J.)
GODWIN (E. W.) *285*
GUILLAUME DE SENS *295*
HAWKSMOOR (N.)
HENRY DE REYNES *310*
HITCHCOCK (H.-R.) *325*
HOPE (T.)
JONES (I.)
KENT (W.) *346*
LUBETKIN (B.) *405*
MACKINTOSH (C. R.)
NASH (J.)
PAINE (J.) *495*
PEVSNER (N.) *519*
PUGIN (LES)
ROGERS (R.) *585*
SCOTT (sir G. G.) *616*
SHAW (R. N.) *624*
SHUTE (J.) *624*
SMIRKE (sir R.) *633*
SMITHSON (A. et P.) *635*
SOANE (J.)
STIRLING (J.) *657*
VANBRUGH (J.)
VOYSEY (C. F. A.) *724*
WEBB (J.) *728*
WEBB (P.) *728*
WOOD L'AÎNÉ *731*
WOOD LE JEUNE *731*
WREN (C.) *731*
WYATT (J.) *740*
YEVELE (H.)

- **ANTHÉMIOS DE TRALLES** (2ᵉ moitié Vᵉ s.- env. 534) *31*
  ISIDORE DE MILET

ANTIQUITÉ, *architecture*
AMENHOTEP *27*
APOLLODORE DE DAMAS
ARCHITECTE *34*
CALLICRATÈS

DINOCRATÈS
EUPALINOS
HIPPODAMOS DE MILET
MNÉSICLÈS
RHOÏCOS
SÉNENMOUT *618*
VITRUVE *715*

ANTIQUITÉ TARDIVE & HAUT MOYEN ÂGE, *architecture*
ANTHÉMIOS DE TRALLES
ARCHITECTE *39*
EUDES DE METZ *234*
ISIDORE DE MILET

- **ANTOINE** JACQUES DENIS (1733-1801) *32*

ANVERS
HUYSSENS (P.)
VAN BAURSCHEIT LE JEUNE (J.-P.)

- **APOLLODORE DE DAMAS** (IIᵉ s.) *33*
  ARCHITECTE *39*

APPAREIL, *architecture*
ARCHITECTE *45*

AQUEDUCS
EUPALINOS

ARANJUEZ, *Espagne*
BONAVIA (S.)
HERRERA (J. de) *317*

ARATA ISOZAKI ► **ISOZAKI ARATA**

ARC
VIOLLET-LE-DUC (E. E.) *713*

ARC DE TRIOMPHE
ALBERTI (L. B.) *22*
APOLLODORE DE DAMAS
CHALGRIN (J. F. T.)

ARC DE TRIOMPHE DE L'ÉTOILE, *Paris*
CHALGRIN (J. F. T.)

ARCACHON
EXPERT (R.-H.)

ARC-ET-SENANS
LEDOUX (C. N.) *373*

ARCHÉOLOGIE
DUPÉRAC (É.)

- **ARCHIGRAM** GROUPE *34*
  SOTTSASS (E.)

- **ARCHITECTE** *34*

ARCHITECTURAL REVIEW
PEVSNER (N.) *520*

747

ANNEXES

ARCHITECTURE HISTOIRE DE L'
ALBERTI (L. B.) *18*
ANDROUET DU CERCEAU (LES)
BANHAM (R.) *71*
BOITO (C.)
CHICAGO (ÉCOLE DE) *178*
DIETTERLIN (W.) *214*
HITCHCOCK (H.-R.) *324*
KOPP (A.) *350*
KRAUTHEIMER (R.) *353*
PEVSNER (N.) *519*
RUSKIN (J.) *599*
SAGREDO (D. de) *602*
SHUTE (J.) *624*
TAFURI (M.) *665*
VAUDOYER (L.)
VITRUVE *715*

ARCHITECTURE REVUES D'
DALY (C. D.)
GREGOTTI (V.)
SCOLARI (M.) *616*

ARCHITECTURE THÉORIE DE L'
ARCHITECTE *40, 46*
BALTARD (L. P.)
BAUHAUS *79*
BLONDEL (J.-F.) *107*
BOITO (C.)
BOULLÉE (É. L.)
BULLANT (J.)
DELORME (P.) *206*
FILARÈTE *241*
FULLER (R. B.) *255*
GUINZBOURG (M I.)
HITTORFF (J. I.)
KOOLHAAS (R.)
LAUGIER (M.-A.)
LE CORBUSIER *368*
LEDOUX (C. N.) *373*
LE MUET (P.)
LE RICOLAIS (R.) *391*
LODOLI (fra C.)
LOOS (A.)
MILIZIA (F.)
MOORE (C. W.)
MURCUTT (G.)
PALLADIO (A.) *499*
PERRAULT (C.)
PHILANDRIER (G.)
PIRANÈSE (G. B. PIRANESI dit) *537*
QUATREMÈRE DE QUINCY
RUSKIN (J.) *599*
SCAMOZZI (V.)
SERLIO (S.)
SUGER *661*
TAFURI (M.) *665*
TSCHUMI (B.) *677*

VIGNOLE
VILLARD DE HONNECOURT
VIOLLET-LE-DUC (E. E.) *710*
VITRUVE *715*

ARCHITECTURE CONTEMPORAINE
ANDO (T.)
BOFILL (R.)
BOHIGAS (O.)
BOTTA (M.)
CALATRAVA (S.)
CHEMETOV (P.)
CIRIANI (H.) *179*
COOP HIMMELB(L)AU
FOSTER (N.) *247*
FUKSAS (M.)
GAUDIN (H.) *275*
GEHRY (F. O.)
GREGOTTI (V.)
HERTZBERGER (H.) *319*
HERZOG (J.) et MEURON (P. de)
HOLLEIN (H.)
ISOZAKI (A.)
KOOLHAAS (R.)
KRIER (L.) *355*
KUROKAWA (K.)
LIBESKIND (D.)
LION (Y.)
MAKI (F.)
MEIER (R.)
MONEO (R.)
MURCUTT (G.)
NOUVEL (J.) *486*
OTTO (F.)
PARENT (C.)
PEI (IEOH MING)
PELLI (C.)
PERRAULT (D.)
PIANO (R.) *523*
PORTZAMPARC (C. de)
ROCHE (K.)
ROGERS (R.) *585*
ROUX-SPITZ (M.)
SIMOUNET (R.) *625*
SIZA (A.)
SOLERI (P.)
SPRECKELSEN (J. O. von)
TANGE K.
TSCHUMI (B.) *676*
UTZON (J.)
VAN EYCK (A.)

ARCHITECTURE DE LA RENAISSANCE ► RENAISSANCE ARCHITECTURE DE LA

ARCHITECTURE DOUCE
FATHY (H.)
SPOERRY (F.) *646*

ARCHITECTURE DU XVIIᵉ SIÈCLE
ANDROUET DU CERCEAU (LES)
ARCHITECTE *49*
BERNIN *96*
BIARD (LES)
BLANCHET (T.)
BLONDEL (F.)
BOFFRAND (G. G.)
BORROMINI *120*
BROSSE (S. de) *140*
BRUAND (L.)
CHURRIGUERA (LES)
COTTE (R. de)
DIENTZENHOFER (LES)
FANZAGO (C.) *237*
FIGUEROA (LES)
FISCHER VON ERLACH (J. B.)
FONTANA (C.)
FONTANA (D.)
GABRIEL (J. III J.)
GÓMEZ DE MORA (J.)
GUARINI (G.) *294*
HARDOUIN-MANSART (J.) *301*
HAWKSMOOR (N.)
HILDEBRANDT (J. L. von)
HURTADO (F.)
HUYSSENS (P.)
JONES (I.)
JUVARA (F.)
KEYSER (H. de)
LASSURANCE (LES)
LE MERCIER (J.)
LE MUET (P.)
LE NÔTRE (A.) *382*
LEPAUTRE (LES)
LE VAU (L.)
LONGHENA (B.)
MADERNO (C.)
MANSART (F.) *416*
MARTELLANGE
MÉTEZEAU (LES)
MORA (F. de)
OPPENORD (G. M.)
ORBAY (F. d')
PAGAN (B. F. de) *494*
PIERRE DE CORTONE *525*
POST (P.) *545*
PUGET (P.) *558*
RAINALDI (G. et C.)
SCAMOZZI (V.)
SCHLÜTER (A.)
TESSIN (LES)
VANBRUGH (J.)
VAN CAMPEN (J.)
VAUBAN *699*
VINGBOONS (P.) *709*

748

INDEX

WEBB (J.) *728*
WELSCH (M. von)
WREN (C.) *731*

ARCHITECTURE DU XVIIIᵉ SIÈCLE
ADAM (R. et J.)
ANTOINE (J. D.)
ARCHITECTE *49*
ARÇON (J.-C. É. chevalier d') *61*
ASAM (LES)
AUBERT (J.) *64*
BAJENOV (V.)
BALTARD (L. P.)
BÉLANGER (F. J.)
BERTRAND (C. J. A.)
BLONDEL (J.-F.) *107*
BOFFRAND (G. G.)
BONAVIA (S.)
BOULLÉE (É. L.)
BRONGNIART (A. T.)
BURLINGTON (comte de)
CAMPBELL (C.)
CARR (J.) *168*
CELLERIER (J.)
CHALGRIN (J. F. T.)
CHAMBERS (W.)
CHERPITEL (M.)
CHURRIGUERA (LES)
CLÉRISSEAU (C. L.)
COMBES (L.)
CORMONTAINGNE (L.-C. de) *188*
COTTE (R. de)
CRUCY (M.)
CUVILLIÉS (F. de)
DANCE (G.)
DELAMAIR(P. A.) *202*
DE WAILLY (C.)
DIENTZENHOFER (LES)
EHRENSVÄRD (C. A.)
FIGUEROA (LES)
FISCHER (J. M.)
FISCHER VON ERLACH (J. B.)
FONTANA (C.)
GABRIEL (A. J.) *256*
GABRIEL (J. III J.)
GIBBS (J.)
GILLY (D. et F.)
GONDOIN (J.)
HAWKSMOOR (N.)
HÉRÉ DE CORNY (E.)
HEURTIER (J.-F.)
HILDEBRANDT (J. L. von)
HURTADO (F.)
IXNARD (P.-M. d') *336*
JARDIN (H. N.) *338*
JEFFERSON (T.) *339*
JUVARA (F.)
KENT (W.) *346*
KNOBELSDORFF (G. W. von)

LA GUÊPIÈRE (L. P. de)
LANGHANS (K. G.) *359*
LASSURANCE (LES)
LATROBE (B. H.)
LAUGIER (M.-A.)
LECAMUS DE MÉZIÈRES (N.) *366*
LEDOUX (C. N.) *371*
LEGEAY (J.-L.) *376*
LE PÈRE (J.-B.)
LEQUEU (J.-J.)
LEQUEUX (M J.)
LISBOA (A. F.)
LODOLI (fra C.)
LOUIS (V.)
MEISSONNIER (J.-A.) *425*
MILIZIA (F.)
MIQUE (R.)
MONTALEMBERT (M.-R. marquis de) *459*
NASH (J.)
NEUMANN (B.) *471*
OPPENORD (G. M.)
PAINE (J.) *495*
PÂRIS (P. A.)
PATTE (P.)
PERCIER (C.) et FONTAINE (P. F.)
PERRAULT (C.)
PERRONET (J. R.)
PETITOT (E.-A.) *519*
PEYRE (M.-J.) *521*
PIGAGE (N. de) *531*
PIRANÈSE (G. B. PIRANESI dit) *536*
PÖPPELMANN (M. D.)
POYET (B.)
PRANDTAUER (J.)
QUARENGHI (G.)
RASTRELLI (LES)
RAYMOND (J. A.)
RIBERA (P. de)
RINALDI (A.)
RODRÍGUEZ (V.)
RONDELET (J.-B.)
ROSSI (C.)
SALVI (N.) *603*
SANFELICE (F.) *604*
SANTOS DE CARVALHO (E. dos) *607*
SCHLÜTER (A.)
SERVANDONI (J.-N.)
SOANE (J.)
SOUFFLOT (J. G.)
TESSIN (LES)
TOMÉ (LES)
VALADIER (G.)
VAN BAURSCHEIT LE JEUNE (J.-P.)
VANBRUGH (J.)
VANVITELLI (L.)
VERLY (F.)

VICENTE DE OLIVEIRA (M.) *706*
VILLANUEVA (J. de) *708*
VITTONE (B. A.) *722*
VORONIKHINE (A. N.)
WELSCH (M. von)
WOOD L'AÎNÉ *731*
WOOD LE JEUNE *731*
WYATT (J.) *740*
ZAKHAROV (A. D.)
ZIMMERMANN (D.)

ARCHITECTURE DU XIXᵉ SIÈCLE
ABADIE (P.) *16*
ALAVOINE (J. A.) *18*
ANTOINE (J. D.)
ARCHITECTE *51*
AVERBEKE (É. van)
BALLU (T.) *69*
BALTARD (L. P.)
BALTARD (V.)
BARRY (sir C.) *74*
BARTHOLDI (F. A.)
BAUDOT (A. de)
BÉLANGER (F. J.)
BERLAGE (H. P.)
BOILEAU (L.-A.) *116*
BOITO (C.)
BRONGNIART (A. T.)
BURGES (W.) *156*
BURNHAM (D. H.) *158*
BUTTERFIELD (W.) *159*
CAGNOLA (L.) *159*
CELLERIER (J.)
CHALGRIN (J. F. T.)
CHERPITEL (M.)
CHICAGO (ÉCOLE DE) *178*
CLÉRISSEAU (C. L.)
COMBES (L.)
CRUCY (M.)
DALY (C. D.)
DANCE (G.)
D'ARONCO (R.)
DAVIOUD (G.) *199*
DEANE (sir T. NEWENHAM) *199*
DOMENECH I MONTANER (L.)
DUBAN (F.)
DUC (J.-L.)
EIFFEL (G.)
ENDELL (A.) *232*
FERSTEL (H. von) *239*
FORMIGÉ (J.-C.) *247*
GARNIER (C.)
GARNIER (T.)
GAUDÍ (A.) *269*
GONDOIN (J.)
HANKAR (P.) *301*
HANSEN (H. C. et . .) *301*

749

ANNEXES

HAUSSMANN (baron G. H.) *305*
HÉNARD (E.)
HEURTIER (J.-F.)
HITTORFF (J. I.)
HOFFMANN (J.)
HOPE (T.)
HORTA (V.)
JENNEY (W.)
JOURDAIN (F.)
KLENZE (L. von)
LABROUSTE (H.)
LALOUX (V.) *358*
LASSUS (J.-B.-A.) *362*
LATROBE (B. H.)
LEFUEL (H.)
LE PÈRE (J.-B.)
MACKINTOSH (C. R.)
MENGONI (G.) *426*
NASH (J.)
NORMAND (A.-N.) *486*
OLBRICH (J. M.)
PÂRIS (P. A.)
PATTE (P.)
PAXTON (J.)
PERCIER (C.) et FONTAINE (P. F.)
PERRET (A.)
POELAERT (J.) *539*
POELZIG (H.)
POYET (B.)
PUGIN (LES)
QUARENGHI (G.)
QUATREMÈRE DE QUINCY
RAYMOND (J. A.)
RONDELET (J.-B.)
ROSSI (C.)
SACCONI (G.) *602*
SCHINKEL (K. F.)
SCOTT (sir G. G.) *616*
SEMPER (G.)
SÉRÉ DE RIVIÈRES (R.) *618*
SHAW (R. N.) *624*
SMIRKE (sir R.) *633*
SOANE (J.)
STAROV (I. E.)
SULLIVAN (L. H.)
THOMON (T. de) *673*
UPJOHN (R.) *679*
VALADIER (G.)
VAUDOYER (L.)
VAUDREMER (É.) *703*
VERLY (F.)
VIOLLET-LE-DUC (E. E.) *709*
VORONIKHINE (A. N.)
VOYSEY (C. F. A.) *724*
WAGNER (O.)
WEBB (P.) *728*
WRIGHT (F. L.) *737*
ZAKHAROV (A. D.)

ARCHITECTURE DU XXe SIÈCLE

AALTO (A.) *11*
AILLAUD (É.)
AMSTERDAM (ÉCOLE D') *28*
ARCHIGRAM (GROUPE)
ARCHITECTE *52*
ASPLUND (E. G.)
AVERBEKE (É. van)
BACON (H.)
BARRAGAN (L.)
BAUDOT (A. de)
BAUHAUS *77*
BEAUDOUIN (E.) *85*
BEHRENS (P.) *87*
BERLAGE (H. P.)
BILL (M.)
BLOC (A.)
BOURGEOIS (V.)
BRAEM (R.)
BREUER (M.) *136*
BRUTALISME
BRUYÈRE (A.) *149*
BUNSHAFT (G.) *153*
BURLE MARX (R.)
CANDELA (F.)
CANDILIS (G.) *166*
CHAREAU (P.)
CHIATTONE (M.)
CIRIANI (H.) *179*
COSTA (L.) *189*
CUYPERS (P. J. H.) *195*
DE KLERK (M.)
DE KONINCK (L. H.)
DOMENECH I MONTANER (L.)
DOXIADIS (C. A.)
DUDOK (W. M.)
DUFAU (P.) *223*
DUIKER (J.) *224*
EAMES (C. et R.)
ÉCOCHARD (M.) *228*
EGGERICX (J.)
EXPERT (R.-H.)
FATHY (H.)
FISCHER (R.) *243*
FREYSSINET (E.)
FULLER (R. B.) *254*
GARDELLA (I.) *265*
GARNIER (T.)
GAUDÍ (A.) *269*
GAUDIN (H.) *275*
GOFF (B.)
GOLDBERG (B.) *286*
GRAVES (M.) *288*
GROPIUS (W.) *290*
GUIMARD (H.) *295*
GUINZBOURG (M I.)
HÉNARD (E.)
HERTZBERGER (H.) *319*
HILBERSEIMER (L.)
HOFFMANN (J.)
HORTA (V.)

JACOBSEN (A.)
JOHNSON (P. C.)
JOURDAIN (F.)
KAHN (A.)
KAHN (L. I.)
KLINT (P. V. J.) *348*
KOOLHAAS (R.)
KOPP (A.) *350*
KOWALSKI (P.)
LE CORBUSIER *367*
LE MÊME (H.-J.) *376*
LEONIDOV (I.)
LE RICOLAIS (R.) *390*
LOOS (A.)
LUBETKIN (B.) *405*
LURÇAT (A.)
MACKINTOSH (C. R.)
MAEKAWA (K.) *410*
MALLET-STEVENS (R.)
MAY (E.) *423*
MEIER (R.)
MELNIKOV (K. S.)
MENDELSOHN (E.)
MEYER (H.)
MICHELUCCI (G.) *450*
MIES VAN DER ROHE (L.) *452*
MOORE (C. W.)
NELSON (P.)
NERVI (P. L.) *468*
NEUTRA (R.) *477*
NIEMEYER (O.) *480*
NITZCHKÉ (O.) *483*
OLBRICH (J. M.)
OUD (J. J. P.)
PATKAI (E.) *505*
PEI (IEOH MING)
PERRET (A.)
PLEČNIK (J.)
POELZIG (H.)
POMPE (A.)
PONTI (G.)
PORTMAN (J.) *544*
POUILLON (F.) *546*
PROUVÉ (V. et J.)
RASMUSSEN (S. E.) *569*
REIDY (A. E.)
RENAUDIE (J.) *572*
RIETVELD (G. T.)
ROBERTO (LES)
ROGERS (E. N.)
ROGERS (R.) *585*
ROSSI (A.) *591*
RUDOLPH (P.) *595*
SAARINEN (E.)
SAFDIE (M.) *602*
SAKAKURA J.
SANT'ELIA (A.)
SARTORIS (A.) *607*
SAUVAGE (H.)
SCARPA (C.) *611*
SCHAROUN (H.)
SCOLARI (M.) *616*

INDEX

SEGAL (W.)
SERT (J. L.) *621*
SHAW (R. N.) *624*
SIZA (A.)
SKIDMORE, OWINGS & MERRILL
SMITHSON (A. et P.) *635*
SNOZZI (L.) *635*
SOLERI (P.)
SORIA (P.) *641*
SPOERRY (F.) *644*
STIJL (DE) *655*
STIRLING (J.) *657*
SULLIVAN (L. H.)
TANGE K.
TAUT (B.)
TEAM TEN
TERRAGNI (G.)
TORROJA (E.)
UNGERS (O. M.) *679*
VAN ALEN (W.) *684*
VAN DE VELDE (H.)
VAN DOESBURG (T.)
VAN EESTEREN (C.)
VENTURI (R.) *704*
VESNINE (LES)
WAGNER (O.)
WALTER (J.)
WARCHAVCHIK (G.)
WERKBUND (DEUTSCHER)
WRIGHT (F. L.) *737*
YAMASAKI MINORU *740*
ZEHRFUSS (B.) *742*

- **ARÇON** JEAN-CLAUDE ÉLÉONORE chevalier d' (1733-1800) *61*

ARNODIN MAÏMÉ (1916-)
PUTMAN (A.)

- **ARNOLFO DI CAMBIO** (1245 env.-env. 1302) *61*
BRUNELLESCHI (F.) *145*

- **ARRUDA** DIOGO (actif de 1508 à 1531) *62*

ART THÉORIE DE L'
ALBERTI (L. B.) *19*
QUATREMÈRE DE QUINCY
RUSKIN (J.) *597*
VASARI (G.) *696*

ART DÉCO STYLE
SAUVAGE (H.)

ART NOUVEAU
BODSON (F.)
D'ARONCO (R.)
GAUDÍ (A.) *269*
GUIMARD (H.) *295*
HANKAR (P.) *301*
HORTA (V.)
JOURDAIN (F.)
LOOS (A.)

QUATRE (GROUPE ANGLAIS DES)
SAUVAGE (H.)
WAGNER (O.)

ARTISANAT
BAUHAUS *79*

ARTS DÉCORATIFS
ADAM (R. et J.)
BERTHAULT (L.-M.)
PERRIAND (C.)
PROUVÉ (V. et J.)

ARTS & CRAFTS, *mouvement artistique*
WEBB (P.) *728*

- **ASAM** LES *62*

- **ASPLUND** ERIK GUNNAR (1885-1940) *63*

ATELIER, *art*
ARCHITECTE *55*
LE CORBUSIER *369*
VKHOUTEMAS

ATHÉNA NIKÉ TEMPLE D'
CALLICRATÈS

ATHÈNES
CALLICRATÈS
HANSEN (H. C. et . .) *301*
MNÉSICLÈS

ATLANTE
PUGET (P.) *556*

ATTICISME
CALLICRATÈS

- **AUBERT** JEAN (env. 1680-1741) *64*

- **AULENTI** GAE (1927-) *65*

AUTRICHIENNE
ARCHITECTURE
COOP HIMMELB(L)AU
FERSTEL (H. von) *239*
FISCHER VON ERLACH (J. B.)
HILDEBRANDT (J. L. von)
HOFFMANN (J.)
HOLLEIN (H.)
LOOS (A.)
OLBRICH (J. M.)
PILGRAM (A.)
PLEČNIK (J.)
PRANDTAUER (J.)
WAGNER (O.)

- **AVERBEKE** ÉMILE VAN (1876-1946) *67*

AXONOMÉTRIE
SARTORIS (A.) *607*

BAALBEK
APOLLODORE DE DAMAS

- **BACON** HENRY (1866-1924) *67*

- **BAJENOV** VASSILI (1737-1799) *68*

- **BALLU** THÉODORE (1817-1885) *69*

- **BALTARD** LOUIS PIERRE (1764-1846) *69*

- **BALTARD** VICTOR (1805-1874) *70*

- **BANHAM** REYNER (1922-1988) *71*

BARBERINI FRANCESCO (1597-1679)
PIERRE DE CORTONE *526*

BARCELONE
BOHIGAS (O.)
DOMENECH I MONTANER (L.)
GAUDÍ (A.) *271*

BARCELONE ÉCOLE DE, *architecture*
BOFILL (R.)
BOHIGAS (O.)

BAROQUE
ASAM (LES)
BERNIN *93*
BLANCHET (T.)
BORROMINI *120*
CHURRIGUERA (LES)
DIENTZENHOFER (LES)
FANZAGO (C.) *237*
FIGUEROA (LES)
FISCHER (J. M.)
FISCHER VON ERLACH (J. B.)
FONTANA (C.)
GIBBS (J.)
GÓMEZ DE MORA (J.)
GUARINI (G.) *294*
HAWKSMOOR (N.)
HÉRÉ DE CORNY (E.)
HUYSSENS (P.)
JUVARA (F.)
KEYSER (H. de)
LE VAU (L.)
LISBOA (A. F.)
LONGHENA (B.)
MADERNO (C.)
MEISSONNIER (J.-A.) *425*
MORA (F. de)
OPPENORD (G. M.)
ORBAY (F. d')
PIERRE DE CORTONE *525*
PÖPPELMANN (M. D.)

751

ANNEXES

POZZO (A.) *548*
PRANDTAUER (J.)
RAINALDI (G. et C.)
RASTRELLI (LES)
RIBERA (P. de)
RODRÍGUEZ (V.)
SALVI (N.) *603*
SANFELICE (F.) *604*
SCHLÜTER (A.)
SERVANDONI (J.-N.)
TESSIN (LES)
TOMÉ (LES)
VANBRUGH (J.)
VITTONE (B. A.) *722*
WREN (C.) *732*

- **BARRAGAN** LUIS (1902-1988) *72*
- **BARRY** sir CHARLES (1795-1860) *74*
- **BARTHOLDI** FRÉDÉRIC AUGUSTE (1834-1904) *74*

BASILIQUE
ANTHÉMIOS DE TRALLES
APOLLODORE DE DAMAS

BASTION
ERRARD DE BAR-LE-DUC (J.) *233*
PAGAN (B. F. de) *494*
SPECKLE (D.) *643*
VAUBAN *700*

- **BAUDOT** ANATOLE DE (1834-1915) *76*
VIOLLET-LE-DUC (E. E.) *714*

- **BAUHAUS** *77*
BILL (M.)
BREUER (M.) *136*
GROPIUS (W.) *290*
HILBERSEIMER (L.)
MEYER (H.)
MIES VAN DER ROHE (L.) *453*
PONTI (G.)
VAN DOESBURG (T.)
WERKBUND (DEUTSCHER)

BAVIÈRE
EGCKL (W.) *230*
SUSTRIS (F.) *664*

BAYER HERBERT (1900-1985)
BAUHAUS *82, 84*

- **BEAUDOUIN** EUGÈNE (1898-1983) *85*
LODS (M.) *400*

BEAUX-ARTS ÉCOLE DES
➤ ÉCOLE DES BEAUX-ARTS

- **BEER** GEORG (1527 ?-1600) *87*

- **BEHRENS** PETER (1868-1940) *87*
GROPIUS (W.) *290*
MIES VAN DER ROHE (L.) *453*
POELZIG (H.)

- **BÉLANGER** FRANÇOIS JOSEPH (1744-1818) *90*
HITTORFF (J. I.)

BELGE ARCHITECTURE
BODSON (F.)
BRAEM (R.)
DE KONINCK (L. H.)
EGGERICX (J.)
HANKAR (P.) *301*
HORTA (V.)
POELAERT (J.) *539*
VAN DE VELDE (H.)

BENEDETTO DA MAIANO (1442-1497)
GIULIANO DA MAIANO

- **BERLAGE** HENDRIK PETRUS (1856-1934) *91*
DE KLERK (M.)

BERLIN
KNOBELSDORFF (G. W. von)
LANGHANS (K. G.) *359*
LENNÉ (P. J.)
LIBESKIND (D.)
PIANO (R.) *524*
SCHINKEL (K. F.)

- **BERNARD** HENRY (1912-1994) *93*

BERNARD DE CLAIRVAUX (1090-1153)
SUGER *660*

BERNARD DE SOISSONS (XIIIe s.)
ARCHITECTE *41*

- **BERNIN** GIAN LORENZO
BERNINI dit LE CAVALIER (1598-1680) *93*
BORROMINI *121*
FONTANA (C.)

BERNWARD D'HILDESHEIM saint (960 env.-1022)
ARCHITECTE *40*

- **BERTHAULT** LOUIS-MARTIN (1770-1823) *98*
- **BERTRAND** CLAUDE JOSEPH ALEXANDRE (1734-1797) *100*

BESANÇON
BERTRAND (C. J. A.)

BÉTON
BAUDOT (A. de)
BREUER (M.) *138*
BRUTALISME
CANDELA (F.)
DE KONINCK (L. H.)
FREYSSINET (E.)
KAHN (A.)
LE CORBUSIER *368*
LOOS (A.)
LURÇAT (A.)
MAILLART (R.)
OUD (J. J. P.)
PERRET (A.)
PROUVÉ (V. et J.)
RUDOLPH (P.) *595*
TORROJA (E.)

BÉTON ARMÉ
FREYSSINET (E.)
HENNEBIQUE (F.)
PROUVÉ (V. et J.)

BÉTON PRÉCONTRAINT
FREYSSINET (E.)

BEYELER FONDATION
PIANO (R.) *524*

BEYROUTH
ÉCOCHARD (M.) *229*

- **BIARD** LES *100*
- **BIBIENA** LES GALLI dits *101*

BIBLIOTHÈQUE NATIONALE DE FRANCE
PERRAULT (D.)

BIENNALE DE VENISE
COOP HIMMELB(L)AU
SCARPA (C.) *612*

- **BILL** MAX (1908-1994) *101*
- **BLANCHET** THOMAS (1614 ?-1689) *103*
- **BLOC** ANDRÉ (1896-1966) *104*
PARENT (C.)

752

INDEX

- **BLOIS** CHÂTEAU DE
  DUBAN (F.)
  MANSART (F.) *418*
- **BLONDEEL** LANCELOT (1498-1561) *105*
- **BLONDEL** FRANÇOIS (1618-1686) *106*
- **BLONDEL** JACQUES-FRANÇOIS (1705-1774) *107*
  ARCHITECTE *51*
  LEDOUX (C. N.) *372*
- **BLUNT** ANTHONY (1907-1983)
  DELORME (P.) *204*
  BOCCADOR LE ▶ **DOMENICO DA CORTONA**
- **BODSON** FERNAND (1877-1966) *112*
- **BOFFRAND** GABRIEL GERMAIN (1667-1754) *113*
  GABRIEL (A. J.) *258*
- **BOFILL** RICARDO (1939-) *114*
- **BOHIGAS** ORIOL (1927-) *115*
- **BOILEAU** LOUIS-AUGUSTE (1812-1896) *116*
  BOITAC ▶ **BOYTAC** DIOGO
- **BOITO** CAMILLO (1836-1914) *117*
  BOLOGNE
  MICHEL-ANGE *433*
  TIBALDI (P.)
- **BONAVIA** SANTIAGO (mort en 1759) *118*
- **BONY** JEAN (1909-1995) *119*
  BORDEAUX
  COMBES (L.)
  GABRIEL (J. III J.)
  LOUIS (V.)
- **BORROMINI** FRANCESCO CASTELLO dit (1599-1667) *120*
  BERNIN *96*
- **BOTTA** MARIO (1943-) *126*
- **BOULLÉE** ÉTIENNE LOUIS (1728-1799) *128*
  ARCHITECTE *50*
  LAUGIER (M.-A.)

- **BOURGEOIS** VICTOR (1897-1962) *130*
  BOURGES CATHÉDRALE DE
  MAÎTRE DE BOURGES *413*
  BOYLE RICHARD ▶ **BURLINGTON**
- **BOYTAC** DIOGO (actif entre 1490 et 1525) *131*
- **BRAEM** RENAAT (1910-) *131*
- **BRAMANTE** DONATO DI PASCUCCIO D'ANTONIO dit (1444-1514) *132*
  ARCHITECTE *46*
  BRASÍLIA
  BURLE MARX (R.)
  COSTA (L.) *190*
  NIEMEYER (O.) *482*
  BRÉSIL
  BURLE MARX (R.)
  COSTA (L.) *189*
  LISBOA (A. F.)
  ROBERTO (LES)
- **BREUER** MARCEL (1902-1981) *136*
  BAUHAUS *84*
  GROPIUS (W.) *292*
  BRIGHTON
  NASH (J.)
  BRŒUCQ JACQUES DU ▶ **DUBRŒUCQ** JACQUES
- **BRONGNIART** ALEXANDRE THÉODORE (1739-1813) *139*
  GABRIEL (A. J.) *260*
  BROOKLYN
  ROEBLING (J. A.)
- **BROSSE** SALOMON DE (1571 env.-1626) *140*
- **BRUAND** LIBÉRAL (1636-1697) *143*
  BRUGES
  BLONDEEL (L.)
- **BRUNELLESCHI** FILIPPO (1377-1446) *143*
  ALBERTI (L. B.) *23*
  ARCHITECTE *46*
  GIULIANO DA MAIANO
- **BRUTALISME** *147*
  BANHAM (R.) *71*
  RENAUDIE (J.) *573*
  ROGERS (R.) *586*

  RUDOLPH (P.) *596*
  SMITHSON (A. et P.) *635*
  STIRLING (J.) *657*
  BRUXELLES
  HOFFMANN (J.)
  HORTA (V.)
- **BRUYÈRE** ANDRÉ (1912-1998) *149*
- **BÜHLER** DENIS (1811-1890) & EUGÈNE (1822-1907) *150*
- **BULLANT** JEAN (1520 env.-1578) *152*
- **BUNSHAFT** GORDON (1909-1990) *153*
  SKIDMORE, OWINGS & MERRILL
- **BUONTALENTI** BERNARDO (1536-1608) *155*
  BURCKHARDT JACOB (1818-1897)
  BONY (J.) *119*
- **BURGES** WILLIAM (1827-1881) *156*
  BURGOS
  SILOE (D. de)
- **BURLE MARX** ROBERTO (1909-1994) *156*
- **BURLINGTON** RICHARD BOYLE comte de (1694-1753) *157*
- **BURNHAM** DANIEL HUDSON (1846-1912) *158*
- **BUSTAMANTE** BARTOLOMÉ de (env. 1500-1570) *159*
- **BUTTERFIELD** WILLIAM (1814-1900) *159*
- **BYZANTINE** ARCHITECTURE
  ANTHÉMIOS DE TRALLES
  ISIDORE DE MILET
  CAEN
  SOHIER (H.) *638*
- **CAGNOLA** LUIGI (1762-1833) *159*
- **CALATRAVA** SANTIAGO (1951-) *160*
- **CALLICRATÈS** (~Ve s.) *161*
  ARCHITECTE *36*
  CAMBRIDGE UNIVERSITÉ DE
  WREN (C.) *734*

753

ANNEXES

- **CAMERON** CHARLES (vers 1740-1812) *163*
- **CAMPBELL** COLEN (mort en 1729) *164*

  CANAUX
  EUPALINOS
- **CANDELA** FELIX (1910-) *165*
- **CANDILIS** GEORGES (1913-1995) *166*
  TEAM TEN

  CANOVA ANTONIO (1757-1822)
  QUATREMÈRE DE QUINCY

  CANTERBURY
  GUILLAUME DE SENS *295*

  CAPITOLE, Rome
  MICHEL-ANGE *435, 447*
- **CARLU** JACQUES (1890-1976) *168*

  CAROLINGIEN ART
  ARCHITECTE *40*
  EUDES DE METZ *234*
  SUGER *660*
- **CARR** JOHN (1723-1807) *168*

  CASORATI FELICE (1883-1963)
  SARTORIS (A.) *608*
- **CASTIGLIONE** GIUSEPPE (1688-1766) *169*
- **CASTILHO** JOÃO DE (actif entre 1515 et 1552) *170*

  CASTILLE
  HERRERA (J. de) *315*

  CATALOGNE
  BOHIGAS (O.)
  DOMENECH I MONTANER (L.)
  GAUDÍ (A.) *269*
  SERT (J. L.) *621*

  CATHÉDRALE
  BRUNELLESCHI (F.) *145*
  HERRERA (J. de) *316*
  LANDO DI PIETRO *359*
  MAÎTRE DE BOURGES *413*
  MAÎTRE DE CHARTRES *413*
  MAÎTRE MARTIN *414*
  MATHIEU D'ARRAS *422*
  MAURICE DE SULLY

CATHERINE II DE RUSSIE (1729-1796)
BAJENOV (V.)
CAMERON (C.)
QUARENGHI (G.)
RINALDI (A.)

- **CELLERIER** JACQUES (1742-1814) *171*

  CENTRE NATIONAL D'ART & DE CULTURE GEORGES-POMPIDOU
  PIANO (R.) *523*
  ROGERS (R.) *587*

  CENTRE URBAIN
  RENAUDIE (J.) *574*
  ROUSE (J. W.) *593*

  CÉRAMIQUE
  O'GORMAN (J.) *489*

  CESARE CESARIANO (XVIᵉ s.)
  ARCHITECTE *44*
- **CHALGRIN** JEAN FRANÇOIS THÉRÈSE (1739-1811) *171*
- **CHAMBERS** sir WILLIAM (1723-1796) *172*

  CHAMBORD
  DOMENICO DA CORTONA *215*
- **CHANTEREINE** NICOLAS (actif de 1517 à 1537) *174*

  CHANTILLY CHÂTEAU DE
  AUBERT (J.) *64*

  CHAPELLE
  DELORME (P.) *209*
  EUDES DE METZ *234*
  PUGET (P.) *558*
- **CHAREAU** PIERRE (1883-1950) *174*

  CHARTE D'ATHÈNES (1933)
  LE CORBUSIER *370*

  CHARTRES CATHÉDRALE DE
  MAÎTRE DE CHARTRES *413*

  CHÂTEAUX
  BLONDEL (J.-F.) *108*
  BULLANT (J.)
  COTTE (R. de)
  DELORME (P.) *205*
  HARDOUIN-MANSART (J.) *303*
  KNOBELSDORFF (G. W. von)
  LA GUÊPIÈRE (L. P. de)
  LE MUET (P.)
  MANSART (F.) *418*

- **CHEMETOV** PAUL (1928-) *175*
- **CHERPITEL** MATHURIN (1736-1809) *176*

  CHERSIPHRON DE CNOSSOS (~VIᵉ s.)
  ARCHITECTE *35*
- **CHIATTONE** MARIO (1891-1957) *177*

  CHICAGO
  BURNHAM (D. H.) *158*
  CHICAGO (ÉCOLE DE) *178*
  MIES VAN DER ROHE (L.) *454*
  SULLIVAN (L. H.)
- **CHICAGO** ÉCOLE DE *178*
  BURNHAM (D. H.) *158*
  GOFF (B.)
  JENNEY (W.)
  RICHARDSON (H. H.)
  SKIDMORE, OWINGS & MERRILL
  SULLIVAN (L. H.)
- **CHŌGEN** SHUNJŌBŌ (1120-1206) *178*
- **CHURRIGUERA** LES *178*

  C.I.A.M. (Congrès internationaux d'architecture moderne)
  BRUTALISME
  GROPIUS (W.) *292*
  LE CORBUSIER *370*
  LODS (M.) *400*
  LURÇAT (A.)
  RENAUDIE (J.) *573*
  SERT (J. L.) *621*
  SIMOUNET (R.) *626*
  TEAM TEN
  WARCHAVCHIK (G.)

  CINÉTIQUE ART
  BAUHAUS *84*
  KOWALSKI (P.)
- **CIRIANI** HENRI (1936-) *179*

  CISNEROS FRANCISCO JIMÉNEZ DE (1456-1517) cardinal espagnol
  GUMIEL (P.) *300*

  CITADELLE
  VAUBAN *700*

  CITÉ-JARDIN
  BODSON (F.)
  EGGERICX (J.)
  WALTER (J.)

INDEX

CLASSIQUE ARCHITECTURE
BLONDEL (F.)
BLONDEL (J.-F.) *107*
BOFFRAND (G. G.)
BROSSE (S. de) *140*
BRUAND (L.)
BULLANT (J.)
COTTE (R. de)
HARDOUIN-MANSART (J.) *301*
JONES (I.)
LE MERCIER (J.)
LE MUET (P.)
LE NÔTRE (A.) *382*
LEPAUTRE (LES)
LESCOT (P.)
LE VAU (L.)
MANSART (F.) *416*
MÉTEZEAU (LES)
ORBAY (F. d')
PALLADIO (A.) *495*
PERRAULT (C.)
POST (P.) *545*
SANGALLO (LES)
SANMICHELI (M.)
SCAMOZZI (V.)
SERVANDONI (J.-N.)
VAN CAMPEN (J.)
WREN (C.) *732*

- **CLÉRISSEAU** CHARLES LOUIS (1721-1820) *183*

CLUNY
ARCHITECTE *41*

- **CODUSSI** MAURO (1440-1504) *184*
- **COECKE VAN AALST** PIETER (1502-1550) *184*
- **COEHORN** MENNO VAN baron (1641-1704) *186*

COLLECTIONS D'ART
HOPE (T.)
TESSIN (LES)

COLMAR
BARTHOLDI (F. A.)

COLOSSAL
AMMANNATI (B.)
BARTHOLDI (F. A.)
MICHEL-ANGE *433, 442*
PUGET (P.) *556*
ZAKHAROV (A. D.)

- **COMBES** LOUIS (1754-1818) *186*

COMBLE
MANSART (F.) *417*

COMPOSITE ORDRE
ALBERTI (L. B.) *21*

COMPOSITION ARCHITECTURALE
AALTO (A.) *13*
BLONDEL (J.-F.) *110*
MICHEL-ANGE *446*
PALLADIO (A.) *499*
PIERRE DE CORTONE *528*

CONCORDE PLACE DE LA, Paris
GABRIEL (A. J.) *257*

CONSTANTINOPLE
BASILIQUE SAINTE-SOPHIE DE
ANTHÉMIOS DE TRALLES

CONSTRUCTION
TECHNIQUES DE
ARCHITECTE *35*
BERLAGE (H. P.)
FREYSSINET (E.)
HENNEBIQUE (F.)
LE CORBUSIER *370*
PERRONET (J. R.)
SAUVAGE (H.)
VIOLLET-LE-DUC (E. E.) *713*

CONSTRUCTIVISME
BAUHAUS *82*
GUINZBOURG (M I.)
LEONIDOV (I.)
OUD (J. J. P.)
TATLINE (V. E.)
VESNINE (LES)

- **COOP HIMMELB(L)AU** *187*

COPENHAGUE
JARDIN (H. N.) *338*

COQUE, architecture
CANDELA (F.)
ROGERS (R.) *586*
TORROJA (E.)

- **CORMONTAINGNE** LOUIS-CHARLES de (1695-1752) *188*
- **COSTA** LÚCIO (1902-1998) *189*
BURLE MARX (R.)
NIEMEYER (O.) *481*

- **COTTE** ROBERT DE (1656-1735) *190*
GABRIEL (A. J.) *263*
HARDOUIN-MANSART (J.) *303*

COUPOLE
ANTHÉMIOS DE TRALLES
BRUNELLESCHI (F.) *145*
FULLER (R. B.) *254*
ISIDORE DE MILET
MICHEL-ANGE *448*
NEUMANN (B.) *473*

PIERRE DE CORTONE *528*
WREN (C.) *733*

- **COVARRUBIAS** ALONSO DE (1488-1570) *192*
- **CRONACA** SIMONE DEL POLLAIOLO dit IL (1457-1508) *193*
- **CRUCY** MATHURIN (1749-1826) *193*

CUBISME
TATLINE (V. E.)

- **CUVILLIÉS** FRANÇOIS DE (1695-1768) *194*
- **CUYPERS** PETRUS JOSEPH HUBERTUS (1827-1921) *195*

DAIBUTSUYŌ STYLE
CHŌGEN SHUNJŌBŌ *178*

- **DALY** CÉSAR DENIS (1811-1894) *195*

DAMAS
ÉCOCHARD (M.) *228*

- **DANCE** GEORGE (1741-1825) *197*

DANEMARK
JACOBSEN (A.)
KLINT (P. V. J.) *348*

- **D'ARONCO** RAIMONDO (1857-1932) *198*

DAVID JACQUES-LOUIS (1748-1825)
QUATREMÈRE DE QUINCY

- **DAVIOUD** GABRIEL (1824-1881) *199*
- **DEANE** sir THOMAS NEWENHAM (1828-1899) *199*

DÉCOR DE THÉÂTRE
BIBIENA (LES)
VESNINE (LES)

DÉCORATIFS ARTS ▶ **ARTS DÉCORATIFS**

DÉCORATION ARCHITECTURALE
ALBERTI (L. B.) *23*
ARRUDA (D.) *62*
BOULLÉE (É. L.)
COTTE (R. de)
HITTORFF (J. I.)
LEPAUTRE (LES)
LOOS (A.)
MEISSONNIER (J.-A.) *425*
O'GORMAN (J.) *489*
PETITOT (E.-A.) *519*
SULLIVAN (L. H.)

755

ANNEXES

DÉDALE
ARCHITECTE *35*

DEINOCRATÈS ► **DINOCRATÈS**

DEIR EL-BAHARI
SÉNENMOUT *618*

- **DE KLERK** MICHEL (1884-1923) *200*
  AMSTERDAM (ÉCOLE D') *28*

- **DE KONINCK** LOUIS HERMAN (1896-1984) *201*

- **DELAMAIR** ou **DELAMAIRE** PIERRE ALEXIS (1676-1745) *202*

- **DELLA PORTA** GIACOMO (1533 env.-1602) *203*

- **DELORME** PHILIBERT (1514-1570) *203*
  ARCHITECTE *48*
  BULLANT (J.)

DÉLOS
CALLICRATÈS

- **DESCHAMPS** JEAN (2e moitié XIIIe s.) *211*

DESIGN
AALTO (A.) *12*
AULENTI (G.)
BAUHAUS *84*
BREUER (M.) *136*
EAMES (C. et R.)
GROPIUS (W.) *293*
JACOBSEN (A.)
MUTHESIUS (H.)
NERVI (P. L.) *470*
NEUTRA (R.) *479*
NOGUCHI I. *485*
PONTI (G.)
PUTMAN (A.)
SOTTSASS (E.)
STARCK (P.)
WERKBUND (DEUTSCHER)

DESSIN
DUPÉRAC (É.)
MICHEL-ANGE *437, 445*
VASARI (G.) *694*

DESSIN D'ARCHITECTURE
ANDROUET DU CERCEAU (LES)
ARCHITECTE *42, 47*
BERNIN *95*
BOULLÉE (É. L.)
CHIATTONE (M.)
CLÉRISSEAU (C. L.)
COTTE (R. de)
DIETTERLIN (W.) *214*

DREXLER (A.) *217*
DUPÉRAC (É.)
LE BLOND (J.-B. A.)
LEGEAY (J.-L.) *376*
LE MUET (P.)
LEPAUTRE (LES)
MANSART (F.) *420*
ORBAY (F. d')
PUGIN (LES)
SANGALLO (LES)
SERLIO (S.)
VILLARD DE HONNECOURT

DESSIN INDUSTRIEL
SARTORIS (A.) *607*

DEUTSCHER WERKBUND ► **WERKBUND** DEUTSCHER

- **DE WAILLY** CHARLES (1730-1798) *212*
  ARCHITECTE *50*

DEZALLIER D'ARGENVILLE ANTOINE NICOLAS (1723-1796)
DELORME (P.) *204*

- **DIENTZENHOFER** LES *213*

- **DIETTERLIN** WENDEL (1550 env.-1599) *214*

- **DINOCRATÈS** (mort en ~278) *214*

DJÉSER ou **DJOSER**, pharaon de la IIIe dynastie (−IIIe mill.)
IMHOTEP

DÔME
BRUNELLESCHI (F.) *145*
FULLER (R. B.) *254*
MICHEL-ANGE *448*
WREN (C.) *733*

- **DOMENECH I MONTANER** LUIS (1850-1923) *215*

- **DOMENICO DA CORTONA** dit LE BOCCADOR (1470 env.-env. 1549 ?) *215*

DOMUS, *revue*
PONTI (G.)
ROGERS (E. N.)

- **DONATELLO** (1383 ou 1386-1466)
  BRUNELLESCHI (F.) *143*
  MICHELOZZO DI BARTOLOMMEO

DORIQUE ORDRE
CALLICRATÈS
HERRERA (J. de) *314*
MNÉSICLÈS

- **DOXIADIS** CONSTANTINOS APOSTOLOS (1913-1975) *216*

DRESDE
COOP HIMMELB(L)AU
PÖPPELMANN (M. D.)
SEMPER (G.)

- **DREXLER** ARTHUR (1925-1987) *217*

- **DROUET DE DAMMARTIN** (mort en 1400 env.) *218*
  GUY DE DAMMARTIN

- **DUBAN** FÉLIX (1798-1870) *218*

DUBLIN
DEANE (sir T. NEWENHAM) *199*

- **DUBRŒUCQ** ou **DU BRŒUCQ** JACQUES (av. 1510-1584) *221*

DU CERCEAU ► **ANDROUET DU CERCEAU**

- **DUC** JOSEPH-LOUIS (1802-1879) *221*

- **DUDOK** WILLEM MARINUS (1884-1974) *222*

- **DUFAU** PIERRE (1908-1985) *223*

- **DUIKER** JOHANNES (1890-1955) *224*

DUNKERQUE
VAUBAN *700*

- **DUPÉRAC** ÉTIENNE (1530 env.-1604) *224*

- **DURAND** JEAN NICOLAS LOUIS (1760-1834) *226*
  ARCHITECTE *51*

- **EAMES** CHARLES (1907-1978) & **RAY** (1912-1988) *227*

ÉCLECTISME
BAJENOV (V.)
BALTARD (V.)
BAUDOT (A. de)
DUC (J.-L.)
GARNIER (C.)
JOHNSON (P. C.)
LALOUX (V.) *358*
LEFUEL (H.)

756

INDEX

LEQUEU (J.-J.)
NASH (J.)
SACCONI (G.) *602*
SOANE (J.)

- **ÉCOCHARD** MICHEL (1905-1985) *228*
  RENAUDIE (J.) *572*

ÉCOLE DES BEAUX-ARTS
ARCHITECTE *52*
DUBAN (F.)

ÉCOLE NATIONALE DES PONTS & CHAUSSÉES ► **PONTS & CHAUSSÉES** ÉCOLE DES

ÉCOUEN CHÂTEAU D', *Val-d'Oise*
BULLANT (J.)

- **EGAS** ENRIQUE (1455 env.-env. 1534) *229*
- **EGCKL** WILLEM (mort en 1588) *230*
- **EGGERICX** JEAN (1884-1963) *230*

EGINHARD (770 env.-840)
ARCHITECTE *40*
EUDES DE METZ *234*

ÉGLISE, *architecture*
ALBERTI (L. B.) *22*
ANTHÉMIOS DE TRALLES
ASAM (LES)
BOYTAC (D.)
BRUNELLESCHI (F.) *145*
CHALGRIN (J. F. T.)
GAUDÍ (A.) *271*
GIBBS (J.)
HERRERA (J. de) *315*
HILDEBRANDT (J. L. von)
HITTORFF (J. I.)
ISIDORE DE MILET
LANGLOIS (J.)
NEUMANN (B.) *473*
PIERRE DE CORTONE *528*
SPRECKELSEN (J. O. von)
SUGER *660*
WREN (C.) *732*
ZIMMERMANN (D.)

ÉGYPTIENNE
ARCHITECTURE, *Antiquité*
AMENHOTEP *27*
ARCHITECTE *35*
IMHOTEP
SÉNENMOUT *618*

ÉGYPTIENNE
ARCHITECTURE
CONTEMPORAINE
FATHY (H.)

- **EHRENSVÄRD** CARL AUGUST comte (1745-1800) *230*
- **EIFFEL** GUSTAVE (1832-1923) *231*

EIGIL (mort en 822)
ARCHITECTE *40*

ÉKISTIQUE
DOXIADIS (C. A.)

- **ELY** REGINALD ou REYNOLD (actif de 1438 à 1471) *232*
- **EMMERICH** DAVID-GEORGES (1925-1996) *232*

EMPIRE SECOND ► **SECOND EMPIRE**

EMPIRE STYLE
PERCIER (C.) et FONTAINE (P. F.)

ENCEINTE
LEDOUX (C. N.) *373*
VAUBAN *699*

- **ENDELL** AUGUST (1871-1925) *232*

ENSEIGNEMENT DE L'ARCHITECTURE
ARCHITECTE *49, 53, 58*
BAUHAUS *80*
BLONDEL (J.-F.) *108*

ENVIRONNEMENT, *sculpture*
KOWALSKI (P.)
MOORE (C. W.)
SMITH (T.) *634*

ÉRECHTÉION
CALLICRATÈS

- **ERRARD DE BAR-LE-DUC** JEAN (1554-1610) *233*
- **ERWIN DE STEINBACH** maître (mort en 1318) *233*

ESCALIER, *histoire de l'architecture*
DELORME (P.) *210*
HERRERA (J. de) *315*
LOUIS (V.)
MANSART (F.) *418*
NERVI (P. L.) *469*
NEUMANN (B.) *472*

ESCURIAL ou **ESCORIAL**
HERRERA (J. de) *311*
TIBALDI (P.)
TOLEDO (J. B. de)

ESPACE ET ARCHITECTURE
BERLAGE (H. P.)
BRUNELLESCHI (F.) *145*
CIRIANI (H.) *182*
KOWALSKI (P.)
LE CORBUSIER *368*
MIES VAN DER ROHE (L.) *455*
NEUTRA (R.) *478*
PIERRE DE CORTONE *528*
PORTZAMPARC (C. de)

ESPACE URBAIN
BÉLANGER (F. J.)
BÜHLER (D. ET E.)
CIRIANI (H.) *180*

ESPAGNOLE ARCHITECTURE
BOFILL (R.)
BOHIGAS (O.)
BONAVIA (S.)
BUSTAMANTE (B. de) *159*
CALATRAVA (S.)
CASTILHO (J. de)
CHURRIGUERA (LES)
COVARRUBIAS (A. de)
EGAS (E.)
FIGUEROA (LES)
GAUDÍ (A.) *269*
GIL DE HONTAÑÓN (R.) *283*
GÓMEZ DE MORA (J.)
GUAS (J.)
GUMIEL (P.) *300*
HERRERA (J. de) *311*
HURTADO (F.)
MACHUCA (P.)
MAÎTRE MARTIN *414*
MONEO (R.)
MORA (F. de)
RIBERA (P. de)
RODRÍGUEZ (V.)
SAGREDO (D. de) *602*
SANTOS DE CARVALHO (E. dos) *607*
SERT (J. L.) *621*
SILOE (D. de)
TOLEDO (J. B. de)
TOMÉ (LES)
TORRALVA (D. de)
TORROJA (E.)
VÁZQUEZ (L.) *704*
VILLALPANDO (F. de) *708*
VILLANUEVA (J. de) *708*

757

ANNEXES

ESPRIT NOUVEAU L'
BLOC (A.)

ESTHÉTIQUE INDUSTRIELLE
BEHRENS (P.) 88
MUTHESIUS (H.)
PERRIAND (C.)
WERKBUND (DEUTSCHER)

ETHELWOLD saint (908 env.-984)
ARCHITECTE 40

- **ÉTIENNE DE BONNEUIL** (2e moitié XIIIe s.) 234

ÉTIENNE DE GARLANDE (mort en 1150)
SUGER 660

- **EUDES DE METZ** (IXe s.) 234
ARCHITECTE 40

- **EUPALINOS DE MÉGARE** (milieu ~VIe s.) 234
ARCHITECTE 35

EURYALOS
ARCHITECTE 35

- **EXPERT ROGER-HENRI** (1882-1955) 235

EXPOSITIONS COLONIALES
EXPERT (R.-H.)
LAPRADE (A.) 360

EXPOSITIONS UNIVERSELLES
AALTO (A.) 12
HÉNARD (E.)
PAXTON (J.)

EXPRESSIONNISME
BEHRENS (P.) 90

FALCONETTO GIOVANNI MARIA (1458-env. 1534)
PALLADIO (A.) 496

- **FANZAGO COSIMO** (1591-1678) 237

FARNÉSINE VILLA, Rome
PERUZZI (B.)

- **FATHY HASSAN** (1900-1989) 237

FEININGER LYONEL (1871-1956)
BAUHAUS 81

FER & FONTE, architecture
ALAVOINE (J. A.) 18
BALTARD (V.)
BAUDOT (A. de)
BOILEAU (L.-A.) 116
EIFFEL (G.)
FORMIGÉ (J.-C.) 247
GUIMARD (H.) 297
JOURDAIN (F.)
LABROUSTE (H.)
MENGONI (G.) 426
PAXTON (J.)

FERRY JULES (1832-1893)
NARJOUX (F.)

- **FERSTEL HEINRICH VON** (1828-1883) 239

- **FIGUEROA LES** 239

- **FILARÈTE** (1400 env.-env. 1469) 240
ARCHITECTE 47

FINLANDE
AALTO (A.) 11

- **FISCHER JOHANN MICHAEL** (1692-1766) 242

- **FISCHER RAYMOND** (1898-1988) 243

- **FISCHER VON ERLACH JOHANN BERNHARD** (1656-1723) 245
HILDEBRANDT (J. L. von)

FLAMBOYANT STYLE
BLONDEEL (L.)
GUY DE DAMMARTIN

FLORENCE
ALBERTI (L. B.) 21
ARNOLFO DI CAMBIO
BRUNELLESCHI (F.) 145
CRONACA (IL) 193
GHIBERTI (L.) 280
MICHEL-ANGE 431
MICHELOZZO DI BARTOLOMMEO
MICHELUCCI (G.) 450
PIERRE DE CORTONE 526
VASARI (G.) 693

FLORENCE & LA TOSCANE
ALBERTI (L. B.) 19
AMMANNATI (B.)
CRONACA (IL) 193
TALENTI (F. et S.)

FOCILLON HENRI (1881-1943)
BONY (J.) 119

FOLIE, architecture
BÉLANGER (F. J.)
TSCHUMI (B.) 678

FONCTIONNALISME, architecture
AALTO (A.) 11
ASPLUND (E. G.)
BEHRENS (P.) 89
BLONDEL (J.-F.) 110
BOURGEOIS (V.)
BRUTALISME
DE KONINCK (L. H.)
GARNIER (T.)
JACOBSEN (A.)
LUBETKIN (B.) 406
MELNIKOV (K. S.)
MENDELSOHN (E.)
NEUTRA (R.) 477
PERRET (A.)
SCHAROUN (H.)
SEMPER (G.)
VAN EESTEREN (C.)
VIOLLET-LE-DUC (E. E.) 713
WARCHAVCHIK (G.)

FONTAINE PIERRE FRANÇOIS ► **PERCIER & FONTAINE**

FONTAINE MONUMENTALE
BERNIN 95
PIERRE DE CORTONE 529

FONTAINEBLEAU CHÂTEAU DE
LE BRETON (G.) 366

- **FONTANA CARLO** (1634-1714) 246

- **FONTANA DOMENICO** (1543-1607) 246

FONTE, architecture ► **FER & FONTE,** architecture

FORD FONDATION
ROCHE (K.)

- **FORMIGÉ JEAN-CAMILLE** (1845-1926) 247

FORTIFICATIONS
ARÇON (J.-C. É. chevalier d') 61
COEHORN (M. van) 186
CORMONTAINGNE (L.-C. de) 188
ERRARD DE BAR-LE-DUC (J.) 233
MARINI (G.) 421
MONTALEMBERT (M.-R. marquis de) 459
PACIOTTO (F.) 494
PAGAN (B. F. de) 494

INDEX

SÉRÉ DE RIVIÈRES (R.) *618*
SPECKLE (D.) *643*
VAUBAN *699*

- **FOSTER** NORMAN (1935-) *247*
  ROGERS (R.) *585*

FOUQUET NICOLAS (1615-1680)
LE NÔTRE (A.) *383*

FRANÇAISE ARCHITECTURE
ABADIE (P.) *16*
AILLAUD (É.)
ALAVOINE (J. A.) *18*
ANDROUET DU CERCEAU (LES)
ANTOINE (J. D.)
ARCHITECTE *48*
ARÇON (J.-C. É. chevalier d') *61*
AUBERT (J.) *64*
BALLU (T.) *69*
BALTARD (L. P.)
BALTARD (V.)
BARTHOLDI (F. A.)
BAUDOT (A. de)
BEAUDOUIN (E.) *85*
BÉLANGER (F. J.)
BERTRAND (C. J. A.)
BIARD (LES)
BLANCHET (T.)
BLOC (A.)
BLONDEL (F.)
BLONDEL (J.-F.) *107*
BOFFRAND (G. G.)
BOILEAU (L.-A.) *116*
BONY (J.) *119*
BOULLÉE (É. L.)
BOURGEOIS (V.)
BRONGNIART (A. T.)
BROSSE (S. de) *140*
BRUAND (L.)
BRUYÈRE (A.) *149*
BULLANT (J.)
CANDILIS (G.) *166*
CARLU (J.)
CELLERIER (J.)
CHALGRIN (J. F. T.)
CHAREAU (P.)
CHEMETOV (P.)
CHERPITEL (M.)
CIRIANI (H.) *179*
CLÉRISSEAU (C. L.)
COMBES (L.)
CORMONTAINGNE (L.-C. de) *188*
COTTE (R. de)
CRUCY (M.)
CUVILLIÉS (F. de)
DAVIOUD (G.) *199*
DELAMAIR(P. A.) *202*
DELORME (P.) *203*

DESCHAMPS (J.)
DE WAILLY (C.)
DOMENICO DA CORTONA *215*
DROUET DE DAMMARTIN
DUBAN (F.)
DUC (J.-L.)
DUFAU (P.) *223*
DUPÉRAC (É.)
ERRARD DE BAR-LE-DUC (J.) *233*
EXPERT (R.-H.)
FISCHER (R.) *243*
FORMIGÉ (J.-C.) *247*
FREYSSINET (E.)
GABRIEL (A. J.) *256*
GABRIEL (J. III J.)
GARNIER (C.)
GARNIER (T.)
GAUDIN (H.) *275*
GONDOIN (J.)
GUILLAUME DE SENS *295*
GUIMARD (H.) *295*
GUY DE DAMMARTIN
HARDOUIN-MANSART (J.) *301*
HAUSSMANN (baron G. H.) *305*
HÉNARD (E.)
HÉRÉ DE CORNY (E.)
HEURTIER (J.-F.)
HITTORFF (J. I.)
IXNARD (P.-M. d') *336*
JARDIN (H. N.) *338*
JEAN DE CHELLES *338*
JOURDAIN (F.)
LABROUSTE (H.)
LA GUÊPIÈRE (L. P. de)
LALOUX (V.) *358*
LANGLOIS (J.)
LAPRADE (A.) *360*
LASSURANCE (LES)
LASSUS (J.-B.-A.) *362*
LAUGIER (M.-A.)
LE BLOND (J.-B. A.)
LE BRETON (G.) *366*
LECAMUS DE MÉZIÈRES (N.) *366*
LE CORBUSIER *367*
LEDOUX (C. N.) *371*
LEFUEL (H.)
LE MERCIER (J.)
LE MUET (P.)
LE NÔTRE (A.) *382*
LEPAUTRE (LES)
LE PÈRE (J.-B.)
LEQUEU (J.-J.)
LEQUEUX (M J.)
LE RICOLAIS (R.) *390*
LESCOT (P.)
LE VAU (L.)
LION (Y.)

LODS (M.) *400*
LOUIS (V.)
LURÇAT (A.)
MAÎTRE DE BOURGES *413*
MAÎTRE DE CHARTRES *413*
MAÎTRE DE SAINT-DENIS *413*
MALLET-STEVENS (R.)
MANSART (F.) *416*
MARTELLANGE
MEISSONNIER (J.-A.) *425*
MÉTEZEAU (LES)
MIQUE (R.)
MONTALEMBERT (M.-R. marquis de) *459*
NELSON (P.)
NORMAND (A.-N.) *486*
NOUVEL (J.) *486*
OPPENORD (G. M.)
ORBAY (F. d')
PAGAN (B. F. de) *494*
PARENT (C.)
PÂRIS (P. A.)
PATTE (P.)
PERCIER (C.) et FONTAINE (P. F.)
PERRAULT (C.)
PERRAULT (D.)
PERRET (A.)
PERRONET (J. R.)
PETITOT (E.-A.) *519*
PEYRE (M.-J.) *521*
PIERRE DE MONTREUIL
PINGUSSON (G.-H.)
POMPE (A.)
PORTZAMPARC (C. de)
POUILLON (F.) *546*
POYET (B.)
PROUVÉ (V. et J.)
QUATREMÈRE DE QUINCY
RAYMOND DU TEMPLE *570*
RAYMOND (J. A.)
RENAUDIE (J.) *572*
RONDELET (J.-B.)
ROUX-SPITZ (M.)
SAUVAGE (H.)
SÉRÉ DE RIVIÈRES (R.) *618*
SOHIER (H.) *638*
SORIA (P.) *641*
SOUFFLOT (J. G.)
SPOERRY (F.) *644*
THOMON (T. de) *673*
TSCHUMI (B.) *677*
VALLIN DE LA MOTHE (J.-B. M.)
VAN DE VELDE (H.)
VAUBAN *699*
VAUDOYER (L.)
VAUDREMER (É.) *703*
VERLY (F.)
VIOLLET-LE-DUC (E. E.) *710*
WALTER (J.)
ZEHRFUSS (B.) *742*

759

FRANÇAISE SCULPTURE
BARTHOLDI (F. A.)
BIARD (LES)
GUY DE DAMMARTIN
KOWALSKI (P.)
LEPAUTRE (LES)
PINEAU (N.)
PUGET (P.) *554*

- **FRANCESCO DI GIORGIO MARTINI** (1439-1502) *251*

FRANCFORT-SUR-LE-MAIN
MAY (E.) *423*

FRANC-MAÇONNERIE
ARCHITECTE *43*

FRESQUE
ASAM (LES)
MICHEL-ANGE *433, 444*
PIERRE DE CORTONE *527*

- **FREYSSINET** EUGÈNE (1879-1962) *251*

FRONTIN, lat. SEXTUS JULIUS FRONTINIUS (30 env.- env. 103)
ARCHITECTE *38*

- **FUKSAS** MASSIMILIANO (1944-) *253*

FULDA ABBAYE DE
ARCHITECTE *40*

- **FULLER** RICHARD BUCKMINSTER (1895-1983) *254*

FUMIHIKO MAKI ▶ MAKI FUMIHIKO

FUNÉRAIRE ART
BERNIN *97*
DUBRŒUCQ (J.)
KEYSER (H. de)
MICHEL-ANGE *442*
ROSSELLINO (LES)

FUTURISME
CHIATTONE (M.)
SANT'ELIA (A.)
SARTORIS (A.) *608*
TERRAGNI (G.)

- **GABRIEL** ANGE JACQUES (1698-1782) *256*
ARCHITECTE *49*
GABRIEL (J. III J.)

- **GABRIEL** JACQUES III JULES (1667-1742) *264*
GABRIEL (A. J.) *262*

GALERIE, *architecture*
MENGONI (G.) *426*

GALLÉ ÉMILE (1846-1904)
PROUVÉ (V. et J.)

GAND
HUYSSENS (P.)

- **GARDELLA** IGNAZIO (1905-1999) *265*

GARES, *architecture*
DUFAU (P.) *224*
GUIMARD (H.) *297*
HITTORFF (J. I.)
LALOUX (V.) *358*
MICHELUCCI (G.) *450*

GARLANDE ÉTIENNE DE ▶ **ÉTIENNE DE GARLANDE**

- **GARNIER** CHARLES (1825-1898) *266*

- **GARNIER** TONY (1869-1948) *267*
ARCHITECTE *54*

GAUCHER DE REIMS (XIIIᵉ s.)
ARCHITECTE *41*

- **GAUDÍ** ANTONIO (1852-1926) *269*

- **GAUDIN** HENRI (1933-) *275*

- **GEHRY** FRANK O. (1929-) *278*

GÊNES
PUGET (P.) *556*

GÉNIE CIVIL
ALPHAND (A.)
FREYSSINET (E.)

GÉNIE MILITAIRE
ARÇON (J.-C. É. chevalier d') *61*
COEHORN (M. van) *186*
CORMONTAINGNE (L.-C. de) *188*
ERRARD DE BAR-LE-DUC (J.) *233*
MONTALEMBERT (M.-R. marquis de) *459*
PAGAN (B. F. de) *494*
SÉRÉ DE RIVIÈRES (R.) *618*
VAUBAN *700*

GESÙ ÉGLISE DU
POZZO (A.) *549*

- **GHIBERTI** LORENZO (1378 ou 1381-1455) *280*
BRUNELLESCHI (F.) *144*
KRAUTHEIMER (R.) *354*

GHIRLANDAIO DOMENICO DI TOMMASO BIGORDI dit (1449-1494)
GIULIANO DA MAIANO

- **GIBBS** JAMES (1682-1754) *282*

- **GIL DE HONTAÑÓN** RODRIGO (env. 1500-1577) *283*

- **GILLY** DAVID (1748-1808) & **FRIEDRICH** (1772-1800) *283*

GISANT
SOLARI (LES)

- **GIULIANO DA MAIANO** (1432-1490) *284*

GODERAMNUS (IXᵉ s.)
ARCHITECTE *40*

- **GODWIN** EDOUARD WILLIAM (1833-1886) *285*

- **GOFF** BRUCE (1904-1982) *285*

- **GOLDBERG** BERTRAND (1913-) *286*

- **GOMBRICH** ERNST HANS (1909-)
BONY (J.) *119*

- **GÓMEZ DE MORA** JUAN (1586-env. 1648) *287*

- **GONDOIN** JACQUES (1737-1818) *287*
ARCHITECTE *50*

GOTHIC REVIVAL ou **NÉO-GOTHIQUE**
BURGES (W.) *156*
BUTTERFIELD (W.) *159*
CUYPERS (P. J. H.) *195*
KLINT (P. V. J.) *348*
PUGIN (LES)
SCHINKEL (K. F.)
WEBB (P.) *728*
WYATT (J.) *740*

GOTHIQUE ARCHITECTE
ARCHITECTE *41*
ARNOLFO DI CAMBIO
BONY (J.) *119*
DESCHAMPS (J.)
DROUET DE DAMMARTIN
ELY (R.)
ÉTIENNE DE BONNEUIL
GHIBERTI (L.) *280*

INDEX

GIL DE HONTAÑÓN (R.) *283*
GUAS (J.)
GUILLAUME DE SENS *295*
GUY DE DAMMARTIN
HENRY DE REYNES *310*
JEAN DE CHELLES *338*
LANGLOIS (J.)
LASSUS (J.-B.-A.) *362*
MAÎTRE DE BOURGES *413*
MAÎTRE DE CHARTRES *413*
MAÎTRE DE SAINT-DENIS *413*
MAÎTRE MARTIN *414*
MATHIEU D'ARRAS *422*
MAURICE DE SULLY
PARLER (LES)
PIERRE DE MONTREUIL
PILGRAM (A.)
SOHIER (H.) *638*
SUGER *660*
TALENTI (F. et S.)
VIOLLET-LE-DUC (E. E.) *713*

GOTHIQUE CURVILINÉAIRE STYLE
ELY (R.)

GOTHIQUE INTERNATIONAL STYLE
GHIBERTI (L.) *280*

GOTHIQUE PERPENDICULAIRE STYLE
BARRY (sir C.) *74*
YEVELE (H.)

GOUJON JEAN (1510 env.-env. 1566)
LESCOT (P.)
VITRUVE *721*

GRATTE-CIEL
BUNSHAFT (G.) *154*
BURNHAM (D. H.) *158*
CHICAGO (ÉCOLE DE) *178*
FOSTER (N.) *249*
MIES VAN DER ROHE (L.) *453*
SULLIVAN (L. H.)
VAN ALEN (W.) *684*

• **GRAVES** MICHAEL (1934-) *288*

GRAVURE
BALTARD (L. P.)
COECKE VAN AALST (P.)
DUPÉRAC (É.)
LEGEAY (J.-L.) *376*
LEPAUTRE (LES)
PIRANÈSE (G. B. PIRANESI dit) *535*

GRECQUE ARCHITECTURE
ARCHITECTE *35*
CALLICRATÈS
DINOCRATÈS
EUPALINOS
HIPPODAMOS DE MILET
MNÉSICLÈS
RHOÏKOS
VITRUVE *719*

GRECQUE SCULPTURE
RHOÏKOS

GREEK REVIVAL ou **RENAISSANCE HELLÉNISTIQUE**
DANCE (G.)
HOPE (T.)

GREENWICH
JONES (I.)

• **GREGOTTI** VITTORIO (1927-) *288*

GRENADE, *Espagne*
EGAS (E.)
HERRERA (J. de) *315*
SILOE (D. de)

• **GROPIUS** WALTER (1883-1969) *290*
BAUHAUS *77*
MEYER (H.)
PONTI (G.)

GROTESQUES, *histoire de l'art*
LIGORIO (P.)

GROUPE, *sculpture*
BARTHOLDI (F. A.)
BERNIN *94*
MICHEL-ANGE *441, 443*
PUGET (P.) *557*

GROUPE DES XX
VAN DE VELDE (H.)

• **GUARINI** GUARINO (1624-1683) *294*

• **GUAS** JUAN (mort en 1496) *294*

• **GUILLAUME DE SENS** (XIIᵉ s.) *295*

• **GUIMARD** HECTOR (1867-1942) *295*

• **GUINZBOURG** MOÏSSEÏ IAKOVLEVITCH (1892-1941) *299*

• **GUMIEL** PEDRO (actif entre 1491 et 1517) *300*

• **GUY DE DAMMARTIN** ou **GUYOT** (mort en 1400 env.) *300*

HABITAT
BEAUDOUIN (E.) *85*
BOTTA (M.)
CANDILIS (G.) *166*
CHEMETOV (P.)
DE KLERK (M.)
DE KONINCK (L. H.)
FATHY (H.)
GARNIER (T.)
GROPIUS (W.) *291*
KUROKAWA (K.)
LE CORBUSIER *368, 370*
MALLET-STEVENS (R.)
MOORE (C. W.)
PERRIAND (C.)
PUTMAN (A.)
RENAUDIE (J.) *573*
SAFDIE (M.) *602*
SCHAROUN (H.)
SIMOUNET (R.) *626*
SIZA (A.)
UTZON (J.)
VOYSEY (C. F. A.) *724*

HALLES
BALTARD (V.)
HERRERA (J. de) *317*
LECAMUS DE MÉZIÈRES (N.) *366*

HAMPTON COURT PALAIS DE
WREN (C.) *734*

• **HANKAR** PAUL (1859-1901) *301*

• **HANSEN** HANS CHRISTIAN (1803-1883) & THEOPHILOS EDUARD (1813-1891) *301*

• **HARDOUIN-MANSART** JULES (1646-1708) *301*

• **HAUSSMANN** GEORGES EUGÈNE baron (1809-1891) *305*
ALPHAND (A.)
DAVIOUD (G.) *199*

• **HAWKSMOOR** NICHOLAS (1661-1736) *306*

HEIDELBERG
SCHOCH (J.) *615*

HELSINKI
AALTO (A.) *15*

• **HÉNARD** EUGÈNE (1849-1923) *307*

• **HENNEBIQUE** FRANÇOIS (1842-1921) *308*

761

ANNEXES

- **HENRY DE REYNES** (mort en 1254) *310*
- **HÉRÉ DE CORNY** EMMANUEL (1705-1763) *310*
- **HERRERA** JUAN DE (1530-1597) *311*
- **HERTZBERGER** HERMAN (1932-) *319*
- **HERZOG** JACQUES (1950-) **& MEURON** PIERRE DE (1950-) *319*
- **HEURTIER** JEAN-FRANÇOIS (1739-1822) *321*

  HÉZELON (XIe s.)
  ARCHITECTE *41*

- **HILBERSEIMER** LUDWIG (1885-1967) *321*
- **HILDEBRANDT** JOHANN LUKAS VON (1668-1745) *322*
  NEUMANN (B.) *473*

  HILDESHEIM
  ARCHITECTE *40*

  HILVERSUM, *Pays-Bas*
  DUDOK (W. M.)

- **HIPPODAMOS DE MILET** (~Ve s.) *323*
  ARCHITECTE *37*

  HISTORICISME
  BALLU (T.) *69*
  BARRY (sir C.) *74*
  BOFILL (R.)
  BURGES (W.) *156*
  CUYPERS (P. J. H.) *195*
  DUBAN (F.)
  FERSTEL (H. von) *239*
  LABROUSTE (H.)
  RICHARDSON (H. H.)
  SEMPER (G.)
  SOANE (J.)
  VIOLLET-LE-DUC (E. E.) *712*

- **HITCHCOCK** HENRY-RUSSEL (1903-1987) *324*
- **HITTORFF** JACQUES IGNACE (1792-1867) *326*

  HOFBURG LA
  FISCHER VON ERLACH (J. B.)

- **HOFFMANN** JOSEF (1870-1956) *328*
- **HOLLEIN** HANS (1934-) *329*

  HONG KONG
  FOSTER (N.) *249*

- **HOPE** THOMAS dit **ANASTASIUS** (1770 env.-1831) *330*

  HÔPITAL & HOSPICE, *architecture*
  EGAS (E.)
  NELSON (P.)
  WREN (C.) *734*

- **HORTA** VICTOR (1861-1947) *331*
  GUIMARD (H.) *296*

  HÔTEL DE VILLE
  HERRERA (J. de) *316*
  VAN BAURSCHEIT LE JEUNE (J.-P.)

  HÔTEL PARTICULIER
  BÉLANGER (F. J.)
  BLONDEL (J.-F.) *109*
  BOFFRAND (G. G.)
  BOULLÉE (É. L.)
  BRONGNIART (A. T.)
  CHERPITEL (M.)
  COTTE (R. de)
  DELAMAIR(P. A.) *202*
  LE BLOND (J.-B. A.)
  LEDOUX (C. N.) *373*
  LE MUET (P.)
  MANSART (F.) *418*

  HUGUES LIBERGIER (mort en 1267)
  ARCHITECTE *41*

  HUMANISME
  ALBERTI (L. B.) *18*
  DELORME (P.) *206*
  PHILANDRIER (G.)

- **HUNT** RICHARD MORRIS (1828-1895) *332*
- **HURTADO** FRANCISCO (1669-1725) *332*
- **HUYSSENS** PIETER (1577-1637) *333*

  HYPERBIOS
  ARCHITECTE *35*

  ICTINOS (2e moitié ~Ve s.)
  ARCHITECTE *36*
  CALLICRATÈS

- **IMHOTEP** (env. ~2800) *333*
  ARCHITECTE *35*

  INDUSTRIALISATION DE L'ARCHITECTURE
  BEAUDOUIN (E.) *86*
  DE KONINCK (L. H.)
  EIFFEL (G.)
  FULLER (R. B.) *255*

  GROPIUS (W.) *291*
  KAHN (A.)
  LE RICOLAIS (R.) *390*
  LODS (M.) *400*
  MIES VAN DER ROHE (L.) *452*
  MUTHESIUS (H.)
  PROUVÉ (V. et J.)
  TEAM TEN

  INDUSTRIELLE
  ARCHITECTURE
  BEHRENS (P.) *87*
  EXPERT (R.-H.)
  FOSTER (N.) *248*
  GARNIER (T.)
  GROPIUS (W.) *290*
  KAHN (A.)
  PERRET (A.)
  POELZIG (H.)
  ROGERS (R.) *586*

  INÉNI (~XVIe s.)
  ARCHITECTE *35*

  INNOCENT X,
  GIAMBATTISTA **PAMPHILI** (1574-1655) pape (1644-1655)
  BORROMINI *122*

  INTERNATIONAL STYLE
  ► **STYLE INTERNATIONAL**

  IONIQUE ORDRE
  CALLICRATÈS
  MNÉSICLÈS

  ISAMU NOGUCHI ►
  NOGUCHI ISAMU

- **ISIDORE DE MILET** (mort av 558) *334*
  ANTHÉMIOS DE TRALLES

- **ISOZAKI** ARATA (1931-) *335*

  ITALIENNE ARCHITECTURE
  ALBERTI (L. B.) *21*
  ALESSI (G.) *24*
  AMADEO (G. A.) *27*
  AMMANNATI (B.)
  ARCHITECTE *46*
  ARNOLFO DI CAMBIO
  AULENTI (G.)
  BERNIN *96*
  BIBIENA (LES)
  BOITO (C.)
  BORROMINI *120*
  BRAMANTE *133*
  BRUNELLESCHI (F.) *143*
  BUONTALENTI (B.)
  CAGNOLA (L.) *159*
  CHIATTONE (M.)
  CODUSSI (M.) *184*

INDEX

CRONACA (IL) *193*
D'ARONCO (R.)
DELLA PORTA (G.)
FANZAGO (C.) *237*
FILARÈTE *240*
FONTANA (C.)
FONTANA (D.)
FRANCESCO DI GIORGIO MARTINI *251*
FUKSAS (M.)
GARDELLA (I.) *265*
GHIBERTI (L.) *280*
GIULIANO DA MAIANO
GREGOTTI (V.)
GUARINI (G.) *294*
JUVARA (F.)
LANDO DI PIETRO *359*
LAURANA (L.)
LÉONARD DE VINCI *385*
LIGORIO (P.)
LOMBARDO (LES)
LONGHENA (B.)
MADERNO (C.)
MARINI (G.) *421*
MENGONI (G.) *426*
MICHEL-ANGE *446*
MICHELOZZO DI BARTOLOMMEO
MICHELUCCI (G.) *450*
MILIZIA (F.)
NERVI (P. L.) *468*
PACIOTTO (F.) *494*
PALLADIO (A.) *495*
PERUZZI (B.)
PETITOT (E.-A.) *519*
PIANO (R.) *523*
PIERRE DE CORTONE *525*
PIRANÈSE (G. B. PIRANESI dit) *535*
PONTI (G.)
POZZO (A.) *548*
QUARENGHI (G.)
QUARONI (L.) *564*
RAINALDI (G. et C.)
RAPHAËL *568*
RASTRELLI (LES)
RINALDI (A.)
RIZZO (A.)
ROGERS (E. N.)
ROMAIN (J.) *589*
ROSSELLINO (LES)
ROSSETTI (B.)
ROSSI (A.) *591*
SACCONI (G.) *602*
SALVI (N.) *603*
SANFELICE (F.) *604*
SANGALLO (LES)
SANMICHELI (M.)
SANSOVINO (J. TATTI dit)
SANT'ELIA (A.)
SARTORIS (A.) *607*
SCAMOZZI (V.)

SCARPA (C.) *611*
SCOLARI (M.) *616*
SERLIO (S.)
SOLARI (LES)
SOLERI (P.)
TALENTI (F. et S.)
TERRAGNI (G.)
TERZI (F.) *672*
TIBALDI (P.)
VALADIER (G.)
VANVITELLI (L.)
VASARI (G.) *694*
VIGNOLE
VITTONE (B. A.) *722*

ITALIENNE PEINTURE
BRAMANTE *132*
CASTIGLIONE (G.)
LIGORIO (P.)
MICHEL-ANGE *444*
PIERRE DE CORTONE *525*
POZZO (A.) *548*
SOLARI (LES)
TIBALDI (P.)
VASARI (G.) *693*

ITALIENNE SCULPTURE
AMMANNATI (B.)
ARNOLFO DI CAMBIO
BERNIN *93*
FILARÈTE *240*
GHIBERTI (L.) *280*
LOMBARDO (LES)
LONGHENA (B.)
MICHEL-ANGE *440*
MICHELOZZO DI BARTOLOMMEO
RASTRELLI (LES)
RIZZO (A.)
ROSSELLINO (LES)
SANSOVINO (J. TATTI dit)
SOLARI (LES)
TALENTI (F. et S.)
TIBALDI (P.)

- **IXNARD** PIERRE-MICHEL D' (1723-1795) *336*

- **JACOBS** JANE (1916-   ) *337*

- **JACOBSEN** ARNE (1902-1971) *337*

JACOPO DELLA QUERCIA (1374 env.-1438)
MICHEL-ANGE *441*

JACQUES DE LONGJUMEAU (XIVᵉ s.)
ARCHITECTE *44*

JAPONAISE ARCHITECTURE
ANDO (T.)
CHŌGEN SHUNJŌBŌ *178*
ISOZAKI (A.)

KUROKAWA (K.)
MAEKAWA (K.) *410*
MAKI (F.)
NOGUCHI I. *485*
SAKAKURA J.
TANGE K.

- **JARDIN** HENRI NICOLAS (1720-1799) *338*

JARDINS ART DES
ALPHAND (A.)
BARRAGAN (L.)
BÉLANGER (F. J.)
BERTHAULT (L.-M.)
BRONGNIART (A. T.)
BÜHLER (D. ET E.)
BURLE MARX (R.)
BURLINGTON (comte de)
DUPÉRAC (É.)
KENT (W.) *346*
LE BLOND (J.-B. A.)
LENNÉ (P. J.)
LE NÔTRE (A.) *382*
NOGUCHI I. *485*

- **JEAN DE CHELLES** (mort en 1258) *338*
ARCHITECTE *41*

JEAN D'ORBAIS (XIIIᵉ s.)
ARCHITECTE *41*

JEAN HÜLTZ (XVᵉ s.)
ARCHITECTE *44*

JEAN LANGLOIS ► **LANGLOIS** JEAN

JEAN LE LOUP (XIIIᵉ s.)
ARCHITECTE *41*

- **JEFFERSON** THOMAS (1743-1826) *339*

- **JENNEY** WILLIAM LE BARON (1832-1907) *339*
SULLIVAN (L. H.)

JÉSUITE ART
HUYSSENS (P.)
MARTELLANGE
POZZO (A.) *549*

JIMÉNEZ DE CISNEROS ► **CISNEROS**

- **JOHNSON** PHILIP CORTELYOU (1906-   ) *340*
HITCHCOCK (H.-R.) *325*

- **JONES** INIGO (1573-1652) *341*

JOSIC ALEXIS (1921-   )
CANDILIS (G.) *166*

- **JOURDAIN** FRANTZ (1847-1935) *342*
BLOC (A.)

763

ANNEXES

JUGENDSTIL
BEHRENS (P.) *87*
ENDELL (A.) *232*

JULES II, GIULIANO DELLA ROVERE (1443-1513) pape (1503-1513)
MICHEL-ANGE *433*

JUNZŌ SAKAKURA ▶ SAKAKURA JUNZŌ

JUSTINIEN (482-565)
ANTHÉMIOS DE TRALLES

- **JUVARA** FILIPPO (1676-1736) *342*

- **KAHN** ALBERT (1869-1942) *343*

- **KAHN** LOUIS ISADORE (1901-1974) *345*
MOORE (C. W.)

KANDINSKY WASSILY (1866-1944)
BAUHAUS *82*

KAUFFMANN ANGELICA (1741-1807)
ADAM (R. et J.)

- **KENT** WILLIAM (1685-1748) *346*
BURLINGTON (comte de)

KENZO TANGE ▶ TANGE KENZO

- **KEYSER** HENDRICK DE (1565-1621) *347*

KINYRAS
ARCHITECTE *35*

KISHŌ KUROKAWA ▶ KUROKAWA KISHŌ

KLEE PAUL (1879-1940)
BAUHAUS *82*

- **KLENZE** LEO VON (1784-1864) *347*

- **KLINT** P. V. JENSEN (1853-1930) *348*

- **KNOBELSDORFF** GEORG WENCESLAS VON (1699-1753) *348*

- **KOOLHAAS** REM (1944-   ) *348*

- **KOPP** ANATOLE (1915-1990) *350*

- **KOWALSKI** PIOTR (1927-   ) *351*

- **KRAUTHEIMER** RICHARD (1897-1994) *353*

- **KREBS** KONRAD (1492-1540) *355*

KREMLIN
BAJENOV (V.)

- **KRIER** LÉON (1946-   ) *355*

KUBITSCHEK DE OLIVEIRA JUSCELINO (1902-1976)
NIEMEYER (O.) *482*

KUNIO MAEKAWA ▶ MAEKAWA KUNIO

- **KUROKAWA** KISHŌ (1934-   ) *355*

- **LABROUSTE** HENRY (1801-1875) *357*

- **LA GUÊPIÈRE** LOUIS PHILIPPE DE (1715-1773) *358*

- **LALOUX** VICTOR (1850-1937) *358*

- **LANDO DI PIETRO** (mort en 1340) *359*

- **LANGHANS** KARL GOTTHARD (1732-1808) *359*

- **LANGLOIS** JEAN (XIIIe s.) *359*

- **LAPRADE** ALBERT (1883-1978) *360*

- **LASSURANCE** LES *361*
GABRIEL (A. J.) *258*

- **LASSUS** JEAN-BAPTISTE-ANTOINE (1807-1857) *362*

- **LATROBE** BENJAMIN HENRY (1764-1820) *362*

- **LAUGIER** MARC-ANTOINE (1713-1769) *363*
ARCHITECTE *50*
BLONDEL (J.-F.) *110*

- **LAURANA** LUCIANO (1420 env.-1479) *364*

LAURENT LE MAGNIFIQUE ▶ MÉDICIS LAURENT DE

- **LE BLOND** JEAN-BAPTISTE ALEXANDRE (1679-1719) *364*

- **LE BRETON** GILLES (1500 env.-1553) *366*

- **LECAMUS DE MÉZIÈRES** NICOLAS (1721-apr.1793) *366*

- **LE CORBUSIER** CHARLES ÉDOUARD JEANNERET-GRIS dit (1887-1965) *367*

AALTO (A.) *13*
ARCHITECTE *54*
BRUTALISME
CANDILIS (G.) *166*
COSTA (L.) *189*
FISCHER (R.) *244*
MAEKAWA (K.) *411*
MEIER (R.)
NIEMEYER (O.) *481*
PERRIAND (C.)
SAKAKURA J.
SERT (J. L.) *622*
TEAM TEN

- **LEDOUX** CLAUDE NICOLAS (1736-1806) *371*
ARCHITECTE *50*

LEF, *mouvement artistique soviétique*
TATLINE (V. E.)

- **LEFUEL** HECTOR (1810-1881) *376*

- **LEGEAY** JEAN-LAURENT (actif entre 1732 et 1786) *376*

- **LE MÊME** HENRY-JACQUES (1897-1997) *376*

- **LE MERCIER** JACQUES (1585 env.-1654) *377*

- **LE MUET** PIERRE (1591-1669) *379*

LENINGRAD ▶ SAINT-PÉTERSBOURG

- **LENNÉ** PETER JOSEF (1789-1866) *380*

- **LE NÔTRE** ANDRÉ (1613-1700) *382*
MANSART (F.) *420*

LÉOCHARÈS (2e moitié –IVe s.)
ARCHITECTE *37*

LÉON X, JEAN DE MÉDICIS (1475-1521) pape (1513-1521)
MICHEL-ANGE *434*

- **LÉONARD DE VINCI** (1462-1519) *385*
ARCHITECTE *46*
MICHEL-ANGE *444*
SOLARI (LES)

- **LEONIDOV** IVAN (1902-1959) *386*

- **LEPAUTRE** LES *387*

- **LE PÈRE** JEAN-BAPTISTE (1761-1844) *388*

764

INDEX

- **LEQUEU** JEAN-JACQUES (1757-env. 1825) *388*
- **LEQUEUX** MICHEL JOSEPH (1753-1786) *389*
- **LE RICOLAIS** ROBERT (1894-1977) *390*

  LERME, *Espagne*
  MORA (F. de)

- **LESCOT** PIERRE (1510 env.-1578) *393*
  ARCHITECTE *48*
- **LE VAU** LOUIS (1612-1670) *394*
  MANSART (F.) *419*
  ORBAY (F. d')
- **LIBESKIND** DANIEL (1946-) *395*
- **LIGORIO** PIRRO (1500 env.-1583) *397*

  LILLE
  KOOLHAAS (R.)
  LAPRADE (A.) *360*
  LEQUEUX (M J.)
  VERLY (F.)

- **LION** YVES (1945-) *397*
- **LISBOA** ANTONIO FRANCISCO dit ALEIJADINHO (1738 env.-1814) *398*

  LISBONNE
  SANTOS DE CARVALHO (E. dos) *607*
  SIZA (A.)
  TERZI (F.) *672*
  VICENTE DE OLIVEIRA (M.) *706*

  LJUBLJANA
  PLEČNIK (J.)

- **LODOLI** fra CARLO (1690-1761) *399*
- **LODS** MARCEL (1891-1978) *400*
  BEAUDOUIN (E.) *85*

  LOGEMENT SOCIAL
  AILLAUD (É.)
  AMSTERDAM (ÉCOLE D') *28*
  BODSON (F.)
  CANDILIS (G.) *167*
  CHEMETOV (P.)
  CIRIANI (H.) *181*
  DE KLERK (M.)
  LION (Y.)
  LODS (M.) *401*
  MOORE (C. W.)
  NOUVEL (J.) *488*
  RENAUDIE (J.) *574*

  SEGAL (W.)
  WALTER (J.)

  LOMBARDIE
  BRAMANTE *133*
  FILARÈTE *240*

- **LOMBARDO** LES *401*

  LONDRES
  BARRY (sir C.) *74*
  HENRY DE REYNES *310*
  NASH (J.)
  PELLI (C.)
  RASMUSSEN (S. E.) *569*
  SCOTT (sir G. G.) *616*
  SHAW (R. N.) *624*
  SMIRKE (sir R.) *633*
  WREN (C.) *732*

  LONDRES CATHÉDRALE SAINT-PAUL DE
  WREN (C.) *733*

- **LONGHENA** BALDASSARE (1598-1682) *402*
- **LOOS** ADOLF (1870-1933) *403*
  NEUTRA (R.) *477*

  LOS ANGELES
  GEHRY (F. O.)

  LOUIS XIV (1638-1715) roi de France (1643-1715)
  HARDOUIN-MANSART (J.) *302*
  LE NÔTRE (A.) *384*
  VAUBAN *699*

  LOUIS XIV STYLE
  LEPAUTRE (LES)

  LOUIS XV (1710-1774) roi de France (1715-1774)
  GABRIEL (A. J.) *257*

  LOUIS XV STYLE
  BOULLÉE (É. L.)

- **LOUIS** NICOLAS dit VICTOR (1731-1800) *404*

  LOUVRE PALAIS DU
  DUBAN (F.)
  LEFUEL (H.)
  LESCOT (P.)
  LE VAU (L.)
  MANSART (F.) *420*
  PERRAULT (C.)
  RAYMOND DU TEMPLE *570*

- **LUBETKIN** BERTHOLD (1901-1990) *405*

  LUNÉVILLE
  BOFFRAND (G. G.)

- **LURÇAT** ANDRÉ (1894-1970) *407*

  LUXEMBOURG PALAIS DU
  BROSSE (S. de) *141*

  LYON
  BALTARD (L. P.)
  BLANCHET (T.)
  BÜHLER (D. ET E.)
  GARNIER (T.)
  PIANO (R.) *524*

- **MACHUCA** PEDRO (mort en 1550) *408*
  HERRERA (J. de) *315*
- **MACKINTOSH** CHARLES RENNIE (1868-1928) *408*
  QUATRE (GROUPE ANGLAIS DES)
- **MADERNO** CARLO (1556-1629) *409*
  BORROMINI *121*

  MADRID
  GÓMEZ DE MORA (J.)
  HERRERA (J. de) *317*
  RIBERA (P. de)

  MAEGHT FONDATION
  SERT (J. L.) *623*

- **MAEKAWA** KUNIO (1905-1986) *410*

  MAGASIN POPULAIRE
  JOURDAIN (F.)
  SAUVAGE (H.)

- **MAILLART** ROBERT (1872-1940) *411*

  MAISONS CHÂTEAU DE
  MANSART (F.) *419*

- **MAÎTRE DE BOURGES** (XIIe s.) *413*
- **MAÎTRE DE CHARTRES** (fin du XIIe s.) *413*
- **MAÎTRE DE SAINT-DENIS** (vers 1231) *413*
- **MAÎTRE MARTIN** (XIIIe s.) *414*
- **MAKI** FUMIHIKO (1928-) *414*
- **MALLET-STEVENS** ROBERT (1886-1945) *416*

  MANIÉRISME
  ALESSI (G.) *24*
  AMMANNATI (B.)
  BLANCHET (T.)
  BLONDEEL (L.)
  BUONTALENTI (B.)
  COECKE VAN AALST (P.)

765

ANNEXES

DELLA PORTA (G.)
MACHUCA (P.)
MICHEL-ANGE *435*
PERUZZI (B.)
PIERRE DE CORTONE *528*
RAPHAËL *568*
SERLIO (S.)
TIBALDI (P.)
VASARI (G.) *695*
VIGNOLE

MANIÉRISME GOTHIQUE
BLONDEEL (L.)

MANNHEIM
PIGAGE (N. de) *531*

MANSARDE
MANSART (F.) *417*

- **MANSART FRANÇOIS** (1598-1666) *416*
ARCHITECTE *49*
BLONDEL (J.-F.) *109*

MANSART JULES HARDOUIN- ► **HARDOUIN-MANSART JULES**

MANTOUE
ALBERTI (L. B.) *22*
ROMAIN (J.) *589*

MANUÉLIN STYLE
BOYTAC (D.)

MAQUETTE D'ARCHITECTURE
ARCHITECTE *43, 47*
VAUBAN *701*

MARAIS LE, *Paris*
LAPRADE (A.) *361*

MARIETTE PIERRE JEAN (1694-1774)
PIRANÈSE (G. B. PIRANESI dit) *537*

MARIGNY ABEL FRANÇOIS POISSON marquis de MENARS et de (1727-1781)
GABRIEL (A. J.) *257*

- **MARINI GIROLAMO** (1500-1553) *421*

MARIOTTE EDME (1620-1684)
LE NÔTRE (A.) *384*

MARSEILLE
PUGET (P.) *558*

- **MARTELLANGE ÉTIENNE ANGE MARTEL** dit (1569-1641) *422*

MARTIN ROLAND (1912-1997)
CALLICRATÈS

MARTINI FRANCESCO DI GIORGIO ► **FRANCESCO DI GIORGIO MARTINI**

MASACCIO (1401-env. 1429)
BRUNELLESCHI (F.) *146*

MATÉRIAUX, *architecture*
BAUDOT (A. de)
HENNEBIQUE (F.)
HERZOG (J.) et MEURON (P. de)
LE CORBUSIER *369*
TAUT (B.)

- **MATHIEU D'ARRAS** (mort en 1352) *422*

MATTHÄUS BÖBLINGER (XIVe s.)
ARCHITECTE *44*

- **MAURICE** dit **DE SULLY** (mort en 1196) *423*

- **MAY ERNST** (1886-1970) *423*

M.B.M. (Martorell, Bohigas et MacKay) GROUPE
BOHIGAS (O.)

MÉDICIS LAURENT DE, dit **LAURENT LE MAGNIFIQUE** (1449-1492)
MICHEL-ANGE *432*

MÉDICIS LES
VASARI (G.) *694*

MÉDIÉVAL ART
BONY (J.) *119*
EUDES DE METZ *234*
GUILLAUME DE SENS *295*
HENRY DE REYNES *310*
JEAN DE CHELLES *338*
MAÎTRE DE BOURGES *413*
MAÎTRE DE CHARTRES *413*
MAÎTRE DE SAINT-DENIS *413*
MAÎTRE MARTIN *414*
MATHIEU D'ARRAS *422*
RAYMOND DU TEMPLE *570*
VILLARD DE HONNECOURT
VIOLLET-LE-DUC (E. E.) *712*

- **MEIER RICHARD** (1934-   ) *424*

- **MEISSONNIER JUSTE-AURÈLE** (1695-1750) *425*
PINEAU (N.)

MELK ABBAYE DE
PRANDTAUER (J.)

- **MELNIKOV KONSTANTIN STEPANOVITCH** (1890-1974) *425*

- **MENDELSOHN ERICH** (1887-1953) *426*
BEHRENS (P.) *90*

- **MENGONI GIUSEPPE** (1829-1877) *426*

MÉRIMÉE PROSPER (1803-1870)
VIOLLET-LE-DUC (E. E.) *710*

MERRILL ► **SKIDMORE, OWINGS & MERRILL**

MÉTABOLISTES GROUPE DES
ISOZAKI (A.)
KUROKAWA (K.)
MAKI (F.)

MÉTAL, *architecture*
BOILEAU (L.-A.) *116*
CHICAGO (ÉCOLE DE) *178*
JOURDAIN (F.)
KAHN (A.)
LE CORBUSIER *369*
NELSON (P.)
NITZCHKÉ (O.) *484*
PROUVÉ (V. et J.)

- **MÉTEZEAU LES** (XVIe-XVIIe s.) *427*
ARCHITECTE *48*

MÉTRO
FORMIGÉ (J.-C.) *247*
GUIMARD (H.) *297*

METZ
BLONDEL (J.-F.) *111*

MEURON PIERRE DE ► **HERZOG JACQUES**

MEXIQUE
BARRAGAN (L.)
CANDELA (F.)

- **MEYER HANNES** (1889-1954) *428*
BAUHAUS *78*

- **MICHEL-ANGE MICHELANGELO BUONARROTI** dit (1475-1564) *430*
BORROMINI *124*
DELORME (P.) *208*

- **MICHELOZZO DI BARTOLOMMEO** (1396-1472) *449*
ARCHITECTE *46*

INDEX

- **MICHELUCCI** GIOVANNI (1891-1990) *450*
- **MIES VAN DER ROHE** LUDWIG (1886-1969) *452*
  - BAUHAUS *78*
  - BRUTALISME
  - JOHNSON (P. C.)
  - SAARINEN (E.)

MILAN & LE MILANAIS
- BRAMANTE *134*
- CAGNOLA (L.) *159*
- FILARÈTE *240*
- GARDELLA (I.) *265*
- MICHEL-ANGE *444*
- PONTI (G.)
- SOLARI (LES)

MILET ÉCOLE DE
- HIPPODAMOS DE MILET

MILITAIRE ARCHITECTURE
- ARÇON (J.-C. É. chevalier d') *61*
- COEHORN (M. van) *186*
- CORMONTAINGNE (L.-C. de) *188*
- ERRARD DE BAR-LE-DUC (J.) *233*
- FRANCESCO DI GIORGIO MARTINI *251*
- MARINI (G.) *421*
- MONTALEMBERT (M.-R. marquis de) *459*
- PACIOTTO (F.) *494*
- PAGAN (B. F. de) *494*
- SANMICHELI (M.)
- SÉRÉ DE RIVIÈRES (R.) *618*
- SPECKLE (D.) *643*
- VAUBAN *699*

- **MILIZIA** FRANCESCO (1725-1798) *456*

MINORU YAMASAKI ▶ **YAMASAKI** MINORU

- **MIQUE** RICHARD (1728-1794) *457*
- **MNÉSICLÈS** (~Vᵉ s.) *458*

MOBILIER
- ADAM (R. et J.)
- BODSON (F.)
- BREUER (M.) *136*
- EAMES (C. et R.)
- JACOBSEN (A.)
- PERRIAND (C.)
- POMPE (A.)
- SAARINEN (E.)
- SOTTSASS (E.)
- STARCK (P.)

MODERN STYLE
- AVERBEKE (É. van)
- ENDELL (A.) *232*
- GUIMARD (H.) *295*
- HANKAR (P.) *301*
- MACKINTOSH (C. R.)
- VOYSEY (C. F. A.) *724*

MODERNE MOUVEMENT
- BANHAM (R.) *71*
- BODSON (F.)
- BREUER (M.) *136*
- DUFAU (P.) *223*
- FISCHER (R.) *243*
- GARDELLA (I.) *265*
- GROPIUS (W.) *292*
- LAPRADE (A.) *360*
- LODS (M.) *400*
- PEVSNER (N.) *520*
- PINGUSSON (G.-H.)
- POMPE (A.)
- STIRLING (J.) *657*
- TEAM TEN
- VAN DE VELDE (H.)

MODERNISME & POSTMODERNISME
- BODSON (F.)
- GRAVES (M.) *288*
- MOORE (C. W.)
- PLEČNIK (J.)

MODULE
- LE CORBUSIER *370*
- RUDOLPH (P.) *595*

MODULOR
- LE CORBUSIER *367*

MOHOLY-NAGY LÁSZLÓ (1895-1946)
- BAUHAUS *81, 84*

M.O.M.A. (Museum of Modern Art), *New York*
- DREXLER (A.) *217*
- JOHNSON (P. C.)

MONASTIQUE ARCHITECTURE
- CASTILHO (J. de)
- CHŌGEN SHUNJŌBŌ *178*
- FISCHER (J. M.)

MONDOVI
- POZZO (A.) *550*

MONDRIAN PIET (1872-1944)
- STIJL (DE) *650, 652*
- VAN DOESBURG (T.)

- **MONEO** RAFAEL (1937-) *458*

MONNAIES HÔTEL DES, *Paris*
- ANTOINE (J. D.)
- **MONTALEMBERT** MARC-RENÉ marquis de (1714-1800) *459*

MONUMENTALE SCULPTURE
- BARTHOLDI (F. A.)
- MICHEL-ANGE *441*
- NOGUCHI I. *485*
- PATKAI (E.) *506*
- PUGET (P.) *556*

MONUMENTS HISTORIQUES
- BAUDOT (A. de)
- DUBAN (F.)
- VIOLLET-LE-DUC (E. E.) *710*

- **MOORE** CHARLES W. (1925-1993) *460*
- **MORA** FRANCISCO DE (1546 env.-1610) *461*

MORRIS WILLIAM (1834-1896)
- MACKINTOSH (C. R.)
- PONTI (G.)

MOSQUÉE
- SINAN ou KODJA MIʿMĀR SINĀN *627*

MUNICH
- ASAM (LES)
- KLENZE (L. von)
- SUSTRIS (F.) *664*

MUR DES FERMIERS GÉNÉRAUX
- LEDOUX (C. N.) *373*

MUR-RIDEAU
- PROUVÉ (V. et J.)

MURALISTES MEXICAINS
- O'GORMAN (J.) *489*

- **MURCUTT** GLENN (1936-) *462*

MUSÉE
- GEHRY (F. O.)
- HOLLEIN (H.)
- LIBESKIND (D.)
- MEIER (R.)
- MONEO (R.)
- ROCHE (K.)

MUSÉOLOGIE
- AULENTI (G.)
- SCARPA (C.) *612*

MUSIQUE CITÉ DE LA, *Paris*
- PORTZAMPARC (C. de)

- **MUTHESIUS** HERMANN (1861-1927) *463*

ANNEXES

BAUHAUS 79
WERKBUND (DEUTSCHER)

NANCY
BOFFRAND (G. G.)
HÉRÉ DE CORNY (E.)
MIQUE (R.)
ZEHRFUSS (B.) 743

NANCY ÉCOLE DE, *Art nouveau*
PROUVÉ (V. et J.)
SAUVAGE (H.)

NANTES
CRUCY (M.)

NAPLES
FANZAGO (C.) 237
SANFELICE (F.) 604

NAPOLÉON III (1808-1873)
ALPHAND (A.)

NAPOLÉON III STYLE
GARNIER (C.)

- **NARJOUX FÉLIX** (1833-1891) 463
- **NASH JOHN** (1752-1835) 464
- **NELSON PAUL** (1895-1979) 466

NÉO-CLASSIQUE
ARCHITECTURE
ADAM (R. et J.)
ANTOINE (J. D.)
ASPLUND (E. G.)
BACON (H.)
BALTARD (L. P.)
BÉLANGER (F. J.)
BERTRAND (C. J. A.)
BOULLÉE (É. L.)
BRONGNIART (A. T.)
CAGNOLA (L.) 159
CAMERON (C.)
CAMPBELL (C.)
CARR (J.) 168
CELLERIER (J.)
CHALGRIN (J. F. T.)
CHAMBERS (W.)
CHERPITEL (M.)
CLÉRISSEAU (C. L.)
COMBES (L.)
CRUCY (M.)
DANCE (G.)
D'ARONCO (R.)
DE WAILLY (C.)
EHRENSVÄRD (C. A.)
EXPERT (R.-H.)
GABRIEL (A. J.) 256
GABRIEL (J. III J.)
GILLY (D. et F.)

GONDOIN (J.)
HANSEN (H. C. et . .) 301
HOFFMANN (J.)
HOPE (T.)
IXNARD (P.-M. d') 336
JARDIN (H. N.) 338
JEFFERSON (T.) 339
KLENZE (L. von)
KNOBELSDORFF (G. W. von)
LA GUÊPIÈRE (L. P. de)
LANGHANS (K. G.) 359
LATROBE (B. H.)
LAUGIER (M.-A.)
LEDOUX (C. N.) 371
LEQUEUX (M J.)
LOUIS (V.)
MILIZIA (F.)
MIQUE (R.)
PERCIER (C.) et FONTAINE (P. F.)
PEYRE (M.-J.) 521
PIRANÈSE (G. B. PIRANESI dit) 537
PLEČNIK (J.)
QUATREMÈRE DE QUINCY
RAYMOND (J. A.)
ROSSI (C.)
SMIRKE (sir R.) 633
SOANE (J.)
SOUFFLOT (J. G.)
STAROV (I. E.)
STIRLING (J.) 658
VALADIER (G.)
VALLIN DE LA MOTHE (J.-B. M.)
VANVITELLI (L.)
VERLY (F.)
VILLANUEVA (J. de) 708
VORONIKHINE (A. N.)
WOOD LE JEUNE 731
ZAKHAROV (A. D.)

NÉO-GOTHIQUE ➤ **GOTHIC REVIVAL**

NÉO-PLASTICISME
STIJL (DE) 651

NERESHEIM
NEUMANN (B.) 473

- **NERVI PIER LUIGI** (1891-1979) 468
PONTI (G.)

NEUF-BRISACH, *Haut-Rhin*
VAUBAN 701

- **NEUMANN BALTHASAR** (1687-1753) 471
WELSCH (M. von)

- **NEUTRA RICHARD** (1892-1970) 477

NEW YORK
BARTHOLDI (F. A.)
BUNSHAFT (G.) 154
ROCHE (K.)
SKIDMORE OWINGS & MERRILL

NEW YORK ÉCOLE DE
SMITH (T.) 634

NIAUX GROTTE DE
FUKSAS (M.)

NICOLAS V, TOMMASO PARENTUCELLI (1397-1455) pape (1447-1455)
ALBERTI (L. B.) 19

NICOLAS DE CHAUMES (XIVe s.)
ARCHITECTE 44

- **NIEMEYER OSCAR** (1907-   ) 480
BURLE MARX (R.)
COSTA (L.) 189

- **NITZCHKÉ OSCAR** (1900-1991) 483
- **NOGUCHI ISAMU** (1904-1988) 485
- **NORMAND ALFRED-NICOLAS** (1822-1909) 486

NOTRE-DAME, *Paris*
JEAN DE CHELLES 338
MAURICE DE SULLY
PIERRE DE MONTREUIL

NOUMÉA
PIANO (R.) 524

- **NOUVEL JEAN** (1945-   ) 486

OAKLAND
ROCHE (K.)

ODÉON THÉÂTRE DE L', *Paris*
PEYRE (M.-J.) 521

- **O'GORMAN JUAN** (1905-1982) 489
- **OLBRICH JOSEPH MARIA** (1867-1908) 490
BEHRENS (P.) 88

OPÉRA-BASTILLE
PORTZAMPARC (C. de)

OPÉRA DE PARIS
GARNIER (C.)

- **OPPENORD** ou **OPPENORDT GILLES MARIE** (1672-1742) 490
BLONDEL (J.-F.) 107

INDEX

- **ORBAY** FRANÇOIS D' (1634-1697) *491*
  LE VAU (L.)

  ORDRE DES ARCHITECTES
  ARCHITECTE *56*
  ROUX-SPITZ (M.)

  ORDRES DE L'ARCHITECTURE
  ALBERTI (L. B.) *21*
  BLONDEL (J.-F.) *110*
  BULLANT (J.)
  DELORME (P.) *209*
  HERRERA (J. de) *314*
  HOPE (T.)
  LE MUET (P.)
  LESCOT (P.)
  PALLADIO (A.) *499*
  PHILANDRIER (G.)
  VITRUVE *720*

  ORGANIQUE
  ARCHITECTURE
  AALTO (A.) *11*
  ASPLUND (E. G.)
  BERLAGE (H. P.)
  CALATRAVA (S.)
  DALY (C. D.)
  EGGERICX (J.)
  MENDELSOHN (E.)
  NEUTRA (R.) *477*
  SAARINEN (E.)
  SCHAROUN (H.)
  SOLERI (P.)
  WRIGHT (F. L.) *735*

  ORME PHILIBERT DE L' ► **DELORME** PHILIBERT

  ORNEMANISTES
  MEISSONNIER (J.-A.) *425*
  PINEAU (N.)

  ORNEMENT, *histoire de l'art*
  ADAM (R. et J.)
  BLONDEEL (L.)
  COVARRUBIAS (A. de)
  GOFF (B.)
  HERRERA (J. de) *314*
  LEPAUTRE (LES)
  PALLADIO (A.) *500*
  PERCIER (C.) et FONTAINE (P. F.)

  ORSAY MUSÉE D', *Paris*
  AULENTI (G.)
  LALOUX (V.) *358*

  OSSATURE, *architecture*
  CHICAGO (ÉCOLE DE) *178*
  LE CORBUSIER *370*
  MIES VAN DER ROHE (L.) *454*

- PELLI (C.)
  VIOLLET-LE-DUC (E. E.) *714*

- **OTTO** FREI (1925-) *492*

  OTTOBEUREN ABBAYE D'
  FISCHER (J. M.)

  OTTOMAN ART
  SINAN ou KODJA MI'MĀR SINĀN *627*

- **OUD** JACOBUS JOHANNES PIETER (1890-1963) *492*
  STIJL (DE) *650, 654*

  OWINGS ► **SKIDMORE, OWINGS & MERRILL**

- **PACIOTTO** FRANCESCO (1521-1591) *494*

- **PAGAN** BLAISE FRANÇOIS DE (1604-1665) *494*

- **PAINE** JAMES (1717-1789) *495*

  PAJOU AUGUSTIN (1730-1809)
  GABRIEL (A. J.) *263*

  PALAIS
  BORROMINI *123*
  CASTIGLIONE (G.)
  COTTE (R. de)
  HERRERA (J. de) *314*
  HILDEBRANDT (J. L. von)
  MICHELOZZO DI BARTOLOMMEO
  PERUZZI (B.)
  SANFELICE (F.) *604*
  TESSIN (LES)
  VANBRUGH (J.)

  PALLADIANISME
  BÉLANGER (F. J.)
  BRONGNIART (A. T.)
  BURLINGTON (comte de)
  CAGNOLA (L.) *159*
  CAMPBELL (C.)
  CARR (J.) *168*
  CHAMBERS (W.)
  CRUCY (M.)
  GIBBS (J.)
  JONES (I.)
  KENT (W.) *346*
  KNOBELSDORFF (G. W. von)
  PAINE (J.) *495*
  PALLADIO (A.) *500*
  POST (P.) *545*
  QUARENGHI (G.)
  SOANE (J.)
  STAROV (I. E.)
  VINGBOONS (P.) *709*
  WEBB (J.) *728*
  WOOD L'AÎNÉ *731*

- **PALLADIO** ANDREA (1508-1580) *495*
  ARCHITECTE *46*
  VITRUVE *722*

  PANTHÉON, *Paris*
  RONDELET (J.-B.)
  SOUFFLOT (J. G.)

  PARC
  ALPHAND (A.)
  BÜHLER (D. ET E.)
  BURLE MARX (R.)
  LENNÉ (P. J.)
  LE NÔTRE (A.) *384*
  TSCHUMI (B.) *678*

- **PARENT** CLAUDE (1923-) *502*

  PARIS
  ALPHAND (A.)
  BALLU (T.) *69*
  BALTARD (V.)
  BAUDOT (A. de)
  BÉLANGER (F. J.)
  BOFFRAND (G. G.)
  CHALGRIN (J. F. T.)
  COTTE (R. de)
  DAVIOUD (G.) *199*
  DELAMAIR (P. A.) *202*
  DE WAILLY (C.)
  FORMIGÉ (J.-C.) *247*
  GABRIEL (A. J.) *257*
  GONDOIN (J.)
  HAUSSMANN (baron G. H.) *305*
  HÉNARD (E.)
  HITTORFF (J. I.)
  LASSURANCE (LES)
  LEDOUX (C. N.) *373*
  LE MERCIER (J.)
  LE MUET (P.)
  MANSART (F.) *418*
  MAURICE DE SULLY
  NARJOUX (F.)
  PERCIER (C.) et FONTAINE (P. F.)
  PERRONET (J. R.)
  POYET (B.)
  RAYMOND DU TEMPLE *570*
  RAYMOND (J. A.)
  ROUX-SPITZ (M.)
  SAUVAGE (H.)
  VAUDREMER (É.) *703*

  PARIS, *architecture contemporaine*
  CHEMETOV (P.)
  FUKSAS (M.)
  GAUDIN (H.) *276*
  NOUVEL (J.) *488*
  PERRAULT (D.)
  PORTZAMPARC (C. de)
  SPRECKELSEN (J. O. von)

769

ANNEXES

- TSCHUMI (B.) *678*
  ZEHRFUSS (B.) *743*
- **PÂRIS** PIERRE ADRIEN (1745-1819) *503*
- **PARLER** LES *505*
  ARCHITECTE *44*

PARME
PETITOT (E.-A.) *519*

PARTHÉNON
CALLICRATÈS

- **PATKAI** ERVIN (1937-1985) *505*
- **PATTE** PIERRE (1723-1814) *506*

PAVIE
BRAMANTE *134*

PAVIE CHARTREUSE DE
AMADEO (G. A.) *27*
SOLARI (LES)

- **PAXTON** JOSEPH (1803-1865) *507*

PAYS-BAS
AMSTERDAM (ÉCOLE D') *28*
AVERBEKE (É. van)
BERLAGE (H. P.)
COECKE VAN AALST (P.)
CUYPERS (P. J. H.) *195*
DE KLERK (M.)
DUDOK (W. M.)
DUIKER (J.) *224*
HERTZBERGER (H.) *319*
KEYSER (H. de)
KOOLHAAS (R.)
OUD (J. J. P.)
POST (P.) *545*
RIETVELD (G. T.)
STIJL (DE) *655*
VAN BAURSCHEIT LE JEUNE (J.-P.)
VAN CAMPEN (J.)
VAN DOESBURG (T.)
VAN EESTEREN (C.)
VAN EYCK (A.)
VINGBOONS (P.) *709*

- **PEI** IEOH MING (1917-) *508*
- **PELLI** CESAR (1926-) *510*
- **PERCIER** CHARLES (1764-1838) & **FONTAINE** PIERRE FRANÇOIS (1762-1853) *511*

PÉRICLÈS (~492 env.-~429)
CALLICRATÈS

- **PERRAULT** CLAUDE (1613-1688) *512*

- **PERRAULT** DOMINIQUE (1953-) *514*
- **PERRET** AUGUSTE (1874-1954) *515*
  ARCHITECTE *55*
  BLOC (A.)
  • NITZCHKÉ (O.) *484*
  VAN DE VELDE (H.)
- **PERRIAND** CHARLOTTE (1903-) *515*
- **PERRONET** JEAN-RODOLPHE (1708-1794) *516*

PERSPECTIVE
ALBERTI (L. B.) *20*
BIBIENA (LES)
BORROMINI *125*
BRUNELLESCHI (F.) *144*
POZZO (A.) *549*
SERLIO (S.)

- **PERUZZI** BALDASSARE (1481-1536) *518*
  BROSSE (S. de) *142*
  SERLIO (S.)

- **PETITOT** ENNEMOND-ALEXANDRE (1727-1801) *519*
- **PEVSNER** NIKOLAUS (1902-1983) *519*
- **PEYRE** MARIE-JOSEPH (1730-1785) *521*
- **PHILANDRIER** GUILLAUME, dit PHILANDER (1505-1565) *521*

PHILIPPE II D'ESPAGNE (1527-1598)
HERRERA (J. de) *311*

- **PIANO** RENZO (1937-) *523*
  ROGERS (R.) *586*

PIÉMONT
GUARINI (G.) *294*
JUVARA (F.)
VITTONE (B. A.) *722*

PIERRE Ier LE GRAND (1672-1725)
LE BLOND (J.-B. A.)

PIERRE, *architecture*
HERRERA (J. de) *315*
IMHOTEP

PIERRE DE CHELLES (XIVe s.)
ARCHITECTE *44*

- **PIERRE DE CORTONE** (1596-1669) *525*

- **PIERRE DE MONTREUIL** (déb. XIIIe s.-1267) *530*
  ARCHITECTE *41*

PIERREFONDS CHÂTEAU DE
VIOLLET-LE-DUC (E. E.) *712*

- **PIGAGE** NICOLAS DE (1723-1796) *531*
- **PILGRAM** ANTON (1460 env.-env. 1515) *531*
  ARCHITECTE *44*
- **PINEAU** NICOLAS (1684-1754) *532*
- **PINGUSSON** GEORGES-HENRI (1894-1978) *532*
- **PIRANÈSE** GIOVANNI BATTISTA PIRANESI dit (1720-1778) *534*
  ARCHITECTE *50*

PLACE, *architecture*
HERRERA (J. de) *318*
JONES (I.)
PIERRE DE CORTONE *529*

PLACES ROYALES
GABRIEL (A. J.) *257*
HÉRÉ DE CORNY (E.)
PUGET (P.) *558*

PLAFOND, *décoration*
PIERRE DE CORTONE *526*
POZZO (A.) *548*

PLATERESQUE ART
CASTILHO (J. de)
COVARRUBIAS (A. de)

- **PLEČNIK** JOZE (1872-1957) *538*

- **POELAERT** JOSEPH (1817-1879) *539*
- **POELZIG** HANS (1869-1936) *540*
- **POMPE** ANTOINE (1873-1980) *540*
  BODSON (F.)

POMPIDOU CENTRE ▶
CENTRE NATIONAL D'ART & DE CULTURE GEORGES-POMPIDOU

- **PONTELLI** BACCIO (1450 env.-1492) *541*
  ARCHITECTE *46*
- **PONTI** GIO (1891-1979) *542*

PONTORMO JACOPO CARUCCI dit (1495-1557)
MICHEL-ANGE *445*

770

INDEX

PONTS
CALATRAVA (S.)
EIFFEL (G.)
FREYSSINET (E.)
HENNEBIQUE (F.)
MAILLART (R.)
PERRONET (J. R.)
ROEBLING (J. A.)

PONTS & CHAUSSÉES
ÉCOLE DES
PERRONET (J. R.)

- **PÖPPELMANN** MATTHÄUS DANIEL (1662-1736) *543*

PORICZER (XVe s.)
ARCHITECTE *43*

- **PORTMAN** JOHN (1924-) *544*

PORTUGAL
ARRUDA (D.) *62*
BOYTAC (D.)
CASTILHO (J. de)
CHANTEREINE (N.)
SIZA (A.)
TERZI (F.) *672*
TORRALVA (D. de)
VICENTE DE OLIVEIRA (M.) *706*

- **PORTZAMPARC** CHRISTIAN DE (1944-) *544*

- **POST** PIETER (1608-1669) *545*
VAN CAMPEN (J.)

POSTMODERNISME, *art* ▶ **MODERNISME & POSTMODERNISME**, *art*

POTSDAM
KNOBELSDORFF (G. W. von)
LENNÉ (P. J.)

- **POUILLON** FERNAND (1912-1986) *546*

- **POYET** BERNARD (1742-1824) *547*

- **POZZO** ANDREA (1642-1709) *548*

PRAGUE
DIENTZENHOFER (LES)
MATHIEU D'ARRAS *422*
PARLER (LES)

PRAGUE CATHÉDRALE
SAINT-GUY DE
MATHIEU D'ARRAS *422*

- **PRANDTAUER** JAKOB (1660-1726) *551*

PRÉFABRICATION INDUSTRIELLE

AILLAUD (É.)
DE KONINCK (L. H.)
LODS (M.) *400*

PRIMATICE FRANCESCO
PRIMATICCIO dit (1504-1570)
ARCHITECTE *48*

PRISONS ARCHITECTURE DES
BALTARD (L. P.)
DANCE (G.)
NORMAND (A.-N.) *486*

PRIX WOLF DIETER (1942-)
COOP HIMMELB(L)AU

PRIX DE ROME
ARCHITECTE *54*

PROPORTION
HERRERA (J. de) *314*
MICHEL-ANGE *438*
PALLADIO (A.) *499*
PERRAULT (C.)

PROPYLÉES
MNÉSICLÈS

- **PROUVÉ** VICTOR (1858-1943) **&** JEAN (1901-1984) *552*
BEAUDOUIN (E.) *86*

- **PUGET** PIERRE (1620-1694) *554*

- **PUGIN** LES *559*

PURISME, *mouvement artistique*
LE CORBUSIER *368*
MEIER (R.)

- **PUTMAN** ANDRÉE (1925-) *560*

PYRAMIDE
IMHOTEP

PYTHÉOS (~IVe s.)
ARCHITECTE *36*

- **QUARENGHI** GIACOMO (1744-1817) *562*

- **QUARONI** LUDOVICO (1911-1987) *564*

- **QUATRE** GROUPE ANGLAIS DES *565*

- **QUATREMÈRE DE QUINCY** ANTOINE CHRYSOSTOME QUATREMÈRE dit (1755-1849) *565*
ARCHITECTE *52*

- **RAINALDI** GIROLAMO (1570-1655) **&** CARLO (1611-1691) *568*

- **RAPHAËL** RAFAELE SANZIO dit (1483-1520) *568*
ARCHITECTE *46*

- **RASMUSSEN** STEEN EILER (1898-1990) *569*

- **RASTRELLI** LES *570*

RATGAR (IXe s.)
ARCHITECTE *40*

RATIONALISTE
ARCHITECTURE
BAUDOT (A. de)
BEHRENS (P.) *89*
DE WAILLY (C.)
GONDOIN (J.)
GROPIUS (W.) *290*
HOFFMANN (J.)
JOHNSON (P. C.)
JOURDAIN (F.)
LE CORBUSIER *368*
LODOLI (fra C.)
MAILLART (R.)
MAY (E.) *423*
MENDELSOHN (E.)
MICHELUCCI (G.) *450*
MIES VAN DER ROHE (L.) *453*
NIEMEYER (O.) *480*
PERRET (A.)
POELZIG (H.)
POMPE (A.)
PONTI (G.)
ROBERTO (LES)
ROGERS (E. N.)
ROSSI (A.) *592*
SAARINEN (E.)
SARTORIS (A.) *608*
TANGE K.
VAN DOESBURG (T.)
VAN EESTEREN (C.)

- **RAYMOND DU TEMPLE** (2e moitié XIVe s.-déb. XVe s.) *570*

- **RAYMOND** JEAN ARMAND (1742-1811) *571*

RÉGENCE STYLE
BOFFRAND (G. G.)
COTTE (R. de)

REICH TROISIÈME ▶ **TROISIÈME REICH**

- **REIDY** AFFONSO EDUARDO (1909-1964) *571*

REIMS CATHÉDRALE DE
ARCHITECTE *41*

771

ANNEXES

RELIGIEUSE ARCHITECTURE
ALBERTI (L. B.) 22
ARCHITECTE 34
ASAM (LES)
CHALGRIN (J. F. T.)
MAÎTRE DE BOURGES 413
MAÎTRE DE CHARTRES 413
MAÎTRE DE SAINT-DENIS 413
MAÎTRE MARTIN 414
MATHIEU D'ARRAS 422
SINAN ou KODJA MI'MĀR SINĀN 627
SOHIER (H.) 638

REMPART
VAUBAN 700

RENAISSANCE ARCHITECTURE DE LA
ALBERTI (L. B.) 20
ALESSI (G.) 24
AMADEO (G. A.) 27
AMMANNATI (B.)
ANDROUET DU CERCEAU (LES)
ARCHITECTE 45
BEER (G.) 87
BIARD (LES)
BOYTAC (D.)
BRAMANTE 133
BRUNELLESCHI (F.) 143
BULLANT (J.)
BUONTALENTI (B.)
BUSTAMANTE (B. de) 159
CASTILHO (J. de)
CODUSSI (M.) 184
COVARRUBIAS (A. de)
CRONACA (IL) 193
DELLA PORTA (G.)
DELORME (P.) 203
DOMENICO DA CORTONA 215
DUBRŒUCQ (J.)
EGCKL (W.) 230
ERRARD DE BAR-LE-DUC (J.) 233
FILARÈTE 241
FRANCESCO DI GIORGIO MARTINI 251
GHIBERTI (L.) 280
GIL DE HONTAÑÓN (R.) 283
GIULIANO DA MAIANO
GUMIEL (P.) 300
HERRERA (J. de) 311
KREBS (K.) 355
LAURANA (L.)
LE BRETON (G.) 366
LÉONARD DE VINCI 385
LESCOT (P.)
LIGORIO (P.)
LOMBARDO (LES)
MACHUCA (P.)

MARINI (G.) 421
MICHEL-ANGE 430, 446
MICHELOZZO DI BARTOLOMMEO
PACIOTTO (F.) 494
PALLADIO (A.) 495
PERUZZI (B.)
PHILANDRIER (G.)
RAPHAËL 568
RIZZO (A.)
ROSSELLINO (LES)
ROSSETTI (B.)
SAGREDO (D. de) 602
SANMICHELI (M.)
SANSOVINO (J. TATTI dit)
SCHOCH (J.) 615
SHUTE (J.) 624
SILOE (D. de)
SOHIER (H.) 638
SPECKLE (D.) 643
SUSTRIS (F.) 664
TERZI (F.) 672
TOLEDO (J. B. de)
TORRALVA (D. de)
VASARI (G.) 694
VÁZQUEZ (J.) 704
VILLALPANDO (F. de) 708
VITRUVE 721

RENAISSANCE ALLEMANDE ARTS DE LA
BEER (G.) 87
EGCKL (W.) 230
KREBS (K.) 355
SUSTRIS (F.) 664

RENAISSANCE DANS LES ANCIENS PAYS-BAS ARTS DE LA
BLONDEEL (L.)
COECKE VAN AALST (P.)
DUBRŒUCQ (J.)

RENAISSANCE ESPAGNOLE ARTS DE LA
BUSTAMANTE (B. de) 159
EGAS (E.)
GIL DE HONTAÑÓN (R.) 283
GUMIEL (P.) 300
HERRERA (J. de) 311
MACHUCA (P.)
SILOE (D. de)
TOLEDO (J. B. de)
TORRALVA (D. de)
VÁZQUEZ (J.) 704
VILLALPANDO (F. de) 708

RENAISSANCE FRANÇAISE ARTS DE LA
ARCHITECTE 48
BIARD (LES)
BULLANT (J.)
DELORME (P.) 203

DOMENICO DA CORTONA 215
LESCOT (P.)

RENAISSANCE ITALIENNE ARTS DE LA, XVe s.
ALBERTI (L. B.) 20
AMADEO (G. A.) 27
ARCHITECTE 46
BRAMANTE 132
BRUNELLESCHI (F.) 143
CODUSSI (M.) 184
FILARÈTE 240
FRANCESCO DI GIORGIO MARTINI 251
GHIBERTI (L.) 280
LAURANA (L.)
LOMBARDO (LES)
MICHELOZZO DI BARTOLOMMEO
RIZZO (A.)
ROSSELLINO (LES)
SOLARI (LES)

RENAISSANCE ITALIENNE ARTS DE LA, XVIe s.
ALESSI (G.) 24
AMMANNATI (B.)
BRAMANTE 132
LIGORIO (P.)
LOMBARDO (LES)
MICHEL-ANGE 430
PACIOTTO (F.) 494
PALLADIO (A.) 495
PERUZZI (B.)
SANMICHELI (M.)
SOLARI (LES)
TIBALDI (P.)
VASARI (G.) 693

- **RENAUDIE JEAN** (1925-1981) 572

RENNES
BÜHLER (D. ET E.)
GABRIEL (J. III J.)

RESTAURATION DES ŒUVRES D'ART
ABADIE (P.) 16
BOITO (C.)
DUBAN (F.)
LASSUS (J.-B.-A.) 362
VIOLLET-LE-DUC (E. E.) 710

RETABLE
COECKE VAN AALST (P.)
LISBOA (A. F.)
PIERRE DE CORTONE 526
SILOE (D. de)

- **RHOÏCOS** (2^e quart ∼VIe s.) 575
ARCHITECTE 35

772

INDEX

- **RIBERA** PEDRO DE (1681-1742) *576*
- **RICHARDSON** HENRY HOBSON (1838-1886) *576*

   RICHELIEU, *Indre-et-Loire*
   LE MERCIER (J.)
- **RIETVELD** GERRIT THOMAS (1888-1964) *577*
   STIJL (DE) *650, 655*

   RIMINI
   ALBERTI (L. B.) *22*
- **RINALDI** ANTONIO (vers 1710-1790) *578*
- **RIZZO** ANTONIO (mort apr. 1499) *579*
- **ROBERTO** LES *579*

   ROBIRIUS
   ARCHITECTE *39*

   ROCAILLE STYLE
   AUBERT (J.) *64*
   BLONDEL (J.-F.) *107*
   BOFFRAND (G. G.)
   GABRIEL (A. J.) *262*
   OPPENORD (G. M.)
   PINEAU (N.)
- **ROCHE** KEVIN (1926-) *580*

   ROCOCO ARCHITECTURE
   ASAM (LES)
   BOFFRAND (G. G.)
   CUVILLIÉS (F. de)
   FIGUEROA (LES)
   HILDEBRANDT (J. L. von)
   HURTADO (F.)
   JUVARA (F.)
   LISBOA (A. F.)
   NEUMANN (B.) *476*
   RASTRELLI (LES)
   VAN BAURSCHEIT LE JEUNE (J.-P.)
   VICENTE DE OLIVEIRA (M.) *706*
- **RODRÍGUEZ** VENTURA (1717-1785) *582*
- **ROEBLING** JOHN AUGUSTUS (1806-1869) *583*
- **ROGERS** ERNESTO N. (1909-1969) *584*
- **ROGERS** RICHARD (1933-) *585*
   FOSTER (N.) *248*
   PIANO (R.) *523*

- **ROMAIN** JULES, ital. GIULIO PIPPI dit GIULIO ROMANO (1492 ou 1499-1546) *589*

   ROMAINE ARCHITECTURE
   APOLLODORE DE DAMAS
   ARCHITECTE *38*
   VITRUVE *715*

   ROMANE ARCHITECTURE
   ARCHITECTE *40*

   ROMANO GIULIO ▶
   ROMAIN JULES

   ROMANTISME
   DUBAN (F.)
   DUC (J.-L.)
   KLENZE (L. von)
   VAUDOYER (L.)
   VIOLLET-LE-DUC (E. E.) *712*

   ROME
   ALBERTI (L. B.) *19*
   BERNIN *93*
   BORROMINI *120*
   BRAMANTE *134*
   DELLA PORTA (G.)
   FILARÈTE *240*
   FONTANA (C.)
   FONTANA (D.)
   LIGORIO (P.)
   MADERNO (C.)
   MICHEL-ANGE *435*
   PIERRE DE CORTONE *525*
   POZZO (A.) *550*
   RAPHAËL *568*
   SACCONI (G.) *602*
   SALVI (N.) *603*
   SANGALLO (LES)
   TIBALDI (P.)
   VALADIER (G.)
   VIGNOLE
- **RONDELET** JEAN-BAPTISTE (1743-1829) *589*
   ARCHITECTE *51*
- **ROSSELLINO** LES *590*
- **ROSSETTI** BIAGIO (1447 env.-1516) *591*
- **ROSSI** ALDO (1931-1997) *591*
- **ROSSI** CARLO (1775-1849) *593*

   ROTTMAYR JOHANN MICHAEL (1654-1730)
   PRANDTAUER (J.)

   ROUEN
   ALAVOINE (J. A.) *18*
- **ROUSE** JAMES WILSON (1914-1996) *593*

- **ROUX-SPITZ** MICHEL (1888-1957) *594*
- **RUDOLPH** PAUL (1918-1997) *595*

   RUINES, *esthétique*
   DUPÉRAC (É.)
   PIRANÈSE (G. B. PIRANESI dit) *536*
- **RUSKIN** JOHN (1819-1900) *596*
   GUIMARD (H.) *295*

   RUSSE ART
   BAJENOV (V.)
   QUARENGHI (G.)
   ROSSI (C.)
   STAROV (I. E.)
   VALLIN DE LA MOTHE (J.-B. M.)
   VESNINE (LES)
   VKHOUTEMAS
   VORONIKHINE (A. N.)
   ZAKHAROV (A. D.)

   RUSSE AVANT-GARDE
   GUINZBOURG (M I.)
   LEONIDOV (I.)
   MELNIKOV (K. S.)
   TATLINE (V. E.)
- **SAARINEN** EERO (1910-1961) *601*
   EAMES (C. et R.)
- **SACCONI** GIUSEPPE (1854-1905) *602*
- **SAFDIE** MOSHE (1938-) *602*
- **SAGREDO** DIEGO DE (XVIe s.) *602*

   SAINT-DENIS ABBAYE DE
   MAÎTRE DE SAINT-DENIS *413*
   MANSART (F.) *420*
   SUGER *660*

   SAINT-GERMAIN-DES-PRÉS ABBAYE DE
   PIERRE DE MONTREUIL

   SAINT-PÉTERSBOURG, anc. **LENINGRAD**
   QUARENGHI (G.)
   RINALDI (A.)
   ROSSI (C.)
   STAROV (I. E.)
   THOMON (T. de) *673*
   VORONIKHINE (A. N.)
   ZAKHAROV (A. D.)

   SAINT-PHILIPPE-DU-ROULE ÉGLISE, *Paris*
   CHALGRIN (J. F. T.)

773

ANNEXES

SAINT-PIERRE DE ROME
BERNIN 95
BRAMANTE 135
FILARÈTE 240
MADERNO (C.)
MICHEL-ANGE 436, 447
PERUZZI (B.)

SAINT-SULPICE ÉGLISE, Paris
CHALGRIN (J. F. T.)
SERVANDONI (J.-N.)

SAINTE-CHAPELLE, Paris
DUBAN (F.)

- **SAKAKURA** JUNZŌ (1901-1969) 603

SALAMANQUE
CHURRIGUERA (LES)

- **SALVI** NICOLA (1687-1751) 603

SAMOS
RHOÏCOS

- **SANFELICE** FERDINANDO (1675-1748) 604

- **SANGALLO** LES 604
ARCHITECTE 46
DELORME (P.) 207
MICHEL-ANGE 432, 448

- **SANMICHELI** MICHELE (1484-1559) 605

- **SANSOVINO** JACOPO TATTI dit (1486-1570) 606

- **SANT'ELIA** ANTONIO (1888-1916) 606
CHIATTONE (M.)
TERRAGNI (G.)

- **SANTOS DE CARVALHO** EUGENIO DOS (1711-1760) 607

SÃO PAULO
WARCHAVCHIK (G.)

SAQQARAH ou **SAQQARA**
IMHOTEP

- **SARTORIS** ALBERTO (1901-1998) 607

SATYROS (~IVᵉ s.)
ARCHITECTE 37

- **SAUVAGE** HENRI (1873-1932) 609
BLOC (A.)

- **SCAMOZZI** VINCENZO (1552-1616) 611
PALLADIO (A.) 498

- **SCARPA** CARLO (1906-1978) 611

SCÉNOGRAPHIE
BIBIENA (LES)
JONES (I.)

- **SCHAROUN** HANS (1893-1972) 613

SCHEFFER ARY (1795-1858)
BARTHOLDI (F. A.)

- **SCHINKEL** KARL FRIEDRICH (1781-1841) 613
BEHRENS (P.) 88

SCHLEMMER OSKAR (1888-1943)
BAUHAUS 82

- **SCHLÜTER** ANDREAS (1660 env.-1714) 615

- **SCHOCH** JOHANNES (1550 env.-1631) 615

SCHÖNBRUNN CHÂTEAU DE
FISCHER VON ERLACH (J. B.)

- **SCOLARI** MASSIMO (1943-) 616

SCOPAS (actif entre ~370 et ~330)
ARCHITECTE 36

- **SCOTT** sir GEORGE GILBERT (1811-1878) 616

SCOTT-BROWN DENISE (1931-)
VENTURI (R.) 704

SEBASTIANO DEL PIOMBO SEBASTIANO LUCIANI dit (1485 env.-1547)
MICHEL-ANGE 445

SÉCESSION, mouvement artistique
HOFFMANN (J.)
OLBRICH (J. M.)
PLEČNIK (J.)
WAGNER (O.)

SECOND EMPIRE
ALPHAND (A.)
BALTARD (V.)
DAVIOUD (G.) 199
GARNIER (C.)
HAUSSMANN (baron G. H.) 305
HITTORFF (J. I.)
LEFUEL (H.)

- **SEGAL** WALTER (1907-1985) 616

SELVATICO ESTENSE **PIETRO** (1803-1880)
BOITO (C.)

- **SEMPER** GOTTFRIED (1803-1879) 617

- **SÉNENMOUT** (~XVIᵉ s.) 618
ARCHITECTE 35

- **SÉRÉ DE RIVIÈRES** RAYMOND (1815-1895) 618

- **SERLIO** SEBASTIANO (1475-env. 1554) 619
ARCHITECTE 46, 48
LESCOT (P.)
PALLADIO (A.) 500
PHILANDRIER (G.)

- **SERT** JOSÉ LUÍS (1902-1983) 621

- **SERVANDONI** JEAN-NICOLAS (1695-1766) 623

SÉVILLE
FIGUEROA (LES)
HERRERA (J. de) 317

SFORZA LES
FILARÈTE 240

- **SHAW** RICHARD NORMAN (1831-1912) 624

SHUNJŌBŌ CHŌGEN
▶ CHŌGEN SHUNJŌBŌ

- **SHUTE** JOHN (mort en 1563) 624

SIENNE
LANDO DI PIETRO 359

- **SILOE** DIEGO DE (1495-1563) 625

- **SIMOUNET** ROLAND (1927-1996) 625

- **SINAN** ou **KODJA MI'MÂR SINÂN** (1489-1578 ou 1588) 627

SIXTINE CHAPELLE
MICHEL-ANGE 433, 438

- **SIZA** ALVARO (1933-) 628

- **SKIDMORE, OWINGS & MERRILL** (S.O.M.) 629
BUNSHAFT (G.) 154

- **SMIRKE** sir ROBERT (1780-1867) 633
HOPE (T.)

INDEX

- **SMITH** TONY (1912-1980) *633*
- **SMITHSON** ALISON MARGARET (1928-1993) & PETER DENHAM (1923-) *635*
  SMITHSON ALISON MARGARET (1928-1993)
  BRUTALISME
  TEAM TEN
  SMITHSON PETER DENHAM (1923-)
  BRUTALISME
  ROGERS (R.) *586*
- **SNOZZI** LUIGI (1932-) *635*
- **SOANE** sir JOHN (1753-1837) *636*
  SOCIALISTES ART DANS LES PAYS
  KOPP (A.) *350*
  LEONIDOV (I.)
  MELNIKOV (K. S.)
  TATLINE (V. E.)
  VESNINE (LES)
  VKHOUTEMAS
  SODERINI PIERO DI TOMMASO (1452-1522)
  MICHEL-ANGE *433*
- **SOHIER** HECTOR (actif 1re moitié XVIe s.) *638*
  SOLARI GUINIFORTE ou BONIFORTE (1429-1481)
  FILARÈTE *241*
- **SOLARI** LES *638*
- **SOLERI** PAOLO (1919-) *639*
  S.O.M. ► SKIDMORE, OWINGS & MERRILL
- **SORIA** PIERRE (1947-1998) *641*
  SOSTRATOS DE CNIDE (~IIIe s.)
  ARCHITECTE *38*
- **SOTTSASS** ETTORE (1917-) *641*
  SOUBISE HÔTEL DE, *Paris*
  BOFFRAND (G. G.)
- **SOUFFLOT** JACQUES GERMAIN (1713-1780) *642*
  ARCHITECTE *48*
  GABRIEL (A. J.) *262*
  SPATIO-DYNAMIQUE ART
  KOWALSKI (P.)

- **SPECKLE** DANIEL (1536-1589) *643*
- **SPEER** ALBERT (1905-1981) *644*
- **SPOERRY** FRANÇOIS (1912-1999) *644*
- **SPRECKELSEN** JOHAN OTTO VON (1929-1987) *646*
  STANDARDISATION
  BAUHAUS *80*
  GROPIUS (W.) *291*
  HILBERSEIMER (L.)
  PROUVÉ (V. et J.)
  STANISLAS Ier **LESZCZINSKI** (1677-1766) roi de Pologne (1704-1709 et 1733-1736)
  HÉRÉ DE CORNY (E.)
- **STARCK** PHILIPPE (1949-) *647*
- **STAROV** IVAN EGOROVITCH (1745-1808) *649*
  STETHAIMER HANS (actif entre 1431 et 1459)
  ARCHITECTE *44*
- **STIJL** DE *649*
  DUIKER (J.) *224*
  MIES VAN DER ROHE (L.) *453*
  OUD (J. J. P.)
  RIETVELD (G. T.)
  SARTORIS (A.) *608*
  VAN DOESBURG (T.)
  VAN EESTEREN (C.)
- **STIRLING** JAMES (1926-1992) *657*
  STOCKHOLM
  ASPLUND (E. G.)
  TESSIN (LES)
  STRASBOURG
  COTTE (R. de)
  SCHOCH (J.) *615*
  STRASBOURG CATHÉDRALE DE
  ERWIN DE STEINBACH
  STYLE 1925
  LE MÊME (H.-J.) *376*
  PERRIAND (C.)
  STYLE INTERNATIONAL
  AALTO (A.) *11*
  BANHAM (R.) *71*
  BAUHAUS *80*
  BUNSHAFT (G.) *153*
  DUDOK (W. M.)
  GROPIUS (W.) *292*

  HITCHCOCK (H.-R.) *324*
  LURÇAT (A.)
  MAEKAWA (K.) *410*
  MALLET-STEVENS (R.)
  MIES VAN DER ROHE (L.) *455*
  OUD (J. J. P.)
  PELLI (C.)
  SKIDMORE OWINGS & MERRILL
  SUÉDOIS ART
  ASPLUND (E. G.)
  EHRENSVÄRD (C. A.)
  ÉTIENNE DE BONNEUIL
  TESSIN (LES)
- **SUGER** (1081 env.-env. 1151) *659*
- **SULLIVAN** LOUIS HENRY (1856-1924) *663*
  CHICAGO (ÉCOLE DE) *178*
  SULLY MAURICE DE ► MAURICE dit DE SULLY
- **SUSTRIS** FRIEDRICH (1540 env. -1559) *664*
  SWIEZINSKY HELMUT (1944-)
  COOP HIMMELB(L)AU
  SYDNEY
  UTZON (J.)
  SYNAGOGUE
  WRIGHT (F. L.) *739*
  TADAO ANDO ► ANDO TADAO
- **TAFURI** MANFREDO (1935-1994) *665*
  TAÏROV ALEXANDRE IAKOVLEVITCH (1885-1950)
  VESNINE (LES)
- **TALENTI** FRANCESCO (1300 env.-1369) & SIMONE (1340 env.-apr. 1381) *666*
  ARCHITECTE *43*
- **TANGE** KENZO (1913-) *667*
  ISOZAKI (A.)
- **TATLINE** VLADIMIR EVGRAFOVITCH (1885-1953) *668*
- **TAUT** BRUNO (1880-1938) *669*
  TÉ PALAIS DU, *Mantoue*
  ROMAIN (J.) *589*
- **TEAM TEN** *669*
  BRUTALISME

ANNEXES

KUROKAWA (K.)
SMITHSON (A. et P.) *635*
VAN EYCK (A.)

TEMPLE, *Grèce antique*
CALLICRATÈS
RHOÏCOS

- **TERRAGNI GIUSEPPE** (1904-1943) *671*

TERRE, *architecture*
FATHY (H.)

- **TERZI FILIPPO** (1529-1597) *672*

- **TESSIN LES** *673*

THÉÂTRE, *architecture*
BIBIENA (LES)
GABRIEL (A. J.) *262*
VAN DE VELDE (H.)

THÈBES, *Égypte*
AMENHOTEP *27*

THÉODOLITE
ALBERTI (L. B.) *19*

THÉODOROS DE SAMOS (~VIᵉ s.)
ARCHITECTE *35*

THERMES
CAMERON (C.)

- **THOMON THOMAS DE** (1754-1813) *673*

THRASON
ARCHITECTE *35*

- **TIBALDI PELLEGRINO** (1527-1596) *674*

TIEPOLO GIAMBATTISTA (1696-1770)
NEUMANN (B.) *473*

TŌDAI-JI MONASTÈRE DE
CHŌGEN SHUNJŌBŌ *178*

TŌKYŌ
MAEKAWA (K.) *411*

TOLÈDE
HERRERA (J. de) *315, 318*
MAÎTRE MARTIN *414*
TOMÉ (LES)
VILLALPANDO (F. de) *708*

- **TOLEDO JUAN BAUTISTA DE** (mort en 1567) *674*
HERRERA (J. de) *312*

TOMAR, *Portugal*
CASTILHO (J. de)
TERZI (F.) *672*
TORRALVA (D. de)

TOMBEAU
ARNOLFO DI CAMBIO
BIARD (LES)
CHANTEREINE (N.)
MICHEL-ANGE *441*

- **TOMÉ LES** *675*

- **TORRALVA DIOGO DE** (1500-1566) *675*

- **TORROJA EDUARDO** (1899-1961) *676*

TOSCAN ORDRE
ALBERTI (L. B.) *21*

TOULOUSE SAINT-SERNIN DE
VIOLLET-LE-DUC (E. E.) *712*

TOUR, *architecture*
BIARD (LES)
DE KLERK (M.)
EIFFEL (G.)
KUROKAWA (K.)
PEI (IEOH MING)
PELLI (C.)
SKIDMORE OWINGS & MERRILL

TOXIOS
ARCHITECTE *35*

TRAJAN (53-117)
APOLLODORE DE DAMAS

TRAVÉE, *architecture*
MAÎTRE DE CHARTRES *413*

TRISSINO GIAN GIORGIO dit **LE TRISSIN** (1478-1550)
PALLADIO (A.) *496*

TROISIÈME REICH (1933-1945)
SPEER (A.)

TROMPE-L'ŒIL
BRAMANTE *133*
POZZO (A.) *550*

TROPHONIOS
ARCHITECTE *35*

TROUARD LOUIS FRANÇOIS (1729-1797)
LEDOUX (C. N.) *372*

TROYES
LANGLOIS (J.)

TSARSKOÏE SELO, *Russie*
CAMERON (C.)

- **TSCHUMI BERNARD** (1944-) *676*

TUNNELS
EUPALINOS

TURIN
GUARINI (G.) *294*

TURKU, anc. **ÅBO**
AALTO (A.) *12*

ULRICH VON ENSINGEN (1350/60-1419)
ARCHITECTE *44*

- **UNGERS OSWALD MATTIAS** (1926-) *679*

- **UPJOHN RICHARD** (1802-1878) *679*

UPPSALA, franç. **UPSAL**
ÉTIENNE DE BONNEUIL

URBANISME
ALBERTI (L. B.) *21*
ALPHAND (A.)
ARCHIGRAM (GROUPE)
ARCHITECTE *50, 53*
BOULLÉE (É. L.)
BRUTALISME
CANDILIS (G.) *167*
CELLERIER (J.)
CHURRIGUERA (LES)
CIRIANI (H.) *180*
COSTA (L.) *189*
CRUCY (M.)
DE WAILLY (C.)
ÉCOCHARD (M.) *228*
EGGERICX (J.)
FUKSAS (M.)
GARNIER (T.)
GAUDIN (H.) *276*
HAUSSMANN (baron G. H.) *305*
HÉNARD (E.)
HERRERA (J. de) *317*
HILBERSEIMER (L.)
HIPPODAMOS DE MILET
HITTORFF (J. I.)
JACOBS (J.)
LE CORBUSIER *370*
LEDOUX (C. N.) *373*
LENNÉ (P. J.)
LEONIDOV (I.)
LURÇAT (A.)
MEYER (H.)
NASH (J.)
PATTE (P.)
PINGUSSON (G.-H.)
PORTZAMPARC (C. de)
QUARONI (L.) *564*
RASMUSSEN (S. E.) *569*
RENAUDIE (J.) *573*
ROGERS (R.) *588*
ROSSETTI (B.)
ROUSE (J. W.) *593*
SAKAKURA J.
SANTOS DE CARVALHO (E. dos) *607*
SERT (J. L.) *622*

INDEX

TANGE K.
VAUBAN *700*
WOOD LE JEUNE *731*
WRIGHT (F. L.) *739*

URBIN
BRAMANTE *132*
FRANCESCO DI GIORGIO MARTINI *251*
LAURANA (L.)

USINES, *architecture*
BEHRENS (P.) *89*
KAHN (A.)

- **UTZON J RN** (1918-) *679*
- **VALADIER GIUSEPPE** (1762-1839) *682*

VAL-DE-GRÂCE, *Paris*
MANSART (F.) *419*

VALLADOLID
HERRERA (J. de) *316*

- **VALLIN DE LA MOTHE JEAN-BAPTISTE MICHEL** (1729-1800) *682*
- **VAN ALEN WILLIAM** (1882-1954) *684*
- **VAN BAURSCHEIT JEAN-PIERRE** dit LE JEUNE (1699-1768) *684*
- **VANBRUGH** sir JOHN (1664-1726) *685*
  HAWKSMOOR (N.)
- **VAN CAMPEN JACOB** (1595-1657) *686*
  POST (P.) *545*

VAN DER LECK BART (1876-1958)
STIJL (DE) *650*

- **VAN DE VELDE HENRY** (1863-1957) *686*
  BAUHAUS *78*
  MACKINTOSH (C. R.)
  MUTHESIUS (H.)
  WERKBUND (DEUTSCHER)
- **VAN DOESBURG CHRISTIAN EMIL MARIE KÜPPER** dit THEO (1883-1931) *689*
  BAUHAUS *81*
  STIJL (DE) *649, 652*
- **VAN EESTEREN CORNELIS** (1897-1988) *690*
  STIJL (DE) *650, 655*
- **VAN EYCK ALDO** (1918-1999) *691*

VAN MANDER CAREL (1548-1606)
VASARI (G.) *698*

VAN ORLEY BAREND (1490 env.-1541)
COECKE VAN AALST (P.)

VANTONGERLOO GEORGES (1886-1965)
STIJL (DE) *650*

- **VANVITELLI LUIGI** (1700-1773) *692*
- **VASARI GIORGIO** (1511-1574) *693*
  ARCHITECTE *46*
  MICHEL-ANGE *433, 435*

VASI GIUSEPPE (1710-1782)
PIRANÈSE (G. B. PIRANESI dit) *535*

VATICAN PALAIS DU
BERNIN *96*
BRAMANTE *135*
RAPHAËL *568*

- **VAUBAN SÉBASTIEN LE PRESTRE DE** (1633-1707) *699*
- **VAUDOYER LÉON** (1803-1872) *702*
- **VAUDREMER ÉMILE** (1829-1914) *703*

VAUX-LE-VICOMTE CHÂTEAU DE
LE NÔTRE (A.) *383*

- **VÁZQUEZ LORENZO** (XVe-XVIe s.) *704*

VENISE
CODUSSI (M.) *184*
PALLADIO (A.) *496*

VÉNITIEN ART
CODUSSI (M.) *184*
LOMBARDO (LES)
LONGHENA (B.)
PALLADIO (A.) *496*
PIRANÈSE (G. B. PIRANESI dit) *535*
RIZZO (A.)
SANSOVINO (J. TATTI dit)
SOLARI (LES)

- **VENTURI ROBERT** (1925-) *704*

VERBERCKT ou **VERBRECHT JACQUES** ou **JACOB** (1704-1771)
GABRIEL (A. J.) *262*
GABRIEL (J. III J.)

- **VERLY FRANÇOIS** (1760-1822) *704*

VÉRONE
SANMICHELI (M.)

VERRE, *architecture*
GROPIUS (W.) *290*
JOHNSON (P. C.)
MENGONI (G.) *426*
MIES VAN DER ROHE (L.) *453*
PELLI (C.)
ROCHE (K.)

VERSAILLES CHÂTEAU DE
COTTE (R. de)
GABRIEL (A. J.) *261*
HARDOUIN-MANSART (J.) *301*
LE NÔTRE (A.) *384*
LE VAU (L.)
MIQUE (R.)

- **VESNINE LES** *705*

VHUTEMAS ▶ VKHOUTEMAS

VICENCE
PALLADIO (A.) *495*

- **VICENTE DE OLIVEIRA MATEUS** (1710-1786) *706*

VICTORIENNE ÉPOQUE
BUTTERFIELD (W.) *159*
DEANE (sir T. NEWENHAM) *199*
HITCHCOCK (H.-R.) *325*
SCOTT (sir G. G.) *616*

VIENNE, *Autriche*
FERSTEL (H. von) *239*
FISCHER VON ERLACH (J. B.)
HILDEBRANDT (J. L. von)
PLEČNIK (J.)
WAGNER (O.)

VIERZEHNHEILIGEN ÉGLISE DES
NEUMANN (B.) *473*

- **VIGNOLE** ital JACOPO BAROZZI DA VIGNOLA (1507-1573) *707*
  ARCHITECTE *46*

VILLA, *histoire*
BOTTA (M.)
EXPERT (R.-H.)
HOFFMANN (J.)
MEIER (R.)
PALLADIO (A.) *497*
PERUZZI (B.)
PIERRE DE CORTONE *528*
ROMAIN (J.) *589*
VIGNOLE

777

ANNEXES

- **VILLALPANDO** FRANCESCO DE (mort en 1561) *708*
- **VILLANUEVA** JUAN DE (1739-1811) *708*
- **VILLARD DE HONNECOURT** (1225 env.-env.1250) *709*
  ARCHITECTE *41*

  VILLE, *urbanisme et architecture*
  ALPHAND (A.)
  ARCHIGRAM (GROUPE)
  BÜHLER (D. ET E.)
  DINOCRATÈS
  GARNIER (T.)
  HERRERA (J. de) *317*
  HILBERSEIMER (L.)
  JACOBS (J.)
  LEDOUX (C. N.) *375*
  LEONIDOV (I.)
  RENAUDIE (J.) *574*
  ROGERS (R.) *588*
  ROSSELLINO (LES)
  ROSSI (A.) *591*
  VALADIER (G.)
  VAUBAN *700*
  VERLY (F.)

  VILLES NOUVELLES
  BRUTALISME
  CIRIANI (H.) *180*
  DUFAU (P.) *224*
  GAUDIN (H.) *275*
  SANT'ELIA (A.)

  VINCI LÉONARD DE ▶ **LÉONARD DE VINCI**

- **VINGBOONS** PHILIP (1614-1678) *709*

  VINGT GROUPE DES ▶ **GROUPE DES XX**

- **VIOLLET-LE-DUC** EUGÈNE EMMANUEL (1814-1879) *709*
  ARCHITECTE *52*
  GUIMARD (H.) *296*

- **VITRUVE** (~Ier s.) *715*
  ALBERTI (L. B.) *20*
  ARCHITECTE *37, 39*

  PALLADIO (A.) *498*
  PERRAULT (C.)
  PHILANDRIER (G.)

- **VITTONE** BERNARDO ANTONIO (1705-1770) *722*

- **VKHOUTEMAS** ou **VHUTEMAS** (Ateliers supérieurs d'art et de technique) *723*

- **VORONIKHINE** ANDREÏ NIKIFOROVITCH (1759-1814) *724*

- **VOYSEY** CHARLES FRANCIS ANNESLEY (1857-1941) *724*

- **WAGNER** OTTO (1841-1918) *725*
  PLEČNIK (J.)

- **WALTER** JEAN (1883-1957) *726*

- **WARCHAVCHIK** GREGORI (1896-1972) *727*
  COSTA (L.) *189*

  WASHINGTON
  BACON (H.)

- **WEBB** JOHN (1611-1672) *728*

- **WEBB** PHILIP (1831-1915) *728*

  WEDGWOOD JOSIAH (1730-1795)
  ADAM (R. et J.)

- **WELSCH** MAXIMILIAN VON (1671-1745) *729*
  NEUMANN (B.) *472*

- **WERKBUND** DEUTSCHER *730*
  BAUHAUS *79*
  BEHRENS (P.) *88*
  GROPIUS (W.) *290*
  MIES VAN DER ROHE (L.) *453*
  MUTHESIUS (H.)

  WESTMINSTER, *Londres*
  HENRY DE REYNES *310*

  WHITEHALL
  JONES (I.)

  WIENER WERKSTÄTTE
  HOFFMANN (J.)

  WIES ÉGLISE DE LA
  ZIMMERMANN (D.)

  WILKINS WILLIAM (1778-1839)
  HOPE (T.)

  WÖLFFLIN HEINRICH (1864-1945)
  BONY (J.) *119*

- **WOOD L'AÎNÉ** JOHN (1704-1754) *731*

- **WOOD LE JEUNE** JOHN (1728-1781) *731*

  WOODS SHADRACH (1923-1973)
  CANDILIS (G.) *166*

- **WREN** sir CHRISTOPHER (1632-1723) *731*
  HAWKSMOOR (N.)

- **WRIGHT** FRANK LLOYD (1867-1959) *735*
  BAUHAUS *83*
  HITCHCOCK (H.-R.) *325*
  NEUTRA (R.) *477*
  SMITH (T.) *633*

  WÜRZBURG
  NEUMANN (B.) *472*

- **WYATT** JAMES (1747-1813) *740*

- **YAMASAKI** MINORU (1912-) *740*

- **YEVELE** HENRY (entre 1320 et 1330-env. 1400) *741*

- **ZAKHAROV** ANDREÏAN DIMITRIEVITCH (1761-1811) *741*

- **ZEHRFUSS** BERNARD (1911-1996) *742*

- **ZIMMERMANN** DOMINIKUS (1685-1766) *744*

TABLE DES AUTEURS

Gian-Carlo ARGAN
BRUNELLESCHI FILIPPO (1377-1446).
Jean-Louis AVRIL
FISCHER RAYMOND (1898-1988).
Gérard BAUER
WAGNER OTTO (1841-1918).
Germain BAZIN
POZZO ANDREA (1642-1709).
Sylvie BÉGUIN
LIGORIO PIRRO (1500 env.-1583); TIBALDI PELLEGRINO (1527-1596).
Sylvain BELLENGER
DUBAN FÉLIX (1798-1870).
Guy BELOUET
BOFFRAND GABRIEL GERMAIN (1667-1754).
Chantal BÉRET
PORTZAMPARC CHRISTIAN DE (1944-   ).
Louis BERGERON
KAHN ALBERT (1869-1942).
Victor BEYER
PILGRAM ANTON (1460 env.-env. 1515).
Yve-Alain BOIS
GARNIER CHARLES (1825-1898); GARNIER TONY (1869-1948); HILBERSEIMER LUDWIG (1885-1967); HOFFMANN JOSEF (1870-1956); HUNT RICHARD MORRIS (1828-1895); JENNEY WILLIAM LE BARON (1832-1907); LATROBE BENJAMIN HENRY (1764-1820); LEFUEL HECTOR (1810-1881); LOOS ADOLF (1870-1933); LURÇAT ANDRÉ (1894-1970); MAILLART ROBERT (1872-1940); MEYER HANNES (1889-1954); OLBRICH JOSEPH MARIA (1867-1908); POELZIG HANS (1869-1936); PROUVÉ VICTOR (1858-1943) & JEAN (1901-1984); QUATRE GROUPE ANGLAIS DES; ROEBLING JOHN AUGUSTUS (1806-1869); SAARINEN EERO (1910-1961); SEMPER GOTTFRIED (1803-1879); STIJL DE; SULLIVAN LOUIS HENRY (1856-1924); TAUT BRUNO (1880-1938); TORROJA EDUARDO (1899-1961).
Christian BONNEFOI
ASPLUND ERIK GUNNAR (1885-1940); CHAREAU PIERRE (1883-1950); MOORE CHARLES W. (1925-1993); SAUVAGE HENRI (1873-1932).
Françoise BOUDON
BAUDOT ANATOLE DE (1834-1915); DELORME PHILIBERT (1514-1570).
Philippe BOUDON
MENDELSOHN ERICH (1887-1953); NEUTRA RICHARD (1892-1970); PERRET AUGUSTE (1874-1954).
Maïten BOUISSET
BILL MAX (1908-1994).

Marc BOURDIER
ISOZAKI ARATA (1931-   ); KUROKAWA KISHŌ (1934-   ); MAKI FUMIHIKO (1928-   ).
Giuliano BRIGANTI
PIERRE DE CORTONE (1596-1669).
Catherine BRISAC
ARÇON JEAN-CLAUDE ÉLÉONORE chevalier d' (1733-1800); COEHORN MENNO VAN baron (1641-1704); CORMONTAINGNE LOUIS-CHARLES de (1695-1752); ERRARD DE BAR-LE-DUC JEAN (1554-1610); MARINI GIROLAMO (1500-1553); MONTALEMBERT MARC-RENÉ marquis de (1714-1800); PACIOTTO FRANCESCO (1521-1591); PAGAN BLAISE FRANÇOIS DE (1604-1665); SÉRÉ DE RIVIÈRES RAYMOND (1815-1895); SPECKLE DANIEL (1536-1589); VAUBAN SÉBASTIEN LE PRESTRE DE (1633-1707).
André BRISSAUD
SPEER ALBERT (1905-1981).
Yves BRUAND
ARCHIGRAM GROUPE; BACON HENRY (1866-1924); CANDELA FELIX (1910-   ); HÉNARD EUGÈNE (1849-1923); JACOBS JANE (1916-   ); JOHNSON PHILIP CORTELYOU (1906-   ); JOURDAIN FRANTZ (1847-1935); KAHN LOUIS ISADORE (1901-1974); NIEMEYER OSCAR (1907-   ); REIDY AFFONSO EDUARDO (1909-1964); RICHARDSON HENRY HOBSON (1838-1886); ROBERTO LES; TANGE KENZO (1913-   ); WARCHAVCHIK GREGORI (1896-1972).
Georges BRUNEL
BIBIENA LES GALLI dits; CUVILLIÉS FRANÇOIS DE (1695-1768); DELLA PORTA GIACOMO (1533 env.-1602); DIENTZENHOFER LES; FISCHER VON ERLACH JOHANN BERNHARD (1656-1723); FONTANA CARLO (1634-1714); FONTANA DOMENICO (1543-1607); HILDEBRANDT JOHANN LUKAS VON (1668-1745); KLENZE LEO VON (1784-1864); NEUMANN BALTHASAR (1687-1753); PÖPPELMANN MATTHÄUS DANIEL (1662-1736); PRANDTAUER JAKOB (1660-1726); RASTRELLI LES; TESSIN LES.
Giulia BRUNETTI
GHIBERTI LORENZO (1378 ou 1381-1455).
Thérèse BUROLLET
BARTHOLDI FRÉDÉRIC AUGUSTE (1834-1904).
Marilù CANTELLI
BOITO CAMILLO (1836-1914); CHIATTONE MARIO (1891-1957); GARDELLA IGNAZIO (1905-1999); GREGOTTI VITTORIO (1927-   ); LODOLI fra CARLO (1690-1761); QUARONI LUDOVICO (1911-1987); SANT'ELIA ANTONIO (1888-1916).; SARTORIS ALBERTO (1901-1998).

ANNEXES

Luce CAYLA
BEHRENS PETER (1868-1940).

Catherine CHAGNEAU
ALESSI GALEAZZO (1512-1572); AMADEO GIOVANNI ANTONIO (env. 1447-env. 1522); CODUSSI MAURO (1440-1504); CRONACA SIMONE DEL POLLAIOLO dit IL (1457-1508); FANZAGO COSIMO (1591-1678); FRANCESCO DI GIORGIO MARTINI (1439-1502); GUARINI GUARINO (1624-1683); LÉONARD DE VINCI (1462-1519); MENGONI GIUSEPPE (1829-1877); RAPHAËL RAFAELE SANZIO dit (1483-1520); ROMAIN JULES, ital. GIULIO PIPPI dit GIULIO ROMANO (1492 ou 1499-1546); SALVI NICOLA (1687-1751).

Benoît CHALANDARD
PINGUSSON GEORGES-HENRI (1894-1978).

Florent CHAMPY
ARCHITECTE.

François CHASLIN
ANDO TADAO (1941-); BANHAM REYNER (1922-1988); BOFILL RICARDO (1939-); BREUER MARCEL (1902-1981); BRUTALISME; BRUYÈRE ANDRÉ (1912-1998); BUNSHAFT GORDON (1909-1990); CALATRAVA SANTIAGO (1951-); CIRIANI HENRI (1936-); COSTA LÚCIO (1902-1998); FATHY HASSAN (1900-1989); FOSTER NORMAN (1935-); GAUDIN HENRI (1933-); KOOLHAAS REM (1944-); MAEKAWA KUNIO (1905-1986); MEIER RICHARD (1934-); NOUVEL JEAN (1945-); PEI IEOH MING (1917-); PIANO RENZO (1937-); POMPE ANTOINE (1873-1980); RASMUSSEN STEEN EILER (1898-1990); RENAUDIE JEAN (1925-1981); ROGERS RICHARD (1933-); ROSSI ALDO (1931-1997); RUDOLPH PAUL (1918-1997); SIZA ALVARO (1933-); STIRLING JAMES (1926-1992); TSCHUMI BERNARD (1944-); ZEHRFUSS BERNARD (1911-1996).

André CHASTEL
VASARI GIORGIO (1511-1574).

Françoise CHOAY
MALLET-STEVENS ROBERT (1886-1945).

Jean-Louis COHEN
KOPP ANATOLE (1915-1990); LUBETKIN BERTHOLD (1901-1990); NITZCHKÉ OSCAR (1900-1991); TAFURI MANFREDO (1935-1994).

Jérôme COIGNARD
HITCHCOCK HENRY-RUSSEL (1903-1987).

Rosalys T. COOPE
BROSSE SALOMON DE (1571 env.-1626).

Michel COTTE
HENNEBIQUE FRANÇOIS (1842-1921).

Bernard COUVELAIRE
ROUSE JAMES WILSON (1914-1996).

Minako DEBERGH
SAKAKURA JUNZŌ (1901-1969).

Robert-L. DELEVOY
AVERBEKE ÉMILE VAN (1876-1946); BERLAGE HENDRIK PETRUS (1856-1934); BOURGEOIS VICTOR (1897-1962); BRAEM RENAAT (1910-); DE KONINCK LOUIS HERMAN (1896-1984); DUDOK WILLEM MARINUS (1884-1974); EGGERICX JEAN (1884-1963); HORTA VICTOR (1861-1947); JACOBSEN ARNE (1902-1971); MACKINTOSH CHARLES RENNIE (1868-1928); OUD JACOBUS JOHANNES PIETER (1890-1963); PAXTON JOSEPH (1803-1865); RIETVELD GERRIT THOMAS (1888-1964); VAN DOESBURG CHRISTIAN EMIL MARIE KÜPPER dit THEO (1883-1931); VAN EESTEREN CORNELIS (1897-1988); WERKBUND DEUTSCHER.

Marcel DURLIAT
BONAVIA SANTIAGO (mort en 1759); BOYTAC DIOGO (actif entre 1490 et 1525); CASTILHO JOÃO DE (actif entre 1515 et 1552); CHURRIGUERA LES; COVARRUBIAS ALONSO DE (1488-1570); EGAS ENRIQUE (1455 env.-env. 1534); FIGUEROA LES; GÓMEZ DE MORA JUAN (1586-env. 1648); GUAS JUAN (mort en 1496); HURTADO FRANCISCO (1669-1725); LISBOA ANTONIO FRANCISCO dit ALEIJADINHO (1738 env.-1814); MORA FRANCISCO DE (1546 env.-1610); RIBERA PEDRO DE (1681-1742); RODRÍGUEZ VENTURA (1717-1785); SILOE DIEGO DE (1495-1563); TOLEDO JUAN BAUTISTA DE (mort en 1567); TOMÉ LES; TORRALVA DIOGO DE (1500-1566); VILLANUEVA JUAN DE (1739-1811).

Jean-Jacques DUTHOY
GABRIEL JACQUES III JULES (1667-1742); HUYSSENS PIETER (1577-1637); KEYSER HENDRICK DE (1565-1621); LEQUEUX MICHEL JOSEPH (1753-1786); LE VAU LOUIS (1612-1670); LOUIS NICOLAS dit VICTOR (1731-1800); PATTE PIERRE (1723-1814); SERVANDONI JEAN-NICOLAS (1695-1766); SOUFFLOT JACQUES GERMAIN (1713-1780); VAN BAURSCHEIT JEAN-PIERRE dit LE JEUNE (1699-1768); VAN CAMPEN JACOB (1595-1657); VERLY FRANÇOIS (1760-1822).

David Georges EMMERICH
LE RICOLAIS ROBERT (1894-1977).

Alain ERLANDE-BRANDENBURG
DESCHAMPS JEAN (2e moitié XIIIe s.); DROUET DE DAMMARTIN (mort en 1400 env.); ÉTIENNE DE BONNEUIL (2e moitié XIIIe s.); EUDES DE METZ (IXe s.); GUILLAUME DE SENS (XIIe s.); GUY DE DAMMARTIN ou GUYOT (mort en 1400 env.); HENRY DE REYNES (mort en 1254); JEAN DE CHELLES (mort en 1258); LANDO DI PIETRO (mort en 1340); LANGLOIS JEAN (XIIIe s.); MAÎTRE DE BOURGES (XIIe s.); MAÎTRE DE CHARTRES (fin du XIIe s.); MAÎTRE DE SAINT-DENIS (vers 1231); MAÎTRE MARTIN (XIIIe s.); MATHIEU D'ARRAS (mort en 1352); MAURICE dit DE SULLY (mort en 1196); PARLER LES; PIERRE DE MONTREUIL (déb. XIIIe s.-1267); RAYMOND DU TEMPLE (2e moitié XIVe s.-déb. XVe s.); VILLARD DE HONNECOURT (1225 env.-env.1250).

TABLE DES AUTEURS

E.U.
BERNARD HENRY (1912-1994); DUBRŒUCQ ou DU BRŒUCQ JACQUES (av. 1510-1584).

Christine FLON
EMMERICH DAVID-GEORGES (1925-1996); SORIA PIERRE (1947-1998).

Robert FOHR
ARRUDA DIOGO (actif de 1508 à 1531); BEER GEORG (1527?-1600); BUSTAMANTE BARTOLOMÉ de (env. 1500-1570); DIETTERLIN WENDEL (1550 env.-1599); DOMENICO DA CORTONA dit LE BOCCADOR (1470 env.- env. 1549?); EGCKL WILLEM (mort en 1588); GIL DE HONTAÑÓN RODRIGO (env. 1500-1577); GUMIEL PEDRO (actif entre 1491 et 1517); KREBS KONRAD (1492-1540); LE BRETON GILLES (1500 env.-1553); SAGREDO DIEGO DE (XVIe s.); SANTOS DE CARVALHO EUGENIO DOS (1711-1760); SCHOCH JOHANNES (1550 env.-1631); SHUTE JOHN (mort en 1563); SOHIER HECTOR (actif 1re moitié XVIe s.); SUSTRIS FRIEDRICH (1540 env.-1559); TERZI FILIPPO (1529-1597); VÁZQUEZ LORENZO (XVe-XVIe s.); VICENTE DE OLIVEIRA MATEUS (1710-1786); VILLALPANDO FRANCESCO DE (mort en 1561).

Jacques FOUCART
BLONDEEL LANCELOT (1498-1561).

Martine Hélène FOURMONT
APOLLODORE DE DAMAS (IIe s.).

Françoise FROMONOT
MURCUTT GLENN (1936-); UTZON JØRN (1918-).

Jean-René GABORIT
ARNOLFO DI CAMBIO (1245 env.-env. 1302); KRAUTHEIMER RICHARD (1897-1994); ROSSELLINO LES; ROSSETTI BIAGIO (1447 env.-1516).

Lucie GALACTEROS DE BOISSIER
BLANCHET THOMAS (1614?-1689).

Michel GALLET
BLONDEL JACQUES-FRANÇOIS (1705-1774); GABRIEL ANGE JACQUES (1698-1782).

Jean Claude GARCIAS
BOTTA MARIO (1943-); CHEMETOV PAUL (1928-); LION YVES (1945-); MONEO RAFAEL (1937-); VAN EYCK ALDO (1918-1999).

Jörg GARMS
HARDOUIN-MANSART JULES (1646-1708).

Pierre GEORGEL
EHRENSVÄRD CARL AUGUST comte (1745-1800); RUSKIN JOHN (1819-1900).

Jeanne GIACOMOTTI
PROUVÉ VICTOR (1858-1943) & JEAN (1901-1984).

Pierre GRANVEAUD
CANDILIS GEORGES (1913-1995); GAUDÍ ANTONIO (1852-1926); MIES VAN DER ROHE LUDWIG (1886-1969); SIMOUNET ROLAND (1927-1996).

Jean-Étienne GRISLAIN
BLOC ANDRÉ (1896-1966); PONTI GIO (1891-1979); ROGERS ERNESTO N. (1909-1969).

Louis GRODECKI
VIOLLET-LE-DUC EUGÈNE EMMANUEL (1814-1879).

Pierre GROS
VITRUVE (~Ier s.).

François GRUSON
GOLDBERG BERTRAND (1913-); GRAVES MICHAEL (1934-); HERTZBERGER HERMAN (1932-); KRIER LÉON (1946-); PORTMAN JOHN (1924-); SAFDIE MOSHE (1938-); SCOLARI MASSIMO (1943-); SHAW RICHARD NORMAN (1831-1912); SMITHSON ALISON (1928-) & PETER (1923-); SNOZZI LUIGI (1932-); UNGERS OSWALD MATTIAS (1926-); VAN ALEN WILLIAM (1882-1954); VENTURI ROBERT (1925-); YAMASAKI MINORU (1912-).

Hélène GUÉNÉ-LOYER
SPOERRY FRANÇOIS (1912-1999).

Roger-Henri GUERRAND
AMSTERDAM ÉCOLE D'; AULENTI GAE (1927-); BEAUDOUIN EUGÈNE (1898-1983); BODSON FERNAND (1877-1966); CARLU JACQUES (1890-1976); CHICAGO ÉCOLE DE; D'ARONCO RAIMONDO (1857-1932); DE KLERK MICHEL (1884-1923); DOMENECH I MONTANER LUIS (1850-1923); DUFAU PIERRE (1908-1985); DUIKER JOHANNES (1890-1955); EAMES CHARLES (1907-1978) & RAY (1912-1988); ENDELL AUGUST (1871-1925); EXPERT ROGER-HENRI (1882-1955); FORMIGÉ JEAN-CAMILLE (1845-1926); GODWIN EDOUARD WILLIAM (1833-1886); GUIMARD HECTOR (1867-1942); KLINT P. V. JENSEN (1853-1930); MAY ERNST (1886-1970); MUTHESIUS HERMANN (1861-1927); NARJOUX FÉLIX (1833-1891); O'GORMAN JUAN (1905-1982); PERRIAND CHARLOTTE (1903-); PLEČNIK JOZE (1872-1957); POUILLON FERNAND (1912-1986); PUTMAN ANDRÉE (1925-); SEGAL WALTER (1907-1985); SOTTSASS ETTORE (1917-); STARCK PHILIPPE (1949-); TERRAGNI GIUSEPPE (1904-1943); VOYSEY CHARLES FRANCIS ANNESLEY (1857-1941); WALTER JEAN (1883-1957); WEBB PHILIP (1831-1915).

Jacques GUILLERME
DURAND JEAN NICOLAS LOUIS (1760-1834); LEQUEU JEAN-JACQUES (1757-env. 1825).

Bernard HAMBURGER
GOFF BRUCE (1904-1982); LODS MARCEL (1891-1978); SCHAROUN HANS (1893-1972).

Françoise HAMON
DUC JOSEPH-LOUIS (1802-1879); VAUDOYER LÉON (1803-1872).

Françoise HEILBRUN
COECKE VAN AALST PIETER (1502-1550).

Carol HEITZ
ARCHITECTE.

ANNEXES

Bernard HOLTZMANN
CALLICRATÈS (~Ve s.); EUPALINOS DE MÉGARE (milieu ~VIe s.); RHOÏCOS (2e quart ~VIe s.).

Annie JACQUES
BALLU THÉODORE (1817-1885); BOILEAU LOUIS-AUGUSTE (1812-1896); DREXLER ARTHUR (1925-1987); LALOUX VICTOR (1850-1937); LASSUS JEAN-BAPTISTE-ANTOINE (1807-1857); NORMAND ALFRED-NICOLAS (1822-1909); POELAERT JOSEPH (1817-1879); VAUDREMER ÉMILE (1829-1914).

Claude JACQUET
PUGIN LES; RUSKIN JOHN (1819-1900).

Thomas von JOEST
HITTORFF JACQUES IGNACE (1792-1867).

Alain JOUFFROY
KOWALSKI PIOTR (1927-   ).

Anatole KOPP
GUINZBOURG MOÏSSEÏ IAKOVLEVITCH (1892-1941); LEONIDOV IVAN (1902-1959); MELNIKOV KONSTANTIN STEPANOVITCH (1890-1974); TATLINE VLADIMIR EVGRAFOVITCH (1885-1953); VESNINE LES; VKHOUTEMAS ou VHUTEMAS (Ateliers supérieurs d'art et de technique).

Chantal KOZYREFF
CHŌGEN SHUNJŌBŌ (1120-1206).

Noëlle de LA BLANCHARDIÈRE
FILARÈTE (1400 env.-env. 1469).

Marie-Geneviève de LA COSTE-MESSELIÈRE
AMMANNATI BARTOLOMEO (1511-1592); BUONTALENTI BERNARDO (1536-1608); RIZZO ANTONIO (mort apr. 1499); SOLARI LES.

François LAISNEY
FULLER RICHARD BUCKMINSTER (1895-1983); SERT JOSÉ LUÍS (1902-1983).

Hélène LASSALLE
SMITH TONY (1912-1980).

Marc LE CANNU
MILIZIA FRANCESCO (1725-1798).

Jean LECLANT
IMHOTEP (env. ~2800).

Réjean LEGAULT
GROPIUS WALTER (1883-1969).

Frédérique LEMERLE
ALBERTI LEON BATTISTA (1404-1472); PHILANDRIER GUILLAUME, dit PHILANDER (1505-1565).

Serge LEMOINE
BAUHAUS.

François LOYER
HANKAR PAUL (1859-1901); LAPRADE ALBERT (1883-1978).

Alain MAHUZIER
DINOCRATÈS (mort en ~278); MNÉSICLÈS (~Ve s.).

Thierry MARIAGE
LE NÔTRE ANDRÉ (1613-1700).

Roland MARTIN
ARCHITECTE; HIPPODAMOS DE MILET (~Ve s.).

Claude MASSU
NELSON PAUL (1895-1979); PELLI CESAR (1926-   ); ROCHE KEVIN (1926-   ); SKIDMORE, OWINGS & MERRILL (SOM).

Marie-Rose MAYEUX
HIPPODAMOS DE MILET (~Ve s.).

Olga MEDVEDKOVA
BAJENOV VASSILI (1737-1799); CAMERON CHARLES (vers 1740-1812); LE BLOND JEAN-BAPTISTE ALEXANDRE (1679-1719); RINALDI ANTONIO (vers 1710-1790); VALLIN DE LA MOTHE JEAN-BAPTISTE MICHEL (1729-1800).

Catherine METZGER
KRAUTHEIMER RICHARD (1897-1994).

Claude MIGNOT
BERNIN GIAN LORENZO BERNINI dit LE CAVALIER (1598-1680); BORROMINI FRANCESCO CASTELLO dit (1599-1667); BRUAND LIBÉRAL (1636-1697); DUPÉRAC ÉTIENNE (1530 env.-1604); LE MERCIER JACQUES (1585 env.-1654); LE MUET PIERRE (1591-1669); MÉTEZEAU LES (XVIe-XVIIe s.); PIERRE DE CORTONE (1596-1669); POST PIETER (1608-1669); PUGET PIERRE (1620-1694).

Luciana MIOTTO MURET
MICHELUCCI GIOVANNI (1891-1990); SCARPA CARLO (1906-1978).

Monique MOSSER
BERTHAULT LOUIS-MARTIN (1770-1823); BÜHLER DENIS (1811-1890) & EUGÈNE (1822-1907); BURLINGTON RICHARD BOYLE comte de (1694-1753); CAMPBELL COLEN (mort en 1729); CHAMBERS sir WILLIAM (1723-1796); DANCE GEORGE (1741-1825); GIBBS JAMES (1682-1754); HAWKSMOOR NICHOLAS (1661-1736); HOPE THOMAS dit ANASTASIUS (1770 env.-1831); JONES INIGO (1573-1652); LENNÉ PETER JOSEF (1789-1866); NASH JOHN (1752-1835); PEVSNER NIKOLAUS (1902-1983); SOANE sir JOHN (1753-1837); VANBRUGH sir JOHN (1664-1726).

Jean-Pierre MOUILLESEAUX
ABADIE PAUL (1812-1884); ALAVOINE JEAN ANTOINE (1776-1834); AUBERT JEAN (env. 1680-1741); BARRY sir CHARLES (1795-1860); BURGES WILLIAM (1827-1881); BURNHAM DANIEL HUDSON (1846-1912); BUTTERFIELD WILLIAM (1814-1900); CAGNOLA LUIGI (1762-1833); CARR JOHN (1723-1807); CLÉRISSEAU CHARLES LOUIS (1721-1820); CUYPERS PETRUS JOSEPH HUBERTUS (1827-1921); DAVIOUD GABRIEL (1824-1881); DEANE sir THOMAS NEWENHAM (1828-1899); DELAMAIR ou DELAMAIRE PIERRE ALEXIS (1676-1745); FERSTEL HEINRICH VON (1828-1883); HANSEN HANS CHRISTIAN (1803-1883) & THEOPHILOS EDUARD (1813-1891); HAUSSMANN GEORGES EUGÈNE baron (1809-1891); IXNARD PIERRE-MICHEL D' (1723-1795); JARDIN HENRI NICOLAS (1720-1799); JEFFERSON THOMAS (1743-1826); KENT WILLIAM

TABLE DES AUTEURS

(1685-1748); LANGHANS KARL GOTTHARD (1732-1808); LECAMUS DE MÉZIÈRES NICOLAS (1721-apr.1793); LEGEAY JEAN-LAURENT (actif entre 1732 et 1786); MEISSONNIER JUSTE-AURÈLE (1695-1750); PAINE JAMES (1717-1789); PETITOT ENNEMOND-ALEXANDRE (1727-1801); PEYRE MARIE-JOSEPH (1730-1785); PIGAGE NICOLAS DE (1723-1796); SACCONI GIUSEPPE (1854-1905); SANFELICE FERDINANDO (1675-1748); SCOTT sir GEORGE GILBERT (1811-1878); SMIRKE sir ROBERT (1780-1867); THOMON THOMAS DE (1754-1813); UPJOHN RICHARD (1802-1878); VINGBOONS PHILIP (1614-1678); VITTONE BERNARDO ANTONIO (1705-1770); WEBB JOHN (1611-1672); WOOD L'AÎNÉ JOHN (1704-1754); WOOD LE JEUNE JOHN (1728-1781); WYATT JAMES (1747-1813).

Raymonde MOULIN
ARCHITECTE.

Krisztina PASSUTH
PATKAI ERVIN (1937-1985).

Yves PAUWELS
BULLANT JEAN (1520 env.-1578); LESCOT PIERRE (1510 env.-1578).

Luc PFIRSCH
AMENHOTEP, XVIIIe dynastie; SÉNENMOUT (~XVIe s.).

Antoine PICON
FREYSSINET EUGÈNE (1879-1962); OTTO FREI (1925-); PERRAULT CLAUDE (1613-1688); PERRONET JEAN-RODOLPHE (1708-1794).

Philippe PIGUET
NOGUCHI ISAMU (1904-1988).

Michèle PIRAZZOLI-t'SERSTEVENS
CASTIGLIONE GIUSEPPE (1688-1766).

Renée PLOUIN
ANDROUET DU CERCEAU LES; BALTARD VICTOR (1805-1874); BIARD LES; CHANTEREINE NICOLAS (actif de 1517 à 1537); EIFFEL GUSTAVE (1832-1923); JUVARA FILIPPO (1676-1736); LABROUSTE HENRY (1801-1875); LAURANA LUCIANO (1420 env.-1479); LOMBARDO LES; LONGHENA BALDASSARE (1598-1682); MADERNO CARLO (1556-1629); MARTELLANGE ÉTIENNE ANGE MARTEL dit (1569-1641); MICHELOZZO DI BARTOLOMMEO (1396-1472); PERUZZI BALDASSARE (1481-1536); RAINALDI GIROLAMO (1570-1655) & CARLO (1611-1691); SANGALLO LES; SANMICHELI MICHELE (1484-1559); SANSOVINO JACOPO TATTI dit (1486-1570); SCAMOZZI VINCENZO (1552-1616); TALENTI FRANCESCO (1300 env.-1369) & SIMONE (1340 env.-apr. 1381); VANVITELLI LUIGI (1700-1773); VIGNOLE ital JACOPO BAROZZI DA VIGNOLA (1507-1573).

Christian de PORTZAMPARC
AILLAUD ÉMILE (1902-1988); TEAM TEN.

Anne PRACHE
ELY REGINALD ou REYNOLD (actif de 1438 à 1471); ERWIN DE STEINBACH maître (mort en 1318); YEVELE HENRY (entre 1320 et 1330-env. 1400).

Sylvia PRESSOUYRE
PIRANÈSE GIOVANNI BATTISTA PIRANESI dit (1720-1778); SERLIO SEBASTIANO (1475-env. 1554).

Daniel RABREAU
ANTOINE JACQUES DENIS (1733-1801); ARCHITECTE; BALTARD LOUIS PIERRE (1764-1846); BÉLANGER FRANÇOIS JOSEPH (1744-1818); BERTRAND CLAUDE JOSEPH ALEXANDRE (1734-1797); BLONDEL FRANÇOIS (1618-1686); BOULLÉE ÉTIENNE LOUIS (1728-1799); CELLERIER JACQUES (1742-1814); CHALGRIN JEAN FRANÇOIS THÉRÈSE (1739-1811); CHERPITEL MATHURIN (1736-1809); COMBES LOUIS (1754-1818); CRUCY MATHURIN (1749-1826); DE WAILLY CHARLES (1730-1798); GILLY DAVID (1748-1808) & FRIEDRICH (1772-1800); GONDOIN JACQUES (1737-1818); HÉRÉ DE CORNY EMMANUEL (1705-1763); HEURTIER JEAN-FRANÇOIS (1739-1822); LA GUÊPIÈRE LOUIS PHILIPPE DE (1715-1773); LASSURANCE LES; LAUGIER MARC-ANTOINE (1713-1769); LEDOUX CLAUDE NICOLAS (1736-1806); LE PÈRE JEAN-BAPTISTE (1761-1844); MIQUE RICHARD (1728-1794); ORBAY FRANÇOIS D' (1634-1697); PALLADIO ANDREA (1508-1580); PÂRIS PIERRE ADRIEN (1745-1819); PERCIER CHARLES (1764-1838) & FONTAINE PIERRE FRANÇOIS (1762-1853); POYET BERNARD (1742-1824); QUARENGHI GIACOMO (1744-1817); QUATREMÈRE DE QUINCY ANTOINE CHRYSOSTOME QUATREMÈRE dit (1755-1849); RAYMOND JEAN ARMAND (1742-1811); RONDELET JEAN-BAPTISTE (1743-1829); ROSSI CARLO (1775-1849); STAROV IVAN EGOROVITCH (1745-1808); VALADIER GIUSEPPE (1762-1839); VORONIKHINE ANDREÏ NIKIFOROVITCH (1759-1814); ZAKHAROV ANDREÏAN DIMITRIEVITCH (1761-1811).

Gilles RAGOT
AALTO ALVAR (1898-1976); LE CORBUSIER CHARLES ÉDOUARD JEANNERET-GRIS dit (1887-1965).

Francis RAMBERT
BOHIGAS ORIOL (1927-); BURLE MARX ROBERTO (1909-1994); COOP HIMMELB(L)AU; FUKSAS MASSIMILIANO (1944-); HOLLEIN HANS (1934-); LIBESKIND DANIEL (1946-).

Stefano RAY
NERVI PIER LUIGI (1891-1979).

Marc RAYNAUD
DOXIADIS CONSTANTINOS APOSTOLOS (1913-1975); SOLERI PAOLO (1919-).

Gabriella RÈPACI-COURTOIS
GIULIANO DA MAIANO (1432-1490).

Claudie RESSORT
MACHUCA PEDRO (mort en 1550).

Béatrice de ROCHEBOUET
BRONGNIART ALEXANDRE THÉODORE (1739-1813).

Pasquale ROTONDI
BRAMANTE DONATO DI PASCUCCIO D'ANTONIO dit (1444-1514).

ANNEXES

Gérard ROUSSET-CHARNY
COTTE ROBERT DE (1656-1735).
Daniel RUSSO
BONY JEAN (1909-1995).
Marc SABOYA
DALY CÉSAR DENIS (1811-1894).
Colombe SAMOYAULT-VERLET
ADAM ROBERT (1728-1792) & JAMES (1730-1794); LEPAUTRE LES; OPPENORD ou OPPENORDT GILLES MARIE (1672-1742); PINEAU NICOLAS (1684-1754).
Jean-Michel SAVIGNAT
LODS MARCEL (1891-1978).
William Peter J. SMITH
MANSART FRANÇOIS (1598-1666).
Jean-Pierre SODINI
ANTHÉMIOS DE TRALLES (2e moitié ve s.-env. 534); ISIDORE DE MILET (mort av 558).
Werner SZAMBIEN
SCHINKEL KARL FRIEDRICH (1781-1841).
Michel TERRASSE
ÉCOCHARD MICHEL (1905-1985); SINAN ou KODJA MI'MĀR SINĀN (1489-1578 ou 1588).
Simon TEXIER
GEHRY FRANK O. (1929-   ); HERZOG JACQUES (1950-   ) & MEURON PIERRE DE (1950-   ); PARENT CLAUDE (1923-   ); PERRAULT DOMINIQUE (1953-   ); ROUX-SPITZ MICHEL (1888-1957); SPRECKELSEN JOHAN OTTO VON (1929-1987); VAN DE VELDE HENRY (1863-1957).
Pierre VAISSE
ASAM LES; FISCHER JOHANN MICHAEL (1692-1766); KNOBELSDORFF GEORG WENCESLAS VON (1699-1753); SCHLÜTER ANDREAS (1660 env.-1714); WELSCH MAXIMILIAN VON (1671-1745); ZIMMERMANN DOMINIKUS (1685-1766).
Martine VASSELIN
MICHEL-ANGE MICHELANGELO BUONARROTI dit (1475-1564).
Marc VAYE
BARRAGAN LUIS (1902-1988).
Philippe VERDIER
SUGER (1081 env.-env. 1151).
Michel VERNÈS
ALPHAND ADOLPHE (1817-1891).
Françoise VERY
LE MÊME HENRY-JACQUES (1897-1997).
Margaret Dickens WHINNEY
WREN sir CHRISTOPHER (1632-1723).
Catherine WILKINSON-ZERNER
HERRERA JUAN DE (1530-1597).
Bruno ZEVI
WRIGHT FRANK LLOYD (1867-1959).

Le présent volume, achevé d'imprimer en novembre 1999
sur papier Valoprint 70 g des papeteries Arjo Wiggins,
a été imprimé par Maury à Manchecourt.

Imprimé en France

Dépôt légal : novembre 1999 -N° d'éditeur : 18315 - N° d'imprimeur : 73128A - I.S.B.N. 2-226-10952-8